D0193784

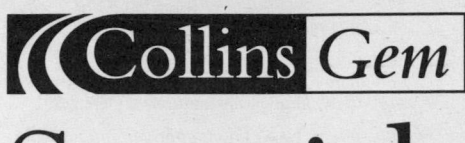

Collins Gem

Spanish
Dictionary

Spanish › English English › Spanish

grijalbo

Collins Gem

An Imprint of HarperCollinsPublishers

first published in this edition 1982
fifth edition 2001

© William Collins Sons & Co. Ltd. 1982, 1989
© HarperCollins Publishers 1993, 1998, 2001

latest reprint 2001

ISBN 0-00-472414-3

Collins Gem® and Bank of English® are registered
trademarks of HarperCollins Publishers Limited

The Collins Gem website address is
www.collins-gem.com

---

*based on previous editions by/basada en las
ediciones anteriores de*
Mike Gonzalez, Alicia de Benito de Harland,
Soledad Pérez-López, José Ramón Parrondo,
Bob Grossmith, Teresa Álvarez García

contributors/colaboradores
Joyce Littlejohn, Claire Evans, Sharon Hunter,
Val McNulty, Jeremy Butterfield

Grijalbo Mondadori, S.A.
Aragó, 385, 08013 Barcelona

www.grijalbo.com

ISBN 84-253-3513-2

ÍNDICE

CONTENTS

INTRODUCCIÓN

Estamos muy satisfechos de que hayas decidido comprar el Diccionario de Inglés Collins Gem y esperamos que lo disfrutes y que te sirva de gran ayuda ya sea en el colegio, en el trabajo, en tus vacaciones o en casa.

Esta introducción pretende darte algunas indicaciones para ayudarte a sacar el mayor provecho de este diccionario; no sólo de su extenso vocabulario, sino de toda la información que te proporciona cada entrada. Esta te ayudará a leer y comprender — y también a comunicarte y a expresarte — en inglés moderno.

El Diccionario de Inglés Collins Gem comienza con una lista de abreviaturas utilizadas en el texto y con una ilustración de los sonidos representados por los símbolos fonéticos. Al final del diccionario encontrarás una tabla de los verbos irregulares del inglés, y para terminar, una sección sobre el uso de los números y de las expresiones de tiempo.

EL MANEJO DE TU DICCIONARIO COLLINS GEM

La amplia información que te ofrece este diccionario aparece presentada en distintas tipografías, con caracteres de diversos tamaños y con distintos símbolos, abreviaturas y paréntesis. Los apartados siguientes explican las reglas y símbolos utilizados.

Entradas

Las palabras que consultas en el diccionario — las "entradas" — aparecen ordenadas alfabéticamente y en **caracteres gruesos** para una identificación más rápida. Las dos palabras que ocupan el margen superior de cada página indican la primera y la última entrada de la página en cuestión.

La información sobre el uso o la forma de determinadas entradas aparece entre paréntesis, detrás de la transcripción fonética, y generalmente en forma abreviada y en cursiva (p.ej.: *(fam)*, *(COM)*).

En algunos casos se ha considerado oportuno agrupar palabras de una misma familia (**nación, nacionalismo; accept, acceptance**) bajo una misma entrada, en caracteres gruesos de tamaño algo más pequeño que los de la entrada principal.

Las expresiones de uso corriente en las que aparece una entrada se dan en negrita (p.ej.: **to be in a hurry**).

Símbolos fonéticos

La transcripción fonética de cada entrada (que indica su pronunciación) aparece entre corchetes, inmediatamente después de la entrada (p.ej.: **knead** [ni:d]). En la página x encontrarás una lista de los símbolos fonéticos utilizados en este diccionario.

Traducciones

Las traducciones de las entradas aparecen en caracteres normales, y en los casos en los que existen significados o usos diferentes, éstos aparecen separados mediante un punto y coma. A menudo encontrarás también otras palabras en cursiva y entre paréntesis antes de las traducciones. Estas sugieren contextos en los que la entrada podría aparecer (p.ej.: **rough** (*voice*) o (*weather*)) o proporcionan sinónimos (p.ej.: **rough** (*violent*)).

Palabras clave

Particular relevancia reciben ciertas palabras inglesas y españolas que han sido consideradas palabras "clave" en cada lengua. Estas pueden, por ejemplo, ser de utilización muy corriente o tener distintos usos (**de, haber; get, that**). La combinación de rombos ◆ y números te permitirá distinguir las diferentes categorías gramaticales y los diferentes significados. Las indicaciones en cursiva y entre paréntesis proporcionan además importante información adicional.

Información gramatical

Las categorías gramaticales aparecen en forma abreviada y en cursiva después de la transcripción fonética de cada entrada (*vt, adv, conj*).

También se indican la forma femenina y los plurales irregulares de los sustantivos del inglés (**child, ~ren**).

INTRODUCTION

We are delighted you have decided to buy the Collins Gem Spanish Dictionary and hope you will enjoy and benefit from using it at school, at home, on holiday or at work.

This introduction gives you a few tips on how to get the most out of your dictionary — not simply from its comprehensive wordlist but also from the information provided in each entry. This will help you to read and understand modern Spanish, as well as communicate and express yourself in the language.

The Collins Gem Spanish Dictionary begins by listing the abbreviations used in the text and illustrating the sounds shown by the phonetic symbols. You will find Spanish verb tables at the back, followed by a final section on numbers and time expressions.

USING YOUR COLLINS GEM DICTIONARY

A wealth of information is presented in the dictionary, using various typefaces, sizes of type, symbols, abbreviations and brackets. The conventions and symbols used are explained in the following sections.

Headwords

The words you look up in a dictionary — "headwords" — are listed alphabetically. They are printed in **bold type** for rapid identification. The two headwords appearing at the top of each page indicate the first and last word dealt with on the page in question.

Information about the usage or form of certain headwords is given in brackets after the phonetic spelling. This usually appears in abbreviated form and in italics (e.g. *(fam)*, *(COMM)*).

Where appropriate, words related to headwords are grouped in the same entry (**nación, nacionalismo; accept, acceptance**) in a slightly smaller bold type than the headword.

Common expressions in which the headword appears are shown in a different bold roman type (e.g. **hacer calor**).

Phonetic spellings

The phonetic spelling of each headword (indicating its pronunciation) is given in square brackets immediately after the headword (e.g. **dónde** ['donde]). A list of these symbols is given on page x.

Translations

Headword translations are given in ordinary type and, where more than one meaning or usage exists, these are separated by a semi-colon. You will often find other words in italics in brackets before the translations. These offer suggested contexts in which the headword might appear (e.g. **grande** (*de tamaño*)) or provide synonyms (e.g. **grande** (*alto*) *o* (*distinguido*)).

The gender of the translation also appears in *italics* immediately following the key element of the translation, except where this is a regular masculine singular noun ending in "o", or a regular singular feminine noun ending in "a".

"Key" words

Special status is given to certain Spanish and English words which are considered as "key" words in each language. They may, for example, occur very frequently or have several types of usage (e.g. **de, haber**). A combination of lozenges ♦ and numbers helps you to distinguish different parts of speech and different meanings. Further helpful information is provided in brackets and in italics.

Grammatical information

Parts of speech are given in abbreviated form in italics after the phonetic spellings of headwords (e.g. *vt, adv, conj*).

Genders of Spanish nouns are indicated as follows: *nm* for a masculine and *nf* for a feminine noun. Feminine and irregular plural forms of nouns are also shown (**irlandés, esa; luz,** (*pl* **luces**)).

ABREVIATURAS

ABBREVIATIONS

abreviatura	ab(b)r	abbreviation
adjetivo, locución adjetiva	adj	adjective, adjectival phrase
administración	ADMIN	administration
adverbio, locución adverbial	adv	adverb, adverbial phrase
agricultura	AGR	agriculture
América Latina	AM	Latin America
anatomía	ANAT	anatomy
arquitectura	ARQ, ARCH	architecture
el automóvil	AUT(O)	the motor car and motoring
aviación, viajes aéreos	AVIAT	flying, air travel
biología	BIO(L)	biology
botánica, flores	BOT	botany
inglés británico	BRIT	British English
química	CHEM	chemistry
comercio, finanzas, banca	COM(M)	commerce, finance, banking
informática	COMPUT	computers
conjunción	conj	conjunction
construcción	CONSTR	building
compuesto	cpd	compound element
cocina	CULIN	cookery
economía	ECON	economics
electricidad, electrónica	ELEC	electricity, electronics
enseñanza, sistema escolar y universitario	ESCOL	schooling, schools and universities
España	Esp	Spain
especialmente	esp	especially
exclamación, interjección	excl	exclamation, interjection
femenino	f	feminine
lengua familiar (! vulgar)	fam (!)	colloquial usage (! particularly offensive)
ferrocarril	FERRO	railways
uso figurado	fig	figurative use
fotografía	FOTO	photography
(verbo inglés) del cual la partícula es inseparable	fus	(phrasal verb) where the particle is inseparable
generalmente	gen	generally
geografía, geología	GEO	geography, geology
geometría	GEOM	geometry
uso familiar (! vulgar)	inf (!)	colloquial usage (! particularly offensive)
infinitivo	infin	infinitive
informática	INFORM	computers
invariable	inv	invariable
irregular	irreg	irregular
lo jurídico	JUR	law
América Latina	LAM	Latin America
gramática, lingüística	LING	grammar, linguistics

ABREVIATURAS

ABBREVIATIONS

masculino	m	masculine
matemáticas	MATH	mathematics
masculino/femenino	m/f	masculine/feminine
medicina	MED	medicine
lo militar, ejército	MIL	military matters
música	MUS	music
sustantivo, nombre	n	noun
navegación, náutica	NAUT	sailing, navigation
sustantivo numérico	num	numeral noun
complemento	obj	(grammatical) object
	o.s.	oneself
peyorativo	pey, pej	derogatory, pejorative
fotografía	PHOT	photography
fisiología	PHYSIOL	physiology
plural	pl	plural
política	POL	politics
participio de pasado	pp	past participle
preposición	prep	preposition
pronombre	pron	pronoun
psicología, psiquiatría	PSICO, PSYCH	psychology, psychiatry
tiempo pasado	pt	past tense
química	QUÍM	chemistry
ferrocarril	RAIL	railways
religión	REL	religion
	sb	somebody
enseñanza, sistema escolar y universitario	SCH	schooling, schools and universities
singular	sg	singular
España	SP	Spain
	sth	something
sujeto	su(b)j	(grammatical) subject
subjuntivo	subjun	subjunctive
tauromaquia	TAUR	bullfighting
también	tb	also
técnica, tecnología	TEC(H)	technical term, technology
telecomunicaciones	TELEC, TEL	telecommunications
imprenta, tipografía	TIP, TYP	typography, printing
televisión	TV	television
universidad	UNIV	university
inglés norteamericano	US	American English
verbo	vb	verb
verbo intransitivo	vi	intransitive verb
verbo pronominal	vr	reflexive verb
verbo transitivo	vt	transitive verb
zoología	ZOOL	zoology
marca registrada	®	registered trademark
indica un equivalente cultural	≈	introduces a cultural equivalent

SPANISH PRONUNCIATION

Consonants

c	[k]	*c*aja	*c* before *a*, *o* or *u* is pronounced as in cat
ce, ci	[θe, θi]	*ce*ro *ci*elo	*c* before *e* or *i* is pronounced as in *th*in
ch	[tʃ]	*ch*iste	*ch* is pronounced as *ch* in *ch*air
d	[d, ð]	*d*anés ciu*d*ad	at the beginning of a phrase or after *l* or *n*, *d* is pronounced as in English. In any other position it is pronounced like *th* in *th*e
g	[g, ɤ]	*g*afas pa*g*a	*g* before *a*, *o* or *u* is pronounced as in *g*ap, if at the beginning of a phrase or after *n*. In other positions the sound is softened
ge, gi	[xe, xi]	*ge*nte *gi*rar	*g* before *e* or *i* is pronounced similar to *ch* in Scottish lo*ch*
h		*h*aber	*h* is always silent in Spanish
j	[x]	*j*ugar	*j* is pronounced similar to *ch* in Scottish lo*ch*
ll	[ʎ]	ta*ll*e	*ll* is pronounced like the *lli* in mi*lli*on
ñ	[ɲ]	ni*ñ*o	*ñ* is pronounced like the *ni* in o*ni*on
q	[k]	*q*ue	*q* is pronounced as *k* in *k*ing
r, rr	[r, rr]	quita*r* ga*rr*a	*r* is always pronounced in Spanish, unlike the silent *r* in dance*r*. *rr* is trilled, like a Scottish *r*
s	[s]	quizá*s* i*s*la	*s* is usually pronounced as in pa*ss*, but before *b*, *d*, *g*, *l*, *m* or *n* it is pronounced as in ro*s*e
v	[b, ß]	*v*ía di*v*idir	*v* is pronounced something like *b*. At the beginning of a phrase or after *m* or *n* it is pronounced as *b* in *b*oy. In any other position the sound is softened
z	[θ]	tena*z*	*z* is pronounced as *th* in *th*in

b, f, k, l, m, n, p, t and x are pronounced as in English.

Vowels

a	[a]	p*a*ta	not as long as *a* in f*a*r. When followed by a consonant in the same syllable (i.e. in a closed syllable), as in am*a*nte, the *a* is short, as in b*a*t
e	[e]	m*e*	like *e* in th*ey*. In a closed syllable, as in g*e*nte, the *e* is short as in p*e*t
i	[i]	p*i*no	as in m*ea*n or mach*i*ne
o	[o]	l*o*	as in l*o*cal. In a closed syllable, as in c*o*ntrol, the *o* is short as in c*o*t
u	[u]	l*u*nes	as in r*u*le. It is silent after *q*, and in *gue, gui,* unless marked *güe, güi* e.g. antig*ü*edad

Diphthongs

ai, ay	[ai]	b*ai*le	as *i* in r*i*de
au	[au]	*au*to	as *ou* in sh*ou*t
ei, ey	[ei]	bu*ey*	as *ey* in gr*ey*
eu	[eu]	d*eu*da	both elements pronounced independently [e]+[u]
oi, oy	[oi]	h*oy*	as *oy* in t*oy*

Stress

The rules of stress in Spanish are as follows:
(a)   when a word ends in a vowel or in *n* or *s*, the second last syllable is stressed: pat*a*ta, pat*a*tas, c*o*me, c*o*men
(b)   when a word ends in a consonant other than *n* or *s*, the stress falls on the last syllable: par*e*d, habl*a*r
(v)   when the rules set out in a and b are not applied, an acute accent appears over the stressed vowel: com*ú*n, geograf*í*a, ingl*é*s

In the phonetic transcription, the symbol ['] precedes the syllable on which the stress falls.

PRONUNCIACIÓN INGLESA

Vocales y diptongos

	Ejemplo inglés	Ejemplo español/explicación
ɑː	father	Entre *a* de padre y *o* de noche
ʌ	but, come	*a* muy breve
æ	man, cat	Se mantienen los labios en la posición de *e* en pena y luego se pronuncia el sonido *a*
ə	father, ago	Sonido indistinto parecido a una *e* u *o* casi mudas
əː	bird, heard	Entre *e* abierta, y *o* cerrada, sonido alargado
ɛ	get, bed	como en perro
ɪ	it, big	Más breve que en si
iː	tea, see	Como en fino
ɔ	hot, wash	Como en torre
ɔː	saw, all	Como en por
u	put, book	Sonido breve, más cerrado que burro
uː	too, you	Sonido largo, como en uno
aɪ	fly, high	Como en fraile
au	how, house	Como en pausa
ɛə	there, bear	Casi como en vea, pero el sonido *a* se mezcla con el indistinto [ə]
eɪ	day, obey	*e* cerrada seguida por una *i* débil
ɪə	here, hear	Como en manía, mezclándose el sonido *a* con el indistinto [ə]
əu	go, note	[ə] seguido por una breve *u*
ɔɪ	boy, oil	Como en voy
uə	poor, sure	*u* bastante larga más el sonido indistinto [ə]

Consonantes

	Ejemplo inglés	Ejemplo español/explicación
d	men**d**ed	Como en con**d**e, an**d**ar
g	**g**o, **g**et, bi**g**	Como en **g**rande, **g**ol
dʒ	**g**in, ju**dg**e	Como en la **ll** andaluza y en **G**eneralitat (catalán)
ŋ	si**ng**	Como en ví**n**culo
h	**h**ouse, **h**e	Como en la **j**ota hispanoamericana
j	**y**oung, **y**es	Como en **y**a
k	**c**ome, mo**ck**	Como en **c**aña, Es**c**ocia
r	**r**ed, t**r**ead	Se pronuncia con la punta de la lengua hacia atrás y sin hacerla vibrar
s	**s**and, ye**s**	Como en ca**s**a, **s**e**s**ión
z	ro**s**e, **z**ebra	Como en de**s**de, mi**s**mo
ʃ	**sh**e, ma**ch**ine	Como en **ch**ambre (francés), ro**x**o (portugués)
tʃ	**ch**in, ri**ch**	Como en **ch**ocolate
v	**v**alley	Como en **f**, pero se retiran los dientes superiores vibrándolos contra el labio inferior
w	**w**ater, **wh**ich	Como en la **u** de h**u**evo, p**u**ede
ʒ	vi**s**ion	Como en **J**ournal (francés)
θ	**th**ink, my**th**	Como en re**c**eta, **z**apato
ð	**th**is, **th**e	Como en la **d** de habla**d**o, verda**d**

b, p, f, m, n, l, t iguales que en español
El signo * indica que la r final escrita apenas se pronuncia en inglés británico cuando la palabra siguiente empieza con vocal.
El signo ['] indica la sílaba acentuada.

ESPAÑOL • INGLÉS
SPANISH • ENGLISH

ESPAÑOL - INGLÉS
SPANISH - ENGLISH

A, a

a [a] (**a**+ **el** = **al**) prep **1** (dirección) to; **fueron ~ Madrid/Grecia** they went to Madrid/Greece; **me voy ~ casa** I'm going home

2 (distancia): **está ~ 15 km de aquí** it's 15 kms from here

3 (posición): **estar ~ la mesa** to be at table; **al lado de** next to, beside; ver tb **puerta**

4 (tiempo): **~ las 10/~ medianoche** at 10/midnight; **~ la mañana siguiente** the following morning; **~ los pocos días** after a few days; **estamos ~ 9 de julio** it's the ninth of July; **~ los 24 años** at the age of 24; **al año/~ la semana** (AM) a year/week later

5 (manera): **~ la francesa** the French way; **~ caballo** on horseback; **~ oscuras** in the dark

6 (medio, instrumento): **~ lápiz** in pencil; **~ mano** by hand; **cocina ~ gas** gas stove

7 (razón): **~ 30 ptas el kilo** at 30 pesetas a kilo; **~ más de 50 km/h** at more than 50 kms per hour

8 (dativo): **se lo di ~ él** I gave it to him; **vi al policía** I saw the policeman; **se lo compré ~ él** I bought it from him

9 (tras ciertos verbos): **voy ~ verle** I'm going to see him; **empezó ~ trabajar** he started working o to work

10 (+ infin): **al verle, le reconocí inmediatamente** when I saw him I recognized him at once; **el camino**

~ recorrer the distance we (etc) have to travel; **¡~ callar!** keep quiet!; **¡~ comer!** let's eat!

abad, esa [a'βað, 'ðesa] nm/f abbot/abbess; **~ía** nf abbey

abajo [a'βaxo] adv (situación) (down) below, underneath; (en edificio) downstairs; (dirección) down, downwards; **el piso de ~** the downstairs flat; **la parte de ~** the lower part; **¡~ el gobierno!** down with the government!; **cuesta/río ~** downhill/downstream; **de arriba ~** from top to bottom; **el ~ firmante** the undersigned; **más ~** lower o further down

abalanzarse [aβalan'θarse] vr: **~ sobre o contra** to throw o.s. at

abandonado, a [aβando'naðo, a] adj derelict; (desatendido) abandoned; (desierto) deserted; (descuidado) neglected

abandonar [aβando'nar] vt to leave; (persona) to abandon, desert; (cosa) to abandon, leave behind; (descuidar) to neglect; (renunciar a) to give up; (INFORM) to quit; **~se** vr: **~se a** to abandon o.s. to; **abandono** nm (acto) desertion, abandonment; (estado) abandon, neglect; (renuncia) withdrawal, retirement; **ganar por abandono** to win by default

abanicar [aβani'kar] vt to fan; **abanico** nm fan; (NAUT) derrick

abaratar [aβara'tar] vt to lower the price of; **~se** vr to go o come down in price

abarcar [aβar'kar] vt to include, embrace; (AM) to monopolize

abarrotado, a [aβarro'taðo, a] adj packed

abarrotar [aβarro'tar] vt (local, estadio, teatro) to fill, pack

abarrotero, a [aβarro'tero, a] (AM) nm/f grocer; **abarrotes** nmpl (AM) groceries, provisions

abastecer [aβaste'θer] vt: ~ (de) to supply (with); **abastecimiento** nm supply

abasto [a'βasto] nm supply; **no dar ~ a** to be unable to cope with

abatido, a [aβa'tiðo, a] adj dejected, downcast

abatimiento [aβati'mjento] nm (depresión) dejection, depression

abatir [aβa'tir] vt (muro) to demolish; (pájaro) to shoot o bring down; (fig) to depress; **~se** vr to get depressed; **~se sobre** to swoop o pounce on

abdicación [aβðika'θjon] nf abdication

abdicar [aβði'kar] vi to abdicate

abdomen [aβ'ðomen] nm abdomen; **abdominales** nmpl (tb: ejercicios abdominales) sit-ups

abecedario [aβeθe'ðarjo] nm alphabet

abedul [aβe'ðul] nm birch

abeja [a'βexa] nf bee

abejorro [aβe'xorro] nm bumblebee

abertura [aβer'tura] nf = **apertura**

abeto [a'βeto] nm fir

abierto, a [a'βjerto, a] pp de **abrir** ♦ adj open; (AM) generous

abigarrado, a [aβiɣa'rraðo, a] adj multi-coloured

abismal [aβis'mal] adj (fig) vast, enormous

abismar [aβis'mar] vt to humble, cast down; **~se** vr to sink; **~se en** (fig) to be plunged into

abismo [a'βismo] nm abyss

abjurar [aβxu'rar] vi: ~ de to abjure, forswear

ablandar [aβlan'dar] vt to soften; **~se**

vr to get softer

abnegación [aβneɣa'θjon] nf self-denial

abnegado, a [aβne'ɣaðo, a] adj self-sacrificing

abocado, a [aβo'kaðo, a] adj: **verse ~ al desastre** to be heading for disaster

abochornar [aβotʃor'nar] vt to embarrass

abofetear [aβofete'ar] vt to slap (in the face)

abogado, a [aβo'ɣaðo, a] nm/f lawyer; (notario) solicitor; (en tribunal) barrister (BRIT), attorney (US); **~ defensor** defence lawyer o attorney (US)

abogar [aβo'ɣar] vi: ~ **por** to plead for; (fig) to advocate

abolengo [aβo'lengo] nm ancestry, lineage

abolición [aβoli'θjon] nf abolition

abolir [aβo'lir] vt to abolish; (cancelar) to cancel

abolladura [aβoʎa'ðura] nf dent

abollar [aβo'ʎar] vt to dent

abominable [aβomi'naβle] adj abominable

abonado, a [aβo'naðo, a] adj (deuda) paid(-up) ♦ nm/f subscriber

abonar [aβo'nar] vt (deuda) to settle; (terreno) to fertilize; (idea) to endorse; **~se** vr to subscribe; **abono** nm payment; fertilizer; subscription

abordar [aβor'ðar] vt (barco) to board; (asunto) to broach

aborigen [aβo'rixen] nm/f aborigine

aborrecer [aβorre'θer] vt to hate, loathe

abortar [aβor'tar] vi (malparir) to have a miscarriage; (deliberadamente) to have an abortion; **aborto** nm miscarriage; abortion

abotonar [aβoto'nar] vt to button (up), do up

abovedado, a [aβoβe'ðaðo, a] adj vaulted, domed

abrasar [aβra'sar] vt to burn (up);

(AGR) to dry up, parch

abrazar [aβra'θar] *vt* to embrace, hug

abrazo [a'βraθo] *nm* embrace, hug; **un ~** *(en carta)* with best wishes

abrebotellas [aβreβo'teλas] *nm inv* bottle opener

abrecartas [aβre'kartas] *nm inv* letter opener

abrelatas [aβre'latas] *nm inv* tin *(BRIT)* o can opener

abreviar [aβre'βjar] *vt* to abbreviate; *(texto)* to abridge; *(plazo)* to reduce; **abreviatura** *nf* abbreviation

abridor [aβri'ðor] *nm* bottle opener; *(de latas)* tin *(BRIT)* o can opener

abrigar [aβri'var] *vt* (*proteger*) to shelter; *(suj: ropa)* to keep warm; *(fig)* to cherish

abrigo [a'βrivo] *nm (prenda)* coat, overcoat; *(lugar protegido)* shelter

abril [a'βril] *nm* April

abrillantar [aβriλan'tar] *vt* to polish

abrir [a'βrir] *vt* to open (up) ♦ *vi* to open; **~se** *vr* to open (up); *(extenderse)* to open out; *(cielo)* to clear; **~se paso** to find o force a way through

abrochar [aβro'tʃar] *vt (con botones)* to button (up); *(zapato, con broche)* to do up

abrumar [aβru'mar] *vt* to overwhelm; *(sobrecargar)* to weigh down

abrupto, a [a'βrupto, a] *adj* abrupt; *(empinado)* steep

absceso [aβs'θeSo] *nm* abscess

absentismo [aβsen'tiSmo] *nm* absenteeism

absolución [aβsolu'θjon] *nf (REL)* absolution; *(JUR)* acquittal

absoluto, a [aβso'luto, a] *adj* absolute; **en ~** *adv* not at all

absolver [aβsol'βer] *vt* to absolve; *(JUR)* to pardon; *(: acusado)* to acquit

absorbente [aβsor'βente] *adj* absorbent; *(interesante)* absorbing

absorber [aβsor'βer] *vt* to absorb; *(embeber)* to soak up

absorción [aβsor'θjon] *nf* absorption;

(COM) takeover

absorto, a [aβ'sorto, a] *pp de* **absorber** ♦ *adj* absorbed, engrossed

abstemio, a [aβs'temjo, a] *adj* teetotal

abstención [aβsten'θjon] *nf* abstention

abstenerse [aβste'nerse] *vr:* **~ (de)** to abstain o refrain (from)

abstinencia [aβsti'nenθja] *nf* abstinence; *(ayuno)* fasting

abstracción [aβstrak'θjon] *nf* abstraction

abstracto, a [aβs'trakto, a] *adj* abstract

abstraer [aβstra'er] *vt* to abstract; **~se** *vr* to be o become absorbed

abstraído, a [aβstra'iðo, a] *adj* absent-minded

absuelto [aβ'swelto] *pp de* **absolver**

absurdo, a [aβ'surðo, a] *adj* absurd

abuchear [aβutʃe'ar] *vt* to boo

abuelo, a [a'βwelo, a] *nm/f* grandfather/mother; **~s** *nmpl* grandparents

abulia [a'βulja] *nf* apathy

abultado, a [aβul'taðo, a] *adj* bulky

abultar [aβul'tar] *vi* to be bulky

abundancia [aβun'danθja] *nf:* **una ~ de** plenty of; **abundante** *adj* abundant, plentiful

abundar [aβun'dar] *vi* to abound, be plentiful

aburguesarse [aβurve'sarse] *vr* to become middle-class

aburrido, a [aβu'rriðo, a] *adj* *(hastiado)* bored; *(que aburre)* boring; **aburrimiento** *nm* boredom, tedium

aburrir [aβu'rrir] *vt* to bore; **~se** *vr* to be bored, get bored

abusar [aβu'sar] *vi* to go too far; **~ de** to abuse

abusivo, a [aβu'siβo, a] *adj (precio)* exorbitant

abuso [a'βuSo] *nm* abuse

abyecto, a [aβ'jekto, a] *adj* wretched, abject

acá [a'ka] adv (lugar) here; ¿de
cuándo ~? since when?

acabado, a [aka'βaðo, a] adj finished,
complete; (perfecto) perfect; (agotado)
worn out; (fig) masterly ♦ nm finish

acabar [aka'βar] vt (llevar a su fin) to
finish, complete; (consumir) to use up;
(rematar) to finish off ♦ vi to finish,
end; ~se vr to finish, stop; (terminarse)
to be over; (agotarse) to run out;
~ con to put an end to; ~ de llegar
to have just arrived; ~ por hacer to
end (up) by doing; ¡se acabó! it's all
over!; (¡basta!) that's enough!

acabóse [aka'βose] nm: esto es el ~
this is the last straw

academia [aka'ðemja] nf academy;
académico, a adj academic

acaecer [akae'θer] vi to happen, occur

acallar [aka'ʎar] vt (persona) to silence;
(protestas, rumores) to suppress

acalorado, a [akalo'raðo, a] adj
(discusión) heated

acalorarse [akalo'rarse] vr (fig) to get
heated

acampar [akam'par] vi to camp

acantilado [akanti'laðo] nm cliff

acaparar [akapa'rar] vt to monopolize;
(acumular) to hoard

acariciar [akari'θjar] vt to caress;
(esperanza) to cherish

acarrear [akarre'ar] vt to transport;
(fig) to cause, result in

acaso [a'kaso] adv perhaps, maybe;
(por) si ~ (just) in case

acatamiento [akata'mjento] nm
respect; (ley) observance

acatar [aka'tar] vt to respect; (ley) obey

acatarrarse [akata'rrarse] vr to catch a
cold

acaudalado, a [akauða'laðo, a] adj
well-off

acaudillar [akauði'ʎar] vt to lead,
command

acceder [akθe'ðer] vi: ~ a (petición etc)
to agree to; (tener acceso a) to have
access to; (INFORM) to access

accesible [akθe'sißle] adj accessible

acceso [ak'θeso] nm access, entry;
(camino) access, approach; (MED)
attack, fit

accesorio, a [akθe'sorjo, a] adj, nm
accessory

accidentado, a [akθiðen'taðo, a] adj
uneven; (montañoso) hilly; (azaroso)
eventful ♦ nm/f accident victim

accidental [akθiðen'tal] adj
accidental; **accidentarse** vr to have
an accident

accidente [akθi'ðente] nm accident;
~s nmpl (de terreno) unevenness sg

acción [ak'θjon] nf action; (acto)
action, act; (COM) share; (JUR) action,
lawsuit; **accionar** vt to work, operate;
(INFORM) to drive

accionista [akθjo'nista] nm/f
shareholder, stockholder

acebo [a'θeβo] nm holly; (árbol) holly
tree

acechar [aθe'tʃar] vt to spy on;
(aguardar) to lie in wait for; **acecho**
nm: estar al acecho (de) to lie in
wait (for)

aceitar [aθei'tar] vt to oil, lubricate

aceite [a'θeite] nm oil; (de oliva) olive
oil; ~ra nf oilcan; **aceitoso, a** adj oily

aceituna [aθei'tuna] nf olive

acelerador [aθelera'ðor] nm
accelerator

acelerar [aθele'rar] vt to accelerate

acelga [a'θelɣa] nf chard, beet

acento [a'θento] nm accent;
(acentuación) stress

acentuar [aθen'twar] vt to accent; to
stress; (fig) to accentuate

acepción [aθep'θjon] nf meaning

aceptable [aθep'taßle] adj acceptable

aceptación [aθepta'θjon] nf
acceptance; (aprobación) approval

aceptar [aθep'tar] vt to accept;
(aprobar) to approve

acequia [a'θekja] nf irrigation ditch

acera [a'θera] nf pavement (BRIT);
sidewalk (US)

acerca [a'θerka]: ~ **de** prep about, concerning

acercar [aθer'kar] vt to bring o move nearer; ~**se** vr to approach, come near

acerico [aθe'riko] nm pincushion

acero [a'θero] nm steel

acérrimo, a [a'θerrimo, a] adj (partidario) staunch; (enemigo) bitter

acertado, a [aθer'taðo, a] adj correct; (apropiado) apt; (sensato) sensible

acertar [aθer'tar] vt (blanco) to hit; (solución) to get right; (adivinar) to guess ♦ vi to get it right, be right; ~ **a** to manage to; ~ **con** to happen o hit on

acertijo [aθer'tixo] nm riddle, puzzle

achacar [atʃa'kar] vt to attribute

achacoso, a [atʃa'koso, a] adj sickly

achantar [atʃan'tar] (fam) vt to scare, frighten; ~**se** vr to back down

achaque etc [a'tʃake] vb ver **achacar** ♦ nm ailment

achicar [atʃi'kar] vt to reduce; (NAUT) to bale out

achicharrar [atʃitʃa'rrar] vt to scorch, burn

achicoria [atʃi'korja] nf chicory

aciago, a [a'θjaɣo, a] adj ill-fated, fateful

acicalar [aθika'lar] vt to polish; (persona) to dress up; ~**se** vr to get dressed up

acicate [aθi'kate] nm spur

acidez [aθi'ðeθ] nf acidity

ácido, a [a'θiðo, a] adj sour, acid ♦ nm acid

acierto etc [a'θjerto] vb ver **acertar** ♦ nm success; (buen paso) wise move; (solución) solution; (habilidad) skill, ability

aclamación [aklama'θjon] nf acclamation; (aplausos) applause

aclamar [akla'mar] vt to acclaim; (aplaudir) to applaud

aclaración [aklara'θjon] nf clarification, explanation

aclarar [akla'rar] vt to clarify, explain;

(ropa) to rinse ♦ vi to clear up; ~**se** vr (explicarse) to understand; ~**se la garganta** to clear one's throat

aclaratorio, a [aklara'torjo, a] adj explanatory

aclimatación [aklimata'θjon] nf acclimatization

aclimatar [aklima'tar] vt to acclimatize; ~**se** vr to become acclimatized

acné [ak'ne] nm acne

acobardar [akoβar'ðar] vt to intimidate

acodarse [ako'ðarse] vr: ~ **en** to lean on

acogedor, a [akoxe'ðor, a] adj welcoming; (hospitalario) hospitable

acoger [ako'xer] vt to welcome; (abrigar) to shelter; ~**se** vr to take refuge

acogida [ako'xiða] nf reception; refuge

acometer [akome'ter] vt to attack; (emprender) to undertake; **acometida** nf attack, assault

acomodado, a [akomo'ðaðo, a] adj (persona) well-to-do

acomodador, a [akomoða'ðor, a] nm/f usher(ette)

acomodar [akomo'ðar] vt to adjust; (alojar) to accommodate; ~**se** vr to conform; (instalarse) to install o.s.; (adaptarse) ~**se (a)** to adapt (to)

acompañar [akompa'ɲar] vt to accompany; (documentos) to enclose

acondicionar [akondiθjo'nar] vt to arrange, prepare; (pelo) to condition

acongojar [akongo'xar] vt to distress, grieve

aconsejar [akonse'xar] vt to advise, counsel; ~**se** vr: ~**se con** to consult

acontecer [akonte'θer] vi to happen, occur; **acontecimiento** nm event

acopio [a'kopjo] nm store, stock

acoplamiento [akopla'mjento] nm coupling, joint; **acoplar** vt to fit; (ELEC) to connect; (vagones) to couple

acorazado, a [akora'θaðo, a] adj

armour-plated, armoured ♦ *nm* battleship

acordar [akor'ðar] *vt* (*resolver*) to agree, resolve; (*recordar*) to remind; **~se** *vr* to agree; **~se (de algo)** to remember (sth); **acorde** *adj* (*MUS*) harmonious; **acorde con** (*medidas etc*) in keeping with ♦ *nm* chord

acordeón [akorðe'on] *nm* accordion

acordonado, a [akorðo'naðo, a] *adj* (*calle*) cordoned-off

acorralar [akorra'lar] *vt* to round up, corral

acortar [akor'tar] *vt* to shorten; (*duración*) to cut short; (*cantidad*) to reduce; **~se** *vr* to become shorter

acosar [ako'sar] *vt* to pursue relentlessly; (*fig*) to hound, pester; **acoso** *nm* harassment; **acoso sexual** sexual harassment

acostar [akos'tar] *vt* (*en cama*) to put to bed; (*en suelo*) to lay down; **~se** *vr* to go to bed; to lie down; **~se con uno** to sleep with sb

acostumbrado, a [akostum'braðo, a] *adj* usual; **~ a** used to

acostumbrar [akostum'brar] *vt*: **~ a uno a algo** to get sb used to sth ♦ *vi*: **~ (a) hacer** to be in the habit of doing; **~se** *vr*: **~se a** to get used to

acotación [akota'θjon] *nf* marginal note; (*GEO*) elevation mark; (*de límite*) boundary mark; (*TEATRO*) stage direction

ácrata ['akrata] *adj*, *nm/f* anarchist

acre ['akre] *adj* (*olor*) acrid; (*fig*) biting ♦ *nm* acre

acrecentar [akreθen'tar] *vt* to increase, augment

acreditar [akreði'tar] *vt* (*garantizar*) to vouch for, guarantee; (*autorizar*) to authorize; (*dar prueba de*) to prove; (*COM: abonar*) to credit; (*embajador*) to accredit; **~se** *vr* to become famous

acreedor, a [akree'ðor, a] *adj*: **~ de** worthy of ♦ *nm/f* creditor

acribillar [akriβi'ʎar] *vt*: **~ a balazos** to riddle with bullets

acróbata [a'kroβata] *nm/f* acrobat

acta ['akta] *nf* certificate; (*de comisión*) minutes *pl*, record; **~ de nacimiento/de matrimonio** birth/marriage certificate; **~ notarial** affidavit

actitud [akti'tuð] *nf* attitude; (*postura*) posture

activar [akti'βar] *vt* to activate; (*acelerar*) to speed up

actividad [aktiβi'ðað] *nf* activity

activo, a [ak'tiβo, a] *adj* active; (*vivo*) lively ♦ *nm* (*COM*) assets *pl*

acto ['akto] *nm* act, action; (*ceremonia*) ceremony; (*TEATRO*) act; **en el ~** immediately

actor [ak'tor] *nm* actor; (*JUR*) plaintiff ♦ *adj*: **parte ~a** prosecution

actriz [ak'triθ] *nf* actress

actuación [aktwa'θjon] *nf* action; (*comportamiento*) conduct, behaviour; (*JUR*) proceedings *pl*; (*desempeño*) performance

actual [ak'twal] *adj* present(-day), current; **~idad** *nf* present; **~idades** *nfpl* (*noticias*) news *sg*; **en la ~idad** at present; (*hoy día*) nowadays

actualizar [aktwali'θar] *vt* to update, modernize

actualmente [aktwal'mente] *adv* at present; (*hoy día*) nowadays

actuar [ak'twar] *vi* (*obrar*) to work, operate; (*actor*) to act, perform ♦ *vt* to work, operate; **~ de** to act as

acuarela [akwa're·la] *nf* watercolour

acuario [a'kwarjo] *nm* aquarium; (*ASTROLOGÍA*): **A~** Aquarius

acuartelar [akwarte'lar] *vt* (*MIL*) to confine to barracks

acuático, a [a'kwatiko, a] *adj* aquatic

acuchillar [akutʃi'ʎar] *vt* (*TEC*) to plane (down), smooth

acuciante [aku'θjante] *adj* urgent

acuciar [aku'θjar] *vt* to urge on

acudir [aku'ðir] *vi* (*asistir*) to attend; (*ir*) to go; **~ a** (*fig*) to turn to; **~ en**

ayuda de to go to the aid of

acuerdo *etc* [a'kwerðo] *vb ver* **acordar**
♦ *nm* agreement; **¡de ~!** agreed!; **de
~ con** (*persona*) in agreement with;
(*acción, documento*) in accordance
with; **estar de ~** to be agreed, agree

acumular [akumu'lar] *vt* to
accumulate, collect

acuñar [aku'ɲar] *vt* (*moneda*) to mint;
(*frase*) to coin

acupuntura [akupun'tura] *nf*
acupuncture

acurrucarse [akurru'karse] *vr* to
crouch; (*ovillarse*) to curl up

acusación [akusa'θjon] *nf* accusation

acusar [aku'sar] *vt* to accuse; (*revelar*)
to reveal; (*denunciar*) to denounce

acuse [a'kuse] *nm*: **~ de recibo**
acknowledgement of receipt

acústica [a'kustika] *nf* acoustics *pl*

acústico, a [a'kustiko, a] *adj* acoustic

adaptación [aðapta'θjon] *nf*
adaptation

adaptador [aðapta'ðor] *nm* (*ELEC.*)
adapter

adaptar [aðap'tar] *vt* to adapt;
(*acomodar*) to fit

adecuado, a [aðe'kwaðo, a] *adj* (*apto*)
suitable; (*oportuno*) appropriate

adecuar [aðe'kwar] *vt* to adapt; to
make suitable

a. de J.C. *abr* (= *antes de Jesucristo*)
B.C.

adelantado, a [aðelan'taðo, a] *adj*
advanced; (*reloj*) fast; **pagar por ~** to
pay in advance

adelantamiento [aðelanta'mjento]
nm (*AUTO*) overtaking

adelantar [aðelan'tar] *vt* to move
forward; (*avanzar*) to advance;
(*acelerar*) to speed up; (*AUTO*) to
overtake ♦ *vi* to go forward, advance;
~se *vr* to go forward, advance

adelante [aðe'lante] *adv* forward(s),
ahead ♦ *excl* come in!; **de hoy en ~**
from now on; **más ~** later on; (*más
allá*) further on

adelanto [aðe'lanto] *nm* advance;
(*mejora*) improvement; (*progreso*)
progress

adelgazar [aðelva'θar] *vt* to thin
(down) ♦ *vi* to get thin; (*con régimen*)
to slim down, lose weight

ademán [aðe'man] *nm* gesture;
ademanes *nmpl* manners; **en ~ de** as
if to

además [aðe'mas] *adv* besides; (*por
otra parte*) moreover; (*también*) also;
~ de besides, in addition to

adentrarse [aðen'trarse] *vr*: **~ en** to
go into, get inside; (*penetrar*) to
penetrate (into)

adentro [a'ðentro] *adv* inside, in; **mar
~** out at sea; **tierra ~** inland

adepto, a [a'ðepto, a] *nm/f* supporter

aderezar [aðere'θar] *vt* (*ensalada*) to
dress; (*comida*) to season; **aderezo** *nm*
dressing; seasoning

adeudar [aðeu'ðar] *vt* to owe; **~se** *vr*
to run into debt

adherirse [aðe'rirse] *vr*: **~ a** to adhere
to; (*partido*) to join

adhesión [aðe'sjon] *nf* adhesion; (*fig*)
adherence

adicción [aðik'θjon] *nf* addiction

adición [aði'θjon] *nf* addition

adicto, a [a'ðikto, a] *adj*: **~ a** addicted
to; (*dedicado*) devoted to ♦ *nm/f*
supporter, follower; (*toxicómano etc*)
addict

adiestrar [aðjes'trar] *vt* to train, teach,
(*conducir*) to guide, lead; **~se** *vr* to
practise; (*enseñarse*) to train o.s.

adinerado, a [aðine'raðo, a] *adj*
wealthy

adiós [a'ðjos] *excl* (*para despedirse*)
goodbye!, cheerio!; (*al pasar*) hello!

aditivo [aði'tißo] *nm* additive

adivinanza [aðißi'nanθa] *nf* riddle

adivinar [aðißi'nar] *vt* to prophesy;
(*conjeturar*) to guess; **adivino, a** *nm/f*
fortune-teller

adj *abr* (= *adjunto*) encl.

adjetivo [aðxe'tißo] *nm* adjective

adjudicación [aðxuðika'θjon] nf award; adjudication

adjudicar [aðxuði'kar] vt to award; **~se algo** vr: **~se algo** to appropriate sth

adjuntar [aðxun'tar] vt to attach, enclose; **adjunto, a** adj attached, enclosed ♦ nm/f assistant

administración [aðministra'θjon] nf administration; (dirección) management; **administrador, a** nm/f administrator; manager(ess)

administrar [aðminis'trar] vt to administer; **administrativo, a** adj administrative

admirable [aðmi'raβle] adj admirable

admiración [aðmira'θjon] nf admiration; (asombro) wonder; (LING) exclamation mark

admirar [aðmi'rar] vt to admire; (extrañar) to surprise; **~se** vr to be surprised

admisible [aðmi'siβle] adj admissible

admisión [aðmi'sjon] nf admission; (reconocimiento) acceptance

admitir [aðmi'tir] vt to admit; (aceptar) to accept

admonición [aðmoni'θjon] nf warning

adobar [aðo'βar] vt (CULIN) to season

adobe [a'ðoβe] nm adobe, sun-dried brick

adoctrinar [aðoktri'nar] vt: **~ en** to indoctrinate with

adolecer [aðole'θer] vi: **~ de** to suffer from

adolescente [aðoles'θente] nm/f adolescent, teenager

adonde [a'ðonðe] conj (to) where

adónde [a'ðonðe] adv = **dónde**

adopción [aðop'θjon] nf adoption

adoptar [aðop'tar] vt to adopt

adoptivo, a [aðop'tiβo, a] adj (padres) adoptive; (hijo) adopted

adoquín [aðo'kin] nm paving stone

adorar [aðo'rar] vt to adore

adormecer [aðorme'θer] vt to put to sleep; **~se** vr to become sleepy;

(dormirse) to fall asleep

adornar [aðor'nar] vt to adorn

adorno [a'ðorno] nm ornament; (decoración) decoration

adosado, a [aðo'saðo, a] adj: **casa adosada** semi-detached house

adquiero etc vb ver **adquirir**

adquirir [aðki'rir] vt to acquire, obtain

adquisición [aðkisi'θjon] nf acquisition

adrede [a'ðreðe] adv on purpose

adscribir [aðskri'βir] vt to appoint

adscrito pp de **adscribir**

aduana [a'ðwana] nf customs pl

aduanero, a [aðwa'nero, a] adj customs cpd ♦ nm/f customs officer

aducir [aðu'θir] vt to adduce; (dar como prueba) to offer as proof

adueñarse [aðwe'narse] vr: **~ de** to take possession of

adulación [aðula'θjon] nf flattery

adular [aðu'lar] vt to flatter

adulterar [aðulte'rar] vt to adulterate

adulterio [aðul'terjo] nm adultery

adúltero, a [a'ðultero, a] adj adulterous ♦ nm/f adulterer/adulteress

adulto, a [a'ðulto, a] adj, nm/f adult

adusto, a [a'ðusto, a] adj stern; (austero) austere

advenedizo, a [aðβene'ðiθo, a] nm/f upstart

advenimiento [aðβeni'mjento] nm arrival; (al trono) accession

adverbio [að'βerβjo] nm adverb

adversario, a [aðβer'sarjo, a] nm/f adversary

adversidad [aðβersi'ðað] nf adversity; (contratiempo) setback

adverso, a [að'βerso, a] adj adverse

advertencia [aðβer'tenθja] nf warning; (prefacio) preface, foreword

advertir [aðβer'tir] vt to notice; (avisar): **~ a uno de** to warn sb about o of

Adviento [að'βjento] nm Advent

advierto etc vb ver **advertir**

adyacente [aðja'θente] adj adjacent

aéreo, a [a'ereo, a] *adj* aerial

aerobic [ae'roßik] *nm* aerobics *sg*

aerodeslizador [aeroðesliɣa'ðor] *nm* hovercraft

aeromozo, a [aero'moθo, a] *(AM) nm/f* air steward(ess)

aeronáutica [aero'nautika] *nf* aeronautics *sg*

aeronave [aero'naße] *nm* spaceship

aeroplano [aero'plano] *nm* aeroplane

aeropuerto [aero'pwerto] *nm* airport

aerosol [aero'sol] *nm* aerosol

afabilidad [afaßili'ðað] *nf* friendliness; **afable** [a'faßle] *adj* affable

afamado, a [afa'maðo, a] *adj* famous

afán [a'fan] *nm* hard work; *(deseo)* desire

afanar [afa'nar] *vt* to harass; *(fam)* to pinch; **~se** *vr* **~se por hacer** to strive to do

afear [afe'ar] *vt* to disfigure

afección [afek'θjon] *nf* (MED) disease

afectación [afekta'θjon] *nf* affectation; **afectado, a** *adj* affected

afectar [afek'tar] *vt* to affect

afectísimo, a [afek'tisimo, a] *adj* affectionate; **suyo ~** yours truly

afectivo, a [afek'tißo, a] *adj* (problema etc) emotional

afecto [a'fekto] *nm* affection; **tenerle ~ a uno** to be fond of sb

afectuoso, a [afek'twoso, a] *adj* affectionate

afeitar [afei'tar] *vt* to shave; **~se** *vr* to shave

afeminado, a [afemi'naðo, a] *adj* effeminate

Afganistán [afɣanis'tan] *nm* Afghanistan

afianzamiento [afjanθa'mjento] *nm* strengthening; security

afianzar [afjan'θar] *vt* to strengthen; to secure; **~se** *vr* to become established

afiche [a'fitfe] *(AM) nm* poster

afición [afi'θjon] *nf* fondness, liking; **la ~ the fans** *pl*; **pinto por ~** I paint as a

hobby; **aficionado, a** *adj* keen, enthusiastic; *(no profesional)* amateur ♦ *nm/f* enthusiast, fan; amateur; **ser aficionado a algo** to be very keen on o fond of sth

aficionar [afiθjo'nar] *vt:* **~ a uno a algo** to make sb like sth; **~se** *vr:* **~se a algo** to grow fond of sth

afilado, a [afi'laðo, a] *adj* sharp

afilar [afi'lar] *vt* to sharpen

afiliarse [afi'ljarse] *vr* to affiliate

afín [a'fin] *adj (parecido)* similar; *(conexo)* related

afinar [afi'nar] *vt* (TEC) to refine; *(MUS)* to tune ♦ *vi (tocar)* to play in tune; *(cantar)* to sing in tune

afincarse [afin'karse] *vr* to settle

afinidad [afini'ðað] *nf* affinity; *(parentesco)* relationship; **por ~** by marriage

afirmación [afirma'θjon] *nf* affirmation

afirmar [afir'mar] *vt* to affirm, state; **afirmativo, a** *adj* affirmative

aflicción [aflik'θjon] *nf* affliction; *(dolor)* grief

afligir [afli'xir] *vt* to afflict; *(apenar)* to distress; **~se** *vr* to grieve

aflojar [aflo'xar] *vt* to slacken; *(desatar)* to loosen, undo; *(relajar)* to relax ♦ *vi* to drop; *(bajar)* to go down; **~se** *vr* to relax

aflorar [aflo'rar] *vi* to come to the surface, emerge

afluente [aflu'ente] *adj* flowing ♦ *nm* tributary

afluir [aflu'ir] *vi* to flow

afmo, a *abr* (= *afectísimo(a) suyo(a)*) Yours

afónico, a [a'foniko, a] *adj:* **estar ~** to have a sore throat; to have lost one's voice

aforo [a'foro] *nm (de teatro etc)* capacity

afortunado, a [afortu'naðo, a] *adj* fortunate, lucky

afrancesado, a [afranθe'saðo, a] *adj*

francophile; (pey) Frenchified

afrenta |aˈfrenta| nf affront, insult; (deshonra) dishonour, shame

África |ˈafrika| nf Africa; **africano, a** adj, nm/f African

afrontar |afronˈtar| vt to confront; (poner cara a cara) to bring face to face

afuera |aˈfwera| adv out, outside; ~s nfpl outskirts

agachar |axaˈtʃar| vt to bend, bow; ~se vr to stoop, bend

agalla |aˈɣaʎa| nf (ZOOL) gill; **tener ~s** (fam) to have guts

agarradera |axarraˈðera| (esp AM) nf handle

agarrado, a |axaˈrraðo, a| adj mean, stingy

agarrar |axaˈrrar| vt to grasp, grab; (AM) to take, catch; (recoger) to pick up ♦ vi (planta) to take root; ~se vr to hold on (tightly)

agarrotar |axarroˈtar| vt (persona) to squeeze tightly; (reo) to garrotte; ~se vr (motor) to seize up; (MED) to stiffen

agasajar |axasaˈxar| vt to treat well, fête

agazaparse |axaθaˈparse| vr to crouch down

agencia |aˈxenθja| nf agency; **~ inmobiliaria** estate (BRIT) o real estate (US) agent's (office); **~ de viajes** travel agency

agenciarse |axenˈθjarse| vr to obtain, procure

agenda |aˈxenda| nf diary

agente |aˈxente| nm/f agent; (de policía) policeman/policewoman; **~ inmobiliario** estate agent (BRIT), realtor (US); **~ de seguros** insurance agent

ágil |ˈaxil| adj agile, nimble; **agilidad** nf agility, nimbleness

agilizar |axiliˈθar| vt (trámites) to speed up

agitación |axitaˈθjon| nf (de mano etc) shaking, waving; (de líquido etc)

stirring; (fig) agitation

agitado, a |axiˈtaðo, a| adj hectic; (viaje) bumpy

agitar |axiˈtar| vt to wave, shake; (líquido) to stir; (fig) to stir up, excite; ~se vr to get excited; (inquietarse) to get worried o upset

aglomeración |axlomeraˈθjon| nf: **~ de tráfico/gente** traffic jam/mass of people

aglomerar |axlomeˈrar| vt to crowd together; ~se vr to crowd together

agnóstico, a |axˈnostiko, a| adj, nm/f agnostic

agobiar |axoˈβjar| vt to weigh down; (oprimir) to oppress; (cargar) to burden

agolparse |axolˈparse| vr to crowd together

agonía |axoˈnia| nf death throes pl; (fig) agony, anguish

agonizante |axoniˈθante| adj dying

agonizar |axoniˈθar| vi to be dying

agosto |aˈɣosto| nm August

agotado, a |axoˈtaðo, a| adj (persona) exhausted; (libros) out of print; (acabado) finished; (COM) sold out

agotador, a |axotaˈðor, a| adj exhausting

agotamiento |axotaˈmjento| nm exhaustion

agotar |axoˈtar| vt to exhaust; (consumir) to drain; (recursos) to use up, deplete; ~se vr to be exhausted; (acabarse) to run out; (libro) to go out of print

agraciado, a |axraˈθjaðo, a| adj (atractivo) attractive; (en sorteo etc) lucky

agradable |axraˈðaβle| adj pleasant, nice

agradar |axraˈðar| vt: **él me agrada** I like him

agradecer |axraðeˈθer| vt to thank; (favor etc) to be grateful for; **agradecido, a** adj grateful; **¡muy agradecido!** thanks a lot!; **agradecimiento** nm thanks pl;

gratitude

agradezco etc vb ver **agradecer**

agrado [a'ɣraðo] nm: **ser de tu** etc ~ to be to your etc liking

agrandar [aɣran'dar] vt to enlarge; (fig) to exaggerate; **~se** vr to get bigger

agrario, a [a'ɣrarjo, a] adj agrarian, land cpd; (política) agricultural, farming

agravante [aɣra'βante] adj aggravating ♦ nm: **con el ~ de que ...** with the further difficulty that ....

agravar [aɣra'βar] vt (pesar sobre) to make heavier; (irritar) to aggravate; **~se** vr to worsen, get worse

agraviar [aɣra'βjar] vt to offend; (ser injusto con) to wrong; **~se** vr to take offence; **agravio** nm offence; wrong; (JUR) grievance

agredir [aɣre'ðir] vt to attack

agregado, a [aɣre'ɣaðo, a] nm/f: **A~** ≈ teacher (who is not head of department) ♦ nm aggregate; (persona) attaché

agregar [aɣre'ɣar] vt to gather; (añadir) to add; (persona) to appoint

agresión [aɣre'sjon] nf aggression

agresivo, a [aɣre'siβo, a] adj aggressive

agriar [a'ɣrjar] vt to (turn) sour; **~se** vr to turn sour

agrícola [a'ɣrikola] adj farming cpd, agricultural

agricultor, a [aɣrikul'tor, a] nm/f farmer

agricultura [aɣrikul'tura] nf agriculture, farming

agridulce [aɣri'ðulθe] adj bittersweet; (CULIN) sweet and sour

agrietarse [aɣrje'tarse] vr to crack; (piel) to chap

agrimensor, a [aɣrimen'sor, a] nm/f surveyor

agrio, a ['aɣrjo, a] adj bitter

agrupación [aɣrupa'θjon] nf group; (acto) grouping

agrupar [aɣru'par] vt to group

agua ['aɣwa] nf water; (NAUT) wake; (ARQ) slope of a roof; **~s** nfpl (de piedra) water sg, sparkle sg; (MED) water sg, urine sg; (NAUT) waters; **~s abajo/arriba** downstream/upstream; **~ bendita/destilada/potable** holy/ distilled/drinking water; **~ caliente** hot water; **~ corriente** running water; **~ de colonia** eau de cologne; **~ mineral (con/sin gas)** (carbonated/uncarbonated) mineral water; **~ oxigenada** hydrogen peroxide; **~s jurisdiccionales** territorial waters

aguacate [aɣwa'kate] nm avocado (pear)

aguacero [aɣwa'θero] nm (heavy) shower, downpour

aguado, a [a'ɣwaðo, a] adj watery, watered down

aguafiestas [aɣwa'fjestas] nm/f inv spoilsport, killjoy

aguanieve [aɣwa'njeβe] nf sleet

aguantar [aɣwan'tar] vt to bear, put up with; (sostener) to hold up ♦ vi to last; **~se** vr to restrain o.s.; **aguante** nm (paciencia) patience; (resistencia) endurance

aguar [a'ɣwar] vt to water down

aguardar [aɣwar'ðar] vt to wait for

aguardiente [aɣwar'ðjente] nm brandy, liquor

aguarrás [aɣwa'rras] nm turpentine

agudeza [aɣu'ðeθa] nf sharpness; (ingenio) wit

agudizar [aɣuði'θar] vt (crisis) to make worse; **~se** vr to get worse

agudo, a [a'ɣuðo, a] adj sharp; (voz) high-pitched, piercing; (dolor, enfermedad) acute

agüero [a'ɣwero] nm: **buen/mal ~** good/bad omen

aguijón [aɣi'xon] nm sting; (fig) spur

águila ['aɣila] nf eagle; (fig) genius

aguileño, a [aɣi'leɲo, a] adj (nariz) aquiline; (rostro) sharp-featured

aguinaldo [aɣi'naldo] nm Christmas

box

aguja [a'xuxa] nf needle; (de reloj) hand; (ARQ) spire; (TEC) firing-pin; ~s nfpl (ZOOL) ribs; (FERRO) points

agujerear [axuxere'ar] vt to make holes in

agujero [axu'xero] nm hole

agujetas [axu'xetas] nfpl stitch sg; (rigidez) stiffness sg

aguzar [axu'θar] vt to sharpen; (fig) to incite

ahí [a'i] adv there; **de ~ que** so that, with the result that; **~ llega** here he comes; **por ~** that way; (allá) over there; **200 o por ~** 200 or so

ahijado, a [ai'xaðo, a] nm/f godson/daughter

ahínco [a'inko] nm earnestness

ahogar [ao'xar] vt to drown; (asfixiar) to suffocate, smother; (fuego) to put out; **~se** vr (en el agua) to drown; (por asfixia) to suffocate

ahogo [a'oxo] nm breathlessness; (fig) financial difficulty

ahondar [aon'dar] vt to deepen, make deeper; (fig) to study thoroughly ♦ vi: **~ en** to study thoroughly

ahora [a'ora] adv now; (hace poco) a moment ago, just now; (dentro de poco) in a moment; **~ voy** I'm coming; **~ mismo** right now; **~ bien** now then; **por ~** for the present

ahorcar [aor'kar] vt to hang

ahorita [ao'rita] (fam: esp AM) adv right now

ahorrar [ao'rrar] vt (dinero) to save; (esfuerzos) to save, avoid; **ahorro** nm (acto) saving; **ahorros** nmpl (dinero) savings

ahuecar [awe'kar] vt to hollow (out); (voz) to deepen; **~se** vr to give o.s. airs

ahumar [au'mar] vt to smoke, cure; (llenar de humo) to fill with smoke ♦ vi to smoke; **~se** vr to fill with smoke

ahuyentar [aujen'tar] vt to drive off, frighten off; (fig) to dispel

airado, a [ai'raðo, a] adj angry

airar [ai'rar] vt to anger; **~se** vr to get angry

aire ['aire] nm air; (viento) wind; (corriente) draught; (MUS) tune; **~s** nmpl: **darse ~s** to give o.s. airs; **al ~ libre** in the open air; **~ acondicionado** air conditioning; **airearse** vr (persona) to go out for a breath of fresh air; **airoso, a** adj windy; draughty; (fig) graceful

aislado, a [ais'laðo, a] adj isolated; (incomunicado) cut-off; (ELEC) insulated

aislar [ais'lar] vt to isolate; (ELEC) to insulate

ajardinado, a [axarði'naðo, a] adj landscaped

ajedrez [axe'ðreθ] nm chess

ajeno, a [a'xeno, a] adj (que pertenece a otro) somebody else's; **~ a** foreign to

ajetreado, a [axetre'aðo, a] adj busy

ajetreo [axe'treo] nm bustle

ají [a'xi] (AM) nm chil(l)i, red pepper; (salsa) chil(l)i sauce

ajillo [a'xiʎo] nm: **gambas al ~** garlic prawns

ajo ['axo] nm garlic

ajuar [a'xwar] nm household furnishings pl; (de novia) trousseau; (de niño) layette

ajustado, a [axus'taðo, a] adj (tornillo) tight; (cálculo) right; (ropa) tight(-fitting); (resultado) close

ajustar [axus'tar] vt (adaptar) to adjust; (encajar) to fit; (TEC) to engage; (IMPRENTA) to make up; (apretar) to tighten; (concertar) to agree (on); (reconciliar) to reconcile; (cuentas, deudas) to settle ♦ vi to fit; **~se** vr: **~se a** (precio etc) to be in keeping with, fit in with; **~ las cuentas a uno** to get even with sb

ajuste [a'xuste] nm adjustment; (COSTURA) fitting; (acuerdo) compromise; (de cuenta) settlement

al [al] (= a + el) ver **a**

ala ['ala] nf wing; (de sombrero) brim; (futbolista) winger; **~ delta** nf hang-glider

alabanza [ala'βanθa] nf praise

alabar [ala'βar] vt to praise

alacena [ala'θena] nf kitchen cupboard (BRIT), kitchen closet (US)

alacrán [ala'kran] nm scorpion

alambique [alam'bike] nm still

alambrada [alam'braða] nf wire fence; (red) wire netting

alambrado [alam'braðo] nm = alambrada

alambre [a'lambre] nm wire; ~ de púas barbed wire

alameda [ala'meða] nf (plantío) poplar grove; (lugar de paseo) avenue, boulevard

álamo ['alamo] nm poplar; ~ temblón aspen

alarde [a'larðe] nm show, display; hacer ~ de to boast of

alargador [alarɣa'ðor] nm (ELEC) extension lead

alargar [alar'ɣar] vt to lengthen, extend; (paso) to hasten; (brazo) to stretch out; (cuerda) to pay out; (conversación) to spin out; ~se vr to get longer

alarido [ala'riðo] nm shriek

alarma [a'larma] nf alarm

alarmar vt to alarm; ~se to get alarmed; **alarmante** [alar'mante] adj alarming

alba ['alβa] nf dawn

albacea [alβa'θea] nm/f ejecutor/ executrix

albahaca [al'βaka] nf basil

Albania [al'βanja] nf Albania

albañil [alβa'ɲil] nm bricklayer; (cantero) mason

albarán [alβa'ran] nm (COM) delivery note, invoice

albaricoque [alβari'koke] nm apricot

albedrío [alβe'ðrio] nm: **libre ~** free will

alberca [al'βerka] nf reservoir; (AM) swimming pool

albergar [alβer'ɣar] vt to shelter

albergue etc [al'βerɣe] vb ver **albergar ♦** nm shelter, refuge; ~ **juvenil** youth hostel

albóndiga [al'βondiɣa] nf meatball

albornoz [alβor'noθ] nm (de los árabes) burnous; (para el baño) bathrobe

alborotar [alβoro'tar] vi to make a row ♦ vt to agitate, stir up; ~se vr to get excited; (mar) to get rough; **alboroto** nm row, uproar

alborozar [alβoro'θar] vt to gladden; ~se vr to rejoice

alborozo [alβo'roθo] nm joy

álbum ['alβum] (pl ~s, ~es) nm album; ~ **de recortes** scrapbook

alcachofa [alka'tʃofa] nf artichoke

alcalde, esa [al'kalde, esa] nm/f mayor(ess)

alcaldía [alkal'dia] nf mayoralty; (lugar) mayor's office

alcance etc [al'kanθe] vb ver **alcanzar ♦** nm reach; (COM) adverse balance

alcantarilla [alkanta'riʎa] nf (de aguas cloacales) sewer; (en la calle) gutter

alcanzar [alkan'θar] vt (algo: con la mano, el pie) to reach; (alguien: en el camino etc) to catch up with; (autobús) to catch; (suj: bala) to hit, strike ♦ vi (ser suficiente) to be enough; ~ **a hacer** to manage to do

alcaparra [alka'parra] nf caper

alcayata [alka'jata] nf hook

alcázar [al'kaθar] nm fortress; (NAUT) quarter-deck

alcoba [al'koβa] nf bedroom

alcohol [al'kol] nm alcohol; ~ **metílico** methylated spirits pl (BRIT), wood alcohol (US); **alcohólico, a** adj, nm/f alcoholic

alcoholímetro [alko'limetro] nm Breathalyser ® (BRIT), drunkometer (US)

alcoholismo [alko'lismo] nm alcoholism

alcornoque [alkor'noke] nm cork tree; (fam) idiot

alcurnia [al'kurnja] nf lineage
aldaba [al'daβa] nf (door) knocker
aldea [al'dea] nf village; **~no, a** adj village cpd ♦ nm/f villager
aleación [alea'θjon] nf alloy
aleatorio, a [alea'torjo, a] adj random
aleccionar [alekθjo'nar] vt to instruct; (adiestrar) to train
alegación [alega'θjon] nf allegation
alegar [ale'ɣar] vt to claim; (JUR) to plead ♦ vi (AM) to argue
alegato [ale'ɣato] nm (JUR) allegation; (AM) argument
alegoría [aleɣo'ria] nf allegory
alegrar [ale'ɣrar] vt (causar alegría) to cheer (up); (fuego) to poke; (fiesta) to liven up; **~se** vr (fam) to get merry o tight; **~se de** to be glad about
alegre [a'leɣre] adj happy, cheerful; (fam) merry, tight; (chiste) risqué, blue; **alegría** nf happiness; merriment
alejamiento [alexa'mjento] nm removal; (distancia) remoteness
alejar [ale'xar] vt to remove; (fig) to estrange; **~se** vr to move away
alemán, ana [ale'man, ana] adj, nm/f German ♦ nm (LING) German
Alemania [ale'manja] nf: **~ Occidental** West Germany
alentador, a [alenta'ðor, a] adj encouraging
alentar [alen'tar] vt to encourage
alergia [a'lerxja] nf allergy
alero [a'lero] nm (de tejado) eaves pl; (de carruaje) mudguard
alerta [a'lerta] adj, nm alert
aleta [a'leta] nf (de pez) fin; (de ave) wing; (de foca, DEPORTE) flipper; (AUTO) mudguard
aletargar [aletar'ɣar] vt to make drowsy; (entumecer) to make numb; **~se** vr to grow drowsy; to become numb
aletear [alete'ar] vi to flutter
alevín [ale'βin] nm fry, young fish
alevosía [aleβo'sia] nf treachery
alfabeto [alfa'βeto] nm alphabet

alfalfa [al'falfa] nf alfalfa, lucerne
alfarería [alfare'ria] nf pottery; (tienda) pottery shop; **alfarero, a** nm/f potter
alféizar [al'feiθar] nm window-sill
alférez [al'fereθ] nm (MIL) second lieutenant; (NAUT) ensign
alfil [al'fil] nm (AJEDREZ) bishop
alfiler [alfi'ler] nm pin; (broche) clip
alfiletero [alfile'tero] nm needlecase
alfombra [al'fombra] nf carpet; (más pequeña) rug; **alfombrar** vt to carpet; **alfombrilla** nf rug, mat; (INFORM) mouse mat o pad
alforja [al'forxa] nf saddlebag
algarabía [alɣara'βia] (fam) nf gibberish; (griterío) hullabaloo
algas ['alɣas] nfpl seaweed
álgebra ['alxeβra] nf algebra
álgido, a ['alxiðo, a] adj (momento etc) crucial, decisive
algo ['alɣo] pron something; anything ♦ adv somewhat, rather; **¿~ más?** anything else?; (en tienda) is that all?; **por ~ será** there must be some reason for it
algodón [alɣo'ðon] nm cotton; (planta) cotton plant; **~ de azúcar** candy floss (BRIT), cotton candy (US); **~ hidrófilo** cotton wool (BRIT), absorbent cotton (US)
algodonero, a [alɣoðo'nero, a] adj cotton cpd ♦ nm/f cotton grower ♦ nm cotton plant
alguacil [alɣwa'θil] nm bailiff; (TAUR) mounted official
alguien ['alɣjen] pron someone, somebody; (en frases interrogativas) anyone, anybody
alguno, a [al'ɣuno, a] adj (delante de nm: **algún**) some; (después de n): **no tiene talento ~** he has no talent, he doesn't have any talent ♦ pron (alguien) someone, somebody; **algún que otro libro** some book or other; **algún día iré** I'll go one o some day; **sin interés ~** without the slightest interest; **~ que otro** an occasional

one; **~s piensan** some (people) think

alhaja [a'laxa] nf jewel; (tesoro) precious object, treasure

alhelí [ale'li] nm wallflower, stock

aliado, a [a'ljaðo, a] adj allied

alianza [a'ljanθa] nf alliance; (anillo) wedding ring

aliar [a'ljar] vt to ally; **~se** vr to form an alliance

alias ['aljas] adv alias

alicates [ali'kates] nmpl pliers; **~ de uñas** nail clippers

aliciente [ali'θjente] nm incentive; (atracción) attraction

alienación [aljena'θjon] nf alienation

aliento [a'ljento] nm breath; (respiración) breathing; **sin ~** breathless

aligerar [alixe'rar] vt to lighten; (reducir) to shorten; (aliviar) to alleviate; (mitigar) to ease; (paso) to quicken

alijo [a'lixo] nm consignment

alimaña [ali'maɲa] nf pest

alimentación [alimenta'θjon] nf (comida) food; (acción) feeding; (tienda) grocer's (shop); **alimentador** nm: **alimentador de papel** sheet-feeder

alimentar [alimen'tar] vt to feed; (nutrir) to nourish; **~se** vr to feed

alimenticio, a [alimen'tiθjo, a] adj food cpd; (nutritivo) nourishing, nutritious

alimento [ali'mento] nm food; (nutrición) nourishment

alineación [alinea'θjon] nf alignment; (DEPORTE) line-up

alinear [aline'ar] vt to align; **~se** vr (DEPORTE) to line up; **~se en** to fall in with

aliñar [ali'ɲar] vt (CULIN) to season; **aliño** nm (CULIN) dressing

alioli [ali'oli] nm garlic mayonnaise

alisar [ali'sar] vt to smooth

aliso [a'liso] nm alder

alistarse [alis'tarse] vr to enlist; (inscribirse) to enrol

aliviar [ali'ßjar] vt (carga) to lighten; (persona) to relieve; (dolor) to relieve, alleviate

alivio [a'lißjo] nm alleviation, relief

aljibe [al'xiße] nm cistern

allá [a'ʎa] adv (lugar) there; (por ahí) over there; (tiempo) then; **~ abajo** down there; **más ~** further on; **más ~ de** beyond; **¡~ tú!** that's your problem!

allanamiento [aʎana'mjento] nm: **~ de morada** burglary

allanar [aʎa'nar] vt to flatten, level (out); (igualar) to smooth (out); (fig) to subdue; (JUR) to burgle, break into

allegado, a [aʎe'ɣaðo, a] adj near, close ♦ nm/f relation

allí [a'ʎi] adv there; **~ mismo** right there; **por ~** over there; (por ese camino) that way

alma ['alma] nf soul; (persona) person

almacén [alma'θen] nm (depósito) warehouse, store; (MIL) magazine; (AM) shop; (grandes) almacenes nmpl department store sg; **almacenaje** nm storage

almacenar [almaθe'nar] vt to store, put in storage; (proveerse) to stock up with; **almacenero** nm (AM) shopkeeper

almanaque [alma'nake] nm almanac

almeja [al'mexa] nf clam

almendra [al'mendra] nf almond; **almendro** nm almond tree

almíbar [al'mißar] nm syrup

almidón [almi'ðon] nm starch; **almidonar** vt to starch

almirante [almi'rante] nm admiral

almirez [almi'reθ] nm mortar

almizcle [al'miθkle] nm musk

almohada [almo'aða] nf pillow; (funda) pillowcase; **almohadilla** nf cushion; (TEC) pad; (AM) pincushion

almohadón [almoa'ðon] nm large pillow; bolster

almorranas [almo'rranas] nfpl piles, haemorrhoids

almorzar |almor'θar| vt: ~ una
tortilla to have an omelette for lunch
♦ vi to (have) lunch

almuerzo etc |al'mwerθo| vb ver
almorzar ♦ nm lunch

alocado, a |alo'kaðo, a| adj crazy

alojamiento |aloxa'mjento| nm
lodging(s) (pl); (viviendas) housing

alojar |alo'xar| vt to lodge; ~se vr to
lodge, stay

alondra |a'londra| nf lark, skylark

alpargata |alpar'yata| nf rope-soled
sandal, espadrille

Alpes |'alpes| nmpl: los ~ the Alps

alpinismo |alpi'nismo| nm
mountaineering, climbing; **alpinista**
nm/f mountaineer, climber

alpiste |al'piste| nm birdseed

alquilar |alki'lar| vt (suj: propietario:
inmuebles) to let, rent (out); (: coche)
to hire out; (: TV) to rent (out); (suj:
alquilador: inmuebles, TV) to rent;
(: coche) to hire; **"se alquila casa"**
"house to let" (BRIT) o for rent (US)

alquiler |alki'ler| nm renting; letting;
hiring; (arriendo) rent; hire charge;
~ de automóviles car hire; de ~ for
hire

alquimia |al'kimja| nf alchemy

alquitrán |alki'tran| nm tar

alrededor |alreðe'ðor| adv around,
about; ~ de around, about; mirar a
su ~ to look (round) about one; ~es
nmpl surroundings

alta |'alta| nf (certificate of) discharge;
dar de ~ to discharge

altanería |altane'ria| nf haughtiness,
arrogance; **altanero, a** adj arrogant,
haughty

altar |al'tar| nm altar

altavoz |alta'βoθ| nm loudspeaker;
(amplificador) amplifier

alteración |altera'θjon| nf alteration;
(alboroto) disturbance

alterar |alte'rar| vt to alter; to disturb;
~se vr (persona) to get upset

altercado |alter'kaðo| nm argument

alternar |alter'nar| vt to alternate ♦ vi
to alternate; (turnar) to take turns; ~se
vr to alternate; to take turns; ~ con to
mix with; **alternativa** nf alternative;
(elección) choice; **alternativo, a** adj
alternative; (alterno) alternating;
alterno, a adj alternate; (ELEC:)
alternating

Alteza |al'teθa| nf (tratamiento)
Highness

altibajos |alti'βaxos| nmpl ups and
downs

altiplanicie |altipla'niθje| nf high
plateau

altiplano |alti'plano| nm =
altiplanicie

altisonante |altiso'nante| adj high-
flown, high-sounding

altitud |alti'tuð| nf height; (AVIAT, GEO)
altitude

altivez |alti'βeθ| nf haughtiness,
arrogance; **altivo, a** adj haughty,
arrogant

alto, a |'alto, a| adj high; (persona) tall;
(sonido) high, sharp; (noble) high, lofty
♦ nm halt; (MUS) alto; (GEO) hill; (AM)
pile ♦ adv (de sitio) high; (de sonido)
loud, loudly ♦ excl halt!; **la pared
tiene 2 metros de ~** the wall is 2
metres high; **en alta mar** on the high
seas; **en voz alta** in a loud voice; **las
altas horas de la noche** the small o
wee hours; **en lo ~ de** at the top of;
pasar por ~ to overlook

altoparlante |altopar'lante| (AM) nm
loudspeaker

altruismo |altru'ismo| nm altruism

altura |al'tura| nf height; (NAUT) depth;
(GEO) latitude; **la pared tiene 1.80 de
~** the wall is 1 metre 80cm high; **a
estas ~s at this stage; a estas ~s del
año** at this time of the year

alubia |a'lußja| nf bean

alucinación |aluθina'θjon| nf
hallucination

alucinar |aluθi'nar| vi to hallucinate
♦ vt to deceive; (fascinar) to fascinate

alud |a'luð| nm avalanche; (fig) flood

aludir |alu'ðir| vi: ~ **a** to allude to;
darse por aludido to take the hint

alumbrado |alum'braðo| nm lighting;
alumbramiento nm lighting; (MED)
childbirth, delivery

alumbrar |alum'brar| vt to light (up)
♦ vi (MED) to give birth

aluminio |alu'minjo| nm aluminium
(BRIT), aluminum (US)

alumno, a |a'lumno, a| nm/f pupil,
student

alunizar |aluni'θar| vi to land on the
moon

alusión |alu'sjon| nf allusion

alusivo, a |alu'siβo, a| adj allusive

aluvión |alu'βjon| nm alluvium; (fig)
flood

alverja |al'βerxa| (AM) nf pea

alza |'alθa| nf rise; (MIL) sight

alzada |al'θaða| nf (de caballos) height;
(JUR) appeal

alzamiento |alθa'mjento| nm
(rebelión) rising

alzar |al'θar| vt to lift (up); (precio,
muro) to raise; (cuello de abrigo) to turn
up; (AGR) to gather in; (IMPRENTA) to
gather; **~se** vr to get up, rise;
(rebelarse) to revolt; (COM) to go
fraudulently bankrupt; (JUR) to appeal

ama |'ama| nf lady of the house;
(dueña) owner; (institutriz) governess;
(madre adoptiva) foster mother; **~ de
casa** housewife; **~ de llaves**
housekeeper

amabilidad |amaβili'ðað| nf kindness;
(simpatía) niceness; **amable** adj kind;
nice; **es usted muy amable** that's
very kind of you

amaestrado, a |amaes'traðo, a| adj
(animal: en circo etc) performing

amaestrar |amaes'trar| vt to train

amago |a'maɣo| nm threat; (gesto)
threatening gesture; (MED) symptom

amainar |amai'nar| vi (viento) to die
down

amalgama |amal'ɣama| nf amalgam;

amalgamar vt to amalgamate;
(combinar) to combine, mix

amamantar |amaman'tar| vt to
suckle, nurse

amanecer |amane'θer| vi to dawn
♦ nm dawn; **~ afiebrado** to wake up
with a fever

amanerado, a |amane'raðo, a| adj
affected

amansar |aman'sar| vt to tame;
(persona) to subdue; **~se** vr (persona)
to calm down

amante |a'mante| adj: ~ **de** fond of
♦ nm/f lover

amapola |ama'pola| nf poppy

amar |a'mar| vt to love

amargado, a |amar'ɣaðo, a| adj bitter

amargar |amar'ɣar| vt to make bitter;
(fig) to embitter; **~se** vr to become
embittered

amargo, a |a'marɣo, a| adj bitter;
amargura nf bitterness

amarillento, a |amari'ʎento, a| adj
yellowish; (tez) sallow; **amarillo, a**
adj, nm yellow

amarrar |ama'rrar| vt to moor;
(sujetar) to tie up

amarras |a'marras| nfpl: **soltar ~** to
set sail

amasar |ama'sar| vt (masa) to knead;
(mezclar) to mix, prepare;
(confeccionar) to concoct; **amasijo** nm
kneading; mixing; (fig) hotchpotch

amateur |'amatur| nm/f amateur

amazona |ama'θona| nf horsewoman;
A~s nm: **el A~s** the Amazon

ambages |am'baxes| nmpl: **sin ~** in
plain language

ámbar |'ambar| nm amber

ambición |ambi'θjon| nf ambition;
ambicionar vt to aspire to;
ambicioso, a adj ambitious

ambidextro, a |ambi'ðekstro, a| adj
ambidextrous

ambientación |ambjenta'θjon| nf
(CINE, TEATRO etc) setting; (RADIO)
sound effects

ambiente [am'bjente] nm (tb fig)
atmosphere; (medio) environment
ambigüedad [ambiɣwe'ðað] nf
ambiguity; **ambiguo, a** adj
ambiguous
ámbito ['ambito] nm (campo) field;
(fig) scope
ambos, as ['ambos, as] adj pl, pron pl
both
ambulancia [ambu'lanθja] nf
ambulance
ambulante [ambu'lante] adj travelling
cpd, itinerant
ambulatorio [ambula'torjo] nm state
health-service clinic
amedrentar [ameðren'tar] vt to scare
amén [a'men] excl amen; **~ de** besides
amenaza [ame'naθa] nf threat
amenazar [amena'θar] vt to threaten
♦ vi: **~ con hacer** to threaten to do
amenidad [ameni'ðað] nf pleasantness
ameno, a [a'meno, a] adj pleasant
América [a'merika] nf America; **~ del
Norte/del Sur** North/South America;
~ Central/Latina Central/Latin
America; **americana** nf coat, jacket;
ver tb **americano; americano, a** adj,
nm/f American
amerizar [ameri'θar] vi (avión) to land
(on the sea)
ametralladora [ametraʎa'ðora] nf
machine gun
amianto [a'mjanto] nm asbestos
amigable [ami'ɣaßle] adj friendly
amígdala [a'miɣðala] nf tonsil;
amigdalitis nf tonsillitis
amigo, a [a'miɣo, a] adj friendly
♦ nm/f friend; (amante) lover; **ser ~ de
algo** to be fond of sth; **ser muy ~s** to
be close friends
amilanar [amila'nar] vt to scare; **~se**
vt to get scared
aminorar [amino'rar] vt to diminish;
(reducir) to reduce; **~ la marcha** to
slow down
amistad [amis'tað] nf friendship; **~es**
nfpl (amigos) friends; **amistoso, a**

friendly
amnesia [am'nesja] nf amnesia
amnistía [amnis'tia] nf amnesty
amo ['amo] nm owner; (jefe) boss
amodorrarse [amoðo'rrarse] vr to get
sleepy
amoldar [amol'dar] vt to mould;
(adaptar) to adapt
amonestación [amonesta'θjon] nf
warning; **amonestaciones** nfpl (REL)
marriage banns
amonestar [amones'tar] vt to warn;
(REL) to publish the banns of
amontonar [amonto'nar] vt to
collect, pile up; **~se** vr to crowd
together; (acumularse) to pile up
amor [a'mor] nm love; (amante) lover;
hacer el ~ to make love; **~ propio**
self-respect
amoratado, a [amora'taðo, a] adj
purple
amordazar [amorða'θar] vt to muzzle;
(fig) to gag
amorfo, a [a'morfo, a] adj amorphous,
shapeless
amoroso, a [amo'roso, a] adj
affectionate, loving
amortajar [amorta'xar] vt to shroud
amortiguador [amortiɣwa'ðor] nm
shock absorber; (parachoques) bumper;
~es nmpl (AUTO) suspension sg
amortiguar [amorti'ɣwar] vt to
deaden; (ruido) to muffle; (color) to
soften
amortización [amortiθa'θjon] nf (de
deuda) repayment; (de bono)
redemption
amotinar [amoti'nar] vt to stir up,
incite (to riot); **~se** vr to mutiny
amparar [ampa'rar] vt to protect; **~se**
vr to seek protection; (de la lluvia etc)
to shelter; **amparo** nm help,
protection; **al amparo de** under the
protection of
amperio [am'perjo] nm ampère, amp
ampliación [amplja'θjon] nf
enlargement; (extensión) extension

ampliar [am'pljar] vt to enlarge; to extend

amplificación [amplifika'θjon] nf enlargement; **amplificador** nm amplifier

amplificar [amplifi'kar] vt to amplify

amplio, a ['ampljo, a] adj spacious; (de falda etc) full; (extenso) extensive; (ancho) wide; **amplitud** nf spaciousness; extent; (fig) amplitude

ampolla [am'poʎa] nf blister; (MED) ampoule

ampuloso, a [ampu'loso, a] adj bombastic, pompous

amputar [ampu'tar] vt to cut off, amputate

amueblar [amwe'βlar] vt to furnish

amurallar [amura'ʎar] vt to wall up o in

anacronismo [anakro'nismo] nm anachronism

anales [a'nales] nmpl annals

analfabetismo [analfaβe'tismo] nm illiteracy; **analfabeto, a** adj, nm/f illiterate

analgésico [anal'xesiko] nm painkiller, analgesic

análisis [a'nalisis] nm inv analysis

analista [ana'lista] nm/f (gen) analyst

analizar [anali'θar] vt to analyse

analogía [analo'xia] nf analogy

analógico, a [ana'loxiko, a] adj (INFORM) analog; (reloj) analogue (BRIT), analog (US)

análogo, a [a'naloɣo, a] adj analogous, similar

ananá(s) [ana'na(s)] (AM) nm pineapple

anaquel [ana'kel] nm shelf

anarquía [anar'kia] nf anarchy; **anarquismo** nm anarchism; **anarquista** nm/f anarchist

anatomía [anato'mia] nf anatomy

anca ['anka] nf rump, haunch; **~s** nfpl (fam) behind sg

ancho, a ['antʃo, a] adj wide; (falda) full; (fig) liberal ♦ nm width; (FERRO)

gauge; **ponerse ~** to get conceited; **estar a sus anchas** to be at one's ease

anchoa [an'tʃoa] nf anchovy

anchura [an'tʃura] nf width; (extensión) wideness

anciano, a [an'θjano, a] adj old, aged ♦ nm/f old man/woman; elder

ancla ['ankla] nf anchor; **~dero** nm anchorage; **anclar** vi to (drop) anchor

andadura [anda'ðura] nf gait; (de caballo) pace

Andalucía [andalu'θia] nf Andalusia; **andaluz, a** adj, nm/f Andalusian

andamiaje [anda'mjaxe] nm = **andamio**

andamio [an'damjo] nm scaffold(ing)

andar [an'dar] vt to go, cover, travel ♦ vi to go, walk, travel; (funcionar) to go, work; (estar) to be ♦ nm walk, gait, pace; **~se** vr to go away; **~ a pie/a caballo/en bicicleta** to go on foot/ on horseback/by bicycle; **~ haciendo algo** to be doing sth; **¡anda!** (sorpresa) go on!; **anda por o en los 40** he's about 40

andén [an'den] nm (FERRO) platform; (NAUT) quayside; (AM: de la calle) pavement (BRIT), sidewalk (US)

Andes ['andes] nmpl: **los ~** the Andes

Andorra [an'dorra] nf Andorra

andrajo [an'draxo] nm rag; **~so, a** adj ragged

anduve etc [an'duβe] vb ver **andar**

anécdota [a'nekðota] nf anecdote, story

anegar [ane'ɣar] vt to flood; (ahogar) to drown; **~se** vr to drown; (hundirse) to sink

anejo, a [a'nexo, a] adj, nm = **anexo**

anemia [a'nemja] nf anaemia

anestesia [anes'tesja] nf (sustancia) anaesthetic; (proceso) anaesthesia

anexar [anek'sar] vt to annex; (documento) to attach; **anexión** nf annexation; **anexionamiento** nm annexation; **anexo, a** adj attached

anfibio ♦ *nm* annexe

anfibio, a [an'fiβjo, a] *adj* amphibious ♦ *nm* amphibian

anfiteatro [anfite'atro] *nm* amphitheatre; (*TEATRO*) dress circle

anfitrión, ona [anfi'trjon, ona] *nm/f* host(ess)

ángel ['anxel] *nm* angel; **~ de la guarda** guardian angel; **tener ~** to be charming; **angelical** *adj*, **angélico, a** *adj* angelic(al)

angina [an'xina] *nf* (*MED*) inflammation of the throat; **~ de pecho** angina; **tener ~s** to have tonsillitis

anglicano, a [angli'kano, a] *adj*, *nm/f* Anglican

anglosajón, ona [anglosa'xon, ona] *adj* Anglo-Saxon

angosto, a [an'gosto, a] *adj* narrow

anguila [an'gila] *nf* eel

angula [an'gula] *nf* elver, baby eel

ángulo ['angulo] *nm* angle; (*esquina*) corner; (*curva*) bend

angustia [an'gustja] *nf* anguish; **angustiar** *vt* to distress, grieve

anhelar [ane'lar] *vt* to be eager for; (*desear*) to long for, desire ♦ *vi* to pant, gasp; **anhelo** *nm* eagerness; desire

anidar [ani'ðar] *vi* to nest

anillo [a'niʎo] *nm* ring; **~ de boda** wedding ring

animación [anima'θjon] *nf* liveliness; (*vitalidad*) life; (*actividad*) activity; bustle

animado, a [ani'maðo, a] *adj* lively; (*vivaz*) animated; **animador, a** *nm/f* (*TV*) host(ess), compère; (*DEPORTE*) cheerleader

animadversión [animaðßer'sjon] *nf* ill-will, antagonism

animal [ani'mal] *adj* animal; (*fig*) stupid ♦ *nm* animal; (*fig*) fool; (*bestia*) brute

animar [ani'mar] *vt* (*BIO*) to animate, give life to; (*fig*) to liven up, brighten up, cheer up; (*estimular*) to stimulate;

~se *vr* to cheer up; to feel encouraged; (*decidirse*) to make up one's mind

ánimo ['animo] *nm* (*alma*) soul; (*mente*) mind; (*valentía*) courage ♦ *excl* cheer up!

animoso, a [ani'moso, a] *adj* brave; (*vivo*) lively

aniquilar [aniki'lar] *vt* to annihilate, destroy

anís [a'nis] *nm* aniseed; (*licor*) anisette

aniversario [anißer'sarjo] *nm* anniversary

anoche [a'notʃe] *adv* last night; **antes de ~** the night before last

anochecer [anotʃe'θer] *vi* to get dark ♦ *nm* nightfall, dark; **al ~** at nightfall

anodino, a [ano'ðino, a] *adj* dull, anodyne

anomalía [anoma'lia] *nf* anomaly

anonadado, a [anona'ðaðo, a] *adj*: **estar/quedar/sentirse ~** to be overwhelmed o amazed

anonimato [anoni'mato] *nm* anonymity

anónimo, a [a'nonimo, a] *adj* anonymous; (*COM*) limited ♦ *nm* (*carta*) anonymous letter; (: *maliciosa*) poison-pen letter

anormal [anor'mal] *adj* abnormal

anotación [anota'θjon] *nf* note; annotation

anotar [ano'tar] *vt* to note down; (*comentar*) to annotate

anquilosamiento [ankilosa'mjento] *nm* (*fig*) paralysis; stagnation

anquilosarse [ankilo'sarse] *vr* (*fig: persona*) to get out of touch; (*método, costumbres*) to go out of date

ansia ['ansja] *nf* anxiety; (*añoranza*) yearning; **ansiar** *vt* to long for

ansiedad [ansje'ðað] *nf* anxiety

ansioso, a [an'sjoso, a] *adj* anxious; (*anhelante*) eager; **~ de** o **por algo** greedy for sth

antagónico, a [anta'γoniko, a] *adj* antagonistic; (*opuesto*) contrasting; **antagonista** *nm/f* antagonist

antaño [an'taɲo] *adv* long ago, formerly

Antártico [an'tartiko] *nm*: **el ~** the Antarctic

ante ['ante] *prep* before, in the presence of; (*problema etc*) faced with ♦ *nm* (*piel*) suede; **~ todo** above all

anteanoche [antea'notʃe] *adv* the night before last

anteayer [antea'jer] *adv* the day before yesterday

antebrazo [ante'βraθo] *nm* forearm

antecedente [anteθe'ðente] *adj* previous ♦ *nm* antecedent; **~s** *nmpl* (*JUR*): **~s penales** criminal record; (*procedencia*) background

anteceder [anteθe'ðer] *vt* to precede, go before

antecesor, a [anteθe'sor, a] *nm/f* predecessor

antedicho, a [ante'ðitʃo, a] *adj* aforementioned

antelación [antela'θjon] *nf*: **con ~** in advance

antemano [ante'mano]: **de ~** *adv* beforehand, in advance

antena [an'tena] *nf* antenna; (*de televisión etc*) aerial; **~ parabólica** satellite dish

anteojo [ante'oxo] *nm* eyeglass; **~s** *nmpl* (*AM*) glasses, spectacles

antepasados [antepa'saðos] *nmpl* ancestors

anteponer [antepo'ner] *vt* to place in front; (*fig*) to prefer

anteproyecto [antepro'jekto] *nm* preliminary sketch; (*fig*) blueprint

anterior [ante'rjor] *adj* preceding, previous; **~idad** *nf*: **con ~idad a** prior to, before

antes ['antes] *adv* (*con prioridad*) before ♦ *prep*: **~ de** before ♦ *conj*: **~ de ir/de que te vayas** before going/before you go; **~ bien** (but) rather; **dos días ~** two days before *o* previously; **no quiso venir ~** she didn't want to come any earlier; **tomo**

el avión ~ que el barco I take the plane rather than the boat; **~ que yo** before me; **lo ~ posible** as soon as possible; **cuanto ~ mejor** the sooner the better

antiaéreo, a [antia'ereo, a] *adj* anti-aircraft

antibalas [anti'βalas] *adj inv*: **chaleco ~** bullet-proof jacket

antibiótico [anti'βjotiko] *nm* antibiotic

anticipación [antiθipa'θjon] *nf* anticipation; **con 10 minutos de ~** 10 minutes early

anticipado, a [antiθi'paðo, a] *adj* (*pago*) advance; **por ~** in advance

anticipar [antiθi'par] *vt* to anticipate; (*adelantar*) to bring forward; (*COM*) to advance; **~se** *vr*: **~se a su época** to be ahead of one's time

anticipo [anti'θipo] *nm* (*COM*) advance

anticonceptivo, a [antikonθep'tiβo, a] *adj, nm* contraceptive

anticongelante [antikonxe'lante] *nm* antifreeze

anticuado, a [anti'kwaðo, a] *adj* out-of-date, old-fashioned; (*desusado*) obsolete

anticuario [anti'kwarjo] *nm* antique dealer

anticuerpo [anti'kwerpo] *nm* (*MED*) antibody

antidepresivo [antiðepre'siβo] *nm* antidepressant

antídoto [an'tiðoto] *nm* antidote

antiestético, a [anties'tetiko, a] *adj* unsightly

antifaz [anti'faθ] *nm* mask; (*velo*) veil

antigualla [anti'ɣwaʎa] *nf* antique; (*reliquia*) relic

antiguamente [antiɣwa'mente] *adv* formerly; (*hace mucho tiempo*) long ago

antigüedad [antiɣwe'ðað] *nf* antiquity; (*artículo*) antique; (*rango*) seniority

antiguo, a [an'tiɣwo, a] *adj* old,

ancient; (*que fue*) former

Antillas [an'tiʎas] *nfpl*: **las ~** the West Indies

antílope [an'tilope] *nm* antelope

antinatural [antinatu'ral] *adj* unnatural

antipatía [antipa'tia] *nf* antipathy, dislike; **antipático, a** *adj* disagreeable, unpleasant

antirrobo [anti'rroβo] *adj inv* (*alarma etc*) anti-theft

antisemita [antise'mita] *adj* anti-Semitic ♦ *nm/f* anti-Semite

antiséptico, a [anti'septiko, a] *adj* antiseptic ♦ *nm* antiseptic

antítesis [an'titesis] *nf inv* antithesis

antojadizo, a [antoxa'ðiθo, a] *adj* capricious

antojarse [anto'xarse] *vr* (*desear*): **se me antoja comprarlo** I have a mind to buy it; (*pensar*): **se me antoja que** I have a feeling that

antojo [an'toxo] *nm* caprice, whim; (*rosa*) birthmark; (*lunar*) mole

antología [antolo'xia] *nf* anthology

antorcha [an'tortʃa] *nf* torch

antro ['antro] *nm* cavern

antropófago, a [antro'pofaɣo, a] *adj, nm/f* cannibal

antropología [antropolo'xia] *nf* anthropology

anual [a'nwal] *adj* annual

anuario [a'nwarjo] *nm* yearbook

anudar [anu'ðar] *vt* to knot, tie; (*unir*) to join; **~se** *vr* to get tied up

anulación [anula'θjon] *nf* annulment; (*cancelación*) cancellation

anular [anu'lar] *vt* (*contrato*) to annul, cancel; (*ley*) to revoke, repeal; (*suscripción*) to cancel ♦ *nm* ring finger

Anunciación [anunθja'θjon] *nf* (*REL*) Annunciation

anunciante [anun'θjante] *nm/f* (*COM*) advertiser

anunciar [anun'θjar] *vt* to announce; (*proclamar*) to proclaim; (*COM*) to advertise

anuncio [a'nunθjo] *nm* announcement; (*señal*) sign; (*COM*) advertisement; (*cartel*) poster

anzuelo [an'θwelo] *nm* hook; (*para pescar*) fish hook

añadidura [aɲaði'ðura] *nf* addition, extra; **por ~** besides, in addition

añadir [aɲa'ðir] *vt* to add

añejo, a [a'ɲexo, a] *adj* old; (*vino*) mellow

añicos [a'ɲikos] *nmpl*: **hacer ~** to smash, shatter

añil [a'ɲil] *nm* (*BOT, color*) indigo

año ['aɲo] *nm* year; **¡Feliz A~ Nuevo!** Happy New Year!; **tener 15 ~s** to be 15 (years old); **los ~s 90** the nineties; **~ bisiesto/escolar** leap/school year; **el ~ que viene** next year

añoranza [aɲo'ranθa] *nf* nostalgia; (*anhelo*) longing

apabullar [apaβu'ʎar] *vt* (*tb fig*) to crush, squash

apacentar [apaθen'tar] *vt* to pasture, graze

apacible [apa'θiβle] *adj* gentle, mild

apaciguar [apaθi'ɣwar] *vt* to pacify, calm (down)

apadrinar [apaðri'nar] *vt* to sponsor, support; (*REL*) to be godfather to

apagado, a [apa'ɣaðo, a] *adj* (*volcán*) extinct; (*color*) dull; (*voz*) quiet; (*sonido*) muted, muffled; (*persona: apático*) listless; **estar ~** (*fuego, luz*) to be out; (*RADIO, TV etc*) to be off

apagar [apa'ɣar] *vt* to put out; (*ELEC, RADIO, TV*) to turn off; (*sonido*) to silence, muffle; (*sed*) to quench

apagón [apa'ɣon] *nm* blackout; power cut

apalabrar [apala'βrar] *vt* to agree to; (*contratar*) to engage

apalear [apale'ar] *vt* to beat, thrash

apañar [apa'ɲar] *vt* to pick up; (*asir*) to take hold of, grasp; (*reparar*) to mend, patch up; **~se** *vr* to manage, get along

aparador [apara'ðor] *nm* sideboard; (*AM: escaparate*) shop window

aparato [apa'rato] nm apparatus; (máquina) machine; (doméstico) appliance; (boato) ostentation; ~ **de facsímil** facsimile (machine), fax; ~ **digestivo** (ANAT) digestive system; ~**so, a** adj showy, ostentatious

aparcamiento [aparka'mjento] nm car park (BRIT), parking lot (US)

aparcar [apar'kar] vt, vi to park

aparear [apare'ar] vt (objetos) to pair, match; (animales) to mate; ~**se** vr to make a pair; to mate

aparecer [apare'θer] vi to appear; ~**se** vr to appear

aparejado, a [apare'xaðo, a] adj fit, suitable; **llevar** o **traer** ~ to involve; **aparejador, a** nm/f (ARQ) master builder

aparejo [apa'rexo] nm harness; rigging; (de poleas) block and tackle

aparentar [aparen'tar] vt (edad) to look; (fingir): ~ **tristeza** to pretend to be sad

aparente [apa'rente] adj apparent; (adecuado) suitable

aparezco etc vb ver **aparecer**

aparición [apari'θjon] nf appearance; (de libro) publication; (espectro) apparition

apariencia [apa'rjenθja] nf (outward) appearance; **en** ~ outwardly, seemingly

apartado, a [apar'taðo, a] adj separate; (lejano) remote ♦ nm (tipográfico) paragraph, ~ **(de correos)** post office box

apartamento [aparta'mento] nm apartment, flat (BRIT)

apartamiento [aparta'mjento] nm separation; (aislamiento) remoteness, isolation; (AM) apartment, flat (BRIT)

apartar [apar'tar] vt to separate; (quitar) to remove; ~**se** vr to separate, part; (irse) to move away; to keep away

aparte [a'parte] adv (separadamente) separately; (además) besides ♦ adv

aside; (tipográfico) new paragraph

aparthotel [aparto'tel] nm serviced apartments

apasionado, a [apasjo'naðo, a] adj passionate

apasionar [apasjo'nar] vt to excite; **le apasiona el fútbol** she's crazy about football; ~**se** vr to get excited

apatía [apa'tia] nf apathy

apático, a [a'patiko, a] adj apathetic

Apdo abr (= Apartado (de Correos)) PO Box

apeadero [apea'ðero] nm halt, stop, stopping place

apearse [ape'arse] vr (jinete) to dismount; (bajarse) to get down o out; (AUTO, FERRO) to get off o out

apechugar [apetʃu'var] vr: ~ **con algo** to face up to sth

apedrear [apeðre'ar] vt to stone

apegarse [ape'varse] vr: ~ **a** to become attached to; **apego** nm attachment, devotion

apelación [apela'θjon] nf appeal

apelar [ape'lar] vi to appeal; ~ **a** (fig) to resort to

apellidar [apeʎi'ðar] vt to call, name; ~**se** vr: **se apellida Pérez** her (sur)name's Pérez

apellido [ape'ʎiðo] nm surname

apelmazarse [apelma'θarse] vr (masa, arroz) to go hard; (prenda de lana) to shrink

apenar [ape'nar] vt to grieve, trouble; (AM: avergonzar) to embarrass; ~**se** vr to grieve; (AM) to be embarrassed

apenas [a'penas] adv scarcely, hardly ♦ conj as soon as, no sooner

apéndice [a'pendiθe] nm appendix; **apendicitis** nf appendicitis

aperitivo [aperi'tiβo] nm (bebida) aperitif; (comida) appetizer

apero [a'pero] nm (AGR) implement; ~**s** nmpl farm equipment sg

apertura [aper'tura] nf opening; (POL) liberalization

apesadumbrar [apesaðum'brar] vt to

grieve, sadden; **~se** vr to distress o.s.

apestar |apes'tar| vt to infect ♦ vi: **~ (a)** to stink (of)

apetecer |apete'θer| vt: ¿**te apetece un café?** do you fancy a (cup of) coffee?; **apetecible** adj desirable; (comida) appetizing

apetito |ape'tito| nm appetite; **~so, a** adj appetizing; (fig) tempting

apiadarse |apja'ðarse| vr: **~ de** to take pity on

ápice |'apiθe| nm whit, iota

apilar |api'lar| vt to pile o heap up; **~se** vr to pile up

apiñarse |api'narse| vr to crowd o press together

apio |'apjo| nm celery

apisonadora |apisona'ðora| nf steamroller

aplacar |apla'kar| vt to placate; **~se** vr to calm down

aplanar |apla'nar| vt to smooth, level; (allanar) to roll flat, flatten

aplastante |aplas'tante| adj overwhelming; (lógica) compelling

aplastar |aplas'tar| vt to squash (flat); (fig) to crush

aplatanarse |aplata'narse| vr to get lethargic

aplaudir |aplau'ðir| vt to applaud

aplauso |a'plauso| nm applause; (fig) approval, acclaim

aplazamiento |aplaθa'mjento| nm postponement

aplazar |apla'θar| vt to postpone, defer

aplicación |aplika'θjon| nf application; (esfuerzo) effort

aplicado, a |apli'kaðo, a| adj diligent, hard-working

aplicar |apli'kar| vt (ejecutar) to apply; **~se** vr to apply o.s.

aplique etc |a'plike| vb ver **aplicar** ♦ nm wall light

aplomo |a'plomo| nm aplomb, self-assurance

apocado, a |apo'kaðo, a| adj timid

apodar |apo'ðar| vt to nickname

apoderado |apoðe'raðo| nm agent, representative

apoderarse |apoðe'rarse| vr: **~ de** to take possession of

apodo |a'poðo| nm nickname

apogeo |apo'xeo| nm peak, summit

apolillarse |apoli'ʎarse| vr to get moth-eaten

apología |apolo'xia| nf eulogy; (defensa) defence

apoltronarse |apoltro'narse| vr to get lazy

apoplejía |apople'xia| nf apoplexy, stroke

apoquinar |apoki'nar| (fam) vt to fork out, cough up

aporrear |aporre'ar| vt to beat (up)

aportar |apor'tar| vt to contribute ♦ vi to reach port; **~se** vr (AM: llegar) to arrive, come

aposento |apo'sento| nm lodging; (habitación) room

aposta |a'posta| adv deliberately, on purpose

apostar |apos'tar| vt to bet, stake; (tropas etc) to station, post ♦ vi to bet

apóstol |a'postol| nm apostle

apóstrofo |a'postrofo| nm apostrophe

apoyar |apo'jar| vt to lean, rest; (persona) to support, back; **~se** vr: **~se en** to lean on; **apoyo** |a'pojo| nm (gen) support; backing, help

apreciable |apre'θjaßle| adj considerable; (fig) esteemed

apreciar |apre'θjar| vt to evaluate, assess; (COM) to appreciate, value; (persona) to respect, value; (tamaño) to gauge, assess; (detalles) to notice

aprecio |a'preθjo| nm valuation, estimate; (fig) appreciation

aprehender |apreen'der| vt to apprehend, detain

apremiante |apre'mjante| adj urgent, pressing

apremiar |apre'mjar| vt to compel, force ♦ vi to be urgent, press;

apremio nm urgency
aprender [apren'der] vt, vi to learn
aprendiz, a [apren'diθ, a] nm/f
apprentice; (principiante) learner; ~ **de**
conductor learner driver; **~aje** nm
apprenticeship
aprensión [apren'sjon] nm
apprehension, fear; **aprensivo, a** adj
apprehensive
apresar [apre'sar] vt to seize; (capturar)
to capture
aprestar [apres'tar] vt to prepare, get
ready; (TEC) to prime, size; **~se** vr to
get ready
apresurado, a [apresu'raðo, a] adj
hurried, hasty; **apresuramiento** nm
hurry, haste
apresurar [apresu'rar] vt to hurry,
accelerate; **~se** vr to hurry, make haste
apretado, a [apre'taðo, a] adj tight;
(escritura) cramped
apretar [apre'tar] vt to squeeze; (TEC)
to tighten; (presionar) to press
together, pack ♦ vi to be too tight
apretón [apre'ton] nm squeeze; ~ **de**
manos handshake
aprieto [a'prjeto] nm squeeze;
(dificultad) difficulty; **estar en un ~** to
be in a fix
aprisa [a'prisa] adv quickly, hurriedly
aprisionar [aprisjo'nar] vt to imprison
aprobación [aproβa'θjon] nf approval
aprobar [apro'βar] vt to approve (of);
(examen, materia) to pass ♦ vi to pass
apropiación [apropja'θjon] nf
appropriation
apropiado, a [apro'pjaðo, a] adj
suitable
apropiarse [apro'pjarse] vr ~ **de** to
appropriate
aprovechado, a [aproβe'tʃaðo, a] adj
industrious, hard-working; (económico)
thrifty; (pey) unscrupulous;
aprovechamiento nm use;
exploitation
aprovechar [aproβe'tʃar] vt to use;
(explotar) to exploit; (experiencia) to

profit from; (oferta, oportunidad) to
take advantage of ♦ vi to progress,
improve; **~se** vr: **~se de** to make use
of; to take advantage of; **¡que**
aproveche! enjoy your meal!
aproximación [aproksima'θjon] nf
approximation; (de lotería) consolation
prize; **aproximado, a** adj
approximate
aproximar [aproksi'mar] vt to bring
nearer; **~se** vr to come near, approach
apruebo etc vb ver **aprobar**
aptitud [apti'tuð] nf aptitude
apto, a ['apto, a] adj suitable
apuesta [a'pwesta] nf bet, wager
apuesto, a [a'pwesto, a] adj neat,
elegant
apuntador [apunta'ðor] nm prompter
apuntalar [apunta'lar] vt to prop up
apuntar [apun'tar] vt (con arma) to
aim at; (con dedo) to point at o to;
(anotar) to note (down); (TEATRO) to
prompt; **~se** vr (DEPORTE: tanto,
victoria) to score; (ESCOL) to enrol
apunte [a'punte] nm note
apuñalar [apuɲa'lar] vt to stab
apurado, a [apu'raðo, a] adj needy;
(difícil) difficult; (peligroso) dangerous;
(AM) hurried, rushed
apurar [apu'rar] vt (agotar) to drain;
(recursos) to use up; (molestar) to
annoy; **~se** vr (preocuparse) to worry;
(darse prisa) to hurry
apuro [a'puro] nm (aprieto) fix; (am)
(escasez) want, hardship; (vergüenza)
embarrassment; (AM) haste, urgency
aquejado, a [ake'xaðo, a] adj: **~ de**
(MED) afflicted by
aquél, aquélla [a'kel, a'keʎa] (pl
aquéllos, as) pron that (one); (pl)
those (ones)
aquel, aquella [a'kel, a'keʎa] (pl
aquellos, as) adj that; (pl) those
aquello [a'keʎo] pron that, that
business
aquí [a'ki] adv (lugar) here; (tiempo)
now; ~ **arriba** up here; ~ **mismo**

right here; **~ yace** here lies; **de ~ a siete días** a week from now
aquietar [akje'tar] vt to quieten (down), calm (down)
ara ['ara] nf: **en ~s de** for the sake of
árabe ['araße] adj, nm/f Arab ♦ nm (LING) Arabic
Arabia [a'raßja] nf: **~ Saudí** o **Saudita** Saudi Arabia
arado [a'raðo] nm plough
Aragón [ara'von] nm Aragon;
aragonés, esa adj, nm/f Aragonese
arancel [aran'θel] nm tariff, duty; **~ de aduanas** customs (duty)
arandela [aran'dela] nf (TEC) washer
araña [a'rana] nf (ZOOL) spider; (lámpara) chandelier
arañar [ara'nar] vt to scratch
arañazo [ara'naθo] nm scratch
arar [a'rar] vt to plough, till
arbitraje [arßi'traxe] nm arbitration
arbitrar [arßi'trar] vt to arbitrate in; (DEPORTE) to referee ♦ vi to arbitrate
arbitrariedad [arßitrarje'ðað] nf arbitrariness; (acto) arbitrary act;
arbitrario, a adj arbitrary
arbitrio [ar'ßitrjo] nm free will; (JUR) adjudication, decision
árbitro ['arßitro] nm arbitrator; (DEPORTE) referee; (TENIS) umpire
árbol ['arßol] nm (BOT) tree; (NAUT) mast; (TEC) axle, shaft; **arbolado, a** adj wooded; (camino etc) tree-lined ♦ nm woodland
arboleda [arßo'leða] nf grove, plantation
arbusto [ar'ßusto] nm bush, shrub
arca ['arka] nf chest, box
arcada [ar'kaða] nf arcade; (de puente) arch, span; **~s** nfpl (náuseas) retching sg
arcaico, a [ar'kaiko, a] adj archaic
arce ['arθe] nm maple tree
arcén [ar'θen] nm (de autopista) hard shoulder; (de carretera) verge
archipiélago [artʃi'pjelaxo] nm archipelago

archivador [artʃißa'ðor] nm filing cabinet
archivar [artʃi'ßar] vt to file (away);
archivo nm file, archive(s) (pl)
arcilla [ar'θiʎa] nf clay
arco [ar'arko] nm arch; (MAT) arc; (MIL, MUS) bow; **~ iris** rainbow
arder [ar'ðer] vi to burn; **estar que arde** (persona) to fume
ardid [ar'ðið] nm ploy, trick
ardiente [ar'ðjente] adj burning, ardent
ardilla [ar'ðiʎa] nf squirrel
ardor [ar'ðor] nm (calor) heat; (fig) ardour; **~ de estómago** heartburn
arduo, a [ar'ðwo, a] adj arduous
área ['area] nf area; (DEPORTE) penalty area
arena [a'rena] nf sand; (de una lucha) arena; **~ movedizas** quicksand sg
arenal [are'nal] nm (arena movediza) quicksand
arengar [aren'gar] vt to harangue
arenisca [are'niska] nf sandstone; (cascajo) grit
arenoso, a [are'noso, a] adj sandy
arenque [a'renke] nm herring
argamasa [arva'masa] nf mortar, plaster
Argel [ar'xel] n Algiers; **Argelia** nf Algeria; **argelino, a** adj, nm/f Algerian
Argentina [arxen'tina] nf: **(la) ~** Argentina
argentino, a [arxen'tino, a] adj Argentinian; (de plata) silvery ♦ nm/f Argentinian
argolla [ar'voʎa] nf (large) ring
argot [ar'vo] (pl **~s**) nm slang
argucia [ar'vuθja] nf subtlety, sophistry
argüir [ar'vwir] vt to deduce; (discutir) to argue; (indicar) to indicate, imply; (censurar) to reproach ♦ vi to argue
argumentación [arvumenta'θjon] nf (line of) argument
argumentar [arvumen'tar] vt, vi to argue
argumento [arvu'mento] nm

argument; (*razonamiento*) reasoning; (*de novela etc*) plot; (*CINE, TV*) storyline

aria ['arja] *nf* aria

aridez [ari'ðeθ] *nf* aridity, dryness

árido, a ['ariðo, a] *adj* arid, dry; **~s** *nmpl* (*COM*) dry goods

Aries ['arjes] *nm* Aries

ario, a ['arjo, a] *adj* Aryan

arisco, a [a'risko, a] *adj* surly; (*insociable*) unsociable

aristócrata [aris'tokrata] *nm/f* aristocrat

aritmética [arit'metika] *nf* arithmetic

arma ['arma] *nf* arm; **~s** *nfpl* arms; **~ blanca** blade, knife; (*espada*) sword; **~ de fuego** firearm; **~s cortas** small arms

armada [ar'maða] *nf* armada; (*flota*) fleet

armadillo [arma'ðiʎo] *nm* armadillo

armado, a [ar'maðo, a] *adj* armed; (*TEC*) reinforced

armador [arma'ðor] *nm* (*NAUT*) shipowner

armadura [arma'ðura] *nf* (*MIL*) armour; (*TEC*) framework; (*ZOOL*) skeleton; (*FÍSICA*) armature

armamento [arma'mento] *nm* armament; (*NAUT*) fitting-out

armar [ar'mar] *vt* (*soldado*) to arm; (*máquina*) to assemble; (*navío*) to fit out; **~la, ~ un lío** to start a row, kick up a fuss

armario [ar'marjo] *nm* wardrobe; (*de cocina, baño*) cupboard

armatoste [arma'toste] *nm* (*mueble*) monstrosity; (*máquina*) contraption

armazón [arma'θon] *nf o m* body, chassis; (*de mueble etc*) frame; (*ARQ*) skeleton

armería [arme'ria] *nf* gunsmith's

armiño [ar'miɲo] *nm* stoat; (*piel*) ermine

armisticio [armis'tiθjo] *nm* armistice

armonía [armo'nia] *nf* harmony

armónica [ar'monika] *nf* harmonica

armonioso, a [armo'njoso, a] *adj*

harmonious

armonizar [armoni'θar] *vt* to harmonize; (*diferencias*) to reconcile ♦ *vi:* **~ con** (*fig*) to be in keeping with; (*colores*) to tone in with, blend

arnés [ar'nes] *nm* armour; **arneses** *nmpl* (*de caballo etc*) harness *sg*

aro ['aro] *nm* ring; (*tejo*) quoit; (*AM: pendiente*) earring

aroma [a'roma] *nm* aroma, scent

aromático, a [aro'matiko, a] *adj* aromatic

arpa ['arpa] *nf* harp

arpía [ar'pia] *nf* shrew

arpillera [arpi'ʎera] *nf* sacking, sackcloth

arpón [ar'pon] *nm* harpoon

arquear [arke'ar] *vt* to arch, bend; **~se** *vr* to arch, bend

arqueología [arkeolo'xia] *nf* archaeology; **arqueólogo, a** *nm/f* archaeologist

arquero [ar'kero] *nm* archer, bowman

arquetipo [arke'tipo] *nm* archetype

arquitecto [arki'tekto] *nm* architect; **arquitectura** *nf* architecture

arrabal [arra'βal] *nm* suburb; (*AM*) slum; **~es** *nmpl* (*afueras*) outskirts

arraigado, a [arrai'xaðo, a] *adj* deep-rooted; (*fig*) established

arraigar [arrai'xar] *vt* to establish ♦ *vi* to take root; **~se** *vr* to take root; (*persona*) to settle

arrancar [arran'kar] *vt* (*sacar*) to extract, pull out; (*arrebatar*) to snatch (away); (*INFORM*) to boot; (*fig*) to extract ♦ *vi* (*AUTO, máquina*) to start; (*ponerse en marcha*) to get going; **~** *de* to stem from

arranque *etc* [a'rranke] *vb ver* **arrancar** ♦ *nm* sudden start; (*AUTO*) start; (*fig*) fit, outburst

arrasar [arra'sar] *vt* (*aplanar*) to level, flatten; (*destruir*) to demolish

arrastrado, a [arras'traðo, a] *adj* poor, wretched; (*AM*) servile

arrastrar [arras'trar] *vt* to drag

arrastre 28 **arrimar**

(along); (fig) to drag down, degrade; (suj: agua, viento) to carry away ♦ vi to drag, trail on the ground; **~se** vr to crawl; (fig) to grovel; **llevar algo arrastrado** to drag sth along

arrastre |a'rrastre| nm drag, dragging

arre |'arre| excl gee up!

arrear |arre'ar| vt to drive on, urge on ♦ vi to hurry along

arrebatado, a |arreßa'taðo, a| adj rash, impetuous; (repentino) sudden, hasty

arrebatar |arreßa'tar| vt to snatch (away), seize; (fig) to captivate; **~se** vr to get carried away, get excited

arrebato |arre'ßato| nm fit of rage, fury; (éxtasis) rapture

arrecife |arre'θife| nm (tb: ~ de coral) reef

arredrarse |arre'ðrarse| vr: ~ (ante algo) to be intimidated (by sth)

arreglado, a |arre'ɣlaðo, a| adj (ordenado) neat, orderly; (moderado) moderate, reasonable

arreglar |arre'ɣlar| vt (poner orden) to tidy up; (algo roto) to fix, repair; (problema) to solve; **~se** vr to reach an understanding; **arreglárselas** (fam) to get by, manage

arreglo |a'rreɣlo| nm settlement; (orden) order; (acuerdo) agreement; (MUS) arrangement, setting

arrellanarse |arreʎa'narse| vr: ~ en to sit back in/on

arremangar |arreman'gar| vt to roll up, turn up; **~se** vr to roll up one's sleeves

arremeter |arreme'ter| vi: ~ contra to attack, rush at

arrendamiento |arrenda'mjento| nm letting; (alquilar) hiring; (contrato) lease; (alquiler) rent; **arrendar** vt to let, lease; to rent; **arrendatario, a** nm/f tenant

arreos |a'rreos| nmpl (de caballo) harness sg, trappings

arrepentimiento |arrepenti'mjento|

nm regret, repentance

arrepentirse |arrepen'tirse| vr to repent; ~ **de** to regret

arrestar |arres'tar| vt to arrest; (encarcelar) to imprison; **arresto** nm arrest; (MIL.) detention; (audacia) boldness, daring; **arresto domiciliario** house arrest

arriar |a'rrjar| vt (velas) to haul down; (bandera) to lower, strike; (cable) to pay out

---
PALABRA CLAVE
---

arriba |a'rrißa| adv **1** (posición) above; **desde ~** from above; ~ **de todo** at the very top, right on top; **Juan está ~** Juan is upstairs; **lo ~ mencionado** the aforementioned

2 (dirección): **calle ~** up the street **3: de ~ abajo** from top to bottom; **mirar a uno de ~ abajo** to look sb up and down

4: para ~: de 5000 pesetas para ~ from 5000 pesetas up(wards)

♦ adj: **de ~: el piso de ~** the upstairs flat (BRIT) o apartment; **la parte de ~** the top o upper part

♦ prep: ~ **de** (AM) above; ~ **de 200 dólares** more than 200 dollars

♦ excl: ¡~! up!; ¡**manos ~!** hands up!; ¡~ **España!** long live Spain!

arribar |arri'ßar| vi to put into port; (llegar) to arrive

arribista |arri'ßista| nm/f parvenu(e), upstart

arriendo etc |a'rrjendo| vb ver **arrendar** ♦ nm = **arrendamiento**

arriero |a'rrjero| nm muleteer

arriesgado, a |arrjes'xaðo, a| adj (peligroso) risky; (audaz) bold, daring

arriesgar |arrjes'xar| vt to risk; (poner en peligro) to endanger; **~se** vr to take a risk

arrimar |arri'mar| vt (acercar) to bring close; (poner de lado) to set aside; **~se** vr to come close o closer; **~se a** to

lean on
arrinconar |arrinko'nar| vt (colocar) to put in a corner; (enemigo) to corner; (fig) to put on one side; (abandonar) to push aside
arrodillarse |arroði'λarse| vr to kneel (down)
arrogancia |arro'γanθja| nf arrogance; **arrogante** adj arrogant
arrojar |arro'xar| vt to throw, hurl; (humo) to emit, give out; (COM) to yield, produce; **~se** vr to throw o hurl o.s.
arrojo |a'rroxo| nm daring
arrollador, a |arroλa'ðor, a| adj overwhelming
arrollar |arro'λar| vt (AUTO etc) to run over, knock down; (DEPORTE) to crush
arropar |arro'par| vt to cover, wrap up; **~se** vr to wrap o.s. up
arroyo |a'rrojo| nm stream; (de la calle) gutter
arroz |a'rroθ| nm rice; **~ con leche** rice pudding
arruga |a'rruxa| nf (de cara) wrinkle; (de vestido) crease
arrugar |arru'xar| vt to wrinkle; to crease; **~se** vr to get creased
arruinar |arrwi'nar| vt to ruin, wreck; **~se** vr to be ruined, go bankrupt
arrullar |arru'λar| vt to coo ♦ vt to lull to sleep
arsenal |arse'nal| nm naval dockyard; (MIL) arsenal
arsénico |ar'seniko| nm arsenic
arte |'arte| (gen m en sg y siempre f en pl) nm art; (maña) skill, guile; **~s** nfpl (bellas ~s) arts
artefacto |arte'fakto| nm appliance
arteria |ar'terja| nf artery
artesanía |artesa'nia| nf craftsmanship; (artículos) handicrafts pl; **artesano, a** nm/f artisan, craftsman/woman
ártico, a |'artiko, a| adj Arctic ♦ nm: **el Á~** the Arctic
articulación |artikula'θjon| nf

articulation; (MED, TEC) joint;
articulado, a adj articulated; jointed
articular |artiku'lar| vt to articulate; to join together
artículo |ar'tikulo| nm article; (cosa) thing, article; **~s** nmpl (COM) goods
artífice |ar'tifiθe| nm/f (fig) architect
artificial |artifi'θjal| adj artificial
artificio |arti'fiθjo| nm art, skill; (astucia) cunning
artillería |artiλe'ria| nf artillery
artillero |arti'λero| nm artilleryman, gunner
artilugio |arti'luxjo| nm gadget
artimaña |arti'maɲa| nf trap, snare; (astucia) cunning
artista |ar'tista| nm/f (pintor) artist, painter; (TEATRO) artist, artiste; **~ de cine** film actor/actress; **artístico, a** adj artistic
artritis |ar'tritis| nf arthritis
arveja |ar'βexa| (AM) nf pea
arzobispo |arθo'βispo| nm archbishop
as |as| nm ace
asa |'asa| nf handle; (fig) lever
asado |a'saðo| nm roast (meat); (AM: barbacoa) barbecue
asador |asa'ðor| nm spit
asadura |asa'ðura| nf entrails pl, offal
asalariado, a |asala'rjaðo, a| adj paid, salaried ♦ nm/f wage earner
asaltante |asal'tante| nm/f attacker
asaltar |asal'tar| vt to attack, assault; (fig) to assail; **asalto** nm attack, assault; (DEPORTE) round
asamblea |asam'blea| nf assembly; (reunión) meeting
asar |a'sar| vt to roast
asbesto |as'βesto| nm asbestos
ascendencia |asθen'denθja| nf ancestry; (AM) ascendancy; **de ~ francesa** of French origin
ascender |asθen'der| vi (subir) to ascend, rise; (ser promovido) to gain promotion ♦ vt to promote; **~ a** to amount to; **ascendiente** nm influence ♦ nm/f ancestor

ascensión [asθen'sjon] nf ascent; (REL): la A~ the Ascension

ascenso [as'θenso] nm ascent; (promoción) promotion

ascensor [asθen'sor] nm lift (BRIT), elevator (US)

ascético, a [as'θetiko, a] adj ascetic

asco ['asko] nm: ¡qué ~! how revolting o disgusting; el ajo me da ~ I hate o loathe garlic; estar hecho un ~ to be filthy

ascua ['askwa] nf ember; estar en ~s to be on tenterhooks

aseado, a [ase'aðo, a] adj clean; (arreglado) tidy; (pulcro) smart

asear [ase'ar] vt to clean, wash; to tidy (up)

asediar [ase'ðjar] vt (MIL) to besiege, lay siege to; (fig) to chase, pester; **asedio** nm siege; (COM) run

asegurado, a [aseɣu'raðo, a] adj insured

asegurador, a nm/f insurer

asegurar [aseɣu'rar] vt (consolidar) to secure, fasten; (dar garantía de) to guarantee; (preservar) to safeguard; (afirmar, dar por cierto) to assure, affirm; (tranquilizar) to reassure; (tomar un seguro) to insure; ~se vr to assure o.s., make sure

asemejarse [aseme'xarse] vr to be alike; ~ a to be like, resemble

asentado, a [asen'taðo, a] adj established, settled

asentar [asen'tar] vt (sentar) to seat, sit down; (poner) to place, establish; (alisar) to level, smooth down o out; (anotar) to note down ♦ vi to be suitable, suit

asentir [asen'tir] vi to assent, agree; ~ con la cabeza to nod (one's head)

aseo [a'seo] nm cleanliness; ~s nmpl (servicios) toilet sg (BRIT), cloakroom sg (BRIT), restroom sg (US)

aséptico, a [a'septiko, a] adj germ-free, free from infection

asequible [ase'kißle] adj (precio) reasonable; (meta) attainable; (persona) approachable

aserradero [aserra'ðero] nm sawmill; **aserrar** vt to saw

asesinar [asesi'nar] vt to murder; (POL) to assassinate; **asesinato** nm murder; assassination

asesino, a [ase'sino, a] nm/f murderer, killer; (POL) assassin

asesor, a [ase'sor, a] nm/f adviser, consultant

asesorar [aseso'rar] vt (JUR) to advise, give legal advice to; (COM) to act as consultant to; ~se vr: ~se con o de to take advice from, consult; **asesoría** nf (cargo) consultancy; (oficina) consultant's office

asestar [ases'tar] vt (golpe) to deal, strike

asfalto [as'falto] nm asphalt

asfixia [as'fiksja] nf asphyxia, suffocation

asfixiar [asfik'sjar] vt to asphyxiate, suffocate; ~se vr to be asphyxiated, suffocate

asgo etc vb ver **asir**

así [a'si] adv (de esta manera) in this way, like this, thus; (aunque) although; (tan pronto como) as soon as; ~ que so; ~ como as well as; ~ y todo even so; ¿no es ~? isn't it?, didn't you? etc; ~ de grande this big

Asia ['asja] nf Asia; **asiático, a** adj, nm/f Asian, Asiatic

asidero [asi'ðero] nm handle

asiduidad [asiðwi'ðað] nf assiduousness; **asiduo, a** adj assiduous; (frecuente) frequent ♦ nm/f regular (customer)

asiento [a'sjento] nm (mueble) seat, chair; (de coche, en tribunal etc) seat; (localidad) seat, place; (fundamento) site; ~ delantero/trasero front/back seat

asignación [asiɣna'θjon] nf (atribución) assignment; (reparto) allocation; (sueldo) salary; ~ (semanal) pocket money

asignar [asiɣ'nar] vt to assign, allocate

asignatura [asiɣnaˈtura] nf subject; course

asilado, a [asiˈlaðo, a] nm/f inmate; (POL) refugee

asilo [aˈsilo] nm (refugio) asylum, refuge; (establecimiento) home, institution; **~ político** political asylum

asimilación [asimilaˈθjon] nf assimilation

asimilar [asimiˈlar] vt to assimilate

asimismo [asiˈmismo] adv in the same way, likewise

asir [aˈsir] vt to seize, grasp

asistencia [asisˈtenθja] nf audience; (MED) attendance; (ayuda) assistance; **asistente** nm/f assistant; **los asistentes** those present; **asistente social** social worker

asistido, a [asisˈtiðo, a] adj: **~ por ordenador** computer assisted

asistir [asisˈtir] vt to assist, help ♦ vi: **~ a** to attend, be present at

asma [ˈasma] nf asthma

asno [ˈasno] nm donkey, (fig) ass

asociación [asoθjaˈθjon] nf association; (COM) partnership; **asociado, a** adj associate ♦ nm/f associate; (COM) partner

asociar [asoˈθjar] vt to associate

asolar [asoˈlar] vt to destroy

asomar [asoˈmar] vt to show, stick out ♦ vi to appear; **~se** vr to appear, show up; **~ la cabeza por la ventana** to put one's head out of the window

asombrar [asomˈbrar] vt to amaze, astonish; **~se** vr (sorprenderse) to be amazed; (asustarse) to get a fright; **asombro** nm amazement, astonishment; (susto) fright; **asombroso, a** adj astonishing, amazing

asomo [aˈsomo] nm hint, sign

aspa [ˈaspa] nf (cruz) cross; (de molino) sail; **en ~** X-shaped

aspaviento [aspaˈβjento] nm

exaggerated display of feeling; (fam) fuss

aspecto [asˈpekto] nm (apariencia) look, appearance; (fig) aspect

aspereza [aspeˈreθa] nf roughness; (agrura) sourness; (de carácter) surliness; **áspero, a** adj rough; bitter, sour; harsh

aspersión [asperˈsjon] nf sprinkling

aspiración [aspiraˈθjon] nf breath, inhalation; (MUS) short pause; **aspiraciones** nfpl (ambiciones) aspirations

aspirador [aspiraˈðor] nm = **aspiradora**

aspiradora [aspiraˈðora] nf vacuum cleaner, Hoover ®

aspirante [aspiˈrante] nm/f (candidato) candidate; (DEPORTE) contender

aspirar [aspiˈrar] vt to breathe in ♦ vi: **~ a** to aspire to

aspirina [aspiˈrina] nf aspirin

asquear [askeˈar] vt to sicken ♦ vi to be sickening; **~se** vr to feel disgusted; **asqueroso, a** adj disgusting, sickening

asta [ˈasta] nf lance; (arpón) spear; (mango) shaft, handle; (ZOOL) horn; **a media ~** at half mast

asterisco [asteˈrisko] nm asterisk

astilla [asˈtiʎa] nf splinter; (pedacito) chip; **~s** nfpl (leña) firewood sg

astillero [astiˈʎero] nm shipyard

astringente [astrinˈxente] adj, nm astringent

astro [ˈastro] nm star

astrología [astroloˈxia] nf astrology; **astrólogo, a** nm/f astrologer

astronauta [astroˈnauta] nm/f astronaut

astronave [astroˈnaβe] nm spaceship

astronomía [astronoˈmia] nf astronomy; **astrónomo, a** nm/f astronomer

astucia [asˈtuθja] nf astuteness; (ardid) clever trick

asturiano, a [astuˈrjano, a] adj, nm/f

Asturian

astuto, a [as'tuto, a] *adj* astute; *(taimado)* cunning

asumir [asu'mir] *vt* to assume

asunción [asun'θjon] *nf* assumption; *(REL):* A~ Assumption

asunto [a'sunto] *nm (tema)* matter, subject; *(negocio)* business

asustar [asus'tar] *vt* to frighten; **~se** *vr* to be (o become) frightened

atacar [ata'kar] *vt* to attack

atadura [ata'ðura] *nf* bond, tie

atajar [ata'xar] *vt (enfermedad, mal)* to stop ♦ *vi (persona)* to take a short cut

atajo [a'taxo] *nm* short cut

atañer [ata'ɲer] *vi*: **~ a** to concern

ataque *etc* [a'take] *vb ver* **atacar** ♦ *nm* attack; **~ cardíaco** heart attack

atar [a'tar] *vt* to tie, tie up

atardecer [atarðe'θer] *vi* to get dark ♦ *nm* evening; *(crepúsculo)* dusk

atareado, a [atare'aðo, a] *adj* busy

atascar [atas'kar] *vt* to clog up; *(obstruir)* to jam; *(fig)* to hinder; **~se** *vr* to stall; *(cañería)* to get blocked up; **atasco** *nm* obstruction; *(AUTO)* traffic jam

ataúd [ata'uð] *nm* coffin

ataviar [ata'βjar] *vt* to deck, array; **~se** *vr* to dress up

atavío [ata'βio] *nm* attire, dress; **~s** *nmpl* finery *sg*

atemorizar [atemori'θar] *vt* to frighten, scare; **~se** *vr* to get scared

Atenas [a'tenas] *n* Athens

atención [aten'θjon] *nf* attention; *(bondad)* kindness ♦ *excl* (be) careful!, look out!

atender [aten'der] *vt* to attend to, look after ♦ *vi* to pay attention

atenerse [ate'nerse] *vr*: **~ a** to abide by, adhere to

atentado [aten'taðo] *nm* crime, illegal act; *(asalto)* assault; **~ contra la vida de uno** attempt on sb's life

atentamente [atenta'mente] *adv*: **Le saluda ~** Yours faithfully

atentar [aten'tar] *vi*: **~ a o contra** to commit an outrage against

atento, a [a'tento, a] *adj* attentive, observant; *(cortés)* polite, thoughtful

atenuante [ate'nwante] *adj* extenuating

atenuar [ate'nwar] *vt (disminuir)* to lessen, minimize

ateo, a [a'teo, a] *adj* atheistic ♦ *nm/f* atheist

aterciopelado, a [aterθjope'laðo, a] *adj* velvety

aterido, a [ate'riðo, a] *adj*: **~ de frío** frozen stiff

aterrador, a [aterra'ðor, a] *adj* frightening

aterrar [ate'rrar] *vt* to frighten; to terrify

aterrizaje [aterri'θaxe] *nm* landing

aterrizar [aterri'θar] *vi* to land

aterrorizar [aterrori'θar] *vt* to terrify

atesorar [ateso'rar] *vt* to hoard

atestado, a [ates'taðo, a] *adj* packed ♦ *nm (JUR)* affidavit

atestar [ates'tar] *vt* to pack, stuff; *(JUR)* to attest, testify to

atestiguar [atesti'ɣwar] *vt* to testify to, bear witness to

atiborrar [atiβo'rrar] *vt* to fill, stuff; **~se** *vr* to stuff o.s.

ático ['atiko] *nm* attic; **~ de lujo** penthouse (flat *(BRIT)* o apartment)

atinado, a [ati'naðo, a] *adj (sensato)* wise; *(correcto)* right, correct

atinar [ati'nar] *vi (al disparar):* **~ al blanco** to hit the target; *(fig)* to be right

atisbar [atis'βar] *vt* to spy on; *(echar una ojeada)* to peep at

atizar [ati'θar] *vt* to poke; *(horno etc)* to stoke; *(fig)* to stir up, rouse

atlántico, a [a'tlantiko, a] *adj* Atlantic ♦ *nm*: **el (océano) A~** the Atlantic (Ocean)

atlas ['atlas] *nm* atlas

atleta [a'tleta] *nm* athlete; **atlético, a** *adj* athletic; **atletismo** *nm* athletics *sg*

atmósfera [at'mosfera] nf atmosphere

atolladero [atoʎa'ðero] nm (fig) jam, fix

atolondramiento [atolondra'mjento] nm bewilderment; (insensatez) silliness

atómico, a [a'tomiko, a] adj atomic

atomizador [atomiθa'ðor] nm atomizer; (de perfume) spray

átomo ['atomo] nm atom

atónito, a [a'tonito, a] adj astonished, amazed

atontado, a [aton'taðo, a] adj stunned; (bobo) silly, daft

atontar [aton'tar] vt to stun; ~se vr to become confused

atormentar [atormen'tar] vt to torture; (molestar) to torment; (acosar) to plague, harass

atornillar [atorni'ʎar] vt to screw on o down

atosigar [atosi'ɣar] vt to harass, pester

atracador, a [atraka'ðor, a] nm/f robber

atracar [atra'kar] vt (NAUT) to moor; (robar) to hold up, rob ♦ vi to moor; ~se vr: ~se (de) to stuff o.s. (with)

atracción [atrak'θjon] nf attraction

atraco [a'trako] nm holdup, robbery

atracón [atra'kon] nm: **darse** o **pegarse un ~ (de)** (fam) to stuff o.s. (with)

atractivo, a [atrak'tiβo, a] adj attractive ♦ nm appeal

atraer [atra'er] vt to attract

atragantarse [atraɣan'tarse] vr: ~ (con) to choke (on); **se me ha atragantado el chico** I can't stand the boy

atrancar [atran'kar] vt (puerta) to bar, bolt

atrapar [atra'par] vt to trap; (resfriado etc) to catch

atrás [a'tras] adv (movimiento) back (-wards); (lugar) behind; (tiempo) previously; **ir hacia ~** to go back(wards); to go to the rear; **estar ~** to be behind o at the back

atrasado, a [atra'saðo, a] adj slow; (pago) overdue, late; (país) backward

atrasar [atra'sar] vi to be slow; ~se vr to remain behind; (tren) to be o run late; **atraso** nm slowness; lateness, delay; (de país) backwardness; **atrasos** nmpl (COM) arrears

atravesar [atraβe'sar] vt (cruzar) to cross (over); (traspasar) to pierce; to go through; (poner al través) to lay o put across; ~se vr to come in between; (intervenir) to interfere

atravieso etc vb ver **atravesar**

atrayente [atra'jente] adj attractive

atreverse [atre'βerse] vr to dare; (insolentarse) to be insolent; **atrevido, a** adj daring; insolent; **atrevimiento** nm daring; insolence

atribución [atriβu'θjon] nf: **atribuciones** (POL) powers; (ADMIN) responsibilities

atribuir [atriβu'ir] vt to attribute; (funciones) to confer

atribular [atriβu'lar] vt to afflict, distress

atributo [atri'βuto] nm attribute

atril [a'tril] nm (para libro) lectern; (MUS) music stand

atrocidad [atroθi'ðað] nf atrocity, outrage

atropellar [atrope'ʎar] vt (derribar) to knock over o down; (empujar) to push (aside); (AUTO) to run over, run down; (agraviar) to insult; ~se vr to act hastily; **atropello** nm (AUTO) accident; (empujón) push; (agravio) wrong; (atrocidad) outrage

atroz [a'troθ] adj atrocious, awful

ATS nmf abr = Ayudante Técnico Sanitario) nurse

atto, a abr = **atento**

atuendo [a'twendo] nm attire

atún [a'tun] nm tuna

aturdir [atur'ðir] vt to stun; (de ruido) to deafen; (fig) to dumbfound, bewilder

atusar [atu'sar] vt to smooth (down)

audacia [au'ðaθja] nf boldness, audacity; **audaz** adj bold, audacious

audible [au'ðißle] adj audible

audición [auði'θjon] nf hearing; (TEATRO) audition

audiencia [au'ðjenθja] nf audience; **A~** (JUR) High Court

audífono [au'ðifono] nm (para sordos) hearing aid

auditor [auði'tor] nm (JUR) judge advocate; (COM) auditor

auditorio [auði'torjo] nm audience; (sala) auditorium

auge ['auxe] nm boom; (clímax) climax

augurar [auɣu'rar] vt to predict; (presagiar) to portend

augurio [au'ɣurjo] nm omen

aula ['aula] nf classroom; (en universidad etc) lecture room

aullar [au'ʎar] vi to howl, yell

aullido [au'ʎiðo] nm howl, yell

aumentar [aumen'tar] vt to increase; (precios) to put up; (producción) to step up; (con microscopio, anteojos) to magnify ♦ vi to increase, be on the increase; **~se** vr to increase, be on the increase; **aumento** nm increase; rise

aun [a'un] adv even; **~ así** even so; **~ más** even o yet more

aún [a'un] adv: **~ está aquí** he's still here; **~ no lo sabemos** we don't know yet; **¿no ha venido ~?** hasn't she come yet?

aunque [a'unke] conj though, although, even though

aúpa [a'upa] excl come on!

aureola [aure'ola] nf halo

auricular [auriku'lar] nm (TEL) receiver; **~es** nmpl (cascos) headphones

aurora [au'rora] nf dawn

auscultar [auskul'tar] vt (MED: pecho) to listen to, sound

ausencia [au'senθja] nf absence

ausentarse [ausen'tarse] vr to go away; (por poco tiempo) to go out

ausente [au'sente] adj absent

auspicios [aus'piθjos] nmpl auspices

austero, a [aus'tero, a] adj austere

austral [aus'tral] adj southern ♦ nm monetary unit of Argentina

Australia [aus'tralja] nf Australia; **australiano, a** adj, nm/f Australian

Austria ['austrja] nf Austria; **austríaco, a** adj, nm/f Austrian

auténtico, a [au'tentiko, a] adj authentic

auto ['auto] nm (JUR) edict, decree; (: orden) writ; (AUTO) car; **~s** nmpl (JUR) proceedings; (: acta) court record sg

autoadhesivo [autoaðe'sißo] adj self-adhesive; (sobre) self-sealing

autobiografía [autoßjoɣra'fia] nf autobiography

autobronceador [autoßronθea'ðor] adj self-tanning

autobús [auto'ßus] nm bus

autocar [auto'kar] nm coach (BRIT), (passenger) bus (US)

autóctono, a [au'toktono, a] adj native, indigenous

autodefensa [autoðe'fensa] nf self-defence

autodeterminación [autoðetermina'θjon] nf self-determination

autodidacta [autoði'ðakta] adj self-taught

autoescuela [autoes'kwela] nf driving school

autógrafo [au'toɣrafo] nm autograph

autómata [au'tomata] nm automaton

automático, a [auto'matiko, a] adj automatic ♦ nm press stud

automotor, triz [automo'tor, 'triθ] adj self-propelled ♦ nm diesel train

automóvil [auto'moßil] nm (motor) car (BRIT), automobile (US);
automovilismo nm (actividad) motoring; (DEPORTE) motor racing; **automovilista** nm/f motorist, driver; **automovilístico, a** adj (industria) motor cpd

autonomía [autono'mia] nf autonomy; **autónomo, a** (ESP),

autonómico, a (*ESP*) *adj* (*POL*) autonomous

autopista [auto'pista] *nf* motorway (*BRIT*), freeway (*US*); **~ de peaje** toll road (*BRIT*), turnpike road (*US*)

autopsia [au'topsja] *nf* autopsy, postmortem

autor, a [au'tor, a] *nm/f* author

autoridad [autori'ðað] *nf* authority; **autoritario, a** *adj* authoritarian

autorización [autoriθa'θjon] *nf* authorization; **autorizado, a** *adj* authorized; (*aprobado*) approved

autorizar [autori'θar] *vt* to authorize; (*aprobar*) to approve

autorretrato [autorre'trato] *nm* self-portrait

autoservicio [autoser'βiθjo] *nm* (*tienda*) self-service shop (*BRIT*) o store (*US*); (*restaurante*) self-service restaurant

autostop [auto'stop] *nm* hitch-hiking; **hacer ~** to hitch-hike; **~ista** *nm/f* hitch-hiker

autosuficiencia [autosufi'θjenθja] *nf* self-sufficiency

autovía [auto'βia] *nf* ≈ A-road (*BRIT*), dual carriageway (*BRIT*), ≈ state highway (*US*)

auxiliar [auksi'ljar] *vt* to help ♦ *nm/f* assistant; **auxilio** *nm* assistance, help; **primeros auxilios** first aid *sg*

Av *abr* (= *Avenida*) Av(e).

aval [a'βal] *nm* guarantee; (*persona*) guarantor

avalancha [aβa'lantʃa] *nf* avalanche

avance [a'βanθe] *nm* advance; (*pago*) advance payment; (*CINE*) trailer

avanzar [aβan'θar] *vt, vi* to advance

avaricia [aβa'riθja] *nf* avarice, greed; **avaricioso, a** *adj* avaricious, greedy

avaro, a [a'βaro, a] *adj* miserly, mean ♦ *nm/f* miser

avasallar [aβasa'ʎar] *vt* to subdue, subjugate

Avda *abr* (= *Avenida*) Av(e).

AVE ['aβe] *nm abr* (= *Alta Velocidad Española*) ≈ bullet train

ave [a'βe] *nf* bird; **~ de rapiña** bird of prey

avecinarse [aβeθi'narse] *vr* (*tormenta, fig*) to be on the way

avellana [aβe'ʎana] *nf* hazelnut; **avellano** *nm* hazel tree

avemaría [aβema'ria] *nm* Hail Mary, Ave Maria

avena [a'βena] *nf* oats *pl*

avenida [aβe'niða] *nf* (*calle*) avenue

avenir [aβe'nir] *vt* to reconcile; **~se** *vr* to come to an agreement, reach a compromise

aventajado, a [aβenta'xaðo, a] *adj* outstanding

aventajar [aβenta'xar] *vt* (*sobrepasar*) to surpass, outstrip

aventura [aβen'tura] *nf* adventure; **aventurado, a** *adj* risky; **aventurero, a** *adj* adventurous

avergonzar [aβerɣon'θar] *vt* to shame; (*desconcertar*) to embarrass; **~se** *vr* to be ashamed; to be embarrassed

avería [aβe'ria] *nf* (*TEC*) breakdown, fault

averiado, a [aβe'rjaðo, a] *adj* broken down; **"~"** "out of order"

averiguación [aβeriɣwa'θjon] *nf* investigation; (*descubrimiento*) ascertainment

averiguar [aβeri'ɣwar] *vt* to investigate; (*descubrir*) to find out, ascertain

aversión [aβer'sjon] *nf* aversion, dislike

avestruz [aβes'truθ] *nm* ostrich

aviación [aβja'θjon] *nf* aviation; (*fuerzas aéreas*) air force

aviador, a [aβja'ðor, a] *nm/f* aviator, airman/woman

avicultura [aβikul'tura] *nf* poultry farming

avidez [aβi'ðeθ] *nf* avidity, eagerness; **ávido, a** *adj* avid, eager

avinagrado, a [aβina'ɣraðo, a] *adj* sour, acid

avión [a'βjon] *nm* aeroplane; (*ave*)

martin; **~ de reacción** jet (plane)

avioneta [aβjo'neta] *nf* light aircraft

avisar [aβi'sar] *vt* (*advertir*) to warn, notify; (*informar*) to tell; (*aconsejar*) to advise, counsel; **aviso** *nm* warning; (*noticia*) notice

avispa [a'βispa] *nf* wasp

avispado, a [aβis'paðo, a] *adj* sharp, clever

avispero [aβis'pero] *nm* wasp's nest

avispón [aβis'pon] *nm* hornet

avistar [aβis'tar] *vt* to sight, spot

avituallar [aβitwa'ʎar] *vt* to supply with food

avivar [aβi'βar] *vt* to strengthen, intensify; **~se** *vr* to revive, acquire new life

axila [ak'sila] *nf* armpit

axioma [ak'sjoma] *nm* axiom

ay [ai] *excl* (*dolor*) ow!, ouch!; (*aflicción*) oh!, oh dear!; **¡~ de mi!** poor me!

aya ['aja] *nf* governess; (*niñera*) nanny

ayer [a'jer] *adv, nm* yesterday; **antes de ~** the day before yesterday

ayote [a'jote] (*AM*) *nm* pumpkin

ayuda [a'juða] *nf* help, assistance ♦ *nm* page; **ayudante, a** *nm/f* assistant, helper; (*ESCOL*) assistant; (*MIL*) adjutant

ayudar [aju'ðar] *vt* to help, assist

ayunar [aju'nar] *vi* to fast; **ayunas** *nfpl*: **estar en ayunas** to be fasting; **ayuno** *nm* fast; fasting

ayuntamiento [ajunta'mjento] *nm* (*consejo*) town (o city) council; (*edificio*) town (o city) hall

azabache [aθa'βatʃe] *nm* jet

azada [a'θaða] *nf* hoe

azafata [aθa'fata] *nf* air stewardess

azafrán [aθa'fran] *nm* saffron

azahar [aθa'ar] *nm* orange/lemon blossom

azar [a'θar] *nm* (*casualidad*) chance, fate; (*desgracia*) misfortune, accident; **por ~** by chance; **al ~** at random

azoramiento [aθora'mjento] *nm* alarm; (*confusión*) confusion

azorar [aθo'rar] *vt* to alarm; **~se** *vr* to

get alarmed

Azores [a'θores] *nfpl*: **las ~** the Azores

azotar [aθo'tar] *vt* to whip, beat; (*pegar*) to spank; **azote** *nm* (*látigo*) whip; (*latigazo*) lash, stroke; (*en las nalgas*) spank; (*calamidad*) calamity

azotea [aθo'tea] *nf* (flat) roof

azteca [aθ'teka] *adj, nm/f* Aztec

azúcar [a'θukar] *nm* sugar; **azucarado, a** *adj* sugary, sweet

azucarero, a [aθuka'rero, a] *adj* sugar *cpd* ♦ *nm* sugar bowl

azucena [aθu'θena] *nf* white lily

azufre [a'θufre] *nm* sulphur

azul [a'θul] *adj, nm* blue; **~ marino** navy blue

azulejo [aθu'lexo] *nm* tile

azuzar [aθu'θar] *vt* to incite, egg on

B, b

B.A. *abr* (= *Buenos Aires*) B.A.

baba ['baβa] *nf* spittle, saliva; **babear** *vi* to drool, slaver

babero [ba'βero] *nm* bib

babor [ba'βor] *nm* port (side)

baboso, a [ba'βoso, a] (*AM: fam*) *adj* silly

baca ['baka] *nf* (*AUTO*) luggage o roof rack

bacalao [baka'lao] *nm* cod(fish)

bache ['batʃe] *nm* pothole, rut; (*fig*) bad patch

bachillerato [batʃiʎe'rato] *nm* higher secondary school course

bacteria [bak'terja] *nf* bacterium, germ

báculo ['bakulo] *nm* stick, staff

bagaje [ba'yaxe] *nm* baggage, luggage

Bahama [ba'ama]: **las (Islas) ~** *nfpl* the Bahamas

bahía [ba'ia] *nf* bay

bailar [bai'lar] *vt, vi* to dance; **~ín, ina** *nm/f* (ballet) dancer; **baile** *nm* dance; (*formal*) ball

baja ['baxa] *nf* drop, fall; (*MIL*) casualty; **dar de ~** (*soldado*) to discharge;

(*empleado*) to dismiss

bajada [ba'xaða] *nf* descent; (*camino*) slope; (*de aguas*) ebb

bajar [ba'xar] *vi* to go down, come down; (*temperatura, precios*) to drop, fall ♦ *vt* (*cabeza*) to bow; (*escalera*) to go down, come down; (*precio, deuda*) to lower; (*llevar abajo*) to take down; **~se** *vr* (*de coche*) to get out; (*de autobús, tren*) to get off; **~ de** (*coche*) to get out of; (*autobús, tren*) to get off

bajeza [ba'xeθa] *nf* baseness no *pl*; (*una ~*) vile deed

bajío [ba'xio] *nm* (AM) lowlands *pl*

bajo, a ['baxo, a] *adj* (*mueble, número, precio*) low; (*piso*) ground; (*de estatura*) small, short; (*color*) pale; (*sonido*) faint, soft, low; (*voz: en tono*) deep; (*metal*) base; (*humilde*) low, humble ♦ *adv* (*hablar*) softly, quietly; (*volar*) low ♦ *prep* under, below, underneath ♦ *nm* (MUS) bass; **~ la lluvia** in the rain

bajón [ba'xon] *nm* fall, drop

bakalao [baka'lao] (*fam*) *nm* rave (music)

bala ['bala] *nf* bullet

balance [ba'lanθe] *nm* (COM) balance; (: *libro*) balance sheet; (: *cuenta general*) stocktaking

balancear [balanθe'ar] *vt* to balance ♦ *vi* to swing (to and fro); (*vacilar*) to hesitate; **~se** *vr* to swing (to and fro); to hesitate; **balanceo** *nm* swinging

balanza [ba'lanθa] *nf* scales *pl*, balance; (ASTROLOGÍA): **B~** Libra; **~ comercial** balance of trade; **~ de pagos** balance of payments

balar [ba'lar] *vi* to bleat

balaustrada [balaus'traða] *nf* balustrade; (*pasamanos*) banisters *pl*

balazo [ba'laθo] *nm* (*golpe*) shot; (*herida*) bullet wound

balbucear [balβuθe'ar] *vi, vt* to stammer, stutter; **balbuceo** *nm* stammering, stuttering

balbucir [balβu'θir] *vi, vt* to stammer, stutter

balcón [bal'kon] *nm* balcony

balde ['balde] *nm* bucket, pail; **de ~** (for) free, for nothing; **en ~** in vain

baldío, a [bal'dio, a] *adj* uncultivated; (*terreno*) waste ♦ *nm* waste land

baldosa [bal'dosa] *nf* (*azulejo*) floor tile; (*grande*) flagstone; **baldosín** *nm* (small) tile

Baleares [bale'ares] *nfpl*: **las (Islas) ~** the Balearic Islands

balido [ba'liðo] *nm* bleat, bleating

baliza [ba'liθa] *nf* (AVIAT) beacon; (NAUT) buoy

ballena [ba'ʎena] *nf* whale

ballesta [ba'ʎesta] *nf* crossbow; (AUTO) spring

ballet [ba'le] (*pl* **~s**) *nm* ballet

balneario, a [balne'arjo, a] *adj*: **estación balnearia** (AM) (bathing) resort ♦ *nm* spa, health resort

balón [ba'lon] *nm* ball

baloncesto [balon'θesto] *nm* basketball

balonmano [balon'mano] *nm* handball

balonvolea [balombo'lea] *nm* volleyball

balsa ['balsa] *nf* raft; (BOT) balsa wood

bálsamo ['balsamo] *nm* balsam, balm

baluarte [ba'lwarte] *nm* bastion, bulwark

bambolear [bambole'ar] *vi* to swing, sway; (*silla*) to wobble; **~se** *vr* to swing, sway; to wobble; **bamboleo** *nm* swinging, swaying; wobbling

bambú [bam'bu] *nm* bamboo

banana [ba'nana] (AM) *nf* banana; **banano** (AM) *nm* banana tree

banca ['banka] *nf* (COM) banking

bancario, a [ban'karjo, a] *adj* banking *cpd*, bank *cpd*

bancarrota [banka'rrota] *nf* bankruptcy; **hacer ~** to go bankrupt

banco ['banko] *nm* bench; (ESCOL) desk; (COM) bank; (GEO) stratum; **~ de crédito/de ahorros** credit/savings bank; **~ de arena** sandbank; **~ de**

datos databank

banda ['banda] *nf* band; (*pandilla*) gang; (*NAUT*) side, edge; **la B~ Oriental** Uruguay; **~ sonora** soundtrack

bandada [ban'daða] *nf* (*de pájaros*) flock; (*de peces*) shoal

bandazo [ban'daθo] *nm:* **dar ~s** to sway from side to side

bandeja [ban'dexa] *nf* tray

bandera [ban'dera] *nf* flag

banderilla [bande'riʎa] *nf* banderilla

banderín [bande'rin] *nm* pennant, small flag

bandido [ban'diðo] *nm* bandit

bando ['bando] *nm* (*edicto*) edict, proclamation; (*facción*) faction; **los ~s** (*REL*) the banns

bandolera [bando'lera] *nf:* **llevar en ~** to wear across one's chest

bandolero [bando'lero] *nm* bandit, brigand

banquero [ban'kero] *nm* banker

banqueta [ban'keta] *nf* stool; (*AM: en la calle*) pavement (*BRIT*), sidewalk (*US*)

banquete [ban'kete] *nm* banquet; (*para convidados*) formal dinner

banquillo [ban'kiʎo] *nm* (*JUR*) dock, prisoner's bench; (*banco*) bench; (*para los pies*) footstool

bañador [baɲa'ðor] *nm* swimming costume (*BRIT*), bathing suit (*US*)

bañar [ba'ɲar] *vt* to bath, bathe; (*objeto*) to dip; (*de barniz*) to coat; **~se** *vr* (*en el mar*) to bathe, swim; (*en la bañera*) to have a bath

bañera [ba'ɲera] *nf* bath(tub)

bañero, a [ba'ɲero, a] (*AM*) *nm/f* lifeguard

bañista [ba'ɲista] *nm/f* bather

baño ['baɲo] *nm* (*en bañera*) bath; (*en río*) dip, swim; (*cuarto*) bathroom; (*bañera*) bath(tub); (*capa*) coating

baqueta [ba'keta] *nf* (*MUS*) drumstick

bar [bar] *nm* bar

barahúnda [bara'unda] *nf* uproar, hubbub

baraja [ba'raxa] *nf* pack (of cards); **barajar** *vt* (*naipes*) to shuffle; (*fig*) to jumble up

baranda [ba'randa] *nf* = **barandilla**

barandilla [baran'diʎa] *nf* rail, railing

baratija [bara'tixa] *nf* trinket

baratillo [bara'tiʎo] *nm* (*tienda*) junkshop; (*subasta*) bargain sale; (*conjunto de cosas*) secondhand goods *pl*

barato, a [ba'rato, a] *adj* cheap ♦ *adv* cheap, cheaply

baraúnda [bara'unda] *nf* = **barahúnda**

barba ['barβa] *nf* (*mentón*) chin; (*pelo*) beard

barbacoa [barβa'koa] *nf* (*parrilla*) barbecue; (*carne*) barbecued meat

barbaridad [barβari'ðað] *nf* barbarity; (*acto*) barbarism; (*atrocidad*) outrage; **una ~** (*fam*) loads; **¡qué ~!** (*fam*) how awful!

barbarie [bar'βarje] *nf* barbarism, savagery; (*crueldad*) barbarity

barbarismo [barβa'rismo] *nm* = **barbarie**

bárbaro, a ['barβaro, a] *adj* barbarous, cruel; (*grosero*) rough, uncouth ♦ *nm/f* barbarian ♦ *adv:* **lo pasamos ~** (*fam*) we had a great time; **¡qué ~!** (*fam*) how marvellous!; **un éxito ~** (*fam*) a terrific success; **es un tipo ~** (*fam*) he's a great bloke

barbecho [bar'βetʃo] *nm* fallow land

barbero [bar'βero] *nm* barber, hairdresser

barbilla [bar'βiʎa] *nf* chin, tip of the chin

barbo ['barβo] *nm* barbel; **~ de mar** red mullet

barbotear [barβote'ar] *vt, vi* to mutter, mumble

barbudo, a [bar'βuðo, a] *adj* bearded

barca ['barka] *nf* (small) boat; **~ pesquera** fishing boat; **~ de pasaje** ferry; **~za** *nf* barge; **~za de desembarco** landing craft

Barcelona [barθe'lona] n Barcelona
barcelonés, esa [barθelo'nes, esa] adj of o from Barcelona
barco ['barko] nm boat; (grande) ship; ~ **de carga** cargo boat; ~ **de vela** sailing ship
baremo [ba'remo] nm (MAT, fig) scale
barítono [ba'ritono] nm baritone
barman ['barman] nm barman
Barna n = **Barcelona**
barniz [bar'niθ] nm varnish; (en la loza) glaze; (fig) veneer; ~**ar** vt to varnish; (loza) to glaze
barómetro [ba'rometro] nm barometer
barquero [bar'kero] nm boatman
barquillo [bar'kiλo] nm cone, cornet
barra ['barra] nf bar, rod; (de un bar, café) bar; (de pan) French stick; (palanca) lever; ~ **de carmín** o **de labios** lipstick; ~ **libre** free bar
barraca [ba'rraka] nf hut, cabin
barranco [ba'rranko] nm ravine; (fig) difficulty
barrena [ba'rrena] nf drill; **barrenar** vt to drill (through), bore; **barreno** nm large drill
barrer [ba'rrer] vt to sweep; (quitar) to sweep away
barrera [ba'rrera] nf barrier
barriada [ba'rrjaða] nf quarter, district
barricada [barri'kaða] nf barricade
barrida [ba'rriða] nf sweep, sweeping
barrido [ba'rriðo] nm = **barrida**
barriga [ba'rriɣa] nf belly; (panza) paunch; **barrigón, ona** adj potbellied; **barrigudo, a** adj potbellied
barril [ba'rril] nm barrel, cask
barrio ['barrjo] nm (vecindad) area, neighborhood (US); (en las afueras) suburb; ~ **chino** red-light district
barro ['barro] nm (lodo) mud; (objetos) earthenware; (MED) pimple
barroco, a [ba'rroko, a] adj, nm baroque
barrote [ba'rrote] nm (de ventana) bar
barruntar [barrun'tar] vt (conjeturar)

to guess; (presentir) to suspect;
barrunto nm guess; suspicion
bartola [bar'tola]: **a la ~** adv: **tirarse a la ~** to take it easy, be lazy
bártulos ['bartulos] nmpl things, belongings
barullo [ba'ruλo] nm row, uproar
basar [ba'sar] vt to base; ~**se** vr: ~**se en** to be based on
báscula ['baskula] nf (platform) scales
base ['base] nf base; **a ~ de** on the basis of; (mediante) by means of; ~ **de datos** (INFORM) database
básico, a ['basiko, a] adj basic
basílica [ba'silika] nf basilica

PALABRA CLAVE

bastante [bas'tante] adj **1** (suficiente) enough; ~ **dinero** enough o sufficient money; ~**s libros** enough books
2 (valor intensivo): ~ **gente** quite a lot of people; **tener** ~ **calor** to be rather hot
♦ adv: ~ **bueno/malo** quite good/ rather bad; ~ **rico** pretty rich; (lo) ~ **inteligente (como) para hacer algo** clever enough o sufficiently clever to do sth

bastar [bas'tar] vi to be enough o sufficient; ~**se** vr to be self-sufficient; ~ **para** to be enough to; ¡**basta!** (that's) enough!
bastardilla [bastar'ðiλa] nf italics
bastardo, a [bas'tarðo, a] adj, nm/f bastard
bastidor [basti'ðor] nm frame; (de coche) chassis; (TEATRO) wing; **entre** ~**es** (fig) behind the scenes
basto, a ['basto, a] adj coarse, rough; ~**s** nmpl (NAIPES) ≈ clubs
bastón [bas'ton] nm stick, staff; (para pasear) walking stick
bastoncillo [baston'θiλo] nm cotton bud
basura [ba'sura] nf rubbish (BRIT), garbage (US)

basurero [basuˈrero] nm (hombre) dustman (BRIT), garbage man (US); (lugar) dump; (cubo) (rubbish) bin (BRIT), trash can (US)

bata [ˈbata] nf (gen) dressing gown; (cubretodo) smock, overall; (MED, TEC etc) lab(oratory) coat

batalla [baˈtaʎa] nf battle; **de ~** (fig) for everyday use

batallar [bataˈʎar] vi to fight

batallón [bataˈʎon] nm battalion

batata [baˈtata] nf sweet potato

batería [bateˈria] nf battery; (MUS) drums; **~ de cocina** kitchen utensils

batido, a [baˈtiðo, a] adj (camino) beaten, well-trodden ♦ nm (CULIN): **~ (de leche)** milk shake

batidora [batiˈðora] nf beater, mixer; **~ eléctrica** food mixer, blender

batir [baˈtir] vt to beat, strike; (vencer) to beat, defeat; (revolver) to beat, mix; **~se** vr to fight; **~ palmas** to applaud

batuta [baˈtuta] nf baton; **llevar la ~** (fig) to be the boss, be in charge

baúl [baˈul] nm trunk; (AUTO) boot (BRIT), trunk (US)

bautismo [bauˈtismo] nm baptism, christening

bautizar [bautiˈθar] vt to baptize, christen; (fam: diluir) to water down; **bautizo** nm baptism, christening

baya [ˈbaja] nf berry

bayeta [baˈjeta] nf floorcloth

baza [ˈbaθa] nf trick; **meter ~** to butt in

bazar [baˈθar] nm bazaar

bazofia [baˈθofja] nf trash

BCE nm abr (= Banco Central Europeo) ECB

beato, a [beˈato, a] adj blessed; (piadoso) pious

bebé [beˈβe] (pl **~s**) nm baby

bebedor, a [beβeˈðor, a] adj hard-drinking

beber [beˈβer] vt, vi to drink

bebida [beˈβiða] nf drink; **bebido, a** adj drunk

beca [ˈbeka] nf grant, scholarship

becario, a [beˈkarjo, a] nm/f scholarship holder, grant holder

bedel [beˈðel] nm (ESCOL) janitor; (UNIV) porter

béisbol [ˈbeisβol] nm (DEPORTE) baseball

belén [beˈlen] nm (de navidad) nativity scene, crib; **B~** Bethlehem

belga [ˈbelɣa] adj, nm/f Belgian

Bélgica [ˈbelxika] nf Belgium

bélico, a [ˈbeliko, a] adj (actitud) warlike; **belicoso, a** adj (guerrero) warlike; (agresivo) aggressive, bellicose

beligerante [beliɣeˈrante] adj belligerent

belleza [beˈʎeθa] nf beauty

bello, a [ˈbeʎo, a] adj beautiful, lovely; **Bellas Artes** Fine Art

bellota [beˈʎota] nf acorn

bemol [beˈmol] nm (MUS) flat; **esto tiene ~es** (fam) this is a tough one

bencina [benˈθina] nf (AM) (gasolina) petrol (BRIT), gasoline (US)

bendecir [bendeˈθir] vt to bless

bendición [bendiˈθjon] nf blessing

bendito, a [benˈdito, a] pp de **bendecir** ♦ adj holy; (afortunado) lucky; (feliz) happy; (sencillo) simple ♦ nm/f simple soul

beneficencia [benefiˈθenθja] nf charity

beneficiar [benefiˈθjar] vt to benefit, be of benefit to; **~se** vr to benefit, profit; **~io, a** nm/f beneficiary

beneficio [beneˈfiθjo] nm (bien) benefit, advantage; (ganancia) profit, gain; **~so, a** adj beneficial

benéfico, a [beˈnefiko, a] adj charitable

beneplácito [beneˈplaθito] nm approval, consent

benevolencia [beneβoˈlenθja] nf benevolence, kindness; **benévolo, a** adj benevolent, kind

benigno, a [beˈniɣno, a] adj kind; (suave) mild; (MED: tumor) benign, non-malignant

berberecho [berβe'retʃo] nm (ZOOL, CULIN) cockle

berenjena [beren'xena] nf aubergine (BRIT), eggplant (US)

Berlín [ber'lin] n Berlin; **berlinés, esa** adj of o from Berlin ♦ nm/f Berliner

bermudas [ber'muðas] nfpl Bermuda shorts

berrear [berre'ar] vi to bellow, low

berrido [be'rriðo] nm bellow(ing)

berrinche [be'rrintʃe] (fam) nm temper, tantrum

berro ['berro] nm watercress

berza ['berθa] nf cabbage

besamel [besa'mel] nf (CULIN) white sauce, bechamel sauce

besar [be'sar] vt to kiss; (fig: tocar) to graze; **~se** vr to kiss (one another); **beso** nm kiss

bestia ['bestja] nf beast, animal; (fig) idiot; **~ de carga** beast of burden

bestial [bes'tjal] adj bestial; (fam) terrific; **~idad** nf bestiality; (fam) stupidity

besugo [be'suɣo] nm sea bream; (fam) idiot

besuquear [besuke'ar] vt to cover with kisses; **~se** vr to kiss and cuddle

betún [be'tun] nm shoe polish; (QUÍM) bitumen

biberón [biβe'ron] nm feeding bottle

Biblia ['biβlja] nf Bible

bibliografía [biβljoɣra'fia] nf bibliography

biblioteca [biβljo'teka] nf library; (mueble) bookshelves; **~ de consulta** reference library; **~rio, a** nm/f librarian

bicarbonato [bikarβo'nato] nm bicarbonate

bicho ['bitʃo] nm (animal) small animal; (sabandija) bug, insect; (TAUR) bull

bici ['biθi] (fam) nf bike

bicicleta [biθi'kleta] nf bicycle, cycle; **ir en ~** to cycle

bidé [bi'ðe] (pl **~s**) nm bidet

bidón [bi'ðon] nm (de aceite) drum;

(de gasolina) can

PALABRA CLAVE

bien [bjen] nm 1 (bienestar) good; **te lo digo por tu ~** I'm telling you for your own good; **el ~ y el mal** good and evil

2 (posesión): **~es** goods; **~es de consumo** consumer goods; **~es inmuebles** o **raíces/~es muebles** real estate sg/personal property sg

♦ adv 1 (de manera satisfactoria, correcta etc) well; **trabaja/come ~** she works/eats well; **contestó ~** he answered correctly; **me siento ~** I feel fine; **no me siento ~** I don't feel very well; **se está ~ aquí** it's nice here

2 (frases): **hiciste ~ en llamarme** you were right to call me

3 (valor intensivo) very; **un cuarto ~ caliente** a nice warm room; **~ se ve que ...** it's quite clear that ...

4: **estar ~: estoy muy ~ aquí** I feel very happy here; **está ~ que vengan** it's all right for them to come; **¡está ~! lo haré** all right, I'll do it

5 (de buena gana): **yo ~ que iría pero** ... I'd gladly go but ...

♦ excl: **¡~!** (aprobación) O.K.!; **¡muy ~!** well done!

♦ adj inv (matiz despectivo): **niño ~** rich kid; **gente ~** posh people

♦ conj 1: **~ ... ~: ~ en coche o ~ en tren** either by car or by train

2. **no ~** (esp AM): **no ~ llegue te llamaré** as soon as I arrive I'll call you

3: **si ~** even though; ver tb **más**

bienal [bje'nal] adj biennial

bienaventurado, a [bjenaβentu'raðo, a] adj (feliz) happy, fortunate

bienestar [bjenes'tar] nm well-being, welfare

bienhechor, a [bjene'tʃor, a] adj beneficent ♦ nm/f benefactor/benefactress

bienvenida [bjembe'niða] nf welcome; **dar la ~ a uno** to welcome sb

bienvenida [bjembe'niðo] excl welcome!

bife ['bife] (AM) nm steak

bifurcación [bifurka'θjon] nf fork

bifurcarse [bifur'karse] vr (camino, carretera, río) to fork

bigamia [bi'xamja] nf bigamy; **bígamo, a** adj bigamous ♦ nm/f bigamist

bigote [bi'xote] nm moustache; **bigotudo, a** adj with a big moustache

bikini [bi'kini] nm bikini; (CULIN) toasted ham and cheese sandwich

bilbaíno, a [bilßa'ino, a] adj from o of Bilbao

bilingüe [bi'lingwe] adj bilingual

billar [bi'ʎar] nm billiards sg; (lugar) billiard hall; (mini-casino) amusement arcade; **~ americano** pool

billete [bi'ʎete] nm ticket; (de banco) (bank)note (BRIT), bill (US); (carta) note; **~ sencillo, ~ de ida** solamente single (BRIT) o one-way (US) ticket; **~ de ida y vuelta** return (BRIT) o round-trip (US) ticket; **~ de 20 libras** £20 note

billetera [biʎe'tera] nf wallet

billetero [biʎe'tero] nm = **billetera**

billón [bi'ʎon] nm billion

bimensual [bimen'swal] adj twice monthly

bimotor [bimo'tor] adj twin-engined ♦ nm twin-engined plane

bingo ['bingo] nm bingo

biodegradable [bioðexra'ðaßle] adj biodegradable

biografía [bjoxra'fia] nf biography; **biógrafo, a** nm/f biographer

biología [bjolo'xia] nf biology; **biológico, a** adj biological; (cultivo, producto) organic; **biólogo, a** nm/f biologist

biombo ['bjombo] nm (folding) screen

biquini [bi'kini] nm bikini

birlar [bir'lar] (fam) vt to pinch

Birmania [bir'manja] nf Burma

birria ['birrja] nf: **ser una ~** (película, libro) to be rubbish

bis [bis] excl encore! ♦ adv: **viven en el 27 ~** they live at 27a

bisabuelo, a [bisa'ßwelo, a] nm/f great-grandfather/mother

bisagra [bi'saxra] nf hinge

bisiesto [bi'sjesto] adj: **año ~** leap year

bisnieto, a [bis'njeto, a] nm/f great-grandson/daughter

bisonte [bi'sonte] nm bison

bisté [bis'te] nm = **bistec**

bistec [bis'tek] nm steak

bisturí [bistu'ri] nm scalpel

bisutería [bisute'ria] nf imitation o costume jewellery

bit [bit] nm (INFORM) bit

bizco, a ['biθko, a] adj cross-eyed

bizcocho [biθ'kotʃo] nm (CULIN) sponge cake

bizquear [biθke'ar] vi to squint

blanca ['blanka] nf (MUS) minim; **estar sin ~** to be broke; ver tb **blanco**

blanco, a ['blanko, a] adj white ♦ nm/f white man/woman, white ♦ nm (color) white; (en texto) blank; (MIL, fig) target; **en ~** blank; **noche en ~** sleepless night

blancura [blan'kura] nf whiteness

blandir [blan'dir] vt to brandish

blando, a ['blando, a] adj soft; (tierno) tender, gentle; (carácter) mild; (fam) cowardly; **blandura** nf softness; tenderness; mildness

blanquear [blanke'ar] vt to whiten; (fachada) to whitewash; (paño) to bleach ♦ vi to turn white; **blanquecino, a** adj whitish

blasfemar [blasfe'mar] vi to blaspheme, curse; **blasfemia** nf blasphemy

blasón [bla'son] nm coat of arms

bledo ['bleðo] nm: **me importa un ~** I couldn't care less

blindado, a |blin'daðo, a| *adj* (MIL.)
armour-plated; (*antibala*) bullet-proof;
coche (ESP) o **carro** (AM) ~ armoured
car

blindaje |blin'daxe| *nm* armour,
armour-plating

bloc |blok| (*pl* ~**s**) *nm* writing pad

bloque ['bloke| *nm* block; (POL) bloc;
~ **de cilindros** cylinder block

bloquear |bloke'ar| *vt* to blockade;
bloqueo *nm* blockade; (COM) freezing,
blocking

blusa ['blusa| *nf* blouse

boato |bo'ato| *nm* show, ostentation

bobada |bo'βaða| *nf* foolish action;
foolish statement; **decir** ~**s** to talk
nonsense

bobería |boβe'ria| *nf* = **bobada**

bobina |bo'βina| *nf* (TEC) bobbin;
(FOTU) spool; (ELEC.) coil

bobo, a |'boβo, a| *adj* (*tonto*) daft,
silly; (*cándido*) naïve ♦ *nm/f* fool, idiot
♦ *nm* (TEATRO) clown, funny man

boca |'boka| *nf* mouth; (*de crustáceo*)
pincer; (*de cañón*) muzzle; (*entrada*)
mouth, entrance; ~**s** *nfpl* (*de río*)
mouth *sg*; ~ **abajo/arriba** face down/
up; **se me hace agua la** ~ my mouth
is watering

bocacalle |boka'kaλe| *nf* (*entrance to
a*) street; **la primera** ~ the first
turning of street

bocadillo |boka'ðiλo| *nm* sandwich

bocado |bo'kaðo| *nm* mouthful, bite;
(*de caballo*) bridle; ~ **de Adán** Adam's
apple

bocajarro |boka'xarro|: **a** ~ *adv*
(*disparar, preguntar*) point-blank

bocanada |boka'naða| *nf* (*de vino*)
mouthful, swallow; (*de aire*) gust, puff

bocata |bo'kata| (*fam*) *nm* sandwich

bocazas |bo'kaθas| (*fam*) *nm inv*
bigmouth

boceto |bo'θeto| *nm* sketch, outline

bochorno |bo'tʃorno| *nm* (*vergüenza*)
embarrassment; (*color*): **hace** ~ it's
very muggy; ~**so, a** *adj* muggy;

embarrassing

bocina |bo'θina| *nf* (MUS) trumpet;
(AUTO) horn; (*para hablar*) megaphone

boda |'boða| *nf* (*tb*: ~**s**) wedding,
marriage; (*fiesta*) wedding reception;
~**s de plata/de oro** silver/golden
wedding

bodega |bo'ðexa| *nf* (*de vino*) (wine)
cellar; (*depósito*) storeroom; (*de barco*)
hold

bodegón |boðe'xon| *nm* (ARTE) still
life

bofe |'bofe| *nm* (*tb*: ~**s**: *de res*) lights

bofetada |bofe'taða| *nf* slap (in the
face)

bofetón |bofe'ton| *nm* = **bofetada**

boga |'boxa| *nf*: **en** ~ (*fig*) in vogue

bogar |bo'xar| *vi* (*remar*) to row;
(*navegar*) to sail

bogavante |boxa'βante| *nm* lobster

Bogotá |boxo'ta| *n* Bogotá

bohemio, a |bo'emjo, a| *adj, nm/f*
Bohemian

boicot |boi'kot| (*pl* ~**s**) *nm* boycott;
~**ear** *vt* to boycott; ~**eo** *nm* boycott

boina |'boina| *nf* beret

bola |'bola| *nf* ball; (*canica*) marble;
(NAIPES) (grand) slam; (*betún*) shoe
polish; (*mentira*) tale, story; ~**s** (AM)
nfpl bolas *sg*; ~ **de billar** billiard ball;
~ **de nieve** snowball

bolchevique |boltʃe'βike| *adj, nm/f*
Bolshevik

boleadoras |bolea'ðoras| (AM) *nfpl*
bolas *sg*

bolera |bo'lera| *nf* skittle o bowling
alley

boleta |bo'leta| (AM) *nf* (*billete*) ticket;
(*permiso*) pass, permit

boletería |bolete'ria| (AM) *nf* ticket
office

boletín |bole'tin| *nm* bulletin;
(*periódico*) journal, review; ~ **de
noticias** news bulletin

boleto |bo'leto| *nm* ticket

boli |'boli| (*fam*) *nm* Biro ®, pen

bolígrafo |bo'lixrafo| *nm* ball-point

pen, Biro ®

bolívar [bo'lißar] nm monetary unit of Venezuela

Bolivia [bo'lißja] nf Bolivia; **boliviano, a** adj, nm/f Bolivian

bollería [boʎe'ria] nf cakes pl and pastries pl

bollo ['boʎo] nm (pan) roll; (bulto) bump, lump; (abolladura) dent

bolo ['bolo] nm skittle; (píldora) (large) pill; **(juego de) ~s** nmpl skittles sg

bolsa ['bolsa] nf bag; (AM) pocket; (ANAT) cavity, sac; (COM) stock exchange; (MINERÍA) pocket; **de ~** pocket cpd; **~ de agua caliente** hot water bottle; **~ de aire** air pocket; **~ de papel** paper bag; **~ de plástico** plastic bag

bolsillo [bol'siʎo] nm pocket; (cartera) purse; **de ~** pocket(-size)

bolsista [bol'sista] nm/f stockbroker

bolso ['bolso] nm (bolsa) bag; (de mujer) handbag

bomba ['bomba] nf (MIL) bomb; (TEC) pump ♦ (fam) adj: **noticia ~** bombshell ♦ (fam) adv: **pasarlo ~** to have a great time; **~ atómica/de humo/de efecto retardado** atomic/ smoke/time bomb

bombardear [bombarðe'ar] vt to bombard; (MIL) to bomb; **bombardeo** nm bombardment; bombing

bombardero [bombar'ðero] nm bomber

bombear [bombe'ar] vt (agua) to pump (out o up); **~se** vr to warp

bombero [bom'bero] nm fireman

bombilla [bom'biʎa] nf (ESP) (light) bulb

bombín [bom'bin] nm bowler hat

bombo ['bombo] nm (MUS) bass drum; (TEC) drum

bombón [bom'bon] nm chocolate

bombona [bom'bona] nf (de butano, oxígeno) cylinder

bonachón, ona [bona'tʃon, ona] adj good-natured, easy-going

bonanza [bo'nanθa] nf (NAUT) fair weather; (fig) bonanza; (MINERÍA) rich pocket o vein

bondad [bon'daθ] nf goodness, kindness; **tenga la ~ de** (please) be good enough to; **~oso, a** adj good, kind

bonificación [bonifika'θjon] nf bonus

bonito, a [bo'nito, a] adj pretty; (agradable) nice ♦ nm (atún) tuna (fish)

bono ['bono] nm voucher; (FIN) bond

bonobús [bono'ßus] (ESP) nm bus pass

bonoloto [bono'loto] nf state-run weekly lottery

boquerón [boke'ron] nm (pez) (kind of) anchovy; (agujero) large hole

boquete [bo'kete] nm gap, hole

boquiabierto, a [bokja'ßjerto, a] adj: **quedar ~** to be amazed o flabbergasted

boquilla [bo'kiʎa] nf (para riego) nozzle; (para cigarro) cigarette holder; (MUS) mouthpiece

borbotón [borßo'ton] nm: **salir a borbotones** to gush out

borda ['borða] nf (NAUT) (ship's) rail; **tirar algo/caerse por la ~** to throw sth/fall overboard

bordado [bor'ðaðo] nm embroidery

bordar [bor'ðar] vt to embroider

borde ['borðe] nm edge, border; (de camino etc) side; (en la costura) hem; **al ~ de** (fig) on the verge o brink of; **ser ~** (ESP: fam) to be rude; **~ar** vt to border

bordillo [bor'ðiʎo] nm kerb (BRIT), curb (US)

bordo ['borðo] nm (NAUT) side; **a ~ de** on board

borinqueño, a [borin'kenjo, a] adj, nm/f Puerto Rican

borla ['borla] nf (adorno) tassel

borrachera [borra'tʃera] nf (ebriedad) drunkenness; (orgía) spree, binge

borracho, a [bo'rratʃo, a] adj drunk ♦ nm/f (habitual) drunkard, drunk; (temporal) drunk, drunk man/woman

borrador [borra'ðor] nm (escritura) first draft, rough sketch; (goma) rubber (BRIT), eraser

borrar [bo'rrar] vt to erase, rub out

borrasca [bo'rraska] nf storm

borrico, a [bo'rriko, a] nm/f donkey/ she-donkey; (fig) stupid man/woman

borrón [bo'rron] nm (mancha) stain

borroso, a [bo'rroso, a] adj vague, unclear; (escritura) illegible

bosque ['boske] nm wood; (grande) forest

bosquejar [boske'xar] vt to sketch; **bosquejo** nm sketch

bostezar [boste'θar] vi to yawn; **bostezo** nm yawn

bota ['bota] nf (calzado) boot; (para vino) leather wine bottle; **~s de agua**, **~s de goma** Wellingtons

botánica [bo'tanika] nf (ciencia) botany; ver tb **botánico**

botánico, a [bo'taniko, a] adj botanical ♦ nm/f botanist

botar [bo'tar] vt to throw, hurl; (NAUT) to launch; (AM) to throw out ♦ vi to bounce

bote ['bote] nm (salto) bounce; (golpe) thrust; (vasija) tin, can; (embarcación) boat; **de ~ en ~** packed, jammed full; **~ de la basura** (AM) dustbin (BRIT), trashcan (US); **~ salvavidas** lifeboat

botella [bo'teʎa] nf bottle; **botellín** nm small bottle

botica [bo'tika] nf chemist's (shop) (BRIT), pharmacy; **~rio, a** nm/f chemist (BRIT), pharmacist

botijo [bo'tixo] nm (earthenware) jug

botín [bo'tin] nm (calzado) half boot; (polaina) spat, (MIL) booty

botiquín [boti'kin] nm (armario) medicine cabinet; (portátil) first-aid kit

botón [bo'ton] nm button; (BOT) bud; **~ de oro** buttercup

botones [bo'tones] nm inv bellboy (BRIT), bellhop (US)

bóveda ['boβeða] nf (ARQ) vault

boxeador [boksea'ðor] nm boxer

boxear [bokse'ar] vi to box

boxeo [bok'seo] nm boxing

boya ['boja] nf (NAUT) buoy; (de caña) float

boyante [bo'jante] adj prosperous

bozal [bo'θal] nm (de caballo) halter; (de perro) muzzle

bracear [braθe'ar] vi (agitar los brazos) to wave one's arms

bracero [bra'θero] nm labourer; (en el campo) farmhand

bragas ['braɣas] nfpl (de mujer) panties, knickers (BRIT)

bragueta [bra'ɣeta] nf fly, flies pl

braille [breil] nm braille

bramar [bra'mar] vi to bellow, roar; **bramido** nm bellow, roar

brasa ['brasa] nf live o hot coal

brasero [bra'sero] nm brazier

Brasil [bra'sil] nm: (el) ~ Brazil; **brasileño, a** adj, nm/f Brazilian

bravata [bra'βata] nf boast

braveza [bra'βeθa] nf (valor) bravery; (ferocidad) ferocity

bravío, a [bra'βio, a] adj wild; (feroz) fierce

bravo, a ['braβo, a] adj (valiente) brave; (feroz) ferocious; (salvaje) wild; (mar etc) rough, stormy ♦ excl bravo!; **bravura** nf bravery; ferocity

braza ['braθa] nf fathom; **nadar a la ~** to swim (the) breast-stroke

brazada [bra'θaða] nf stroke

brazado [bra'θaðo] nm armful

brazalete [braθa'lete] nm (pulsera) bracelet; (banda) armband

brazo ['braθo] nm arm; (ZOOL) foreleg; (BOT) limb, branch; **luchar a ~ partido** to fight hand-to-hand; **ir cogidos del ~** to walk arm in arm

brea ['brea] nf pitch, tar

brebaje [bre'βaxe] nm potion

brecha ['bretʃa] nf (hoyo, vacío) gap, opening; (MIL, fig) breach

brega ['breɣa] nf (lucha) struggle; (trabajo) hard work

breva ['breβa] nf early fig

breve 46 **buenaventura**

breve ['breθe] *adj* short, brief ♦ *nf*
(MUS) breve; **~dad** *nf* brevity, shortness
brezo ['breθo] *nm* heather
bribón, ona [bri'βon, ona] *adj* idle,
lazy ♦ *nm/f* (pícaro) rascal, rogue
bricolaje [briko'laxe] *nm* do-it-
yourself, DIY
brida ['briða] *nf* bridle, rein; (TEC)
clamp; **a toda ~** at top speed
bridge [britʃ] *nm* bridge
brigada [bri'βaða] *nf* (unidad) brigade;
(trabajadores) squad, gang ♦ *nm* ≈
staff-sergeant, sergeant-major
brillante [bri'ʎante] *adj* brilliant ♦ *nm*
diamond
brillar [bri'ʎar] *vi* (tb fig) to shine;
(joyas) to sparkle
brillo ['briʎo] *nm* shine; (brillantez)
brilliance; (fig) splendour; **sacar ~ a** to
polish
brincar [brin'kar] *vi* to skip about, hop
about, jump about; **está que brinca**
he's hopping mad
brinco ['brinko] *nm* jump, leap
brindar [brin'dar] *vi*: **~ a o por** to
drink (a toast) to ♦ *vt* to offer, present
brindis ['brindis] *nm inv* toast
brío ['brio] *nm* spirit, dash; **brioso, a**
adj spirited, dashing
brisa ['brisa] *nf* breeze
británico, a [bri'taniko, a] *adj* British
♦ *nm/f* Briton, British person
brizna ['briθna] *nf* (de hierba, paja)
blade; (de tabaco) leaf
broca ['broka] *nf* (TEC) drill, bit
brocal [bro'kal] *nm* rim
brocha ['brotʃa] *nf* (large) paintbrush;
~ de afeitar shaving brush
broche ['brotʃe] *nm* brooch
broma ['broma] *nf* joke; **en ~** in fun,
as a joke; **~ pesada** practical joke;
bromear *vi* to joke
bromista [bro'mista] *adj* fond of
joking ♦ *nm/f* joker, wag
bronca ['bronka] *nf* row; **echar una
~ a uno** to tick sb off
bronce ['bronθe] *nm* bronze; **~ado, a**

adj bronze; (por el sol) tanned ♦ *nm*
(sun)tan; (TEC) bronzing
bronceador [bronθea'ðor] *nm* suntan
lotion
broncearse [bronθe'arse] *vr* to get a
suntan
bronco, a ['bronko, a] *adj* (manera)
rude, surly; (voz) harsh
bronquio ['bronkjo] *nm* (ANAT)
bronchial tube
bronquitis [bron'kitis] *nf inv*
bronchitis
brotar [bro'tar] *vi* (BOT) to sprout;
(aguas) to gush (forth); (MED) to break
out
brote ['brote] *nm* (BOT) shoot; (MED,
fig) outbreak
bruces ['bruθes]: **de ~** *adv*: **caer o dar
de ~** to fall headlong, fall flat
bruja ['bruxa] *nf* witch; **brujería** *nf*
witchcraft
brujo ['bruxo] *nm* wizard, magician
brújula ['bruxula] *nf* compass
bruma ['bruma] *nf* mist; **brumoso, a**
adj misty
bruñir [bru'ɲir] *vt* to polish
brusco, a ['brusko, a] *adj* (súbito)
sudden; (áspero) brusque
Bruselas [bru'selas] *n* Brussels
brutal [bru'tal] *adj* brutal
brutalidad [brutali'ðað] *nf* brutality
bruto, a ['bruto, a] *adj* (idiota) stupid;
(bestial) brutish; (peso) gross; **en ~**
raw, unworked
Bs.As. *abr* (= Buenos Aires) B.A.
bucal [bu'kal] *adj* oral; **por vía ~** orally
bucear [buθe'ar] *vi* to dive ♦ *vt* to
explore; **buceo** *nm* diving
bucle ['bukle] *nm* curl
budismo [bu'ðismo] *nm* Buddhism
buen [bwen] *adj m ver* **bueno**
buenamente [bwena'mente] *adv*
(fácilmente) easily; (voluntariamente)
willingly
buenaventura [bwenaβen'tura] *nf*
(suerte) good luck; (adivinación)
fortune

PALABRA CLAVE

bueno, a ['bweno, a] *adj (antes de nmsg:* **buen**) 1 *(excelente etc)* good; **es un buen libro ~,** es un buen libro it's a good book; **hace ~,** hace buen tiempo the weather is fine, it is fine; **el ~ de Paco** good old Paco; **fue muy ~ conmigo** he was very nice o kind to me

2 *(apropiado):* **ser ~ para** to be good for; **creo que vamos por buen camino** I think we're on the right track

3 *(irónico):* **le di un buen rapapolvo** I gave him a good o real ticking off; **¡buen conductor estás hecho!** some o a fine driver you are!; **¡estaría ~ que ...!** a fine thing it would be if ...!

4 *(atractivo, sabroso):* **está ~ este bizcocho** this sponge is delicious; **Carmen está muy buena** Carmen is gorgeous

5 *(saludos):* **¡buen día!, ¡~s días!** (good) morning!; **¡buenas (tardes)!** (good) afternoon!; *(más tarde)* (good) evening!; **¡buenas noches!** good night!

6 *(otras locuciones):* **estar de buenas** to be in a good mood; **por las buenas o por las malas** by hook or by crook; **de buenas a primeras** all of a sudden
♦ *exsh ¡~! all right!, ¿ý qué? well, so what?

Buenos Aires *nm* Buenos Aires
buey [bwei] *nm* ox
búfalo ['bufalo] *nm* buffalo
bufanda [bu'fanda] *nf* scarf
bufar [bu'far] *vi* to snort
bufete [bu'fete] *nm (despacho de abogado)* lawyer's office
buffer ['bufer] *nm (INFORM)* buffer
bufón [bu'fon] *nm* clown
buhardilla [buar'ðiλa] *nf* attic

búho ['buo] *nm* owl; *(fig)* hermit, recluse
buhonero [buo'nero] *nm* pedlar
buitre ['bwitre] *nm* vulture
bujía [bu'xia] *nf (vela)* candle; *(ELEC)* candle (power); *(AUTO)* spark plug
bula ['bula] *nf (papal)* bull
bulbo ['bulβo] *nm* bulb
bulevar [bule'βar] *nm* boulevard
Bulgaria [bul'varja] *nf* Bulgaria; **búlgaro, a** *adj, nm/f* Bulgarian
bulla ['buλa] *nf (ruido)* uproar; *(de gente)* crowd
bullicio [bu'λiθjo] *nm (ruido)* uproar; *(movimiento)* bustle
bullir [bu'λir] *vi (hervir)* to boil; *(burbujear)* to bubble
bulto ['bulto] *nm (paquete)* package; *(fardo)* bundle; *(tamaño)* size, bulkiness; *(MED)* swelling, lump; *(silueta)* vague shape
buñuelo [bu'nwelo] *nm ≈* doughnut *(BRIT), ≈* donut *(US); (fruta de sartén)* fritter
BUP [bup] *nm abr (ESP:* = *Bachillerato Unificado Polivalente)* secondary education and leaving certificate for 14–17 age group
buque ['buke] *nm* ship, vessel
burbuja [bur'βuxa] *nf* bubble; **burbujear** *vi* to bubble
burdel [bur'ðel] *nm* brothel
burdo, a ['burðo, a] *adj* coarse, rough
burgués, esa [bur'xes, esa] *adj* middle-class, bourgeois; **burguesía** *nf* middle class, bourgeoisie
burla ['burla] *nf (mofa)* gibe; *(broma)* joke; *(engaño)* trick
burladero [burla'ðero] *nm (bullfighter's)* refuge
burlar [bur'lar] *vt (engañar)* to deceive ♦ *vi* to joke; **~se** *vr* to joke; **~se de** to make fun of
burlesco, a [bur'lesko, a] *adj* burlesque
burlón, ona [bur'lon, ona] *adj* mocking

burocracia [buro'kraθja] nf civil service

burócrata [bu'rokrata] nm/f civil servant

burrada [bu'rraða] nf: **decir/soltar ~s** to talk nonsense; **hacer ~s** to act stupid; **una ~** (mucho) a (hell of a) lot

burro, a ['burro, a] nm/f donkey/she-donkey; (fig) ass, idiot

bursátil [bur'satil] adj stock-exchange cpd

bus [bus] nm bus

busca ['buska] nf search, hunt ♦ nm (TEL) bleeper; **en ~ de** in search of

buscar [bus'kar] vt to look for, search for, seek ♦ vi to look, search, seek; **se busca secretaria** secretary wanted

busque etc vb ver **buscar**

búsqueda [bus'keða] nf = **busca** nf

busto ['busto] nm (ANAT, ARTE) bust

butaca [bu'taka] nf armchair; (de cine, teatro) stall, seat

butano [bu'tano] nm butane (gas)

buzo ['buθo] nm diver

buzón [bu'θon] nm (en puerta) letter box; (en la calle) pillar box

C, c

C. abr (= centígrado) C; (= compañía) Co.

c. abr (= capítulo) ch.

C/ abr (= calle) St

c.a. abr (= corriente alterna) AC

cabal [ka'ßal] adj (exacto) exact; (correcto) right, proper; (acabado) finished, complete; **~es** nmpl: **estar en sus ~es** to be in one's right mind

cábalas ['kaßalas] nfpl: **hacer ~** to guess

cabalgar [kaßal'ßar] vt, vi to ride

cabalgata [kaßal'ßata] nf procession

caballa [ka'ßaʎa] nf mackerel

caballeresco, a [kaßaʎe'resko, a] adj noble, chivalrous

caballería [kaßaʎe'ria] nf mount; (MIL) cavalry

caballeriza [kaßaʎe'riθa] nf stable; **caballerizo** nm groom, stableman

caballero [kaßa'ʎero] nm gentleman; (de la orden de caballería) knight; (trato directo) sir

caballerosidad [kaßaʎerosi'ðað] nf chivalry

caballete [kaßa'ʎete] nm (ARTE) easel; (TEC) trestle

caballito [kaßa'ʎito] nm (caballo pequeño) small horse, pony; **~s** nmpl (en verbena) roundabout, merry-go-round

caballo [ka'ßaʎo] nm horse; (AJEDREZ) knight; (NAIPES) queen; **ir en ~** to ride; **~ de vapor** o **de fuerza** horsepower; **~ de carreras** racehorse

cabaña [ka'ßaɲa] nf (casita) hut, cabin

cabaré [kaßa're] (pl **~s**) nm cabaret

cabaret [kaßa're] (pl **~s**) nm cabaret

cabecear [kaßeθe'ar] vt, vi to nod

cabecera [kaße'θera] nf head; (IMPRENTA) headline

cabecilla [kaße'θiʎa] nm ringleader

cabellera [kaße'ʎera] nf (head of) hair; (de cometa) tail

cabello [ka'ßeʎo] nm (tb: **~s**) hair

caber [ka'ßer] vi (entrar) to fit, go; **caben 3 más** there's room for 3 more

cabestrillo [kaßes'triʎo] nm sling

cabestro [ka'ßestro] nm halter

cabeza [ka'ßeθa] nf head; (POL) chief, leader; **~ rapada** skinhead; **~da** nf (golpe) butt; **dar ~das** to nod off; **cabezón, ona** adj (vino) heady; (fam: persona) pig-headed

cabida [ka'ßiða] nf space

cabildo [ka'ßildo] nm (de iglesia) chapter; (POL) town council

cabina [ka'ßina] nf (de camión) cab; **~ telefónica** telephone box (BRIT) o booth

cabizbajo, a [kaßiθ'ßaxo, a] adj crestfallen, dejected

cable ['kaßle] nm cable

cabo ['kaßo] nm (de objeto) end,

extremity; (MIL) corporal; (NAUT) rope, cable; (GEO) cape; **al ~ de 3 días** after 3 days

cabra [ˈkaβra] nf goat

cabré etc vb ver **caber**

cabrear [kaβreˈar] (fam) vt to bug; **~se** vr (enfadarse) to fly off the handle

cabrío, a [kaˈβrio, a] adj goatish; **macho ~** (he-)goat, billy goat

cabriola [kaˈβrjola] nf caper

cabritilla [kaβriˈtiʎa] nf kid, kidskin

cabrito [kaˈβrito] nm kid

cabrón [kaˈβron] nm cuckold; (fam!) bastard (!)

caca [ˈkaka] (fam) nf pooh

cacahuete [kakaˈwete] (ESP) nm peanut

cacao [kaˈkao] nm cocoa; (BOT) cacao

cacarear [kakareˈar] vi (persona) to boast; (gallina) to crow

cacería [kaθeˈria] nf hunt

cacerola [kaθeˈrola] nf pan, saucepan

cachalote [katʃaˈlote] nm (ZOOL) sperm whale

cacharro [kaˈtʃarro] nm earthenware pot; **~s** nmpl pots and pans

cachear [katʃeˈar] vt to search, frisk

cachemir [katʃeˈmir] nm cashmere

cacheo [kaˈtʃeo] nm searching, frisking

cachete [kaˈtʃete] nm (ANAT) cheek; (bofetada) slap (in the face)

cachiporra [katʃiˈporra] nf truncheon

cachivache [katʃiˈβatʃe] nm (trasto) piece of junk ♦ nm! junk (!)
(*cuerno*) horn

cacho [ˈkatʃo] nm (small) bit; (AM: cuerno) horn

cachondeo [katʃonˈdeo] (fam) nm farce, joke

cachondo, a [kaˈtʃondo, a] adj (ZOOL) on heat; (fam: sexualmente) randy; (: gracioso) funny

cachorro, a [kaˈtʃorro, a] nm/f (perro) pup, puppy; (león) cub

cacique [kaˈθike] nm chief, local ruler; (POL) local party boss; **caciquismo** nm system of control by the local boss

caco [ˈkako] nm pickpocket

cacto [ˈkakto] nm cactus

cactus [ˈkaktus] nm inv cactus

cada [ˈkaða] adj inv each; (antes de número) every; **~ día** each day, every day; **~ dos días** every other day; **~ uno/a** each one, every one; **~ vez más/menos** more and more/less and less; **uno de ~ diez** one out of every ten

cadalso [kaˈðalso] nm scaffold

cadáver [kaˈðaβer] nm (dead) body, corpse

cadena [kaˈðena] nf chain; (TV) channel; **trabajo en ~** assembly line work; **~ perpetua** (JUR) life imprisonment

cadencia [kaˈðenθja] nf rhythm

cadera [kaˈðera] nf hip

cadete [kaˈðete] nm cadet

caducar [kaðuˈkar] vi to expire; **caduco, a** adj expired; (persona) very old

caer [kaˈer] vi to fall (down); **~se** vr to fall (down); **me cae bien/mal** I get on well with him/I can't stand him; **~ en la cuenta** to realize; **su cumpleaños cae en viernes** her birthday falls on a Friday

café [kaˈfe] (pl **~s**) nm (bebida, planta) coffee; (lugar) café ♦ adj (color) brown; **~ con leche** white coffee; **~ solo** black coffee

cafetera [kafeˈtera] nf coffee pot

cafetería [kafeteˈria] nf (gen) café

cafeto, a [kaˈfeto, a] adj coffee cpd; **ser muy ~** to be a coffee addict

cagar [kaˈɣar] (fam!) vt to bungle, mess up ♦ vi to have a shit (!)

caída [kaˈiða] nf fall; (declive) slope; (disminución) fall, drop

caído, a [kaˈiðo, a] adj drooping

caiga etc vb ver **caer**

caimán [kaiˈman] nm alligator

caja [ˈkaxa] nf box; (para reloj) case; (de ascensor) shaft; (COM) cashbox; (donde se hacen los pagos) cashdesk; (: en supermercado) checkout, till; **de**

ahorros savings bank; **~ de cambios** gearbox; **~ fuerte**, **~ de caudales** safe, strongbox

cajero, a [ka'xero, a] *nm/f* cashier; **~ automático** cash dispenser

cajetilla [kaxe'tiʎa] *nf* (*de cigarrillos*) packet

cajón [ka'xon] *nm* big box; (*de mueble*) drawer

cal [kal] *nf* lime

cala ['kala] *nf* (*GEO*) cove, inlet; (*de barco*) hold

calabacín [kalaβa'θin] *nm* (*BOT*) baby marrow; (: *más pequeño*) courgette (*BRIT*), zucchini (*US*)

calabaza [kala'βaθa] *nf* (*BOT*) pumpkin

calabozo [kala'βoθo] *nm* (*cárcel*) prison; (*celda*) cell

calada [ka'laða] *nf* (*de cigarrillo*) puff

calado, a [ka'laðo, a] *adj* (*prenda*) lace *cpd* ♦ *nm* (*NAUT*) draught

calamar [kala'mar] *nm* squid *no pl*

calambre [ka'lambre] *nm* (*tb:* ~s) cramp

calamidad [kalami'ðað] *nf* calamity, disaster

calar [ka'lar] *vt* to soak, drench; (*penetrar*) to pierce, penetrate; (*comprender*) to see through; (*vela*) to lower; **~se** *vr* (*AUTO*) to stall; **~se las gafas** to stick one's glasses on

calavera [kala'βera] *nf* skull

calcar [kal'kar] *vt* (*reproducir*) to trace; (*imitar*) to copy

calcetín [kalθe'tin] *nm* sock

calcinar [kalθi'nar] *vt* to burn, blacken

calcio ['kalθjo] *nm* calcium

calcomanía [kalkoma'nia] *nf* transfer

calculador, a [kalkula'ðor, a] *adj* (*persona*) calculating

calculadora [kalkula'ðora] *nf* calculator

calcular [kalku'lar] *vt* (*MAT*) to calculate, compute; **~ que ...** to reckon that ...; **cálculo** *nm* calculation

caldear [kalde'ar] *vt* to warm (up), heat (up)

caldera [kal'dera] *nf* boiler

calderilla [kalde'riʎa] *nf* (*moneda*) small change

caldero [kal'dero] *nm* small boiler

caldo ['kaldo] *nm* stock; (*consomé*) consommé

calefacción [kalefak'θjon] *nf* heating; **~ central** central heating

calendario [kalen'darjo] *nm* calendar

calentador [kalenta'ðor] *nm* heater

calentamiento [kalenta'mjento] *nm* (*DEPORTE*) warm-up

calentar [kalen'tar] *vt* to heat (up); **~se** *vr* to heat up, warm up; (*fig: discusión etc*) to get heated

calentura [kalen'tura] *nf* (*MED*) fever, (high) temperature

calibrar [kali'βrar] *vt* to gauge, measure; **calibre** *nm* (*de cañón*) calibre, bore; (*diámetro*) diameter; (*fig*) calibre

calidad [kali'ðað] *nf* quality; **de ~** quality *cpd*; **en ~ de** in the capacity of, as

cálido, a ['kaliðo, a] *adj* hot; (*fig*) warm

caliente *etc* [ka'ljente] *vb ver* **calentar** ♦ *adj* hot; (*fig*) fiery; (*disputa*) heated; (*fam: cachondo*) randy

calificación [kalifika'θjon] *nf* qualification; (*de alumno*) grade, mark

calificar [kalifi'kar] *vt* to qualify; (*alumno*) to grade, mark; **~ de** to describe as

calima [ka'lima] *nf* (*cerca del mar*) mist

cáliz ['kaliθ] *nm* chalice

caliza [ka'liθa] *nf* limestone

calizo, a [ka'liθo, a] *adj* lime *cpd*

callado, a [ka'ʎaðo, a] *adj* quiet

callar [ka'ʎar] *vt* (*asunto delicado*) to keep quiet about, say nothing about; (*persona, opinión*) to silence ♦ *vi* to keep quiet, be silent; **~se** *vr* to keep quiet, be silent; **¡cállate!** be quiet!, shut up!

calle [ka'ʎe] *nf* street; (*DEPORTE*) lane; **~ arriba/abajo** up/down the street;

~ **de un solo sentido** one-way street

calleja [ka'λexa] nf alley, narrow street; **callejear** vi to wander (about) the streets; **callejero, a** adj (en el calle) cpd ♦ nm street map; **callejón** nm alley, passage; **callejón sin salida** cul-de-sac; **callejuela** nf side-street, alley

callista [ka'λista] nm/f chiropodist

callo ['kaλo] nm callus; (en el pie) corn; ~**s** nmpl (CULIN) tripe sg

calma ['kalma] nf calm

calmante [kal'mante] nm sedative, tranquillizer

calmar [kal'mar] vt to calm, calm down ♦ vi (tempestad) to abate; (mente etc) to become calm

calmoso, a [kal'moso, a] adj calm, quiet

calor [ka'lor] nm heat; (agradable) warmth; **hace** ~ it's hot; **tener** ~ to be hot

caloría [kalo'ria] nf calorie

calumnia [ka'lumnja] nf calumny, slander; **calumnioso, a** adj slanderous

caluroso, a [kalu'roso, a] adj hot; (sin exceso) warm; (fig) enthusiastic

calva ['kalβa] nf bald patch; (en un bosque) clearing

calvario [kal'βarjo] nm stations pl of the cross

calvicie [kal'βiθje] nf baldness

calvo, a ['kalβo, a] adj bald; (terreno) bare, barren; (tejido) threadbare

calza ['kalθa] nf wedge, chock

calzada [kal'θaða] nf roadway, highway

calzado, a [kal'θaðo, a] adj shod ♦ nm footwear

calzador [kalθa'ðor] nm shoehorn

calzar [kal'θar] vt (zapatos etc) to wear; (un mueble) to put a wedge under; ~**se** vr: ~**se los zapatos** to put on one's shoes; **¿qué (número) calza?** what size do you take?

calzón [kal'θon] nm (tb: **calzones** nmpl) shorts; (AM: de hombre) (under)pants; (: de mujer) panties

calzoncillos [kalθon'θiλos] nmpl underpants

cama ['kama] nf bed; ~ **individual/de matrimonio** single/double bed

camafeo [kama'feo] nm cameo

camaleón [kamale'on] nm chameleon

cámara ['kamara] nf chamber; (habitación) room; (sala) hall; (CINE) cine camera; (fotográfica) camera; ~ **de aire** inner tube; ~ **de comercio** chamber of commerce; ~ **frigorífica** cold-storage room

camarada [kama'raða] nm comrade, companion

camarera [kama'rera] nf (en restaurante) waitress; (en casa, hotel) maid

camarero [kama'rero] nm waiter

camarilla [kama'riλa] nf clique

camarón [kama'ron] nm shrimp

camarote [kama'rote] nm cabin

cambiable [kam'bjaβle] adj (variable) changeable, variable; (intercambiable) interchangeable

cambiante [kam'bjante] adj variable

cambiar [kam'bjar] vt to change; (dinero) to exchange ♦ vi to change; ~**se** vr (mudarse) to move; (de ropa) to change; ~ **de idea** to change one's mind; ~ **de ropa** to change (one's clothes)

cambio ['kambjo] nm change; (trueque) exchange; (COM) rate of exchange; (oficina) bureau de change; (dinero menudo) small change; **en** ~ on the other hand; (en lugar de) instead; ~ **de divisas** foreign exchange; ~ **de velocidades** gear lever

camelar [kame'lar] vt to sweet-talk

camello [ka'meλo] nm camel; (fam: traficante) pusher

camerino [kame'rino] nm dressing room

camilla [ka'miλa] nf (MED) stretcher

caminante [kami'nante] nm/f traveller

caminar [kami'nar] vi (marchar) to walk, go ♦ vt (recorrer) to cover, travel

caminata [kami'nata] *nf* long walk; (*por el campo*) hike

camino [ka'mino] *nm* way, road; (*sendero*) track; **a medio ~** halfway (there); **en el ~** on the way, en route; **~ de** on the way to; **~ particular** private road

> ### Camino de Santiago
>
> The **Camino de Santiago** *is a medieval pilgrim route stretching from the Pyrenees to Santiago de Compostela in north-west Spain, where tradition has it the body of the Apostle James is buried. Nowadays it is a popular tourist route as well as a religious one.*

camión [ka'mjon] *nm* lorry (BRIT), truck (US); **~ cisterna** tanker; **camionero, a** *nm/f* lorry or truck driver

camioneta [kamjo'neta] *nf* van, light truck

camisa [ka'misa] *nf* shirt; (BOT) skin; **~ de fuerza** straitjacket; **camisería** *nf* outfitter's (shop)

camiseta [kami'seta] *nf* (*prenda*) tee-shirt; (*: ropa interior*) vest; (*de deportista*) top

camisón [kami'son] *nm* nightdress, nightgown

camorra [ka'morra] *nf*: **buscar ~** to look for trouble

campamento [kampa'mento] *nm* camp

campana [kam'pana] *nf* bell; **~ de cristal** bell jar; **~da** *nf* peal; **~rio** *nm* belfry

campanilla [kampa'niʎa] *nf* small bell

campaña [kam'paɲa] *nf* (MIL, POL) campaign

campechano, a [kampe'tʃano, a] *adj* (*franco*) open

campeón, ona [kampe'on, ona] *nm/f* champion; **campeonato** *nm* championship

campesino, a [kampe'sino, a] *adj* country *cpd*, rural; (*gente*) peasant *cpd*
♦ *nm/f* countryman/woman; (*agricultor*) farmer

campestre [kam'pestre] *adj* country *cpd*, rural

camping ['kampin] (*pl* **~s**) *nm* camping; (*lugar*) campsite; **ir de** o **hacer ~** to go camping

campo ['kampo] *nm* (*fuera de la ciudad*) country, countryside; (AGR, ELEC.) field; (*de fútbol*) pitch; (*de golf*) course; (MIL) camp; **~ de batalla** battlefield; **~ de deportes** sports ground, playing field

camposanto [kampo'santo] *nm* cemetery

camuflaje [kamu'flaxe] *nm* camouflage

cana [kana] *nf* white *o* grey hair; **tener ~s** to be going grey

Canadá [kana'ða] *nm* Canada; **canadiense** *adj, nm/f* Canadian ♦ *nf* fur-lined jacket

canal [ka'nal] *nm* canal; (GEO) channel, strait; (*de televisión*) channel; (*de tejado*) gutter; **~ de Panamá** Panama Canal; **~izar** *vt* to channel

canalla [ka'naʎa] *nf* rabble, mob ♦ *nm* swine

canalón [kana'lon] *nm* (*conducto vertical*) drainpipe; (*del tejado*) gutter

canapé [kana'pe] (*pl* **~s**) *nm* sofa, settee; (CULIN) canapé

Canarias [ka'narjas] *nfpl*: **(las Islas) ~** the Canary Islands, the Canaries

canario, a [ka'narjo, a] *adj, nm/f* (*native*) of the Canary Isles ♦ *nm* (ZOOL) canary

canasta [ka'nasta] *nf* (round) basket; **canastilla** *nf* small basket; (*de niño*) layette

canasto [ka'nasto] *nm* large basket

cancela [kan'θela] *nf* gate

cancelación [kanθela'θjon] *nf* cancellation

cancelar [kanθe'lar] *vt* to cancel; (*una*

deuda) to write off

cáncer [ˈkanθer] *nm* (MED) cancer; (ASTROLOGÍA): **C~** Cancer

cancha [ˈkantʃa] *nf* (de baloncesto, tenis etc) court; (AM: de fútbol) pitch

canciller [kanθiˈʎer] *nm* chancellor

canción [kanˈθjon] *nf* song; **~ de cuna** lullaby; **cancionero** *nm* song book

candado [kanˈdaðo] *nm* padlock

candente [kanˈdente] *adj* red-hot; (fig: tema) burning

candidato, a [kandiˈðato, a] *nm/f* candidate

candidez [kandiˈðeθ] *nf* (sencillez) simplicity; (simpleza) naiveté; **cándido, a** *adj* simple; naive

candil [kanˈdil] *nm* oil lamp; **~ejas** *nfpl* (TEATRO) footlights

candor [kanˈdor] *nm* (sinceridad) frankness; (inocencia) innocence

canela [kaˈnela] *nf* cinnamon

canelones [kaneˈlones] *nmpl* cannelloni

cangrejo [kanˈgrexo] *nm* crab

canguro [kanˈguro] *nm* kangaroo; **hacer de ~** to babysit

caníbal [kaˈniβal] *adj, nm/f* cannibal

canica [kaˈnika] *nf* marble

canijo, a [kaˈnixo, a] *adj* frail, sickly

canino, a [kaˈnino, a] *adj* canine ♦ *nm* canine (tooth)

canjear [kanxeˈar] *vt* to exchange

cano, a [ˈkano, a] *adj* grey-haired, white-haired

canoa [kaˈnoa] *nf* canoe

canon [ˈkanon] *nm* canon; (pensión) rent; (COM) tax

canónigo [kaˈnoniɣo] *nm* canon

canonizar [kanoniˈθar] *vt* to canonize

canoso, a [kaˈnoso, a] *adj* grey-haired

cansado, a [kanˈsaðo, a] *adj* tired, weary; (tedioso) tedious, boring

cansancio [kanˈsanθjo] *nm* tiredness, fatigue

cansar [kanˈsar] *vt* (fatigar) to tire, tire out; (aburrir) to bore; (fastidiar) to

bother; **~se** *vr* to tire, get tired; (aburrirse) to get bored

cantábrico, a [kanˈtaβriko, a] *adj* Cantabrian; **mar C~** Bay of Biscay

cantante [kanˈtante] *adj* singing ♦ *nm/f* singer

cantar [kanˈtar] *vt* to sing ♦ *vi* to sing; (insecto) to chirp ♦ *nm* (acción) singing; (canción) song; (poema) poem

cántara [ˈkantara] *nf* large pitcher

cántaro [ˈkantaro] *nm* pitcher, jug; **llover a ~s** to rain cats and dogs

cante [ˈkante] *nm*: **~ jondo** flamenco singing

cantera [kanˈtera] *nf* quarry

cantidad [kantiˈðað] *nf* quantity, amount

cantimplora [kantimˈplora] *nf* (frasco) water bottle, canteen

cantina [kanˈtina] *nf* canteen, (de estación) buffet

canto [ˈkanto] *nm* singing; (canción) song; (borde) edge, rim; (de un cuchillo) back; **~ rodado** boulder

cantor, a [kanˈtor, a] *nm/f* singer

canturrear [kanturreˈar] *vi* to sing softly

canuto [kaˈnuto] *nm* (tubo) small tube; (fam: droga) joint

caña [ˈkaɲa] *nf* (BOT: tallo) stem, stalk; (carrizo) reed; (vaso) tumbler; (de cerveza) glass of beer; (ANAT) shinbone; **~ de azúcar** sugar cane; **~ de pescar** fishing rod

cañada [kaˈɲaða] *nf* (entre dos montañas) gully, ravine; (camino) cattle track

cáñamo [ˈkaɲamo] *nm* hemp

cañería [kaˈɲeria] *nf* (tubo) pipe

caño [ˈkaɲo] *nm* (tubo) tube, pipe; (de albañal) sewer; (MUS) pipe; (de fuente) jet

cañón [kaˈɲon] *nm* (MIL) cannon; (de fusil) barrel; (GEO) canyon, gorge

caoba [kaˈoβa] *nf* mahogany

caos [ˈkaos] *nm* chaos

cap. *abr* (= *capítulo*) ch.

capa ['kapa] nf cloak, cape; (GEO) layer, stratum; **so ~ de** under the pretext of; **~ de ozono** ozone layer

capacidad [kapaθi'ðað] nf (medida) capacity; (aptitud) capacity, ability

capacitar [kapaθi'tar] vt: **~ a algn para (hacer)** to enable sb to (do)

capar [ka'par] vt to castrate, geld

caparazón [kapara'θon] nm shell

capataz [kapa'taθ] nm foreman

capaz [ka'paθ] adj able, capable; (amplio) capacious, roomy

capcioso, a [kap'θjoso, a] adj wily, deceitful

capellán [kape'ʎan] nm chaplain; (sacerdote) priest

caperuza [kape'ruθa] nf hood

capicúa [kapi'kua] adj inv (número, fecha) reversible

capilla [ka'piʎa] nf chapel

capital [kapi'tal] adj capital ♦ nm (COM) capital ♦ nf (ciudad) capital; **~ social** share o authorized capital

capitalismo [kapita'lismo] nm capitalism; **capitalista** adj, nm/f capitalist

capitán [kapi'tan] nm captain

capitanear [kapitane'ar] vt to captain

capitulación [kapitula'θjon] nf (rendición) capitulation, surrender; (acuerdo) agreement, pact; **capitulaciones (matrimoniales)** nfpl marriage contract sg

capitular [kapitu'lar] vi to make an agreement

capítulo [ka'pitulo] nm chapter

capó [ka'po] nm (AUTO) bonnet

capón [ka'pon] nm (gallo) capon

capota [ka'pota] nf (de mujer) bonnet; (AUTO) hood (BRIT), top (US)

capote [ka'pote] nm (abrigo: de militar) greatcoat; (: de torero) cloak

capricho [ka'pritʃo] nm whim, caprice; **~so, a** adj capricious

Capricornio [kapri'kornjo] nm Capricorn

cápsula ['kapsula] nf capsule

captar [kap'tar] vt (comprender) to understand; (RADIO) to pick up; (atención, apoyo) to attract

captura [kap'tura] nf capture; (JUR) arrest; **capturar** vt to capture; to arrest

capucha [ka'putʃa] nf hood, cowl

capullo [ka'puʎo] nm (BOT) bud; (ZOOL) cocoon; (fam) idiot

caqui ['kaki] nm khaki

cara ['kara] nf (ANAT, de moneda) face; (de disco) side; (descaro) boldness; **~** facing; **de ~** opposite, facing; **dar la ~** to face the consequences; **¿~ o cruz?** heads or tails?; **¡qué ~ (más dura)!** what a nerve!

carabina [kara'ßina] nf carbine, rifle; (persona) chaperone

Caracas [ka'rakas] n Caracas

caracol [kara'kol] nm (ZOOL) snail; (concha) (sea) shell

carácter [ka'rakter] (pl caracteres) nm character; **tener buen/mal ~** to be good natured/bad tempered

característica [karakte'ristika] nf characteristic

característico, a [karakte'ristiko, a] adj characteristic

caracterizar [karakteri'θar] vt to characterize, typify

caradura [kara'ðura] nm/f: **es un ~** he's got a nerve

carajillo [kara'xiʎo] nm coffee with a dash of brandy

carajo [ka'raxo] (fam!) nm: **¡~!** shit! (!)

caramba [ka'ramba] excl good gracious!

carámbano [ka'rambano] nm icicle

caramelo [kara'melo] nm (dulce) sweet; (azúcar fundida) caramel

caravana [kara'ßana] nf caravan; (fig) group; (AUTO) tailback

carbón [kar'ßon] nm coal; **papel ~** carbon paper; **carboncillo** [-'θiʎo] (ARTE) charcoal; **carbonero, a** nm/f coal merchant; **carbonilla** [-'niʎa] nf coal dust

carbonizar [karßoni'θar] *vt* to carbonize; (*quemar*) to char

carbono [kar'ßono] *nm* carbon

carburador [karßura'ðor] *nm* carburettor

carburante [karßu'rante] *nm* (*para motor*) fuel

carcajada [karka'xaða] *nf* (loud) laugh, guffaw

cárcel ['karθel] *nf* prison, jail; (*TEC*) clamp; **carcelero, a** *adj* prison *cpd* ♦ *nm/f* warder

carcoma [kar'koma] *nf* woodworm

carcomer [karko'mer] *vt* to bore into, eat into; (*fig*) to undermine; **~se** *vr* to become worm-eaten; (*fig*) to decay

cardar [kar'ðar] *vt* (*pelo*) to backcomb

cardenal [karðe'nal] *nm* (*REL*) cardinal; (*MED*) bruise

cardíaco, a [kar'ðiako, a] *adj* cardiac, heart *cpd*

cardinal [karði'nal] *adj* cardinal

cardo ['karðo] *nm* thistle

carearse [kare'arse] *vr* to come face to face

carecer [kare'θer] *vi*: **~ de** to lack, be in need of

carencia [ka'renθja] *nf* lack; (*escasez*) shortage; (*MED*) deficiency

carente [ka'rente] *adj*: **~ de** lacking in, devoid of

carestía [kares'tia] *nf* (*escasez*) scarcity, shortage; (*COM*) high cost

careta [ka'reta] *nf* mask

carga ['karxa] *nf* (*peso, ELEC*) load; (*de barco*) cargo, freight; (*MIL*) charge; (*responsabilidad*) load, obligation

cargado, a [kar'xaðo, a] *adj* loaded; (*ELEC*) live; (*café, té*) strong; (*cielo*) overcast

cargamento [karxa'mento] *nm* (*acción*) loading; (*mercancías*) load, cargo

cargar [kar'xar] *vt* (*barco, arma*) to load; (*ELEC*) to charge; (*COM: algo en cuenta*) to charge; (*INFORM*) to load ♦ *vi* (*MIL*) to charge; (*AUTO*) to load (up);

~ con to pick up, carry away; (*peso, fig*) to shoulder, bear; **~se** *vr* (*fam*) (*estropear*) to break; (*matar*) to bump off

cargo ['karxo] *nm* (*puesto*) post, office; (*responsabilidad*) duty, obligation; (*JUR*) charge; **hacerse ~ de** to take charge of o responsibility for

carguero [kar'xero] *nm* freighter, cargo boat; (*avión*) freight plane

Caribe [ka'riße] *nm*: **el ~** the Caribbean; **del ~** Caribbean

caribeño, a [kari'ßeno, a] *adj* Caribbean

caricatura [karika'tura] *nf* caricature

caricia [ka'riθja] *nf* caress

caridad [kari'ðað] *nf* charity

caries ['karjes] *nf inv* tooth decay

cariño [ka'riɲo] *nm* affection, love; (*caricia*) caress; (*en carta*) love ...; **tener ~ a** to be fond of; **~so, a** *adj* affectionate

carisma [ka'risma] *nm* charisma

caritativo, a [karita'tiβo, a] *adj* charitable

cariz [ka'riθ] *nm*: **tener o tomar buen/mal ~** to look good/bad

carmesí [karme'si] *adj, nm* crimson

carmín [kar'min] *nm* lipstick

carnal [kar'nal] *adj* carnal; **primo ~** first cousin

carnaval [karna'ßal] *nm* carnival

┌─────────────────────────┐
│ **carnaval**   │
└─────────────────────────┘

Carnaval is the traditional period of fun, feasting and partying which takes place in the three days before the start of Lent ("Cuaresma"). Although in decline during the Franco years the carnival has grown in popularity recently in Spain. Cádiz and Tenerife are particularly well-known for their flamboyant celebrations with fancy-dress parties, parades and firework displays being the order of the day.

carne ['karne] *nf* flesh; (*CULIN*) meat;
~ **de cerdo/cordero/ternera/vaca**
pork/lamb/veal/beef; ~ **de gallina**
(*fig*): **se me pone la** ~ **de gallina**
sólo verlo I get the creeps just seeing
it

carné [kar'ne] (*pl* ~**s**) *nm*: ~ **de**
conducir driving licence (*BRIT*),
driver's license (*US*); ~ **de identidad**
identity card

carnero [kar'nero] *nm* sheep, ram;
(*carne*) mutton

carnet [kar'ne] (*pl* ~**s**) *nm* = **carné**

carnicería [karniθe'ria] *nf* butcher's
(shop); (*fig: matanza*) carnage,
slaughter

carnicero, a [karni'θero, a] *adj*
carnivorous ♦ *nm/f* (*tb fig*) butcher;
(*carnívoro*) carnivore

carnívoro, a [kar'niβoro, a] *adj*
carnivorous

carnoso, a [kar'noso, a] *adj* beefy, fat

caro, a ['karo, a] *adj* dear; (*COM*) dear,
expensive ♦ *adv* dear, dearly

carpa ['karpa] *nf* (*pez*) carp; (*de circo*)
big top; (*AM: de camping*) tent

carpeta [kar'peta] *nf* folder, file

carpintería [karpinte'ria] *nf* carpentry,
joinery; **carpintero** *nm* carpenter

carraspear [karraspe'ar] *vi* to clear
one's throat

carraspera [karras'pera] *nf* hoarseness

carrera [ka'rrera] *nf* (*acción*) run(ning);
(*espacio recorrido*) run; (*competición*)
race; (*trayecto*) course; (*profesión*)
career; (*ESCOL*) course

carreta [ka'rreta] *nf* wagon, cart

carrete [ka'rrete] *nm* reel, spool; (*TEC*)
coil

carretera [karre'tera] *nf* (*main*) road,
highway; ~ **de circunvalación** ring
road; ~ **nacional** ≈ A road (*BRIT*), ≈
state highway (*US*)

carretilla [karre'tiʎa] *nf* trolley; (*AGR*)
(wheel)barrow

carril [ka'rril] *nm* furrow; (*de autopista*)
lane; (*FERRO*) rail

carrillo [ka'rriʎo] *nm* (*ANAT*) cheek;
(*TEC*) pulley

carrito [ka'rrito] *nm* trolley

carro ['karro] *nm* cart, wagon; (*MIL*)
tank; (*AM: coche*) car

carrocería [karroθe'ria] *nf* bodywork,
coachwork

carroña [ka'rroɲa] *nf* carrion *no pl*

carroza [ka'rroθa] *nf* (*vehículo*)
coach

carrusel [karru'sel] *nm* merry-go-
round, roundabout

carta ['karta] *nf* letter; (*CULIN*) menu;
(*naipe*) card; (*mapa*) map; (*JUR*)
document; ~ **de ajuste** (*TV*) test card;
~ **de crédito** credit card;
~ **certificada** registered letter;
~ **marítima** chart; ~ **verde** (*AUTO*)
green card

cartabón [karta'βon] *nm* set square

cartel [kar'tel] *nm* (*anuncio*) poster,
placard; (*ESCOL*) wall chart; (*COM*)
cartel; ~**era** *nf* hoarding, billboard; (*en*
periódico etc) entertainments guide;
"en ~era" "showing"

cartera [kar'tera] *nf* (*de bolsillo*) wallet;
(*de colegial, cobrador*) satchel; (*de*
señora) handbag; (*para documentos*)
briefcase; (*COM*) portfolio; **ocupa la**
~ **de Agricultura** she is Minister of
Agriculture

carterista [karte'rista] *nm/f* pickpocket

cartero [kar'tero] *nm* postman

cartilla [kar'tiʎa] *nf* primer, first
reading book; ~ **de ahorros** savings
book

cartón [kar'ton] *nm* cardboard;
~ **piedra** papier-mâché

cartucho [kar'tutʃo] *nm* (*MIL*) cartridge

cartulina [kartu'lina] *nf* card

casa ['kasa] *nf* house; (*hogar*) home;
(*COM*) firm, company; **en** ~ at home;
~ **consistorial** town hall; ~ **de**
huéspedes boarding house; ~ **de**
socorro first aid post

casado, a [ka'saðo, a] *adj* married
♦ *nm/f* married man/woman

casamiento [kasa'mjento] nm marriage, wedding

casar [ka'sar] vt to marry; (JUR) to quash, annul; **~se** vr to marry, get married

cascabel [kaska'ßel] nm (small) bell

cascada [kas'kaða] nf waterfall

cascanueces [kaska'nweθes] nm inv nutcrackers pl

cascar [kas'kar] vt to crack, split, break (open); **~se** vr to crack, split, break (open)

cáscara ['kaskara] nf (de huevo, fruta seca) shell; (de fruta) skin; (de limón) peel

casco ['kasko] nm (de bombero, soldado) helmet; (NAUT: de barco) hull; (ZOOL: de caballo) hoof; (botella) empty bottle; (de ciudad): **el ~ antiguo** the old part; **el ~ urbano** the town centre, **los ~s azules** the UN peace-keeping force, the blue berets

cascote [kas'kote] nm rubble

caserío [kase'rio] nm hamlet; (casa) country house

casero, a [ka'sero, a] adj (pan etc) home-made ♦ nm/f (propietario) landlord/lady; **ser muy ~** to be home-loving; **"comida casera"** "home cooking"

caseta [ka'seta] nf hut; (para bañista) cubicle; (para cartas) stall

casete [ka'sete] nm o f cassette

casi ['kasi] adv almost, nearly; **~ nada** hardly anything; **~ nunca** hardly ever, almost never; **~ te caes** you almost fell

casilla [ka'siʎa] nf (casita) hut, cabin; (AJEDREZ) square; (para cartas) pigeonhole; **casillero** nm (para cartas) pigeonholes pl

casino [ka'sino] nm club; (de juego) casino

caso ['kaso] nm case; **en ~ de ...** in case of ...; **en ~ de que ...** in case ...; **el ~ es que** the fact is that; **en ese ~** in that case; **hacer ~ a** to pay

attention to; **hacer o venir al ~** to be relevant

caspa ['kaspa] nf dandruff

cassette [ka'sete] nm o f = **casete**

casta ['kasta] nf caste; (raza) breed; (linaje) lineage

castaña [kas'taɲa] nf chestnut

castañetear [kastaɲete'ar] vi (dientes) to chatter

castaño, a [kas'taɲo, a] adj chestnut (-coloured), brown ♦ nm chestnut tree

castañuelas [kasta'ɲwelas] nfpl castanets

castellano, a [kaste'ʎano, a] adj, nm/f Castilian ♦ nm (LING) Castilian, Spanish

castidad [kasti'ðað] nf chastity, purity

castigar [kasti'ɣar] vt to punish; (DEPORTE) to penalize; **castigo** nm punishment; (DEPORTE) penalty

Castilla [kas'tiʎa] nf Castile

castillo [kas'tiʎo] nm castle

castizo, a [kas'tiθo, a] adj (LING) pure

casto, a ['kasto, a] adj chaste, pure

castor [kas'tor] nm beaver

castrar [kas'trar] vt to castrate

castrense [kas'trense] adj (disciplina, vida) military

casual [ka'swal] adj chance, accidental; **~idad** nf chance, accident; (combinación de circunstancias) coincidence; **¡qué ~idad!** what a coincidence!

cataclismo [kata'klismo] nm cataclysm

catador, a [kata'ðor, a] nm/f wine taster

catalán, ana [kata'lan, ana] adj, nm/f Catalan ♦ nm (LING) Catalan

catalizador [kataliθa'ðor] nm catalyst; (AUT) catalytic convertor

catalogar [katalo'ɣar] vt to catalogue; **~ a algn (de)** (fig) to categorize sb (as)

catálogo [ka'taloɣo] nm catalogue

Cataluña [kata'luɲa] nf Catalonia

catar [ka'tar] vt to taste, sample

catarata [kata'rata] nf (GEO) waterfall;

(MED) cataract

catarro [ka'tarro] nm catarrh; (constipado) cold

catástrofe [ka'tastrofe] nf catastrophe

catear [kate'ar] (fam) vt (examen, alumno) to fail

cátedra [ka'teðra] nf (UNIV) chair, professorship

catedral [kate'ðral] nf cathedral

catedrático, a [kate'ðratiko, a] nm/f professor

categoría [kateɣo'ria] nf category; (rango) rank, standing; (calidad) quality; **de ~** (hotel) top-class

categórico, a [kate'ɣoriko, a] adj categorical

cateto, a [ka'teto, a] (pey) nm/f peasant

catolicismo [katoli'θismo] nm Catholicism

católico, a [ka'toliko, a] adj, nm/f Catholic

catorce [ka'torθe] num fourteen

cauce ['kauθe] nm (de río) riverbed; (fig) channel

caucho ['kautʃo] nm rubber; (AM: llanta) tyre

caución [kau'θjon] nf bail; **caucionar** vt (JUR) to bail, go bail for

caudal [kau'ðal] nm (de río) volume, flow; (fortuna) wealth; (abundancia) abundance; **~oso, a** adj (río) large

caudillo [kau'ðiʎo] nm leader, chief

causa ['kausa] nf (motivo) reason; (JUR) lawsuit, case; **a ~ de** because of

causar [kau'sar] vt to cause

cautela [kau'tela] nf caution, cautiousness; **cauteloso, a** adj cautious, wary

cautivar [kauti'ßar] vt to capture; (atraer) to captivate

cautiverio [kauti'ßerjo] nm captivity

cautividad [kautißi'ðað] nf = cautiverio

cautivo, a [kau'tißo, a] adj, nm/f captive

cauto, a ['kauto, a] adj cautious,

careful

cava ['kaßa] nm champagne-type wine

cavar [ka'ßar] vt to dig

caverna [ka'ßerna] nf cave, cavern

cavidad [kaßi'ðað] nf cavity

cavilar [kaßi'lar] vt to ponder

cayado [ka'jaðo] nm (de pastor) crook; (de obispo) crozier

cayendo etc vb ver **caer**

caza ['kaθa] nf (acción: gen) hunting; (: con fusil) shooting; (una ~) hunt, chase; (animales) game ♦ nm (AVIAT) fighter

cazador, a [kaθa'ðor, a] nm/f hunter; **cazadora** nf jacket

cazar [ka'θar] vt to hunt; (perseguir) to chase; (prender) to catch

cazo ['kaθo] nm saucepan

cazuela [ka'θwela] nf (vasija) pan; (guisado) casserole

CD abbr (= compact disc) CD

CD-ROM abbr m CD-ROM

CE nf abr (= Comunidad Europea) EC

cebada [θe'ßaða] nf barley

cebar [θe'ßar] vt (animal) to fatten (up); (anzuelo) to bait; (MIL, TEC) to prime

cebo ['θeßo] nm (para animales) feed, food; (para peces, fig) bait; (de arma) charge

cebolla [θe'ßoʎa] nf onion; **cebolleta** nf spring onion; **cebollín** nm spring onion

cebra ['θeßra] nf zebra

cecear [θeθe'ar] vi to lisp; **ceceo** nm lisp

ceder [θe'ðer] vt to hand over, give up, part with ♦ vi (renunciar) to give in, yield; (disminuir) to diminish, decline; (romperse) to give way

cedro ['θeðro] nm cedar

cédula ['θeðula] nf certificate, document

cegar [θe'ɣar] vt to blind; (tubería etc) to block up, stop up ♦ vi to go blind; **~se** vr: **~se (de)** to be blinded (by)

ceguera [θe'ɣera] nf blindness

CEI abbr (= Confederación de Estados Independientes) CIS

ceja ['θexa] nf eyebrow

cejar [θe'xar] vi (fig) to back down

celador, a [θela'ðor, a] nm/f (de edificio) watchman; (de museo etc) attendant

celda ['θelda] nf cell

celebración [θeleβra'θjon] nf celebration

celebrar [θele'βrar] vt to celebrate; (alabar) to praise ♦ vi to be glad; ~se vr to occur, take place

célebre ['θeleβre] adj famous

celebridad [θeleβri'ðað] nf fame; (persona) celebrity

celeste [θe'leste] adj (azul) sky-blue

celestial [θeles'tjal] adj celestial, heavenly

celibato [θeli'βato] nm celibacy

célibe ['θeliβe] adj, nm/f celibate

celo[1] ['θelo] nm zeal; (REL) fervour; (ZOOL): **en ~** on heat; **~s** nmpl jealousy sg; **tener ~s** to be jealous

celo[2] ® ['θelo] nm Sellotape ®

celofán [θelo'fan] nm cellophane

celoso, a [θe'loso, a] adj jealous; (trabajador) zealous

celta ['θelta] adj Celtic ♦ nm/f Celt

célula ['θelula] nf cell; **~ solar** solar cell

celulitis [θelu'litis] nf cellulite

cementerio [θemen'terjo] nm cemetery, graveyard

cemento [θe'mento] nm cement; (hormigón) concrete; (AM: cola) glue

cena ['θena] nf evening meal, dinner

cenagal [θena'ɣal] nm bog, quagmire

cenar [θe'nar] vt to have for dinner ♦ vi to have dinner

cenicero [θeni'θero] nm ashtray

cenit [θe'nit] nm zenith

ceniza [θe'niθa] nf ash, ashes pl

censo ['θenso] nm census; **~ electoral** electoral roll

censura [θen'sura] nf (POL) censorship

censurar [θensu'rar] vt (idea) to

censure; (cortar: película) to censor

centella [θen'teʎa] nf spark

centellear [θenteʎe'ar] vi (metal) to gleam; (estrella) to twinkle; (fig) to sparkle

centenar [θente'nar] nm hundred

centenario, a [θente'narjo, a] adj centenary; hundred-year-old ♦ nm centenary

centeno [θen'teno] nm (BOT) rye

centésimo, a [θen'tesimo, a] adj hundredth

centígrado [θen'tiɣraðo] adj centigrade

centímetro [θen'timetro] nm centimetre (BRIT), centimeter (US)

céntimo [θen'timo] nm cent

centinela [θenti'nela] nm sentry, guard

centollo [θen'toʎo] nm spider crab

central [θen'tral] adj central ♦ nf head office; (TEC) plant; (TEL) exchange; **~ eléctrica** power station; **~ nuclear** nuclear power station, **~ telefónica** telephone exchange

centralita [θentra'lita] nf switchboard

centralizar [θentrali'θar] vt to centralize

centrar [θen'trar] vt to centre

céntrico, a ['θentriko, a] adj central

centrifugar [θentrifu'ɣar] vt to spin-dry

centrista [θen'trista] adj centre cpd

centro ['θentro] nm centre; **~ comercial** shopping centre; **~ juvenil** youth club; **~ de atención al cliente** call centre

centroamericano, a [θentroameri'kano, a] adj, nm/f Central American

ceñido, a [θe'ɲiðo, a] adj (chaqueta, pantalón) tight(-fitting)

ceñir [θe'ɲir] vt (rodear) to encircle, surround; (ajustar) to fit (tightly)

ceño ['θeɲo] nm frown, scowl; **fruncir el ~** to frown, knit one's brow

CEOE nf abr (ESP: = Confederación

Española de Organizaciones Empresariales) ≈ CBI (BRIT), employers' organization

cepillar [θepi'ʎar] *vt* to brush; (*madera*) to plane (down)

cepillo [θe'piʎo] *nm* brush; (*para madera*) plane; **~ de dientes** toothbrush

cera ['θera] *nf* wax

cerámica [θe'ramika] *nf* pottery; (*arte*) ceramics

cerca ['θerka] *nf* fence ♦ *adv* near, nearby, close; **~ de** near, close to

cercanías [θerka'nias] *nfpl* (*afueras*) outskirts, suburbs

cercano, a [θer'kano, a] *adj* close, near

cercar [θer'kar] *vt* to fence in; (*rodear*) to surround

cerciorar [θerθjo'rar] *vt* (*asegurar*) to assure; **~se** *vr* (*asegurarse*) to make sure

cerco ['θerko] *nm* (AGR) enclosure; (AM) fence; (MIL) siege

cerdo, a ['θerðo, a] *nm/f* pig/sow

cereal [θere'al] *nm* cereal; **~es** *nmpl* cereals, grain *sg*

cerebro [θe'reβro] *nm* brain; (*fig*) brains *pl*

ceremonia [θere'monja] *nf* ceremony; **ceremonial** *adj*, *nm* ceremonial; **ceremonioso, a** *adj* ceremonious

cereza [θe'reθa] *nf* cherry

cerilla [θe'riʎa] *nf* (*fósforo*) match

cernerse [θer'nerse] *vr* to hover

cero ['θero] *nm* nothing, zero

cerrado, a [θe'rraðo, a] *adj* closed, shut; (*con llave*) locked; (*tiempo*) cloudy, overcast; (*curva*) sharp; (*acento*) thick, broad

cerradura [θerra'ðura] *nf* (*acción*) closing; (*mecanismo*) lock

cerrajero [θerra'xero] *nm* locksmith

cerrar [θe'rrar] *vt* to close, shut; (*paso, carretera*) to close; (*grifo*) to turn off; (*cuenta, negocio*) to close ♦ *vi* to close, shut; (*la noche*) to come down; **~se** *vr*

to close, shut; **~ con llave** to lock; **~ un trato** to strike a bargain

cerro ['θerro] *nm* hill

cerrojo [θe'rroxo] *nm* (*herramienta*) bolt; (*de puerta*) latch

certamen [θer'tamen] *nm* competition, contest

certero, a [θer'tero, a] *adj* (*gen*) accurate

certeza [θer'teθa] *nf* certainty

certidumbre [θerti'ðumßre] *nf* = **certeza**

certificado [θertifi'kaðo] *nm* certificate

certificar [θertifi'kar] *vt* (*asegurar, atestar*) to certify

cervatillo [θerßa'tiʎo] *nm* fawn

cervecería [θerßeθe'ria] *nf* (*fábrica*) brewery; (*bar*) public house, pub

cerveza [θer'βeθa] *nf* beer

cesante [θe'sante] *adj* redundant

cesar [θe'sar] *vi* to cease, stop ♦ *vt* (*funcionario*) to remove from office

cesárea [θe'sarea] *nf* (MED) Caesarean operation o section

cese ['θese] *nm* (*de trabajo*) dismissal; (*de pago*) suspension

césped ['θespeð] *nm* grass, lawn

cesta ['θesta] *nf* basket

cesto ['θesto] *nm* (large) basket, hamper

cetro ['θetro] *nm* sceptre

cfr *abr* (= *confróntese*) cf.

chabacano, a [tʃaßa'kano, a] *adj* vulgar, coarse

chabola [tʃa'ßola] *nf* shack; **barrio de ~s** shanty town *sg*

chacal [tʃa'kal] *nm* jackal

chacha ['tʃatʃa] (*fam*) *nf* maid

cháchara ['tʃatʃara] *nf* chatter; **estar de ~** to chatter away

chacra ['tʃakra] (AM) *nf* smallholding

chafar [tʃa'far] *vt* (*aplastar*) to crush; (*plan etc*) to ruin

chal [tʃal] *nm* shawl

chalado, a [tʃa'lado, a] (*fam*) *adj* crazy

chalé [tʃa'le] (*pl* **~s**) *nm* villa; ≈

detached house

chaleco |tʃa'leko| nm waistcoat, vest (US); ~ **salvavidas** life jacket

chalet |tʃa'le| (pl ~s) nm = **chalé**

champán |tʃam'pan| nm champagne

champaña |tʃam'paɲa| nm = **champán**

champiñón |tʃampi'ɲon| nm mushroom

champú |tʃam'pu| (pl **champúes**, **champús**) nm shampoo

chamuscar |tʃamus'kar| vt to scorch, sear, singe

chance |'tʃanθe| (AM) nm chance

chancho, a |'tʃantʃo, a| (AM) nm/f pig

chanchullo |tʃan'tʃuʎo| (fam) nm fiddle

chandal |tʃan'dal| nm tracksuit

chantaje |tʃan'taxe| nm blackmail

chapa |'tʃapa| nf (de metal) plate, sheet; (de madera) board, panel; (AM: AUTO) number (BRIT) o license (US) plate; **~do, a** adj: **~do en oro** gold-plated

chaparrón |tʃapa'rron| nm downpour, cloudburst

chapotear |tʃapote'ar| vi to splash about

chapurrear |tʃapurre'ar| vt (idioma) to speak badly

chapuza |tʃa'puθa| nf botched job

chapuzón |tʃapu'θon| nm: **darse un ~** to go for a dip

chaqueta |tʃa'keta| nf jacket

chaquetón |tʃake'ton| nm long jacket

charca |'tʃarka| nf pond, pool

charco |'tʃarko| nm pool, puddle

charcutería |tʃarkute'ria| nf (tienda) shop selling chiefly pork meat products; (productos) cooked pork meats pl

charla |'tʃarla| nf talk, chat; (conferencia) lecture

charlar |tʃar'lar| vi to talk, chat

charlatán, ana |tʃarla'tan, ana| nm/f (hablador) chatterbox; (estafador) trickster

charol |tʃa'rol| nm varnish; (cuero)

patent leather

chascarrillo |tʃaska'rriʎo| (fam) nm funny story

chasco |'tʃasko| nm (desengaño) disappointment

chasis |'tʃasis| nm inv chassis

chasquear |tʃaske'ar| vt (látigo) to crack; (lengua) to click; **chasquido** nm crack; click

chatarra |tʃa'tarra| nf scrap (metal)

chato, a |'tʃato, a| adj flat; (nariz) snub

chaval, a |tʃa'ßal, a| nm/f kid, lad/lass

checo, a |'tʃeko, a| adj, nm/f Czech

checo(e)slovaco, a |tʃeko(e)slo'ßako, a| adj, nm/f Czech, Czechoslovak

Checo(e)slovaquia |tʃeko(e)slo'-ßakja| nf Czechoslovakia

cheque |'tʃeke| nm cheque (BRIT), check (US); **~ de viajero** traveller's cheque (BRIT), traveler's check (US)

chequeo |tʃe'keo| nm (MED) check-up; (AUTO) service

chequera |tʃe'kera| (AM) nf chequebook (BRIT), checkbook (US)

chicano, a |tʃi'kano, a| adj, nm/f chicano

chícharo |'tʃitʃaro| (AM) nm pea

chichón |tʃi'tʃon| nm bump, lump

chicle |'tʃikle| nm chewing gum

chico, a |'tʃiko, a| adj small, little
♦ nm/f (niño) child; (muchacho) boy/girl

chiflado, a |tʃi'flado, a| adj crazy

chiflar |tʃi'flar| vt to hiss, boo

Chile |'tʃile| nm Chile; **chileno, a** adj, nm/f Chilean

chile |'tʃile| nm chilli pepper

chillar |tʃi'ʎar| vi (persona) to yell, scream; (animal salvaje) to howl; (cerdo) to squeal

chillido |tʃi'ʎido| nm (de persona) yell, scream; (de animal) howl

chillón, ona |tʃi'ʎon, ona| adj (niño) noisy; (color) loud, gaudy

chimenea |tʃime'nea| nf chimney; (hogar) fireplace

China ['tʃina] nf: **(la)** ~ China

chinche ['tʃintʃe] nf (insecto) (bed)bug; (TEC) drawing pin (BRIT), thumbtack (US) ♦ nm/f nuisance, pest

chincheta [tʃin'tʃeta] nf drawing pin (BRIT), thumbtack (US)

chino, a ['tʃino, a] adj, nm/f Chinese ♦ nm (LING) Chinese

chipirón [tʃipi'ron] nm (ZOOL, CULIN) squid

Chipre ['tʃipre] nf Cyprus; **chipriota** adj, nm/f Cypriot

chiquillo, a [tʃi'kiʎo, a] nm/f (fam) kid

chirimoya [tʃiri'moja] nf custard apple

chiringuito [tʃirin'xito] nm small open-air bar

chiripa [tʃi'ripa] nf fluke

chirriar [tʃi'rrjar] vi to creak, squeak

chirrido [tʃi'rriðo] nm creak(ing), squeak(ing)

chis [tʃis] excl sh!

chisme ['tʃisme] nm (habladurías) piece of gossip; (fam: objeto) thingummyjig

chismoso, a [tʃis'moso, a] adj gossiping ♦ nm/f gossip

chispa ['tʃispa] nf spark; (fig) sparkle; (ingenio) wit; (fam) drunkenness

chispear [tʃispe'ar] vi (lloviznar) to drizzle

chisporrotear [tʃisporrote'ar] vi (fuego) to throw out sparks; (leña) to crackle; (aceite) to hiss, splutter

chiste ['tʃiste] nm joke, funny story

chistoso, a [tʃis'toso, a] adj funny, amusing

chivo, a ['tʃiβo, a] nm/f (billy-/nanny-) goat; **~ expiatorio** scapegoat

chocante [tʃo'kante] adj startling; (extraño) odd; (ofensivo) shocking

chocar [tʃo'kar] vi (coches etc) to collide, crash ♦ vt to shock; (sorprender) to startle; ~ **con** to collide with; (fig) to run into, run up against; ¡**chócala!** (fam) put it there!

chochear [tʃotʃe'ar] vi to be senile

chocho, a ['tʃotʃo, a] adj doddering, senile; (fig) soft, doting

chocolate [tʃoko'late] adj, nm chocolate; **chocolatina** nf chocolate

chofer [tʃo'fer] nm = **chófer**

chófer ['tʃofer] nm driver

chollo ['tʃoʎo] (fam) nm bargain, snip

choque etc ['tʃoke] vb ver **chocar**
♦ nm (impacto) impact; (golpe) jolt; (AUTO) crash; (fig) conflict; ~ **frontal** head-on collision

chorizo [tʃo'riθo] nm hard pork sausage, (type of) salami

chorrada [tʃo'rraða] (fam) nf: ¡**es una ~1** that's crap! (!); **decir ~s** to talk crap (!)

chorrear [tʃorre'ar] vi to gush (out), spout (out); (gotear) to drip, trickle

chorro ['tʃorro] nm jet; (fig) stream

choza ['tʃoθa] nf hut, shack

chubasco [tʃu'βasko] nm squall

chubasquero [tʃuβas'kero] nm lightweight raincoat

chuchería [tʃutʃe'ria] nf trinket

chuleta [tʃu'leta] nf chop, cutlet

chulo ['tʃulo] nm (de prostituta) pimp

chupar [tʃu'par] vt to suck; (absorber) to absorb; ~**se** vr to grow thin

chupete [tʃu'pete] nm dummy (BRIT), pacifier (US)

chupito [tʃu'pito] (fam) nm shot

churro ['tʃurro] nm (type of) fritter

chusma ['tʃusma] nf rabble, mob

chutar [tʃu'tar] vi to shoot (at goal)

Cía abr (= compañía) Co.

cianuro [θja'nuro] nm cyanide

cibercafé [θiβerka'fe] nm cybercafé

cicatriz [θika'triθ] nf scar; ~**arse** vr to heal (up), form a scar

ciclismo [θi'klismo] nm cycling

ciclista [θi'klista] adj cycle cpd ♦ nm/f cyclist

ciclo ['θiklo] nm cycle; ~**turismo** nm: **hacer ~turismo** to go on a cycling holiday

ciclón [θi'klon] *nm* cyclone

ciego, a ['θjeɣo, a] *adj* blind ♦ *nm/f* blind man/woman

cielo ['θjelo] *nm* sky; (REL) heaven; ¡~s! good heavens!

ciempiés [θjem'pjes] *nm inv* centipede

cien [θjen] *num ver* **ciento**

ciénaga ['θjenaxa] *nf* marsh, swamp

ciencia ['θjenθja] *nf* science; ~s *nfpl* (ESCOL) science *sg*; ~-**ficción** *nf* science fiction

cieno ['θjeno] *nm* mud, mire

científico, a [θjen'tifiko, a] *adj* scientific ♦ *nm/f* scientist

ciento ['θjento] (tb: **cien**) *num* hundred; **pagar el 10 por ~** to pay at 10 per cent

cierre etc ['θjerre] *vb ver* **cerrar** ♦ *nm* closing, shutting; (con llave) locking; ~ **de cremallera** zip (fastener)

cierro etc *vb ver* **cerrar**

cierto, a ['θjerto, a] *adj* sure, certain; (un tal) a certain; (correcto) right, correct; ~ **hombre** a certain man; **ciertas personas** certain o some people; **sí, es ~** yes, that's correct

ciervo ['θjerβo] *nm* deer; (macho) stag

cierzo ['θjerθo] *nm* north wind

cifra ['θifra] *nf* number; (secreta) code

cifrar [θi'frar] *vt* to code, write in code

cigala [θi'ɣala] *nf* Norway lobster

cigarra [θi'ɣarra] *nf* cicada

cigarrillo [θiɣa'rriʎo] *nm* cigarette

cigarro [θi'ɣarro] *nm* cigarette; (puro) cigar

cigüeña [θi'ɣweɲa] *nf* stork

cilíndrico, a [θi'lindriko, a] *adj* cylindrical

cilindro [θi'lindro] *nm* cylinder

cima ['θima] *nf* (de montaña) top, peak; (de árbol) top; (fig) height

cimbrearse [θimbre'arse] *vr* to sway

cimentar [θimen'tar] *vt* to lay the foundations of; (fig: fundar) to found

cimiento [θi'mjento] *nm* foundation

cinc [θink] *nm* zinc

cincel [θin'θel] *nm* chisel; ~**ar** *vt* to chisel

cinco ['θinko] *num* five

cincuenta [θin'kwenta] *num* fifty

cine [θine] *nm* cinema

cineasta [θine'asta] *nm/f* film director

cinematográfico, a [θinemato'xrafiko, a] *adj* cine-, film *cpd*

cínico, a ['θiniko, a] *adj* cynical ♦ *nm/f* cynic

cinismo [θi'nismo] *nm* cynicism

cinta ['θinta] *nf* band, strip; (de tela) ribbon; (película) reel; (de máquina de escribir) ribbon; ~ **adhesiva** sticky tape; ~ **de video** videotape; ~ **magnetofónica** tape; ~ **métrica** tape measure

cintura [θin'tura] *nf* waist

cinturón [θintu'ron] *nm* belt; ~ **de seguridad** safety belt

ciprés [θi'pres] *nm* cypress (tree)

circo ['θirko] *nm* circus

circuito [θir'kwito] *nm* circuit

circulación [θirkula'θjon] *nf* circulation; (AUTO) traffic

circular [θirku'lar] *adj, vi* circular ♦ *vi, vt* to circulate ♦ *vi* (AUTO) to drive; **"circule por la derecha"** "keep (to the) right"

círculo ['θirkulo] *nm* circle; ~ **vicioso** vicious circle

circuncidar [θirkunθi'dar] *vt* to circumcise

circundar [θirkun'dar] *vt* to surround

circunferencia [θirkunfe'renθja] *nf* circumference

circunscribir [θirkunskri'βir] *vt* to circumscribe; ~**se** *vr* to be limited

circunscripción [θirkunskrip'θjon] *nf* (POL) constituency

circunspecto, a [θirkuns'pekto, a] *adj* circumspect, cautious

circunstancia [θirkuns'tanθja] *nf* circumstance

cirio ['θirjo] *nm* (wax) candle

ciruela [θi'rwela] *nf* plum; ~ **pasa** prune

cirugía |θiru'xia| nf surgery;
~ estética o **plástica** plastic surgery

cirujano |θiru'xano| nm surgeon

cisne |'θisne| nm swan

cisterna |θis'terna| nf cistern, tank

cita |'θita| nf appointment, meeting;
(de novios) date; (referencia) quotation

citación |θita'θjon| nf (JUR) summons
sg

citar |θi'tar| vt (gen) to make an
appointment with; (JUR) to summons;
(un autor, texto) to quote; **~se** vr: **se
citaron en el cine** they arranged to
meet at the cinema

cítricos |'θitrikos| nmpl citrus fruit(s)

ciudad |θju'ðað| nf town; (más grande)
city; **~anía** nf citizenship; **~ano, a**
nm/f citizen

cívico, a |'θiβiko, a| adj civic

civil |θi'βil| adj civil ♦ nm (guardia)
policeman

civilización |θiβiliθa'θjon| nf
civilization

civilizar |θiβili'θar| vt to civilize

civismo |θi'βismo| nm public spirit

cizaña |θi'θaɲa| nf (fig) discord

cl. abr (= centilitro) cl.

clamar |kla'mar| vt to clamour for, cry
out for ♦ vi to cry out, clamour

clamor |kla'mor| nm clamour, protest

clandestino, a |klandes'tino, a| adj
clandestine; (POL) underground

clara |'klara| nf (de huevo) egg white

claraboya |klara'βoja| nf skylight

clarear |klare'ar| vi (el día) to dawn; (el
cielo) to clear up, brighten up; **~se** vr
to be transparent

clarete |kla'rete| nm rosé (wine)

claridad |klari'ðað| nf (del día)
brightness; (de estilo) clarity

clarificar |klarifi'kar| vt to clarify

clarinete |klari'nete| nm clarinet

clarividencia |klariβi'ðenθja| nf
clairvoyance; (fig) far-sightedness

claro, a |'klaro, a| adj clear; (luminoso)
bright; (color) light; (evidente) clear,
evident; (poco espeso) thin ♦ nm (en

bosque) clearing ♦ adv clearly ♦ excl
(tb: ~ que sí) of course!

clase |'klase| nf class; **~ alta/media/
obrera** upper/middle/working class;
~s particulares private lessons,
private tuition sg

clásico, a |'klasiko, a| adj classical

clasificación |klasifika'θjon| nf
classification; (DEPORTE) league (table)

clasificar |klasifi'kar| vt to classify

claudicar |klauði'kar| vi to give in

claustro |'klaustro| nm cloister

cláusula |'klausula| nf clause

clausura |klau'sura| nf closing, closure;
clausurar vt (congreso etc) to bring to
a close

clavar |kla'βar| vt (clavo) to hammer
in; (cuchillo) to stick, thrust

clave |'klaβe| nf key; (MUS) clef

clavel |kla'βel| nm carnation

clavícula |kla'βikula| nf collar bone

clavija |kla'βixa| nf peg, dowel, pin;
(ELEC.) plug

clavo |'klaβo| nm (de metal) nail; (BOT)
clove

claxon |'klakson| (pl **~s**) nm horn

clemencia |kle'menθja| nf mercy,
clemency

cleptómano, a |klep'tomano, a| nm/f
kleptomaniac

clérigo |'kleriγo| nm priest

clero |'klero| nm clergy

cliché |kli'tʃe| nm cliché; (FOTO)
negative

cliente, a |'kljente, a| nm/f client,
customer

clientela |kljen'tela| nf clientele,
customers pl

clima |'klima| nm climate

climatizado, a |klimati'θaðo, a| adj
air-conditioned

clímax |'klimaks| nm inv climax

clínica |'klinika| nf clinic; (particular)
private hospital

clip |klip| (pl **~s**) nm paper clip

clítoris |'klitoris| nm inv (ANAT) clitoris

cloaca |klo'aka| nf sewer

cloro ['kloro] nm chlorine
club [klub] (pl ~s o ~es) nm club;
~ **de jóvenes** youth club
cm abr (= centímetro, centímetros) cm
C.N.T. (ESP) abr = Confederación
Nacional de Trabajo
coacción [koak'θjon] nf coercion,
compulsion; **coaccionar** vt to coerce
coagular [koaɣu'lar] vt (leche, sangre)
to clot; ~**se** vi to clot; **coágulo** nm
clot
coalición [koali'θjon] nf coalition
coartada [koar'taða] nf alibi
coartar [koar'tar] vt to limit, restrict
coba ['koβa] nf: **dar ~ a uno** to soft-
soap sb
cobarde [ko'βarðe] adj cowardly ♦ nm
coward; **cobardía** nf cowardice
cobaya [ko'βaja] nf guinea pig
cobertizo [koβer'tiθo] nm shelter
cobertura [koβer'tura] nf cover
cobija [ko'βixa] (AM) nf blanket
cobijar [koβi'xar] vt (cubrir) to cover;
(proteger) to shelter; **cobijo** nm shelter
cobra ['koβra] nf cobra
cobrador, a [koβra'ðor, a] nm/f (de
autobús) conductor/conductress; (de
impuestos, gas) collector
cobrar [ko'βrar] vt (cheque) to cash;
(sueldo) to collect, draw; (objeto) to
recover; (precio) to charge; (deuda) to
collect ♦ vi to be paid; **cóbrese al
entregar** cash on delivery
cobre ['koβre] nm copper; ~**s** nmpl
(MUS) brass instruments
cobro ['koβro] nm (de cheque) cashing;
presentar al ~ to cash
cocaína [koka'ina] nf cocaine
cocción [kok'θjon] nf (CULIN) cooking;
(en agua) boiling
cocear [koθe'ar] vi to kick
cocer [ko'θer] vt, vi to cook; (en agua)
to boil; (en horno) to bake
coche ['kotʃe] nm (AUTO) car (BRIT),
automobile (US); (de tren, de caballos)
coach, carriage; (para niños) pram
(BRIT), baby carriage (US); **ir en ~** to

drive; ~ **celular** Black Maria, prison
van; ~ **de bomberos** fire engine;
~ **fúnebre** hearse; **coche-cama** (pl
coches-cama) nm (FERRO) sleeping
car, sleeper
cochera [ko'tʃera] nf garage; (de
autobuses, trenes) depot
coche restaurante (pl **coches
restaurante**) nm (FERRO) dining car,
diner
cochinillo [kotʃi'niʎo] nm (CULIN)
suckling pig, sucking pig
cochino, a [ko'tʃino, a] adj filthy, dirty
♦ nm/f pig
cocido [ko'θiðo] nm stew
cocina [ko'θina] nf kitchen; (aparato)
cooker, stove; (acto) cookery;
~ **eléctrica/de gas** electric/gas
cooker; ~ **francesa** French cuisine;
cocinar vt, vi to cook
cocinero, a [koθi'nero, a] nm/f cook
coco ['koko] nm coconut
cocodrilo [koko'ðrilo] nm crocodile
cocotero [koko'tero] nm coconut
palm
cóctel ['koktel] nm cocktail
codazo [ko'ðaθo] nm: **dar un ~ a
uno** to nudge sb
codicia [ko'ðiθja] nf greed; **codiciar**
vt to covet; **codicioso, a** adj covetous
código ['koðiɣo] nm code; ~ **de
barras** bar code; ~ **civil** common law;
~ **de (la) circulación** highway code;
~ **postal** postcode
codillo [ko'ðiʎo] nm (ZOOL) knee; (TEC)
elbow (joint)
codo ['koðo] nm (ANAT, de tubo)
elbow; (ZOOL) knee
codorniz [koðor'niθ] nf quail
coerción [koer'θjon] nf coercion
coetáneo, a [koe'taneo, a] adj, nm/f
contemporary
coexistir [koe(k)sis'tir] vi to coexist
cofradía [kofra'ðia] nf brotherhood,
fraternity
cofre ['kofre] nm (de joyas) case; (de
dinero) chest

coger [ko'xer] (ESP) vt to take (hold of); (objeto caído) to pick up; (frutas) to pick, harvest; (resfriado, ladrón, pelota) to catch ♦ vi: ~ **por el buen camino** to take the right road; ~**se** vr (el dedo) to catch; ~**se a algo** to get hold of sth

cogollo [ko'ɣoʎo] nm (de lechuga) heart

cogote [ko'ɣote] nm back o nape of the neck

cohabitar [koaßi'tar] vi to live together, cohabit

cohecho [ko'etʃo] nm (acción) bribery; (soborno) bribe

coherente [koe'rente] adj coherent

cohesión [koe'sjon] nm cohesion

cohete [ko'ete] nm rocket

cohibido, a [koi'ßiðo, a] adj (PSICO) inhibited; (tímido) shy

cohibir [koi'ßir] vt to restrain, restrict

coincidencia [koinθi'ðenθja] nf coincidence

coincidir [koinθi'ðir] vi (en idea) to coincide, agree; (en lugar) to coincide

coito ['koito] nm intercourse, coitus

coja etc vb ver **coger**

cojear [koxe'ar] vi (persona) to limp, hobble; (mueble) to wobble, rock

cojera [ko'xera] nf limp

cojín [ko'xin] nm cushion; **cojinete** nm (TEC) ball bearing

cojo, a etc ['koxo, a] vb ver **coger** ♦ adj (que no puede andar) lame, crippled; (mueble) wobbly ♦ nm/f lame person, cripple

cojón [ko'xon] (fam) nm: **¡cojones!** shit! (!); **cojonudo, a** (fam) adj great, fantastic

col [kol] nf cabbage; ~**es de Bruselas** Brussels sprouts

cola ['kola] nf tail; (de gente) queue; (lugar) end, last place; (para pegar) glue, gum; **hacer** ~ to queue (up)

colaborador, a [kolaßora'ðor, a] nm/f collaborator

colaborar [kolaßo'rar] vi to collaborate

colada [ko'laða] nf: **hacer la** ~ to do the washing

colador [kola'ðor] nm (de líquidos) strainer; (para verduras etc) colander

colapso [ko'lapso] nm collapse; ~ **nervioso** nervous breakdown

colar [ko'lar] vt (líquido) to strain off; (metal) to cast ♦ vi to ooze, seep (through); ~**se** vr to jump the queue; ~**se en** to get into without paying; (fiesta) to gatecrash

colcha ['koltʃa] nf bedspread

colchón [kol'tʃon] nm mattress; ~ **inflable** o **neumático** air bed, air mattress

colchoneta [koltʃo'neta] nf (en gimnasio) mat; (de playa) air bed

colección [kolek'θjon] nf collection; **coleccionar** vt to collect; **coleccionista** nm/f collector

colecta [ko'lekta] nf collection

colectivo, a [kolek'tißo, a] adj collective, joint ♦ nm (AM) (small) bus

colega [ko'leɣa] nm/f colleague

colegial, a [kole'xjal, a] nm/f schoolboy/girl

colegio [ko'lexjo] nm college; (escuela) school; (de abogados etc) association; ~ **electoral** polling station; ~ **mayor** hall of residence

> A colegio is normally a private primary or secondary school. In the state system it means a primary school although these are also called escuelas. State secondary schools are called institutos.

colegir [kole'xir] vt to infer, conclude

cólera [ko'lera] nf (ira) anger; (MED) cholera; **colérico, a** [ko'leriko, a] adj irascible, bad-tempered

colesterol [koleste'rol] nm cholesterol

coleta [ko'leta] nf pigtail

colgante [kol'xante] adj hanging ♦ nm (joya) pendant

colgar [kol'xar] vt to hang (up); (ropa) to hang out ♦ vi to hang; (TELEC) to hang up

cólico ['koliko] nm colic

coliflor [koli'flor] nf cauliflower

colilla [ko'liʎa] nf cigarette end, butt

colina [ko'lina] nf hill

colisión [koli'sjon] nf collision; ~ **de frente** head-on crash

collar [ko'ʎar] nm necklace; (de perro) collar

colmar [kol'mar] vt to fill to the brim; (fig) to fulfil, realize

colmena [kol'mena] nf beehive

colmillo [kol'miʎo] nm (diente) eye tooth; (de elefante) tusk; (de perro) fang

colmo ['kolmo] nm: ¡es el ~! it's the limit!

colocación [koloka'θjon] nf (acto) placing; (empleo) job, position

colocar [kolo'kar] vt to place, put, position; (dinero) to invest; (poner en empleo) to find a job for; ~**se** vr to get a job

Colombia [ko'lombja] nf Colombia; **colombiano, a** adj, nm/f Colombian

colonia [ko'lonja] nf colony; (de casas) housing estate; (agua de ~) cologne

colonización [koloniθa'θjon] nf colonization; **colonizador, a** [koloniθa'ðor, a] adj colonizing ♦ nm/f colonist, settler

colonizar [koloni'θar] vt to colonize

coloquio [ko'lokjo] nm conversation; (congreso) conference

color [ko'lor] nm colour

colorado, a [kolo'raðo, a] adj (rojo) red; (LAM: chiste) rude

colorante [kolo'rante] nm colouring

colorear [kolore'ar] vt to colour

colorete [kolo'rete] nm blusher

colorido [kolo'riðo] nm colouring

columna [ko'lumna] nf column; (pilar) pillar; (apoyo) support

columpiar [kolum'pjar] vt to swing; ~**se** vr to swing; **columpio** nm swing

coma ['koma] nf comma ♦ nm (MED) coma

comadre [ko'maðre] nf (madrina) godmother; (chismosa) gossip; **comadrona** nf midwife

comandancia [koman'danθja] nf command

comandante [koman'dante] nm commandant

comarca [ko'marka] nf region

comba ['komba] nf (curva) curve; (cuerda) skipping rope; **saltar a la ~** to skip

combar [kom'bar] vt to bend, curve

combate [kom'bate] nm fight; **combatiente** nm combatant

combatir [komba'tir] vt to fight, combat

combinación [kombina'θjon] nf combination; (QUÍM) compound; (prenda) slip

combinar [kombi'nar] vt to combine

combustible [kombus'tiβle] nm fuel

combustión [kombus'tjon] nf combustion

comedia [ko'meðja] nf comedy; (TEATRO) play, drama

comediante [kome'ðjante] nm/f (comic) actor/actress

comedido, a [kome'ðiðo, a] adj moderate

comedor, a [kome'ðor, a] nm (habitación) dining room; (cantina) canteen

comensal [komen'sal] nm/f fellow guest (ó diner)

comentar [komen'tar] vt to comment on

comentario [komen'tarjo] nm comment, remark; (literario) commentary; ~**s** nmpl (chismes) gossip sg

comentarista [komenta'rista] nm/f commentator

comenzar [komen'θar] vt, vi to begin, start; ~ **a hacer algo** to begin o start doing sth

comer [ko'mer] vt to eat; (DAMAS,

AJEDREZ) to take, capture ♦ vi to eat; (almorzar) to have lunch; **~se** vr to eat up

comercial [komer'θjal] adj commercial; (relativo al negocio) business cpd; **comercializar** vt (producto) to market; (pey) to commercialize

comerciante [komer'θjante] nm/f trader, merchant

comerciar [komer'θjar] vi to trade, do business

comercio [ko'merθjo] nm commerce, trade; (negocio) business; (fig) dealings pl; **~ electrónico** e-commerce

comestible [komes'tiβle] adj eatable, edible; **~s** nmpl food sg, foodstuffs

cometa [ko'meta] nm comet ♦ nf kite

cometer [kome'ter] vt to commit

cometido [kome'tiðo] nm task, assignment

comezón [kome'θon] nf itch, itching

cómic ['komik] nm comic

comicios [ko'miθjos] nmpl elections

cómico, a ['komiko, a] adj comic(al) ♦ nm/f comedian

comida [ko'miða] nf (alimento) food; (almuerzo, cena) meal; (de mediodía) lunch

comidilla [komi'ðiλa] nf: **ser la ~ de la ciudad** to be the talk of the town

comienzo etc [ko'mjenθo] vb ver **comenzar** ♦ nm beginning, start

comillas [ko'miλas] nfpl quotation marks

comilona [komi'lona] (fam) nf blow-out

comino [ko'mino] nm: **(no) me importa un ~** I don't give a damn

comisaría [komisa'ria] nf (de policía) police station; (MIL) commissariat

comisario [komi'sarjo] nm (MIL etc) commissary; (POL) commissar

comisión [komi'sjon] nf commission

comité [komi'te] (pl **~s**) nm committee

comitiva [komi'tiβa] nf retinue

como ['komo] adv as; (tal ~) like; (aproximadamente) about, approximately ♦ conj (ya que, puesto que) as, since; **¡~ no!** of course!; **~ no lo haga hoy** unless he does it today; **~ si** as if; **es tan alto ~ ancho** it is as high as it is wide

cómo ['komo] adv how?, why? ♦ excl what?, I beg your pardon? ♦ nm: **el ~ y el porqué** the whys and wherefores

cómoda ['komoða] nf chest of drawers

comodidad [komoði'ðað] nf comfort; **venga a su ~** come at your convenience

comodín [komo'ðin] nm joker

cómodo, a ['komoðo, a] adj comfortable; (práctico, de fácil uso) convenient

compact disc nm compact disk player

compacto, a [kom'pakto, a] adj compact

compadecer [kompaðe'θer] vt to pity, be sorry for; **~se** vr: **~se de** to pity, be or feel sorry for

compadre [kom'paðre] nm (padrino) godfather; (amigo) friend, pal

compañero, a [kompa'ɲero, a] nm/f companion; (novio) boy/girlfriend; **~ de clase** classmate

compañía [kompa'ɲia] nf company

comparación [kompara'θjon] nf comparison; **en ~ con** in comparison with

comparar [kompa'rar] vt to compare

comparecer [kompare'θer] vi to appear (in court)

comparsa [kom'parsa] nm/f (TEATRO) extra

compartimiento [komparti'mjento] nm (FERRO) compartment

compartir [kompar'tir] vt to share; (dinero, comida etc) to divide (up), share (out)

compás [kom'pas] nm (MUS) beat, rhythm; (MAT) compasses pl; (NAUT etc) compass

compasión [kompa'sjon] nf
compassion, pity

compasivo, a [kompa'siβo, a] adj
compassionate

compatibilidad [kompatiβili'ðað] nf
compatibility

compatible [kompa'tiβle] adj
compatible

compatriota [kompa'trjota] nm/f
compatriot, fellow countryman/woman

compendiar [kompen'djar] vt to
summarize; **compendio** nm
summary

compenetrarse [kompene'trarse] vr
to be in tune

compensación [kompensa'θjon] nf
compensation

compensar [kompen'sar] vt to
compensate

competencia [kompe'tenθja] nf
(incumbencia) domain, field; (JUR,
habilidad) competence; (rivalidad)
competition

competente [kompe'tente] adj
competent

competición [kompeti'θjon] nf
competition

competir [kompe'tir] vi to compete

compilar [kompi'lar] vt to compile

complacencia [kompla'θenθja] nf
(placer) pleasure; (tolerancia excesiva)
complacency

complacer [kompla'θer] vt to please;
~se vr to be pleased

complaciente [kompla'θjente] adj
kind, obliging, helpful

complejo, a [kom'plexo, a] adj, nm
complex

complementario, a
[komplemen'tarjo, a] adj
complementary

completar [komple'tar] vt to
complete

completo, a [kom'pleto, a] adj
complete; (perfecto) perfect; (lleno) full
♦ nm full complement

complicado, a [kompli'kaðo, a] adj

complicated; **estar ~ en** to be mixed
up in

cómplice ['kompliθe] nm/f accomplice

complot [kom'plo(t)] (pl ~s) nm plot

componer [kompo'ner] vt (MUS,
LITERATURA, IMPRENTA) to compose;
(algo roto) to mend, repair; (arreglar)
to arrange; **~se** vr: **~se de** to consist
of; **componérselas para hacer algo**
to manage to do sth

comportamiento [komporta'mjento]
nm behaviour, conduct

comportarse [kompor'tarse] vr to
behave

composición [komposi'θjon] nf
composition

compositor, a [komposi'tor, a] nm/f
composer

compostura [kompos'tura] nf
(actitud) composure

compra ['kompra] nf purchase; **ir de
~s** to go shopping; **comprador, a**
nm/f buyer, purchaser

comprar [kom'prar] vt to buy,
purchase

comprender [kompren'der] vt to
understand; (incluir) to comprise,
include

comprensión [kompren'sjon] nf
understanding; **comprensivo, a** adj
(actitud) understanding

compresa [kom'presa] nf.
~ higiénica sanitary towel (BRIT) o
napkin (US)

comprimido, a [kompri'miðo, a] adj
compressed ♦ nm (MED) pill, tablet

comprimir [kompri'mir] vt to
compress

comprobante [kompro'βante] nm
proof; (COM) voucher; **~ de recibo**
receipt

comprobar [kompro'βar] vt to check;
(probar) to prove; (TEC) to check, test

comprometer [komprome'ter] vt to
compromise; (poner en peligro) to
endanger; **~se** vr (involucrarse) to get
involved

compromiso [kompro'miso] *nm*
(*obligación*) obligation; (*cometido*)
commitment; (*convenio*) agreement;
(*apuro*) awkward situation

compuesto, a [kom'pwesto, a] *adj*:
~ **de** composed of, made up of ♦ *nm*
compound

computador [komputa'ðor] *nm*
computer; ~ **central** mainframe
computer; ~ **personal** personal
computer

computadora [komputa'ðora] *nf* =
computador

cómputo ['komputo] *nm* calculation

comulgar [komul'var] *vi* to receive
communion

común [ko'mun] *adj* common ♦ *nm*:
el ~ the community

comunicación [komunika'θjon] *nf*
communication; (*informe*) report

comunicado [komuni'kaðo] *nm*
announcement; ~ **de prensa** press
release

comunicar [komuni'kar] *vt, vi* to
communicate; **~se** *vr* to communicate;
está comunicando (*TEL*) the line's
engaged (*BRIT*) o busy (*US*);
comunicativo, a *adj* communicative

comunidad [komuni'ðað] *nf*
community; ~ **autónoma** (*POL*)
autonomous region; **C~ Económica
Europea** European Economic
Community

comunión [komu'njon] *nf*
communion

comunismo [komu'nismo] *nm*
communism; **comunista** *adj, nm/f*
communist

PALABRA CLAVE

---

con [kon] *prep* **1** (*medio, compañía*)
with; **comer ~ cuchara** to eat with a
spoon; **pasear ~ uno** to go for a walk
with sb

2 (*a pesar de*): ~ **todo, merece
nuestros respetos** all the same, he
deserves our respect

3 (*para* ~): **es muy bueno para
~ los niños** he's very good with (the)
children

4 (+ *infin*): ~ **llegar tan tarde se
quedó sin comer** by arriving so late
he missed out on eating

♦ *conj*: ~ **que**: **será suficiente ~ que
le escribas** it will be sufficient if you
write to her

---

conato [ko'nato] *nm* attempt; ~ **de
robo** attempted robbery

concebir [konθe'ßir] *vt, vi* to conceive

conceder [konθe'ðer] *vt* to concede

concejal, a [konθe'xal, a] *nm/f* town
councillor

concentración [konθentra'θjon] *nf*
concentration

concentrar [konθen'trar] *vt* to
concentrate; **~se** *vr* to concentrate

concepción [konθep'θjon] *nf*
conception

concepto [kon'θepto] *nm* concept

concernir [konθer'nir] *vi* to concern;
en lo que concierne a ... as far as ...
is concerned; **en lo que a mí
concierne** as far as I'm concerned

concertar [konθer'tar] *vt* (*MUS*) to
harmonize; (*acordar: precio*) to agree;
(: *tratado*) to conclude; (*trato*) to
arrange, fix up; (*combinar: esfuerzos*) to
coordinate ♦ *vi* to harmonize, be in
tune

concesión [konθe'sjon] *nf* concession

concesionario [konθesjo'narjo] *nm*
(licensed) dealer, agent

concha ['kontʃa] *nf* shell

conciencia [kon'θjenθja] *nf*
conscience; **tener/tomar ~ de** to be/
become aware of; **tener la ~ limpia/
tranquila** to have a clear conscience

concienciar [konθjen'θjar] *vt* to make
aware; **~se** *vr* to become aware

concienzudo, a [konθjen'θuðo, a]
adj conscientious

concierto *etc* [kon'θjerto] *vb ver*
concertar ♦ *nm* concert; (*obra*)

concerto

conciliar [konθi'ljar] vt to reconcile

concilio [kon'θiljo] nm council

conciso, a [kon'θiso, a] adj concise

concluir [konklu'ir] vt, vi to conclude; **~se** vr to conclude

conclusión [konklu'sjon] nf conclusion

concluyente [konklu'jente] adj (prueba, información) conclusive

concordar [konkor'ðar] vt to reconcile ♦ vi to agree, tally

concordia [kon'korðja] nf harmony

concretar [konkre'tar] vt to make concrete, make more specific; **~se** vr to become more definite

concreto, a [kon'kreto, a] adj, nm (AM) concrete; **en ~** (= en resumen) to sum up; (especificamente) specifically; **no hay nada en ~** there's nothing definite

concurrencia [konku'rrenθja] nf turnout

concurrido, a [konku'rriðo, a] adj (calle) busy; (local, reunión) crowded

concurrir [konku'rrir] vi (juntarse: ríos) to meet, come together; (: personas) to gather, meet

concursante [konkur'sante] nm/f competitor

concurso [kon'kurso] nm (de público) crowd; (ESCOL, DEPORTE, competencia) competition; (ayuda) help, cooperation

condal [kon'dal] adj: **la Ciudad C~** Barcelona

conde ['konde] nm count

condecoración [kondekora'θjon] nf (MIL) medal

condecorar [kondeko'rar] vt (MIL) to decorate

condena [kon'dena] nf sentence

condenación [kondena'θjon] nf condemnation; (REL) damnation

condenar [konde'nar] vt to condemn; (JUR) to convict; **~se** vr (REL) to be damned

condensar [konden'sar] vt to

condense

condesa [kon'desa] nf countess

condición [kondi'θjon] nf condition; **condicional** adj conditional

condicionar [kondiθjo'nar] vt (acondicionar) to condition; **~ algo a** to make sth conditional on

condimento [kondi'mento] nm seasoning

condolerse [kondo'lerse] vr to sympathize

condón [kon'don] nm condom

conducir [kondu'θir] vt to take, convey; (AUTO) to drive ♦ vi to drive; (fig) to lead; **~se** vr to behave

conducta [kon'dukta] nf conduct, behaviour

conducto [kon'dukto] nm pipe, tube; (fig) channel

conductor, a [konduk'tor, a] adj leading, guiding ♦ nm (FÍSICA) conductor; (de vehículo) driver

conduje etc vb ver **conducir**

conduzco etc vb ver **conducir**

conectado, a [konek'taðo, a] adj (INFORM) on-line

conectar [konek'tar] vt to connect (up); (enchufar) plug in

conejillo [kone'xiʎo] nm: **~ de Indias** (ZOOL) guinea pig

conejo [ko'nexo] nm rabbit

conexión [konek'sjon] nf connection

confección [konfek'θjon] nf preparation; (industria) clothing industry

confeccionar [konfekθjo'nar] vt to make (up)

confederación [konfeðera'θjon] nf confederation

conferencia [konfe'renθja] nf conference; (lección) lecture; (TEL) call

conferir [konfe'rir] vt to award

confesar [konfe'sar] vt to confess, admit

confesión [konfe'sjon] nf confession

confesionario [konfesjo'narjo] nm confessional

confeti [kon'feti] nm confetti

confiado, a [kon'fjaðo, a] adj (crédulo) trusting; (seguro) confident

confianza [kon'fjanθa] nf trust; (seguridad) confidence; (familiaridad) intimacy, familiarity

confiar [kon'fjar] vt to entrust ♦ vi to trust

confidencia [konfi'ðenθja] nf confidence

confidencial [konfiðen'θjal] adj confidential

confidente [konfi'ðente] nm/f confidant/e; (policial) informer

configurar [konfixu'rar] vt to shape, form

confín [kon'fin] nm limit; **confines** nmpl confines, limits

confinar [konfi'nar] vi to confine; (desterrar) to banish

confirmar [konfir'mar] vt to confirm

confiscar [konfis'kar] vt to confiscate

confite [kon'fite] nm sweet (BRIT), candy (US)

confitería [konfite'ria] nf (tienda) confectioner's (shop)

confitura [konfi'tura] nf jam

conflictivo, a [konflik'tiβo, a] adj (asunto, propuesta) controversial; (país, situación) troubled

conflicto [kon'flikto] nm conflict; (fig) clash

confluir [kon'flwir] vi (ríos) to meet; (gente) to gather

conformar [konfor'mar] vt to shape, fashion ♦ vi to agree; ~se vr to conform; (resignarse) to resign o.s.

conforme [kon'forme] adj (correspondiente): ~ con in line with; (de acuerdo): estar ~s (con algo) to be in agreement (with sth) ♦ adv as ♦ excl agreed! ♦ prep: ~ a in accordance with; quedarse ~ (con algo) to be satisfied (with sth)

conformidad [konformi'ðað] nf (semejanza) similarity; (acuerdo) agreement; **conformista** adj, nm/f conformist

confortable [konfor'taβle] adj comfortable

confortar [konfor'tar] vt to comfort

confrontar [konfron'tar] vt to confront; (dos personas) to bring face to face; (cotejar) to compare

confundir [konfun'dir] vt (equivocar) to mistake, confuse; (turbar) to confuse; ~se vr (turbarse) to get confused; (equivocarse) to make a mistake; (mezclarse) to mix

confusión [konfu'sjon] nf confusion

confuso, a [kon'fuso, a] adj confused

congelado, a [konxe'laðo, a] adj frozen; ~s nmpl frozen food(s); **congelador** nm (aparato) freezer, deep freeze

congelar [konxe'lar] vt to freeze; ~se vr (sangre, grasa) to congeal

congeniar [konxe'njar] vi to get on (BRIT) o along (US) well

congestión [konxes'tjon] nf congestion

congestionar [konxestjo'nar] vt to congest

congoja [kon'goxa] nf distress, grief

congraciarse [kongra'θjarse] vr to ingratiate o.s.

congratular [kongratu'lar] vt to congratulate

congregación [kongreγa'θjon] nf congregation

congregar [kongre'γar] vt to gather together; ~se vr to gather together

congresista [kongre'sista] nm/f delegate, congressman/woman

congreso [kon'greso] nm congress

congrio [kon'grjo] nm conger eel

conjetura [konxe'tura] nf guess; **conjeturar** vt to guess

conjugar [konxu'γar] vt to combine, fit together; (LING) to conjugate

conjunción [konxun'θjon] nf conjunction

conjunto, a [kon'xunto, a] adj joint, united ♦ nm whole; (MUS) band; **en ~**

as a whole
conjurar [konxu'rar] *vt* (REL) to
exorcise; (*fig*) to ward off ♦ *vi* to plot
conmemoración [konmemora'θjon]
nf commemoration
conmemorar [konmemo'rar] *vt* to
commemorate
conmigo [kon'miɣo] *pron* with me
conmoción [konmo'θjon] *nf* shock;
(*fig*) upheaval; **~ cerebral** (MED)
concussion
conmovedor, a [konmoße'ðor, a] *adj*
touching, moving; (*emocionante*)
exciting
conmover [konmo'ßer] *vt* to shake,
disturb; (*fig*) to move
conmutador [konmuta'ðor] *nm*
switch; (AM: TEL: *centralita*)
switchboard; (: *central*) telephone
exchange
cono ['kono] *nm* cone
conocedor, a [konoθe'ðor, a] *adj*
expert, knowledgeable ♦ *nm/f* expert
conocer [kono'θer] *vt* to know; (*por
primera vez*) to meet, get to know;
(*entender*) to know about; (*reconocer*)
to recognize; **~se** *vr* (*una persona*) to
know o.s.; (*dos personas*) to (get to)
know each other
conocido, a [kono'θiðo, a] *adj* (well-)
known ♦ *nm/f* acquaintance
conocimiento [konoθi'mjento] *nm*
knowledge; (MED) consciousness; **~s**
nmpl (*saber*) knowledge *sg*
conozco *etc vb ver* **conocer**
conque ['konke] *conj* and so, then
conquista [kon'kista] *nf* conquest;
conquistador, a *adj* conquering
♦ *nm* conqueror
conquistar [konkis'tar] *vt* to conquer
consagrar [konsa'xrar] *vt* (REL) to
consecrate; (*fig*) to devote
consciente [kons'θjente] *adj*
conscious
consecución [konseku'θjon] *nf*
acquisition; (*de fin*) attainment
consecuencia [konse'kwenθja] *nf*

consequence, outcome; (*coherencia*)
consistency
consecuente [konse'kwente] *adj*
consistent
consecutivo, a [konseku'tißo, a] *adj*
consecutive
conseguir [konse'xir] *vt* to get,
obtain; (*objetivo*) to attain
consejero, a [konse'xero, a] *nm/f*
adviser, consultant; (POL) councillor
consejo [kon'sexo] *nm* advice; (POL)
council; **~ de administración** (COM)
board of directors; **~ de guerra** court
martial; **~ de ministros** cabinet
meeting
consenso [kon'senso] *nm* consensus
consentimiento [konsenti'mjento]
nm consent
consentir [konsen'tir] *vt* (*permitir,
tolerar*) to consent to; (*mimar*) to
pamper, spoil; (*aguantar*) to put up
with ♦ *vi* to agree, consent; **~ que
uno haga algo** to allow sb to do sth
conserje [kon'serxe] *nm* caretaker;
(*portero*) porter
conservación [konserßa'θjon] *nf*
conservation; (*de alimentos, vida*)
preservation
conservador, a [konserßa'ðor, a] *adj*
(POL) conservative ♦ *nm/f* conservative
conservante [konser'ßante] *nm*
preservative
conservar [konser'ßar] *vt* to conserve,
keep; (*alimentos, vida*) to preserve; **~se**
vi to survive
conservas [kon'serßas] *nfpl* canned
food(s) (*pl*)
conservatorio [konserßa'torjo] *nm*
(MUS) conservatoire, conservatory
considerable [konsiðe'raßle] *adj*
considerable
consideración [konsiðera'θjon] *nf*
consideration; (*estimación*) respect
considerado, a [konsiðe'raðo, a] *adj*
(*atento*) considerate; (*respetado*)
respected
considerar [konsiðe'rar] *vt* to consider

consigna [kon'siɣna] nf (orden) order, instruction; (para equipajes) left-luggage office

consigo etc [kon'siɣo] vb ver **conseguir ♦** pron (m) with him; (f) with her; (Vd) with you; (reflexivo) with o.s.

consiguiendo etc vb ver **conseguir**

consiguiente [konsi'ɣjente] adj consequent; **por ~** and so, therefore, consequently

consistente [konsis'tente] adj consistent; (sólido) solid, firm; (válido) sound

consistir [konsis'tir] vi: **~ en** (componerse de) to consist of

consola [kon'sola] nf (mueble) console table; (de videojuegos) console

consolación [konsola'θjon] nf consolation

consolar [konso'lar] vt to console

consolidar [konsoli'ðar] vt to consolidate

consomé [konso'me] (pl **~s**) nm consommé, clear soup

consonante [konso'nante] adj consonant, harmonious ♦ nf consonant

consorcio [kon'sorθjo] nm consortium

conspiración [konspira'θjon] nf conspiracy

conspirador, a [konspira'ðor, a] nm/f conspirator

conspirar [konspi'rar] vi to conspire

constancia [kons'tanθja] nf constancy; **dejar ~ de** to put on record

constante [kons'tante] adj constant

constar [kons'tar] vi (evidenciarse) to be clear o evident; **~ de** to consist of

constatar [konsta'tar] vt to verify

consternación [konsterna'θjon] nf consternation

constipado, a [konsti'paðo, a] adj: **estar ~** to have a cold ♦ nm cold

constitución [konstitu'θjon] nf constitution; **constitucional** adj constitutional

constituir [konstitu'ir] vt (formar, componer) to constitute, make up; (fundar, erigir, ordenar) to constitute, establish

constituyente [konstitu'jente] adj constituent

constreñir [konstre'ɲir] vt (restringir) to restrict

construcción [konstruk'θjon] nf construction, building

constructor, a [konstruk'tor, a] nm/f builder

construir [konstru'ir] vt to build, construct

construyendo etc vb ver **construir**

consuelo [kon'swelo] nm consolation, solace

cónsul ['konsul] nm consul; **consulado** nm consulate

consulta [kon'sulta] nf consultation; (MED): **horas de ~** surgery hours

consultar [konsul'tar] vt to consult

consultorio [konsul'torjo] nm (MED) surgery

consumar [konsu'mar] vt to complete, carry out; (crimen) to commit; (sentencia) to carry out

consumición [konsumi'θjon] nf consumption; (bebida) drink; (comida) food; **~ mínima** cover charge

consumidor, a [konsumi'ðor, a] nm/f consumer

consumir [konsu'mir] vt to consume; **~se** vr to be consumed; (persona) to waste away

consumismo [konsu'mismo] nm consumerism

consumo [kon'sumo] nm consumption

contabilidad [kontaβili'ðað] nf accounting, book-keeping; (profesión) accountancy; **contable** nm/f accountant

contacto [kon'takto] nm contact; (AUTO) ignition

contado, a [kon'taðo, a] adj: **~s**

(*escasos*) numbered, scarce, few ♦ *nm*:
pagar al ~ to pay (in) cash
contador [konta'ðor] *nm* (*aparato*)
meter; (*AM*: *contante*) accountant
contagiar [konta'xjar] *vt* (*enfermedad*)
to pass on, transmit; (*persona*) to
infect; **~se** *vr* to become infected
contagio [kon'taxjo] *nm* infection;
contagioso, a *adj* infectious; (*fig*)
catching
contaminación [kontamina'θjon] *nf*
contamination; (*polución*) pollution
contaminar [kontami'nar] *vt* to
contaminate; (*aire, agua*) to pollute
contante [kon'tante] *adj*: **dinero ~ (y
sonante)** cash
contar [kon'tar] *vt* (*páginas, dinero*)
to count; (*anécdota, chiste etc*) to tell ♦ *vi*
to count; **~ con** to rely on, count on
contemplación [kontempla'θjon] *nf*
contemplation
contemplar [kontem'plar] *vt* to
contemplate; (*mirar*) to look at
contemporáneo, a
[kontempo'raneo, a] *adj, nm/f*
contemporary
contendiente [konten'djente] *nm/f*
contestant
contenedor [kontene'ðor] *nm*
container
contener [konte'ner] *vt* to contain,
hold; (*retener*) to hold back, contain;
~se *vr* to control o restrain o.s
contenido, a [konte'niðo, a] *adj*
(*moderado*) restrained, (*risa etc*)
suppressed ♦ *nm* contents *pl*, content
contentar [konten'tar] *vt* (*satisfacer*)
to satisfy; (*complacer*) to please; **~se** *vr*
to be satisfied
contento, a [kon'tento, a] *adj* (*alegre*)
pleased; (*feliz*) happy
contestación [kontesta'θjon] *nf*
answer, reply
contestador [kontesta'ðor] *nm*:
~ automático answering machine
contestar [kontes'tar] *vt* to answer,
reply; (*JUR*) to corroborate, confirm

contexto [kon'te(k)sto] *nm* context
contienda [kon'tjenda] *nf* contest
contigo [kon'tiyo] *pron* with you
contiguo, a [kon'tiywo, a] *adj*
adjacent, adjoining
continente [konti'nente] *adj, nm*
continent
contingencia [kontin'xenθja] *nf*
contingency; (*riesgo*) risk;
contingente *adj, nm* contingent
continuación [kontinwa'θjon] *nf*
continuation; **a ~** then, next
continuar [konti'nwar] *vt* to continue,
go on with ♦ *vi* to continue, go on;
~ hablando to continue talking o to
talk
continuidad [kontinwi'ðað] *nf*
continuity
continuo, a [kon'tinwo, a] *adj* (*sin
interrupción*) continuous; (*acción
perseverante*) continual
contorno [kon'torno] *nm* outline;
(*GEO*) contour; **~s** *nmpl* neighbourhood
sg, surrounding area *sg*
contorsión [kontor'sjon] *nf*
contortion
contra ['kontra] *prep, ad* against ♦ *nm*
inv con ♦ *vi*: **la C~** (*de Nicaragua*) the
Contras *pl*
contraataque [kontraa'take] *nm*
counter-attack
contrabajo [kontra'ßaxo] *nm* double
bass
contrabandista [kontraßan'dista]
nm/f smuggler
contrabando [kontra'ßando] *nm*
(*acción*) smuggling; (*mercancías*)
contraband
contracción [kontrak'θjon] *nf*
contraction
contracorriente [kontrako'rrjente]:
(a) ~ *adv* against the current
contradecir [kontraðe'θir] *vt* to
contradict
contradicción [kontraðik'θjon] *nf*
contradiction
contradictorio, a [kontraðik'torjo, a]

adj contradictory

contraer [kontra'er] *vt* to contract; (*limitar*) to restrict; **~se** *vr* to contract; (*limitarse*) to limit o.s.

contraluz [kontra'luθ] *nf*: **a ~** against the light

contrapartida [kontrapar'tiða] *nf*: **como ~ (de)** in return (for)

contrapelo [kontra'pelo]: **a ~** *adv* the wrong way

contrapesar [kontrape'sar] *vt* to counterbalance; (*fig*) to offset; **contrapeso** *nm* counterweight

contraportada [kontrapor'taða] *nf* (*de revista*) back cover

contraproducente [kontraproðu'θente] *adj* counterproductive

contrariar [kontra'rjar] *vt* (*oponerse*) to oppose; (*poner obstáculo*) to impede; (*enfadar*) to vex

contrariedad [kontrarje'ðað] *nf* (*obstáculo*) obstacle, setback; (*disgusto*) vexation, annoyance

contrario, a [kon'trarjo, a] *adj* contrary; (*persona*) opposed; (*sentido, lado*) opposite ♦ *nm/f* enemy, adversary; (*DEPORTE*) opponent; **al/por el ~** on the contrary; **de lo ~** otherwise

contrarreloj [kontrarre'lo] *nf* (*tb: prueba ~*) time trial

contrarrestar [kontrarres'tar] *vt* to counteract

contrasentido [kontrasen'tiðo] *nm*: **es un ~ que él ...** it doesn't make sense for him to ...

contraseña [kontra'sena] *nf* (*INFORM*) password

contrastar [kontras'tar] *vt, vi* to contrast

contraste [kon'traste] *nm* contrast

contratar [kontra'tar] *vt* (*firmar un acuerdo para*) to contract for; (*empleados, obreros*) to hire, engage; **~se** *vr* to sign on

contratiempo [kontra'tjempo] *nm* setback

contratista [kontra'tista] *nm/f* contractor

contrato [kon'trato] *nm* contract

contravenir [kontraße'nir] *vi*: **~ a** to contravene, violate

contraventana [kontraßen'tana] *nf* shutter

contribución [kontrißu'θjon] *nf* (*municipal etc*) tax; (*ayuda*) contribution

contribuir [kontrißu'ir] *vt, vi* to contribute; (*COM*) to pay (in taxes)

contribuyente [kontrißu'jente] *nm/f* (*COM*) taxpayer; (*que ayuda*) contributor

contrincante [kontrin'kante] *nm* opponent

control [kon'trol] *nm* control; (*inspección*) inspection, check; **~ador, a** *nm/f* controller; **~ador aéreo** air-traffic controller

controlar [kontro'lar] *vt* to control; (*inspeccionar*) to inspect, check

controversia [kontro'ßersja] *nf* controversy

contundente [kontun'dente] *adj* (*instrumento*) blunt; (*argumento, derrota*) overwhelming

contusión [kontu'sjon] *nf* bruise

convalecencia [kombale'θenθja] *nf* convalescence

convalecer [kombale'θer] *vi* to convalesce, get better

convaleciente [kombale'θjente] *adj, nm/f* convalescent

convalidar [kombali'ðar] *vt* (*título*) to recognize

convencer [komben'θer] *vt* to convince

convencimiento [kombenθi'mjento] *nm* (*certidumbre*) conviction

convención [komben'θjon] *nf* convention

conveniencia [kombe'njenθja] *nf* suitability; (*conformidad*) agreement; (*utilidad, provecho*) usefulness; **~s** *nfpl* (*convenciones*) conventions; (*COM*) property sg

conveniente [kombe'njente] *adj* suitable; (*útil*) useful

convenio [kom'benjo] *nm* agreement, treaty

convenir [kom'benir] *vi* (*estar de acuerdo*) to agree; (*venir bien*) to suit, be suitable

convento [kom'bento] *nm* convent

convenza *etc vb ver* **convencer**

converger [komber'xer] *vi* to converge

convergir [komber'xir] *vi* = **converger**

conversación [kombersa'θjon] *nf* conversation

conversar [komber'sar] *vi* to talk, converse

conversión [komber'sjon] *nf* conversion

convertir [komber'tir] *vt* to convert

convicción [kombik'θjon] *nf* conviction

convicto, a [kom'bikto, a] *adj* convicted

convidado, a [kombi'ðaðo, a] *nm/f* guest

convidar [kombi'ðar] *vt* to invite

convincente [kombin'θente] *adj* convincing

convite [kom'bite] *nm* invitation; (*banquete*) banquet

convivencia [kombi'ßenθja] *nf* coexistence, living together

convivir [kombi'ßir] *vi* to live together

convocar [kombo'kar] *vt* to summon, call (together)

convocatoria [komboka'torja] *nf* (*de oposiciones, elecciones*) notice; (*de huelga*) call

convulsión [kombul'sjon] *nf* convulsion

conyugal [konju'xal] *adj* conjugal;

cónyuge ['konjuxe] *nm/f* spouse

coñac [ko'na(k)] (*pl* **~s**) *nm* cognac, brandy

coño ['koɲo] (*fam!*) *excl* (*enfado*) shit! (*!*); (*sorpresa*) bloody hell! (*!*)

cooperación [koopera'θjon] *nf* cooperation

cooperar [koope'rar] *vi* to cooperate

cooperativa [koopera'tißa] *nf* cooperative

coordinadora [koorðina'ðora] *nf* (*comité*) coordinating committee

coordinar [koorði'nar] *vt* to coordinate

copa ['kopa] *nf* cup; (*vaso*) glass; (*bebida*): (**tomar una**) **~** (to have a) drink; (*de árbol*) top; (*de sombrero*) crown; **~s** *nfpl* (*NAIPES*) ≈ hearts

copia ['kopja] *nf* copy; (*de respaldo* o *seguridad* (*INFORM*) back-up copy; **copiar** *vt* to copy

copioso, a [ko'pjoso, a] *adj* copious, plentiful

copla ['kopla] *nf* verse; (*canción*) (*popular*) song

copo ['kopo] *nm*: **~ de nieve** snowflake; **~s de maíz** cornflakes

coqueta [ko'keta] *adj* flirtatious, coquettish; **coquetear** *vi* to flirt

coraje [ko'raxe] *nm* courage; (*ánimo*) spirit; (*ira*) anger

coral [ko'ral] *adj* choral ♦ *nf* (*MUS*) choir ♦ *nm* (*ZOOL*) coral

coraza [ko'raθa] *nf* (*armadura*) armour; (*blindaje*) armour plating

corazón [kora'θon] *nm* heart

corazonada [koraθo'naða] *nf* impulse; (*presentimiento*) hunch

corbata [kor'ßata] *nf* tie

corchete [kor'tʃete] *nm* catch, clasp

corcho ['kortʃo] *nm* cork; (*PESCA*) float

cordel [kor'ðel] *nm* cord, line

cordero [kor'ðero] *nm* lamb

cordial [kor'ðjal] *adj* cordial; **~idad** *nf* warmth, cordiality

cordillera [korði'ʎera] *nf* range (of mountains)

Córdoba ['korðoßa] *n* Cordova

cordón [kor'ðon] *nm* (*cuerda*) cord, string; (*de zapatos*) lace; (*MIL etc*) cordon

cordura [kor'ðura] nf: **con ~** (obrar, hablar) sensibly

corneta [kor'neta] nf bugle

cornisa [kor'nisa] nf (ARQ) cornice

coro ['koro] nm chorus; (conjunto de cantores) choir

corona [ko'rona] nf crown; (de flores) garland; **coronación** nf coronation; **coronar** vt to crown

coronel [koro'nel] nm colonel

coronilla [koro'niʎa] nf (ANAT) crown (of the head)

corporación [korpora'θjon] nf corporation

corporal [korpo'ral] adj corporal, bodily

corpulento, a [korpu'lento] adj (persona) heavily-built

corral [ko'rral] nm farmyard

correa [ko'rrea] nf strap; (cinturón) belt; (de perro) lead, leash

corrección [korrek'θjon] nf correction; (reprensión) rebuke; **correccional** nm reformatory

correcto, a [ko'rrekto, a] adj correct; (persona) well-mannered

corredizo, a [korre'ðiθo, a] adj (puerta etc) sliding

corredor, a [korre'ðor, a] nm (pasillo) corridor; (balcón corrido) gallery; (COM) agent, broker ♦ nm/f (DEPORTE) runner

corregir [korre'xir] vt (error) to correct; **~se** vr to reform

correo [ko'rreo] nm post, mail; (persona) courier; **C~s** nmpl Post Office sg; **~ aéreo** airmail; **~ electrónico** electronic mail, e-mail

correr [ko'rrer] vt to run; (cortinas) to draw; (cerrojo) to shoot ♦ vi to run; (líquido) to run, flow; **~se** vr to slide, move; (colores) to run

correspondencia [korrespon'denθja] nf correspondence; (FERRO) connection

corresponder [korrespon'der] vi to correspond; (convenir) to be suitable; (pertenecer) to belong; (concernir) to

concern; **~se** vr (por escrito) to correspond; (amarse) to love one another

correspondiente [korrespon'djente] adj corresponding

corresponsal [korrespon'sal] nm/f correspondent

corrida [ko'rriða] nf (de toros) bullfight

corrido, a [ko'rriðo, a] adj (avergonzado) abashed; **3 noches corridas** 3 nights running; **un kilo ~** a good kilo

corriente [ko'rrjente] adj (agua) running; (dinero etc) current; (común) ordinary, normal ♦ nf current ♦ nm current month; **~ eléctrica** electric current

corrija etc vb ver **corregir**

corrillo [ko'rriʎo] nm ring, circle (of people); (fig) clique

corro ['korro] nm ring, circle (of people)

corroborar [korroβo'rar] vt to corroborate

corroer [korro'er] vt to corrode; (GEO) to erode

corromper [korrom'per] vt (madera) to rot; (fig) to corrupt

corrosivo, a [korro'siβo, a] adj corrosive

corrupción [korrup'θjon] nf rot, decay; (fig) corruption

corsé [kor'se] nm corset

cortacésped [korta'θespeð] nm lawn mower

cortado, a [kor'taðo, a] adj (gen) cut; (leche) sour; (tímido) shy; (avergonzado) embarrassed ♦ nm coffee (with a little milk)

cortar [kor'tar] vt to cut; (suministro) to cut off; (un pasaje) to cut out ♦ vi to cut; **~se** vr (avergonzarse) to become embarrassed; (leche) to turn, curdle; **~se el pelo** to have one's hair cut

cortauñas [korta'uɲas] nm inv nail clippers pl

corte ['korte] nm cut, cutting; (de tela)

piece, length ♦ nf: **las C~s** the Spanish Parliament; **~ y confección** dressmaking; **~ de luz** power cut

cortejar [korte'xar] vt to court

cortejo [kor'texo] nm entourage; **~ fúnebre** funeral procession

cortés [kor'tes] adj courteous, polite

cortesía [korte'sia] nf courtesy

corteza [kor'teθa] nf (de árbol) bark; (de pan) crust

cortijo [kor'tixo] nm farm, farmhouse

cortina [kor'tina] nf curtain

corto, a ['korto, a] adj (breve) short; (tímido) bashful; **~ de luces** not very bright; **~ de vista** short-sighted; **estar ~ de fondos** to be short of funds; **~circuito** nm short circuit; **~metraje** nm (CINE) short

cosa ['kosa] nf thing; **~ de** about; **eso es ~ mía** that's my business

coscorrón [kosko'rron] nm bump on the head

cosecha [ko'setʃa] nf (AGR) harvest; (de vino) vintage

cosechar [kose'tʃar] vt to harvest, gather (in)

coser [ko'ser] vt to sew

cosmético, a [kos'metiko, a] adj, nm cosmetic

cosquillas [kos'kiʎas] nfpl: **hacer ~** to tickle; **tener ~** to be ticklish

costa ['kosta] nf (GEO) coast; **C~ Brava** Costa Brava; **C~ Cantábrica** Cantabrian Coast; **C~ del Sol** Costa del Sol; **a toda ~** at all costs

costado [kos'taðo] nm side

costar [kos'tar] vt (valer) to cost, **me cuesta hablarle** I find it hard to talk to him

Costa Rica nf Costa Rica; **costarricense** adj, nm/f Costa Rican; **costarriqueño, a** adj, nm/f Costa Rican

coste ['koste] nm = **costo**

costear [koste'ar] vt to pay for

costero, a [kos'tero, a] adj (pueblecito, camino) coastal

costilla [kos'tiʎa] nf rib; (CULIN) cutlet

costo ['kosto] nm cost, price; **~ de la vida** cost of living; **~so, a** adj costly, expensive

costra ['kostra] nf (corteza) crust; (MED) scab

costumbre [kos'tumbre] nf custom, habit

costura [kos'tura] nf sewing, needlework; (zurcido) seam

costurera [kostu'rera] nf dressmaker

costurero [kostu'rero] nm sewing box o case

cotejar [kote'xar] vt to compare

cotidiano, a [koti'ðjano, a] adj daily, day to day

cotilla [ko'tiʎa] nf/f (fam) gossip; **cotillear** vi to gossip; **cotilleo** nm gossip(ing)

cotización [kotiθa'θjon] nf (COM) quotation, price; (de club) dues pl

cotizar [koti'θar] vt (COM) to quote, price; **~se** vr: **~se a** to sell at, fetch; (BOLSA) to stand at, be quoted at

coto ['koto] nm (terreno cercado) enclosure; (de caza) reserve

cotorra [ko'torra] nf parrot

COU [kou] (ESP) nm abr (= Curso de Orientación Universitaria) 1 year course leading to final school-leaving certificate and university entrance examinations

coyote [ko'jote] nm coyote, prairie wolf

coyuntura [kojun'tura] nf juncture, occasion

coz [koθ] nf kick

crack [krak] nm (droga) crack

cráneo ['kraneo] nm skull, cranium

cráter ['krater] nm crater

creación [krea'θjon] nf creation

creador, a [krea'ðor, a] adj creative ♦ nm/f creator

crear [kre'ar] vt to create, make

crecer [kre'θer] vi to grow; (precio) to rise

creces ['kreθes]: **con ~** adv amply, fully

crecido, a [kre'θiðo, a] adj (persona, planta) full-grown; (cantidad) large

creciente [kre'θjente] adj growing; (cantidad) increasing; (luna) crescent ♦ nm crescent

crecimiento [kreθi'mjento] nm growth; (aumento) increase

credenciales [kreðen'θjales] nfpl credentials

crédito ['kreðito] nm credit

credo ['kreðo] nm creed

crédulo, a ['kreðulo, a] adj credulous

creencia [kre'enθja] nf belief

creer [kre'er] vt, vi to think, believe; ~se vr to believe o.s. (to be); ~ en to believe in; ¡ya lo creo! I should think so!

creíble [kre'iβle] adj credible, believable

creído, a [kre'iðo, a] adj (engreído) conceited

crema ['krema] nf cream; ~ pastelera (confectioner's) custard

cremallera [krema'ʎera] nf zip (fastener)

crematorio [krema'torjo] nm (tb: horno ~) crematorium

crepitar [krepi'tar] vi to crackle

crepúsculo [kre'puskulo] nm twilight, dusk

cresta ['kresta] nf (GEO, ZOOL) crest

creyendo vb ver **creer**

creyente [kre'jente] nm/f believer

creyó etc vb ver **creer**

crezco etc vb ver **creer**

cria etc ['kria] vb ver **criar** ♦ nf (de animales) rearing, breeding; (animal) young; ver tb **crío**

criadero [kria'ðero] nm (ZOOL) breeding place

criado, a [kri'aðo, a] nm servant ♦ nf servant, maid

criador [kria'ðor] nm breeder

crianza [kri'anθa] nf rearing, breeding; (fig) breeding

criar [kri'ar] vt (educar) to bring up; (producir) to grow, produce; (animales)

to breed

criatura [kria'tura] nf creature; (niño) baby, (small) child

criba ['kriβa] nf sieve; **cribar** vt to sieve

crimen ['krimen] nm crime

criminal [krimi'nal] adj, nm/f criminal

crin [krin] nf (tb: ~es nfpl) mane

crío, a ['krio, a] (fam) nm/f (niño) kid

crisis ['krisis] nf inv crisis; ~ nerviosa nervous breakdown

crispar [kris'par] vt (nervios) to set on edge

cristal [kris'tal] nm crystal; (de ventana) glass, pane; (lente) lens; ~ino, a adj crystalline; (fig) clear ♦ nm lens (of the eye); ~izar vt, vi to crystallize

cristiandad [kristjan'daθ] nf Christendom

cristianismo [kristja'nismo] nm Christianity

cristiano, a [kris'tjano, a] adj, nm/f Christian

Cristo ['kristo] nm Christ; (crucifijo) crucifix

criterio [kri'terjo] nm criterion; (juicio) judgement

crítica ['kritika] nf criticism; ver tb **crítico**

criticar [kriti'kar] vt to criticize

crítico, a ['kritiko, a] adj critical ♦ nm/f critic

Croacia nf Croatia

croar [kro'ar] vi to croak

cromo ['kromo] nm chrome

crónica ['kronika] nf chronicle, account

crónico, a ['kroniko, a] adj chronic

cronómetro [kro'nometro] nm stopwatch

croqueta [kro'keta] nf croquette

cruce etc ['kruθe] vb ver **cruzar** ♦ nm crossing; (de carreteras) crossroads

crucificar [kruθifi'kar] vt to crucify

crucifijo [kruθi'fixo] nm crucifix

crucigrama [kruθi'ɣrama] nm crossword (puzzle)

crudo, a ['kruðo, a] adj raw; (no maduro) unripe; (petróleo) crude; (rudo, cruel) cruel ♦ nm crude (oil)

cruel [krwel] adj cruel; **~dad** nf cruelty

crujido [kru'xiðo] nm (de madera etc) creak

crujiente [kru'xjente] adj (galleta etc) crunchy

crujir [kru'xir] vi (madera etc) to creak; (dedos) to crack; (dientes) tn grind; (ilieve, arena) to crunch

cruz [kruθ] nf cross; (de moneda) tails sg; **~ gamada** swastika

cruzada [kru'θaða] nf crusade

cruzado, a [kru'θaðo, a] adj crossed ♦ nm crusader

cruzar [kru'θar] vt to cross; **~se** vr (líneas etc) to cross; (personas) to pass each other

Cruz Roja nf Red Cross

cuaderno [kwa'ðerno] nm notebook; (de escuela) exercise book; (NAUT) logbook

cuadra ['kwaðra] nf (caballeriza) stable; (AM) block

cuadrado, a [kwa'ðraðo, a] adj square ♦ nm (MAT) square

cuadrar [kwa'ðrar] vt to square ♦ vi: **~ con** to square with, tally with; **~se** vr (soldado) to stand to attention

cuadrilátero [kwaðri'latero] nm (DEPORTE) boxing ring; (GEOM) quadrilateral

cuadrilla [kwa'ðriʎa] nf party, group

cuadro ['kwaðro] nm square; (ARTE) painting; (TEATRO) scene; (diagrama) chart; (DEPORTE, MED) team; **tela a ~** checked (BRIT) o chequered (US) material

cuádruple ['kwaðruple] adj quadruple

cuajar [kwa'xar] vt (leche) to curdle; (sangre) to congeal; (CULIN) to set; **~se** vr to curdle; to congeal; to set; (llenarse) to fill up

cuajo ['kwaxo] nm: **de ~** (arrancar) by the roots; (cortar) completely

cual [kwal] adv like, as ♦ pron: **el ~** etc

which; (persona: sujeto) who; (: objeto) whom ♦ adj such as; **cada ~** each one; **déjalo tal ~** leave it just as it is

cuál [kwal] pron interr which (one)

cualesquier(a) [kwales'kjer(a)] pl de **cualquier(a)**

cualidad [kwali'ðað] nf quality

cualquier [kwal'kjer] adj ver **cualquiera**

cualquiera [kwal'kjera] (pl **cualesquiera**) adj (delante de nm y f: **cualquier**) any ♦ pron anybody; **un coche ~ servirá** any car will do; **no es un hombre ~** he isn't just anybody; **cualquier día/libro** any day/book; **eso ~ lo sabe hacer** anybody can do that; **es un ~** he's a nobody

cuando ['kwando] adv when; (aún si) if, even if ♦ conj (puesto que) since ♦ prep: **yo, ~ niño ...** when I was a child ...; **~ no sea así** even if it is not so; **~ más** at (the) most; **~ menos** at least; **~ no** if not, otherwise; **de ~ en ~** from time to time

cuándo ['kwando] adv when; **¿desde ~?, ¿de ~ acá?** since when?

cuantía [kwan'tia] nf (importe de pérdidas, deuda, daños) extent

cuantioso, a [kwan'tjoso, a] adj substantial

PALABRA CLAVE

---

cuanto, a ['kwanto, a] adj 1 (todo): **tiene ~ todo ~ desea** he's got everything he wants; **le daremos ~s ejemplares necesite** we'll give him as many copies as o all the copies he needs; **~s hombres la ven** all the men who see her

2: **unos ~s: había unos ~s periodistas** there were a few journalists

3 (+ más): **~ más vino bebes peor te sentirás** the more wine you drink the worse you'll feel

♦ pron: **tiene ~ desea** he has

everything he wants; **tome ~/~s quiera** take as much/many as you want

♦ *adv:* **en ~:** **en ~ profesor** as a teacher; **en ~ a mí** as for me; *ver tb* **antes**

♦ *conj* **1:** **~ más gana menos gasta** the more he earns the less he spends; **~ más joven más confiado** the younger you are the more trusting you are

2: **en ~:** **en ~ llegue/llegué** as soon as I arrive/arrived

---

cuánto, a ['kwanto, a] *adj* (*exclamación*) what a lot of; (*interr: sg*) how much?; (: *pl*) how many? ♦ *pron, adv* how; (*interr: sg*) how much?; (: *pl*) how many?; **¡cuánta gente!** what a lot of people!; **¿~ cuesta?** how much does it cost?; **¿a ~s estamos?** what's the date?; **Señor no sé ~s** Mr. So-and-So

cuarenta [kwa'renta] *num* forty

cuarentena [kwaren'tena] *nf* quarantine

cuaresma [kwa'resma] *nf* Lent

cuarta ['kwarta] *nf* (MAT) quarter, fourth; (*palmo*) span

cuartel [kwar'tel] *nm* (MIL) barracks *pl*; **~ general** headquarters *pl*

cuarteto [kwar'teto] *nm* quartet

cuarto, a ['kwarto, a] *adj* fourth ♦ *nm* (MAT) quarter, fourth; (*habitación*) room; **~ de baño** bathroom; **~ de estar** living room; **~ de hora** quarter (of an) hour; **~ de kilo** quarter kilo

cuatro ['kwatro] *num* four

Cuba ['kuβa] *nf* Cuba; **cubano, a** *adj, nm/f* Cuban

cuba ['kuβa] *nf* cask, barrel

cubata [ku'βata] *nm* (*fam*) large drink (*of rum and coke etc*)

cúbico, a ['kuβiko, a] *adj* cubic

cubierta [ku'βjerta] *nf* cover, covering; (*neumático*) tyre; (NAUT) deck

cubierto, a [ku'βjerto, a] *pp de* **cubrir**

♦ *adj* covered ♦ *nm* cover; (*lugar en la mesa*) place; **~s** *nmpl* cutlery *sg*; **a ~** under cover

cubil [ku'βil] *nm* den; **~ete** *nm* (*en juegos*) cup

cubito [ku'βito] *nm:* **~ de hielo** ice-cube

cubo ['kuβo] *nm* (MATH) cube; (*balde*) bucket, tub; (TEC) drum

cubrecama [kuβre'kama] *nm* bedspread

cubrir [ku'βrir] *vt* to cover; **~se** *vr* (*cielo*) to become overcast

cucaracha [kuka'ratʃa] *nf* cockroach

cuchara [ku'tʃara] *nf* spoon; (TEC) scoop; **~da** *nf* spoonful; **~dita** *nf* teaspoonful

cucharilla [kutʃa'riʎa] *nf* teaspoon

cucharón [kutʃa'ron] *nm* ladle

cuchichear [kutʃitʃe'ar] *vi* to whisper

cuchilla [ku'tʃiʎa] *nf* (*large*) knife; (*de arma blanca*) blade; **~ de afeitar** razor blade

cuchillo [ku'tʃiʎo] *nm* knife

cuchitril [kutʃi'tril] *nm* hovel

cuclillas [ku'kliʎas] *nfpl:* **en ~** squatting

cuco, a ['kuko, a] *adj* pretty; (*astuto*) sharp ♦ *nm* cuckoo

cucurucho [kuku'rutʃo] *nm* cornet

cuello ['kweʎo] *nm* (ANAT) neck; (*de vestido, camisa*) collar

cuenca ['kwenka] *nf* (ANAT) eye socket; (GEO) bowl, deep valley

cuenco ['kwenko] *nm* bowl

cuenta *etc* ['kwenta] *vb ver* **contar**

♦ *nf* (*cálculo*) count, counting; (*en café, restaurante*) bill (BRIT), check (US); (COM) account; (*de collar*) bead; **a fin de ~s** in the end; **caer en la ~** to catch on; **darse ~ de** to realize; (*tener en ~** to bear in mind; **echar ~s** to take stock; **~ corriente/de ahorros** current/savings account; **~ atrás** countdown; **~kilómetros** *nm inv* ≈ milometer; (*de velocidad*) speedometer

cuento *etc* ['kwento] *vb ver* **contar**

♦ nm story

cuerda ['kwerða] nf rope; (fina) string; (de reloj) spring; **dar ~ a un reloj** to wind up a clock; **~ floja** tightrope

cuerdo, a ['kwerðo, a] adj sane; (prudente) wise, sensible

cuerno ['kwerno] nm horn

cuero ['kwero] nm leather; **en ~s** stark naked; **~ cabelludo** scalp

cuerpo ['kwerpo] nm body

cuervo ['kwerßo] nm crow

cuesta etc ['kwesta] vb ver **costar** ♦ nf slope; (en camino etc) hill; **~ arriba/abajo** uphill/downhill; **a ~s** on one's back

cueste etc vb ver **costar**

cuestión [kwes'tjon] nf matter, question, issue

cueva ['kweßa] nf cave

cuidado [kwi'ðaðo] nm care, carefulness; (preocupación) care, worry ♦ excl careful!, look out!

cuidadoso, a [kwiða'ðoso, a] adj careful; (preocupado) anxious

cuidar [kwi'ðar] vt (MED) to care for; (ocuparse de) to take care of, look after ♦ vi: **~ de** to take care of, look after; **~se** vr to look after o.s.; **~se de hacer algo** to take care to do sth

culata [ku'lata] nf (de fusil) butt

culebra [ku'leßra] nf snake

culebrón [kule'ßron] (fam) nm (TV) soap(-ópera)

culinario, a [kuli'narjo, a] adj culinary, cooking cpd

culminación [kulmina'θjon] nf culmination

culo ['kulo] nm bottom, backside; (de vaso, botella) bottom

culpa ['kulpa] nf fault; (JUR) guilt; **por ~ de** because of; **tener la ~ (de)** to be to blame (for); **~bilidad** nf guilt; **~ble** adj guilty ♦ nm/f culprit

culpar [kul'par] vt to blame; (acusar) to accuse

cultivar [kulti'ßar] vt to cultivate

cultivo [kul'tißo] nm (acto) cultivation; (plantas) crop

culto, a ['kulto, a] adj (que tiene cultura) cultured, educated ♦ nm (homenaje) worship; (religión) cult

cultura [kul'tura] nf culture

culturismo [kultu'rismo] nm body-building

cumbre ['kumbre] nf summit, top

cumpleaños [kumple'anos] nm inv birthday

cumplido, a [kum'pliðo, a] adj (abundante) plentiful; (cortés) courteous ♦ nm compliment; **visita de ~** courtesy call

cumplidor, a [kumpli'ðor, a] adj reliable

cumplimentar [kumplimen'tar] vt to congratulate

cumplimiento [kumpli'mjento] nm (de un deber) fulfilment; (acabamiento) completion

cumplir [kum'plir] vt (orden) to carry out, obey; (promesa) to carry out, fulfil; (condena) to serve ♦ vi: **~ con** (deberes) to carry out, fulfil; **~se** vr (plazo) to expire; **hoy cumple dieciocho años** he is eighteen today

cúmulo ['kumulo] nm heap

cuna ['kuna] nf cradle, cot

cundir [kun'dir] vi (noticia, rumor, pánico) to spread; (rendir) to go a long way

cuneta [ku'neta] nf ditch

cuña ['kuɲa] nf wedge

cuñado, a [ku'ɲaðo, a] nm/f brother-/sister-in-law

cuota ['kwota] nf (parte proporcional) share; (cotización) fee, dues pl

cupe etc vb ver **caber**

cupiera etc vb ver **caber**

cupo ['kupo] vb ver **caber** ♦ nm quota

cupón [ku'pon] nm coupon

cúpula ['kupula] nf dome

cura ['kura] nf (curación) cure; (método curativo) treatment ♦ nm priest

curación [kura'θjon] nf cure; (acción) curing

curandero, a [kuran'dero, a] nm/f
quack

curar [ku'rar] vt (MED: herida) to treat,
dress; (: enfermo) to cure; (CULIN: to
cure, salt; (cuero) to tan; ~se vr to get
well, recover

curiosear [kurjose'ar] vt to glance at,
look over ♦ vi to look round, wander
round; (explorar) to poke about

curiosidad [kurjosi'ðað] nf curiosity

curioso, a [ku'rjoso, a] adj curious
♦ nm/f bystander, onlooker

currante [ku'rrante] (fam) nm/f worker

currar [ku'rrar] (fam) vi to work

currículo [ku'rrikulo] = **curriculum**

curriculum [ku'rrikulum] nm
curriculum vitae

cursi [kursi] (fam) adj affected

cursillo [kur'siʎo] nm short course

cursiva [kur'siβa] nf italics pl

curso ['kurso] nm course; (en ~ (año)
current; (proceso) going on, under way

cursor [kur'sor] nm (INFORM) cursor

curtido, a [kur'tiðo, a] adj (cara etc)
weather-beaten; (fig: persona)
experienced

curtir [kur'tir] vt (cuero etc) to tan

curva ['kurβa] nf curve, bend

cúspide ['kuspiðe] nf (GEO) peak; (fig)
top

custodia [kus'toðja] nf safekeeping;
custody; **custodiar** vt (conservar) to
take care of; (vigilar) to guard

cutis ['kutis] nm inv skin, complexion

cutre ['kutre] (fam) adj (lugar) grotty

cuyo, a ['kujo, a] pron (de quien)
whose; (de que) whose, of which; **en
~ caso** in which case

C.V. abr (= caballos de vapor) H.P.

D, d

D. abr (= Don) Esq.

Da. abr = **Doña**

dádiva ['daðiβa] nf (donación)
donation; (regalo) gift; **dadivoso, a**

adj generous

dado, a ['daðo, a] pp de **dar** ♦ nm die;
~s nmpl dice; ~ **que** given that

daltónico, a [dal'toniko, a] adj
colour-blind

dama ['dama] nf (gen) lady; (AJEDREZ)
queen; ~s nfpl (juego) draughts sg

damnificar [damnifi'kar] vt to harm;
(persona) to injure

danés, esa [da'nes, esa] adj Danish
♦ nm/f Dane

danzar [dan'θar] vt, vi to dance

dañar [da'ɲar] vt (objeto) to damage;
(persona) to hurt; ~**se** vr (objeto) to get
damaged

dañino, a [da'ɲino, a] adj harmful

daño ['daɲo] nm (a un objeto) damage;
(a una persona) harm, injury; ~s **y
perjuicios** (JUR) damages; **hacer ~ a**
to damage; (persona) to hurt, injure;
hacerse ~ to hurt o.s.

PALABRA CLAVE

dar [dar] vt 1 (gen) to give; (obra de
teatro) to put on; (film) to show;
(fiesta) to hold; ~ **algo a uno** to give
sb sth o sth to sb; ~ **de beber a uno**
to give sb a drink

2 (producir: intereses) to yield; (fruta) to
produce

3 (locuciones + n): **da gusto
escuchar le** it's a pleasure to listen to
him; ver tb **paseo** y otros sustantivos

4 (+ n: perífrasis de verbo): **me da
asco** it sickens me

5 (considerar): ~ **algo por
descontado/entendido** to take sth for
granted/as read; ~ **algo por
concluido** to consider sth finished

6 (hora): **el reloj dio las 6** the clock
struck 6 (o'clock)

7: **me da lo mismo** it's all the same
to me; ver tb **igual**, **más**

♦ vi 1 ~ **con**: **dimos con él dos
horas más tarde** we came across him
two hours later; **al final di con la
solución** I eventually came up with

the answer

2: ~ **en** (blanco, suelo) to hit; **el sol me da en la cara** the sun is shining (right) on my face

3: ~ **de sí** (zapatos etc) to stretch, give ♦ ~**se** vr **1**: ~**se por vencido** to give up

2 (ocurrir): **se han dado muchos casos** there have been a lot of cases

3: ~**se a**: **se ha dado a la bebida** he's taken to drinking

4: **se me dan bien/mal las ciencias** I'm good/bad at science

5: **dárselas de**: **se las da de experto** he fancies himself o poses as an expert

dardo ['darðo] nm dart

datar [da'tar] vi: ~ **de** to date from

dátil ['datil] nm date

dato ['dato] nm fact, piece of information; ~**s personales** personal details

DC abbr m (= disco compacto) CD

dcha. abr (= derecha) r.h.

d. de J.C. abr (= después de Jesucristo) A.D.

de [de] prep (de+ el = del) **1** (posesión) of; **la casa ~ Isabel/mis padres** Isabel's/my parents' house; **es ~ ellos** it's theirs

2 (origen, distancia, con números) from; **soy ~ Gijón** I'm from Gijón; ~ **8 a 20** from 8 to 20; **salir del cine** to go out o o leave the cinema; ~ **2 en 2** 2 by 2, 2 at a time

3 (valor descriptivo): **una copa ~ vino** a glass of wine; **la mesa ~ la cocina** the kitchen table; **un billete ~ 1000 pesetas** a 1000 peseta note; **un niño ~ tres años** a three-year-old (child); **una máquina ~ coser** a sewing machine; **ir vestido ~ gris** to be dressed in grey; **la niña del vestido azul** the girl in the blue dress; **trabaja**

~ **profesora** she works as a teacher; ~ **lado** sideways; ~ **atrás/delante** rear/front

4 (hora, tiempo): **a las 8 ~ la mañana** at 8 o'clock in the morning; ~ **día/ noche** by day/night; ~ **hoy en ocho días** a week from now; ~ **niño era gordo** as a child he was fat

5 (comparaciones): **mas/menos ~ cien personas** more/less than a hundred people; **el más caro ~ la tienda** the most expensive in the shop; **menos/más ~ lo pensado** less/more than expected

6 (causa): **del calor** from the heat; ~ **puro tonto** out of sheer stupidity

7 (tema) about; **clases ~ inglés** English classes; **¿sabes algo ~ él?** do you know anything about him?; **un libro ~ física** a physics book

8 (adj + de + infin): **fácil ~ entender** easy to understand

9 (oraciones pasivas): **fue respetado ~ todos** he was loved by all

10 (condicional + infin) if; ~ **ser posible** if possible; ~ **no terminarlo hoy** if I etc don't finish it today

dé vb ver **dar**

deambular [deambu'lar] vi to wander

debajo [de'βaxo] adv underneath; ~ **de** below, under; **por ~ de** beneath

debate [de'βate] nm debate; **debatir** vt to debate

deber [de'βer] nm duty ♦ vt to owe ♦ vi: **debe (de)** it must, it should; ~**es** nmpl (ESCOL) homework; **debo hacerlo** I must do it; **debe de ir** he should go; ~**se a** to be owing o due to

debido, a [de'βiðo, a] adj proper, just; ~ **a** due to, because of

débil ['deβil] adj (persona, carácter) weak; (luz) dim; **debilidad** nf weakness; dimness

debilitar [deβili'tar] vt to weaken; ~**se** vr to grow weak

debutar [deβu'tar] *vi* to make one's debut

década ['dekaða] *nf* decade

decadencia [deka'ðenθja] *nf* (*estado*) decadence; (*proceso*) decline, decay

decaer [deka'er] *vi* (*declinar*) to decline; (*debilitarse*) to weaken

decaído, a [deka'iðo, a] *adj*: **estar ~** (*abatido*) to be down

decaimiento [dekai'mjento] *nm* (*declinación*) decline; (*desaliento*) discouragement; (*MED: estado débil*) weakness

decano, a [de'kano, a] *nm/f* (*de universidad etc*) dean

decapitar [dekapi'tar] *vt* to behead

decena [de'θena] *nf*: **una ~** ten (or so)

decencia [de'θenθja] *nf* decency

decente [de'θente] *adj* decent

decepción [deθep'θjon] *nf* disappointment

decepcionar [deθepθjo'nar] *vt* to disappoint

decidir [deθi'ðir] *vt, vi* to decide; **~se** *vr*: **~se a** to make up one's mind to

décimo, a ['deθimo, a] *adj* tenth ♦ *nm* tenth

decir [de'θir] *vt* to say; (*contar*) to tell; (*hablar*) to speak ♦ *nm* saying; **~se** *vr*: **se dice que** it is said that; **~ para o entre sí** to say to o.s.; **querer ~** to mean; **¡dígame!** (*TEL*) hello!; (*en tienda*) can I help you?

decisión [deθi'sjon] *nf* (*resolución*) decision; (*firmeza*) decisiveness

decisivo, a [deθi'siβo, a] *adj* decisive

declaración [deklara'θjon] *nf* (*manifestación*) statement; (*de amor*) declaration; **~ de ingresos o de la renta o fiscal** income-tax return

declarar [dekla'rar] *vt* to declare ♦ *vi* (*JUR*) to testify; **~se** *vr* to propose

declinar [dekli'nar] *vt* (*gen*) to decline; (*JUR*) to reject ♦ *vi* (*el día*) to draw to a close

declive [de'kliβe] *nm* (*cuesta*) slope; (*fig*) decline

decodificador [dekoðifika'ðor] *nm* decoder

decolorarse [dekolo'rarse] *vr* to become discoloured

decoración [dekora'θjon] *nf* decoration

decorado [deko'raðo] *nm* (*CINE, TEATRO*) scenery, set

decorar [deko'rar] *vt* to decorate; **decorativo, a** *adj* ornamental, decorative

decoro [de'koro] *nm* (*respeto*) respect; (*dignidad*) decency; (*recato*) propriety; **~so, a** *adj* (*decente*) decent; (*modesto*) modest; (*digno*) proper

decrecer [dekre'θer] *vi* to decrease, diminish

decrépito, a [de'krepito, a] *adj* decrepit

decretar [dekre'tar] *vt* to decree; **decreto** *nm* decree

dedal [de'ðal] *nm* thimble

dedicación [deðika'θjon] *nf* dedication

dedicar [deði'kar] *vt* (*libro*) to dedicate; (*tiempo, dinero*) to devote; (*palabras: decir, consagrar*) to dedicate, devote; **dedicatoria** *nf* (*de libro*) dedication

dedo ['deðo] *nm* finger; **~ (del pie)** toe; **~ pulgar** thumb; **~ índice** index finger; **~ corazón** middle finger; **~ anular** ring finger; **~ meñique** little finger; **hacer ~** (*fam*) to hitch (a lift)

deducción [deðuk'θjon] *nf* deduction

deducir [deðu'θir] *vt* (*concluir*) to deduce, infer; (*COM*) to deduct

defecto [de'fekto] *nm* defect, flaw; **defectuoso, a** *adj* defective, faulty

defender [defen'der] *vt* to defend

defensa [de'fensa] *nf* defence ♦ *nm* (*DEPORTE*) defender, back; **defensivo, a** *adj* defensive; **a la defensiva** on the defensive

defensor, a [defen'sor, a] *adj* defending ♦ *nm/f* (*abogado* ~)

defending counsel; (*protector*)
protector

deficiencia [defi'θjenθja] *nf* deficiency

deficiente [defi'θjente] *adj*
(*defectuoso*) defective; **~ en** lacking o
deficient in; **ser un ~ mental** to be
mentally handicapped

déficit ['defiθit] (*pl* **~s**) *nm* deficit

definición [defini'θjon] *nf* definition

definir [defi'nir] *vt* (*determinar*) to
determine, establish; (*decidir*) to define;
(*aclarar*) to clarify; **definitivo, a** *adj*
definitive; **en definitiva** definitively;
(*en resumen*) in short

deformación [deforma'θjon] *nf*
(*alteración*) deformation; (*RADIO etc*)
distortion

deformar [defor'mar] *vt* (*gen*) to
deform; **~se** *vr* to become deformed;
deforme *adj* (*informe*) deformed;
(*feo*) ugly; (*malhecho*) misshapen

defraudar [defrau'ðar] *vt* (*decepcionar*)
to disappoint; (*estafar*) to defraud

defunción [defun'θjon] *nf* death,
demise

degeneración [dexenera'θjon] *nf* (*de
las células*) degeneration; (*moral*)
degeneracy

degenerar [dexene'rar] *vi* to
degenerate

degollar [dexo'ʎar] *vt* to behead; (*fig*)
to slaughter

degradar [devra'ðar] *vt* to debase,
degrade; **~se** *vr* to demean o.s.

degustación [devusta'θjon] *nf*
sampling, tasting

deificar [deifi'kar] *vt* to deify

dejadez [dexa'ðeθ] *nf* (*negligencia*)
neglect; (*descuido*) untidiness,
carelessness

dejar [de'xar] *vt* to leave; (*permitir*) to
allow, let; (*abandonar*) to abandon,
forsake; (*beneficios*) to produce, yield
♦ *vi*: **~ de** (*parar*) to stop; (*no hacer*) to
fail to; **no dejes de comprar un
billete** make sure you buy a ticket; **~ a
un lado** to leave o set aside

dejo ['dexo] *nm* (*LING*) accent

del [del] (= **de + el**) *ver* **de**

delantal [delan'tal] *nm* apron

delante [de'lante] *adv* in front;
(*enfrente*) opposite; (*adelante*) ahead;
~ de in front of, before

delantera [delan'tera] *nf* (*de vestido,
casa etc*) front part; (*DEPORTE*) forward
line; **llevar la ~ (a uno)** to be ahead
(of sb)

delantero, a [delan'tero, a] *adj* front
♦ *nm* (*DEPORTE*) forward, striker.

delatar [dela'tar] *vt* to inform on o
against, betray; **delator, a** *nm/f*
informer

delegación [deleva'θjon] *nf* (*acción,
delegados*) delegation; (*COM: oficina*)
office, branch; **~ de policía** police
station

delegado, a [dele'vaðo, a] *nm/f*
delegate; (*COM*) agent

delegar [dele'xar] *vt* to delegate

deletrear [deletre'ar] *vt* to spell (out)

deleznable [deleθ'naßle] *adj* brittle;
(*excusa, idea*) feeble

delfín [del'fin] *nm* dolphin

delgadez [delva'ðeθ] *nf* thinness,
slimness

delgado, a [del'vaðo, a] *adj* thin;
(*persona*) slim, thin; (*tela etc*) light,
delicate

deliberación [deliβera'θjon] *nf*
deliberation

deliberar [deliβe'rar] *vt* to debate,
discuss

delicadeza [delika'ðeθa] *nf* (*gen*)
delicacy; (*refinamiento, sutileza*)
refinement

delicado, a [deli'kaðo, a] *adj* (*gen*)
delicate; (*sensible*) sensitive;
(*quisquilloso*) touchy

delicia [de'liθja] *nf* delight

delicioso, a [deli'θjoso, a] *adj*
(*gracioso*) delightful; (*exquisito*)
delicious

delimitar [delimi'tar] *vt* (*funciones,
responsabilidades*) to define

delincuencia |delin'kwenθja| nf delinquency; **delincuente** nm/f delinquent; (criminal) criminal

delineante |deline'ante| nm/f draughtsman/woman

delinear |deline'ar| vt (dibujo) to draw; (fig, contornos) to outline

delinquir |delin'kir| vi to commit an offence

delirante |deli'rante| adj delirious

delirar |deli'rar| vi to be delirious, rave

delirio |de'lirjo| nm (MED) delirium; (palabras insensatas) ravings pl

delito |de'lito| nm (gen) crime; (infracción) offence

delta |'delta| nm delta

demacrado, a |dema'krado, a| adj: **estar ~** to look pale and drawn, be wasted away

demagogo, a |dema'ɣoɣo, a| nm/f demagogue

demanda |de'manda| nf (pedido, COM) demand; (petición) request; (JUR) action, lawsuit

demandante |deman'dante| nm/f claimant

demandar |deman'dar| vt (gen) to demand; (JUR) to sue, file a lawsuit against

demarcación |demarka'θjon| nf (de terreno) demarcation

demás |de'mas| adj: **los ~ niños** the other children, the remaining children ♦ pron: **los/las ~** the others, the rest (of them); **lo ~** the rest (of it)

demasía |dema'sia| nf (exceso) excess, surplus; **comer en ~** to eat to excess

demasiado, a |dema'sjaðo, a| adj: **~ vino** too much wine ♦ adv (antes de adj, adv) too; **~s libros** too many books; **¡esto es ~!** that's the limit!; **hace ~ calor** it's too hot; **~ despacio** too slowly; **~s** too many

demencia |de'menθja| nf (locura) madness; **demente** nm/f lunatic ♦ adj mad, insane

democracia |demo'kraθja| nf democracy

demócrata |de'mokrata| nm/f democrat; **democrático, a** adj democratic

demoler |demo'ler| vt to demolish; **demolición** nf demolition

demonio |de'monjo| nm devil, demon; **¡~s!** hell!, damn!; **¿cómo ~s?** how the hell?

demora |de'mora| nf delay; **demorar** vt (retardar) to delay, hold back; (detener) to hold up ♦ vi to linger, stay on; **~se** vr to be delayed

demos vb ver **dar**

demostración |demostra'θjon| nf (MAT) proof; (de afecto) show, display

demostrar |demos'trar| vt (probar) to prove; (mostrar) to show; (manifestar) to demonstrate

demudado, a |demu'ðaðo, a| adj (rostro) fallen

den vb ver **dar**

denegar |dene'ɣar| vt (rechazar) to refuse; (JUR) to reject

denigrar |deni'ɣrar| vt (desacreditar, infamar) to denigrate; (injuriar) to insult

---
Denominación de Origen
---

*The **Denominación de Origen**, abbreviated to **D.O.**, is a prestigious classification awarded to food products such as wines, cheeses, sausages and hams which meet the stringent quality and production standards of the designated region. **D.O.** labels serve as a guarantee of quality.*

---

denotar |deno'tar| vt to denote

densidad |densi'ðað| nf density; (fig) thickness

denso, a |'denso, a| adj dense; (espeso, pastoso) thick; (fig) heavy

dentadura |denta'ðura| nf (set of) teeth pl; **~ postiza** false teeth pl

dentera |den'tera| nf (sensación desagradable) the shivers pl

dentífrico, a [den'tifriko, a] *adj* dental
♦ *nm* toothpaste

dentista [den'tista] *nm/f* dentist

dentro ['dentro] *adv* inside ♦ *prep*:
~ **de**, inside, within; **por** ~ (on the)
inside; **mirar por** ~ to look inside;
~ **de tres meses** within three months

denuncia [de'nunθja] *nf* (*delación*)
denunciation; (*acusación*) accusation;
(*de accidente*) report; **denunciar** *vt* to
report; (*delatar*) to inform on o against

departamento [departa'mento] *nm*
(*sección administrativa*) department,
section; (AM: *apartamento*) flat (BRIT),
apartment

dependencia [depen'denθja] *nf*
dependence; (POL) dependency; (COM)
office, section

depender [depen'der] *vi*: ~ **de** to
depend on

dependienta [depen'djenta] *nf*
saleswoman, shop assistant

dependiente [depen'djente] *adj*
dependent ♦ *nm* salesman, shop
assistant

depilar [depi'lar] *vt* (*con cera*) to wax;
(*cejas*) to pluck; **depilatorio** *nm* hair
remover

deplorable [deplo'raβle] *adj*
deplorable

deplorar [deplo'rar] *vt* to deplore

deponer [depo'ner] *vt* to lay down
♦ *vi* (JUR) to give evidence; (*declarar*) to
make a statement

deportar [depor'tar] *vt* to deport

deporte [de'porte] *nm* sport; **hacer** ~
to play sports; **deportista** *adj* sports
cpd ♦ *nm/f* sportsman/woman;
deportivo, a *adj* (*club, periódico*)
sports *cpd* ♦ *nm* sports car

depositar [deposi'tar] *vt* (*dinero*) to
deposit; (*mercancías*) to put away,
store; **~se** *vr* to settle; **~io, a** *nm/f*
trustee

depósito [de'posito] *nm* (*gen*) deposit;
(*almacén*) warehouse, store; (*de agua,
gasolina etc*) tank; **~ de cadáveres**

mortuary

depreciar [depre'θjar] *vt* to
depreciate, reduce the value of; **~se** *vr*
to depreciate, lose value

depredador, a [depreða'ðor, a] *adj*
predatory ♦ *nm* predator

depresión [depre'sjon] *nf* depression

deprimido, a [depri'miðo, a] *adj*
depressed

deprimir [depri'mir] *vt* to depress;
~se *vr* (*persona*) to become depressed

deprisa [de'prisa] *adv* quickly,
hurriedly

depuración [depura'θjon] *nf*
purification; (POL) purge

depurar [depu'rar] *vt* to purify;
(*purgar*) to purge

derecha [de'retʃa] *nf* right(-hand) side;
(POL) right; **a la** ~ (*estar*) on the right;
(*torcer etc*) (to the) right

derecho, a [de'retʃo, a] *adj* right,
right-hand ♦ *nm* (*privilegio*) right;
(*lado*) right(-hand) side; (*leyes*) law
♦ *adv* straight, directly; **~s** *nmpl* (*de
aduana*) royalties; (*de autor*) royalties;
tener ~ **a** to have a right to

deriva [de'riβa] *nf*: **ir** o **estar a la** ~ to
drift, be adrift

derivado [deri'βaðo] *nm* (COM) by-
product

derivar [deri'βar] *vt* to derive; (*desviar*)
to direct ♦ *vi* to be derived;
(NAUT) to drift; **~se** *vr* to derive, be
derived; to drift

derramamiento [derrama'mjento]
nm (*dispersión*) spilling; ~ **de sangre**
bloodshed

derramar [derra'mar] *vt* to spill;
(*verter*) to pour out; (*esparcir*) to
scatter; **~se** *vr* to pour out;
~ **lágrimas** to weep

derrame [de'rrame] *nm* (*de líquido*)
spilling; (*de sangre*) shedding; (*de tubo
etc*) overflow; (*pérdida*) leakage; (MED)
discharge

derredor [derre'ðor] *adv*: **al** o **en** ~ de
around, about

derretido, a [derre'tiðo, a] *adj* melted; (*metal*) molten

derretir [derre'tir] *vt* (*gen*) to melt; (*nieve*) to thaw; **~se** *vr* to melt

derribar [derri'ßar] *vt* to knock down; (*construcción*) to demolish; (*persona, gobierno, político*) to bring down

derrocar [derro'kar] *vt* (*gobierno*) to bring down, overthrow

derrochar [derro'tʃar] *vt* to squander; **derroche** *nm* (*despilfarro*) waste, squandering

derrota [de'rrota] *nf* (*NAUT*) course; (*MIL, DEPORTE etc*) defeat, rout; **derrotar** *vt* (*gen*) to defeat; **derrotero** *nm* (*rumbo*) course

derruir [derru'ir] *vt* (*edificio*) to demolish

derrumbar [derrum'bar] *vt* (*edificio*) to knock down; **~se** *vr* to collapse

derruyendo *etc vb ver* **derruir**

des *vb ver* **dar**

desabotonar [desaßoto'nar] *vt* to unbutton, undo; **~se** *vr* to come undone

desabrido, a [desa'ßriðo, a] *adj* (*comida*) insipid, tasteless; (*persona*) rude, surly; (*respuesta*) sharp; (*tiempo*) unpleasant

desabrochar [desaßro'tʃar] *vt* (*botones, broches*) to undo, unfasten; **~se** *vr* (*ropa etc*) to come undone

desacato [desa'kato] *nm* (*falta de respeto*) disrespect; (*JUR*) contempt

desacertado, a [desaθer'taðo, a] *adj* (*equivocado*) mistaken; (*inoportuno*) unwise

desacierto [desa'θjerto] *nm* mistake, error

desaconsejado, a [desakonse'xaðo, a] *adj* ill-advised

desaconsejar [desakonse'xar] *vt* to advise against

desacreditar [desakreði'tar] *vt* (*desprestigiar*) to discredit, bring into disrepute; (*denigrar*) to run down

desacuerdo [desa'kwerðo] *nm* disagreement, discord

desafiar [desa'fjar] *vt* (*retar*) to challenge; (*enfrentarse a*) to defy

desafilado, a [desafi'laðo, a] *adj* blunt

desafinado, a [desafi'naðo, a] *adj*: **estar ~** to be out of tune

desafinar [desafi'nar] *vi* (*al cantar*) to be o go out of tune

desafío *etc* [desa'fio] *vb ver* **desafiar** ♦ *nm* (*reto*) challenge; (*combate*) duel; (*resistencia*) defiance

desaforado, a [desafo'raðo, a] *adj* (*grito*) ear-splitting; (*comportamiento*) outrageous

desafortunadamente [desafortunaða'mente] *adv* unfortunately

desafortunado, a [desafortu'naðo, a] *adj* (*desgraciado*) unfortunate, unlucky

desagradable [desaɣra'ðaßle] *adj* (*fastidioso, enojoso*) unpleasant; (*irritante*) disagreeable

desagradar [desaɣra'ðar] *vi* (*disgustar*) to displease; (*molestar*) to bother

desagradecido, a [desaɣraðe'θiðo, a] *adj* ungrateful

desagrado [desa'ɣraðo] *nm* (*disgusto*) displeasure; (*contrariedad*) dissatisfaction

desagraviar [desaɣra'ßjar] *vt* to make amends to

desagüe [des'aɣwe] *nm* (*de un líquido*) drainage; (*cañería*) drainpipe; (*salida*) outlet, drain

desaguisado [desaɣi'saðo] *nm* outrage

desahogado, a [desao'ɣaðo, a] *adj* (*holgado*) comfortable; (*espacioso*) roomy, large

desahogar [desao'ɣar] *vt* (*aliviar*) to ease, relieve; (*ira*) to vent; **~se** *vr* (*relajarse*) to relax; (*desfogarse*) to let off steam

desahogo [desa'oɣo] *nm* (*alivio*) relief; (*comodidad*) comfort, ease

desahuciar [desau'θjar] *vt* (*enfermo*) to give up hope for; (*inquilino*) to evict;

desahucio nm eviction

desairar [desai'rar] vt (menospreciar) to slight, snub

desaire [des'aire] nm (menosprecio) slight; (falta de garbo) unattractiveness

desajustar [desaxus'tar] vt (desarreglar) to disarrange; (desconcertar) to throw off balance; **~se** vr to get out of order; (aflojarse) to loosen

desajuste [desa'xuste] nm (de máquina) disorder; (situación) imbalance

desalentador, a [desalenta'ðor, a] adj discouraging

desalentar [desalen'tar] vt (desanimar) to discourage

desaliento etc [desa'ljento] vb ver **desalentar ♦** nm discouragement

desaliño [desa'liɲo] nm slovenliness

desalmado, a [desal'maðo, a] adj (cruel) cruel, heartless

desalojar [desalo'xar] vt (expulsar, echar) to eject; (abandonar) to move out of ♦ vi to move out

desamor [desa'mor] nm (frialdad) indifference; (odio) dislike

desamparado, a [desampa'raðo, a] adj (persona) helpless; (lugar: expuesto) exposed; (desierto) deserted

desamparar [desampa'rar] vt (abandonar) to desert, abandon; (JUR) to leave defenceless; (barco) to abandon

desandar [desan'dar] vt: **~ lo andado** o **el camino** to retrace one's steps

desangrar [desan'grar] vt to bleed; (fig: persona) to bleed dry; **~se** vr to lose a lot of blood

desanimado, a [desani'maðo, a] adj (persona) downhearted; (espectáculo, fiesta) dull

desanimar [desani'mar] vt (desalentar) to discourage; (deprimir) to depress; **~se** vr to lose heart

desapacible [desapa'θiβle] adj (gen) unpleasant

desaparecer [desapare'θer] vi (gen) to disappear; (el sol, la luz) to vanish; **desaparecido, a** adj missing; **desaparición** nf disappearance

desapasionado, a [desapasjo'naðo, a] adj dispassionate, impartial

desapego [desa'peɣo] nm (frialdad) coolness; (distancia) detachment

desapercibido, a [desaperθi'βiðo, a] adj (desprevenido) unprepared; **pasar ~** to go unnoticed

desaprensivo, a [desapren'siβo, a] adj unscrupulous

desaprobar [desapro'βar] vt (reprobar) to disapprove of; (condenar) to condemn; (no consentir) to reject

desaprovechado, a [desaproβe'tʃaðo, a] adj (oportunidad, tiempo) wasted; (estudiante) slack

desaprovechar [desaproβe'tʃar] vt to waste

desarmar [desar'mar] vt (MIL, fig) to disarm; (TEC) to take apart, dismantle; **desarme** nm disarmament

desarraigar [desarrai'ɣar] vt to uproot; **desarraigo** nm uprooting

desarreglar [desarre'ɣlar] vt (desordenar) to disarrange; (trastocar) to upset, disturb

desarreglo [desa'rreɣlo] nm (de casa, persona) untidiness; (desorden) disorder

desarrollar [desarro'ʎar] vt (gen) to develop; **~se** vr to develop; (ocurrir) to take place; (FOTO) to develop; **desarrollo** nm development

desarticular [desartiku'lar] vt (hueso) to dislocate; (objeto) to take apart; (fig) to break up

desasir [desa'sir] vt to loosen

desasosegar [desasose'ɣar] vt (inquietar) to disturb, make uneasy; **~se** vr to become uneasy

desasosiego etc [desaso'sjeɣo] vb ver **desasosegar ♦** nm (intranquilidad) uneasiness, restlessness; (ansiedad) anxiety

desastrado, a [desas'traðo, a] adj

(*desaliñado*) shabby; (*sucio*) dirty

desastre [de'sastre] *nm* disaster; **desastroso, a** *adj* disastrous

desatado, a [desa'taðo, a] *adj* (*desligado*) untied; (*violento*) violent, wild

desatar [desa'tar] *vt* (*nudo*) to untie; (*paquete*) to undo; (*separar*) to detach; **~se** *vr* (*zapatos*) to come untied; (*tormenta*) to break

desatascar [desatas'kar] *vt* (*cañería*) to unblock, clear

desatender [desaten'der] *vt* (*no prestar atención a*) to disregard; (*abandonar*) to neglect

desatento, a [desa'tento, a] *adj* (*distraído*) inattentive; (*descortés*) discourteous

desatinado, a [desati'naðo, a] *adj* foolish, silly; **desatino** *nm* (*idiotez*) foolishness, folly; (*error*) blunder

desatornillar [desatorni'ʎar] *vt* to unscrew

desatrancar [desatraŋ'kar] *vt* (*puerta*) to unbolt; (*cañería*) to clear, unblock

desautorizado, a [desautori'θaðo, a] *adj* unauthorized

desautorizar [desautori'θar] *vt* (*oficial*) to deprive of authority; (*informe*) to deny

desavenencia [desaβe'nenθja] *nf* (*desacuerdo*) disagreement; (*discrepancia*) quarrel

desayunar [desaju'nar] *vi* to have breakfast ♦ *vt* to have for breakfast; **desayuno** *nm* breakfast

desazón [desa'θon] *nf* anxiety

desazonarse [desaθo'narse] *vr* to worry, be anxious

desbandarse [desβan'darse] *vr* (*MIL*) to disband; (*fig*) to flee in disorder

desbarajuste [desβara'xuste] *nm* confusion, disorder

desbaratar [desβara'tar] *vt* (*deshacer, destruir*) to ruin

desbloquear [desβloke'ar] *vt* (*negociaciones, tráfico*) to get going

again; (*COM: cuenta*) to unfreeze

desbocado, a [desβo'kaðo, a] *adj* (*caballo*) runaway

desbordar [desβor'ðar] *vt* (*sobrepasar*) to go beyond; (*exceder*) to exceed; **~se** *vr* (*río*) to overflow; (*entusiasmo*) to erupt

descabalgar [deskaβal'var] *vi* to dismount

descabellado, a [deskaβe'ʎaðo, a] *adj* (*disparatado*) wild, crazy

descafeinado, a [deskafei'naðo, a] *adj* decaffeinated ♦ *nm* decaffeinated coffee

descalabro [deska'laβro] *nm* blow; (*desgracia*) misfortune

descalificar [deskalifi'kar] *vt* to disqualify; (*desacreditar*) to discredit

descalzar [deskal'θar] *vt* (*zapato*) to take off; **descalzo, a** *adj* barefoot(ed)

descambiar [deskam'bjar] *vt* to exchange

descaminado, a [deskami'naðo, a] *adj* (*equivocado*) on the wrong road; (*fig*) misguided

descampado [deskam'paðo] *nm* open space

descansado, a [deskan'saðo, a] *adj* (*gen*) rested; (*que tranquiliza*) restful

descansar [deskan'sar] *vt* (*gen*) to rest ♦ *vi* to rest, have a rest; (*echarse*) to lie down

descansillo [deskan'siʎo] *nm* (*de escalera*) landing

descanso [des'kanso] *nm* (*reposo*) rest; (*alivio*) relief; (*pausa*) break; (*DEPORTE*) interval, half time

descapotable [deskapo'taβle] *nm* (*tb: coche* ~) convertible

descarado, a [deska'raðo, a] *adj* shameless; (*insolente*) cheeky

descarga [des'karva] *nf* (*ARQ, ELEC, MIL*) discharge; (*NAUT*) unloading

descargar [deskar'var] *vt* to unload; (*golpe*) to let fly; **~se** *vr* to unburden o.s.; **descargo** *nm* (*COM*) receipt; (*JUR*) evidence

descaro [des'karo] nm nerve

descarriar [deska'rrjar] vt (descaminar) to misdirect; (fig) to lead astray; **~se** vr (perderse) to lose one's way; (separarse) to stray; (pervertirse) to err, go astray

descarrilamiento [deskarrila'mjento] nm (de tren) derailment

descarrilar [deskarri'lar] vi to be derailed

descartar [deskar'tar] vt (rechazar) to reject; (eliminar) to rule out; **~se** vr (NAIPES) to discard; **~se de** to shirk

descascarillado, a [deskaskari'ʎaðo, a] adj (paredes) peeling

descendencia [desθen'denθja] nf (origen) origin, descent; (hijos) offspring

descender [desθen'der] vt (bajar: escalera) to go down ♦ vi to descend; (temperatura, nivel) to fall, drop; **~ de** to be descended from

descendiente [desθen'djente] nm/f descendant

descenso [des'θenso] nm descent; (de temperatura) drop

descifrar [desθi'frar] vt to decipher; (mensaje) to decode

descolgar [deskol'gar] vt (bajar) to take down; (teléfono) to pick up; **~se** vr to let o.s. down

descolorido, a [deskolo'riðo, a] adj faded; (pálido) pale

descompasado, a [deskompa'saðo, a] adj (sin proporción) out of all proportion; (excesivo) excessive

descomponer [deskompo'ner] vt (desordenar) to disarrange, disturb; (TEC) to put out of order; (dividir) to break down (into parts); (fig) to provoke; **~se** vr (corromperse) to rot, decompose; (TEC) to break down

descomposición [deskomposi'θjon] nf (de un objeto) breakdown; (de fruta etc) decomposition; **~ de vientre** stomach upset, diarrhoea

descompuesto, a [deskom'pwesto, a] adj (corrompido) decomposed; (roto)

broken

descomunal [deskomu'nal] adj (enorme) huge

desconcertado, a [deskonθer'taðo, a] adj disconcerted, bewildered

desconcertar [deskonθer'tar] vt (confundir) to baffle; (incomodar) to upset, put out; **~se** vr (turbarse) to be upset

desconchado, a [deskon'tʃaðo, a] adj (pintura) peeling

desconcierto etc [deskon'θjerto] vb ver **desconcertar** ♦ nm (gen) disorder; (desorientación) uncertainty; (inquietud) uneasiness

desconectar [deskonek'tar] vt to disconnect

desconfianza [deskon'fjanθa] nf distrust

desconfiar [deskon'fjar] vi to be distrustful; **~ de** to distrust, suspect

descongelar [deskonxe'lar] vt to defrost; (COM, POL) to unfreeze

descongestionar [deskonxestjo'nar] vt (cabeza, tráfico) to clear

desconocer [deskono'θer] vt (ignorar) not to know, be ignorant of

desconocido, a [deskono'θiðo, a] adj unknown ♦ nm/f stranger

desconocimiento [deskonoθi'mjento] nm (falta de conocimientos) ignorance

desconsiderado, a [deskonsiðe'raðo, a] adj inconsiderate; (insensible) thoughtless

desconsolar [deskonso'lar] vt to distress; (afligir) to grieve; **~se** vr to despair

desconsuelo etc [deskon'swelo] vb ver **desconsolar** ♦ nm (tristeza) distress; (desesperación) despair

descontado, a [deskon'taðo, a] adj: **dar por ~ (que)** to take (it) for granted (that)

descontar [deskon'tar] vt (deducir) to take away, deduct; (rebajar) to discount

descontento, a [deskon'tento, a] adj

dissatisfied ♦ nm dissatisfaction, discontent

descorazonar [deskoraθo'nar] vt to discourage, dishearten

descorchar [deskor'tʃar] vt to uncork

descorrer [desko'rrer] vt (cortinas, cerrojo) to draw back

descortés [deskor'tes] adj (mal educado) discourteous; (grosero) rude

descoser [desko'ser] vt to unstitch; **~se** vr to come apart (at the seams)

descosido, a [desko'siðo, a] adj (COSTURA) unstitched

descrédito [des'kreðito] nm discredit

descreído, a [deskre'iðo, a] adj (incrédulo) incredulous; (falto de fe) unbelieving

descremado, a [deskre'maðo, a] adj skimmed

describir [deskri'βir] vt to describe; **descripción** [deskrip'θjon] nf description

descrito [des'krito] pp de **describir**

descuartizar [deskwarti'θar] vt (animal) to cut up

descubierto, a [desku'βjerto, a] pp de **descubrir** ♦ adj uncovered, bare; (persona) bareheaded ♦ nm (bancario) overdraft; **al ~** in the open

descubrimiento [deskuβri'mjento] nm (hallazgo) discovery; (revelación) revelation

descubrir [desku'βrir] vt to discover, find; (inaugurar) to unveil; (vislumbrar) to detect; (revelar) to reveal, show; (destapar) to uncover; **~se** vr to reveal o.s.; (quitarse sombrero) to take off one's hat; (confesar) to confess

descuento etc [des'kwento] vb ver **descontar** ♦ nm discount

descuidado, a [deskwi'ðaðo, a] adj (sin cuidado) careless; (desordenado) untidy; (olvidadizo) forgetful; (dejado) neglected; (desprevenido) unprepared

descuidar [deskwi'ðar] vt (dejar) to neglect; (olvidar) to overlook; **~se** vr (distraerse) to be careless;

(abandonarse) to let o.s. go; (despreocuparse) to drop one's guard; **¡descuida!** don't worry!; **descuido** nm (dejadez) carelessness; (olvido) negligence

<hr>

PALABRA CLAVE

<hr>

desde ['desðe] prep **1** (lugar) from; **~ Burgos hasta mi casa hay 30 km** it's 30 kms from Burgos to my house **2** (posición): **hablaba ~ el balcón** she was speaking from the balcony **3** (tiempo: + ad, n): **~ ahora** from now on; **~ la boda** since the wedding; **~ niño** since I etc was a child; **~ 3 años atrás** since 3 years ago **4** (tiempo: + vb, fecha) since; for; **nos conocemos ~ 1992/~ hace 20 años** we've known each other since 1992/for 20 years; **no le veo ~ 1997/~ hace 5 años** I haven't seen him since 1997/for 5 years **5** (gama): **~ los más lujosos hasta los más económicos** from the most luxurious to the most reasonably priced **6**: **~ luego (que no)** of course (not) ♦ conj: **~ que**: **~ que recuerdo** for as long as I can remember; **~ que llegó no ha salido** he hasn't been out since he arrived

<hr>

desdecirse [desðe'θirse] vr to retract; **~ de** to go back on

desdén [des'ðen] nm scorn

desdeñar [desðe'ɲar] vt (despreciar) to scorn

desdicha [des'ðitʃa] nf (desgracia) misfortune; (infelicidad) unhappiness; **desdichado, a** adj (sin suerte) unlucky; (infeliz) unhappy

desdoblar [desðo'βlar] vt (extender) to spread out; (desplegar) to unfold

desear [dese'ar] vt to want, desire, wish for

desecar [dese'kar] vt to dry up; **~se** vr to dry up

desechar [dese'tʃar] vt (basura) to throw out o away; (ideas) to reject, discard; **desechos** nmpl rubbish sg, waste sg

desembalar [desemba'lar] vt to unpack

desembarazar [desembara'θar] vt (desocupar) to clear; (desenredar) to free; **~se** vr: **~se de** to free o.s. of, get rid of

desembarcar [desembar'kar] vt (mercancías etc) to unload ♦ vi to disembark; **~se** vr to disembark

desembocadura [desemboka'ðura] nf (de río) mouth; (de calle) opening

desembocar [desembo'kar] vi (río) to flow into; (fig) to result in

desembolso [desem'bolso] nm payment

desembragar [desembra'var] vi to declutch

desembrollar [desembro'ʎar] vt (madeja) to unravel; (asunto, malentendido) to sort out

desemejanza [deseme'xanθa] nf dissimilarity

desempaquetar [desempake'tar] vt (regalo) to unwrap; (mercancía) to unpack

desempatar [desempa'tar] vi to replay, hold a play-off; **desempate** nm (FÚTBOL) replay, play-off; (TENIS) tie-break(er)

desempeñar [desempe'ɲar] vt (cargo) to hold; (papel) to perform; (lo empeñado) to redeem; **~ un papel** (fig) to play (a role)

desempeño [desem'peɲo] nm redeeming; (de cargo) occupation

desempleado, a [desemple'aðo, a] nm/f unemployed person; **desempleo** nm unemployment

desempolvar [desempol'ßar] vt (muebles etc) to dust; (lo olvidado) to revive

desencadenar [desenkaðe'nar] vt to unchain; (ira) to unleash; **~se** vr to

break loose; (tormenta) to burst; (guerra) to break out

desencajar [desenka'xar] vt (hueso) to dislocate; (mecanismo, pieza) to disconnect, disengage

desencanto [desen'kanto] nm disillusionment

desenchufar [desentʃu'far] vt to unplug

desenfadado, a [desenfa'ðaðo, a] adj (desenvuelto) uninhibited; (descarado) forward; **desenfado** nm (libertad) freedom; (comportamiento) free and easy manner; (descaro) forwardness

desenfocado, a [desenfo'kaðo, a] adj (FOTO) out of focus

desenfrenado, a [desenfre'naðo, a] adj (descontrolado) uncontrolled; (inmoderado) unbridled; **desenfreno** nm wildness; (de las pasiones) lack of self-control

desenganchar [desengan'tʃar] vt (gen) to unhook; (FERRO) to uncouple

desengañar [desenga'ɲar] vt to disillusion; **~se** vr to become disillusioned; **desengaño** nm disillusionment; (decepción) disappointment

desenlace [desen'laθe] nm outcome

desenmarañar [desenmara'ɲar] vt (fig) to unravel

desenmascarar [desenmaska'rar] vt to unmask

desenredar [desenre'ðar] vt (pelo) to untangle; (problema) to sort out

desenroscar [desenros'kar] vt to unscrew

desentenderse [desenten'derse] vr: **~** de to pretend not to know about; (apartarse) to have nothing to do with

desenterrar [desente'rrar] vt to exhume; (tesoro, fig) to unearth, dig up

desentonar [desento'nar] vi (MUS) to sing (o play) out of tune; (color) to clash

desentrañar [desentra'ɲar] vt (misterio) to unravel

desentumecer |desentume'θer| vt
(pierna etc) to stretch

desenvoltura |desenßol'tura| nf ease

desenvolver |desenßol'ßer| vt
(paquete) to unwrap; (fig) to develop;
~se vr (desarrollarse) to unfold,
develop; (arreglárselas) to cope

deseo |de'seo| nm desire, wish; **~so, a**
adj: **estar ~so de** to be anxious to

desequilibrado, a |desekili'ßraðo, a|
adj unbalanced

desertar |deser'tar| vi to desert

desértico, a |de'sertiko, a| adj desert
cpd

desesperación |desespera'θjon| nf
(impaciencia) desperation, despair;
(irritación) fury

desesperar |desespe'rar| vt to drive to
despair; (exasperar) to drive to
distraction ♦ vi: **~ de** to despair of;
~se vr to despair, lose hope

desestabilizar |desestaßili'θar| vt to
destabilize

desestimar |desesti'mar| vt
(menospreciar) to have a low opinion
of; (rechazar) to reject

desfachatez |desfatʃa'teθ| nf
(insolencia) impudence; (descaro)
rudeness

desfalco |des'falko| nm embezzlement

desfallecer |desfaʎe'θer| vi (perder las
fuerzas) to become weak;
(desvanecerse) to faint

desfasado, a |desfa'saðo, a| adj
(anticuado) old-fashioned; **desfase** nm
(diferencia) gap

desfavorable |desfaßo'raßle| adj
unfavourable

desfigurar |desfixu'rar| vt (cara) to
disfigure; (cuerpo) to deform

desfiladero |desfila'ðero| nm gorge

desfilar |desfi'lar| vi to parade; **desfile**
nm procession

desfogarse |desfo'varse| vr (fig) to let
off steam

desgajar |desxa'xar| vt (arrancar) to
tear off; (romper) to break off; **~se** vr

to come off

desgana |des'xana| nf (falta de apetito)
loss of appetite; (apatía) unwillingness;
~do, a adj: **estar ~do** (sin apetito) to
have no appetite; (sin entusiasmo) to
have lost interest

desgarrador, a |desxarra'ðor, a| adj
(fig) heartrending

desgarrar |desxa'rrar| vt to tear (up);
(fig) to shatter; **desgarro** nm (en tela)
tear; (aflicción) grief

desgastar |desxas'tar| vt (deteriorar) to
wear away o down; (estropear) to spoil;
~se vr to get worn out; **desgaste** nm
wear (and tear)

desglosar |desxlo'sar| vt (factura) to
break down

desgracia |des'xraθja| nf misfortune;
(accidente) accident; (vergüenza)
disgrace; (contratiempo) setback; **por ~**
unfortunately

desgraciado, a |desxra'θjaðo, a| adj
(sin suerte) unlucky, unfortunate;
(miserable) wretched; (infeliz) miserable

desgravación |desxraßa'θjon| nf
(COM): **~ fiscal** tax relief

desgravar |desxra'ßar| vt (impuestos)
to reduce the tax o duty on

deshabitado, a |desaßi'taðo, a| adj
uninhabited

deshacer |desa'θer| vt (casa) to break
up; (TEC) to take apart; (enemigo) to
defeat; (diluir) to melt; (contrato) to
break; (intriga) to solve; **~se** vr
(disolverse) to melt; (despedazarse) to
come apart o undone; **~se de** to get
rid of; **~se en lágrimas** to burst into
tears

desharrapado, a |desarra'paðo, a|
adj (persona) shabby

deshecho, a |des'etʃo, a| adj undone;
(roto) smashed; (persona): **estar ~** to
be shattered

desheredar |desere'ðar| vt to
disinherit

deshidratar |desiðra'tar| vt to
dehydrate

deshielo |des'jelo| nm thaw

deshonesto, a |deso'nesto, a| adj indecent

deshonra |des'onra| nf (deshonor) dishonour; (vergüenza) shame

deshora |des'ora|: **a ~** adv at the wrong time

deshuesar |deswe'sar| vt (carne) to bone; (fruta) to stone

desierto, a |de'sjerto, a| adj (casa, calle, negocio) deserted ♦ nm desert

designar |desix'nar| vt (nombrar) to designate; (indicar) to fix

designio |de'sixnjo| nm plan

desigual |desi'ɣwal| adj (terreno) uneven; (lucha etc) unequal

desilusión |desilu'sjon| nf disillusionment; (decepción) disappointment; **desilusionar** vt to disillusion; to disappoint; **desilusionarse** vr to become disillusioned

desinfectar |desinfek'tar| vt to disinfect

desinflar |desin'flar| vt to deflate

desintegración |desinteɣra'θjon| nf disintegration

desinterés |desinte'res| nm (desgana) lack of interest; (altruismo) unselfishness

desintoxicarse |desintoksi'karse| vr (drogadicto) to undergo detoxification

desistir |desis'tir| vi (renunciar) to stop, desist

desleal |desle'al| adj (infiel) disloyal; (COM: competencia) unfair; **~tad** nf disloyalty

desleír |desle'ir| vt (líquido) to dilute; (sólido) to dissolve

deslenguado, a |deslen'gwaðo, a| adj (grosero) foul-mouthed

desligar |desli'ɣar| vt (desatar) to untie, undo; (separar) to separate; **~se** vr (de un compromiso) to extricate o.s.

desliz |des'liθ| nm (fig) lapse; **~ar** vt to slip, slide

deslucido, a |deslu'θiðo, a| adj dull;

(torpe) awkward, graceless; (deslustrado) tarnished

deslumbrar |deslum'brar| vt to dazzle

desmadrarse |desma'ðrarse| (fam) vr (descontrolarse) to run wild; (divertirse) to let one's hair down; **desmadre** (fam) nm (desorganización) chaos; (jaleo) commotion

desmán |des'man| nm (exceso) outrage; (abuso de poder) abuse

desmandarse |desman'darse| vr (portarse mal) to behave badly; (excederse) to get out of hand; (caballo) to bolt

desmantelar |desmante'lar| vt (deshacer) to dismantle; (casa) to strip

desmaquillador |desmakiʎa'ðor| nm make-up remover

desmayar |desma'jar| vi to lose heart; **~se** vr (MED) to faint; **desmayo** nm (MED: acto) faint; (: estado) unconsciousness

desmedido, a |desme'ðiðo, a| adj excessive

desmejorar |desmexo'rar| vt (dañar) to impair, spoil; (MED) to weaken

desmembrar |desmem'brar| vt (MED) to dismember; (fig) to separate

desmemoriado, a |desmemo'rjaðo, a| adj forgetful

desmentir |desmen'tir| vt (contradecir) to contradict; (refutar) to deny

desmenuzar |desmenu'θar| vt (deshacer) to crumble; (carne) to chop; (examinar) to examine closely

desmerecer |desmere'θer| vt to be unworthy of ♦ vi (deteriorarse) to deteriorate

desmesurado, a |desmesu'raðo, a| adj disproportionate

desmontable |desmon'taßle| adj (que se quita: pieza) detachable; (que se puede plegar etc) collapsible, folding

desmontar |desmon'tar| vt (deshacer) to dismantle; (tierra) to level ♦ vi to dismount

desmoralizar |desmorali'θar| vt to

demoralize
desmoronar [desmoro'nar] vt to wear away, erode; **~se** vr (edificio, dique) to collapse; (economía) to decline
desnatado, a [desna'taðo, a] adj skimmed
desnivel [desni'βel] nm (de terreno) unevenness
desnudar [desnu'ðar] vt (desvestir) to undress; (despojar) to strip; **~se** vr (desvestirse) to get undressed;
desnudo, a adj naked ♦ nm/f nude; **desnudo de** devoid o bereft of
desnutrición [desnutri'θjon] nf malnutrition; **desnutrido, a** adj undernourished
desobedecer [desoβeðe'θer] vt, vi to disobey; **desobediencia** nf disobedience
desocupado, a [desoku'paðo, a] adj at leisure; (desempleado) unemployed; (deshabitado) empty, vacant
desocupar [desoku'par] vt to vacate
desodorante [desoðo'rante] nm deodorant
desolación [desola'θjon] nf (de lugar) desolation; (fig) grief
desolar [deso'lar] vt to ruin, lay waste
desorbitado, a [desorβi'taðo, a] adj (excesivo: ambición) boundless; (deseos) excessive; (: precio) exorbitant
desorden [des'orðen] nm confusion; (político) disorder, unrest
desorganizar [desorɣani'θar] vt (desordenar) to disorganize;
desorganización nf (de persona) disorganization; (en empresa, oficina) disorder, chaos
desorientar [desorjen'tar] vt (extraviar) to mislead; (confundir, desconcertar) to confuse; **~se** vr (perderse) to lose one's way
despabilado, a [despaβi'laðo, a] adj (despierto) wide-awake; (fig) alert, sharp
despabilar [despaβi'lar] vt (el ingenio) to sharpen ♦ vi to wake up; (fig) to get

a move on; **~se** vr to wake up; to get a move on
despachar [despa'tʃar] vt (negocio) to do, complete; (enviar) to send, dispatch; (vender) to sell, deal in; (billete) to issue; (mandar ir) to send away
despacho [des'patʃo] nm (oficina) office; (de paquetes) dispatch; (venta) sale; (comunicación) message
despacio [des'paθjo] adv slowly
desparpajo [despar'paxo] nm self-confidence; (pey) nerve
desparramar [desparra'mar] vt (esparcir) to scatter; (líquido) to spill
despavorido, a [despaβo'riðo, a] adj terrified
despecho [des'petʃo] nm spite; **a ~ de** in spite of
despectivo, a [despek'tiβo, a] adj (despreciativo) derogatory; (LING) pejorative
despedazar [despeða'θar] vt to tear to pieces
despedida [despe'ðiða] nf (adiós) farewell; (de obrero) sacking
despedir [despe'ðir] vt (visita) to see off, show out; (empleado) to dismiss; (inquilino) to evict; (objeto) to hurl; (olor etc) to give out o off; **~se** vr: **~se de** to say goodbye to
despegar [despe'ɣar] vt to unstick ♦ vi (avión) to take off; **~se** vr to come loose, come unstuck; **despego** nm detachment
despegue etc [des'peɣe] vb ver **despegar** ♦ nm takeoff
despeinado, a [despei'naðo, a] adj dishevelled, unkempt
despejado, a [despe'xaðo, a] adj (lugar) clear, free; (cielo) clear; (persona) wide-awake, bright
despejar [despe'xar] vt (gen) to clear; (misterio) to clear up ♦ vi (el tiempo) to clear; **~se** vr (tiempo, cielo) to clear (up); (misterio) to become clearer; (cabeza) to clear

despellejar [despeʎe'xar] vt (animal) to skin

despensa [des'pensa] nf larder

despeñadero [despeɲa'ðero] nm (GEO) cliff, precipice

despeñarse [despe'ɲarse] vr to hurl o.s. down; (coche) to tumble over

desperdicio [desper'ðiθjo] nm (despilfarro) squandering; **~s** nmpl (basura) rubbish sg (BRIT), garbage sg (US); (residuos) waste sg

desperdigarse [desperði'ɣarse] vr (rebaño, familia) to scatter, spread out; (granos de arroz, semillas) to scatter

desperezarse [despere'θarse] vr to stretch

desperfecto [desper'fekto] nm (deterioro) slight damage; (defecto) flaw, imperfection

despertador [desperta'ðor] nm alarm clock

despertar [desper'tar] nm awakening ♦ vt (persona) to wake up; (recuerdos) to revive; (sentimiento) to arouse ♦ vi to awaken, wake up; **~se** vr to awaken, wake up

despiadado, a [despja'ðaðo, a] adj (ataque) merciless; (persona) heartless

despido etc [des'piðo] vb ver **despedir** ♦ nm dismissal, sacking

despierto, a etc [des'pjerto, a] vb ver **despertar** ♦ adj awake; (fig) sharp, alert

despilfarro [despil'farro] nm (derroche) squandering; (lujo desmedido) extravagance

despistar [despis'tar] vt to throw off the scent, (contunair) to mislead, confuse; **~se** vr to take the wrong road; (confundirse) to become confused

despiste [des'piste] nm absent-mindedness; **un ~** a mistake, slip

desplazamiento [desplaθa'mjento] nm displacement

desplazar [despla'θar] vt to move;

(NAUT) to displace; (INFORM) to scroll; (fig) to oust; **~se** vr (persona) to travel

desplegar [desple'ɣar] vt (tela, papel) to unfold, open out; (bandera) to unfurl; **despliegue** etc [des'pleɣe] vb ver **desplegar** ♦ nm display

desplomarse [desplo'marse] vr (edificio, gobierno, persona) to collapse

desplumar [desplu'mar] vt (ave) to pluck; (fam: estafar) to fleece

despoblado, a [despo'βlaðo, a] adj (sin habitantes) uninhabited

despojar [despo'xar] vt (alguien: de sus bienes) to divest of, deprive of; (casa) to strip, leave bare; (alguien: de su cargo) to strip of

despojo [des'poxo] nm (acto) plundering; (objetos) plunder, loot; **~s** nmpl (de ave, res) offal sg

desposado, a [despo'saðo, a] adj, nm/f newly-wed

desposar [despo'sar] vt to marry; **~se** vr to get married

desposeer [despose'er] vt: **~ a uno de** (puesto, autoridad) to strip sb of

déspota ['despota] nm/f despot

despreciar [despre'θjar] vt (desdeñar) to despise, scorn; (afrentar) to slight

desprecio nm scorn, contempt; slight

desprender [despren'der] vt (broche) to unfasten; (olor) to give off; **~se** vr (botón: caerse) to fall off; (broche) to come unfastened; (olor, perfume) to be given off; **~se de algo que ... to draw** from sth that ...

desprendimiento [desprendi'mjento] nm (gen) loosening; (generosidad) disinterestedness; (de tierra, rocas) landslide

despreocupado, a [despreoku'paðo, a] adj (sin preocupación) unworried, nonchalant; (negligente) careless

despreocuparse [despreoku'parse] vr not to worry; **~ de** to have no interest in

desprestigiar [despresti'xjar] vt (criticar) to run down; (desacreditar) to discredit

desprevenido, a [despreβe'niðo, a] *adj* (*no preparado*) unprepared, unready

desproporcionado, a [desproporθjo'naðo, a] *adj* disproportionate, out of proportion

desprovisto, a [despro'βisto, a] *adj*: **~ de** devoid of

después [des'pwes] *adv* afterwards, later; (*próximo paso*) next; **~ de comer** after lunch; **un año ~** a year later; **~ se debatió el tema** next the matter was discussed; **~ de corregido el texto** after the text had been corrected; **~ de todo** after all

desquiciado, a [deski'θjaðo, a] *adj* deranged

desquite [des'kite] *nm* (*satisfacción*) satisfaction; (*venganza*) revenge

destacar [desta'kar] *vt* to emphasize, point up; (*MIL*) to detach, detail ♦ *vi* (*resaltarse*) to stand out; (*persona*) to be outstanding o exceptional; **~se** *vr* to stand out; to be outstanding o exceptional

destajo [des'taxo] *nm*: **trabajar a ~** to do piecework

destapar [desta'par] *vt* (*botella*) to open; (*cacerola*) to take the lid off; (*descubrir*) to uncover; **~se** *vr* (*revelarse*) to reveal one's true character

destartalado, a [destarta'laðo, a] *adj* (*desordenado*) untidy; (*ruinoso*) tumbledown

destello [des'teλo] *nm* (*de estrella*) twinkle; (*de faro*) signal light

destemplado, a [destem'plaðo, a] *adj* (*MUS*) out of tune; (*voz*) harsh; (*MED*) out of sorts; (*tiempo*) unpleasant, nasty

desteñir [deste'nir] *vt* to fade ♦ *vi* to fade; **esta tela no destiñe** this fabric will not run

desternillarse [desterni'λarse] *vr*: **~ de risa** to split one's sides laughing

desterrar [deste'rrar] *vt* (*exilar*) to

exile; (*fig*) to banish, dismiss

destiempo [des'tjempo]: **a ~** *adv* out of turn

destierro *etc* [des'tjerro] *vb ver* **desterrar** ♦ *nm* exile

destilar [desti'lar] *vt* to distil; **destilería** *nf* distillery

destinar [desti'nar] *vt* (*funcionario*) to appoint, assign; (*fondos*): **~ (a)** to set aside (for)

destinatario, a [destina'tarjo, a] *nm/f* addressee

destino [des'tino] *nm* (*suerte*) destiny; (*de avión, viajero*) destination

destituir [destitu'ir] *vt* to dismiss

destornillador [destorniλa'ðor] *nm* screwdriver

destornillar [destorni'λar] *vt* (*tornillo*) to unscrew; **~se** *vr* to unscrew

destreza [des'treθa] *nf* (*habilidad*) skill; (*maña*) dexterity

destrozar [destro'θar] *vt* (*romper*) to smash, break (up); (*estropear*) to ruin; (*nervios*) to shatter

destrozo [des'troθo] *nm* (*acción*) destruction; (*desastre*) smashing; **~s** *nmpl* (*pedazos*) pieces; (*daños*) havoc *sg*

destrucción [destruk'θjon] *nf* destruction

destruir [destru'ir] *vt* to destroy

desuso [des'uso] *nm* disuse; **caer en ~** to become obsolete

desvalido, a [desβa'liðo, a] *adj* (*desprotegido*) destitute; (*sin fuerzas*) helpless

desvalijar [desβali'xar] *vt* (*persona*) to rob; (*casa, tienda*) to burgle; (*coche*) to break into

desván [des'βan] *nm* attic

desvanecer [desβane'θer] *vt* (*disipar*) to dispel; (*borrar*) to blur; **~se** *vr* (*humo etc*) to vanish, disappear; (*color*) to fade; (*recuerdo, sonido*) to fade away; (*MED*) to pass out; (*duda*) to be dispelled

desvanecimiento [desβaneθi'mjento| *nm (desaparición)* disappearance; *(de colores)* fading; *(evaporación)* evaporation; *(MED)* fainting fit

desvariar |desβa'rjar| *vi (enfermo)* to be delirious; **desvarío** *nm* delirium

desvelar |desβe'lar| *vt* to keep awake; **~se** *vr (no poder dormir)* to stay awake; *(preocuparse)* to be vigilant o watchful

desvelos |des'βelos| *nmpl* worrying *sg*

desvencijado, a |desβenθi'xaðo, a| *adj (silla)* rickety; *(máquina)* broken-down

desventaja |desβen'taxa| *nf* disadvantage

desventura |desβen'tura| *nf* misfortune

desvergonzado, a |desβerγon'θaðo, a| *adj* shameless

desvergüenza |desβer'γwenθa| *nf (descaro)* shamelessness; *(insolencia)* impudence; *(mala conducta)* effrontery

desvestir |desβes'tir| *vt* to undress; **~se** *vr* to undress

desviación |desβja'θjon| *nf* deviation; *(AUTO)* diversion, detour

desviar |des'βjar| *vt* to turn aside; *(río)* to alter the course of; *(navío)* to divert, re-route; *(conversación)* to sidetrack; **~se** *vr (apartarse del camino)* to turn aside; *(: barco)* to go off course

desvío *etc* |des'βio| *vb ver* **desviar** ♦ *nm (desviación)* detour, diversion; *(fig)* indifference

desvirtuar |desβir'twar| *vt* to distort

desvivirse |desβi'βirse| *vr:* **~ por** *(anhelar)* to long for, crave for; *(hacer lo posible por)* to do one's utmost for

detallar |deta'λar| *vt* to detail

detalle |de'taλe| *nm* detail; *(gesto)* gesture, token; **al ~** in detail; *(COM)* retail

detallista |deta'λista| *nm/f (COM)* retailer

detective |detek'tiβe| *nm/f* detective

detener |dete'ner| *vt (gen)* to stop; *(JUR)* to arrest; *(objeto)* to keep; **~se** *vr*

to stop; *(demorarse)*: **~se en** to delay over, linger over

detenidamente |deteniða'mente| *adv (minuciosamente)* carefully; *(extensamente)* at great length

detenido, a |dete'niðo, a| *adj (arrestado)* under arrest ♦ *nm/f* person under arrest, prisoner

detenimiento |deteni'mjento| *nm:* **con ~** thoroughly; *(observar, considerar)* carefully

detergente |deter'xente| *nm* detergent

deteriorar |deterjo'rar| *vt* to spoil, damage; **~se** *vr* to deteriorate; **deterioro** *nm* deterioration

determinación |determina'θjon| *nf (empeño)* determination; *(decisión)* decision; **determinado, a** *adj* specific

determinar |determi'nar| *vt (plazo)* to fix; *(precio)* to settle; **~se** *vr* to decide

detestar |detes'tar| *vt* to detest

detractor, a |detrak'tor, a| *nm/f* slanderer, libeller

detrás |de'tras| *adv* behind; *(atrás)* at the back; **~ de** behind

detrimento |detri'mento| *nm:* **en ~ de** to the detriment of

deuda |'deuða| *nf* debt

devaluación |deβalwa'θjon| *nf* devaluation

devastar |deβas'tar| *vt (destruir)* to devastate

devoción |deβo'θjon| *nf* devotion

devolución |deβolu'θjon| *nf (reenvío)* return, sending back; *(reembolso)* repayment; *(JUR)* devolution

devolver |deβol'βer| *vt* to return; *(lo extraviado, lo prestado)* to give back; *(carta al correo)* to send back; *(COM)* to repay, refund ♦ *vi (vomitar)* to be sick

devorar |deβo'rar| *vt* to devour

devoto, a |de'βoto, a| *adj* devout ♦ *nm/f* admirer

devuelto *pp de* **devolver**

devuelva *etc vb ver* **devolver**

di *vb ver* **dar; decir**

día ['dia] nm day; **¿qué ~ es?** what's the date?; **estar/poner al ~** to be/keep up to date; **el ~ de hoy/de mañana** today/tomorrow; **al ~ siguiente** (on) the following day; **vivir al ~** to live from hand to mouth; **de ~ by ~**, in daylight; **en pleno ~** in full daylight; **D~ de Reyes** Epiphany; **~ festivo** (ESP) o **feriado** (AM) holiday; **~ libre** day off

diabetes [dja'βetes] nf diabetes

diablo ['djaβlo] nm devil; **diablura** nf prank

diadema [dja'ðema] nf tiara

diafragma [dja'fraɣma] nm diaphragm

diagnosis [djaɣ'nosis] nf inv diagnosis

diagnóstico [djaɣ'nostiko] nm = diagnosis

diagonal [djaɣo'nal] adj diagonal

diagrama [dja'ɣrama] nm diagram; **~ de flujo** flowchart

dial [djal] nm dial

dialecto [dja'lekto] nm dialect

dialogar [djalo'ɣar] vi: **~ con** (POL) to hold talks with

diálogo ['djaloɣo] nm dialogue

diamante [dja'mante] nm diamond

diana ['djana] nf (MIL) reveille; (de blanco) centre, bull's-eye

diapositiva [djaposi'tiβa] nf (FOTO) slide, transparency

diario, a ['djarjo, a] adj daily ♦ nm newspaper; **a ~** daily; **de ~** everyday

diarrea [dja'rrea] nf diarrhoea

dibujar [diβu'xar] vt to draw, sketch; **dibujo** nm drawing; **dibujos animados** cartoons

diccionario [dikθjo'narjo] nm dictionary

dice etc vb ver **decir**

dicho, a ['ditʃo, a] pp de **decir** ♦ adj: **en ~s países** in the aforementioned countries ♦ nm saying

dichoso, a [di'tʃoso, a] adj happy

diciembre [di'θjembre] nm December

dictado [dik'taðo] nm dictation

dictador [dikta'ðor] nm dictator;

dictadura nf dictatorship

dictamen [dik'tamen] nm (opinión) opinion; (juicio) judgment; (informe) report

dictar [dik'tar] vt (carta) to dictate; (JUR: sentencia) to pronounce; (decreto) to issue; (AM: clase) to give

didáctico, a [di'ðaktiko, a] adj educational

diecinueve [djeθi'nweβe] num nineteen

dieciocho [djeθi'otʃo] num eighteen

dieciséis [djeθi'seis] num sixteen

diecisiete [djeθi'sjete] num seventeen

diente ['djente] nm (ANAT, TEC) tooth; (ZOOL) fang; (: de elefante) tusk; (de ajo) clove; **hablar entre ~s** to mutter, mumble

diera etc vb ver **dar**

diesel ['disel] adj: **motor ~** diesel engine

diestro, a ['djestro, a] adj (derecho) right; (hábil) skilful

dieta ['djeta] nf diet; **dietética** nf: **tienda de dietética** health food shop; **dietético, a** adj diet (atr), dietary

diez [djeθ] num ten

diezmar [djeθ'mar] vt (población) to decimate

difamar [difa'mar] vt (JUR: hablando) to slander; (: por escrito) to libel

diferencia [dife'renθja] nf difference; **diferenciar** vt to differentiate between ♦ vi to differ; **diferenciarse** vr to differ, be different; (distinguirse) to distinguish o.s.

diferente [dife'rente] adj different

diferido [dife'riðo] nm: **en ~** (TV etc) recorded

difícil [di'fiθil] adj difficult

dificultad [difikul'taθ] nf difficulty; (problema) trouble

dificultar [difikul'tar] vt (complicar) to complicate, make difficult; (estorbar) to obstruct

difteria [dif'terja] nf diphtheria

difundir |difun'dir| vt (calor, luz) to diffuse; (RADIO, TV) to broadcast; ~ **una noticia** to spread a piece of news; ~**se** vr to spread (out)

difunto, a |di'funto, a| adj dead, deceased ♦ nm/f deceased (person)

difusión |difu'sjon| nf (RADIO, TV) broadcasting

diga etc vb ver **decir**

digerir |dixe'rir| vt to digest; (fig) to absorb; **digestión** nf digestion; **digestivo, a** adj digestive

digital |dixi'tal| adj digital

dignarse |dix'narse| vr to deign to

dignatario, a |dixna'tarjo, a| nm/f dignitary

dignidad |dixni'ðað| nf dignity

digno, a |'dixno, a| adj worthy

digo etc vb ver **decir**

dije etc vb ver **decir**

dilapidar |dilapi'ðar| vt (dinero, herencia) to squander, waste

dilatar |dila'tar| vt (cuerpo) to dilate; (prolongar) to prolong

dilema |di'lema| nm dilemma

diligencia |dili'xenθja| nf diligence; (ocupación) errand, job; ~**s** nfpl (JUR) formalities; **diligente** adj diligent

diluir |dilu'ir| vt to dilute

diluvio |di'lußjo| nm deluge, flood

dimensión |dimen'sjon| nf dimension

diminuto, a |dimi'nuto, a| adj tiny, diminutive

dimitir |dimi'tir| vi to resign

dimos vb ver **dar**

Dinamarca |dina'marka| nf Denmark

dinámico, a |di'namiko, a| adj dynamic

dinamita |dina'mita| nf dynamite

dínamo |'dinamo| nf dynamo

dineral |dine'ral| nm large sum of money, fortune

dinero |di'nero| nm money; ~ **contante**, ~ **efectivo** (ready) cash; ~ **suelto** (loose) change

dio vb ver **dar**

dios |djos| nm god; **¡D~ mío!** (oh,) my God!

diosa |'djosa| nf goddess

diploma |di'ploma| nm diploma

diplomacia |diplo'maθja| nf diplomacy; (fig) tact

diplomado, a |diplo'maðo, a| adj qualified

diplomático, a |diplo'matiko, a| adj diplomatic ♦ nm/f diplomat

diputación |diputa'θjon| nf (tb: ~ provincial) ≈ county council

diputado, a |dipu'taðo, a| nm/f delegate; (POL) ≈ member of parliament (BRIT), ≈ representative (US)

dique |'dike| nm dyke

diré etc vb ver **decir**

dirección |direk'θjon| nf direction; (señas) address; (AUTO) steering; (gerencia) management; (POL) leadership; ~ **única/prohibida** one-way street/no entry

directa |di'rekta| nf (AUT) top gear

directiva |direk'tißa| nf (DEP, tb: junta ~) board of directors

directo, a |di'rekto, a| adj direct; (RADIO, TV) live; **transmitir en ~** to broadcast live

director, a |direk'tor, a| adj leading ♦ nm/f director; (ESCOL) head(teacher) (BRIT), principal (US); (gerente) manager(ess); (PRENSA) editor; ~ **de cine** film director; ~ **general** managing director

dirigente |diri'xente| nm/f (POL) leader

dirigir |diri'xir| vt to direct; (carta) to address; (obra de teatro, film) to direct; (MUS) to conduct; (negocio) to manage; ~**se** vr: ~**se a** to go towards, make one's way towards; (hablar con) to speak to

dirija etc vb ver **dirigir**

discernir |disθer'nir| vt to discern

disciplina |disθi'plina| nf discipline

discípulo, a |dis'θipulo, a| nm/f disciple

disco |'disko| nm disc; (DEPORTE)

discus; (TEL) dial; (AUTO: semáforo)
light; (MUS) record; (INFORM):
~ **flexible/rígido** floppy/hard disk;
~ **compacto/de larga duración**
compact disc/long-playing record;
~ **de freno** brake disc

disconforme [diskon'forme] adj
differing; **estar ~ (con)** to be in
disagreement (with)

discordia [dis'korðja] nf discord

discoteca [disko'teka] nf
disco(theque)

discreción [diskre'θjon] nf discretion;
(reserva) prudence; **comer a ~** to eat
as much as one wishes; **discrecional**
adj (facultativo) discretionary

discrepancia [diskre'panθja] nf
(diferencia) discrepancy; (desacuerdo)
disagreement

discreto, a [dis'kreto, a] adj discreet

discriminación [diskrimina'θjon] nf
discrimination

disculpa [dis'kulpa] nf excuse; (pedir
perdón) apology; **pedir ~s a/por** to
apologize to/for; **disculpar** vt to
excuse, pardon; **disculparse** vr to
excuse o.s.; to apologize

discurrir [disku'rrir] vi (pensar,
reflexionar) to think, meditate; (el
tiempo) to pass, go by

discurso [dis'kurso] nm speech

discusión [disku'sjon] nf (diálogo)
discussion; (riña) argument

discutir [disku'tir] vt (debatir) to
discuss; (pelear) to argue about;
(contradecir) to argue against ♦ vi
(debatir) to discuss; (pelearse) to argue

disecar [dise'kar] vt (conservar: animal)
to stuff; (: planta) to dry

diseminar [disemi'nar] vt to
disseminate, spread

diseñar [dise'nar] vt, vi to design

diseño [di'seno] nm design

disfraz [dis'fraθ] nm (máscara)
disguise; (excusa) pretext; **~ar** vt to
disguise; **~arse** vr: **~arse de** to
disguise o.s. as

disfrutar [disfru'tar] vt to enjoy ♦ vi to
enjoy o.s.; ~ **de** to enjoy, possess

disgregarse [disvre'varse] vr
(muchedumbre) to disperse

disgustar [disvus'tar] vt (no gustar) to
displease; (contrariar, enojar) to annoy,
upset; **~se** vr (enfadarse) to get upset;
(dos personas) to fall out

disgusto [dis'vusto] nm (contrariedad)
annoyance; (tristeza) grief; (riña)
quarrel

disidente [disi'ðente] nm dissident

disimular [disimu'lar] vt (ocultar) to
hide, conceal ♦ vi to dissemble

disipar [disi'par] vt to dispel; (fortuna)
to squander; **~se** vr (nubes) to vanish;
(indisciplinarse) to dissipate

dislocarse [dislo'karse] vr
(articulación) to sprain, dislocate

disminución [disminu'θjon] nf
decrease, reduction

disminuido, a [disminu'iðo, a] nm/f:
~ **mental/físico** mentally/physically
handicapped person

disminuir [disminu'ir] vt to decrease,
diminish

disociarse [diso'θjarse] vr: ~ **(de)** to
dissociate o.s. (from)

disolver [disol'ßer] vt (gen) to
dissolve; **~se** vr to dissolve; (COM) to
go into liquidation

dispar [dis'par] adj different

disparar [dispa'rar] vt, vi to shoot, fire

disparate [dispa'rate] nm (tontería)
foolish remark; (error) blunder; **decir
~s** to talk nonsense

disparo [dis'paro] nm shot

dispensar [dispen'sar] vt to dispense;
(disculpar) to excuse

dispersar [disper'sar] vt to disperse;
~se vr to scatter

disponer [dispo'ner] vt (arreglar) to
arrange; (ordenar) to put in order;
(preparar) to prepare, get ready ♦ vi:
~ **de** to have, own; **~se** vr: **~se a o
para hacer** to prepare to do

disponible [dispo'nißle] adj available

disposición [disposi'θjon] nf
arrangement, disposition; (INFORM)
layout; **a la ~ de** at the disposal of;
~ de ánimo state of mind
dispositivo [disposi'tiβo] nm device,
mechanism
dispuesto, a [dis'pwesto, a] pp de
disponer ♦ adj (arreglado) arranged;
(preparado) disposed
disputar [dispu'tar] vt (carrera) to
compete in
disquete [dis'kete] nm floppy disk,
diskette
distancia [dis'tanθja] nf distance
distanciar [distan'θjar] vt to space
out; **~se** vr to become estranged
distante [dis'tante] adj distant
distar [dis'tar] vi: **dista 5km de aquí**
it is 5km from here
diste vb ver **dar**
disteis ['disteis] vb ver **dar**
distensión [disten'sjon] nf (en las
relaciones) relaxation; (POL) détente;
(muscular) strain
distinción [distin'θjon] nf distinction;
(elegancia) elegance; (honor) honour
distinguido, a [distin'giðo, a] adj
distinguished
distinguir [distin'gir] vt to distinguish;
(escoger) to single out; **~se** vr to be
distinguished
distintivo [distin'tiβo] nm badge; (fig)
characteristic
distinto, a [dis'tinto, a] adj different;
(claro) clear
distracción [distrak'θjon] nf
distraction; (pasatiempo) hobby,
pastime; (olvido) absent-mindedness,
distraction
distraer [distra'er] vt (atención) to
distract; (divertir) to amuse; (fondos) to
embezzle; **~se** vr (entretenerse) to
amuse o.s.; (perder la concentración) to
allow one's attention to wander
distraído, a [distra'iðo, a] adj (gen)
absent-minded; (entretenido) amusing
distribuidor, a [distriβui'ðor, a] nm/f

distributor; **distribuidora** nf (COM)
dealer, agent; (CINE) distributor
distribuir [distriβu'ir] vt to distribute
distrito [dis'trito] nm (sector, territorio)
region; (barrio) district
disturbio [dis'turβjo] nm disturbance;
(desorden) riot
disuadir [diswa'ðir] vt to dissuade
disuelto [di'swelto] pp de **disolver**
disyuntiva [disjun'tiβa] nf dilemma
DIU nm abr (= dispositivo intrauterino)
IUD
diurno, a ['djurno, a] adj day cpd
divagar [diβa'var] vi (desviarse) to
digress
diván [di'βan] nm divan
divergencia [diβer'xenθja] nf
divergence
diversidad [diβersi'ðað] nf diversity,
variety
diversificar [diβersifi'kar] vt to
diversify
diversión [diβer'sjon] nf (gen)
entertainment; (actividad) hobby,
pastime
diverso, a [di'βerso, a] adj diverse; **~s**
libros several books; **~s** nmpl sundries
divertido, a [diβer'tiðo, a] adj (chiste)
amusing; (fiesta etc) enjoyable
divertir [diβer'tir] vt (entretener,
recrear) to amuse; **~se** vr (pasarlo bien)
to have a good time; (distraerse) to
amuse o.s.
dividendos [diβi'ðendos] nmpl (COM)
dividends
dividir [diβi'ðir] vt (gen) to divide;
(distribuir) to distribute, share out
divierta etc vb ver **divertir**
divino, a [di'βino, a] adj divine
divirtiendo etc vb ver **divertir**
divisa [di'βisa] nf (emblema) emblem,
badge; **~s** nfpl foreign exchange sg
divisar [diβi'sar] vt to make out,
distinguish
división [diβi'sjon] nf (gen) division;
(de partido) split; (de país) partition
divorciar [diβor'θjar] vt to divorce;

~se vr to get divorced; **divorcio** nm
divorce

divulgar [dißul'ɣar] vt (ideas) to
spread; (secreto) to divulge

DNI (ESP) nm abr (= Documento
Nacional de Identidad) national identity
card

DNI

The **Documento Nacional de
Identidad** is a Spanish ID card
which must be carried at all times
and produced on request for the
police. It contains the holder's photo,
fingerprints and personal details. It is
also known as the DNI or "carnet de
identidad".

Dña. abr (= doña) Mrs

do [do] nm (MUS) do, C

dobladillo [doßla'ðiʎo] nm (de
vestido) hem; (de pantalón: vuelta)
turn-up (BRIT), cuff (US)

doblar [do'ßlar] vt to double; (papel)
to fold; (caño) to bend; (la esquina) to
turn, go round; (film) to dub ♦ vi to
turn; (campana) to toll; **~se** vr
(plegarse) to fold (up), crease;
(encorvarse) to bend

doble ['doßle] adj double; (de dos
aspectos) dual; (fig) two-faced ♦ nm
double ♦ nm/f (TEATRO) double, stand-
in; **~s** nmpl (DEPORTE) doubles sg; **con
sentido ~** with a double meaning

doblegar [doßle'ɣar] vt to fold, crease;
~se vr to yield

doblez [do'ßleθ] nm fold, hem ♦ nf
insincerity, duplicity

doce ['doθe] num twelve; **~na** nf
dozen

docente [do'θente] adj: **centro/
personal ~** teaching establishment/
staff

dócil ['doθil] adj (pasivo) docile;
(obediente) obedient

docto, a ['dokto, a] adj: **~ en**
instructed in

doctor, a [dok'tor, a] nm/f doctor

doctorado [dokto'raðo] nm doctorate

doctrina [dok'trina] nf doctrine,
teaching

documentación [dokumenta'θjon] nf
documentation, papers pl

documental [dokumen'tal] adj, nm
documentary

documento [doku'mento] nm
(certificado) document; **~ national de
identidad** identity card

dólar ['dolar] nm dollar

doler [do'ler] vt, vi to hurt; (fig) to
grieve; **~se** vr (de su situación) to
grieve, feel sorry; (de las desgracias
ajenas) to sympathize; **me duele el
brazo** my arm hurts

dolor [do'lor] nm pain; (fig) grief,
sorrow; **~ de cabeza** headache; **~ de
estómago** stomachache

domar [do'mar] vt to tame

domesticar [domesti'kar] vt =
domar

doméstico, a [do'mestiko, a] adj
(vida, servicio) home; (tareas)
household; (animal) tame, pet

domiciliar [domiθi'ljaθjon] nf:
~ de pagos (COM) standing
order

domicilio [domi'θiljo] nm home;
~ particular private residence;
~ social (COM) head office; **sin ~ fijo**
of no fixed abode

dominante [domi'nante] adj
dominant; (persona) domineering

dominar [domi'nar] vt (gen) to
dominate; (idiomas) to be fluent in ♦ vi
to dominate, prevail; **~se** vr to control
o.s.

domingo [do'miŋgo] nm Sunday

dominio [do'minjo] nm (tierras)
domain; (autoridad) power, authority;
(de las pasiones) grip, hold; (de
idiomas) command

don [don] nm (talento) gift; **~ Juan
Gómez** Mr Juan Gómez, Juan Gómez
Esq (BRIT)

Don/Doña

The term **don/doña** *often abbreviated to D./Dña is often placed before the first name as a mark of respect to an older or more senior person - eg Don Diego, Doña Inés. Although becoming rarer in Spain it is still used with names and surnames on official documents and formal correspondence - eg "Sr. D. Pedro Rodríguez Hernández", "Sra. Dña. Inés Rodríguez Hernández".*

donaire [do'naire] *nm* charm
donar [do'nar] *vt* to donate
donativo [dona'tiβo] *nm* donation
doncella [don'θeʎa] *nf* (criada) maid
donde ['donde] *adv* where ♦ *prep*: **el coche está allí ~ el farol** the car is over there by the lamppost o where the lamppost is; **en ~** where, in which
dónde ['donde] *adv interrogativo* where?; **¿a ~ vas?** where are you going (to)?; **¿de ~ vienes?** where have you been?; **¿por ~?** where?, whereabouts?
dondequiera [donde'kjera] *adv* anywhere; **por ~** everywhere, all over the place ♦ *conj*: **~ que** wherever
doña ['doɲa] *nf*: **~ Alicia** Alicia; **~ Victoria Benito** Mrs Victoria Benito
dorado, a [do'raðo, a] *adj* (color) golden; (TEC) gilt
dormir [dor'mir] *vt*: **~ la siesta** to have an afternoon nap ♦ *vi* to sleep; **~se** *vr* to fall asleep
dormitar [dormi'tar] *vi* to doze
dormitorio [dormi'torjo] *nm* bedroom; **~ común** dormitory
dorsal [dor'sal] *nm* (DEPORTE) number
dorso ['dorso] *nm* (de mano) back; (de hoja) other side
dos [dos] *num* two
dosis ['dosis] *nf inv* dose, dosage
dotado, a [do'taðo, a] *adj* gifted; **~ de** endowed with

dotar [do'tar] *vt* to endow; **dote** *nf* dowry; **dotes** *nfpl* (talentos) gifts
doy *vb ver* **dar**
dragar [dra'ɣar] *vt* (río) to dredge; (minas) to sweep
drama ['drama] *nm* drama
dramaturgo [drama'turɣo] *nm* dramatist, playwright
drástico, a ['drastiko, a] *adj* drastic
drenaje [dre'naxe] *nm* drainage
droga ['droɣa] *nf* drug
drogadicto, a [droɣa'ðikto, a] *nm/f* drug addict
droguería [droɣe'ria] *nf* hardware shop (BRIT) o store (US)
ducha ['dutʃa] *nf* (baño) shower; (MED) douche; **ducharse** *vr* to take a shower
duda ['duða] *nf* doubt; **dudar** *vt, vi* to doubt; **dudoso, a** [du'ðoso, a] *adj* (incierto) hesitant; (sospechoso) doubtful
duela *etc vb ver* **doler**
duelo ['dwelo] *vb ver* **doler** ♦ *nm* (combate) duel; (luto) mourning
duende ['dwende] *nm* imp, goblin
dueño, a ['dweɲo, a] *nm/f* (propietario) owner; (de pensión, taberna) landlord/lady; (empresario) employer
duermo *etc vb ver* **dormir**
dulce ['dulθe] *adj* sweet ♦ *adv* gently, softly ♦ *nm* sweet
dulzura [dul'θura] *nf* sweetness; (ternura) gentleness
duna ['duna] *nf* (GEO) dune
dúo ['duo] *nm* duet
duplicar [dupli'kar] *vt* (hacer el doble de) to duplicate; **~se** *vr* to double
duque ['duke] *nm* duke; **~sa** *nf* duchess
duración [dura'θjon] *nf* (de película, disco etc) length; (de pila etc) life; (curso: de acontecimientos etc) duration
duradero, a [dura'ðero, a] *adj* (tela etc) hard-wearing; (fe, paz) lasting
durante [du'rante] *prep* during
durar [du'rar] *vi* to last; (recuerdo) to remain

durazno [du'raθno] (*AM*) *nm* (*fruta*)
peach; (*árbol*) peach tree
durex ['dureks] (*AM*) *nm* (*tira adhesiva*)
Sellotape ® (*BRIT*), Scotch tape ® (*US*)
dureza [du'reθa] *nf* (*calidad*) hardness
duro, a ['duro, a] *adj* hard; (*carácter*)
tough ♦ *adv* hard ♦ *nm* (*moneda*) five
peseta coin o piece
DVD *nm abr* (= *disco de vídeo digital*)
DVD

E, e

E *abr* (= *este*) E
e [e] *conj* and
ebanista [eβa'nista] *nm/f*
cabinetmaker
ébano ['eβano] *nm* ebony
ebrio, a ['eβrjo, a] *adj* drunk
ebullición [eβuʎi'θjon] *nf* boiling
eccema [ek'θema] *nf* (*MED*) eczema
echar [e'tʃar] *vt* to throw; (*agua, vino*)
to pour (out); (*empleado: despedir*) to
fire, sack; (*hojas*) to sprout; (*cartas*) to
post; (*humo*) to emit, give out ♦ *vi*: ~ a
correr/llorar to run off/burst into
tears; **~se** *vr* to lie down; ~ **llave a** to
lock (up); ~ **abajo** (*gobierno*) to
overthrow; (*edificio*) to demolish;
~ **mano a** to lay hands on; ~ **una
mano a uno** (*ayudar*) to give sb a
hand; ~ **de menos** to miss
eclesiástico, a [ekle'sjastiko, a] *adj*
ecclesiastical
eco ['eko] *nm* echo; **tener ~** to catch
on
ecología [ekolo'xia] *nf* ecology;
ecológico, a *adj* (*producto, método*)
environmentally-friendly; (*agricultura*)
organic; **ecologista** *adj* ecological,
environmental ♦ *nm/f* environmentalist
economato [ekono'mato] *nm*
cooperative store
economía [ekono'mia] *nf* (*sistema*)
economy; (*carrera*) economics
económico, a [eko'nomiko, a] *adj*

(*barato*) cheap, economical;
(*ahorrativo*) thrifty; (*COM: año etc*)
financial; (: *situación*) economic
economista [ekono'mista] *nm/f*
economist
ECU [eku] *nm* ECU
ecuador [ekwa'ðor] *nm* equator; **(el)
E~** Ecuador
ecuánime [e'kwanime] *adj* (*carácter*)
level-headed; (*estado*) calm
ecuatoriano, a [ekwato'rjano, a] *adj,
nm/f* Ecuadorian
ecuestre [e'kwestre] *adj* equestrian
eczema [ek'θema] *nm* = **eccema**
edad [e'ðað] *nf* age; ¿**qué ~ tienes?**
how old are you?; **tiene ocho años
de ~** he is eight (years old); **de
~ mediana/avanzada** middle-aged/
advanced in years; **la E~ Media** the
Middle Ages
edición [eði'θjon] *nf* (*acto*)
publication; (*ejemplar*) edition
edificar [eðifi'kar] *vt, vi* to build
edificio [eði'fiθjo] *nm* building; (*fig*)
edifice, structure
Edimburgo [eðim'burɣo] *nm*
Edinburgh
editar [eði'tar] *vt* (*publicar*) to publish;
(*preparar textos*) to edit
editor, a [eði'tor, a] *nm/f* (*que publica*)
publisher; (*redactor*) editor ♦ *adj*: **casa
~a** publishing house, publisher; **~ial**
adj editorial ♦ *nm* leading article,
editorial; **casa ~ial** publisher
edredón [eðre'ðon] *nm* duvet
educación [eðuka'θjon] *nf* education;
(*crianza*) upbringing; (*modales*) (good)
manners *pl*
educado, a [eðu'kaðo, a] *adj*: **bien/
mal ~** well/badly behaved
educar [eðu'kar] *vt* to educate; (*criar*)
to bring up; (*voz*) to train
EE. UU. *nmpl abr* (= *Estados Unidos*)
US(A)
efectista [efek'tista] *adj* sensationalist
efectivamente [efectiβa'mente] *adv*
(*como respuesta*) exactly, precisely;

efectivo   109   **el**

(*verdaderamente*) really; (*de hecho*) in fact

efectivo, a [efek'tiβo, a] *adj* effective; (*real*) actual, real ♦ *nm*: **pagar en ~ to pay (in) cash**; **hacer ~ un cheque to cash a cheque**

efecto [e'fekto] *nm* effect, result; **~s** *nmpl* (*~ personales*) effects; (*bienes*) goods; (*COM*) assets; **en ~ in fact**; (*respuesta*) exactly, indeed; **~ 2000 millennium bug**; **~ invernadero greenhouse effect**

efectuar [efek'twar] *vt* to carry out; (*viaje*) to make

eficacia [efi'kaθja] *nf* (*de persona*) efficiency; (*de medicamento etc*) effectiveness

eficaz [efi'kaθ] *adj* (*persona*) efficient; (*acción*) effective

eficiente [efi'θjente] *adj* efficient

efusivo, a [efu'siβo, a] *adj* effusive; **mis más efusivas gracias** my warmest thanks

EGB (*ESP*) *nf abr* (*ESCOL*) = Educación General Básica

egipcio, a [e'xipθjo, a] *adj, nm/f* Egyptian

Egipto [e'xipto] *nm* Egypt

egoísmo [evo'ismo] *nm* egoism

egoísta [evo'ista] *adj* egoistical, selfish ♦ *nm/f* egoist

egregio, a [e'vrexjo, a] *adj* eminent, distinguished

Eire ['eire] *nm* Eire

ej. *abr* (= *ejemplo*) eg

aje ['exe] *nm* (*GEO, MAT*) axis; (*de rueda*) axle; (*de máquina*) shaft, spindle

ejecución [exeku'θjon] *nf* execution; (*cumplimiento*) fulfilment; (*MUS*) performance; (*JUR*: *embargo de deudor*) attachment

ejecutar [exeku'tar] *vt* to execute, carry out; (*matar*) to execute; (*cumplir*) to fulfil; (*JUR*: *realizar*) to perform; (*JUR*: *embargar*) to attach, distrain (on)

ejecutivo, a [exeku'tiβo, a] *adj* executive; **el (poder) ~ the executive**

(*power*)

ejemplar [exem'plar] *adj* exemplary ♦ *nm* example; (*ZOOL*) specimen; (*de libro*) copy; (*de periódico*) number, issue

ejemplo [e'xemplo] *nm* example; **por ~ for example**

ejercer [exer'θer] *vt* to exercise; (*influencia*) to exert; (*un oficio*) to practise ♦ *vi* (*practicar*): **~ (de) to practise (as)**

ejercicio [exer'θiθjo] *nm* exercise; (*período*) tenure; **~ comercial financial year**

ejército [e'xerθito] *nm* army; **entrar en el ~ to join the army, join up**

ejote [e'xote] (*AM*) *nm* green bean

PALABRA CLAVE

el (*f* **la**, *pl* **los, las**, *neutro* **lo**) *art def* **1** the; **el libro/la mesa/los estudiantes** the book/table/students
2 (*con n abstracto: no se traduce*): **el amor/la juventud** love/youth
3 (*posesión: se traduce a menudo por adj posesivo*): **romperse el brazo** to break one's arm; **levantó la mano** he put his hand up; **se puso el sombrero** she put her hat on
4 (*valor descriptivo*): **tener la boca grande/los ojos azules** to have a big mouth/blue eyes
5 (*con días*) on; **me iré el viernes** I'll leave on Friday; **los domingos suelo ir a nadar** on Sundays I generally go swimming
6 (*lo + adj*): **lo difícil/caro** what is difficult/expensive; (= *cuán*): **no se da cuenta de lo aburrido que es** he doesn't realise how boring he is
♦ *pron demos* **1**: **mi libro y el de usted** my book and yours; **las de Pepe son mejores** Pepe's are better; **no la(s) blanca(s) sino la(s) gris(es)** not the white one(s) but the grey one(s)
2: **lo de**: **lo de ayer** what happened yesterday; **lo de las facturas** that business about the invoices

♦ *pron relativo:* **el que** etc **1** (*indef*): **el (los) que quiera(n) que se vaya(n)** anyone who wants to can leave; **llévese el que más le guste** take the one you like best
2 (*def*): **el que compré ayer** the one I bought yesterday; **los que se van** those who leave
3: lo que: lo que pienso yo/más me gusta what I think/like most
♦ *conj:* **el que: el que lo diga** the fact that he says so; **el que sea tan vago me molesta** his being so lazy bothers me
♦ *excl:* **¡el susto que me diste!** what a fright you gave me!
♦ *pron personal* **1** (*persona: m*) him; (*: f*) her; (*: pl*) them; **lo/las veo** I can see him/them
2 (*animal, cosa: sg*) it; (*: pl*) them; **lo (o la) veo** I can see it; **los (o las) veo** I can see them
3: lo (*como sustituto de frase*): **no lo sabía** I didn't know; **ya lo entiendo** I understand now

él [el] *pron* (*persona*) he; (*cosa*) it; (*después de prep: persona*) him; (*: cosa*) it; **de ~** his

elaborar [elaβo'rar] *vt* (*producto*) to make, manufacture; (*preparar*) to prepare; (*madera, metal etc*) to work; (*proyecto etc*) to work on o out

elasticidad [elastiθi'ðað] *nf* elasticity

elástico, a [e'lastiko, a] *adj* elastic; (*flexible*) flexible ♦ *nm* elastic; (*un ~*) elastic band

elección [elek'θjon] *nf* election; (*selección*) choice, selection

electorado [elekto'raðo] *nm* electorate, voters *pl*

electricidad [elektriθi'ðað] *nf* electricity

electricista [elektri'θista] *nm/f* electrician

eléctrico, a [e'lektriko, a] *adj* electric

electro... [elektro] *prefijo* electro...;

~cardiograma *nm* electrocardiogram; **~cutar** *vt* to electrocute; **~do** *nm* electrode; **~domésticos** *nmpl* (electrical) household appliances; **~magnético, a** *adj* electromagnetic

electrónica [elek'tronika] *nf* electronics *sg*

electrónico, a [elek'troniko, a] *adj* electronic

elefante [ele'fante] *nm* elephant

elegancia [ele'yanθja] *nf* elegance, grace; (*estilo*) stylishness

elegante [ele'xante] *adj* elegant, graceful; (*estiloso*) stylish, fashionable

elegir [ele'xir] *vt* (*escoger*) to choose, select; (*optar*) to opt for; (*presidente*) to elect

elemental [elemen'tal] *adj* (*claro, obvio*) elementary; (*fundamental*) elemental, fundamental

elemento [ele'mento] *nm* element; (*fig*) ingredient; **~s** *nmpl* elements, rudiments

elepé [ele'pe] (*pl*: **elepés**) *nm* L.P.

elevación [eleßa'θjon] *nf* elevation; (*acto*) raising, lifting; (*de precios*) rise; (*GEO etc*) height, altitude

elevar [ele'ßar] *vt* to raise, lift (up); (*precio*) to put up; **~se** *vr* (*edificio*) to rise; (*precios*) to go up

eligiendo etc *vb ver* **elegir**

elija etc *vb ver* **elegir**

eliminar [elimi'nar] *vt* to eliminate, remove

eliminatoria [elimina'torja] *nf* heat, preliminary (round)

elite [e'lite] *nf* elite

ella ['eʎa] *pron* (*persona*) she; (*cosa*) it; (*después de prep: persona*) her; (*: cosa*) it; **de ~** hers

ellas ['eʎas] *pron* (*personas y cosas*) they; (*después de prep*) them; **de ~** theirs

ello ['eʎo] *pron* it

ellos ['eʎos] *pron* they; (*después de prep*) them; **de ~** theirs

elocuencia [elo'kwenθja] *nf*

eloquence

elogiar [elo'xjar] vt to praise; **elogio** nm praise

elote [e'lote] (AM) nm corn on the cob

eludir [elu'ðir] vt to avoid

emanar [ema'nar] vi: ~ **de** to emanate from, come from; (derivar de) to originate in

emancipar [emanθi'par] vt to emancipate; ~**se** to become emancipated, free o.s.

embadurnar [embaður'nar] vt to smear

embajada [emba'xaða] nf embassy

embajador, a [embaxa'ðor, a] nm/f ambassador/ambassadress

embalaje [emba'laxe] nm packing

embalar [emba'lar] vt to parcel, wrap (up); ~**se** vr to go fast

embalsamar [embalsa'mar] vt to embalm

embalse [em'balse] nm (presa) dam; (lago) reservoir

embarazada [embara'θaða] adj pregnant ♦ nf pregnant woman

embarazo [emba'raθo] nm (de mujer) pregnancy; (impedimento) obstacle, obstruction; (timidez) embarrassment; **embarazoso, a** adj awkward, embarrassing

embarcación [embarka'θjon] nf (barco) boat, craft; (acto) embarkation, boarding

embarcadero [embarka'ðero] nm pier, landing stage

embarcar [embar'kar] vt (cargamento) to ship, stow; (persona) to embark, put on board; ~**se** vr to embark, go on board

embargar [embar'var] vt (JUR) to seize, impound

embargo [em'barvo] nm (JUR) seizure; (COM, POL) embargo

embargue [em'barve] etc vb ver **embargar**

embarque etc [em'barke] vb ver **embarcar** ♦ nm shipment, loading

embaucar [embau'kar] vt to trick, fool

embeber [embe'ßer] vt (absorber) to absorb, soak up; (empapar) to saturate ♦ vi to shrink; ~**se** vr: ~**se en un libro** to be engrossed o absorbed in a book

embellecer [embeʎe'θer] vt to embellish, beautify

embestida [embes'tiða] nf attack, onslaught; (carga) charge

embestir [embes'tir] vt to attack, assault; to charge, attack ♦ vi to attack

emblema [em'blema] nm emblem

embobado, a [embo'ßaðo, a] adj (atontado) stunned, bewildered

embolia [em'bolja] nf (MED) clot

émbolo [em'bolo] nm (AUTO) piston

embolsar [embol'sar] vt to pocket, put in one's pocket

emborrachar [emborra'tʃar] vt to make drunk, intoxicate; ~**se** vr to get drunk

emboscada [embos'kaða] nf ambush

embotar [embo'tar] vt to blunt, dull; ~**se** vr (adormecerse) to go numb

embotellamiento [emboteʎa'mjento] nm (AUTO) traffic jam

embotellar [embote'ʎar] vt to bottle

embrague [em'brave] nm (tb: pedal de ~) clutch

embriagar [embrja'var] vt (emborrachar) to make drunk; ~**se** vr (emborracharse) to get drunk

embrión [em'brjon] nm embryo

embrollar [embro'ʎar] vt (el asunto) to confuse, complicate; (implicar) to involve, embroil; ~**se** vr (confundirse) to get into a muddle o mess

embrollo [em'broʎo] nm (enredo) muddle, confusion; (aprieto) fix, jam

embrujado, a [embru'xaðo, a] adj bewitched; **casa embrujada** haunted house

embrutecer [embrute'θer] vt (atontar) to stupefy; ~**se** vr to be stupefied

embudo [em'buðo] nm funnel

embuste [em'buste] nm (mentira) lie;

~ro, a adj lying, deceitful ♦ nm/f (mentiroso) liar

embutido [embu'tiðo] nm (CULIN) sausage; (TEC) inlay

emergencia [emer'xenθja] nf emergency; (surgimiento) emergence

emerger [emer'ver] vi to emerge, appear

emigración [emiɣra'θjon] nf emigration; (de pájaros) migration

emigrar [emi'ɣrar] vi (personas) to emigrate; (pájaros) to migrate

eminencia [emi'nenθja] nf eminence; **eminente** adj eminent, distinguished; (elevado) high

emisario [emi'sarjo] nm emissary

emisión [emi'sjon] nf (acto) emission; (COM etc) issue; (RADIO, TV: acto) broadcasting; (: programa) broadcast, programme (BRIT), program (US)

emisora [emi'sora] nf radio o broadcasting station

emitir [emi'tir] vt (olor etc) to emit, give off; (moneda etc) to issue; (opinión) to express; (RADIO) to broadcast

emoción [emo'θjon] nf emotion; (excitación) excitement; (sentimiento) feeling

emocionante [emoθjo'nante] adj (excitante) exciting, thrilling

emocionar [emoθjo'nar] vt (excitar) to excite, thrill; (conmover) to move, touch; (impresionar) to impress

emotivo, a [emo'tiβo, a] adj emotional

empacar [empa'kar] vt (gen) to pack; (en caja) to bale, crate

empacho [em'patʃo] nm (MED) indigestion; (fig) embarrassment

empadronarse [empaðro'narse] vr (POL: como elector) to register

empalagoso, a [empala'ɣoso, a] adj cloying, (fig) tiresome

empalmar [empal'mar] vt to join, connect ♦ vi (dos caminos) to meet, join; **empalme** nm joint, connection;

junction; (de trenes) connection

empanada [empa'naða] nf pie, pasty

empantanarse [empanta'narse] vr to get swamped; (fig) to get bogged down

empañarse [empa'narse] vr (cristales etc) to steam up

empapar [empa'par] vt (mojar) to soak, saturate; (absorber) to soak up, absorb; **~se** vr: **~se de** to soak up

empapelar [empape'lar] vt (paredes) to paper

empaquetar [empake'tar] vt to pack, parcel up

empastar [empas'tar] vt (embadurnar) to paste; (diente) to fill

empaste [em'paste] nm (de diente) filling

empatar [empa'tar] vi to draw, tie; **empate** nm draw, tie

empecé etc vb ver **empezar**

empedernido, a [empeðer'niðo, a] adj hard, heartless; (fumador) inveterate

empedrado, a [empe'ðraðo, a] adj paved ♦ nm paving

empeine [em'peine] nm (de pie, zapato) instep

empellón [empe'ʎon] nm push, shove

empeñado, a [empe'naðo, a] adj (persona) determined; (objeto) pawned

empeñar [empe'nar] vt (objeto) to pawn, pledge; (persona) to compel; **~se** vr (endeudarse) to get into debt; **~se en** to be set on, be determined to

empeño [em'peno] nm (determinación, insistencia) determination, insistence; **casa de ~s** pawnshop

empeorar [empeo'rar] vt to make worse, worsen ♦ vi to get worse, deteriorate

empequeñecer [empekene'θer] vt to dwarf; (minusvalorar) to belittle

emperador [empera'ðor] nm emperor; **emperatriz** nf empress

empezar [empe'θar] vt, vi to begin, start

empiece etc vb ver **empezar**

empiezo etc vb ver **empezar**

empinar [empi'nar] vt to raise; **~se** vr (persona) to stand on tiptoe; (animal) to rear up; (camino) to climb steeply

empírico, a [em'piriko, a] adj empirical

emplasto [em'plasto] nm (MED) plaster

emplazamiento [emplaθa'mjento] nm site, location; (JUR) summons sg

emplazar [empla'θar] vt (ubicar) to site, place, locate; (JUR) to summons; (convocar) to summon

empleado, a [emple'aðo, a] nm/f (gen) employee; (de banco etc) clerk

emplear [emple'ar] vt (usar) to use, employ; (dar trabajo a) to employ; **~se** vr (conseguir trabajo) to be employed; (ocuparse) to occupy o.s.

empleo [em'pleo] nm (puesto) job; (puestos: colectivamente) employment; (uso) use, employment

empobrecer [empoβre'θer] vt to impoverish; **~se** vr to become poor o impoverished

empollar [empo'ʎar] vt, vi to swot (up); **empollón, ona** (fam) nm/f swot

emporio [em'porjo] nm (AM: gran almacén) department store

empotrado, a [empo'traðo, a] adj (armario etc) built-in

emprender [empren'der] vt (empezar) to begin, embark on; (acometer) to tackle, take on

empresa [em'presa] nf (de espíritu etc) enterprise; (COM) company, firm; **~rio, a** nm/f (COM) businessman/woman

empréstito [em'prestito] nm (public) loan

empujar [empu'xar] vt to push, shove

empujón [empu'xon] nm push, shove

empuñar [empu'nar] vt (asir) to grasp, take (firm) hold of

emular [emu'lar] vt to emulate; (rivalizar) to rival

PALABRA CLAVE

---

en [en] prep **1** (posición) in; (: sobre) on; **está ~ el cajón** it's in the drawer; **~ Argentina/La Paz** in Argentina/La Paz; **~ la oficina/el colegio** at the office/school; **está ~ el suelo/quinto piso** it's on the floor/the fifth floor

2 (dirección) into; **entró ~ el aula** she went into the classroom; **meter algo ~ el bolso** to put sth into one's bag

3 (tiempo) in; on; **~ 1605/3 semanas/invierno** in 1605/3 weeks/ winter; **~ (el mes de) enero** in (the month of) January; **~ aquella ocasión/época** on that occasion/at that time

4 (precio) for; **lo vendió ~ 20 dólares** he sold it for 20 dollars

5 (diferencia) by; **reducir/aumentar ~ una tercera parte/un 20 por ciento** to reduce/increase by a third/ 20 per cent

6 (manera): **~ avión/autobús** by plane/bus; **escrito ~ inglés** written in English

7 (después de vb que indica gastar etc) on; **han cobrado demasiado ~ dietas** they've charged too much to expenses; **se le va la mitad del sueldo ~ comida** he spends half his salary on food

8 (tema, ocupación): **experto ~ la materia** expert on the subject; **trabaja ~ la construcción** he works in the building industry

9 (adj + ~ + infin): **lento ~ reaccionar** slow to react

---

enaguas [e'naɣwas] nfpl petticoat sg, underskirt sg

enajenación [enaxena'θjon] nf: **~ mental** mental derangement

enajenar [enaxe'nar] vt (volver loco) to drive mad

enamorado, a [enamo'raðo, a] adj in love ♦ nm/f lover

enamorar |enamo'rar| vt to win the love of; **~se** vr: **~se de alguien** to fall in love with sb

enano, a |e'nano, a| adj tiny ♦ nm/f dwarf

enardecer |enarðe'θer| vt (pasiones) to fire, inflame; (persona) to fill with enthusiasm; **~se** vr: **~se por** to get excited about; (entusiasmarse) to be enthusiastic about

encabezamiento |enkaβeθa'mjento| nm (de carta) heading; (de periódico) headline

encabezar |enkaβe'θar| vt (movimiento, revolución) to lead, head; (lista) to head, be at the top of; (carta) to put a heading to

encadenar |enkaðe'nar| vt to chain (together); (poner grilletes a) to shackle

encajar |enka'xar| vt (ajustar): ~ (en) to fit (into); (fam: golpe) to take ♦ vi to fit (well); (fig: corresponder a) to match; **~se** vr: **~se en un sillón** to squeeze into a chair

encaje |en'kaxe| nm (labor) lace

encalar |enka'lar| vt (pared) to whitewash

encallar |enka'ʎar| vi (NAUT) to run aground

encaminar |enkami'nar| vt to direct, send; **~se** vr: **~se a** to set out for

encantado, a |enkan'taðo, a| adj (hechizado) bewitched; (muy contento) delighted; **¡~!** how do you do, pleased to meet you

encantador, a |enkanta'ðor, a| adj charming, lovely ♦ nm/f magician, enchanter/enchantress

encantar |enkan'tar| vt (agradar) to charm, delight; (hechizar) to bewitch, cast a spell on; **me encanta eso** I love that; (encantamiento) spell, charm; (fig) charm, delight

encarcelar |enkarθe'lar| vt to imprison, jail

encarecer |enkare'θer| vt to put up the price of; **~se** vr to become dearer

encarecimiento |enkareθi'mjento| nm price increase

encargado, a |enkar'xaðo, a| adj in charge ♦ nm/f agent, representative; (responsable) person in charge

encargar |enkar'xar| vt to entrust; (recomendar) to urge, recommend; **~se** vr: **~se de** to look after, take charge of

encargo |en'karxo| nm (tarea) assignment, job; (responsabilidad) responsibility; (COM) order

encariñarse |enkari'narse| vr: ~ **con** to grow fond of, get attached to

encarnación |enkarna'θjon| nf incarnation, embodiment

encarnizado, a |enkarni'θaðo, a| adj (lucha) bloody, fierce

encarrilar |enkarri'lar| vt (tren) to put back on the rails; (fig) to correct, put on the right track

encasillar |enkasi'ʎar| vt (tb fig) to pigeonhole; (actor) to typecast

encauzar |enkau'θar| vt to channel

encendedor |enθende'ðor| nm lighter

encender |enθen'der| vt (con fuego) to light; (luz, radio) to put on, switch on; (avivar: pasiones) to inflame; **~se** vr to catch fire; (excitarse) to get excited; (de cólera) to flare up; (el rostro) to blush

encendido |enθen'diðo| nm (AUTO) ignition

encerado |enθe'raðo| nm (ESCOL) blackboard

encerar |enθe'rar| vt (suelo) to wax, polish

encerrar |enθe'rrar| vt (confinar) to shut in, shut up; (comprender, incluir) to include, contain

encharcado, a |entʃar'kaðo, a| adj (terreno) flooded

encharcarse |entʃar'karse| vr to get flooded

enchufado, a |entʃu'faðo, a| (fam) nm/f well-connected person

enchufar |entʃu'far| vt (ELEC) to plug in; (TEC) to connect, fit together; **~se** vr

enchufe nm (ELEC: clavija) plug;

(: *toma*) socket; (*de dos tubos*) joint, connection; (*fam: influencia*) contact, connection; (: *empleo*) cushy job

encía [en'θia] *nf* gum

encienda *etc vb ver* **encender**

encierro *etc* [en'θjerro] *vb ver* **encerrar ♦** *nm* shutting in, shutting up; (*calabozo*) prison

encima [en'θima] *adv* (*sobre*) above, over; (*además*) besides; **~ de** (*en*) on, on top of; (*sobre*) above, over; (*además de*) besides, on top of; **por ~ de** over; **¿llevas dinero ~?** have you (got) any money on you?; **se me vino ~** it took me by surprise

encina [en'θina] *nf* holm oak

encinta [en'θinta] *adj* pregnant

enclenque [en'klenke] *adj* weak, sickly

encoger [enko'xer] *vt* to shrink, contract; **~se** *vr* to shrink, contract; (*fig*) to cringe; **~se de hombros** to shrug one's shoulders

encolar [enko'lar] *vt* (*engomar*) to glue, paste; (*pegar*) to stick down

encolerizar [enkoleri'θar] *vt* to anger, provoke; **~se** *vr* to get angry

encomendar [enkomen'dar] *vt* to entrust, commend; **~se** *vr*: **~se a** to put one's trust in

encomiar [enko'mjar] *vt* to praise, pay tribute to

encomienda *etc* [enko'mjenda] *vb ver* **encomendar ♦** *nf* (*encargo*) charge, commission; (*elogio*) tribute; **~ postal** (*AM*) parcel post

encontrado, a [enkon'traðo, a] *adj* (*contrario*) contrary, conflicting

encontrar [enkon'trar] *vt* (*hallar*) to find; (*inesperadamente*) to meet, run into; **~se** *vr* to meet (each other); (*situarse*) to be (situated); **~se con** to meet; **~se bien (de salud)** to feel well

encrespar [enkres'par] *vt* (*cabellos*) to curl; (*fig*) to anger, irritate; **~se** *vr* (*el mar*) to get rough; (*fig*) to get cross, get irritated

encrucijada [enkruθi'xaða] *nf* crossroads *sg*

encuadernación [enkwaðerna'θjon] *nf* binding

encuadernador, a [enkwaðerna'ðor, a] *nm/f* bookbinder

encuadrar [enkwa'ðrar] *vt* (*retrato*) to frame; (*ajustar*) to fit, insert; (*contener*) to contain

encubrir [enku'ßrir] *vt* (*ocultar*) to hide, conceal; (*criminal*) to harbour, shelter

encuentro *etc* [en'kwentro] *vb ver* **encontrar ♦** *nm* (*de personas*) meeting; (*AUTO etc*) collision, crash; (*DEPORTE*) match, game; (*MIL*) encounter

encuesta [en'kwesta] *nf* inquiry, investigation; (*sondeo*) (public) opinion poll; **~ judicial** post mortem

encumbrar [enkum'brar] *vt* (*persona*) to exalt

endeble [en'deßle] *adj* (*argumento, excusa, persona*) weak

endémico, a [en'demiko, a] *adj* (*MED*) endemic; (*fig*) rife, chronic

endemoniado, a [endemo'njaðo, a] *adj* possessed (of the devil); (*travieso*) devilish

enderezar [endere'θar] *vt* (*poner derecho*) to straighten (out); (: *verticalmente*) to set upright; (*situación*) to straighten o sort out; (*dirigir*) to direct; **~se** *vr* (*persona sentada*) to straighten up

endeudarse [endeu'ðarse] *vr* to get into debt

endiablado, a [endja'ßlaðo, a] *adj* devilish, diabolical; (*travieso*) mischievous

endilgar [endil'var] (*fam*) *vt*: **~le algo a uno** to lumber sb with sth; **~le un sermón a uno** to lecture sb

endiñar [endi'ɲar] (*fam*) *vt* (*bofetón*) to land, belt

endosar [endo'sar] *vt* (*cheque etc*) to endorse

endulzar [endul'θar] vt to sweeten; (*suavizar*) to soften

endurecer [endure'θer] vt to harden; **~se** vr to harden, grow hard

enema [e'nema] nm (MED) enema

enemigo, a [ene'miɣo, a] adj enemy, hostile ♦ nm/f enemy

enemistad [enemis'tað] nf enmity

enemistar [enemis'tar] vt to make enemies of, cause a rift between; **~se** vr to become enemies; (*amigos*) to fall out

energía [ener'xia] nf (*vigor*) energy, drive; (*empuje*) push; (TEC, ELEC) energy, power; **~ eólica** wind power; **~ solar** solar energy/power

enérgico, a [e'nerxiko, a] adj (*gen*) energetic; (*voz, modales*) forceful

energúmeno, a [ener'vumeno, a] (*fam*) nm/f (*fig*) madman/woman

enero [e'nero] nm January

enfadado, a [enfa'ðaðo, a] adj angry, annoyed

enfadar [enfa'ðar] vt to anger, annoy; **~se** vr to get angry o annoyed

enfado [en'faðo] nm (*enojo*) anger, annoyance; (*disgusto*) trouble, bother

énfasis ['enfasis] nm emphasis, stress

enfático, a [en'fatiko, a] adj emphatic

enfermar [enfer'mar] vt to make ill ♦ vi to fall ill, be taken ill

enfermedad [enferme'ðað] nf illness; **~ venérea** venereal disease

enfermera [enfer'mera] nf nurse

enfermería [enferme'ria] nf infirmary; (*de colegio etc*) sick bay

enfermero [enfer'mero] nm (male) nurse

enfermizo, a [enfer'miθo, a] adj (*persona*) sickly, unhealthy; (*fig*) unhealthy

enfermo, a [en'fermo, a] adj ill, sick ♦ nm/f invalid, sick person; (*en hospital*) patient

enflaquecer [enflake'θer] vt (*adelgazar*) to make thin; (*debilitar*) to weaken

enfocar [enfo'kar] vt (*foto etc*) to focus; (*problema etc*) to approach

enfoque etc [en'foke] vb ver **enfocar** ♦ nm focus.

enfrascarse [enfras'karse] vr: **~ en algo** to bury o.s. in sth

enfrentar [enfren'tar] vt (*peligro*) to face (up to), confront; (*oponer*) to bring face to face; **~se** vr (*dos personas*) to face o confront each other; (DEPORTE: *dos equipos*) to meet; **~se a** o **con** to face up to, confront

enfrente [en'frente] adv opposite; **la casa de ~** the house opposite, the house across the street; **~ de** opposite, facing

enfriamiento [enfria'mjento] nm chilling, refrigeration; (MED) cold, chill

enfriar [enfri'ar] vt (*alimentos*) to cool, chill; (*algo caliente*) to cool down; **~se** vr to cool down; (MED) to catch a chill; (*amistad*) to cool

enfurecer [enfure'θer] vt to enrage, madden; **~se** vr to become furious, fly into a rage; (*mar*) to get rough

engalanar [engala'nar] vt (*adornar*) to adorn; (*ciudad*) to decorate; **~se** vr to get dressed up

enganchar [engan'tʃar] vt to hook; (*dos vagones*) to hitch up; (TEC) to couple, connect; (MIL) to recruit; **~se** vr (MIL) to enlist, join up

enganche [en'gantʃe] nm hook; (TEC) coupling, connection; (*acto*) hooking (up); (MIL) recruitment, enlistment; (AM: *depósito*) deposit

engañar [enga'ɲar] vt to deceive; (*estafar*) to cheat, swindle; **~se** vr (*equivocarse*) to be wrong; (*disimular la verdad*) to deceive o.s.

engaño [en'gaɲo] nm deceit; (*estafa*) trick, swindle; (*error*) mistake, misunderstanding; (*ilusión*) delusion; **~so, a** adj (*tramposo*) crooked; (*mentiroso*) dishonest, deceitful; (*aspecto*) deceptive; (*consejo*) misleading

engarzar [engar'θar] vt (joya) to set, mount; (fig) to link, connect

engatusar [engatu'sar] (fam) vt to coax

engendrar [enxen'drar] vt to breed; (procrear) to beget; (causar) to cause, produce; **engendro** nm (BIO) foetus; (fig) monstrosity

englobar [englo'ßar] vt to include, comprise

engordar [engor'ðar] vt to fatten ♦ vi to get fat, put on weight

engorroso, a [engo'rroso, a] adj bothersome, trying

engranaje [engra'naxe] nm (AUTO) gear

engrandecer [engrande'θer] vt to enlarge, magnify; (alabar) to praise, speak highly of; (exagerar) to exaggerate

engrasar [engra'sar] vt (TEC: poner grasa) to grease; (: lubricar) to lubricate, oil; (manchar) to make greasy

engreído, a [engre'iðo, a] adj vain, conceited

engrosar [engro'sar] vt (ensanchar) to enlarge; (aumentar) to increase; (hinchar) to swell

enhebrar [ene'ßrar] vt to thread

enhorabuena [enora'ßwena] excl ¡~! congratulations! ♦ nf: dar la ~ a to congratulate

enigma [e'niɣma] nm enigma; (problema) puzzle; (misterio) mystery

enjabonar [enxaßo'nar] vt (para lavar) to soap; (fam: adular) to soft-soap

enjambre [en'xambre] nm swarm

enjaular [enxau'lar] vt to (put in a) cage; (fam) to jail, lock up

enjuagar [enxwa'ɣar] vt (ropa) to rinse (out)

enjuague etc [en'xwaɣe] vb ver **enjuagar** ♦ nm (MED) mouthwash; (de ropa) rinse, rinsing

enjugar [enxu'ɣar] vt to wipe (off); (lágrimas) to dry; (déficit) to wipe out

enjuiciar [enxwi'θjar] vt (JUR: procesar) to prosecute, try; (fig) to judge

enjuto, a [en'xuto, a] adj (flaco) lean, skinny

enlace [en'laθe] nm link, connection; (relación) relationship; (tb: ~ matrimonial) marriage; (de carretera, trenes) connection; ~ sindical shop steward

enlatado, a [enla'taðo, a] adj (comida, productos) tinned, canned

enlazar [enla'θar] vt (unir con lazos) to bind together; (atar) to tie; (conectar) to link, connect; (AM) to lasso

enlodar [enlo'ðar] vt to cover in mud; (fig: manchar) to stain; (: rebajar) to debase

enloquecer [enloke'θer] vt to drive mad ♦ vi to go mad; ~se vr to go mad

enlutado, a [enlu'taðo, a] adj (persona) in mourning

enmarañar [enmara'nar] vt (enredar) to tangle (up), entangle; (complicar) to complicate; (confundir) to confuse; ~se vr (enredarse) to become entangled; (confundirse) to get confused

enmarcar [enmar'kar] vt (cuadro) to frame

enmascarar [enmaska'rar] vt to mask; ~se vr to put on a mask

enmendar [enmen'dar] vt to emend, correct; (constitución etc) to amend; (comportamiento) to reform; ~se vr to reform, mend one's ways; **enmienda** nf correction; amendment; reform

enmohecerse [enmoe'θerse] vr (metal) to rust, go rusty; (muro, plantas) to get mouldy

enmudecer [enmuðe'θer] vi (perder el habla) to fall silent; (guardar silencio) to remain silent

ennegrecer [ennexre'θer] vt (poner negro) to blacken; (oscurecer) to darken; ~se vr to turn black; (oscurecerse) to get dark, darken

ennoblecer [ennoßle'θer] vt to ennoble

enojar [eno'xar] vt (encolerizar) to

anger; (*disgustar*) to annoy, upset; **~se** vr to get angry; to get annoyed

enojo [e'noxo] nm (*cólera*) anger; (*irritación*) annoyance; **~so, a** adj annoying

enorgullecerse [enorɣuʎe'θerse] vr to be proud; **~ de** to pride o.s. on, be proud of

enorme [e'norme] adj enormous, huge; (*fig*) monstrous; **enormidad** nf hugeness, immensity

enrarecido, a [enrare'θiðo, a] adj (*atmósfera, aire*) rarefied

enredadera [enreða'ðera] nf (*BOT*) creeper, climbing plant

enredar [enre'ðar] vt (*cables, hilos etc*) to tangle (up), entangle; (*situación*) to complicate, confuse; (*meter cizaña*) to sow discord among o between; (*implicar*) to embroil, implicate; **~se** vr to get entangled, get tangled (up); (*situación*) to get complicated; (*persona*) to get embroiled; (*AM: fam*) to meddle

enredo [en'reðo] nm (*maraña*) tangle; (*confusión*) mix-up, confusion; (*intriga*) intrigue

enrejado [enre'xaðo] nm fence, railings pl

enrevesado, a [enreße'saðo, a] adj (*asunto*) complicated, involved

enriquecer [enrike'θer] vt to make rich, enrich; **~se** vr to get rich

enrojecer [enroxe'θer] vt to redden ♦ vi (*persona*) to blush; **~se** vr to blush

enrolar [enro'lar] vt (*MIL*) to enlist; (*reclutar*) to recruit; **~se** vr (*MIL*) to join up; (*afiliarse*) to enrol

enrollar [enro'ʎar] vt to roll (up), wind (up)

enroscar [enros'kar] vt (*torcer, doblar*) to coil (round), wind; (*tornillo, rosca*) to screw in; **~se** vr to coil, wind

ensalada [ensa'laða] nf salad; **ensaladilla (rusa)** nf Russian salad

ensalzar [ensal'θar] vt (*alabar*) to praise, extol; (*exaltar*) to exalt

ensamblaje [ensam'blaxe] nm assembly; (*TEC*) joint

ensanchar [ensan'tʃar] vt (*hacer más ancho*) to widen; (*agrandar*) to enlarge, expand; (*COSTURA*) to let out; **~se** vr to get wider, expand; **ensanche** nm (*de calle*) widening

ensangrentar [ensangren'tar] vt to stain with blood

ensañar [ensa'ɲar] vt to enrage; **~se** vr: **~se con** to treat brutally

ensartar [ensar'tar] vt (*cuentas, perlas etc*) to string (together)

ensayar [ensa'jar] vt to test, try (out); (*TEATRO*) to rehearse

ensayo [en'sajo] nm test, trial; (*QUÍM*) experiment; (*TEATRO*) rehearsal; (*DEPORTE*) try; (*ESCOL, LITERATURA*) essay

enseguida [ense'ɣiða] adv at once, right away

ensenada [ense'naða] nf inlet, cove

enseñanza [ense'ɲanθa] nf (*educación*) education; (*acción*) teaching; (*doctrina*) teaching, doctrine

enseñar [ense'ɲar] vt (*educar*) to teach; (*mostrar, señalar*) to show

enseres [en'seres] nmpl belongings

ensillar [ensi'ʎar] vt to saddle (up)

ensimismarse [ensimis'marse] vr (*abstraerse*) to become lost in thought; (*AM*) to become conceited

ensombrecer [ensombre'θer] vt to darken, cast a shadow over; (*fig*) to overshadow, put in the shade

ensordecer [ensorðe'θer] vt to deafen ♦ vi to go deaf

ensortijado, a [ensorti'xaðo, a] adj (*pelo*) curly

ensuciar [ensu'θjar] vt (*manchar*) to dirty, soil; (*fig*) to defile; **~se** vr to get dirty; (*niño*) to wet o.s.

ensueño [en'sweɲo] nm (*sueño*) dream, fantasy; (*ilusión*) illusion; (*soñando despierto*) daydream

entablar [enta'ßlar] vt (*recubrir*) to board (up); (*AJEDREZ, DAMAS*) to set up; (*conversación*) to strike up; (*JUR*) to file

♦ *vi* to draw
entablillar |entaßli'ʎar| *vt* (MED) to (put in a) splint

entallar |enta'ʎar| *vt* (*traje*) to tailor
♦ *vi*: **el traje entalla bien** the suit fits well

ente |'ente| *nm* (*organización*) body, organization; (*fam: persona*) odd character

entender |enten'der| *vt* (*comprender*) to understand; (*darse cuenta*) to realize ♦ *vi* to understand; (*creer*) to think, believe; **~se** *vr* (*comprenderse*) to be understood; (*2 personas*) to get on together; (*ponerse de acuerdo*) to agree, reach an agreement; **~ de** to know all about; **~ algo de** to know a little about; **~ en** to deal with, have to do with; **~se mal** (*2 personas*) to get on badly

entendido, a |enten'dido, a| *adj* (*comprendido*) understood; (*hábil*) skilled; (*inteligente*) knowledgeable ♦ *nm/f* (*experto*) expert ♦ *excl* agreed!; **entendimiento** *nm* (*comprensión*) understanding; (*inteligencia*) mind, intellect; (*juicio*) judgement

enterado, a |ente'rado, a| *adj* well-informed; **estar ~ de** to know about, be aware of

enteramente |entera'mente| *adv* entirely, completely

enterar |ente'rar| *vt* (*informar*) to inform, tell; **~se** *vr* to find out, get to know

entereza |ente'reθa| *nf* (*totalidad*) entirety; (*fig: carácter*) strength of mind; (*: honradez*) integrity

enternecer |enterne'θer| *vt* (*ablandar*) to soften; (*apiadar*) to touch, move; **~se** *vr* to be touched, be moved

entero, a |en'tero, a| *adj* (*total*) whole, entire; (*fig: honesto*) honest; (*: firme*) firm, resolute ♦ *nm* (COM: *punto*) point; (AM: *pago*) payment

enterrador |enterra'ðor| *nm* gravedigger

enterrar |ente'rrar| *vt* to bury

entibiar |enti'ßjar| *vt* (*enfriar*) to cool; (*calentar*) to warm; **~se** *vr* (*fig*) to cool

entidad |enti'ðað| *nf* (*empresa*) firm, company; (*organismo*) body; (*sociedad*) society; (FILOSOFÍA) entity

entiendo *etc vb ver* **entender**

entierro |en'tjerro| *nm* (*acción*) burial; (*funeral*) funeral

entonación |entona'θjon| *nf* (LING) intonation

entonar |ento'nar| *vt* (*canción*) to intone; (*colores*) to tone; (MED) to tone up ♦ *vi* to be in tune

entonces |en'tonθes| *adv* then, at that time; **desde ~** since then; **en aquel ~** at that time; (*pues*) **~ and so**

entornar |entor'nar| *vt* (*puerta, ventana*) to half close, leave ajar; (*los ojos*) to screw up

entorpecer |entorpe'θer| *vt* (*entendimiento*) to dull; (*impedir*) to obstruct, hinder; (: *tránsito*) to slow down, delay

entrada |en'traða| *nf* (*acción*) entry, access; (*sitio*) entrance, way in; (INFORM) input; (COM) receipts *pl*, takings *pl*; (CULIN) starter; (DEPORTE) innings *sg*; (TEATRO) house, audience; (*billete*) ticket; (COM): **~s y salidas** income and expenditure; (TEC): **~ de aire** air intake o inlet; **de ~** from the outset

entrado, a |en'traðo, a| *adj*: **~ en años** elderly; **una vez ~ el verano** in the summer(time), when summer comes

entramparse |entram'parse| *vr* to get into debt

entrante |en'trante| *adj* next, coming; **mes/año ~** next month/year; **~s** *nmpl* starters

entraña |en'traɲa| *nf* (*fig: centro*) heart, core; (*raíz*) root; **~s** *nfpl* (ANAT) entrails; (*fig*) heart *sg*; **sin ~s** (*fig*) heartless; **entrañable** *adj* close, intimate; **entrañar** *vt* to entail

entrar [en'trar] vt (introducir) to bring in; (INFORM) to input ♦ vi (meterse) to go in, come in, enter; (comenzar):
~ **diciendo** to begin by saying; **hacer** ~ to show in; **no me entra** I can't get the hang of it

entre ['entre] prep (dos) between; (más de dos) among(st)

entreabrir [entrea'βrir] vt to half-open, open halfway

entrecejo [entre'θexo] nm: **fruncir el** ~ to frown

entrecortado, a [entrekor'taðo, a] adj (respiración) difficult; (habla) faltering

entredicho [entre'ðitʃo] nm (JUR) injunction; **poner en** ~ to cast doubt on; **estar en** ~ to be in doubt

entrega [en'treɣa] nf (dar) delivery; (de mercancías) delivery; (de novela etc) instalment

entregar [entre'ɣar] vt (dar) to hand (over), deliver; ~**se** vr (rendirse) to surrender, give in, submit; (dedicarse) to devote o.s.

entrelazar [entrela'θar] vt to entwine

entremeses [entre'meses] nmpl hors d'œuvres

entremeter [entreme'ter] vt to insert, put in; ~**se** vr to meddle, interfere; **entremetido, a** adj meddling, interfering

entremezclar [entremeθ'klar] vt to intermingle; ~**se** vr to intermingle

entrenador, a [entrena'ðor, a] nm/f trainer, coach

entrenarse [entre'narse] vr to train

entrepierna [entre'pjerna] nf crotch

entresacar [entresa'kar] vt to pick out, select

entresuelo [entre'swelo] nm mezzanine

entretanto [entre'tanto] adv meanwhile, meantime

entretejer [entrete'xer] vt to interweave

entretener [entrete'ner] vt (divertir) to entertain, amuse; (detener) to hold up,

delay; ~**se** vr (divertirse) to amuse o.s.; (retrasarse) to delay, linger;

entretenido, a adj entertaining, amusing; **entretenimiento** nm entertainment, amusement

entrever [entre'βer] vt to glimpse, catch a glimpse of

entrevista [entre'βista] nf interview; **entrevistar** vt to interview; **entrevistarse** vr to have an interview

entristecer [entriste'θer] vt to sadden, grieve; ~**se** vr to grow sad

entrometerse [entrome'terse] vr: ~ **(en)** to interfere (o in o with)

entroncar [entron'kar] vi to be connected o related

entumecer [entume'θer] vt to numb, benumb; ~**se** vr (por el frío) to go o become numb; **entumecido, a** adj numb, stiff

enturbiar [entur'βjar] vt (el agua) to make cloudy; (fig) to confuse; ~**se** vr (oscurecerse) to become cloudy; (fig) to get confused, become obscure

entusiasmar [entusjas'mar] vt to excite, fill with enthusiasm; (gustar mucho) to delight; ~**se** vr: ~**se con** o **por** to get enthusiastic o excited about

entusiasmo [entu'sjasmo] nm enthusiasm; (excitación) excitement

entusiasta [entu'sjasta] adj enthusiastic ♦ nm/f enthusiast

enumerar [enume'rar] vt to enumerate

enunciación [enunθja'θjon] nf enunciation

enunciado [enun'θjaðo] nm enunciation

envainar [embai'nar] vt to sheathe

envalentonar [embalento'nar] vt to give courage to; ~**se** vr (pey: jactarse) to boast, brag

envanecer [embane'θer] vt to make conceited; ~**se** vr to grow conceited

envasar [emba'sar] vt (empaquetar) to pack, wrap; (enfrascar) to bottle; (enlatar) to can; (embolsar) to pocket

envase [em'base] nm (en paquete) packing, wrapping; (en botella) bottling; (en lata) canning; (recipiente) container; (paquete) package; (botella) bottle; (lata) tin (BRIT), can

envejecer [embexe'θer] vt to make old, age ♦ vi (volverse viejo) to grow old; (parecer viejo) to age; **~se** vr to grow old; to age

envenenar [embene'nar] vt to poison; (fig) to embitter

envergadura [emberva'ðura] nf (fig) scope, compass

envés [em'bes] nm (de tela) back, wrong side

enviar [em'bjar] vt to send

enviciarse [embi'θjarse] vr: **~ (con)** to get addicted (to)

envidia [em'biðja] nf envy; **tener ~ a** to envy, be jealous of; **envidiar** vt to envy

envío [em'bio] nm (acción) sending; (de mercancías) consignment; (de dinero) remittance

enviudar [embju'ðar] vi to be widowed

envoltura [embol'tura] nf (cobertura) cover; (embalaje) wrapper, wrapping; **envoltorio** nm package

envolver [embol'βer] vt to wrap (up); (cubrir) to cover; (enemigo) to surround; (implicar) to involve, implicate

envuelto [em'bwelto] pp de **envolver**

enyesar [enje'sar] vt (pared) to plaster; (MED) to put in plaster

enzarzarse [enθar'θarse] vr: **~ en** (pelea) to get mixed up in; (disputa) to get involved in

épica ['epika] nf epic

épico, a ['epiko, a] adj epic

epidemia [epi'ðemja] nf epidemic

epilepsia [epi'lepsja] nf epilepsy

epílogo [e'piloγo] nm epilogue

episodio [epi'soðjo] nm episode

epístola [e'pistola] nf epistle

época ['epoka] nf period, time;

(HISTORIA) age, epoch; **hacer ~** to be epoch-making

equilibrar [ekili'βrar] vt to balance; **equilibrio** nm balance, equilibrium; **equilibrista** nmf (funámbulo) tightrope walker; (acróbata) acrobat

equipaje [eki'paxe] nm luggage; (avíos): **~ de mano** hand luggage

equipar [eki'par] vt (proveer) to equip

equipararse [ekipa'rarse] vr: **~ con** to be on a level with

equipo [e'kipo] nm (conjunto de cosas) equipment; (DEPORTE) team; (de obreros) shift

equis ['ekis] nf inv (the letter) X

equitación [ekita'θjon] nf horse riding

equitativo, a [ekita'tiβo, a] adj equitable, fair

equivalente [ekiβa'lente] adj, nm equivalent

equivaler [ekiβa'ler] vi to be equivalent o equal

equivocación [ekiβoka'θjon] nf mistake, error

equivocado, a [ekiβo'kaðo, a] adj wrong, mistaken

equivocarse [ekiβo'karse] vr to be wrong, make a mistake; **~ de camino** to take the wrong road

equívoco, a [e'kiβoko, a] adj (dudoso) suspect; (ambiguo) ambiguous ♦ nm ambiguity; (malentendido) misunderstanding

era ['era] vb ver **ser** ♦ nf era, age

eraje = **eraje**

éramos vb ver **ser**

eran vb ver **ser**

erario [e'rarjo] nm exchequer (BRIT), treasury

eras vb ver **ser**

erección [erek'θjon] nf erection

eres vb ver **ser**

erguir [er'xir] vt to raise, lift; (poner derecho) to straighten; **~se** vr to straighten up

erigir [eri'xir] vt to erect, build; **~se** vr: **~se en** to set o.s. up as

erizarse [eri'θarse] *vr* (pelo: de perro) to bristle; (: de persona) to stand on end

erizo [e'riθo] *nm* (ZOOL) hedgehog; **~ de mar** sea-urchin

ermita [er'mita] *nf* hermitage

ermitaño, a [ermi'taɲo, a] *nm/f* hermit

erosión [ero'sjon] *nf* erosion

erosionar [erosjo'nar] *vt* to erode

erótico, a [e'rotiko, a] *adj* erotic; **erotismo** *nm* eroticism

erradicar [erraði'kar] *vt* to eradicate

errante [e'rrante] *adj* wandering, errant

errar [e'rrar] *vi* (vagar) to wander, roam; (equivocarse) to be mistaken ♦ *vt*: **~ el camino** to take the wrong road; **~ el tiro** to miss

erróneo, a [e'rroneo, a] *adj* (equivocado) wrong, mistaken

error [e'rror] *nm* error, mistake; (INFORM) bug; **~ de imprenta** misprint

eructar [eruk'tar] *vi* to belch, burp

erudito, a [eru'ðito, a] *adj* erudite, learned

erupción [erup'θjon] *nf* eruption; (MED) rash

es *vb ver* **ser**

esa ['esa] (pl **esas**) *adj demos ver* **ese**

ésa ['esa] (pl **ésas**) *pron ver* **ése**

esbelto, a [es'βelto, a] *adj* slim, slender

esbozo [es'βoθo] *nm* sketch, outline

escabeche [eska'βetʃe] *nm* brine; (de aceitunas etc) pickle; **en ~** pickled

escabroso, a [eska'βroso, a] *adj* (accidentado) rough, uneven; (fig) tough, difficult; (: atrevido) risqué

escabullirse [eskaβuˈʎirse] *vr* to slip away, to clear out

escafandra [eska'fandra] *nf* (buzo) diving suit; (~ espacial) space suit

escala [es'kala] *nf* (proporción, MUS) scale; (de mano) ladder; (AVIAT) stopover; **hacer ~ en** to stop o call in at

escalafón [eskala'fon] *nm* (escala de salarios) salary scale, wage scale

escalar [eska'lar] *vt* to climb, scale

escalera [eska'lera] *nf* stairs *pl*, staircase; (escala) ladder; (NAIPES) run; **~ mecánica** escalator; **~ de caracol** spiral staircase

escalfar [eskal'far] *vt* (huevos) to poach

escalinata [eskali'nata] *nf* staircase

escalofriante [eskalo'frjante] *adj* chilling

escalofrío [eskalo'frio] *nm* (MED) chill; **~s** *nmpl* (fig) shivers

escalón [eska'lon] *nm* step, stair; (de escalera) rung

escalope [eska'lope] *nm* (CULIN) escalope

escama [es'kama] *nf* (de pez, serpiente) scale; (de jabón) flake; (fig) resentment

escamar [eska'mar] *vt* (fig) to make wary o suspicious

escamotear [eskamote'ar] *vt* (robar) to lift, swipe; (hacer desaparecer) to make disappear

escampar [eskam'par] *vb impers* to stop raining

escandalizar [eskandali'θar] *vt* to scandalize, shock; **~se** *vr* to be shocked; (ofenderse) to be offended

escándalo [es'kandalo] *nm* scandal; (alboroto, tumulto) row, uproar; **escandaloso, a** *adj* scandalous, shocking

escandinavo, a [eskandi'naβo, a] *adj, nm/f* Scandinavian

escaño [es'kaɲo] *nm* bench; (POL) seat

escapar [eska'par] *vi* (gen) to escape, run away; (DEPORTE) to break away; **~se** *vr* to escape, get away; (agua, gas) to leak out

escaparate [eskapa'rate] *nm* shop window

escape [es'kape] *nm* (de agua, gas) leak; (de motor) exhaust

escarabajo [eskara'βaxo] *nm* beetle

escaramuza [eskara'muθa] *nf* skirmish

escarbar [eskar'ßar] vt (tierra) to scratch

escarceos [eskar'θeos] nmpl (fig): **en mis ~ con la política** ... in my dealings with politics ...; **~ amorosos** love affairs

escarcha [es'kartʃa] nf frost

escarchado, a [eskar'tʃaðo, a] adj (CULIN: fruta) crystallized

escarlata [eskar'lata] adj inv scarlet; **escarlatina** nf scarlet fever

escarmentar [eskarmen'tar] vt to punish severely ♦ vi to learn one's lesson

escarmiento etc [eskar'mjento] vb ver **escarmentar** ♦ nm (ejemplo) lesson; (castigo) punishment

escarnio [es'karnjo] nm mockery; (injuria) insult

escarola [eska'rola] nf endive

escarpado, a [eskar'paðo, a] adj (pendiente) sheer, steep; (rocas) craggy

escasear [eskase'ar] vi to be scarce

escasez [eska'seθ] nf (falta) shortage, scarcity; (pobreza) poverty

escaso, a [es'kaso, a] adj (poco) scarce; (raro) rare; (ralo) thin, sparse; (limitado) limited

escatimar [eskati'mar] vt to skimp (on), be sparing with

escayola [eska'jola] nf plaster

escena [es'θena] nf scene

escenario [esθe'narjo] nm (TEATRO) stage; (CINE) set; (fig) scene; **escenografía** nf set design

escepticismo [esθepti'θismo] nm scepticism; **escéptico, a** adj sceptical ♦ nm/f sceptic

escisión [esθi'sjon] nf (de partido, secta) split

esclarecer [esklare'θer] vt (misterio, problema) to shed light on

esclavitud [esklaßi'tuð] nf slavery

esclavizar [esklaßi'θar] vt to enslave

esclavo, a [es'klaßo, a] nm/f slave

esclusa [es'klusa] nf (de canal) lock; (compuerta) floodgate

escoba [es'koßa] nf broom; **escobilla** nf brush

escocer [esko'θer] vi to burn, sting; **~se** vr to chafe, get chafed

escocés, esa [esko'θes, esa] adj Scottish ♦ nm/f Scotsman/woman, Scot

Escocia [es'koθja] nf Scotland

escoger [esko'xer] vt to choose, pick, select; **escogido, a** adj chosen, selected

escolar [esko'lar] adj school cpd ♦ nm/f schoolboy/girl, pupil

escollo [es'koʎo] nm (obstáculo) pitfall

escolta [es'kolta] nf escort; **escoltar** vt to escort

escombros [es'kombros] nmpl (basura) rubbish sg; (restos) debris sg

esconder [eskon'der] vt to hide, conceal; **~se** vr to hide; **escondidas** (AM) nfpl **a escondidas** secretly; **escondite** nm hiding place; (juego) hide-and-seek; **escondrijo** nm hiding place, hideout

escopeta [esko'peta] nf shotgun

escoria [es'korja] nf (de alto horno) slag; (fig) scum, dregs pl

Escorpio [es'korpjo] nm Scorpio

escorpión [eskor'pjon] nm scorpion

escotado, a [esko'taðo, a] adj low-cut

escote [es'kote] nm (de vestido) low neck; **pagar a ~** to share the expenses

escotilla [esko'tiʎa] nf (NAUT) hatch(way)

escozor [esko'θor] nm (dolor) stinging

escribir [eskri'ßir] vt, vi to write; **~ a máquina** to type; **¿cómo se escribe?** how do you spell it?

escrito, a [es'krito, a] pp de **escribir** ♦ nm (documento) document; (manuscrito) text, manuscript; **por ~** in writing

escritor, a [eskri'tor, a] nm/f writer

escritorio [eskri'torjo] nm desk

escritura [eskri'tura] nf (acción) writing; (caligrafía) (hand)writing; (JUR: documento) deed

escrúpulo [es'krupulo] nm scruple; (*minuciosidad*) scrupulousness; **escrupuloso, a** adj scrupulous

escrutar [eskru'tar] vt to scrutinize, examine; (*votos*) to count

escrutinio [eskru'tinjo] nm (*examen atento*) scrutiny; (*POL: recuento de votos*) count(ing)

escuadra [es'kwaðra] nf (*MIL etc*) squad; (*NAUT*) squadron; (*de coches etc*) fleet; **escuadrilla** nf (*de aviones*) squadron; (*AM: de obreros*) gang

escuadrón [eskwa'ðron] nm squadron

escuálido, a [es'kwaliðo, a] adj skinny, scraggy; (*sucio*) squalid

escuchar [esku'tʃar] vt to listen to ♦ vi to listen

escudilla [esku'ðiʎa] nf bowl, basin

escudo [es'kuðo] nm shield

escudriñar [eskuðri'ɲar] vt (*examinar*) to investigate, scrutinize; (*mirar de lejos*) to scan

escuela [es'kwela] nf school; **~ de artes y oficios** (*ESP*) ≈ technical college; **~ normal** teacher training college

escueto, a [es'kweto, a] adj plain; (*estilo*) simple

escuincle [es'kwinkle] (*AM: fam*) nm/f kid

esculpir [eskul'pir] vt to sculpt; (*grabar*) to engrave; (*tallar*) to carve; **escultor, a** nm/f sculptor/tress; **escultura** nf sculpture

escupidera [eskupi'ðera] nf spittoon

escupir [esku'pir] vt, vi to spit (out)

escurreplatos [eskurre'platos] nm inv plate rack

escurridizo, a [eskurri'ðiθo, a] adj slippery

escurridor [eskurri'ðor] nm colander

escurrir [esku'rrir] vt (*ropa*) to wring out; (*verduras, platos*) to drain ♦ vi (*líquidos*) to drip; **~se** vr (*secarse*) to drain; (*resbalarse*) to slip, slide; (*escaparse*) to slip away

ese [ese] (*f esa, pl esos, esas*) adj

demos (*sg*) that; (*pl*) those

ése [ese] (*f ésa, pl ésos, ésas*) pron (*sg*) that (one); (*pl*) those (ones); **~ ... éste ...** the former ... the latter ...; **no me vengas con ésas** don't give me any more of that nonsense

esencia [e'senθja] nf essence; **esencial** adj essential

esfera [es'fera] nf sphere; (*de reloj*) face; **esférico, a** adj spherical

esforzarse [esfor'θarse] vr to exert o.s., make an effort

esfuerzo etc [es'fwerθo] vb ver **esforzar ♦** nm effort

esfumarse [esfu'marse] vr (*apoyo, esperanzas*) to fade away

esgrima [es'ɣrima] nf fencing

esgrimir [esɣri'mir] vt (*arma*) to brandish; (*argumento*) to use

esguince [es'ɣinθe] nm (*MED*) sprain

eslabón [esla'βon] nm link

eslip [ez'lip] nm pants pl (*BRIT*), briefs pl

eslovaco, a [eslo'βako, a] adj, nm/f Slovak, Slovakian ♦ nm (*LING*) Slovak, Slovakian

Eslovaquia [eslo'βakja] nf Slovakia

esmaltar [esmal'tar] vt to enamel; **esmalte** nm enamel; **esmalte de uñas** nail varnish o polish

esmerado, a [esme'raðo, a] adj careful, neat

esmeralda [esme'ralda] nf emerald

esmerarse [esme'rarse] vr (*aplicarse*) to take great pains, exercise great care; (*afanarse*) to work hard

esmero [es'mero] nm (great) care

esnob [es'noβ] (*pl ~s*) adj (*persona*) snobbish ♦ nm/f snob; **~ismo** nm snobbery

eso [eso] pron that, that thing o matter; **~ de su coche** that business about his car; **~ de ir al cine** all that about going to the cinema; **a ~ de las cinco** at about five o'clock; **en ~** thereupon, at that point; **~ es** that's it; **¡~ sí que es vida!** now that is really living!; **por ~ te lo dije** that's why I

told you; **y ~ que llovía** in spite of
the fact it was raining

esos ['esos] *adj demos ver* **ese**

ésos ['esos] *pron ver* **ése**

espabilar *etc* [espaβi'lar] =
despabilar *etc*

espacial [espa'θjal] *adj (del espacio)*
space *cpd*

espaciar [espa'θjar] *vt* to space (out)

espacio [es'paθjo] *nm* space; *(MUS)*
interval; *(RADIO, TV)* programme *(BRIT)*,
program *(US)*; **el ~** space; **~so, a** *adj*
spacious, roomy

espada [es'paða] *nf* sword; **~s** *nfpl*
(NAIPES) spades

espaguetis [espa'γetis] *nmpl* spaghetti
sg

espalda [es'palda] *nf (gen)* back; **~s**
nfpl (hombros) shoulders; **a ~s de uno**
behind sb's back; **tenderse de ~s** to
lie (down) on one's back; **volver la
~ a alguien** to cold-shoulder sb

espantajo [espan'taxo] *nm* =
espantapájaros

espantapájaros [espanta'paxaros]
nm inv scarecrow

espantar [espan'tar] *vt (asustar)* to
frighten, scare; *(ahuyentar)* to frighten
off; *(asombrar)* to horrify, appal; **~se**
to get frightened o scared; to be
appalled

espanto [es'panto] *nm (susto)* fright;
(terror) terror; *(asombro)* astonishment;
~so, a *adj* frightening; terrifying;
astonishing

España [es'paɲa] *nf* Spain; **español, a**
adj Spanish ♦ *nm/f* Spaniard ♦ *nm*
(LING) Spanish

esparadrapo [espara'ðrapo] *nm*
(sticking) plaster *(BRIT)*, adhesive tape
(US)

esparcimiento [esparθi'mjento] *nm*
(dispersión) spreading; *(diseminación)*
scattering; *(fig)* cheerfulness

esparcir [espar'θir] *vt* to spread;
(diseminar) to scatter; **~se** *vr* to spread
(out); to scatter; *(divertirse)* to enjoy
o.s.

espárrago [es'parraγo] *nm* asparagus

esparto [es'parto] *nm* esparto (grass)

espasmo [es'pasmo] *nm* spasm

espátula [es'patula] *nf* spatula

especia [es'peθja] *nf* spice

especial [espe'θjal] *adj* special; **~idad**
nf speciality *(BRIT)*, specialty *(US)*

especie [es'peθje] *nf (BIO)* species;
(clase) kind, sort; **en ~** in kind

especificar [espeθifi'kar] *vt* to specify;
específico, a *adj* specific

espécimen [es'peθimen] *(pl*
especímenes) *nm* specimen

espectáculo [espek'takulo] *nm (gen)*
spectacle; *(TEATRO etc)* show

espectador, a [espekta'ðor, a] *nm/f*
spectator

espectro [es'pektro] *nm* ghost; *(fig)*
spectre

especular [espeku'lar] *vt, vi* to
speculate

espejismo [espe'xismo] *nm* mirage

espejo [es'pexo] *nm* mirror;
~ retrovisor rear-view mirror

espeluznante [espeluθ'nante] *adj*
horrifying, hair-raising

espera [es'pera] *nf (pausa, intervalo)*
wait; *(JUR: plazo)* respite; **en ~ de**
waiting for; *(con expectativa)* expecting

esperanza [espe'ranθa] *nf (confianza)*
hope; *(expectativa)* expectation; **hay
pocas ~s de que venga** there is little
prospect of his coming

esperar [espe'rar] *vt (aguardar)* to wait
for; *(tener expectativa de)* to expect;
(desear) to hope for ♦ *vi* to wait; to
expect; to hope

esperma [es'perma] *nf* sperm

espesar [espe'sar] *vt* to thicken; **~se** *vr*
to thicken, get thicker

espeso, a [es'peso, a] *adj* thick;
espesor *nm* thickness

espía [es'pia] *nm/f* spy; **espiar** *vt*
(observar) to spy on

espiga [es'piγa] *nf (BOT: de trigo etc)*
ear

espigón [espi'ɣon] nm (BOT) ear; (NAUT) breakwater

espina [es'pina] nf thorn; (de pez) bone; ~ **dorsal** (ANAT) spine

espinaca [espi'naka] nf spinach

espinazo [espi'naθo] nm spine, backbone

espinilla [espi'niʎa] nf (ANAT: tibia) shin(bone); (grano) blackhead

espino, a [es'pino, a] adj (planta) thorny, prickly; (asunto) difficult

espionaje [espjo'naxe] nm spying, espionage

espiral [espi'ral] adj, nf spiral

espirar [espi'rar] vt to breathe out, exhale

espiritista [espiri'tista] adj, nm/f spiritualist

espíritu [es'piritu] nm spirit; **espiritual** adj spiritual

espita [es'pita] nf tap

espléndido, a [es'plendiðo, a] adj (magnífico) magnificent, splendid; (generoso) generous

esplendor [esplen'dor] nm splendour

espolear [espole'ar] vt to spur on

espoleta [espo'leta] nf (de bomba) fuse

espolón [espo'lon] nm sea wall

espolvorear [espolβore'ar] vt to dust, sprinkle

esponja [es'ponxa] nf sponge; (fig) sponger; **esponjoso, a** adj spongy

espontaneidad [espontanei'ðað] nf spontaneity; **espontáneo, a** adj spontaneous

esposa [es'posa] nf wife; ~s nfpl handcuffs; **esposar** vt to handcuff

esposo [es'poso] nm husband

espray [es'prai] nm spray

espuela [es'pwela] nf spur

espuma [es'puma] nf foam; (de cerveza) froth, head; (de jabón) lather; **espumadera** nf (utensilio) skimmer; **espumoso, a** adj frothy, foamy; (vino) sparkling

esqueleto [eske'leto] nm skeleton

esquema [es'kema] nm (diagrama)

diagram; (dibujo) plan; (FILOSOFÍA) schema

esquí [es'ki] (pl ~s) nm (objeto) ski; (DEPORTE) skiing; ~ **acuático** water-skiing; **esquiar** vi to ski

esquilar [eski'lar] vt to shear

esquimal [eski'mal] adj, nm/f Eskimo

esquina [es'kina] nf corner

esquinazo [eski'naθo] nm: **dar ~ a algn** to give sb the slip

esquirol [eski'rol] nm blackleg

esquivar [eski'βar] vt to avoid

esquivo, a [es'kiβo, a] adj evasive; (tímido) reserved; (huraño) unsociable

esta ['esta] adj demos ver **este²**

está vb ver **estar**

ésta ['esta] pron ver **éste**

estabilidad [estaβili'ðað] nf stability; **estable** adj stable

establecer [estaβle'θer] vt to establish; ~**se** vr to establish o.s.; (echar raíces) to settle (down); **establecimiento** nm establishment

establo [es'taβlo] nm (AGR) stable

estaca [es'taka] nf stake, post; (de tienda de campaña) peg

estacada [esta'kaða] nf (cerca) fence, fencing; (palenque) stockade

estación [esta'θjon] nf station; (del año) season; ~ **de autobuses** bus station; ~ **balnearia** seaside resort; ~ **de servicio** service station

estacionamiento [estaθjona'mjento] nm (AUTO) parking; (MIL) stationing

estacionar [estaθjo'nar] vt (AUTO) to park; (MIL) to station; ~**io, a** adj stationary; (COM: mercado) slack

estadio [es'taðjo] nm (fase) stage, phase; (DEPORTE) stadium

estadista [esta'ðista] nm (POL) statesman; (ESTADÍSTICA) statistician

estadística [esta'ðistika] nf figure, statistic; (ciencia) statistics sg

estado [es'taðo] nm (POL: condición) state; ~ **de ánimo** state of mind; ~ **de cuenta** bank statement; ~ **de sitio** state of siege; ~ **civil** marital status;

~ **mayor** staff; **estar en ~** to be pregnant; **(los) E~s Unidos** *nmpl* the United States (of America) *sg*

estadounidense [estaðouniˈðense] *adj* United States *cpd*, American ♦ *nm/f* American

estafa [esˈtafa] *nf* swindle, trick; **estafar** *vt* to swindle, defraud

estafeta [estaˈfeta] *nf* (*oficina de correos*) post office; ~ **diplomática** diplomatic bag

estáis *vb ver* **estar**

estallar [estaˈʎar] *vi* to burst; (*bomba*) to explode, go off; (*epidemia, guerra, rebelión*) to break out; ~ **en llanto** to burst into tears; **estallido** *nm* explosion; (*fig*) outbreak

estampa [esˈtampa] *nf* print, engraving

estampado, a [estamˈpaðo, a] *adj* printed ♦ *nm* (*impresión: acción*) printing; (: *efecto*) print; (*marca*) stamping

estampar [estamˈpar] *vt* (*imprimir*) to print; (*marcar*) to stamp; (*metal*) to engrave; (*poner sello en*) to stamp; (*fig*) to stamp, imprint

estampida [estamˈpiða] *nf* stampede

estampido [estamˈpiðo] *nm* bang, report

están *vb ver* **estar**

estancado, a [estanˈkaðo, a] *adj* stagnant

estancar [estanˈkar] *vt* (*aguas*) to hold up, hold back; (*COM*) to monopolize; (*fig*) to block, hold up; ~**se** *vr* to stagnate

estancia [esˈtanθja] *nf* (*permanencia*) stay; (*sala*) room; (*AM*) ranch, farm; **estanciero** (*AM*) *nm* farmer, rancher

estanco, a [esˈtanko, a] *adj* watertight ♦ *nm* tobacconist's (shop), cigar store (*US*)

Estanco

Cigarettes, tobacco, postage stamps and official forms are all sold under state monopoly in shops called an **estanco**. Although tobacco products can also be bought in bars and quioscos they are generally more expensive.

estándar [esˈtandar] *adj, nm* standard; **estandarizar** *vt* to standardize

estandarte [estanˈdarte] *nm* banner, standard

estanque [esˈtanke] *nm* (*lago*) pool, pond; (*AGR*) reservoir

estanquero, a [estanˈkero, a] *nm/f* tobacconist

estante [esˈtante] *nm* (*armario*) rack, stand; (*biblioteca*) bookcase; (*anaquel*) shelf; (*AM*) prop; **estantería** *nf* shelving, shelves *pl*

estaño [esˈtaɲo] *nm* tin

PALABRA CLAVE

estar [esˈtar] *vi* **1** (*posición*) to be; **está en la plaza** it's in the square; **¿está Juan?** is Juan in?; **estamos a 30 km de Junín** we're 30 kms from Junín

2 (+ *adj: estado*) to be; ~ **enfermo** to be ill; **está muy elegante** he's looking very smart; **¿cómo estás?** how are you keeping?

3 (+ *gerundio*) to be; **estoy leyendo** I'm reading

4 (*uso pasivo*): **está condenado a muerte** he's been condemned to death; **está envasado en ...** it's packed in ...

5 (*con fechas*): **¿a cuántos estamos?** what's the date today?; **estamos a 5 de mayo** it's the 5th of May

6 (*locuciones*): **¿estamos?** (*¿de acuerdo?*) okay?; (*¿listo?*) ready?; **¡ya está bien!** that's enough!

7: ~ **de**: ~ **de vacaciones/viaje** to be on holiday/away o on a trip; **está de camarero** he's working as a waiter

8: ~ **para**: **está para salir** he's about to leave; **no estoy para bromas** I'm not in the mood for jokes

9: ~ por (*propuesta etc*) to be in favour of; (*persona etc*) to support, side with; **está por limpiar** it still has to be cleaned
10: ~ sin: ~ sin dinero to have no money; **está sin terminar** it isn't finished yet
♦ **~se** vr: **se estuvo en la cama toda la tarde** he stayed in bed all afternoon

estas ['estas] adj demos ver **este**[2]

éstas ['estas] pron ver **éste**

estatal [esta'tal] adj state cpd

estático, a [es'tatiko, a] adj static

estatua [es'tatwa] nf statue

estatura [esta'tura] nf stature, height

estatuto [esta'tuto] nm (JUR) statute; (*de ciudad*) bye-law; (*de comité*) rule

este[1] ['este] nm east

este[2] ['este] (f **esta**, pl **estos**, **estas**) adj demos (sg) this; (pl) these

esté etc vb ver **estar**

éste ['este] (f **ésta**, pl **éstos**, **éstas**) pron (sg) this (one); (pl) these (ones); **ése ... ~ ...** the former ... the latter ....

estelar [este'lar] adj (ASTRO) stellar; (*actuación, reparto*) star (atr)

estén etc vb ver **estar**

estepa [es'tepa] nf (GEO) steppe

estera [es'tera] nf mat(ting)

estéreo [es'tereo] adj inv, nm stereo; **estereotipo** nm stereotype

estéril [es'teril] adj sterile, barren; (fig) vain, futile; **esterilizar** vt to sterilize

esterlina [ester'lina] adj: **libra ~** pound sterling

estés etc vb ver **estar**

estética [es'tetika] nf aesthetics sg

estético, a [es'tetiko, a] adj aesthetic

estibador [estiβa'ðor] nm stevedore, docker

estiércol [es'tjerkol] nm dung, manure

estigma [es'tixma] nm stigma

estilarse [esti'larse] vr to be in fashion

estilo [es'tilo] nm style; (TEC) stylus; (NATACIÓN) stroke; **algo por el ~**

something along those lines

estima [es'tima] nf esteem, respect

estimación [estima'θjon] nf (*evaluación*) estimation; (*aprecio, afecto*) esteem, regard

estimar [esti'mar] vt (*evaluar*) to estimate; (*valorar*) to value; (*apreciar*) to esteem, respect; (*pensar, considerar*) to think, reckon

estimulante [estimu'lante] adj stimulating ♦ nm stimulant

estimular [estimu'lar] vt to stimulate; (*excitar*) to excite

estímulo [es'timulo] nm stimulus; (*ánimo*) encouragement

estipulación [estipula'θjon] nf stipulation, condition

estipular [estipu'lar] vt to stipulate

estirado, a [esti'raðo, a] adj (*tenso*) (stretched o drawn) tight; (fig: persona) stiff, pompous

estirar [esti'rar] vt to stretch; (*dinero, suma etc*) to stretch out; **~se** vr to stretch

estirón [esti'ron] nm pull, tug; (*crecimiento*) spurt, sudden growth; **dar un ~** (*niño*) to shoot up

estirpe [es'tirpe] nf stock, lineage

estival [esti'βal] adj summer cpd

esto ['esto] pron this, this thing o matter; **~ de la boda** this business about the wedding

Estocolmo [esto'kolmo] nm Stockholm

estofado [esto'faðo] nm stew

estofar [esto'far] vt to stew

estómago [es'tomaɣo] nm stomach; **tener ~** to be thick-skinned

estorbar [estor'βar] vt to hinder, obstruct; (*molestar*) to bother, disturb ♦ vi to be in the way; **estorbo** nm (*molestia*) bother, nuisance; (*obstáculo*) hindrance, obstacle

estornudar [estornu'ðar] vi to sneeze

estos ['estos] adj demos ver **este**[2]

éstos ['estos] pron ver **éste**

estoy vb ver **estar**

estrado [es'traðo] nm platform

estrafalario, a [estrafa'larjo, a] adj odd, eccentric

estrago [es'travo] nm ruin, destruction; **hacer ~s en** to wreak havoc among

estragón [estra'von] nm tarragon

estrambótico, a [estram'botiko, a] adj (persona) eccentric; (peinado, ropa) outlandish

estrangulador, a [estrangula'ðor, a] nm/f strangler ♦ nm (TEC) throttle; (AUTO) choke

estrangular [estrangu'lar] vt (persona) to strangle; (MED) to strangulate

estratagema [estrata'xema] nf (MIL) stratagem; (astucia) cunning

estrategia [estra'texja] nf strategy; **estratégico, a** adj strategic

estrato [es'trato] nm stratum, layer

estrechamente [estretʃa'mente] adv (íntimamente) closely, intimately; (pobremente: vivir) poorly

estrechar [estre'tʃar] vt (reducir) to narrow; (COSTURA) to take in; (abrazar) to hug, embrace; **~se** vr (reducirse) to narrow, grow narrow; (abrazarse) to embrace; **~ la mano** to shake hands

estrechez [estre'tʃeθ] nf narrowness; (de ropa) tightness; **estrecheces** nfpl (dificultades económicas) financial difficulties

estrecho, a [es'tretʃo, a] adj narrow; (apretado) tight; (íntimo) close, intimate; (miserable) mean ♦ nm strait; **~ de miras** narrow-minded

estrella [es'treʎa] nf star; **~ de mar** (ZOOL) starfish; **~ fugaz** shooting star; **estrellado, a** adj (forma) star-shaped; (cielo) starry

estrellar [estre'ʎar] vt (hacer añicos) to smash (to pieces); (huevos) to fry; **~se** vr to smash; (chocarse) to crash; (fracasar) to fail

estremecer [estreme'θer] vt to shake; **~se** vr to shake, tremble; **estremecimiento** nm (temblor)

trembling, shaking

estrenar [estre'nar] vt (vestido) to wear for the first time; (casa) to move into; (película, obra de teatro) to première; **~se** vr (persona) to make one's début; **estreno** nm (CINE etc) première

estreñido, a [estre'ɲiðo, a] adj constipated

estreñimiento [estreɲi'mjento] nm constipation

estrépito [es'trepito] nm noise, racket; (fig) fuss; **estrepitoso, a** adj noisy; (fiesta) rowdy

estría [es'tria] nf groove

estribación [estriβa'θjon] nf (GEO) spur, foothill

estribar [estri'βar] vi: **~ en** to lie on

estribillo [estri'βiʎo] nm (LITERATURA) refrain; (MUS) chorus

estribo [es'triβo] nm (de jinete) stirrup; (de coche, tren) step; (de puente) support; (GEO) spur; **perder los ~s** to fly off the handle

estribor [estri'βor] nm (NAUT) starboard

estricto, a [es'trikto, a] adj (riguroso) strict; (severo) severe

estridente [estri'ðente] adj (color) loud; (voz) raucous

estropajo [estro'paxo] nm scourer

estropear [estrope'ar] vt to spoil; (dañar) to damage; **~se** vr (objeto) to get damaged; (persona: la piel etc) to be ruined

estructura [estruk'tura] nf structure

estruendo [es'trwendo] nm (ruido) racket, din, (fig: alboroto) uproar, turmoil

estrujar [estru'xar] vt (apretar) to squeeze; (aplastar) to crush; (fig) to drain, bleed

estuario [es'twarjo] nm estuary

estuche [es'tutʃe] nm box, case

estudiante [estu'ðjante] nm/f student; **estudiantil** adj student cpd

estudiar [estu'ðjar] vt to study

estudio [es'tuðjo] nm study; (CINE,

ARTE, RADIO) studio; **~s** nmpl studies;
(erudición) learning sg; **~so, a** adj
studious

estufa [es'tufa] nf heater, fire

estupefaciente [estupefa'θjente] nm
drug, narcotic

estupefacto, a [estupe'fakto, a] adj
speechless, thunderstruck

estupendo, a [estu'pendo, a] adj
wonderful, terrific; _(fam)_ great; **¡~!**
that's great!, fantastic!

estupidez [estupi'ðeθ] nf _(torpeza)_
stupidity; _(acto)_ stupid thing (to do)

estúpido, a [es'tupiðo, a] adj stupid,
silly

estupor [estu'por] nm stupor; _(fig)_
astonishment, amazement

estuve etc vb ver **estar**

esvástica [es'βastika] nf swastika

ETA ['eta] _(ESP)_ nf abr (= Euskadi ta
Askatasuna) ETA

etapa [e'tapa] nf _(de viaje)_ stage;
(DEPORTE) leg; _(parada)_ stopping place;
(fase) stage, phase

etarra [e'tarra] nm/f member of ETA

etc. abr (= etcétera) etc

etcétera [et'θetera] adv etcetera

eternidad [eterni'ðað] nf eternity;
eterno, a [e'terno, a] adj eternal, everlasting

ética ['etika] nf ethics pl

ético, a ['etiko, a] adj ethical

etiqueta [eti'keta] nf _(modales)_
etiquette; _(rótulo)_ label, tag

Eucaristía [eukaris'tia] nf Eucharist

eufemismo [eufe'mismo] nm
euphemism

euforia [eu'forja] nf euphoria

euro ['euro] sm _(moneda)_ euro.

eurodiputado, a [euroðipu'taðo, a]
nm/f Euro MP, MEP

Europa [eu'ropa] nf Europe; **europeo,
a** adj, nm/f European

Euskadi [eus'kaði] nm the Basque
Country o Provinces pl

euskera [eus'kera] nm _(LING)_ Basque

evacuación [eβakwa'θjon] nf
evacuation

evacuar [eβa'kwar] vt to evacuate

evadir [eβa'ðir] vt to evade, avoid; **~se**
vr to escape

evaluar [eβa'lwar] vt to evaluate

evangelio [eβan'xeljo] nm gospel

evaporar [eβapo'rar] vt to evaporate;
~se vr to vanish

evasión [eβa'sjon] nf escape, flight;
(fig) evasion; **~ de capitales** flight of
capital

evasiva [eβa'siβa] nf _(pretexto)_ excuse

evasivo, a [eβa'siβo, a] adj evasive,
non-committal

evento [e'βento] nm event

eventual [eβen'twal] adj possible,
conditional (upon circumstances);
(trabajador) casual, temporary

evidencia [eβi'ðenθja] nf evidence,
proof; **evidenciar** vt _(hacer patente)_ to
make evident; _(probar)_ to prove, show;
evidenciarse vr to be evident

evidente [eβi'ðente] adj obvious,
clear, evident

evitar [eβi'tar] vt _(evadir)_ to avoid;
(impedir) to prevent

evocar [eβo'kar] vt to evoke, call forth

evolución [eβolu'θjon] nf _(desarrollo)_
evolution, development; _(cambio)_
change; _(MIL)_ manoeuvre; **evolucionar** vi to evolve; to manoeuvre

ex [eks] adj ex-; **el ~ ministro** the
former minister, the ex-minister

exacerbar [eksaθer'βar] vt to irritate,
annoy

exactamente [eksakta'mente] adv
exactly

exactitud [eksakti'tuð] nf exactness;
(precisión) accuracy; _(puntualidad)_
punctuality; **exacto, a** adj exact;
accurate; punctual; **¡exacto!** exactly!

exageración [eksaxera'θjon] nf
exaggeration

exagerar [eksaxe'rar] vt, vi to
exaggerate

exaltado, a [eksal'taðo, a] adj
(apasionado) over-excited, worked-up;
(POL) extreme

exaltar [eksal'tar] *vt* to exalt, glorify;
~**se** *vr* (*excitarse*) to get excited *o*
worked-up

examen [ek'samen] *nm* examination

examinar [eksami'nar] *vt* to examine;
~**se** *vr* to be examined, take an
examination

exasperar [eksaspe'rar] *vt* to
exasperate; ~**se** *vr* to get exasperated,
lose patience

Exca. *abr* = **Excelencia**

excavadora [ekskaßa'ðora] *nf*
excavator

excavar [ekska'ßar] *vt* to excavate

excedencia [eksθe'ðenθja] *nf*: **estar
en ~** to be on leave; **pedir** *o* **solicitar
la ~** to ask for leave

excedente [eksθe'ðente] *adj, nm*
excess, surplus

exceder [eksθe'ðer] *vt* to exceed,
surpass; ~**se** *vr* (*extralimitarse*) to go
too far

excelencia [eksθe'lenθja] *nf*
excellence; **E~** Excellency; **excelente**
adj excellent

excentricidad [eksθentriθi'ðað] *nf*
eccentricity; **excéntrico, a** *adj, nm/f*
eccentric

excepción [eksθep'θjon] *nf* exception;
excepcional *adj* exceptional

excepto [eks'θepto] *adv* excepting,
except (for)

exceptuar [eksθep'twar] *vt* to except,
exclude

excesivo, a [eksθe'sißo, a] *adj*
excessive

exceso [eks'θeso] *nm* (*gen*) excess;
(*COM*) surplus; **~ de equipaje/peso**
excess luggage/weight

excitación [eksθita'θjon] *nf*
(*sensación*) excitement; (*acción*)
excitation

excitado, a [eksθi'taðo, a] *adj* excited;
(*emociones*) aroused

excitar [eksθi'tar] *vt* to excite; (*incitar*)
to urge; ~**se** *vr* to get excited

exclamación [eksklama'θjon] *nf*

exclamation

exclamar [ekskla'mar] *vi* to exclaim

excluir [eksklu'ir] *vt* to exclude; (*dejar
fuera*) to shut out; (*descartar*) to reject;
exclusión *nf* exclusion

exclusiva [eksklu'sißa] *nf* (*PRENSA*)
exclusive, scoop; (*COM*) sole right

exclusivo, a [eksklu'sißo, a] *adj*
exclusive; **derecho ~** sole *o* exclusive
right

Excmo. *abr* = **excelentísimo**

excomulgar [ekskomul'var] *vt* (*REL*)
to excommunicate

excomunión [ekskomu'njon] *nf*
excommunication

excursión [ekskur'sjon] *nf* excursion,
outing; **excursionista** *nm/f* (*turista*)
sightseer

excusa [eks'kusa] *nf* excuse; (*disculpa*)
apology

excusar [eksku'sar] *vt* to excuse; ~**se**
vr (*disculparse*) to apologize

exhalar [eksa'lar] *vt* to exhale, breathe
out; (*olor etc*) to give off; (*suspiro*) to
breathe, heave

exhaustivo, a [eksaus'tißo, a] *adj*
(*análisis*) thorough; (*estudio*) exhaustive

exhausto, a [ek'sausto, a] *adj*
exhausted

exhibición [eksißi'θjon] *nf* exhibition,
display, show

exhibir [eksi'ßir] *vt* to exhibit, display,
show

exhortar [eksor'tar] *vt*: ~ **a** to exhort
to

exigencia [eksi'xenθja] *nf* demand,
requirement; **exigente** *adj* demanding

exigir [eksi'xir] *vt* (*gen*) to demand,
require; ~ **el pago** to demand
payment

exiliado, a [eksi'ljaðo, a] *adj* exiled
♦ *nm/f* exile

exilio [ek'siljo] *nm* exile

eximir [eksi'mir] *vt* to exempt

existencia [eksis'tenθja] *nf* existence;
~**s** *nfpl* stock(s) (*pl*)

existir [eksis'tir] *vi* to exist, be

éxito ['eksito] nm (triunfo) success; (MUS etc) hit; **tener ~** to be successful

exonerar [ekson̆e'rar] vt to exonerate; **~ de una obligación** to free from an obligation

exorbitante [eksorßi'tante] adj (precio) exorbitant; (cantidad) excessive

exorcizar [eksorθi'θar] vt to exorcize

exótico, a [ek'sotiko, a] adj exotic

expandir [ekspan'dir] vt to expand

expansión [ekspan'sjon] nf expansion

expansivo, a [ekspan'sißo, a] adj: **onda ~a** shock wave

expatriarse [ekspa'trjarse] vr to emigrate; (POL) to go into exile

expectativa [ekspekta'tißa] nf (espera) expectation; (perspectiva) prospect

expedición [ekspeδi'θjon] nf (excursión) expedition

expediente [ekspe'δjente] nm expedient; (JUR: procedimiento) action, proceedings pl; (: papeles) dossier, file, record

expedir [ekspe'δir] vt (despachar) to send, forward; (pasaporte) to issue

expendedor, a [ekspende'δor, a] nm/f (vendedor) dealer

expensas [eks'pensas] nfpl: **a ~ de** at the expense of

experiencia [ekspe'rjenθja] nf experience

experimentado, a [eksperimen'taδo, a] adj experienced

experimentar [eksperimen'tar] vt (en laboratorio) to experiment with; (probar) to test, try out; (notar, observar) to experience; (deterioro, pérdida) to suffer; **experimento** nm experiment

experto, a [eks'perto, a] adj expert, skilled ♦ nm/f expert

expiar [ekspi'ar] vt to atone for

expirar [ekspi'rar] vi to expire

explanada [ekspla'naδa] nf (llano) plain

explayarse [ekspla'jarse] vr (en discurso) to speak at length; **~ con**

uno to confide in sb

explicación [eksplika'θjon] nf explanation

explicar [ekspli'kar] vt to explain; **~se** vr to explain (o.s.)

explícito, a [eks'pliθito, a] adj explicit

explique etc vb ver **explicar**

explorador, a [eksplora'δor, a] nm/f (pionero) explorer; (MIL) scout ♦ nm (MED) probe; (TEC) (radar) scanner

explorar [eksplo'rar] vt to explore; (MED) to probe; (radar) to scan

explosión [eksplo'sjon] nf explosion; **explosivo, a** adj explosive

explotación [eksplota'θjon] nf exploitation; (de planta etc) running

explotar [eksplo'tar] vt to exploit; to run, operate ♦ vi to explode

exponer [ekspo'ner] vt to expose; (cuadro) to display; (vida) to risk; (idea) to explain; **~se vr: ~se a (hacer) algo** to run the risk of (doing) sth

exportación [eksporta'θjon] nf (acción) export; (mercancías) exports pl

exportar [ekspor'tar] vt to export

exposición [eksposi'θjon] nf (gen) exposure; (de arte) show, exhibition; (explicación) explanation; (declaración) account, statement

expresamente [ekspresa'mente] adv (decir) clearly; (a propósito) expressly

expresar [ekspre'sar] vt to express; **expresión** nf expression

expresivo, a [ekspre'sißo, a] adj (persona, gesto, palabras) expressive; (cariñoso) affectionate

expreso, a [eks'preso, a] pp de **expresar** ♦ adj (explícito) express; (claro) specific, clear; (tren) fast ♦ adv: **mandar ~** to send by express (delivery)

express [eks'pres] (AM) adv: **enviar algo ~** to send sth special delivery

exprimidor [eksprimi'δor] nm squeezer

exprimir [ekspri'mir] vt (fruta) to squeeze; (zumo) to squeeze out

expropiar [ekspro'pjar] vt to expropriate

expuesto, a [eks'pwesto, a] pp de **exponer** ♦ adj exposed; (cuadro etc) on show, on display

expulsar [ekspul'sar] vt (echar) to eject, throw out; (alumno) to expel; (despedir) to sack, fire; (DEPORTE) to send off; **expulsión** nf expulsion; sending-off

exquisito, a [ekski'sito, a] adj exquisite; (comida) delicious

éxtasis ['ekstasis] nm ecstasy

extender [eksten'der] vt to extend; (los brazos) to stretch out, hold out; (mapa, tela) to spread (out), open (out); (mantequilla) to spread; (certificado) to issue; (cheque, recibo) to make out; (documento) to draw up; **~se** vr (gen) to extend; (persona: en el suelo) to stretch out; (epidemia) to spread; **extendido, a** adj (abierto) spread out, open; (brazos) outstretched; (costumbre) widespread

extensión [eksten'sjon] nf (de terreno, mar) expanse, stretch; (de tiempo) length, duration; (TEL) extension; **en toda la ~ de la palabra** in every sense of the word

extenso, a [eks'tenso, a] adj extensive

extenuar [ekste'nwar] vt (debilitar) to weaken

exterior [ekste'rjor] adj (de fuera) external; (afuera) outside, exterior; (apariencia) (deuda, relaciones) foreign ♦ nm (gen) exterior, outside; (aspecto) outward appearance; (DEPORTE) wing(er); (países extranjeros) abroad; **en el ~** abroad; **al ~** outwardly, on the surface

exterminar [ekstermi'nar] vt to exterminate; **exterminio** nm extermination

externo, a [eks'terno, a] adj (exterior) external, outside; (superficial) outward ♦ nm/f day pupil

extinguir [ekstin'gir] vt (fuego) to

extinguish, put out; (raza, población) to wipe out; **~se** vr (fuego) to go out; (BIO) to die out, become extinct

extinto, a [eks'tinto, a] adj extinct

extintor [ekstin'tor] nm (fire) extinguisher

extirpar [ekstir'par] vt (MED) to remove (surgically)

extorsión [ekstor'sjon] nf extorsion

extra ['ekstra] adj inv (tiempo) extra; (chocolate, vino) good-quality ♦ nm/f extra ♦ nm extra; (bono) bonus

extracción [ekstrak'θjon] nf extraction; (en lotería) draw

extracto [eks'trakto] nm extract

extradición [ekstraði'θjon] nf extradition

extraer [ekstra'er] vt to extract, take out

extraescolar [ekstraesko'lar] adj: **actividad ~** extracurricular activity

extralimitarse [ekstralimi'tarse] vr to go too far

extranjero, a [ekstran'xero, a] adj foreign ♦ nm/f foreigner ♦ nm foreign countries pl; **en el ~** abroad

extrañar [ekstra'nar] vt (sorprender) to find strange o odd; (echar de menos) to miss; **~se** vr (sorprenderse) to be amazed, be surprised

extrañeza [ekstra'neθa] nf (rareza) strangeness, oddness; (asombro) amazement, surprise

extraño, a [eks'trano, a] adj (extranjero) foreign; (raro, sorprendente) strange, odd

extraordinario, a [ekstraorði'narjo, a] adj extraordinary; (edición, número) special ♦ nm (de periódico) special edition; **horas extraordinarias** overtime sg

extrarradio [ekstra'rradjo] nm suburbs pl

extravagancia [ekstraßa'vanθja] nf oddness; outlandishness; **extravagante** adj (excéntrico) eccentric; (estrafalario) outlandish

extraviado, a [ekstra'ßjaðo, a] adj

lost, missing

extraviar [ekstra'βjar] *vt* (*persona*: *desorientar*) to mislead, misdirect; (*perder*) to lose, misplace; **~se** *vr* to lose one's way, get lost; **extravío** *nm* loss; (*fig*) deviation

extremar [ekstre'mar] *vt* to carry to extremes; **~se** *vr* to do one's utmost, make every effort

extremaunción [ekstremaun'θjon] *nf* extreme unction

extremidad [ekstremi'ðað] *nf* (*punta*) extremity; **~es** *nfpl* (ANAT) extremities

extremo, a [eks'tremo, a] *adj* extreme; (*último*) last ♦ *nm* end; (*límite*, *grado sumo*) extreme; **en último ~** as a last resort

extrovertido, a [ekstroβer'tiðo, a] *adj, nm/f* extrovert

exuberancia [eksuβe'ranθja] *nf* exuberance; **exuberante** *adj* exuberant; (*fig*) luxuriant, lush

eyacular [ejaku'lar] *vt, vi* to ejaculate

F, f

f.a.b. *abr* (= *franco a bordo*) f.o.b.

fabada [fa'βaða] *nf* bean and sausage stew

fábrica ['faβrika] *nf* factory; **marca de ~** trademark; **precio de ~** factory price

fabricación [faβrika'θjon] *nf* (*manufactura*) manufacture; (*producción*) production; **de ~ casera** home-made; **~ en serie** mass production

fabricante [faβri'kante] *nm/f* manufacturer

fabricar [faβri'kar] *vt* (*manufacturar*) to manufacture, make; (*construir*) to build; (*cuento*) to fabricate, devise

fábula ['faβula] *nf* (*cuento*) fable; (*chisme*) rumour; (*mentira*) fib

fabuloso, a [faβu'loso, a] *adj* (*oportunidad*, *tiempo*) fabulous, great

facción [fak'θjon] *nf* (POL) faction;

facciones *nfpl* (*del rostro*) features

faceta [fa'θeta] *nf* facet

facha ['fatʃa] (*fam*) *nf* (*aspecto*) look; (*cara*) face

fachada [fa'tʃaða] *nf* (ARQ) façade, front

fácil ['faθil] *adj* (*simple*) easy; (*probable*) likely

facilidad [faθili'ðað] *nf* (*capacidad*) ease; (*sencillez*) simplicity; (*de palabra*) fluency; **~es** *nfpl* facilities

facilitar [faθili'tar] *vt* (*hacer fácil*) to make easy; (*proporcionar*) to provide

fácilmente ['faθilmente] *adv* easily

facsímil [fak'simil] *nm* facsimile, fax

factible [fak'tiβle] *adj* feasible

factor [fak'tor] *nm* factor

factura [fak'tura] *nf* (*cuenta*) bill; **facturación** *nf* (*de equipaje*) check-in; **facturar** *vt* (COM) to invoice, charge for; (*equipaje*) to check in

facultad [fakul'tað] *nf* (*aptitud, ESCOL etc*) faculty; (*poder*) power

faena [fa'ena] *nf* (*trabajo*) work; (*quehacer*) task, job

faisán [fai'san] *nm* pheasant

faja ['faxa] *nf* (*para la cintura*) sash; (*de mujer*) corset; (*de tierra*) strip

fajo ['faxo] *nm* (*de papeles*) bundle; (*de billetes*) wad

falacia [fa'laθja] *nf* fallacy

falda ['falda] *nf* (*prenda de vestir*) skirt

falla ['faʎa] *nf* (*defecto*) fault, flaw

fallar [fa'ʎar] *vt* (JUR) to pronounce sentence on ♦ *vi* (*memoria*) to fail; (*motor*) to miss

---

Fallas

In the week of 19 March (the feast of San José), Valencia honours its patron saint with a spectacular fiesta called **Las Fallas**. The Fallas are huge papier-mâché, cardboard and wooden sculptures which are built by competing teams throughout the year. They depict politicians and well-known public figures and are thrown *onto bonfires and set alight once a jury has judged them - only the best sculpture escapes the flames.*

fallecer [faʎe'θer] *vi* to pass away, die; **fallecimiento** *nm* decease, demise

fallido, a [fa'ʎiðo, a] *adj (gen)* frustrated, unsuccessful

fallo ['faʎo] *nm (JUR)* verdict, ruling; *(fracaso)* failure; ~ **cardíaco** heart failure

falsedad [false'ðað] *nf* falseness; *(hipocresía)* hypocrisy; *(mentira)* falsehood

falsificar [falsifi'kar] *vt (firma etc)* to forge; *(moneda)* to counterfeit

falso, a ['falso, a] *adj* false; *(documento, moneda etc)* fake; **en ~** falsely

falta ['falta] *nf (defecto)* fault, flaw; *(privación)* want, lack; *(ausencia)* absence; *(carencia)* shortage; *(equivocación)* mistake; *(DEPORTE)* foul; **echar en ~** to miss; **hacer ~ hacer algo** to be necessary to do sth; **me hace ~ una pluma** I need a pen; ~ **de educación** bad manners *pl*

faltar [fal'tar] *vi (escasear)* to be lacking, be wanting; *(ausentarse)* to be absent, be missing; **faltan 2 horas para llegar** there are 2 hours to go till arrival; ~ **al respeto a uno** to be disrespectful to sb; **¡no faltaba más!** *(no hay de qué)* don't mention it

fama ['fama] *nf (renombre)* fame; *(reputación)* reputation

famélico, a [fa'meliko, a] *adj* starving

familia [fa'milja] *nf* family; ~ **política** in-laws *pl*

familiar [fami'ljar] *adj (relativo a la familia)* family *cpd; (conocido, informal)* familiar ♦ *nm* relative, relation; **~idad** *nf (gen)* familiarity; *(informalidad)* homeliness; **~izarse** *vr:* **~izarse con** to familiarize o.s. with

famoso, a [fa'moso, a] *adj (renombrado)* famous

fanático, a [fa'natiko, a] *adj* fanatical ♦ *nm/f* fanatic; *(CINE, DEPORTE)* fan; **fanatismo** *nm* fanaticism

fanfarrón, ona [fanfa'rron, ona] *adj* boastful

fango ['fango] *nm* mud; **~so, a** *adj* muddy

fantasía [fanta'sia] *nf* fantasy, imagination; **joyas de ~** imitation jewellery *sg*

fantasma [fan'tasma] *nm (espectro)* ghost, apparition; *(fanfarrón)* show-off

fantástico, a [fan'tastiko, a] *adj* fantastic

farmacéutico, a [farma'θeutiko, a] *adj* pharmaceutical ♦ *nm/f* chemist *(BRIT)*, pharmacist

farmacia [far'maθja] *nf* chemist's (shop) *(BRIT)*, pharmacy; ~ **de turno** duty chemist; ~ **de guardia** all-night chemist

fármaco ['farmako] *nm* drug

faro ['faro] *nm (NAUT: torre)* lighthouse; *(AUTO)* headlamp; **~s antiniebla** fog lamps; **~s delanteros/traseros** headlights/rear lights

farol [fa'rol] *nm* lantern, lamp

farola [fa'rola] *nf* street lamp *(BRIT)* o light *(US)*

farsa ['farsa] *nf (gen)* farce

farsante [far'sante] *nm/f* fraud, fake

fascículo [fas'θikulo] *nm (de revista)* part, instalment

fascinar [fasθi'nar] *vt (gen)* to fascinate

fascismo [fas'θismo] *nm* fascism; **fascista** *adj, nm/f* fascist

fase ['fase] *nf* phase

fastidiar [fasti'ðjar] *vt (molestar)* to annoy, bother; *(estropear)* to spoil; **~se** *vr:* **¡que se fastidie!** *(fam)* he'll just have to put up with it!

fastidio [fas'tiðjo] *nm (molestia)* annoyance; **~so, a** *adj (molesto)* annoying

fastuoso, a [fas'twoso, a] *adj (banquete, boda)* lavish; *(acto)* pompous

fatal |fa'tal| *adj* (*gen*) fatal; (*desgraciado*) ill-fated; (*fam: malo, pésimo*) awful; **~idad** *nf* (*destino*) fate; (*mala suerte*) misfortune

fatiga |fa'tiɣa| *nf* (*cansancio*) fatigue, weariness

fatigar |fati'ɣar| *vt* to tire, weary; **~se** *vr* to get tired

fatigoso, a |fati'ɣoso, a| *adj* (*cansador*) tiring

fatuo, a |'fatwo, a| *adj* (*vano*) fatuous; (*presuntuoso*) conceited

favor |fa'βor| *nm* favour; **estar a ~ de** to be in favour of; **haga el ~ de...** would you be so good as to..., kindly...; **por ~** please; **~able** *adj* favourable

favorecer |faβore'θer| *vt* to favour; (*vestido etc*) to become, flatter; **este peinado le favorece** this hairstyle suits him

favorito, a |faβo'rito, a| *adj, nm/f* favourite

fax |faks| *nm inv* fax; **mandar por ~** to fax

faz |faθ| *nf* face; **la ~ de la tierra** the face of the earth

fe |fe| *nf* (*REL*) faith; (*documento*) certificate; **prestar ~ a** to believe, credit; **actuar con buena/mala ~** to act in good/bad faith; **dar ~ de** to bear witness to

fealdad |feal'dað| *nf* ugliness

febrero |fe'βrero| *nm* February

febril |fe'βril| *adj* (*fig: actividad*) hectic; (*mente, mirada*) feverish

fecha |'fetʃa| *nf* date; **~ de caducidad** (*de producto alimenticio*) sell-by date; (*de contrato etc*) expiry date; **con ~ adelantada** postdated; **en ~ próxima** soon; **hasta la ~** to date, so far; **poner ~** to date; **fechar** *vt* to date

fecundar |fekun'dar| *vt* (*generar*) to fertilize, make fertile; **fecundo, a** *adj* (*fértil*) fertile; (*fig*) prolific; (*productivo*)

productive

federación |feðera'θjon| *nf* federation

felicidad |feliθi'ðað| *nf* happiness; **~es** *nfpl* (*felicitaciones*) best wishes, congratulations

felicitación |feliθita'θjon| *nf*: **¡felicitaciones!** congratulations!

felicitar |feliθi'tar| *vt* to congratulate

feligrés, esa |feli'xres, esa| *nm/f* parishioner

feliz |fe'liθ| *adj* happy

felpudo |fel'puðo| *nm* doormat

femenino, a |feme'nino, a| *adj, nm* feminine

feminista |femi'nista| *adj, nm/f* feminist

fenómeno |fe'nomeno| *nm* phenomenon; (*fig*) freak, accident ♦ *adj* great ♦ *excl* great!, marvellous!

fenomenal *adj* = **fenómeno**

feo, a |'feo, a| *adj* (*gen*) ugly; (*desagradable*) bad, nasty

féretro |'feretro| *nm* (*ataúd*) coffin; (*sarcófago*) bier

feria |'ferja| *nf* (*gen*) fair; (*descanso*) holiday, rest day; (*AM: mercado*) village market; (: *cambio*) loose o small change

fermentar |fermen'tar| *vi* to ferment

ferocidad |feroθi'ðað| *nf* fierceness, ferocity

feroz |fe'roθ| *adj* (*cruel*) cruel; (*salvaje*) fierce

férreo, a |'ferreo, a| *adj* iron

ferretería |ferrete'ria| *nf* (*tienda*) ironmonger's (shop) (*BRIT*), hardware store

ferrocarril |ferroka'rril| *nm* railway

ferroviario, a |ferro'βjarjo, a| *adj* rail *cpd*

fértil |'fertil| *adj* (*productivo*) fertile; (*rico*) rich; **fertilidad** *nf* (*gen*) fertility; (*productividad*) fruitfulness

ferviente |fer'βjente| *adj* fervent

fervor |fer'βor| *nm* fervour; **~oso, a** *adj* fervent

festejar |feste'xar| *vt* (*celebrar*) to

celebrate

festejo |fes'texo| nm celebration;
  festejos nmpl (fiestas) festivals

festín |fes'tin| nm feast, banquet

festival |festi'βal| nm festival

festividad |festiβi'ðað| nf festivity

festivo, a |fes'tiβo, a| adj (de fiesta)
  festive; (CINE, LITERATURA) humorous;
  día ~ holiday

fétido, a |'fetiðo, a| adj foul-smelling

feto |'feto| nm foetus

fiable |'fjaβle| adj (persona)
  trustworthy; (máquina) reliable

fiador, a |fia'ðor, a| nm/f (JUR) surety,
  guarantor; (COM) backer; **salir ~ por
  uno** to stand bail for sb

fiambre |'fjambre| nm cold meat

fianza |'fjanθa| nf surety; (JUR):
  libertad bajo ~ release on bail

fiar |fi'ar| vt (salir garante de) to
  guarantee; (vender a crédito) to sell on
  credit; (secreto): **~ a** to confide (to) ♦ vi
  to trust; **~se** vr to trust (in), rely on;
  ~se de uno to rely on sb

fibra |'fiβra| nf fibre; **~ óptica** optical
  fibre

ficción |fik'θjon| nf fiction

ficha |'fitʃa| nf (TEL) token; (en juegos)
  counter, marker; (tarjeta) (index) card;
  fichar vt (archivar) to file, index;
  (DEPORTE) to sign; **estar fichado** to
  have a record; **fichero** nm box file;
  (INFORM) file

ficticio, a |fik'tiθjo, a| adj (imaginario)
  fictitious; (falso) fabricated

fidelidad |fiðeli'ðað| nf (lealtad)
  fidelity, loyalty; **alta ~** high fidelity, hi
  fi

fideos |fi'ðeos| nmpl noodles

fiebre |'fjeβre| nf (MED) fever; (fig)
  fever, excitement; **~ amarilla/del
  heno** yellow/hay fever; **~ palúdica**
  malaria; **tener ~** to have a
  temperature

fiel |fjel| adj (leal) faithful, loyal; (fiable)
  reliable; (exacto) accurate, faithful
  ♦ nm: **los ~es** the faithful

fieltro |'fjeltro| nm felt

fiera |'fjera| nf (animal feroz) wild
  animal o beast; (fig) dragon; ver tb
  fiero

fiero, a, a |'fjero, a| adj (cruel) cruel;
  (feroz) fierce; (duro) harsh

fiesta |'fjesta| nf party; (de pueblo)
  festival; (vacaciones, tb: **~s**) holiday sg;
  (REL): **~ de guardar** day of obligation

Fiestas

Fiestas can be official public holidays
or holidays set by each autonomous
region, many of which coincide with
religious festivals. There are also
many fiestas all over Spain for a
local patron saint or the Virgin Mary.
These last several days and can
include religious processions, carnival
parades, bullfights and dancing.

figura |fi'ɣura| nf (gen) figure; (forma,
  imagen) shape, form; (NAIPES) face card

figurar |fiɣu'rar| vt (representar) to
  represent; (fingir) to figure ♦ vi to
  figure; **~se** vr (imaginarse) to imagine;
  (suponer) to suppose

fijador |fixa'ðor| nm (FOTO etc) fixative;
  (de pelo) gel

fijar |fi'xar| vt (gen) to fix; (estampilla)
  to affix, stick (on); **~se** vr: **~se en** to
  notice

fijo, a |'fixo, a| adj (gen) fixed; (firme)
  firm; (permanente) permanent ♦ adv:
  mirar ~ to stare

fila |'fila| nf row; (MIL) rank; **ponerse
  en** to line up, get into line

filántropo, a |fi'lantropo, a| nm/f
  philanthropist

filatelia |fila'telja| nf philately, stamp
  collecting

filete |fi'lete| nm (carne) fillet steak;
  (pescado) fillet

filiación |filja'θjon| nf (POL) affiliation

filial |fi'ljal| adj filial ♦ nf subsidiary

Filipinas |fili'pinas| nfpl: **las ~** the
  Philippines; **filipino, a** adj, nm/f

Philippine

filmar [fil'mar] *vt* to film, shoot

filo ['filo] *nm* (*gen*) edge; **sacar ~ a** to sharpen; **al ~ del mediodía** at about midday; **de doble ~** double-edged

filón [fi'lon] *nm* (*MINERÍA*) vein, lode; (*fig*) goldmine

filosofía [filoso'fia] *nf* philosophy; **filósofo, a** *nm/f* philosopher

filtrar [fil'trar] *vt*, *vi* to filter, strain; **~se** *vr* to filter; **filtro** *nm* (*TEC, utensilio*) filter

fin [fin] *nm* end; (*objetivo*) aim, purpose; **al ~ y al cabo** when all's said and done; **a ~ de** in order to; **por ~** finally; **en ~** in short; **~ de semana** weekend

final [fi'nal] *adj* final ♦ *nm* end, conclusion ♦ *nf* final; **~idad** *nf* (*propósito*) purpose, intention; **~ista** *nm/f* finalist; **~izar** [i'θar] *vt* to end, finish; (*INFORM*) to log out o off ♦ *vi* to end, come to an end

financiar [finan'θjar] *vt* to finance; **financiero, a** *adj* financial ♦ *nm/f* financier

finca ['finka] *nf* (*bien inmueble*) property, land; (*casa de campo*) country house; (*AM*) farm

fingir [fin'xir] *vt* (*simular*) to simulate, feign ♦ *vi* (*aparentar*) to pretend

finlandés, esa [finlan'des, esa] *adj* Finnish ♦ *nm/f* Finn ♦ *nm* (*LING*) Finnish

Finlandia [fin'landja] *nf* Finland

fino, a ['fino, a] *adj* fine; (*delgado*) slender; (*de buenas maneras*) polite, refined; (*jerez*) fino, dry

firma ['firma] *nf* signature; (*COM*) firm, company

firmamento [firma'mento] *nm* firmament

firmar [fir'mar] *vt* to sign

firme ['firme] *adj* firm; (*estable*) stable; (*sólido*) solid; (*constante*) steady; (*decidido*) resolute ♦ *nm* road (surface); **~mente** *adv* firmly; **~za** *nf* firmness; (*constancia*) steadiness; (*solidez*) solidity

fiscal [fis'kal] *adj* fiscal ♦ *nm/f* public prosecutor; **año ~** tax o fiscal year

fisco ['fisko] *nm* (*hacienda*) treasury, exchequer (*BRIT*)

fisgar [fis'var] *vt* to pry into

fisgonear [fisvone'ar] *vt* to poke one's nose into ♦ *vi* to pry, spy

física [fi'sika] *nf* physics *sg*; *ver tb* **físico**

físico, a [fi'siko, a] *adj* physical ♦ *nm* physique ♦ *nm/f* physicist

fisura [fi'sura] *nf* crack; (*MED*) fracture

flác(c)ido, a [fla(k)θiðo, a] *adj* flabby

flaco, a ['flako, a] *adj* (*muy delgado*) skinny, thin; (*débil*) weak, feeble

flagrante [fla'vrante] *adj* flagrant

flamante [fla'mante] (*fam*) *adj* brilliant; (*nuevo*) brand-new

flamenco, a [fla'menko, a] *adj* (*de Flandes*) Flemish; (*baile, música*) flamenco ♦ *nm* (*baile, música*) flamenco

flan [flan] *nm* creme caramel

flaqueza [fla'keθa] *nf* (*delgadez*) thinness, leanness; (*fig*) weakness

flash [flaʃ] (*pl ~s o ~es*) *nm* (*FOTO*) flash

flauta [ˈflauta] *nf* (*MUS*) flute

flecha [ˈfletʃa] *nf* arrow

flechazo [fle'tʃaθo] *nm* love at first sight

fleco [ˈfleko] *nm* fringe

flema [ˈflema] *nm* phlegm

flequillo [fle'kiʎo] *nm* (*pelo*) fringe

flexible [flek'siβle] *adj* flexible

flexión [flek'sjon] *nf* press-up

flexo [ˈflekso] *nm* adjustable table-lamp

flojera [flo'xera] (*AM: fam*) *nf*: **me da ~** I can't be bothered

flojo, a [ˈfloxo, a] *adj* (*gen*) loose; (*sin fuerzas*) limp; (*débil*) weak

flor [flor] *nf* flower; **a ~ de** on the surface of; **~ecer** *vi* (*BOT*) to flower, bloom; (*fig*) to flourish; **~eciente** *adj* (*BOT*) in flower, flowering; (*fig*) thriving; **~ero** *nm* vase; **~istería** *nf* florist's (shop)

flota ['flota] nf fleet

flotador [flota'ðor] nm (gen) float; (para nadar) rubber ring

flotar [flo'tar] vi (gen) to float; **flote** nm: **a flote** afloat; **salir a flote** (fig) to get back on one's feet

fluctuar [fluk'twar] vi (oscilar) to fluctuate

fluidez [flui'ðeθ] nf fluidity; (fig) fluency

fluído, a ['fluiðo, a] adj, nm fluid

fluir [flu'ir] vi to flow

flujo ['fluxo] nm flow; ~ **y reflujo** ebb and flow

flúor ['fluor] nm fluoride

fluvial [flu'βjal] adj (navegación, cuenca) fluvial, river cpd

foca ['foka] nf seal

foco ['foko] nm focus; (ELEC) floodlight; (AM) (light) bulb

fofo, a ['fofo, a] adj soft, spongy; (carnes) flabby

fogata [fo'vata] nf bonfire

fogón [fo'von] nm (de cocina) ring, burner

fogoso, a [fo'voso, a] adj spirited

folio ['foljo] nm folio, page

follaje [fo'ʎaxe] nm foliage

folletín [foʎe'tin] nm newspaper serial

folleto [fo'ʎeto] nm (POL) pamphlet

follón [fo'ʎon] nm (fam) (lío) mess; (conmoción) fuss; **armar un ~** to kick up a row

fomentar [fomen'tar] vt (MED) to foment; **fomento** nm (promoción) promotion

fonda ['fonda] nf inn

fondo ['fondo] nm (de mar) bottom; (de coche, sala) back; (ARTE etc) background; (reserva) fund; **~s** nmpl (COM) funds, resources; **una investigación a ~** a thorough investigation; **en el ~** at bottom, deep down

fonobuzón [fonoβu'θon] nm voice mail

fontanería [fontane'ria] nf plumbing; **fontanero, a** nm/f plumber

footing ['futin] nm jogging; **hacer ~**

to jog, go jogging

forastero, a [foras'tero, a] nm/f stranger

forcejear [forθexe'ar] vi (luchar) to struggle

forense [fo'rense] nm/f pathologist

forjar [for'xar] vt to forge

forma ['forma] nf (figura) form, shape; (MED) fitness; (método) way, means; **las ~s** the conventions; **estar en ~** to be fit

formación [forma'θjon] nf (gen) formation; (educación) education; **~ profesional** vocational training

formal [for'mal] adj (gen) formal; (fig: serio) serious; (: de fiar) reliable; **~idad** nf formality; (seriousness); **~izar** vt (JUR) to formalize; (situación) to put in order, regularize; **~izarse** vr (situación) to be put in order, be regularized

formar [for'mar] vt (componer) to form, shape; (constituir) to make up, constitute; (ESCOL) to train, educate; **~se** vr (FSCOL) to be trained, educated; (cobrar forma) to form, take form; (desarrollarse) to develop

formatear [formate'ar] vt to format

formativo, a [forma'tiβo, a] adj (lecturas, años) formative

formato [for'mato] nm format

formidable [formi'ðaßle] adj (temible) formidable; (estupendo) tremendous

fórmula ['formula] nf formula

formular [formu'lar] vt (queja) to make, lodge; (petición) to draw up; (pregunta) to pose

formulario [formu'larjo] nm form

fornido, a [for'niðo, a] adj well-built

forrar [fo'rrar] vt (abrigo) to line; (libro) to cover; **forro** nm (de cuaderno) cover; (COSTURA) lining; (de sillón) upholstery

fortalecer [fortale'θer] vt to strengthen

fortaleza [forta'leθa] nf (MIL) fortress, stronghold; (fuerza) strength; (determinación) resolution

fortuito, a [for'twito, a] *adj* accidental

fortuna [for'tuna] *nf* (*suerte*) fortune, (good) luck; (*riqueza*) fortune, wealth

forzar [for'θar] *vt* (*puerta*) to force (open); (*compeler*) to compel

forzoso, a [for'θoso, a] *adj* necessary

fosa ['fosa] *nf* (*sepultura*) grave; (*en tierra*) pit; **~s nasales** nostrils

fósforo ['fosforo] *nm* (*QUÍM*) phosphorus; (*cerilla*) match

foso ['foso] *nm* ditch; (*TEATRO*) pit; (*AUTO*): **~ de reconocimiento** inspection pit

foto ['foto] *nf* photo, snap(shot); **sacar una ~** to take a photo *o* picture

fotocopia [foto'kopja] *nf* photocopy;
fotocopiadora *nf* photocopier;
fotocopiar *vt* to photocopy

fotografía [fotoɣra'fia] *nf* (*ARTE*) photography; (*una ~*) photograph;
fotografiar *vt* to photograph

fotógrafo, a [fo'toɣrafo, a] *nm/f* photographer

fracasar [fraka'sar] *vi* (*gen*) to fail

fracaso [fra'kaso] *nm* failure

fracción [frak'θjon] *nf* fraction;
fraccionamiento (*AM*) *nm* housing estate

fractura [frak'tura] *nf* fracture, break

fragancia [fra'vanθja] *nf* (*olor*) fragrance, perfume

frágil ['fraxil] *adj* (*débil*) fragile; (*COM*) breakable

fragmento [fraɣ'mento] *nm* (*pedazo*) fragment

fragua ['fraɣwa] *nf* forge; **fraguar** *vt* to forge; (*fig*) to concoct ♦ *vi* to harden

fraile ['fraile] *nm* (*REL*) friar; (: *monje*) monk

frambuesa [fram'bwesa] *nf* raspberry

francamente [franka'mente] *adv* (*hablar, decir*) frankly; (*realmente*) really

francés, esa [fran'θes, esa] *adj* French ♦ *nm/f* Frenchman/woman ♦ *nm* (*LING*) French

Francia ['franθja] *nf* France

franco, a ['franko, a] *adj* (*cándido*)

frank, open; (*COM: exento*) free ♦ *nm* (*moneda*) franc

francotirador, a [frankotira'ðor, a] *nm/f* sniper

franela [fra'nela] *nf* flannel

franja ['franxa] *nf* fringe

franquear [franke'ar] *vt* (*camino*) to clear; (*carta, paquete postal*) to frank, stamp; (*obstáculo*) to overcome

franqueo [fran'keo] *nm* postage

franqueza [fran'keθa] *nf* (*candor*) frankness

frasco ['frasko] *nm* bottle, flask; **~ al vacío** (*pey*) flask

frase ['frase] *nf* sentence; **~ hecha** set phrase; (*pey*) stock phrase

fraterno, a [fra'terno, a] *adj* brotherly, fraternal

fraude ['frauðe] *nm* (*cualidad*) dishonesty; (*acto*) fraud; **fraudulento, a** *adj* fraudulent

frazada [fra'saða] (*AM*) *nf* blanket

frecuencia [fre'kwenθja] *nf* frequency; **con ~** frequently, often

frecuentar [frekwen'tar] *vt* to frequent

fregadero [freɣa'ðero] *nm* (*kitchen*) sink

fregar [fre'ɣar] *vt* (*frotar*) to scrub; (*platos*) to wash (up); (*AM*) to annoy

fregona [fre'ɣona] *nf* mop

freír [fre'ir] *vt* to fry

frenar [fre'nar] *vt* to brake; (*fig*) to check

frenazo [fre'naθo] *nm*: **dar un ~** to brake sharply

frenesí [frene'si] *nm* frenzy; **frenético, a** *adj* frantic

freno ['freno] *nm* (*TEC, AUTO*) brake; (*de cabalgadura*) bit; (*fig*) check

frente ['frente] *nm* (*ARQ, POL*) front; (*de objeto*) front part ♦ *nf* forehead, brow; **~ a** in front of; (*en situación opuesta de*) opposite; **al ~ de** (*fig*) at the head of; **chocar de ~** to crash head-on; **hacer ~ a** to face up to

fresa ['fresa] (*ESP*) *nf* strawberry

fresco, a ['fresko, a] *adj* (*nuevo*) fresh;

(frío) cool; *(descarado)* cheeky ♦ *nm*
(aire) fresh air; (ARTE) fresco; (AM: *jugo*)
fruit drink ♦ *nm/f (fam)*: **ser un ~** to
have a nerve; **tomar el ~** to get some
fresh air; **frescura** *nf* freshness;
(descaro) cheek, nerve

frialdad [frial'daθ] *nf (gen)* coldness;
(indiferencia) indifference

fricción [frik'θjon] *nf (gen)* friction;
(acto) rub(bing); (MED) massage

frigidez [frixi'ðeθ] *nf* frigidity

frigorífico [friɣo'rifiko] *nm* refrigerator

frijol [fri'xol] *nm* kidney bean

frio, a *etc* ['frio, a] *vb ver* **freír** ♦ *adj*
cold; *(indiferente)* indifferent ♦ *nm* cold;
indifference; **hace ~** it's cold; **tener ~**
to be cold

frito, a ['frito, a] *adj* fried; **me trae
~ ese hombre** I'm sick and tired of
that man; **fritos** *nmpl* fried food

frívolo, a ['friβolo, a] *adj* frivolous

frontal [fron'tal] *adj* frontal; **choque ~**
head-on collision

frontera [fron'tera] *nf* frontier;
fronterizo, a *adj* frontier *cpd*;
(contiguo) bordering

frontón [fron'ton] *nm* (DEPORTE:
cancha) pelota court; (: *juego*) pelota

frotar [fro'tar] *vt* to rub; **~se** *vr*: **se
las manos** to rub one's hands

fructífero, a [fruk'tifero, a] *adj* fruitful

fruncir [frun'θir] *vt* to pucker;
(COSTURA) to pleat; **~ el ceño** to knit
one's brow

frustrar [frus'trar] *vt* to frustrate

fruta ['fruta] *nf* fruit; **frutería** *nf* fruit
shop; **frutero, a** *adj* fruit *cpd* ♦ *nm/f*
fruiterer ♦ *nm* fruit bowl

frutilla [fru'tiʎa] (AM) *nf* strawberry

fruto ['fruto] *nm* fruit; (fig: *resultado*)
result; (: *beneficio*) benefit; **~ secos**
nuts; *(pasas etc)* dried fruit *sg*

fue *vb ver* **ser**; **ir**

fuego ['fweɣo] *nm (gen)* fire; **a
~ lento** on a low heat; **¿tienes ~?**
have you (got) a light?; **~s artificiales**
o **de artificio** fireworks

fuente ['fwente] *nf* fountain;
(manantial, fig) spring; *(origen)* source;
(plato) large dish

fuera *etc* ['fwera] *vb ver* **ser**, **ir** ♦ *adv*
out(side); *(en otra parte)* away;
(excepto, salvo) except, save ♦ *prep*:
~ de outside; (fig) besides; **~ de sí**
beside o.s.; **por ~** (on the) outside

fuera-borda [fwera'βorða] *nm*
speedboat

fuerte ['fwerte] *adj* strong; *(golpe)*
hard; *(ruido)* loud; *(comida)* rich;
(lluvia) heavy; *(dolor)* intense ♦ *adv*
strongly; hard; loud(ly)

fuerza *etc* ['fwerθa] *vb ver* **forzar** ♦ *nf*
(fortaleza) strength; (TEC, ELEC) power;
(coacción) force; (MIL: tb: **~s**) forces *pl*;
a ~ de by dint of; **cobrar ~s** to
recover one's strength; **tener ~s para**
to have the strength to; **a la ~** forcibly,
by force; **por ~** of necessity; **~ de
voluntad** willpower

fuga ['fuɣa] *nf (huida)* flight, escape;
(de gas etc) leak

fugarse [fu'ɣarse] *vr* to flee, escape

fugaz [fu'ɣaθ] *adj* fleeting

fugitivo, a [fuxi'tiβo, a] *adj, nm/f*
fugitive

fui *vb ver* **ser**; **ir**

fulano, a [fu'lano, a] *nm/f* so-and-so,
what's-his-name/what's-her-name

fulminante [fulmi'nante] *adj* (fig:
mirada) fierce; (MED: *enfermedad,
ataque*) sudden; *(fam: éxito, golpe)*
sudden

fumador, a [fuma'ðor, a] *nm/f* smoker

fumar [fu'mar] *vt, vi* to smoke; **~ en
pipa** to smoke a pipe

función [fun'θjon] *nf (puesto)* (en
trabajo) duties *pl*; *(espectáculo)* show;
entrar en funciones to take up one's
duties

funcionar [funθjo'nar] *vi (gen)* to
function; *(máquina)* to work; **"no
funciona"** "out of order"

funcionario, a [funθjo'narjo, a] *nm/f*
civil servant

funda ['funda] nf (gen) cover; (de almohada) pillowcase

fundación [funda'θjon] nf foundation

fundamental [fundamen'tal] adj fundamental, basic

fundamentar [fundamen'tar] vt (poner base) to lay the foundations of; (establecer) to found; (fig) to base; **fundamento** nm (base) foundation

fundar [fun'dar] vt to found; **~se** vr: **~se en** to be founded on

fundición [fundi'θjon] nf fusing; (fábrica) foundry

fundir [fun'dir] vt (gen) to fuse; (metal) to smelt, melt down; (nieve etc) to melt; (com) to merge; (estatua) to cast; **~se** vr (colores etc) to merge, blend; (unirse) to fuse together; (ELEC: fusible, lámpara etc) to fuse, blow; (nieve etc) to melt

fúnebre ['funeβre] adj funeral cpd, funereal

funeral [fune'ral] nm funeral; **funeraria** nf undertaker's

funesto, a [fu'nesto, a] adj (día) ill-fated; (decisión) fatal

furgón [fur'xon] nm wagon; **furgoneta** nf (AUTO, COM) (transit) van (BRIT), pick-up (truck) (US)

furia ['furja] nf (ira) fury; (violencia) violence; **furibundo, a** adj furious; **furioso, a** adj (iracundo) furious; (violento) violent; **furor** nm (cólera) rage

furtivo, a [fur'tiβo, a] adj furtive ♦ nm poacher

fusible [fu'siβle] nm fuse

fusil [fu'sil] nm rifle; **~ar** vt to shoot

fusión [fu'sjon] nf (gen) melting; (unión) fusion; (com) merger

fútbol ['futβol] nm football; **futbolín** nm table football; **futbolista** nm footballer

futuro, a [fu'turo, a] adj, nm future

G, g

gabardina [gaβar'ðina] nf raincoat, gabardine

gabinete [gaβi'nete] nm (POL) cabinet; (estudio) study; (de abogados etc) office

gaceta [ga'θeta] nf gazette

gachas ['gatʃas] nfpl porridge sg

gafas ['gafas] nfpl glasses; **~ de sol** sunglasses

gafe ['gafe] nm jinx

gaita ['gaita] nf bagpipes pl

gajes ['gaxes] nmpl: **los ~ del oficio** occupational hazards

gajo ['gaxo] nm (de naranja) segment

gala ['gala] nf (traje de etiqueta) full dress; **~s** nfpl (ropa) finery sg; **estar de ~** to be in one's best clothes; **hacer ~ de** to display

galante [ga'lante] adj gallant; **galantería** nf (caballerosidad) gallantry; (cumplido) politeness; (comentario) compliment

galápago [ga'lapaxo] nm (ZOOL) turtle

galardón [galar'ðon] nm award, prize

galaxia [ga'laksja] nf galaxy

galera [ga'lera] nf (nave) galley; (carro) wagon; (IMPRENTA) galley

galería [gale'ria] nf (gen) gallery; (balcón) veranda(h); (pasillo) corridor

Gales ['gales] nm (tb: **País de ~**) Wales; **galés, esa** adj Welsh ♦ nm/f Welshman/woman ♦ nm (LING) Welsh

galgo, a ['galxo, a] nm/f greyhound

galimatías [galima'tias] nm inv (lenguaje) gibberish sg, nonsense sg

gallardía [gaʎar'ðia] nf (valor) bravery

gallego, a [ga'ʎexo, a] adj, nm/f Galician

galleta [ga'ʎeta] nf biscuit (BRIT), cookie (US)

gallina [ga'ʎina] nf hen ♦ nm/f (fam: cobarde) chicken; **gallinero** nm henhouse; (TEATRO) top gallery

gallo ['gaʎo] nm cock, rooster

galón [ga'lon] nm (MIL) stripe; (COSTURA) braid; (medida) gallon

galopar [galo'par] vi to gallop

gama ['gama] nf (fig) range

gamba ['gamba] nf prawn (BRIT), shrimp (US)

gamberro, a [gam'berro, a] nm/f hooligan, lout

gamuza [ga'muθa] nf chamois

gana ['gana] nf (deseo) desire, wish; (apetito) appetite; (voluntad) will; (añoranza) longing; **de buena ~** willingly; **de mala ~** reluctantly; **me da ~s de** I feel like, I want to; **no me da la ~** I don't feel like it; **tener ~s de** to feel like

ganadería [ganaðe'ria] nf (ganado) livestock; (ganado vacuno) cattle pl; (cría, comercio) cattle raising

ganado [ga'naðo] nm livestock; **~ lanar** sheep pl; **~ mayor** cattle pl; **~ porcino** pigs pl

ganador, a [gana'ðor, a] adj winning ♦ nm/f winner

ganancia [ga'nanθja] nf (lo ganado) gain; (aumento) increase; (beneficio) profit; **~s** nfpl (ingresos) earnings; (beneficios) profit sg, winnings

ganar [ga'nar] vt (obtener) to get, obtain; (sacar ventaja) to gain; (salario etc) to earn; (DEPORTE, premio) to win; (derrotar a) to beat; (alcanzar) to reach ♦ vi (DEPORTE) to win; **~se** vr: **~se la vida** to earn one's living

ganchillo [gan'tʃiʎo] nm crochet

gancho ['gantʃo] nm (gen) hook; (colgador) hanger

gandul, a [gan'dul, a] adj, nm/f good-for-nothing, layabout

ganga ['ganga] nf bargain

gangrena [gan'grena] nf gangrene

ganso, a ['ganso, a] nm/f (ZOOL) goose; (fam) idiot

ganzúa [gan'θua] nf skeleton key

garabatear [garaβate'ar] vi, vt (al escribir) to scribble, scrawl

garabato [gara'βato] nm (escritura) scrawl, scribble

garaje [ga'raxe] nm garage

garante [ga'rante] adj responsible ♦ nm/f guarantor

garantía [garan'tia] nf guarantee

garantizar [garanti'θar] vt to guarantee

garbanzo [gar'βanθo] nm chickpea (BRIT), garbanzo (US)

garbo [ˈgarβo] nm grace, elegance

garfio [ˈgarfjo] nm grappling iron

garganta [gar'ganta] nf (ANAT) throat; (de botella) neck; **gargantilla** nf necklace

gárgaras [ˈgargaras] nfpl: **hacer ~** to gargle

garita [ga'rita] nf cabin, hut; (MIL) sentry box

garra ['garra] nf (de gato, TEC) claw; (de ave) talon; (fam: mano) hand, paw

garrafa [ga'rrafa] nf carafe, decanter

garrapata [garra'pata] nf tick

garrote [ga'rrote] nm (palo) stick; (porra) cudgel; (suplicio) garrotte

garza ['garθa] nf heron

gas [gas] nm gas

gasa ['gasa] nf gauze

gaseosa [gase'osa] nf lemonade

gaseoso, a [gase'oso, a] adj gassy, fizzy

gasoil [ga'soil] nm diesel (oil)

gasóleo [ga'soleo] nm = **gasoil**

gasolina [gaso'lina] nf petrol, gas(oline) (US); **gasolinera** nf petrol (BRIT) o gas (US) station

gastado, a [gas'taðo, a] adj (dinero) spent; (ropa) worn out; (usado: frase etc) trite

gastar [gas'tar] vt (dinero, tiempo) to spend; (fuerzas) to use up; (desperdiciar) to waste; (llevar) to wear; **~se** vr to wear out; (consumirse) to waste; **~ en** to spend on; **~ bromas** to crack jokes; **¿qué número gastas?** what size (shoe) do you take?

gasto ['gasto] nm (desembolso) expenditure, spending; (consumo, uso) use; **~s** nmpl (desembolsos) expenses; (cargos) charges, costs

gastronomía [gastrono'mia] nf gastronomy

gatear [gate'ar] vi (andar a gatas) to go on all fours

gatillo [ga'tiʎo] nm (de arma de fuego) trigger; (de dentista) forceps

gato, a ['gato, a] nm/f cat ♦ nm (TEC) jack; **andar a gatas** to go on all fours

gaviota [ga'βjota] nf seagull

gay [ge] adj inv, nm gay, homosexual

gazpacho [gaθ'patʃo] nm gazpacho

gel [xel] nm (tb: **~ de baño/ducha**) gel

gelatina [xela'tina] nf jelly; (polvos etc) gelatine

gema ['xema] nf gem

gemelo, a [xe'melo, a] adj, nm/f twin; **~s** nmpl (de camisa) cufflinks; (prismáticos) field glasses, binoculars

gemido [xe'miðo] nm (quejido) moan, groan; (aullido) howl

Géminis ['xeminis] nm Gemini

gemir [xe'mir] vi (quejarse) to moan, groan; (aullar) to howl

generación [xenera'θjon] nf generation

general [xene'ral] adj general ♦ nm general; **por lo o en ~** in general; **G~itat** nf Catalan parliament; **~izar** vt to generalize; **~izarse** vr to become generalized, spread; **~mente** adv generally

generar [xene'rar] vt to generate

género ['xenero] nm (clase) kind, sort; (tipo) type; (BIO) genus; (LING) gender; (COM) material; **~ humano** human race

generosidad [xenerosi'ðað] nf generosity; **generoso, a** adj generous

genial [xe'njal] adj inspired; (idea) brilliant; (afable) genial

genio ['xenjo] nm (carácter) nature, disposition; (humor) temper; (facultad creadora) genius; **de mal ~** bad-tempered

genital [xeni'tal] adj genital; **genitales** nmpl genitals

gente ['xente] nf (personas) people pl; (parientes) relatives pl

gentil [xen'til] adj (elegante) graceful; (encantador) charming; **~eza** nf grace; charm; (cortesía) courtesy

gentío [xen'tio] nm crowd, throng

genuino, a [xe'nwino, a] adj genuine

geografía [xeoɣra'fia] nf geography

geología [xeolo'xia] nf geology

geometría [xeome'tria] nf geometry

gerencia [xe'renθja] nf management; **gerente** nm/f (supervisor) manager; (jefe) director

geriatría [xeria'tria] nf (MED) geriatrics sg

germen ['xermen] nm germ

germinar [xermi'nar] vi to germinate

gesticular [xestiku'lar] vi to gesticulate; (hacer muecas) to grimace; **gesticulación** nf gesticulation; (mueca) grimace

gestión [xes'tjon] nf management; (diligencia, acción) negotiation; **gestionar** vt (lograr) to try to arrange; (dirigir) to manage

gesto ['xesto] nm (mueca) grimace; (ademán) gesture

Gibraltar [xiβral'tar] nm Gibraltar; **gibraltareño, a** adj, nm/f Gibraltarian

gigante [xi'ɣante] adj, nm/f giant; **gigantesco, a** adj gigantic

gilipollas [xili'poʎas] (fam) adj inv daft ♦ nm/f inv wally

gimnasia [xim'nasja] nf gymnastics pl; **gimnasio** nm gymnasium; **gimnasta** nm/f gymnast

gimotear [ximote'ar] vi to whine, whimper

ginebra [xi'neβra] nf gin

ginecólogo, a [xine'koloɣo, a] nm/f gynaecologist

gira ['xira] nf tour, trip

girar [xi'rar] vt (dar la vuelta) to turn (around); (: rápidamente) to spin; (COM: giro postal) to draw; (: letra de cambio) to issue ♦ vi to turn (round); (*rápido*) to spin

girasol [xira'sol] nm sunflower

giratorio, a [xira'torjo, a] adj revolving

giro ['xiro] nm (*movimiento*) turn, revolution; (*LING*) expression; (*COM*) draft; **~ bancario/postal** bank giro/ postal order

gis [xis] (*AM*) nm chalk

gitano, a [xi'tano, a] adj, nm/f gypsy

glacial [gla'θjal] adj icy, freezing

glaciar [gla'θjar] nm glacier

glándula ['glandula] nf gland

global [glo'ßal] adj global

globo ['gloβo] nm (*esfera*) globe, sphere; (*aerostato, juguete*) balloon

glóbulo ['gloßulo] nm globule; (*ANAT*) corpuscle

gloria ['glorja] nf glory

glorieta [glo'rjeta] nf (*de jardín*) bower, arbour; (*plazoleta*) roundabout (*BRIT*), traffic circle (*US*)

glorificar [glorifi'kar] vt (*enaltecer*) to glorify, praise

glorioso, a [glo'rjoso, a] adj glorious

glotón, ona [glo'ton, ona] adj gluttonous, greedy ♦ nm/f glutton

glucosa [glu'kosa] nf glucose

gobernador, a [goßerna'ðor, a] adj governing ♦ nm/f governor

gobernante adj governing

gobernar [goßer'nar] vt (*dirigir*) to guide, direct; (*POL*) to rule, govern ♦ vi to govern; (*NAUT*) to steer

gobierno etc [go'ßjerno] vb ver **gobernar** ♦ nm (*POL*) government; (*dirección*) guidance, direction; (*NAUT*) steering

goce etc ['goθe] vb ver **gozar** ♦ nm enjoyment

gol [gol] nm goal

golf [golf] nm golf

golfa ['golfa] (*fam!*) nf (*mujer*) slut, whore

golfo, a ['golfo, a] nm (*GEO*) gulf ♦ nm/f (*fam: niño*) urchin; (*gamberro*)
lout

golondrina [golon'drina] nf swallow

golosina [golo'sina] nf (*dulce*) sweet; **goloso, a** adj sweet-toothed

golpe ['golpe] nm blow; (*de puño*) punch; (*de mano*) smack; (*de remo*) stroke; (*fig: choque*) clash; **no dar ~** to be bone idle; **de un ~** with one blow; **de ~** suddenly; **~ (de estado)** coup (d'état); **golpear** vt, vi to strike, knock; (*asestar*) to beat; (*de puño*) to punch; (*golpetear*) to tap

goma ['goma] nf (*caucho*) rubber; (*elástico*) elastic; (*una ~*) elastic band; **~ espuma** foam rubber; **~ de pegar** gum, glue; **~ de borrar** eraser, rubber (*BRIT*)

gomina [go'mina] nf hair gel

gordo, a ['gorðo, a] adj (*gen*) fat; (*fam*) enormous; **el (premio) ~** (*en lotería*) first prize; **gordura** nf fat; (*corpulencia*) fatness, stoutness

gorila [go'rila] nm gorilla

gorjear [gorxe'ar] vi to twitter, chirp

gorra ['gorra] nf cap; (*de niño*) bonnet; (*militar*) bearskin; **entrar de ~** (*fam*) to gatecrash; **ir de ~** to sponge

gorrión [go'rrjon] nm sparrow

gorro ['gorro] nm cap; (*de niño, mujer*) bonnet

gorrón, ona [go'rron, ona] nm/f scrounger; **gorronear** (*fam*) vi to scrounge

gota ['gota] nf (*gen*) drop; (*de sudor*) bead; (*MED*) gout; **gotear** vi to drip; (*lloviznar*) to drizzle; **gotera** nf leak

gozar [go'θar] vi to enjoy o.s.; **~ de** (*disfrutar*) to enjoy; (*poseer*) to possess

gozne ['goθne] nm hinge

gozo ['goθo] nm (*alegría*) joy; (*placer*) pleasure

gr. abr (= *gramo, gramos*) g

grabación [graßa'θjon] nf recording

grabado [gra'ßaðo] nm print, engraving

grabadora [graßa'ðora] nf tape-recorder

grabar [gra'βar] vt to engrave; (discos, cintas) to record

gracia ['graθja] nf (encanto) grace, gracefulness; (humor) humour, wit; ¡(**muchas**) ~**s**! thanks (very much)!; ~**s a** thanks to; **tener** ~ (chiste etc) to be funny; **no me hace** ~ I am not keen; **gracioso, a** adj (divertido) funny, amusing; (cómico) comical ♦ nm/f (TEATRO) comic character

grada ['graða] nf (de escalera) step; (de anfiteatro) tier, row; ~**s** nfpl (DEPORTE: de estadio) terraces

gradería [graðe'ria] nf (gradas) (flight of) steps pl; (de anfiteatro) tiers pl, rows pl; (DEPORTE: de estadio) terraces pl; ~ **cubierta** covered stand

grado ['graðo] nm degree; (de aceite, vino) grade; (grada) step; (MIL) rank; **de buen** ~ willingly

graduación [graðwa'θjon] nf (del alcohol) proof, strength; (ESCOL) graduation; (MIL) rank

gradual [gra'ðwal] adj gradual

graduar [gra'ðwar] vt (gen) to graduate; (MIL) to commission; ~**se** vr to graduate; ~**se la vista** to have one's eyes tested

gráfica ['grafika] nf graph

gráfico, a ['grafiko, a] adj graphic ♦ nm diagram; ~**s** nmpl (INFORM) graphics

grajo ['graxo] nm rook

Gral abr (= General) Gen.

gramática [gra'matika] nf grammar

gramo ['gramo] nm gramme (BRIT), gram (US)

gran [gran] adj ver **grande**

grana ['grana] nf (color, tela) scarlet

granada [gra'naða] nf pomegranate; (MIL) grenade

granate [gra'nate] adj deep red

Gran Bretaña [-bre'taɲa] nf Great Britain

grande ['grande] (antes de nmsg: **gran**) adj (de tamaño) big, large; (alto) tall; (distinguido) great; (impresionante)

grand ♦ nm grandee; **grandeza** nf greatness

grandioso, a [gran'djoso, a] adj magnificent, grand

granel [gra'nel]: **a** ~ adv (COM) in bulk

granero [gra'nero] nm granary, barn

granito [gra'nito] nm (AGR) small grain; (roca) granite

granizado [grani'θaðo] nm iced drink

granizar [grani'θar] vi to hail; **granizo** nm hail

granja ['granxa] nf (gen) farm; **granjear** vt to win, gain; **granjearse** vr to win, gain; **granjero, a** nm/f farmer

grano ['grano] nm grain; (semilla) seed; (de café) bean; (MED) pimple, spot

granuja [gra'nuxa] nm/f rogue; (golfillo) urchin

grapa ['grapa] nf staple; (TEC) clamp; **grapadora** nf stapler

grasa ['grasa] nf (gen) grease; (de cocinar) fat, lard; (sebo) suet; (mugre) filth; **grasiento, a** adj greasy; (de aceite) oily; **graso, a** adj (leche, queso, carne) fatty; (pelo, piel) greasy

gratificación [gratifika'θjon] nf (bono) bonus; (recompensa) reward

gratificar [gratifi'kar] vt to reward

gratinar [grati'nar] vt to cook au gratin

gratis ['gratis] adv free

gratitud [grati'tuð] nf gratitude

grato, a ['grato, a] adj (agradable) pleasant, agreeable

gratuito, a [gra'twito, a] adj (gratis) free; (sin razón) gratuitous

gravamen [gra'βamen] nm (impuesto) tax

gravar [gra'βar] vt to tax

grave ['graβe] adj heavy; (serio) grave, serious; ~**dad** nf gravity

gravilla [gra'βiʎa] nf gravel

gravitar [graβi'tar] vi to gravitate; ~ **sobre** to rest on

graznar [graθ'nar] vi (cuervo) to squawk; (pato) to quack; (hablar ronco) to croak

Grecia ['greθja] nf Greece

gremio ['gremjo] nm trade, industry

greña ['greɲa] nf (cabellos) shock of hair

gresca ['greska] nf uproar

griego, a ['grjeɣo, a] adj, nm/f Greek

grieta ['grjeta] nf crack

grifo ['grifo] nm tap; (AM: AUTO) petrol (BRIT) o gas (US) station

grilletes [gri'ʎetes] nmpl fetters

grillo ['griʎo] nm (ZOOL) cricket

gripe ['gripe] nf flu, influenza

gris [gris] adj (color) grey

gritar [gri'tar] vt, vi to shout, yell;
grito nm shout, yell; (de horror) scream

grosella [gro'seʎa] nf (red)currant;
~ **negra** blackcurrant

grosería [grose'ria] nf (actitud) rudeness; (comentario) rude comment; **grosero, a** adj (poco cortés) rude, bad-mannered; (ordinario) vulgar, crude

grosor [gro'sor] nm thickness

grotesco, a [gro'tesko, a] adj grotesque

grúa ['grua] nf (TEC) crane; (de petróleo) derrick

grueso, a ['grweso, a] adj thick; (persona) stout ♦ nm bulk; **el ~ de** the bulk of

grulla ['gruʎa] nf crane

grumo ['grumo] nm clot, lump

gruñido [gru'niðo] nm grunt; (de persona) grumble

gruñir [gru'nir] vi (animal) to growl; (persona) to grumble

grupa ['grupa] nf (ZOOL) rump

grupo ['grupo] nm group; (TEC) unit, set

gruta ['gruta] nf grotto

guadaña [gwa'ðaɲa] nf scythe

guagua ['gwa'xwa] (AM) nf (niño) baby; (bus) bus

guante ['gwante] nm glove; ~**ra** nf glove compartment

guapo, a ['gwapo, a] adj good-looking, attractive; (elegante) smart

guarda ['gwarða] nm/f (persona) guard, keeper ♦ nf (acto) guarding; (custodia) custody; ~**bosques** nm inv gamekeeper; ~**costas** nm inv coastguard vessel ♦ nm/f guardian, protector; ~**espaldas** nm/f inv bodyguard; ~**meta** nm/f goalkeeper; **guardar** vt (gen) to keep; (vigilar) to guard, watch over; (dinero: ahorrar) to save; **guardarse** vr (preservarse) to protect o.s.; (evitar) to avoid; **guardar cama** to stay in bed; ~**rropa** nm (armario) wardrobe; (en establecimiento público) cloakroom

guardería [gwarðe'ria] nf nursery

guardia ['gwarðja] nf (MIL) guard; (cuidado) care, custody ♦ nm/f guard; (policía) policeman/woman; **estar de ~** to be on guard; **montar ~** to mount guard; **G~ Civil** Civil Guard; **G~ Nacional** National Guard

guardián, ana [gwar'ðjan, ana] nm/f (gen) guardian, keeper

guarecer [gware'θer] vt (proteger) to protect; (abrigar) to shelter; ~**se** vr to take refuge

guarida [gwa'riða] nf (de animal) den, lair; (refugio) refuge

guarnecer [gwarne'θer] vt (equipar) to provide; (adornar) to adorn; (TEC) to reinforce; **guarnición** nf (de vestimenta) trimming; (de piedra) mount; (CULIN) garnish; (arreos) harness; (MIL) garrison

guarro, a ['gwarro, a] nm/f pig

guasa ['gwasa] nf joke; **guasón, ona** adj (bromista) joking ♦ nm/f wit; joker

Guatemala [gwate'mala] nf Guatemala

guay [gwai] (fam) adj super, great

gubernativo, a [gußerna'tißo, a] adj governmental

guerra ['gerra] nf war; ~ **civil** civil war; ~ **fría** cold war; **dar** ~ to annoy;
guerrear vi to wage war; **guerrero, a**

adj fighting; (*carácter*) warlike ♦ *nm/f* warrior

guerrilla [ge'rriʎa] *nf* guerrilla warfare; (*tropas*) guerrilla band o group

guía etc ['gia] *vb ver* **guiar** ♦ *nf* (*libro*) guidebook; **~ de ferrocarriles** railway timetable; **~ telefónica** telephone directory

guiar [gi'ar] *vt* to guide, direct; (*AUTO*) to steer; **~se** *vr*: **~se por** to be guided by

guijarro [gi'xarro] *nm* pebble

guillotina [giʎo'tina] *nf* guillotine

guinda ['ginda] *nf* morello cherry

guindilla [gin'diʎa] *nf* chilli pepper

guiñapo [gi'ɲapo] *nm* (*harapo*) rag; (*persona*) reprobate, rogue

guiñar [gi'ɲar] *vt* to wink

guión [gi'on] *nm* (*LING*) hyphen, dash; (*CINE*) script; **guionista** *nm/f* scriptwriter

guiri ['giri] (*fam: pey*) *nm/f* foreigner

guirnalda [gir'nalda] *nf* garland

guisado [gi'saðo] *nm* stew

guisante [gi'sante] *nm* pea

guisar [gi'sar] *vt, vi* to cook; **guiso** *nm* cooked dish

guitarra [gi'tarra] *nf* guitar

gula ['gula] *nf* gluttony, greed

gusano [gu'sano] *nm* worm; (*lombriz*) earthworm

gustar [gus'tar] *vt* to taste, sample ♦ *vi* to please, be pleasing; **~ de algo** to like o enjoy sth; **me gustan las uvas** I like grapes; **le gusta nadar** she likes o enjoys swimming

gusto ['gusto] *nm* (*sentido, sabor*) taste; (*placer*) pleasure; **tiene ~ a menta** it tastes of mint; **tener buen ~** to have good taste; **sentirse a ~** to feel at ease; **mucho ~** (*en conocerle*) pleased to meet you; **el ~ es mío** the pleasure is mine; **con ~** willingly, gladly; **~so, a** *adj* (*sabroso*) tasty; (*agradable*) pleasant

H, h

ha *vb ver* **haber**

haba ['aβa] *nf* bean

Habana [a'βana] *nf*: **la ~** Havana

habano [a'βano] *nm* Havana cigar

habéis *vb ver* **haber**

PALABRA CLAVE

---

haber [a'βer] *vb aux* **1** (*tiempos compuestos*) to have; **había comido** I had eaten; **antes/después de ~lo visto** before seeing/after seeing o having seen it

2: **¡~lo dicho antes!** you should have said so before!

3: **~ de**: **he de hacerlo** I have to do it; **ha de llegar mañana** it should arrive tomorrow

♦ *vb impers* **1** (*existencia: sg*) there is; (*: pl*) there are; **hay un hermano/dos hermanos** there is one brother/there are two brothers; **¿cuánto hay de aquí a Sucre?** how far is it from here to Sucre?

2 (*obligación*): **hay que hacer algo** something must be done; **hay que apuntarlo para acordarse** you have to write it down to remember

3: **¡hay que ver!** well I never!

4: **¡no hay de** o **por** (*AM*) **qué!** don't mention it!, not at all!

5: **¿qué hay?** (*¿qué pasa?*) what's up?, what's the matter?; (*¿qué tal?*) how's it going?

♦ **~se** *vr*: **habérselas con uno** to have it out with sb

♦ *vt*: **he aquí unas sugerencias** here are some suggestions; **no hay cintas blancas pero sí las hay rojas** there aren't any white ribbons but there are some red ones

♦ *nm* (*en cuenta*) credit side; **~es** *nmpl* assets; **¿cuánto tengo en el ~?** how much do I have in my account?; **tiene**

varias novelas en su ~ he has several novels to his credit

habichuela [aβi'tʃwela] nf kidney bean

hábil ['aβil] adj (listo) clever, smart; (capaz) fit, capable; (experto) expert; **día ~** working day; **habilidad** nf skill, ability

habilitar [aβili'tar] vt (capacitar) to enable; (dar instrumentos) to equip; (financiar) to finance

hábilmente [aβil'mente] adv skilfully, expertly

habitación [aβita'θjon] nf (cuarto) room; (BIO: morada) habitat; **~ sencilla o individual** single room; **~ doble o de matrimonio** double room

habitante [aβi'tante] nm/f inhabitant

habitar [aβi'tar] vt (residir en) to inhabit; (ocupar) to occupy ♦ vi to live

hábito ['aβito] nm habit

habitual [aβi'twal] adj usual

habituar [aβi'twar] vt to accustom; **~se** vr: **~se a** to get used to

habla ['aβla] nf (capacidad de hablar) speech; (idioma) language; (dialecto) dialect; **perder el ~** to become speechless; **de ~ francesa** French-speaking; **estar al ~** to be in contact; **¡González al ~!** (TEL) González speaking!

hablador, a [aβla'ðor, a] adj talkative ♦ nm/f chatterbox

habladuría [aβlaðu'ria] nf rumour; **~s** nfpl gossip sg

hablante [a'βlante] adj speaking ♦ nm/f speaker

hablar [a'βlar] vt to speak, talk ♦ vi to speak; **~se** vr to speak to each other; **~ con** to speak to; **~ de** to speak of o about; **"se habla inglés"** "English spoken here"; **¡ni ~!** it's out of the question!

habré etc vb ver **haber**

hacendoso, a [aθen'doso, a] adj industrious

hacer [a'θer] vt 1 (fabricar, producir) to make; (construir) to build; **~ una película/un ruido** to make a film/noise; **el guisado lo hice yo** I made o cooked the stew

2 (ejecutar: trabajo etc) to do; **~ la colada** to do the washing; **~ la comida** to do the cooking; **¿qué haces?** what are you doing?; **~ el malo** o **el papel del malo** (TEATRO) to play the villain

3 (estudios, algunos deportes) to do; **~ español/económicas** to do o study Spanish/economics; **~ yoga/gimnasia** to do yoga/go to gym

4 (transformar, incidir en): **esto lo hará más difícil** this will make it more difficult; **salir te hará sentir mejor** going out will make you feel better

5 (cálculo): **2 y 2 hacen 4** 2 and 2 make 4; **éste hace 100** this one makes 100

6 (+ sub): **esto hará que ganemos** this will make us win; **harás que no quiera venir** you'll stop him wanting to come

7 (como sustituto de vb) to do; **él bebió y yo hice lo mismo** he drank and I did likewise

8: **no hace más que criticar** all he does is criticize

♦ hacer + infin 1 (directo): **les hice venir** I made o had them come; **~ trabajar a los demás** to get others to work

2 (por intermedio de otros): **~ reparar algo** to get sth repaired

♦ vi 1: **haz como que no lo sabes** act as if you don't know

2 (ser apropiado): **si os hace** if it's alright with you

3: **~ de: ~ de madre para uno** to be like a mother to sb; (TEATRO): **~ de Otelo** to play Othello

♦ vb impers **1**: **hace calor/frío** it's
hot/cold; **ver tb bueno**; **sol**; **tiempo**
2 (tiempo): **hace 3 años** 3 years ago;
hace un mes que voy/no voy I've
been going/I haven't been for a month
3: **¿cómo has hecho para llegar
tan rápido?** how did you manage to
get here so quickly?
♦ ~**se** vr **1** (volverse) to become; **se
hicieron amigos** they became friends
2 (acostumbrarse): ~**se a** to get used
to
3: **se hace con huevos y leche** it's
made out of eggs and milk; **eso no se
hace** that's not done
4 (obtener): ~**se de** o **con algo** to get
hold of sth
5 (fingirse): ~**se el sueco** to turn a
deaf ear

hacha ['atʃa] nf axe; (antorcha) torch
hachís [a'tʃis] nm hashish
hacia ['aθja] prep (en dirección de)
towards; (cerca de) near; (actitud)
towards; ~ **arriba/abajo** up(wards)/
down(wards); ~ **mediodía** about noon
hacienda [a'θjenda] nf (propiedad)
property; (finca) farm; (AM) ranch;
~ **pública** public finance; (**Ministerio
de**) **H**~ Exchequer (BRIT), Treasury
Department (US)
hada ['aða] nf fairy
Haití [ai'ti] nm Haiti
halagar [ala'ɣar] vt to flatter
halago [a'laɣo] nm flattery;
halagüeño, a adj flattering
halcón [al'kon] nm falcon, hawk
hallar [a'ʎar] vt (gen) to find;
(descubrir) to discover; (toparse con)
to run into; ~**se** vr to be (situated);
hallazgo nm discovery; (cosa) find
halterofilia [altero'filja] nf
weightlifting
hamaca [a'maka] nf hammock
hambre ['ambre] nf hunger; (plaga)
famine; (deseo) longing; **tener** ~ to be

hungry; **hambriento, a** adj hungry,
starving
hamburguesa |ambur'ɣesa| nf
hamburger; **hamburguesería** nf
burger bar
han vb ver **haber**
harapiento, a |ara'pjento, a| adj
tattered, in rags
harapos [a'rapos] nmpl rags
haré etc vb ver **hacer**
harina [a'rina] nf flour
hartar [ar'tar] vt to satiate, glut; (fig) to
tire, sicken; ~**se** vr (de comida) to fill
o.s., gorge o.s.; (cansarse) to get fed
up (de with); **hartazgo** nm surfeit,
glut; **harto, a** adj (lleno) full; (cansado)
fed up ♦ adv (bastante) enough; (muy)
very; **estar harto de** to be fed up
with
has vb ver **haber**
hasta ['asta] adv even ♦ prep
(alcanzando a) as far as; up to; down
to; (de tiempo: a tal hora) till, until;
(antes de) before ♦ conj: ~ **que** until;
~ **luego/el sábado** see you soon/on
Saturday
hastiar [as'tjar] vt (gen) to weary;
(aburrir) to bore; ~**se** vr: ~**se de** to get
fed up with; **hastío** nm weariness;
boredom
hatillo [a'tiʎo] nm belongings pl, kit;
(montón) bundle, heap
hay vb ver **haber**
Haya ['aja] nf: **la** ~ The Hague
haya etc ['aja] vb ver **haber** ♦ nf beech
tree
haz [aθ] vb ver **hacer** ♦ nm (de luz)
beam
hazaña [a'θaɲa] nf feat, exploit
hazmerreir [aθmerre'ir] nm inv
laughing stock
he vb ver **haber**
hebilla [e'βiʎa] nf buckle, clasp
hebra [e'βra] nf thread; (BOT: fibra)
fibre, grain
hebreo, a [e'βreo, a] adj, nm/f Hebrew
♦ nm (LING) Hebrew

hechizar [etʃi'θar] *vt* to cast a spell on, bewitch

hechizo [e'tʃiθo] *nm* witchcraft, magic; (*acto de magia*) spell, charm

hecho, a ['etʃo, a] *pp de* **hacer** ♦ *adj* (*carne*) done; (*COSTURA*) ready-to-wear ♦ *nm* deed, act; (*dato*) fact; (*cuestión*) matter; (*suceso*) event ♦ *excl* agreed!, done!; **¡bien ~!** well done!; **de ~** in fact, as a matter of fact

hechura [e'tʃura] *nf* (*forma*) form, shape; (*de persona*) build

hectárea [ek'tarea] *nf* hectare

heder [e'ðer] *vi* to stink, smell

hediondo, a [e'ðjondo, a] *adj* stinking

hedor [e'ðor] *nm* stench

helada [e'laða] *nf* frost

heladera [ela'ðera] (*AM*) *nf* (*refrigerador*) refrigerator

helado, a [e'laðo, a] *adj* frozen; (*glacial*) icy; (*fig*) chilly, cold ♦ *nm* ice cream

helar [e'lar] *vt* to freeze, ice (up); (*dejar atónito*) to amaze; (*desalentar*) to discourage ♦ *vi* to freeze; **~se** *vr* to freeze

helecho [e'letʃo] *nm* fern

hélice ['eliθe] *nf* (*TEC*) propeller

helicóptero [eli'koptero] *nm* helicopter

hembra ['embra] *nf* (*BOT, ZOOL*) female; (*mujer*) woman; (*TEC*) nut

hemorragia [emo'rraxja] *nf* haemorrhage

hemorroides [emo'rroides] *nfpl* haemorrhoids, piles

hemos *vb ver* **haber**

hendidura [endi'ðura] *nf* crack, split

heno ['eno] *nm* hay

herbicida [erβi'θiða] *nm* weedkiller

heredad [ere'ðað] *nf* landed property; (*granja*) farm

heredar [ere'ðar] *vt* to inherit; **heredero, a** *nm/f* heir(ess)

hereje [e'rexe] *nm/f* heretic

herencia [e'renθja] *nf* inheritance

herida [e'riða] *nf* wound, injury; *ver tb*

herido

herido, a [e'riðo, a] *adj* injured, wounded ♦ *nm/f* casualty

herir [e'rir] *vt* to wound, injure; (*fig*) to offend

hermanastro, a [erma'nastro, a] *nm/f* stepbrother/sister

hermandad [erman'dað] *nf* brotherhood

hermano, a [er'mano, a] *nm/f* brother/sister; **~ gemelo** twin brother; **hermana gemela** twin sister; **~ político** brother-in-law; **hermana política** sister-in-law

hermético, a [er'metiko, a] *adj* hermetic; (*fig*) watertight

hermoso, a [er'moso, a] *adj* beautiful, lovely; (*estupendo*) splendid; (*guapo*) handsome; **hermosura** *nf* beauty

hernia ['ernja] *nf* hernia

héroe ['eroe] *nm* hero

heroína [ero'ina] *nf* (*mujer*) heroine; (*droga*) heroin

heroísmo [cro'ismo] *nm* heroism

herradura [erra'ðura] *nf* horseshoe

herramienta [erra'mjenta] *nf* tool

herrero [e'rrero] *nm* blacksmith

herrumbre [e'rrumbre] *nf* rust

hervidero [erβi'ðero] *nm* (*fig*) swarm; (*POL etc*) hotbed

hervir [er'βir] *vi* to boil; (*burbujear*) to bubble; (*fig*): **~ de** to teem with; **~ a fuego lento** to simmer; **hervor** *nm* boiling; (*fig*) ardour, fervour

heterosexual [eterosek'swal] *adj* heterosexual

hice *etc vb ver* **hacer**

hidratante [iðra'tante] *adj*: **crema ~** moisturizing cream, moisturizer;

hidratar *vt* (*piel*) to moisturize;

hidrato *nm*: **hidratos de carbono** carbohydrates

hidráulica [i'ðraulika] *nf* hydraulics *sg*

hidráulico, a [i'ðrauliko, a] *adj* hydraulic

hidro... [iðro] *prefijo* hydro..., water-...; **~eléctrico, a** *adj* hydroelectric;

~fobia nf hydrophobia, rabies; **hidrógeno** nm hydrogen

hiedra ['jeðra] nf ivy

hiel [jel] nf gall, bile; (fig) bitterness

hiela etc vb ver **helar**

hielo ['jelo] nm (gen) ice; (escarcha) frost; (fig) coldness, reserve

hiena ['jena] nf hyena

hierba ['jerβa] nf (pasto) grass; (CULIN, MED: planta) herb; **mala ~** weed; (fig) evil influence; **~buena** nf mint

hierro ['jerro] nm (metal) iron; (objeto) iron object

higado ['iɣaðo] nm liver

higiene [i'xjene] nf hygiene; **higiénico, a** adj hygienic

higo ['iɣo] nm fig; **higuera** nf fig tree

hijastro, a [i'xastro, a] nm/f stepson/daughter

hijo, a ['ixo, a] nm/f son/daughter, child; **~s** nmpl children, sons and daughters; **~ de papá/mamá** daddy's/mummy's boy; **~ de puta** (fam!) bastard (!), son of a bitch (!)

hilar [i'lar] vt to spin; **~ fino** to split hairs

hilera [i'lera] nf row, file

hilo ['ilo] nm thread; (BOT) fibre; (metal) wire; (de agua) trickle, thin stream

hilvanar [ilβa'nar] vt (COSTURA) to tack (BRIT), baste (US); (fig) to do hurriedly

himno ['imno] nm hymn; **~ nacional** national anthem

hincapié [inka'pje] nm: **hacer ~ en** to emphasize

hincar [in'kar] vt to drive (in), thrust (in); **~se** vr: **~se de rodillas** to kneel down

hincha ['intʃa] (fam) nm/f fan

hinchado, a [in'tʃaðo, a] adj (gen) swollen; (persona) pompous

hinchar [in'tʃar] vt (gen) to swell; (inflar) to blow up, inflate; (fig) to exaggerate; **~se** vr (inflarse) to swell up; (fam: de comer) to stuff o.s.; **hinchazón** nf (MED) swelling; (altivez)

arrogance

hinojo [i'noxo] nm fennel

hipermercado [ipermer'kaðo] nm hypermarket, superstore

hípico, a ['ipiko, a] adj horse cpd

hipnotismo [ipno'tismo] nm hypnotism; **hipnotizar** vt to hypnotize

hipo ['ipo] nm hiccups pl

hipocresía [ipokre'sia] nf hypocrisy; **hipócrita** adj hypocritical ♦ nm/f hypocrite

hipódromo [i'poðromo] nm racetrack

hipopótamo [ipo'potamo] nm hippopotamus

hipoteca [ipo'teka] nf mortgage

hipótesis [i'potesis] nf inv hypothesis

hiriente [i'rjente] adj offensive, wounding

hispánico, a [is'paniko, a] adj Hispanic

hispano, a [is'pano, a] adj Hispanic, Spanish, Hispano- ♦ nm/f Spaniard; **H~américa** nf Latin America; **~americano, a** adj, nm/f Latin American

histeria [is'terja] nf hysteria

historia [is'torja] nf history; (cuento) story, tale; **~s** nfpl (chismes) gossip sg; **dejarse de ~s** to come to the point; **pasar a la ~** to go down in history; **~dor, a** nm/f historian; **historial** nm (profesional) curriculum vitae, C.V.; (MED) case history; **histórico, a** adj historical; (memorable) historic

historieta [isto'rjeta] nf tale, anecdote; (dibujos) comic strip

hito ['ito] nm (fig) landmark

hizo vb ver **hacer**

Hnos abr (= Hermanos) Bros.

hocico [o'θiko] nm snout

hockey ['xoki] nm hockey; **~ sobre hielo** ice hockey

hogar [o'ɣar] nm fireplace, hearth; (casa) home; (vida familiar) home life; **~eño, a** adj home cpd; (persona) home-loving

hoguera [o'ɣera] nf (gen) bonfire

hoja ['oxa] nf (gen) leaf; (de flor) petal; (de papel) sheet; (página) page; ~ **de afeitar** razor blade

hojalata [oxa'lata] nf tin(plate)

hojaldre [o'xaldre] nm (CULIN) puff pastry

hojear [oxe'ar] vt to leaf through, turn the pages of

hola ['ola] excl hello!

Holanda [o'landa] nf Holland; **holandés, esa** adj Dutch ♦ nm/f Dutchman/woman ♦ nm (LING) Dutch

holgado, a [ol'vaðo, a] adj (ropa) loose, baggy; (rico) comfortable

holgar [ol'var] vi (descansar) to rest; (sobrar) to be superfluous; **huelga decir que** it goes without saying that

holgazán, ana [olva'θan, ana] adj idle, lazy ♦ nm/f loafer

holgura [ol'yura] nf looseness, bagginess; (TEC) play, free movement; (vida) comfortable living

hollín [o'ʎin] nm soot

hombre ['ombre] nm (gen) man; (raza humana) man(kind); **el** ~ man(kind) ♦ excl **¡sí** ~! (claro) of course!; (para énfasis) man, old boy; ~ **de negocios** businessman; ~ **de pro** honest man; ~**-rana** frogman

hombrera [om'brera] nf shoulder strap

hombro ['ombro] nm shoulder

hombruno, a [om'bruno, a] adj mannish

homenaje [ome'naxe] nm (gen) homage; (tributo) tribute

homicida [omi'θiða] adj homicidal ♦ nm/f murderer; **homicidio** nm murder, homicide

homologar [omolo'ðar] vt (COM: productos, tamaños) to standardize; **homólogo, a** nm/f: **su** etc **homólogo** his etc counterpart o opposite number

homosexual [omosek'swal] adj, nm/f homosexual

hondo, a ['ondo, a] adj deep; **lo** ~ **the** depth(s) (pl), the bottom; ~**nada** nf

hollow, depression; (cañón) ravine

Honduras [on'duras] nf Honduras

hondureño, a [ondu'reɲo, a] adj, nm/f Honduran

honestidad [onesti'ðað] nf purity, chastity; (decencia) decency; **honesto, a** adj chaste; decent, honest; (justo) just

hongo ['ongo] nm (BOT: gen) fungus; (: comestible) mushroom; (: venenoso) toadstool

honor [o'nor] nm (gen) honour; **en** ~ **a la verdad** to be fair; ~**able** adj honourable

honorario, a [ono'rarjo, a] adj honorary; ~**s** nmpl fees

honra ['onra] nf (gen) honour; (renombre) good name; ~**dez** nf honesty; (de persona) integrity; ~**do, a** adj honest, upright

honrar [on'rar] vt to honour; ~**se** vr: ~**se con algo/de hacer algo** to be honoured by sth/to do sth

honroso, a [on'roso, a] adj (honrado) honourable; (respetado) respectable

hora ['ora] nf (una ~) hour; (tiempo) time; **¿qué** ~ **es?** what time is it?; **¿a qué** ~? at what time?; **media** ~ half an hour; **a la** ~ **de recreo** at playtime; **a primera** ~ first thing (in the morning); **a última** ~ at the last moment; **a altas** ~**s** in the small hours; **¡a buena** ~! about time, too!; **dar la** ~ to strike the hour; ~**s de oficina/de trabajo** office/working hours; ~**s de visita** visiting times; ~**s extras** o **extraordinarias** overtime sg; ~**s punta** rush hours

horadar [ora'ðar] vt to drill, bore

horario, a [o'rarjo, a] adj hourly, hour cpd ♦ nm timetable; ~ **comercial** business hours pl

horca ['orka] nf gallows sg

horcajadas [orka'xaðas]: **a** ~ adv astride

horchata [or'tʃata] nf cold drink made from tiger nuts and water, tiger nut milk

horizontal [oriθon'tal] *adj* horizontal

horizonte [ori'θonte] *nm* horizon

horma ['orma] *nf* mould

hormiga [or'miɣa] *nf* ant; **~s** *nfpl* (MED) pins and needles

hormigón [ormi'ɣon] *nm* concrete; **~ armado/pretensado** reinforced/prestressed concrete

hormigueo [ormi'ɣeo] *nm* (comezón) itch

hormona [or'mona] *nf* hormone

hornada [or'naða] *nf* batch (of loaves etc)

hornillo [or'niʎo] *nm* (cocina) portable stove

horno ['orno] *nm* (CULIN) oven; (TEC) furnace; **alto ~** blast furnace

horóscopo [o'roskopo] *nm* horoscope

horquilla [or'kiʎa] *nf* hairpin; (AGR) pitchfork

horrendo, a [o'rrendo, a] *adj* horrendous, frightful

horrible [o'rriβle] *adj* horrible, dreadful

horripilante [orripi'lante] *adj* hair-raising, horrifying

horror [o'rror] *nm* horror, dread; (atrocidad) atrocity; **¡qué ~!** (fam) how awful!; **~izar** *vt* to horrify, frighten; **~izarse** *vr* to be horrified; **~oso, a** *adj* horrifying, ghastly

hortaliza [orta'liθa] *nf* vegetable

hortelano, a [orte'lano, a] *nm/f* (market) gardener

hortera [or'tera] (fam) *adj* tacky

hosco, a ['osko, a] *adj* sullen, gloomy

hospedar [ospe'ðar] *vt* to put up; **~se** *vr* to stay, lodge

hospital [ospi'tal] *nm* hospital

hospitalario, a [ospita'larjo, a] *adj* (acogedor) hospitable; **hospitalidad** *nf* hospitality

hostal [os'tal] *nm* small hotel

hostelería [ostele'ria] *nf* hotel business o trade

hostia ['ostja] *nf* (REL) host, consecrated wafer; (fam!: golpe) whack, punch ♦ *excl* (fam!): **¡~(s)!** damn!

hostigar [osti'ɣar] *vt* to whip; (fig) to harass, pester

hostil [os'til] *adj* hostile; **~idad** *nf* hostility

hotel [o'tel] *nm* hotel; **~ero, a** *adj* hotel *cpd* ♦ *nm/f* hotelier

---

Hotel

In Spain you can choose from the following categories of accommodation, in descending order of quality and price: **hotel** (from 5 stars to 1), **hostal**, **pensión**, **casa de huéspedes**, **fonda**. The State also runs luxury hotels called **paradores**, which are usually sited in places of particular historical interest and are often historic buildings themselves.

---

hoy [oi] *adv* (este día) today; (la actualidad) now(adays) ♦ *nm* present time; **~ (en) día** now(adays)

hoyo ['ojo] *nm* hole, pit; **hoyuelo** *nm* dimple

hoz [oθ] *nf* sickle

hube etc *vb ver* **haber**

hucha ['utʃa] *nf* money box

hueco, a ['weko, a] *adj* (vacío) hollow, empty; (resonante) booming ♦ *nm* hollow, cavity

huelga etc ['welɣa] *vb ver* **holgar** ♦ *nf* strike; **declararse en ~** to go on strike, come out on strike; **~ de hambre** hunger strike

huelguista [wel'ɣista] *nm/f* striker

huella ['weʎa] *nf* (pisada) tread; (marca del paso) footprint, footstep; (: de animal, máquina) track; **~ digital** fingerprint

huelo etc *vb ver* **oler**

huérfano, a ['werfano, a] *adj* orphan(ed) ♦ *nm/f* orphan

huerta ['werta] *nf* market garden; (en Murcia y Valencia) irrigated region

huerto ['werto] *nm* kitchen garden; (de árboles frutales) orchard

hueso ['weso] nm (ANAT) bone; (de fruta) stone

huésped, a ['wespeð, a] nm/f guest

huesudo, a [we'suðo, a] adj bony, big-boned

hueva ['weßa] nf roe

huevera [we'ßera] nf eggcup

huevo ['weßo] nm egg; ~ duro/ escalfado/frito (ESP) o estrellado (AM)/pasado por agua hard-boiled/ poached/fried/soft-boiled egg; ~s revueltos scrambled eggs

huida [u'iða] nf escape, flight

huidizo, a [ui'ðiθo, a] adj shy

huir [u'ir] vi (escapar) to flee, escape; (evitar) to avoid; ~se vr (escaparse) to escape

hule ['ule] nm oilskin

humanidad [umani'ðað] nf (género humano) man(kind); (cualidad) humanity

humanitario, a [umani'tarjo, a] adj humanitarian

humano, a [u'mano, a] adj (gen) human; (humanitario) humane ♦ nm human; **ser ~** human being

humareda [uma'reða] nf cloud of smoke

humedad [ume'ðað] nf (del clima) humidity; (de pared etc) dampness; **a prueba de ~** damp-proof; **humedecer** vt to moisten, wet; **humedecerse** vr to get wet

húmedo, a ['umeðo, a] adj (mojado) damp, wet; (tiempo etc) humid

humildad [umil'dað] nf humility, humbleness; **humilde** adj humble, modest

humillación [umiʎa'θjon] nf humiliation; **humillante** adj humiliating

humillar [umi'ʎar] vt to humiliate; ~se vr to humble o.s., grovel

humo ['umo] nm (de fuego) smoke; (gas nocivo) fumes pl; (vapor) steam, vapour; ~s nmpl (fig) conceit sg

humor [u'mor] nm (disposición) mood,

temper; (lo que divierte) humour; **de buen/mal ~** in a good/bad mood; **~ista** nm/f comic; **~ístico, a** adj funny, humorous

hundimiento [undi'mjento] nm (gen) sinking; (colapso) collapse

hundir [un'dir] vt to sink; (edificio, plan) to ruin, destroy; ~se vr to sink, collapse

húngaro, a ['ungaro, a] adj, nm/f Hungarian

Hungría [un'gria] nf Hungary

huracán [ura'kan] nm hurricane

huraño, a [u'raɲo, a] adj (antisocial) unsociable

hurgar [ur'xar] vt to poke, jab; (remover) to stir (up); ~se vr: ~se (las narices) to pick one's nose

hurón, ona [u'ron, ona] nm (ZOOL) ferret

hurtadillas [urta'ðiʎas]: **a ~** adv stealthily, on the sly

hurtar [ur'tar] vt to steal; **hurto** nm theft, stealing

husmear [usme'ar] vt (oler) to sniff out, scent; (fam) to pry into

huyo etc vb ver **huir**

I, i

iba etc vb ver **ir**

ibérico, a [i'ßeriko, a] adj Iberian

iberoamericano, a [ißeroameri'kano, a] adj, nm/f Latin American

Ibiza [i'ßiθa] nf Ibiza

iceberg [iße'ßerɣ] nm iceberg

icono [i'kono] nm ikon, icon

iconoclasta [ikono'klasta] adj iconoclastic ♦ nm/f iconoclast

ictericia [ikte'riθja] nf jaundice

I + D abr (= Investigación y Desarrollo) R & D

ida ['iða] nf going, departure; ~ **y vuelta** round trip, return

idea [i'ðea] nf idea; **no tengo la menor ~** I haven't a clue

ideal [iðe'al] *adj, nm* ideal; **~ista** *nm/f* idealist; **~izar** *vt* to idealize

idear [iðe'ar] *vt* to think up; (*aparato*) to invent; (*viaje*) to plan

ídem ['iðem] *pron* ditto

idéntico, a [i'ðentiko, a] *adj* identical

identidad [iðenti'ðað] *nf* identity

identificación [iðentifika'θjon] *nf* identification

identificar [iðentifi'kar] *vt* to identify; **~se** *vr*: **~se con** to identify with

ideología [iðeolo'xia] *nf* ideology

idilio [i'ðiljo] *nm* love-affair

idioma [i'ðjoma] *nm* (*gen*) language

idiota [i'ðjota] *adj* idiotic ♦ *nm/f* idiot; **idiotez** *nf* idiocy

ídolo ['iðolo] *nm* (*tb: fig*) idol

idóneo, a [i'ðoneo, a] *adj* suitable

iglesia [i'ɣlesja] *nf* church

ignorancia [iɣno'ranθja] *nf* ignorance; **ignorante** *adj* ignorant, uninformed ♦ *nm/f* ignoramus

ignorar [iɣno'rar] *vt* not to know, be ignorant of; (*no hacer caso a*) to ignore

igual [i'ɣwal] *adj* (*gen*) equal; (*similar*) like, similar; (*mismo*) the same; (*constante*) constant; (*temperatura*) even ♦ *nm/f* equal; **~ que** like, the same as; **me da o es ~** I don't care; **son ~es** they're the same; **al ~ que** *prep, conj* like, just like

igualada [iɣwa'laða] *nf* equaliser

igualar [iɣwa'lar] *vt* (*gen*) to equalize, make equal; (*allanar, nivelar*) to level (off), even (out); **~se** *vr* (*platos de balanza*) to balance out

igualdad [iɣwal'dað] *nf* equality; (*similaridad*) sameness; (*uniformidad*) uniformity

igualmente [iɣwal'mente] *adv* equally; (*también*) also, likewise ♦ *excl* the same to you!

ikurriña [iku'rriɲa] *nf* Basque flag

ilegal [ile'ɣal] *adj* illegal

ilegítimo, a [ile'xitimo, a] *adj* illegitimate

ileso, a [i'leso, a] *adj* unhurt

ilícito, a [i'liθito, a] *adj* illicit

ilimitado, a [ilimi'taðo, a] *adj* unlimited

ilógico, a [i'loxiko, a] *adj* illogical

iluminación [ilumina'θjon] *nf* illumination; (*alumbrado*) lighting

iluminar [ilumi'nar] *vt* to illuminate, light (up); (*fig*) to enlighten

ilusión [ilu'sjon] *nf* illusion; (*quimera*) delusion; (*esperanza*) hope; **hacerse ilusiones** to build up one's hopes; **ilusionado, a** *adj* excited; **ilusionar** *vi*: **le ilusiona ir de vacaciones** he's looking forward to going on holiday; **ilusionarse** *vr*: **ilusionarse (con)** to get excited about

ilusionista [ilusjo'nista] *nm/f* conjurer

iluso, a [i'luso, a] *adj* easily deceived ♦ *nm/f* dreamer

ilusorio, a [ilu'sorjo, a] *adj* (*de ilusión*) illusory, deceptive; (*esperanza*) vain

ilustración [ilustra'θjon] *nf* illustration; (*saber*) learning, erudition; **la I~** the Enlightenment; **ilustrado, a** *adj* illustrated; learned

ilustrar [ilus'trar] *vt* to illustrate; (*instruir*) to instruct; (*explicar*) to explain, make clear; **~se** *vr* to acquire knowledge

ilustre [i'lustre] *adj* famous, illustrious

imagen [i'maxen] *nf* (*gen*) image; (*dibujo*) picture

imaginación [imaxina'θjon] *nf* imagination

imaginar [imaxi'nar] *vt* (*gen*) to imagine; (*idear*) to think up; (*suponer*) to suppose; **~se** *vr* to imagine; **~io, a** *adj* imaginary; **imaginativo, a** *adj* imaginative

imán [i'man] *nm* magnet

imbécil [im'beθil] *nm/f* imbecile, idiot

imitación [imita'θjon] *nf* imitation

imitar [imi'tar] *vt* to imitate; (*parodiar, remedar*) to mimic, ape

impaciencia [impa'θjenθja] *nf* impatience; **impaciente** *adj* impatient; (*nervioso*) anxious

impacto [im'pakto] *nm* impact

impar [im'par] *adj* odd

imparcial [impar'θjal] *adj* impartial, fair

impartir [impar'tir] *vt* to impart, give

impasible [impa'siβle] *adj* impassive

impecable [impe'kaβle] *adj* impeccable

impedimento [impeði'mento] *nm* impediment, obstacle

impedir [impe'ðir] *vt* (*obstruir*) to impede, obstruct; (*estorbar*) to prevent

impenetrable [impene'traβle] *adj* impenetrable; (*fig*) incomprehensible

imperar [impe'rar] *vi* (*reinar*) to rule, reign; (*fig*) to prevail, reign; (*precio*) to be current

imperativo, a [impera'tiβo, a] *adj* (*urgente*, LING) imperative

imperceptible [imperθep'tiβle] *adj* imperceptible

imperdible [imper'ðiβle] *nm* safety pin

imperdonable [imperðo'naβle] *adj* unforgivable, inexcusable

imperfección [imperfek'θjon] *nf* imperfection

imperfecto, a [imper'fekto, a] *adj* imperfect

imperial [impe'rjal] *adj* imperial; **~ismo** *nm* imperialism

imperio [im'perjo] *nm* empire; (*autoridad*) rule, authority; (*fig*) pride, haughtiness; **~so, a** *adj* imperious; (*urgente*) urgent; (*imperativo*) imperative

impermeable [imperme'aβle] *adj* waterproof ♦ *nm* raincoat, mac (BRIT)

impersonal [imperso'nal] *adj* impersonal

impertinencia [imperti'nenθja] *nf* impertinence; **impertinente** *adj* impertinent

imperturbable [impertur'βaβle] *adj* imperturbable

ímpetu ['impetu] *nm* (*impulso*) impetus, impulse; (*impetuosidad*)

impetuosity; (*violencia*) violence

impetuoso, a [impe'twoso, a] *adj* impetuous; (*río*) rushing; (*acto*) hasty

impío, a [im'pio, a] *adj* impious, ungodly

implacable [impla'kaβle] *adj* implacable

implantar [implan'tar] *vt* to introduce

implicar [impli'kar] *vt* to involve; (*entrañar*) to imply

implícito, a [im'pliθito, a] *adj* (*tácito*) implicit; (*sobreentendido*) implied

implorar [implo'rar] *vt* to beg, implore

imponente [impo'nente] *adj* (*impresionante*) impressive, imposing; (*solemne*) grand

imponer [impo'ner] *vt* (*gen*) to impose; (*exigir*) to exact; **~se** *vr* to assert o.s.; (*prevalecer*) to prevail; **imponible** *adj* (COM) taxable

impopular [impopu'lar] *adj* unpopular

importación [importa'θjon] *nf* (*acto*) importing; (*mercancías*) imports *pl*

importancia [impor'tanθja] *nf* importance; (*valor*) value, significance; (*extensión*) size, magnitude; **importante** *adj* important; valuable, significant

importar [impor'tar] *vt* (*del extranjero*) to import; (*costar*) to amount to ♦ *vi* to be important, matter; **me importa un rábano** I couldn't care less; **no importa** it doesn't matter; **¿le importa que fume?** do you mind if I smoke?

importe [im'porte] *nm* (*total*) amount; (*valor*) value

importunar [importu'nar] *vt* to bother, pester

imposibilidad [imposiβili'ðað] *nf* impossibility; **imposibilitar** *vt* to make impossible, prevent

imposible [impo'siβle] *adj* (*gen*) impossible; (*insoportable*) unbearable, intolerable

imposición [imposi'θjon] *nf*

imposition; (COM: *impuesto*) tax;
(: *inversión*) deposit

impostor, a [impos'tor, a] *nm/f*
impostor

impotencia [impo'tenθja] *nf*
impotence; **impotente** *adj* impotent

impracticable [imprakti'kaßle] *adj*
(*irrealizable*) impracticable;
(*intransitable*) impassable

impreciso, a [impre'θiso, a] *adj*
imprecise, vague

impregnar [impreɣ'nar] *vt* to
impregnate; **~se** *vr* to become
impregnated

imprenta [im'prenta] *nf* (*acto*)
printing; (*aparato*) press; (*casa*)
printer's; (*letra*) print

imprescindible [impresθin'dißle] *adj*
essential, vital

impresión [impre'sjon] *nf* (*gen*)
impression; (*IMPRENTA*) printing;
(*edición*) edition; (*FOTO*) print; (*marca*)
imprint; **~ digital** fingerprint

impresionable [impresjo'naßle] *adj*
(*sensible*) impressionable

impresionante [impresjo'nante] *adj*
impressive; (*tremendo*) tremendous;
(*maravilloso*) great, marvellous

impresionar [impresjo'nar] *vt*
(*conmover*) to move; (*afectar*) to
impress, strike; (*película fotográfica*) to
expose; **~se** *vr* to be impressed;
(*conmoverse*) to be moved

impreso, a [im'preso, a] *pp de*
imprimir ♦ *adj* printed; **~s** *nmpl*
printed matter; **impresora** *nf* printer

imprevisto, a [impre'ßisto, a] *adj*
(*gen*) unforeseen; (*inesperado*)
unexpected

imprimir [impri'mir] *vt* to imprint,
impress, stamp; (*textos*) to print;
(*INFORM*) to output, print out

improbable [impro'ßaßle] *adj*
improbable; (*inverosímil*) unlikely

improcedente [improθe'ðente] *adj*
inappropriate

improductivo, a [improðuk'tißo, a]

adj unproductive

improperio [impro'perjo] *nm* insult

impropio, a [im'propjo, a] *adj*
improper

improvisado, a [improßi'saðo, a] *adj*
improvised

improvisar [improßi'sar] *vt* to
improvise

improviso, a [impro'ßiso, a] *adj*: **de**
~ unexpectedly, suddenly

imprudencia [impru'ðenθja] *nf*
imprudence; (*indiscreción*) indiscretion;
(*descuido*) carelessness; **imprudente**
adj unwise, imprudent; (*indiscreto*)
indiscreet

impúdico, a [im'puðiko, a] *adj*
shameless; (*lujurioso*) lecherous

impuesto, a [im'pwesto, a] *adj*
imposed ♦ *nm* tax; **~ sobre el valor**
añadido value added tax

impugnar [impuɣ'nar] *vt* to oppose,
contest; (*refutar*) to refute, impugn

impulsar [impul'sar] *vt* to drive;
(*promover*) to promote, stimulate

impulsivo, a [impul'sißo, a] *adj*
impulsive; **impulso** *nm* impulse;
(*fuerza, empuje*) thrust, drive; (*fig:
sentimiento*) urge, impulse

impune [im'pune] *adj* unpunished

impureza [impu'reθa] *nf* impurity;
impuro, a *adj* impure

imputar [impu'tar] *vt* to attribute

inacabable [inaka'ßaßle] *adj* (*infinito*)
endless; (*interminable*) interminable

inaccesible [inakθe'sißle] *adj*
inaccessible

inacción [inak'θjon] *nf* inactivity

inaceptable [inaθep'taßle] *adj*
unacceptable

inactividad [inaktißi'ðað] *nf* inactivity;
(*COM*) dullness; **inactivo, a** *adj*
inactive

inadecuado, a [inaðe'kwaðo, a] *adj*
(*insuficiente*) inadequate; (*inapto*)
unsuitable

inadmisible [inaðmi'sißle] *adj*
inadmissible

inadvertido, a [inaðßer'tiðo, a] adj
(no visto) unnoticed

inagotable [inavo'taßle] adj
inexhaustible

inaguantable [inavwan'taßle] adj
unbearable

inalterable [inalte'raßle] adj
immutable, unchangeable

inanición [inani'θjon] nf starvation

inanimado, a [inani'maðo, a] adj
inanimate

inapreciable [inapre'θjaßle] adj
(cantidad, diferencia) imperceptible;
(ayuda, servicio) invaluable

inaudito, a [inau'ðito, a] adj
unheard-of

inauguración [inauvura'θjon] nf
inauguration; opening

inaugurar [inauvu'rar] vt to
inaugurate; (exposición) to open

inca ['inka] nm/f Inca

incalculable [inkalku'laßle] adj
incalculable

incandescente [inkandes'θente] adj
incandescent

incansable [inkan'saßle] adj tireless,
untiring

incapacidad [inkapaθi'ðað] nf
incapacity; (incompetencia)
incompetence; ~ física/mental
physical/mental disability

incapacitar [inkapaθi'tar] vt
(inhabilitar) to incapacitate, render
unfit; (descalificar) to disqualify

incapaz [inka'paθ] adj incapable

incautación [inkauta'θjon] nf
confiscation

incautarse [inkau'tarse] vr: ~ de to
seize, confiscate

incauto, a [in'kauto, a] adj
(imprudente) incautious, unwary

incendiar [inθen'djar] vt to set fire to;
(fig) to inflame; ~se vr to catch fire;
~io, a adj incendiary

incendio [in'θendjo] nm fire

incentivo [inθen'tißo] nm incentive

incertidumbre [inθerti'ðumbre] nf
(inseguridad) uncertainty; (duda) doubt

incesante [inθe'sante] adj incessant

incesto [in'θesto] nm incest

incidencia [inθi'ðenθja] nf (MAT)
incidence

incidente [inθi'ðente] nm incident

incidir [inθi'ðir] vi (influir) to influence;
(afectar) to affect; ~ en un error to
fall into error

incienso [in'θjenso] nm incense

incierto, a [in'θjerto, a] adj uncertain

incineración [inθinera'θjon] nf
incineration; (de cadáveres) cremation

incinerar [inθine'rar] vt to burn;
(cadáveres) to cremate

incipiente [inθi'pjente] adj incipient

incisión [inθi'sjon] nf incision

incisivo, a [inθi'sißo, a] adj sharp,
cutting; (fig) incisive

incitar [inθi'tar] vt to incite, rouse

inclemencia [inkle'menθja] nf
(severidad) harshness, severity; (del
tiempo) inclemency

inclinación [inklina'θjon] nf (gen)
inclination; (de tierras) slope, incline,
(de cabeza) nod, bow; (fig) leaning,
bent

inclinar [inkli'nar] vt to incline;
(cabeza) to nod, bow ♦ vi to lean,
slope; ~se vr to bow; (encorvarse) to
stoop; ~se a (parecerse a) to take after,
resemble; ~se ante to bow down to;
me inclino a pensar que I'm
inclined to think that

incluir [inklu'ir] vt to include;
(incorporar) to incorporate; (meter) to
enclose

inclusive [inklu'sißle] adv inclusive
♦ prep including

incluso [in'kluso] adv even

incógnita [in'koynita] nf (MAT)
unknown quantity

incógnito [in'koynito] nm: de ~
incognito

incoherente [inkoe'rente] adj
incoherent

incoloro, a [inko'loro, a] adj colourless

colourless
incólume [in'kolume] *adj* unhurt, unharmed
incomodar [inkomo'ðar] *vt* to inconvenience; (*molestar*) to bother, trouble; (*fastidiar*) to annoy; **~se** *vr* to put o.s. out; (*fastidiarse*) to get annoyed
incomodidad [inkomoði'ðað] *nf* inconvenience; (*fastidio, enojo*) annoyance; (*de vivienda*) discomfort
incómodo, a [in'komoðo, a] *adj* (*inconfortable*) uncomfortable; (*molesto*) annoying; (*inconveniente*) inconvenient
incomparable [inkompa'raßle] *adj* incomparable
incompatible [inkompa'tißle] *adj* incompatible
incompetencia [inkompe'tenθja] *nf* incompetence; **incompetente** *adj* incompetent
incompleto, a [inkom'pleto, a] *adj* incomplete, unfinished
incomprensible [inkompren'sißle] *adj* incomprehensible
incomunicado, a [inkomuni'kaðo, a] *adj* (*aislado*) cut off, isolated; (*confinado*) in solitary confinement
inconcebible [inkonθe'ßißle] *adj* inconceivable
incondicional [inkondiθjo'nal] *adj* unconditional; (*apoyo*) wholehearted; (*partidario*) staunch
inconexo, a [inko'nekso, a] *adj* (*gen*) unconnected; (*desunido*) disconnected
inconfundible [inkonfun'dißle] *adj* unmistakable
incongruente [inkon'grwente] *adj* incongruous
inconsciencia [inkons'θjenθja] *nf* unconsciousness; (*fig*) thoughtlessness; **inconsciente** *adj* unconscious; thoughtless
inconsecuente [inkonse'kwente] *adj* inconsistent
inconsiderado, a [inkonsiðe'raðo, a] *adj* inconsiderate

inconsistente [inkonsis'tente] *adj* weak; (*tela*) flimsy
inconstancia [inkons'tanθja] *nf* inconstancy; (*inestabilidad*) unsteadiness; **inconstante** *adj* inconstant
incontable [inkon'taßle] *adj* countless, innumerable
incontestable [inkontes'taßle] *adj* unanswerable; (*innegable*) undeniable
incontinencia [inkonti'nenθja] *nf* incontinence
inconveniencia [inkombe'njenθja] *nf* unsuitability, inappropriateness; (*descortesía*) impoliteness; **inconveniente** *adj* unsuitable; impolite ♦ *nm* obstacle; (*desventaja*) disadvantage; **el inconveniente es que ...** the trouble is that ...
incordiar [inkor'ðjar] (*fam*) *vt* to bug, annoy
incorporación [inkorpora'θjon] *nf* incorporation
incorporar [inkorpo'rar] *vt* to incorporate; **~se** *vr* to sit up
incorrección [inkorrek'θjon] *nf* (*gen*) incorrectness, inaccuracy; (*descortesía*) bad-mannered behaviour; **incorrecto, a** *adj* (*gen*) incorrect, wrong; (*comportamiento*) bad-mannered
incorregible [inkorre'xißle] *adj* incorrigible
incredulidad [inkreðuli'ðað] *nf* incredulity; (*escepticismo*) scepticism; **incrédulo, a** *adj* incredulous, unbelieving; sceptical
increíble [inkre'ißle] *adj* incredible
incremento [inkre'mento] *nm* increment; (*aumento*) rise, increase
increpar [inkre'par] *vt* to reprimand
incruento, a [in'krwento, a] *adj* bloodless
incrustar [inkrus'tar] *vt* to incrust; (*piedras: en joya*) to inlay
incubar [inku'ßar] *vt* to incubate
inculcar [inkul'kar] *vt* to inculcate
inculpar [inkul'par] *vt* (*acusar*) to

accuse; (*achacar, atribuir*) to charge, blame

inculto, a [in'kulto, a] *adj* (*persona*) uneducated; (*grosero*) uncouth ♦ *nm/f* ignoramus

incumplimiento [inkumpli'mjento] *nm* non-fulfilment; ~ **de contrato** breach of contract

incurrir [inku'rrir] *vi*: ~ **en** to incur; (*crimen*) to commit; ~ **en un error** to make a mistake

indagación [indaɣa'θjon] *nf* investigation; (*búsqueda*) search; (*JUR*) inquest

indagar [inda'ɣar] *vt* to investigate; to search; (*averiguar*) to ascertain

indecente [inde'θente] *adj* indecent, improper; (*lascivo*) obscene

indecible [inde'θißle] *adj* unspeakable; (*indescriptible*) indescribable

indeciso, a [inde'θiso, a] *adj* (*por decidir*) undecided; (*vacilante*) hesitant

indefenso, a [inde'fenso, a] *adj* defenceless

indefinido, a [indefi'niðo, a] *adj* indefinite; (*vago*) vague, undefined

indeleble [inde'leßle] *adj* indelible

indemne [in'demne] *adj* (*objeto*) undamaged; (*persona*) unharmed, unhurt

indemnizar [indemni'θar] *vt* to indemnify; (*compensar*) to compensate

independencia [indepen'denθja] *nf* independence

independiente [indepen'djente] *adj* (*libre*) independent; (*autónomo*) self-sufficient

indeterminado, a [indetermi'naðo, a] *adj* indefinite; (*desconocido*) indeterminate

India ['indja] *nf*: **la ~** India

indicación [indika'θjon] *nf* indication; (*señal*) sign; (*sugerencia*) suggestion, hint

indicado, a [indi'kaðo, a] *adj* (*momento, método*) right; (*tratamiento*) appropriate; (*solución*) likely

indicador [indika'ðor] *nm* indicator; (*TEC*) gauge, meter

indicar [indi'kar] *vt* (*mostrar*) to indicate, show; (*termómetro etc*) to read, register; (*señalar*) to point to

índice ['indiθe] *nm* index; (*catálogo*) catalogue; (*ANAT*) index finger, forefinger

indicio [in'diθjo] *nm* indication, sign; (*en pesquisa etc*) clue

indiferencia [indife'renθja] *nf* indifference; (*apatía*) apathy; **indiferente** *adj* indifferent

indígena [in'dixena] *adj* indigenous, native ♦ *nm/f* native

indigencia [indi'xenθja] *nf* poverty, need

indigestión [indixes'tjon] *nf* indigestion

indigesto, a [indi'xesto, a] *adj* (*alimento*) indigestible; (*fig*) turgid

indignación [indiɣna'θjon] *nf* indignation

indignar [indiɣ'nar] *vt* to anger, make indignant; ~**se** *vr*: ~**se por** to get indignant about

indigno, a [in'diɣno, a] *adj* (*despreciable*) low, contemptible; (*inmerecido*) unworthy

indio, a ['indjo, a] *adj, nm/f* Indian

indirecta [indi'rekta] *nf* insinuation, innuendo; (*sugerencia*) hint

indirecto, a [indi'rekto, a] *adj* indirect

indiscreción [indiskre'θjon] *nf* (*imprudencia*) indiscretion; (*irreflexión*) tactlessness; (*acto*) gaffe, faux pas

indiscreto, a [indis'kreto, a] *adj* indiscreet

indiscriminado, a [indiskrimi'naðo, a] *adj* indiscriminate

indiscutible [indisku'tißle] *adj* indisputable, unquestionable

indispensable [indispen'saßle] *adj* indispensable, essential

indisponer [indispo'ner] *vt* to spoil, upset; (*salud*) to make ill; ~**se** *vr* to be ill; ~**se con uno** to fall out with sb

indisposición [indisposi'θjon] nf indisposition

indispuesto, a [indis'pwesto, a] adj (enfermo) unwell, indisposed

indistinto, a [indis'tinto, a] adj indistinct; (vago) vague

individual [indiβi'ðwal] adj individual; (habitación) single ♦ nm (DEPORTE) singles sg

individuo, a [indi'βiðwo, a] adj, nm individual

índole ['indole] nf (naturaleza) nature; (clase) sort, kind

indómito, a [in'domito, a] adj indomitable

inducir [indu'θir] vt to induce; (inferir) to infer; (persuadir) to persuade

indudable [indu'ðaβle] adj undoubted; (incuestionable) unquestionable

indulgencia [indul'xenθja] nf indulgence

indultar [indul'tar] vt (perdonar) to pardon, reprieve; (librar de pago) to exempt; **indulto** nm pardon; exemption

industria [in'dustrja] nf industry; (habilidad) skill; **industrial** adj industrial ♦ nm industrialist

inédito, a [in'eðito, a] adj (texto) unpublished; (nuevo) new

inefable [ine'faβle] adj ineffable, indescribable

ineficaz [inefi'kaθ] adj (inútil) ineffective; (ineficiente) inefficient

ineludible [inelu'ðiβle] adj inescapable, unavoidable

ineptitud [inepti'tuð] nf ineptitude, incompetence; **inepto, a** adj inept, incompetent

inequívoco, a [ine'kiβoko, a] adj unequivocal; (inconfundible) unmistakable

inercia [in'erθja] nf inertia; (pasividad) passivity

inerme [in'erme] adj (sin armas) unarmed; (indefenso) defenceless

inerte [in'erte] adj inert; (inmóvil) motionless

inesperado, a [inespe'raðo, a] adj unexpected, unforeseen

inestable [ines'taβle] adj unstable

inevitable [ineβi'taβle] adj inevitable

inexactitud [ineksakti'tuð] nf inaccuracy; **inexacto, a** adj inaccurate; (falso) untrue

inexperto, a [inek'sperto, a] adj (novato) inexperienced

infalible [infa'liβle] adj infallible; (plan) foolproof

infame [in'fame] adj infamous; (horrible) dreadful; **infamia** nf infamy; (deshonra) disgrace

infancia [in'fanθja] nf infancy, childhood

infantería [infante'ria] nf infantry

infantil [infan'til] adj (pueril, aniñado) infantile; (cándido) childlike; (literatura, ropa etc) children's

infarto [in'farto] nm (tb: ~ de miocardio) heart attack

infatigable [infati'γaβle] adj tireless, untiring

infección [infek'θjon] nf infection; **infeccioso, a** adj infectious

infectar [infek'tar] vt to infect; **~se** vr to become infected

infeliz [infe'liθ] adj unhappy, wretched ♦ nm/f wretch

inferior [infe'rjor] adj inferior; (situación) lower ♦ nm/f inferior, subordinate

inferir [infe'rir] vt (deducir) to infer, deduce; (causar) to cause

infestar [infes'tar] vt to infest

infidelidad [infiðeli'ðað] nf (gen) infidelity, unfaithfulness

infiel [in'fjel] adj unfaithful, disloyal; (erróneo) inaccurate ♦ nm/f infidel, unbeliever

infierno [in'fjerno] nm hell

infiltrarse [infil'trarse] vr: **~ en** to infiltrate in(to); (persona) to work one's way in(to)

ínfimo, a ['infimo, a] *adj* (*más bajo*)
lowest; (*despreciable*) vile, mean

infinidad [infini'ðað] *nf* infinity;
(*abundancia*) great quantity

infinito, a [infi'nito, a] *adj*, *nm* infinite

inflación [infla'θjon] *nf* (*hinchazón*)
swelling; (*monetaria*) inflation; (*fig*)
conceit; **inflacionario, a** *adj*
inflationary

inflamar [infla'mar] *vt* (MED, *fig*) to
inflame; **~se** *vr* to catch fire; to
become inflamed

inflar [in'flar] *vt* (*hinchar*) to inflate,
blow up; (*fig*) to exaggerate; **~se** *vr* to
swell (up); (*fig*) to get conceited

inflexible [inflek'siβle] *adj* inflexible;
(*fig*) unbending

infligir [infli'xir] *vt* to inflict

influencia [influ'enθja] *nf* influence;
influenciar *vt* to influence

influir [influ'ir] *vt* to influence

influjo [in'fluxo] *nm* influence

influya *etc vb ver* **influir**

influyente [influ'jente] *adj* influential

información [informa'θjon] *nf*
information; (*noticias*) news *sg*; (JUR)
inquiry; **I~** (*oficina*) Information Office;
(*mostrador*) Information Desk; (TEL)
Directory Enquiries

informal [infor'mal] *adj* (*gen*) informal

informar [infor'mar] *vt* (*gen*) to
inform; (*revelar*) to reveal, make known
♦ *vi* (JUR) to plead; (*denunciar*) to
inform; (*dar cuenta de*) to report on;
~se *vr* to find out; **~se de** to inquire
into

informática [infor'matika] *nf*
computer science, information
technology

informe [in'forme] *adj* shapeless ♦ *nm*
report

infortunio [infor'tunjo] *nm* misfortune

infracción [infrak'θjon] *nf* infraction,
infringement

infranqueable [infranke'aβle] *adj*
impassable; (*fig*) insurmountable

infravalorar [infrabalo'rar] *vt* to

undervalue, underestimate

infringir [infrin'xir] *vt* to infringe,
contravene

infructuoso, a [infruk'twoso, a] *adj*
fruitless, unsuccessful

infundado, a [infun'daðo, a] *adj*
groundless, unfounded

infundir [infun'dir] *vt* to infuse, instil

infusión [infu'sjon] *nf* infusion; **~ de
manzanilla** camomile tea

ingeniar [inxe'njar] *vt* to think up,
devise; **~se** *vr*: **~se para** to manage to

ingeniería [inxenje'ria] *nf*
engineering; **~ genética** genetic
engineering; **ingeniero, a** *nm/f*
engineer; **ingeniero de caminos/de
sonido** civil engineer/sound engineer

ingenio [in'xenjo] *nm* (*talento*) talent;
(*agudeza*) wit; (*habilidad*) ingenuity,
inventiveness; **~ azucarero** (AM) sugar
refinery

ingenioso, a [inxe'njoso, a] *adj*
ingenious, clever; (*divertido*) witty

ingenuidad [inxenwi'ðað] *nf*
ingenuousness; (*sencillez*) simplicity;
ingenuo, a *adj* ingenuous

ingerir [inxe'rir] *vt* to ingest; (*tragar*)
to swallow; (*consumir*) to consume

Inglaterra [ingla'terra] *nf* England

ingle ['ingle] *nf* groin

inglés, esa [in'gles, esa] *adj* English
♦ *nm/f* Englishman/woman ♦ *nm*
(LING) English

ingratitud [ingrati'tuð] *nf* ingratitude;
ingrato, a *adj* (*gen*) ungrateful

ingrediente [ingre'ðjente] *nm*
ingredient

ingresar [ingre'sar] *vt* (*dinero*) to
deposit ♦ *vi* to come in; **~ en un club**
to join a club; **~ en el hospital** to go
into hospital

ingreso [in'greso] *nm* (*entrada*) entry;
(: *en hospital etc*) admission; **~s** *nmpl*
(*dinero*) income *sg*; (: COM) takings *pl*

inhabitable [inaβi'taβle] *adj*
uninhabitable

inhalar [ina'lar] *vt* to inhale

inherente [ine'rente] *adj* inherent

inhibir [ini'βir] *vt* to inhibit

inhóspito, a [i'nospito, a] *adj* (región, paisaje) inhospitable

inhumano, a [inu'mano, a] *adj* inhuman

inicial [ini'θjal] *adj, nf* initial

iniciar [ini'θjar] *vt* (persona) to initiate; (empezar) to begin, commence; (conversación) to start up

iniciativa [iniθja'tiβa] *nf* initiative; **la ~ privada** private enterprise

ininterrumpido, a [ininterrum'piðo, a] *adj* uninterrupted

injerencia [inxe'renθja] *nf* interference

injertar [inxer'tar] *vt* to graft; **injerto** *nm* graft

injuria [in'xurja] *nf* (agravio, ofensa) offence; (insulto) insult; **injuriar** *vt* to insult; **injurioso, a** *adj* offensive; insulting

injusticia [inxus'tiθja] *nf* injustice

injusto, a [in'xusto, a] *adj* unjust, unfair

inmadurez [inmaðu'reθ] *nf* immaturity

inmediaciones [inmeðja'θjones] *nfpl* neighbourhood *sg*, environs

inmediato, a [inme'ðjato, a] *adj* immediate; (contiguo) adjoining; (rápido) prompt; (próximo) neighbouring, next; **de ~** immediately

inmejorable [inmexo'raβle] *adj* unsurpassable; (precio) unbeatable

inmenso, a [in'menso, a] *adj* immense, huge

inmerecido, a [inmere'θiðo, a] *adj* undeserved

inmigración [inmivra'θjon] *nf* immigration

inmiscuirse [inmisku'irse] *vr* to interfere, meddle

inmobiliaria [inmoβi'ljarja] *nf* estate agency

inmobiliario, a [inmoβi'ljarjo, a] *adj* real-estate *cpd*, property *cpd*

inmolar [inmo'lar] *vt* to immolate,

sacrifice

inmoral [inmo'ral] *adj* immoral

inmortal [inmor'tal] *adj* immortal; **~izar** *vt* to immortalize

inmóvil [in'moβil] *adj* immobile

inmueble [in'mweβle] *adj:* **bienes ~s** real estate, landed property ♦ *nm* property

inmundicia [inmun'diθja] *nf* filth; **inmundo, a** *adj* filthy

inmune [in'mune] *adj:* **~ (a)** (MED) immune (to)

inmunidad [inmuni'ðað] *nf* immunity

inmutarse [inmu'tarse] *vr* to turn pale; **no se inmutó** he didn't turn a hair

innato, a [in'nato, a] *adj* innate

innecesario, a [inneθe'sarjo, a] *adj* unnecessary

innoble [in'noβle] *adj* ignoble

innovación [innoβa'θjon] *nf* innovation

innovar [inno'βar] *vt* to introduce

inocencia [ino'θenθja] *nf* innocence

inocentada [inoθen'taða] *nf* practical joke

inocente [ino'θente] *adj* (ingenuo) naive, innocent; (inculpable) innocent; (sin malicia) harmless ♦ *nm/f* simpleton

---

Día de los Santos Inocentes

The 28th December, el día de los (Santos) Inocentes, is when the Church commemorates the story of Herod's slaughter of the innocent children of Judaea. On this day Spaniards play inocentadas (practical jokes) on each other, much like our April Fool's Day pranks.

---

inodoro [ino'ðoro] *nm* toilet, lavatory (BRIT)

inofensivo, a [inofen'siβo, a] *adj* inoffensive, harmless

inolvidable [inolβi'ðaβle] *adj* unforgettable

inopinado, a [inopi'naðo, a] *adj*

unexpected

inoportuno, a [inopor'tuno, a] *adj* untimely; (*molesto*) inconvenient

inoxidable [inoksi'ðaßle] *adj*: **acero ~** stainless steel

inquebrantable [inkeßran'taßle] *adj* unbreakable

inquietar [inkje'tar] *vt* to worry, trouble; **~se** *vr* to worry, get upset; **inquieto, a** *adj* anxious, worried; **inquietud** *nf* anxiety, worry

inquilino, a [inki'lino, a] *nm/f* tenant

inquirir [inki'rir] *vt* to enquire into, investigate

insaciable [insa'θjaßle] *adj* insatiable

insalubre [insa'lußre] *adj* unhealthy

inscribir [inskri'ßir] *vt* to inscribe; (~ **a uno en** (*lista*) to put sb on; (*censo*) to register sb on

inscripción [inskrip'θjon] *nf* inscription; (*ESCOL etc*) enrolment; (*censo*) registration

insecticida [insekti'θiða] *nm* insecticide

insecto [in'sekto] *nm* insect

inseguridad [insexuri'ðað] *nf* insecurity

inseguro, a [inse'xuro, a] *adj* insecure; (*inconstante*) unsteady; (*incierto*) uncertain

insensato, a [insen'sato, a] *adj* foolish, stupid

insensibilidad [insensißili'ðað] *nf* (*gen*) insensitivity; (*dureza de corazón*) callousness

insensible [insen'sißle] *adj* (*gen*) insensitive; (*movimiento*) imperceptible; (*sin sentido*) numb

insertar [inser'tar] *vt* to insert

inservible [inser'ßißle] *adj* useless

insidioso, a [insi'ðjoso, a] *adj* insidious

insignia [in'sixnja] *nf* (*señal distintiva*) badge; (*estandarte*) flag

insignificante [insixnifi'kante] *adj* insignificant

insinuar [insi'nwar] *vt* to insinuate,

imply

insípido, a [in'sipiðo, a] *adj* insipid

insistencia [insis'tenθja] *nf* insistence

insistir [insis'tir] *vi* to insist; **~ en algo** to insist on sth; (*enfatizar*) to stress sth

insolación [insola'θjon] *nf* (*MED*) sunstroke

insolencia [inso'lenθja] *nf* insolence; **insolente** *adj* insolent

insólito, a [in'solito, a] *adj* unusual

insoluble [inso'lußle] *adj* insoluble

insolvencia [insol'ßenθja] *nf* insolvency

insomnio [in'somnjo] *nm* insomnia

insondable [inson'daßle] *adj* bottomless; (*fig*) impenetrable

insonorizado, a [insonori'θaðo, a] *adj* (*cuarto etc*) soundproof

insoportable [insopor'taßle] *adj* unbearable

insospechado, a [insospe'tʃaðo, a] *adj* (*inesperado*) unexpected

inspección [inspek'θjon] *nf* inspection, check; **inspeccionar** *vt* (*examinar*) to inspect, examine; (*controlar*) to check

inspector, a [inspek'tor, a] *nm/f* inspector

inspiración [inspira'θjon] *nf* inspiration

inspirar [inspi'rar] *vt* to inspire; (*MED*) to inhale; **~se** *vr*: **~se en** to be inspired by

instalación [instala'θjon] *nf* (*equipo*) fittings *pl*, equipment; **~ eléctrica** wiring

instalar [insta'lar] *vt* (*establecer*) to instal; (*erguir*) to set up, erect; **~se** *vi* to establish o.s.; (*en una vivienda*) to move into

instancia [ins'tanθja] *nf* (*JUR*) petition; (*ruego*) request; **en última ~** as a last resort

instantánea [instan'tanea] *nf* snap(shot)

instantáneo, a [instan'taneo, a] *adj* instantaneous; **café ~** instant coffee

instante [ins'tante] nm instant, moment

instar [ins'tar] vt to press, urge

instaurar [instau'rar] vt (costumbre) to establish; (normas, sistema) to bring in, introduce; (gobierno) to instal

instigar [insti'ɣar] vt to instigate

instinto [ins'tinto] nm instinct; **por ~** instinctively

institución [institu'θjon] nf institution, establishment

instituir [institu'ir] vt to establish; (fundar) to found; **instituto** nm (gen) institute; (ESP: ESCOL) ≈ comprehensive (BRIT) o high (US) school

institutriz [institu'triθ] nf governess

instrucción [instruk'θjon] nf instruction

instructivo, a [instruk'tiβo, a] adj instructive

instruir [instru'ir] vt (gen) to instruct; (enseñar) to teach, educate

instrumento [instru'mento] nm (gen) instrument; (herramienta) tool, implement

insubordinarse [insuβorði'narse] vr to rebel

insuficiencia [insufi'θjenθja] nf (carencia) lack; (inadecuación) inadequacy; **insuficiente** adj (gen) insufficient; (ESCOL: calificación) unsatisfactory

insufrible [insu'friβle] adj insufferable

insular [insu'lar] adj insular

insultar [insul'tar] vt to insult; **insulto** nm insult

insumiso, a [insu'miso, a] nm/f (POL) person who refuses to do military service or its substitute, community service

insuperable [insupe'raβle] adj (excelente) unsurpassable; (problema etc) insurmountable

insurgente [insur'xente] adj, nm/f insurgent

insurrección [insurrek'θjon] nf insurrection, rebellion

intachable [inta'tʃaβle] adj irreproachable

intacto, a [in'takto, a] adj intact

integral [inte'ɣral] adj integral; (completo) complete; **pan ~** wholemeal (BRIT) o wholewheat (US) bread

integrar [inte'ɣrar] vt to make up, compose; (MAT, fig) to integrate

integridad [inteɣri'ðað] nf wholeness; (carácter) integrity; **íntegro, a** adj whole, entire; (honrado) honest

intelectual [intelek'twal] adj, nm/f intellectual

inteligencia [inteli'xenθja] nf intelligence; (ingenio) ability; **inteligente** adj intelligent

inteligible [inteli'xiβle] adj intelligible

intemperie [intem'perje] nf: **a la ~** out in the open, exposed to the elements

intempestivo, a [intempes'tiβo, a] adj untimely

intención [inten'θjon] nf (gen) intention, purpose; **con segundas intenciones** maliciously; **con ~** deliberately

intencionado, a [intenθjo'naðo, a] adj deliberate; **bien ~** well-meaning; **mal ~** ill-disposed, hostile

intensidad [intensi'ðað] nf (gen) intensity; (ELEC, TEC) strength; **llover con ~** to rain hard

intenso, a [in'tenso, a] adj intense; (sentimiento) profound, deep

intentar [inten'tar] vt (tratar) to try, attempt; **intento** nm attempt

interactivo, a [interak'tiβo, a] adj (INFORM) interactive

intercalar [interka'lar] vt to insert

intercambio [inter'kambjo] nm exchange, swap

interceder [interθe'ðer] vt to intercede

interceptar [interθep'tar] vt to intercept

intercesión [interθe'sjon] nf intercession

interés [inte'res] nm (gen) interest; (parte) share, part; (pey) self-interest;

intereses creados vested interests

interesado, a [intere'saðo, a] adj interested; (prejuiciado) prejudiced; (pey) mercenary, self-seeking

interesante [intere'sante] adj interesting

interesar [intere'sar] vt, vi to interest, be of interest to; **~se** vr: **~se en** o **por** to take an interest in

interferir [interfe'rir] vt to interfere with; (TEL) to jam ♦ vi to interfere

interfono [inter'fono] nm intercom

interino, a [inte'rino, a] adj temporary ♦ nm/f temporary holder of a post; (MED) locum; (ESCOL) supply teacher

interior [inte'rjor] adj inner, inside; (COM) domestic, internal ♦ nm interior, inside; (fig) soul, mind; **Ministerio del l~** ≈ Home Office (BRIT), ≈ Department of the Interior (US)

interjección [interxek'θjon] nf interjection

interlocutor, a [interloku'tor, a] nm/f speaker

intermedio, a [inter'meðjo, a] adj intermediate ♦ nm interval

interminable [intermi'naßle] adj endless

intermitente [intermi'tente] adj intermittent ♦ nm (AUTO) indicator

internacional [internaθjo'nal] adj international

internado [inter'naðo] nm boarding school

internar [inter'nar] vt to intern; (en un manicomio) to commit; **~se** vr (penetrar) to penetrate

Internet [inter'net] nm o nf: **el** o **la ~** the Internet

interno, a [in'terno, a] adj internal, interior; (POL etc) domestic ♦ nm/f (alumno) boarder

interponer [interpo'ner] vt to interpose, put in; **~se** vr to intervene

interpretación [interpreta'θjon] nf interpretation

interpretar [interpre'tar] vt to interpret; (TEATRO, MUS) to perform, play; **intérprete** nm/f (LING) interpreter, translator; (MUS, TEATRO) performer, artist(e)

interrogación [interroxa'θjon] nf interrogation; (LING: tb: signo de ~) question mark

interrogar [interro'var] vt to interrogate, question

interrumpir [interrum'pir] vt to interrupt

interrupción [interrup'θjon] nf interruption

interruptor [interrup'tor] nm (ELEC) switch

intersección [intersek'θjon] nf intersection

interurbano, a [interur'ßano, a] adj: **llamada interurbana** long-distance call

intervalo [inter'ßalo] nm interval; (descanso) break; **a ~s** at intervals, every now and then

intervenir [interße'nir] vt (controlar) to control, supervise; (MED) to operate on ♦ vi (participar) to take part, participate; (mediar) to intervene

interventor, a [interßen'tor, a] nm/f inspector; (COM) auditor

intestino [intes'tino] nm (MED) intestine

intimar [inti'mar] vi to become friendly

intimidad [intimi'ðað] nf intimacy; (familiaridad) familiarity; (vida privada) private life; (JUR) privacy

íntimo, a ['intimo, a] adj intimate

intolerable [intole'raßle] adj intolerable, unbearable

intoxicación [intoksika'θjon] nf poisoning

intranet [intra'net] nf intranet

intranquilizarse [intrankili'θarse] vr to get worried o anxious; **intranquilo, a** adj worried

intransitable [intransi'taßle] adj

impassable

intrépido, a [in'trepiðo, a] *adj* intrepid

intriga [in'triɣa] *nf* intrigue; (*plan*) plot; **intrigar** *vt, vi* to intrigue

intrincado, a [intrin'kaðo, a] *adj* intricate

intrínseco, a [in'trinseko, a] *adj* intrinsic

introducción [introðuk'θjon] *nf* introduction

introducir [introðu'θir] *vt* (*gen*) to introduce; (*moneda etc*) to insert; (*INFORM*) to input, enter

intromisión [intromi'sjon] *nf* interference, meddling

introvertido, a [introβer'tiðo, a] *adj, nm/f* introvert

intruso, a [in'truso, a] *adj* intrusive
♦ *nm/f* intruder

intuición [intwi'θjon] *nf* intuition

inundación [inunda'θjon] *nf* flood(ing); **inundar** *vt* to flood; (*fig*) to swamp, inundate

inusitado, a [inusi'taðo, a] *adj* unusual, rare

inútil [in'util] *adj* useless; (*esfuerzo*) vain, fruitless; **inutilidad** *nf* uselessness

inutilizar [inutili'θar] *vt* to make o render useless; **~se** *vr* to become useless

invadir [imba'ðir] *vt* to invade

inválido, a [im'baliðo, a] *adj* invalid
♦ *nm/f* invalid

invariable [imba'rjaßle] *adj* invariable

invasión [imba'sjon] *nf* invasion

invasor, a [imba'sor, a] *adj* invading
♦ *nm/f* invader

invención [imben'θjon] *nf* invention

inventar [imben'tar] *vt* to invent

inventario [imben'tarjo] *nm* inventory

inventiva [imben'tißa] *nf* inventiveness

invento [im'bento] *nm* invention

inventor, a [imben'tor, a] *nm/f* inventor

invernadero [imberna'ðero] *nm* greenhouse

inverosímil [imbero'simil] *adj* implausible

inversión [imber'sjon] *nf* (COM) investment

inverso, a [im'berso, a] *adj* inverse, opposite; **en el orden ~** in reverse order; **a la inversa** inversely, the other way round

inversor, a [imber'sor, a] *nm/f* (COM) investor

invertir [imber'tir] *vt* (COM) to invest; (*volcar*) to turn upside down; (*tiempo etc*) to spend

investigación [imbestiɣa'θjon] *nf* investigation; (ESCOL) research; **~ de mercado** market research

investigar [imbesti'ɣar] *vt* to investigate; (ESCOL) to do research into

invierno [im'bjerno] *nm* winter

invisible [imbi'sißle] *adj* invisible

invitado, a [imbi'taðo, a] *nm/f* guest

invitar [imbi'tar] *vt* to invite; (*incitar*) to entice; (*pagar*) to buy, pay for

invocar [imbo'kar] *vt* to invoke, call on

involucrar [imbolu'krar] *vt*: **~ en** to involve in; **~se** *vr* (*persona*): **~ en** to get mixed up in

involuntario, a [imbolun'tarjo, a] *adj* (*movimiento, gesto*) involuntary; (*error*) unintentional

inyección [injek'θjon] *nf* injection

inyectar [injek'tar] *vt* to inject

PALABRA CLAVE
---

ir [ir] *vi* **1** to go; (*a pie*) to walk; (*viajar*) to travel; **~ caminando** to walk; **fui en tren** I went o travelled by train; **¡(ahora) voy!** (I'm just) coming!
2: **~ (a) por**: **~ (a) por el médico** to fetch the doctor
3 (*progresar: persona, cosa*) to go; **el trabajo va muy bien** work is going very well; **¿cómo te va?** how are things going?; **me va muy bien** I'm getting on very well; **le fue fatal** it went awfully badly for him

4 (*funcionar*): **el coche no va muy bien** the car isn't running very well
5: **te va estupendamente ese color** that colour suits you fantastically well
6 (*locuciones*): **¿vino? – ¡que va!** did he come? - of course not!; **vamos, no llores como un, don't cry; ¡vaya coche!** what a car!, that's some car!
7: **no vaya a ser: tienes que correr, no vaya a ser que pierdas el tren** you'll have to run so as not to miss the train
8 (+ *pp*): **iba vestido muy bien** he was very well dressed
9: **no me** *etc* **va ni me viene** *etc* don't care
♦ *vb aux* **1**: **~ a: voy/iba a hacerlo hoy** I am/was going to do it today
2 (+ *gerundio*): **iba anocheciendo** it was getting dark; **todo se me iba aclarando** everything was gradually becoming clearer to me
3 (+ *pp* = *pasivo*): **van vendidos 300 ejemplares** 300 copies have been sold so far
♦ **~se** *vr* **1**: **¿por dónde se va al zoológico?** which is the way to the zoo?
2 (*marcharse*) to leave; **ya se habrán ido** they must already have left *o* gone

ira [ˈira] *nf* anger, rage
Irak [iˈrak] *nm* = **Iraq**
Irán [iˈran] *nm* Iran; **iraní** *adj, nm/f* Iranian
Iraq [iˈrak] *nm* Iraq; **iraquí** *adj, nm/f* Iraqi
iris [ˈiris] *nm inv* (*tb*: **arco ~**) rainbow; (*ANAT*) iris
Irlanda [irˈlanda] *nf* Ireland; **irlandés, esa** *adj* Irish ♦ *nm/f* Irishman/woman; **los irlandeses** the Irish
ironía [iroˈnia] *nf* irony; **irónico, a** *adj* ironic(al)
IRPF [ˈi ˈerre ˈpe ˈefe] *nm abr* (= *Impuesto sobre la Renta de las Personas Físicas*) (personal) income tax

irreal [irreˈal] *adj* unreal
irrecuperable [irrekupeˈraßle] *adj* irrecoverable, irretrievable
irreflexión [irreflekˈsjon] *nf* thoughtlessness
irregular [irreɣuˈlar] *adj* (*gen*) irregular; (*situación*) abnormal
irremediable [irremeˈðjaßle] *adj* irremediable; (*vicio*) incurable
irreparable [irrepaˈraßle] *adj* (*daños*) irreparable; (*pérdida*) irrecoverable
irresoluto, a [irresoˈluto, a] *adj* irresolute, hesitant
irrespetuoso, a [irrespeˈtwoso, a] *adj* disrespectful
irresponsable [irresponˈsaßle] *adj* irresponsible
irreversible [irreßerˈsible] *adj* irreversible
irrigar [irriˈɣar] *vt* to irrigate
irrisorio, a [irriˈsorjo, a] *adj* derisory, ridiculous
irritar [irriˈtar] *vt* to irritate, annoy
irrupción [irrupˈθjon] *nf* irruption; (*invasión*) invasion
isla [ˈisla] *nf* island
islandés, esa [islanˈdes, esa] *adj* Icelandic ♦ *nm/f* Icelander
Islandia [isˈlandja] *nf* Iceland
isleño, a [isˈleɲo, a] *adj* island *cpd* ♦ *nm/f* islander
Israel [israˈel] *nm* Israel; **israelí** *adj, nm/f* Israeli
istmo [ˈistmo] *nm* isthmus
Italia [iˈtalja] *nf* Italy; **italiano, a** *adj, nm/f* Italian
itinerario [itineˈrarjo] *nm* itinerary, route
IVA [ˈißa] *nm abr* (= *impuesto sobre el valor añadido*) VAT
izar [iˈθar] *vt* to hoist
izdo, a *abr* (= *izquierdo, a*) l.
izquierda [iθˈkjerda] *nf* left; (*POL*) left (wing); **a la ~** (*estar*) on the left; (*torcer etc*) (to the) left
izquierdista [iθkjerˈðista] *nm/f* left-winger, leftist

izquierdo, a [iθ'kjerðo, a] *adj* left

J, j

jabalí [xaβa'li] *nm* wild boar
jabalina [xaβa'lina] *nf* javelin
jabón [xa'βon] *nm* soap; **jabonar** *vt* to soap
jaca ['xaka] *nf* pony
jacinto [xa'θinto] *nm* hyacinth
jactarse [xak'tarse] *vr* to boast, brag
jadear [xaðe'ar] *vi* to pant, gasp for breath; **jadeo** *nm* panting, gasping
jaguar [xa'ɣwar] *nm* jaguar
jalea [xa'lea] *nf* jelly
jaleo [xa'leo] *nm* racket, uproar; **armar un ~** to kick up a racket
jalón [xa'lon] (*AM*) *nm* tug
jamás [xa'mas] *adv* never
jamón [xa'mon] *nm* ham; **~ dulce**, **~ de York** cooked ham; **~ serrano** cured ham
Japón [xa'pon] *nm*: **el ~** Japan; **japonés, esa** *adj, nm/f* Japanese ♦ *nm* (*LING*) Japanese
jaque ['xake] *nm*: **~ mate** checkmate
jaqueca [xa'keka] *nf* (very bad) headache, migraine
jarabe [xa'raβe] *nm* syrup
jarcia ['xarθja] *nf* (*NAUT*) ropes *pl*, rigging
jardín [xar'ðin] *nm* garden; **~ de infancia** (*ESP*) o **de niños** (*AM*) nursery (school); **jardinería** *nf* gardening; **jardinero, a** *nm/f* gardener
jarra ['xarra] *nf* jar; (*jarro*) jug
jarro ['xarro] *nm* jug
jarrón [xa'rron] *nm* vase
jaula ['xaula] *nf* cage
jauría [xau'ria] *nf* pack of hounds
jazmín [xaθ'min] *nm* jasmine
J. C. *abr* (= *Jesucristo*) J.C.
jefa ['xefa] *nf ver* **jefe**
jefatura [xefa'tura] *nf*: **~ de policía** police headquarters *sg*

jefe, a ['xefe, a] *nm/f* (*gen*) chief, head; (*patrón*) boss; **~ de cocina** chef; **~ de estación** stationmaster; **~ de estado** head of state
jengibre [xen'xiβre] *nm* ginger
jeque ['xeke] *nm* sheik
jerarquía [xerar'kia] *nf* (*orden*) hierarchy; (*rango*) rank; **jerárquico, a** *adj* hierarchic(al)
jerez [xe'reθ] *nm* sherry
jerga ['xerɣa] *nf* jargon
jeringa [xe'ringa] *nf* syringe; (*AM*) annoyance, bother; **~ de engrase** grease gun; **jeringar** *vt* (*fam*) to annoy, bother; **jeringuilla** *nf* syringe
jeroglífico [xero'xlifiko] *nm* hieroglyphic
jersey [xer'sei] (*pl* **~s**) *nm* jersey, pullover, jumper
Jerusalén [xerusa'len] *n* Jerusalem
Jesucristo [xesu'kristo] *nm* Jesus Christ
jesuita [xe'swita] *adj, nm* Jesuit
Jesús [xe'sus] *nm* Jesus; **¡~!** good heavens!; (*al estornudar*) bless you!
jinete [xi'nete, a] *nm/f* horseman/woman, rider
jipijapa [xipi'xapa] (*AM*) *nm* straw hat
jirafa [xi'rafa] *nf* giraffe
jirón [xi'ron] *nm* rag, shred
jocoso, a [xo'koso, a] *adj* humorous, jocular
joder [xo'ðer] (*fam!*) *vt, vi* to fuck(!)
jofaina [xo'faina] *nf* washbasin
jornada [xor'naða] *nf* (*viaje de un día*) day's journey; (*camino o viaje entero*) journey; (*día de trabajo*) working day
jornal [xor'nal] *nm* (day's) wage; **~ero** *nm* (day) labourer
joroba [xo'roβa] *nf* hump, hunched back; **~do, a** *adj* hunchbacked ♦ *nm/f* hunchback
jota ['xota] *nf* (the letter) J; (*danza*) Aragonese dance; **no saber ni ~** to have no idea
joven ['xoβen] (*pl* **jóvenes**) *adj* young

♦ *nm* young man, youth ♦ *nf* young woman, girl

jovial [xo'βjal] *adj* cheerful, jolly

joya [xoxa] *nf* jewel, gem; (*fig: persona*) gem; **joyería** *nf* (*joyas*) jewellery; (*tienda*) jeweller's (shop); **joyero** (*persona*) jeweller; (*caja*) jewel case

juanete [xwa'nete] *nm* (*del pie*) bunion

jubilación [xuβila'θjon] *nf* (*retiro*) retirement

jubilado, a [xuβi'laðo, a] *adj* retired ♦ *nm/f* pensioner (*BRIT*), senior citizen

jubilar [xuβi'lar] *vt* to pension off, retire; (*fam*) to discard; **~se** *vr* to retire

júbilo ['xuβilo] *nm* joy, rejoicing; **jubiloso, a** *adj* jubilant

judía [xu'ðia] *nf* (*CULIN*) bean; **~ verde** French bean; *ver tb* **judío**

judicial [xuði'θjal] *adj* judicial

judío, a [xu'ðio, a] *adj* Jewish ♦ *nm/f* Jew(ess)

judo ['xuðo] *nm* judo

juego *etc* ['xweγo] *vb ver* **jugar** ♦ *nm* (*gen*) play; (*pasatiempo, partido*) game; (*en casino*) gambling; (*conjunto*) set; **fuera de ~** (*DEPORTE: persona*) offside; (: *pelota*) out of play; **J~s Olímpicos** Olympic Games

juerga ['xwerva] *nf* binge; (*fiesta*) party; **ir de ~** to go out on a binge

jueves ['xweβes] *nm inv* Thursday

juez [xweθ] *nm/f* judge; **~ de línea** linesman; **~ de salida** starter

jugada [xu'γaða] *nf* play; **buena ~** good move/shot/stroke *etc*

jugador, a [xuγa'ðor, a] *nm/f* player; (*en casino*) gambler

jugar [xu'γar] *vt, vi* to play; (*en casino*) to gamble; (*apostar*) to bet; **~ al fútbol** to play football

juglar [xu'γlar] *nm* minstrel

jugo ['xuγo] *nm* (*BOT*) juice; (*fig*) essence, substance; **~ de fruta** (*AM*) fruit juice; **~so, a** *adj* juicy; (*fig*) substantial, important

juguete [xu'γete] *nm* toy; **~ar** *vi* to play; **~ría** *nf* toyshop

juguetón, ona [xuxe'ton, ona] *adj* playful

juicio ['xwiθjo] *nm* judgement; (*razón*) sanity, reason; (*opinión*) opinion; **~so, a** *adj* wise, sensible

julio ['xuljo] *nm* July

junco ['xunko] *nm* rush, reed

jungla ['xungla] *nf* jungle

junio ['xunjo] *nm* June

junta ['xunta] *nf* (*asamblea*) meeting, assembly; (*comité, consejo*) board, council, committee; (*TEC*) joint

juntar [xun'tar] *vt* to join, unite; (*maquinaria*) to assemble, put together; (*dinero*) to collect; **~se** *vr* to join, meet; (*reunirse: personas*) to meet, assemble; (*arrimarse: personas*) to approach, draw closer; **~se con uno** to join sb

junto, a ['xunto, a] *adj* joined; (*unido*) united; (*anexo*) near, close; (*contiguo, próximo*) next, adjacent ♦ *adv* **todo ~** all at once; **~s** together; **~ a** near (to), next to

jurado [xu'raðo] *nm* (*JUR: individuo*) juror; (: *grupo*) jury; (*de concurso: grupo*) panel of (judges); (: *individuo*) member of a panel

juramento [xura'mento] *nm* oath; (*maldición*) oath, curse; **prestar ~** to take the oath; **tomar ~ a** to swear in, administer the oath to

jurar [xu'rar] *vt, vi* to swear; **~ en falso** to commit perjury; **jurárselas a uno** to have it in for sb

jurídico, a [xu'riðiko, a] *adj* legal

jurisdicción [xurisðik'θjon] *nf* (*poder, autoridad*) jurisdiction; (*territorio*) district

jurisprudencia [xurispru'ðenθja] *nf* jurisprudence

jurista [xu'rista] *nm/f* jurist

justamente [xusta'mente] *adv* justly, fairly; (*precisamente*) just, exactly

justicia [xus'tiθja] *nf* justice; (*equidad*) fairness, justice; **justiciero, a** *adj* just, righteous

justificación [xustifika'θjon] *nf* justification; **justificar** vt to justify

justo, a ['xusto, a] adj (equitativo) just, fair, right; (preciso) exact, correct; (ajustado) tight ♦ adv (precisamente) exactly, precisely; (AM: apenas a tiempo) just in time

juvenil [xuβe'nil] adj youthful

juventud [xuβen'tuð] nf (adolescencia) youth; (jóvenes) young people pl

juzgado [xuθ'γaðo] nm tribunal; (JUR) court

juzgar [xuθ'γar] vt to judge; **a ~ por** ... to judge by ..., judging by ...

K, k

kg abr (= kilogramo) kg

kilo ['kilo] nm kilo ♦ pref: **~gramo** nm kilogramme; **~metraje** nm distance in kilometres, ≈ mileage; **kilómetro** nm kilometre; **~vatio** nm kilowatt

kiosco ['kjosko] nm = **quiosco**

Kosovo [ko'soβo] Kosovo

km abr (= kilómetro) km

kv abr (= kilovatio) kw

L, l

l abr (= litro) l

la [la] art def the ♦ pron her; (Ud.) you; (cosa) it ♦ nm (MUS) la; **~ del sombrero rojo** the girl in the red hat; tb ver **el**

laberinto [laβe'rinto] nm labyrinth

labia ['laβja] nf fluency; (pey) glib tongue

labio ['laβjo] nm lip

labor [la'βor] nf labour; (AGR) farm work; (tarea) job, task; (COSTURA) needlework; **~able** adj (AGR) workable; **día ~able** working day; **~al** adj (accidente) at work; (jornada) working

laboratorio [laβora'torjo] nm laboratory

laborioso, a [laβo'rjoso, a] adj

(persona) hard-working; (trabajo) tough

laborista [laβo'rista] adj: **Partido L~** Labour Party

labrado, a [la'βraðo, a] adj worked; (madera) carved; (metal) wrought

labrador, a [laβra'ðor, a] adj farming cpd ♦ nm/f farmer

labranza [la'βranθa] nf (AGR) cultivation

labrar [la'βrar] vt (gen) to work; (madera etc) to carve; (fig) to cause, bring about

labriego, a [la'βrjeγo, a] nm/f peasant

laca ['laka] nf lacquer

lacayo [la'kajo] nm lackey

lacio, a ['laθjo, a] adj (pelo) straight

lacón [la'kon] nm shoulder of pork

lacónico, a [la'koniko, a] adj laconic

lacra ['lakra] nf (fig) blot; **lacrar** v (cerrar) to seal (with sealing wax); **lacre** nm sealing wax

lactancia [lak'tanθja] nf lactation

lactar [lak'tar] vt, vi to suckle

lácteo, a ['lakteo, a] adj: **productos ~s** dairy products

ladear [laðe'ar] vt to tip, tilt ♦ vi to tilt; **~se** vr to lean

ladera [la'ðera] nf slope

lado ['laðo] nm (gen) side; (fig) protection; (MIL) flank; **al ~ de** beside; **poner de ~** to put on its side; **poner a un ~** to put aside; **por todos ~s** on all sides, all round (BRIT)

ladrar [la'ðrar] vi to bark; **ladrido** nm bark, barking

ladrillo [la'ðriʎo] nm (gen) brick; (azulejo) tile

ladrón, ona [la'ðron, ona] nm/f thief

lagartija [laγar'tixa] nf (ZOOL) (small) lizard

lagarto [la'γarto] nm (ZOOL) lizard

lago ['laγo] nm lake

lágrima ['laγrima] nf tear

laguna [la'γuna] nf (lago) lagoon; (hueco) gap

laico, a ['laiko, a] adj lay

lamentable [lamen'taβle] adj

lamentable, regrettable; (*miserable*) pitiful

lamentar [lamen'tar] *vt* (*sentir*) to regret; (*deplorar*) to lament; **lo lamento mucho** I'm very sorry; **~se** *vr* to lament; **lamento** *nm* lament

lamer [la'mer] *vt* to lick

lámina ['lamina] *nf* (*plancha delgada*) sheet; (*para estampar, estampa*) plate

lámpara ['lampara] *nf* lamp; **~ de alcohol/gas** spirit/gas lamp; **~ de pie** standard lamp

lamparón [lampa'ron] *nm* grease spot

lana ['lana] *nf* wool

lancha ['lantʃa] *nf* launch; **~ de pesca** fishing boat; **~ salvavidas/torpedera** lifeboat/torpedo boat

langosta [lan'gosta] *nf* (*crustáceo*) lobster; (: *de río*) crayfish; **langostino** *nm* Dublin Bay prawn

languidecer [langiðe'θer] *vi* to languish; **languidez** *nf* languor; **lánguido, a** *adj* (*gen*) languid; (*sin energía*) listless

lanilla [la'niʎa] *nf* nap

lanza ['lanθa] *nf* (*arma*) lance, spear

lanzamiento [lanθa'mjento] *nm* (*gen*) throwing; (*NAUT, COM*) launch, launching; **~ de peso** putting the shot

lanzar [lan'θar] *vt* (*gen*) to throw; (*DEPORTE: pelota*) to bowl; (*NAUT, COM*) to launch; (*JUR*) to evict; **~se** *vr* to throw o.s.

lapa ['lapa] *nf* limpet

lapicero [lapi'θero] *nm* pencil; (*AM: bolígrafo*) Biro ®

lápida ['lapiða] *nf* stone; **~ mortuoria** headstone; **~ conmemorativa** memorial stone; **lapidario, a** *adj, nm* lapidary

lápiz ['lapiθ] *nm* pencil; **~ de color** coloured pencil; **~ de labios** lipstick

lapón, ona [la'pon, ona] *nm/f* Laplander, Lapp

lapso ['lapso] *nm* (*de tiempo*) interval; (*error*) error

lapsus ['lapsus] *nm inv* error, mistake

largar [lar'var] *vt* (*soltar*) to release; (*aflojar*) to loosen; (*lanzar*) to launch; (*fam*) to let fly; (*velas*) to unfurl; (*AM*) to throw; **~se** *vr* (*fam*) to beat it; **~se a** (*AM*) to start to

largo, a ['larvo, a] *adj* (*longitud*) long; (*tiempo*) lengthy; (*fig*) generous ♦ *nm* length; (*MUS*) largo; **dos años ~s** two long years; **tiene 9 metros de ~** it is 9 metres long; **a lo ~ de** along; (*tiempo*) all through, throughout; **~metraje** *nm* feature film

laringe [la'rinxe] *nf* larynx; **laringitis** *nf* laryngitis

larva ['larßa] *nf* larva

las [las] *art def* the ♦ *pron* them; **~ que cantan** the ones/women/girls who sing; *tb ver* **el**

lascivo, a [las'θiβo, a] *adj* lewd

láser ['laser] *nm* laser

lástima ['lastima] *nf* (*pena*) pity; **dar ~** to be pitiful; **es una ~ que** it's a pity that; **¡qué ~!** what a pity!; **ella está hecha una ~** she looks pitiful

lastimar [lasti'mar] *vt* (*herir*) to wound; (*ofender*) to offend; **~se** *vr* to hurt o.s.; **lastimero, a** *adj* pitiful, pathetic

lastre ['lastre] *nm* (*TEC, NAUT*) ballast; (*fig*) dead weight

lata ['lata] *nf* (*metal*) tin; (*caja*) tin (*BRIT*), can; (*fam*) nuisance; **en ~** tinned (*BRIT*), canned; **dar (la) ~** to be a nuisance

latente [la'tente] *adj* latent

lateral [late'ral] *adj* side *cpd*, lateral ♦ *nm* (*TEATRO*) wings

latido [la'tiðo] *nm* (*del corazón*) beat

latifundio [lati'fundjo] *nm* large estate; **latifundista** *nm/f* owner of a large estate

latigazo [lati'vaθo] *nm* (*golpe*) lash; (*sonido*) crack

látigo ['lativo] *nm* whip

latín [la'tin] *nm* Latin

latino, a [la'tino, a] *adj* Latin; **~americano, a** *adj, nm/f* Latin-

American

latir [la'tir] vi (corazón, pulso) to beat

latitud [lati'tuð] nf (GEO) latitude

latón [la'ton] nm brass

latoso, a [la'toso, a] adj (molesto) annoying; (aburrido) boring

laúd [la'uð] nm lute

laurel [lau'rel] nm (BOT) laurel; (CULIN) bay

lava ['laßa] nf lava

lavabo [la'ßaßo] nm (pila) washbasin; (tb: ~s) toilet

lavado [la'ßaðo] nm washing; (de ropa) laundry; (ARTE) wash; ~ **de cerebro** brainwashing; ~ **en seco** dry-cleaning

lavadora [laßa'ðora] nf washing machine

lavanda [la'ßanda] nf lavender

lavandería [laßande'ria] nf laundry; (automática) launderette

lavaplatos [laßa'platos] nm inv dishwasher

lavar [la'ßar] vt to wash; (borrar) to wipe away; ~**se** vr to wash o.s.; ~**se las manos** to wash one's hands; ~**se los dientes** to brush one's teeth; ~ **y marcar** (pelo) to shampoo and set; ~ **en seco** to dry-clean; ~ **los platos** to wash the dishes

lavavajillas [laßaßa'xiλas] nm inv dishwasher

laxante [lak'sante] nm laxative

lazada [la'θaða] nf bow

lazarillo [laθa'riλo] nm: **perro** ~ guide dog

lazo ['laθo] nm knot; (lazada) bow; (para animales) lasso; (trampa) snare; (vínculo) tie

le [le] pron (directo) him (o her); (: usted) you; (indirecto) to him (o her o it); (: usted) to you

leal [le'al] adj loyal; ~**tad** nf loyalty

lección [lek'θjon] nf lesson

leche ['letʃe] nf milk; **tiene mala** ~ (fam!) he's a swine (f); ~ **condensada/en polvo** condensed/powdered milk; ~ **desnatada** skimmed milk; ~**ra**

nf (vendedora) milkmaid; (recipiente) (milk) churn; (AM) cow; ~**ro, a** adj dairy

lecho ['letʃo] nm (cama, de río) bed; (GEO) layer

lechón [le'tʃon] nm sucking (BRIT) o suckling (US) pig

lechoso, a [le'tʃoso, a] adj milky

lechuga [le'tʃuɣa] nf lettuce

lechuza [le'tʃuθa] nf owl

lector, a [lek'tor, a] nm/f reader ♦ nm: ~ **de discos compactos** CD player

lectura [lek'tura] nf reading

leer [le'er] vt to read

legado [le'ɣaðo] nm (don) bequest; (herencia) legacy; (enviado) legate

legajo [le'ɣaxo] nm file

legal [le'ɣal] adj (gen) legal; (persona) trustworthy; ~**idad** nf legality

legalizar [leɣali'θar] vt to legalize; (documento) to authenticate

legaña [le'ɣaɲa] nf sleep (in eyes)

legar [le'ɣar] vt to bequeath, leave

legendario, a [lexen'darjo, a] adj legendary

legión [le'xjon] nf legion; **legionario, a** adj legionary ♦ nm legionnaire

legislación [lexisla'θjon] nf legislation

legislar [lexis'lar] vi to legislate

legislatura [lexisla'tura] nf (POL) period of office

legitimar [lexiti'mar] vt to legitimize; **legítimo, a** adj (genuino) authentic; (legal) legitimate

lego, a ['leɣo, a] adj (REL) secular; (ignorante) ignorant ♦ nm layman

legua ['lewɣa] nf league

legumbres [le'ɣumbres] nfpl pulses

leído, a [le'iðo, a] adj well-read

lejanía [lexa'nia] nf distance; **lejano, a** adj far-off; (en el tiempo) distant; (fig) remote

lejía [le'xia] nf bleach

lejos ['lexos] adv far, far away; **a lo** ~ in the distance; **de** o **desde** ~ from afar; ~ **de** far from

lelo, a ['lelo, a] adj silly ♦ nm/f idiot

lema ['lema] nm motto; (POL) slogan

lencería [lenθe'ria] nf linen, drapery

lengua ['lengwa] nf tongue; (LING) language; **morderse la ~** to hold one's tongue

lenguado [len'gwaðo] nm sole

lenguaje [len'gwaxe] nm language

lengüeta [len'gweta] nf (ANAT) epiglottis; (zapatos) tongue, (MUS) reed

lente ['lente] nf lens; (lupa) magnifying glass; **~s** nfpl (gafas) glasses; **~s de contacto** contact lenses

lenteja [len'texa] nf lentil; **lentejuela** nf sequin

lentilla [len'tiʎa] nf contact lens

lentitud [lenti'tuð] nf slowness; **con ~** slowly

lento, a ['lento, a] adj slow

leña ['leɲa] nf firewood; **~dor, a** nm/f woodcutter

leño ['leɲo] nm (trozo de árbol) log; (madera) timber; (fig) blockhead

Leo ['leo] nm Leo

león [le'on] nm lion; **~ marino** sea lion

leopardo [leo'parðo] nm leopard

leotardos [leo'tarðos] nmpl tights

lepra ['lepra] nf leprosy; **leproso, a** nm/f leper

lerdo, a ['lerðo, a] adj (lento) slow; (patoso) clumsy

les [les] pron (directo) them; (: ustedes) you; (indirecto) to them; (: ustedes) to you

lesbiana [les'βjana] adj, nf lesbian

lesión [le'sjon] nf wound, lesion; (DEPORTE) injury; **lesionado, a** adj injured ♦ nm/f injured person

letal [le'tal] adj lethal

letanía [leta'nia] nf litany

letargo [le'tarɣo] nm lethargy

letra ['letra] nf letter; (escritura) handwriting; (MUS) lyrics pl; **~ de cambio** bill of exchange; **~ de imprenta** print; **~do, a** adj learned ♦ nm/f lawyer; **letrero** nm (cartel) sign; (etiqueta) label

letrina [le'trina] nf latrine

leucemia [leu'θemja] nf leukaemia

levadizo [leβa'ðiθo] adj: **puente ~** drawbridge

levadura [leβa'ðura] nf (para el pan) yeast; (de la cerveza) brewer's yeast

levantamiento [leβanta'mjento] nm raising, lifting; (rebelión) uprising; **~ de pesos** weight-lifting

levantar [leβan'tar] vt (gen) to raise; (del suelo) to pick up; (hacia arriba) to lift (up); (plan) to make, draw up; (mesa) to clear; (campamento) to strike; (fig) to cheer up, hearten; **~se** vr to get up; (enderezarse) to straighten up; (rebelarse) to rebel; **~ el ánimo** to cheer up

levante [le'βante] nm east coast; **el L~** region of Spain extending from Castellón to Murcia

levar [le'βar] vt to weigh

leve ['leβe] adj light; (fig) trivial; **~dad** nf lightness

levita [le'βita] nf frock coat

léxico ['leksiko] nm (vocabulario) vocabulary

ley [lei] nf (gen) law; (metal) standard

leyenda [le'jenda] nf legend

leyó etc vb ver **leer**

liar [li'ar] vt to tie (up); (unir) to bind; (envolver) to wrap (up); (enredar) to confuse; (cigarrillo) to roll; **~se** vr (fam) to get involved; **~se a palos** to get involved in a fight

Líbano ['liβano] nm: **el ~** (the) Lebanon

líbelo [li'βelo] nm satire, lampoon

libélula [li'βelula] nf dragonfly

liberación [liβera'θjon] nf liberation; (de la cárcel) release

liberal [liβe'ral] adj, nm/f liberal; **~idad** nf liberality, generosity

liberar [liβe'rar] vt to liberate

libertad [liβer'tað] nf liberty, freedom; **~ de culto/de prensa/de comercio** freedom of worship/of the press/of trade; **~ condicional** probation; **~ bajo palabra** parole; **~ bajo fianza**

bail

libertar [liβer'tar] vt (preso) to set free; (de una obligación) to release; (eximir) to exempt

libertino, a [liβer'tino, a] adj permissive ♦ nm/f permissive person

libra ['liβra] nf (ASTROLOGÍA): **L~** Libra; **~ esterlina** pound sterling

librar [li'βrar] vt (de peligro) to save; (batalla) to wage, fight; (de impuestos) to exempt; (cheque) to make out; (JUR) to exempt; **~se** vr: **~se de** to escape from, free o.s. from

libre ['liβre] adj free; (lugar) unoccupied; (asiento) vacant; (de deudas) free of debts; **~ de impuestos** free of tax; **tiro ~** free kick; **los 100 metros ~** the 100 metres free-style (race); **al aire ~** in the open air

librería [liβre'ria] nf (tienda) bookshop; **librero, a** nm/f bookseller

libreta [li'βreta] nf notebook; **~ de ahorros** savings book

libro ['liβro] nm book; **~ de bolsillo** paperback; **~ de caja** cashbook; **~ de cheques** chequebook (BRIT), checkbook (US); **~ de texto** textbook

Lic. abr = **licenciado, a**

licencia [li'θenθja] nf (gen) licence; (permiso) permission; **~ por enfermedad** sick leave; **~ de caza** game licence; **~do, a** adj licensed ♦ nm/f graduate; **licenciar** vt (empleado) to dismiss; (permitir) to permit, allow; (soldado) to discharge; (estudiante) to confer a degree upon; **licenciarse** vr: **licenciarse en letras** to graduate in arts

licencioso, a [liθen'θjoso, a] adj licentious

licitar [liθi'tar] vt to bid for; (AM) to sell by auction

lícito, a ['liθito, a] adj (legal) lawful; (justo) fair, just; (permisible) permissible

licor [li'kor] nm spirits pl (BRIT), liquor (US); (de frutas etc) liqueur

licuadora [likwa'ðora] nf blender

licuar [li'kwar] vt to liquidize

líder ['liðer] nm/f leader; **liderato** nm leadership; **liderazgo** nm leadership

lidia ['liðja] nf bullfighting; (una ~) bullfight; **toros de ~** fighting bulls; **lidiar** vt, vi to fight

liebre ['ljeβre] nf hare

lienzo ['ljenθo] nm linen; (ARTE) canvas; (ARQ) wall

liga ['liɣa] nf (de medias) garter, suspender; (AM: gomita) rubber band; (confederación) league

ligadura [liɣa'ðura] nf bond, tie; (MED, MUS) ligature

ligamento [liɣa'mento] nm ligament

ligar [li'ɣar] vt (atar) to tie; (unir) to join; (MED) to bind up; (MUS) to slur ♦ vi to mix, blend; (fam): **(él) liga mucho** he pulls a lot of women; **~se** vr to commit o.s.

ligereza [lixe'reθa] nf lightness; (rapidez) swiftness; (agilidad) agility; (superficialidad) flippancy

ligero, a [li'xero, a] adj (de peso) light; (tela) thin; (rápido) swift, quick; (ágil) agile, nimble; (de importancia) slight; (de carácter) flippant, superficial ♦ adv: **a la ligera** superficially

liguero [li'ɣero] nm suspender (BRIT) or garter (US) belt

lija ['lixa] nf (ZOOL) dogfish; (tb: papel de ~) sandpaper

lila ['lila] nf lilac

lima ['lima] nf file; (BOT) lime; **~ de uñas** nailfile; **limar** vt to file

limitación [limita'θjon] nf limitation, limit; **~ de velocidad** speed limit

limitar [limi'tar] vt (reducir) to reduce, cut down ♦ vi: **~ con** to border on; **~se** vr: **~se a** to limit o.s. to

límite ['limite] nm (gen) limit; (fin) end; (frontera) border; **~ de velocidad** speed limit

limítrofe [li'mitrofe] adj neighbouring

limón [li'mon] nm lemon ♦ adj:

amarillo ~ lemon-yellow; **limonada** *nf* lemonade

limosna [li'mosna] *nf* alms *pl*; **vivir de** ~ to live on charity

limpiaparabrisas [limpjapara'ßrisas] *nm inv* windscreen (BRIT) o windshield (US) wiper

limpiar [lim'pjar] *vt* to clean; (con trapo) to wipe; (quitar) to wipe away; (zapatos) to shine, polish; (fig) to clean up

limpieza [lim'pjeθa] *nf* (estado) cleanliness; (acto) cleaning; (: de las calles) cleansing; (: de zapatos) polishing; (habilidad) skill; (fig: POLICÍA) clean-up; (pureza) purity; (MIL): **operación de ~** mopping-up operation; **~ en seco** dry cleaning

limpio, a ['limpjo, a] *adj* clean; (moralmente) pure; (COM) clear, net; (fam) honest ♦ *adv*: **jugar ~** to play fair; **pasar a** (ESP) o **en** (AM) **~** to make a clean copy

linaje [li'naxe] *nm* lineage, family

lince ['linθe] *nm* lynx

linchar [lin'tʃar] *vt* to lynch

lindar [lin'dar] *vi* to adjoin; **~ con** to border on; **linde** *nm o f* boundary; **lindero, a** *adj* adjoining ♦ *nm* boundary

lindo, a ['lindo, a] *adj* pretty, lovely ♦ *adv*: **nos divertimos de lo ~** we had a marvellous time; **canta muy ~** (AM) he sings beautifully

línea ['linea] *nf* (gen) line; **en ~** (INFORM) on line; **~ aérea** airline; **~ de meta** goal line; (de carrera) finishing line; **~ recta** straight line

lingote [lin'gote] *nm* ingot

lingüista [lin'gwista] *nm/f* linguist; **lingüística** *nf* linguistics *sg*

lino ['lino] *nm* linen; (BOT) flax

linóleo [li'noleo] *nm* lino, linoleum

linterna [lin'terna] *nf* torch (BRIT), flashlight (US)

lío ['lio] *nm* bundle; (fam) fuss; (desorden) muddle, mess; **armar un ~** to make a fuss

liquen ['liken] *nm* lichen

liquidación [likiða'θjon] *nf* liquidation; **venta de ~** clearance sale

liquidar [liki'ðar] *vt* (mercancías) to liquidate; (deudas) to pay off; (empresa) to wind up

líquido, a ['likiðo, a] *adj* liquid; (ganancia) net ♦ *nm* liquid; **~ imponible** net taxable income

lira ['lira] *nf* (MUS) lyre; (moneda) lira

lírico, a ['liriko, a] *adj* lyrical

lirio ['lirjo] *nm* (BOT) iris

lirón [li'ron] *nm* (ZOOL) dormouse; (fig) sleepyhead

Lisboa [lis'ßoa] *n* Lisbon

lisiado, a [li'sjaðo, a] *adj* injured ♦ *nm/f* cripple

lisiar [li'sjar] *vt* to maim, **~se** *vr* to injure o.s.

liso, a ['liso, a] *adj* (terreno) flat; (cabello) straight; (superficie) even; (tela) plain

lisonja [li'sonxa] *nf* flattery

lista ['lista] *nf* list; (de alumnos) school register; (de libros) catalogue; (de platos) menu; (de precios) price list; **pasar ~** to call the roll; **~ de correos** poste restante; **~ de espera** waiting list; **tela de ~s** striped material; **listín** *nm*: **~ (telefónico)** telephone directory

listo, a ['listo, a] *adj* (perspicaz) smart, clever; (preparado) ready

listón [lis'ton] *nm* (de madera, metal) strip

litera [li'tera] *nf* (en barco, tren) berth; (en dormitorio) bunk, bunk bed

litoral [lito'ral] *adj* littoral, coastal ♦ *nm* coast, seaboard

literario, a [lite'rarjo, a] *adj* literary

literato, a [lite'rato, a] *adj* literary ♦ *nm/f* writer

literatura [litera'tura] *nf* literature

litigar [liti'var] *vt* to fight ♦ *vi* (JUR) to go to law; (fig) to dispute, argue

litigio [li'tixjo] *nm* (JUR) lawsuit; (fig): **en ~ con** in dispute with

litografía [litoɣra'fia] *nf* lithography;

(una ~) lithograph
litoral [lito'ral] *adj* coastal ♦ *nm* coast,
seaboard
litro ['litro] *nm* litre
liviano, a [li'βjano, a] *adj (cosa,
objeto)* trivial
lívido, a [li'βiðo, a] *adj* livid
llaga ['ʎaɣa] *nf* wound
llama ['ʎama] *nf* flame; *(ZOOL)* llama
llamada [ʎa'maða] *nf* call; **~ al orden**
call to order; **~ a pie de página**
reference note
llamamiento [ʎama'mjento] *nm* call
llamar [ʎa'mar] *vt* to call; *(atención)* to
attract ♦ *vi (por teléfono)* to telephone;
(a la puerta) to knock *(o* ring); *(por
señas)* to beckon; *(MIL)* to call up; **~se**
vr to be called, be named; **¿cómo se
llama usted?** what's your name?
llamarada [ʎama'raða] *nf (llamas)*
blaze; *(rubor)* flush
llamativo, a [ʎama'tiβo, a] *adj* showy;
(color) loud
llano, a ['ʎano, a] *adj (superficie)* flat;
(persona) straightforward; *(estilo)* clear
♦ *nm* plain, flat ground
llanta ['ʎanta] *nf (wheel)* rim; *(AM):*
~ de goma tyre; *(: cámara)* inner
(tube)
llanto ['ʎanto] *nm* weeping
llanura [ʎa'nura] *nf* plain
llave ['ʎaβe] *nf* key; *(del agua)* tap;
(MECÁNICA) spanner; *(de la luz)* switch;
(MUS) key; **~ inglesa** monkey wrench;
~ maestra master key; **~ de
contacto** *(AUTO)* ignition key; **~ de
paso** stopcock; **echar la ~** to lock
up; **~ro** *nm* keyring
llegada [ʎe'ɣaða] *nf* arrival
llegar [ʎe'ɣar] *vi* to arrive; *(alcanzar)* to
reach; *(bastar)* to be enough; **~se** *vr:*
~se a to approach; **~ a** to manage to,
succeed in; **~ a saber** to find out; **~ a
ser** to become; **~ a las manos de** to
come into the hands of
llenar [ʎe'nar] *vt* to fill; *(espacio)* to
cover; *(formulario)* to fill in *o* up; *(fig)*

to heap
lleno, a ['ʎeno, a] *adj* full, filled;
(repleto) full up ♦ *nm (TEATRO)* full
house; **dar de ~ contra un muro** to
hit a wall head-on
llevadero, a [ʎeβa'ðero, a] *adj*
bearable, tolerable
llevar [ʎe'βar] *vt* to take; *(ropa)* to
wear; *(cargar)* to carry; *(quitar)* to take
away; *(en coche)* to drive; *(transportar)*
to transport; *(traer: dinero)* to carry;
(conducir) to lead; *(MAT)* to carry ♦ *vi
(suj: camino etc):* **~ a** to lead to; **~se** *vr*
to carry off, take away; **llevamos dos
días aquí** we have been here for two
days; **él me lleva 2 años** he's 2 years
older than me; *(COM):* **~ los libros** to
keep the books; **~se bien** to get on
well (together)
llorar [ʎo'rar] *vt, vi* to cry, weep; **~ de
risa** to cry with laughter
lloriquear [ʎorike'ar] *vi* to snivel,
whimper
lloro ['ʎoro] *nm* crying, weeping;
llorón, ona *adj* tearful ♦ *nm/f* cry-
baby; **~so, a** *adj (gen)* weeping,
tearful; *(triste)* sad, sorrowful
llover [ʎo'βer] *vi* to rain
llovizna [ʎo'βiθna] *nf* drizzle;
lloviznar *vi* to drizzle
llueve *etc vb ver* **llover**
lluvia ['ʎuβja] *nf* rain; **~ radioactiva**
(radioactive) fallout; **lluvioso, a** *adj*
rainy
lo [lo] *art def:* **~ bello** the beautiful,
what is beautiful, that which is
beautiful ♦ *pron (persona)* him; *(cosa)*
it; *tb ver* **el**
loable [lo'aβle] *adj* praiseworthy; **loar**
vt to praise
lobo ['loβo] *nm* wolf; **~ de mar** *(fig)*
sea dog; **~ marino** seal
lóbrego, a ['loβreɣo, a] *adj* dark; *(fig)*
gloomy
lóbulo ['loβulo] *nm* lobe
local [lo'kal] *adj* local ♦ *nm* place, site;
(oficinas) premises *pl;* **~idad** *nf (barrio)*

locality; (*lugar*) location; (*TEATRO*) seat, ticket; **~izar** *vt* (*ubicar*) to locate, find; (*restringir*) to localize; (*situar*) to place
loción [lo'θjon] *nf* lotion
loco, a ['loko, a] *adj* mad ♦ *nm/f* lunatic, mad person
locomotora [lokomo'tora] *nf* engine, locomotive
locuaz [lo'kwaθ] *adj* loquacious
locución [loku'θjon] *nf* expression
locura [lo'kura] *nf* madness; (*acto*) crazy act
locutor, a [loku'tor, a] *nm/f* (*RADIO*) announcer; (*comentarista*) commentator; (*TV*) newsreader
locutorio [loku'torjo] *nm* (*en telefónica*) telephone booth
lodo ['loðo] *nm* mud
lógica ['loxika] *nf* logic
lógico, a ['loxiko, a] *adj* logical
logística [lo'xistika] *nf* logistics *sg*
logotipo [loðo'tipo] *nm* logo
logrado, a [lo'ðraðo, a] *adj* (*interpretación, reproducción*) polished, excellent
lograr [lo'ɣrar] *vt* to achieve; (*obtener*) to get, obtain; **~ hacer** to manage to do; **~ que uno venga** to manage to get sb to come
logro ['loɣro] *nm* achievement, success
loma ['loma] *nf* hillock (*BRIT*), small hill
lombriz [lom'briθ] *nf* worm
lomo ['lomo] *nm* (*de animal*) back; (*CULIN: de cerdo*) pork loin; (: *de vaca*) rib steak; (*de libro*) spine
lona ['lona] *nf* canvas
loncha ['lontʃa] *nf* = **lonja**
lonche ['lontʃe] (*AM*) *nm* lunch; **~ría** (*AM*) *nf* snack bar, diner (*US*)
Londres ['londres] *n* London
longaniza [longa'niθa] *nf* pork sausage
longitud [lonxi'tuð] *nf* length; (*GEO*) longitude; **tener 3 metros de ~** to be 3 metres long; **~ de onda** wavelength
lonja ['lonxa] *nf* slice; (*de tocino*) rasher; **~ de pescado** fish market

loro ['loro] *nm* parrot
los [los] *art def* the ♦ *pron* them; (*ustedes*) you; **mis libros y ~ tuyos** my books and yours; *tb ver* **el**
losa ['losa] *nf* stone; **~ sepulcral** gravestone
lote ['lote] *nm* portion, share; (*COM*) lot
lotería [lote'ria] *nf* lottery; (*juego*) lotto

Millions of pounds are spent on lotteries each year in Spain, two of which are state-run: the Lotería Primitiva *and the* Lotería Nacional, *with money raised going directly to the government. One of the most famous lotteries is run by the wealthy and influential society for the blind,* "la ONCE".

loza ['loθa] *nf* crockery
lubina [lu'βina] *nf* sea bass
lubricante [luβri'kante] *nm* lubricant
lubricar [luβri'kar] *vt* to lubricate
lucha ['lutʃa] *nf* fight, struggle; **~ de clases** class struggle; **~ libre** wrestling; **luchar** *vi* to fight
lucidez [luθi'ðeθ] *nf* lucidity
lúcido, a [lu'θiðo, a] *adj* (*persona*) lucid; (*mente*) logical; (*idea*) crystal-clear
luciérnaga [lu'θjernaɣa] *nf* glow-worm
lucir [lu'θir] *vt* to illuminate, light (up); (*ostentar*) to show off ♦ *vi* (*brillar*) to shine; **~se** *vr* (*irónico*) to make a fool of o.s.
lucro ['lukro] *nm* profit, gain
lúdico, a ['ludiko, a] *adj* (*aspecto, actividad*) play *cpd*
luego ['lweɣo] *adv* (*después*) next; (*más tarde*) later, afterwards
lugar [lu'ɣar] *nm* place; (*sitio*) spot; **en ~ de** instead of; **hacer ~** to make room; **fuera de ~** out of place; **tener ~** to take place; **~ común** commonplace

lugareño, a [luɣaˈreɲo, a] adj village cpd ♦ nm/f villager

lugarteniente [luɣarteˈnjente] nm deputy

lúgubre ['luɣuβre] adj mournful

lujo ['luxo] nm luxury; (fig) profusion, abundance; **~so, a** adj luxurious

lujuria [luˈxurja] nf lust

lumbre ['lumbre] nf fire; (para cigarrillo) light

lumbrera [lumˈbrera] nf luminary

luminoso, a [lumiˈnoso, a] adj luminous, shining

luna ['luna] nf (de un espejo) glass; (de gafas) lens; (fig) crescent; **~ llena/nueva** full/new moon; **estar en la ~** to have one's head in the clouds; **~ de miel** honeymoon

lunar [luˈnar] adj lunar ♦ nm (ANAT) mole; **tela de ~es** spotted material

lunes ['lunes] nm inv Monday

lupa ['lupa] nf magnifying glass

lustrar [lusˈtrar] vt (mueble) to polish; (zapatos) to shine; **lustre** nm polish; (fig) lustre; **dar lustre a** to polish; **lustroso, a** adj shining

luto ['luto] nm mourning; **llevar el o vestirse de ~** to be in mourning

Luxemburgo [luksemˈburɣo] nm Luxembourg

luz [luθ] (pl **luces**) nf light; **dar a ~ un niño** to give birth to a child; **sacar a la ~** to bring to light; **dar o encender** (ESP) o **prender** (AM)/**apagar la ~** to switch the light on/off; **a todas luces** by any reckoning; **tener pocas luces** to be dim o stupid; **~ roja/verde** red/green light; **~ de freno** brake light; **luces de tráfico** traffic lights; **traje de luces** bullfighter's costume

M, m

m abr (= metro) m; (= minuto) m

macarrones [makaˈrrones] nmpl macaroni sg

macedonia [maθeˈðonja] nf: **~ de frutas** fruit salad

macerar [maθeˈrar] vt to macerate

maceta [maˈθeta] nf (de flores) pot of flowers; (para plantas) flowerpot

machacar [matʃaˈkar] vt to crush, pound ♦ vi (insistir) to go on, keep on

machete [maˈtʃete] (AM) nm machete, (large) knife

machismo [maˈtʃismo] nm male chauvinism; **machista** adj, nm sexist

macho ['matʃo] adj male; (fig) virile ♦ nm male; (fig) he-man

macizo, a [maˈθiθo, a] adj (grande) massive; (fuerte, sólido) solid ♦ nm mass, chunk

madeja [maˈðexa] nf (de lana) skein, hank; (de pelo) mass, mop

madera [maˈðera] nf wood; (fig) nature, character; **una ~** a piece of wood

madero [maˈðero] nm beam

madrastra [maˈðrastra] nf stepmother

madre ['maðre] adj mother cpd; (AM) tremendous ♦ nf mother; (de vino etc) dregs pl; **~ política/soltera** mother-in-law/unmarried mother

Madrid [maˈðrið] n Madrid

madriguera [maðriˈɣera] nf burrow

madrileño, a [maðriˈleɲo, a] adj of o from Madrid ♦ nm/f native of Madrid

madrina [maˈðrina] nf godmother; (ARQ) prop, shore; (TEC) brace; (de boda) bridesmaid

madrugada [maðruˈɣaða] nf early morning; (alba) dawn, daybreak

madrugador, a [maðruɣaˈðor, a] adj early-rising

madrugar [maðruˈɣar] vi to get up early; (fig) to get ahead

madurar [maðuˈrar] vt, vi (fruta) to ripen; (fig) to mature; **madurez** nf ripeness; maturity; **maduro, a** adj ripe; mature

maestra [maˈestra] nf ver maestro

maestría [maesˈtria] nf mastery; (habilidad) skill, expertise

maestro, a [ma'estro, a] adj masterly; (principal) main ♦ nm/f master/mistress; (profesor) teacher ♦ nm (autoridad) authority; (MUS) maestro; (AM) skilled workman; ~ **albañil** master mason

magdalena [maɣða'lena] nf fairy cake

magia ['maxja] nf magic; **mágico, a** adj magic(al) ♦ nm/f magician

magisterio [maxis'terjo] nm (enseñanza) teaching; (profesión) teaching profession; (maestros) teachers pl

magistrado [maxis'traðo] nm magistrate

magistral [maxis'tral] adj magisterial; (fig) masterly

magnánimo, a [maɣ'nanimo, a] adj magnanimous

magnate [maɣ'nate] nm magnate, tycoon

magnético, a [maɣ'netiko, a] adj magnetic; **magnetizar** vt to magnetize

magnetofón [maɣneto'fon] nm tape recorder; **magnetofónico, a** adj: **cinta magnetofónica** recording tape

magnetófono [maɣne'tofono] nm = **magnetofón**

magnífico, a [maɣ'nifiko, a] adj splendid, magnificent

magnitud [maɣni'tuð] nf magnitude

mago, a ['maxo, a] nm/f magician; **los Reyes M~s** the Magi, the Three Wise Men

magro, a ['maɣro, a] adj (carne) lean

maguey [ma'ɣei] nm agave

magullar [maɣu'λar] vt (amoratar) to bruise; (dañar) to damage

mahometano, a [maome'tano, a] adj Mohammedan

mahonesa [mao'nesa] nf mayonnaise

maíz [ma'iθ] nm maize (BRIT), corn (US); sweet corn

majadero, a [maxa'ðero, a] adj silly, stupid

majestad [maxes'taθ] nf majesty; **majestuoso, a** adj majestic

majo, a ['maxo, a] adj nice; (guapo) attractive, good-looking; (elegante) smart

mal [mal] adv badly; (equivocadamente) wrongly ♦ adj = **malo** ♦ nm evil; (desgracia) misfortune; (daño) harm, damage; (MED) illness; ~ **que bien** rightly or wrongly; **ir de ~ en peor** to get worse and worse

malabarismo [malaßa'rismo] nm juggling; **malabarista** nm/f juggler

malaria [ma'larja] nf malaria

malcriado, a [mal'krjaðo, a] adj spoiled

maldad [mal'daθ] nf evil, wickedness

maldecir [malde'θir] vt to curse ♦ vi: ~ **de** to speak ill of

maldición [maldi'θjon] nf curse

maldito, a [mal'dito, a] adj (condenado) damned; (perverso) wicked; **¡~ sea!** damn it!

maleante [male'ante] nm/f criminal, crook

maledicencia [maleði'θenθja] nf slander, scandal

maleducado, a [maleðu'kaðo, a] adj bad-mannered, rude

malentendido [malenten'diðo] nm misunderstanding

malestar [males'tar] nm (gen) discomfort; (fig: inquietud) uneasiness; (POL) unrest

maleta [ma'leta] nf case, suitcase; (AUTO) boot (BRIT), trunk (US); **hacer las ~s** to pack; **maletera** (AM) nf, **maletero** nm (AUTO) boot (BRIT), trunk (US); **maletín** nm small case, bag

malévolo, a [ma'leßolo, a] adj malicious, spiteful

maleza [ma'leθa] nf (hierbas malas) weeds pl; (arbustos) thicket

malgastar [malɣas'tar] vt (tiempo, dinero) to waste; (salud) to ruin

malhechor, a [male'tʃor, a] nm/f delinquent

malhumorado, a [malumo'raðo, a] adj bad-tempered

malicia [ma'liθja] *nf* (*maldad*)
wickedness; (*astucia*) slyness, guile;
(*mala intención*) malice, spite; (*carácter
travieso*) mischievousness; **malicioso,
a** *adj* wicked, evil; sly, crafty; malicious,
spiteful; mischievous

maligno, a [ma'liɣno, a] *adj* evil;
(*malévolo*) malicious; (*MED*) malignant

malla ['maʎa] *nf* mesh; (*de baño*)
swimsuit; (*de ballet, gimnasia*) leotard;
~s *nfpl* tights; **~ de alambre** wire
mesh

Mallorca [ma'ʎorka] *nf* Majorca

malo, a ['malo, a] *adj* bad; (*falso*) false
♦ *nm/f* villain; **estar ~** to be ill

malograr [malo'ɣrar] *vt* to spoil; (*plan*)
to upset; (*ocasión*) to waste; **~se** *vr*
(*plan etc*) to fail, come to grief;
(*persona*) to die before one's time

malparado, a [malpa'raðo, a] *adj*:
salir ~ to come off badly

malpensado, a [malpen'saðo, a] *adj*
nasty

malsano, a [mal'sano, a] *adj*
unhealthy

malteada [malte'aða] (*AM*) *nf* milk
shake

maltratar [maltra'tar] *vt* to ill-treat,
mistreat

maltrecho, a [mal'tretʃo, a] *adj*
battered, damaged

malvado, a [mal'ßaðo, a] *adj* evil,
villainous

malversar [malßer'sar] *vt* to
embezzle, misappropriate

Malvinas [mal'ßinas]: **Islas ~** *nfpl*
Falkland Islands

malvivir [malßi'ßir] *vi* to live poorly

mama ['mama] *nf* (*de animal*) teat; (*de
mujer*) breast

mamá [ma'ma] (*pl* **~s**) (*fam*) *nf* mum,
mummy

mamar [ma'mar] *vt, vi* to suck

mamarracho [mama'rratʃo] *nm* sight,
mess

mamífero [ma'mifero] *nm* mammal

mampara [mam'para] *nf* (*entre

habitaciones) partition; (*biombo*) screen

mampostería [mamposte'ria] *nf*
masonry

manada [ma'naða] *nf* (*ZOOL*) herd;
(: *de leones*) pride; (: *de lobos*) pack

manantial [manan'tjal] *nm* spring

manar [ma'nar] *vi* to run, flow

mancha ['mantʃa] *nf* stain, mark;
(*ZOOL*) patch; **manchar** *vt* (*gen*) to
stain, mark; (*ensuciar*) to soil, dirty

manchego, a [man'tʃeɣo, a] *adj* of o
from La Mancha

manco, a ['manko, a] *adj* (*de un
brazo*) one-armed; (*de una mano*) one-
handed; (*fig*) defective, faulty

mancomunar [mankomu'nar] *vt* to
unite, bring together; (*recursos*) to
pool; (*JUR*) to make jointly responsible;
mancomunidad *nf* union,
association; (*comunidad*) community;
(*JUR*) joint responsibility

mandamiento [manda'mjento] *nm*
(*orden*) order, command; (*REL*)
commandment; **~ judicial** warrant

mandar [man'dar] *vt* (*ordenar*) to
order; (*dirigir*) to lead, command;
(*enviar*) to send; (*pedir*) to order, ask
for ♦ *vi* to be in charge; (*pey*) to be
bossy; **¿mande?** pardon?, excuse me?;
~ hacer un traje to have a suit made

mandarina [manda'rina] *nf* tangerine,
mandarin (orange)

mandato [man'dato] *nm* (*orden*)
order; (*POL*: *período*) term of office;
(: *territorio*) mandate; **~ judicial**
(*search*) warrant

mandíbula [man'dißula] *nf* jaw

mandil [man'dil] *nm* apron

mando ['mando] *nm* (*MIL*) command;
(*de país*) rule; (*el primer lugar*) lead;
(*POL*) term of office; (*TEC*) control; **~ a
la izquierda** left-hand drive

mandón, ona [man'don, ona] *adj*
bossy, domineering

manejable [mane'xaßle] *adj*
manageable

manejar [mane'xar] *vt* to manage;

(*máquina*) to work, operate; (*caballo etc*) to handle; (*casa*) to run, manage; (AM: AUTO) to drive; **~se** vr (*comportarse*) to act, behave; (*arreglárselas*) to manage; **manejo** nm management; handling; running; driving; (*facilidad de trato*) ease, confidence; **manejos** nmpl (*intrigas*) intrigues

manera [ma'nera] nf way, manner, fashion; **~s** nfpl (*modales*) manners; **su ~ de ser** the way he is; (*aire*) his manner; **de ninguna ~** no way, by no means; **de otra ~** otherwise; **de todas ~s** at any rate; **no hay ~ de persuadirle** there's no way of convincing him

manga ['maŋga] nf (*de camisa*) sleeve; (*de riego*) hose

mangar [maŋ'gar] (*fam*) vt to pinch, nick

mango ['maŋgo] nm handle; (BOT) mango

mangonear [maŋgone'ar] vi (*meterse*) to meddle, interfere; (*ser mandón*) to boss people about

manguera [maŋ'gera] nf hose

manía [ma'nia] nf (MED) mania; (*fig: moda*) rage, craze; (*disgusto*) dislike; (*malicia*) spite; **maníaco, a** adj maniac(al) ♦ nm/f maniac

maniatar [manja'tar] vt to tie the hands of

maniático, a [ma'njatiko, a] adj maniac(al) ♦ nm/f maniac

manicomio [mani'komjo] nm mental hospital (BRIT), insane asylum (US)

manifestación [manifesta'θjon] nf (*declaración*) statement, declaration; (*de emoción*) show, display; (POL: *desfile*) demonstration; (: *concentración*) mass meeting

manifestar [manifes'tar] vt to show, manifest; (*declarar*) to state, declare; **manifiesto, a** adj clear, manifest ♦ nm manifesto

manillar [mani'ʎar] nm handlebars pl

maniobra [ma'njoβra] nf manœuvre; **~s** nfpl (MIL) manœuvres; **maniobrar** vt to manœuvre

manipulación [manipula'θjon] nf manipulation

manipular [manipu'lar] vt to manipulate; (*manejar*) to handle

maniquí [mani'ki] nm dummy ♦ nm/f model

manirroto, a [mani'rroto, a] adj lavish, extravagant ♦ nm/f spendthrift

manivela [mani'βela] nf crank

manjar [man'xar] nm (tasty) dish

mano ['mano] nf hand; (ZOOL) foot, paw; (*de pintura*) coat; (*serie*) lot, series; **a ~** by hand; **a ~ derecha/izquierda** on the right(-hand side)/left(-hand side); **de primera ~** (at) first hand; **de segunda ~** (at) second hand; **robo a ~ armada** armed robbery; **~ de obra** labour, manpower; **estrechar la ~ a uno** to shake sb's hand

manojo [ma'noxo] nm handful, bunch; **~ de llaves** bunch of keys

manopla [ma'nopla] nf mitten

manoseado, a [manose'aðo, a] adj well-worn

manosear [manose'ar] vt (*tocar*) to handle, touch; (*desordenar*) to mess up, rumple; (*insistir en*) to overwork; (AM) to caress, fondle

manotazo [mano'taθo] nm slap, smack

mansalva [man'salβa]: **a ~** adv indiscriminately

mansedumbre [manse'ðumbre] nf gentleness, meekness

mansión [man'sjon] nf mansion

manso, a ['manso, a] adj gentle, mild; (*animal*) tame

manta ['manta] nf blanket; (AM: *poncho*) poncho

manteca [man'teka] nf fat; (AM: *butter*) butter; **~ de cacahuete/cacao** peanut/cocoa butter; **~ de cerdo** lard

mantecado [mante'kaðo] (AM) nm ice

cream

mantel [man'tel] nm tablecloth

mantendré etc vb ver **mantener**

mantener [mante'ner] vt to support, maintain; (alimentar) to sustain; (conservar) to keep; (TEC) to maintain, service; **~se** vr (seguir de pie) to be still standing; (no ceder) to hold one's ground; (subsistir) to sustain o.s., keep going; **mantenimiento** nm maintenance; sustenance; (sustento) support

mantequilla [mante'ki&a] nf butter

mantilla [man'ti&a] nf mantilla; **~s** nfpl (de bebé) baby clothes

manto ['manto] nm (capa) cloak; (de ceremonia) robe, gown

mantuve etc vb ver **mantener**

manual [ma'nwal] adj manual ♦ nm manual, handbook

manufactura [manufak'tura] nf manufacture; (fábrica) factory; **manufacturado, a** adj (producto) manufactured

manuscrito, a [manus'krito, a] adj handwritten ♦ nm manuscript

manutención [manuten'θjon] nf maintenance; (sustento) support

manzana [man'θana] nf apple; (ARQ) block (of houses)

manzanilla [manθa'ni&a] nf (planta) camomile; (infusión) camomile tea

manzano [man'θano] nm apple tree

maña ['mana] nf (gen) skill, dexterity; (pey) guile; (destreza) trick, knack

mañana [ma'nana] adv tomorrow ♦ nm future ♦ nf morning; de o por la ~ in the morning; ¡hasta ~! see you tomorrow!; **~ por la ~** tomorrow morning

mañoso, a [ma'noso, a] adj (hábil) skilful; (astuto) smart, clever

mapa ['mapa] nm map

maqueta [ma'keta] nf (scale) model

maquillaje [maki'&axe] nm make-up; (acto) making up

maquillar [maki'&ar] vt to make up;

~se vr to put on (some) make-up

máquina ['makina] nf machine; (de tren) locomotive, engine; (FOTO) camera; (AM: coche) car; (fig) machinery; **escrito a ~** typewritten; **~ de escribir** typewriter; **~ de coser/lavar** sewing/washing machine

maquinación [makina'θjon] nf machination, plot

maquinal [maki'nal] adj (fig) mechanical, automatic

maquinaria [maki'narja] nf (máquinas) machinery; (mecanismo) mechanism, works pl

maquinilla [maki'ni&a] nf: **~ de afeitar** razor

maquinista [maki'nista] nm/f (de tren) engine driver; (TEC) operator; (NAUT) engineer

mar [mar] nm o f sea; **~ adentro** o **afuera** out at sea; **en alta ~** on the high seas; **la ~ de** (fam) lots of; **el M~ Negro/Báltico** the Black/Baltic Sea

maraña [ma'rana] nf (maleza) thicket; (confusión) tangle

maravilla [mara'ßi&a] nf marvel, wonder; (BOT) marigold; **maravillar** vt to astonish, amaze; **maravillarse** vr to be astonished, be amazed; **maravilloso, a** adj wonderful, marvellous

marca ['marka] nf (gen) mark; (sello) stamp; (COM) make, brand; **de ~** excellent, outstanding; **~ de fábrica** trademark; **~ registrada** registered trademark

marcado, a [mar'kaðo, a] adj marked, strong

marcador [marka'ðor] nm (DEPORTE) scoreboard; (: persona) scorer

marcapasos [marka'pasos] nm inv pacemaker

marcar [mar'kar] vt (gen) to mark; (número de teléfono) to dial; (gol) to score; (números) to record, keep a tally of; (pelo) to set ♦ vi (DEPORTE) to score;

(TEL) to dial
marcha ['martʃa] nf march; (TEC)
running, working; (AUTO) gear;
(velocidad) speed; (fig) progress;
(dirección) course; **poner ~** to put
into gear; (fig) to set in motion, get
going; **dar ~ atrás** to reverse, put into
reverse; **estar en ~** to be under way,
be in motion
marchar [mar'tʃar] vi (ir) to go;
(funcionar) to work, go; **~se** vr to go
(away), leave
marchitar [martʃi'tar] vt to wither, dry
up; **~se** vr (BOT) to wither; (fig) to fade
away; **marchito, a** adj withered,
faded; (fig) in decline
marcial [mar'θjal] adj martial, military
marciano, a [mar'θjano, a] adj, nm/f
Martian
marco ['marko] nm frame; (moneda)
mark; (fig) framework
marea [ma'rea] nf tide
marear [mare'ar] vt (fig) to annoy,
upset; (MED): **~ a uno** to make sb feel
sick; **~se** vr (tener náuseas) to feel sick;
(desvanecerse) to feel faint; (aturdirse)
to feel dizzy; (fam: emborracharse) to
get tipsy
maremoto [mare'moto] nm tidal
wave
mareo [ma'reo] nm (náusea) sick
feeling; (en viaje) travel sickness;
(aturdimiento) dizziness; (fam: lata)
nuisance
marfil [mar'fil] nm ivory
margarina [marva'rina] nf margarine
margarita [marva'rita] nf (BOT) daisy;
(rueda) ~ daisywheel
margen ['marxen] nm (borde) edge,
border; (fig) margin, space ♦ nf (de río
etc) bank; **dar ~ para** to give an
opportunity for; **mantenerse al ~** to
keep out (of things)
marginar [marxi'nar] vt (socialmente)
to marginalize, ostracize
marica [ma'rika] (fam) nm sissy
maricón [mari'kon] (fam) nm queer

marido [ma'riðo] nm husband
marihuana [mari'wana] nf marijuana,
cannabis
marina [ma'rina] nf navy; **~ mercante**
merchant navy
marinero, a [mari'nero, a] adj sea cpd
♦ nm sailor, seaman
marino, a [ma'rino, a] adj sea cpd,
marine ♦ nm sailor
marioneta [marjo'neta] nf puppet
mariposa [mari'posa] nf butterfly
mariquita [mari'kita] nf ladybird
(BRIT), ladybug (US)
mariscos [ma'riskos] nmpl shellfish
inv, seafood(s)
marítimo, a [ma'ritimo, a] adj sea
cpd, maritime
mármol ['marmol] nm marble
marqués, esa [mar'kes, esa] nm/f
marquis/marchioness
marrón [ma'rron] adj brown
marroquí [marro'ki] adj, nm/f
Moroccan ♦ nm Morocco (leather)
Marruecos [ma'rrwekos] nm Morocco
martes ['martes] nm inv Tuesday

┌─────────────────────────┐
│ **Martes y Trece** │
└─────────────────────────┘

*According to Spanish superstition
Tuesday is an unlucky day, even more
so if it falls on the 13th of the
month.*

martillo [mar'tiʎo] nm hammer;
~ neumático pneumatic drill (BRIT),
jackhammer
mártir [mar'tir] nm/f martyr; **martirio**
nm martyrdom; (fig) torture, torment
marxismo [mark'sismo] nm Marxism
marxista adj, nm/f Marxist
marzo ['marθo] nm March

┌─────────────────────────┐
│ PALABRA CLAVE │
└─────────────────────────┘

más [mas] adj, adv 1: **~ (que, de)**
(compar) more (than), ...+ er (than);
~ grande/inteligente bigger/more
intelligent; **trabaja ~ (que yo)** he

works more (than me); *ver tb* **cada**
2 (*superl*): **el ~** the most, ...**+ est; el ~ grande/inteligente (de)** the biggest/most intelligent (in)
3 (*negativo*): **el no tengo ~ dinero** I haven't got any more money; **no viene ~ por aquí** he doesn't come round here any more
4 (*adicional*): **no le veo ~ solución que ...** I see no other solution than to ...; **¿quién ~?** anybody else?
5 (+ *adj*: *valor intensivo*): **¡qué perro ~ sucio!** what a filthy dog!; **¡es ~ tonto!** he's so stupid!
6 (*locuciones*): **~ o menos** more or less; **los ~** most people; **es ~** furthermore; **~ bien** rather; **¡qué ~ da!** what does it matter!; *ver tb* **más**
7: **por ~: por ~ que te esfuerces** no matter how hard you try; **por ~ que quisiera** ... much as I should like to
8: **de ~: veo que aquí estoy de ~** I can see I'm not needed here; **tenemos uno de ~** we've got one extra
♦ *prep*: **2 ~ 2 son 2** 4 2 and o plus 2 are 4
♦ *nm inv*: **este trabajo tiene sus ~ y sus menos** this job's got its good points and its bad points

mas [mas] *conj* but
masa ['masa] *nf* (*mezcla*) dough; (*volumen*) volume, mass; (*FÍSICA*) mass; **en ~** en masse; **las ~s** (*POL*) the masses
masacre [ma'sakre] *nf* massacre
masaje [ma'saxe] *nm* massage
máscara ['maskara] *nf* mask; **mascarilla** *nf* (*de belleza*, *MED*) mask
masculino, a [masku'lino, a] *adj* masculine; (*BIO*) male
masía [ma'sia] *nf* farmhouse
masificación [masifika'θjon] *nf* overcrowding
masivo, a [ma'siβo, a] *adj* mass *cpd*
masón [ma'son] *nm* (free)mason

masoquista [maso'kista] *nm/f* masochist
masticar [masti'kar] *vt* to chew
mástil ['mastil] *nm* (*de navío*) mast; (*de guitarra*) neck
mastín [mas'tin] *nm* mastiff
masturbación [masturβa'θjon] *nf* masturbation
masturbarse [mastur'βarse] *vr* to masturbate
mata ['mata] *nf* (*arbusto*) bush, shrub; (*de hierba*) tuft
matadero [mata'ðero] *nm* slaughterhouse, abattoir
matador, a [mata'ðor, a] *adj* killing ♦ *nm/f* killer ♦ *nm* (*TAUR*) matador, bullfighter
matamoscas [mata'moskas] *nm inv* (*palo*) fly swat
matanza [ma'tanθa] *nf* slaughter
matar [ma'tar] *vt*, *vi* to kill; **~se** *vr* (*suicidarse*) to kill o.s., commit suicide; (*morir*) to be o get killed; **~ el hambre** to stave off hunger
matasellos [mata'seʎos] *nm inv* postmark
mate ['mate] *adj* matt ♦ *nm* (*en ajedrez*) (check)mate; (*AM*: *hierba*) maté; (: *vasija*) gourd
matemáticas [mate'matikas] *nfpl* mathematics; **matemático, a** *adj* mathematical ♦ *nm/f* mathematician
materia [ma'terja] *nf* (*gen*) matter; (*TEC*) material; (*ESCOL*) subject; **en ~ de** on the subject of; **~ prima** raw material; **material** *adj* material ♦ *nm* material; (*TEC*) equipment;
materialismo *nm* materialism;
materialista *adj* materialist(ic);
materialmente *adv* materially; (*fig*) absolutely
maternal [mater'nal] *adj* motherly, maternal
maternidad [materni'ðað] *nf* motherhood, maternity; **materno, a** *adj* maternal; (*lengua*) mother *cpd*
matinal [mati'nal] *adj* morning *cpd*

matiz |ma'tiθ| nm shade; **~ar** vt (variar) to vary; (ARTE) to blend; **~ar de** to tinge with

matón |ma'ton| nm bully

matorral |mato'rral| nm thicket

matraca |ma'traka| nf rattle

matrícula |ma'trikula| nf (registro) register; (AUTO) registration number; (: placa) number plate; **matricular** vt to register, enrol

matrimonial |matrimo'njal| adj matrimonial

matrimonio |matri'monjo| nm (pareja) (married) couple; (unión) marriage

matriz |ma'triθ| nf (ANAT) womb; (TEC) mould; **casa ~** (COM) head office

matrona |ma'trona| nf (persona de edad) matron; (comadrona) midwife

maullar |mau'ʎar| vi to mew, miaow

maxilar |maksi'lar| nm jaw(bone)

máxima |'maksima| nf maxim

máxime |'maksime| adv especially

máximo, a |'maksimo, a| adj maximum; (más alto) highest, (más grande) greatest ♦ nm maximum

mayo |'majo| nm May

mayonesa |majo'nesa| nf mayonnaise

mayor |ma'jor| adj main, chief; (adulto) adult; (de edad avanzada) elderly; (MUS) major; (compar: de tamaño) bigger; (: de edad) older; (superl: de tamaño) biggest; (: de edad) oldest ♦ nm (adulto) adult; **al por ~** wholesale; **~ de edad** adult; **~es** nmpl (antepasados) ancestors

mayoral |majo'ral| nm foreman

mayordomo |major'ðomo| nm butler

mayoría |majo'ria| nf majority, greater part

mayorista |majo'rista| nm/f wholesaler

mayoritario, a |majori'tarjo, a| adj majority cpd

mayúscula |ma'juskula| nf capital letter

mayúsculo, a |ma'juskulo, a| adj (fig) big, tremendous

mazapán |maθa'pan| nm marzipan

mazo |'maθo| nm (martillo) mallet; (de flores) bunch; (DEPORTE) bat

me |me| pron (directo) me; (indirecto) (to) me; (reflexivo) (to) myself; **¡dámelo!** give it to me!

mear |me'ar| (fam) vi to pee, piss (!)

mecánica |me'kanika| nf (ESCOL) mechanics sg; (mecanismo) mechanism; ver tb **mecánico**

mecánico, a |me'kaniko, a| adj mechanical ♦ nm/f mechanic

mecanismo |meka'nismo| nm mechanism; (marcha) gear

mecanografía |mekanoɣra'fia| nf typewriting; **mecanógrafo, a** nm/f typist

mecate |me'kate| (AM) nm rope

mecedora |meθe'ðora| nf rocking chair

mecer |me'θer| vt (cuna) to rock; **~se** vr to rock; (ramo) to sway

mecha |'metʃa| nf (de vela) wick; (de bomba) fuse

mechero |me'tʃero| nm (cigarette) lighter

mechón |me'tʃon| nm (gen) tuft; (de pelo) lock

medalla |me'ðaʎa| nf medal

media |'meðja| nf (ESP) stocking; (AM) sock; (promedio) average

mediado, a |me'ðjaðo, a| adj half-full; (trabajo) half-completed; **a ~s de** in the middle of, halfway through

mediano, a |me'ðjano, a| adj (regular) medium, average; (mediocre) mediocre

medianoche |meðja'notʃe| nf midnight

mediante |me'ðjante| adv by (means of), through

mediar |me'ðjar| vi (interceder) to mediate, intervene

medicación |meðika'θjon| nf medication, treatment

medicamento |meðika'mento| nm medicine, drug

medicina [meði'θina] nf medicine

medición [meði'θjon] nf measurement

médico, a ['meðiko, a] adj medical
♦ nm/f doctor

medida [me'ðiða] nf measure; (medición) measurement; (prudencia) moderation, prudence; **en cierta/ gran ~** up to a point/to a great extent; **un traje a la ~** made-to-measure suit; **~ de cuello** collar size; **a ~ de** in proportion to; (de acuerdo con) in keeping with; **a ~ que** (conforme) as

medio, a ['meðjo, a] adj half (a); (punto) mid, middle; (promedio) average ♦ adv half ♦ nm (centro) middle, centre; (promedio) average; (método) means, way; (ambiente) environment; **~s** nmpl means, resources; **~ litro** half a litre; **las tres y media** half past three; **medio ambiente** environment; **M~ Oriente** Middle East; **a ~ terminar** half finished; **pagar a medias** to share the cost; **~ambiental** adj (política, efectos) environmental

mediocre [me'ðjokre] adj mediocre

mediodía [meðjo'ðia] nm midday, noon

medir [me'ðir] vt, vi (gen) to measure

meditar [meði'tar] vt to ponder, think over, meditate on; (planear) to think out

mediterráneo, a [meðite'rraneo, a] adj Mediterranean ♦ nm: **el M~** the Mediterranean (Sea)

médula ['meðula] nf (ANAT) marrow; **~ espinal** spinal cord

medusa [me'ðusa] (ESP) nf jellyfish

megafonía [meɣafo'nia] nf public address system, PA system; **megáfono** nm megaphone

megalómano, a [meɣa'lomano, a] nm/f megalomaniac

mejicano, a [mexi'kano, a] adj, nm/f Mexican

Méjico ['mexiko] nm Mexico

mejilla [me'xiʎa] nf cheek

mejillón [mexi'ʎon] nm mussel

mejor [me'xor] adj, adv (compar) better; (superl) best; **a lo ~** probably; (quizá) maybe; **~ dicho** rather; **tanto ~** so much the better

mejora [me'xora] nf improvement; **mejorar** vt to improve, make better ♦ vi to improve, get better; **mejorarse** vr to improve, get better

melancólico, a [melan'koliko, a] adj (triste) sad, melancholy; (soñador) dreamy

melena [me'lena] nf (de persona) long hair; (ZOOL) mane

mellizo, a [me'ʎiθo, a] adj, nm/f twin; **~s** nmpl (AM) cufflinks

melocotón [meloko'ton] (ESP) nm peach

melodía [melo'ðia] nf melody, tune

melodrama [melo'ðrama] nm melodrama; **melodramático, a** adj melodramatic

melón [me'lon] nm melon

membrete [mem'brete] nm letterhead

membrillo [mem'briʎo] nm quince; **carne de ~** quince jelly

memorable [memo'raßle] adj memorable

memoria [me'morja] nf (gen) memory; **~s** nfpl (de autor) memoirs; **memorizar** vt to memorize

menaje [me'naxe] nm: **~ de cocina** kitchenware

mencionar [menθjo'nar] vt to mention

mendigar [mendi'ɣar] vt to beg (for)

mendigo, a [men'diɣo, a] nm/f beggar

mendrugo [men'druɣo] nm crust

menear [mene'ar] vt to move; **~se** vr to shake; (balancearse) to sway; (moverse) to move; (fig) to get a move on

menestra [me'nestra] nf: **~ de verduras** vegetable stew

menguante [men'gwante] adj

decreasing, diminishing

menguar [men'gwar] vt to lessen, diminish ♦ vi to diminish, decrease

menopausia [meno'pausja] nf menopause

menor [me'nor] adj (más pequeño: compar) smaller; (: superl) smallest; (más joven: compar) younger; (: superl) youngest; (MUS) minor ♦ nm/f (joven) young person, juvenile; **no tengo la ~ idea** I haven't the faintest idea; **al por ~** retail; **~ de edad** person under age

Menorca [me'norka] nf Minorca

PALABRA CLAVE

menos [menos] adj 1: **~ (que, de)** (compar: cantidad) less (than); (: número) fewer (than); **con ~ entusiasmo** with less enthusiasm; **~ gente** fewer people; ver tb **cada**
2 (superl): **es el que ~ culpa tiene** he is the least to blame
♦ adv 1 (compar): **~ (que, de)** less (than); **me gusta ~ que el otro** I like it less than the other one
2 (superl): **es el ~ listo (de su clase)** he's the least bright in his class; **de todas ellas es la que ~ me agrada** out of all of them she's the one I like least; **(por) lo ~** at (the very) least
3 (locuciones): **no quiero verle y ~ visitarle** I don't want to see him let alone visit him; **tenemos 7 de ~** we're seven short
♦ prep except; (cifras) minus; **todos ~ él** everyone except (for) him; **5 ~ 2** 5 minus 2
♦ conj: **a ~ que: a ~ que venga mañana** unless he comes tomorrow

menospreciar [menospre'θjar] vt to underrate, undervalue; (despreciar) to scorn, despise

mensaje [men'saxe] nm message; **~ro, a** nm/f messenger

menstruación [menstrua'θjon] nf

menstruation

menstruar [mens'trwar] vi to menstruate

mensual [men'swal] adj monthly; **1000 ptas ~es** 1000 ptas a month; **~idad** nf (salario) monthly salary; (COM) monthly payment, monthly instalment

menta ['menta] nf mint

mental [men'tal] adj mental; **~idad** nf mentality; **~izar** vt (sensibilizar) to make aware; (convencer) to convince; (padres) to prepare (mentally); **~izarse** vr (concienciarse) to become aware; **~izarse (de)** to get used to the idea (of); **~izarse de que ...** (convencerse) to get it into one's head that ...

mentar [men'tar] vt to mention, name

mente ['mente] nf mind

mentir [men'tir] vi to lie

mentira [men'tira] nf (una ~) lie; (acto) lying; (invención) fiction; **parece ~ que ...** it seems incredible that ..., I can't believe that ...

mentiroso, a [menti'roso, a] adj lying ♦ nm/f liar

menú [me'nu] (pl **~s**) nm menu; (AM) set meal; **~ del día** set menu

menudo, a [me'nuðo, a] adj (pequeño) small, tiny; (sin importancia) petty, insignificant; **¡~ negocio!** (fam) some deal!; **a ~** often, frequently

meñique [me'ɲike] nm little finger

meollo [me'oλo] nm (fig) core

mercado [mer'kaðo] nm market

mercancía [merkan'θia] nf commodity; **~s** nfpl goods, merchandise sg

mercantil [merkan'til] adj mercantile, commercial

mercenario, a [merθe'narjo, a] adj, nm mercenary

mercería [merθe'ria] nf haberdashery (BRIT), notions (US); (tienda) haberdasher's (BRIT), notions store (US); (AM) drapery

mercurio [mer'kurjo] nm mercury

merecer [mere'θer] vt to deserve, merit ♦ vi to be deserving, be worthy; **merece la pena** it's worthwhile; **merecido, a** adj (well) deserved; **llevar su merecido** to get one's deserts

merendar [meren'dar] vt to have for tea ♦ vi to have tea; (en el campo) to have a picnic; **merendero** nm open-air cafe

merengue [me'renge] nm meringue

meridiano [meri'ðjano] nm (GEO) meridian

merienda [me'rjenda] nf (light) tea, afternoon snack; (de campo) picnic

mérito ['merito] nm merit; (valor) worth, value

merluza [mer'luθa] nf hake

merma ['merma] nf decrease; (pérdida) wastage; **mermar** vt to reduce, lessen ♦ vi to decrease, dwindle

mermelada [merme'laða] nf jam

mero, a ['mero, a] adj mere; (AM: fam) very

merodear [meroðe'ar] vi: ~ **por** to prowl about

mes [mes] nm month

mesa ['mesa] nf table; (de trabajo) desk; (GEO) plateau; ~ **directiva** board; ~ **redonda** (reunión) round table; **poner/quitar la** ~ to lay/clear the table; **mesero, a** (AM) nm/f waiter/waitress

meseta [me'seta] nf (GEO) meseta, tableland

mesilla [me'siʎa] nf: ~ **(de noche)** bedside table

mesón [me'son] nm inn

mestizo, a [mes'tiθo, a] adj half-caste, of mixed race ♦ nm/f half-caste

mesura [me'sura] nf moderation, restraint

meta ['meta] nf goal; (de carrera) finish

metabolismo [metaβo'lismo] nm metabolism

metáfora [me'tafora] nf metaphor

metal [me'tal] nm (materia) metal;

(MUS) brass; **metálico, a** adj metallic; (de metal) metal ♦ nm (dinero contante) cash

metalurgia [meta'lurxja] nf metallurgy

meteoro [mete'oro] nm meteor; **~logía** nf meteorology

meter [me'ter] vt (colocar) to put, place; (introducir) to put in, insert; (involucrar) to involve; (causar) to make, cause; **~se** vr: **~se** to go into, enter; (fig) to interfere in, meddle in; **~se a** to start; **~se a escritor** to become a writer; **~se con uno** to provoke sb, pick a quarrel with sb

meticuloso, a [metiku'loso, a] adj meticulous, thorough

metódico, a [me'toðiko, a] adj. methodical

método ['metoðo] nm method

metralleta [metra'ʎeta] nf sub-machine-gun

métrico, a [me'triko, a] adj metric

metro ['metro] nm metre; (tren) underground (BRIT), subway (US)

México ['mexiko] nm Mexico; **Ciudad de** ~ Mexico City

mezcla ['meθkla] nf mixture; **mezclar** vt to mix (up); **mezclarse** vr to mix, mingle; **mezclarse en** to get mixed up in, get involved in

mezquino, a [meθ'kino, a] adj mean

mezquita [meθ'kita] nf mosque

mg. abr (= miligramo) mg

mi [mi] adj pos my ♦ nm (MUS) E

mí [mi] pron me; myself

mía ['mia] pron ver **mío**

miaja ['mjaxa] nf crumb

michelín [mitʃe'lin] (fam) nm (de grasa) spare tyre

micro ['mikro] (AM) nm minibus

microbio [mi'kroβjo] nm microbe

micrófono [mi'krofono] nm microphone

microondas [mikro'ondas] nm inv (tb: horno ~) microwave (oven)

microscopio [mikro'skopjo] nm

microscope

miedo ['mjeðo] nm fear; (nerviosismo) apprehension, nervousness; **tener ~** to be afraid; **de ~** wonderful, marvellous; **hace un frío de ~** (fam) it's terribly cold; **~so, a** adj fearful, timid

miel [mjel] nf honey

miembro ['mjembro] nm limb; (socio) member; **~ viril** penis

mientras ['mjentras] conj while; (duración) as long as ♦ adv meanwhile; **~ tanto** meanwhile; **~ más tiene, más quiere** the more he has, the more he wants

miércoles ['mjerkoles] nm inv Wednesday

mierda ['mjerða] (fam!) nf shit (!)

miga ['miɣa] nf crumb; (fig: meollo) essence; **hacer buenas ~s** (fam) to get on well

mil [mil] num thousand; **dos ~ libras** two thousand pounds

milagro [mi'laɣro] nm miracle; **~so, a** adj miraculous

milésima [mi'lesima] nf (de segundo) thousandth

mili ['mili] (fam) nf: **hacer la ~** to do one's military service

milicia [mi'liθja] nf militia; (servicio militar) military service

milímetro [mi'limetro] nm millimetre

militante [mili'tante] adj militant

militar [mili'tar] adj military ♦ nm soldier ♦ vi (MIL) to serve; (en un partido) to be a member

milla ['miʎa] nf mile

millar [mi'ʎar] nm thousand

millón [mi'ʎon] num million; **millonario, a** nm/f millionaire

mimar [mi'mar] vt to spoil, pamper

mimbre ['mimbre] nm wicker

mímica ['mimika] nf (para comunicarse) sign language; (imitación) mimicry

mimo ['mimo] nm (caricia) caress; (de niño) spoiling; (TEATRO) mime; (: actor) mime artist

mina ['mina] nf mine; **minar** vt to mine; (fig) to undermine

mineral [mine'ral] adj mineral ♦ nm (GEO) mineral; (mena) ore

minero, a [mi'nero, a] adj mining cpd ♦ nm/f miner

miniatura [minja'tura] adj inv, nf miniature

minidisco [mini'disko] nm MiniDisc®

minifalda [mini'falda] nf miniskirt

mínimo, a ['minimo, a] adj, nm minimum

minino, a [mi'nino, a] (fam) nm/f puss, pussy

ministerio [minis'terjo] nm Ministry; **M~ de Hacienda/de Asuntos Exteriores** Treasury (BRIT), Treasury Department (US)/Foreign Office (BRIT), State Department (US)

ministro, a [mi'nistro, a] nm/f minister

minoría [mino'ria] nf minority

minucioso, a [minu'θjoso, a] adj thorough, meticulous; (prolijo) very detailed

minúscula [mi'nuskula] nf small letter

minúsculo, a [mi'nuskulo, a] adj tiny, minute

minusválido, a [minus'βaliðo, a] adj (physically) handicapped ♦ nm/f (physically) handicapped person

minuta [mi'nuta] nf (de comida) menu

minutero [minu'tero] nm minute hand

minuto [mi'nuto] nm minute

mío, a ['mio, a] pron: **el ~/la mía** mine; **un amigo ~** a friend of mine; **lo ~** what is mine

miope [mi'ope] adj short-sighted

mira ['mira] nf (de arma) sight(s) (pl); (fig) aim, intention

mirada [mi'raða] nf look, glance; (expresión) look, expression; **clavar la ~ en** to stare at; **echar una ~ a** to glance at

mirado, a [mi'raðo, a] adj (sensato) sensible; (considerado) considerate;

bien/mal ~ well/not well thought of;
bien ~ all things considered

mirador [mira'ðor] *nm* viewpoint,
vantage point

mirar [mi'rar] *vt* to look at; (*observar*)
to watch; (*considerar*) to consider,
think over; (*vigilar, cuidar*) to watch,
look after ♦ *vi* to look; (*ARQ*) to face;
~se *vr* (*dos personas*) to look at each
other; **~ bien/mal** to think highly of/
have a poor opinion of; **~se al espejo**
to look at o.s. in the mirror

mirilla [mi'riʎa] *nf* spyhole, peephole

mirlo ['mirlo] *nm* blackbird

misa ['misa] *nf* mass

miserable [mise'raßle] *adj* (*avaro*)
mean, stingy; (*nimio*) miserable, paltry;
(*lugar*) squalid; (*fam*) vile, despicable
♦ *nm/f* (*malvado*) rogue

miseria [mi'serja] *nf* (*pobreza*) poverty;
(*tacañería*) meanness, stinginess;
(*condiciones*) squalor; **una** ~ a pittance

misericordia [miseri'korðja] *nf*
(*compasión*) compassion, pity; (*piedad*)
mercy

misil [mi'sil] *nm* missile

misión [mi'sjon] *nf* mission;
misionero, a *nm/f* missionary

mismo, a ['mismo, a] *adj* (*semejante*)
same; (*después de pron*) -self; (*para
enfásis*) very ♦ *adv*: **aquí/hoy** ~ right
here/this very day; **ahora** ~ right now
♦ *conj*: **lo** ~ **que** just like, just as; **el**
~ **traje** the same suit; **en ese**
~ **momento** at that very moment;
vino el ~ **Ministro** the minister
himself came; **yo** ~ **lo vi** I saw it
myself; **lo** ~ the same (thing); **da lo** ~
it's all the same; **quedamos en las
mismas** we're no further forward; **por
lo** ~ for the same reason

misterio [mis'terjo] *nm* mystery; **~so,
a** *adj* mysterious

mitad [mi'tað] *nf* (*medio*) half; (*centro*)
middle; **a** ~ **de precio** (at) half-price;
en o a ~ **del camino** halfway along
the road; **cortar por la** ~ to cut
through the middle

mitigar [miti'xar] *vt* to mitigate;
(*dolor*) to ease; (*sed*) to quench

mitin ['mitin] (*pl* **mitines**) *nm*
meeting

mito ['mito] *nm* myth

mixto, a ['miksto, a] *adj* mixed

ml. *abr* (= *mililitro*) ml

mm. *abr* (= *milímetro*) mm

mobiliario [moßi'ljarjo] *nm* furniture

mochila [mo'tʃila] *nf* rucksack (BRIT),
back-pack

moción [mo'θjon] *nf* motion

moco ['moko] *nm* mucus; **~s** *nmpl*
(*fam*) snot; **limpiarse los ~s de la
nariz** (*fam*) to wipe one's nose

moda ['moða] *nf* fashion; (*estilo*) style;
a la o de ~ in fashion, fashionable;
pasado de ~ out of fashion

modales [mo'ðales] *nmpl* manners

modalidad [moðali'ðað] *nf* kind,
variety

modelar [moðe'lar] *vt* to model

modelo [mo'ðelo] *adj inv, nm/f* model

módem [mo'ðem] *nm* (INFORM)
modem

moderado, a [moðe'raðo, a] *adj*
moderate

moderar [moðe'rar] *vt* to moderate;
(*violencia*) to restrain, control;
(*velocidad*) to reduce; **~se** *vr* to restrain
o.s., control o.s.

modernizar [moðerni'θar] *vt* to
modernize

moderno, a [mo'ðerno, a] *adj*
modern; (*actual*) present-day

modestia [mo'ðestja] *nf* modesty;
modesto, a *adj* modest

módico, a ['moðiko, a] *adj* moderate,
reasonable

modificar [moðifi'kar] *vt* to modify

modisto, a [mo'ðisto, a] *nm/f*
(*diseñador*) couturier, designer; (*que
confecciona*) dressmaker

modo ['moðo] *nm* way, manner; (MUS)
mode; **~s** *nmpl* manners; **de ningún**
~ in no way; **de todos ~s** at any rate;

~ de empleo directions pl (for use)
modorra [mo'ðorra] nf drowsiness
mofa ['mofa] nf: **hacer ~ de** to mock;
mofarse vr: **mofarse de** to mock,
scoff at
mogollón [moɣo'ʎon] (fam) adv a hell
of a lot
moho ['moo] nm mould, mildew; (en
metal) rust; **~so, a** adj mouldy; rusty
mojar [mo'xar] vt to wet; (humedecer)
to damp(en), moisten; (calar) to soak;
~se vr to get wet
mojón [mo'xon] nm boundary stone
molde ['molde] nm mould; (COSTURA)
pattern; (fig) model; **~ado** nm soft
perm; **~ar** vt to mould
mole ['mole] nf mass, bulk; (edificio)
pile
moler [mo'ler] vt to grind, crush
molestar [moles'tar] vt to bother;
(fastidiar) to annoy; (incomodar) to
inconvenience, put out ♦ vi to be a
nuisance; **~se** vr to bother;
(incomodarse) to go to trouble;
(ofenderse) to take offence, **¿(no) te
molesta si ...?** do you mind if ...?
molestia [mo'lestja] nf bother,
trouble; (incomodidad) inconvenience;
(MED) discomfort; **es una ~** it's a
nuisance; **molesto, a** adj (que fastidia)
annoying; (incómodo) inconvenient;
(inquieto) uncomfortable, ill at ease;
(enfadado) annoyed
molido, a [mo'liðo, a] adj. **estar ~**
(fig) to be exhausted o dead beat
molinillo [moli'niʎo] nm. **~ de
carne/café** mincer/coffee grinder
molino [mo'lino] nm (edificio) mill;
(máquina) grinder
momentáneo, a [momen'taneo, a]
adj momentary
momento [mo'mento] nm moment;
de ~ at the moment, for the moment
momia ['momja] nf mummy
monarca [mo'narka] nm/f monarch,
ruler; **monarquía** nf monarchy;
monárquico, a nm/f royalist,

monarchist
monasterio [monas'terjo] nm
monastery
mondar [mon'dar] vt to peel; **~se** vr:
~ de risa (fam) to split one's sides
laughing
moneda [mo'neða] nf (tipo de dinero)
currency, money; (pieza) coin; **una
~ de 5 pesetas** a 5 peseta piece;
monedero nm purse; **monetario, a**
adj monetary, financial
monitor, a [moni'tor, a] nm/f
instructor, coach ♦ nm (TV) set;
(INFORM) monitor
monja ['monxa] nf nun
monje ['monxe] nm monk
mono, a ['mono, a] adj (bonito) lovely,
pretty; (gracioso) nice, charming
♦ nm/f monkey, ape ♦ nm dungarees
pl; (overoles) overalls pl
monopatín [monopa'tin] nm
skateboard
monopolio [mono'poljo] nm
monopoly; **monopolizar** vt to
monopolize
monotonía [monoto'nia] nf (sonido)
monotone; (fig) monotony
monótono, a [mo'notono, a] adj
monotonous
monstruo ['monstrwo] nm monster
♦ adj inv fantastic; **~so, a** adj
monstrous
montaje [mon'taxe] nm assembly;
(TEATRO) décor; (CINE) montage
montaña [mon'tapa] nf (monte)
mountain; (sierra) mountains pl,
mountainous area; (AM: selva) forest;
~ rusa roller coaster; **montañero, a**
nm/f mountaineer; **montañés, esa**
nm/f highlander; **montañismo** nm
mountaineering
montar [mon'tar] vt (subir a) to
mount, get on; (TEC) to assemble, put
together; (negocio) to set up; (arma) to
cock; (colocar) to lift on to; (CULIN) to
beat ♦ vi to mount, get on; (sobresalir)
to overlap; **~ en cólera** to get angry;

~ a caballo to ride, go horseriding
monte ['monte] nm (montaña)
mountain; (bosque) woodland; (área sin
cultiva) wild area, wild country;
M~ de Piedad pawnshop
montón [mon'ton] nm heap, pile;
(fig): **un ~ de** heaps of, lots of
monumento [monu'mento] nm
monument
monzón [mon'θon] nm monsoon
moño ['mono] nm bun
moqueta [mo'keta] nf fitted carpet
mora ['mora] nf blackberry; ver tb
moro
morada [mo'raða] nf (casa) dwelling,
abode
morado, a [mo'raðo, a] adj purple,
violet ♦ nm bruise
moral [mo'ral] adj moral ♦ nf (ética)
ethics pl; (moralidad) morals pl,
morality; (ánimo) morale
moraleja [mora'lexa] nf moral
moralidad [morali'ðað] nf morals pl,
morality
morboso, a [mor'ßoso, a] adj morbid
morcilla [mor'θiʎa] nf blood sausage,
≈ black pudding (BRIT)
mordaz [mor'ðaθ] adj (crítica) biting,
scathing
mordaza [mor'ðaθa] nf (para la boca)
gag; (TEC) clamp
morder [mor'ðer] vt to bite; (fig:
consumir) to eat away, eat into;
mordisco nm bite
moreno, a [mo'reno, a] adj (color)
(dark) brown; (de tez) dark; (de pelo ~)
dark-haired; (negro) black
morfina [mor'fina] nf morphine
moribundo, a [mori'ßundo, a] adj
dying
morir [mo'rir] vi to die; (fuego) to die
down; (luz) to go out; **~se** vr to die;
(fig) to be dying; **murió en un
accidente** he was killed in an
accident; **~se por algo** to be dying
for sth
moro, a ['moro, a] adj Moorish ♦ nm/f

Moor
moroso, a [mo'roso, a] nm/f adj
debtor, defaulter
morral [mo'rral] nm haversack
morro ['morro] nm (ZOOL) snout, nose;
(AUTO, AVIAT) nose
morsa ['morsa] nf walrus
mortadela [morta'ðela] nf mortadella
mortaja [mor'taxa] nf shroud
mortal [mor'tal] adj mortal; (golpe)
deadly; **~idad** nf mortality
mortero [mor'tero] nm mortar
mortífero, a [mor'tifero, a] adj
deadly, lethal
mortificar [mortifi'kar] vt to mortify
mosca ['moska] nf fly
Moscú [mos'ku] n Moscow
mosquearse [moske'arse] (fam) vr
(enojarse) to get cross; (ofenderse) to
take offence
mosquitero [moski'tero] nm
mosquito net
mosquito [mos'kito] nm mosquito
mostaza [mos'taθa] nf mustard
mosto ['mosto] nm (unfermented)
grape juice
mostrador [mostra'ðor] nm (de
tienda) counter; (de café) bar
mostrar [mos'trar] vt to show;
(exhibir) to display, exhibit; (explicar) to
explain; **~se** vr: **~se amable** to be
kind; to prove to be kind; **no se
muestra muy inteligente** he doesn't
seem (to be) very intelligent
mota ['mota] nf speck, tiny piece; (en
diseño) dot
mote ['mote] nm nickname
motín [mo'tin] nm (del pueblo) revolt,
rising; (del ejército) mutiny
motivar [moti'ßar] vt (causar) to
cause, motivate; (explicar) to explain,
justify; **motivo** nm motive, reason
moto ['moto] (fam) nf = **motocicleta**
motocicleta [motoθi'kleta] nf
motorbike (BRIT), motorcycle
motor [mo'tor] nm motor, engine; **~ a
chorro o de reacción/de explosión**

jet engine/internal combustion engine

motora [mo'tora] nf motorboat

movedizo, a [moβe'ðiθo, a] adj ver **arena**

mover [mo'βer] vt to move; (cabeza) to shake; (accionar) to drive; (fig) to cause, provoke; **~se** vr to move; (fig) to get a move on

móvil [ˈmoβil] adj mobile; (pieza de máquina) moving; (mueble) movable ♦ nm motive; **movilidad** nf mobility; **movilizar** vt to mobilize

movimiento [moβiˈmjento] nm movement; (TEC) motion; (actividad) activity

mozo, a [ˈmoθo, a] adj (joven) young ♦ nm/f youth, young man/girl

muchacho, a [muˈtʃatʃo, a] nm/f (niño) boy/girl; (criado) servant; (criada) maid

muchedumbre [mutʃeˈðumbre] nf crowd

PALABRA CLAVE

mucho, a [ˈmutʃo, a] adj 1 (cantidad) a lot of, much; (número) lots of, a lot of, many; **~ dinero** a lot of money; **hace ~ calor** it's very hot; **muchas amigas** lots o a lot of friends
2 (sg: grande): **ésta es mucha casa para él** this house is much too big for him
♦ pron: **tengo ~ que hacer** I've got a lot to do; **~s dicen que ...** a lot of people say that ...; ver tb **tener**
♦ adv 1: **me gusta ~** I like it a lot; **lo siento ~** I'm very sorry; **como ~** he eats a lot; **¿te vas a quedar ~?** are you going to be staying long?
2 (respuesta) very; **¿estás cansado? – ¡~!** are you tired? – very!
3 (locuciones): **como ~** at (the) most; **con ~: el mejor con ~** by far the best; **ni ~ menos: no es rico ni ~ menos** he's far from being rich

---

matter how o however much you believe her

muda [ˈmuða] nf change of clothes

mudanza [muˈðanθa] nf (de casa) move

mudar [muˈðar] vt to change; (ZOOL) to shed ♦ vi to change; **~se** vr (la ropa) to change; **~se de casa** to move house

mudo, a [ˈmuðo, a] adj dumb; (callado, CINE) silent

mueble [ˈmweβle] nm piece of furniture; **~s** nmpl furniture sg

mueca [ˈmweka] nf face, grimace; **hacer ~s a** to make faces at

muela [ˈmwela] nf (back) tooth

muelle [ˈmweʎe] nm spring; (NAUT) wharf; (malecón) pier

muero etc vb ver **morir**

muerte [ˈmwerte] nf death; (homicidio) murder; **dar ~ a** to kill

muerto, a [ˈmwerto, a] pp de **morir** ♦ adj dead ♦ nm/f dead man/woman; (difunto) deceased; (cadáver) corpse; **estar ~ de cansancio** to be dead tired

muestra [ˈmwestra] nf (señal) indication, sign; (demostración) demonstration; (prueba) proof; (estadística) sample; (modelo) model, pattern; (testimonio) token

muestreo [mwesˈtreo] nm sample, sampling

muestro etc vb ver **mostrar**

muevo etc vb ver **mover**

mugir [muˈxir] vi (vaca) to moo

mugre [ˈmuxre] nf dirt, filth; **mugriento, a** adj dirty, filthy

mujer [muˈxer] nf woman; (esposa) wife; **~iego** nm womanizer

mula [ˈmula] nf mule

muleta [muˈleta] nf (para andar) crutch; (TAUR) stick with red cape attached

mullido, a [muˈʎiðo, a] adj (cama) soft; (hierba) soft, springy

multa ['multa] *nf* fine; **poner una ~ a** to fine; **multar** *vt* to fine

multicines [multi'θines] *nmpl* multiscreen cinema

multinacional [multinaθjo'nal] *nf* multinational

múltiple ['multiple] *adj* multiple; (*pl*) many, numerous

multiplicar [multipli'kar] *vt* (MAT) to multiply; (*fig*) to increase; **~se** *vr* (BIO) to multiply; (*fig*) to be everywhere at once

multitud [multi'tuð] *nf* (*muchedumbre*) crowd; **~ de** lots of

mundano, a [mun'dano, a] *adj* worldly

mundial [mun'djal] *adj* world-wide, universal; (*guerra, récord*) world *cpd*

mundo ['mundo] *nm* world; **todo el ~** everybody; **tener ~** to be experienced, know one's way around

munición [muni'θjon] *nf* ammunition

municipal [muniθi'pal] *adj* municipal, local

municipio [muni'θipjo] *nm* (*ayuntamiento*) town council, corporation; (*territorio administrativo*) town, municipality

muñeca [mu'neka] *nf* (ANAT) wrist; (*juguete*) doll

muñeco [mu'neko] *nm* (*figura*) figure; (*marioneta*) puppet; (*fig*) puppet, pawn

mural [mu'ral] *adj* mural, wall *cpd*
♦ *nm* mural

muralla [mu'raʎa] *nf* (*city*) wall(s) (*pl*)

murciélago [mur'θjelavo] *nm* bat

murmullo [mur'muʎo] *nm* murmur(ing); (*cuchicheo*) whispering

murmuración [murmuraθ'θjon] *nf* gossip; **murmurar** *vi* to murmur, whisper; (*cotillear*) to gossip

muro ['muro] *nm* wall

muscular [musku'lar] *adj* muscular

músculo ['muskulo] *nm* muscle

museo [mu'seo] *nm* museum; **~ de arte** art gallery

musgo ['musvo] *nm* moss

música ['musika] *nf* music; *ver tb* **músico**

musical [musi'kal] *adj* musical
♦ *nm/f* musician

muslo ['muslo] *nm* thigh

mustio, a ['mustjo, a] *adj* (*persona*) depressed, gloomy; (*planta*) faded, withered

musulmán, ana [musul'man, ana] *nm/f* Moslem

mutación [muta'θjon] *nf* (BIO) mutation; (*cambio*) (sudden) change

mutilar [muti'lar] *vt* to mutilate; (*a una persona*) to maim

mutismo [mu'tismo] *nm* (*de persona*) uncommunicativeness; (*de autoridades*) silence

mutuamente [mutwa'mente] *adv* mutually

mutuo, a ['mutwo, a] *adj* mutual

muy [mwi] *adv* very; (*demasiado*) too; **M~ Señor mío** Dear Sir; **~ de noche** very late at night; **eso es ~ de él** that's just like him

N, n

N *abr* (= *norte*) N

nabo ['naβo] *nm* turnip

nácar [na'kar] *nm* mother-of-pearl

nacer [na'θer] *vi* to be born; (*de huevo*) to hatch; (*vegetal*) to sprout; (*río*) to rise; **nací en Barcelona** I was born in Barcelona; **nació una sospecha en su mente** a suspicion formed in her mind; **nacido, a** *adj* born; **recién nacido** newborn; **naciente** *adj* new, emerging; (*sol*) rising; **nacimiento** *nm* birth; (*de Navidad*) Nativity; (*de río*) source

nación [na'θjon] *nf* nation; **nacional** *adj* national; **nacionalismo** *nm* nationalism; **nacionalista** *nm/f* nationalist; **nacionalizar** *vt* to nationalize; **nacionalizarse** *vr* (*persona*) to become naturalized

nada ['naða] pron nothing ♦ adv not at all, in no way; **no decir ~** to say nothing, not to say anything; **~ más** nothing else; **de ~** don't mention it

nadador, a [naða'ðor, a] nm/f swimmer

nadar [na'ðar] vi to swim

nadie ['naðje] pron nobody, no-one; **~ habló** nobody spoke; **no había ~** there was nobody there, there wasn't anybody there

nado ['naðo]: **a ~** adv: **pasar a ~** to swim across

nafta ['nafta] (AM) nf petrol (BRIT), gas (US)

naipe ['naipe] nm (playing) card; **~s** nmpl cards

nalgas ['nalɣas] nfpl buttocks

nana ['nana] nf lullaby

naranja [na'ranxa] adj inv, nf orange; **media ~** (fam) better half; **naranjada** nf orangeade; **naranjo** nm orange tree

narciso [nar'θiso] nm narcissus

narcótico, a [nar'kotiko, a] adj, nm narcotic; **narcotizar** vt to drug; **narcotráfico** nm drug trafficking or running

nardo ['narðo] nm lily

narigudo, a [nari'ɣuðo, a] adj big-nosed

nariz [na'riθ] nf nose

narración [narra'θjon] nf narration; **narrador, a** nm/f narrator

narrar [na'rrar] vt to narrate, recount, narrative nf narrative

nata ['nata] nf cream

natación [nata'θjon] nf swimming

natal [na'tal] adj: **ciudad ~** home town; **~idad** nf birth rate

natillas [na'tiʎas] nfpl custard sg

nativo, a [na'tiβo, a] adj, nm/f native

nato, a ['nato, a] adj born; **un músico ~** a born musician

natural [natu'ral] adj natural; (fruta etc) fresh ♦ nm/f native ♦ nm (disposición) nature

naturaleza [natura'leθa] nf nature;

(género) nature, kind; **~ muerta** still life

naturalidad [naturali'ðað] nf naturalness

naturalmente [natural'mente] adv (de modo natural) in a natural way; **¡~!** of course!

naufragar [naufra'ɣar] vi to sink; **naufragio** nm shipwreck; **náufrago, a** nm/f castaway, shipwrecked person

nauseabundo, a [nausea'βundo, a] adj nauseating, sickening

náuseas ['nauseas] nfpl nausea sg; **me da ~** it makes me feel sick

náutico, a ['nautiko, a] adj nautical

navaja [na'βaxa] nf knife; (de barbero, peluquero) razor

naval [na'βal] adj naval

Navarra [na'βarra] n Navarre

nave ['naβe] nf (barco) ship, vessel; (ARQ) nave; **~ espacial** spaceship

navegación [naβeɣa'θjon] nf navigation; (viaje) sea journey; **~ aérea** air traffic; **~ costera** coastal shipping; **navegador** nm (INFORM) browser; **navegante** nm/f navigator; **navegar** vi (barco) to sail; (avión) to fly

navidad [naβi'ðað] nf Christmas; **~es** nfpl Christmas time; **Feliz N~** Merry Christmas; **navideño, a** adj Christmas cpd

navío [na'βio] nm ship

nazca etc vb ver **nacer**

nazi ['naθi] adj, nm/f Nazi

NE abr (= nor(d)este) NE

neblina [ne'βlina] nf mist

nebulosa [neβu'losa] nf nebula

necesario, a [neθe'sarjo, a] adj necessary

neceser [neθe'ser] nm toilet bag; (bolsa grande) holdall

necesidad [neθesi'ðað] nf need; (lo inevitable) necessity; (miseria) poverty; **en caso de ~** in case of need or emergency; **hacer sus ~es** to relieve o.s.

necesitado, a [neθesi'taðo, a] adj needy, poor; **~ de** in need of

necesitar [neθesi'tar] vt to need, require

necio, a ['neθjo, a] adj foolish

necrópolis [ne'kropolis] nf inv cemetery

nectarina [nekta'rina] nf nectarine

nefasto, a [ne'fasto, a] adj ill-fated, unlucky

negación [neɣa'θjon] nf negation; (rechazo) refusal, denial

negar [ne'ɣar] vt (renegar, rechazar) to refuse; (prohibir) to refuse, deny; (desmentir) to deny; **~se** vr: **~se a** to refuse to

negativa [neɣa'tißa] nf negative; (rechazo) refusal, denial

negativo, a [neɣa'tißo, a] adj, nm negative

negligencia [neɣli'xenθja] nf negligence; **negligente** adj negligent

negociado [neɣo'θjaðo] nm department, section

negociante [neɣo'θjante] nm/f businessman/woman

negociar [neɣo'θjar] vt, vi to negotiate; **~ en** to deal in, trade in

negocio [ne'ɣoθjo] nm (COM) business; (asunto) affair, business; (operación comercial) deal, transaction; (AM) firm; (lugar) place of business; **los ~s** business sg; **hacer ~** to do business

negra ['neɣra] nf (MUS) crotchet; ver tb **negro**

negro, a ['neɣro, a] adj black; (suerte) awful ♦ nm black ♦ nm/f black man/woman

nene, a ['nene, a] nm/f baby, small child

nenúfar [ne'nufar] nm water lily

neologismo [neolo'xismo] nm neologism

neón [ne'on] nm: **luces/lámpara de ~** neon lights/lamp

neoyorquino, a [neojor'kino, a] adj (of) New York

nervio ['nerßjo] nm nerve; **nerviosismo** nm nervousness, nerves

pl; **~so, a** adj nervous

neto, a ['neto, a] adj net

neumático, a [neu'matiko, a] adj pneumatic ♦ nm (ESP) tyre (BRIT), tire (US); **~ de recambio** spare tyre

neurasténico, a [neuras'teniko, a] adj (fig) hysterical

neurólogo, a [neu'roloɣo, a] nm/f neurologist

neurona [neu'rona] nf nerve cell

neutral [neu'tral] adj neutral; **~izar** vt to neutralize; (contrarrestar) to counteract

neutro, a ['neutro, a] adj (BIO, LING) neuter

neutrón [neu'tron] nm neutron

nevada [ne'ßaða] nf snowstorm; (caída de nieve) snowfall

nevar [ne'ßar] vi to snow

nevera [ne'ßera] nf (ESP) refrigerator (BRIT), icebox (US)

nevería [neße'ria] nf (AM) ice-cream parlour

nexo ['nekso] nm link, connection

ni [ni] conj nor, neither; (tb: ~ siquiera) not ... even; **~ aunque que** not even if; **~ blanco ~ negro** neither white nor black

Nicaragua [nika'raɣwa] nf Nicaragua; **nicaragüense** adj, nm/f Nicaraguan

nicho ['nitʃo] nm niche

nicotina [niko'tina] nf nicotine

nido ['niðo] nm nest

niebla ['njeßla] nf fog; (neblina) mist

niego etc vb ver **negar**

nieto, a ['njeto, a] nm/f grandson/daughter; **~s** nmpl grandchildren

nieve etc ['njeße] vb ver **nevar** ♦ nf snow; (AM) icecream

N.I.F. nm abr (= Número de Identificación Fiscal) personal identification number used for financial and tax purposes

nimiedad [nimje'ðað] nf triviality

nimio, a ['nimjo, a] adj trivial, insignificant

ninfa ['ninfa] nf nymph

ningún [nin'gun] adj ver **ninguno**

ninguno, a [nin'guno, a] (delante de nm: **ningún**) adj no ♦ pron (nadie) nobody; (ni uno) none, not one; (ni uno ni otro) neither; **de ninguna manera** by no means, not at all

niña ['niɲa] nf (ANAT) pupil; ver tb **niño**

niñera [ni'ɲera] nf nursemaid, nanny; **niñería** nf childish act

niñez [ni'ɲeθ] nf childhood; (infancia) infancy

niño, a ['niɲo, a] adj (joven) young; (inmaduro) immature ♦ nm/f child, boy/girl

nipón, ona [ni'pon, ona] adj, nm/f Japanese

níquel ['nikel] nm nickel; **niquelar** vt (TEC) to nickel-plate

níspero ['nispero] nm medlar

nitidez [niti'ðeθ] nf (claridad) clarity; (: de imagen) sharpness; **nítido, a** adj clear; sharp

nitrato [ni'trato] nm nitrate

nitrógeno [ni'troxeno] nm nitrogen

nivel [ni'βel] nm (GEO) level; (norma) level, standard; (altura) height; **~ de aceite** oil level; **~ de aire** spirit level; **~ de vida** standard of living; **~ar** vt to level out; (fig) to even up; (COM) to balance

NN. UU. nfpl abr (= Naciones Unidas) UN sg

no [no] adv no; not; (con verbo) not ♦ excl no!; **~ tengo nada** I don't have anything, I have nothing; **~ es el mío** it's not mine; **ahora ~** not now; **¿~ lo sabes?** don't you know?; **~ mucho** not much; **~ bien termine, lo entregaré** as soon as I finish I'll hand it over; **~ más: ayer ~ más** just yesterday; **¡pase ~ más!** come in!; **¡a que ~ lo sabes!** I bet you don't know!; **¡cómo ~!** of course!; **los países ~ alineados** the non-aligned countries; **la ~ intervención** non-intervention

noble ['noβle] adj, nm/f noble; **~za** nf nobility

noche ['notʃe] nf night, night-time; (la tarde) evening; **de ~, por la ~** at night; **es de ~** it's dark

---

Noche de San Juan

The **Noche de San Juan** *on the 24th June is a fiesta coinciding with the summer solstice and which has taken the place of other ancient pagan festivals. Traditionally fire plays a major part in these festivities with celebrations and dancing taking place around bonfires in towns and villages across the country.*

---

nochebuena [notʃe'ßwena] nf Christmas Eve

Nochebuena

Traditional Christmas celebrations in Spanish-speaking countries mainly take place on the night of **Nochebuena,** *Christmas Eve. Families gather together for a large meal and the more religiously inclined attend Midnight Mass. While presents are traditionally given by* los Reyes Magos *on the 6th January, more and more people are exchanging gifts on Christmas Eve.*

---

nochevieja [notʃe'ßjexa] nf New Year's Eve

noción [no'θjon] nf notion

nocivo, a [no'θißo, a] adj harmful

noctámbulo, a [nok'tambulo, a] nm/f sleepwalker

nocturno, a [nok'turno, a] adj (de la noche) nocturnal, night cpd; (de la tarde) evening cpd ♦ nm nocturne

nodriza [no'ðriθa] nf wet nurse; **buque o nave ~** supply ship

nogal [no'val] nm walnut tree

nómada ['nomaða] adj nomadic ♦ nm/f nomad

nombramiento [nombraˈmjento] *nm* naming; *(a un empleo)* appointment

nombrar [nomˈbrar] *vt (designar)* to name; *(mencionar)* to mention; *(dar puesto a)* to appoint

nombre [ˈnombre] *nm* name; *(sustantivo)* noun; **~ y apellidos** name in full; **~ común/propio** common/ proper noun; **~ de pila/de soltera** Christian/maiden name; **poner ~ a** to call, name

nómina [ˈnomina] *nf (lista)* payroll; *(hoja)* payslip

nominal [nomiˈnal] *adj* nominal

nominar [nomiˈnar] *vt* to nominate

nominativo, a [nominaˈtiβo, a] *adj (COM)*: **cheque ~ a X** cheque made out to X

nono, a [ˈnono, a] *adj* ninth

nordeste [norˈðeste] *adj* north-east, north-eastern, north-easterly ♦ *nm* north-east

nórdico, a [ˈnorðiko, a] *adj* Nordic

noreste [noˈreste] *adj, nm* = **nordeste**

noria [ˈnorja] *nf (AGR)* waterwheel; *(de carnaval)* big *(BRIT)* o Ferris *(US)* wheel

norma [ˈnorma] *nf* rule of thumb

normal [norˈmal] *adj (corriente)* normal; *(habitual)* usual, natural; **~idad** *nf* normality; **restablecer la ~idad** to restore order; **~izar** *vt (reglamentar)* to normalize; *(TEC)* to standardize; **~izarse** *vr* to return to normal; **~mente** *adv* normally

normando, a [norˈmando, a] *adj, nm/f* Norman

normativa [normaˈtiβa] *nf (set of)* rules *pl*, regulations *pl*

noroeste [noroˈeste] *adj* north-west, north-western, north-westerly ♦ *nm* north-west

norte [ˈnorte] *adj* north, northern, northerly ♦ *nm* north; *(fig)* guide

norteamericano, a [norteameriˈkano, a] *adj, nm/f* (North) American

Noruega [noˈrweɣa] *nf* Norway

noruego, a [noˈrweɣo, a] *adj, nm/f* Norwegian

nos [nos] *pron (directo)* us; *(indirecto)* us; to us; for us; from us; *(reflexivo)* (to) ourselves; *(recíproco)* (to) each other; **~ levantamos a las 7** we get up at 7

nosotros, as [noˈsotros, as] *pron (sujeto)* we; *(después de prep)* us

nostalgia [nosˈtalxja] *nf* nostalgia

nota [ˈnota] *nf* note; *(ESCOL)* mark

notable [noˈtaβle] *adj* notable; *(ESCOL)* outstanding

notar [noˈtar] *vt* to notice, note; **~se** *vr* to be obvious; **se nota que ...** one observes that ...

notarial [notaˈrjal] *adj*: **acta ~** affidavit

notario [noˈtarjo] *nm* notary

noticia [noˈtiθja] *nf (información)* piece of news; **las ~s** the news *sg*; **tener ~s de alguien** to hear from sb

noticiero [notiˈθjero] *(AM) nm* news bulletin

notificación [notifikaˈθjon] *nf* notification; **notificar** *vt* to notify, inform

notoriedad [notorjeˈðað] *nf* fame, renown; **notorio, a** *adj (público)* well-known; *(evidente)* obvious

novato, a [noˈβato, a] *adj* inexperienced ♦ *nm/f* beginner, novice

novecientos, as [noβeˈθjentos, as] *num* nine hundred

novedad [noβeˈðað] *nf (calidad de nuevo)* newness; *(noticia)* piece of news; *(cambio)* change, (new) development

novel [noˈβel] *adj* new; *(inexperto)* inexperienced ♦ *nm/f* beginner

novela [noˈβela] *nf* novel

noveno, a [noˈβeno, a] *adj* ninth

noventa [noˈβenta] *num* ninety

novia [ˈnoβja] *nf ver* **novio**

noviazgo [noˈβjaθɣo] *nm* engagement

novicio, a [noˈβiθjo, a] *nm/f* novice

noviembre [noˈβjembre] *nm* November

novillada [noβiˈʎaða] nf (TAUR) bullfight with young bulls; **novillero** nm novice bullfighter; **novillo** nm young bull, bullock; **hacer novillos** (fam) to play truant

novio, a [ˈnoβjo, a] nm/f boyfriend/ girlfriend; (prometido) fiancé/fiancée; (recién casado) bridegroom/bride; **los ~s** the newly-weds

nubarrón [nuβaˈrron] nm storm cloud

nube [ˈnuβe] nf cloud

nublado, a [nuˈβlaðo, a] adj cloudy; **nublarse** vr to grow dark

nubosidad [nuβosiˈðað] nf cloudiness; **había mucha ~** it was very cloudy

nuca [ˈnuka] nf nape of the neck

nuclear [nukleˈar] adj nuclear

núcleo [ˈnukleo] nm (centro) core; (FÍSICA) nucleus

nudillo [nuˈðiʎo] nm knuckle

nudista [nuˈðista] adj nudist

nudo [ˈnuðo] nm knot; **~so, a** adj knotty

nuera [ˈnwera] nf daughter-in-law

nuestro, a [ˈnwestro, a] adj pos our ♦ pron ours; **padre ~** our father; **un amigo ~** a friend of ours; **es el ~** it's ours

nueva [ˈnweβa] nf piece of news

nuevamente [nweβaˈmente] adv (otra vez) again; (de nuevo) anew

Nueva York [-ˈjork] n New York

Nueva Zelanda [-θeˈlanda] nf New Zealand

nueve [ˈnweβe] num nine

nuevo, a [ˈnweβo, a] adj (gen) new; **de ~** again

nuez [nweθ] nf walnut; **~ de Adán** Adam's apple; **~ moscada** nutmeg

nulidad [nuliˈðað] nf (incapacidad) incompetence; (abolición) nullity

nulo, a [ˈnulo, a] adj (inepto, torpe) useless; (inválido) (null and void); (DEPORTE) drawn, tied

núm. abr (= número) no

numeración [numeraˈθjon] nf (cifras) numbers pl; (arábiga, romana etc)

numerals pl

numeral [numeˈral] nm numeral

numerar [numeˈrar] vt to number

número [ˈnumero] nm (gen) number; (tamaño: de zapato) size; (ejemplar: de diario) number, issue; **sin ~** numberless, unnumbered; **~ de matrícula/de teléfono** registration/ telephone number; **~ atrasado** back number

numeroso, a [numeˈroso, a] adj numerous

nunca [ˈnunka] adv (jamás) never; **~ lo pensé** I never thought it; **no viene ~** he never comes; **~ más** never again; **más que ~** more than ever

nupcias [ˈnupθjas] nfpl wedding sg, nuptials

nutria [ˈnutrja] nf otter

nutrición [nutriˈθjon] nf nutrition

nutrido, a [nuˈtriðo, a] adj (alimentado) nourished; (fig: grande) large; (abundante) abundant

nutrir [nuˈtrir] vt (alimentar) to nourish; (dar de comer) to feed; (fig) to strengthen; **nutritivo, a** adj nourishing, nutritious

nylon [niˈlon] nm nylon

Ñ ñ

nato, a [ˈnato, a] (AM) adj snub-nosed

ñoñería [ɲoɲeˈria] nf insipidness

ñoño, a [ˈɲoɲo, a] adj (AM: tonto) silly, stupid; (soso) insipid; (persona) spineless

O, o

O abr (= oeste) W

o [o] conj or

o/ abr (= orden) o.

oasis [oˈasis] nm inv oasis

obcecarse [oβθeˈkarse] vr to get o

become stubborn

obedecer [oβeðe'θer] vt to obey; **obediencia** nf obedience; **obediente** adj obedient

obertura [oβer'tura] nf overture

obesidad [oβesi'ðað] nf obesity; **obeso, a** adj obese

obispo [o'βispo] nm bishop

objeción [oβxe'θjon] nf objection; **poner objeciones** to raise objections

objetar [oβxe'tar] vt, vi to object

objetivo, a [oβxe'tiβo, a] adj, nm objective

objeto [oβ'xeto] nm (cosa) object; (fin) aim

objetor, a [oβxe'tor, a] nm/f objector

oblicuo, a [o'βlikwo, a] adj oblique; (mirada) sidelong

obligación [oβliɣa'θjon] nf obligation; (COM) bond

obligar [oβli'ɣar] vt to force; ~se vr to bind o.s.; **obligatorio, a** adj compulsory, obligatory

oboe [o'βoe] nm oboe

obra ['oβra] nf work; (ARQ) construction, building; (TEATRO) play; ~ **maestra** masterpiece; ~s **públicas** public works; **por** ~ **de** thanks to (the efforts of); **obrar** vt to work; (tener efecto) to have an effect on ♦ vi to act, behave; (tener efecto) to have an effect; **la carta obra en su poder** the letter is in his/her possession

obrero, a [o'βrero, a] adj (clase) working; (movimiento) labour cpd ♦ nm/f (gen) worker; (sin oficio) labourer

obscenidad [oβsθeni'ðað] nf obscenity; **obsceno, a** adj obscene

obscu... = **oscu...**

obsequiar [oβse'kjar] vt (ofrecer) to present with; (agasajar) to make a fuss of, lavish attention on; **obsequio** nm (regalo) gift; (cortesía) courtesy, attention

observación [oβserβa'θjon] nf observation; (reflexión) remark

observador, a [oβserβa'ðor, a] nm/f observer

observar [oβser'βar] vt to observe; (anotar) to notice; ~se vr to keep to, observe

obsesión [oβse'sjon] nf obsession; **obsesivo, a** adj obsessive

obsoleto, a [oβso'leto, a] adj obsolete

obstáculo [oβs'takulo] nm obstacle; (impedimento) hindrance, drawback

obstante [oβs'tante]: **no** ~ adv nevertheless

obstinado, a [oβsti'naðo, a] adj obstinate, stubborn

obstinarse [oβsti'narse] vr to be obstinate; ~ **en** to persist in

obstrucción [oβstruk'θjon] nf obstruction; **obstruir** [oβstru'ir] vt to obstruct

obtener [oβte'ner] vt (gen) to obtain; (premio) to win

obturador [oβtura'ðor] nm (FOTO) shutter

obvio, a ['oββjo, a] adj obvious

oca ['oka] nf (animal) goose; (juego) ≈ snakes and ladders

ocasión [oka'sjon] nf (oportunidad) opportunity, chance; (momento) occasion, time; (causa) cause; **de** ~ secondhand; **ocasionar** vt to cause

ocaso [o'kaso] nm (fig) decline

occidente [okθi'ðente] nm west

OCDE nf abr (= Organización de Cooperación y Desarrollo Económico) OECD

océano [o'θeano] nm ocean; **el** ~ **Índico** the Indian Ocean

ochenta [o'tʃenta] num eighty

ocho ['otʃo] num eight; ~ **días** a week

ocio ['oθjo] nm (tiempo) leisure; (pey) idleness; ~**so, a** adj (inactivo) idle; (inútil) useless

octavilla [okta'viʎa] nf leaflet, pamphlet

octavo, a [ok'taβo, a] adj eighth

octubre [ok'tuβre] nm October

ocular [oku'lar] adj ocular, eye cpd; **testigo** ~ eyewitness

oculista [oku'lista] nm/f oculist

ocultar [okul'tar] vt (esconder) to hide; (callar) to conceal; **oculto, a** adj hidden; (fig) secret

ocupación [okupa'θjon] nf occupation

ocupado, a [oku'paðo, a] adj (persona) busy; (plaza) occupied, taken; (teléfono) engaged; **ocupar** vt (gen) to occupy; **ocuparse** vr: **ocuparse de o en** (gen) to concern o.s. with; (cuidar) to look after

ocurrencia [oku'rrenθja] nf (idea) bright idea

ocurrir [oku'rrir] vi to happen; **~se** vr: **se me ocurrió que ...** it occurred to me that ...

odiar [o'ðjar] vt to hate; **odio** nm hate, hatred; **odioso, a** adj (gen) hateful; (malo) nasty

odontólogo, a [oðon'tolovo, a] nm/f dentist, dental surgeon

OEA nf abr (= Organización de Estados Americanos) OAS

oeste [o'este] nm west; **una película del ~** a western

ofender [ofen'der] vt (agraviar) to offend; (insultar) to insult; **~se** vr to take offence; **ofensa** nf offence; **ofensiva** nf offensive; **ofensivo, a** adj offensive

oferta [o'ferta] nf offer; (propuesta) proposal; **la ~ y la demanda** supply and demand; **artículos en ~** goods on offer

oficial [ofi'θjal] adj official ♦ nm (MIL) officer

oficina [ofi'θina] nf office; **~ de correos** post office, **~ de turismo** tourist office; **oficinista** nm/f clerk

oficio [o'fiθjo] nm (profesión) profession; (puesto) post; (REL) service; **ser del ~** to be an old hand; **tener mucho ~** to have a lot of experience; **~ de difuntos** funeral service

oficioso, a [ofi'θjoso, a] adj (pey) officious; (no oficial) unofficial, informal

ofimática [ofi'matika] nf office automation

ofrecer [ofre'θer] vt (dar) to offer; (proponer) to propose; **~se** vr (persona) to offer o.s., volunteer; (situación) to present itself; **¿qué se le ofrece?, ¿se le ofrece algo?** what can I do for you?, can I get you anything?

ofrecimiento [ofreθi'mjento] nm offer

oftalmólogo, a [oftal'molovo, a] nm/f ophthalmologist

ofuscar [ofus'kar] vt (por pasión) to blind; (por luz) to dazzle

oída [o'iða] nf: **de ~s** by hearsay

oído [o'iðo] nm (ANAT) ear; (sentido) hearing

oigo etc vb ver **oír**

oír [o'ir] vt (gen) to hear; (atender a) to listen to; **¡oiga!** listen!; **~ misa** to attend mass

OIT nf abr (= Organización Internacional del Trabajo) ILO

ojal [o'xal] nm buttonhole

ojalá [oxa'la] excl if only (it were so)!, some hope! ♦ conj if only ...!, would that ...!; **~ (que) venga hoy** I hope he comes today

ojeada [oxe'aða] nf glance

ojera [o'xera] nf: **tener ~s** to have bags under one's eyes

ojeriza [oxe'riθa] nf ill-will

ojeroso, a [oxe'roso, a] adj haggard

ojo [o'xo] nm eye; (de puente) span; (de cerradura) keyhole ♦ excl careful!; **tener ~ para** to have an eye for; **~ de buey** porthole

okupa [o'kupa] (fam) nm/f squatter

ola [o'la] nf wave

olé [o'le] excl bravo!, olé!

oleada [ole'aða] nf big wave, swell; (fig) wave

oleaje [ole'axe] nm swell

óleo [o'leo] nm oil; **oleoducto** [oleo'ðukto] nm (oil) pipeline

oler [o'ler] vt (gen) to smell; (inquirir) to pry into; (fig: sospechar) to sniff out ♦ vi to smell; **~ a** to smell of

olfatear [olfate'ar] vt to smell; (inquirir)

to pry into; **olfato** nm sense of smell

oligarquía [oliɣar'kia] nf oligarchy

olimpíada [olim'piaða] nf: **las O~s** the Olympics; **olímpico, a** [o'limpiko, a] adj Olympic

oliva [o'liβa] nf (aceituna) olive; **aceite de ~** olive oil; **olivo** nm olive tree

olla ['oʎa] nf pan; (comida) stew; **~ a presión** o **exprés** pressure cooker; **~ podrida** type of Spanish stew

olmo ['olmo] nm elm (tree)

olor [o'lor] nm smell; **~oso, a** adj scented

olvidar [olβi'ðar] vt to forget; (omitir) to omit; **~se** vr (fig) to forget o.s.; **se me olvidó** I forgot

olvido [ol'βiðo] nm oblivion; (despiste) forgetfulness

ombligo [om'bliɣo] nm navel

omisión [omi'sjon] nf (abstención) omission; (descuido) neglect

omiso, a [o'miso, a] adj: **hacer caso ~ de** to ignore, pass over

omitir [omi'tir] vt to omit

omnipotente [omnipo'tente] adj omnipotent

omóplato [o'moplato] nm shoulder blade

OMS nf abr (= Organización Mundial de la Salud) WHO

once ['onθe] num eleven; **~s** (AM) nfpl tea break

onda ['onda] nf wave; **~ corta/larga/ media** short/long/medium wave; **ondear** vt, vi to wave; (tener ondas) to be wavy; (agua) to ripple; **ondearse** vr to swing, sway

ondulación [ondula'θjon] nf undulation; **ondulado, a** adj wavy

ondular [ondu'lar] vt (el pelo) to wave ♦ vi to undulate; **~se** vr to undulate

ONG nf abr (= organización no gubernamental) NGO

ONU ['onu] nf abr (= Organización de las Naciones Unidas) UNO

opaco, a [o'pako, a] adj opaque

opción [op'θjon] nf (gen) option;

(derecho) right, option

OPEP ['opep] nf abr (= Organización de Países Exportadores de Petróleo) OPEC

ópera ['opera] nf opera; **~ bufa** o **cómica** comic opera

operación [opera'θjon] nf (gen) operation; (COM) transaction, deal

operador, a [opera'ðor, a] nm/f operator; (CINE: proyección) projectionist; (: rodaje) cameraman

operar [ope'rar] vt (producir) to produce, bring about; (MED) to operate on ♦ vi (COM) to operate, deal; **~se** vr to occur; (MED) to have an operation

opereta [ope'reta] nf operetta

opinar [opi'nar] vt to think ♦ vi to give one's opinion; **opinión** nf (creencia) belief; (criterio) opinion

opio ['opjo] nm opium

oponente [opo'nente] nm/f opponent

oponer [opo'ner] vt (resistencia) to put up, offer; **~se** vr (objetar) to object; (estar frente a frente) to be opposed; (dos personas) to oppose each other; **~ A a B** to set A against B; **me opongo a pensar que ...** I refuse to believe o think that ...

oportunidad [oportuni'ðað] nf (ocasión) opportunity; (posibilidad) chance

oportuno, a [opor'tuno, a] adj (en su tiempo) opportune, timely; (respuesta) suitable; **en el momento ~** at the right moment

oposición [oposi'θjon] nf opposition; **oposiciones** nfpl (ESCOL) public examinations

opositor, a [oposi'tor, a] nm/f (adversario) opponent; (candidato): **~ (a)** candidate (for)

opresión [opre'sjon] nf oppression; **opresivo, a** adj oppressive; **opresor, a** nm/f oppressor

oprimir [opri'mir] vt to squeeze; (fig) to oppress

optar [op'tar] vi (elegir) to choose;

por to opt for; **optativo, a** adj optional

óptico, a |'optiko, a| adj optic(al)
♦ nm/f optician; **óptica** nf optician's (shop); **desde esta óptica** from this point of view

optimismo |opti'mismo| nm optimism; **optimista** nm/f optimist

óptimo, a |'optimo, a| adj (el mejor) very best

opuesto, a |o'pwesto, a| adj (contrario) opposite; (antagónico) opposing

opulencia |opu'lenθja| nf opulence; **opulento, a** adj opulent

oración |ora'θjon| nf (REL) prayer; (LING) sentence

orador, a |ora'ðor, a| nm/f (conferenciante) speaker, orator

oral |o'ral| adj oral

orangután |orangu'tan| nm orangutan

orar |o'rar| vi to pray

oratoria |ora'torja| nf oratory

órbita |'orβita| nf orbit

orden |'orðen| nm (gen) order ♦ nf (gen) order; (INFORM) command; **~ del día** agenda; **de primer ~** first-rate; **en ~ de prioridad** in order of priority

ordenado, a |orðe'naðo, a| adj (metódico) methodical; (arreglado) orderly

ordenador |orðena'ðor| nm computer; **~ central** mainframe computer

ordenanza |orðe'nanθa| nf ordinance

ordenar |orðe'nar| vt (mandar) to order; (poner orden) to put in order, arrange; **~se** vr (REL) to be ordained

ordeñar |orðe'ɲar| vt to milk

ordinario, a |orði'narjo, a| adj (común) ordinary, usual; (vulgar) vulgar, common

orégano |o'reɣano| nm oregano

oreja |o'rexa| nf ear; (MECÁNICA) lug, flange

orfanato |orfa'nato| nm orphanage

orfandad |orfan'dað| nf orphanhood

orfebrería |orfeβre'ria| nf gold/silver work

orgánico, a |or'ɣaniko, a| adj organic

organigrama |organi'ɣrama| nm flow chart

organismo |orɣa'nismo| nm (BIO) organism; (POL) organization

organización |orɣaniθa'θjon| nf organization; **organizar** vt to organize

órgano |'orɣano| nm organ

orgasmo |or'ɣasmo| nm orgasm

orgía |or'xia| nf orgy

orgullo |or'ɣuʎo| nm pride; **orgulloso, a** adj (gen) proud; (altanero) haughty

orientación |orjenta'θjon| nf (posición) position; (dirección) direction

oriental |orjen'tal| adj eastern; (del Lejano Oriente) oriental

orientar |orjen'tar| vt (situar) to orientate; (señalar) to point; (dirigir) to direct; (guiar) to guide; **~se** vr to get one's bearings

oriente |o'rjente| nm east; **Cercano/ Medio/Lejano O~** Near/Middle/Far East

origen |o'rixen| nm origin

original |orixi'nal| adj (nuevo) original; (extraño) odd, strange; **~idad** nf originality

originar |orixi'nar| vt to start, cause; **~se** vr to originate; **~io, a** adj original; **~io de** native of

orilla |o'riʎa| nf (borde) border; (de río) bank; (de bosque, tela) edge; (de mar) shore

orina |o'rina| nf urine; **orinal** nm (chamber) pot; **orinar** vi to urinate; **orinarse** vr to wet o.s.; **orines** nmpl urine

oriundo, a |o'rjundo, a| adj: **~ de** native of

ornitología |ornitolo'xia| nf ornithology, bird-watching

oro |'oro| nm gold; **~s** nmpl (NAIPES) hearts

oropel [oro'pel] *nm* tinsel
orquesta [or'kesta] *nf* orchestra; **~ de cámara/sinfónica** chamber/symphony orchestra
orquídea [or'kiðea] *nf* orchid
ortiga [or'tiɣa] *nf* nettle
ortodoxo, a [orto'ðokso, a] *adj* orthodox
ortografía [ortoɣra'fia] *nf* spelling
ortopedia [orto'peðja] *nf* orthopaedics *sg*; **ortopédico, a** *adj* orthopaedic
oruga [o'ruɣa] *nf* caterpillar
orzuelo [or'θwelo] *nm* stye
os [os] *pron* (*gen*) you; (*a vosotros*) to you
osa ['osa] *nf* (she-)bear; **O~ Mayor/ Menor** Great/Little Bear
osadía [osa'ðia] *nf* daring
osar [o'sar] *vi* to dare
oscilación [osθila'θjon] *nf* (*movimiento*) oscillation; (*fluctuación*) fluctuation
oscilar [osθi'lar] *vi* to oscillate; to fluctuate
oscurecer [oskure'θer] *vt* to darken ♦ *vi* to grow dark; **~se** *vr* to grow o get dark
oscuridad [oskuri'ðað] *nf* obscurity; (*tinieblas*) darkness
oscuro, a [os'kuro, a] *adj* dark; (*fig*) obscure; **a oscuras** in the dark
óseo, a ['oseo, a] *adj* bone *cpd*
oso ['oso] *nm* bear; **~ de peluche** teddy bear; **~ hormiguero** anteater
ostentación [ostenta'θjon] *nf* (*gen*) ostentation; (*acto*) display
ostentar [osten'tar] *vt* (*gen*) to show; (*pey*) to flaunt, show off; (*poseer*) to have, possess
ostra ['ostra] *nf* oyster
OTAN ['otan] *nf abr* (= *Organización del Tratado del Atlántico Norte*) NATO
otear [ote'ar] *vt* to observe; (*fig*) to look into
otitis [o'titis] *nf* earache
otoñal [oto'ɲal] *adj* autumnal
otoño [o'toɲo] *nm* autumn

otorgar [otor'ɣar] *vt* (*conceder*) to concede; (*dar*) to grant
otorrino, a [oto'rrino, a], **otorrinolaringólogo, a** [otorrinolarin'golovo, a] *nm/f* ear, nose and throat specialist

---

PALABRA CLAVE

---

otro, a ['otro, a] *adj* **1** (*distinto: sg*) another; (: *pl*) other; **con ~s amigos** with other o different friends
2 (*adicional*): **tráigame ~ café (más), por favor** can I have another coffee please; **~s 10 días más** another ten days
♦ *pron* **1**: **el ~** the other one; (**los**) **~s** (the) others; **de ~** somebody else's; **que lo haga ~** let somebody else do it
2 (*recíproco*): **se odian (la) una a (la) otra** they hate one another o each other
3: **~ tanto: comer ~ tanto** to eat the same o as much again; **recibió una decena de telegramas y otras tantas llamadas** he got about ten telegrams and as many calls

---

ovación [oβa'θjon] *nf* ovation
oval [o'βal] *adj* oval; **~ado, a** *adj* oval; **óvalo** *nm* oval
ovario [o'βarjo] *nm* ovary
oveja [o'βexa] *nf* sheep
overol [oβe'rol] (*AM*) *nm* overalls *pl*
ovillo [o'βiλo] *nm* (*de lana*) ball of wool; **hacerse un ~** to curl up
OVNI ['oβni] *nm abr* (= *objeto volante no identificado*) UFO
ovulación [oβula'θjon] *nf* ovulation; **óvulo** *nm* ovum
oxidación [oksiða'θjon] *nf* rusting
oxidar [oksi'ðar] *vt* to rust; **~se** *vr* to go rusty
óxido ['oksiðo] *nm* oxide
oxigenado, a [oksixe'naðo, a] *adj* (*QUÍM*) oxygenated; (*pelo*) bleached
oxígeno [ok'sixeno] *nm* oxygen

oyente [o'jente] nm/f listener

oyes etc vb ver **oir**

ozono [o'θono] nm ozone

P, p

P abr (= **padre**) Fr.

pabellón [paβe'ʎon] nm bell tent; (ARQ) pavilion; (de hospital etc) block, section; (bandera) flag

pacer [pa'θer] vi to graze

paciencia [pa'θjenθja] nf patience

paciente [pa'θjente] adj, nm/f patient

pacificación [paθifika'θjon] nf pacification

pacificar [paθifi'kar] vt to pacify; (tranquilizar) to calm

pacifico, a [pa'θifiko, a] adj (persona) peaceable; (existencia) peaceful; **el (océano) P~** the Pacific (Ocean)

pacifismo [paθi'fismo] nm pacifism; **pacifista** nm/f pacifist

pacotilla [pako'tiʎa] nf: **de ~** (actor, escritor) third-rate; (mueble etc) cheap

pactar [pak'tar] vt to agree to o on ♦ vi to agree to an agreement

pacto ['pakto] nm (tratado) pact; (acuerdo) agreement

padecer [paðe'θer] vt (sufrir) to suffer; (soportar) to endure, put up with; **padecimiento** nm suffering

padrastro [pa'ðrastro] nm stepfather

padre ['paðre] nm father ♦ adj (fam): **un éxito ~** a tremendous success; **~s** nmpl parents

padrino [pa'ðrino] nm (REL) godfather; (tb: **~ de boda**) best man; (fig) sponsor, patron; **~s** nmpl godparents

padrón [pa'ðron] nm (censo) census, roll

paella [pa'eʎa] nf paella, dish of rice with meat, shellfish etc

paga ['paɣa] nf (pago) payment; (sueldo) pay, wages pl

pagano, a [pa'ɣano, a] adj, nm/f pagan, heathen

pagar [pa'ɣar] vt to pay; (las compras, crimen) to pay for; (fig: favor) to repay ♦ vi to pay; **~ al contado/a plazos** to pay (in) cash/in instalments

pagaré [paɣa're] nm I.O.U.

página ['paxina] nf page; **~ de inicio** (INFORM) home page

pago ['paɣo] nm (de deuda) payment; **~ anticipado/a cuenta/contra reembolso/en especie** advance payment/payment on account/cash on delivery/payment in kind; **en ~ de** in return for

pág(s). abr (= **página(s)**) p(p).

pague etc vb ver **pagar**

país [pa'is] nm (gen) country; (región) land; **los P~es Bajos** the Low Countries; **el P~ Vasco** the Basque Country

paisaje [pai'saxe] nm landscape, scenery

paisano, a [pai'sano, a] adj of the same country ♦ nm/f (compatriota) fellow countryman/woman; **vestir de ~** (soldado) to be in civvies; (guardia) to be in plain clothes

paja ['paxa] nf straw; (fig) rubbish (BRIT), trash (US)

pajarita [paxa'rita] nf (corbata) bow tie

pájaro ['paxaro] nm bird; **~ carpintero** woodpecker

pajita [pa'xita] nf (drinking) straw

pala ['pala] nf spade, shovel; (raqueta etc) bat; (: CULIN) slice; **~ matamoscas** fly swat

palabra [pa'laβra] nf word; (facultad) (power of) speech; (derecho de hablar) right to speak; **tomar la ~** (en mitin) to take the floor

palabrota [pala'βrota] nf swearword

palacio [pa'laθjo] nm palace; (mansión) mansion, large house; **~ de justicia** courthouse; **~ municipal** town/city hall

paladar [pala'ðar] nm palate;

paladear vt to taste

palanca [pa'laŋka] nf lever; (fig) pull, influence

palangana [palaŋ'gana] nf washbasin

palco ['palko] nm box

Palestina [pales'tina] nf Palestine; **palestino, a** nm/f Palestinian

paleta [pa'leta] nf (de pintor) palette; (de albañil) trowel; (de ping-pong) bat; (AM) ice lolly

paleto, a [pa'leto, a] (fam, pey) nm/f yokel

paliar [pa'ljar] vt (mitigar) to mitigate, alleviate; **paliativo** nm palliative

palidecer [paliðe'θer] vi to turn pale; **palidez** nf paleness; **pálido, a** adj pale

palillo [pa'liʎo] nm (mondadientes) toothpick; (para comer) chopstick

paliza [pa'liθa] nf beating, thrashing

palma ['palma] nf (ANAT) palm; (árbol) palm tree; **batir** o **dar ~s** to clap, applaud; **~da** nf slap; **~das** nfpl clapping sg, applause sg

palmar [pal'mar] (fam) vi (tb: ~la) to die, kick the bucket

palmear [palme'ar] vi to clap

palmera [pal'mera] nf (BOT) palm tree

palmo ['palmo] nm (medida) span; (fig) small amount; **~ a ~** inch by inch

palo ['palo] nm stick; (poste) post; (de tienda de campaña) pole; (mango) handle; (golpe) blow, hit; (de golf) club; (de béisbol) bat; (NAUT) mast; (NAIPES) suit

paloma [pa'loma] nf dove, pigeon

palomitas [palo'mitas] nfpl popcorn sg

palpar [pal'par] vt to touch, feel

palpitación [palpita'θjon] nf palpitation

palpitante [palpi'tante] adj palpitating; (fig) burning

palpitar [palpi'tar] vi to palpitate; (latir) to beat

palta ['palta] (AM) nf avocado (pear)

paludismo [palu'ðismo] nm malaria

pamela [pa'mela] nf picture hat, sun

hat

pampa ['pampa] (AM) nf pampas, prairie

pan [pan] nm bread; (una barra) loaf; **~ integral** wholemeal (BRIT) o wholewheat (US) bread; **~ rallado** breadcrumbs pl

pana ['pana] nf corduroy

panadería [panaðe'ria] nf baker's (shop); **panadero, a** nm/f baker

Panamá [pana'ma] nm Panama; **panameño, a** adj Panamanian

pancarta [pan'karta] nf placard, banner

panda ['panda] nm (ZOOL) panda

pandereta [pande'reta] nf tambourine

pandilla [pan'diʎa] nf set, group; (de criminales) gang; (pey: camarilla) clique

panecillo [pane'θiʎo] nm (bread) roll

panel [pa'nel] nm panel; **~ solar** solar panel

panfleto [pan'fleto] nm pamphlet

pánico ['paniko] nm panic

panorama [pano'rama] nm panorama; (vista) view

pantalla [pan'taʎa] nf (de cine) screen; (de lámpara) lampshade

pantalón [panta'lon] nm trousers; **pantalones** nmpl trousers

pantano [pan'tano] nm (ciénaga) marsh, swamp; (depósito: de agua) reservoir; (fig) jam, difficulty

panteón [pante'on] nm: **~ familiar** family tomb

pantera [pan'tera] nf panther

panti(e)s ['pantis] nmpl tights

pantomima [panto'mima] nf pantomime

pantorrilla [panto'rriʎa] nf calf (of the leg)

pantufla [pan'tufla] nf slipper

panty(s) ['panti(s)] nm(pl) tights

panza ['panθa] nf belly, paunch

pañal [pa'ɲal] nm nappy (BRIT), diaper (US); **~es** nmpl (fig) early stages, infancy sg

paño ['paɲo] nm (tela) cloth; (pedazo

de tela (piece of) cloth; (*trapo*) duster, rag; **~ higiénico** sanitary towel; **~s menores** underclothes

pañuelo [pa'ɲwelo] *nm* handkerchief, hanky (*fam*); (*para la cabeza*) (head)scarf

papa ['papa] *nm*: **el P~** the Pope ♦ *nf* (*AM*) potato

papá [pa'pa] (*pl* **~s**) (*fam*) *nm* dad(dy), pa (*US*)

papada [pa'paða] *nf* double chin

papagayo [papa'ɣajo] *nm* parrot

papanatas [papa'natas] (*fam*) *nm inv* simpleton

paparrucha [papa'rrutʃa] *nf* piece of nonsense

papaya [pa'paja] *nf* papaya

papear [pape'ar] (*fam*) *vt, vi* to scoff

papel [pa'pel] *nm* paper; (*hoja de* ~) sheet of paper; (*TEATRO, fig*) role; **~ de calco/carbón/de cartas** tracing paper/carbon paper/stationery; **~ de envolver/pintado** wrapping paper/ wallpaper; **~ de aluminio/higiénico** aluminium (*BRIT*) o aluminum (*US*) foil/ toilet paper; **~ de estaño** o **plata** tinfoil; **~ de lija** sandpaper; **~ moneda** paper money; **~ secante** blotting paper

papeleo [pape'leo] *nm* red tape

papelera [pape'lera] *nf* wastepaper basket; (*en la calle*) litter bin

papelería [papele'ria] *nf* stationer's (shop)

papeleta [pape'leta] *nf* (*POL*) ballot paper; (*ESCOL*) report

paperas [pa'peras] *nfpl* mumps *sg*

papilla [pa'piʎa] *nf* (*para niños*) baby food

paquete [pa'kete] *nm* (*de cigarrillos etc*) packet; (*CORREOS etc*) parcel; (*AM*) package tour; (: *fam*) nuisance

par [par] *adj* (*igual*) like, equal; (*MAT*) even ♦ *nm* not equal; (*de persona*) couple; (*POL*) peer; (*GOLF, COM*) par; **abrir de ~ en ~** to open wide

para ['para] *prep* for; **no es ~ comer**

it's not for eating; **decir ~ sí** to say to o.s.; **¿~ qué lo quieres?** what do you want it for?; **se casaron ~ separarse otra vez** they married only to separate again; **lo tendré ~ mañana** I'll have it (for) tomorrow; **ir ~ casa** to go home, head for home; **~ profesor es muy estúpido** he's very stupid for a teacher; **¿quién es usted ~ gritar así?** who are you to shout like that?; **tengo bastante ~ vivir** I have enough to live on; *ver tb* **con**

parabién [para'βjen] *nm* congratulations *pl*

parábola [pa'raβola] *nf* parable; (*MAT*) parabola; **parabólica** *nf* (*tb*: antena ~) satellite dish

parabrisas [para'βrisas] *nm inv* windscreen (*BRIT*), windshield (*US*)

paracaídas [paraka'iðas] *nm inv* parachute; **paracaidista** *nm/f* parachutist; (*MIL*) paratrooper

parachoques [para'tʃokes] *nm inv* (*AUTO*) bumper; (*MECÁNICA etc*) shock absorber

parada [pa'raða] *nf* stop; (*acto*) stopping; (*de industria*) shutdown, stoppage; (*lugar*) stopping place; **~ de autobús** bus stop

paradero [para'ðero] *nm* stopping-place; (*situación*) whereabouts

parado, a [pa'raðo, a] *adj* (*persona*) motionless, standing still; (*fábrica*) closed, at a standstill; (*coche*) stopped; (*AM*) standing (up); (*sin empleo*) unemployed, idle

paradoja [para'ðoxa] *nf* paradox

parador [para'ðor] *nm* parador, state-run hotel

paráfrasis [pa'rafrasis] *nf inv* paraphrase

paraguas [pa'raɣwas] *nm inv* umbrella

Paraguay [para'ɣwai] *nm*: **el ~** Paraguay; **paraguayo, a** *adj, nm/f* Paraguayan

paraíso [para'iso] *nm* paradise, heaven

paraje [pa'raxe] *nm* place, spot

paralelo, a [para'lelo, a] adj parallel

parálisis [pa'ralisis] nf inv paralysis; **paralítico, a** adj, nm/f paralytic

paralizar [parali'θar] vt to paralyse; **~se** vr to become paralysed; (fig) to come to a standstill

paramilitar [paramili'tar] adj paramilitary

páramo ['paramo] nm bleak plateau

parangón [paran'gon] nm: **sin ~** incomparable

paranoico, a [para'noiko, a] nm/f paranoiac

parapente [para'pente] nm (deporte) paragliding; (aparato) paraglider

parapléjico, a [para'plexiko, a] adj, nm/f paraplegic

parar [pa'rar] vt to stop; (golpe) to ward off ♦ vi to stop; **~se** vr to stop; (AM) to stand up; **ha parado de llover** it has stopped raining; **van a ir a ~ a comisaría** they're going to end up in the police station; **~se en** to pay attention to

pararrayos [para'rrajos] nm inv lightning conductor

parásito, a [pa'rasito, a] nm/f parasite

parcela [par'θela] nf plot, piece of ground

parche ['partʃe] nm (gen) patch

parchís [par'tʃis] nm ludo

parcial [par'θjal] adj (pago) part-; (eclipse) partial; (JUR) prejudiced, biased; (POL) partisan; **~idad** nf prejudice, bias

pardillo, a [par'ðiʎo, a] (pey) adj yokel

parecer [pare'θer] nm (opinión) opinion, view; (aspecto) looks pl ♦ vi (tener apariencia) to seem, look; (asemejarse) to look o seem like; (aparecer, llegar) to appear; **~se** vr to look alike, resemble each other; **~se a** to look like, resemble; **según parece** evidently, apparently; **me parece que** I think (that), it seems to me that

parecido, a [pare'θiðo, a] adj similar ♦ nm similarity, likeness, resemblance;

bien ~ good-looking, nice-looking

pared [pa'reð] nf wall

pareja [pa'rexa] nf (par) pair; (dos personas) couple; (otro: de un par) other one (of a pair); (persona) partner

parentela [paren'tela] nf relations pl

parentesco [paren'tesko] nm relationship

paréntesis [pa'rentesis] nm inv parenthesis; (en escrito) bracket

parezco etc vb ver **parecer**

pariente, a [pa'rjente, a] nm/f relative, relation

parir [pa'rir] vt to give birth to ♦ vi (mujer) to give birth, have a baby

París [pa'ris] n Paris

parking ['parkin] nm car park (BRIT), parking lot (US)

parlamentar [parlamen'tar] vi to parley

parlamentario, a [parlamen'tarjo, a] adj parliamentary ♦ nm/f member of parliament

parlamento [parla'mento] nm parliament

parlanchín, ina [parlan'tʃin, ina] adj indiscreet ♦ nm/f chatterbox

parlar [par'lar] vi to chatter (away)

paro ['paro] nm (huelga) stoppage (of work), strike; (desempleo) unemployment; **subsidio de ~** unemployment benefit

parodia [pa'roðja] nf parody; **parodiar** vt to parody

parpadear [parpaðe'ar] vi (ojos) to blink; (luz) to flicker

párpado ['parpaðo] nm eyelid

parque ['parke] nm (lugar verde) park; **~ de atracciones/infantil/zoológico** fairground/playground/zoo

parqué [par'ke] nm parquet (flooring)

parquímetro [par'kimetro] nm parking meter

parra ['parra] nf (grape)vine

párrafo ['parrafo] nm paragraph; **echar un ~** (fam) to have a chat

parranda [pa'rranda] (fam) nf spree,

binge
parrilla [pa'rriʎa] nf (CULIN) grill; (de
coche) grille; (**carne a la**) barbecue;
~da nf barbecue
párroco ['parroko] nm parish priest
parroquia [pa'rrokja] nf parish;
(iglesia) parish church; (COM) clientele,
customers pl; **~no, a** nm/f parishioner;
client, customer
parsimonia [parsi'monja] nf
calmness, level-headedness
parte ['parte] nm message; (informe)
report ♦ nf part; (lado, cara) side; (de
reparto) share; (JUR) party; **en alguna
~ de Europa** somewhere in Europe;
en/por todas ~s everywhere; **en
gran ~** to a large extent; **la mayor
~ de los españoles** most Spaniards;
de un tiempo a esta ~ for some
time past; **de ~ de alguien** on sb's
behalf; **¿de ~ de quién?** (TEL) who is
speaking?; **por ~ de** on the part of; **yo
por mi ~** I for my part; **por otra ~** on
the other hand; **dar ~** to inform;
tomar ~ to take part
partición [parti'θjon] nf division,
sharing-out; (POL) partition
participación [partiθipa'θjon] nf
(acto) participation, taking part; (parte,
COM) share; (de lotería) shared prize;
(aviso) notice, notification
participante [partiθi'pante] nm/f
participant
participar [partiθi'par] vt to notify,
inform ♦ vi to take part, participate
partícipe [par'tiθipe] nm/f participant
particular [partiku'lar] adj (especial)
particular, special; (individual, personal)
private, personal ♦ nm (punto, asunto)
particular, point; (individuo) individual;
tiene coche ~ he has a car of his own
partida [par'tiða] nf (salida) departure;
(COM) entry, item; (juego) game; (grupo
de personas) band, group; **mala ~**
dirty trick; **~ de nacimiento/
matrimonio/ defunción** birth/
marriage/death certificate

partidario, a [parti'ðarjo, a] adj
partisan ♦ nm/f supporter, follower
partido [par'tiðo] nm (POL) party;
(DEPORTE) game, match; **sacar ~ de** to
profit o benefit from; **tomar ~** to take
sides
partir [par'tir] vt (dividir) to split,
divide; (compartir, distribuir) to share
(out), distribute; (romper) to break
open, split open; (rebanada) to cut
(off) ♦ vi (ponerse en camino) to set off
o out; (comenzar) to start (off o out);
~se vr to crack o split o break (in two
etc); **a ~ de** (starting) from
partitura [parti'tura] nf (MUS) score
parto ['parto] nm birth; (fig) product,
creation; **estar de ~** to be in labour
pasa ['pasa] nf raisin; **~ de Corinto/de
Esmirna** currant/sultana
pasada [pa'saða] nf passing, passage;
de ~ in passing, incidentally; **una
mala ~** a dirty trick
pasadizo [pasa'ðiθo] nm (pasillo)
passage, corridor; (callejuela) alley
pasado, a [pa'saðo, a] adj past; (malo:
comida, fruta) bad; (muy cocido)
overdone; (anticuado) out of date ♦ nm
past; **~ mañana** the day after
tomorrow; **el mes ~** last month
pasador [pasa'ðor] nm (cerrojo) bolt;
(de pelo) hair slide; (horquilla) grip
pasaje [pa'saxe] nm passage; (pago de
viaje) fare; (los pasajeros) passengers pl;
(pasillo) passageway
pasajero, a [pasa'xero, a] adj passing;
(situación, estado) temporary; (amor,
enfermedad) brief ♦ nm/f passenger
pasamontañas [pasamon'taɲas] nm
inv balaclava helmet
pasaporte [pasa'porte] nm passport
pasar [pa'sar] vt to pass; (tiempo) to
spend; (desgracias) to suffer, endure;
(noticia) to give, pass on; (río) to cross;
(barrera) to pass through; (falta) to
overlook, tolerate; (contrincante) to
surpass, do better than; (coche) to
overtake; (CINE) to show; (enfermedad)

to give, infect with ♦ vi (gen) to pass; (terminarse) to be over; (ocurrir) to happen; to go bad o off; (fig) to overdo it, go too far; ~ **de** to go beyond, exceed; ~ **por** (AM) to fetch; **~lo bien/mal** to have a good/bad time; **¡pase!** come in!; **hacer ~** to show in; **~se al enemigo** to go over to the enemy; **se me pasó** I forgot; **no se le pasa nada** he misses nothing; **pase lo que pase** come what may; **¿qué pasa?** what's going on?, what's up?; **¿qué te pasa?** what's wrong?

pasarela [pasa'rela] nf footbridge; (en barco) gangway

pasatiempo [pasa'tjempo] nm pastime, hobby

Pascua ['paskwa] nf: ~ **(de Resurrección)** Easter; ~ **de Navidad** Christmas; **~s** nfpl Christmas (time); **¡felices ~s!** Merry Christmas!

pase ['pase] nm pass; (CINE) performance, showing

pasear [pase'ar] vt to take for a walk; (exhibir) to parade, show off ♦ vi to walk, go for a walk; **~se** vr to walk, go for a walk; ~ **en coche** to go for a drive; **paseo** nm (avenida) avenue; (distancia corta) walk, stroll; **dar un** o **ir de paseo** to go for a walk

pasillo [pa'siʎo] nm passage, corridor

pasión [pa'sjon] nf passion

pasivo, a [pa'siβo, a] adj passive; (inactivo) inactive ♦ nm (COM) liabilities pl, debts pl

pasmar [pas'mar] vt (asombrar) to amaze, astonish; **pasmo** nm amazement, astonishment; (resfriado) chill; (fig) wonder, marvel; **pasmoso, a** adj amazing, astonishing

paso, a ['paso, a] adj dried ♦ nm step; (modo de andar) walk; (huella) footprint; (rapidez) speed, pace, rate; (camino accesible) way through, passage; (cruce) crossing; (pasaje)

passing, passage; (GEO) pass; (estrecho) strait; ~ **a nivel** (FERRO) level-crossing; ~ **de peatones** pedestrian crossing; **a ese ~** (fig) at that rate; **salir al ~ de** o **a** to waylay; **estar de ~** to be passing through; ~ **elevado** flyover; **prohibido el ~** no entry; **ceda el ~** give way

pasota [pa'sota] (fam) adj, nm/f ≈ dropout; **ser un (tipo) ~** to be a bit of a dropout; (ser indiferente) not to care about anything

pasta ['pasta] nf paste; (CULIN: masa) dough; (: de bizcochos etc) pastry; (fam) dough; **~s** nfpl (bizcochos) pastries, small cakes; (fideos, espaguetis etc) pasta; ~ **de dientes** o **dentífrica** toothpaste

pastar [pas'tar] vt, vi to graze

pastel [pas'tel] nm (dulce) cake; (ARTE) pastel; ~ **de carne** meat pie; **~ería** nf cake shop

pasteurizado, a [pasteuri'θaðo, a] adj pasteurized

pastilla [pas'tiʎa] nf (de jabón, chocolate) bar; (píldora) tablet, pill

pasto ['pasto] nm (hierba) grass; (lugar) pasture, field

pastor, a [pas'tor, a] nm/f shepherd/ ess ♦ nm (REL) clergyman, pastor; ~ **alemán** Alsatian

pata ['pata] nf (pierna) leg; (pie) foot; (de muebles) leg; **~s arriba** upside down; **metedura de ~** (fam) gaffe; **meter la ~** (fam) to put one's foot in it; (TEC): ~ **de cabra** crowbar; **tener buena/mala ~** to be lucky/unlucky; **~da** nf kick; (en el suelo) stamp

patalear [patale'ar] vi (en el suelo) to stamp one's feet

patata [pa'tata] nf potato; **~s fritas** chips, French fries; (de bolsa) crisps

paté [pa'te] nm pâté

patear [pate'ar] vt (pisar) to stamp on, trample (on); (pegar con el pie) to kick ♦ vi to stamp (with rage), stamp one's feet

patentar [paten'tar] *vt* to patent

patente [pa'tente] *adj* obvious, evident; (COM) *adj* patent ♦ *nf* patent

paternal [pater'nal] *adj* fatherly, paternal; **paterno, a** *adj* paternal

patético, a [pa'tetiko, a] *adj* pathetic, moving

patilla [pa'tiʎa] *nf* (*de gafas*) side(piece); **~s** *nfpl* sideburns

patín [pa'tin] *nm* skate; (*de trineo*) runner; **patinaje** *nm* skating; **patinar** *vi* to skate; (*resbalarse*) to skid, slip; (*fam*) to slip up, blunder

patio [pa'tjo] *nm* (*de casa*) patio, courtyard; **~ de recreo** playground

pato ['pato] *nm* duck; **pagar el ~** (*fam*) to take the blame, carry the can

patológico, a [pato'loxiko, a] *adj* pathological

patoso, a [pa'toso, a] (*fam*) *adj* clumsy

patraña [pa'traɲa] *nf* story, fib

patria ['patrja] *nf* native land, mother country

patrimonio [patri'monjo] *nm* inheritance; (*fig*) heritage

patriota [pa'trjota] *nm/f* patriot; **patriotismo** *nm* patriotism

patrocinar [patroθi'nar] *vt* to sponsor; **patrocinio** *nm* sponsorship

patrón, ona [pa'tron, ona] *nm/f* (*jefe*) boss, chief, master/mistress; (*propietario*) landlord/lady; (REL) patron saint ♦ *nm* (TEC, COSTURA) pattern

patronal [patro'nal] *adj*: **la clase ~** management

patronato [patro'nato] *nm* sponsorship; (*acto*) patronage; (*fundación benéfica*) trust, foundation

patrulla [pa'truʎa] *nf* patrol

pausa ['pausa] *nf* pause, break

pausado, a [pau'saðo, a] *adj* slow, deliberate

pauta ['pauta] *nf* line, guide line

pavimento [paβi'mento] *nm* (*con losas*) pavement, paving

pavo ['paβo] *nm* turkey; **~ real** peacock

pavor [pa'βor] *nm* dread, terror

payaso, a [pa'jaso, a] *nm/f* clown

payo, a ['pajo, a] *nm/f* non-gipsy

paz [paθ] *nf* peace; (*tranquilidad*) peacefulness, tranquility; **hacer las paces** to make peace; (*fig*) to make up

pazo [pa'θo] *nm* country house

P.D. *abr* (= *posdata*) P.S., p.s.

peaje [pe'axe] *nm* toll

peatón [pea'ton] *nm* pedestrian

peca ['peka] *nf* freckle

pecado [pe'kaðo] *nm* sin; **pecador, a** *adj* sinful ♦ *nm/f* sinner

pecaminoso, a [pekami'noso, a] *adj* sinful

pecar [pe'kar] *vi* (REL) to sin; **peca de generoso** he is generous to a fault

pecera [pe'θera] *nf* fish tank, (*redondo*) goldfish bowl

pecho ['petʃo] *nm* (ANAT) chest; (*de mujer*) breast; **dar el ~ a** to breastfeed; **tomar algo a ~** to take sth to heart

pechuga [pe'tʃuxa] *nf* breast

peculiar [peku'ljar] *adj* special, peculiar; (*característico*) typical, characteristic; **~idad** *nf* peculiarity; special feature, characteristic

pedal [pe'ðal] *nm* pedal; **~ear** *vi* to pedal

pedante [pe'ðante] *adj* pedantic ♦ *nm/f* pedant; **~ría** *nf* pedantry

pedazo [pe'ðaθo] *nm* piece, bit, **hacerse ~s** to smash, shatter

pedernal [peðer'nal] *nm* flint

pediatra [pe'ðjatra] *nm/f* paediatrician

pedido [pe'ðiðo] *nm* (COM) order; (*petición*) request

pedir [pe'ðir] *vt* to ask for, request; (*comida, COM: mandar*) to order; (*necesitar*) to need, demand, require ♦ *vi* to ask; **me pidió que cerrara la puerta** he asked me to shut the door; **¿cuánto piden por el coche?** how much are they asking for the car?

pedo ['peðo] *(fam!) nm* fart

pega ['pexa] *nf* snag; **poner ~s (a)** to

complain (about)

pegadizo, a |peɣa'ðiθo, a| *adj* (MUS)
catchy

pegajoso, a |peɣa'xoso, a| *adj* sticky,
adhesive

pegamento |peɣa'mento| *nm* gum,
glue

pegar |pe'ɣar| *vt* (papel, sellos) to stick
(on); (cartel) to stick up; (coser) to sew
(on); (unir: partes) to join, fix together;
(MED) to give, infect with; (dar: golpe)
to give, deal ♦ *vi* (adherirse) to stick,
adhere; (ir juntos: colores) to match, go
together; (golpear) to hit; (quemar: el
sol) to strike hot, burn (fig); **~se** *vr*
(gen) to stick; (dos personas) to hit
each other, fight; (fam): **~ un grito** to
let out a yell; **~ un salto** to jump
(with fright); **~ en** to touch; **~se un
tiro** to shoot o.s.

pegatina |peɣa'tina| *nf* sticker

pegote |pe'ɣote| (fam) *nm* eyesore,
sight

peinado |pei'naðo| *nm* hairstyle

peinar |pei'nar| *vt* to comb; (hacer
estilo) to style; **~se** *vr* to comb one's
hair

peine |'peine| *nm* comb; **~ta** *nf*
ornamental comb

p.ej. *abr* (= por ejemplo) e.g.

Pekín |pe'kin| *n* Peking(g)

pelado, a |pe'laðo, a| *adj* (fruta, patata
etc) peeled; (cabeza) shorn; (campo,
fig) bare; (fam: sin dinero) broke

pelaje |pe'laxe| *nm* (ZOOL) fur, coat;
(fig) appearance

pelar |pe'lar| *vt* (fruta, patatas etc) to
peel; (cortar el pelo a) to cut the hair
of; (quitar la piel: animal) to skin; **~se**
vr (la piel) to peel off; **voy a ~me** I'm
going to get my hair cut

peldaño |pel'daɲo| *nm* step

pelea |pe'lea| *nf* (lucha) fight;
(discusión) quarrel, row

peleado, a |pele'aðo, a| *adj*: **estar
~ (con uno)** to have fallen out (with
sb)

pelear |pele'ar| *vi* to fight; **~se** *vr* to
fight; (reñirse) to fall out, quarrel

peletería |pelete'ria| *nf* furrier's, fur
shop

pelícano |pe'likano| *nm* pelican

película |pe'likula| *nf* film; (cobertura
ligera) thin covering; (FOTO: rollo) roll o
reel of film

peligro |pe'liɣro| *nm* danger; (riesgo)
risk; **correr ~ de** to run the risk of;
~so, a *adj* dangerous; risky

pelirrojo, a |peli'rroxo, a| *adj* red-
haired, red-headed ♦ *nm/f* redhead

pellejo |pe'ʎexo| *nm* (de animal) skin,
hide

pellizcar |peʎiθ'kar| *vt* to pinch, nip

pelma |'pelma| (fam) *nm/f* pain (in the
neck)

pelmazo |pel'maθo| (fam) *nm* =
pelma

pelo |'pelo| *nm* (cabellos) hair; (de
barba, bigote) whisker; (de animal:
pellejo) hair, fur, coat; (de ~ just right;
venir al ~ to be exactly what one
needs; **un hombre de ~ en pecho** a
brave man; **por los ~s** by the skin of
one's teeth; **no tener ~s en la
lengua** to be outspoken, not mince
words; **tomar el ~ a uno** to pull sb's
leg

pelota |pe'lota| *nf* ball; **en ~** stark
naked; **hacer la ~ (a uno)** (fam) to
creep (to sb); **~ vasca** pelota

pelotari |pelo'tari| *nm* pelota player

pelotón |pelo'ton| *nm* (MIL) squad,
detachment

peluca |pe'luka| *nf* wig

peluche |pe'lutʃe| *nm*: **oso/muñeco
de ~** teddy bear/soft toy

peludo, a |pe'luðo, a| *adj* hairy,
shaggy

peluquería |peluke'ria| *nf*
hairdresser's; **peluquero, a** *nm/f*
hairdresser

pelusa |pe'lusa| *nf* (BOT) down; (en
tela) fluff

pena |'pena| *nf* (congoja) grief,

sadness; (*remordimiento*) regret; (*dificultad*) trouble; (*dolor*) pain; (*JUR*) sentence; **merecer o valer la ~** to be worthwhile; **a duras ~s** with great difficulty; **~ de muerte** death penalty; **~ pecuniaria** fine; **¡qué ~!** what a shame!

penal [pe'nal] *adj* penal ♦ *nm* (*cárcel*) prison

penalidad [penali'ðað] *nf* (*problema, dificultad*) trouble, hardship; (*JUR*) penalty, punishment; **~es** *nfpl* trouble, hardship

penalti, penalty [pe'nalti] (*pl* **~s** o **~es**) *nm* penalty (kick)

pendiente [pen'djente] *adj* pending, unsettled ♦ *nm* earring ♦ *nf* hill, slope

pene ['pene] *nm* penis

penetración [penetra'θjon] *nf* (*acto*) penetration; (*agudeza*) sharpness, insight

penetrante [pene'trante] *adj* (*herida*) deep; (*persona, arma*) sharp; (*sonido*) penetrating, piercing; (*mirada*) searching; (*viento, ironía*) biting

penetrar [pene'trar] *vt* to penetrate, pierce; (*entender*) to grasp ♦ *vi* to penetrate, go in; (*entrar*) to enter, go in; (*líquido*) to soak in; (*fig*) to pierce

penicilina [peniθi'lina] *nf* penicillin

península [pe'ninsula] *nf* peninsula; **peninsular** *adj* peninsular

penique [pe'nike] *nm* penny

penitencia [peni'tenθja] *nf* penance

penoso, a [pe'noso, a] *adj* (*lamentable*) distressing; (*difícil*) arduous, difficult

pensador, a [pensa'ðor, a] *nm/f* thinker

pensamiento [pensa'mjento] *nm* thought; (*mente*) mind; (*idea*) idea

pensar [pen'sar] *vt* to think; (*considerar*) to think over, think out; (*proponerse*) to intend, plan; (*imaginarse*) to think up, invent ♦ *vi* to think; **~ en** to aim at, aspire to; **pensativo, a** *adj* thoughtful, pensive

pensión [pen'sjon] *nf* (*casa*) boarding o guest house; (*dinero*) pension; (*cama y comida*) board and lodging; **~ completa** full board; **media ~** half-board; **pensionista** *nm/f* (*jubilado*) (old-age) pensioner; (*huésped*) lodger

penúltimo, a [pe'nultimo, a] *adj* penultimate, last but one

penumbra [pe'numbra] *nf* half-light

penuria [pe'nurja] *nf* shortage, want

peña ['pena] *nf* (*roca*) rock; (*cuesta*) cliff, crag; (*grupo*) group, circle; (*AM: club*) folk club

peñasco [pe'nasko] *nm* large rock, boulder

peñón [pe'non] *nm* wall of rock; **el P~** the Rock (of Gibraltar)

peón [pe'on] *nm* labourer; (*AM*) farm labourer, farmhand; (*AJEDREZ*) pawn

peonza [pe'onθa] *nf* spinning top

peor [pe'or] *adj* (*comparativo*) worse; (*superlativo*) worst ♦ *adv* worse; worst; **de mal en ~** from bad to worse

pepinillo [pepi'niʎo] *nm* gherkin

pepino [pe'pino] *nm* cucumber; **(no) me importa un ~** I don't care one bit

pepita [pe'pita] *nf* (*BOT*) pip; (*MINERÍA*) nugget

pepito [pe'pito] *nm*: **~ (de ternera)** steak sandwich

pequeñez [peke'neθ] *nf* smallness, littleness; (*trivialidad*) trifle, triviality

pequeño, a [pe'keno, a] *adj* small, little

pera ['pera] *nf* pear; **peral** *nm* pear tree

percance [per'kanθe] *nm* setback, misfortune

percatarse [perka'tarse] *vr*: **~ de** to notice, take notice of

percebe [per'θeße] *nm* barnacle

percepción [perθep'θjon] *nf* (*vista*) perception; (*idea*) notion, idea

percha ['pertʃa] *nf* (*coat*)hanger; (*ganchos*) coat hooks *pl*; (*de ave*) perch

percibir [perθi'ßir] *vt* to perceive, notice; (*COM*) to earn, get

percusión [perku'sjon] nf percussion

perdedor, a [perðe'ðor, a] adj losing
♦ nm/f loser

perder [per'ðer] vt to lose; (tiempo, palabras) to waste; (oportunidad) to lose, miss; (tren) to miss ♦ vi to lose; **~se** vr (extraviarse) to get lost; (desaparecer) to disappear, be lost to view; (arruinarse) to be ruined; **echar a ~** (comida) to spoil, ruin; (oportunidad) to waste

perdición [perði'θjon] nf perdition, ruin

pérdida ['perðiða] nf loss; (de tiempo) waste; **~s** nfpl (COM) losses

perdido, a [per'ðiðo, a] adj lost

perdiz [per'ðiθ] nf partridge

perdón [per'ðon] nm (disculpa) pardon, forgiveness; (clemencia) mercy; **¡~!** sorry!, I beg your pardon!;

perdonar vt to pardon, forgive; (la vida) to spare; (excusar) to exempt, excuse; **¡perdone (usted)!** sorry!, I beg your pardon!

perdurar [perðu'rar] vi (resistir) to last, endure; (seguir existiendo) to stand, still exist

perecedero, a [pereθe'ðero, a] adj perishable

perecer [pere'θer] vi to perish, die

peregrinación [perevrina'θjon] nf (REL) pilgrimage

peregrino, a [pere'vrino, a] adj (idea) strange, absurd ♦ nm/f pilgrim

perejil [pere'xil] nm parsley

perenne [pe'renne] adj everlasting, perennial

pereza [pe'reθa] nf laziness, idleness; **perezoso, a** adj lazy, idle

perfección [perfek'θjon] nf perfection; **perfeccionar** vt to perfect; (mejorar) to improve; (acabar) to complete, finish

perfectamente [perfekta'mente] adv perfectly

perfecto, a [per'fekto, a] adj perfect; (total) complete

perfil [per'fil] nm profile; (contorno) silhouette, outline; (ARQ) (cross) section; **~es** nmpl features; **~ar** vt (trazar) to outline; (fig) to shape, give character to

perforación [perfora'θjon] nf perforation; (con taladro) drilling; **perforadora** nf punch

perforar [perfo'rar] vt to perforate; (agujero) to drill, bore; (papel) to punch a hole in ♦ vi to drill, bore

perfume [per'fume] nm perfume, scent

pericia [pe'riθja] nf skill, expertise

periferia [peri'ferja] nf periphery; (de ciudad) outskirts pl

periférico [peri'feriko] (AM) nm ring road (BRIT), beltway (US)

perímetro [pe'rimetro] nm perimeter

periódico, a [pe'rjoðiko, a] adj periodic(al) ♦ nm newspaper

periodismo [perjo'ðismo] nm journalism; **periodista** nm/f journalist

periodo [pe'rjoðo] nm period

periodo [pe'rjoðo] nm = **periodo**

periquito [peri'kito] nm budgerigar, budgie

perito, a [pe'rito, a] adj (experto) expert; (diestro) skilled, skilful ♦ nm/f expert; skilled worker; (técnico) technician

perjudicar [perxuði'kar] vt (gen) to damage, harm; **perjudicial** adj damaging, harmful; (en detrimento) detrimental; **perjuicio** nm damage, harm

perjurar [perxu'rar] vi to commit perjury

perla ['perla] nf pearl; **me viene de ~s** it suits me fine

permanecer [permane'θer] vi (quedarse) to stay, remain; (seguir) to continue to be

permanencia [perma'nenθja] nf permanence; (estancia) stay

permanente [perma'nente] adj permanent, constant ♦ nf perm

permiso [per'miso] *nm* permission;
(*licencia*) permit, licence; **con ~** excuse
me; **estar de ~** (*MIL*) to be on leave;
~ de conducir driving licence (*BRIT*),
driver's license (*US*)

permitir [permi'tir] *vt* to permit, allow

pernera [per'nera] *nf* trouser leg

pernicioso, a [perni'θjoso, a] *adj*
pernicious

pero ['pero] *conj* but; (*aún*) yet ♦ *nm*
(*defecto*) flaw, defect; (*reparo*)
objection

perpendicular [perpendiku'lar] *adj*
perpendicular

perpetrar [perpe'trar] *vt* to perpetrate

perpetuar [perpe'twar] *vt* to
perpetuate; **perpetuo, a** *adj* perpetual

perplejo, a [per'plexo, a] *adj*
perplexed, bewildered

perra ['perra] *nf* (*ZOOL*) bitch; **estar
sin una ~** to be flat broke

perrera [pe'rrera] *nf* kennel

perrito [pe'rrito] *nm*: **~ caliente** hot
dog

perro ['perro] *nm* dog

persa ['persa] *adj, nm/f* Persian

persecución [perseku'θjon] *nf*
pursuit, chase; (*REL, POL*) persecution

perseguir [perse'vir] *vt* to pursue,
hunt; (*cortejar*) to chase after;
(*molestar*) to pester, annoy; (*REL, POL*)
to persecute

perseverante [perseße'rante] *adj*
persevering, persistent

perseverar [perseße'rar] *vi* to
persevere, persist

persiana [per'sjana] *nf* (Venetian)
blind

persignarse [persiv'narse] *vr* to cross
o.s.

persistente [persis'tente] *adj*
persistent

persistir [persis'tir] *vi* to persist

persona [per'sona] *nf* person;
~ mayor elderly person

personaje [perso'naxe] *nm* important
person, celebrity; (*TEATRO etc*)

character

personal [perso'nal] *adj* (*particular*)
personal; (*para una persona*) single, for
one person ♦ *nm* personnel, staff;
~idad *nf* personality

personarse [perso'narse] *vr* to appear
in person

personificar [personifi'kar] *vt* to
personify

perspectiva [perspek'tißa] *nf*
perspective; (*vista, panorama*) view,
panorama; (*posibilidad futura*) outlook,
prospect

perspicacia [perspi'kaθja] *nf*
discernment, perspicacity

perspicaz [perspi'kaθ] *adj* shrewd

persuadir [perswa'ðir] *vt* (*gen*) to
persuade; (*convencer*) to convince; **~se**
vr to become convinced; **persuasión**
nf persuasion; **persuasivo, a** *adj*
persuasive, convincing

pertenecer [pertene'θer] *vi* to belong;
(*fig*) to concern; **perteneciente** *adj*:
~ a belonging to; **pertenencia** *nf* ownership;
pertenencias *nfpl* (*bienes*)
possessions, property *sg*

pertenezca *etc vb ver* **pertenecer**

pértiga ['pertixa] *nf*: **salto de ~** pole
vault

pertinente [perti'nente] *adj* relevant,
pertinent; (*apropiado*) appropriate; **~ a**
concerning, relevant to

perturbación [perturßa'θjon] *nf* (*POL*)
disturbance; (*MED*) upset, disturbance

perturbado, a [pertur'ßaðo, a] *adj*
mentally unbalanced

perturbar [pertur'ßar] *vt* (*el orden*) to
disturb; (*MED*) to upset, disturb;
(*mentalmente*) to perturb

Perú [pe'ru] *nm*: **el ~** Peru; **peruano,
a** *adj, nm/f* Peruvian

perversión [perßer'sjon] *nf*
perversion; **perverso, a** *adj* perverse;
(*depravado*) depraved

pervertido, a [perßer'tiðo, a] *adj*
perverted ♦ *nm/f* pervert

pervertir [perβer'tir] vt to pervert, corrupt

pesa ['pesa] nf weight; (DEPORTE) shot

pesadez [pesa'ðeθ] nf (peso) heaviness; (lentitud) slowness; (aburrimiento) tediousness

pesadilla [pesa'ðiʎa] nf nightmare, bad dream

pesado, a [pe'saðo, a] adj heavy; (lento) slow; (difícil, duro) tough, hard; (aburrido) boring, tedious; (tiempo) sultry

pésame ['pesame] nm expression of condolence, message of sympathy; **dar el ~** to express one's condolences

pesar [pe'sar] vt to weigh ♦ vi to weigh; (ser pesado) to weigh a lot, be heavy; (fig: opinión) to carry weight; **no pesa mucho** it's not very heavy ♦ nm (arrepentimiento) regret; (pena) grief, sorrow; **a ~ de o (que)** in spite of, despite

pesca ['peska] nf (acto) fishing; (lo pescado) catch; **ir de ~** to go fishing

pescadería [peskaðe'ria] nf fish shop, fishmonger's (BRIT)

pescadilla [peska'ðiʎa] nf whiting

pescado [pes'kaðo] nm fish

pescador, a [peska'ðor, a] nm/f fisherman/woman

pescar [pes'kar] vt (tomar) to catch; (intentar tomar) to fish for; (conseguir: trabajo) to manage to get ♦ vi to fish, go fishing

pescuezo [pes'kweθo] nm neck

pesebre [pe'seβre] nm manger

peseta [pe'seta] nf peseta

pesimista [pesi'mista] adj pessimistic ♦ nm/f pessimist

pésimo, a ['pesimo, a] adj awful, dreadful

peso ['peso] nm weight; (balanza) scales pl; (moneda) peso; **~ bruto/ neto** gross/net weight; **vender al ~** to sell by weight

pesquero, a [pes'kero, a] adj fishing cpd

pesquisa [pes'kisa] nf inquiry, investigation

pestaña [pes'taɲa] nf (ANAT) eyelash; (borde) rim; **pestañear** vi to blink

peste ['peste] nf plague; (mal olor) stink, stench

pesticida [pesti'θiða] nm pesticide

pestillo [pes'tiʎo] nm (cerrojo) bolt; (picaporte) doorhandle

petaca [pe'taka] nf (de cigarros) cigarette case; (de pipa) tobacco pouch; (AM: maleta) suitcase

pétalo ['petalo] nm petal

petardo [pe'tardo] nm firework, firecracker

petición [peti'θjon] nf (pedido) request, plea; (memorial) petition; (JUR) plea

petrificar [petrifi'kar] vt to petrify

petróleo [pe'troleo] nm oil, petroleum; **petrolero, a** adj petroleum cpd ♦ nm (oil) tanker

peyorativo, a [pejora'tiβo, a] adj pejorative

pez [peθ] nm fish

pezón [pe'θon] nm teat, nipple

pezuña [pe'θuɲa] nf hoof

piadoso, a [pja'ðoso, a] adj (devoto) pious, devout; (misericordioso) kind, merciful

pianista [pja'nista] nm/f pianist

piano ['pjano] nm piano

piar [pjar] vi to cheep

pibe, a ['piβe, a] (AM) nm/f boy/girl

picadero [pika'ðero] nm riding school

picadillo [pika'ðiʎo] nm mince, minced meat

picado, a [pi'kaðo, a] adj pricked, punctured; (CULIN) minced, chopped; (mar) choppy; (diente) bad; (tabaco) cut; (enfadado) cross

picador [pika'ðor] nm (TAUR) picador; (minero) faceworker

picadura [pika'ðura] nf (pinchazo) puncture; (de abeja) sting; (de mosquito) bite; (tabaco picado) cut tobacco

picante [pi'kante] *adj* hot; (*comentario*) racy, spicy

picaporte [pika'porte] *nm* (*manija*) doorhandle; (*pestillo*) latch

picar [pi'kar] *vt* (*agujerear, perforar*) to prick, puncture; (*abeja*) to sting; (*mosquito, serpiente*) to bite; (*CULIN*) to mince, chop; (*incitar*) to incite, goad; (*dañar, irritar*) to annoy, bother; (*quemar: lengua*) to burn, sting ♦ *vi* (*pez*) to bite, take the bait; (*sol*) to burn, scorch; (*abeja, MED*) to sting; (*mosquito*) to bite; ~se *vr* (*agriarse*) to turn sour, go off; (*ofenderse*) to take offence

picardía [pikar'ðia] *nf* villainy; (*astucia*) slyness, craftiness; (*una* ~) dirty trick; (*palabra*) rude/bad word o expression

pícaro, a ['pikaro, a] *adj* (*malicioso*) villainous; (*travieso*) mischievous ♦ *nm* (*astuto*) crafty sort; (*sinvergüenza*) rascal, scoundrel

pichón [pi'tʃon] *nm* young pigeon

pico ['piko] *nm* (*de ave*) beak; (*punta*) sharp point; (*TEC*) pick, pickaxe; (*GEO*) peak, summit; **y ~** and a bit

picor [pi'kor] *nm* itch

picotear [pikote'ar] *vt* to peck ♦ *vi* to nibble, pick

picudo, a [pi'kuðo, a] *adj* pointed, with a point

pidió *etc vb ver* **pedir**

pido *etc vb ver* **pedir**

pie [pje] (*pl* ~**s**) *nm* foot; (*fig: motivo*) motive, basis; (: *fundamento*) foothold; **ir a** ~ to go on foot, walk; **estar de** ~ to be standing (up); **ponerse de** ~ to stand up; **de ~s a cabeza** from top to bottom; **al ~ de la letra** (*citar*) literally, verbatim; (*copiar*) exactly, word for word; **en ~ de guerra** on a war footing; **dar ~ a** to give cause for; **hacer** ~ (*en el agua*) to touch (the) bottom

piedad [pje'ðað] *nf* (*lástima*) pity, compassion; (*clemencia*) mercy; (*devoción*) piety, devotion

piedra ['pjeðra] *nf* stone; (*roca*) rock; (*de mechero*) flint; (*METEOROLOGÍA*) hailstone

piel [pjel] *nf* (*ANAT*) skin; (*ZOOL*) skin, hide, fur; (*cuero*) leather; (*BOT*) skin, peel

pienso *etc vb ver* **pensar**

pierdo *etc vb ver* **perder**

pierna ['pjerna] *nf* leg

pieza ['pjeθa] *nf* piece; (*habitación*) room; ~ **de recambio** o **repuesto** spare (part)

pigmeo, a [piɣ'meo, a] *adj, nm/f* pigmy

pijama [pi'xama] *nm* pyjamas *pl*

pila ['pila] *nf* (*ELEC*) battery; (*montón*) heap, pile; (*lavabo*) sink

píldora ['pildora] *nf* pill; **la** ~ **(anticonceptiva)** the (contraceptive) pill

pileta [pi'leta] *nf* basin, bowl; (*AM*) swimming pool

pillaje [pi'ʎaxe] *nm* pillage, plunder

pillar [pi'ʎar] *vt* (*saquear*) to pillage, plunder; (*fam: coger*) to catch; (: *agarrar*) to grasp, seize; (: *entender*) to grasp, catch on to; ~se *vr*: ~se un dedo con la puerta to catch one's finger in the door

pillo, a ['piʎo, a] *adj* villainous; (*astuto*) sly, crafty ♦ *nm/f* rascal, rogue, scoundrel

piloto [pi'loto] *nm* pilot; (*de aparato*) (pilot) light; (*AUTO: luz*) tail o rear light; (: *conductor*) driver

pimentón [pimen'ton] *nm* paprika

pimienta [pi'mjenta] *nf* pepper

pimiento [pi'mjento] *nm* pepper, pimiento

pin [pin] (*pl* **pins**) *nm* badge

pinacoteca [pinako'teka] *nf* art gallery

pinar [pi'nar] *nm* pine forest (*BRIT*), pine grove (*US*)

pincel [pin'θel] *nm* paintbrush

pinchadiscos [pintʃa'ðiskos] *nm/f inv* disc-jockey, DJ

pinchar [pin'tʃar] *vt* (*perforar*) to prick,

pinchazo [pin'tʃaθo] nm (perforación) prick; (de neumático) puncture; (fig) prod

pincho ['pintʃo] nm savoury (snack); ~ **moruno** shish kebab; ~ **de tortilla** small slice of omelette

ping-pong [pin'pon] nm table tennis

pingüino [pin'gwino] nm penguin

pino ['pino] nm pine (tree)

pinta ['pinta] nf spot; (de líquidos) spot, drop; (aspecto) appearance, look(s) (pl); ~**do, a** adj spotted; (de colores) colourful; ~**das** nfpl graffiti sg

pintar [pin'tar] vt to paint ♦ vi to paint; (fam) to count, be important; ~**se** vr to put on make-up

pintor, a [pin'tor, a] nm/f painter

pintoresco, a [pinto'resko, a] adj picturesque

pintura [pin'tura] nf painting; ~ **a la acuarela** watercolour; ~ **al óleo** oil painting

pinza ['pinθa] nf (ZOOL) claw; (para colgar ropa) clothes peg; (TEC) pincers pl; ~**s** nfpl (para depilar etc) tweezers pl

piña ['pina] nf (fruto del pino) pine cone; (fruta) pineapple; (fig) group

piñón [pi'non] nm (fruto) pine nut; (TEC) pinion

pío, a ['pio, a] adj (devoto) pious, devout; (misericordioso) merciful

piojo ['pjoxo] nm louse

pionero, a [pjo'nero, a] adj pioneering ♦ nm/f pioneer

pipa ['pipa] nf pipe; ~**s** nfpl (BOT) (edible) sunflower seeds

pipí [pi'pi] (fam) nm: **hacer** ~ to have a wee-(wee) (BRIT), have to go (wee-wee) (US)

pique ['pike] nm (resentimiento) pique, resentment; (rivalidad) rivalry, competition; **irse a** ~ to sink; (esperanza, familia) to be ruined

piqueta [pi'keta] nf pick(axe)

piquete [pi'kete] nm (MIL) squad, party; (de obreros) picket

pirado, a [pi'raðo, a] (fam) adj round the bend ♦ nm/f nutter

piragua [pi'raɣwa] nf canoe; **piragüismo** nm canoeing

pirámide [pi'ramiðe] nf pyramid

pirata [pi'rata] adj, nm pirate ♦ nm/f: ~ **informático/a** hacker

Pirineo(s) [piri'neo(s)] nm(pl) Pyrenees pl

pirómano, a [pi'romano, a] nm/f (MED, JUR) arsonist

piropo [pi'ropo] nm compliment, (piece of) flattery

pirueta [pi'rweta] nf pirouette

pis [pis] (fam) nm pee, piss; **hacer** ~ to have a pee; (para niños) to wee-wee

pisada [pi'saða] nf (paso) footstep; (huella) footprint

pisar [pi'sar] vt (caminar sobre) to walk on, tread on; (apretar con el pie) to press; (fig) to trample on, walk all over ♦ vi to tread, step, walk

piscina [pis'θina] nf swimming pool

Piscis [pis'θis] nm Pisces

piso ['piso] nm (suelo, planta) floor; (apartamento) flat (BRIT), apartment; **primer** ~ (ESP) first floor; (AM) ground floor

pisotear [pisote'ar] vt to trample (on o underfoot)

pista ['pista] nf track, trail; (indicio) clue; ~ **de aterrizaje** runway; ~ **de baile** dance floor; ~ **de hielo** ice rink; ~ **de tenis** tennis court

pistola [pis'tola] nf pistol; (TEC) spray-gun; **pistolero, a** nm/f gunman/woman, gangster

pistón [pis'ton] nm (TEC) piston; (MUS) key

pitar [pi'tar] vt (silbato) to blow; (rechiflar) to whistle at, boo ♦ vi to whistle; (AUTO) to sound o toot one's horn; (AM) to smoke

pitillo [pi'tiʎo] nm cigarette

pito ['pito] nm whistle; (de coche) horn

pitón [pi'ton] nm (ZOOL) python

pitonisa [pito'nisa] nf fortune-teller

pitorreo [pito'rreo] nm joke; **estar de ~** to be joking

pizarra [pi'θarra] nf (piedra) slate; (encerado) blackboard

pizca ['piθka] nf pinch, spot; (fig) spot, speck; **ni ~** not a bit

placa ['plaka] nf plate; (distintivo) badge, insignia; **~ de matrícula** number plate

placentero, a [plaθen'tero, a] adj pleasant, agreeable

placer [pla'θer] nm pleasure ♦ vt to please

plácido, a [pla'θiðo, a] adj placid

plaga ['plaxa] nf pest; (MED) plague; (abundancia) abundance; **plagar** vt (llenar) to fill

plagio ['plaxjo] nm plagiarism

plan [plan] nm (esquema, proyecto) plan; (idea, intento) idea, intention; **tener ~** (fam) to have a date; **tener un ~** (fam) to have an affair; **en ~ económico** (fam) on the cheap; **vamos en ~ de turismo** we're going as tourists; **si te pones en ese ~** ... if that's your attitude ...

plana ['plana] nf sheet (of paper), page; (TEC) trowel; **en primera ~** on the front page; **~ mayor** staff

plancha ['plantʃa] nf (para planchar) iron; (rótulo) sheet, plate; (NAUT) gangway; **a la ~** (CULIN) grilled, ~do nm ironing; **planchar** vt to iron ♦ vi to do the ironing

planeador [planea'ðor] nm glider

planear [plane'ar] vt to plan ♦ vi to glide

planeta [pla'neta] nm planet

planicie [pla'niθje] nf plain

planificación [planifika'θjon] nf planning; **~ familiar** family planning

plano, a ['plano, a] adj flat, level, even ♦ nm (MAT, TEC) plane; (FOTO) shot; (ARQ) plan; (GEO) map; (de ciudad) map, street plan; **primer ~** close-up; **caer de ~** to fall flat

planta ['planta] nf (BOT, TEC) plant; (ANAT) sole of the foot, foot; (piso) floor; (AM: personal) staff; **~ baja** ground floor

plantación [planta'θjon] nf (AGR) plantation; (acto) planting

plantar [plan'tar] vt (BOT) to plant; (levantar) to erect, set up; **~se** vr to stand firm; **~ a uno en la calle** to throw sb out; **dejar plantado a uno** (fam) to stand sb up

plantear [plante'ar] vt (problema) to pose; (dificultad) to raise

plantilla [plan'tiʎa] nf (de zapato) insole; (personal) personnel; **ser de ~** to be on the staff

plantón [plan'ton] nm (MIL) guard, sentry; (fam) long wait; **dar (un) ~ a uno** to stand sb up

plasmar [plas'mar] vt (dar forma) to mould, shape; (representar) to represent; **~se vr: ~se en** to take the form of

plasta ['plasta] (fam) adj inv boring ♦ nm/f bore

plástico, a ['plastiko, a] adj plastic ♦ nm plastic

Plastilina ® [plasti'lina] nf Plasticine ®

plata ['plata] nf (metal) silver; (cosas hechas de ~) silverware; (AM) cash, dough; **hablar en ~** to speak bluntly o frankly

plataforma [plata'forma] nf platform; **~ de lanzamiento/perforación** launch(ing) pad/drilling rig

plátano ['platano] nm (fruta) banana; (árbol) plane tree; banana tree

platea [pla'tea] nf (TEATRO) pit

plateado, a [plate'aðo, a] adj silver; (TEC) silver-plated

plática ['platika] nf talk, chat; **platicar** vi to talk, chat

platillo [pla'tiʎo] nm saucer; **~s** nmpl (MUS) cymbals; **~ volador o volante** flying saucer

platino [pla'tino] nm platinum; **~s**

plato 222 **poco**

nmpl (AUTO) contact points

plato ['plato] *nm* plate, dish; (*parte de comida*) course; (*comida*) dish;
~ **combinado** set main course (*served on one plate*); ~ **fuerte** main course;
primer ~ first course

playa ['plaja] *nf* beach; (*costa*) seaside;
~ **de estacionamiento** (AM) car park

playera [pla'jera] *nf* (AM: *camiseta*) T-shirt; ~**s** *nfpl* (*zapatos*) canvas shoes

plaza ['plaθa] *nf* square; (*mercado*) market(place); (*sitio*) room, space; (*en vehículo*) seat, place; (*colocación*) post, job; ~ **de toros** bullring

plazo ['plaθo] *nm* (*lapso de tiempo*) time, period; (*fecha de vencimiento*) expiry date; (*pago parcial*) instalment;
a corto/largo ~ short-/long-term;
comprar algo a ~**s** to buy sth on hire purchase (BRIT) o on time (US)

plazoleta [plaθo'leta] *nf* small square

pleamar [plea'mar] *nf* high tide

plebe ['pleβe] *nf*: **la** ~ the common people *pl*, the masses *pl*; (*pey*) the plebs *pl*; ~**yo, a** *adj* plebeian; (*pey*) coarse, common

plebiscito [pleβis'θito] *nm* plebiscite

plegable [ple'xaβle] *adj* collapsible; (*silla*) folding

plegar [ple'xar] *vt* (*doblar*) to fold, bend; (*COSTURA*) to pleat; ~**se** *vr* to yield, submit

pleito ['pleito] *nm* (JUR) lawsuit, case; (*fig*) dispute, feud

plenilunio [pleni'lunjo] *nm* full moon

plenitud [pleni'tuð] *nf* plenitude, fullness; (*abundancia*) abundance

pleno, a ['pleno, a] *adj* full; (*completo*) complete ♦ *nm* plenum; en ~ **día** in broad daylight; en ~ **verano** at the height of summer; **en plena cara** full in the face

pliego *etc* ['pljexo] *vb ver* **plegar** ♦ *nm* (*hoja*) sheet (of paper); (*carta*) sealed letter/document; ~ **de condiciones** details *pl*, specifications *pl*

pliegue *etc* ['pljexe] *vb ver* **plegar**

♦ *nm* fold, crease; (*de vestido*) pleat

plomero [plo'mero] *nm* (AM) plumber

plomo ['plomo] *nm* (*metal*) lead; (ELEC) fuse; **sin** ~ unleaded

pluma ['pluma] *nf* feather; (*para escribir*): ~ (**estilográfica**) ink pen;
~ **fuente** (AM) fountain pen

plumero [plu'mero] *nm* (*para el polvo*) feather duster

plumón [plu'mon] *nm* (*de ave*) down; (AM: *fino*) felt-tip pen; (*: ancho*) marker

plural [plu'ral] *adj* plural; ~**idad** *nf* plurality

pluriempleo [pluriem'pleo] *nm* having more than one job

plus [plus] *nm* bonus; ~**valía** *nf* (COM) appreciation

población [poβla'θjon] *nf* population; (*pueblo, ciudad*) town, city

poblado, a [po'βlaðo, a] *adj* inhabited ♦ *nm* (*aldea*) village; (*pueblo*) (*small*) town; **densamente** ~ densely populated

poblador, a [poβla'ðor, a] *nm/f* settler, colonist

poblar [po'βlar] *vt* (*colonizar*) to colonize; (*fundar*) to found; (*habitar*) to inhabit

pobre ['poβre] *adj* poor ♦ *nm/f* poor person; ~**za** *nf* poverty

pocilga [po'θilxa] *nf* pigsty

pócima ['poθima] *nf* = **poción**

PALABRA CLAVE

poco, a ['poko, a] *adj* **1** (*sg*) little, not much; ~ **tiempo** little o not much time; **de** ~ **interés** little or not much interest, not very interesting; **poca cosa** not much

2 (*pl*) few, not many; **unos** ~**s** a few, some; ~**s niños comen lo que les conviene** few children eat what they should

♦ *adv* **1** little, not much; **cuesta** ~ it doesn't cost much

2 (+ *adj*: = *negativo, antónimo*):
~ **amable/inteligente** not very nice/

intelligent
3: por ~ me caigo I almost fell
4: a ~: a ~ de haberse casado
shortly after getting married
5: ~ a ~ little by little
♦ *nm* a little, a bit; **un ~ triste/de dinero** a little sad/money

podar [po'ðar] *vt* to prune

PALABRA CLAVE

poder [po'ðer] *vi* **1** (*capacidad*) can, be able to; **no puedo hacerlo** I can't do it, I'm unable to do it
2 (*permiso*) can, may, be allowed to; **¿se puede?** may I (*o* we)?; **puedes irte ahora** you may go now; **no se puede fumar en este hospital** smoking is not allowed in this hospital
3 (*posibilidad*) may, might, could; **puede llegar mañana** he may *o* might arrive tomorrow; **pudiste haberte hecho daño** you might *o* could have hurt yourself; **¡podías habérmelo dicho antes!** you might have told me before!
4: puede ser: puede ser perhaps; **puede ser que lo sepa Tomás** Tomás may *o* might know
5: ¡no puedo más! I've had enough!; **no puedo menos que dejarlo** I couldn't help but leave it; **es tonto a más no ~** he's as stupid as they come
6: ~ con: no puedo con este crío this kid's too much for me
♦ *nm* power; **~ adquisitivo** purchasing power; **detentar** *o* **ocupar** *o* **estar en el ~** to be in power

poderoso, a [poðe'roso, a] *adj* (*político, país*) powerful
podio ['poðjo] *nm* (*DEPORTE*) podium
podium ['poðjum] = **podio**
podrido, a [po'ðriðo, a] *adj* rotten, bad; (*fig*) rotten, corrupt
podrir [po'ðrir] = **pudrir**
poema [po'ema] *nm* poem

poesía [poe'sia] *nf* poetry
poeta [po'eta] *nm/f* poet; **poético, a** *adj* poetic(al)
poetisa [poe'tisa] *nf* (woman) poet
póker ['poker] *nm* poker
polaco, a [po'lako, a] *adj* Polish
♦ *nm/f* Pole
polar [po'lar] *adj* polar; **~idad** *nf* polarity; **~izarse** *vr* to polarize
polea [po'lea] *nf* pulley
polémica [po'lemika] *nf* polemics *sg*; (*una ~*) controversy, polemic
polen ['polen] *nm* pollen
policía [poli'θia] *nm/f* policeman/woman ♦ *nf* police; **~co, a** *adj* police *cpd*; **novela policíaca** detective story; **policial** *adj* police *cpd*
polideportivo [poliðepor'tiβo] *nm* sports centre *o* complex
poligamia [poli'βamja] *nf* polygamy
polígono [po'liβono] *nm* (*MAT*) polygon; **~ industrial** industrial estate
polilla [po'liʎa] *nf* moth
polio ['poljo] *nf* polio
política [po'litika] *nf* politics *sg*; (*económica, agraria etc*) policy; *ver tb* **político**
político, a [po'litiko, a] *adj* political; (*discreto*) tactful; (*de familia*) -in-law ♦ *nm/f* politician; **padre ~** father-in-law
póliza ['poliθa] *nf* certificate, voucher; (*impuesto*) tax stamp; **~ de seguros** insurance policy
polizón [poli'θon] *nm* stowaway
pollera [po'ʎera] (*AM*) *nf* skirt
pollería [poʎe'ria] *nf* poulterer's (shop)
pollo ['poʎo] *nm* chicken
polo ['polo] *nm* (*GEO, ELEC*) pole; (*helado*) ice lolly; (*DEPORTE*) pole; (*suéter*) polo-neck; **~ Norte/Sur** North/South Pole
Polonia [po'lonja] *nf* Poland
poltrona [pol'trona] *nf* easy chair
polución [polu'θjon] *nf* pollution
polvera [pol'βera] *nf* powder compact
polvo ['polβo] *nm* dust; (*QUÍM, CULIN,*

MED) powder; **~s** nmpl (maquillaje)
powder sg; **quitar el ~** to dust; **~ de
talco** talcum powder; **estar hecho ~**
(fam) to be worn out o exhausted

pólvora ['polβora] nf gunpowder;
(fuegos artificiales) fireworks pl

polvoriento, a [polβo'rjento, a] adj
(superficie) dusty; (sustancia) powdery

pomada [po'maða] nf cream,
ointment

pomelo [po'melo] nm grapefruit

pómez ['pomeθ] nf: **piedra ~** pumice
stone

pomo ['pomo] nm doorknob

pompa ['pompa] nf (burbuja) bubble;
(bomba) pump; (esplendor) pomp,
splendour; **pomposo, a** adj splendid,
magnificent; (pey) pompous

pómulo ['pomulo] nm cheekbone

pon [pon] vb ver **poner**

ponche ['pontʃe] nm punch

poncho ['pontʃo] nm poncho

ponderar [ponde'rar] vt (considerar) to
weigh up, consider; (elogiar) to praise
highly, speak in praise of

pondré etc vb ver **poner**

PALABRA CLAVE
---

poner [po'ner] vt **1** (colocar) to put;
(telegrama) to send; (obra de teatro) to
put on; (película) to show; **ponlo más
fuerte** turn it up; **¿qué ponen en el
Excelsior?** what's on at the Excelsior?
2 (tienda) to open; (instalar: gas etc) to
put in; (radio, TV) to switch o turn on
3 (suponer): **pongamos que ...** let's
suppose that ...
4 (contribuir): **el gobierno ha puesto
otro millón** the government has
contributed another million
5 (TELEC): **póngame con el Sr.
López** can you put me through to Mr.
López?
6: **~ de: le han puesto de director
general** they've appointed him
general manager
7 (+ adj) to make; **me estás**

poniendo nerviosa you're making
me nervous
8 (dar nombre): **al hijo le pusieron
Diego** they called their son Diego
♦ vi (gallina) to lay
♦ ~se vr **1** (colocarse): **se puso a mi
lado** he came and stood beside me;
tú ponte en esa silla you go and sit
on that chair
2 (vestido, cosméticos) to put on; **¿por
qué no te pones el vestido nuevo?**
why don't you put on o wear your new
dress?
3 (+ adj) to turn; to get, become; **se
puso muy serio** he got very serious;
**después de lavarla la tela se puso
azul** after washing it the material
turned blue
4: **~se a: se puso a llorar** he started
to cry; **tienes que ~te a estudiar**
you must get down to studying
5: **~se a bien con uno** to make it up
with sb; **~se a mal con uno** to get
on the wrong side of sb

---

pongo etc vb ver **poner**

poniente [po'njente] nm (occidente)
west; (viento) west wind

pontífice [pon'tifiθe] nm pope, pontiff

popa ['popa] nf stern

popular [popu'lar] adj popular;
(cultura) of the people, folk cpd; **~idad**
nf popularity; **~izarse** vr to become
popular

PALABRA CLAVE
---

por [por] prep **1** (objetivo) for; **luchar
~ la patria** to fight for one's country
2 (+ infin): **~ no llegar tarde** so as
not to arrive late; **~ citar unos
ejemplos** to give a few examples
3 (causa) out of, because of;
~ escasez de fondos through o for
lack of funds
4 (tiempo): **~ la mañana/noche** in
the morning/at night; **se queda
~ una semana** she's staying (for) a

week
5 (*lugar*): **pasar ~ Madrid** to pass
through Madrid; **ir a Guayaquil
~ Quito** to go to Guayaquil via Quito;
caminar ~ la calle to walk along the
street; *ver tb* **todo**
6 (*cambio, precio*): **te doy uno nuevo
~ el que tienes** I'll give you a new
one (in return) for the one you've got
7 (*valor distributivo*): **550 pesetas
~ hora/cabeza** 550 pesetas an o per
hour/a o per head
8 (*modo, medio*) by; **~ correo/avión**
by post/air; **día ~ día** day by day;
entrar ~ la entrada principal to go
in through the main entrance
9: **10 ~ 10 son 100** 10 times 10 is
100
10 (*en lugar de*): **vino él ~ su jefe** he
came instead of his boss
11: **~ mí que revienten** as far as I'm
concerned they can drop dead
12: **¿~ qué?** why?; **¿~ qué no?** why
not?

porcelana [porθe'lana] *nf* porcelain;
(*china*) china
porcentaje [porθen'taxe] *nm*
percentage
porción [por'θjon] *nf* (*parte*) portion,
share; (*cantidad*) quantity, amount
pordiosero, a [porðjo'sero, a] *nm/f*
beggar
porfiar [por'fjar] *vi* to persist, insist;
(*disputar*) to argue stubbornly
pormenor [porme'nor] *nm* detail,
particular
pornografía [pornoɣra'fia] *nf*
pornography
poro ['poro] *nm* pore; **~so, a** *adj*
porous
porque ['porke] *conj* (*a causa de*)
because; (*ya que*) since; (*con el fin de*)
so that, in order that
porqué [por'ke] *nm* reason, cause
porquería [porke'ria] *nf* (*suciedad*)
filth, dirt; (*acción*) dirty trick; (*objeto*)

small thing, trifle; (*fig*) rubbish
porra ['porra] *nf* (*arma*) stick, club
porrazo [po'rraθo] *nm* blow, bump
porro ['porro] (*fam*) *nm* (*droga*) joint
(*fam*)
porrón [po'rron] *nm* glass wine jar with
a long spout
portaaviones [porta(a)ßjones] *nm
inv* aircraft carrier
portada [por'taða] *nf* (*de revista*) cover
portador, a [porta'ðor, a] *nm/f* carrier,
bearer; (*COM*) bearer, payee
portaequipajes [portaeki'paxes] *nm
inv* (*AUTO: maletero*) boot; (*: baca*)
luggage rack
portal [por'tal] *nm* (*entrada*) vestibule,
hall; (*portada*) porch, doorway; (*puerta
de entrada*) main door
portamaletas [portama'letas] *nm inv*
(*AUTO: maletero*) boot; (*: baca*) roof
rack
portarse [por'tarse] *vr* to behave,
conduct o.s.
portátil [por'tatil] *adj* portable
portavoz [porta'ßoθ] *nm/f*
spokesman/woman
portazo [por'taθo] *nm*: **dar un ~** to
slam the door
porte ['porte] *nm* (*COM*) transport;
(*precio*) transport charges *pl*
portento [por'tento] *nm* marvel,
wonder; **~so, a** *adj* marvellous,
extraordinary
porteño, a [por'teɲo, a] *adj* of o from
Buenos Aires
portería [porte'ria] *nf* (*oficina*) porter's
office; (*DEPORTE*) goal
portero, a [por'tero, a] *nm/f* porter;
(*conserje*) caretaker; (*ujier*) doorman;
(*DEPORTE*) goalkeeper; **~ automático**
intercom
pórtico [por'tiko] *nm* (*patio*) portico,
porch; (*fig*) gateway; (*arcada*) arcade
portorriqueño, a [portorri'keɲo, a]
adj Puerto Rican
Portugal [portu'ɣal] *nm* Portugal;
portugués, esa *adj, nm/f* Portuguese

◆ nm (LING) Portuguese

porvenir |porˌβeˈnir| nm future

pos |pos| prep: **en ~ de** after, in pursuit of

posada |poˈsaða| nf (refugio) shelter, lodging; (mesón) guest house; **dar ~ a** to give shelter to, take in

posaderas |posaˈðeras| nfpl backside sg, buttocks

posar |poˈsar| vt (en el suelo) to lay down, put down; (la mano) to place, put gently ◆ vi (modelo) to sit, pose; **~se** vr to settle; (pájaro) to perch; (avión) to land, come down

posavasos |posaˈβasos| nm inv coaster; (para cerveza) beermat

posdata |posˈðata| nf postscript

pose |ˈpose| nf pose

poseedor, a |poseeˈðor, a| nm/f owner, possessor; (de récord, puesto) holder

poseer |poseˈer| vt to possess, own; (ventaja) to enjoy; (récord, puesto) to hold

posesión |poseˈsjon| nf possession; **posesionarse** vr: **posesionarse de** to take possession of, take over

posesivo, a |poseˈsiβo, a| adj possessive

posgrado |posˈɣraðo| nm: **curso de ~** postgraduate course

posibilidad |posiβiliˈðað| nf possibility; (oportunidad) chance; **posibilitar** vt to make possible; (hacer realizable) to make feasible

posible |poˈsiβle| adj possible; (realizable) feasible; **de ser ~** if possible; **en lo ~** as far as possible

posición |posiˈθjon| nf position; (rango social) status

positivo, a |posiˈtiβo, a| adj positive

poso |ˈposo| nm sediment; (heces) dregs pl

posponer |pospoˈner| vt (relegar) to put behind/below; (aplazar) to postpone

posta |ˈposta| nf: **a ~** deliberately, on

purpose

postal |posˈtal| adj postal ◆ nf postcard

poste |ˈposte| nm (de telégrafos etc) post, pole; (columna) pillar

póster |ˈposter| (pl **pósteres**, **pósters**) nm poster

postergar |posterˈɣar| vt to postpone, delay

posteridad |posteriˈðað| nf posterity

posterior |posteˈrjor| adj back, rear; (siguiente) following, subsequent; (más tarde) later; **~idad** nf: **con ~idad** later, subsequently

postgrado |posˈɡraðo| nm = **posgrado**

postizo, a |posˈtiθo, a| adj false, artificial ◆ nm hairpiece

postor, a |posˈtor, a| nm/f bidder

postre |ˈpostre| nm sweet, dessert

postrero, a |posˈtrero, a| adj (delante de nmsg: **postrer**) adj (último) last; (que viene detrás) rear

postulado |postuˈlaðo| nm postulate

póstumo, a |ˈpostumo, a| adj posthumous

postura |posˈtura| nf (del cuerpo) posture, position; (fig) attitude, position

potable |poˈtaβle| adj drinkable; **agua ~** drinking water

potaje |poˈtaxe| nm thick vegetable soup

pote |ˈpote| nm pot, jar

potencia |poˈtenθja| nf power; **~l** |potenˈθjal| adj, nm potential; **~r** vt to boost

potente |poˈtente| adj powerful

potro, a |ˈpotro, a| nm/f (ZOOL) colt/filly ◆ nm (de gimnasia) vaulting horse

pozo |ˈpoθo| nm well; (de río) deep pool; (de mina) shaft

P.P. abr (= porte pagado) CP

práctica |ˈpraktika| nf practice; (método) method; (arte, capacidad) skill; **en la ~** in practice

practicable |praktiˈkaβle| adj

practicable; (*camino*) passable

practicante |prakti'kante| nm/f (MED:
ayudante de doctor) medical assistant;
(: *enfermero*) nurse; (*quien practica
algo*) practitioner ♦ adj practising

practicar |prakti'kar| vt to practise;
(DEPORTE) to play; (*realizar*) to carry
out, perform

práctico, a |'praktiko, a| adj practical;
(*instruido: persona*) skilled, expert

practique etc vb ver **practicar**

pradera |pra'ðera| nf meadow; (US etc)
prairie

prado |'praðo| nm (*campo*) meadow,
field; (*pastizal*) pasture

Praga |'praxa| n Prague

pragmático, a |prax'matiko, a| adj
pragmatic

preámbulo |pre'ambulo| nm
preamble, introduction

precario, a |pre'karjo, a| adj
precarious

precaución |prekau'θjon| nf (*medida
preventiva*) preventive measure,
precaution; (*prudencia*) caution,
wariness

precaver |preka'ßer| vt to guard
against; (*impedir*) to forestall; **~se** vr:
~se de o **contra algo** to (be on
one's) guard against sth; **precavido, a**
adj cautious, wary

precedente |preθe'ðente| adj
preceding; (*anterior*) former ♦ nm
precedent

preceder |preθe'ðer| vt, vi to precede,
go before, come before

precepto |pre'θepto| nm precept

preciado, a |pre'θjaðo, a| adj
(*estimado*) esteemed, valuable

preciarse |pre'θjarse| vr to boast; **~se
de** to pride o.s. on, boast of being

precinto |pre'θinto| nm (tb: **~ de
garantía**) seal

precio |'preθjo| nm price; (*costo*) cost;
(*valor*) value, worth; (*de viaje*) fare; **~ al
contado/de coste/de oportunidad**
cash/cost/bargain price; **~ al detalle** o

al por menor retail price; **~ tope** top
price

preciosidad |preθjosi'ðað| nf (*valor*)
(high) value, (great) worth; (*encanto*)
charm; (*cosa bonita*) beautiful thing; **es
una ~** it's lovely, it's really beautiful

precioso, a |pre'θjoso, a| adj precious;
(*de mucho valor*) valuable; (*fam*) lovely,
beautiful

precipicio |preθi'piθjo| nm cliff,
precipice; (*fig*) abyss

precipitación |preθipita'θjon| nf
haste; (*lluvia*) rainfall

precipitado, a |preθipi'taðo, a| adj
(*conducta*) hasty, rash; (*salida*) hasty,
sudden

precipitar |preθipi'tar| vt (*arrojar*) to
hurl down, throw; (*apresurar*) to
hasten; (*acelerar*) to speed up,
accelerate; **~se** vr to throw o.s.;
(*apresurarse*) to rush; (*actuar sin pensar*)
to act rashly

precisamente |preθisa'mente| adv
precisely; (*exactamente*) precisely,
exactly

precisar |preθi'sar| vt (*necesitar*) to
need, require; (*fijar*) to determine
exactly, fix; (*especificar*) to specify

precisión |preθi'sjon| nf (*exactitud*)
precision

preciso, a |pre'θiso, a| adj (*exacto*)
precise; (*necesario*) necessary, essential

preconcebido, a |prekonθe'ßiðo, a|
adj preconceived

precoz |pre'koθ| adj (*persona*)
precocious; (*calvicie etc*) premature

precursor, a |prekur'sor, a| nm/f
predecessor, forerunner

predecir |preðe'θir| vt to predict,
forecast

predestinado, a |preðesti'naðo, a|
adj predestined

predicar |preði'kar| vt, vi to preach

predicción |preðik'θjon| nf prediction

predilecto, a |preði'lekto, a| adj
favourite

predisponer |preðispo'ner| vt to

predispose; (*pey*) to prejudice;
predisposición *nf* inclination;
prejudice, bias

predominante [preðomi'nante] *adj*
predominant

predominar [preðomi'nar] *vt* to
dominate ♦ *vi* to predominate;
(*prevalecer*) to prevail; **predominio**
nm predominance; prevalence

preescolar [pre(e)sko'lar] *adj*
preschool

prefabricado, a [prefaβri'kaðo, a] *adj*
prefabricated

prefacio [pre'faθjo] *nm* preface

preferencia [prefe'renθja] *nf*
preference; **de ~** preferably, for
preference

preferible [prefe'riβle] *adj* preferable

preferir [prefe'rir] *vt* to prefer

prefiero *etc vb ver* **preferir**

prefijo [pre'fixo] *nm* (*TELEC*) (dialling)
code

pregonar [preɣo'nar] *vt* to proclaim,
announce

pregunta [pre'ɣunta] *nf* question;
hacer una ~ to ask a question

preguntar [preɣun'tar] *vt* to ask;
(*cuestionar*) to question ♦ *vi* to ask; **~se**
vr to wonder; **~ por alguien** to ask for
sb

preguntón, ona [preɣun'ton, ona]
adj inquisitive

prehistórico, a [preis'toriko, a] *adj*
prehistoric

prejuicio [pre'xwiθjo] *nm* (*acto*)
prejudgement; (*idea preconcebida*)
preconception; (*parcialidad*) prejudice,
bias

preliminar [prelimi'nar] *adj*
preliminary

preludio [pre'luðjo] *nm* prelude

prematuro, a [prema'turo, a] *adj*
premature

premeditación [premeðita'θjon] *nf*
premeditation

premeditar [premeði'tar] *vt* to
premeditate

premiar [pre'mjar] *vt* to reward; (*en
un concurso*) to give a prize to

premio [ˈpremjo] *nm* reward; prize;
(*COM*) premium

premonición [premoni'θjon] *nf*
premonition

prenatal [prena'tal] *adj* antenatal,
prenatal

prenda [ˈprenda] *nf* (*ropa*) garment,
article of clothing; (*garantía*) pledge;
~s *nfpl* (*talentos*) talents, gifts

prendedor [prende'ðor] *nm* brooch

prender [pren'der] *vt* (*captar*) to catch,
capture; (*detener*) to arrest; (*COSTURA*)
to pin, attach; (*sujetar*) to fasten ♦ *vi* to
catch; (*arraigar*) to take root; **~se** *vr*
(*encenderse*) to catch fire

prendido, a [pren'diðo, a] (*AM*) *adj*
(*luz etc*) on

prensa [ˈprensa] *nf* press; **la ~** the
press; **prensar** *vt* to press

preñado, a [pre'ɲaðo, a] *adj*
pregnant; **~ de** pregnant with, full of

preocupación [preokupa'θjon] *nf*
worry, concern; (*ansiedad*) anxiety

preocupado, a [preoku'paðo, a] *adj*
worried, concerned; (*ansioso*) anxious

preocupar [preoku'par] *vt* to worry;
~se *vr* to worry; **~se de algo** (*hacerse
cargo*) to take care of sth

preparación [prepara'θjon] *nf* (*acto*)
preparation; (*estado*) readiness;
(*entrenamiento*) training

preparado, a [prepa'raðo, a] *adj*
(*dispuesto*) prepared; (*CULIN*) ready (to
serve) ♦ *nm* preparation

preparar [prepa'rar] *vt* (*disponer*) to
prepare, get ready; (*TEC*: *tratar*) to
prepare, process; (*entrenar*) to teach,
train; **~se** *vr*: **~se a o para** to prepare
to o for, get ready to o for;
preparativo, a *adj* preparatory,
preliminary; **preparativos** *nmpl*
preparations; **preparatoria** (*AM*) *nf*
sixth-form college (*BRIT*), senior high
school (*US*)

prerrogativa [prerroɣa'tiβa] *nf*

prerogative, privilege

presa ['presa] nf (cosa apresada) catch; (víctima) victim; (de animal) prey; (de agua) dam

presagiar [presa'xjar] vt to presage, forebode; **presagio** nm omen

prescindir [presθin'dir] vi: ~ **de** (privarse de) to do without, go without; (descartar) to dispense with

prescribir [preskri'ßir] vt to prescribe; **prescripción** nf prescription

presencia [pre'senθja] nf presence; **presencial** adj: **testigo presencial** eyewitness; **presenciar** vt to be present at; (asistir a) to attend; (ver) to see, witness

presentación [presenta'θjon] nf presentation; (introducción) introduction

presentador, a [presenta'ðor, a] nm/f presenter, compère

presentar [presen'tar] vt to present; (ofrecer) to offer; (mostrar) to show, display; (a una persona) to introduce; **~se** vr (llegar inesperadamente) to appear, turn up; (ofrecerse como candidato) to run, stand; (aparecer) to show, appear; (solicitar empleo) to apply

presente [pre'sente] adj present ♦ nm present; **hacer ~** to state, declare; **tener ~** to remember, bear in mind

presentimiento [presenti'mjento] nm premonition, presentiment

presentir [presen'tir] vt to have a premonition of

preservación [preserßa'θjon] nf protection, preservation

preservar [preser'ßar] vt to protect, preserve; **preservativo** nm sheath, condom

presidencia [presi'ðenθja] nf presidency; (de comité) chairmanship

presidente [presi'ðente] nm/f president; (de comité) chairman/woman

presidiario [presi'ðjarjo] nm convict

presidio [pre'sidjo] nm prison, penitentiary

presidir [presi'ðir] vt (dirigir) to preside at, preside over; (: comité) to take the chair at; (dominar) to dominate, rule ♦ vi to preside; to take the chair

presión [pre'sjon] nf pressure; **presionar** vt to press; (fig) to press, put pressure on ♦ vi: **presionar para** to press for

preso, a ['preso, a] nm/f prisoner; **tomar o llevar ~ a uno** to arrest sb, take sb prisoner

prestación [presta'θjon] nf service; (subsidio) benefit; **prestaciones** nfpl (TEC, AUT) performance features

prestado, a [pres'taðo, a] adj on loan; **pedir ~** to borrow

prestamista [presta'mista] nm/f moneylender

préstamo ['prestamo] nm loan; **~ hipotecario** mortgage

prestar [pres'tar] vt to lend, loan; (atención) to pay; (ayuda) to give

presteza [pres'teθa] nf speed, promptness

prestigio [pres'tixjo] nm prestige; **~so, a** adj (honorable) prestigious; (famoso, renombrado) renowned, famous

presumido, a [presu'miðo, a] adj (persona) vain

presumir [presu'mir] vt to presume ♦ vi (tener aires) to be conceited; **según cabe ~** as may be presumed, presumably; **presunción** nf presumption; **presunto, a** adj (supuesto) supposed, presumed; (así llamado) so-called; **presuntuoso, a** adj conceited, presumptuous

presuponer [presupo'ner] vt to presuppose

presupuesto [presu'pwesto] pp de **presuponer** ♦ nm (FINANZAS) budget; (estimación: de costo) estimate

pretencioso, a [preten'θjoso, a] adj pretentious

pretender [preten'der] vt (intentar) to try to, seek to; (reivindicar) to claim; (buscar) to seek, try for; (cortejar) to woo, court; ~ **que** to expect that; **pretendiente** nm/f (amante) suitor; (al trono) pretender; **pretensión** nf (aspiración) aspiration; (reivindicación) claim; (orgullo) pretension

pretexto [pre'teksto] nm pretext; (excusa) excuse

prevalecer [preßale'θer] vi to prevail

prevención [preßen'θjon] nf prevention; (precaución) precaution

prevenido, a [preße'niðo, a] adj prepared, ready; (cauteloso) cautious

prevenir [preße'nir] vt (impedir) to prevent; (predisponer) to prejudice, bias; (avisar) to warn; (preparar) to prepare, get ready; **~se** vr to get ready, prepare; **~se contra** to take precautions against; **preventivo, a** adj preventive, precautionary

prever [pre'ßer] vt to foresee

previo, a ['preßjo, a] adj (anterior) previous; (preliminar) preliminary ♦ prep: ~ **acuerdo de los otros** subject to the agreement of the others

previsión [preßi'sjon] nf (perspicacia) foresight; (predicción) forecast; **previsto, a** adj anticipated, forecast

prima ['prima] nf (COM) bonus; ~ **de seguro** insurance premium; ver tb **primo**

primacía [prima'θia] nf primacy

primario, a [pri'marjo, a] adj primary

primavera [prima'ßera] nf spring(-time)

primera [pri'mera] nf (AUTO) first gear; (FERRO: tb: ~ **clase**) first class; **de ~** (fam) first-class, first-rate

primero, a [pri'mero, a] adj (delante de nmsg: **primer**) adj first; (principal) prime ♦ adv first; (más bien) sooner, rather; **primera plana** front page

primicia [pri'miθja] nf (tb: ~ **informativa**) scoop

primitivo, a [primi'tißo, a] adj

primitive; (original) original

primo, a ['primo, a] adj prime ♦ nm/f cousin; (fam) fool, idiot; ~ **hermano** first cousin; **materias primas** raw materials

primogénito, a [primo'xenito, a] adj first-born

primordial [primor'ðjal] adj basic, fundamental

primoroso, a [primo'roso, a] adj exquisite, delicate

princesa [prin'θesa] nf princess

principal [prinθi'pal] adj principal, main ♦ nm (jefe) chief, principal

príncipe ['prinθipe] nm prince

principiante [prinθi'pjante] nm/f beginner

principio [prin'θipjo] nm (comienzo) beginning, start; (origen) origin; (primera etapa) rudiment, basic idea; (moral) principle; **a ~s de** at the beginning of

pringoso, a [prin'xoso, a] adj (grasiento) greasy; (pegajoso) sticky

pringue ['pringe] nm (grasa) grease, fat, dripping

prioridad [priori'ðað] nf priority

prisa ['prisa] nf (apresuramiento) hurry, haste; (rapidez) speed; (urgencia) (sense of) urgency; **a o de** ~ quickly; **correr** ~ to be urgent; **darse** ~ to hurry up; **estar de o tener** ~ to be in a hurry

prisión [pri'sjon] nf (cárcel) prison; (período de cárcel) imprisonment; **prisionero, a** nm/f prisoner

prismáticos [pris'matikos] nmpl binoculars

privación [prißa'θjon] nf deprivation; (falta) want, privation

privado, a [pri'ßaðo, a] adj private

privar [pri'ßar] vt to deprive; **privativo, a** adj exclusive

privilegiado, a [prißile'xjaðo, a] adj privileged; (memoria) very good

privilegiar [prißile'xjar] vt to grant a privilege to; (favorecer) to favour

privilegio [prißi'lexjo] nm

(*concesión*) concession

pro [pro] *nm o f* profit, advantage
♦ *prep*: **asociación ~ ciegos**
association for the blind ♦ *prefijo*:
~ soviético/americano pro-Soviet/
American; **en ~ de** on behalf of, for;
los ~s y los contras the pros and
cons

proa ['proa] *nf* bow, prow; **de ~** bow
cpd, fore

probabilidad [proβaβili'ðað] *nf*
probability, likelihood; (*oportunidad,
posibilidad*) chance, prospect;

probable *adj* probable, likely

probador [proβa'ðor] *nm* (*en tienda*)
fitting room

probar [pro'βar] *vt* (*demostrar*) to
prove; (*someter a prueba*) to test, try
out; (*ropa*) to try on; (*comida*) to taste
♦ *vi* to try; **~se un traje** to try on a
suit

probeta [pro'βeta] *nf* test tube

problema [pro'βlema] *nm* problem

procedente [proθe'ðente] *adj*
(*razonable*) reasonable; (*conforme a
derecho*) proper, fitting; **~ de** coming
from, originating in

proceder [proθe'ðer] *vi* (*avanzar*) to
proceed; (*actuar*) to act; (*ser correcto*)
to be right (and proper), be fitting
♦ *nm* (*comportamiento*) behaviour,
conduct; **~ de** to come from, originate
in; **procedimiento** *nm* procedure;
(*proceso*) process; (*método*) means *pl*,
method

procesado, a [proθe'saðo, a] *nm/f*
accused

procesador [proθesa'ðor] *nm*: **~ de
textos** word processor

procesar [proθe'sar] *vt* to try, put on
trial

procesión [proθe'sjon] *nf* procession

proceso [pro'θeso] *nm* process; (*JUR*)
trial

proclamar [prokla'mar] *vt* to proclaim

procreación [prokrea'θjon] *nf*
procreation

procrear [prokre'ar] *vt, vi* to procreate

procurador, a [prokura'ðor, a] *nm/f*
attorney

procurar [proku'rar] *vt* (*intentar*) to
try, endeavour; (*conseguir*) to get,
obtain; (*asegurar*) to secure; (*producir*)
to produce

prodigio [pro'ðixjo] *nm* prodigy;
(*milagro*) wonder, marvel; **~so, a** *adj*
prodigious, marvellous

pródigo, a ['proðixo, a] *adj*: **hijo ~**
prodigal son

producción [proðuk'θjon] *nf* (*gen*)
production; (*producto*) output; **~ en
serie** mass production

producir [proðu'θir] *vt* to produce;
(*causar*) to cause, bring about; **~se** *vr*
(*cambio*) to come about; (*accidente*) to
take place; (*problema etc*) to arise;
(*hacerse*) to be produced, be made;
(*estallar*) to break out

productividad [proðuktiβi'ðað] *nf*
productivity; **productivo, a** *adj*
productive; (*provechoso*) profitable

producto [pro'ðukto] *nm* product

productor, a [proðuk'tor, a] *adj*
productive, producing ♦ *nm/f* producer

proeza [pro'eθa] *nf* exploit, feat

profanar [profa'nar] *vt* to desecrate,
profane; **profano, a** *adj* profane
♦ *nm/f* layman/woman

profecía [profe'θia] *nf* prophecy

proferir [profe'rir] *vt* (*palabra, sonido*)
to utter; (*injuria*) to hurl, let fly

profesión [profe'sjon] *nf* profession;
profesional *adj* professional

profesor, a [profe'sor, a] *nm/f*
teacher; **~ado** *nm* teaching profession

profeta [pro'feta] *nm/f* prophet;
profetizar *vt, vi* to prophesy

prófugo, a ['profuxo, a] *nm/f* fugitive;
(*MIL: desertor*) deserter

profundidad [profundi'ðað] *nf* depth;
profundizar *vi*: **profundizar en** to
go deeply into; **profundo, a** *adj* deep;
(*misterio, pensador*) profound

progenitor [proxeni'tor] *nm* ancestor;

~es nmpl (padres) parents
programa [pro'srama] nm
programme (BRIT), program (US);
~ción nf programming; **~dor, a** nm/f
programmer; **programar** vt to
program

progresar [prosre'sar] vi to progress,
make progress; **progresista** adj, nm/f
progressive; **progresivo, a** adj
progressive; (gradual) gradual;
(continuo) continuous; **progreso** nm
progress

prohibición [proiβi'θjon] nf
prohibition, ban

prohibir [proi'βir] vt to prohibit, ban,
forbid; **se prohibe fumar, prohibido
fumar** no smoking; **"prohibido el
paso"** "no entry"

prójimo, a ['proximo, a] nm/f fellow
man; (vecino) neighbour

proletariado [proleta'rjaðo] nm
proletariat

proletario, a [prole'tarjo, a] adj, nm/f
proletarian

proliferación [prolifera'θjon] nf
proliferation

proliferar [prolife'rar] vi to proliferate;
prolífico, a adj prolific

prólogo ['proloxo] nm prologue

prolongación [prolonga'θjon] nf
extension; **prolongado, a** adj (largo)
long; (alargado) lengthy

prolongar [prolon'var] vt to extend;
(reunión etc) to prolong; (calle, tubo) to
extend

promedio [pro'meðjo] nm average;
(de distancia) middle, mid-point

promesa [pro'mesa] nf promise

prometer [prome'ter] vt to promise
♦ vi to show promise; **~se** vr (novios)
to get engaged; **prometido, a** adj
promised; engaged ♦ nm/f fiancé/
fiancée

prominente [promi'nente] adj
prominent

promiscuo, a [pro'miskwo, a] adj
promiscuous

promoción [promo'θjon] nf
promotion

promotor [promo'tor] nm promoter;
(instigador) instigator

promover [promo'βer] vt to promote;
(causar) to cause; (instigar) to instigate,
stir up

promulgar [promul'var] vt to
promulgate; (anunciar) to proclaim

pronombre [pro'nombre] nm
pronoun

pronosticar [pronosti'kar] vt to
predict, foretell, forecast; **pronóstico**
nm prediction, forecast; **pronóstico
del tiempo** weather forecast

pronto, a ['pronto, a] adj (rápido)
prompt, quick; (preparado) ready ♦ adv
quickly, promptly; (en seguida) at once,
right away; (dentro de poco) soon;
(temprano) early ♦ nm: **tener ~s de
enojo** to be quick-tempered; **de ~**
suddenly; **por lo ~** meanwhile, for the
present

pronunciación [pronunθja'θjon] nf
pronunciation

pronunciar [pronun'θjar] vt to
pronounce; (discurso) to make, deliver;
~se vr to revolt, rebel; (declararse) to
declare o.s.

propagación [propaxa'θjon] nf
propagation

propaganda [propa'xanda] nf
(política) propaganda; (comercial)
advertising

propagar [propa'xar] vt to propagate

propensión [propen'sjon] nf
inclination, propensity; **propenso, a**
adj inclined to; **ser propenso a** to be
inclined to, have a tendency to

propicio, a [pro'piθjo, a] adj
favourable, propitious

propiedad [propje'ðað] nf property;
(posesión) possession, ownership;
~ particular private property

propietario, a [propje'tarjo, a] nm/f
owner, proprietor

propina [pro'pina] nf tip

propio, a [ˈpropjo, a] *adj* own, of one's own; (*característico*) characteristic, typical; (*debido*) proper; (*mismo*) selfsame, very; **el ~ ministro** the minister himself; **¿tienes casa propia?** have you a house of your own?

proponer [propoˈner] *vt* to propose, put forward; (*problema*) to pose; **~se** *vr* to propose, intend

proporción [proporˈθjon] *nf* proportion; (MAT) ratio; **proporciones** *nfpl* (*dimensiones*) dimensions; (*fig*) size *sg*; **proporcionado, a** *adj* proportionate; (*regular*) medium, middling; (*justo*) just right; **proporcionar** *vt* (*dar*) to give, supply, provide

proposición [proposiˈθjon] *nf* proposition; (*propuesta*) proposal

propósito [proˈposito] *nm* purpose; (*intento*) aim, intention ♦ *adv*: **a ~** by the way, incidentally; (*a posta*) on purpose, deliberately; **a ~ de** about, with regard to

propuesta [proˈpwesta] *vb ver* **proponer** ♦ *nf* proposal

propulsar [propulˈsar] *vt* to drive, propel; (*fig*) to promote, encourage; **propulsión** *nf* propulsion; **propulsión a chorro** o **por reacción** jet propulsion

prórroga [ˈprorroɣa] *nf* extension; (JUR) stay; (COM) deferment; (DEPORTE) extra time; **prorrogar** *vt* (*período*) to extend; (*decisión*) to defer, postpone

prorrumpir [prorrumˈpir] *vi* to burst forth, break out

prosa [ˈprosa] *nf* prose

proscrito, a [proˈskrito, a] *adj* banned

proseguir [proseˈɣir] *vt* to continue, carry on ♦ *vi* to continue, go on

prospección [prospekˈθjon] *nf* exploration; (*del oro*) prospecting

prospecto [prosˈpekto] *nm* prospectus

prosperar [prospeˈrar] *vi* to prosper, thrive, flourish; **prosperidad** *nf*

prosperity; (*éxito*) success; **próspero, a** *adj* prosperous, flourishing; (*que tiene éxito*) successful

prostíbulo [prosˈtiβulo] *nm* brothel (BRIT), house of prostitution (US)

prostitución [prostituˈθjon] *nf* prostitution

prostituir [prostiˈtwir] *vt* to prostitute; **~se** *vr* to prostitute o.s., become a prostitute

prostituta [prostiˈtuta] *nf* prostitute

protagonista [protaɣoˈnista] *nm/f* protagonist

protagonizar [protaɣoniˈθar] *vt* to take the chief rôle in

protección [protekˈθjon] *nf* protection

protector, a [protekˈtor, a] *adj* protective, protecting ♦ *nm/f* protector

proteger [proteˈxer] *vt* to protect; **protegido, a** *nm/f* protégé/protégée

proteína [proteˈina] *nf* protein

protesta [proˈtesta] *nf* protest; (*declaración*) protestation

protestante [protesˈtante] *adj* Protestant

protestar [protesˈtar] *vt* to protest, declare ♦ *vi* to protest

protocolo [protoˈkolo] *nm* protocol

prototipo [protoˈtipo] *nm* prototype

prov. *abr* (= *provincia*) prov

provecho [proˈβetʃo] *nm* advantage, benefit; (FINANZAS) profit; **¡buen ~!** bon appétit!; **en ~ de** to the benefit of; **sacar ~ de** to benefit from, profit by

proveer [proβeˈer] *vt* to provide, supply ♦ *vi*: **~ a** to provide for

provenir [proβeˈnir] *vi*: **~ de** to come from, stem from

proverbio [proˈβerβjo] *nm* proverb

providencia [proβiˈðenθja] *nf* providence

provincia [proˈβinθja] *nf* province; **~no, a** *adj* provincial; (*del campo*) country *cpd*

provisión [proβiˈsjon] *nf* provision; (*abastecimiento*) provision, supply;

(*medida*) measure, step
provisional [proβisjo'nal] *adj* provisional
provocación [proβoka'θjon] *nf* provocation
provocar [proβo'kar] *vt* to provoke; (*alentar*) to tempt, invite; (*causar*) to bring about, lead to; (*promover*) to promote; (*estimular*) to rouse, stimulate; ¿**te provoca un café?** (*AM*) would you like a coffee?
provocativo, a *adj* provocative
próximamente [proksima'mente] *adv* shortly, soon
proximidad [proksimi'ðað] *nf* closeness, proximity; **próximo, a** *adj* near, close; (*vecino*) neighbouring; (*siguiente*) next
proyectar [projek'tar] *vt* (*objeto*) to hurl, throw; (*luz*) to cast, shed; (*CINE*) to screen, show; (*planear*) to plan
proyectil [projek'til] *nm* projectile, missile
proyecto [pro'jekto] *nm* plan; (*estimación de costo*) detailed estimate
proyector [projek'tor] *nm* projector
prudencia [pru'ðenθja] *nf* (*sabiduría*) wisdom; (*cuidado*) care; **prudente** *adj* sensible, wise; (*conductor*) careful
prueba *etc* [*prweßa*] *vb ver* **probar** ♦ *nf* proof; (*ensayo*) test, trial; (*degustación*) tasting, sampling; (*de ropa*) fitting; **a ~** on trial; **a ~ de** proof against; **a ~ de agua/fuego** waterproof/fireproof; **someter a ~** to put to the test
prurito [pru'rito] *nm* itch; (*de bebé*) nappy (*BRIT*) o diaper (*US*) rash
psico... [siko] *prefijo* psycho...; **~análisis** *nm inv* psychoanalysis; **~logía** *nf* psychology; **~lógico, a** *adj* psychological; **psicólogo, a** *nm/f* psychologist; **psicópata** *nm/f* psychopath; **~sis** *nf inv* psychosis
psiquiatra [si'kjatra] *nm/f* psychiatrist; **psiquiátrico, a** *adj* psychiatric

psíquico, a ['sikiko, a] *adj* psychic(al)
PSOE [pe'soe] *nm abr* = **Partido Socialista Obrero Español**
pta(s) *abr* = **peseta(s)**
pts *abr* = **pesetas**
púa ['pua] *nf* (*BOT, ZOOL*) prickle, spine; (*para guitarra*) plectrum (*BRIT*), pick (*US*); **alambre de ~** barbed wire
pubertad [pußer'tað] *nf* puberty
publicación [pußlika'θjon] *nf* publication
publicar [pußli'kar] *vt* (*editar*) to publish; (*hacer público*) to publicize; (*divulgar*) to make public, divulge
publicidad [pußliθi'ðað] *nf* publicity; (*COM: propaganda*) advertising; **publicitario, a** *adj* publicity *cpd*; advertising *cpd*
público, a ['pußliko, a] *adj* public ♦ *nm* public; (*TEATRO etc*) audience
puchero [pu'tʃero] *nm* (*CULIN: guiso*) stew; (: *olla*) cooking pot; **hacer ~s** to pout
pude *etc vb ver* **poder**
púdico, a ['puðiko, a] *adj* modest
pudiente [pu'ðjente] *adj* (*rico*) wealthy, well-to-do
pudiera *etc vb ver* **poder**
pudor [pu'ðor] *nm* modesty
pudrir [pu'ðrir] *vt* to rot; **~se** *vr* to rot, decay
pueblo ['pweßlo] *nm* people; (*nación*) nation; (*aldea*) village
puedo *etc vb ver* **poder**
puente ['pwente] *nm* bridge; **hacer ~** (*inf*) to take extra days off work between 2 public holidays; to take a long weekend; **~ aéreo** shuttle service; **~ colgante** suspension bridge

hacer puente

When a public holiday in Spain falls on a Tuesday or Thursday it is common practice for employers to make the Monday or Friday a holiday as well and to give everyone a four-day weekend. This is known as hacer

puente. When a named public
holiday such as the Día de la
Constitución falls on a Tuesday or
Thursday, people refer to the whole
holiday period as e.g. the puente de
la Constitución.

puerco, a ['pwerko, a] nm/f pig/sow
♦ adj (sucio) dirty, filthy; (obsceno)
disgusting; **~ de mar** porpoise;
~ marino dolphin

pueril [pwe'ril] adj childish

puerro ['pwerro] nm leek

puerta ['pwerta] nf door; (de jardín)
gate; (portal) doorway; (fig) gateway;
(portería) goal; **a la ~** at the door; **a
~ cerrada** behind closed doors;
~ giratoria revolving door

puerto ['pwerto] nm port; (paso) pass;
(fig) haven, refuge

Puerto Rico [pwerto'riko] nm Puerto
Rico; **puertorriqueño, a** adj, nm/f
Puerto Rican

pues [pwes] adv (entonces) then;
(bueno) well, well then; (así que) so
♦ conj (ya que) since; **¡~!** (sí) yes!,
certainly!

puesta ['pwesta] nf (apuesta) bet,
stake; **~ en marcha** starting; **~ del
sol** sunset

puesto, a ['pwesto, a] pp de **poner**
♦ adj: **tener algo ~** to have sth on, be
wearing sth ♦ nm (lugar, posición)
place; (trabajo) post, job; (COM) stall
♦ conj: **~ que** since, as

púgil ['puxil] nm boxer

pugna ['puɣna] nf battle, conflict;
pugnar vi (luchar) to struggle, fight;
(pelear) to fight

pujar [pu'xar] vi (en subasta) to bid;
(esforzarse) to struggle, strain

pulcro, a ['pulkro, a] adj neat, tidy

pulga ['pulɣa] nf flea

pulgada [pul'ɣaða] nf inch

pulgar [pul'ɣar] nm thumb

pulir [pu'lir] vt to polish; (alisar) to
smooth; (fig) to polish up, touch up

pulla ['puʎa] nf cutting remark

pulmón [pul'mon] nm lung;
pulmonía nf pneumonia

pulpa ['pulpa] nf pulp; (de fruta) flesh,
soft part

pulpería [pulpe'ria] (AM) nf (tienda)
small grocery store

púlpito ['pulpito] nm pulpit

pulpo ['pulpo] nm octopus

pulsación [pulsa'θjon] nf beat;
pulsaciones pulse rate

pulsar [pul'sar] vt (tecla) to touch, tap;
(MUS) to play; (botón) to press, push
♦ vi to pulsate; (latir) to beat, throb;
(MED): **~ a uno** to take sb's pulse

pulsera [pul'sera] nf bracelet

pulso ['pulso] nm (ANAT) pulse;
(fuerza) strength; (firmeza) steadiness,
steady hand

pulverizador [pulβeriθa'ðor] nm
spray, spray gun

pulverizar [pulβeri'θar] vt to
pulverize; (líquido) to spray

puna ['puna] (AM) nf mountain sickness

punitivo, a [puni'tiβo, a] adj punitive

punta ['punta] nf point, tip;
(extremidad) end; (fig) touch, trace;
horas ~s peak hours, rush hours;
sacar ~ a to sharpen

puntada [pun'taða] nf (COSTURA) stitch

puntal [pun'tal] nm prop, support

puntapié [punta'pje] nm kick

puntear [punte'ar] vt to tick, mark

puntería [punte'ria] nf (de arma) aim,
aiming; (destreza) marksmanship

puntero, a [pun'tero, a] adj leading
♦ nm (palo) pointer

puntiagudo, a [puntja'ɣuðo, a] adj
sharp, pointed

puntilla [pun'tiʎa] nf (encaje) lace
edging o trim; **(andar) de ~s** (to walk)
on tiptoe

punto ['punto] nm (gen) point; (señal
diminuta) spot, dot; (COSTURA, MED)
stitch; (lugar) spot, place; (momento)
point, moment; **a ~** ready; **estar a
~ de** to be on the point of o about to:

en ~ on the dot; **~ muerto** dead centre; (*AUTO*) neutral (gear); **~ final** full stop (*BRIT*), period (*US*); **~ y coma** semicolon; **~ de interrogación** question mark; **~ de vista** point of view, viewpoint; **hacer ~** (*tejer*) to knit

puntuación [puntwa'θjon] *nf* (*de* punctuation; (*puntos: en examen*) mark(s) (*pl*); (: *DEPORTE*) score

puntual [pun'twal] *adj* (*a tiempo*) punctual; (*exacto*) exact, accurate; **~idad** *nf* punctuality; exactness, accuracy; **~izar** *vt* to fix, specify

puntuar [pun'twar] *vi* (*DEPORTE*) to score, count

punzada [pun'θaða] *nf* (*de dolor*) twinge

punzante [pun'θante] *adj* (*dolor*) shooting, sharp; (*comentario*) sharp; **punzar** *vt* to prick, pierce ♦ *vi* to shoot, stab

puñado [pu'naðo] *nm* handful

puñal [pu'nal] *nm* dagger; **~ada** *nf* stab

puñetazo [pune'taθo] *nm* punch

puño ['puno] *nm* (*ANAT*) fist; (*cantidad*) fistful, handful; (*COSTURA*) cuff; (*de herramienta*) handle

pupila [pu'pila] *nf* pupil

pupitre [pu'pitre] *nm* desk

puré [pu're] *nm* puree; (*sopa*) (thick) soup; **~ de patatas** mashed potatoes

pureza [pu'reθa] *nf* purity

purga ['purxa] *nf* purge; **purgante** *adj, nm* purgative; **purgar** *vt* to purge

purgatorio [purxa'torjo] *nm* purgatory

purificar [purifi'kar] *vt* to purify; (*refinar*) to refine

puritano, a [puri'tano, a] *adj* (*actitud*) puritanical; (*iglesia, tradición*) puritan ♦ *nm/f* puritan

puro, a ['puro, a] *adj* pure; (*verdad*) simple, plain ♦ *adv*: **de ~ cansado** out of sheer tiredness ♦ *nm* cigar

púrpura ['purpura] *nf* purple; **purpúreo, a** *adj* purple

pus [pus] *nm* pus

puse *etc vb ver* **poner**

pusiera *etc vb ver* **poner**

pústula ['pustula] *nf* pimple, sore

puta ['puta] (*fam!*) *nf* whore, prostitute

putrefacción [putrefak'θjon] *nf* rotting, putrefaction

PVP *abr* (*ESP*: = *precio venta al público*) RRP

pyme, PYME ['pime] *nf abr* (= *Pequeña y Mediana Empresa*) SME

Q, q

que [ke] *conj* **1** (*con oración subordinada: muchas veces no se traduce*) that; **dijo ~ vendría** he said (that) he would come; **espero ~ lo encuentres** I hope (that) you find it; **ver tb el**

2 (*en oración independiente*): **¡~ entre!** send him in; **¡~ se mejore tu padre!** I hope your father gets better

3 (*enfático*): **¿me quieres? – ¡~ sí!** do you love me? – of course!

4 (*consecutivo: muchas veces no se traduce*) that; **es tan grande ~ no lo puedo levantar** it's so big (that) I can't lift it

5 (*comparaciones*) than; **yo ~ tú/él** if I were you/him; *ver tb* **más; menos; mismo**

6 (*valor disyuntivo*): **~ le guste o no** whether he likes it or not; **~ venga o ~ no venga** whether he comes or not

7 (*porque*): **no puedo, ~ tengo ~ quedarme en casa** I can't, I've got to stay in

♦ *pron* **1** (*cosa*) that, which; (+ *prep*) which; **el sombrero ~ te compraste** the hat (that *o* which) you bought; **la cama en ~ dormí** the bed (that *o* which) I slept in

2 (*persona: suj*) that, who; (: *objeto*)

that, whom; **el amigo ~ me
acompañó al museo** the friend that
o who went to the museum with me:
la chica ~ invité the girl (that o
whom) I invited

qué [ke] adj what?, which? ♦ pron
what?; **¡~ divertido!** how funny!;
¿~ edad tienes? how old are you?;
¿de ~ me hablas? what are you
saying to me?; **¿~ tal?** how are you?,
how are things?; **¿~ hay (de nuevo)?**
what's new?

quebradizo, a [keβra'ðiθo, a] adj
fragile; (persona) frail

quebrado, a [ke'βraðo, a] adj (roto)
broken ♦ nm/f bankrupt ♦ nm (MAT)
fraction

quebrantar [keβran'tar] vt (infringir)
to violate, transgress; **~se** vr (persona)
to fail in health

quebranto [ke'βranto] nm damage,
harm; (dolor) grief, pain

quebrar [ke'βrar] vt to break, smash
♦ vi to go bankrupt; **~se** vr to break,
get broken; (MED) to be ruptured

quedar [ke'ðar] vi to stay, remain;
(encontrarse: sitio) to be; (haber aún)
to remain, be left; **~se** vr to remain, stay
(behind); **~se (con) algo** to keep sth;
~ en (acordar) to agree on/to; **~ en
nada** to come to nothing; **~ por
hacer** to be still to be done; **~ ciego/
mudo** to be left blind/dumb; **no te
queda bien ese vestido** that dress
doesn't suit you; **eso queda muy
lejos** that's a long way (away);
quedamos a las seis we agreed to
meet at six

quedo, a ['keðo, a] adj still ♦ adv
softly, gently

quehacer [kea'θer] nm task, job; **~es
(domésticos)** nmpl household chores

queja ['kexa] nf complaint; **quejarse**
vr (enfermo) to moan, groan; (protestar)
to complain; **quejarse de que** to
complain (about the fact) that;

quejido nm moan

quemado, a [ke'maðo, a] adj burnt

quemadura [kema'ðura] nf burn,
scald

quemar [ke'mar] vt (consumir) to burn,
(fig: malgastar) to burn up, squander ♦ vi to
be burning hot; **~se** vr (consumirse) to
burn (up); (del sol) to get sunburnt

quemarropa [kema'rropa]: **a ~** adv
point blank

quepo etc vb ver **caber**

querella [ke'reʎa] nf (JUR) charge;
(disputa) dispute; **~rse** vr (JUR) to file a
complaint

querer [ke'rer] vt 1 (desear) to want;
quiero más dinero I want more
money; **quisiera o querría un té** I'd
like a tea; **sin ~** unintentionally;
quiero ayudar/que vayas I want to
help you/you to go
2 (preguntas: para pedir algo): **¿quiere
abrir la ventana?** could you open the
window?; **¿quieres echarme una
mano?** can you give me a hand?
3 (amar) to love; (tener cariño a) to be
fond of; **quiere mucho a sus hijos**
he's very fond of his children
4 (requerir): **esta planta quiere más
luz** this plant needs more light
5: **le pedí que me dejara ir pero no
quiso** I asked him to let me go but he
refused

querido, a [ke'riðo, a] adj dear ♦ nm/f
darling; (amante) lover

queso ['keso] nm cheese

quicio ['kiθjo] nm hinge; **sacar a uno
de ~** to get on sb's nerves

quiebra ['kjeβra] nf break, split; (COM)
bankruptcy; (ECON) slump

quiebro ['kjeβro] nm (del cuerpo)
swerve

quien [kjen] pron who; **hay ~ piensa
que** there are those who think that;
no hay ~ lo haga no-one will do it

quién [kjen] *pron* who, whom; *¿~ es?* who's there?

quienquiera [kjen'kjera] (*pl* **quienesquiera**) *pron* whoever

quiero *etc vb ver* **querer**

quieto, a ['kjeto, a] *adj* still; (*carácter*) placid; **quietud** *nf* stillness

quilate [ki'late] *nm* carat

quilla ['kiʎa] *nf* keel

quimera [ki'mera] *nf* chimera; **quimérico, a** *adj* fantastic

químico, a ['kimiko, a] *adj* chemical ♦ *nm/f* chemist ♦ *nf* chemistry

quincalla [kin'kaʎa] *nf* hardware, ironmongery (*BRIT*)

quince [kin'θe] *num* fifteen; *~ días* a fortnight; *~añero, a* *nm/f* teenager; *~na* *nf* fortnight; (*pago*) fortnightly pay; *~nal* *adj* fortnightly

quiniela [ki'njela] *nf* football pools *pl*; *~s* *nfpl* (*impreso*) pools coupon *sg*

quinientos, as [ki'njentos, as] *adj*, *num* five hundred

quinina [ki'nina] *nf* quinine

quinto, a ['kinto, a] *adj* fifth ♦ *nf* country house; (*MIL*) call-up, draft

quiosco ['kjosko] *nm* (*de música*) bandstand; (*de periódicos*) news stand

quirófano [ki'rofano] *nm* operating theatre

quirúrgico, a [ki'rurxiko, a] *adj* surgical

quise *etc vb ver* **querer**

quisiera *etc vb ver* **querer**

quisquilloso, a [kiski'ʎoso, a] *adj* (*susceptible*) touchy; (*meticuloso*) pernickety

quiste ['kiste] *nm* cyst

quitaesmalte [kitaes'malte] *nm* nail-polish remover

quitamanchas [kita'mantʃas] *nm inv* stain remover

quitanieves [kita'njeβes] *nm inv* snowplough (*BRIT*), snowplow (*US*)

quitar [ki'tar] *vt* to remove, take away; (*ropa*) to take off; (*dolor*) to relieve; *¡quita de ahí!* get away!; *~se* *vr* to

withdraw; (*ropa*) to take off; **se quitó el sombrero** he took off his hat

quite ['kite] *nm* (*esgrima*) parry; (*evasión*) dodge

Quito ['kito] *n* Quito

quizá(s) [ki'θa(s)] *adv* perhaps, maybe

R, r

rábano ['raβano] *nm* radish; **me importa un ~** I don't give a damn

rabia ['raβja] *nf* (*MED*) rabies *sg*; (*ira*) fury, rage; **rabiar** *vi* to have rabies; to rage, be furious; **rabiar por algo** to long for sth

rabieta [ra'βjeta] *nf* tantrum, fit of temper

rabino [ra'βino] *nm* rabbi

rabioso, a [ra'βjoso, a] *adj* rabid; (*fig*) furious

rabo ['raβo] *nm* tail

racha ['ratʃa] *nf* gust of wind: **buena/mala ~** spell of good/bad luck

racial [ra'θjal] *adj* racial, race *cpd*

racimo [ra'θimo] *nm* bunch

raciocinio [raθjo'θinjo] *nm* reason

ración [ra'θjon] *nf* portion; **raciones** *nfpl* rations

racional [raθjo'nal] *adj* (*razonable*) reasonable; (*lógico*) rational; *~izar* *vt* to rationalize

racionar [raθjo'nar] *vt* to ration (out)

racismo [ra'θismo] *nm* racism; **racista** *adj*, *nm/f* racist

radar [ra'ðar] *nm* radar

radiactivo, a [raðiak'tiβo, a] *adj* = **radioactivo**

radiador [raðja'ðor] *nm* radiator

radiante [ra'ðjante] *adj* radiant

radical [raði'kal] *adj*, *nm/f* radical

radicar [raði'kar] *vi*: ~ **en** (*dificultad, problema*) to lie in; (*solución*) to consist in; *~se* *vr* to establish o.s., put down (one's) roots

radio ['raðjo] *nf* radio; (*aparato*) radio (set) ♦ *nm* (*MAT*) radius; (*QUÍM*) radium;

~actividad nf radioactivity; **~activo, a** adj radioactive; **~difusión** nf broadcasting; **~emisora** nf transmitter, radio station; **~escucha** nm/f listener; **~grafía** nf X-ray; **~grafiar** vt to X-ray; **~terapia** nf radiotherapy; **~yente** nm/f listener

ráfaga ['rafaxa] nf gust; (de luz) flash; (de tiros) burst

raído, a [ra'iðo, a] adj (ropa) threadbare

raigambre [rai'vambre] nf (BOT) roots pl; (fig) tradition

raíz [ra'iθ] nf root; ~ **cuadrada** square root; **a ~ de** as a result of

raja ['raxa] nf (de melón etc) slice; (grieta) crack; **rajar** vt to split; (fam) to slash; **rajarse** vr to split, crack; **rajarse de** to back out of

rajatabla [raxa'taβla] nf: **a ~** adv (estrictamente) strictly, to the letter

rallador [raʎa'ðor] nm grater

rallar [ra'ʎar] vt to grate

rama ['rama] nf branch; **~je** nm branches pl, foliage; **ramal** nm (de cuerda) strand; (FERRO) branch line (BRIT); (AUTO) branch (road) (BRIT)

rambla ['rambla] nf (avenida) avenue

ramificación [ramifika'θjon] nf ramification

ramificarse [ramifi'karse] vr to branch out

ramillete [rami'ʎete] nm bouquet

ramo ['ramo] nm branch; (sección) department, section

rampa ['rampa] nf ramp

ramplón, ona [ram'plon, ona] adj uncouth, coarse

rana ['rana] nf frog; **salto de ~** leapfrog

ranchero [ran'tʃero] nm (AM) rancher; smallholder

rancho ['rantʃo] nm (grande) ranch; (pequeño) small farm

rancio, a ['ranθjo, a] adj (comestibles) rancid; (vino) aged, mellow; (fig) ancient

rango ['rango] nm rank, standing

ranura [ra'nura] nf groove; (de teléfono etc) slot

rapar [ra'par] vt to shave; (los cabellos) to crop

rapaz [ra'paθ] (nf: **rapaza**) nm/f young boy/girl ♦ adj (ZOOL) predatory

rape ['rape] nm (pez) monkfish; **al ~** cropped

rapé [ra'pe] nm snuff

rapidez [rapi'ðeθ] nf speed, rapidity; **rápido, a** adj fast, quick ♦ adv quickly ♦ nm (FERRO) express; **rápidos** nmpl rapids

rapiña [ra'pina] nm robbery; **ave de ~** bird of prey

raptar [rap'tar] vt to kidnap; **rapto** nm kidnapping; (impulso) sudden impulse; (éxtasis) ecstasy, rapture

raqueta [ra'keta] nf racquet

raquítico, a [ra'kitiko, a] adj stunted; (fig) poor, inadequate; **raquitismo** nm rickets sg

rareza [ra'reθa] nf rarity; (fig) eccentricity

raro, a ['raro, a] adj (poco común) rare; (extraño) odd, strange; (excepcional) remarkable

ras [ras] nm: **a ~ de** level with; **a ~ de tierra** at ground level

rasar [ra'sar] vt (igualar) to level

rascacielos [raska'θjelos] nm inv skyscraper

rascar [ras'kar] vt (con las uñas etc) to scratch; (raspar) to scrape; **~se** vr to scratch (o.s.)

rasgar [ras'var] vt to tear, rip (up)

rasgo ['rasxo] nm (con pluma) stroke; **~s** nmpl (facciones) features, characteristics; **a grandes ~s** in outline, broadly

rasguñar [rasxu'nar] vt to scratch; **rasguño** nm scratch

raso, a ['raso, a] adj (liso) flat, level; (a baja altura) very low ♦ nm satin; **cielo ~** clear sky

raspadura [raspa'ðura] nf (acto)

scrape, scraping; (*marca*) scratch; **~s** *nfpl* (*de papel etc*) scrapings

raspar [ras'par] *vt* to scrape; (*arañar*) to scratch; (*limar*) to file

rastra ['rastra] *nf* (*AGR*) rake; **a ~s** by dragging; (*fig*) unwillingly

rastreador [rastrea'ðor] *nm* tracker; **~ de minas** minesweeper

rastrear [rastre'ar] *vt* (*seguir*) to track

rastrero, a [ras'trero, a] *adj* (*BOT, ZOOL*) creeping; (*fig*) despicable, mean

rastrillo [ras'triʎo] *nm* rake

rastro ['rastro] *nm* (*AGR*) rake; (*pista*) track, trail; (*fig*) trace; **el R~** the Madrid fleamarket

rastrojo [ras'troxo] *nm* stubble

rasurador [rasura'ðor] (*AM*) *nm* electric shaver

rasuradora [rasura'ðora] (*AM*) *nf* = **rasurador**

rasurarse [rasu'rarse] *vr* to shave

rata ['rata] *nf* rat

ratear [rate'ar] *vt* (*robar*) to steal

ratero, a [ra'tero, a] *adj* light-fingered ♦ *nm/f* (*carterista*) pickpocket; (*AM: de casas*) burglar

ratificar [ratifi'kar] *vt* to ratify

rato ['rato] *nm* while, short time; **a ~s** from time to time; **hay para ~** there's still a long way to go; **al poco ~** soon afterwards; **pasar el ~** to kill time; **pasar un buen/mal ~** to have a good/rough time; **en mis ~s libres** in my spare time

ratón [ra'ton] *nm* mouse; **ratonera** *nf* mousetrap

raudal [rau'ðal] *nm* torrent; **a ~es** in abundance

raya ['raja] *nf* line; (*marca*) scratch; (*en tela*) stripe; (*de pelo*) parting; (*límite*) boundary; (*pez*) ray; (*puntuación*) dash; **a ~s** striped; **pasarse de la ~** to go too far; **tener a ~** to keep in check; **rayar** *vt* to line; to scratch; (*subrayar*) to underline ♦ *vi*: **rayar en** o **con** to border on

rayo ['rajo] *nm* (*del sol*) ray, beam; (*de luz*) shaft; (*en una tormenta*) (flash of) lightning; **~s X** X-rays

raza ['raθa] *nf* race; **~ humana** human race

razón [ra'θon] *nf* reason; (*justicia*) right, justice; (*razonamiento*) reasoning; (*motivo*) reason, motive; (*MAT*) ratio; **a ~ de 10 cada día** at the rate of 10 a day; **"~: ..."** "inquiries to ..."; **en ~ de** with regard to; **dar ~ a uno** to agree that sb is right; **tener ~** to be right; **~ directa/inversa** direct/inverse proportion; **de ser** raison d'être; **razonable** *adj* reasonable; (*justo, moderado*) fair; **razonamiento** *nm* (*juicio*) judg(e)ment; (*argumento*) reasoning; **razonar** *vt*, *vi* to reason, argue

reacción [reak'θjon] *nf* reaction; **avión a ~** jet plane; **~ en cadena** chain reaction; **reaccionar** *vi* to react; **reaccionario, a** *adj* reactionary

reacio, a [re'aθjo, a] *adj* stubborn

reactivar [reakti'βar] *vt* to revitalize

reactor [reak'tor] *nm* reactor

readaptación [reaðapta'θjon] *nf*: **~ profesional** industrial retraining

reajuste [rea'xuste] *nm* readjustment

real [re'al] *adj* real; (*del rey, fig*) royal

realce [re'alθe] *nm* (*lustre, fig*) splendour; **poner de ~** to emphasize

realidad [reali'ðað] *nf* reality, fact; (*verdad*) truth

realista [rea'lista] *nm/f* realist

realización [realiθa'θjon] *nf* fulfilment

realizador, a [realiθa'ðor, a] *nm/f* film-maker

realizar [reali'θar] *vt* (*objetivo*) to achieve; (*plan*) to carry out; (*viaje*) to make, undertake; **~se** *vr* to come about, come true

realmente [real'mente] *adv* really, actually

realquilar [realki'lar] *vt* to sublet

realzar [real'θar] *vt* to enhance; (*acentuar*) to highlight

reanimar [reani'mar] *vt* to revive;

(*alentar*) to encourage; **~se** *vr* to revive

reanudar [reanu'ðar] *vt* (*renovar*) to renew; (*historia, viaje*) to resume

reaparición [reapari'θjon] *nf* reappearance

rearme [re'arme] *nm* rearmament

rebaja [re'βaxa] *nf* (COM) reduction; (: *descuento*) discount; **~s** *nfpl* (COM) sale; **rebajar** *vt* (*bajar*) to lower; (*reducir*) to reduce; (*disminuir*) to lessen; (*humillar*) to humble

rebanada [reβa'naða] *nf* slice

rebañar [reβa'ɲar] *vt* (*comida*) to scrape up; (*plato*) to scrape clean

rebaño [re'βaɲo] *nm* herd; (*de ovejas*) flock

rebasar [reβa'sar] *vt* (*tb*: **~ de**) to exceed

rebatir [reβa'tir] *vt* to refute

rebeca [re'βeka] *nf* cardigan

rebelarse [reβe'larse] *vr* to rebel, revolt

rebelde [re'βelde] *adj* rebellious; (*niño*) unruly ♦ *nm/f* rebel; **rebeldía** *nf* rebelliousness; (*desobediencia*) disobedience

rebelión [reβe'ljon] *nf* rebellion

reblandecer [reβlande'θer] *vt* to soften

rebobinar [reβoβi'nar] *vt* (*cinta, película de video*) to rewind

rebosante [reβo'sante] *adj* overflowing

rebosar [reβo'sar] *vi* (*líquido, recipiente*) to overflow; (*abundar*) to abound, be plentiful

rebotar [reβo'tar] *vt* to bounce; (*rechazar*) to repel ♦ *vi* (*pelota*) to bounce; (*bala*) to ricochet; **rebote** *nm* rebound; **de rebote** on the rebound

rebozado, a [reβo'θaðo, a] *adj* fried in batter o breadcrumbs

rebozar [reβo'θar] *vt* to wrap up; (CULIN) to fry in batter o breadcrumbs

rebuscado, a [reβus'kaðo, a] *adj* (*amanerado*) affected; (*palabra*) recherché; (*idea*) far-fetched

rebuscar [reβus'kar] *vi*: **~ (en/por)** to search carefully (in/for)

rebuznar [reβuθ'nar] *vi* to bray

recado [re'kaðo] *nm* (*mensaje*) message; (*encargo*) errand; **tomar un ~** (TEL) to take a message

recaer [reka'er] *vi* to relapse; **~ en** to fall to o on; (*criminal etc*) to fall back into, relapse into; **recaída** *nf* relapse

recalcar [rekal'kar] *vt* (*fig*) to stress, emphasize

recalcitrante [rekalθi'trante] *adj* recalcitrant

recalentar [rekalen'tar] *vt* (*volver a calentar*) to reheat; (*calentar demasiado*) to overheat

recámara [re'kamara] *nf* (AM) bedroom

recambio [re'kambjo] *nm* spare; (*de pluma*) refill

recapacitar [rekapaθi'tar] *vi* to reflect

recargado, a [rekar'xaðo, a] *adj* overloaded

recargar [rekar'xar] *vt* to overload; (*batería*) to recharge; **recargo** *nm* surcharge; (*aumento*) increase

recatado, a [reka'taðo, a] *adj* (*modesto*) modest, demure; (*prudente*) cautious

recato [re'kato] *nm* (*modestia*) modesty, demureness; (*cautela*) caution

recaudación [rekauða'θjon] *nf* (*acción*) collection; (*cantidad*) takings *pl*; (*en deporte*) gate; **recaudador, a** *nm/f* tax collector

recelar [reθe'lar] *vt*: **~ que** (*sospechar*) to suspect that; (*temer*) to fear that ♦ *vi*: **~ de** to distrust; **recelo** *nm* distrust, suspicion; **receloso, a** *adj* distrustful, suspicious

recepción [reθep'θjon] *nf* reception; **recepcionista** *nmf* receptionist

receptáculo [reθep'takulo] *nm* receptacle

receptivo, a [reθep'tiβo, a] *adj* receptive

receptor, a [reθep'tor, a] *nm/f*

recipient ♦ nm (TEL) receiver

recesión [reθe'sjon] nf (COM) recession

receta [re'θeta] nf (CULIN) recipe; (MED) prescription

rechazar [retʃa'θar] vt to reject; (oferta) to turn down; (ataque) to repel

rechazo [re'tʃaθo] nm rejection

rechifla [re'tʃifla] nf hissing, booing; (fig) derision

rechinar [retʃi'nar] vi to creak; (dientes) to grind

rechistar [retʃis'tar] vi: **sin ~** without a murmur

rechoncho, a [re'tʃontʃo, a] (fam) adj thickset (BRIT), heavy-set (US)

rechupete [retʃu'pete]: **de ~** (comida) delicious, scrumptious

recibidor, a [reθiβi'ðor, a] nm entrance hall

recibimiento [reθiβi'mjento] nm reception, welcome

recibir [reθi'βir] vt to receive; (dar la bienvenida) to welcome ♦ vi to entertain; **~se** vr: **~se de** to qualify as; **recibo** nm receipt

reciclar [reθi'klar] vt to recycle

recién [re'θjen] adv recently, newly; **los ~ casados** the newly-weds; **el ~ llegado** the newcomer; **el ~ nacido** the newborn child

reciente [re'θjente] adj recent; (fresco) fresh; **~mente** adv recently

recinto [re'θinto] nm enclosure; (área) area, place

recio, a [re'θjo, a] adj strong, tough; (voz) loud ♦ adv hard; loud(ly)

recipiente [reθi'pjente] nm receptacle

reciprocidad [reθiproθi'ðað] nf reciprocity; **recíproco, a** adj reciprocal

recital [reθi'tal] nm (MUS) recital; (LITERATURA) reading

recitar [reθi'tar] vt to recite

reclamación [reklama'θjon] nf claim, demand; (queja) complaint

reclamar [rekla'mar] vt to claim, demand ♦ vi: **~ contra** to complain about; **~ a uno en justicia** to take sb

to court; **reclamo** nm (anuncio) advertisement; (tentación) attraction

reclinar [rekli'nar] vt to recline, lean; **~se** vr to lean back

recluir [reklu'ir] vt to intern, confine

reclusión [reklu'sjon] nf (prisión) prison; (refugio) seclusion; **~ perpetua** life imprisonment

recluta [re'kluta] nm/f recruit ♦ nf recruitment; **reclutar** vt (datos) to collect; (dinero) to collect up; **~miento** [rekluta'mjento] nm recruitment

recobrar [reko'βrar] vt (salud) to recover; (rescatar) to get back; **~se** vr to recover

recodo [re'koðo] nm (de río, camino) bend

recogedor [rekoxe'ðor] nm dustpan

recoger [reko'xer] vt to collect; (AGR) to harvest; (levantar) to pick up; (juntar) to gather; (pasar a buscar) to come for, get; (dar asilo) to give shelter to; (faldas) to gather up; (pelo) to put up; **~se** vr (retirarse) to retire; **recogido, a** adj (lugar) quiet, secluded; (pequeño) small ♦ nf (CORREOS) collection; (AGR) harvest

recolección [rekolek'θjon] nf (AGR) harvesting; (colecta) collection

recomendación [rekomenda'θjon] nf (sugerencia) suggestion, recommendation; (referencia) reference

recomendar [rekomen'dar] vt to suggest, recommend; (confiar) to entrust

recompensa [rekom'pensa] nf reward, recompense; **recompensar** vt to reward, recompense

recomponer [rekompo'ner] vt to mend

reconciliación [rekonθilja'θjon] nf reconciliation

reconciliar [rekonθi'ljar] vt to reconcile; **~se** vr to become reconciled

recóndito, a [re'kondito, a] adj (lugar) hidden, secret

reconfortar [rekonfor'tar] vt to

comfort

reconocer [rekono'θer] vt to recognize; (registrar) to search; (MED) to examine; **reconocido, a** adj recognized; (agradecido) grateful; **reconocimiento** nm recognition; search; examination; gratitude; (confesión) admission

reconquista [rekon'kista] nf reconquest; **la R~** the Reconquest (of Spain)

reconstituyente [rekonstitu'jente] nm tonic

reconstruir [rekonstru'ir] vt to reconstruct

reconversión [rekonβer'sjon] nf: **~ industrial** industrial rationalization

recopilación [rekopila'θjon] nf (resumen) summary; (compilación) compilation; **recopilar** vt to compile

récord ['rekorð] (pl **~s**) adj inv, nm record

recordar [rekor'ðar] vt (acordarse de) to remember; (acordar a otro) to remind ♦ vi to remember

recorrer [reko'rrer] vt (país) to cross, travel through; (distancia) to cover; (registrar) to search; (repasar) to look over; **recorrido** nm run, journey; **tren de largo recorrido** main-line train

recortado, a [rekor'taðo, a] adj uneven, irregular

recortar [rekor'tar] vt to cut out; **recorte** nm (acción, de prensa) cutting; (de telas, chapas) trimming; **recorte presupuestario** budget cut

recostado, a [rekos'taðo, a] adj leaning; **estar ~** to be lying down

recostar [rekos'tar] vt to lean; **~se** vr to lie down

recoveco [reko'βeko] nm (de camino, río etc) bend; (en casa) cubby hole

recreación [rekrea'θjon] nf recreation

recrear [rekre'ar] vt (entretener) to entertain; (volver a crear) to recreate; **recreativo, a** adj recreational; **recreo** nm recreation; (ESCOL) break, playtime

recriminar [rekrimi'nar] vt to reproach ♦ vi to recriminate; **~se** vr to reproach each other

recrudecer [rekruðe'θer] vt, vi to worsen; **~se** vr to worsen

recrudecimiento [rekruðeθi'mjento] nm upsurge

recta ['rekta] nf straight line

rectángulo, a [rek'tangulo, a] adj rectangular ♦ nm rectangle

rectificar [rektifi'kar] vt to rectify; (volverse recto) to straighten ♦ vi to correct o.s.

rectitud [rekti'tuð] nf straightness

recto, a ['rekto, a] adj straight; (persona) honest, upright ♦ nm rectum

rector, a [rek'tor, a] adj governing

recuadro [re'kwaðro] nm box; (TIPOGRAFÍA) inset

recubrir [reku'βrir] vt: **~ (con)** (pintura, crema) to cover (with)

recuento [re'kwento] nm inventory; **hacer el ~ de** to count o reckon up

recuerdo [re'kwerðo] nm souvenir; **~s** nmpl (memorias) memories; **¡~s a tu madre!** give my regards to your mother!

recular [reku'lar] vi to back down

recuperable [rekupe'raβle] adj recoverable

recuperación [rekupera'θjon] nf recovery

recuperar [rekupe'rar] vt to recover; (tiempo) to make up; **~se** vr to recuperate

recurrir [reku'rrir] vi (JUR) to appeal; **~ a** to resort to; (persona) to turn to; **recurso** nm resort; (medios) means pl, resources pl; (JUR) appeal

recusar [reku'sar] vt to reject, refuse

red [reð] nf net, mesh; (FERRO etc) network; (trampa) trap; **la R~** (Internet) the Net

redacción [reðak'θjon] nf (acción) editing; (personal) editorial staff; (ESCOL) essay, composition

redactar [reðak'tar] vt to draw up,

draft; (*periódico*) to edit

redactor, a [reðak'tor, a] *nm/f* editor

redada [re'ðaða] *nf:* ~ **policial** police
raid, round-up

rededor [reðe'ðor] *nm:* **al** o **en** ~
around, round about

redención [reðen'θjon] *nf* redemption

redicho, a [re'ðitʃo, a] *adj* affected

redil [re'ðil] *nm* sheepfold

redimir [reði'mir] *vt* to redeem

rédito ['reðito] *nm* interest, yield

redoblar [reðo'ßlar] *vt* to redouble
♦ *vi* (*tambor*) to roll

redomado, a [reðo'maðo, a] *adj*
(*astuto*) sly, crafty; (*perfecto*) utter

redonda [re'ðonda] *nf:* **a la** ~ around,
round about

redondear [reðonde'ar] *vt* to round,
round off

redondel [reðon'del] *nm* (*círculo*)
circle; (*TAUR*) bullring, arena

redondo, a [re'ðondo, a] *adj* (*circular*)
round; (*completo*) complete

reducción [reðuk'θjon] *nf* reduction

reducido, a [reðu'θiðo, a] *adj*
reduced; (*limitado*) limited; (*pequeño*)
small

reducir [reðu'θir] *vt* to reduce; to limit;
~**se** *vr* to diminish

redundancia [reðun'danθja] *nf*
redundancy

reembolsar [re(e)mbol'sar] *vt*
(*persona*) to reimburse; (*dinero*) to
repay, pay back; (*depósito*) to refund;
reembolso *nm* reimbursement;
refund

reemplazar [re(e)mpla'θar] *vt* to
replace; **reemplazo** *nm* replacement;
de reemplazo (*MIL*) reserve

reencuentro [re(e)n'kwentro] *nm*
reunion

referencia [refe'renθja] *nf* reference;
con ~ **a** with reference to

referéndum [refe'rendum] (*pl* ~**s**) *nm*
referendum

referente [refe'rente] *adj:* ~ **a**
concerning, relating to

referir [refe'rir] *vt* (*contar*) to tell,
recount; (*relacionar*) to refer, relate;
~**se** *vr:* ~**se a** to refer to

refilón [refi'lon]: **de** ~ *adv* obliquely

refinado, a [refi'naðo, a] *adj* refined

refinamiento [refina'mjento] *nm*
refinement

refinar [refi'nar] *vt* to refine; **refinería**
nf refinery

reflejar [refle'xar] *vt* to reflect; **reflejo,
a** *adj* reflected; (*movimiento*) reflex
♦ *nm* reflection; (*ANAT*) reflex

reflexión [reflek'sjon] *nf* reflection.

reflexionar [refleksjo'nar] *vt* to reflect on ♦ *vi* to
reflect; (*detenerse*) to pause (to think)

reflexivo, a [reflek'sißo, a] *adj*
thoughtful; (*LING*) reflexive

reflujo [re'fluxo] *nm* ebb

reforma [re'forma] *nf* reform; (*ARQ etc*)
repair; ~ **agraria** agrarian reform

reformar [refor'mar] *vt* to reform;
(*modificar*) to change, alter; (*ARQ*) to
repair; ~**se** *vr* to mend one's ways

reformatorio [reforma'torjo] *nm*
reformatory

reforzar [refor'θar] *vt* to strengthen;
(*ARQ*) to reinforce; (*fig*) to encourage

refractario, a [refrak'tarjo, a] *adj*
(*TEC*) heat-resistant

refrán [re'fran] *nm* proverb, saying

refregar [refre'ɣar] *vt* to scrub

refrenar [refre'nar] *vt* to check,
restrain

refrendar [refren'dar] *vt* (*firma*) to
endorse, countersign; (*ley*) to approve

refrescante [refres'kante] *adj*
refreshing, cooling

refrescar [refres'kar] *vt* to refresh ♦ *vi*
to cool down; ~**se** *vr* to get cooler;
(*tomar aire fresco*) to go out for a
breath of fresh air; (*beber*) to have a
drink

refresco [re'fresko] *nm* soft drink, cool
drink; "~**s**" "refreshments"

refriega [re'frjeɣa] *nf* scuffle, brawl

refrigeración [refrixera'θjon] *nf*
refrigeration; (*de sala*) air-conditioning

refrigerador [refrixera'ðor] *nm* refrigerator (*BRIT*), icebox (*US*)

refrigerar [refrixe'rar] *vt* to refrigerate; (*sala*) to air-condition

refuerzo [re'fwerθo] *nm* reinforcement; (*TEC*) support

refugiado, a [refu'xjaðo, a] *nm/f* refugee

refugiarse [refu'xjarse] *vr* to take refuge, shelter

refugio [re'fuxjo] *nm* refuge; (*protección*) shelter

refunfuñar [refunfu'ɲar] *vi* to grunt, growl; (*quejarse*) to grumble

refutar [refu'tar] *vt* to refute

regadera [reɣa'ðera] *nf* watering can

regadío [reɣa'ðio] *nm* irrigated land

regalado, a [reɣa'laðo, a] *adj* comfortable, luxurious; (*gratis*) free, for nothing

regalar [reɣa'lar] *vt* (*dar*) to give (as a present); (*entregar*) to give away; (*mimar*) to pamper, make a fuss of

regaliz [reɣa'liθ] *nm* liquorice

regalo [re'ɣalo] *nm* (*obsequio*) gift, present; (*gusto*) pleasure

regañadientes [reɣaɲa'ðjentes]: **a ~** *adv* reluctantly

regañar [reɣa'ɲar] *vt* to scold ♦ *vi* to grumble; **regañón, ona** *adj* nagging

regar [re'ɣar] *vt* to water, irrigate; (*fig*) to scatter, sprinkle

regatear [reɣate'ar] *vt* (*COM*) to bargain over; (*escatimar*) to be mean with ♦ *vi* to bargain, haggle; (*DEPORTE*) to dribble; **regateo** *nm* bargaining; dribbling; (*del cuerpo*) swerve, dodge

regazo [re'ɣaθo] *nm* lap

regeneración [rexenera'θjon] *nf* regeneration

regenerar [rexene'rar] *vt* to regenerate

regentar [rexen'tar] *vt* to direct, manage; **regente** *nm* (*COM*) manager; (*POL*) regent

régimen ['reximen] (*pl* **regímenes**) *nm* regime; (*MED*) diet

regimiento [rexi'mjento] *nm* regiment

regio, a ['rexjo, a] *adj* royal, regal; (*fig: suntuoso*) splendid; (*AM: fam*) great, terrific

región [re'xjon] *nf* region

regir [re'xir] *vt* to govern, rule; (*dirigir*) to manage, run ♦ *vi* to apply, be in force

registrar [rexis'trar] *vt* (*buscar*) to search; (: *en cajón*) to look through; (*inspeccionar*) to inspect; (*anotar*) to register, record; (*INFORM*) to log; **~se** *vr* to register; (*ocurrir*) to happen

registro [re'xistro] *nm* (*acto*) registration; (*MUS*, *libro*) register; (*inspección*) inspection, search, **~ civil** registry office

regla ['reɣla] *nf* (*ley*) rule, regulation; (*de medir*) ruler; rule; (*MED*: *período*) period

reglamentación [reɣlamenta'θjon] *nf* (*acto*) regulation; (*lista*) rules *pl*

reglamentar [reɣlamen'tar] *vt* to regulate; **reglamentario, a** *adj* statutory; **reglamento** *nm* rules *pl*, regulations *pl*

regocijarse [reɣoθi'xarse] *vr*: **~ de** to rejoice at, be happy about; **regocijo** *nm* joy, happiness

regodearse [reɣoðe'arse] *vr* to be glad, be delighted; **regodeo** *nm* delight

regresar [reɣre'sar] *vi* to come back, go back, return; **regresivo, a** *adj* backward; (*fig*) regressive, **regreso** *nm* return

reguero [re'ɣero] *nm* (*de sangre etc*) trickle; (*de humo*) trail

regulador [reɣula'ðor] *nm* regulator; (*de radio etc*) knob, control

regular [reɣu'lar] *adj* regular; (*normal*) normal, usual; (*común*) ordinary; (*organizado*) regular, orderly; (*mediano*) average; (*fam*) not bad, so-so ♦ *adv* so-so, alright ♦ *vt* (*controlar*) to control, regulate; (*TEC*) to adjust; **por lo ~** as a rule; **~idad** nf regularity; **~izar** vt to regularize

regusto [re'yusto] nm aftertaste

rehabilitación [reaβilita'θjon] nf rehabilitation; (ARQ) restoration

rehabilitar [reaβili'tar] vt to rehabilitate; (ARQ) to restore; (reintegrar) to reinstate

rehacer [rea'θer] vt (reparar) to mend, repair; (volver a hacer) to redo, repeat; **~se** vr (MED) to recover

rehén [re'en] nm hostage

rehuir [reu'ir] vt to avoid, shun

rehusar [reu'sar] vt, vi to refuse

reina [ˈreina] nf queen; **~do** nm reign

reinante [rei'nante] adj (fig) prevailing

reinar [rei'nar] vi to reign

reincidir [reinθi'ðir] vi to relapse

reincorporarse [reinkorpo'rarse] vr: **~ a** to rejoin

reino [ˈreino] nm kingdom; **el R~ Unido** the United Kingdom

reintegrar [reinte'yrar] vt (reconstituir) to reconstruct; (persona) to reinstate; (dinero) to refund, pay back; **~se** vr: **~se a** to return to

reír [re'ir] vi to laugh; **~se** vr to laugh; **~se de** to laugh at

reiterar [reite'rar] vt to reiterate

reivindicación [reiβindika'θjon] nf (demanda) claim, demand; (justificación) vindication

reivindicar [reiβindi'kar] vt to claim

reja [ˈrexa] nf (de ventana) grille, bars pl; (en la calle) grating

rejilla [re'xiʎa] nf grating, grille; (muebles) wickerwork; (de ventilación) vent; (de coche etc) luggage rack

rejoneador [rexonea'ðor] nm mounted bullfighter

rejuvenecer [rexuβene'θer] vt, vi to rejuvenate

relación [rela'θjon] nf relation, relationship; (MAT) ratio; (narración) report; **relaciones públicas** public relations; **con ~ a, en ~ con** in relation to; **relacionar** vt to relate,

connect; **relacionarse** vr to be connected, be linked

relajación [relaxa'θjon] nf relaxation

relajado, a [rela'xaðo, a] adj (disoluto) loose; (cómodo) relaxed; (MED) ruptured

relajar [rela'xar] vt to relax; **~se** vr to relax

relamerse [rela'merse] vr to lick one's lips

relamido, a [rela'miðo, a] adj (pulcro) overdressed; (afectado) affected

relámpago [re'lampaxo] nm flash of lightning; **visita/huelga ~** lightning visit/strike; **relampaguear** vi to flash

relatar [rela'tar] vt to tell, relate

relativo, a [rela'tiβo, a] adj relative; **en lo ~ a** concerning

relato [re'lato] nm (narración) story, tale

relegar [rele'yar] vt to relegate

relevante [rele'βante] adj eminent, outstanding

relevar [rele'βar] vt (sustituir) to relieve; **~se** vr to relay; **~ a uno de un cargo** to relieve sb of his post

relevo [re'leβo] nm relief; **carrera de ~s** relay race

relieve [re'ljeβe] nm (ARTE, TEC) relief; (fig) prominence, importance; **bajo ~** bas-relief

religión [reli'xjon] nf religion; **religioso, a** adj religious ♦ nm/f monk/nun

relinchar [relin'tʃar] vi to neigh; **relincho** nm neigh; (acto) neighing

reliquia [re'likja] nf relic; **~ de familia** heirloom

rellano [re'ʎano] nm (ARQ) landing

rellenar [reʎe'nar] vt (llenar) to fill up; (CULIN) to stuff; (COSTURA) to pad; **relleno, a** adj full up; stuffed ♦ nm stuffing; (de tapicería) padding

reloj [re'lo(x)] nm clock; **~ (de pulsera)** wristwatch; **~ despertador** alarm (clock); **poner el ~** to set one's watch (o the clock); **~ero, a** nm/f clockmaker; watchmaker

reluciente [relu'θjente] *adj* brilliant, shining

relucir [relu'θir] *vi* to shine; (*fig*) to excel

relumbrar [relum'brar] *vi* to dazzle, shine brilliantly

remachar [rema'tʃar] *vt* to rivet; (*fig*) to hammer home, drive home; **remache** *nm* rivet

remanente [rema'nente] *nm* remainder; (*COM*) balance; (*de producto*) surplus

remangar [reman'gar] *vt* to roll up

remanso [re'manso] *nm* pool

remar [re'mar] *vi* to row

rematado, a [rema'taðo, a] *adj* complete, utter

rematar [rema'tar] *vt* to finish off; (*COM*) to sell off cheap ♦ *vi* to end, finish off; (*DEPORTE*) to shoot

remate [re'mate] *nm* end, finish; (*punta*) tip; (*DEPORTE*) shot; (*ARQ*) top; **de o para ~** to crown it all (*BRIT*), to top it off

remedar [reme'ðar] *vt* to imitate

remediar [reme'ðjar] *vt* to remedy; (*subsanar*) to make good, repair; (*evitar*) to avoid

remedio [re'meðjo] *nm* remedy; (*alivio*) relief, help; (*JUR*) recourse, remedy; **poner ~ a** to correct, stop; **no tener más ~** to have no alternative; **¡qué ~!** there's no choice!; **sin ~** hopeless

remedo [re'meðo] *nm* imitation; (*pey*) parody

remendar [remen'dar] *vt* to repair; (*con parche*) to patch

remesa [re'mesa] *nf* remittance; (*COM*) shipment

remiendo [re'mjendo] *nm* mend; (*con parche*) patch; (*cosido*) darn

remilgado, a [remil'gaðo, a] *adj* prim; (*afectado*) affected

remilgo [re'milɣo] *nm* primness; (*afectación*) affectation

reminiscencia [reminis'θenθja] *nf* reminiscence

remiso, a [re'miso, a] *adj* slack, slow

remite [re'mite] *nm* (*en sobre*) name and address of sender

remitir [remi'tir] *vt* to remit, send ♦ *vi* to slacken; (*en carta*): **remite: X** sender: X; **remitente** *nm/f* sender

remo ['remo] *nm* (*de barco*) oar; (*DEPORTE*) rowing

remojar [remo'xar] *vt* to steep, soak; (*galleta etc*) to dip, dunk

remojo [re'moxo] *nm*: **dejar la ropa en ~** to leave clothes to soak

remolacha [remo'latʃa] *nf* beet, beetroot

remolcador [remolka'ðor] *nm* (*NAUT*) tug; (*AUTO*) breakdown lorry

remolcar [remol'kar] *vt* to tow

remolino [remo'lino] *nm* eddy; (*de agua*) whirlpool; (*de viento*) whirlwind; (*de gente*) crowd

remolque [re'molke] *nm* tow, towing; (*cuerda*) towrope; **llevar a ~** to tow

remontar [remon'tar] *vt* to mend; **~se** *vr* to soar; **~se a** (*COM*) to amount to; **~ el vuelo** to soar

remorder [remor'ðer] *vt* to distress, disturb; **~le la conciencia a uno** to have a guilty conscience; **remordimiento** *nm* remorse

remoto, a [re'moto, a] *adj* remote

remover [remo'βer] *vt* to stir; (*tierra*) to turn over; (*objetos*) to move round

remozar [remo'θar] *vt* (*ARQ*) to refurbish

remuneración [remunera'θjon] *nf* remuneration

remunerar [remune'rar] *vt* to remunerate; (*premiar*) to reward

renacer [rena'θer] *vi* to be reborn; (*fig*) to revive; **renacimiento** *nm* rebirth; **el Renacimiento** the Renaissance

renacuajo [rena'kwaxo] *nm* (*ZOOL*) tadpole

renal [re'nal] *adj* renal, kidney *cpd*

rencilla [ren'θiʎa] *nf* quarrel

rencor [reŋ'kor] nm rancour, bitterness; **~oso, a** adj spiteful

rendición [rendi'θjon] nf surrender

rendido, a [ren'diðo, a] adj (sumiso) submissive; (cansado) worn-out, exhausted

rendija [ren'dixa] nf (hendedura) crack, cleft

rendimiento [rendi'mjento] nm (producción) output; (TEC, COM) efficiency

rendir [ren'dir] vt (vencer) to defeat; (producir) to produce; (dar beneficio) to yield; (agotar) to exhaust ♦ vi to pay; **~se** vr (someterse) to surrender; (cansarse) to wear o.s. out; **~ homenaje** o **culto a** to pay homage to

renegar [rene'var] vi (renunciar) to renounce; (blasfemar) to blaspheme; (quejarse) to complain

RENFE ['renfe] nf abr (= Red Nacional de los Ferrocarriles Españoles) ≈ BR (BRIT)

renglón [reŋ'glon] nm (línea) line; (COM) item, article; **a ~ seguido** immediately after

renombrado, a [renom'braðo, a] adj renowned

renombre [re'nombre] nm renown

renovación [renoβa'θjon] nf (de contrato) renewal; (ARQ) renovation

renovar [reno'βar] vt to renew; (ARQ) to renovate

renta ['renta] nf (ingresos) income; (beneficio) profit; (alquiler) rent; **~ vitalicia** annuity; **rentable** adj profitable; **rentar** vt to produce, yield

renuncia [re'nunθja] nf resignation

renunciar [renun'θjar] vt to renounce; (tabaco, alcohol etc): **~ a** to give up; (oferta, oportunidad) to turn down; (puesto) to resign ♦ vi to resign

reñido, a [re'ɲiðo, a] adj (batalla) bitter, hard-fought; **estar ~ con uno** to be on bad terms with sb

reñir [re'ɲir] vt (regañar) to scold ♦ vi

(estar peleado) to quarrel, fall out; (combatir) to fight

reo ['reo] nm/f culprit, offender; **~ de muerte** prisoner condemned to death

reojo [re'oxo]: **de ~** adv out of the corner of one's eye

reparación [repara'θjon] nf (acto) mending, repairing; (TEC) repair; (fig) amends, reparation

reparar [repa'rar] vt to repair; (fig) to make amends for; (observar) to observe ♦ vi: **~ en** (darse cuenta de) to notice; (prestar atención a) to pay attention to

reparo [re'paro] nm (advertencia) observation; (duda) doubt; (dificultad) difficulty; **poner ~s (a)** to raise objections (to)

repartición [reparti'θjon] nf distribution; (división) division; **repartidor, a** nm/f distributor

repartir [repar'tir] vt to distribute, share out; (CORREOS) to deliver; **reparto** nm distribution; delivery; (TEATRO, CINE) cast; (AM: urbanización) housing estate (BRIT), real estate development (US)

repasar [repa'sar] vt (ESCOL) to revise; (MECÁNICA) to check, overhaul; (COSTURA) to mend; **repaso** nm revision; overhaul, checkup; mending

repatriar [repa'trjar] vt to repatriate

repecho [re'petʃo] nm steep incline

repelente [repe'lente] adj repellent, repulsive

repeler [repe'ler] vt to repel

repensar [repen'sar] vt to reconsider

repente [re'pente] nm: **de ~** suddenly; **~ de ira** fit of anger

repentino, a [repen'tino, a] adj sudden

repercusión [reperku'sjon] nf repercussion

repercutir [reperku'tir] vi (objeto) to rebound; (sonido) to echo; **~ en** (fig) to have repercussions on

repertorio [reper'torjo] nm list; (TEATRO) repertoire

repetición [repeti'θjon] nf repetition

repetir [repe'tir] vt to repeat; (plato) to have a second helping of ♦ vi to repeat; (sabor) to come back; **~se** vr (volver sobre un tema) to repeat o.s.

repetitivo, a [repeti'tiβo, a] adj repetitive, repetitious

repicar [repi'kar] vt (campanas) to ring

repique [re'pike] nm pealing, ringing; **~teo** nm pealing; (de tambor) drumming

repisa [re'pisa] nf ledge, shelf; (de ventana) windowsill; **~ de chimenea** mantelpiece

repito etc vb ver **repetir**

replantearse [replante'arse] vr: **~ un problema** to reconsider a problem

replegarse [reple'varse] vr to fall back, retreat

repleto, a [re'pleto, a] adj replete, full up

réplica ['replika] nf answer; (ARTE) replica

replicar [repli'kar] vi to answer; (objetar) to argue, answer back

repliegue [re'pljeve] nm (MIL) withdrawal

repoblación [repoβla'θjon] nf repopulation; (de río) restocking; **~ forestal** reafforestation

repoblar [repo'βlar] vt to repopulate; (con árboles) to reafforest

repollo [re'poʎo] nm cabbage

reponer [repo'ner] vt to replace, put back; (TEATRO) to revive; **~se** vr to recover; **~ que** to reply that

reportaje [repor'taxe] nm report, article

reportero, a [repor'tero, a] nm/f reporter

reposacabezas [reposaka'βeθas] nm inv headrest

reposado, a [repo'saðo, a] adj (descansado) restful; (tranquilo) calm

reposar [repo'sar] vi to rest, repose

reposición [reposi'θjon] nf replacement; (CINE) remake

reposo [re'poso] nm rest

repostar [repos'tar] vt to replenish; (AUTO) to fill up (with petrol (BRIT) o gasoline (US))

repostería [reposte'ria] nf confectioner's (shop); **repostero, a** nm/f confectioner

reprender [repren'der] vt to reprimand

represa [re'presa] nf dam; (lago artificial) lake, pool

represalia [repre'salja] nf reprisal

representación [representa'θjon] nf representation; (TEATRO) performance; **representante** nm/f representative; performer

representar [represen'tar] vt to represent; (TEATRO) to perform; (edad) to look; **~se** vr to imagine; **representativo, a** adj representative

represión [repre'sjon] nf repression

reprimenda [repri'menda] nf reprimand, rebuke

reprimir [repri'mir] vt to repress

reprobar [repro'βar] vt to censure, reprove

reprochar [repro'tʃar] vt to reproach; **reproche** nm reproach

reproducción [reproðuk'θjon] nf reproduction

reproducir [reproðu'θir] vt to reproduce; **~se** vr to breed; (situación) to recur

reproductor, a [reproðuk'tor, a] adj reproductive

reptil [rep'til] nm reptile

república [re'puβlika] nf republic; **R~ Dominicana** Dominican Republic; **republicano, a** adj, nm/f republican

repudiar [repu'ðjar] vt to repudiate; (fe) to renounce

repuesto [re'pwesto] nm (pieza de recambio) spare (part); (abastecimiento) supply; **rueda de ~** spare wheel

repugnancia [repuv'nanθja] nf repugnance; **repugnante** adj repugnant, repulsive

repugnar [repuɣ'nar] vt to disgust

repulsa [re'pulsa] nf rebuff

repulsión [repul'sjon] nf repulsion, aversion; **repulsivo, a** adj repulsive

reputación [reputa'θjon] nf reputation

requemado, a [reke'maðo, a] adj (quemado) scorched; (bronceado) tanned

requerimiento [rekeri'mjento] nm request; (JUR) summons

requerir [reke'rir] vt (pedir) to ask, request; (exigir) to require; (llamar) to send for, summon

requesón [reke'son] nm cottage cheese

requete... [re'kete] prefijo extremely

réquiem [rekjem] (pl ~s) nm requiem

requisito [reki'sito] nm requirement, requisite

res [res] nf beast, animal

resaca [re'saka] nf (en el mar) undertow, undercurrent; (fam) hangover

resaltar [resal'tar] vi to project, stick out; (fig) to stand out

resarcir [resar'θir] vt to compensate; **~se** vr to make up for

resbaladizo, a [resβala'ðiθo, a] adj slippery

resbalar [resβa'lar] vi to slip, slide; (fig) to slip (up); **~se** vr to slip, slide; to slip (up); **resbalón** nm (acción) slip

rescatar [reska'tar] vt (salvar) to save, rescue; (objeto) to get back, recover; (cautivos) to ransom

rescate [res'kate] nm rescue; (de objeto) recovery; **pagar un ~** to pay a ransom

rescindir [resθin'dir] vt to rescind

rescisión [resθi'sjon] nf cancellation

rescoldo [res'koldo] nm embers pl

resecar [rese'kar] vt to dry thoroughly; (MED) to cut out, remove; **~se** vr to dry up

reseco, a [re'seko, a] adj very dry; (fig) skinny

resentido, a [resen'tiðo, a] adj resentful

resentimiento [resenti'mjento] nm resentment, bitterness

resentirse [resen'tirse] vr (debilitarse: persona) to suffer; **~ de** (consecuencias) to feel the effects of; **~ de** (o por) **algo** to resent sth, be bitter about sth

reseña [re'seɲa] nf (cuenta) account; (informe) report; (LITERATURA) review

reseñar [rese'ɲar] vt to describe; (LITERATURA) to review

reserva [re'serβa] nf reserve; (reservación) reservation; **a ~ de que ...** unless ...; **con toda ~** in strictest confidence

reservado, a [reser'βaðo, a] adj reserved; (retraído) cold, distant ♦ nm private room

reservar [reser'βar] vt (guardar) to keep; (habitación, entrada) to reserve; **~se** vr to save o.s.; (callar) to keep to o.s.

resfriado [resfri'aðo] nm cold; **resfriarse** vr to cool; (MED) to catch (a) cold

resguardar [resɣwar'ðar] vt to protect, shield; **~se** vr: **~se de** to guard against; **resguardo** nm defence; (vale) voucher; (recibo) receipt, slip

residencia [resi'ðenθja] nf residence; **~l** nf (urbanización) housing estate

residente [resi'ðente] adj, nm/f resident

residir [resi'ðir] vi to reside, live; **~ en** to reside in, lie in

residuo [re'siðwo] nm residue

resignación [resiɣna'θjon] nf resignation; **resignarse** vr: **resignarse a** o **con** to resign o.s. to, be resigned to

resina [re'sina] nf resin

resistencia [resis'tenθja] nf (dureza) endurance, strength; (oposición, ELEC) resistance; **resistente** adj strong, hardy; resistant

resistir [resis'tir] vt (soportar) to bear;

(*oponerse a*) to resist, oppose; (*aguantar*) to put up with ♦ *vi* to resist; (*aguantar*) to last, endure; **~se** *vr*: **~se a** to refuse to, resist

resolución [resolu'θjon] *nf* resolution; (*decisión*) decision; **resoluto, a** *adj* resolute

resolver [resol'ßer] *vt* to resolve; (*solucionar*) to solve, resolve; (*decidir*) to decide, settle; **~se** *vr* to make up one's mind

resonancia [reso'nanθja] *nf* (*del sonido*) resonance; (*repercusión*) repercusión

resonar [reso'nar] *vi* to ring, echo

resoplar [reso'plar] *vi* to snort; **resoplido** *nm* heavy breathing

resorte [re'sorte] *nm* spring; (*fig*) lever

respaldar [respal'dar] *vt* to back (up), support; **~se** *vr* to lean back; **~se con** o **en** (*fig*) to take one's stand on; **respaldo** *nm* (*de sillón*) back; (*fig*) support, backing

respectivo, a [respek'tißo, a] *adj* respective; **en lo ~ a** with regard to

respecto [res'pekto] *nm*: **al ~** on this matter; **con ~ a, ~ de** with regard to, in relation to

respetable [respe'taßle] *adj* respectable

respetar [respe'tar] *vt* to respect; **respeto** *nm* respect; (*acatamiento*) deference; **respetos** *nmpl* respects; **respetuoso, a** *adj* respectful

respingo [res'pingo] *nm* start, jump

respiración [respira'θjon] *nf* breathing; (*MED*) respiration; (*ventilación*) ventilación

respirar [respi'rar] *vi* to breathe; **respiratorio, a** *adj* respiratory; **respiro** *nm* breathing; (*fig: descanso*) respite

resplandecer [resplande'θer] *vi* to shine; **resplandeciente** *adj* resplendent, shining; **resplandor** *nm* brilliance, brightness; (*de luz, fuego*) blaze

responder [respon'der] *vt* to answer ♦ *vi* to answer; (*fig*) to respond; (*pey*) to answer back; **~ de** o **por** to answer for; **respondón, ona** *adj* cheeky

responsabilidad [responsaßili'ðað] *nf* responsibility

responsabilizarse [responsaßili-'θarse] *vr* to make o.s. responsible, take charge

responsable [respon'saßle] *adj* responsible

respuesta [res'pwesta] *nf* answer, reply

resquebrajar [reskeßra'xar] *vt* to crack, split; **~se** *vr* to crack, split

resquemor [reske'mor] *nm* resentment

resquicio [res'kiθjo] *nm* chink; (*hendedura*) crack

resta ['resta] *nf* (*MAT*) remainder

restablecer [restaßle'θer] *vt* to re-establish, restore; **~se** *vr* to recover

restallar [resta'ʎar] *vi* to crack

restante [res'tante] *adj* remaining; **lo ~** the remainder

restar [res'tar] *vt* (*MAT*) to subtract; (*fig*) to take away ♦ *vi* to remain, be left

restauración [restaura'θjon] *nf* restoration

restaurante [restau'rante] *nm* restaurant

restaurar [restau'rar] *vt* to restore

restitución [restitu'θjon] *nf* return, restitution

restituir [restitu'ir] *vt* (*devolver*) to return, give back; (*rehabilitar*) to restore

resto ['resto] *nm* (*residuo*) rest, remainder; (*apuesta*) stake; **~s** *nmpl* remains

restregar [restre'ɣar] *vt* to scrub, rub

restricción [restrik'θjon] *nf* restriction

restrictivo, a [restrik'tißo, a] *adj* restrictive

restringir [restrin'xir] *vt* to restrict, limit

resucitar [resuθi'tar] vt, vi to resuscitate, revive

resuello [re'sweʎo] nm (aliento) breath; **estar sin ~** to be breathless

resuelto, a [re'swelto, a] pp de **resolver ♦** adj resolute, determined

resultado [resul'taðo] nm result; (conclusión) outcome; **resultante** adj resulting, resultant

resultar [resul'tar] vi (ser) to be; (llegar a ser) to turn out to be; (salir bien) to turn out well; (ser provechoso) to be useful; ~ **de** to stem from; **me resulta difícil hacerlo** it's difficult for me to do it

resumen [re'sumen] (pl resúmenes) nm summary, résumé; **en ~** in short

resumir [resu'mir] vt to sum up; (cortar) to abridge, cut down; (condensar) to summarize

resurgir [resur'xir] vi (reaparecer) to reappear

resurrección [resurre(k)'θjon] nf resurrection

retablo [re'taβlo] nm altarpiece

retaguardia [reta'ɣwarðja] nf rearguard

retahíla [reta'ila] nf series, string

retal [re'tal] nm remnant

retar [re'tar] vt to challenge; (desafiar) to defy, dare

retardar [retar'ðar] vt (demorar) to delay; (hacer más lento) to slow down; (retener) to hold back

retazo [re'taθo] nm snippet (BRIT), fragment

retener [rete'ner] vt (intereses) to withhold

reticente [reti'θente] adj (tono) insinuating; (postura) reluctant; **ser ~ a hacer algo** to be reluctant o unwilling to do sth

retina [re'tina] nf retina

retintín [retin'tin] nm jangle, jingle

retirada [reti'raða] nf (MIL, refugio) retreat; (de dinero) withdrawal; (de embajador) recall; **retirado, a** adj (lugar) remote; (vida) quiet; (jubilado)

retired

retirar [reti'rar] vt to withdraw; (quitar) to remove; (jubilar) to retire, pension off; ~**se** vr to retreat, withdraw; to retire; (acostarse) to retire, go to bed; **retiro** nm retreat; retirement; (pago) pension

reto ['reto] nm dare, challenge

retocar [reto'kar] vt (fotografía) to touch up, retouch

retoño [re'toɲo] nm sprout, shoot; (fig) offspring, child

retoque [re'toke] nm retouching

retorcer [retor'θer] vt to twist; (manos, lavado) to wring; ~**se** vr to become twisted; (mover el cuerpo) to writhe

retorcido, a [retor'θiðo, a] adj (persona) devious

retórica [re'torika] nf rhetoric; (pey) affectedness; **retórico, a** adj rhetorical

retornar [retor'nar] vt to return, give back ♦ vi to return, go/come back; **retorno** nm return

retortijón [retorti'xon] nm twist, twisting

retozar [reto'θar] vi (juguetear) to frolic, romp; (saltar) to gambol; **retozón, ona** adj playful

retracción [retrak'θjon] nf retraction

retractarse [retrak'tarse] vr to retract; **me retracto** I take that back

retraerse [retra'erse] vr to retreat, withdraw; **retraído, a** adj shy, retiring; **retraimiento** nm retirement; (timidez) shyness

retransmisión [retransmi'sjon] nf repeat (broadcast)

retransmitir [retransmi'tir] vt (mensaje) to relay; (TV etc) to repeat, retransmit; (: en vivo) to broadcast live

retrasado, a [retra'saðo, a] adj late; (MED) mentally retarded; (país etc) backward, underdeveloped

retrasar [retra'sar] vt (demorar) to postpone, put off; (retardar) to slow down ♦ vi (atrasarse) to be late; (reloj) to be slow; (producción) to fall (off);

(quedarse atrás) to lag behind; ~**se** *vr* to be late; to be slow; to fall (off); to lag behind

retraso [re'traso] *nm (demora)* delay; *(lentitud)* slowness; *(tardanza)* lateness; *(atraso)* backwardness; ~**s** *(FINANZAS)* *nmpl* arrears; **llegar con** ~ to arrive late; ~ **mental** mental deficiency

retratar [retra'tar] *vt (ARTE)* to paint the portrait of; *(fotografiar)* to photograph; *(fig)* to depict, describe; ~**se** *vr* to have one's portrait painted; to have one's photograph taken; **retrato** *nm* portrait; *(fig)* likeness; **retrato-robot** *nm* Identikit ® picture

retreta [re'treta] *nf* retreat

retrete [re'trete] *nm* toilet

retribución [retriβu'θjon] *nf (recompensa)* reward; *(pago)* pay, payment

retribuir [retri'βwir] *vt (recompensar)* to reward; *(pagar)* to pay

retro... ['retro] *prefijo* retro...

retroactivo, a [retroak'tiβo, a] *adj* retroactive, retrospective

retroceder [retroθe'ðer] *vi (echarse atrás)* to move back(wards); *(fig)* to back down

retroceso [retro'θeso] *nm* backward movement; *(MED)* relapse; *(fig)* backing down

retrógrado, a [re'troɣraðo, a] *adj* retrograde, retrogressive; *(POL)* reactionary

retrospectivo, a [retrospek'tiβo, a] *adj* retrospective

retrovisor [retroβi'sor] *nm (tb: espejo ~)* rear-view mirror

retumbar [retum'bar] *vi* to echo, resound

reúma [re'uma], **reuma** ['reuma] *nm* rheumatism

reumatismo [reuma'tismo] *nm* = **reúma**

reunificar [reunifi'kar] *vt* to reunify

reunión [reu'njon] *nf (asamblea)* meeting; *(fiesta)* party

reunir [reu'nir] *vt (juntar)* to reunite, join (together); *(recoger)* to gather (together); *(personas)* to get together; *(cualidades)* to combine; ~**se** *vr (personas: en asamblea)* to meet, gather

revalidar [reβali'ðar] *vt (ratificar)* to confirm, ratify

revalorizar [reβalori'θar] *vt* to revalue, reassess

revancha [re'βantʃa] *nf* revenge

revelación [reβela'θjon] *nf* revelation

revelado [reβe'laðo] *nm* developing

revelar [reβe'lar] *vt* to reveal; *(FOTO)* to develop

reventa [re'βenta] *nf (de entradas; para concierto)* touting

reventar [reβen'tar] *vt* to burst, explode

reventón [reβen'ton] *nm (AUTO)* blow-out *(BRIT)*, flat *(US)*

reverencia [reβe'renθja] *nf* reverence; **reverenciar** *vt* to revere

reverendo, a [reβe'rendo, a] *adj* reverend

reverente [reβe'rente] *adj* reverent

reversible [reβer'siβle] *adj (prenda)* reversible

reverso [re'βerso] *nm* back, other side; *(de moneda)* reverse

revertir [reβer'tir] *vi* to revert

revés [re'βes] *nm* back, wrong side; *(fig)* reverse, setback; *(DEPORTE)* backhand, **al** ~ the wrong way round; *(de arriba abajo)* upside down; *(ropa)* inside out; **volver algo del** ~ to turn sth round; *(ropa)* to turn sth inside out

revestir [reβes'tir] *vt (cubrir)* to cover, coat

revisar [reβi'sar] *vt (examinar)* to check; *(texto etc)* to revise; **revisión** *nf* revision

revisor, a [reβi'sor, a] *nm/f* inspector; *(FERRO)* ticket collector

revista [re'βista] *nf* magazine, review; *(TEATRO)* revue; *(inspección)* inspection; **pasar** ~ **a** to review, inspect

revivir [reβi'βir] vi to revive

revocación [reβoka'θjon] nf repeal

revocar [reβo'kar] vt to revoke

revolcarse [reβol'karse] vr to roll about

revolotear [reβolote'ar] vi to flutter

revoltijo [reβol'tixo] nm mess, jumble

revoltoso, a [reβol'toso, a] adj (travieso) naughty, unruly

revolución [reβolu'θjon] nf revolution; **revolucionar** vt to revolutionize; **revolucionario, a** adj, nm/f revolutionary

revolver [reβol'βer] vt (desordenar) to disturb, mess up; (mover) to move about ♦ vi: ~ **en** to go through, rummage (about) in; ~**se** vr (volver contra) to turn on o against

revólver [re'βolβer] nm revolver

revuelo [re'βwelo] nm fluttering; (fig) commotion

revuelta [re'βwelta] nf (motín) revolt; (agitación) commotion

revuelto, a [re'βwelto, a] pp de **revolver** ♦ adj (mezclado) mixed-up, in disorder

rey [rei] nm king; **Día de R~es** Twelfth Night

reyerta [re'jerta] nf quarrel, brawl

rezagado, a [reθa'ɣaðo, a] nm/f straggler

rezagar [reθa'ɣar] vt (dejar atrás) to leave behind; (retrasar) to delay, postpone

rezar [re'θar] vi to pray; ~ **con** (fam) to concern, have to do with; **rezo** nm prayer

rezongar [reθoŋ'gar] vi to grumble

rezumar [reθu'mar] vt to ooze

ría ['ria] nf estuary

riada [ri'aða] nf flood

ribera [ri'βera] nf (de río) bank; (: área) riverside

ribete [ri'βete] nm (de vestido) border; (fig) addition; ~**ar** vt to edge, border

ricino [ri'θino] nm: **aceite de ~** castor oil

rico, a ['riko, a] adj rich; (adinerado) wealthy, rich; (lujoso) luxurious; (comida) delicious; (niño) lovely, cute ♦ nm/f rich person

rictus ['riktus] nm (mueca) sneer, grin

ridiculez [riðiku'leθ] nf absurdity

ridiculizar [riðikuli'θar] vt to ridicule

ridículo, a [ri'ðikulo, a] adj ridiculous; **hacer el ~** to make a fool of o.s.; **poner a uno en ~** to make a fool of sb

riego ['rjexo] nm (aspersión) watering; (irrigación) irrigation

riel [rjel] nm rail

rienda ['rjenda] nf rein; **dar ~ suelta a** to give free rein to

riesgo ['rjesxo] nm risk; **correr el ~ de** to run the risk of

rifa ['rifa] nf (lotería) raffle; **rifar** vt to raffle

rifle ['rifle] nm rifle

rigidez [rixi'ðeθ] nf rigidity, stiffness; (fig) strictness; **rígido, a** adj rigid, stiff; strict, inflexible

rigor [ri'xor] nm strictness, rigour; (inclemencia) harshness; **de ~** de rigueur, essential; **riguroso, a** adj rigorous; harsh; (severo) severe

rimar [ri'mar] vi to rhyme

rimbombante [rimbom'bante] adj pompous

rímel ['rimel] nm mascara

rímmel ['rimel] nm = **rímel**

rincón [rin'kon] nm corner (inside)

rinoceronte [rinoθe'ronte] *nm* rhinoceros

riña ['riɲa] *nf* (*disputa*) argument; (*pelea*) brawl

riñón [ri'ɲon] *nm* kidney

río *etc* ['rio] *vb ver* **reír** ♦ *nm* river; (*fig*) torrent, stream; **~ abajo/arriba** downstream/upstream; **~ de la Plata** River Plate

rioja [ri'oxa] *nm* (*vino*) rioja (wine)

rioplatense [riopla'tense] *adj* of o from the River Plate

riqueza [ri'keθa] *nf* wealth, riches *pl*; (*cualidad*) richness

risa ['risa] *nf* laughter; (*una ~*) laugh; **¡qué ~!** what a laugh!

risco ['risko] *nm* crag, cliff

risible [ri'siβle] *adj* ludicrous, laughable

risotada [riso'taða] *nf* guffaw, loud laugh

ristra ['ristra] *nf* string

risueño, a [ri'sweɲo, a] *adj* (*sonriente*) smiling; (*contento*) cheerful

ritmo ['ritmo] *nm* rhythm; **a ~ lento** slowly; **trabajar a ~ lento** to go slow

rito ['rito] *nm* rite

ritual [ri'twal] *adj, nm* ritual

rival [ri'βal] *adj, nm/f* rival; **~idad** *nf* rivalry; **~izar** *vi*: **~izar con** to rival, vie with

rizado, a [ri'θaðo, a] *adj* curly ♦ *nm* curls *pl*

rizar [ri'θar] *vt* to curl; **~se** *vr* (*pelo*) to curl; (*agua*) to ripple; **rizo** *nm* curl; ripple

RNE *nf abr* = **Radio Nacional de España**

robar [ro'βar] *vt* to rob; (*objeto*) to steal; (*casa etc*) to break into; (*NAIPES*) to draw

roble ['roβle] *nm* oak; **~dal** *nm* oakwood

robo ['roβo] *nm* robbery, theft

robot [ro'βot] *nm* robot; **~ (de cocina)** food processor

robustecer [roβuste'θer] *vt* to strengthen

robusto, a [ro'βusto, a] *adj* robust, strong

roca ['roka] *nf* rock

roce ['roθe] *nm* (*caricia*) brush; (*TEC*) friction; (*en la piel*) graze; **tener ~ con** to be in close contact with

rociar [ro'θjar] *vt* to spray

rocín [ro'θin] *nm* nag, hack

rocío [ro'θio] *nm* dew

rocoso, a [ro'koso, a] *adj* rocky

rodaballo [roða'βaʎo] *nm* turbot

rodado, a [ro'ðaðo, a] *adj* (*con ruedas*) wheeled

rodaja [ro'ðaxa] *nf* slice

rodaje [ro'ðaxe] *nm* (*CINE*) shooting, filming; (*AUTO*) **en ~** running in

rodar [ro'ðar] *vt* (*vehículo*) to wheel (along); (*escalera*) to roll down; (*viajar por*) to travel (over) ♦ *vi* to roll; (*coche*) to go, run; (*CINE*) to shoot, film

rodear [roðe'ar] *vt* to surround ♦ *vi* to go round; **~se** *vr*: **~se de amigos** to surround o.s. with friends

rodeo [ro'ðeo] *nm* (*ruta indirecta*) detour; (*evasión*) evasion; (*AM*) rodeo; **hablar sin ~s** to come to the point, speak plainly

rodilla [ro'ðiʎa] *nf* knee; **de ~s** kneeling; **ponerse de ~s** to kneel (down)

rodillo [ro'ðiʎo] *nm* roller; (*CULIN*) rolling-pin

roedor, a [roe'ðor, a] *adj* gnawing ♦ *nm* rodent

roer [ro'er] *vt* (*masticar*) to gnaw; (*corroer, fig*) to corrode

rogar [ro'ɣar] *vt, vi* (*pedir*) to ask for; (*suplicar*) to beg, plead; **se ruega no fumar** please do not smoke

rojizo, a [ro'xiθo, a] *adj* reddish

rojo, a ['roxo, a] *adj, nm* red; **al ~ vivo** red-hot

rol [rol] *nm* list, roll; (*papel*) role

rollito [ro'ʎito] *nm*: **~ de primavera** spring roll

rollizo, a [ro'ʎiθo, a] *adj* (*objeto*) cylindrical; (*persona*) plump

rollo ['roʎo] *nm* roll; *(de cuerda)* coil; *(madera)* log; *(fam)* bore; **¡qué ~!** what a carry-on!

Roma ['roma] *nf* Rome

romance [ro'manθe] *nm (amoroso)* romance; *(LITERATURA)* ballad

romano, a [ro'mano, a] *adj, nm/f* Roman; **a la romana** in batter

romanticismo [romanti'θismo] *nm* romanticism

romántico, a [ro'mantiko, a] *adj* romantic

rombo ['rombo] *nm (GEOM)* rhombus

romería [rome'ria] *nf (REL)* pilgrimage; *(excursión)* trip, outing

---
Romería

Originally a pilgrimage to a shrine or church to express devotion to the Virgin Mary or a local Saint, the romería has also become a rural festival which accompanies the pilgrimage. People come from afar to attend, bringing their own food and drink, and spend the day in celebration.

---

romero, a [ro'mero, a] *nm/f* pilgrim ♦ *nm* rosemary

romo, a ['romo, a] *adj* blunt; *(fig)* dull

rompecabezas [rompeka'βeθas] *nm inv* riddle, puzzle; *(juego)* jigsaw (puzzle)

rompeolas [rompe'olas] *nm inv* breakwater

romper [rom'per] *vt* to break; *(hacer pedazos)* to smash; *(papel, tela etc)* to tear, rip ♦ *vi (olas)* to break; *(sol, diente)* to break through; **~ un contrato** to break a contract; **~ a** *(empezar a)* to start (suddenly) to; **~ a llorar** to burst into tears; **~ con uno** to fall out with sb

ron [ron] *nm* rum

roncar [ron'kar] *vi* to snore

ronco, a ['ronko, a] *adj (afónico)* hoarse; *(áspero)* raucous

ronda ['ronda] *nf (gen)* round; *(patrulla)* patrol; **rondar** *vt* to patrol ♦ *vi* to patrol; *(fig)* to prowl round

ronquido [ron'kiðo] *nm* snore, snoring

ronronear [ronrone'ar] *vi* to purr; **ronroneo** *nm* purr

roña ['rona] *nf (VETERINARIA)* mange; *(mugre)* dirt, grime; *(óxido)* rust

roñoso, a [ro'noso, a] *adj (mugriento)* filthy; *(tacaño)* mean

ropa ['ropa] *nf* clothes *pl*, clothing; **~ blanca** linen; **~ de cama** bed linen; **~ interior** underwear; **~ para lavar** washing; **~je** *nm* gown, robes *pl*

ropero [ro'pero] *nm* linen cupboard; *(guardarropa)* wardrobe

rosa ['rosa] *adj* pink ♦ *nf* rose; **~ de los vientos** the compass

rosado, a [ro'saðo, a] *adj* pink ♦ *nm* rosé

rosal [ro'sal] *nm* rosebush

rosario [ro'sarjo] *nm (REL)* rosary; **rezar el ~** to say the rosary

rosca ['roska] *nf (de tornillo)* thread; *(de humo)* coil, spiral; *(pan, postre)* ring-shaped roll/pastry

rosetón [rose'ton] *nm* rosette; *(ARQ)* rose window

rosquilla [ros'kiʎa] *nf* doughnut-shaped fritter

rostro ['rostro] *nm (cara)* face

rotación [rota'θjon] *nf* rotation; **~ de cultivos** crop rotation

rotativo, a [rota'tiβo, a] *adj* rotary

roto, a ['roto, a] *pp de* **romper** ♦ *adj* broken

rotonda [ro'tonda] *nf* roundabout

rótula ['rotula] *nf* kneecap; *(TEC)* ball-and-socket joint

rotulador [rotula'ðor] *nm* felt-tip pen

rotular [rotu'lar] *vt (carta, documento)* to head, entitle; *(objeto)* to label; **rótulo** *nm* heading, title; label; *(letrero)* sign

rotundamente [rotunda'mente] *adv (negar)* flatly; *(responder, afirmar)* emphatically; **rotundo, a** *adj* round;

(*enfático*) emphatic

rotura [ro'tura] nf (*acto*) breaking; (MED) fracture

roturar [rotu'rar] vt to plough

rozadura [roθa'ðura] nf abrasion, graze

rozar [ro'θar] vt (*frotar*) to rub; (*arañar*) to scratch; (*tocar ligeramente*) to shave, touch lightly; **~se** vr to rub (together); **~se con** (*fam*) to rub shoulders with

rte. abr (= remite, remitente) sender

RTVE nf abr = **Radiotelevisión Española**

rubí [ru'βi] nm ruby; (*de reloj*) jewel

rubio, a [ruˈβjo, a] adj fair-haired, blond(e) ♦ nm/f blond/blonde; **tabaco ~** Virginia tobacco

rubor [ruˈβor] nm (*sonrojo*) blush; (*timidez*) bashfulness; **~izarse** vr to blush

rúbrica [ˈruβrika] nf (*de la firma*) flourish; **rubricar** vt (*firmar*) to sign with a flourish; (*concluir*) to sign and seal

rudimentario, a [ruðimen'tarjo, a] adj rudimentary; **rudimento** nm rudiment

rudo, a [ˈruðo, a] adj (*sin pulir*) unpolished; (*grosero*) coarse; (*violento*) violent; (*sencillo*) simple

rueda [ˈrweða] nf wheel; (*círculo*) ring, circle; (*rodaja*) slice, round; **~ delantera/trasera/de repuesto** front/back/spare wheel; **~ de prensa** press conference

ruedo [ˈrweðo] nm (*círculo*) circle; (TAUR) arena, bullring

ruego etc [ˈrweɣo] vb ver **rogar** ♦ nm request

rufián [ruˈfjan] nm scoundrel

rugby [ˈruɣβi] nm rugby

rugido [ruˈxiðo] nm roar

rugir [ruˈxir] vi to roar

rugoso, a [ruˈɣoso, a] adj (*arrugado*) wrinkled; (*áspero*) rough; (*desigual*) ridged

ruido [ˈrwiðo] nm noise; (*sonido*)

sound; (*alboroto*) racket, row; (*escándalo*) commotion, rumpus; **~so, a** adj noisy, loud; (fig) sensational

ruin [rwin] adj contemptible, mean

ruina [ˈrwina] nf (*ruina*) (*colapso*) collapse; (*de persona*) ruin, downfall

ruindad [rwin'dað] nf lowness, meanness; (*acto*) low o mean act

ruinoso, a [rwiˈnoso, a] adj ruinous; (*destartalado*) dilapidated, tumbledown; (COM) disastrous

ruiseñor [rwise'ɲor] nm nightingale

ruleta [ruˈleta] nf roulette

rulo [ˈrulo] nm (*para el pelo*) curler

Rumanía [rumaˈnia] nf Rumania

rumba [ˈrumba] nf rumba

rumbo [ˈrumbo] nm (*ruta*) route, dirección; (*ángulo de dirección*) course, bearing; (fig) course of events; **ir con ~ a** to be heading for

rumboso, a [rumˈboso, a] adj generous

rumiante [ruˈmjante] nm ruminant

rumiar [ruˈmjar] vt to chew; (fig) to chew over ♦ vi to chew the cud

rumor [ruˈmor] nm (*ruido sordo*) low sound; (*murmuración*) murmur, buzz

rumorearse vr: **se rumorea que** it is rumoured that

runrún [runˈrun] nm (*voces*) murmur, sound of voices; (fig) rumour

rupestre [ruˈpestre] adj rock cpd

ruptura [rupˈtura] nf rupture

rural [ruˈral] adj rural

Rusia [ˈrusja] nf Russia; **ruso, a** adj, nm/f Russian

rústica [ˈrustika] nf: **libro en ~** paperback (book); ver tb **rústico**

rústico, a [ˈrustiko, a] adj rustic; (*ordinario*) coarse, uncouth ♦ nm/f yokel

ruta [ˈruta] nf route

rutina [ruˈtina] nf routine; **~rio, a** adj routine

S, s

S *abr* (= *santo*, *a*) St; (= *sur*) S

s. *abr* (= *siglo*) C.; (= *siguiente*) foll

S.A. *abr* (= *Sociedad Anónima*) Ltd. (*BRIT*), Inc. (*US*)

sábado [ˈsaβaðo] *nm* Saturday

sábana [ˈsaβana] *nf* sheet

sabandija [saβanˈdixa] *nf* bug, insect

sabañón [saβaˈɲon] *nm* chilblain

saber [saˈβer] *vt* to know; (*llegar a conocer*) to find out, learn; (*tener capacidad de*) to know how to ♦ *vi*: ~ **a** to taste, taste like ♦ *nm* knowledge, learning; **a** ~ namely; ¿**sabes conducir/nadar?** can you drive/swim?; ¿**sabes francés?** do you speak French?; ~ **de memoria** to know by heart; **hacer ~ algo a uno** to inform sb of sth, let sb know sth

sabiduría [saβiðuˈria] *nf* (*conocimientos*) wisdom; (*instrucción*) learning

sabiendas [saˈβjendas]: **a** ~ *adv* knowingly

sabio, a [ˈsaβjo,a] *adj* (*docto*) learned; (*prudente*) wise, sensible

sabor [saˈβor] *nm* taste, flavour; ~**ear** *vt* to taste, savour; (*fig*) to relish

sabotaje [saβoˈtaxe] *nm* sabotage

saboteador, a [saβoteaˈðor, a] *nm/f* saboteur

sabotear [saβoteˈar] *vt* to sabotage

sabré *etc vb ver* **saber**

sabroso, a [saˈβroso, a] *adj* tasty; (*fig: fam*) racy, salty

sacacorchos [sakaˈkortʃos] *nm inv* corkscrew

sacapuntas [sakaˈpuntas] *nm inv* pencil sharpener

sacar [saˈkar] *vt* to take out; (*fig: extraer*) to get (out); (*quitar*) to remove, get out; (*hacer salir*) to bring out; (*conclusión*) to draw; (*novela etc*) to publish, bring out; (*ropa*) to take off;

(*obra*) to make; (*premio*) to receive; (*entradas*) to get; (*TENIS*) to serve; ~ **adelante** (*niño*) to bring up; (*negocio*) to carry on, go on with; ~ **a uno a bailar** to get sb up to dance; ~ **una foto** to take a photo; ~ **la lengua** to stick out one's tongue; ~ **buenas/malas notas** to get good/bad marks

sacarina [sakaˈrina] *nf* saccharin(e)

sacerdote [saθerˈðote] *nm* priest

saciar [saˈθjar] *vt* (*hambre*, *sed*) to satisfy; ~**se** *vr* (*de comida*) to get full up; **comer hasta ~se** to eat one's fill

saco [ˈsako] *nm* bag; (*grande*) sack; (*su contenido*) bagful; (*AM*) jacket; ~ **de dormir** sleeping bag

sacramento [sakraˈmento] *nm* sacrament

sacrificar [sakrifiˈkar] *vt* to sacrifice; **sacrificio** *nm* sacrifice

sacrilegio [sakriˈlexjo] *nm* sacrilege; **sacrílego, a** *adj* sacrilegious

sacristía [sakrisˈtia] *nf* sacristy

sacro, a [ˈsakro, a] *adj* sacred

sacudida [sakuˈðiða] *nf* (*agitación*) shake, shaking; (*sacudimiento*) jolt, bump; ~ **eléctrica** electric shock

sacudir [sakuˈðir] *vt* to shake; (*golpear*) to hit

sádico, a [ˈsaðiko, a] *adj* sadistic ♦ *nm/f* sadist; **sadismo** *nm* sadism

saeta [saˈeta] *nf* (*flecha*) arrow

sagacidad [saɣaθiˈðað] *nf* shrewdness, cleverness; **sagaz** *adj* shrewd, clever

sagitario [saxiˈtarjo] *nm* Sagittarius

sagrado, a [saˈɣraðo, a] *adj* sacred, holy

Sáhara [ˈsaara] *nm*: **el** ~ **the** Sahara (desert)

sal [sal] *vb ver* **salir** ♦ *nf* salt

sala [ˈsala] *nf* room; (~ **de estar**) living room; (*TEATRO*) house, auditorium; (*de hospital*) ward; ~ **de apelación** court; ~ **de espera** waiting room; ~ **de estar** living room; ~ **de fiestas** dance hall

salado, a |saˈlaðo, a| adj salty; (fig) witty, amusing; **agua salada** salt water

salar |saˈlar| vt to salt, add salt to

salarial |salaˈrjal| adj (aumento, revisión) wage cpd, salary cpd

salario |saˈlarjo| nm wage, pay

salchicha |salˈtʃitʃa| nf (pork) sausage; **salchichón** nm (salami-type) sausage

saldar |salˈdar| vt to pay; (vender) to sell off; (fig) to settle, resolve; **saldo** nm (pago) settlement; (de una cuenta) balance; (lo restante) remnant(s) (pl), remainder; **saldos** nmpl (en tienda) sale

saldré etc vb ver **salir**

salero |saˈlero| nm salt cellar

salgo etc vb ver **salir**

salida |saˈliða| nf exit, way out; (acto) leaving, going out; (de tren, AVIAT) departure; (TEC) output, production; (fig) way out; (COM) opening; (GEO, válvula) outlet; (de gas) leak; **calle sin ~** cul-de-sac; **~ de incendios** fire escape

saliente |saˈljente| adj (ARQ) projecting; (sol) rising; (fig) outstanding

salir |saˈlir| vi 1 (partir: tb: ~ de) to leave; **Juan ha salido** Juan is out; **salió de la cocina** he came out of the kitchen

2 (aparecer) to appear; (disco, libro) to come out; **anoche salió en la tele** she appeared o was on TV last night; **salió en todos los periódicos** it was in all the papers

3 (resultar): **la muchacha nos salió muy trabajadora** the girl turned out to be a very hard worker; **la comida te ha salido exquisita** the food was delicious; **sale muy caro** it's very expensive

4: **~le a uno algo: la entrevista que hice me salió bien/mal** the interview I did went o turned out well/

badly

5: **~ adelante: no sé como haré para ~ adelante** I don't know how I'll get by

♦ **~se** vr (líquido) to spill; (animal) to escape

saliva |saˈliβa| nf saliva

salmo |ˈsalmo| nm psalm

salmón |salˈmon| nm salmon

salmonete |salmoˈnete| nm red mullet

salmuera |salˈmwera| nf pickle, brine

salón |saˈlon| nm (de casa) living room, lounge; (muebles) lounge suite; **~ de belleza** beauty parlour; **~ de baile** dance hall

salpicadero |salpikaˈðero| nm (AUTO) dashboard

salpicar |salpiˈkar| vt (rociar) to sprinkle, spatter; (esparcir) to scatter

salpicón |salpiˈkon| nm: **~ de mariscos** seafood salad

salsa |ˈsalsa| nf sauce; (con carne asada) gravy; (fig) spice

saltamontes |saltaˈmontes| nm inv grasshopper

saltar |salˈtar| vt to jump (over), leap (over); (dejar de lado) to skip, miss out ♦ vi to jump, leap; (pelota) to bounce; (al aire) to fly up; (quebrarse) to break; (al agua) to dive; (fig) to explode, blow up

salto |ˈsalto| nm jump, leap; (al agua) dive; **~ de agua** waterfall; **~ de altura** high jump

saltón, ona |salˈton, ona| adj (ojos) bulging, popping; (dientes) protruding

salud |saˈluð| nf health; **¡(a su) ~!** cheers!, good health!; **~able** adj (de buena ~) healthy; (provechoso) good, beneficial

saludar |saluˈðar| vt to greet; (MIL) to salute; **saludo** nm greeting; **"saludos"** (en carta) "best wishes", "regards"

salva ['salβa] *nf*: **~ de aplausos** ovation

salvación [salβa'θjon] *nf* salvation; (*rescate*) rescue

salvado [sal'βaðo] *nm* bran

salvaguardar [salβaɣwar'ðar] *vt* to safeguard

salvajada [salβa'xaða] *nf* atrocity

salvaje [sal'βaxe] *adj* wild; (*tribu*) savage; **salvajismo** *nm* savagery

salvamento [salβa'mento] *nm* rescue

salvar [sal'βar] *vt* (*rescatar*) to save, rescue; (*resolver*) to overcome, resolve; (*cubrir distancias*) to cover, travel; (*hacer excepción*) to except, exclude; (*barco*) to salvage

salvavidas [salβa'βiðas] *adj inv*: **bote/chaleco/cinturón ~** lifeboat/life jacket/life belt

salvo, a ['salβo, a] *adj* safe ♦ *adv* except (for), save; **a ~** out of danger; **~ que** unless; **~conducto** *nm* safeconduct

san [san] *adj* saint; **S~ Juan** St John

sanar [sa'nar] *vt* (*herida*) to heal; (*persona*) to cure ♦ *vi* (*persona*) to get well, recover; (*herida*) to heal

sanatorio [sana'torjo] *nm* sanatorium

sanción [san'θjon] *nf* sanction; **sancionar** *vt* to sanction

sandalia [san'dalja] *nf* sandal

sandez [san'deθ] *nf* foolishness

sandía [san'dia] *nf* watermelon

sandwich ['sandwitʃ] (*pl* **~s, ~es**) *nm* sandwich

saneamiento [sanea'mjento] *nm* sanitation

sanear [sane'ar] *vt* to clean up; (*terreno*) to drain

sangrar [san'grar] *vt, vi* to bleed; **sangre** *nf* blood

sangría [san'gria] *nf* sangria, sweetened drink of red wine with fruit

sangriento, a [san'grjento, a] *adj* bloody

sanguijuela [sangi'xwela] *nf* (*ZOOL, fig*) leech

sanguinario, a [sangi'narjo, a] *adj* bloodthirsty

sanguíneo, a [san'gineo, a] *adj* blood *cpd*

sanidad [sani'ðað] *nf*: **~ (pública)** public health

sanitario, a [sani'tarjo, a] *adj* health *cpd*; **~s** *nmpl* toilets (*BRIT*), washroom (*US*)

sano, a ['sano, a] *adj* healthy; (*sin daños*) sound; (*comida*) wholesome; (*entero*) whole, intact; **~ y salvo** safe and sound

Santiago [san'tjaɣo] *nm*: **~ (de Chile)** Santiago

santiamén [santja'men] *nm*: **en un ~** in no time at all

santidad [santi'ðað] *nf* holiness, sanctity

santiguarse [santi'ɣwarse] *vr* to make

the sign of the cross

santo, a ['santo, a] *adj* holy; (*fig*) wonderful, miraculous ♦ *nm/f* saint ♦ *nm* saint's day; **~ y seña** password

santuario [san'twarjo] *nm* sanctuary, shrine

saña ['saɲa] *nf* rage, fury

sapo ['sapo] *nm* toad

saque ['sake] *nm* (*TENIS*) service, serve; (*FÚTBOL*) throw-in; **~ de esquina** corner (kick)

saquear [sake'ar] *vt* (*MIL*) to sack; (*robar*) to loot, plunder; (*fig*) to ransack; **saqueo** *nm* sacking; looting, plundering; ransacking

sarampión [saram'pjon] *nm* measles *sg*

sarcasmo [sar'kasmo] *nm* sarcasm; **sarcástico, a** *adj* sarcastic

sardina [sar'ðina] *nf* sardine

sargento [sar'xento] *nm* sergeant

sarmiento [sar'mjento] *nm* (*BOT*) vine shoot

sarna ['sarna] *nf* itch; (*MED*) scabies

sarpullido [sarpu'ʎiðo] *nm* (*MED*) rash

sarro ['sarro] *nm* (*en dientes*) tartar, plaque

sartén [sar'ten] *nf* frying pan

sastre ['sastre] *nm* tailor; **~ría** *nf* (*arte*) tailoring; (*tienda*) tailor's (shop)

Satanás [sata'nas] *nm* Satan

satélite [sa'telite] *nm* satellite

sátira ['satira] *nf* satire

satisfacción [satisfak'θjon] *nf* satisfaction

satisfacer [satisfa'θer] *vt* to satisfy; (*gastos*) to meet; (*pérdida*) to make good; **~se** *vr* tu satisfy o.s., be satisfied; (*vengarse*) to take revenge; **satisfecho, a** *adj* satisfied; (*contento*) content(ed), happy; (*tb: satisfecho de sí mismo*) self-satisfied, smug

saturar [satu'rar] *vt* to saturate; **~se** *vr* (*mercado, aeropuerto*) to reach saturation point

sauce ['sauθe] *nm* willow; **~ llorón** weeping willow

sauna ['sauna] *nf* sauna

savia ['saßja] *nf* sap

saxofón [sakso'fon] *nm* saxophone

sazonar [saθo'nar] *vt* to ripen; (*CULIN*) to flavour, season

SE *abr* (= *sudeste*) SE

se [se] *pron* 1 (*reflexivo: sg: m*) himself; (*: f*) herself; (*: pl*) themselves; (*: cosa*) itself; (*: de Vd*) yourself; (*: de Vds*) yourselves; **~ está preparando** she's preparing herself; *para usos léxicos del pron ver el vb en cuestión, p.ej.* **arrepentirse**

2 (*con complemento indirecto*) to him; to her; to them; to it; to you; **a usted ~ lo dije ayer** I told you yesterday; **~ compró un sombrero** he bought himself a hat; **~ rompió la pierna** he broke his leg

3 (*uso recíproco*) each other, one another; **~ miraron (el uno al otro)** they looked at each other o one another

4 (*en oraciones pasivas*): **se han vendido muchos libros** a lot of books have been sold

5 (*impers*): **~ dice que** people say that, it is said that; **allí ~ come muy bien** the food there is very good; **you can eat very well there**

sé *vb ver* **saber, ser**

sea *etc vb ver* **ser**

sebo ['seßo] *nm* fat, grease

secador [seka'ðor] *nm*: **~ de pelo** hair-dryer

secadora [seka'ðora] *nf* tumble dryer

secar [se'kar] *vt* to dry; **~se** *vr* to dry (off); (*río, planta*) to dry up

sección [sek'θjon] *nf* section

seco, a ['seko, a] *adj* dry; (*carácter*) cold; (*respuesta*) sharp, curt; **habrá pan a secas** there will be just bread; **decir algo a secas** to say sth curtly; **parar en ~** to stop dead

secretaría [sekreta'ria] *nf* secretariat

secretario, a [sekre'tarjo, a] *nm/f* secretary

secreto, a [se'kreto, a] *adj* secret; (*persona*) secretive ♦ *nm* secret; (*calidad*) secrecy

secta ['sekta] *nf* sect; **~rio, a** *adj* sectarian

sector [sek'tor] *nm* sector

secuela [se'kwela] *nf* consequence

secuencia [se'kwenθja] *nf* sequence

secuestrar [sekwes'trar] *vt* to kidnap; (*bienes*) to seize, confiscate; **secuestro** *nm* kidnapping; seizure, confiscation

secular [seku'lar] *adj* secular

secundar [sekun'dar] *vt* to second, support

secundario, a [sekun'darjo, a] *adj* secondary

sed [seð] *nf* thirst; **tener ~** to be thirsty

seda ['seða] *nf* silk

sedal [se'ðal] *nm* fishing line

sedante [se'ðante] *nm* sedative

sede ['seðe] *nf* (*de gobierno*) seat; (*de compañía*) headquarters *pl*; **Santa S~** Holy See

sedentario, a [seðen'tarjo, a] *adj* sedentary

sediento, a [se'ðjento, a] *adj* thirsty

sedimento [seði'mento] *nm* sediment

sedoso, a [se'ðoso, a] *adj* silky, silken

seducción [seðuk'θjon] *nf* seduction

seducir [seðu'θir] *vt* to seduce; (*cautivar*) to charm, fascinate; (*atraer*) to attract; **seductor, a** *adj* seductive; charming, fascinating ♦ *nm/f* seducer

segar [se'ɣar] *vt* (*mies*) to reap, cut; (*hierba*) to mow, cut

seglar [se'ɣlar] *adj* secular, lay

segregación [seɣreɣa'θjon] *nf* segregation; **~ racial** racial segregation

segregar [seɣre'ɣar] *vt* to segregate, separate

seguida [se'ɣiða] *nf*: **en ~** at once, right away

seguido, a [se'ɣiðo, a] *adj* (*continuo*)

continuous, unbroken; (*recto*) straight ♦ *adv* (*directo*) straight (on); (*después*) after; (*AM: a menudo*) often; **~s** consecutive, successive; **5 días ~s** 5 days running, 5 days in a row

seguimiento [seɣi'mjento] *nm* chase, pursuit; (*continuación*) continuation

seguir [se'ɣir] *vt* to follow; (*venir después*) to follow on, come after; (*proseguir*) to continue; (*perseguir*) to chase, pursue ♦ *vi* (*gen*) to follow; (*continuar*) to continue, carry o go on; **~se** *vr* to follow; **sigo sin comprender** I still don't understand; **sigue lloviendo** it's still raining

según [se'ɣun] *prep* according to ♦ *adv*: **¿irás? — —** are you going? — it all depends ♦ *conj* as; **~ caminamos** while we walk

segundo, a [se'ɣundo, a] *adj* second ♦ *nm* second ♦ *nf* second meaning; **de segunda mano** second-hand; **segunda (clase)** second class; **segunda enseñanza** secondary education; **segunda (marcha)** (*AUT*) second (gear)

seguramente [seɣura'mente] *adv* surely; (*con certeza*) for sure, with certainty

seguridad [seɣuri'ðað] *nf* safety; (*del estado, de casa etc*) security; (*certidumbre*) certainty; (*confianza*) confidence; (*estabilidad*) stability; **~ social** social security

seguro, a [se'ɣuro, a] *adj* (*cierto*) sure, certain; (*fiel*) trustworthy; (*libre de peligro*) safe; (*bien defendido, firme*) secure ♦ *adv* for sure, certainly ♦ *nm* (*COM*) insurance; **~ contra terceros/a todo riesgo** third party/ comprehensive insurance; **~s sociales** social security pl

seis [seis] *num* six

seísmo [se'ismo] *nm* tremor, earthquake

selección [selek'θjon] *nf* selection; **seleccionar** *vt* to pick, choose, select

selectividad   263   sentar

selectividad |selekti&i'ðað| (ESP) nf university entrance examination

selecto, a |se'lekto, a| adj select, choice; (escogido) selected

sellar |se'ʎar| vt (documento oficial) to seal; (pasaporte, visado) to stamp

sello |'seʎo| nm stamp; (precinto) seal

selva |'selßa| nf (bosque) forest, woods pl; (jungla) jungle

semáforo |se'maforo| nm (AUTO) traffic lights pl; (FERRO) signal

semana |se'mana| nf week; **entre ~** during the week; **S~ Santa** Holy Week; **semanal** adj weekly; **~rio** nm weekly magazine

---
Semana Santa

In Spain celebrations for **Semana Santa** *(Holy Week) are often spectacular. "Viernes Santo", "Sábado Santo" and "Domingo de Resurrección" (Good Friday, Holy Saturday, Easter Sunday) are all national public holidays, with additional days being given as local holidays. There are fabulous* **procesiones** *all over the country, with members of "cofradías" (brotherhoods) dressing in hooded robes and parading their "pasos" (religious floats and sculptures) through the streets. Seville has the most famous Holy Week processions.*

semblante |sem'blante| nm face; (fig) look

sembrar |sem'brar| vt to sow; (objetos) to sprinkle, scatter about; (noticias etc.) to spread

semejante |seme'xante| adj (parecido) similar ♦ nm fellow man, fellow creature; **~s** alike, similar; **nunca hizo cosa ~** he never did any such thing; **semejanza** nf similarity, resemblance

semejar |seme'xar| vi to seem like, resemble; **~se** vr to look alike, be similar

semen |'semen| nm semen

semestral |semes'tral| adj half-yearly, bi-annual

semicírculo |semi'θirkulo| nm semicircle

semidesnatado, a |semiðesna'taðo, a| adj semi-skimmed

semifinal |semifi'nal| nf semifinal

semilla |se'miʎa| nf seed

seminario |semi'narjo| nm (REL) seminary; (ESCOL) seminar

sémola |'semola| nf semolina

Sena |'sena| nm: **el ~** the (river) Seine

senado |se'naðo| nm senate; **senador, a** nm/f senator

sencillez |senθi'ʎeθ| nf simplicity; (de persona) naturalness; **sencillo, a** adj simple; (natural) natural, unaffected

senda |'senda| nf path, track

senderismo |sende'rismo| nm hiking

sendero |sen'dero| nm path, track

sendos, as |'sendos, as| adj pl: **les dio ~ golpes** he hit both of them

senil |se'nil| adj senile

seno |'seno| nm (ANAT) bosom, bust; (fig) bosom; **~s** breasts

sensación |sensa'θjon| nf sensation; (sentido) sense; (sentimiento) feeling; **sensacional** adj sensational

sensato, a |sen'sato, a| adj sensible

sensible |sen'sible| adj sensitive; (apreciable) perceptible, appreciable; (pérdida) considerable; **~ro, a** adj sentimental

sensitivo, a |sensi'tißo, a| adj sense cpd

sensorial |senso'rjal| adj sensory

sensual |sen'swal| adj sensual

sentada |sen'taða| nf sitting; (protesta) sit-in

sentado, a |sen'taðo, a| adj: **estar ~** to sit, be sitting (down); **dar por ~** to take for granted, assume

sentar |sen'tar| vt to sit, seat; (fig) to establish ♦ vi (vestido) to suit; (alimento): **~ bien/mal a** to agree/disagree with; **~se** vr (persona) to sit, sit down; (los depósitos) to settle

sentencia [sen'tenθja] nf (máxima)
maxim, saying; (JUR) sentence;
sentenciar vt to sentence

sentido, a [sen'tiðo, a] adj (pérdida)
regrettable; (carácter) sensitive ♦ nm
sense; (sentimiento) feeling; (significado)
sense, meaning; (dirección) direction;
mi más ~ pésame my deepest
sympathy; **~ del humor** sense of
humour; **~ único** one-way (street);
tener ~ to make sense

sentimental [sentimen'tal] adj
sentimental; **vida ~** love life

sentimiento [senti'mjento] nm
feeling

sentir [sen'tir] vt to feel; (percibir) to
perceive, sense; (lamentar) to regret,
be sorry for ♦ vi (tener la sensación) to
feel; (lamentarse) to feel sorry ♦ nm
opinion, judgement; **~se bien/mal** to
feel well/ill; **lo siento** I'm sorry

seña ['seɲa] nf sign; (MIL) password; **~s**
nfpl (dirección) address sg; **~s
personales** personal description sg

señal [se'ɲal] nf sign; (síntoma)
symptom; (FERRO, TELEC) signal;
(marca) mark; (COM) deposit; **en ~ de**
as a token of; **~ar** vt to mark;
(indicar) to point out, indicate

señor [se'ɲor] nm (hombre) man;
(caballero) gentleman; (dueño) owner,
master; (trato: antes de nombre propio)
Mr; (: hablando directamente) sir; **muy
~ mío** Dear Sir; **el ~ alcalde/
presidente** the mayor/president

señora [se'ɲora] nf (dama) lady; (trato:
antes de nombre propio) Mrs;
(: hablando directamente) madam;
(esposa) wife; **Nuestra S~** Our Lady

señorita [seɲo'rita] nf (con nombre y/o
apellido) Miss; (mujer joven) young lady

señorito [seɲo'rito] nm young
gentleman; (pey) rich kid

señuelo [se'ɲwelo] nm decoy

sepa etc vb ver **saber**

separación [separa'θjon] nf
separation; (división) division; (hueco)
gap

separar [sepa'rar] vt to separate;
(dividir) to divide; **~se** vr (parte) to
come away; (partes) to come apart;
(persona) to leave, go away;
(matrimonio) to separate;
separatismo nm separatism

sepia ['sepja] nf cuttlefish

septentrional [septentrjo'nal] adj
northern

septiembre [sep'tjembre] nm
September

séptimo, a ['septimo, a] adj, nm
seventh

sepulcral [sepul'kral] adj (fig: silencio,
atmósfera) deadly; **sepulcro** nm tomb,
grave

sepultar [sepul'tar] vt to bury;
sepultura nf (acto) burial; (tumba)
grave, tomb

sequedad [seke'ðað] nf dryness; (fig)
brusqueness, curtness

sequía [se'kia] nf drought

séquito ['sekito] nm (de rey etc)
retinue; (seguidores) followers pl

ser [ser] vi **1** (descripción) to be; **es
médica/muy alta** she's a doctor/very
tall; **la familia es de Cuzco** his (o her
etc) family is from Cuzco; **soy Ana**
(TELEC) Ana speaking o here

2 (propiedad): **es de Joaquín** it's
Joaquín's, it belongs to Joaquín

3 (horas, fechas, números): **es la una**
it's one o'clock; **son las seis y media**
it's half-past six; **es el 1 de junio** it's
the first of June; **somos/son seis**
there are six of us/them

4 (en oraciones pasivas): **ha sido
descubierto ya** it's already been
discovered

5: **es de esperar que ...** it is to be
hoped o I etc hope that ...

6 (locuciones con sub): **o sea** that is to
say; **sea él sea su hermana** either
him or his sister

7: **a no ~ por él** ... but for him ...
8: **a no ~ que: a no ~ que tenga uno ya** unless he's got one already ♦ *nm* being; **~ humano** human being

serenarse |sere'narse| *vr* to calm down
sereno, a |se'reno, a| *adj* (*persona*) calm, unruffled; (*el tiempo*) fine, settled; (*ambiente*) calm, peaceful ♦ *nm* night watchman
serial |ser'jal| *nm* serial
serie |'serje| *nf* series; (*cadena*) sequence, succession; **fuera de ~** out of order; (*fig*) special, out of the ordinary; **fabricación en ~** mass production
seriedad |serje'ðað| *nf* seriousness, (*formalidad*) reliability; **serio, a** *adj* serious; reliable, dependable; grave, serious; **en serio** *adv* seriously
serigrafía |serivra'fia| *nf* silk-screen printing
sermón |ser'mon| *nm* (*REL*) sermon
seropositivo, a |seroposi'tißo| *adj* HIV positive
serpentear |serpente'ar| *vi* to wriggle; (*camino, río*) to wind, snake
serpentina |serpen'tina| *nf* streamer
serpiente |ser'pjente| *nf* snake; **~ de cascabel** rattlesnake
serranía |serra'nia| *nf* mountainous area
serrar |se'rrar| *vt* = **aserrar**
serrín |se'rrin| *nm* = **aserrín**
serrucho |se'rrutʃo| *nm* saw
servicio |ser'ßiθjo| *nm* service; **~s** *nmpl* toilet(s); **~ incluido** service charge included; **~ militar** military service
servidumbre |serßi'ðumbre| *nf* (*sujeción*) servitude; (*criados*) servants *pl*, staff
servil |ser'ßil| *adj* servile
servilleta |serßi'ʎeta| *nf* serviette, napkin
servir |ser'ßir| *vt* to serve ♦ *vi* to serve;

(*tener utilidad*) to be of use, be useful; **~se** *vr* to serve o help o.s.; **~se de algo** to make use of sth, use sth; **sírvase pasar** please come in
sesenta |se'senta| *num* sixty
sesgo |'sesxo| *nm* slant; (*fig*) slant, twist
sesión |se'sjon| *nf* (*POL*) session, sitting; (*CINE*) showing
seso |'seso| *nm* brain; **sesudo, a** *adj* sensible, wise
seta |'seta| *nf* mushroom; **~ venenosa** toadstool
setecientos, as |sete'θjentos, as| *adj, num* seven hundred
setenta |se'tenta| *num* seventy
seto |'seto| *nm* hedge
seudónimo |seu'ðonimo| *nm* pseudonym
severidad |seßeri'ðað| *nf* severity; **severo, a** *adj* severe
Sevilla |se'ßiʎa| *n* Seville; **sevillano, a** *adj* of o from Seville ♦ *nm/f* native o inhabitant of Seville
sexo |'sekso| *nm* sex
sexto, a |'seksto, a| *adj, num* sixth
sexual |sek'swal| *adj* sexual; **vida ~** sex life
si |si| *conj* if; **me pregunto ~** ... I wonder if o whether ...
sí |si| *adv yes* ♦ *nm* consent ♦ *pron* (*uso impersonal*) oneself; (*sg m*) himself; (*: f*) herself; (*: de cosa*) itself; (*de usted*) yourself; (*pl*) themselves; (*de ustedes*) yourselves; (*recíproco*) each other: **él no quiere pero yo ~** he doesn't want to but I do; **ella ~ vendrá** she will certainly come, she is sure to come; **claro que ~** of course; **creo que ~** I think so
siamés, esa |sja'mes, esa| *adj, nm/f* Siamese
SIDA |'siða| *nm abr* (= *Síndrome de Inmunodeficiencia Adquirida*) AIDS
siderúrgico, a |side'rurxico, a| *adj* iron and steel *cpd*
sidra |'siðra| *nf* cider

siembra ['sjembra] nf sowing

siempre ['sjempre] adv always; (todo el tiempo) all the time; **~ que** (cada vez) whenever; (dado que) provided that; **como ~** as usual; **para ~** for ever

sien [sjen] nf temple

siento etc vb ver **sentar**; **sentir**

sierra ['sjerra] nf (TEC) saw; (cadena de montañas) mountain range

siervo, a ['sjerβo, a] nm/f slave

siesta ['sjesta] nf siesta, nap; **echar la ~** to have an afternoon nap o a siesta

siete ['sjete] num seven

sífilis ['sifilis] nf syphilis

sifón [si'fon] nm syphon; **whisky con ~** whisky and soda

sigla ['sixla] nf abbreviation; acronym

siglo ['sixlo] nm century; (fig) age

significación [sixnifika'θjon] nf significance

significado [sixnifi'kaðo] nm (de palabra etc) meaning

significar [sixnifi'kar] vt to mean, signify; (notificar) to make known, express; **significativo, a** adj significant

signo ['sixno] nm sign; **~ de admiración o exclamación** exclamation mark; **~ de interrogación** question mark

sigo etc vb ver **seguir**

siguiente [si'xjente] adj next, following

siguió etc vb ver **seguir**

sílaba ['silaβa] nf syllable

silbar [sil'βar] vt, vi to whistle; **silbato** nm whistle; **silbido** nm whistle, whistling

silenciador [silenθja'ðor] nm silencer

silenciar [silen'θjar] vt (persona) to silence; (escándalo) to hush up; **silencio** nm silence, quiet; **silencioso, a** adj silent, quiet

silla ['siʎa] nf (asiento) chair; (tb: **~ de montar**) saddle; **~ de ruedas** wheelchair

sillón [si'ʎon] nm armchair, easy chair

silueta [si'lweta] nf silhouette; (de edificio) outline; (figura) figure

silvestre [sil'βestre] adj wild

simbólico, a [sim'boliko, a] adj symbolic(al)

simbolizar [simboli'θar] vt to symbolize

símbolo ['simbolo] nm symbol

simetría [sime'tria] nf symmetry

simiente [si'mjente] nf seed

similar [simi'lar] adj similar

simio ['simjo] nm ape

simpatía [simpa'tia] nf liking; (afecto) affection; (amabilidad) kindness; **simpático, a** adj nice, pleasant; kind

simpatizante [simpati'θante] nm/f sympathizer

simpatizar [simpati'θar] vi: **~ con** to get on well with

simple ['simple] adj simple; (elemental) simple, easy; (mero) mere; (puro) pure, sheer ♦ nm/f simpleton; **~za** nf simpleness; (necedad) silly thing; **simplificar** vt to simplify

simposio [sim'posjo] nm symposium

simular [simu'lar] vt to simulate

simultáneo, a [simul'taneo, a] adj simultaneous

sin [sin] prep without; **la ropa está ~ lavar** the clothes are unwashed; **~ que** without; **~ embargo** however, still

sinagoga [sina'xoxa] nf synagogue

sinceridad [sinθeri'ðað] nf sincerity; **sincero, a** adj sincere

sincronizar [sinkroni'θar] vt to synchronize

sindical [sindi'kal] adj union cpd, trade-union cpd; **~ista** adj, nm/f trade unionist

sindicato [sindi'kato] nm (de trabajadores) trade(s) union; (de negociantes) syndicate

síndrome [si'ndrome] nm (MED) syndrome; **~ de abstinencia** (MED) withdrawal symptoms

sinfín [sin'fin] nm: **un ~ de** a great

many, no end of

sinfonía [sinfo'nia] nf symphony

singular [singu'lar] adj singular; (fig) outstanding, exceptional; (raro) peculiar, odd; **~idad** nf singularity, peculiarity; **~izarse** vr to distinguish o.s., stand out

siniestro, a [si'njestro, a] adj sinister ♦ nm (accidente) accident

sinnúmero [sin'numero] nm = **sinfín**

sino ['sino] nm fate, destiny ♦ conj (pero) but; (salvo) except, save

sinónimo, a [si'nonimo, a] adj synonymous ♦ nm synonym

síntesis ['sintesis] nf synthesis; **sintético, a** adj synthetic

sintetizar [sinteti'θar] vt to synthesize

sintió vb ver **sentir**

síntoma ['sintoma] nm symptom

sintonía [sinto'nia] nf (RADIO, MUS: de programa) tuning; **sintonizar** vt (RADIO: emisora) to tune (in)

sinvergüenza [simber'xwenθa] nm/f rogue, scoundrel; **¡es un ~!** he's got a nerve!

siquiera [si'kjera] conj even if, even though ♦ adv at least; **ni ~** not even

Siria ['sirja] nf Syria

sirviente, a [sir'βjente, a] nm/f servant

sirvo etc vb ver **servir**

sisear [sise'ar] vt, vi to hiss

sistema [sis'tema] nm system; (método) method; **sistemático, a** adj systematic

---
Sistema educativo
---

*The reform of the Spanish **sistema educativo** (education system) begun in the early 90s has replaced the courses EGB, BUP and COU with the following: "Primaria" a compulsory 6 years; "Secundaria" a compulsory 4 years and "Bachillerato" an optional 2-year secondary school course, essential for those wishing to go on to higher education.*

sitiar [si'tjar] vt to besiege, lay siege to

sitio ['sitjo] nm (lugar) place; (espacio) room, space; (MIL) siege; **~ Web** (INFORM) website

situación [sitwa'θjon] nf situation, position; (estatus) position, standing

situado, a [situ'aðo] adj situated, placed

situar [si'twar] vt to place, put; (edificio) to locate, situate

slip [slip] nm pants pl, briefs pl

smoking ['smokin, es'mokin] (pl **~s**) nm dinner jacket (BRIT), tuxedo (US)

snob [es'nob] = **esnob**

SO abr (= suroeste) SW

sobaco [so'βako] nm armpit

sobar [so'βar] vt (ropa) to rumple; (comida) to play around with

soberanía [soβera'nia] nf sovereignty; **soberano, a** adj sovereign; (fig) supreme ♦ nm/f sovereign

soberbia [so'βerβja] nf pride; haughtiness, arrogance; magnificence

soberbio, a [so'βerβjo, a] adj (orgulloso) proud; (altivo) arrogant; (estupendo) magnificent, superb

sobornar [soβor'nar] vt to bribe; **soborno** nm bribe

sobra ['soβra] nf excess, surplus; **~s** nfpl left-overs, scraps; **de ~** surplus, extra, **tengo de ~** I've more than enough; **~do, a** adj (más que suficiente) more than enough; (superfluo) excessive; **sobrante** adj remaining, extra ♦ nm surplus, remainder

sobrar [so'βrar] vt to exceed, surpass ♦ vi (tener de más) to be more than enough; (quedar) to remain, be left (over)

sobrasada [soβra'saða] nf pork sausage spread

sobre ['soβre] prep (gen) on; (encima) on (top of); (por encima de, arriba de) over, above; (*más que*) more than; (*además*) in addition to, besides; (*alrededor de*) about ♦ *nm* envelope; ~ **todo** above all

sobrecama [soβre'kama] *nf* bedspread

sobrecargar [soβrekar'var] *vt* (*camión*) to overload; (COM) to surcharge

sobredosis [soβre'ðosis] *nf inv* overdose

sobreentender [soβre(e)nten'der] *vt* to deduce, infer; ~**se** *vr*: **se sobreentiende que ...** it is implied that ...

sobrehumano, a [soβreu'mano, a] *adj* superhuman

sobrellevar [soβreʎe'βar] *vt* to bear, endure

sobremesa [soβre'mesa] *nf*: **durante la** ~ after dinner; **ordenador de** ~ desktop computer

sobrenatural [soβrenatu'ral] *adj* supernatural

sobrenombre [soβre'nombre] *nm* nickname

sobrepasar [soβrepa'sar] *vt* to exceed, surpass

sobreponerse [soβrepo'nerse] *vr*: ~ **a** to overcome

sobresaliente [soβresa'ljente] *adj* outstanding, excellent

sobresalir [soβresa'lir] *vi* to project, jut out; (*fig*) to stand out, excel

sobresaltar [soβresal'tar] *vt* (*asustar*) to scare, frighten; (*sobrecoger*) to startle; **sobresalto** [soβre'salto] *nm* (*movimiento*) start; (*susto*) scare; (*turbación*) sudden shock

sobretodo [soβre'toðo] *nm* overcoat

sobrevenir [soβreβe'nir] *vi* (*ocurrir*) to happen (unexpectedly); (*resultar*) to follow, ensue

sobreviviente [soβreβi'βjente] *adj* surviving ♦ *nm/f* survivor

sobrevivir [soβreβi'βir] *vi* to survive

sobrevolar [soβreβo'lar] *vt* to fly over

sobriedad [soβrje'ðað] *nf* sobriety, soberness; (*moderación*) moderation, restraint

sobrino, a [so'βrino, a] *nm/f* nephew/niece

sobrio, a ['soβrjo, a] *adj* sober; (*moderado*) moderate, restrained

socarrón, ona [soka'rron, ona] *adj* (*sarcástico*) sarcastic, ironic(al)

socavar [soka'βar] *vt* (*tb fig*) to undermine

socavón [soka'βon] *nm* (*hoyo*) hole

sociable [so'θjaβle] *adj* (*persona*) sociable, friendly; (*animal*) social

social [so'θjal] *adj* social; (COM) company *cpd*

socialdemócrata [soθjalde'mokrata] *nm/f* social democrat

socialista [soθja'lista] *adj, nm/f* socialist

socializar [soθjali'θar] *vt* to socialize

sociedad [soθje'ðað] *nf* society; (COM) company; ~ **anónima** limited company; ~ **de consumo** consumer society

socio, a ['soθjo, a] *nm/f* (*miembro*) member; (COM) partner

sociología [soθjolo'xia] *nf* sociology; **sociólogo, a** *nm/f* sociologist

socorrer [soko'rrer] *vt* to help; **socorrista** *nm/f* first aider; (*en piscina, playa*) lifeguard; **socorro** *nm* (*ayuda*) help, aid; (MIL) relief; **¡socorro!** help!

soda ['soða] *nf* (*sosa*) soda; (*bebida*) soda (water)

sofá [so'fa] (*pl* ~**s**) *nm* sofa, settee; ~-**cama** *nm* studio couch; sofa bed

sofisticación [sofistika'θjon] *nf* sophistication

sofocar [sofo'kar] *vt* to suffocate; (*apagar*) to smother, put out; ~**se** *vr* to suffocate; (*fig*) to blush, feel embarrassed; **sofoco** *nm* suffocation; embarrassment

sofreír [sofre'ir] *vt* (CULIN) to fry lightly

soga ['soɣa] *nf* rope

sois *vb ver* **ser**

soja ['soxa] nf soya

sol [sol] nm sun; (luz) sunshine, sunlight; **hace ~** it is sunny

solamente [sola'mente] adv only, just

solapa [so'lapa] nf (de chaqueta) lapel; (de libro) jacket

solapado, a [sola'paðo, a] adj (intenciones) underhand; (gestos, movimiento) sly

solar [so'lar] adj solar, sun cpd

solaz [so'laθ] nm recreation, relaxation; **~ar** vt (divertir) to amuse

soldado [sol'daðo] nm soldier; **~ raso** private

soldador [solda'ðor] nm soldering iron; (persona) welder

soldar [sol'dar] vt to solder, weld

soleado, a [sole'aðo, a] adj sunny

soledad [sole'ðað] nf solitude; (estado infeliz) loneliness

solemne [so'lemne] adj solemn; **solemnidad** nf solemnity

soler [so'ler] vi to be in the habit of, be accustomed to; **suele salir a las ocho** she usually goes out at 8 o'clock

solfeo [sol'feo] nm solfa

solicitar [soliθi'tar] vt (permiso) to ask for, seek; (puesto) to apply for; (votos) to canvass for; (atención) to attract

solícito, a [so'liθito, a] adj (diligente) diligent; (cuidadoso) careful; **solicitud** nf (calidad) great care; (petición) request; (a un puesto) application

solidaridad [solidari'ðað] nf solidarity; **solidario, a** adj (participación) joint, common; (compromiso) mutually binding

solidez [soli'ðeθ] nf solidity; **sólido, a** adj solid

soliloquio [soli'lokjo] nm soliloquy

solista [so'lista] nm/f soloist

solitario, a [soli'tarjo, a] adj (persona) lonely, solitary; (lugar) lonely, desolate ♦ nm/f (recluso) recluse; (en la sociedad) loner ♦ nm solitaire

sollozar [soλo'θar] vi to sob; **sollozo** nm sob

solo, a ['solo, a] adj (único) single, sole; (sin compañía) alone; (solitario) lonely; **hay una sola dificultad** there is just one difficulty; **a solas** alone, by oneself

sólo ['solo] adv only, just

solomillo [solo'miλo] nm sirloin

soltar [sol'tar] vt (dejar ir) to let go of; (desprender) to unfasten, loosen; (librar) to release, set free; (risa etc) to let out

soltero, a [sol'tero, a] adj single, unmarried ♦ nm/f bachelor/single woman; **solterón, ona** nm/f old bachelor/spinster

soltura [sol'tura] nf looseness, slackness; (de los miembros) agility, ease of movement; (en el hablar) fluency, ease

soluble [so'luβle] adj (QUÍM) soluble; (problema) solvable; **~ en agua** soluble in water

solución [solu'θjon] nf solution; **solucionar** vt (problema) to solve; (asunto) to settle, resolve

solventar [solβen'tar] vt (pagar) to settle, pay; (resolver) to resolve

solvente adj (ECON: empresa, persona) solvent

sombra ['sombra] nf shadow; (como protección) shade; **~s** nfpl (oscuridad) darkness sg, shadows; **tener buena/mala ~** to be lucky/unlucky

sombrero [som'brero] nm hat

sombrilla [som'briλa] nf parasol, sunshade

sombrío, a [som'brio, a] adj (oscuro) dark; (triste) sombre, sad; (persona) gloomy

somero, a [so'mero, a] adj superficial

someter [some'ter] vt (país) to conquer; (persona) to subject to one's will; (informe) to present, submit; **~se** vr to give in, yield, submit; **~ a** to subject to

somier [so'mjer] (pl somiers) n spring mattress

somnífero [som'nifero] nm sleeping

pill

somnolencia [somno'lenθja] nf
sleepiness, drowsiness

somos vb ver **ser**

son [son] vb ver **ser** ♦ nm sound; **en
~ de broma** as a joke

sonajero [sona'xero] nm (baby's)
rattle

sonambulismo [sonambu'lismo] nm
sleepwalking; **sonámbulo, a** nm/f
sleepwalker

sonar [so'nar] vt to ring ♦ vi to sound;
(hacer ruido) to make a noise;
(pronunciarse) to be sounded, be
pronounced; (ser conocido) to sound
familiar; (campana) to ring; (reloj) to
strike, chime; ~se vr: ~se (las
narices) to blow one's nose; me
suena ese nombre that name rings a
bell

sonda ['sonda] nf (NAUT) sounding;
(TEC) bore, drill; (MED) probe

sondear [sonde'ar] vt to sound; to
bore (into), drill; to probe, sound; (fig)
to sound out; **sondeo** nm sounding,
boring, drilling; (fig) poll, enquiry

sonido [so'niðo] nm sound

sonoro, a [so'noro, a] adj sonorous;
(resonante) loud, resonant

sonreír [sonre'ir] vi to smile; ~se vr to
smile; **sonriente** adj smiling; **sonrisa**
nf smile

sonrojarse [sonro'xarse] vr to blush,
go red; **sonrojo** nm blush

soñador, a [sona'ðor, a] nm/f dreamer

soñar [so'nar] vt, vi to dream; ~ **con**
to dream about o of

soñoliento, a [sono'ljento, a] adj
sleepy, drowsy

sopa ['sopa] nf soup

sopesar [sope'sar] vt to consider,
weigh up

soplar [so'plar] vt (polvo) to blow
away, blow off; (inflar) to blow up;
(vela) to blow out ♦ vi to blow; **soplo**
nm blow, puff; (de viento) puff, gust

soplón, ona [so'plon, ona] (fam)

nm/f (niño) telltale; (de policía) grass
(fam)

sopor [so'por] nm drowsiness

soporífero [sopo'rifero] nm sleeping
pill

soportable [sopor'taßle] adj bearable

soportar [sopor'tar] vt to bear, carry;
(fig) to bear, put up with; **soporte** nm
support; (fig) pillar, support

soprano [so'prano] nf soprano

sorber [sor'ßer] vt (chupar) to sip;
(absorber) to soak up, absorb

sorbete [sor'ßete] nm iced fruit drink

sorbo ['sorßo] nm (trago: grande) gulp,
swallow; (: pequeño) sip

sordera [sor'ðera] nf deafness

sórdido, a ['sorðiðo, a] adj dirty,
squalid

sordo, a ['sorðo, a] adj (persona) deaf
♦ nm/f deaf person; ~**mudo, a** adj
deaf and dumb

sorna ['sorna] nf sarcastic tone

soroche [so'rotʃe] (AM) nm mountain
sickness

sorprendente [sorpren'dente] adj
surprising

sorprender [sorpren'der] vt to
surprise; **sorpresa** nf surprise

sortear [sorte'ar] vt to draw lots for;
(rifar) to raffle; (dificultad) to avoid;
sorteo nm (en lotería) draw; (rifa)
raffle

sortija [sor'tixa] nf ring; (rizo) ringlet,
curl

sosegado, a [sose'ɣaðo, a] adj quiet,
calm

sosegar [sose'ɣar] vt to quieten, calm;
(el ánimo) to reassure ♦ vi to rest;
sosiego nm quiet(ness), calm(ness)

soslayo [sos'lajo]: **de ~** adv obliquely,
sideways

soso, a ['soso, a] adj (CULIN) tasteless;
(aburrido) dull, uninteresting

sospecha [sos'petʃa] nf suspicion;
sospechar vt to suspect;
sospechoso, a adj suspicious;
(testimonio, opinión) suspect ♦ nm/f

suspect

sostén [sos'ten] nm (apoyo) support; (sujetador) bra; (alimentación) sustenance, food

sostener [soste'ner] vt to support; (mantener) to keep up, maintain; (alimentar) to sustain, keep going; ~se vr to support o.s.; (seguir) to continue, remain; **sostenido, a** adj continuous, sustained; (prolongado) prolonged

sotana [so'tana] nf (REL) cassock

sótano ['sotano] nm basement

soviético, a [so'βjetiko, a] adj Soviet; **los ~s** the Soviets

soy vb ver **ser**

Sr. abr (= Señor) Mr

Sra. abr (= Señora) Mrs

S.R.C. abr (= se ruega contestación) R.S.V.P.

Sres. abr (= Señores) Messrs

Srta. abr (= Señorita) Miss

Sta. abr (= Santa) St

status ['status, e'status] nm inv status

Sto. abr (= Santo) St

su [su] pron (de él) his; (de ella) her; (de una cosa) its; (de ellos, ellas) their; (de usted, ustedes) your

suave ['swaβe] adj gentle; (superficie) smooth; (trabajo) easy; (música, voz) soft, sweet; **suavidad** nf gentleness; smoothness; softness, sweetness; **suavizante** nm (de ropa) softener; (del pelo) conditioner; **suavizar** vt to soften; (quitar la aspereza) to smooth (out)

subalimentado, a [suβalimen'taðo, a] adj undernourished

subasta [su'βasta] nf auction; **subastar** vt to auction (off)

subcampeón, ona [suβkampe'on, ona] nm/f runner-up

subconsciente [suβkon'sθjente] adj, nm subconscious

subdesarrollado, a [suβðesarro'-λaðo, a] adj underdeveloped

subdesarrollo [suβðesa'rroλo] nm underdevelopment

subdirector, a [suβðirek'tor, a] nm/f assistant director

súbdito, a ['suβðito, a] nm/f subject

subestimar [suβesti'mar] vt to underestimate, underrate

subida [su'βiða] nf (de montaña etc) ascent, climb; (de precio) rise, increase; (pendiente) slope, hill

subir [su'βir] vt (objeto) to raise, lift up; (cuesta, calle) to go up; (colina, montaña) to climb; (precio) to raise, put up ♦ vi to go up, come up; (a un coche) to get in; (a un autobús, tren o avión) to get on, board; (precio) to rise, go up; (río, marea) to rise; ~se vr to get up, climb

súbito, a ['suβito, a] adj (repentino) sudden; (imprevisto) unexpected

subjetivo, a [suβxe'tiβo, a] adj subjective

sublevación [suβleβa'θjon] nf revolt, rising

sublevar [suβle'βar] vt to rouse to revolt; ~se vr to revolt, rise

sublime [su'βlime] adj sublime

submarinismo [suβmari'nismo] nm scuba diving

submarino, a [suβma'rino, a] adj underwater ♦ nm submarine

subnormal [suβnor'mal] adj subnormal ♦ nm/f subnormal person

subordinado, a [suβorði'naðo, a] adj, nm/f subordinate

subrayar [suβra'jar] vt to underline

subsanar [suβsa'nar] vt to rectify

subscribir [suβskri'βir] vt = **suscribir**

subsidio [suβ'siðjo] nm (ayuda) aid, financial help; (subvención) subsidy, grant; (de enfermedad, paro etc) benefit, allowance

subsistencia [suβsis'tenθja] nf subsistence

subsistir [suβsis'tir] vi to subsist; (sobrevivir) to survive, endure

subterráneo, a [suβte'rraneo, a] adj underground, subterranean ♦ nm

underpass, underground passage
subtítulo [suß'titulo] *nm* (*CINE*)
  subtitle
suburbano, a [sußur'ßano, a] *adj*
  suburban
suburbio [su'ßurßjo] *nm* (*barrio*) slum
  quarter
subvención [sußßen'θjon] *nf* (*ECON*)
  subsidy, grant; **subvencionar** *vt* to
  subsidize
subversión [sußßer'sjon] *nf*
  subversion; **subversivo, a** *adj*
  subversive
subyugar [sußju'var] *vt* (*país*) to
  subjugate, subdue; (*enemigo*) to
  overpower; (*voluntad*) to dominate
sucedáneo, a [suθe'ðaneo, a] *adj*
  substitute ♦ *nm* substitute (food)
suceder [suθe'ðer] *vt, vi* to happen;
  (*seguir*) to succeed, follow; **lo que
  sucede es que ...** the fact is that ...;
  sucesión *nf* succession; (*serie*)
  sequence, series
sucesivamente [suθesißa'mente]
  adv: **y así** ~ and so on
sucesivo, a [suθe'sißo, a] *adj*
  successive, following; **en lo** ~ in
  future, from now on
suceso [su'θeso] *nm* (*hecho*) event,
  happening; (*incidente*) incident
suciedad [suθje'ðað] *nf* (*estado*)
  dirtiness; (*mugre*) dirt, filth
sucinto, a [su'θinto, a] *adj* (*conciso*)
  succinct, concise
sucio, a [su'θjo, a] *adj* dirty
suculento, a [suku'lento, a] *adj*
  succulent
sucumbir [sukum'bir] *vi* to succumb
sucursal [sukur'sal] *nf* branch (office)
sudadera [suða'ðera] *nf* sweatshirt
Sudáfrica [suð'afrika] *nf* South Africa
Sudamérica [suða'merika] *nf* South
  America; **sudamericano, a** *adj*, *nm/f*
  South American
sudar [su'ðar] *vt, vi* to sweat
sudeste [su'ðeste] *nm* south-east
sudoeste [suðo'este] *nm* south-west

sudor [su'ðor] *nm* sweat; **~oso, a** *adj*
  sweaty, sweating
Suecia ['sweθja] *nf* Sweden; **sueco, a**
  adj Swedish ♦ *nm/f* Swede
suegro, a ['swevro, a] *nm/f* father-/
  mother-in-law
suela ['swela] *nf* sole
sueldo ['sweldo] *nm* pay, wage(s) (*pl*)
suele *etc vb ver* **soler**
suelo ['swelo] *nm* (*tierra*) ground; (*de
  casa*) floor
suelto, a ['swelto, a] *adj* loose; (*libre*)
  free; (*separado*) detached; (*ágil*) quick,
  agile ♦ *nm* (loose) change, small
  change
sueño *etc* ['sweɲo] *vb ver* **soñar** ♦ *nm*
  sleep; (*somnolencia*) sleepiness,
  drowsiness; (*lo soñado, fig*) dream;
  tener ~ to be sleepy
suero ['swero] *nm* (*MED*) serum; (*de
  leche*) whey
suerte ['swerte] *nf* (*fortuna*) luck; (*azar*)
  chance; (*destino*) fate, destiny; (*especie*)
  sort, kind; **tener** ~ to be lucky; **de
  otra** ~ otherwise, if not; **de** ~ **que** so
  that, in such a way that
suéter ['sweter] *nm* sweater
suficiente [sufi'θjente] *adj* enough,
  sufficient ♦ *nm* (*ESCOL*) pass
sufragio [su'fraxjo] *nm* (*voto*) vote;
  (*derecho de voto*) suffrage
sufrido, a [su'friðo, a] *adj* (*persona*)
  tough; (*paciente*) long-suffering,
  patient
sufrimiento [sufri'mjento] *nm* (*dolor*)
  suffering
sufrir [su'frir] *vt* (*padecer*) to suffer;
  (*soportar*) to bear, put up with;
  (*apoyar*) to hold up, support ♦ *vi* to
  suffer
sugerencia [suxe'renθja] *nf*
  suggestion
sugerir [suxe'rir] *vt* to suggest;
  (*sutilmente*) to hint
sugestión [suxes'tjon] *nf* suggestion;
  (*sutil*) hint; **sugestionar** *vt* to
  influence

sugestivo, a [suxes'tiβo, a] *adj* stimulating; (*fascinante*) fascinating

suicida [sui'θiða] *adj* suicidal ♦ *nm/f* suicidal person; (*muerto*) suicide, person who has committed suicide; **suicidarse** *vr* to commit suicide, kill o.s.; **suicidio** *nm* suicide

Suiza ['swiθa] *nf* Switzerland; **suizo, a** *adj, nm/f* Swiss

sujeción [suxe'θjon] *nf* subjection

sujetador [suxeta'ðor] *nm* (*sostén*) bra

sujetar [suxe'tar] *vt* (*fijar*) to fasten; (*detener*) to hold down; **~se** *vr* to subject o.s.; **sujeto, a** *adj* fastened, secure ♦ *nm* subject; (*individuo*) individual; **sujeto a** subject to

suma ['suma] *nf* (*cantidad*) total, sum; (*de dinero*) sum; (*acto*) adding (up), addition; **en ~** in short

sumamente [suma'mente] *adv* extremely, exceedingly

sumar [su'mar] *vt* to add (up) ♦ *vi* to add up

sumario, a [su'marjo, a] *adj* brief, concise ♦ *nm* summary

sumergir [sumer'xir] *vt* to submerge; (*hundir*) to sink

suministrar [sumini'strar] *vt* to supply, provide; **suministro** *nm* supply; (*acto*) supplying, providing

sumir [su'mir] *vt* to sink, submerge; (*fig*) to plunge

sumisión [sumi'sjon] *nf* (*acto*) submission; (*culidad*) submissiveness, docility; **sumiso, a** *adj* submissive, docile

sumo, a ['sumo, a] *adj* great, extreme; (*autoridad*) highest, supreme

suntuoso, a [sun'twoso, a] *adj* sumptuous, magnificent

supe *etc* *vb* *ver* **saber**

supeditar [supeði'tar] *vt*: **~ algo a algo** to subordinate sth to sth

super... [super] *prefijo* super..., over...; **~bueno** *adj* great, fantastic

súper ['super] *nf* (*gasolina*) three-star (petrol)

superar [supe'rar] *vt* (*sobreponerse a*) to overcome; (*rebasar*) to surpass, do better than; (*pasar*) to go beyond; **~se** *vr* to excel o.s.

superávit [supe'raßit] *nm inv* surplus

superficial [superfi'θjal] *adj* superficial; (*medida*) surface *cpd*, of the surface

superficie [superfi'θje] *nf* surface; (*área*) area

superfluo, a [su'perflwo, a] *adj* superfluous

superior [supe'rjor] *adj* (*piso, clase*) upper; (*temperatura, número, nivel*) higher; (*mejor: calidad, producto*) superior, better ♦ *nm/f* superior; **~idad** *nf* superiority

supermercado [supermer'kaðo] *nm* supermarket

superponer [superpo'ner] *vt* to superimpose

supersónico, a [super'soniko, a] *adj* supersonic

superstición [supersti'θjon] *nf* superstition; **supersticioso, a** *adj* superstitious

supervisar [superßi'sar] *vt* to supervise

supervivencia [superßi'ßenθja] *nf* survival

superviviente [superßi'ßjente] *adj* surviving

supiera *etc* *vb* *ver* **saber**

suplantar [suplan'tar] *vt* to supplant

suplemento [suple'mento] *nm* supplement

suplente [su'plente] *adj, nm/f* substitute

supletorio, a [suple'torjo, a] *adj* supplementary ♦ *nm* supplement; **teléfono ~** extension

súplica ['suplika] *nf* request; (*JUR*) petition

suplicar [supli'kar] *vt* (*cosa*) to beg (for), plead for; (*persona*) to beg, plead with

suplicio [su'pliθjo] *nm* torture

suplir [su'plir] vt (compensar) to make good, make up for; (reemplazar) to replace, substitute ♦ vi: ~ a to take the place of, substitute for

supo etc vb ver **saber**

suponer [supo'ner] vt to suppose; **suposición** nf supposition

supremacía [suprema'θia] nf supremacy

supremo, a [su'premo, a] adj supreme

supresión [supre'sjon] nf suppression; (de derecho) abolition; (de palabra etc) deletion; (de restricción) cancellation, lifting

suprimir [supri'mir] vt to suppress; (derecho, costumbre) to abolish; (palabra etc) to delete; (restricción) to cancel, lift

supuesto, a [su'pwesto, a] pp de **suponer** ♦ adj (hipotético) supposed ♦ nm assumption, hypothesis; ~ **que** since; **por** ~ of course

sur [sur] nm south

surcar [sur'kar] vt to plough; **surco** nm (en metal, disco) groove; (AGR) furrow

surgir [sur'xir] vi to arise, emerge; (dificultad) to come up, crop up

suroeste [suro'este] nm south-west

surtido, a [sur'tiðo, a] adj mixed, assorted ♦ nm (selección) selection, assortment; (abastecimiento) supply, stock; ~r nm (also: ~r de gasolina) petrol pump (BRIT), gas pump (US)

surtir [sur'tir] vt to supply, provide ♦ vi to spout, spurt

susceptible [susθep'tiβle] adj susceptible; (sensible) sensitive; ~ **de** capable of

suscitar [susθi'tar] vt to cause, provoke; (interés, sospechas) to arouse

suscribir [suskri'βir] vt (firmar) to sign; (respaldar) to subscribe to, endorse; **~se** vr to subscribe; **suscripción** nf subscription

susodicho, a [suso'ðitʃo, a] adj above-mentioned

suspender [suspen'der] vt (objeto) to hang (up), suspend; (trabajo) to stop, suspend; (ESCOL) to fail; (interrumpir) to adjourn; (atrasar) to postpone; **suspensión** nf suspension; (fig) stoppage, suspension

suspenso, a [sus'penso, a] adj hanging, suspended; (ESCOL) failed ♦ nm (ESCOL) fail; **quedar** o **estar en** ~ to be pending

suspicacia [suspi'kaθja] nf suspicion, mistrust; **suspicaz** adj suspicious, distrustful

suspirar [suspi'rar] vi to sigh; **suspiro** nm sigh

sustancia [sus'tanθja] nf substance

sustentar [susten'tar] vt (alimentar) to sustain, nourish; (objeto) to hold up, support; (idea, teoría) to maintain, uphold; (fig) to sustain, keep going; **sustento** nm support; (alimento) sustenance, food

sustituir [sustitu'ir] vt to substitute, replace; **sustituto, a** nm/f substitute, replacement

susto ['susto] nm fright, scare

sustraer [sustra'er] vt to remove, take away; (MAT) to subtract

susurrar [susu'rrar] vi to whisper; **susurro** nm whisper

sutil [su'til] adj (aroma, diferencia) subtle; (tenue) thin; (inteligencia, persona) sharp; **~eza** nf subtlety; thinness

suyo, a ['sujo, a] (con artículo o después del verbo ser **ser**) adj (de él) his; (de ella) hers; (de ellos, ellas) theirs; (de Ud, Uds) yours; **un amigo** ~ a friend of his (o hers o theirs o yours)

T, t

tabacalera [taβaka'lera] nf: T~ Spanish state tobacco monopoly

tabaco [ta'βako] nm tobacco; (fam)

cigarettes *pl*

taberna [ta'ßerna] *nf* bar, pub (*BRIT*)

tabique [ta'ßike] *nm* partition (wall)

tabla ['taßla] *nf* (*de madera*) plank; (*estante*) shelf; (*de vestido*) pleat; (*ARTE*) panel; **~s** *nfpl*: **estar o quedar en ~s** to draw; **~do** *nm* (*plataforma*) platform; (*TEATRO*) stage

tablao [ta'ßlao] *nm* (*tb*: **~ flamenco**) flamenco show

tablero [ta'ßlero] *nm* (*de madera*) plank, board; (*de ajedrez, damas*) board; **~ de anuncios** notice (*BRIT*) o bulletin (*US*) board

tableta [ta'ßleta] *nf* (*MED*) tablet; (*de chocolate*) bar

tablón [ta'ßlon] *nm* (*de suelo*) plank; (*de techo*) beam; **~ de anuncios** notice board (*BRIT*), bulletin board (*US*)

tabú [ta'ßu] *nm* taboo

tabular [taßu'lar] *vt* to tabulate

taburete [taßu'rete] *nm* stool

tacaño, a [ta'kaɲo, a] *adj* mean

tacha ['tatʃa] *nf* flaw; (*TEC*) stud; **tachar** *vt* (*borrar*) to cross out; **tachar de** to accuse of

tácito, a ['taθito, a] *adj* tacit

taciturno, a [taθi'turno, a] *adj* silent

taco ['tako] *nm* (*BILLAR*) cue; (*libro de billetes*) book; (*AM: de zapato*) heel; (*tarugo*) peg; (*palabrota*) swear word

tacón [ta'kon] *nm* heel; **de ~ alto** high-heeled; **taconeo** *nm* (*heel*) stamping

táctica ['taktika] *nf* tactics *pl*

táctico, a ['taktiko, a] *adj* tactical

tacto ['takto] *nm* touch; (*fig*) tact

taimado, a [tai'maðo, a] *adj* (*astuto*) sly

tajada [ta'xaða] *nf* slice

tajante [ta'xante] *adj* sharp

tajo ['taxo] *nm* (*corte*) cut; (*GEO*) cleft

tal [tal] *adj* such; **~ vez** perhaps ♦ *pron* (*persona*) someone, such a one; (*cosa*) something, such a thing; **~ como** such as; **~ para cual** (*dos iguales*) two of a kind ♦ *adv*: **~ como** (*igual*) just as;

~ cual (*como es*) just as it is; **¿qué ~?** how are things?; **¿qué ~ te gusta?** how do you like it? ♦ *conj*: **con ~ de que** provided that

taladrar [tala'ðrar] *vt* to drill; **taladro** *nm* drill

talante [ta'lante] *nm* (*humor*) mood; (*voluntad*) will, willingness

talar [ta'lar] *vt* to fell, cut down; (*devastar*) to devastate

talco ['talko] *nm* (*polvos*) talcum powder

talego [ta'leɣo] *nm* sack

talento [ta'lento] *nm* talent; (*capacidad*) ability

TALGO ['talɣo] (*ESP*) *nm abr* (= *tren articulado ligero Goicoechea Oriol*) ≈ HST (*BRIT*)

talismán [talis'man] *nm* talisman

talla ['taʎa] *nf* (*estatura, fig, MED*) height, stature; (*palo*) measuring rod; (*ARTE*) carving; (*medida*) size

tallado, a [ta'ʎaðo, a] *adj* carved ♦ *nm* carving

tallar [ta'ʎar] *vt* (*madera*) to carve; (*metal etc*) to engrave; (*medir*) to measure

tallarines [taʎa'rines] *nmpl* noodles

talle ['taʎe] *nm* (*ANAT*) waist; (*fig*) appearance

taller [ta'ʎer] *nm* (*TEC*) workshop; (*de artista*) studio

tallo ['taʎo] *nm* (*de planta*) stem; (*de hierba*) blade; (*brote*) shoot

talón [ta'lon] *nm* (*ANAT*) heel; (*COM*) counterfoil; (*cheque*) cheque (*BRIT*), check (*US*)

talonario [talo'narjo] *nm* (*de cheques*) chequebook (*BRIT*), checkbook (*US*); (*de recibos*) receipt book

tamaño, a [ta'maɲo, a] *adj* (*tan grande*) such a big; (*tan pequeño*) such a small ♦ *nm* size; **de ~ natural** full-size

tamarindo [tama'rindo] *nm* tamarind

tambalearse [tambale'arse] *vr* (*persona*) to stagger; (*vehículo*) to sway

también [tam'bjen] adv (igualmente) also, too, as well; (además) besides

tambor [tam'bor] nm drum; (ANAT) eardrum; ~ **del freno** brake drum

tamiz [ta'miθ] nm sieve; ~**ar** vt to sieve

tampoco [tam'poko] adv nor, neither; **yo ~ lo compré** I didn't buy it either

tampón [tam'pon] nm tampon

tan [tan] adv so; ~ **es así que ...** so much so that ....

tanda ['tanda] nf (gen) series; (turno) shift

tangente [tan'xente] nf tangent

Tánger [tan'xer] n Tangier(s)

tangible [tan'xiβle] adj tangible

tanque ['tanke] nm (cisterna, MIL) tank; (AUTO) tanker

tantear [tante'ar] vt (calcular) to reckon (up); (medir) to take the measure of; (probar) to test, try out; (tomar la medida: persona) to take the measurements of; (situación) to weigh up; (persona: opinión) to sound out ♦ vi (DEPORTE) to score; **tanteo** nm (cálculo) (rough) calculation; (prueba) test, trial; (DEPORTE) scoring

tanto, a ['tanto, a] adj (cantidad) so much, as much; ~**s** so many, as many; **20 y ~s** 20-odd ♦ adv (cantidad) so much, as much; (tiempo) so long, as long ♦ conj: **en ~ que** while; **hasta ~ (que)** until such time as ♦ pron: **cada uno paga ~** each one pays so much; **~ tú como yo** both you and I; **~ como eso** as much as that; **~ más ... cuanto que** all the more ... because; **~ mejor/peor** so much the better/the worse; ~ **si viene como si va** whether he comes or whether he goes; ~ **es así que** so much so that; **por ~, por lo ~** therefore; **me he vuelto ronco de** o **con ~ hablar** I have become hoarse with so much

talking; **a ~s de agosto** on such and such a day in August

tapa ['tapa] nf (de caja, olla) lid; (de botella) top; (de libro) cover; (comida) snack

tapadera [tapa'ðera] nf lid, cover

tapar [ta'par] vt (cubrir) to cover; (envolver) to wrap o cover up; (la vista) to obstruct; (persona, falta) to conceal; (AM) to fill; ~**se** vr to wrap o.s. up

taparrabo [tapa'rraβo] nm loincloth

tapete [ta'pete] nm table cover

tapia ['tapja] nf (garden) wall; **tapiar** vt to wall in

tapicería [tapiθe'ria] nf tapestry; (para muebles) upholstery; (tienda) upholsterer's (shop)

tapiz [ta'piθ] nm (alfombra) carpet; (tela tejida) tapestry; ~**ar** vt (muebles) to upholster

tapón [ta'pon] nm (de botella) top; (de lavabo) plug; ~ **de rosca** screw-top

taquigrafía [takiɣra'fia] nf shorthand; **taquígrafo, a** nm/f shorthand writer, stenographer

taquilla [ta'kiʎa] nf (donde se compra) booking office; (suma recogida) takings pl; **taquillero, a** adj: **función taquillera** box office success ♦ nm/f ticket clerk

tara ['tara] nf (defecto) defect; (COM) tare

tarántula [ta'rantula] nf tarantula

tararear [tarare'ar] vi to hum

tardar [tar'ðar] vi (tomar tiempo) to take a long time; (llegar tarde) to be late; (demorar) to delay; **¿tarda mucho el tren?** does the train take (very) long?; **a más ~** at the latest; **no tardes en venir** come soon

tarde ['tarðe] adv late ♦ nf (de día) afternoon; (al anochecer) evening; **de ~ en ~** from time to time; **¡buenas ~s!** good afternoon!; **a** o **por la ~** in the afternoon; in the evening

tardío, a [tar'ðio, a] adj (retrasado) late; (lento) slow (to arrive)

tarea [ta'rea] nf task; (faena) chore; (ESCOL) homework

tarifa [ta'rifa] nf (lista de precios) price list; (precio) tariff

tarima [ta'rima] nf (plataforma) platform

tarjeta [tar'xeta] nf card; ~ postal/de crédito/de Navidad postcard/credit card/Christmas card

tarro ['tarro] nm jar, pot

tarta ['tarta] nf (pastel) cake; (de base dura) tart

tartamudear [tartamuðe'ar] vi to stammer; **tartamudo, a** adj stammering ♦ nm/f stammerer

tártaro, a ['tartaro, a] adj: salsa tártara tartar(e) sauce

tasa ['tasa] nf (precio) (fixed) price, rate; (valoración) valuation; (medida, norma) measure, standard; ~ de cambio/interés exchange/interest rate; ~s universitarias university fees; ~s de aeropuerto airport tax; ~ción nf valuation; ~dor nm/f valuer

tasar [ta'sar] vt (arreglar el precio) to fix a price for; (valorar) to value, assess

tasca ['taska] nf (fam) pub

tatarabuelo, a [tatara'ßwelo, a] nm/f great-great-grandfather/mother

tatuaje [ta'twaxe] nm (dibujo) tattoo; (acto) tattooing

tatuar [ta'twar] vt to tattoo

taurino, a [tau'rino, a] adj bullfighting cpd

Tauro ['tauro] nm Taurus

tauromaquia [tauro'makja] nf tauromachy, (art of) bullfighting

taxi ['taksi] nm taxi

taxista [tak'sista] nm/f taxi driver

taza ['taθa] nf cup; (de retrete) bowl; ~ para café coffee cup; **tazón** nm (taza grande) mug, large cup; (de fuente) basin

te [te] pron (complemento de objeto) you; (complemento indirecto) (to) you; (reflexivo) (to) yourself; ¿~ duele mucho el brazo? does your arm hurt

a lot?; ~ equivocas you're wrong; ¡cálma~! calm down!

té [te] nm tea

tea ['tea] nf torch

teatral [tea'tral] adj theatre cpd; (fig) theatrical

teatro [te'atro] nm theatre; (LITERATURA) plays pl, drama

tebeo [te'ßeo] nm comic

techo [tetʃo] nm (externo) roof; (interno) ceiling; ~ corredizo sunroof

tecla ['tekla] nf key; ~do nm keyboard; **teclear** vi (MUS) to strum; (con los dedos) to tap ♦ vt (INFORM) to key in

técnica [teknika] nf technique; (tecnología) technology; ver tb técnico

técnico, a ['tekniko, a] adj technical ♦ nm/f technician; (experto) expert

tecnología [teknolo'xia] nf technology; **tecnológico, a** adj technological

tedio ['teðjo] nm boredom, tedium; ~so, a adj boring, tedious

teja ['texa] nf tile; (BOT) lime (tree); ~do nm (tiled) roof

tejemaneje [texema'nexe] nm (lío) fuss; (intriga) intrigue

tejer [te'xer] vt to weave; (hacer punto) to knit; (fig) to fabricate; **tejido** nm (tela) material, fabric; (telaraña) web; (ANAT) tissue

tel [tel] abr (= teléfono) tel

tela ['tela] nf (tejido) material; (telaraña) web; (en líquido) skin; **telar** nm (máquina) loom

telaraña [tela'raɲa] nf cobweb

tele ['tele] (fam) nf telly (BRIT), tube (US)

tele... nf pref tele...; ~comunicación nf telecommunication; ~control nm remote control; ~diario nm television news; ~difusión nf (television) broadcast; ~dirigido, a adj remote-controlled

teléf abr (= teléfono) tel

teleférico [tele'feriko] nm (de esquí)

ski-lift

telefonear [telefone'ar] vi to
telephone

telefónico, a [tele'foniko, a] adj
telephone cpd

telefonillo [telefo'niʎo] nm (de puerta)
intercom

telefonista [telefo'nista] nm/f
telephonist

teléfono [te'lefono] nm (tele)phone;
estar hablando al ~ to be on the
phone; **llamar a uno por ~** to ring sb
(up) o phone sb (up); **~ móvil** car
phone; **~ portátil** mobile phone

telegrafía [teleɣra'fia] nf telegraphy

telégrafo [te'leɣrafo] nm telegraph

telegrama [tele'xrama] nm telegram

tele: ~impresor nm teleprinter (BRIT),
teletype (US); **~novela** nf soap (opera);
~objetivo nm telephoto lens; **~patía**
nf telepathy; **~pático, a** adj telepathic;
~scópico, a adj telescopic; **~scopio**
nm telescope; **~silla** nm chairlift;
~spectador, a nm/f viewer; **~squí**
nm ski-lift; **~tarjeta** nf phonecard;
~tipo nm teletype; **~ventas** nfpl
telesales

televidente [teleßi'ðente] nm/f viewer

televisar [teleßi'sar] vt to televise

televisión [teleßi'sjon] nf television;
~ digital digital television

televisor [teleßi'sor] nm television set

télex ['teleks] nm inv telex

telón [te'lon] nm curtain; **~ de acero**
(POL) iron curtain; **~ de fondo**
backcloth, background

tema ['tema] nm (asunto) subject,
topic; (MUS) theme; **temática** nf
(social, histórica, artística) range of
topics; **temático, a** adj thematic

temblar [tem'blar] vi to shake,
tremble; (de frío) to shiver; **temblón,
ona** adj shaking; **temblor** nm
trembling; (de tierra) earthquake;
tembloroso, a adj trembling

temer [te'mer] vt to fear ♦ vi to be
afraid; **temo que llegue tarde** I am

afraid he may be late

temerario, a [teme'rarjo, a] adj
(descuidado) reckless; (irreflexivo) hasty;
temeridad nf (imprudencia) rashness;
(audacia) boldness

temeroso, a [teme'roso, a] adj
(miedoso) fearful; (que inspira temor)
frightful

temible [te'mißle] adj fearsome

temor [te'mor] nm (miedo) fear; (duda)
suspicion

témpano ['tempano] nm: **~ de hielo**
ice-floe

temperamento [tempera'mento] nm
temperament

temperatura [tempera'tura] nf
temperature

tempestad [tempes'taθ] nf storm;
tempestuoso, a adj stormy

templado, a [tem'plaðo, a] adj
(moderado) moderate; (frugal) frugal;
(agua) lukewarm; (clima) mild; (MUS)
well-tuned; **templanza** nf moderation;
mildness

templar [tem'plar] vt (moderar) to
moderate; (furia) to restrain; (calor) to
reduce; (afinar) to tune (up); (acero) to
temper; (tuerca) to tighten up; **temple**
nm (ajuste) tempering; (afinación)
tuning; (pintura) tempera

templo ['templo] nm (iglesia) church;
(pagano etc) temple

temporada [tempo'raða] nf time,
period; (estación) season

temporal [tempo'ral] adj (no
permanente) temporary ♦ nm storm

tempranero, a [tempra'nero, a] adj
(BOT) early; (persona) early-rising

temprano, a [tem'prano, a] adj early;
(demasiado pronto) too soon, too early

ten vb ver **tener**

tenaces [te'naθes] adj pl ver **tenaz**

tenacidad [tenaθi'ðað] nf tenacity;
(dureza) toughness; (terquedad)
stubbornness

tenacillas [tena'θiʎas] nfpl tongs;
(para el pelo) curling tongs (BRIT) o iron

sg (US); (MED) forceps

tenaz [te'naθ] adj (material) tough; (persona) tenacious; (creencia, resistencia) stubborn

tenaza(s) [te'naθa(s)] nf(pl) (MED) forceps; (TEC) pliers; (ZOOL) pincers

tendedero [tende'ðero] nm (para ropa) drying place; (cuerda) clothes line

tendencia [ten'denθja] nf tendency; **tener ~ a** to tend to, have a tendency to; **tendencioso, a** adj tendentious

tender [ten'der] vt (extender) to spread out; (colgar) to hang out; (vía férrea, cable) to lay; (estirar) to stretch ♦ vi: **~ a** to tend to, have a tendency towards; **~se** vr to lie down; **~ la cama/la mesa** (AM) to make the bed/lay (BRIT) o set (US) the table

tenderete [tende'rete] nm (puesto) stall; (exposición) display of goods

tendero, a [ten'dero, a] nm/f shopkeeper

tendido, a [ten'diðo, a] adj (acostado) lying down, flat; (colgado) hanging ♦ nm (TAUR) front rows of seats; **a galope ~** flat out

tendón [ten'don] nm tendon

tendré etc vb ver **tener**

tenebroso, a [tene'ßroso, a] adj (oscuro) dark; (fig) gloomy

tenedor [tene'ðor] nm (CULIN) fork; **~ de libros** book-keeper

tenencia [te'nenθja] nf (de casa) tenancy; (de oficio) tenure; (de propiedad) possession

tener [te'ner] vt **1** (poseer, gen) to have; (en la mano) to hold; ¿tienes un boli? have you got a pen?; **va a ~ un niño** she's going to have a baby; ¡ten (o tenga)!, ¡aquí tienes (o tiene)! here you are!

2 (edad, medidas): **tiene 7 años** she's 7 (years old); **tiene 15 cm de largo** it's 15 cm long; ver **calor**; **hambre** etc

3 (considerar): **lo tengo por brillante** I consider him to be brilliant; **~ en mucho a uno** to think very highly of sb

4 (+ pp: = pretérito): **tengo terminada ya la mitad del trabajo** I've done half the work already

5: **~ que hacer algo** to have to do sth; **tengo que acabar este trabajo hoy** I have to finish this job today

6: ¿qué tienes, estás enfermo? what's the matter with you, are you ill?

♦ **~se** vr **1**: **~se en pie** to stand up

2: **~se por** to think o.s.; **se tiene por muy listo** he thinks himself very clever

tengo etc vb ver **tener**

tenia ['tenja] nf tapeworm

teniente [te'njente] nm (rango) lieutenant; (ayudante) deputy

tenis ['tenis] nm tennis; **~ de mesa** table tennis; **~ta** nm/f tennis player

tenor [te'nor] nm (sentido) meaning; (MUS) tenor; **a ~ de** on the lines of

tensar [ten'sar] vt to tighten; (arco) to draw

tensión [ten'sjon] nf tension; (TEC) stress; (MED): **~ arterial** blood pressure; **tener la ~ alta** to have high blood pressure

tenso, a ['tenso, a] adj tense

tentación [tenta'θjon] nf temptation

tentáculo [ten'takulo] nm tentacle

tentador, a [tenta'ðor, a] adj tempting

tentar [ten'tar] vt (seducir) to tempt; (atraer) to attract; **tentativa** nf attempt; **tentativa de asesinato** attempted murder

tentempié [tentem'pje] nm snack

tenue ['tenwe] adj (delgado) thin, slender; (neblina) light; (lazo, vínculo) slight

teñir [te'nir] vt to dye; (fig) to tinge; **~se** vr to dye; **~se el pelo** to dye one's hair

teología [teolo'xia] nf theology

teoría |teo'ria| *nf* theory; **en ~** in theory; **teóricamente** *adv* theoretically; **teórico, a** *adj* theoretic(al) ♦ *nm/f* theoretician, theorist; **teorizar** *vi* to theorize

terapéutico, a |tera'peutiko, a| *adj* therapeutic

terapia |te'rapja| *nf* therapy

tercer |ter'θer| *adj ver* **tercero**

tercermundista |terθermun'dista| *adj* Third World *cpd*

tercero, a |ter'θero, a| *adj* (*delante de nmsg:* **tercer**) third ♦ *nm* (*JUR*) third party

terceto |ter'θeto| *nm* trio

terciar |ter'θjar| *vi* (*participar*) to take part; (*hacer de árbitro*) to mediate; **~se** *vr* to come up; **~io, a** *adj* tertiary

tercio |'terθjo| *nm* third

terciopelo |terθjo'pelo| *nm* velvet

terco, a |'terko, a| *adj* obstinate

tergal ® |ter'val| *nm* type of polyester

tergiversar |terxiβer'sar| *vt* to distort

termal |ter'mal| *adj* thermal

termas |'termas| *nfpl* hot springs

térmico, a |'termiko, a| *adj* thermal

terminación |termina'θjon| *nf* (*final*) end; (*conclusión*) conclusion, ending

terminal |termi'nal| *adj, nm, nf* terminal

terminante |termi'nante| *adj* (*final*) final, definitive; (*tajante*) categorical; **~mente** *adv:* **~mente prohibido** strictly forbidden

terminar |termi'nar| *vt* (*completar*) to complete, finish; (*concluir*) to end ♦ *vi* (*llegar a su fin*) to end; (*parar*) to stop; (*acabar*) to finish; **~se** *vr* to come to an end; **~ por hacer algo** to end up (by) doing sth

término |'termino| *nm* end, conclusion, (*parada*) terminus; (*límite*) boundary; **~ medio** average; (*fig*) middle way; **en último ~** (*a fin de cuentas*) in the last analysis; (*como último recurso*) as a last resort

terminología |terminolo'xia| *nf* terminology

termodinámico, a |termoði'namiko, a| *adj* thermodynamic

termómetro |ter'mometro| *nm* thermometer

termonuclear |termonukle'ar| *adj* thermonuclear

termo(s) ® |'termo(s)| *nm* Thermos ® (flask)

termostato |termo'stato| *nm* thermostat

ternero, a |ter'nero, a| *nm/f* (*animal*) calf ♦ *nf* (*carne*) veal

ternura |ter'nura| *nf* (*trato*) tenderness; (*palabra*) endearment; (*cariño*) fondness

terquedad |terke'ðað| *nf* obstinacy

terrado |te'rraðo| *nm* terrace

terraplén |terra'plen| *nm* embankment

terrateniente |terrate'njente| *nm/f* landowner

terraza |te'rraθa| *nf* (*balcón*) balcony; (*tejado*) (flat) roof; (*AGR*) terrace

terremoto |terre'moto| *nm* earthquake

terrenal |terre'nal| *adj* earthly

terreno |te'rreno| *nm* (*tierra*) land; (*parcela*) plot; (*suelo*) soil; (*fig*) field; **un ~ a piece of land

terrestre |te'rrestre| *adj* terrestrial; (*ruta*) land *cpd*

terrible |te'rriβle| *adj* terrible, awful

territorio |terri'torjo| *nm* territory

terrón |te'rron| *nm* (*de azúcar*) lump; (*de tierra*) clod, lump

terror |te'rror| *nm* terror; **~ífico, a** *adj* terrifying; **~ista** *adj* terrorist

terso, a |'terso, a| *adj* (*liso*) smooth; (*pulido*) polished; **tersura** *nf* smoothness

tertulia |ter'tulja| *nf* (*reunión informal*) social gathering; (*grupo*) group, circle

tesis |'tesis| *nf inv* thesis

tesón |te'son| *nm* (*firmeza*) firmness; (*tenacidad*) tenacity

tesorero, a |teso'rero, a| *nm/f*

treasurer

tesoro |te'soro| nm treasure; (COM, POL) treasury

testaferro |testa'ferro| nm figurehead

testamentario, a |testamen'tarjo, a| adj testamentary ♦ nm/f executor/executrix

testamento |testa'mento| nm will

testar |tes'tar| vi to make a will

testarudo, a |testa'ruðo, a| adj stubborn

testículo |tes'tikulo| nm testicle

testificar |testifi'kar| vt to testify; (fig) to attest ♦ vi to give evidence

testigo |tes'tiɣo| nm/f witness; ~ **de cargo/descargo** witness for the prosecution/defence; ~ **ocular** eye witness

testimoniar |testimo'njar| vt to testify to; (fig) to show; **testimonio** nm testimony

teta |'teta| nf (de biberón) teat, (ANAT: fam) breast

tétanos |'tetanos| nm tetanus

tetera |te'tera| nf teapot

tétrico, a |'tetriko, a| adj gloomy, dismal

textil |teks'til| adj textile

texto |'teksto| nm text; **textual** adj textual

textura |teks'tura| nf (de tejido) texture

tez |teθ| nf (de cutis) complexion

ti |ti| pron you; (reflexivo) yourself

tía |'tia| nf (pariente) aunt; (fam) chick, bird

tibieza |ti'βjeθa| nf (temperatura) tepidness; (actitud) coolness; **tibio, a** adj lukewarm

tiburón |tiβu'ron| nm shark

tic |tik| nm (ruido) click; (de reloj) tick; (MED): ~ **nervioso** nervous tic

tictac |tik'tak| nm (de reloj) tick tock

tiempo |'tjempo| nm time; (época, periodo) age, period; (METEOROLOGÍA) weather; (LING) tense; (DEPORTE) half; **a ~** in time; **a un** o **al mismo ~** at the same time; **al poco ~** very soon

(after); **se quedó poco ~** he didn't stay very long; **hace poco ~** not long ago; **mucho ~** a long time; **de ~ en ~** from time to time; **hace buen/mal ~** the weather is fine/bad; **estar a ~** to be in time; **hace ~** some time ago; **hacer ~** to while away the time; **motor de 2 ~s** two-stroke engine; **primer ~** first half

tienda |'tjenda| nf shop, store; ~ **(de campaña)** tent; ~ **de alimentación** o **comestibles** grocer's (BRIT), grocery store (US)

tienes etc vb ver **tener**

tienta etc |'tjenta| vb ver **tentar** ♦ nf: **andar a ~s** to grope one's way along

tiento |'tjento| etc vb ver **tentar** ♦ nm (tacto) touch; (precaución) wariness

tierno, a |'tjerno, a| adj (blando) tender; (fresco) fresh; (amable) sweet

tierra |'tjerra| nf earth; (suelo) soil; (mundo) earth, world; (país) country, land; ~ **adentro** inland

tieso, a |'tjeso, a| adj (rígido) rigid; (duro) stiff; (fam: orgulloso) conceited

tiesto |'tjesto| nm flowerpot

tifoidea |tifoi'ðea| nf typhoid

tifón |ti'fon| nm typhoon

tifus |'tifus| nm typhus

tigre |'tiɣre| nm tiger

tijera |ti'xera| nf scissors pl; (ZOOL) claw; ~**s** nfpl scissors; (para plantas) shears

tijeretear |tixerete'ar| vt to snip

tila |'tila| nf lime blossom tea

tildar |til'dar| vt: ~ **de** to brand as

tilde |'tilde| nf (TIP) tilde

tilín |ti'lin| nm tinkle

tilo |'tilo| nm lime tree

timar |ti'mar| vt (estafar) to swindle

timbal |tim'bal| nm small drum

timbrar |tim'brar| vt to stamp

timbre |'timbre| nm (sello) stamp; (campanilla) bell; (tono) timbre; (COM) stamp duty

timidez |timi'ðeθ| nf shyness; **tímido, a** adj shy

timo ['timo] nm swindle

timón [ti'mon] nm helm, rudder; **timonel** nm helmsman

tímpano ['timpano] nm (ANAT) eardrum; (MUS) small drum

tina ['tina] nf tub; (baño) bath(tub); **tinaja** nf large jar

tinglado [tin'glaðo] nm (cobertizo) shed; (fig: truco) trick; (intriga) intrigue

tinieblas [ti'njeßlas] nfpl darkness sg; (sombras) shadows

tino ['tino] nm (habilidad) skill; (juicio) insight

tinta ['tinta] nf ink; (TEC) dye; (ARTE) colour

tinte ['tinte] nm dye

tintero [tin'tero] nm inkwell

tintinear [tintine'ar] vt to tinkle

tinto ['tinto] nm red wine

tintorería [tintore'ria] nf dry cleaner's

tintura [tin'tura] nf (QUÍM) dye; (farmacéutico) tincture

tío ['tio] nm (pariente) uncle; (fam: individuo) bloke (BRIT), guy

tiovivo [tio'ßißo] nm merry-go-round

típico, a ['tipiko, a] adj typical

tipo ['tipo] nm (clase) type, kind; (hombre) fellow; (ANAT: de hombre) build; (: de mujer) figure; (IMPRENTA) type; ~ bancario/de descuento/de interés/de cambio bank/discount/interest/exchange rate

tipografía [tipoɣra'fia] nf printing cpd; **tipográfico, a** adj printing cpd

tíquet ['tiket] (pl ~s) nm ticket; (en tienda) cash slip

tiquismiquis [tikis'mikis] nm inv fussy person ♦ nmpl (querellas) squabbling sg; (escrúpulos) silly scruples

tira ['tira] nf strip; (fig) abundance; ~ y afloja give and take

tirabuzón [tiraßu'θon] nm (rizo) curl

tirachinas [tira'tʃinas] nm inv catapult

tirada [ti'raða] nf (acto) cast, throw; (serie) series; (TIP) printing, edition; **de una** ~ at one go

tirado, a [ti'raðo, a] adj (barato) dirt-cheap; (fam: fácil) very easy

tirador [tira'ðor] nm (mango) handle

tiranía [tira'nia] nf tyranny; **tirano, a** adj tyrannical ♦ nm/f tyrant

tirante [ti'rante] adj (cuerda etc) tight, taut; (relaciones) strained ♦ nm (ARQ) brace; (TEC) stay; ~s nmpl (de pantalón) braces (BRIT), suspenders (US); **tirantez** nf tightness; (fig) tension

tirar [ti'rar] vt to throw; (dejar caer) to drop; (volcar) to upset; (derribar) to knock down o over; (desechar) to throw out o away; (dinero) to squander; (imprimir) to print ♦ vi (disparar) to shoot; (de la puerta etc) to pull; (fam: andar) to go; (tender a, buscar realizar) to tend to; (DEPORTE) to shoot; ~se vr to throw o.s.; ~ abajo to bring down, destroy; **tira más a su padre** he takes more after his father; **ir tirando** to manage; **a todo** ~ at the most

tirita [ti'rita] nf (sticking) plaster (BRIT), bandaid (US)

tiritar [tiri'tar] vi to shiver

tiro ['tiro] nm (lanzamiento) throw; (disparo) shot; (DEPORTE) shot; (GOLF, TENIS) drive; (alcance) range; ~ al blanco target practice; **caballo de** ~ cart-horse; **andar de** ~s **largos** to be all dressed up; **al** ~ (AM) at once

tirón [ti'ron] nm (sacudida) pull, tug; **de un** ~ in one go, all at once

tiroteo [tiro'teo] nm exchange of shots, shooting

tísico, a ['tisiko, a] adj consumptive

tisis ['tisis] nf inv consumption, tuberculosis

títere ['titere] nm puppet

titiritero, a [titiri'tero, a] nm/f puppeteer

titubeante [tituße'ante] adj (al andar) shaky, tottering; (al hablar) stammering; (dudoso) hesitant

titubear [tituße'ar] vi to stagger; to stammer; (fig) to hesitate; **titubeo** nm staggering; stammering; hesitation

titulado, a [titu'laðo, a] *adj* (*libro*) entitled; (*persona*) titled

titular [titu'lar] *adj* titular ♦ *nm/f* holder ♦ *nm* headline ♦ *vt* to title; **~se** *vr* to be entitled; **título** *nm* title; (*de diario*) headline; (*certificado*) professional qualification; (*universitario*) (university) degree; **a título de** in the capacity of

tiza ['tiθa] *nf* chalk

tiznar [tiθ'nar] *vt* to blacken

tizón [ti'θon] *nm* brand

toalla [to'aʎa] *nf* towel

tobillo [to'ßiʎo] *nm* ankle

tobogán [toßo'ɣan] *nm* (*montaña rusa*) roller-coaster; (*de niños*) chute, slide

tocadiscos [toka'ðiskos] *nm inv* record player

tocado, a [to'kaðo, a] *adj* (*fam*) touched ♦ *nm* headdress

tocador [toka'ðor] *nm* (*mueble*) dressing table; (*cuarto*) boudoir; (*fam*) ladies' toilet (*BRIT*) o room (*US*)

tocante [to'kante]: **~ a** *prep* with regard to

tocar [to'kar] *vt* to touch; (*MUS*) to play; (*referirse a*) to allude to; (*timbre*) to ring ♦ *vi* (*a la puerta*) to knock (on o at the door); (*ser de turno*) to fall to, be the turn of; (*ser hora*) to be due; **~se** *vr* (*cubrirse la cabeza*) to cover one's head; (*tener contacto*) to touch (each other); **por lo que a mí me toca** as far as I am concerned; **te toca a ti** it's your turn

tocayo, a [to'kajo, a] *nm/f* namesake

tocino [to'θino] *nm* bacon

todavía [toða'ßia] *adv* (*aun*) even; (*aún*) still, yet; **~ más** yet more; **~ no** not yet

PALABRA CLAVE

todo, a [a 'toðo, a] *adj* **1** (*con artículo sg*) all; **toda la carne** all the meat; **toda la noche** all night, the whole night; **~ el libro** the whole book; **toda una**

botella a whole bottle; **~ lo contrario** quite the opposite; **está toda sucia** she's all dirty; **por ~ el país** throughout the whole country **2** (*con artículo pl*) all; every; **~s los libros** all the books; **todas las noches** every night; **~s los que quieran salir** all those who want to leave

♦ *pron* **1** everything, all; **~s** everyone, everybody; **lo sabemos ~** we know everything; **~s querían más tiempo** everybody o everyone wanted more time; **nos marchamos ~s** all of us left

2: **con ~**: **con ~ él me sigue gustando** even so I still like him

♦ *adv* all; **vaya ~ seguido** keep straight on o ahead

♦ *nm*: **como un ~** as a whole; **del ~**: **no me agrada del ~** I don't entirely like it

todopoderoso, a [toðopoðe'roso, a] *adj* all powerful; (*REL*) almighty

toga ['toɣa] *nf* toga; (*ESCOL*) gown

Tokio ['tokjo] *n* Tokyo

toldo ['toldo] *nm* (*para el sol*) sunshade (*BRIT*), parasol; (*tienda*) marquee

tolerancia [tole'ranθja] *nf* tolerance; **tolerante** *adj* (*sociedad*) liberal; (*persona*) open-minded; **tolerar** [tole'rar] *vt* to tolerate; (*resistir*) to endure

toma ['toma] *nf* (*acto*) taking; (*MED*) dose; **~ (de corriente)** socket

tomar [to'mar] *vt* to take on; (*aspecto*) to take on; (*beber*) to drink ♦ *vi* to take; (*AM*) to drink; **~se** *vr* to take; **~se por** to consider o.s. to be; **~ a bien/a mal** to take well/badly; **~ en serio** to take seriously; **~ el pelo a alguien** to pull sb's leg; **~la con uno** to pick a quarrel with sb; **¡tome!** here you are!; **~ el sol** to sunbathe

tomate [to'mate] *nm* tomato

tomillo [to'miʎo] *nm* thyme

tomo ['tomo] nm (libro) volume

ton [ton] abr = **tonelada** ♦ nm: **sin ~ ni son** without rhyme or reason

tonada [to'naða] nf tune

tonalidad [tonali'ðað] nf tone

tonel [to'nel] nm barrel

tonelada [tone'laða] nf ton; **tonelaje** nm tonnage

tónica ['tonika] nf (MUS) tonic; (fig) keynote

tónico, a ['toniko, a] adj tonic ♦ nm (MED) tonic

tonificar [tonifi'kar] vt to tone up

tono ['tono] nm tone; **fuera de ~** inappropriate; **darse ~** to put on airs

tontería [tonte'ria] nf (estupidez) foolishness; (cosa) stupid thing; (acto) foolish act; **~s** nfpl (disparates) rubbish sg, nonsense sg

tonto, a ['tonto, a] adj stupid, silly ♦ nm/f fool

topar [to'par] vi: **~ contra** o **en** to run into; **~ con** to run up against

tope ['tope] adj maximum ♦ nm (fin) end; (limite) limit; (FERRO) buffer; (AUTO) bumper; **al ~** end to end

tópico, a ['topiko, a] adj topical ♦ nm platitude

topo ['topo] nm (ZOOL) mole; (fig) blunderer

topografía [topoɣra'fia] nf topography; **topógrafo, a** nm/f topographer

toque etc ['toke] vb ver **tocar** ♦ nm touch; (MUS) beat; (de campana) peal; **dar un ~ a** to warn; **~ de queda** curfew

toqué vb ver **tocar**

toquetear [tokete'ar] vt to finger

toquilla [to'kiʎa] nf (pañuelo) headscarf; (chal) shawl

tórax ['toraks] nm thorax

torbellino [torbe'ʎino] nm whirlwind; (fig) whirl

torcedura [torθe'ðura] nf twist; (MED) sprain

torcer [tor'θer] vt to twist; (la esquina) to turn; (MED) to sprain ♦ vi (desviar) to turn off; **~se** vr (ladearse) to bend; (desviarse) to go astray; (fracasar) to go wrong; **torcido, a** adj twisted; (fig) crooked ♦ nm curl

tordo, a ['torðo, a] adj dappled ♦ nm thrush

torear [tore'ar] vt (fig: evadir) to avoid; (jugar con) to tease ♦ vi to fight bulls; **toreo** nm bullfighting; **torero, a** nm/f bullfighter

tormenta [tor'menta] nf storm; (fig: confusión) turmoil

tormento [tor'mento] nm torture; (fig) anguish

tornar [tor'nar] vt (devolver) to return, give back; (transformar) to transform ♦ vi to go back; **~se** vr (ponerse) to become

tornasolado, a [tornaso'laðo, a] adj (brillante) iridescent; (reluciente) shimmering

torneo [tor'neo] nm tournament

tornillo [tor'niʎo] nm screw

torniquete [torni'kete] nm (MED) tourniquet

torno ['torno] nm (TEC) winch; (tambor) drum; **en ~ (a)** round, about

toro ['toro] nm bull; (fam) he-man; **los ~s** bullfighting

toronja [to'ronxa] nf grapefruit

torpe ['torpe] adj (poco hábil) clumsy, awkward; (necio) dim; (lento) slow

torpedo [tor'peðo] nm torpedo

torpeza [tor'peθa] nf (falta de agilidad) clumsiness; (lentitud) slowness; (error) mistake

torre ['torre] nf tower; (de petróleo) derrick

torrefacto, a [torre'fakto, a] adj roasted

torrente [to'rrente] nm torrent

tórrido, a ['torriðo, a] adj torrid

torrija [to'rrixa] nf French toast

torsión [tor'sjon] nf twisting

torso ['torso] nm torso

torta ['torta] nf cake; (fam) slap

tortícolis [tor'tikolis] nm inv stiff neck

tortilla [tor'tiʎa] nf omelette; (AM) maize pancake; **~ francesa/española** plain/potato omelette

tórtola ['tortola] nf turtledove

tortuga [tor'tuɣa] nf tortoise

tortuoso, a [tor'twoso, a] adj winding

tortura [tor'tura] nf torture; **torturar** vt to torture

tos [tos] nf cough; **~ ferina** whooping cough

tosco, a ['tosko, a] adj coarse

toser [to'ser] vi to cough

tostada [tos'taða] nf piece of toast; **tostado, a** adj toasted; (por el sol) dark brown; (piel) tanned

tostador [tosta'ðor] nm toaster

tostar [tos'tar] vt to toast, (café) to roast; (persona) to tan; **~se** vr to get brown

total [to'tal] adj total ♦ adv in short; (al fin y al cabo) when all is said and done ♦ nm total; **~ que** to cut (BRIT) o make (US) a long story short

totalidad [totali'ðað] nf whole

totalitario, a [totali'tarjo, a] adj totalitarian

tóxico, a ['toksiko, a] adj toxic ♦ nm poison; **toxicómano, a** nm/f drug addict

toxina [tok'sina] nf toxin

tozudo, a [to'θuðo, a] adj obstinate

traba ['traßa] nf bond, tie, (cadena) shackle

trabajador, a [traßaxa'ðor, a] adj hard-working ♦ nm/f worker

trabajar [traßa'xar] vt to work; (AGR) to till; (empeñarse en) to work at; (convencer) to persuade ♦ vi to work; (esforzarse) to strive; **trabajo** nm work; (tarea) task; (POL) labour; (fig) effort; **tomarse el trabajo de** to take the trouble to; **trabajo por turno/a destajo** shift work/piecework; **trabajoso, a** adj hard

trabalenguas [traßa'lengwas] nm inv tongue twister

trabar [tra'ßar] vt (juntar) to join, unite; (atar) to tie down, fetter; (agarrar) to seize; (amistad) to strike up; **~se** vr to become entangled; **trabársele a uno la lengua** to be tongue-tied

tracción [trak'θjon] nf traction; **~ delantera/trasera** front-wheel/ rear-wheel drive

tractor [trak'tor] nm tractor

tradición [traði'θjon] nf tradition; **tradicional** adj traditional

traducción [traðuk'θjon] nf translation

traducir [traðu'θir] vt to translate; **traductor, a** nm/f translator

traer [tra'er] vt (llevar) to bring; (llevar puesto) to wear; (incluir) to carry; (causar) to cause; **~se** vr: **~se algo** to be up to sth

traficar [trafi'kar] vi to trade

tráfico ['trafiko] nm (COM) trade; (AUTO) traffic

tragaluz [traɣa'luθ] nm skylight

tragaperras [traɣa'perras] nm o f inv slot machine

tragar [tra'ɣar] vt to swallow; (devorar) to devour, bolt down; **~se** vr to swallow

tragedia [tra'xeðja] nf tragedy; **trágico, a** adj tragic

trago ['traɣo] nm (líquido) drink; (bocado) gulp; (fam: de bebida) swig; (desgracia) blow

traición [trai'θjon] nf treachery; (JUR) treason; (una ~) act of treachery; **traicionar** vt to betray

traicionero, a [traiθjo'nero, a] adj treacherous

traidor, a [trai'ðor, a] adj treacherous ♦ nm/f traitor

traigo etc vb ver **traer**

traje ['traxe] vb ver **traer** ♦ nm (de hombre) suit; (de mujer) dress; (vestido típico) costume; **~ de baño** swimsuit; **~ de luces** bullfighter's costume

trajera etc vb ver **traer**

trajín [tra'xin] nm (fam: movimiento) bustle; **trajinar** vi (moverse) to bustle about

trama ['trama] nf (intriga) plot; (de tejido) weft (BRIT), woof (US); **tramar** vt to plot; (TEC) to weave

tramitar [trami'tar] vt (asunto) to transact; (negociar) to negotiate

trámite ['tramite] nm (paso) step; (JUR) transaction; **~s** nmpl (burocracia) procedure sg; (JUR) proceedings

tramo ['tramo] nm (de tierra) plot; (de escalera) flight; (de vía) section

tramoya [tra'moja] nf (TEATRO) piece of stage machinery; **tramoyista** nm/f scene shifter; (fig) trickster

trampa ['trampa] nf trap; (en el suelo) trapdoor; (truco) trick; (engaño) fiddle; **trampear** vt, vi to cheat

trampolín [trampo'lin] nm (de piscina etc) diving board

tramposo, a [tram'poso, a] adj crooked, cheating ♦ nm/f crook, cheat

tranca ['tranka] nf (palo) stick; (de puerta, ventana) bar; **trancar** vt to bar

trance ['tranθe] nm (momento difícil) difficult moment o juncture; (estado hipnotizado) trance

tranquilidad [trankili'ðað] nf (calma) calmness, stillness; (paz) peacefulness

tranquilizar [trankili'θar] vt (calmar) to calm (down); (asegurar) to reassure; **~se** vr to calm down; **tranquilo, a** (calmado) calm; (apacible) peaceful; (mar) calm; (mente) untroubled

transacción [transak'θjon] nf transaction

transbordador [transβorða'ðor] nm ferry

transbordar [transβor'ðar] vt to transfer; **transbordo** nm transfer; **hacer transbordo** to change (trains etc)

transcurrir [transku'rrir] vi (tiempo) to pass; (hecho) to take place

transcurso [trans'kurso] nm: **~ del tiempo** lapse (of time)

transeúnte [transe'unte] nm/f passer-by

transferencia [transfe'renθja] nf transference; (COM) transfer

transferir [transfe'rir] vt to transfer

transformador [transforma'ðor] nm (ELEC) transformer

transformar [transfor'mar] vt to transform; (convertir) to convert

tránsfuga ['transfuxa] nm/f (MIL) deserter; (POL) turncoat

transfusión [transfu'sjon] nf transfusion

transgénico, a [trans'xeniko, a] adj genetically modified, GM

transición [transi'θjon] nf transition

transigir [transi'xir] vi to compromise, make concessions

transitar [transi'tar] vi to go (from place to place); **tránsito** nm transit; (AUTO) traffic; **transitorio, a** adj transitory

transmisión [transmi'sjon] nf (TEC) transmission; (transferencia) transfer; **~ en directo/exterior** live/outside broadcast

transmitir [transmi'tir] vt to transmit; (RADIO, TV) to broadcast

transparencia [transpa'renθja] nf transparency; (claridad) clearness, clarity; (foto) slide

transparentar [transparen'tar] vt to reveal ♦ vi to be transparent; **transparente** adj transparent; (claro) clear

transpirar [transpi'rar] vi to perspire

transportar [transpor'tar] vt to transport; (llevar) to carry; **transporte** nm transport; (COM) haulage

transversal [transβer'sal] adj transverse, cross

tranvía [tram'bia] nm tram

trapecio [tra'peθjo] nm trapeze; **trapecista** nm/f trapeze artist

trapero [tra'pero, a] nm/f ragman

trapicheo [trapi'tʃeo] nm (fam) scheme, fiddle

trapo ['trapo] nm (tela) rag; (de cocina)

cloth

tráquea ['trakea] nf windpipe

traqueteo [trake'teo] nm rattling

tras [tras] prep (detrás) behind; (después) after

trasatlántico [trasat'lantiko] nm (barco) (cabin) cruiser

trascendencia [trasθen'denθja] nf (importancia) importance; (FILOSOFÍA) transcendence

trascendental [trasθenden'tal] adj important; (FILOSOFÍA) transcendental

trascender [trasθen'der] vi (noticias) to come out; (suceso) to have a wide effect

trasero, a [tra'sero, a] adj back, rear ♦ nm (ANAT) bottom

trasfondo [tras'fondo] nm background

traegredir [trasɣre'ðir] vt to contravene

trashumante [trasu'mante] adj (animales) migrating

trasladar [trasla'ðar] vt to move; (persona) to transfer; (postergar) to postpone; (copiar) to copy; **~se** vr (mudarse) to move; **traslado** nm move; (mudanza) move, removal

traslucir [traslu'θir] vt to show; **~se** vr to be translucent; (fig) to be revealed

trasluz [tras'luθ] nm reflected light; **al ~** against o up to the light

trasnochador, a [trasnotʃa'ðor, a] nm/f night owl

trasnochar [trasno'tʃar] vi (acostarse tarde) to stay up late

traspapelar [traspape'lar] vt (document, cartg) to mislay, misplace

traspasar [traspa'sar] vt (suj: bala etc) to pierce, go through; (propiedad) to sell, transfer; (calle) to cross over; (límites) to go beyond; (ley) to break; **traspaso** nm (venta) transfer, sale

traspié [tras'pje] nm (tropezón) trip; (error) blunder

trasplantar [trasplan'tar] vt to transplant

traste ['traste] nm (MUS) fret; **dar al ~ con algo** to ruin sth

trastero [tras'tero] nm storage room

trastienda [tras'tjenda] nf back of shop

trasto ['trasto] (pey) nm (cosa) piece of junk; (persona) dead loss

trastornado, a [trastor'naðo, a] adj (loco) mad, crazy

trastornar [trastor'nar] vt (fig: planes) to disrupt; (: nervios) to shatter; (: persona) to drive crazy; **~se** vr (volverse loco) to go mad o crazy; **trastorno** nm (acto) overturning; (confusión) confusion

tratable [tra'taβle] adj friendly

tratado [tra'taðo] nm (POL) treaty; (COM) agreement

tratamiento [trata'mjento] nm treatment; **~ de textos** (INFORM) word processing cpd

tratar [tra'tar] vt (ocuparse de) to treat; (manejar, TEC) to handle; (MED) to treat; (dirigirse a: persona) to address ♦ vi: **~ de** (hablar sobre) to deal with, be about; (intentar) to try; **~se** vr to treat each other; **~ con** (COM) to trade in; (negociar) to negotiate with; (tener contactos) to have dealings with; **¿de qué se trata?** what's it about?; **trato** nm dealings pl; (relaciones) relationship; (comportamiento) manner; (COM) agreement

trauma ['trauma] nm trauma

través [tra'βes] nm (fig) reverse; **al ~** across, crossways; **a ~ de** (through), (sobre) over; (por) through

travesaño [traβe'sano] nm (ARQ) crossbeam; (DEPORTE) crossbar

travesía [traβe'sia] nf (calle) cross-street; (NAUT) crossing

travesura [traβe'sura] nf (broma) prank; (ingenio) wit

traviesa [tra'βjesa] nf (ARQ) crossbeam

travieso, a [tra'βjeso, a] adj (niño) naughty

trayecto [tra'jekto] nm (ruta) road,

way; (viaje) journey; (tramo) stretch;
~ría nf trajectory; (fig) path

traza ['traθa] nf (aspecto) looks pl;
(señal) sign; **~do, a** adj: **bien ~do**
shapely, well-formed ♦ nm (ARQ) plan,
design; (fig) outline

trazar [tra'θar] vt (ARQ) to plan; (ARTE)
to sketch; (fig) to trace; (plan) to draw
up; **trazo** nm (línea) line; (bosquejo)
sketch

trébol ['treßol] nm (BOT) clover

trece ['treθe] num thirteen

trecho ['tretʃo] nm (distancia) distance;
(de tiempo) while; **de ~ en ~** at
intervals

tregua ['treɣwa] nf (MIL) truce; (fig)
respite

treinta ['treinta] num thirty

tremendo, a [tre'mendo, a] adj
(terrible) terrible; (imponente: cosa)
imposing; (fam: fabuloso) tremendous

trémulo, a ['tremulo, a] adj quiver-
ing

tren [tren] nm train; **~ de aterrizaje**
undercarriage

trenca ['trenka] nf duffel coat

trenza ['trenθa] nf (de pelo) plait
(BRIT), braid (US); **trenzar** vt (pelo) to
plait, braid; **trenzarse** vr (AM) to
become involved

trepadora [trepa'ðora] nf (BOT)
climber

trepar [tre'par] vt, vi to climb

trepidante [trepi'ðante] adj (acción)
fast; (ritmo) hectic

tres [tres] num three

tresillo [tre'siʎo] nm three-piece suite;
(MUS) triplet

treta ['treta] nf trick

triángulo [tri'aŋgulo] nm triangle

tribu ['trißu] nf tribe

tribuna [tri'ßuna] nf (plataforma)
platform; (DEPORTE) (grand)stand

tribunal [trißu'nal] nm (JUR) court;
(comisión, fig) tribunal

tributar [trißu'tar] vt (gen) to pay;
tributo nm (COM) tax

tricotar [triko'tar] vi to knit

trigal [tri'ɣal] nm wheat field

trigo ['triɣo] nm wheat

trigueño, a [tri'ɣeɲo, a] adj (pelo)
corn-coloured

trillado, a [tri'ʎaðo, a] adj threshed;
(asunto) trite, hackneyed; **trilladora** nf
threshing machine

trillar [tri'ʎar] vt (AGR) to thresh

trimestral [trimes'tral] adj quarterly;
(ESCOL) termly

trimestre [tri'mestre] nm (ESCOL) term

trinar [tri'nar] vi (pájaros) to sing;
(rabiar) to fume, be angry

trinchar [trin'tʃar] vt to carve

trinchera [trin'tʃera] nf (fosa) trench

trineo [tri'neo] nm sledge

trinidad [trini'ðað] nf trio; (REL): **la T~**
the Trinity

trino ['trino] nm trill

tripa ['tripa] nf (ANAT) intestine; (fam:
tb: **~s**) insides pl

triple ['triple] adj triple

triplicado, a [tripli'kaðo, a] adj: **por ~**
in triplicate

tripulación [tripula'θjon] nf crew

tripulante [tripu'lante] nm/f
crewman/woman

tripular [tripu'lar] vt (barco) to man;
(AUTO) to drive

triquiñuela [triki'ŋwela] nf trick

tris [tris] nm inv crack; **en un ~** in an
instant

triste ['triste] adj sad; (lamentable)
sorry, miserable; **~za** nf (aflicción)
sadness; (melancolía) melancholy

triturar [tritu'rar] vt (moler) to grind;
(mascar) to chew

triunfar [trjun'far] vi (tener éxito) to
triumph; (ganar) to win; **triunfo** nm
triumph

trivial [tri'ßjal] adj trivial; **~izar** vt to
minimize, play down

triza ['triθa] nf: **hacer ~s** to smash to
bits; (papel) to tear to shreds

trocar [tro'kar] vt to exchange

trocear [troθe'ar] vt (carne, manzana)

to cut up, cut into pieces

trocha ['trotʃa] nf short cut

troche ['trotʃe]: **a ~ y moche** adv helter-skelter, pell-mell

trofeo [tro'feo] nm (premio) trophy; (éxito) success

tromba ['tromba] nf downpour

trombón [trom'bon] nm trombone

trombosis [trom'bosis] nf inv thrombosis

trompa ['trompa] nf horn; (trompo) humming top; (hocico) snout; (fam): **cogerse una ~** to get tight

trompazo [trom'paθo] nm bump, bang

trompeta [trom'peta] nf trumpet; (clarín) bugle

trompicón [trompi'kon]: **a ~es** adv in fits and starts

trompo ['trompo] nm spinning top

trompón [trom'pon] nm bump

tronar [tro'nar] vt (AM) to shoot ♦ vi to thunder; (fig) to rage

tronchar [tron'tʃar] vt (árbol) to chop down; (fig: vida) to cut short; (: esperanza) to shatter; (persona) to tire out; **~se** vr to fall down

tronco ['tronko] nm (de árbol, ANAT) trunk

trono ['trono] nm throne

tropa ['tropa] nf (MIL) troop; (soldados) soldiers pl

tropel [tro'pel] nm (muchedumbre) crowd

tropezar [trope'θar] vi to trip, stumble; (error) to slip up; **~ con** to run into; (topar con) to bump into; **tropezón** nm trip; (fig) blunder

tropical [tropi'kal] adj tropical

trópico ['tropiko] nm tropic

tropiezo [tro'pjeθo] vb ver **tropezar** ♦ nm (error) slip; (desgracia) misfortune; (obstáculo) snag

trotamundos [trota'mundos] nm inv globetrotter

trotar [tro'tar] vi to trot; **trote** nm trot; (fam) travelling; **de mucho trote** hard-wearing

trozo ['troθo] nm bit, piece

trucha ['trutʃa] nf trout

truco ['truko] nm (habilidad) knack; (engaño) trick

trueno ['trweno] nm thunder; (estampido) bang

trueque etc ['trweke] vb ver **trocar** ♦ nm exchange; (COM) barter

trufa ['trufa] nf (BOT) truffle

truhán, ana [tru'an, ana] nm/f rogue

truncar [trun'kar] vt (cortar) to truncate; (fig: la vida etc) to cut short; (: el desarrollo) to stunt

tu [tu] adj your

tú [tu] pron you

tubérculo [tu'βerkulo] nm (BOT) tuber

tuberculosis [tuβerku'losis] nf inv tuberculosis

tubería [tuβe'ria] nf pipes pl; (conducto) pipeline

tubo ['tuβo] nm tube, pipe; **~ de ensayo** test tube; **~ de escape** exhaust (pipe)

tuerca ['twerka] nf nut

tuerto, a ['twerto, a] adj blind in one eye ♦ nm/f one-eyed person

tuerza etc vb ver **torcer**

tuétano ['twetano] nm marrow; (BOT) pith

tufo ['tufo] nm (hedor) stench

tul [tul] nm tulle

tulipán [tuli'pan] nm tulip

tullido, a [tu'λiðo, a] adj crippled

tumba ['tumba] nf (sepultura) tomb

tumbar [tum'bar] vt to knock down; **~se** vr (echarse) to lie down; (extenderse) to stretch out

tumbo ['tumbo] nm: **dar ~s** to stagger

tumbona [tum'bona] nf (butaca) easy chair; (de playa) deckchair (BRIT), beach chair (US)

tumor [tu'mor] nm tumour

tumulto [tu'multo] nm turmoil

tuna ['tuna] nf (MUS) student music group; ver tb **tuno**

Tuna

*A tuna is a musical group made up
of university students or former
students who dress up in costumes
from the "Edad de Oro", the Spanish
Golden Age. These groups go through
the town playing their guitars, lutes
and tambourines and serenade the
young ladies in the halls of residence
or make impromptu appearances at
weddings or parties singing traditional
Spanish songs for a few pesetas.*

---

tunante [tu'nante] *nm/f* rascal

tunda ['tunda] *nf (golpeo)* beating

túnel ['tunel] *nm* tunnel

Túnez ['tuneθ] *nm* Tunisia; *(ciudad)*
Tunis

tuno, a ['tuno, a] *nm/f (fam)* rogue
♦ *nm* member of student music group

tupido, a [tu'piðo, a] *adj (denso)*
dense; *(tela)* close-woven

turba ['turßa] *nf* crowd

turbante [tur'ßante] *nm* turban

turbar [tur'ßar] *vt (molestar)* to disturb;
(incomodar) to upset; **~se** *vr* to be
disturbed

turbina [tur'ßina] *nf* turbine

turbio, a ['turßjo, a] *adj* cloudy; *(tema
etc)* confused

turbulencia [turßu'lenθja] *nf*
turbulence; *(fig)* restlessness;
turbulento, a *adj* turbulent; *(fig:
intranquilo)* restless; *(: ruidoso)* noisy

turco, a ['turko, a] *adj* Turkish ♦ *nm/f*
Turk

turismo [tu'rismo] *nm* tourism; *(coche)*
car; **turista** *nm/f* tourist; **turístico, a**
adj tourist *cpd*

turnar [tur'nar] *vi* to take (it in) turns;
~se *vr* to take (it in) turns; **turno** *nm
(de trabajo)* shift; *(juegos etc)* turn

turquesa [tur'kesa] *nf* turquoise

Turquía [tur'kia] *nf* Turkey

turrón [tu'rron] *nm (dulce)* nougat

tutear [tute'ar] *vt* to address as familiar

"tú"; **~se** *vr* to be on familiar terms

tutela [tu'tela] *nf (legal)* guardianship;
tutelar *adj* tutelary ♦ *vt* to protect

tutor, a [tu'tor, a] *nm/f (legal)*
guardian; *(ESCOL)* tutor

tuve *etc vb ver* **tener**

tuviera *etc vb ver* **tener**

tuyo, a ['tujo, a] *adj* yours, of yours
♦ *pron* yours; **un amigo ~** a friend of
yours; **los ~s** *(fam)* your relations, your
family

TV ['te'ße] *nf abr* (= *televisión*) TV

TVE *nf abr* = **Televisión Española**

U, u

u [u] *conj* or

ubicar [ußi'kar] *vt* to place, situate;
(AM: encontrar) to find; **~se** *vr* to lie,
be located

ubre ['ußre] *nf* udder

UCI *nf abr* (= *Unidad de Cuidados
Intensivos*) ICU

Ud(s) *abr* = **usted(es)**

UE *nf abr* (= *Unión Europea*) EU

ufanarse [ufa'narse] *vr* to boast; **~ de**
to pride o.s. on; **ufano, a** *adj
(arrogante)* arrogant; *(presumido)*
conceited

UGT *nf abr* = **Unión General de
Trabajadores**

ujier [u'xjer] *nm* usher; *(portero)*
doorkeeper

úlcera ['ulθera] *nf* ulcer

ulcerar [ulθe'rar] *vt* to make sore; **~se**
vr to ulcerate

ulterior [ulte'rjor] *adj (más allá)*
farther, further; *(subsecuente, siguiente)*
subsequent

últimamente ['ultimamente] *adv
(recientemente)* lately, recently

ultimar [ulti'mar] *vt* to finish;
(finalizar) to finalize; *(AM: rematar)* to
finish off

ultimátum [ulti'matum] *(pl* **~s***)*
ultimatum

último, a ['ultimo, a] *adj* last; (*más
reciente*) latest, most recent; (*más bajo*)
bottom; (*más alto*) top; **en las
últimas** on one's last legs; **por ~**
finally

ultra ['ultra] *adj* ultra ♦ *nm/f* extreme
right-winger

ultrajar [ultra'xar] *vt* (*ofender*) to
outrage; (*insultar*) to insult, abuse;
ultraje *nm* outrage; insult

ultramar [ultra'mar] *nm*: **de** o **en ~**
abroad, overseas

ultramarinos [ultrama'rinos] *nmpl*
groceries; **tienda de ~** grocer's (shop)

ultranza [ul'tranθa]: **a ~** *adv* (*a todo
trance*) at all costs; (*completo*) outright

ultratumba [ultra'tumba] *nf*: **la vida
de ~** the next life

umbral [um'bral] *nm* (*gen*) threshold

umbrío, a [um'brio, a] *adj* shady

PALABRA CLAVE

---

un, una [un, 'una] *art indef a* (*antes
de vocal*) an; **una mujer/naranja** a
woman/an orange
   ♦ *adj*: **unos** o **unas: hay unos
regalos para ti** there are some
presents for you; **hay unas cervezas
en la nevera** there are some beers in
the fridge

unánime [u'nanime] *adj* unanimous;
unanimidad *nf* unanimity

undécimo, a [un'deθimo, a] *adj*
eleventh

ungir [un'xir] *vt* to anoint

ungüento [un'gwento] *nm* ointment

únicamente ['unikamente] *adv* solely,
only

único, a ['uniko, a] *adj* only, sole; (*sin
par*) unique

unidad [uni'ðað] *nf* unity; (*COM, TEC
etc*) unit

unido, a [u'niðo, a] *adj* joined, linked;
(*fig*) united

unificar [unifi'kar] *vt* to unite, unify

uniformar [unifor'mar] *vt* to make

uniform, level up; (*persona*) to put into
uniform

uniforme [uni'forme] *adj* uniform,
equal; (*superficie*) even ♦ *nm* uniform;
uniformidad *nf* uniformity; (*de
terreno*) levelness, evenness

unilateral [unilate'ral] *adj* unilateral

unión [u'njon] *nf* union; (*acto*) uniting,
joining; (*unidad*) unity; (*TEC*) joint; **la
U~** Europea the European Union; **la
U~ Soviética** the Soviet Union

unir [u'nir] *vt* (*juntar*) to join, unite;
(*atar*) to tie, fasten; (*combinar*) to
combine; **~se** *vr* to join together,
unite; (*empresas*) to merge

unísono [u'nisono] *nm*. **al ~** in unison

universal [uniβer'sal] *adj* universal;
(*mundial*) world *cpd*

universidad [uniβersi'ðað] *nf*
university

universitario, a [uniβersi'tarjo, a] *adj*
university *cpd* ♦ *nm/f* (*profesor*)
lecturer; (*estudiante*) (university)
student; (*graduado*) graduate

universo [uni'βerso] *nm* universe

PALABRA CLAVE

---

uno, a ['uno, a] *adj* one; **es todo ~**
it's all one and the same; **~s pocos** a
few; **~s cien** about a hundred
   ♦ *pron* **1** one; **quiero sólo ~** I only
want one; **~ de ellos** one of them
   2 (*alguien*) somebody, someone;
conozco a ~ que se te parece I
know somebody o someone who looks
like you; **~s ... otros ...** some ...
others; **una y otra son muy
agradables** they're both very nice
   ♦ *nm* one; **es la una** it's one o'clock
   ♦ *nm* (*number*) one

untar [un'tar] *vt* (*mantequilla*) to
spread; (*engrasar*) to grease, oil

uña ['uɲa] *nf* (*ANAT*) nail; (*garra*) claw;

(casco) hoof; (arrancaclavos) claw

uranio [u'ranjo] nm uranium

urbanidad [urβani'ðað] nf courtesy, politeness

urbanismo [urβa'nismo] nm town planning

urbanización [urβaniθa'θjon] nf (barrio, colonia) housing estate

urbanizar [urβani'θar] vt (zona) to develop, urbanize

urbano, a [ur'βano, a] adj (de ciudad) urban; (cortés) courteous, polite

urbe ['urβe] nf large city

urdimbre [ur'ðimbre] nf (de tejido) warp; (intriga) intrigue

urdir [ur'ðir] vt to warp; (complot) to plot, contrive

urgencia [ur'xenθja] nf urgency; (prisa) haste, rush; (emergencia) emergency; **servicios de ~** emergency services; **"Urgencias" "Casualty"**; **urgente** adj urgent

urgir [ur'xir] vi to be urgent; **me urge** I'm in a hurry for it

urinario, a [uri'narjo, a] adj urinary ♦ nm urinal

urna ['urna] nf urn; (POL) ballot box

urraca [u'rraka] nf magpie

URSS nf: **la ~** the USSR

Uruguay [uru'xwai] nm: **el ~** Uruguay; **uruguayo, a** adj, nm/f Uruguayan

usado, a [u'saðo, a] adj used; (de segunda mano) secondhand

usar [u'sar] vt to use; (ropa) to wear; (tener costumbre) to be in the habit of; **~se** vr to be used; **uso** nm use; wear; (costumbre) usage, custom; (moda) fashion; **al uso** in keeping with custom; **al uso de** in the style of

usted [us'teð] pron (sg) you sg; (pl): **~es** you pl

usual [u'swal] adj usual

usuario, a [usu'arjo, a] nm/f user

usura [u'sura] nf usury; **usurero, a** nm/f usurer

usurpar [usur'par] vt to usurp

utensilio [uten'siljo] nm tool; (CULIN) utensil

útero ['utero] nm uterus, womb

útil ['util] adj useful; ♦ nm tool; **utilidad** nf usefulness; (COM) profit; **utilizar** vt to use, utilize

utopía [uto'pia] nf Utopia; **utópico, a** adj Utopian

uva ['uβa] nf grape

Las Uvas

In Spain **Las uvas** play a big part on New Year's Eve (**Nochevieja**), when on the stroke of midnight people gather at home, in restaurants or in the **plaza mayor** and eat a grape for each stroke of the clock of the **Puerta del Sol** in Madrid. It is said to bring luck for the following year.

V, v

v abr (= voltio) v

va vb ver **ir**

vaca ['baka] nf (animal) cow; **carne de ~** beef

vacaciones [baka'θjones] nfpl holidays

vacante [ba'kante] adj vacant, empty ♦ nf vacancy

vaciar [ba'θjar] vt to empty out; (ahuecar) to hollow out; (moldear) to cast; **~se** vr to empty

vacilante [baθi'lante] adj unsteady; (habla) faltering; (dudoso) hesitant

vacilar [baθi'lar] vi to be unsteady; (al hablar) to falter; (dudar) to hesitate, waver; (memoria) to fail

vacío, a [ba'θio, a] adj empty; (puesto) vacant; (desocupado) idle; (vano) vain ♦ nm emptiness; (FÍSICA) vacuum; (un ~) (empty) space

vacuna [ba'kuna] nf vaccine; **vacunar** vt to vaccinate

vacuno, a [ba'kuno, a] adj cow cpd; **ganado ~** cattle

vacuo, a ['bakwo, a] adj empty

vadear [baðe'ar] vt (río) to ford; **vado** nm ford

vagabundo, a [baɣa'ßundo, a] adj wandering ♦ nm tramp

vagamente [baɣa'mente] adv vaguely

vagancia [ba'ɣanθja] nf (pereza) idleness, laziness

vagar [ba'ɣar] vi to wander; (no hacer nada) to idle

vagina [ba'xina] nf vagina

vago, a ['baɣo, a] adj vague; (perezoso) lazy ♦ nm/f (vagabundo) tramp; (flojo) lazybones sg, idler

vagón [ba'ɣon] nm (FERRO: de pasajeros) carriage; (: de mercancías) wagon

vaguedad [baɣe'ðað] nf vagueness

vaho ['bao] nm (vapor) vapour, steam; (respiración) breath

vaina ['baina] nf sheath

vainilla [bai'niʎa] nf vanilla

vainita [bai'nita] (AM) nf green o French bean

vais vb ver **ir**

vaivén [bai'ßen] nm to-and-fro movement; (de tránsito) coming and going; **vaivenes** nmpl (fig) ups and downs

vajilla [ba'xiʎa] nf crockery, dishes pl; **lavar la ~** to do the washing-up (BRIT), wash the dishes (US)

valdré etc vb ver **valer**

vale ['bale] nm voucher; (recibo) receipt; (pagaré) IOU

valedero, a [bale'ðero, a] adj valid

valenciano, a [balen'θjano, a] adj Valencian

valentía [balen'tia] nf courage, bravery

valer [ba'ler] vt to be worth; (MAT) to equal; (costar) to cost ♦ vi (ser útil) to be useful; (ser válido) to be valid; **~se** vr to take care of oneself; **~se de** to make use of, take advantage of; **~ la pena** to be worthwhile; ¿**vale?** (ESP) OK?

valeroso, a [bale'roso, a] adj brave, valiant

valgo etc vb ver **valer**

valía [ba'lia] nf worth, value

validar [bali'ðar] vt to validate; **validez** nf validity; **válido, a** adj valid

valiente [ba'ljente] adj brave, valiant ♦ nm hero

valioso, a [ba'ljoso, a] adj valuable

valla ['baʎa] nf fence; (DEPORTE) hurdle; **~ publicitaria** hoarding; **vallar** vt to fence in

valle ['baʎe] nm valley

valor [ba'lor] nm value, worth; (precio) price; (valentía) valour, courage; (importancia) importance; **~es** nmpl (COM) securities; **~ar** vt to value

vals [bals] nm inv waltz

válvula ['balßula] nf valve

vamos vb ver **ir**

vampiro, resa [bam'piro, 'resa] nm/f vampire

van vb ver **ir**

vanagloriarse [banaɣlo'rjarse] vr to boast

vandalismo [banda'lismo] nm vandalism; **vándalo, a** nm/f vandal

vanguardia [ban'gwardja] nf vanguard; (ARTE etc) avant-garde

vanidad [bani'ðað] nf vanity; **vanidoso, a** adj vain, conceited

vano, a ['bano, a] adj vain

vapor [ba'por] nm vapour; (vaho) steam; **al ~** (CULIN) steamed; **~izador** nm atomizer; **~izar** vt to vaporize; **~oso, a** adj vaporous

vapulear [bapule'ar] vt to beat, thrash

vaquero, a [ba'kero, a] adj cattle cpd ♦ nm cowboy; **~s** nmpl (pantalones) jeans

vaquilla [ba'kiʎa] nf (ZOOL) heifer

vara ['bara] nf stick; (TEC) rod; **~ mágica** magic wand

variable [ba'rjaßle] adj, nf variable

variación [barja'θjon] nf variation

variar [bar'jar] vt to vary; (modificar) to modify; (cambiar de posición) to switch around ♦ vi to vary

varicela [bari'θela] nf chickenpox

varices [ba'riθes] *nfpl* varicose veins

variedad [barje'ðað] *nf* variety

varilla [ba'riʎa] *nf* stick; (*BOT*) twig; (*TEC*) rod; (*de rueda*) spoke

vario, a [a 'barjo, a] *adj* varied; **~s** various, several

varita [ba'rita] *nf:* **~ mágica** magic wand

varón [ba'ron] *nm* male, man; **varonil** *adj* manly, virile

Varsovia [bar'soßja] *n* Warsaw

vas *vb ver* **ir**

vasco, a [a 'basko, a] *adj, nm/f* Basque

vascongado, a [baskon'gaðo, a] *adj* Basque; **las Vascongadas** the Basque Country

vascuence [bas'kwenθe] *adj* = **vascongado**

vaselina [base'lina] *nf* Vaseline ®

vasija [ba'sixa] *nf* container, vessel

vaso [a 'baso] *nm* glass, tumbler; (*ANAT*) vessel

vástago [a 'bastaɣo] *nm* (*BOT*) shoot; (*TEC*) rod; (*fig*) offspring

vasto, a [a 'basto, a] *adj* vast, huge

Vaticano [bati'kano] *nm:* **el ~** the Vatican

vatio [a 'batjo] *nm* (*ELEC*) watt

vaya *etc vb ver* **ir**

Vd(s) *abr* = **usted(es)**

ve *vb ver* **ir; ver**

vecindad [beθin'dað] *nf* neighbourhood; (*habitantes*) residents *pl*

vecindario [beθin'darjo] *nm* neighbourhood; residents *pl*

vecino, a [be'θino, a] *adj* neighbouring ♦ *nm/f* neighbour; (*residente*) resident

veda [a 'beða] *nf* prohibition

vedar [be'ðar] *vt* (*prohibir*) to ban, prohibit; (*impedir*) to stop, prevent

vegetación [bexeta'θjon] *nf* vegetation

vegetal [bexe'tal] *adj, nm* vegetable

vegetariano, a [bexeta'rjano, a] *adj, nm/f* vegetarian

vehemencia [bee(e)'menθja] *nf* vehemence; **vehemente** *adj* vehement

vehículo [be'ikulo] *nm* vehicle; (*MED*) carrier

veia *etc vb ver* **ver**

veinte [a 'beinte] *num* twenty

vejación [bexa'θjon] *nf* vexation; (*humillación*) humiliation

vejar [be'xar] *vt* (*irritar*) to annoy, vex; (*humillar*) to humiliate

vejez [be'xeθ] *nf* old age

vejiga [be'xiɣa] *nf* (*ANAT*) bladder

vela [a 'bela] *nf* (*de cera*) candle; (*NAUT*) sail; (*insomnio*) sleeplessness; (*vigilia*) vigil; (*MIL*) sentry duty; **estar a dos ~s** (*fam: sin dinero*) to be skint

velado, a [be'laðo, a] *adj* veiled; (*sonido*) muffled; (*FOTO*) blurred ♦ *nf* soirée

velar [be'lar] *vt* (*vigilar*) to keep watch over ♦ *vi* to stay awake; **~ por** to watch over, look after

velatorio [bela'torjo] *nm* (*funeral*) wake

veleidad [belei'ðað] *nf* (*ligereza*) fickleness; (*capricho*) whim

velero [be'lero] *nm* (*NAUT*) sailing ship; (*AVIAT*) glider

veleta [be'leta] *nf* weather vane

veliz [be'lis] (*AM*) *nm* suitcase

vello [a 'beʎo] *nm* down, fuzz

velo [a 'belo] *nm* veil

velocidad [beloθi'ðað] *nf* speed; (*TEC, AUTO*) gear

velocímetro [belo'θimetro] *nm* speedometer

veloz [be'loθ] *adj* fast

ven *vb ver* **venir**

vena [a 'bena] *nf* vein

venado [be'naðo] *nm* deer

vencedor, a [benθe'ðor, a] *adj* victorious ♦ *nm/f* victor, winner

vencer [ben'θer] *vt* (*dominar*) to defeat, beat; (*derrotar*) to vanquish; (*superar, controlar*) to overcome, master ♦ *vi* (*triunfar*) to win (through),

triumph; (*plazo*) to expire; **vencido, a**
adj (*derrotado*) defeated, beaten; (COM)
due ♦ *adv*: **pagar vencido** to pay in
arrears; **vencimiento** *nm* (COM)
maturity

venda ['benda] *nf* bandage; **vendaje**
nm bandage, dressing; **vendar** *vt* to
bandage; **vendar los ojos** to
blindfold

vendaval [benda'βal] *nm* (*viento*) gale

vendedor, a [bende'ðor, a] *nm/f* seller

vender [ben'der] *vt* to sell; **~ al
contado/al por mayor/al por
menor** to sell for cash/wholesale/retail

vendimia [ben'dimja] *nf* grape harvest

vendré *etc vb ver* **venir**

veneno [be'neno] *nm* poison; (*de
serpiente*) venom; **~so, a** *adj*
poisonous; venomous

venerable [bene'raβle] *adj* venerable;
venerar *vt* (*respetar*) to revere;
(*adorar*) to worship

venéreo, a [be'nereo, a] *adj*:
enfermedad venérea venereal
disease

venezolano, a [beneθo'lano, a] *adj*
Venezuelan

Venezuela [bene'θwela] *nf* Venezuela

venganza [ben'ganθa] *nf* vengeance,
revenge; **vengar** *vt* to avenge;
vengarse *vr* to take revenge;
vengativo, a *adj* (*persona*) vindictive

vengo *etc vb ver* **venir**

venia ['benja] *nf* (*perdón*) pardon;
(*permiso*) consent

venial [be'njal] *adj* venial

venida [be'niða] *nf* (*llegada*) arrival;
(*regreso*) return

venidero, a [beni'ðero, a] *adj* coming,
future

venir [be'nir] *vi* to come; (*llegar*) to
arrive; (*ocurrir*) to happen; (*fig*): **~ de**
to stem from; **~ bien/mal** to be
suitable/unsuitable; **el año que viene**
next year; **~se abajo** to collapse

venta ['benta] *nf* (COM) sale; **~ a
plazos** hire purchase; **~ al contado/**

al por mayor/al por menor o **al
detalle** cash sale/wholesale/retail;
~ con derecho a retorno sale or
return; **"en ~"** "for sale"

ventaja [ben'taxa] *nf* advantage;
ventajoso, a *adj* advantageous

ventana [ben'tana] *nf* window;
ventanilla *nf* (*de taquilla*) window (*of
booking office etc*)

ventilación [bentila'θjon] *nf*
ventilation; (*corriente*) draught

ventilador [bentila'ðor] *nm* fan

ventilar [benti'lar] *vt* to ventilate;
(*para secar*) to put out to dry; (*asunto*)
to air, discuss

ventisca [ben'tiska] *nf* blizzard

ventrílocuo, a [ben'trilokwo, a] *nm/f*
ventriloquist

ventura [ben'tura] *nf* (*felicidad*)
happiness; (*buena suerte*) luck; (*destino*)
fortune; **a la (buena) ~** at random;
venturoso, a *adj* happy; (*afortunado*)
lucky, fortunate

veo *etc vb ver* **ver**

ver [ber] *vt* to see; (*mirar*) to look at,
watch; (*entender*) to understand;
(*investigar*) to look into; ♦ *vi* to see; to
understand; **~se** *vr* (*encontrarse*) to
meet; (*dejarse ~*) to find o.s., be; **a ~**
**let's
see; no tener nada que ~ con** to
have nothing to do with; **a mi modo
de ~** as I see it

vera ['bera] *nf* edge, verge; (*de río*) bank

veracidad [beraθi'ðað] *nf* truthfulness

veranear [berane'ar] *vi* to spend the
summer; **veraneo** *nm* summer
holiday; **veraniego, a** *adj* summer *cpd*

verano [be'rano] *nm* summer

veras ['beras] *nfpl* truth *sg*; **de ~** really,
truly

veraz [be'raθ] *adj* truthful

verbal [ber'βal] *adj* verbal

verbena [ber'βena] *nf* (*baile*) open-air
dance

verbo ['berβo] *nm* verb; **~so, a** *adj*
verbose

verdad [ber'ðað] nf truth; (fiabilidad) reliability; **de ~** real, proper; **a decir ~** to tell the truth; **~ero, a** adj (veraz) true, truthful; (fiable) reliable; (fig) real

verde ['berðe] adj green; (chiste) blue, dirty ♦ nm green; **viejo ~** dirty old man; **~ar** vi to turn green; **verdor** nm greenness

verdugo [ber'ðuɣo] nm executioner

verdulero, a [berðu'lero, a] nm/f greengrocer

verduras [ber'ðuras] nfpl (CULIN) greens

vereda [be'reða] nf path; (AM) pavement (BRIT), sidewalk (US)

veredicto [bere'ðikto] nm verdict

vergonzoso, a [berɣon'θoso, a] adj shameful; (tímido) timid, bashful

vergüenza [ber'ɣwenθa] nf shame, sense of shame; (timidez) bashfulness; (pudor) modesty; **me da ~** I'm ashamed

verídico, a [be'riðiko, a] adj true, truthful

verificar [berifi'kar] vt to check; (corroborar) to verify; (llevar a cabo) to carry out; **~se** vr (predicción) to prove to be true

verja ['berxa] nf (cancela) iron gate; (valla) iron railings pl; (de ventana) grille

vermut [ber'mut] (pl **~s**) nm vermouth

verosímil [bero'simil] adj likely, probable; (relato) credible

verruga [be'rruɣa] nf wart

versado, a [ber'saðo, a] adj: **~ en** versed in

versátil [ber'satil] adj versatile

versión [ber'sjon] nf version

verso ['berso] nm verse; **un ~** a line of poetry

vértebra ['berteβra] nf vertebra

verter [ber'ter] vt (líquido: adrede) to empty, pour (out); (: sin querer) to spill; (basura) to dump ♦ vi to flow

vertical [berti'kal] adj vertical

vértice ['bertiθe] nm vertex, apex

vertidos [ber'tiðos] nmpl waste sg

vertiente [ber'tjente] nf slope; (fig) aspect

vertiginoso, a [bertixi'noso, a] adj giddy, dizzy

vértigo ['bertixo] nm vertigo; (mareo) dizziness

vesícula [be'sikula] nf blister

vespino ® [bes'pino] nm o nf moped

vestíbulo [bes'tißulo] nm hall; (de teatro) foyer

vestido [bes'tiðo] pp de **vestir**; **~ de azul/marinero** dressed in blue/as a sailor ♦ nm (ropa) clothes pl, clothing; (de mujer) dress, frock

vestigio [bes'tixjo] nm (huella) trace; **~s** nmpl (restos) remains

vestimenta [besti'menta] nf clothing

vestir [bes'tir] vt (poner: ropa) to put on; (llevar: ropa) to wear; (proveer de ropa a) to clothe; (suj: sastre) to make clothes for ♦ vi to dress; (verse bien) to look good; **~se** vr to get dressed, dress o.s.

vestuario [bes'twarjo] nm clothes pl, wardrobe; (TEATRO: cuarto) dressing room; (DEPORTE) changing room

veta ['beta] nf (vena) vein, seam; (en carne) streak; (de madera) grain

vetar [be'tar] vt to veto

veterano, a [bete'rano, a] adj, nm veteran

veterinaria [beteri'narja] nf veterinary science; ver tb **veterinario**

veterinario, a [beteri'narjo, a] nm/f vet(erinary surgeon)

veto ['beto] nm veto

vez [beθ] nf time; (turno) turn; **a la ~ que** at the same time as; **a su ~** in its turn; **otra ~** again; **una ~** once; **de una ~** in one go; **de una ~ para siempre** once and for all; **en ~** instead of; **a o algunas veces** sometimes; **una y otra ~** repeatedly; **de ~ en cuando** from time to time; **7 veces 9** 7 times 9; **hacer las veces de** to stand in for; **tal ~** perhaps

vía ['bia] nf track, route; (FERRO) line; (fig) way; (ANAT) passage, tube ♦ prep via, by way of; **por ~ judicial** by legal means; **por ~ oficial** through official channels; **en ~s de** in the process of; **~ aérea** airway; **V~ Láctea** Milky Way; **~ pública** public road o thoroughfare

viable ['bjaβle] adj (solución, plan, alternativa) feasible

viaducto [bja'ðukto] nm viaduct

viajante [bja'xante] nm commercial traveller

viajar [bja'xar] vi to travel; **viaje** nm journey; (gira) tour; (NAUT) voyage; **estar de viaje** to be on a trip; **viaje de ida y vuelta** round trip; **viaje de novios** honeymoon; **viajero, a** adj travelling; (ZOOL) migratory ♦ nm/f (quien viaja) traveller; (pasajero) passenger

vial [bjal] adj road cpd, traffic cpd

víbora ['biβora] nf viper; (AM) poisonous snake

vibración [biβra'θjon] nf vibration

vibrar [bi'βrar] vt, vi to vibrate

vicario [bi'karjo] nm curate

vicepresidente [biθepresi'ðente] nm/f vice-president

viceversa [biθe'βersa] adv vice versa

viciado, a [bi'θjaðo, a] adj (corrompido) corrupt; (contaminado) foul, contaminated; **viciar** vt (pervertir) to pervert; (JUR) to nullify; (estropear) to spoil; **viciarse** vr to become corrupted

vicio ['biθjo] nm vice; (mala costumbre) bad habit; **~so, a** adj (muy malo) vicious; (corrompido) depraved ♦ nm/f depraved person

vicisitud [biθisi'tuð] nf vicissitude

víctima ['biktima] nf victim

victoria [bik'torja] nf victory; **victorioso, a** adj victorious

vid [bið] nf vine

vida ['biða] nf (gen) life; (duración) lifetime; **de por ~** for life; **en la/mi ~**

never; **estar con ~** to be still alive; **ganarse la ~** to earn one's living

vídeo ['biðeo] nm video ♦ adj inv: **película ~** video film; **~cámara** nf camcorder; **~casete** nm video cassette, videotape; **~club** nm video club; **~juego** nm video game

vidriero, a [bi'ðrjero, a] nm/f glazier ♦ nf (ventana) stained-glass window; (AM: de tienda) shop window; (puerta) glass door

vidrio ['biðrjo] nm glass

vieira ['bjeira] nf scallop

viejo, a ['bjexo, a] adj old ♦ nm/f old man/woman; **hacerse ~** to get old

Viena ['bjena] n Vienna

vienes etc vb ver **venir**

vienés, esa [bje'nes, esa] adj Viennese

viento ['bjento] nm wind; **hacer ~** to be windy

vientre ['bjentre] nm belly; (matriz) womb

viernes ['bjernes] nm inv Friday; **V~ Santo** Good Friday

Vietnam [bjet'nam] nm: **el ~** Vietnam; **vietnamita** adj Vietnamese

viga ['biɣa] nf beam, rafter; (de metal) girder

vigencia [bi'xenθja] nf validity; **estar en ~** to be in force; **vigente** adj valid, in force; (imperante) prevailing

vigésimo, a [bi'xesimo, a] adj twentieth

vigía [bi'xia] nm look-out

vigilancia [bixi'lanθja] nf: **tener a uno bajo ~** to keep watch on sb

vigilar [bixi'lar] vt to watch over ♦ vi (gen) to be vigilant; (hacer guardia) to keep watch; **~ por** to take care of

vigilia [vi'xilja] nf wakefulness, being awake; (REL) fast

vigor [bi'yor] nm vigour, vitality; **en ~** in force; **entrar/poner en ~** to come/put into effect; **~oso, a** adj vigorous

VIH nm abr (= virus de la inmunodeficiencia humana) HIV;

~ **positivo/negativo** HIV-positive/-negative

vil [bil] adj vile, low; **~eza** nf vileness; (acto) base deed

vilipendiar [bilipen'djar] vt to vilify, revile

villa ['biʎa] nf (casa) villa; (pueblo) small town; (municipalidad) municipality; **~ miseria** (AM) shantytown

villancico [biʎan'θiko] nm (Christmas) carol

villorrio [bi'ʎorrjo] nm shantytown

vilo ['bilo]: **en ~** adv on tenterhooks, suspended; (fig) on tenterhooks, in suspense

vinagre [bi'naɣre] nm vinegar

vinagreta [bina'ɣreta] nf vinaigrette, French dressing

vinculación [binkula'θjon] nf (lazo) link, bond; (acción) linking

vincular [binku'lar] vt to link, bind; **vínculo** nm link, bond

vine etc vb ver **venir**

vinicultura [binikul'tura] nf wine growing

viniera etc vb ver **venir** ♦ nm wine

vino ['bino] vb ver **venir** ♦ nm wine; **~ blanco/tinto** white/red wine

viña ['biɲa] nf vineyard; **viñedo** nm vineyard

viola ['bjola] nf viola

violación [bjola'θjon] nf violation; **~ (sexual)** rape

violar [bjo'lar] vt to violate; (sexualmente) to rape

violencia [bjo'lenθja] nf violence, force; (incomodidad) embarrassment; (acto injusto) unjust act; **violentar** vt to force; (casa) to break into; (agredir) to assault; (violar) to violate; **violento, a** adj violent; (furioso) furious; (situación) embarrassing; (acto) forced, unnatural

violeta [bjo'leta] nf violet

violín [bjo'lin] nm violin

violón [bjo'lon] nm double bass

viraje [bi'raxe] nm turn; (de vehículo) swerve; (fig) change of direction; **virar** vi to change direction

virgen ['birxen] adj, nf virgin

Virgo ['birxo] nm Virgo

viril [bi'ril] adj virile; **~idad** nf virility

virtud [bir'tuð] nf virtue; **en ~ de** by virtue of; **virtuoso, a** adj virtuous ♦ nm/f virtuoso

viruela [bi'rwela] nf smallpox

virulento, a [biru'lento, a] adj virulent

virus ['birus] nm inv virus

visa ['bisa] (AM) nf = **visado**

visado [bi'saðo] nm visa

víscera ['bisθera] nf (ANAT, ZOOL) gut, bowel; **~s** nfpl entrails

visceral [bisθe'ral] adj (odio) intense; **reacción ~** gut reaction

viscoso, a [bis'koso, a] adj viscous

visera [bi'sera] nf visor

visibilidad [bisiβili'ðað] nf visibility; **visible** adj visible; (fig) obvious

visillos [bi'siʎos] nmpl lace curtains

visión [bi'sjon] nf (ANAT) vision, (eye)sight; (fantasía) vision, fantasy

visita [bi'sita] nf call, visit; (persona) visitor; **hacer una ~** to pay a visit

visitar [bisi'tar] vt to visit, call on

vislumbrar [bislum'brar] vt to glimpse, catch a glimpse of

viso ['biso] nm (del metal) glint, gleam; (de tela) sheen; (aspecto) appearance

visón [bi'son] nm mink

visor [bi'sor] nm (FOTO) viewfinder

víspera ['bispera] nf: **la ~ de ...** the day before ...

vista ['bista] nf sight, vision; (capacidad de ver) (eye)sight; (mirada) look(s) (pl); **a primera ~** at first glance; **hacer la ~ gorda** to turn a blind eye; **volver la ~** to look back; **está a la ~ que** it's obvious that; **en ~ de** in view of; **en ~ de que** in view of the fact that; **¡hasta la ~!** so long!, see you!; **con ~s a** with a view to; **~zo** nm glance; **dar** o **echar un ~zo a** to glance at

visto, a ['bisto, a] pp de **ver** ♦ vb ver

tb **vestir** ♦ *adj* seen; (*considerado*) considered ♦ *nm:* **~ bueno** approval; **"~ bueno" "**approved**"; por lo ~** apparently; **está ~ que** it's clear that; **está bien/mal ~** it's acceptable/ unacceptable; **~ que** since, considering that

vistoso, a [bis'toso, a] *adj* colourful

visual [bi'swal] *adj* visual

vital [bi'tal] *adj* life *cpd*, living *cpd*; (*fig*) vital; (*persona*) lively, vivacious; **~icio, a** *adj* for life; **~idad** *nf* (*de persona, negocio*) energy; (*de ciudad*) liveliness

vitamina [bita'mina] *nf* vitamin

viticultor, a [bitikul'tor, a] *nm/f* wine grower; **viticultura** *nf* wine growing

vítorear [bitore'ar] *vt* to cheer, acclaim

vitrina [bi'trina] *nf* show case; (*AM*) shop window

viudez *nf* widowhood

viudo, a [a 'bjuðo, a] *nm/f* widower/ widow

viva ['biβa] *excl* hurrah!: **¡~ el rey!** long live the king!

vivacidad [biβaθi'ðað] *nf* (*vigor*) vigour; (*vida*) liveliness

vivaracho, a [biβa'ratʃo, a] *adj* jaunty, lively; (*ojos*) bright, twinkling

vivaz [bi'βaθ] *adj* lively

víveres ['biβeres] *nmpl* provisions

vivero [bi'βero] *nm* (*para plantas*) nursery; (*para peces*) fish farm; (*fig*) hotbed

viveza [bi'βeθa] *nf* liveliness; (*agudeza mental*) sharpness

vivienda [bi'βjenda] *nf* housing; (*una ~*) house; (*piso*) flat (*BRIT*), apartment (*US*)

viviente [bi'βjente] *adj* living

vivir [bi'βir] *vt, vi* to live ♦ *nm* life, living

vivo, a ['biβo, a] *adj* living, alive; (*fig: descripción*) vivid; (*persona: astuto*) smart, clever; **en ~** (*transmisión etc*) live

vocablo [bo'kaβlo] *nm* (*palabra*) word; (*término*) term

vocabulario [bokaβu'larjo] *nm* vocabulary

vocación [boka'θjon] *nf* vocation; **vocacional** (*AM*) *nf* ≈ technical college

vocal [bo'kal] *adj* vocal ♦ *nf* vowel; **~izar** *vt* to vocalize

vocear [boθe'ar] *vt* (*para vender*) to cry; (*aclamar*) to acclaim; (*fig*) to proclaim ♦ *vi* to yell; **vocerío** *nm* shouting

vocero [bo'θero] *nm/f* spokesman/ woman

voces ['boθes] *pl de* **voz**

vociferar [boθife'rar] *vt* to shout ♦ *vi* to yell

vodka ['boðka] *nm o f* vodka

vol *abr* = **volumen**

volador, a [bola'ðor, a] *adj* flying

volandas [bo'landas]: **en ~** *adv* in the air

volante [bo'lante] *adj* flying ♦ *nm* (*de coche*) steering wheel; (*de reloj*) balance

volar [bo'lar] *vt* (*edificio*) to blow up ♦ *vi* to fly

volátil [bo'latil] *adj* volatile

volcán [bol'kan] *nm* volcano; **~ico, a** *adj* volcanic

volcar [bol'kar] *vt* to upset, overturn; (*tumbar, derribar*) to knock over; (*vaciar*) to empty out ♦ *vi* to overturn; **~se** *vr* to tip over

voleibol [bolei'βol] *nm* volleyball

volqué *etc vb ver* **volcar**

voltaje [bol'taxe] *nm* voltage

voltear [bolte'ar] *vt* to turn over; (*volcar*) to turn upside down

voltereta [bolte'reta] *nf* somersault

voltio ['boltjo] *nm* volt

voluble [bo'luβle] *adj* fickle

volumen [bo'lumen] (*pl* **volúmenes**) *nm* volume; **voluminoso, a** *adj* voluminous; (*enorme*) massive

voluntad [bolun'tað] *nf* will; (*resolución*) willpower; (*deseo*) desire, wish

voluntario, a [bolun'tarjo, a] *adj*

voluntary ♦ *nm/f* volunteer

voluntarioso, a [bolunta'rjoso, a] *adj* headstrong

voluptuoso, a [bolup'twoso, a] *adj* voluptuous

volver [bol'ßer] *vt* (*gen*) to turn; (*dar vuelta a*) to turn (over); (*voltear*) to turn round, turn upside down; (*poner al revés*) to turn inside out; (*devolver*) to return ♦ *vi* to return, go back, come back; **~se** *vr* to turn round; **~ la espalda** to turn one's back; **~ triste** *etc a uno* to make sb sad *etc*; **~ a hacer** to do again; **~ en sí** to come to; **~se insoportable/muy caro** to get o become unbearable/very expensive; **~se loco** to go mad

vomitar [bomi'tar] *vt, vi* to vomit; **vómito** *nm* vomit

voraz [bo'raθ] *adj* voracious

vos [bos] (*AM*) *pron* you

vosotros, as [bo'sotros, as] *pron* you; (*reflexivo*): **entre/para ~** among/for yourselves

votación [bota'θjon] *nf* (*acto*) voting; (*voto*) vote

votar [bo'tar] *vi* to vote; **voto** *nm* vote; (*promesa*) vow; **votos** (*good*) wishes

voy *vb ver* **ir**

voz [boθ] *nf* voice; (*grito*) shout; (*rumor*) rumour; (*LING*) word; **dar voces** to shout, yell; **a media ~** in a low voice; **a ~ en cuello** o **en grito** at the top of one's voice; **de viva ~** verbally; **en ~ alta** aloud; **~ de mando** command

vuelco ['bwelko] *vb ver* **volcar** ♦ *nm* spill, overturning

vuelo ['bwelo] *vb ver* **volar** ♦ *nm* flight; (*encaje*) lace, frill; **coger al ~** to catch in flight; **~ charter/regular** charter/scheduled flight; **~ libre** (*DEPORTE*) hang-gliding

vuelque *etc vb ver* **volcar**

vuelta ['bwelta] *nf* (*gen*) turn; (*curva*) bend, curve; (*regreso*) return;

(*revolución*) revolution; (*de circuito*) lap; (*de papel, tela*) reverse; (*cambio*) change; **a la ~** on one's return; **a ~ de correo** by return of post; **dar ~s** (*suj: cabeza*) to spin; **dar ~s a una idea** to turn over an idea (in one's head); **estar de ~** to be back; **dar una ~** to go for a walk; (*en coche*) to go for a drive; **~ ciclista** (*DEPORTE*) (cycle) tour

vuelto *pp de* **volver**

vuelvo *etc vb ver* **volver**

vuestro, a ['bwestro, a] *adj* your; **un amigo ~** a friend of yours ♦ *pron*: **el ~/la vuestra, los ~s/las vuestras** yours

vulgar [bul'xar] *adj* (*ordinario*) vulgar; (*común*) common; **~idad** *nf* commonness; (*acto*) vulgarity; (*expresión*) coarse expression; **~izar** *vt* to popularize

vulgo ['bulxo] *nm* common people

vulnerable [bulne'raßle] *adj* vulnerable

vulnerar [bulne'rar] *vt* (*ley, acuerdo*) to violate, breach; (*derechos, intimidad*) to violate; (*reputación*) to damage

W, w

Walkman ® [wak'man] *nm* Walkman ®

wáter ['bater] *nm* toilet

whisky ['wiski] *nm* whisky, whiskey

X, x

xenofobia [kseno'foßja] *nf* xenophobia

xilófono [ksi'lofono] *nm* xylophone

Y, y

y [i] *conj* and

ya [ja] *adv* (*gen*) already; (*ahora*) now;

(*en seguida*) at once; (*pronto*) soon
♦ *excl* all right! ♦ *conj* (*ahora que*) now
that; ~ **lo sé** I know; ~ **que** since

yacer [ja'θer] *vi* to lie

yacimiento [jaθi'mjento] *nm* (*de
mineral*) deposit; (*arqueológico*) site

yanqui ['janki] *adj, nm/f* Yankee

yate ['jate] *nm* yacht

yazco *etc vb ver* **yacer**

yedra ['jeðra] *nf* ivy

yegua ['jeɣwa] *nf* mare

yema ['jema] *nf* (*del huevo*) yolk; (BOT)
leaf bud; (*fig*) best part; ~ **del dedo**
fingertip

yergo *etc vb ver* **erguir**

yermo, a ['jermo, a] *adj* (*estéril*)
barren ♦ *nm* wasteland

yerno ['jerno] *nm* son-in-law

yerro *etc vb ver* **errar**

yeso ['jeso] *nm* plaster

yo [jo] *pron* I; **soy ~** it's me, it is I

yodo ['joðo] *nm* iodine

yoga ['joɣa] *nm* yoga

yogur(t) [jo'ɣur(t)] *nm* yoghurt

yugo ['juɣo] *nm* yoke

Yugoslavia [juɣos'laßja] *nf* Yugoslavia

yugular [juɣu'lar] *adj* jugular

yunque ['junke] *nm* anvil

yunta ['junta] *nf* yoke

yuxtaponer [jukstapo'ner] *vt* to
juxtapose; **yuxtaposición** *nf*
juxtaposition

Z, z

zafar [θa'far] *vt* (*soltar*) to untie;
(*superficie*) to clear; **~se** *vr* (*escaparse*)
to escape; (TEC) to slip off

zafio, a ['θafjo, a] *adj* coarse

zafiro [θa'firo] *nm* sapphire

zaga ['θaɣa] *nf*: **a la ~** behind, in the
rear

zaguán [θa'ɣwan] *nm* hallway

zaherir [θae'rir] *vt* (*criticar*) to criticize

zaino, a ['θaino, a] *adj* (*caballo*)
chestnut

zalamería [θalame'ria] *nf* flattery;
zalamero, a *adj* flattering; (*cobista*)
suave

zamarra [θa'marra] *nf* (*chaqueta*)
sheepskin jacket

zambullirse [θambu'ʎirse] *vr* to dive

zampar [θam'par] *vt* to gobble down

zanahoria [θana'orja] *nf* carrot

zancada [θan'kaða] *nf* stride

zancadilla [θanka'ðiʎa] *nf* trip

zanco ['θanko] *nm* stilt

zancudo, a [θan'kuðo, a] *adj* long-
legged ♦ *nm* (AM) mosquito

zángano ['θangano] *nm* drone

zanja ['θanxa] *nf* (*zanja*) ditch; **zanjar** *vt*
(*resolver*) to resolve

zapata [θa'pata] *nf* (MECÁNICA) shoe

zapatear [θapate'ar] *vi* to tap with
one's feet

zapatería [θapate'ria] *nf* (*oficio*)
shoemaking; (*tienda*) shoe shop;
(*fábrica*) shoe factory; **zapatero, a** *nm/f* shoemaker

zapatilla [θapa'tiʎa] *nf* slipper; ~ **de
deporte** training shoe

zapato [θa'pato] *nm* shoe

zapping ['θapin] *nm* channel-hopping;
hacer ~ to flick through the channels

zar [θar] *nm* tsar, czar

zarandear [θarande'ar] (*fam*) *vt* to
shake vigorously

zarpa ['θarpa] *nf* (*garra*) claw

zarpar [θar'par] *vi* to weigh anchor

zarza ['θarθa] *nf* (BOT) bramble; **zarzal**
nm (*matorral*) bramble patch

zarzamora [θarθa'mora] *nf* blackberry

zarzuela [θar'θwela] *nf* Spanish light
opera

zigzag [θix'θax] *nm* zigzag;
zigzaguear *vi* to zigzag

zinc [θink] *nm* zinc

zócalo ['θokalo] *nm* (ARQ) plinth, base

zodíaco [θo'ðiako] *nm* (ASTRO) zodiac

zona ['θona] *nf* zone; ~ **fronteriza**
border area

zoo ['θoo] *nm* zoo

zoología [θoolo'xia] *nf* zoology;

zoológico, a adj zoological ♦ nm (tb: parque ~) zoo; **zoólogo, a** nm/f zoologist

zoom [θum] nm zoom lens

zopilote [θopiˈlote] (AM) nm buzzard

zoquete [θoˈkete] nm (fam) blockhead

zorro, a [ˈθorro, a] adj crafty ♦ nm/f fox/vixen

zozobra [θoˈθoßra] nf (fig) anxiety; **zozobrar** vi (hundirse) to capsize; (fig) to fail

zueco [ˈθweko] nm clog

zumbar [θumˈbar] vt (golpear) to hit ♦ vi to buzz; **zumbido** nm buzzing

zumo [ˈθumo] nm juice

zurcir [θurˈθir] vt (coser) to darn

zurdo, a [ˈθurðo, a] adj (persona) left-handed

zurrar [θuˈrrar] (fam) vt to wallop

ENGLISH • SPANISH
INGLÉS • ESPAÑOL

ENGLISH-SPANISH
INGLÉS-ESPAÑOL

A, a

A [eɪ] n (MUS) la m

a [ə] indef art (before vowel or silent h: **an**) **1** un(a); **~ book** un libro; **an apple** una manzana; **she's ~ doctor** (ella) es médica

2 (instead of the number "one") un(a); **~ year ago** hace un año; **~ hundred/thousand etc pounds** cien/mil etc libras

3 (in expressing ratios, prices etc): **3 ~ day/week** 3 al día/a la semana; **10 km an hour** 10 km por hora; **£5 ~ person** £5 por persona; **30p ~ kilo** 30p el kilo

A.A. n abbr (= Automobile Association: BRIT) ≈ RACE m (SP); (= Alcoholics Anonymous) Alcohólicos Anónimos

A.A.A. n abbr (US) (= American Automobile Association) ≈ RACE m (SP)

aback [ə'bæk] adv: **to be taken ~** quedar desconcertado

abandon [ə'bændən] vt abandonar; (give up) renunciar a

abate [ə'beɪt] vi (storm) amainar; (anger) aplacarse; (terror) disminuir

abattoir ['æbətwɑː*] (BRIT) n matadero

abbey ['æbɪ] n abadía

abbot ['æbət] n abad m

abbreviation [əbriːvɪ'eɪʃən] n (short form) abreviatura

abdicate ['æbdɪkeɪt] vt renunciar a ♦ vi abdicar

abdomen ['æbdəmən] n abdomen m

abduct [æb'dʌkt] vt raptar, secuestrar

abeyance [ə'beɪəns] n: **in ~** (law) en

desuso; (matter) en suspenso

abide [ə'baɪd] vt: **I can't ~ it/him** no lo/le puedo ver; **~ by** vt fus atenerse a

ability [ə'bɪlɪtɪ] n habilidad f, capacidad f; (talent) talento

abject ['æbdʒekt] adj (poverty) miserable; (apology) rastrero

ablaze [ə'bleɪz] adj en llamas, ardiendo

able ['eɪbl] adj capaz; (skilled) hábil; **to be ~ to do sth** poder hacer algo; **~-bodied** adj sano; **ably** adv hábilmente

abnormal [æb'nɔːməl] adj anormal

aboard [ə'bɔːd] adv a bordo ♦ prep a bordo de

abode [ə'bəud] n: **of no fixed ~** sin domicilio fijo

abolish [ə'bɒlɪʃ] vt suprimir, abolir

aborigine [æbə'rɪdʒɪni] n aborigen m/f

abort [ə'bɔːt] vt, vi abortar; **~ion** [ə'bɔːʃən] n aborto; **to have an ~ion** abortar, hacerse abortar; **~ive** adj malogrado

about [ə'baut] adv **1** (approximately) más o menos, aproximadamente; **~ a hundred/thousand etc** cien/mil etc; **it takes ~ 10 hours** se tarda unas or más o menos 10 horas; **at ~ 2 o'clock** sobre las dos; **I've just ~ finished** casi he terminado

2 (referring to place) por todas partes; **to leave things lying ~** dejar las cosas (tiradas) por ahí; **to run ~** correr por todas partes; **to walk ~** pasearse, ir y venir

3: to be ~ to do sth estar a punto de hacer algo

◆ prep **1** (*relating to*) de, sobre, acerca de; **a book ~ London** un libro sobre or acerca de Londres; **what is it ~?** ¿de qué se trata?, ¿qué pasa?; **we talked ~ it** hablamos de eso or ello; **what** or **how ~ doing this?** ¿qué tal si hacemos esto?
2 (*referring to place*) por; **to walk ~ the town** caminar por la ciudad

above [ə'bʌv] adv encima, por encima, arriba ◆ prep encima de; (*greater than: in number*) más de; (: *in rank*) superior a; **mentioned ~** susodicho; **~ all** sobre todo; **~ board** adj legítimo

abrasive [ə'breɪzɪv] adj abrasivo; (*manner*) brusco

abreast [ə'brest] adv de frente; **to keep ~ of** (*fig*) mantenerse al corriente de

abroad [ə'brɔːd] adv (*to be*) en el extranjero; (*to go*) al extranjero

abrupt [ə'brʌpt] adj (*sudden*) brusco; (*curt*) áspero

abruptly [ə'brʌptlɪ] adv (*leave*) repentinamente; (*speak*) bruscamente

abscess ['æbsɪs] n absceso

abscond [əb'skɒnd] vi (*thief*): **to ~ with** fugarse con; (*prisoner*): **to ~ (from)** escaparse (de)

absence ['æbsəns] n ausencia

absent ['æbsənt] adj ausente; **~ee** [-'tiː] n ausente m/f; **~-minded** adj distraído

absolute ['æbsəluːt] adj absoluto; **~ly** [-'luːtlɪ] adv (*totally*) totalmente; (*certainly!*) ¡por supuesto (que sí)!

absolve [əb'zɒlv] vt: **to ~ sb (from)** absolver a alguien (de)

absorb [əb'zɔːb] vt absorber; **to be ~ed in a book** estar absorto en un libro; **~ent cotton** (*US*) n algodón m hidrófilo; **~ing** adj absorbente

absorption [əb'zɔːpʃən] n absorción f

abstain [əb'steɪn] vi: **to ~ (from)** abstenerse (de)

abstinence ['æbstɪnəns] n abstinencia

abstract ['æbstrækt] adj abstracto

absurd [əb'sɜːd] adj absurdo

abundance [ə'bʌndəns] n abundancia

abuse [n ə'bjuːs, vb ə'bjuːz] n (*insults*) insultos mpl, injurias fpl; (*ill-treatment*) malos tratos mpl; (*misuse*) abuso ◆ vt insultar; maltratar; abusar de; **abusive** adj ofensivo

abysmal [ə'bɪzməl] adj pésimo; (*failure*) garrafal; (*ignorance*) supino

abyss [ə'bɪs] n abismo

AC abbr (= *alternating current*) corriente f alterna

academic [ækə'demɪk] adj académico, universitario; (*pej: issue*) puramente teórico ◆ n estudioso/a; profesor(a) m/f universitario/a

academy [ə'kædəmɪ] n (*learned body*) academia; (*school*) instituto, colegio; **~ of music** conservatorio m

accelerate [æk'seləreɪt] vt, vi acelerar; **accelerator** (*BRIT*) n acelerador m

accent ['æksent] n acento; (*fig*) énfasis m

accept [ək'sept] vt aceptar; (*responsibility, blame*) admitir; **~able** adj aceptable; **~ance** n aceptación f

access ['ækses] n acceso; **to have ~ to** tener libre acceso a; **~ible** [-'sesɪbl] adj (*place, person*) accesible; (*knowledge etc*) asequible

accessory [æk'sesərɪ] n accesorio; (*LAW*): **~ to** cómplice de

accident ['æksɪdənt] n accidente m; (*chance event*) casualidad f; **by ~** (*unintentionally*) sin querer; (*by chance*) por casualidad; **~al** [-'dentl] adj accidental, fortuito; **~ally** [-'dentəlɪ] adv sin querer; por casualidad; **~ insurance** n seguro contra accidentes; **~-prone** adj propenso a los accidentes

acclaim [ə'kleɪm] vt aclamar, aplaudir ◆ n aclamación f, aplausos mpl

acclimatize [ə'klaɪmətaɪz] (*US*: **acclimate**) vt: **to become ~d** aclimatarse

accommodate [ə'kɔmədeɪt] vt (subj: person) alojar, hospedar; (: car, hotel etc) tener cabida para; (oblige, help) complacer; **accommodating** adj servicial, complaciente

accommodation [əkɔmə'deɪʃən] n (US **accommodations** npl) alojamiento

accompany [ə'kʌmpənɪ] vt acompañar

accomplice [ə'kʌmplɪs] n cómplice m/f

accomplish [ə'kʌmplɪʃ] vt (finish) concluir; (achieve) lograr; **~ed** adj experto, hábil; **~ment** n (skill: gen pl) talento; (completion) realización f

accord [ə'kɔːd] n acuerdo ♦ vt conceder; **of his own ~** espontáneamente; **~ance** n: **in ~ance with** de acuerdo con; **~ing**: **~ing to** prep según; (in accordance with) conforme a; **~ingly** adv (appropriately) de acuerdo con esto; (as a result) en consecuencia

accordion [ə'kɔːdɪən] n acordeón m

accost [ə'kɔst] vt abordar, dirigirse a

account [ə'kaunt] n (COMM) cuenta; (report) informe m; **~s** npl (COMM) cuentas fpl; **of no ~** de ninguna importancia; **on ~** a cuenta; **on no ~** bajo ningún concepto; **on ~ of** a causa de, por motivo de; **to take into ~**, **take ~ of** tener en cuenta; **~ for** vt fus (explain) explicar; (represent) representar; **~able** adj: **~able (to)** responsable (ante); **~ancy** n contabilidad f; **~ant** n contable m/f, contador(a) m/f; **~ number** n (at bank etc) número de cuenta

accrued interest [ə'kruːd-] n interés m acumulado

accumulate [ə'kjuːmjuleɪt] vt acumular ♦ vi acumularse

accuracy ['ækjurəsɪ] n (of total) exactitud f; (of description etc) precisión f

accurate ['ækjurɪt] adj (total) exacto;

(description) preciso; (person) cuidadoso; (device) de precisión; **~ly** adv con precisión

accusation [ækju'zeɪʃən] n acusación f

accuse [ə'kjuːz] vt: **to ~ sb (of sth)** acusar a uno (de algo); **~d** n (LAW) acusado/a

accustom [ə'kʌstəm] vt acostumbrar; **~ed** adj: **~ed to** acostumbrado a

ace [eɪs] n as m

ache [eɪk] n dolor m ♦ vi doler; **my head ~s** me duele la cabeza

achieve [ə'tʃiːv] vt (aim, result) alcanzar; (success) lograr, conseguir; **~ment** n (completion) realización f; (success) éxito

acid ['æsɪd] adj ácido; (taste) agrio ♦ n (CHEM, inf: LSD) ácido; **~ rain** n lluvia ácida

acknowledge [ək'nɔlɪdʒ] vt (letter: also: **~ receipt of**) acusar recibo de; (fact, situation, person) reconocer; **~ment** n acuse m de recibo

acne ['æknɪ] n acné m

acorn ['eɪkɔːn] n bellota

acoustic [ə'kuːstɪk] adj acústico; **~s** n, npl acústica sg

acquaint [ə'kweɪnt] vt: **to ~ sb with sth** (inform) poner a uno al corriente de algo; **to be ~ed with** conocer; **~ance** n (person) conocido/a; (with person, subject) conocimiento

acquire [ə'kwaɪə*] vt adquirir; **acquisition** [ækwɪ'zɪʃən] n adquisición f

acquit [ə'kwɪt] vt absolver, exculpar; **to ~ o.s. well** salir con éxito

acre ['eɪkə*] n acre m

acrid ['ækrɪd] adj acre

acrobat ['ækrəbæt] n acróbata m/f

across [ə'krɔs] prep (on the other side of) al otro lado de, del otro lado de; (crosswise) a través de ♦ adv de un lado a otro, de una parte a otra; a través, al través; (measurement): **the road is 10m ~** la carretera tiene 10m de ancho; **to run/swim ~** atravesar corriendo/nadando; ~ **from** enfrente de

acrylic [ə'krılık] adj acrílico ♦ n acrílica

act [ækt] n acto, acción f; (of play) acto; (in music hall etc) número; (LAW) decreto, ley f ♦ vi (behave) comportarse; (have effect: drug, chemical) hacer efecto; (THEATRE) actuar; (pretend) fingir; (take action) obrar ♦ vt (part) hacer el papel de; **in the ~ of**: **to catch sb in the ~ of** ... pillar a uno en el momento en que ...; **to ~ as** actuar or hacer de; **~ing** adj suplente ♦ n (activity) actuación f; (profession) profesión f de actor

action ['ækʃən] n acción f, acto; (MIL) acción f, batalla; (LAW) proceso, demanda; **out of ~** (person) fuera de combate; (thing) estropeado; **to take ~** tomar medidas; **~ replay** n (TV) repetición f

activate ['æktıveıt] vt activar

active ['æktıv] adj activo, enérgico; (volcano) en actividad; **~ly** adv (participate) activamente; (discourage, dislike) enérgicamente; **activity** [-'tıvıtı] n actividad f; **activity holiday** n vacaciones fpl con actividades organizadas

actor ['æktə*] n actor m

actress ['æktrıs] n actriz f

actual ['æktjuəl] adj verdadero, real; (emphatic use) propiamente dicho; **~ly** adv realmente, en realidad; (even) incluso

acumen ['ækjumən] n perspicacia

acute [ə'kju:t] adj agudo

ad [æd] n abbr = **advertisement**

A.D. adv abbr (= anno Domini) A.C.

adamant ['ædəmənt] adj firme, inflexible

adapt [ə'dæpt] vt adaptar ♦ vi: **to ~** (**to**) adaptarse (a), ajustarse (a); **~able** adj adaptable; **~er, ~or** n (ELEC) adaptador m

add [æd] vt añadir, agregar; (figures: also: ~ **up**) sumar ♦ vi: **to ~ to**

(increase) aumentar, acrecentar; **it doesn't ~ up** (fig) no tiene sentido

adder ['ædə*] n víbora

addict ['ædıkt] n adicto/a; (enthusiast) entusiasta m/f; **~ed** [ə'dıktıd] adj: **to be ~ed to** ser adicto a; (football etc) ser fanático de; **~ion** [ə'dıkʃən] n (to drugs etc) adicción f; **~ive** [ə'dıktıv] adj que causa adicción

addition [ə'dıʃən] n (adding up) adición f; (thing added) añadidura, añadido; **in ~** además, por añadidura; **in ~ to** además de; **~al** adj adicional

additive ['ædıtıv] n aditivo

address [ə'drɛs] n dirección f, señas fpl; (speech) discurso ♦ vt (letter) dirigir; (speak to) dirigirse a, dirigir la palabra a; (problem) tratar

adept ['ædɛpt] adj: **~ at** experto or hábil en

adequate ['ædıkwıt] adj (satisfactory) adecuado; (enough) suficiente

adhere [əd'hıə*] vi: **to ~ to** (stick to) pegarse a; (fig: abide by) observar; (: belief etc) ser partidario de

adhesive [əd'hi:zıv] n adhesivo; **~ tape** n (BRIT) cinta adhesiva; (US: MED) esparadrapo

ad hoc [æd'hɔk] adj ad hoc

adjacent [ə'dʒeısənt] adj: **~ to** contiguo a, inmediato a

adjective ['ædʒɛktıv] n adjetivo

adjoining [ə'dʒɔınıŋ] adj contiguo, vecino

adjourn [ə'dʒə:n] vt aplazar ♦ vi suspenderse

adjudicate [ə'dʒu:dıkeıt] vi sentenciar

adjust [ə'dʒʌst] vt (change) modificar; (clothing) arreglar; (machine) ajustar ♦ vi: **to ~ (to)** adaptarse (a); **~able** adj ajustable; **~ment** n adaptación f; (to machine, prices) ajuste m

ad-lib [æd'lıb] vt, vi improvisar; **ad lib** adv de forma improvisada

administer [əd'mınıstə*] vt administrar; **administration** [-'treıʃən] n (management)

administración f; (government)
gobierno; **administrative** [-trətɪv] adj
administrativo

admiral ['ædmərəl] n almirante m;
A~ty (BRIT) n Ministerio de Marina,
Almirantazgo

admiration [ædmə'reɪʃən] n
admiración f

admire [əd'maɪə*] vt admirar; **~r** n
(fan) admirador(a) m/f

admission [əd'mɪʃən] n (to university,
club) ingreso; (entry fee) entrada;
(confession) confesión f

admit [əd'mɪt] vt (confess) confesar;
(permit to enter) dejar entrar, dar
entrada a; (to club, organization)
admitir; (accept: defeat) reconocer; **to
be ~ted to hospital** ingresar en el
hospital; **~ to** vt fus confesarse
culpable de; **~tance** n entrada; **~tedly**
adv es cierto or verdad que

admonish [əd'mɒnɪʃ] vt amonestar

ad nauseam [æd'nɔːsɪæm] adv hasta
el cansancio

ado [ə'duː] n: **without (any) more ~**
sin más (ni más)

adolescent [ædəu'lesnt] adj, n
adolescente m/f

adopt [ə'dɒpt] vt adoptar; **~ed** adj
adoptivo; **~ion** [ə'dɒpʃən] n adopción
f

adore [ə'dɔː*] vt adorar

Adriatic [eɪdrɪ'ætɪk] n: **the ~ (Sea)** el
(Mar) Adriático

adrift [ə'drɪft] adv a la deriva

adult ['ædʌlt] n adulto/a ♦ adj (grown-
up) adulto; (for adults) para adultos

adultery [ə'dʌltərɪ] n adulterio

advance [əd'vɑːns] n (in progress)
adelanto, progreso; (money) anticipo,
préstamo; (MIL) avance m ♦ adj:
~ booking venta anticipada;
~ notice, **~ warning** previo aviso ♦ vt
(money) anticipar; (theory, idea)
proponer (para la discusión) ♦ vi
avanzar, adelantarse; **to make ~s (to
sb)** hacer proposiciones (a alguien); **in**

~ por adelantado; ~d adj avanzado;
(SCOL: studies) adelantado

advantage [əd'vɑːntɪdʒ] n (also
TENNIS) ventaja; **to take ~ of** (person)
aprovecharse de; (opportunity)
aprovechar

Advent ['ædvənt] n (REL) Adviento

adventure [əd'ventʃə*] n aventura;
adventurous [-tʃərəs] adj atrevido;
aventurero

adverb ['ædvəːb] n adverbio

adverse ['ædvəːs] adj adverso,
contrario

adversity [əd'vəːsɪtɪ] n infortunio

advert ['ædvəːt] (BRIT) n abbr =
advertisement

advertise ['ædvətaɪz] vi (in newspaper
etc) anunciar, hacer publicidad; (in
public) hacer publicidad, poner un
anuncio; **~ for** (staff, accommodation etc) buscar
por medio de anuncios ♦ vt anunciar;
~ment [əd'vəːtɪsmənt] n (COMM)
anuncio; **~r** n anunciante m/f;
advertising n publicidad f, anuncios
mpl; (industry) industria publicitaria

advice [əd'vaɪs] n consejo, consejos
mpl; (notification) aviso, **a piece of ~**
un consejo; **to take legal ~** consultar
con un abogado

advisable [əd'vaɪzəbl] adj aconsejable,
conveniente

advise [əd'vaɪz] vt aconsejar; (inform):
to ~ sb of sth informar a uno de
algo; **to ~ sb against sth/doing sth**
desaconsejar algo a uno/aconsejar a
uno que no haga algo; **~dly**
[əd'vaɪzɪdlɪ] adv (deliberately)
deliberadamente; **~r** n = **advisor**;
advisor n consejero/a; (consultant)
asesor/a m/f; **advisory** adj consultivo

advocate ['ædvəkeɪt] vt abogar por
♦ n [-kɪt] (lawyer) abogado/a;
(supporter): **~ of** defensor(a) m/f de

Aegean [iː'dʒiːən] n: **the ~ (Sea)** el
(Mar) Egeo

aerial ['ɛərɪəl] n antena ♦ adj aéreo

aerobics [ɛə'rəubɪks] n aerobic m

aeroplane ['ɛərəpleɪn] (BRIT) n

avión m

aerosol ['eǝrǝsɒl] n aerosol m

aesthetic [iːs'θetɪk] adj estético

afar [ǝ'fɑː*] adv: **from ~** desde lejos

affair [ǝ'feǝ*] n asunto; (also: love ~) aventura (amorosa)

affect [ǝ'fekt] vt (influence) afectar, influir en; (afflict, concern) afectar; (move) conmover; **~ed** adj afectado

affection [ǝ'fekʃǝn] n afecto, cariño; **~ate** adj afectuoso, cariñoso

affinity [ǝ'fɪnɪtɪ] n (bond, rapport): **to feel an ~** with sentirse identificado con; (resemblance) afinidad f

afflict [ǝ'flɪkt] vt afligir

affluence ['æfluǝns] n opulencia, riqueza

affluent ['æfluǝnt] adj (wealthy) acomodado; **the ~ society** la sociedad opulenta

afford [ǝ'fɔːd] vt (provide) proporcionar; **can we ~ (to buy) it?** ¿tenemos bastante dinero para comprarlo?

Afghanistan [æf'gænɪstæn] n Afganistán m

afield [ǝ'fiːld] adv: **far ~** muy lejos

afloat [ǝ'flǝut] adv (floating) a flote

afoot [ǝ'fut] adv: **there is something ~** algo se está tramando

afraid [ǝ'freɪd] adj: **to be ~ of** (person) tener miedo a; (thing) tener miedo de; **to be ~ to** tener miedo de, temer; **I am ~ that** me temo que; **I am ~ not/so** lo siento, pero no/es así

afresh [ǝ'freʃ] adv de nuevo, otra vez

Africa ['æfrɪkǝ] n África; **~n** adj, n africano/a m/f

after ['ɑːftǝ*] prep (time) después de; (place, order) detrás de, tras ♦ adv después ♦ conj después (de) que; **what/who are you ~?** ¿qué/a quién busca usted?; **~ having done/after he left** después de haber hecho/después de que se marchó; **to name sb ~ sb** llamar a uno por uno; **it's twenty ~ eight** (US) son las ocho y veinte; **ask ~ sb** preguntar por alguien; **~ all** después de todo, al fin y al cabo; **~ you!** ¡pase usted!; **~-effects** npl consecuencias fpl, efectos mpl; **~math** n consecuencias fpl, resultados mpl; **~noon** n tarde f; **~s** (inf) n (dessert) postre m; **~-sales service** (BRIT) n servicio de asistencia pos-venta; **~-shave (lotion)** n aftershave m; **~-sun (lotion/cream)** n loción f/crema para después del sol, aftersun m; **~thought** n ocurrencia (tardía); **~wards** (US **~ward**) adv después, más tarde

again [ǝ'gen] adv otra vez, de nuevo; **to do sth ~** volver a hacer algo; **~ and ~** una y otra vez

against [ǝ'genst] prep (in opposition to) en contra de; (leaning on, touching) contra, junto a

age [eɪdʒ] n edad f; (period) época ♦ vi envejecer(se) ♦ vt envejecer; **she is 20 years of ~** tiene 20 años; **to come of ~** llegar a la mayoría de edad; **it's been ~s since I saw you** hace siglos que no te veo; **~d 10** de 10 años de edad; **the ~d** ['eɪdʒɪd] npl los ancianos; **~ group** n: **to be in the same ~ group** tener la misma edad; **~ limit** n edad f mínima (or máxima)

agency ['eɪdʒǝnsɪ] n agencia

agenda [ǝ'dʒendǝ] n orden m del día

agent ['eɪdʒǝnt] n agente m/f; (COMM: holding concession) representante m/f, delegado/a; (CHEM, fig) agente m

aggravate ['ægrǝveɪt] vt (situation) agravar; (person) irritar

aggregate ['ægrɪgeɪt] n conjunto

aggressive [ǝ'gresɪv] adj (belligerent) agresivo; (assertive) enérgico

aggrieved [ǝ'griːvd] adj ofendido, agraviado

aghast [ǝ'gɑːst] adj horrorizado

agile ['ædʒaɪl] adj ágil

agitate ['ædʒɪteɪt] vt (trouble) inquietar ♦ vi: **to ~ for/against** hacer campaña pro or en favor de/en contra de

AGM n abbr (= annual general meeting)

asamblea anual

ago [ə'gəu] *adv:* **2 days ~** hace 2 días; **not long ~** hace poco; **how long ~?** ¿hace cuánto tiempo?

agog [ə'gɔg] *adj (eager)* ansioso; *(excited)* emocionado

agonizing ['ægənaɪzɪŋ] *adj (pain)* atroz; *(decision, wait)* angustioso

agony ['ægənɪ] *n (pain)* dolor *m* agudo; *(distress)* angustia *f;* **to be in ~** retorcerse de dolor

agree [ə'griː] *vt (price, date)* acordar, quedar en ♦ *vi (have same opinion)* estar de acuerdo; **to ~ (with/that)** estar de acuerdo (con/que); *(correspond)* coincidir, concordar; *(consent)* acceder; **to ~ with** *(subj: person)* estar de acuerdo con, ponerse de acuerdo con, (: *food)* sentar bien a, *(LING)* concordar con; **to ~ to sth/to do sth** consentir en algo/aceptar hacer algo; **to ~ that** *(admit)* estar de acuerdo en que; **~able** *adj (sensation)* agradable; *(person)* simpático, *(willing)* de acuerdo, conforme; **~d** *adj (time, place)* convenido; **~ment** *n* acuerdo; *(contract)* contrato; **in ~ment de** acuerdo, conforme

agricultural [ægrɪ'kʌltʃərəl] *adj* agrícola

agriculture ['ægrɪkʌltʃə*] *n* agricultura

aground [ə'graund] *adv:* **to run ~** *(NAUT)* encallar, embarrancar

ahead [ə'hed] *adv (in front)* delante; *(into the future):* **she had no time to think ~** no tenía tiempo de hacer planes para el futuro; **~ of** delante de; *(in advance of)* antes de; **~ of time** antes de la hora; **go right** *or* **straight ~** siga adelante; *(permission)* hazlo (or hágalo)

aid [eɪd] *n* ayuda, auxilio; *(device)* aparato ♦ *vt* ayudar, auxiliar; **in ~ of** a beneficio de

aide [eɪd] *n (person, also: MIL)* ayudante *m/f*

AIDS [eɪdz] *n abbr (= acquired immune deficiency syndrome)* SIDA *m*

ailment ['eɪlmənt] *n* enfermedad f, achaque *m*

aim [eɪm] *vt (gun, camera)* apuntar; *(missile, remark)* dirigir; *(blow)* asestar ♦ *vi (also: take ~)* apuntar ♦ *n (in shooting: skill)* puntería; *(objective)* propósito, meta; **to ~ at** *(with weapon)* apuntar a; *(objective)* aspirar a, pretender; **to ~ to do** tener la intención de hacer; **~less** *adj* sin propósito, sin objetivo

ain't [eɪnt] *(inf)* = **am not; aren't; isn't**

air [ɛə*] *n* aire *m; (appearance)* aspecto ♦ *vt (room)* ventilar; *(clothes, ideas)* airear ♦ *cpd (currents etc):* **to throw sth into the ~** *(ball etc)* lanzar algo al aire; **by ~** *(travel)* en avión; **to be on the ~** *(RADIO, TV)* estar en antena; **~bed** *(BRIT) n* colchón *m* neumático; **~-conditioned** *adj* climatizado; **~ conditioning** *n* aire acondicionado; **~craft** *n inv* avión *m;* **~craft carrier** *n* porta(a)viones *m inv;* **~field** *n* campo de aviación; **A~ Force** *n* fuerzas fpl aéreas, aviación f; **~ freshener** *n* ambientador *m;* **~gun** *n* escopeta de aire comprimido; **~ hostess** *(BRIT) n* azafata; **~ letter** *(BRIT) n* carta aérea; **~lift** *n* puente *m* aéreo; **~line** *n* línea aérea; **~liner** *n* avión *m* de pasajeros; **~mail** *n:* **by ~mail** por avión; **~plane** *(US) n* avión *m;* **~port** *n* aeropuerto; **~ raid** *n* ataque *m* aéreo; **~sick** *adj:* **to be ~sick** marearse (en avión); **~space** *n* espacio aéreo; **~tight** *adj* hermético; **~ traffic controller** *n* controlador(a) *m/f* aéreo/a; **~y** *adj (room)* bien ventilado; *(fig: manner)* desenfadado

aisle [aɪl] *n (of church)* nave f; *(of theatre, supermarket)* pasillo; **~ seat** *n (on plane)* asiento de pasillo

ajar [ə'dʒɑː*] *adj* entreabierto

alarm [ə'lɑːm] *n (in shop, bank)* alarma; *(anxiety)* inquietud f ♦ *vt* asustar, inquietar; **~ call** *n (in hotel etc)*

alarma; **~ clock** n despertador m

alas [ə'læs] adv desgraciadamente

albeit [ɔːl'biːɪt] conj aunque

album ['ælbəm] n álbum m; (L.P.) elepé m

alcohol ['ælkəhɔl] n alcohol m; **~ic** [-'hɔlɪk] adj, n alcohólico/a m/f

ale [eɪl] n cerveza

alert [ə'ləːt] adj (attentive) atento; (to danger, opportunity) alerta ♦ n alerta m, alarma ♦ vt poner sobre aviso; **to be on the ~** (also MIL) estar alerta or sobre aviso

algebra ['ældʒɪbrə] n álgebra

Algeria [æl'dʒɪərɪə] n Argelia

alias ['eɪlɪəs] adv alias, conocido por ♦ n (of criminal) apodo; (of writer) seudónimo

alibi ['ælɪbaɪ] n coartada

alien ['eɪlɪən] n (foreigner) extranjero/a; (extraterrestrial) extraterrestre m/f ♦ adj: **~ to** ajeno a; **~ate** vt enajenar, alejar

alight [ə'laɪt] adj ardiendo; (eyes) brillante ♦ vi (person) apearse, bajar; (bird) posarse

align [ə'laɪn] vt alinear

alike [ə'laɪk] adj semejantes, iguales ♦ adv igualmente, del mismo modo; **to look ~** parecerse

alimony ['ælɪmənɪ] n manutención f

KEYWORD

all [ɔːl] adj (sg) todo/a; (pl) todos/as; **~ day** todo el día; **~ night** toda la noche; **~ men** todos los hombres; **~ five came** vinieron los cinco; **~ the books** todos los libros; **~ his life** toda su vida

♦ pron **1** todo; I ate it **~**, I ate **~** of it me lo comí todo; **~** of us went fuimos todos; **~ the boys went** fueron todos los chicos; **is that ~?** ¿eso es todo?, ¿algo más?; (in shop) ¿algo más?, ¿alguna cosa más?

2 (in phrases): **above ~** sobre todo; por encima de todo; **after ~** después

de todo; **at ~**: **not at ~** (in answer to question) en absoluto; (after thanks) ¡de nada!, ¡no hay de qué!; **I'm not at ~ tired** no estoy nada cansado/a; **anything at ~ will do** cualquier cosa viene bien; **~ in ~** a fin de cuentas

♦ adv: **~ alone** completamente solo/a; **it's not as hard as ~** that no es tan difícil como lo pintas; **~ the more/the better** tanto más/mejor; **~ but** casi; **the score is 2 ~** están empatados a 2

all clear n (after attack etc) fin m de la alerta; (fig) luz f verde

allege [ə'ledʒ] vt pretender; **~dly** [ə'ledʒɪdlɪ] adv supuestamente, según se afirma

allegiance [ə'liːdʒəns] n lealtad f

allergy ['ælədʒɪ] n alergia

alleviate [ə'liːvɪeɪt] vt aliviar

alley ['ælɪ] n callejuela

alliance [ə'laɪəns] n alianza

allied ['ælaɪd] adj aliado

alligator ['ælɪgeɪtə*] n (ZOOL) caimán m

all-in (BRIT) adj, adv (charge) todo incluido

all-night adj (café, shop) abierto toda la noche; (party) que dura toda la noche

allocate ['æləkeɪt] vt (money etc) asignar

allot [ə'lɔt] vt asignar; **~ment** n ración f; (garden) parcela

all-out adj (effort etc) supremo; **all out** adv con todas las fuerzas

allow [ə'lau] vt permitir, dejar; (a claim) admitir; (sum, time etc) dar, conceder; (concede): **to ~ that** reconocer que; **to ~ sb to do** permitir a alguien hacer; **he is ~ed to ...** se le permite ...; **~ for** vt fus tener en cuenta; **~ance** n subvención f; (welfare payment) subsidio, pensión f; (pocket money) dinero de bolsillo; (tax ~ance) desgravación f; **to make ~ances for** (person) disculpar a; (thing) tener en cuenta

alloy ['ælɔɪ] n mezcla

all: ~ **right** adv bien; (as answer)
¡conforme!, ¡está bien!; ~**-rounder** n:
he's a good ~**-rounder** se le da bien
todo; ~**-time** adj (record) de todos los
tiempos

alluring [ə'ljʊərɪŋ] adj atractivo,
tentador(a)

ally ['ælaɪ] n aliado/a ♦ vt: to ~ o.s.
with aliarse con

almighty [ɔ:l'maɪtɪ] adj todopoderoso;
(row etc) imponente

almond ['ɑːmənd] n almendra

almost ['ɔːlməʊst] adv casi

alone [ə'ləʊn] adj, adv solo; to leave
sb ~ dejar a uno en paz; to leave sth
~ no tocar algo, dejar algo sin tocar;
let ~ ... y mucho menos ...

along [ə'lɔŋ] prep a lo largo de, por
♦ adv: is he coming ~ with us?
¿viene con nosotros?; he was
limping ~ iba cojeando; ~ with junto
con; all ~ (all the time) desde el
principio; ~**side** prep al lado de ♦ adv
al lado

aloof [ə'luːf] adj reservado ♦ adv: to
stand ~ mantenerse apartado

aloud [ə'laʊd] adv en voz alta

alphabet ['ælfəbet] n alfabeto

Alps [ælps] npl: the ~ los Alpes

already [ɔːl'redɪ] adv ya

alright [ɔːl'raɪt] (BRIT) adv = all right

Alsatian [æl'seɪʃən] n (dog) pastor m
alemán

also ['ɔːlsəʊ] adv también, además

altar ['ɔltə*] n altar m

alter ['ɔltə*] vt cambiar, modificar ♦ vi
cambiar; ~**ation** [ɔltə'reɪʃən] n
cambio; (to clothes) arreglo; (to
building) arreglos mpl

alternate [adj ɔl'tɜːnɪt, vb 'ɔltəneɪt]
adj (actions etc) alternativo; (events)
alterno; (US) = **alternative** ♦ vi: to
~ (with) alternar (con); on ~ days un
día sí y otro no; **alternating current**
[-neɪtɪŋ] n corriente f alterna

alternative [ɔl'tɜːnətɪv] adj alternativo

♦ n alternativa; ~ **medicine** medicina
alternativa; ~**ly** adv: ~**ly one could ...**
por otra parte se podría ...

although [ɔːl'ðəʊ] conj aunque

altitude ['æltɪtjuːd] n altura

alto ['æltəʊ] n (female) contralto f;
(male) alto

altogether [ɔːltə'geðə*] adv
completamente, del todo; (on the
whole) en total, en conjunto

aluminium [æljʊ'mɪnɪəm] (BRIT),
aluminum [ə'luːmɪnəm] (US) n
aluminio

always ['ɔːlweɪz] adv siempre

Alzheimer's (disease) ['æltshaɪməz-]
n enfermedad f de Alzheimer

AM n abbr (= Assembly Member)
parlamentario/a m/f

am [æm] vb see **be**

a.m. adv abbr (= ante meridiem) de la
mañana

amalgamate [ə'mælgəmeɪt] vi
amalgamarse ♦ vt amalgamar, unir

amateur ['æmətə*] n aficionado/a,
amateur m/f; ~**ish** adj (pej) inexperto

amaze [ə'meɪz] vt asombrar, pasmar;
to be ~**d** (at) quedar pasmado (de);
~**ment** n asombro, sorpresa; **amazing**
adj extraordinario; (fantastic) increíble

Amazon ['æməzən] n (GEO) Amazonas
m

ambassador [æm'bæsədə*] n
embajador(a) m/f

amber ['æmbə*] n ámbar m; at ~
(BRIT: AUT) en el amarillo

ambiguous [æm'bɪgjuəs] adj ambiguo

ambition [æm'bɪʃən] n ambición f;
ambitious [-ʃəs] adj ambicioso

ambulance ['æmbjʊləns] n
ambulancia

ambush ['æmbʊʃ] n emboscada ♦ vt
tender una emboscada a

amenable [ə'miːnəbl] adj: to be ~ to
dejarse influir por

amend [ə'mend] vt enmendar; to
make ~**s** dar cumplida satisfacción

amenities [ə'miːnɪtɪz] npl

comodidades *fpl*

America [ə'merɪkə] *n* (*USA*) Estados *mpl* Unidos; **~n** *adj*, *n* norteamericano/a *m/f*; estadounidense *m/f*

amiable ['eɪmɪəbl] *adj* amable, simpático

amicable ['æmɪkəbl] *adj* amistoso, amigable

amid(st) [ə'mɪd(st)] *prep* entre, en medio de

amiss [ə'mɪs] *adv*: **to take sth ~** tomar algo a mal; **there's something ~** pasa algo

ammonia [ə'məʊnɪə] *n* amoníaco

ammunition [æmju'nɪʃən] *n* municiones *fpl*

amnesty ['æmnɪstɪ] *n* amnistía

amok [ə'mɔk] *adv*: **to run ~** enloquecerse, desbocarse

among(st) [ə'mʌŋ(st)] *prep* entre, en medio de

amorous ['æmərəs] *adj* amoroso

amount [ə'maʊnt] *n* (*gen*) cantidad *f*; (*of bill etc*) suma, importe *m* ♦ *vi*: **~ to** sumar; (*be same as*) equivaler a, significar

amp(ère) ['æmp(εə*)] *n* amperio

ample ['æmpl] *adj* (*large*) grande; (*abundant*) abundante; (*enough*) bastante, suficiente

amplifier ['æmplɪfaɪə*] *n* amplificador *m*

amuse [ə'mjuːz] *vt* divertir; (*distract*) distraer, entretener; **~ment** *n* diversión *f*; (*pastime*) pasatiempo; (*laughter*) risa; **~ment arcade** *n* salón *m* de juegos; **~ment park** *n* parque *m* de atracciones

an [æn] *indef art see* **a**

anaemic [ə'niːmɪk] (*US* **anemic**) *adj* anémico; (*fig*) soso, insípido

anaesthetic [ænɪs'θetɪk] *n* (*US* **anesthetic**) anestesia

analog(ue) ['ænəlɔg] *adj* (*computer, watch*) analógico

analyse ['ænəlaɪz] (*US* **analyze**) *vt*

analizar; **analysis** [ə'næləsɪs] (*pl* **analyses**) *n* análisis *m inv*; **analyst** [-lɪst] *n* (*political analyst, psychoanalyst*) analista *m/f*

analyze ['ænəlaɪz] (*US*) *vt* = **analyse**

anarchist ['ænəkɪst] *n* anarquista *m/f*

anatomy [ə'nætəmɪ] *n* anatomía

ancestor ['ænsɪstə*] *n* antepasado

anchor ['æŋkə*] *n* ancla, áncora ♦ *vi* (*also: to drop ~*) anclar ♦ *vt* anclar; **to weigh ~** levar anclas

anchovy ['æntʃəvɪ] *n* anchoa

ancient ['eɪnʃənt] *adj* antiguo

ancillary [æn'sɪlərɪ] *adj* auxiliar

and [ænd] *conj* y; (*before i-, hi- + consonant*) e; **men ~ women** hombres y mujeres; **father ~ son** padre e hijo; **trees ~ grass** árboles y hierba; **~ so on** etcétera, y así sucesivamente; **try ~ come** procura venir; **he talked ~ talked** habló sin parar; **better ~ better** cada vez mejor

Andes ['ændiːz] *npl*: **the ~** los Andes

anemic *etc* [ə'niːmɪk] (*US*) = **anaemic** *etc*

anesthetic *etc* [ænɪs'θetɪk] (*US*) = **anaesthetic** *etc*

anew [ə'njuː] *adv* de nuevo, otra vez

angel ['eɪndʒəl] *n* ángel *m*

anger ['æŋgə*] *n* cólera

angina [æn'dʒaɪnə] *n* angina (del pecho)

angle ['æŋgl] *n* ángulo; **from their ~** desde su punto de vista

angler ['æŋglə*] *n* pescador(a) *m/f* (de caña)

Anglican ['æŋglɪkən] *adj*, *n* anglicano/a *m/f*

angling ['æŋglɪŋ] *n* pesca con caña

Anglo... ['æŋgləʊ] *prefix* anglo...

angrily ['æŋgrɪlɪ] *adv* coléricamente, airadamente

angry ['æŋgrɪ] *adj* enfadado, airado; (*wound*) inflamado; **to be ~ with sb/ at sth** estar enfadado con alguien/por algo; **to get ~** enfadarse, enojarse

anguish ['æŋgwɪʃ] *n* (*physical*)

tormentos mpl; (mental) angustia
animal ['ænɪməl] n animal m; (pej:
person) bestia ♦ adj animal
animate ['ænɪmeɪt] adj vivo; **~d**
[-meɪtɪd] adj animado
aniseed ['ænɪsiːd] n anís m
ankle ['æŋkl] n tobillo m; **~ sock** n
calcetín m corto
annex [n 'æneks, vb æ'neks] n (also:
BRIT: **annexe**) (building) edificio anexo
♦ vt (territory) anexionar
annihilate [ə'naɪəleɪt] vt aniquilar
anniversary [ænɪ'vɜːsərɪ] n aniversario
m
announce [ə'naʊns] vt anunciar;
~ment n anuncio; (official) declaración
f; **~r** n (RADIO) locutor(a) m/f; (TV)
presentador(a) m/f
annoy [ə'nɔɪ] vt molestar, fastidiar;
don't get ~ed! ¡no se enfade!; **~ance**
n enojo; **~ing** adj molesto, fastidioso;
(person) pesado
annual ['ænjuəl] adj anual ♦ n (BOT)
anual m; (book) anuario m; **~ly** adv
anualmente, cada año
annul [ə'nʌl] vt anular
annum ['ænəm] n see **per**
anonymous [ə'nɒnɪməs] adj anónimo
anorak ['ænəræk] n anorak m
anorexia [ænə'reksɪə] n (MED: also:
~ nervosa) anorexia
another [ə'nʌðə*] adj (one more, a
different one) otro ♦ pron otro; see **one**
answer ['ɑːnsə*] n contestación f,
respuesta; (to problem) solución f ♦ vi
contestar, responder ♦ vt (reply to) vi
contestar a, responder a; (problem)
resolver; (prayer) escuchar; **in ~ to
your letter** contestando ôr en
contestación a su carta; **to ~ the
phone** contestar or coger el teléfono;
to ~ the bell or **the door** acudir a la
puerta; **~ back** vi replicar, ser
respondón/ona; **~ for** vt fus responder
de or por; **~ to** vt fus (description)
corresponder a; **~able** adj: **~able to
sb for sth** responsable ante uno de
algo; **~ing machine** n contestador m

automático
ant [ænt] n hormiga
antagonism [æn'tægənɪzm] n
antagonismo, hostilidad f
antagonize [æn'tægənaɪz] vt provocar
la enemistad de
Antarctic [ænt'ɑːktɪk] n: **the ~** el
Antártico
antelope ['æntɪləup] n antílope m
antenatal ['æntɪ'neɪtl] adj antenatal,
prenatal; **~ clinic** n clínica prenatal
anthem ['ænθəm] n: **national ~**
himno nacional
anthropology [ænθrə'pɒlədʒɪ] n
antropología
anti... [æntɪ] prefix anti...; **~-aircraft**
[-'eəkrɑːft] adj antiaéreo; **~biotic**
[-baɪ'ɒtɪk] n antibiótico; **~body**
['æntɪbɒdɪ] n anticuerpo
anticipate [æn'tɪsɪpeɪt] vt prever;
(expect) esperar, contar con; (look
forward to) esperar con ilusión; (do
first) anticiparse a, adelantarse a;
anticipation [-'peɪʃən] n (expectation)
previsión f; (eagerness) ilusión f,
expectación f
anticlimax [æntɪ'klaɪmæks] n
decepción f
anticlockwise [æntɪ'klɒkwaɪz] (BRIT)
adv en dirección contraria a la de las
agujas del reloj
antics ['æntɪks] npl gracias fpl
anticyclone [æntɪ'saɪkləun] n
anticiclón m
antidepressant ['æntɪdɪ'presnt] n
antidepresivo
antidote ['æntɪdəut] n antídoto
antifreeze ['æntɪfriːz] n anticongelante
m
antihistamine [æntɪ'hɪstəmiːn] n
antihistamínico
antiquated ['æntɪkweɪtɪd] adj
anticuado
antique [æn'tiːk] n antigüedad f ♦ adj
antiguo; **~ dealer** n anticuario/a;
~ shop n tienda de antigüedades
antiquity [æn'tɪkwɪtɪ] n antigüedad f

antiseptic [æntɪ'sɛptɪk] adj, n antiséptico

antlers ['æntləz] npl cuernas fpl, cornamenta sg

anus ['eɪnəs] n ano

anvil ['ænvɪl] n yunque m

anxiety [æŋ'zaɪətɪ] n inquietud f; (MED) ansiedad f; ~ **to do** deseo de hacer

anxious ['æŋkʃəs] adj inquieto, preocupado; (worrying) preocupante; (keen): **to be ~ to do** tener muchas ganas de hacer

---
KEYWORD
---

any ['ɛnɪ] adj **1** (in questions etc) algún/alguna; **have you ~ butter/ children?** ¿tienes mantequilla/hijos?; **if there are ~ tickets left** si quedan billetes, si queda algún billete

2 (with negative): **I haven't ~ money/books** no tengo dinero/ libros

3 (no matter which) cualquier; **~ excuse will do** valdrá or servirá cualquier excusa; **choose ~ book you like** escoge el libro que quieras; **~ teacher you ask will tell you** cualquier profesor al que preguntes te lo dirá

4 (in phrases): **in ~ case** de todas formas, en cualquier caso; **~ day now** cualquier día (de estos); **~ moment** en cualquier momento, de un momento a otro; **at ~ rate** en todo caso; **~ time: come (at) ~ time** ven cuando quieras; **he might come (at) ~ time** podría llegar en un momento o otro

♦ pron **1** (in questions etc): **have you got ~?** ¿tienes alguno(s)/a(s)?; **can ~ of you sing?** ¿sabe cantar alguno de vosotros/ustedes?

2 (with negative): **I haven't ~ (of them)** no tengo ninguno

3 (no matter which one(s)): **take ~ of those books (you like)** toma el libro que quieras de ésos

♦ adv **1** (in questions etc): **do you want ~ more soup/sandwiches?** ¿quieres más sopa/bocadillos?; **are you feeling ~ better?** ¿te sientes algo mejor?

2 (with negative): **I can't hear him ~ more** ya no le oigo; **don't wait ~ longer** no esperes más

anybody ['ɛnɪbɒdɪ] pron cualquiera; (in interrogative sentences) alguien; (in negative sentences): **I don't see ~** no veo a nadie; **if ~ should phone ...** si llama alguien ...

anyhow ['ɛnɪhaʊ] adv (at any rate) de todos modos, de todas formas; (haphazard): **do it ~ you like** hazlo como quieras; **she leaves things just ~** deja las cosas como quiera or de cualquier modo; **I shall go ~** de todos modos iré

anyone ['ɛnɪwʌn] pron = **anybody**

anything ['ɛnɪθɪŋ] pron (in questions etc) algo, alguna cosa; (with negative) nada; **can you see ~?** ¿ves algo?; **if ~ happens to me ...** si algo me ocurre ...; (no matter what): **you can say ~ you like** puedes decir lo que quieras; **~ will do** vale todo or cualquier cosa; **he'll eat ~** come de todo or lo que sea

anyway ['ɛnɪweɪ] adv (at any rate) de todos modos, de todas formas; **I shall go ~** iré de todos modos; (besides): **~, I couldn't come even if I wanted to** además, no podría venir aunque quisiera; **why are you phoning, ~?** ¿entonces, por qué llamas?, ¿por qué llamas, pues?

anywhere ['ɛnɪwɛə*] adv (in questions etc): **can you see him ~?** ¿le ves por algún lado?; **are you going ~?** ¿vas a algún sitio?; (with negative): **I can't see him ~** no le veo por ninguna parte; **~ in the world** (no matter where) en cualquier parte (del mundo); **put the books down ~** deja los libros donde quieras

apart [əˈpɑːt] adv (aside) aparte; (situation): ~ **(from)** separado (de); (movement): **to pull** ~ separar; **10 miles** ~ separados por 10 millas; **to take** ~ desmontar; ~ **from** prep aparte de

apartheid [əˈpɑːteɪt] n apartheid m

apartment [əˈpɑːtmənt] n (US) piso (SP), departamento (AM); (room) cuarto; ~ **building** (US) n edificio de apartamentos

apathetic [æpəˈθetɪk] adj apático, indiferente

ape [eɪp] n mono ♦ vt imitar, remedar

aperitif [əˈperɪtɪf] n aperitivo

aperture [ˈæpətʃjuə*] n rendija, resquicio; (PHOT) abertura

APEX [ˈeɪpeks] n abbr (= Advanced Purchase Excursion Fare) tarifa APEX f

apex n ápice m; (fig) cumbre f

apiece [əˈpiːs] adv cada uno

aplomb [əˈplɒm] n aplomo

apologetic [əpɒləˈdʒetɪk] adj de disculpa; (person) arrepentido

apologize [əˈpɒlədʒaɪz] vi: **to** ~ **(for sth to sb)** disculparse (con alguien de algo)

apology [əˈpɒlədʒi] n disculpa, excusa

apostrophe [əˈpɒstrəfɪ] n apóstrofo m

appal [əˈpɔːl] vt horrorizar, espantar; **~ling** adj espantoso; (awful) pésimo

apparatus [æpəˈreɪtəs] n (equipment) equipo; (organization) aparato; (in gymnasium) aparatos mpl

apparel [əˈpærɪl] n (US) n ropa

apparent [əˈpærənt] adj aparente; (obvious) evidente; **~ly** adv por lo visto, al parecer

appeal [əˈpiːl] vi (LAW) apelar ♦ n (LAW) apelación f; (request) llamamiento; (plea) petición f; (charm) atractivo; **to** ~ **for** reclamar; **to** ~ **to** (be attractive to) atraer; **it doesn't** ~ **to me** no me atrae, no me llama la atención; **~ing** adj (attractive) atractivo

appear [əˈpɪə*] vi aparecer,

presentarse; (LAW) comparecer; (publication) salir (a la luz), publicarse; (seem) parecer; **to** ~ **on TV/in "Hamlet"** salir por la tele/hacer un papel en "Hamlet"; **it would** ~ **that** parecería que; **~ance** n aparición f; (look) apariencia, aspecto

appease [əˈpiːz] vt (pacify) apaciguar; (satisfy) satisfacer

appendices [əˈpendɪsiːz] npl of **appendix**

appendicitis [əpendɪˈsaɪtɪs] n apendicitis f

appendix [əˈpendɪks] (pl **appendices**) n apéndice m

appetite [ˈæpɪtaɪt] n apetito; (fig) deseo, anhelo

appetizer [ˈæpɪtaɪzə*] n (drink) aperitivo; (food) tapas fpl (SP)

applaud [əˈplɔːd] vt, vi aplaudir

applause [əˈplɔːz] n aplausos mpl

apple [ˈæpl] n manzana; ~ **tree** n manzano

appliance [əˈplaɪəns] n aparato

applicable [əˈplɪkəbl] adj (relevant): **to be** ~ **(to)** referirse (a)

applicant [ˈæplɪkənt] n candidato/a; solicitante m/f

application [æplɪˈkeɪʃən] n aplicación f; (for a job etc) solicitud f, petición f; ~ **form** n solicitud f

applied [əˈplaɪd] adj aplicado

apply [əˈplaɪ] vt (paint etc) poner; (law etc: put into practice) poner en vigor ♦ vi: **to** ~ **to** (ask) dirigirse a; (be applicable) ser aplicable a; **to** ~ **for** (permit, grant, job) solicitar; **to** ~ **o.s. to** aplicarse a, dedicarse a

appoint [əˈpɔɪnt] vt (to post) nombrar; **~ed** adj: **at the ~ed time** a la hora señalada; **~ment** n (with client) cita; (act) nombramiento; (post) puesto; (at hairdresser etc): **to have an ~ment** tener hora; **to make an ~ment (with sb)** citarse (con uno)

appraisal [əˈpreɪzl] n valoración f

appreciate [əˈpriːʃɪeɪt] vt apreciar,

tener en mucho; (*be grateful for*)
agradecer; (*be aware of*) comprender
♦ vi (COMM) aumentar(se) en valor;
appreciation [-'eɪʃən] n apreciación f;
(*gratitude*) reconocimiento,
agradecimiento; (COMM) aumento en
valor
appreciative [ə'priːʃɪətɪv] adj
apreciativo; (*comment*) agradecido
apprehensive [æprɪ'hɛnsɪv] adj
aprensivo
apprentice [ə'prɛntɪs] n aprendiz/a
m/f; **~ship** n aprendizaje m
approach [ə'prəʊtʃ] vi acercarse ♦ vt
acercarse a; (*ask, apply to*) dirigirse a;
(*situation, problem*) abordar ♦ n
acercamiento; (*access*) acceso; (*to
problem, situation*): **~ to** actitud f
(ante); **~able** adj (*person*) abordable;
(*place*) accesible
appropriate [adj ə'prəʊprɪɪt, vb
ə'prəʊprɪeɪt] adj apropiado,
conveniente ♦ vt (*take*) apropiarse de
approval [ə'pruːvəl] n aprobación f,
visto bueno; (*permission*)
consentimiento; **on ~** (COMM) a prueba
approve [ə'pruːv] vt aprobar; **~ of** vt
fus (*thing*) aprobar; (*person*): **they
don't ~ of her** (ella) no les parece
bien
approximate [ə'prɒksɪmɪt] adj
aproximado; **~ly** adv
aproximadamente, más o menos
apricot ['eɪprɪkɒt] n albaricoque m (SP),
damasco (AM)
April ['eɪprəl] n abril m; **~ Fools'
Day** n el primero de abril; ≈ día m de los
Inocentes (28 *December*)
apron ['eɪprən] n delantal m
apt [æpt] adj acertado, apropiado;
(*likely*): **~ to** do propenso a hacer
aquarium [ə'kwɛərɪəm] n acuario
Aquarius [ə'kwɛərɪəs] n Acuario
Arab ['ærəb] adj, n árabe m/f
Arabian [ə'reɪbɪən] adj árabe
Arabic ['ærəbɪk] adj árabe; (*numerals*)
arábigo ♦ n árabe m

arable ['ærəbl] adj cultivable
Aragon ['ærəgən] n Aragón m
arbitrary ['ɑːbɪtrərɪ] adj arbitrario
arbitration [ɑːbɪ'treɪʃən] n arbitraje m
arcade [ɑː'keɪd] n (*round a square*)
soportales mpl; (*shopping mall*) galería
comercial
arch [ɑːtʃ] n arco; (*of foot*) arco del pie
♦ vt arquear
archaeologist [ɑːkɪ'ɒlədʒɪst] (US
archeologist) n arqueólogo/a
archaeology [ɑːkɪ'ɒlədʒɪ] (US
archeology) n arqueología
archbishop [ɑːtʃ'bɪʃəp] n arzobispo
archeology etc [ɑːkɪ'ɒlədʒɪ] (US) =
archaeology etc
archery ['ɑːtʃərɪ] n tiro al arco
architect ['ɑːkɪtɛkt] n arquitecto/a;
~ure n arquitectura
archives ['ɑːkaɪvz] npl archivo
Arctic ['ɑːktɪk] adj ártico ♦ n: **the ~** el
Ártico
ardent ['ɑːdənt] adj ardiente,
apasionado
arduous ['ɑːdjuəs] adj (*task*) arduo;
(*journey*) agotador(a)
are [ɑː*] vb see **be**
area ['ɛərɪə] n área, región f; (*part of
place*) zona; (MATH etc) área, superficie
f; (*in room: e.g. dining ~*) parte f; (*of
knowledge, experience*) campo
arena [ə'riːnə] n estadio; (*of circus*)
pista
aren't [ɑːnt] = **are not**
Argentina [ɑːdʒən'tiːnə] n Argentina;
Argentinian [-'tɪnɪən] adj, n
argentino/a m/f
arguably ['ɑːgjuəblɪ] adv posiblemente
argue ['ɑːgjuː] vi (*quarrel*) discutir,
pelearse; (*reason*) razonar, argumentar;
to ~ that sostener que
argument ['ɑːgjumənt] n discusión f,
pelea; (*reasons*) argumento; **~ative**
[-'mɛntətɪv] adj discutidor(a)
Aries ['ɛərɪz] n Aries
arise [ə'raɪz] (pt **arose**, pp **arisen**) vi
surgir, presentarse

arisen [əˈrɪzn] pp of **arise**

aristocrat [ˈærɪstəkræt] n aristócrata m/f

arithmetic [əˈrɪθmətɪk] n aritmética

ark [ɑːk] n: **Noah's A~** el Arca f de Noé

arm [ɑːm] n brazo ♦ vt armar; **~s** npl armas fpl; **in ~** cogidos del brazo

armaments [ˈɑːməmənts] npl armamento

armchair [ˈɑːmtʃɛəᵃ] n sillón m, butaca

armed [ɑːmd] adj armado; **~ robbery** n robo a mano armada

armour, (US **armor**) [ˈɑːməᵃ] n armadura; (MIL: tanks) blindaje m; **~ed car** n coche m (SP) or carro (AM) blindado

armpit [ˈɑːmpɪt] n sobaco, axila

armrest [ˈɑːmrɛst] n apoyabrazos m inv

army [ˈɑːmɪ] n ejército m; (fig) multitud f

aroma [əˈrəumə] n aroma m, fragancia; **~therapy** n aromaterapia

arose [əˈrəuz] pt of **arise**

around [əˈraund] adv alrededor; (in the area): **there is no one else ~** no hay nadie más por aquí ♦ prep alrededor de

arouse [əˈrauz] vt despertar; (anger) provocar

arrange [əˈreɪndʒ] vt arreglar, ordenar; (organize) organizar; **to ~ to do sth** quedar en hacer algo; **~ment** n arreglo; (agreement) acuerdo; **~ments** npl (preparations) preparativos mpl

array [əˈreɪ] n: **~ of** (things) serie f de; (people) conjunto de

arrears [əˈrɪəz] npl atrasos mpl; **to be in ~ with one's rent** estar retrasado en el pago del alquiler

arrest [əˈrɛst] vt detener; (sb's attention) llamar ♦ n detención f; **under ~** detenido

arrival [əˈraɪvl] n llegada; **new ~** recién llegado/a; (baby) recién nacido

arrive [əˈraɪv] vi llegar; (baby) nacer

arrogant [ˈærəgənt] adj arrogante

arrow [ˈærəu] n flecha

arse [ɑːs] (BRIT: inf!) n culo, trasero

arson [ˈɑːsn] n incendio premeditado

art [ɑːt] n arte m; (skill) destreza; **A~s** npl (SCOL) Letras fpl

artery [ˈɑːtərɪ] n arteria

art gallery n pinacoteca; (saleroom) galería de arte

arthritis [ɑːˈθraɪtɪs] n artritis f

artichoke [ˈɑːtɪtʃəuk] n alcachofa; **Jerusalem ~** aguaturma

article [ˈɑːtɪkl] n artículo; (BRIT: LAW: training): **~s** npl contrato de aprendizaje; **~ of clothing** prenda de vestir

articulate [adj ɑːˈtɪkjulɪt, vb ɑːˈtɪkjuleɪt] adj claro, bien expresado ♦ vt expresar; **~d lorry** (BRIT) n trailer m

artificial [ɑːtɪˈfɪʃl] adj artificial; (affected) afectado

artillery [ɑːˈtɪlərɪ] n artillería

artisan [ˈɑːtɪzæn] n artesano

artist [ˈɑːtɪst] n artista m/f; (MUS) intérprete m/f; **~ic** [ɑːˈtɪstɪk] adj artístico; **~ry** n arte m, habilidad f (artística)

art school n escuela de bellas artes

KEYWORD

as [æz] conj 1 (referring to time) cuando, mientras; a medida que; **~ the years went by** con el paso de los años; **he came in ~ I was leaving** entró cuando me marchaba; **~ from tomorrow** desde or a partir de mañana

2 (in comparisons): **~ big ~** tan grande como; **twice ~ big ~** el doble de grande que; **~ much money/many books ~** tanto dinero/tantos libros como; **~ soon ~** en cuanto

3 (since, because) como, ya que; **he left early ~ he had to be home by 10** se fue temprano ya que tenía que estar en casa a las 10

4 (referring to manner, way): **do ~ you

wish haz lo que quieras; ~ **she said** como dijo; **he gave it to me ~ a present** me lo dio de regalo
5 (*in the capacity of*): **he works ~ a barman** trabaja de barman; ~ **chairman of the company, he ...** como presidente de la compañía, ...
6 (*concerning*): ~ **for** or **to that** por or en lo que respecta a eso
7: ~ **if** or **though** como si; **he looked ~ if he was ill** parecía como si estuviera enfermo, tenía aspecto de enfermo; *see also* **long; such; well**

a.s.a.p. *abbr* (= *as soon as possible*) cuanto antes
asbestos [æz'bestəs] *n* asbesto, amianto
ascend [ə'send] *vt* subir; (*throne*) ascender or subir a
ascent [ə'sent] *n* subida; (*slope*) cuesta, pendiente *f*
ascertain [æsə'teɪn] *vt* averiguar
ash [æʃ] *n* ceniza; (*tree*) fresno
ashamed [ə'ʃeɪmd] *adj* vergonzoso, apenado (*AM*); **to be ~ of** avergonzarse de
ashore [ə'ʃɔ:r] *adv* en tierra; (*swim etc*) a tierra
ashtray ['æʃtreɪ] *n* cenicero
Ash Wednesday *n* miércoles *m* de Ceniza
Asia ['eɪʒə] *n* Asia; **~n** *adj*, *n* asiático/a *m/f*
aside [ə'saɪd] *adv* a un lado ♦ *n* aparte *m*
ask [ɑ:sk] *vt* (*question*) preguntar; (*invite*) invitar; **to ~ sb sth/to do sth** preguntar algo a alguien/pedir a alguien que haga algo; **to ~ sb about sth** preguntar algo a alguien; **to ~ (sb) a question** hacer una pregunta (a alguien); **to ~ sb out to dinner** invitar a cenar a uno; ~ **after** *vt fus* preguntar por; ~ **for** *vt fus* pedir; (*trouble*) buscar
asking price *n* precio inicial

asleep [ə'sli:p] *adj* dormido; **to fall ~** dormirse, quedarse dormido
asparagus [əs'pærəgəs] *n* (*plant*) espárrago; (*food*) espárragos *mpl*
aspect ['æspekt] *n* aspecto, apariencia; (*direction in which a building etc faces*) orientación *f*
aspersions [əs'pɜ:ʃənz] *npl*: **to cast ~ on** difamar a, calumniar a
asphyxiation [æsfɪksɪ'eɪʃən] *n* asfixia
aspire [əs'paɪə*] *vi*: **to ~ to** aspirar a, ambicionar
aspirin ['æsprɪn] *n* aspirina
ass [æs] *n* asno, burro; (*inf*: *idiot*) imbécil *m/f*; (*US*: *inf*!) culo, trasero
assailant [ə'seɪlənt] *n* asaltador(a) *m/f*, agresor(a) *m/f*
assassinate [ə'sæsɪneɪt] *vt* asesinar; **assassination** [əsæsɪ'neɪʃən] *n* asesinato
assault [ə'sɔ:lt] *n* asalto; (*LAW*) agresión *f* ♦ *vt* asaltar, atacar; (*sexually*) violar
assemble [ə'sembl] *vt* reunir, juntar; (*TECH*) montar ♦ *vi* reunirse, juntarse
assembly [ə'semblɪ] *n* reunión *f*, asamblea; (*parliament*) parlamento; (*construction*) montaje *m*; ~ **line** *n* cadena de montaje
assent [ə'sent] *n* asentimiento, aprobación *f*
assert [ə'sɜ:t] *vt* afirmar; (*authority*) hacer valer; ~**ion** [-ʃən] *n* afirmación *f*
assess [ə'ses] *vt* valorar, calcular; (*tax, damages*) fijar; (*for tax*) gravar; ~**ment** *n* valoración *f*; (*for tax*) gravamen *m*; ~**or** *n* asesor(a) *m/f*
asset ['æset] *n* ventaja; ~**s** *npl* (*COMM*) activo; (*property, funds*) fondos *mpl*
assign [ə'saɪn] *vt*: **to ~ (to)** (*date*) fijar (para); (*task*) asignar (a); (*resources*) destinar a; ~**ment** *n* tarea
assist [ə'sɪst] *vt* ayudar; ~**ance** *n* ayuda, auxilio; ~**ant** *n* ayudante *m/f*; (*BRIT*: *also*: **shop ~ant**) dependiente/a *m/f*
associate [*adj*, *n* ə'səuʃɪɪt, *vb*

ə'səʊʃɪeɪt] adj asociado ♦ n (at work)
colega m/f ♦ vt asociar; (ideas)
relacionar ♦ vi: **to ~ with sb** tratar
con alguien

association [əsəʊsɪ'eɪʃən] n asociación
f

assorted [ə'sɔːtɪd] adj surtido, variado

assortment [ə'sɔːtmənt] n (of shapes,
colours) surtido; (of books) colección f;
(of people) mezcla

assume [ə'sjuːm] vt suponer;
(responsibilities) asumir; (attitude)
adoptar, tomar

assumption [ə'sʌmpʃən] n suposición
f, presunción f; (of power etc) toma

assurance [ə'ʃʊərəns] n garantía,
promesa; (confidence) confianza,
aplomo; (insurance) seguro

asthma [ˈæsmə] n asma

astonish [ə'stɒnɪʃ] vt asombrar,
pasmar; **~ment** n asombro, sorpresa

astound [ə'staʊnd] vt asombrar,
pasmar

astray [ə'streɪ] adv: **to go ~**
extraviarse; **to lead ~** (morally) llevar
por mal camino

astride [ə'straɪd] prep a caballo or
horcajadas sobre

astrology [æs'trɒlədʒɪ] n astrología

astronaut [ˈæstrənɔːt] n astronauta
m/f

astronomy [æs'trɒnəmɪ] n astronomía

asylum [ə'saɪləm] n (refuge) asilo;
(mental hospital) manicomio

KEYWORD

at [æt] prep **1** (referring to position) en;
(direction) a; **~ the top** en lo alto;
~ home/school en casa/la escuela; **to
look ~ sth/sb** mirar algo/a uno

2 (referring to time): **~ 4 o'clock** a las
4; **~ night** por la noche; **~ Christmas**
en Navidad; **~ times** a veces

3 (referring to rates, speed etc): **~ £1 a
kilo** a una libra el kilo; **two ~ a time**
de dos en dos; **~ 50 km/h** a 50 km/h

4 (referring to manner): **~ a stroke** de
un golpe; **~ peace** en paz

5 (referring to activity): **to be ~ work**
estar trabajando; (in the office etc) estar
en el trabajo; **to play ~ cowboys**
jugar a los vaqueros; **to be good
~ sth** ser bueno en algo

6 (referring to cause): **shocked/
surprised/annoyed ~ sth**
asombrado/sorprendido/fastidiado por
algo; **I went ~ his suggestion** fui a
instancias suyas

ate [eɪt] pt of **eat**

atheist [ˈeɪθɪɪst] n ateo/a

Athens [ˈæθɪnz] n Atenas

athlete [ˈæθliːt] n atleta m/f

athletic [æθ'letɪk] adj atlético; **~s** n
atletismo

Atlantic [ətˈlæntɪk] adj atlántico ♦ n:
the ~ (Ocean) el (Océano) Atlántico

atlas [ˈætləs] n atlas m

A.T.M. n abbr (= automated telling
machine) cajero automático

atmosphere [ˈætməsfɪə] n atmósfera;
(of place) ambiente m

atom [ˈætəm] n átomo; **~ic** [ə'tɒmɪk]
adj atómico; **~(ic) bomb** n bomba
atómica; **~izer** [ˈætəmaɪzə] n
atomizador m

atone [ə'təʊn] vi: **to ~ for** expiar

atrocious [ə'trəʊʃəs] adj atroz

attach [ə'tætʃ] vt (fasten) atar; (join)
unir, sujetar; (document, letter etc)
adjuntar; (importance etc) dar,
conceder; **to be ~ed to sb/sth** (to
like) tener cariño a alguien/algo

attaché case [ə'tæʃeɪ-] n maletín m

attachment [ə'tætʃmənt] n (tool)
accesorio; (love): **~ (to)** apego m

attack [ə'tæk] vt atacar; (MIL) atacar;
(criminal) agredir, asaltar; (criticize)
criticar; (task) emprender ♦ n ataque
m, asalto; (on sb's life) atentado; (fig:
criticism) crítica; (of illness) ataque m;
heart ~ infarto m (de miocardio); **~er** n
agresor/a m/f, asaltante m/f

attain [ə'teɪn] vt (also: ~ to) alcanzar; (achieve) lograr, conseguir

attempt [ə'tempt] n tentativa, intento; (attack) atentado ♦ vt intentar; **~ed** adj: **~ed burglary/murder/suicide** tentativa or intento de robo/asesinato/ suicidio

attend [ə'tend] vt asistir a; (patient) atender; **~ to** fus ocuparse de; (customer, patient) atender a; **~ance** n asistencia, presencia; (people present) concurrencia f; **~ant** n ayudante m/f; (in garage etc) encargado/a ♦ adj (dangers) concomitante

attention [ə'tenʃən] n atención f; (care) atenciones fpl ♦ excl (MIL) ¡firme(s)!; **for the ~ of ...** (ADMIN) atención ...

attentive [ə'tentɪv] adj atento

attic ['ætɪk] n desván m

attitude ['ætɪtjuːd] n actitud f; (disposition) disposición f

attorney [ə'tɜːnɪ] n (lawyer) abogado/ a; **A~ General** n (BRIT) ≈ Presidente m del Consejo del Poder Judicial (SP); (US) ≈ ministro de justicia

attract [ə'trækt] vt atraer; (sb's attention) llamar; **~ion** [ə'trækʃən] n encanto; (gen pl: amusements) diversiones fpl; (PHYSICS) atracción f; (fig: towards sb, sth) atractivo; **~ive** adj guapo; (interesting) atrayente

attribute [n 'ætrɪbjuːt, vb ə'trɪbjuːt] n atributo ♦ vt: **to ~ sth to** atribuir algo a

attrition [ə'trɪʃən] n: **war of ~** guerra de agotamiento

aubergine ['əʊbəʒiːn] (BRIT) n berenjena f; (colour) morado

auburn ['ɔːbən] adj color castaño rojizo

auction ['ɔːkʃən] n (also: sale by ~) subasta f ♦ vt subastar; **~eer** [-'nɪə*] n subastador(a) m/f

audible ['ɔːdɪbl] adj audible, que se puede oír

audience ['ɔːdɪəns] n público; (RADIO)

radioescuchas mpl; (TV) telespectadores mpl; (interview) audiencia

audio-visual ['ɔːdɪəʊ'vɪzjuəl] adj audiovisual; **~ aid** n ayuda audiovisual

audit ['ɔːdɪt] vt revisar, intervenir

audition [ɔː'dɪʃən] n audición f

auditor ['ɔːdɪtə*] n interventor(a) m/f, censor(a) m/f de cuentas

augment [ɔːg'ment] vt aumentar

augur ['ɔːgə*] vi: **it ~s well** es un buen augurio

August ['ɔːgəst] n agosto

aunt [ɑːnt] n tía; **~ie**, **~y** n diminutive of **aunt**

au pair ['əʊ'peə*] n (also: ~ girl) (chica) au pair f

auspicious [ɔːs'pɪʃəs] adj propicio, de buen augurio

Australia [ɒs'treɪlɪə] n Australia; **~n** adj, n australiano/a m/f

Austria ['ɒstrɪə] n Austria; **~n** adj, n austríaco/a m/f

authentic [ɔː'θentɪk] adj auténtico

author ['ɔːθə] n autor(a) m/f

authoritarian [ɔːθɔrɪ'teərɪən] adj autoritario

authoritative [ɔː'θɔrɪtətɪv] adj autorizado; (manner) autoritario

authority [ɔː'θɔrɪtɪ] n autoridad f; (official permission) autorización f; **the authorities** npl las autoridades

authorize ['ɔːθəraɪz] vt autorizar

auto ['ɔːtəʊ] (US) n coche m (SP), carro (AM), automóvil m

auto: ~biography [ɔːtəbaɪ'ɒgrəfɪ] n autobiografía f; **~graph** ['ɔːtəgrɑːf] n autógrafo ♦ vt (photo etc) dedicar; (programme) firmar; **~mated** ['ɔːtəmeɪtɪd] adj automatizado; **~matic** [ɔːtə'mætɪk] adj automático ♦ n (gun) pistola automática; (car) coche m automático; **~matically** adv automáticamente; **~mation** [ɔːtə'meɪʃən] n reconversión f; **~mobile** ['ɔːtəməbiːl] (US) n coche m (SP), carro (AM), automóvil m; **~nomy** [ɔː'tɒnəmɪ] n autonomía

autumn ['ɔːtəm] n otoño

auxiliary [ɔːg'zɪlɪərɪ] adj, n auxiliar m/f

avail [ə'veɪl] vt: **to ~ o.s. of** aprovechar(se) de ♦ n: **to no ~** en vano, sin resultado

available [ə'veɪləbl] adj disponible; (unoccupied) libre; (person: unattached) soltero y sin compromiso

avalanche ['ævəlɑːnʃ] n alud m, avalancha

avant-garde ['ævɑ̃'gɑːd] adj de vanguardia

Ave. abbr = **avenue**

avenge [ə'vendʒ] vt vengar

avenue ['ævənjuː] n avenida; (fig) camino

average ['ævərɪdʒ] n promedio, término medio ♦ adj medio, de término medio; (ordinary) regular, corriente ♦ vt sacar un promedio de; **on ~** por regla general; **~ out** vi: **to ~ out at** salir en un promedio

averse [ə'vɜːs] adj: **to be ~ to sth/doing** sentir aversión or antipatía por algo/por hacer

avert [ə'vɜːt] vt prevenir; (blow) desviar; (one's eyes) apartar

aviary ['eɪvɪərɪ] n pajarera, avería

avocado [ævə'kɑːdəu] n (also: BRIT: ~ pear) aguacate m (SP), palta (AM)

avoid [ə'vɔɪd] vt evitar, eludir

await [ə'weɪt] vt esperar, aguardar

awake [ə'weɪk] (pt awoke, pp awoken or awaked) adj despierto ♦ vt despertar ♦ vi despertarse, to be ~ estar despierto; **~ning** n el despertar

award [ə'wɔːd] n premio, (LAW: damages) indemnización f ♦ vt otorgar, conceder; (LAW: damages) adjudicar

aware [ə'wɛə*] adj: **~ (of)** consciente (de); **to become ~ of/that** (realize) darse cuenta de/de que; (learn) enterarse de/de que; **~ness** n conciencia; (knowledge) conocimiento

away [ə'weɪ] adv fuera; (movement): **she went ~** se marchó; (far ~) lejos; **two kilometres ~** a dos kilómetros

de distancia; **two hours ~ by car** a dos horas en coche; **the holiday was two weeks ~** faltaban dos semanas para las vacaciones; **he's ~ for a week** estará ausente una semana; **to take ~ (from)** quitar (a); (subtract) substraer (de); **to work/pedal ~** seguir trabajando/pedaleando; **to fade ~** (colour) desvanecerse; (sound) apagarse; **~ game** n (SPORT) partido de fuera

awe [ɔː] n admiración f respetuosa; **~-inspiring** adj imponente

awful ['ɔːfəl] adj horroroso; (quantity): **an ~ lot (of)** cantidad (de); **~ly** adv (very) terriblemente

awkward ['ɔːkwəd] adj desmañado, torpe; (shape) incómodo; (embarrassing) delicado, difícil

awning ['ɔːnɪŋ] n (of tent, caravan, shop) toldo

awoke [ə'wəuk] pt of **awake**

awoken [ə'wəukən] pp of **awake**

awry [ə'raɪ] adv. **to be ~** estar descolocado or mal puesto

axe [æks] (US **ax**) n hacha ♦ vt (project) cortar; (jobs) reducir

axes ['æksiːz] npl of **axis**

axis ['æksɪs] (pl **axes**) n eje m

axle ['æksl] n eje m, árbol m

ay(e) [aɪ] excl sí

B, b

B [biː] n (MUS) si m

B.A. abbr = **Bachelor of Arts**

baby ['beɪbɪ] n bebé m/f; (US: inf: darling) mi amor; **~ carriage** (US) n cochecito; **~-sit** vi hacer de canguro; **~-sitter** n canguro/a; **~ wipe** n toallita húmeda (para bebés)

bachelor ['bætʃələ*] n soltero; **B~ of Arts/Science** licenciado/a en Filosofía y Letras/Ciencias

back [bæk] n (of person) espalda; (of animal) lomo; (of hand) dorso; (as *opposed to front)* parte f de atrás; *(of chair)* respaldo; *(of page)* reverso; *(of book)* final m; *(FOOTBALL)* defensa m; *(of crowd)*: **the ones at the ~** los del fondo ♦ vt *(candidate: also: ~ up)* respaldar, apoyar; *(horse: at races)* apostar a; *(car)* dar marcha atrás a or con ♦ vi *(car etc)* ir (or salir or entrar) marcha atrás ♦ adj *(payment, rent)* atrasado; *(seats, wheels)* de atrás ♦ adv *(not forward)* (hacia) atrás; *(returned)*: **he's ~** está de vuelta, ha vuelto; **he ran ~** volvió corriendo; *(restitution)*: **throw the ball ~** devuelve la pelota; **can I have it ~?** ¿me lo devuelve?; *(again)*: **he called ~** llamó de nuevo; **~ down** vi echarse atrás; **~ out** vi *(of promise)* volverse atrás; **~ up** vt *(person)* apoyar, respaldar; *(theory)* defender; *(COMPUT)* hacer una copia preventiva or de reserva; **~bencher** *(BRIT)* n miembro del parlamento sin cargo relevante; **~bone** n columna vertebral; **~date** vt *(pay rise)* dar efecto retroactivo a; *(letter)* poner fecha atrasada a; **~drop** n telón de fondo; **~fire** vi *(AUT)* petardear; *(plans)* fallar, salir mal; **~ground** n fondo; *(of events)* antecedentes mpl; *(basic knowledge)* bases fpl; *(experience)* conocimientos mpl, educación f; **family ~ground** origen m, antecedentes mpl; **~hand** n *(TENNIS: also: ~hand stroke)* revés m; **~hander** *(BRIT)* n *(bribe)* soborno; **~ing** n *(fig)* apoyo, respaldo; **~lash** n reacción f; **~log** n: **~log of work** trabajo atrasado; **~ number** n *(of magazine etc)* número atrasado; **~pack** n mochila; **~packer** n mochilero(a); **~ pay** n pago atrasado; **~side** *(inf)* n trasero, culo; **~stage** adv entre bastidores; **~stroke** n espalda; **~up** adj suplementario; *(COMPUT)* de reserva ♦ n *(support)* apoyo; *(also: ~up file)* copia preventiva or de reserva; **~ward** adj *(person, country)* atrasado; **~wards** adv hacia atrás; *(read a list)* al revés;

(fall) de espaldas; **~yard** n traspatio

bacon ['beɪkən] n tocino, bacon.

bad [bæd] adj malo; *(mistake, accident)* grave; *(food)* podrido, pasado; his **~ leg** su pierna lisiada; **to go ~** *(food)* pasarse

badge [bædʒ] n insignia; *(policeman's)* chapa, placa

badger ['bædʒə*] n tejón m

badly ['bædlɪ] adv mal; **to reflect ~ on sb** influir negativamente en la reputación de uno; **~ wounded** gravemente herido; **he needs it ~** le hace gran falta; **to be ~ off (for money)** andar mal de dinero

badminton ['bædmɪntən] n bádminton m

bad-tempered adj de mal genio or carácter; *(temporarily)* de mal humor

bag [bæg] n bolsa; *(handbag)* bolso; *(satchel)* mochila; *(case)* maleta; **~s of** *(inf)* un montón de; **~gage** n equipaje m; **~gage allowance** n límite m de equipaje; **~gage reclaim** n recogida de equipajes; **~gy** adj amplio; **~pipes** npl gaita

Bahamas [bə'hɑːməz] npl: **the ~** las Islas Bahamas

bail [beɪl] n fianza ♦ vt *(prisoner: gen: grant ~ to)* poner en libertad bajo fianza; *(boat: also: ~ out)* achicar; **on ~** *(prisoner)* bajo fianza; **to ~ sb out** obtener la libertad de uno bajo fianza; *see also* **bale**

bailiff ['beɪlɪf] n alguacil m

bait [beɪt] n cebo ♦ vt poner cebo en; *(tease)* tomar el pelo a

bake [beɪk] vt cocer (al horno) ♦ vi cocerse; **~d beans** npl judías fpl en salsa de tomate; **~d potato** n patata al horno; **~r** n panadero; **~ry** n panadería; *(for cakes)* pastelería; **baking** n *(act)* amasar m; *(batch)* hornada; **baking powder** n levadura (en polvo)

balance ['bæləns] n equilibrio; *(COMM: sum)* balance m; *(remainder)* resto;

balcony 323 bar

(scales) balanza ♦ vt equilibrar; (budget) nivelar; (account) saldar; (make equal) equilibrar; **~ of trade/payments** balanza de comercio/pagos; **~d** adj (personality, diet) equilibrado; (report) objetivo; **~ sheet** n balance m

balcony ['bælkənɪ] n (open) balcón m; (closed) galería; (in theatre) anfiteatro

bald [bɔːld] adj calvo; (tyre) liso

bale [beɪl] n (AGR) paca, fardo; (of papers etc) fajo; **~ out** vi lanzarse en paracaídas

Balearics [bælɪˈærɪks] npl: **the ~** las Baleares

ball [bɔːl] n pelota; (football) balón m; (of wool, string) ovillo; (dance) baile m; **to play ~** (fig) cooperar

ballast ['bæləst] n lastre m

ball bearings npl cojinetes mpl de bolas

ballerina [bæləˈriːnə] n bailarina

ballet ['bæleɪ] n ballet m; **~ dancer** n bailarín/ina m/f

balloon [bəˈluːn] n globo

ballot ['bælət] n votación f; **~ paper** n papeleta (para votar)

ballpoint (pen) ['bɔːlpɔɪnt-] n bolígrafo

ballroom ['bɔːlruːm] n salón m de baile

Baltic ['bɔːltɪk] n: **the ~ (Sea)** el (Mar) Báltico

ban [bæn] n prohibición f, proscripción f ♦ vt prohibir, proscribir

banal [bəˈnɑːl] adj banal, vulgar

banana [bəˈnɑːnə] n plátano (SP), banana (AM)

band [bænd] n grupo; (strip) faja, tira; (stripe) lista; (MUS: jazz) orquesta; (: rock) grupo; (: MIL) banda; **~ together** vi juntarse, asociarse

bandage ['bændɪdʒ] n venda, vendaje m ♦ vt vendar

Bandaid ® ['bændeɪd] (US) n tirita

bandit ['bændɪt] n bandido

bandy-legged ['bændɪˈlegd] adj estevado

bang [bæŋ] n (of gun, exhaust)

estallido, detonación f; (of door) portazo; (blow) golpe m ♦ vt cerrar de golpe; (one's head) golpear ♦ vi estallar; (door) cerrar de golpe

Bangladesh [bɑːŋgləˈdeʃ] n Bangladesh m

bangs [bæŋz] (US) npl flequillo

banish ['bænɪʃ] vt desterrar

banister(s) ['bænɪstə(z)] n(pl) barandilla, pasamanos m inv

bank [bæŋk] n (COMM) banco; (of river, lake) ribera, orilla; (of earth) terraplén m ♦ vi (AVIAT) ladearse; **~ on** vt fus contar con; **~ account** n cuenta de banco; **~ card** n tarjeta bancaria; **~er** n banquero; **~er's card** (BRIT) n = **~ card**; **B~ holiday** (BRIT) n día m festivo; **~ing** n banca; **~note** n billete m de banco; **~ rate** n tipo de interés bancario

---

bank holiday

El término **bank holiday** se aplica en el Reino Unido a todo día festivo oficial en el que cierran bancos y comercios. Los más importantes son en Navidad, Semana Santa, finales de mayo y finales de agosto y, al contrario que en los países de tradición católica, no coinciden necesariamente con una celebración religiosa.

---

bankrupt ['bæŋkrʌpt] adj quebrado, insolvente; **to go ~** hacer bancarrota; **to be ~** estar en quiebra; **~cy** n quiebra

bank statement n balance m or detalle m de cuenta

banner ['bænə*] n pancarta

bannister(s) ['bænɪstə(z)] n(pl) = **banister(s)**

baptism ['bæptɪzəm] n bautismo; (act) bautizo

bar [bɑː*] n (pub) bar m; (counter) mostrador m; (rod) barra; (of window, cage) reja; (of soap) pastilla; (of *chocolate*) tableta; (*fig: hindrance*) obstáculo; (*prohibition*) proscripción f; (*MUS*) barra ♦ vt (*road*) obstruir; (*person*) prohibir; (*activity*) prohibir; the **B~** (*LAW*) la abogacía; **behind ~s** entre rejas; **~ none** sin excepción

barbaric [baː'bærɪk] *adj* bárbaro

barbecue ['baːbɪkjuː] *n* barbacoa

barbed wire ['baːbd-] *n* alambre m de púas

barber ['baːbə*] *n* peluquero, barbero

bar code *n* código de barras

bare [beə*] *adj* desnudo; (*trees*) sin hojas; (*necessities etc*) básico ♦ vt desnudar; (*teeth*) enseñar; **~back** *adv* a pelo, sin silla; **~faced** *adj* descarado; **~foot** *adj, adv* descalzo; **~ly** *adv* apenas

bargain ['baːgɪn] *n* pacto, negocio; (*good buy*) ganga ♦ vi negociar; (*haggle*) regatear; **into the ~** además, por añadidura; **~ for** vt fus: **he got more than he ~ed for** le resultó peor de lo que esperaba

barge [baːdʒ] *n* barcaza; **~ in** vi irrumpir; (*interrupt: conversation*) interrumpir

bark [baːk] *n* (*of tree*) corteza; (*of dog*) ladrido ♦ vi ladrar

barley ['baːlɪ] *n* cebada

barmaid ['baːmeɪd] *n* camarera

barman ['baːmən] *n* camarero, barman m

barn [baːn] *n* granero

barometer [bə'rɔmɪtə*] *n* barómetro

baron ['bærən] *n* barón m; (*press ~ etc*) magnate m; **~ess** *n* baronesa

barracks ['bærəks] *npl* cuartel m

barrage ['bærɑːʒ] *n* (*MIL*) descarga, bombardeo; (*dam*) presa; (*of criticism*) lluvia, aluvión f

barrel ['bærəl] *n* barril m; (*of gun*) cañón m

barren ['bærən] *adj* estéril

barricade [bærɪ'keɪd] *n* barricada

barrier ['bærɪə*] *n* barrera

barring ['baːrɪŋ] *prep* excepto, salvo

barrister ['bærɪstə*] (*BRIT*) *n* abogado/a

barrow ['bærəu] *n* (*cart*) carretilla (de mano)

bartender ['baːtendə*] (*US*) *n* camarero, barman m

barter ['baːtə*] *vt*: **to ~ sth for sth** trocar algo por algo

base [beɪs] *n* base f ♦ vt: **to ~ sth on** basar *or* fundar algo en ♦ *adj* bajo, infame

baseball ['beɪsbɔːl] *n* béisbol m

basement ['beɪsmənt] *n* sótano

bases[1] ['beɪsiːz] *npl of* **basis**

bases[2] ['beɪsɪz] *npl of* **base**

bash [bæʃ] (*inf*) vt golpear

bashful ['bæʃful] *adj* tímido, vergonzoso

basic ['beɪsɪk] *adj* básico; **~ally** *adv* fundamentalmente, en el fondo; (*simply*) sencillamente; **~s** *npl*: the **~s** los fundamentos

basil ['bæzl] *n* albahaca

basin ['beɪsn] *n* cuenco, tazón m; (*GEO*) cuenca; (*also: wash~*) lavabo

basis ['beɪsɪs] (*pl* **bases**) *n* base f; **on a part-time/trial ~** a tiempo parcial/a prueba

bask [baːsk] *vi*: **to ~ in the sun** tomar el sol

basket ['baːskɪt] *n* cesta, cesto; canasta; **~ball** *n* baloncesto

Basque [bæsk] *adj, n* vasco/a m/f; **~ Country** *n* Euskadi m, País m Vasco

bass [beɪs] *n* (*MUS: instrument*) bajo; (*double ~*) contrabajo; (*singer*) bajo

bassoon [bə'suːn] *n* fagot m

bastard ['baːstəd] *n* bastardo; (*inf!*) hijo de puta (!)

bat [bæt] *n* (*ZOOL*) murciélago; (*for ball games*) palo; (*BRIT: for table tennis*) pala ♦ vt: **he didn't ~ an eyelid** ni pestañeó

batch [bætʃ] *n* (*of bread*) hornada; (*of letters etc*) lote m

bated ['beɪtɪd] *adj*: **with ~ breath** sin respirar

bath [bɑ:θ, pl bɑ:ðz] n (action) baño;
(~tub) baño (SP), bañera (SP), tina (AM)
♦ vt bañar; **to have a ~** bañarse,
tomar un baño; see also **baths**

bathe [beɪð] vi bañarse ♦ vt (wound)
lavar; **~r** n bañista m/f

bathing ['beɪðɪŋ] n el bañarse;
~ costume (US = **suit**) n traje m de
baño

bath: ~robe (man's) n batín m;
(woman's) bata; **~room** n (cuarto de
baño); **~s** [bɑ:ðz] npl (also: swimming
~s) piscina; **~ towel** n toalla de baño

baton ['bætən] n (MUS) batuta;
(ATHLETICS) testigo; (weapon) porra

batter ['bætə*] vt maltratar; (subj: rain
etc) azotar ♦ n masa (para rebozar);
~ed adj (hat, pan) estropeado

battery ['bætəri] n (AUT) batería; (of
torch) pila

battle ['bætl] n batalla; (fig) lucha ♦ vi
luchar; **~ship** n acorazado

bawl [bɔ:l] vi chillar, gritar; (child)
berrear

bay [beɪ] n (GEO) bahía, B~ of Biscay
≈ mar Cantábrico; **to hold sb at ~**
mantener a alguien a raya; **~ leaf** n
hoja de laurel

bay window n ventana salediza

bazaar [bə'zɑ:*] n bazar m; (fete) venta
con fines benéficos

B. & B. n abbr (= bed and breakfast)
cama y desayuno

BBC n abbr (= British Broadcasting
Corporation) cadena de radio y televisión
estatal británica

B.C. adv abbr (= before Christ) a. de C.

be [bi:] (pt was, were, pp been) aux
vb 1 (with present participle: forming
continuous tenses): **what are you
doing?** ¿qué estás haciendo?, ¿qué
haces?; **they're coming tomorrow**
vienen mañana; **I've been waiting
for you for hours** llevo horas
esperándote

2 (with pp: forming passives) ser (but
often replaced by active or reflective
constructions); **to ~ murdered** ser
asesinado; **the box had been
opened** habían abierto la caja; **the
thief was nowhere to ~ seen** no se
veía al ladrón por ninguna parte

3 (in tag questions): **it was fun,
wasn't it?** fue divertido, ¿no? or
¿verdad?; **he's good-looking, isn't
he?** es guapo, ¿no te parece?; **she's
back again, is she?** entonces, ¿ha
vuelto?

4 (+ to + infin): **the house is to
~ sold** (necessity) hay que vender la
casa; (future) van a vender la casa;
he's not to open it no tiene que
abrirlo

♦ vb + complement 1 (with n or num
complement, but see also 3, 4, 5 and
impers vb below): **he's a doctor** es
médico; **2 and 2 are 4** 2 y 2 son 4

2 (with adj complement: expressing
permanent or inherent quality): ser;
(: expressing state seen as temporary or
reversible) estar; **I'm English** soy
inglés/esa; **she's tall/pretty** es alta/
bonita; **he's young** es joven;
~ careful/good/quiet ten cuidado/
pórtate bien/cállate; **I'm tired** estoy
cansado/a; **it's dirty** está sucio/a

3 (of health) estar: **how are you?**
¿cómo estás?; **he's very ill** está muy
enfermo; **I'm better now** ya estoy
mejor

4 (of age) tener; **how old are you?**
¿cuántos años tienes?; **I'm sixteen
(years old)** tengo dieciséis años

5 (cost) costar; ser; **how much was
the meal?** ¿cuánto fue or costó la
comida?; **that'll ~ £5.75, please** son
£5.75, por favor; **this shirt is £17**
esta camisa cuesta £17

♦ vi 1 (exist, occur etc) existir, haber;
the best singer that ever was el
mejor cantante que existió jamás; **is
there a God?** ¿hay un Dios?, ¿existe

Dios?; ~ **that as it may** sea como sea; **so ~ it** así sea
2 (referring to place) estar; **I won't ~ here tomorrow** no estaré aquí mañana
3 (referring to movement): **where have you been?** ¿dónde has estado?
♦ impers vb **1** (referring to time): **it's 5 o'clock** son las 5; **it's the 28th of April** estamos a 28 de abril
2 (referring to distance): **it's 10 km to the village** el pueblo está a 10 km
3 (referring to the weather): **it's too hot/cold** hace demasiado calor/frío; **it's windy today** hace viento hoy
4 (emphatic): **it's me** soy yo; **it was Maria who paid the bill** fue María la que pagó la cuenta

beach [biːtʃ] n playa ♦ vt varar
beacon ['biːkən] n (lighthouse) faro; (marker) guía
bead [biːd] n cuenta; (of sweat etc) gota
beak [biːk] n pico
beaker ['biːkə*] n vaso de plástico
beam [biːm] n (ARCH) viga, travesaño; (of light) rayo, haz m de luz ♦ vi brillar; (smile) sonreír
bean [biːn] n judía; **runner/broad ~** habichuela/haba; **coffee ~** grano de café; **~sprouts** npl brotes mpl de soja
bear [bɛə*] (pt bore, pp borne) n oso ♦ vt (weight etc) llevar; (cost) pagar; (responsibility) tener; (endure) soportar, aguantar; (children) parir, tener; (fruit) dar ♦ vi: **to ~ right/left** torcer a la derecha/izquierda; **~ out** vt (suspicions) corroborar, confirmar; (person) dar la razón a; **~ up** vi (remain cheerful) mantenerse animado
beard [bɪəd] n barba; **~ed** adj con barba, barbudo
bearer ['bɛərə*] n portador(a) m/f
bearing ['bɛərɪŋ] n porte m, comportamiento; (connection) relación

f; **~s** npl (also: **ball ~s**) cojinetes mpl a bolas; **to take a ~** tomar marcaciones; **to find one's ~s** orientarse
beast [biːst] n bestia; (inf) bruto, salvaje m; **~ly** (inf) adj horrible
beat [biːt] (pt beat, pp beaten) n (of heart) latido; (MUS) ritmo, compás m; (of policeman) ronda ♦ vt pegar, golpear; (eggs) batir; (defeat: opponent) vencer, derrotar; (: record) sobrepasar ♦ vi (heart) latir; (drum) redoblar; (rain, wind) azotar; **off the ~en track** aislado; **to ~ it** (inf) largarse; **~ off** vt rechazar; **~ up** vt (attack) dar una paliza a; **~ing** n paliza
beautiful ['bjuːtɪful] adj precioso, hermoso, bello; **~ly** adv maravillosamente
beauty ['bjuːtɪ] n belleza; **~ salon** n salón m de belleza; **~ spot** n (TOURISM) lugar m pintoresco
beaver ['biːvə*] n castor m
became [bɪ'keɪm] pt of **become**
because [bɪ'kɒz] conj porque; **~ of** debido a, a causa de
beckon ['bɛkən] vt (also: **~ to**) llamar con señas
become [bɪ'kʌm] (irreg: like **come**) vt (suit) favorecer, sentar bien a ♦ vi (+ n) hacerse, llegar a ser; (+ adj) ponerse, volverse; **to ~ fat** engordar
becoming [bɪ'kʌmɪŋ] adj (behaviour) decoroso; (clothes) favorecedor(a)
bed [bɛd] n cama; (of flowers) macizo; (of coal, clay) capa; (of river) lecho; (of sea) fondo; **to go to ~** acostarse; **~ and breakfast** (place) pensión f; (terms) cama y desayuno; **~clothes** npl ropa de cama; **~ding** n ropa de cama

Bed and Breakfast

Se llama Bed and Breakfast a una forma de alojamiento, en el campo o la ciudad, que ofrece cama y desayuno a precios inferiores a los de un hotel. El servicio se suele anunciar *con carteles en los que a menudo se usa únicamente la abreviatura B. & B.*

bedraggled [bɪ'drægld] *adj* (*untidy: person*) desastrado; (*clothes, hair*) desordenado

bed: ~**ridden** *adj* postrado (en cama); ~**room** *n* dormitorio; ~**side** *n*: **at the** ~**side of a** la cabecera de; ~**sit(ter)** (BRIT) *n* estudio (SP), suite *m* (AM); ~**spread** *n* cubrecama *m*, colcha; ~**time** *n* hora de acostarse

bee [bi:] *n* abeja

beech [bi:tʃ] *n* haya

beef [bi:f] *n* carne *f* de vaca; **roast** ~ rosbif *m*; ~**burger** *n* hamburguesa; **B~eater** *n* alabardero de la Torre de Londres

beehive ['bi:haɪv] *n* colmena

beeline ['bi:laɪn] *n*: **to make a** ~ **for** ir derecho a

been [bi:n] *pp* of **be**

beer [bɪə*] *n* cerveza

beet [bi:t] (US) *n* (*also*: **red** ~) remolacha

beetle ['bi:tl] *n* escarabajo

beetroot ['bi:tru:t] (BRIT) *n* remolacha

before [bɪ'fɔ:*] *prep* (*of time*) antes de; (*of space*) delante de ♦ *conj* antes (de) que ♦ *adv* antes, anteriormente; delante, adelante; ~ **going** antes de marcharse; ~ **she goes** antes de que se vaya; **the week** ~ la semana anterior; **I've never seen it** ~ no lo he visto nunca; ~**hand** *adv* de antemano, con anticipación

beg [beg] *vi* pedir limosna ♦ *vt* pedir, rogar; (*entreat*) suplicar; **to** ~ **sb to do sth** rogar a uno que haga algo; *see also* **pardon**

began [bɪ'gæn] *pt* of **begin**

beggar ['begə*] *n* mendigo/a

begin [bɪ'gɪn] (*pt* **began**, *pp* **begun**) *vt*, *vi* empezar, comenzar; **to** ~ **doing** *or* **to do sth** empezar a hacer algo; ~**ner** *n* principiante *m/f*; ~**ning** *n* principio, comienzo

begun [bɪ'gʌn] *pp* of **begin**

behalf [bɪ'hɑ:f] *n*: **on** ~ **of** en nombre de, por; (*for benefit of*) en beneficio de; **on my/his** ~ por mí/él

behave [bɪ'heɪv] *vi* (*person*) portarse, comportarse; (*well: also*: ~ **o.s.**) portarse bien; **behaviour** (US **behavior**) *n* comportamiento, conducta

behind [bɪ'haɪnd] *prep* detrás de; (*supporting*): **to be** ~ **sb** apoyar a alguien ♦ *adv* detrás, por detrás, atrás ♦ *n* trasero; **to be** ~ (**schedule**) ir retrasado; ~ **the scenes** (*fig*) entre bastidores

behold [bɪ'həuld] (*irreg: like* **hold**) *vt* contemplar

beige [beɪʒ] *adj* color beige

Beijing ['beɪ'dʒɪŋ] *n* Pekín *m*

being ['bi:ɪŋ] *n* ser *m*; (*existence*): **in** ~ existente; **to come into** ~ aparecer

Beirut [beɪ'ru:t] *n* Beirut *m*

Belarus [belə'rus] *n* Bielorrusia

belated [bɪ'leɪtɪd] *adj* atrasado, tardío

belch [beltʃ] *vi* eructar ♦ *vt* (*gen*: ~ **out**: *smoke etc*) arrojar

Belgian ['beldʒən] *adj*, *n* belga *m/f*

Belgium ['beldʒəm] *n* Bélgica

belief [bɪ'li:f] *n* opinión *f*; (*faith*) fe *f*

believe [bɪ'li:v] *vt*, *vi* creer; **to** ~ **in** creer en; ~**r** *n* partidario/a; (REL) creyente *m/f*

belittle [bɪ'lɪtl] *vt* quitar importancia a

bell [bel] *n* campana; (*small*) campanilla; (*on door*) timbre *m*

belligerent [bɪ'lɪdʒərənt] *adj* agresivo

bellow ['beləu] *vi* bramar; (*person*) rugir

belly ['beli] *n* barriga, panza

belong [bɪ'lɒŋ] *vi*: **to** ~ **to** pertenecer a; (*club etc*) ser socio de; **this book** ~**s here** este libro va aquí; ~**ings** *npl* pertenencias *fpl*

beloved [bɪ'lʌvɪd] *adj* querido/a

below [bɪ'ləu] *prep* bajo, debajo de; (*less than*) inferior a ♦ *adv* abajo, (por) debajo; **see** ~ véase más abajo

belt [bɛlt] n cinturón m; (TECH) correa, cinta ♦ vt (thrash) pegar con correa; **~way** (US) n (AUT) carretera de circunvalación

bench [bɛntʃ] n banco; (BRIT: POL): **the Government/Opposition ~es** (los asientos de) los miembros del Gobierno/de la Oposición; **the B~** (LAW: judges) magistratura

bend [bɛnd] (pt, pp bent) vt doblar ♦ vi inclinarse ♦ n (BRIT: in road, river) curva; (in pipe) codo; **~ down** vi inclinarse, doblarse; **~ over** vi inclinarse

beneath [bɪˈniːθ] prep bajo, debajo de; (unworthy of) indigno de ♦ adv abajo, (por) debajo

benefactor [ˈbɛnɪfæktə*] n bienhechor m

beneficial [bɛnɪˈfɪʃəl] adj beneficioso

benefit [ˈbɛnɪfɪt] n beneficio; (allowance of money) subsidio ♦ vt beneficiar ♦ vi: **he'll ~ from it** le sacará provecho

benevolent [bɪˈnɛvələnt] adj (person) benévolo

benign [bɪˈnaɪn] adj benigno; (smile) afable

bent [bɛnt] pt, pp of **bend** ♦ n inclinación f ♦ adj: **to be ~ on** estar empeñado en

bequest [bɪˈkwɛst] n legado

bereaved [bɪˈriːvd] npl: **the ~** los íntimos de una persona afligidos por su muerte

beret [ˈbɛreɪ] n boina

Berlin [bəːˈlɪn] n Berlín

berm [bəːm] (US) n (AUT) arcén m

Bermuda [bəːˈmjuːdə] n las Bermudas

berry [ˈbɛrɪ] n baya

berserk [bəˈsəːk] adj: **to go ~** perder los estribos

berth [bəːθ] n (bed) litera; (cabin) camarote m; (for ship) amarradero ♦ vi atracar, amarrar

beseech [bɪˈsiːtʃ] (pt, pp besought) vt suplicar

beset [bɪˈsɛt] (pt, pp beset) vt (person) acosar

beside [bɪˈsaɪd] prep junto a, al lado de; **to be ~ o.s. with anger** estar fuera de sí; **that's ~ the point** eso no tiene nada que ver; **~s** adv además ♦ prep además de

besiege [bɪˈsiːdʒ] vt sitiar; (fig) asediar

best [bɛst] adj (el/la) mejor ♦ adv (lo) mejor; **the ~ part of** (quantity) la mayor parte de; **at ~** en el mejor de los casos; **to make the ~ of sth** sacar el mejor partido de algo; **to do one's ~** hacer todo lo posible; **to the ~ of my knowledge** que yo sepa; **to the ~ of my ability** como mejor puedo; **~-before date** n fecha de consumo preferente; **~ man** n padrino de boda

bestow [bɪˈstəu] vt (title) otorgar

bestseller [ˈbɛstˈsɛlə*] n éxito de librería, bestseller m

bet [bɛt] (pt, pp bet or betted) n apuesta ♦ vt: **to ~ money on** apostar dinero por; **to ~ sb sth** apostar algo a uno ♦ vi apostar

betray [bɪˈtreɪ] vt traicionar; (trust) faltar a; **~al** n traición f

better [ˈbɛtə*] adj, adv mejor ♦ vt superar ♦ n: **to get the ~ of sb** quedar por encima de alguien; **you had ~ do it** más vale que lo hagas; **he thought ~ of it** cambió de parecer; **to get ~** (MED) mejorar(se); **~ off** adj mejor; (wealthier) más acomodado

betting [ˈbɛtɪŋ] n juego, el apostar; **~ shop** (BRIT) n agencia de apuestas

between [bɪˈtwiːn] prep entre ♦ adv (time) mientras tanto; (place) en medio

beverage [ˈbɛvərɪdʒ] n bebida

beware [bɪˈwɛə*] vi: **to ~ (of)** tener cuidado (con); **"~ of the dog"** "perro peligroso"

bewildered [bɪˈwɪldəd] adj aturdido, perplejo

beyond [bɪˈjɔnd] prep más allá de; (past: understanding) fuera de; (after:

date) después de, más allá de; *(above)* superior a ♦ *adv (in space)* más allá; *(in time)* posteriormente; **~ doubt** fuera de toda duda; **~ repair** irreparable

bias ['baɪəs] *n (prejudice)* prejuicio, pasión *f; (preference)* predisposición *f;* **~(s)ed** *adj* parcial

bib [bɪb] *n* babero

Bible ['baɪbl] *n* Biblia

bicarbonate of soda [baɪ'kɑːbənɪt-] *n* bicarbonato sódico

bicker ['bɪkə*] *vi* pelearse

bicycle ['baɪsɪkl] *n* bicicleta

bid [bɪd] *(pt* **bade** *or* **bid,** *pp* **bidden** *or* **bid)** *n (offer)* postura; *(in tender)* licitación *f; (attempt)* tentativa, conato ♦ *vi* hacer una oferta ♦ *vt (offer)* ofrecer; **to ~ sb good day** dar a uno los buenos días; **~der** *n:* **the highest ~der** el mejor postor; **~ding** *n (at auction)* ofertas *fpl*

bide [baɪd] *vt:* **to ~ one's time** esperar el momento adecuado

bifocals [baɪ'fəʊklz] *npl* gafas *fpl (SP)* or anteojos *mpl (AM)* bifocales

big [bɪg] *adj* grande; *(brother, sister)* mayor

bigheaded ['bɪg'hɛdɪd] *adj* engreído

bigot ['bɪgət] *n* fanático/a, intolerante *m/f;* **~ed** *adj* fanático, intolerante; **~ry** *n* fanatismo, intolerancia

big top *n (at circus)* carpa

bike [baɪk] *n* bici *f*

bikini [bɪ'kiːnɪ] *n* bikini *m*

bilingual [baɪ'lɪŋɡwəl] *adj* bilingüe

bill [bɪl] *n* cuenta; *(invoice)* factura; *(POL)* proyecto de ley; *(US: banknote)* billete *m; (of bird)* pico; *(of show)* programa *m;* **"post no ~s"** "prohibido fijar carteles"; **to fit** *or* **fill the ~** *(fig)* cumplir con los requisitos; **~board** *(US) n* cartelera

billet ['bɪlɪt] *n* alojamiento

billfold ['bɪlfəʊld] *(US) n* cartera

billiards ['bɪljədz] *n* billar *m*

billion ['bɪljən] *n (BRIT)* billón *m (millón de millones); (US)* mil millones *mpl*

bimbo ['bɪmbəʊ] *(inf) n* tía buena sin seso

bin [bɪn] *n (for rubbish)* cubo *(SP)* or bote *m (AM)* de la basura; *(container)* recipiente *m*

bind [baɪnd] *(pt, pp* **bound)** *vt* atar; *(book)* encuadernar; *(oblige)* obligar ♦ *n (inf: nuisance)* lata; **~ing** *adj (contract)* obligatorio

binge [bɪndʒ] *(inf) n:* **to go on a ~** ir de juerga

bingo ['bɪŋɡəʊ] *n* bingo *m*

binoculars [bɪ'nɔkjʊləz] *npl* prismáticos *mpl*

bio... [baɪə] *prefix:* **~chemistry** *n* bioquímica; **~degradable** [baɪəʊdɪ'greɪdəbl] *adj* biodegradable; **~graphy** [baɪ'ɔɡrəfɪ] *n* biografía; **~logical** *adj* biológico; **~logy** [baɪ'ɔlədʒɪ] *n* biología

birch [bɜːtʃ] *n (tree)* abedul *m*

bird [bɜːd] *n* ave *f*, pájaro; *(BRIT: inf: girl)* chica; **~'s eye view** *n (aerial view)* vista de pájaro; *(overview)* visión *f* de conjunto; **~ watcher** *n* ornitólogo/a

Biro ® ['baɪrəʊ] *n* bolígrafo

birth [bɜːθ] *n* nacimiento; **to give ~ to** parir, dar a luz; **~ certificate** *n* partida de nacimiento; **~ control** *n (policy)* control *m* de natalidad; *(methods)* métodos *mpl* anticonceptivos; **~day** *n* cumpleaños *m inv* ♦ *cpd (cake, card etc)* de cumpleaños; **~place** *n* lugar *m* de nacimiento; **~ rate** *n (tasa de)* natalidad *f*

biscuit ['bɪskɪt] *(BRIT) n* galleta, bizcocho *(AM)*

bisect [baɪ'sɛkt] *vt* bisecar

bishop ['bɪʃəp] *n* obispo; *(CHESS)* alfil *m*

bit [bɪt] *pt of* **bite** ♦ *n* trozo, pedazo, pedacito; *(COMPUT)* bit *m*, bitio; *(for horse)* freno, bocado; **a ~ of** un poco de; **a ~ mad** un poco loco; **~ by ~** poco a poco

bitch [bɪtʃ] *n* perra; *(inf!: woman)* zorra (!)

bite [baɪt] (*pt* **bit**, *pp* **bitten**) *vt, vi* morder; (*insect etc*) picar ♦ *n* (*insect ~*) picadura; (*mouthful*) bocado; **to ~ one's nails** comerse las uñas; **let's have a ~ (to eat)** (*inf*) vamos a comer algo

bitter ['bɪtə*] *adj* amargo; (*wind*) cortante, penetrante; (*battle*) encarnizado ♦ *n* (*BRIT: beer*) cerveza típica británica a base de lúpulos; **~ness** *n* lo amargo, amargura; (*anger*) rencor *m*

bizarre [bɪ'zɑː*] *adj* raro, extraño

black [blæk] *adj* negro; (*tea, coffee*) solo ♦ *n* color *m* negro; (*person*): **B~** negro/a ♦ *vt* (*BRIT: INDUSTRY*) boicotear; **to give sb a ~ eye** ponerle a uno el ojo morado; **~ and blue** (*bruised*) amoratado; **to be in the ~** (*bank account*) estar en números negros; **~berry** *n* zarzamora; **~bird** *n* mirlo; **~board** *n* pizarra; **~ coffee** *n* café *m* solo; **~currant** *n* grosella negra; **~en** *vt* (*fig*) desacreditar; **~ ice** *n* hielo invisible en la carretera; **~leg** (*BRIT*) *n* esquirol *m*, rompehuelgas *m inv*; **~list** *n* lista negra; **~mail** *n* chantaje *m* ♦ *vt* chantajear; **~ market** *n* mercado negro; **~out** *n* (*MIL*) oscurecimiento; (*power cut*) apagón *m*; (*TV, RADIO*) interrupción *f* de programas; (*fainting*) desvanecimiento; **B~ Sea** *n*: **the B~ Sea** el Mar Negro; **~ sheep** *n* (*fig*) oveja negra; **~smith** *n* herrero; **~ spot** *n* (*AUT*) lugar *m* peligroso; (*for unemployment etc*) punto negro

bladder ['blædə*] *n* vejiga

blade [bleɪd] *n* hoja; (*of propeller*) paleta; **a ~ of grass** una brizna de hierba

blame [bleɪm] *n* culpa ♦ *vt*: **to ~ sb for sth** echar a uno la culpa de algo; **to be to ~** tener la culpa de

bland [blænd] *adj* (*music, taste*) soso

blank [blæŋk] *adj* en blanco; (*look*) sin expresión ♦ *n* (*of memory*): **my mind is a ~** no puedo recordar nada; (*on form*) blanco, espacio en blanco;

(*cartridge*) cartucho sin bala o de fogueo; **~ cheque** *n* cheque *m* en blanco

blanket ['blæŋkɪt] *n* manta (*SP*), cobija (*AM*); (*of snow*) capa; (*of fog*) manto

blare [blɛə*] *vi* sonar estrepitosamente

blasé ['blɑːzeɪ] *adj* hastiado

blast [blɑːst] *n* (*of wind*) ráfaga, soplo; (*of explosive*) explosión *f* ♦ *vt* (*blow up*) volar; **~-off** *n* (*SPACE*) lanzamiento

blatant ['bleɪtənt] *adj* descarado

blaze [bleɪz] *n* (*fire*) fuego; (*fig: of colour*) despliegue *m*; (*: of glory*) esplendor *m* ♦ *vi* arder en llamas; (*fig*) brillar ♦ *vt*: **to ~ a trail** abrir un camino; **in a ~ of publicity** con gran publicidad

blazer ['bleɪzə*] *n* chaqueta de uniforme de colegial o de socio del club

bleach [bliːtʃ] *n* (*also: household ~*) lejía ♦ *vt* blanquear; **~ed** *adj* (*hair*) teñido (de rubio); **~ers** (*US*) *npl* (*SPORT*) gradas *fpl* al sol

bleak [bliːk] *adj* (*countryside*) desierto; (*prospect*) poco prometedor(a); (*weather*) crudo; (*smile*) triste

bleat [bliːt] *vi* balar

bleed [bliːd] (*pt, pp* **bled**) *vt, vi* sangrar; **my nose is ~ing** me está sangrando la nariz

bleeper ['bliːpə*] *n* busca *m*

blemish ['blemɪʃ] *n* marca, mancha; (*on reputation*) tacha

blend [blend] *n* mezcla ♦ *vt* mezclar; (*colours etc*) combinar, mezclar ♦ *vi* (*colours etc: also: ~ in*) combinarse, mezclarse

bless [bles] (*pt, pp* **blessed** *or* **blest**) *vt* bendecir; **~ you!** (*after sneeze*) ¡Jesús!; **~ing** *n* (*approval*) aprobación *f*; (*godsend*) don *m* del cielo, bendición *f*; (*advantage*) beneficio, ventaja

blew [bluː] *pt of* **blow**

blind [blaɪnd] *adj* ciego; (*fig*): **~ (to)** ciego (a) ♦ *n* (*for window*) persiana ♦ *vt* cegar; (*dazzle*) deslumbrar; (*deceive*): **to ~ sb to ...** cegar a uno a ...; **the ~**

npl los ciegos; **~ alley** *n* callejón *m* sin
salida; **~ corner** (BRIT) *n* esquina
escondida; **~fold** *n* venda ♦ *adv* con
los ojos vendados ♦ *vt* vendar los ojos
a; **~ly** *adv* a ciegas, ciegamente;
~ness *n* ceguera; **~ spot** *n* (AUT)
ángulo ciego

blink [blɪŋk] *vi* parpadear, pestañear;
(*light*) oscilar; **~ers** *npl* anteojeras *fpl*

bliss [blɪs] *n* felicidad *f*

blister ['blɪstə*] *n* ampolla ♦ *vi* (*paint*)
ampollarse

blizzard ['blɪzəd] *n* ventisca

bloated ['bləʊtɪd] *adj* hinchado;
(*person: full*) ahíto

blob [blɔb] *n* (DROP) gota; (*indistinct
object*) bulto

bloc [blɔk] *n* (POL) bloque *m*

block [blɔk] *n* bloque *m*; (*in pipes*)
obstáculo; (*of buildings*) manzana (SP),
cuadra (AM) ♦ *vt* obstruir, cerrar;
(*progress*) estorbar; **~ of flats** (BRIT)
bloque *m* de pisos; **mental ~** bloqueo
mental; **~ade** [-'keɪd] *n* bloqueo ♦ *vt*
bloquear; **~age** *n* estorbo, obstrucción
f; **~buster** *n* (*book*) bestseller *m*; (*film*)
éxito de público; **~ letters** *npl* letras
fpl de molde

bloke [bləʊk] (BRIT: *inf*) *n* tipo, tío

blond(e) [blɔnd] *adj, n* rubio/a *m/f*

blood [blʌd] *n* sangre *f*; **~ donor** *n*
donante *m/f* de sangre; **~ group** *n*
grupo sanguíneo; **~hound** *n* sabueso;
~ poisoning *n* envenenamiento de la
sangre; **~ pressure** *n* presión *f*
sanguínea; **~shed** *n* derramamiento de
sangre; **~shot** *adj* inyectado en
sangre; **~stream** *n* corriente *f*
sanguínea; **~ test** *n* análisis *m inv* de
sangre; **~thirsty** *adj* sanguinario;
~ vessel *n* vaso sanguíneo; **~y** *adj*
sangriento; (*nose etc*) lleno de sangre;
(BRIT: *inf!*): **this ~y...** este condenado o
puñetero ... (!) ♦ *adv*: **~y strong/
good** (BRIT: *inf!*) terriblemente fuerte/
bueno; **~y-minded** (BRIT: *inf*) *adj*
puñetero (!)

bloom [bluːm] *n* flor *f* ♦ *vi* florecer

blossom ['blɔsəm] *n* flor *f* ♦ *vi* (*also
fig*) florecer

blot [blɔt] *n* borrón *m*; (*fig*) mancha
♦ *vt* (*stain*) manchar; **~ out** *vt* (*view*)
tapar

blotchy ['blɔtʃɪ] *adj* (*complexion*) lleno
de manchas

blotting paper ['blɔtɪŋ-] *n* papel *m*
secante

blouse [blauz] *n* blusa

blow [bləʊ] (*pt* **blew**, *pp* **blown**) *n*
golpe *m*; (*with sword*) espadazo ♦ *vi*
soplar; (*dust, sand etc*) volar; (*fuse*)
fundirse ♦ *vt* (*subj: wind*) llevarse; (*fuse*)
quemar; (*instrument*) tocar; **to ~ one's
nose** sonarse; **~ away** *vt* llevarse,
arrancar; **~ down** *vt* derribar; **~ off** *vt*
arrebatar; **~ out** *vi* apagarse; **~ over** *vi*
amainar; **~ up** *vi* estallar ♦ *vt* volar;
(*tyre*) inflar; (PHOT) ampliar; **~ dry** *n*
moldeado (con secador); **~lamp**
n soplete *m*, lámpara de soldar; **~out**
n (*of tyre*) pinchazo; **~torch** *n* =
~lamp

blue [bluː] *adj* azul; (*depressed*)
deprimido; **~ film/joke** película/chiste
m verde; **out of the ~** (*fig*) de
repente; **~bell** *n* campanilla,
campánula azul; **~bottle** *n* moscarda,
mosca azul; **~print** *n* (*fig*)
anteproyecto

bluff [blʌf] *vi* tirarse un farol, farolear
♦ *n* farol *m*; **to call sb's ~** coger a
uno la palabra

blunder ['blʌndə*] *n* patinazo,
metedura de pata ♦ *vi* cometer un
error, meter la pata

blunt [blʌnt] *adj* (*pencil*) despuntado;
(*knife*) desafilado, romo; (*person*)
franco, directo

blur [blə:*] *n* (*shape*): **to become a ~**
hacerse borroso ♦ *vt* (*vision*) enturbiar;
(*distinction*) borrar

blush [blʌʃ] *vi* ruborizarse, ponerse
colorado ♦ *n* rubor *m*

blustery ['blʌstərɪ] *adj* (*weather*)

tempestuoso, tormentoso

boar [bɔː*] n verraco, cerdo

board [bɔːd] n (card~) cartón m;
(wooden) tabla, tablero; (on wall)
tablón m; (for chess etc) tablero;
(committee) junta, consejo; (in firm)
mesa o junta directiva; (NAUT, AVIAT):
on ~ a bordo ♦ vt (ship) embarcarse
en; (train) subir a; **full ~** (BRIT) pensión
completa; **half ~** (BRIT) media pensión;
to go by the ~ (fig) ser abandonado
o olvidado; **~ up** vt (door) tapiar;
~ and lodging n casa y comida; **~er**
n (SCOL) interno/a; **~ing card** (BRIT) n
tarjeta de embarque; **~ing house** n
casa de huéspedes, pensión f; **~ing**
pass n (US) n = **~ing card**; **~ing**
school n internado; **~ room** n sala de juntas

boast [bəust] vi: **to ~ (about o of)**
alardear (de)

boat [bəut] n barco, buque m; (small)
barca, bote m

bob [bɔb] vi (also: ~ up and down)
menearse, balancearse; **~ up** vi
(re)aparecer de repente

bobby ['bɔbɪ] (BRIT: inf) n poli m

bobsleigh ['bɔbsleɪ] n bob m

bode [bəud] vi: **to ~ well/ill (for)** ser
prometedor/poco prometedor (para)

bodily ['bɔdɪlɪ] adj corporal ♦ adv
(move: person) en peso

body ['bɔdɪ] n cuerpo; (corpse) cadáver
m; (of car) caja, carrocería; (fig: group)
grupo; (: organization) organismo; **~-**
building n culturismo; **~guard** n
guardaespaldas m inv; **~work** n
carrocería

bog [bɔg] n pantano, ciénaga ♦ vt: **to**
get ~ged down (fig) empantanarse,
atascarse

bogus ['bəugəs] adj falso, fraudulento

boil [bɔɪl] vt (water) hervir; (eggs) pasar
por agua, cocer ♦ vi hervir; (fig: with
anger) estar furioso; (: with heat)
asfixiarse ♦ n (MED) furúnculo, divieso;
to come to the ~, to come to a ~
(US) comenzar a hervir; **to ~ down to**

(fig) reducirse a; **~ over** vi salirse,
rebosar; (anger etc) llegar al colmo;
~ed egg n huevo cocido (SP) o
pasado (AM); **~ed potatoes** npl
patatas fpl (SP) o papas fpl (AM)
hervidas; **~er** n caldera; **~er suit** (BRIT)
n mono; **~ing point** n punto de
ebullición

boisterous ['bɔɪstərəs] adj (noisy)
bullicioso; (excitable) exuberante;
(crowd) tumultuoso

bold [bəuld] adj valiente, audaz; (pej)
descarado; (colour) llamativo

Bolivia [bə'lɪvɪə] n Bolivia; **~n** adj, n
boliviano/a m/f

bollard ['bɔləd] (BRIT) n (AUT) poste m

bolt [bəult] n (lock) cerrojo; (with nut)
perno, tornillo ♦ adv: **~ upright** rígido,
erguido ♦ vt (door) echar el cerrojo a;
(also: ~ together) sujetar con tornillos;
(food) engullir ♦ vi fugarse; (horse)
desbocarse

bomb [bɔm] n bomba ♦ vt
bombardear; **~ disposal** n desmontaje
m de explosivos; **~er** n (AVIAT)
bombardero; **~shell** n (fig) bomba

bond [bɔnd] n (promise) fianza;
(FINANCE) bono; (link) vínculo, lazo;
(COMM): **in ~** en depósito bajo fianza

bondage ['bɔndɪdʒ] n esclavitud f

bone [bəun] n hueso; (of fish) espina
♦ vt deshuesar; quitar las espinas a
♦ **~ idle** adj gandul; **~ marrow** n
médula

bonfire ['bɔnfaɪə*] n hoguera, fogata

bonnet ['bɔnɪt] n gorra; (BRIT: of car)
capó m

bonus ['bəunəs] n (payment) paga
extraordinaria, plus m; (fig) bendición f

bony ['bəunɪ] adj (arm, face) huesudo;
(MED: tissue) óseo; (meat) lleno de
huesos; (fish) lleno de espinas

boo [buː] excl ¡uh! ♦ vt abuchear,
rechiflar

booby trap ['buːbɪ-] n trampa
explosiva

book [buk] n libro; (of tickets) taco; (of

stamps etc) librito ♦ *vt* (*ticket*) sacar; (*seat, room*) reservar; **~s** *npl* (*COMM*) cuentas *fpl*, contabilidad *f*; **~case** *n* librería, estante *m* para libros; **~ing office** *n* (*BRIT: RAIL*) despacho de billetes (*SP*) or boletos (*AM*); (*THEATRE*) taquilla (*SP*), boletería (*AM*); **~keeping** *n* contabilidad *f*; **~let** *n* folleto; **~maker** *n* corredor *m* de apuestas; **~seller** *n* librero; **~shop, ~ store** *n* librería

boom [bu:m] *n* (*noise*) trueno, estampido; (*in prices etc*) alza rápida; (*ECON: in population*) boom *m* ♦ *vi* (*cannon*) hacer gran estruendo, retumbar; (*ECON*) estar en alza

boon [bu:n] *n* favor *m*, beneficio

boost [bu:st] *n* estímulo, empuje *m* ♦ *vt* estimular, empujar; **~er** *n* (*MED*) reinyección *f*

boot [bu:t] *n* bota, (*BRIT: of car*) maleta, maletero *m* ♦ *vt* (*COMPUT*) arrancar; **to ~** (*in addition*) además, por añadidura

booth [bu:ð] *n* (*telephone ~, voting ~*) cabina

booze [bu:z] (*inf*) *n* bebida

border ['bɔ:də*] *n* borde *m*, margen *m*; (*of a country*) frontera; (*for flowers*) arriate *m* ♦ *vt* (*road*) bordear; (*another country: also: ~ on*) lindar con; **B~s** *n*: **the B~s** región fronteriza entre Escocia e Inglaterra; **~ on** *vt fus* (*insanity etc*) rayar en; **~line** *n*: **on the ~line** en el límite; **~line case** *n* caso dudoso

bore [bɔ:*] *pt of* **bear** ♦ *vt* (*hole*) hacer un agujero en; (*well*) perforar; (*person*) aburrir ♦ *n* (*person*) pelmazo, pesado; (*of gun*) calibre *m*; **to be ~d** estar aburrido; **~dom** *n* aburrimiento

boring ['bɔ:rɪŋ] *adj* aburrido

born [bɔ:n] *adj*: **to be ~** nacer; **I was ~ in 1960** nací en 1960

borne [bɔ:n] *pp of* **bear**

borough ['bʌrə] *n* municipio

borrow ['bɔrəu] *vt*: **to ~ sth (from sb)** tomar algo prestado (a alguien)

Bosnia(-Herzegovina) ['bɔznɪə-(hertsə'gəuvi:nə)] *n* Bosnia (-Herzegovina)

bosom ['buzəm] *n* pecho

boss [bɔs] *n* jefe *m* ♦ *vt* (*also: ~ about or around*) mangonear; **~y** *adj* mandón/ona

bosun ['bəusn] *n* contramaestre *m*

botany ['bɔtənɪ] *n* botánica

botch [bɔtʃ] *vt* (*also: ~ up*) arruinar, estropear

both [bəuθ] *adj, pron* ambos/as, los/las dos; **~ of us went, we ~ went** fuimos los dos, ambos fuimos ♦ *adv*: **~ A and B** tanto A como B

bother ['bɔðə*] *vt* (*worry*) preocupar; (*disturb*) molestar, fastidiar ♦ *vi* (*also: ~ o.s.*) molestarse ♦ *n* (*trouble*) dificultad *f*; (*nuisance*) molestia, lata; **to ~ doing** tomarse la molestia de hacer

bottle ['bɔtl] *n* botella; (*small*) frasco; (*baby's*) biberón *m* ♦ *vt* embotellar; **~ up** *vt* suprimir; **~ bank** *n* contenedor *m* de vidrio; **~neck** *n* (*AUT*) embotellamiento; (*in supply*) obstáculo; **~opener** *n* abrebotellas *m inv*

bottom ['bɔtəm] *n* (*of box, sea*) fondo; (*buttocks*) trasero, culo; (*of page*) pie *m*; (*of list*) final *m*; (*of page*) último ♦ *adj* (*lowest*) más bajo; (*last*) último

bough [bau] *n* rama

bought [bɔ:t] *pt, pp of* **buy**

boulder ['bəuldə*] *n* canto rodado

bounce [bauns] *vi* (*ball*) (*re*)botar; (*cheque*) ser rechazado ♦ *vt* hacer (re)botar ♦ *n* (*rebound*) (*re*)bote *m*; **~r** (*inf*) *n* gorila *m* (*que echa a los alborotadores de un bar, club etc*)

bound [baund] *pt, pp of* **bind** ♦ *n* (*leap*) salto; (*gen pl: limit*) límite *m* ♦ *vi* (*leap*) saltar ♦ *vt* (*border*) rodear ♦ *adj*: **~ by** rodeado de, bordeado por; **to be ~ to do** (*obliged*) tener el deber de hacer algo; **he's ~ to come** es seguro que vendrá; **out of ~s** prohibido el paso; **~ for** con destino a

boundary ['baundrɪ] n límite m

bouquet [bu'keɪ] n (of flowers) ramo

bourgeois ['buəʒwɑː] adj burgués/esa m/f

bout [baut] n (of malaria etc) ataque m; (of activity) período; (BOXING etc) combate m, encuentro

bow¹ [bəu] n (knot) lazo; (weapon, MUS) arco

bow² [bau] n (of the head) reverencia; (NAUT: also: ~s) proa ♦ vi inclinarse, hacer una reverencia; (yield): **to ~ to** or **before** ceder ante, someterse a

bowels [bauəlz] npl intestinos mpl, vientre m; (fig) entrañas fpl

bowl [bəul] n tazón m, cuenco; (ball) bola ♦ vi (CRICKET) arrojar la pelota; see also **bowls**

bow-legged ['bəu'legɪd] adj estevado

bowler ['bəulə*] n (CRICKET) lanzador m (de la pelota); (BRIT: also: ~ hat) hongo, bombín m

bowling ['bəulɪŋ] n (game) bochas f, bolos mpl; **~ alley** n bolera; **~ green** n pista para bochas

bowls [bəulz] n juego de las bochas, bolos mpl

bow tie ['bəu-] n corbata de lazo, pajarita

box [bɔks] n (also: cardboard ~) caja, cajón m; (THEATRE) palco ♦ vt encajonar ♦ vi (SPORT) boxear; **~er** ['bɔksə*] n (person) boxeador m; **~ing** ['bɔksɪŋ] n (SPORT) boxeo; **B~ing Day** (BRIT) n día en que se dan los aguinaldos, 26 de diciembre; **~ing gloves** npl guantes mpl de boxeo; **~ing ring** n ring m, cuadrilátero; **~ office** n taquilla (SP), boletería (AM); **~room** n trastero

boy [bɔɪ] n (young) niño m; (older) muchacho, chico; (son) hijo

boycott ['bɔɪkɔt] n boicot m ♦ vt boicotear

boyfriend ['bɔɪfrend] n novio

boyish ['bɔɪʃ] adj juvenil; (girl) con aspecto de muchacho

B.R. n abbr (formerly = British Rail) ≈ RENFE f (SP)

bra [brɑː] n sostén m, sujetador m

brace [breɪs] n (BRIT: also: ~s: on teeth) corrector m, aparato; (tool) berbiquí m ♦ vt (knees, shoulders) tensionar; **~s** npl (BRIT) tirantes mpl; **to ~ o.s.** (fig) prepararse

bracelet ['breɪslɪt] n pulsera, brazalete m

bracing ['breɪsɪŋ] adj vigorizante, tónico

bracket ['brækɪt] n (TECH) soporte m, puntal m; (group) clase f, categoría; (also: brace ~) soporte m, abrazadera; (also: round ~) paréntesis m inv; (also: square ~) corchete m ♦ vt (word etc) poner entre paréntesis

brag [bræg] vi jactarse

braid [breɪd] n (trimming) galón m; (of hair) trenza

brain [breɪn] n cerebro; **~s** npl sesos mpl; **she's got ~s** es muy lista; **~wash** vt lavar el cerebro; **~wave** n idea luminosa; **~y** adj muy inteligente

braise [breɪz] vt cocer a fuego lento

brake [breɪk] n (on vehicle) freno ♦ vi frenar; **~ light** n luz f de frenado

bran [bræn] n salvado

branch [brɑːntʃ] n rama; (COMM) sucursal f; **~ out** vi (fig) extenderse

brand [brænd] n marca; (fig: type) tipo ♦ vt (cattle) marcar con hierro candente; **~-new** adj flamante, completamente nuevo

brandy ['brændɪ] n coñac m

brash [bræʃ] adj (forward) descarado

brass [brɑ:s] n latón m; **the ~** (MUS) los cobres; **~ band** n banda de metal
brat [bræt] n (pej) mocoso/a
brave [breɪv] adj valiente, valeroso ♦ vt (face up to) desafiar; **~ry** n valor m, valentía
brawl [brɔ:l] n pelea, reyerta
brazen ['breɪzn] adj descarado, cínico ♦ vt: **to ~ it out** echarle cara
Brazil [brə'zɪl] n (el) Brasil; **~ian** adj, n brasileño/a m/f
breach [bri:tʃ] vt abrir brecha en ♦ n (gap) brecha; (breaking): **~ of contract** infracción f de contrato; **~ of the peace** perturbación f del órden público
bread [bred] n pan m; **~ and butter** n pan con mantequilla; (fig) pan (de cada día); **~bin** n panera; **~crumbs** npl migajas fpl; (CULIN) pan rallado; **~line** n: **on the ~line** en la miseria
breadth [bretθ] n anchura; (fig) amplitud f
breadwinner ['bredwɪnə*] n sustento m de la familia
break [breɪk] (pt **broke**, pp **broken**) vt romper; (promise) faltar a; (law) violar, infringir; (record) batir ♦ vi romperse, quebrarse; (storm) estallar; (weather) cambiar; (dawn) despuntar; (news etc) darse a conocer ♦ n (gap) abertura; (fracture) fractura; (time) intervalo; (: at school) (período de) recreo; (chance) oportunidad f; **to ~ the news to sb** comunicar la noticia a uno; **~ down** vt (figures, data) analizar, descomponer ♦ vi (machine) estropearse; (AUT) averiarse; (person) romper a llorar; (talks) fracasar; **~ even** vi cubrir los gastos; **~ free** or **loose** vi escaparse; **~ in** vt (horse etc) domar ♦ vi (burglar) forzar una entrada; (interrupt) interrumpir; **~ into** vt fus (house) forzar; **~ off** vi (speaker) pararse, detenerse; (branch) partir; **~ open** vt (door etc) abrir por la fuerza, forzar; **~ out** vi estallar; (prisoner) escaparse;

to ~ out in spots salirle a uno granos; **~ up** vi (ship) hacerse pedazos; (crowd, meeting) disolverse; (marriage) deshacerse; (SCOL) terminar (el curso) ♦ vt (rocks etc) partir; (journey) partir; (fight etc) acabar con; **~age** n rotura; (in communications) interrupción f; (MED: also: nervous ~down) colapso, crisis f nerviosa; (of marriage, talks) fracaso; (of statistics) análisis m inv; **~down van** (BRIT) n (camión m) grúa; **~er** n (ola) rompiente f
breakfast ['brekfəst] n desayuno
break-: **~-in** n robo con allanamiento de morada; **~ing and entering** n (LAW) violación f de domicilio, allanamiento de morada, **~through** n (also fig) avance m; **~water** n rompeolas m inv
breast [brest] n (of woman) pecho, seno; (chest) pecho; (of bird) pechuga; **~-feed** (irreg: like **feed**) vt, vi amamantar, criar a los pechos; **~-stroke** n braza (de pecho)
breath [breθ] n aliento, respiración f; **to take a deep ~** respirar hondo; **out of ~** sin aliento, sofocado
Breathalyser ® ['breθəlaɪzə*] (BRIT) n alcoholímetro m
breathe [bri:ð] vt, vi respirar; **~ in** vt, vi aspirar; **~r** n respiro; **breathing** n respiración f
breath-: **~less** adj sin aliento, jadeante; **~taking** adj imponente, pasmoso
breed [bri:d] (pt, pp **bred**) vt criar ♦ vi reproducirse, procrear ♦ n (ZOOL) raza, casta; (type) tipo; **~ing** n (of person) educación f
breeze [bri:z] n brisa
breezy ['bri:zi] adj de mucho viento, ventoso; (person) despreocupado
brevity ['brevɪti] n brevedad f
brew [bru:] vt (tea) hacer; (beer) elaborar ♦ vi (fig: trouble) prepararse; (storm) amenazar; **~ery** n fábrica de cerveza, cervecería

bribe [braɪb] n soborno ♦ vt sobornar, cohechar; **~ry** n soborno, cohecho

bric-a-brac ['brɪkəbræk] n inv baratijas fpl

brick [brɪk] n ladrillo; **~layer** n albañil m

bridal ['braɪdl] adj nupcial

bride [braɪd] n novia; **~groom** n novio; **~smaid** n dama de honor

bridge [brɪdʒ] n puente m; (NAUT) puente m de mando; (of nose) caballete m; (CARDS) bridge m ♦ vt (fig): **to ~ a gap** llenar un vacío

bridle ['braɪdl] n brida, freno; **~ path** n camino de herradura

brief [briːf] adj breve, corto ♦ n (LAW) escrito; (task) cometido, encargo ♦ vt informar; **~s** npl (for men) calzoncillos mpl; (for women) bragas fpl; **~case** n cartera (SP), portafolio (AM); **~ing** n (PRESS) informe m; **~ly** adv (glance) fugazmente; (say) en pocas palabras

brigadier [brɪgə'dɪə*] n general m de brigada

bright [braɪt] adj brillante; (room) luminoso; (day) de sol; (person: clever) listo, inteligente; (: lively) alegre; (colour) vivo; (future) prometedor(a); **~en** (also: **~en up**) vt (room) hacer más alegre; (event) alegrar ♦ vi (weather) despejarse; (person) animarse, alegrarse; (prospects) mejorar

brilliance ['brɪljəns] n brillo, brillantez f; (of talent etc) brillantez

brilliant ['brɪljənt] adj brillante; (inf) fenomenal

brim [brɪm] n borde m; (of hat) ala

brine [braɪn] n (CULIN) salmuera

bring [brɪŋ] (pt, pp brought) vt (thing, person: with you) traer; (: to sb) llevar, conducir; (trouble, satisfaction) causar; **~ about** vt ocasionar, producir; **~ back** vt volver a traer; (return) devolver; **~ down** vt (government, plane) derribar; (price) rebajar; **~ forward** vt adelantar; **~ off** vt (task, plan) lograr, conseguir; **~ out** vt sacar;

(book etc) publicar; (meaning) subrayar; **~ round** vt (unconscious person) hacer volver en sí; **~ up** vt subir; (person) educar, criar; (question) sacar a colación; (food: vomit) devolver, vomitar

brink [brɪŋk] n borde m

brisk [brɪsk] adj (abrupt: tone) brusco; (person) enérgico, vigoroso; (pace) rápido; (trade) activo

bristle ['brɪsl] n cerda ♦ vi: **to ~ in anger** temblar de rabia

Britain ['brɪtən] n (also: **Great ~**) Gran Bretaña

British ['brɪtɪʃ] adj británico ♦ npl: **the ~** los británicos; **~ Isles** npl: **the ~ Isles** las Islas Británicas; **~ Rail** n ≈ RENFE f (SP)

Briton ['brɪtən] n británico/a

brittle ['brɪtl] adj quebradizo, frágil

broach [brəutʃ] vt (subject) abordar

broad [brɔːd] adj ancho; (smile) amplio; (smile) abierto; (general: outlines etc) general; (accent) cerrado; **in ~ daylight** en pleno día; **~cast** (irreg: like cast) n emisión f ♦ vt (RADIO) emitir; (TV) transmitir ♦ vi emitir; transmitir; **~en** vt ampliar ♦ vi ensancharse; **to ~en one's mind** hacer más tolerante a uno; **~ly** adv en general; **~-minded** adj tolerante, liberal

broccoli ['brɔkəlɪ] n brécol m

brochure ['brəuʃjuə*] n folleto

broil [brɔɪl] vt (CULIN) asar a la parrilla

broke [brəuk] pt of **break** ♦ adj (inf) pelado, sin blanca

broken ['brəukən] pp of **break** ♦ adj roto; (machine: also: **~ down**) averiado; **~ leg** pierna rota; **in ~ English** en un inglés imperfecto; **~-hearted** adj con el corazón partido

broker ['brəukə*] n agente m/f, bolsista m/f; (insurance ~) agente de seguros

brolly ['brɔlɪ] (BRIT: inf) n paraguas m inv

bronchitis [brɔŋ'kaɪtɪs] n bronquitis f

bronze [brɔnz] n bronce m

brooch [brəʊtʃ] n prendedor m, broche m

brood [bruːd] n camada, cría ♦ vi (person) dejarse obsesionar

broom [brum] n escoba; (BOT) retama

Bros. abbr (= Brothers) Hnos

broth [brɔθ] n caldo

brothel ['brɔθl] n burdel m

brother ['brʌðə*] n hermano; **~-in-law** n cuñado

brought [brɔːt] pt, pp of **bring**

brow [braʊ] n (forehead) frente m; (eye~) ceja; (of hill) cumbre f

brown [braʊn] adj (colour) marrón, (hair) castaño, (tanned) bronceado, moreno ♦ n (colour) color m marrón o pardo ♦ vt (CULIN) dorar ♦ n pan integral

Brownie ['braʊnɪ] n niña exploradora; **b~** (US: cake) pastel de chocolate con nueces

brown paper n papel m de estraza

brown sugar n azúcar m terciado

browse [braʊz] vi (through book) hojear; (in shop) mirar; **~r** n (COMPUT) navegador m

bruise [bruːz] n cardenal m (SP), moretón m (AM) ♦ vt magullar

brunch [brʌntʃ] n desayuno-almuerzo

brunette [bruː'net] n morena

brunt [brʌnt] n: **to bear the ~ of** llevar el peso de

brush [brʌʃ] n cepillo; (for painting, shaving etc) brocha; (artist's) pincel m; (with police etc) roce m ♦ vt (sweep) barrer; (groom) cepillar; (also: **~ against**) rozar al pasar; **~ aside** vt rechazar, no hacer caso a; **~ up** vt (knowledge) repasar, refrescar; **~wood** n (sticks) leña

Brussels ['brʌslz] n Bruselas; **~ sprout** n col f de Bruselas

brute [bruːt] n bruto; (person) bestia ♦ adj: **by ~ force** a fuerza bruta

B.Sc. abbr (= Bachelor of Science)

licenciado en Ciencias

BSE n abbr (= bovine spongiform encephalopathy) encefalopatía espongiforme bovina

bubble ['bʌbl] n burbuja ♦ vi burbujear, borbotar; **~ bath** n espuma para el baño; **~ gum** n chicle m de globo

buck [bʌk] n (rabbit) conejo macho; (deer) gamo; (US: inf) dólar m ♦ vi corcovear; **to pass the ~** (to sb) echar (a uno) el muerto; **~ up** vi (cheer up) animarse, cobrar ánimo

Buckingham Palace es la residencia oficial del monarca británico en Londres. El palacio se construyó en 1703 y fue residencia del Duque de Buckingham hasta que, en 1762, pasó a manos de Jorge III. Fue reconstruido en el siglo XIX y posteriormente reformado a principios de este siglo. Una parte del palacio está actualmente abierta al público.

bucket ['bʌkɪt] n cubo, balde m

buckle ['bʌkl] n hebilla ♦ vt abrochar con hebilla ♦ vi combarse

bud [bʌd] n (of plant) brote m, yema; (of flower) capullo ♦ vi brotar, echar brotes

Buddhism ['bʊdɪzm] n Budismo

budding ['bʌdɪŋ] adj en ciernes

buddy ['bʌdɪ] (US) n compañero, compinche m

budge [bʌdʒ] vt mover; (fig) hacer ceder ♦ vi moverse, ceder

budgerigar ['bʌdʒərɪgɑː*] n periquito

budget ['bʌdʒɪt] n presupuesto ♦ vi: **to ~ for sth** presupuestar algo

budgie ['bʌdʒɪ] n = **budgerigar**

buff [bʌf] adj (colour) color de ante ♦ n (inf: enthusiast) entusiasta m/f

buffalo ['bʌfələʊ] (pl ~ or ~es) n (BRIT) búfalo; (US: bison) bisonte m

buffer ['bʌfə*] n (COMPUT) memoria

intermedia; (RAIL) tope m

buffet[1] ['bufeɪ] n (BRIT: in station) bar m, cafetería; (food) buffet m; ~ **car** (BRIT) (RAIL) coche-comedor m

buffet[2] ['bʌfɪt] vt golpear

bug [bʌg] n (esp US: insect) bicho, sabandija; (COMPUT) error m; (germ) microbio, bacilo; (spy device) micrófono oculto ♦ vt (inf: annoy) fastidiar; (room) poner micrófono oculto en

buggy ['bʌgɪ] n cochecito de niño

bugle ['bju:gl] n corneta, clarín m

build [bɪld] (pt, pp **built**) n (of person) tipo ♦ vt construir, edificar; ~ **up** vt (morale, forces, production) acrecentar; (stocks) acumular; ~**er** n (contractor) contratista m/f; ~**ing** n construcción f; (structure) edificio; ~**ing society** (BRIT) n sociedad f inmobiliaria

built [bɪlt] pt, pp of **build** ♦ adj: ~-**in** (wardrobe etc) empotrado; ~**-up area** n zona urbanizada

bulb [bʌlb] n (BOT) bulbo; (ELEC) bombilla (SP), foco (AM)

Bulgaria [bʌl'geərɪə] n Bulgaria; ~**n** adj, n búlgaro/a m/f

bulge [bʌldʒ] n bulto, protuberancia ♦ vi bombearse, pandearse; (pocket etc): **to** ~ (**with**) rebosar (de)

bulk [bʌlk] n masa, mole f; **in** ~ (COMM) a granel; **the** ~ **of** la mayor parte de; ~**y** adj voluminoso, abultado

bull [bul] n toro; (male elephant, whale) macho; ~**dog** n dogo

bulldozer ['buldəuzə*] n bulldozer m

bullet ['bulɪt] n bala

bulletin ['bulɪtɪn] n anuncio, parte m; (journal) boletín m; ~ **board** n (US) tablón m de anuncios; (COMPUT) tablero de noticias

bulletproof ['bulɪtpru:f] adj a prueba de balas

bullfight ['bulfaɪt] n corrida de toros; ~**er** n torero; ~**ing** n los toros, el toreo

bullion ['buljən] n oro (or plata) en barras

bullock ['bulək] n novillo

bullring ['bulrɪŋ] n plaza de toros

bull's-eye n centro del blanco

bully ['bulɪ] n valentón m, matón m ♦ vt intimidar, tiranizar

bum [bʌm] n (inf: backside) culo; (esp US: tramp) vagabundo

bumblebee ['bʌmblbi:] n abejorro

bump [bʌmp] n (blow) tope m, choque m; (jolt) sacudida; (on road etc) bache m; (on head etc) chichón m ♦ vt (strike) chocar contra; ~ **into** vt fus chocar contra, tropezar con; (person) topar con; ~**er** n (AUT) parachoques m inv ♦ adj: ~**er crop/harvest** cosecha abundante; ~**er cars** npl coches mpl de choque; ~**y** adj (road) lleno de baches

bun [bʌn] n (BRIT: cake) pastel m; (US: bread) bollo; (of hair) moño

bunch [bʌntʃ] n (of flowers) ramo; (of keys) manojo; (of bananas) piña; (of people) grupo; (pej) pandilla; ~**es** npl (in hair) coletas fpl

bundle ['bʌndl] n bulto, fardo; (of sticks) haz m; (of papers) legajo ♦ vt (also: ~ up) atar, envolver; **to** ~ **sth/sb into** meter algo/a alguien precipitadamente en

bungalow ['bʌŋgələu] n bungalow m, chalé m

bungle ['bʌŋgl] vt hacer mal

bunion ['bʌnjən] n juanete m

bunk [bʌŋk] n litera; ~ **beds** npl literas fpl

bunker ['bʌŋkə*] n (coal store) carbonera; (MIL) refugio; (GOLF) bunker m

bunny ['bʌnɪ] n (also: ~ rabbit) conejito

buoy [bɔɪ] n boya; ~**ant** adj (ship) capaz de flotar; (economy) boyante; (person) optimista

burden ['bə:dn] n carga ♦ vt cargar

bureau ['bjuərəu] n (pl **bureaux**) n (BRIT: writing desk) escritorio, buró m; (US: chest of drawers) cómoda; (office) oficina, agencia

bureaucracy [bjuə'rɔkrəsɪ] n

burocracia

burglar ['bɜːglə*] n ladrón/ona m/f;
~ alarm n alarma f antirrobo; **~y** n
robo con allanamiento, robo de una
casa

burial ['berɪəl] n entierro

burly ['bɜːlɪ] adj fornido, membrudo

Burma ['bɜːmə] n Birmania

burn [bɜːn] (pt, pp **burned** or **burnt**)
vt quemar; (house) incendiar ♦ vi
quemarse, arder; incendiarse; (sting)
escocer ♦ n quemadura; **~ down** vt
incendiar; **~er** n (on cooker etc)
quemador m; **~ing** adj (building etc) en
llamas; (hot: sand etc) abrasador(a);
(ambition) ardiente

burrow ['bʌrəu] n madriguera ♦ vi
hacer una madriguera; (rummage)
hurgar

bursary ['bɜːsərɪ] (BRIT) n beca

burst [bɜːst] (pt, pp **burst**) vt reventar;
(subj: river. banks etc) romper ♦ vi
reventarse; (tyre) pincharse ♦ n (of
gunfire) ráfaga; (also: ~ pipe) reventón
m; **a ~ of energy/speed/
enthusiasm** una explosión de
energía/un ímpetu de velocidad/un
arranque de entusiasmo; **to ~ into
flames** estallar en llamas; **to ~ into
tears** deshacerse en lágrimas; **to ~
out laughing** soltar la carcajada; **to
~ open** abrirse de golpe; **to be ~ing
with** (subj: container) estar lleno a
rebosar de; (person) reventar por de;
~ into vt fus (room etc) irrumpir en

bury ['berɪ] vt enterrar; (body) enterrar,
sepultar

bus [bʌs] (pl **~es**) n autobús m

bush [buʃ] n arbusto; (scrub land)
monte m; **to beat about the ~**
andar(se) con rodeos

bushy ['buʃɪ] adj (thick) espeso,
poblado

busily ['bɪzɪlɪ] adv afanosamente

business ['bɪznɪs] n (matter) asunto;
(trading) comercio, negocios mpl; (firm)
empresa, casa; (occupation) oficio; **to**

be away on ~ estar en viaje de
negocios; **it's my ~ to ...** me toca o
corresponde ...; **it's none of my ~** yo
no tengo nada que ver; **he means ~**
habla en serio; **~like** adj eficiente;
~man n hombre m de negocios;
~ trip n viaje m de negocios;
~woman n mujer f de negocios

busker ['bʌskə*] (BRIT) n músico/a
ambulante

bus: **~ shelter** n parada cubierta;
~ station n estación f de autobuses;
~-stop n parada de autobús

bust [bʌst] n (ANAT) pecho; (sculpture)
busto ♦ adj (inf: broken) roto,
estropeado; **to go ~** quebrar

bustle ['bʌsl] n bullicio, movimiento
♦ vi menearse, apresurarse; **bustling**
adj (town) animado, bullicioso

busy ['bɪzɪ] adj ocupado, atareado;
(shop, street) concurrido, animado;
(TEL: line) comunicando ♦ vt: **to ~ o.s.
with** ocuparse en; **~body** n
entrometido/a; **~ signal** (US) n (TEL)
señal f de comunicando

but [bʌt] conj **1** pero; **he's not very
bright, ~ he's hard-working** no es
muy inteligente, pero es trabajador
2 (in direct contradiction) sino; **he's
not English ~ French** no es inglés
sino francés; **he didn't sing ~ he
shouted** no cantó sino que gritó
3 (showing disagreement, surprise etc):
~ that's far too expensive! ¡pero
eso es carísimo!; **~ it does work!**
¡(pero) sí que funciona!
♦ prep (apart from, except) menos,
salvo; **we've had nothing ~ trouble**
no hemos tenido más que problemas;
no-one ~ him can do it nadie más
que él puede hacerlo; **who ~ a
lunatic would do such a thing?**
¿sólo un loco haría una cosa así?; **~ for
you/your help** si no fuera por ti/tu
ayuda; **anything ~ that** cualquier

cosa menos eso
♦ *adv* (*just, only*): **she's ~ a child** no es más que una niña; **had I ~ known** si lo hubiera sabido; **I can ~ try** al menos lo puedo intentar; **it's all ~ finished** está casi acabado

butcher ['butʃə*] *n* carnicero ♦ *vt* hacer una carnicería con; (*cattle etc*) matar; **~'s (shop)** *n* carnicería

butler ['bʌtlə*] *n* mayordomo

butt [bʌt] *n* (*barrel*) tonel *m*; (*of gun*) culata, (*of cigarette*) colilla; (BRIT: *fig: target*) blanco ♦ *vt* dar cabezadas contra, top(et)ar; **~ in** *vi* (*interrupt*) interrumpir

butter ['bʌtə*] *n* mantequilla ♦ *vt* untar con mantequilla; **~cup** *n* botón *m* de oro

butterfly ['bʌtəflaɪ] *n* mariposa; (*swimming: also:* **~ stroke**) braza de mariposa

buttocks ['bʌtəks] *npl* nalgas *fpl*

button ['bʌtn] *n* botón *m*; (US) placa, chapa ♦ *vt* (*also:* **~ up**) abotonar, abrochar ♦ *vi* abrocharse

buttress ['bʌtrɪs] *n* contrafuerte *m*

buy [baɪ] (*pt, pp* **bought**) *vt* comprar ♦ *n* compra; **to ~ sb sth/sth from sb** comprarle algo a alguien; **to ~ sb a drink** invitar a alguien a tomar algo; **~er** *n* comprador(a) *m/f*

buzz [bʌz] *n* zumbido; (*inf: phone call*) llamada (por teléfono) ♦ *vi* zumbar; **~er** *n* timbre *m*; **~ word** *n* palabra que está de moda

---

KEYWORD

---

by [baɪ] *prep* **1** (*referring to cause, agent*) por; de; **killed ~ lightning** muerto por un relámpago; **a painting ~ Picasso** un cuadro de Picasso
2 (*referring to method, manner, means*): **~ bus/car/train** en autobús/coche/tren; **to pay ~ cheque** pagar con un cheque; **~ moonlight/candlelight** a la luz de la luna/una vela; **~ saving**

hard, he ... ahorrando, ...
3 (*via, through*) por; **we came ~ Dover** vinimos por Dover
4 (*close to, past*): **the house ~ the river** la casa junto al río; **she rushed ~ me** pasó a mi lado como una exhalación; **I go ~ the post office every day** paso por delante de Correos todos los días
5 (*time: not later than*) para; (: *during*): **~ daylight** de día; **~ 4 o'clock** para las cuatro; **~ this time tomorrow** mañana a estas horas; **~ the time I got here it was too late** cuando llegué ya era demasiado tarde
6 (*amount*): **~ the metre/kilo** por metro/kilo; **paid ~ the hour** pagado por hora
7 (MATH, *measure*): **to divide/ multiply ~ 3** dividir/multiplicar por 3; **a room 3 metres ~ 4** una habitación de 3 metros por 4; **it's broader ~ a metre** es un metro más ancho
8 (*according to*) según, de acuerdo con; **it's 3 o'clock ~ my watch** según mi reloj, son las tres; **it's all right ~ me** por mí, está bien
9: (**all**) **~ oneself** *etc* todo solo; **he did it (all) ~ himself** lo hizo él solo; **he was standing (all) ~ himself in a corner** estaba de pie solo en un rincón
10: **~ the way** a propósito, por cierto; **this wasn't my idea, ~ the way** pues, no fue idea mía
♦ *adv* **1** *see* **go; pass** *etc*
2: **~ and** finalmente; **they'll come back ~ and** acabarán volviendo; **~ and large** en líneas generales, en general

bye(-bye) ['baɪ('baɪ)] *excl* adiós, hasta luego

by(e)-law *n* ordenanza municipal

by-: ~-election (BRIT) *n* elección *f* parcial; **~gone** ['baɪgɒn] *adj* pasado, del pasado ♦ *n*: **let ~gones be**

~gones lo pasado, pasado está;
~pass ['baɪpɑːs] n carretera de circunvalación; (MED) (operación f de) by-pass m ♦ vt evitar; **~product** n subproducto, derivado; (of situation) consecuencia; **~stander** ['baɪstændə*] n espectador(a) m/f

byte [baɪt] n (COMPUT) byte m, octeto

byword ['baɪwɔːd] n: **to be a ~ for** ser conocidísimo por

C, c

C [siː] n (MUS) do m

C. abbr (= centigrade) C.

C.A. abbr = **chartered accountant**

cab [kæb] n taxi m; (of truck) cabina

cabbage ['kæbɪdʒ] n col f, berza

cabin ['kæbɪn] n (house) cabaña; (on ship) camarote m; (on plane) cabina; **~ crew** n tripulación f de cabina; **~ cruiser** n yate m de motor

cabinet ['kæbɪnɪt] n (POL) consejo de ministros; (furniture) armario; (also: display ~) vitrina

cable ['keɪbl] n cable m ♦ vt cablegrafiar; **~-car** n teleférico; **~ television** n televisión f por cable

cache [kæʃ] n (of arms, drugs etc) alijo

cackle ['kækl] vi lanzar risotadas; (hen) cacarear

cactus ['kæktəs] (pl **cacti**) n cacto

cadge [kædʒ] (inf) vt gorronear

Caesarean [siːˈzɛərɪən] adj: **~ (section)** n cesárea

café ['kæfeɪ] n café m

cafeteria [kæfɪˈtɪərɪə] n cafetería

cage [keɪdʒ] n jaula

cagey ['keɪdʒɪ] (inf) adj cauteloso, reservado

cagoule [kəˈɡuːl] n chubasquero

cajole [kəˈdʒəul] vt engatusar

cake [keɪk] n (CULIN: large) tarta; (: small) pastel m; (of soap) pastilla; **~d** adj: **~d with** cubierto de

calculate ['kælkjuleɪt] vt calcular;

calculation [-'leɪʃən] n cálculo, cómputo; **calculator** n calculadora

calendar ['kæləndə*] n calendario; **~ month/year** n mes m/año civil

calf [kɑːf] (pl **calves**) n (of cow) ternero, becerro; (of other animals) cría; (also: ~skin) piel f de becerro; (ANAT) pantorrilla

calibre ['kælɪbə*] (US **caliber**) n calibre m

call [kɔːl] vt llamar; (meeting): convocar ♦ vi (shout) llamar; (TEL) llamar (por teléfono), telefonear (esp AM); (visit: also: ~ in, ~ round) hacer una visita ♦ n llamada; (of bird) canto; **to be ~ed** llamarse; **on ~** (on duty) de guardia; **~ back** vi (return) volver; (TEL) volver a llamar; **~ for** vt fus (demand) pedir, exigir; (fetch) venir por (SP), pasar por (AM); **~ off** vt (cancel: meeting, race) cancelar; (: deal) anular; (: strike) desconvocar; **~ on** vt fus (visit) visitar; (turn to) acudir a; **~ out** vi gritar; **~ up** vt (MIL) llamar al servicio militar; (TEL) llamar; **~box** (BRIT) n cabina telefónica; **~ centre** n (BRIT) centro de atención al cliente; **~er** n visita; (TEL) usuario/a; **~ girl** n prostituta; **~-in** n (US) (programa m) coloquio (por teléfono); **~ing** n vocación f; (occupation) profesión f; **~ing card** n (US) n tarjeta de visita

callous ['kæləs] adj insensible, cruel

calm [kɑːm] adj tranquilo; (sea) liso, en calma ♦ n calma, tranquilidad f ♦ vt calmar, tranquilizar; **~ down** vi calmarse, tranquilizarse ♦ vt calmar, tranquilizar

Calor gas ® ['kælə*] n butano

calorie ['kælərɪ] n caloría

calves [kɑːvz] npl of **calf**

Cambodia [kæmˈbəudjə] n Camboya

camcorder ['kæmkɔːdə*] n videocámara

came [keɪm] pt of **come**

camel ['kæməl] n camello

camera ['kæmərə] n máquina fotográfica; (CINEMA, TV) cámara; **in ~** (LAW) a puerta cerrada; **~man** n cámara *m*

camouflage ['kæməfluːʒ] *n* camuflaje *m* ♦ *vt* camuflar

camp [kæmp] *n* campamento, camping *m*; (MIL) campamento; (for prisoners) campo; (fig: faction) bando ♦ *vi* acampar ♦ *adj* afectado, afeminado

campaign [kæm'peɪn] *n* (MIL, POL etc) campaña ♦ *vi* hacer campaña

camp: ~bed (BRIT) *n* cama de campaña; **~er** *n* campista *m/f*; (vehicle) caravana; **~ing** *n* camping *m*; to go **~ing** hacer camping; **~site** *n* camping *m*

campus ['kæmpəs] *n* ciudad *f* universitaria

can¹ [kæn] *n* (of oil, water) bidón *m*; (tin) lata, bote *m* ♦ *vt* enlatar

KEYWORD

can² [kæn] (negative **cannot, can't**; conditional and pt **could**) aux vb **1** (be able to) poder; **you ~ do it** if you try puedes hacerlo si lo intentas; **I ~'t see** you no te veo
2 (know how to) saber; **I ~ swim/play tennis/drive** sé nadar/jugar al tenis/conducir; **~ you speak French?** ¿hablas o sabes hablar francés?
3 (may) poder; **~ I use your phone?** ¿me dejas o puedo usar tu teléfono?
4 (expressing disbelief, puzzlement etc): **it ~'t be true!** ¡no puede ser (verdad)!; **what CAN he want?** ¿qué querrá?
5 (expressing possibility, suggestion etc): **he could be in the library** podría estar en la biblioteca; **she could have been delayed** pudo haberse retrasado

Canada ['kænədə] *n* (el) Canadá; **Canadian** [kə'neɪdɪən] *adj, n* canadiense *m/f*

canal [kə'næl] *n* canal *m*

canary [kə'neərɪ] *n* canario; **the C~ Islands** *npl* las (Islas) Canarias

cancel ['kænsəl] *vt* cancelar; (train) suprimir; (cross out) tachar, borrar; **~lation** [-'leɪʃən] *n* cancelación *f*; supresión *f*

cancer ['kænsə*] *n* cáncer *m*; **C~** (ASTROLOGY) Cáncer *m*

candid ['kændɪd] *adj* franco, abierto

candidate ['kændɪdeɪt] *n* candidato/a

candle ['kændl] *n* vela; (in church) cirio; **~light** *n*: **by ~light** a la luz de una vela; **~stick** *n* (single) candelero; (low) palmatoria; (bigger, ornate) candelabro

candour ['kændə*] (US **candor**) *n* franqueza

candy ['kændɪ] *n* azúcar *m* cande; (US) caramelo, bombón *m*; **~floss** (BRIT) *n* algodón *m* (azucarado)

cane [keɪn] *n* (BOT) caña; (stick) vara, palmeta; (for furniture) mimbre *f* ♦ (BRIT) *vt* (SCOL) castigar (con vara)

canister ['kænɪstə*] *n* bote *m*, lata; (of gas) bombona

cannabis ['kænəbɪs] *n* marijuana

canned [kænd] *adj* en lata, de lata

cannon ['kænən] (pl ~ or ~s) *n* cañón *m*

cannot ['kænɔt] = **can not**

canoe [kə'nuː] *n* canoa; (SPORT) piragua; **~ing** *n* piragüismo

canon ['kænən] *n* (clergyman) canónigo; (standard) canon *m*

can-opener *n* abrelatas *m inv*

canopy ['kænəpɪ] *n* dosel *m*; toldo

can't [kænt] = **can not**

canteen [kæn'tiːn] *n* (eating place) cantina; (BRIT: of cutlery) juego

canter ['kæntə*] *vi* ir a medio galope

canvas ['kænvəs] *n* (material) lona; (painting) lienzo; (NAUT) velas *fpl*

canvass ['kænvəs] *vi* (POL): **to ~** solicitar votos por ♦ *vt* (COMM) sondear

canyon ['kænjən] *n* cañón *m*

cap [kæp] *n* (hat) gorra; (of pen) capuchón *m*; (of bottle) tapa, tapón *m*; (contraceptive) diafragma *m*; (for toy gun) cápsula ♦ *vt* (outdo) superar;

(*limit*) recortar

capability [keɪpə'bɪlɪtɪ] *n* capacidad f

capable ['keɪpəbl] *adj* capaz

capacity [kə'pæsɪtɪ] *n* capacidad f; (*position*) calidad f

cape [keɪp] *n* capa; (*GEO*) cabo

caper ['keɪpə*] *n* (*CULIN*: gen: ~s) alcaparra; (*prank*) broma

capital ['kæpɪtl] *n* (*also*: ~ city) capital f; (*money*) capital m; (*also*: ~ letter) mayúscula; **~ gains tax** *n* impuesto sobre las ganancias de capital; **~ism** *n* capitalismo; **~ist** *adj*, *n* capitalista m/f; **~ize on** *vt fus* aprovechar; **~ punishment** *n* pena de muerte

| Capitol |

El Capitolio (**Capitol**) es el edificio del Congreso (**Congress**) de los Estados Unidos, situado en la ciudad de Washington. Por extensión, también se suele llamar así al edificio en el que tienen lugar las sesiones parlamentarias de la cámara de representantes de muchos de los estados.

Capricorn ['kæprɪkɔ:n] *n* (*ASTROLOGY*) Capricornio

capsize [kæp'saɪz] *vt* volcar, hacer zozobrar ♦ *vi* volcarse, zozobrar

capsule ['kæpsju:l] *n* cápsula

captain ['kæptɪn] *n* capitán m

caption ['kæpʃən] *n* (*heading*) título; (*to picture*) leyenda

captive ['kæptɪv] *adj*, *n* cautivo/a m/f

capture ['kæptʃə*] *vt* prender, apresar; (*animal*, *COMPUT*) capturar; (*place*) tomar; (*attention*) captar, llamar ♦ *n* apresamiento; captura; toma; (*data* ~) formulación f de datos

car [ka:*] *n* coche m, carro (*AM*), automóvil m; (*US*: *RAIL*) vagón m

carafe [kə'ræf] *n* jarra

carat ['kærət] *n* quilate m

caravan [kærəvæn] *n* (*BRIT*) caravana, ruló f; (*in desert*) caravana; **~ning** n: **to** **go ~ning** ir de vacaciones en caravana, viajar en caravana; **~ site** (*BRIT*) *n* camping m para caravanas

carbohydrate [ka:bəu'haɪdreɪt] *n* hidrato de carbono; (*food*) fécula

carbon ['ka:bən] *n* carbono; **~ paper** *n* papel m carbón

car boot sale *n* mercadillo organizado en un aparcamiento, en el que se exponen las mercancías en el maletero del coche

carburettor [ka:bju'retə*] (*US* **carburetor**) *n* carburador m

card [ka:d] *n* (*material*) cartulina; (*index* ~ etc) ficha; (*playing* ~) carta, naipe m; (*visiting*, *greetings* ~ etc) tarjeta; **~board** *n* cartón m

cardiac ['ka:dɪæk] *adj* cardíaco

cardigan ['ka:dɪgən] *n* rebeca

cardinal ['ka:dɪnl] *adj* cardinal; (*importance*, *principal*) esencial ♦ *n* cardenal m

card index *n* fichero

care [kɛə*] *n* cuidado; (*worry*) inquietud f; (*charge*) cargo, custodia ♦ *vi*: **to** **~ about** (*person*, *animal*) tener cariño a; (*thing*, *idea*) preocuparse por; **~ of** en casa de, al cuidado de; **in sb's ~** a cargo de uno; **to take ~** to cuidarse de, tener cuidado de; **to take ~ of** cuidar; (*problem* etc) ocuparse de; **I** **don't ~** no me importa; **I couldn't** **~ less** eso me trae sin cuidado; **~ for** *vt fus* cuidar a; (*like*) querer

career [kə'rɪə*] *n* profesión f; (*in work*, *school*) carrera ♦ *vi* (*also*: ~ **along**) correr a toda velocidad; **~ woman** (*irreg*) *n* mujer f dedicada a su profesión

care: **~free** *adj* despreocupado; **~ful** *adj* cuidadoso; (*cautious*) cauteloso; **(be)** **~ful!** ¡tenga cuidado!; **~fully** *adv* con cuidado, cuidadosamente; con cautela; **~less** *adj* descuidado; (*heedless*) poco atento; **~lessness** *n* descuido; falta de atención; **~r** ['kɛərə*] *n* enfermero/a m/f(*official*); (*unpaid*) persona que cuida a un pariente o vecino

caress [kə'rɛs] n caricia ♦ vt acariciar

caretaker ['kɛəteɪkə*] n portero/a, conserje m/f

car-ferry n transbordador m para coches

cargo ['kɑ:gəu] (pl ~es) n cargamento, carga

car hire n alquiler m de automóviles

Caribbean [kærɪ'bi:ən] n: the ~ (Sea) el (Mar) Caribe

caring ['kɛərɪŋ] adj humanitario; (behaviour) afectuoso

carnation [kɑ:'neɪʃən] n clavel m

carnival ['kɑ:nɪvəl] n carnaval m; (US: funfair) parque m de atracciones

carol ['kærəl] n: (Christmas) ~ villancico

carp [kɑ:p] n (fish) carpa

car park (BRIT) n aparcamiento, parking m

carpenter ['kɑ:pɪntə*] n carpintero/a

carpet ['kɑ:pɪt] n alfombra; (fitted) moqueta ♦ vt alfombrar

car phone n teléfono movil

car rental (US) n alquiler m de coches

carriage ['kærɪdʒ] n (BRIT: RAIL) vagón m; (horse-drawn) coche m; (of goods) transporte m; (: cost) porte m, flete m; **~way** n (part of road) calzada

carrier ['kærɪə*] n (transport company) transportista, empresa de transportes; (MED) portador m; **~ bag** (BRIT) n bolsa de papel or plástico

carrot ['kærət] n zanahoria

carry ['kærɪ] vt (subj: person) llevar; (transport) transportar; (involve: responsibilities) entrañar, implicar; (MED) ser portador de ♦ vi (sound) oírse; **to get carried away** (fig) entusiasmarse; **~ on** vi (continue) seguir (adelante), continuar ♦ vt proseguir, continuar; **~ out** vt (orders) cumplir; (investigation) llevar a cabo, realizar; **~ cot** (BRIT) n cuna portátil; **~-on** (inf) n (fuss) lío

cart [kɑ:t] n carro, carreta ♦ vt (inf: transport) acarrear

carton ['kɑ:tən] n (box) caja (de cartón); (of milk etc) bote m; (of yogurt) tarrina

cartoon [kɑ:'tu:n] n (PRESS) caricatura; (comic strip) tira cómica; (film) dibujos mpl animados

cartridge ['kɑ:trɪdʒ] n cartucho; (of pen) recambio; (of record player) cápsula

carve [kɑ:v] vt (meat) trinchar; (wood, stone) cincelar, esculpir; (initials etc) grabar; **~ up** vt dividir, repartir; **carving** n (object) escultura; (design) talla; (art) tallado; **carving knife** n trinchante m

car wash n lavado de coches

case [keɪs] n (container) caja; (MED) caso; (for jewels etc) estuche m; (LAW) causa, proceso; (BRIT: also: suit~) maleta; **in ~ of** en caso de; **in any ~** en todo caso; **just in ~** por si acaso

cash [kæʃ] n dinero en efectivo, dinero contante ♦ vt cobrar, hacer efectivo; **to pay (in)** ~ pagar al contado; **~ on delivery** cóbrese al entregar; **~book** n libro de caja; **~ card** n tarjeta f dinero; **~ desk** (BRIT) n caja; **~ dispenser** n cajero automático

cashew [kæ'ʃu:] n (also: ~ nut) anacardo

cash flow n flujo de fondos, cash-flow m

cashier [kæ'ʃɪə*] n cajero/a

cashmere ['kæʃmɪə*] n cachemira

cash register n caja

casing ['keɪsɪŋ] n revestimiento

casino [kə'si:nəu] n casino

casket ['kɑ:skɪt] n cofre m, estuche m; (US: coffin) ataúd m

casserole ['kæsərəul] n (food, pot) cazuela

cassette [kæ'sɛt] n cassette f; **~ player/recorder** n tocacassettes m inv, cassette m

cast [kɑ:st] (pt, pp **cast**) vt (throw) echar, arrojar, lanzar; (glance, eyes) dirigir; (THEATRE): **to ~ sb as Othello**

dar a uno el papel de Otelo ♦ vi
(FISHING) lanzar ♦ n (THEATRE) reparto;
(also: plaster ~) vaciado; **to ~ one's
vote** votar; **to ~ doubt** on suscitar
dudas acerca de; **~ off** vi (NAUT)
desamarrar; (KNITTING) cerrar (los
puntos); **~ on** vi (KNITTING) poner los
puntos

castanets [kæstə'nɛts] npl castañuelas
fpl

castaway ['kɑːstəwəɪ] n náufrago/a

caster sugar ['kɑːstə*-] (BRIT) n azúcar
m extrafino

Castile [kæs'tiːl] n Castilla; **Castilian**
adj, n castellano/a m/f

casting vote [kɑːstɪŋ-] (BRIT) n voto
decisivo

cast iron n hierro fundido

castle ['kɑːsl] n castillo; (CHESS) torre f

castor oil ['kɑːstə*-] n aceite m de
ricino

casual ['kæʒjul] adj fortuito; (irregular:
work etc) eventual, temporero;
(unconcerned) despreocupado; (clothes)
de sport; **~ly** adv de manera
despreocupada; (dress) de sport

casualty ['kæʒjultɪ] n víctima, herido;
(dead) muerto; (MED: department)
urgencias fpl

cat [kæt] n gato; (big ~) felino

Catalan ['kætələn] adj, n catalán/ana
m/f

catalogue ['kætəlɔg] (US **catalog**) n
catálogo ♦ vt catalogar

Catalonia [kætə'ləunɪə] n Cataluña

catalyst ['kætəlɪst] n catalizador m

catalytic convertor [kætə'lɪtɪk
kən'vɜːtə*] n catalizador m

catapult ['kætəpʌlt] n tirachinas m inv

catarrh [kə'tɑː*] n catarro

catastrophe [kə'tæstrəfɪ] n catástrofe f

catch [kætʃ] (pt, pp **caught**) vt coger
(SP), agarrar (AM); (arrest) detener;
(grasp) asir; (breath) contener; (surprise:
person) sorprender; (attract: attention)
captar; (hear) oír; (MED) contagiarse de,
coger; (also: ~ up) alcanzar ♦ vi (fire)

encenderse; (in branches etc) enredarse
♦ n (fish etc) pesca; (act of catching)
cogida; (hidden problem) dificultad f;
(game) pilla-pilla; (of lock) pestillo,
cerradura; **to ~ fire** encenderse; **to
~ sight of** divisar; **~ on** vi
(understand) caer en la cuenta; (grow
popular) hacerse popular; **~ up** vi (fig)
ponerse al día; **~ing** ['kætʃɪŋ] adj
(MED) contagioso; **~ment area**
['kætʃmənt-] (BRIT) n zona de
captación; **~phrase** ['kætʃfreɪz] n lema
m, eslogan m; **~y** ['kætʃɪ] adj (tune)
pegadizo

category ['kætɪgərɪ] n categoría, clase
f

cater ['keɪtə*] vi: **to ~ for** (BRIT)
abastecer a; (needs) atender a; (COMM:
parties etc) proveer comida a; **~er** n
abastecedor(a) m/f, proveedor(a) m/f;
~ing n (trade) hostelería

caterpillar ['kætəpɪlə*] n oruga,
gusano

cathedral [kə'θiːdrəl] n catedral f

catholic ['kæθəlɪk] adj (tastes etc)
amplio; **C~** adj, n (REL) católico/a m/f

CAT scan [kæt-] n TAC f, tomografía

Cat'seye ® ['kæts'aɪ] (BRIT) n (AUT)
catafoto

cattle ['kætl] npl ganado

catty ['kætɪ] adj malicioso, rencoroso

caucus ['kɔːkəs] n (POL) camarilla
política; (: US: to elect candidates)
comité m electoral

caught [kɔːt] pt, pp of **catch**

cauliflower ['kɔlɪflauə*] n coliflor f

cause [kɔːz] n causa, motivo, razón f;
(principle: also: POL) causa ♦ vt causar

caution ['kɔːʃən] n cautela, prudencia;
(warning) advertencia, amonestación f
♦ vt amonestar; **cautious** adj
cauteloso, prudente, precavido

cavalry ['kævəlrɪ] n caballería

cave [keɪv] n cueva, caverna; **~ in** vi
(roof etc) derrumbarse, hundirse

caviar(e) ['kævɪɑː*] n caviar m

CB n abbr (= Citizens' Band (Radio))

banda ciudadana

CBI n abbr (= Confederation of British Industry) ≈ C.E.O.E. f (SP)

cc abbr = **cubic centimetres**; = **carbon copy**

CCTV n abbr (= closed-circuit television) circuito cerrado de televisión

CD n abbr (= compact disc) DC m; (player) (reproductor m de) disco compacto; ~ **player** n lector m de discos compactos; ~**ROM** [si:di:'rɔm] n abbr CD-ROM m

cease [si:s] vt, vi cesar; ~**fire** n alto m el fuego; ~**less** adj incesante

cedar ['si:də*] n cedro

ceiling ['si:lɪŋ] n techo; (fig) límite m

celebrate ['sɛlɪbreɪt] vt celebrar ♦ vi divertirse; ~**d** adj célebre; **celebration** ['sɛlɪ'breɪʃən] n fiesta, celebración f

celery ['sɛlərɪ] n apio

cell [sɛl] n celda; (BIOL) célula; (ELEC) elemento

cellar ['sɛlə*] n sótano; (for wine) bodega

cello ['tʃɛləu] n violoncelo

Cellophane ® ['sɛləfeɪn] n celofán m

cellphone ['sɛlfəun] n teléfono celular

Celt [kɛlt, sɛlt] adj, n celta m/f; ~**ic** adj celta

cement [sə'mɛnt] n cemento; ~ **mixer** n hormigonera

cemetery ['sɛmɪtrɪ] n cementerio

censor ['sɛnsə*] n censor m ♦ vt (cut) censurar; ~**ship** n censura

censure ['sɛnʃə*] vt censurar

census ['sɛnsəs] n censo

cent [sɛnt] n (unit of dollar) centavo, céntimo; (unit of euro) céntimo; see also **per**

centenary [sɛn'ti:nərɪ] n centenario

center ['sɛntə*] (US) = **centre**

centi... [sɛntɪ] prefix: ~**grade** adj centígrado; ~**litre** (US ~**liter**) n centilitro; ~**metre** (US ~**meter**) n centímetro

centipede ['sɛntɪpi:d] n ciempiés m inv

central ['sɛntrəl] adj central; (of house etc) céntrico; **C~ America** n Centroamérica; ~ **heating** n calefacción f central; ~**ize** vt centralizar

centre ['sɛntə*] (US **center**) n centro; (fig) núcleo ♦ vt centrar; ~**-forward** n (SPORT) delantero centro; ~**-half** n (SPORT) medio centro

century ['sɛntjurɪ] n siglo; **20th ~** siglo veinte

ceramic [sɪ'ræmɪk] adj cerámico; ~**s** n cerámica

cereal ['si:rɪəl] n cereal m

ceremony ['sɛrɪmənɪ] n ceremonia; **to stand on ~** hacer ceremonias, estar de cumplido

certain ['sɜ:tən] adj seguro; (person): a ~ **Mr Smith** un tal Sr Smith; (particular, some) cierto; **for ~** a ciencia cierta; ~**ly** adv (undoubtedly) ciertamente; (of course) desde luego, por supuesto; ~**ty** n certeza, certidumbre f, seguridad f; (inevitability) certeza

certificate [sə'tɪfɪkɪt] n certificado

certified ['sɜ:tɪfaɪd]: ~ **mail** (US) n correo certificado; ~ **public accountant** (US) n contable m/f diplomado/a

certify ['sɜ:tɪfaɪ] vt certificar; (award diploma to) conceder un diploma a; (declare insane) declarar loco

cervical ['sɜ:vɪkl] adj cervical

cervix ['sɜ:vɪks] n cuello del útero

cf. abbr (= compare) cfr

CFC n abbr (= chlorofluorocarbon) CFC m

ch. abbr (= chapter) cap

chain [tʃeɪn] n cadena; (of mountains) cordillera; (of events) sucesión f ♦ vt (also: ~ **up**) encadenar; ~ **reaction** n reacción f en cadena; ~**-smoke** vi fumar un cigarrillo tras otro; ~ **store** n tienda de una cadena, ≈ gran almacén

chair [tʃɛə*] n silla; (armchair) sillón m, butaca; (of university) cátedra; (of meeting etc) presidencia ♦ vt (meeting) presidir; **~lift** n telesilla; **~man** n presidente m

chalk [tʃɔ:k] n (GEO) creta; (for writing) tiza (SP); gis m (AM)

challenge ['tʃælɪndʒ] n desafío, reto ♦ vt desafiar, retar; (statement, right) poner en duda; **to ~ sb to do sth** retar a uno a que haga algo; **challenging** adj exigente; (tone) de desafío

chamber ['tʃeɪmbə*] n cámara, sala; (POL) cámara; (BRIT: LAW: gen pl) despacho; **~ of commerce** cámara de comercio; **~maid** n camarera

chamois ['ʃæmwa:] n gamuza

champagne [ʃæm'peɪn] n champaña m, champán m

champion ['tʃæmpɪən] n campeón/ona m/f; (of cause) defensor/a m/f; **~ship** n campeonato

chance [tʃɑ:ns] n (opportunity) ocasión f, oportunidad f; (likelihood) posibilidad f; (risk) riesgo ♦ vt arriesgar, probar ♦ adj fortuito, casual; **to ~ it** arriesgarse, intentarlo; **to take a ~** arriesgarse; **by ~** por casualidad

chancellor ['tʃɑ:nsələ*] n canciller m; **C~ of the Exchequer** (BRIT) n Ministro de Hacienda

chandelier [ʃændə'lɪə*] n araña (de luces)

change [tʃeɪndʒ] vt cambiar; (replace) cambiar, reemplazar; (gear, clothes, job) cambiar de; (transform) transformar ♦ vi cambiar(se); (trains) hacer transbordo; (traffic lights) cambiar de color, (be transformed); **to ~ into** transformarse en ♦ n cambio; (alteration) modificación f, transformación f; (of clothes) muda; (coins) suelto, sencillo; (money returned) vuelta; **to ~ gear** (AUT) cambiar de marcha; **to ~ one's mind** cambiar de opinión o idea; **for a ~** para variar; **~able** adj (weather) cambiable; **~ machine** n máquina de cambio; **~over** n (to new system) cambio; **changing** adj cambiante; **changing**

room (BRIT) n vestuario

channel ['tʃænl] n (TV) canal m; (of river) cauce m; (groove) conducto m; (fig: medium) medio ♦ vt (river etc) encauzar; **the (English) C~** el Canal (de la Mancha); **the C~ Islands** las Islas Normandas; **the C~ Tunnel** el túnel del Canal de la Mancha, el Eurotúnel; **~-hopping** n (TV) zapping m

chant [tʃɑ:nt] n (of crowd) gritos mpl; (REL) canto ♦ vt (slogan, word) repetir a gritos

chaos ['keɪɔs] n caos m

chap [tʃæp] (BRIT: inf) n (man) tío, tipo

chapel ['tʃæpəl] n capilla

chaperone ['ʃæpərəun] n carabina

chaplain ['tʃæplɪn] n capellán m

chapped ['tʃæpt] adj agrietado

chapter ['tʃæptə*] n capítulo

char [tʃɑ:*] vt (burn) carbonizar, chamuscar

character ['kærɪktə*] n carácter m, naturaleza, índole f; (moral strength, personality) carácter; (in novel, film) personaje m; **~istic** [-'rɪstɪk] adj característico ♦ n característica

charcoal ['tʃɑ:kəul] n carbón m vegetal; (ART) carboncillo

charge [tʃɑ:dʒ] n (LAW) cargo, acusación f; (cost) precio, coste m; (responsibility) cargo ♦ vt (LAW): **to ~ (with)** acusar de; (battery) cargar; (price) pedir; (customer) cobrar ♦ vi precipitarse; (MIL) cargar, atacar; **~s** npl to reverse the **~s** (BRIT: TEL) revertir el cobro; **to take ~ of** hacerse cargo de, encargarse de; **to be in ~ of** estar encargado de; (business) mandar; **how much do you ~?** ¿cuánto cobra usted?; **to ~ an expense (up) to sb's account** cargar algo a cuenta de alguien; **~ card** n tarjeta de cuenta

charity ['tʃærɪtɪ] n caridad f; (organization) sociedad f benéfica; (money, gifts) limosnas fpl

charm [tʃɑ:m] n encanto, atractivo; (talisman) hechizo; (on bracelet) dije m

chart 348 chestnut

♦ vt encantar; **~ing** adj encantador(a)

chart [tʃɑːt] n (diagram) cuadro; (graph) gráfica; (map) carta de navegación ♦ vt (course) trazar; (progress) seguir; **~s** npl (Top 40): **the ~s** ≈ los 40 principales (SP)

charter ['tʃɑːtə*] vt (plane) alquilar; (ship) fletar ♦ n (document) carta; (of university, company) estatutos mpl; **~ed accountant** (BRIT) n contable m/f diplomado/a; **~ flight** n vuelo chárter

chase [tʃeɪs] vt (pursue) perseguir; (also: ~ away) ahuyentar ♦ n persecución f

chasm ['kæzəm] n sima

chassis ['ʃæsɪ] n chasis m

chat [tʃæt] vi (also: have a ~) charlar ♦ n charla; **~ show** (BRIT) n programa m de entrevistas

chatter ['tʃætə*] vi (person) charlar; (teeth) castañetear ♦ n (of birds) parloteo; (of people) charla, cháchara; **~box** (inf) n parlanchín/ina m/f

chatty ['tʃætɪ] adj (style) informal; (person) hablador(a)

chauffeur ['ʃəʊfə*] n chófer m

chauvinist ['ʃəʊvɪnɪst] n (male ~) machista m; (nationalist) chovinista m/f

cheap [tʃiːp] adj barato; (joke) de mal gusto; (poor quality) de mala calidad ♦ adv barato; **~ day return** n billete m de ida y vuelta el mismo día; **~er** adj más barato; **~ly** adv barato, a bajo precio

cheat [tʃiːt] vi hacer trampa ♦ vt: to **~ sb (out of sth)** estafar (algo) a uno ♦ n (person) tramposo/a

check [tʃek] vt (examine) controlar; (facts) comprobar; (halt) parar, detener; (restrain) refrenar, restringir ♦ n (inspection) control m, inspección f; (curb) freno; (US: bill) nota, cuenta; (US) = **cheque**; (pattern: gen pl) cuadro ♦ adj (also ~ed: pattern, cloth) a cuadros; **~ in** vi (at hotel) firmar el registro; (at airport) facturar el equipaje ♦ vt (luggage) facturar; **~ out** vi (of hotel) marcharse; **~ up** vi: to **~ up on**

sth comprobar algo; to **~ up on sb** investigar a alguien; **~ered** (US) adj = **check**; **chequered**; **~ers** (US) n juego de damas; **~-in (desk)** n mostrador m de facturación; **~ing account** (US) n cuenta corriente; **~mate** n jaque m mate; **~out** n caja; **~point** n (punto de) control m; **~room** (US) n consigna; **~up** n (MED) reconocimiento general

cheek [tʃiːk] n mejilla; (impudence) descaro; **what a ~!** ¡qué caral!; **~bone** n pómulo; **~y** adj fresco, descarado

cheep [tʃiːp] vi piar

cheer [tʃɪə*] vt vitorear, aplaudir; (gladden) alegrar, animar ♦ vi dar vivas ♦ n viva; **~s** npl aplausos mpl; **~s!** ¡salud!; **~ up** vi animarse ♦ vt alegrar, animar; **~ful** adj alegre

cheerio [tʃɪərɪ'əu] (BRIT) excl ¡hasta luego!

cheese [tʃiːz] n queso; **~board** n tabla de quesos

cheetah ['tʃiːtə] n leopardo cazador

chef [ʃef] n jefe/a m/f de cocina

chemical ['kemɪkəl] adj químico ♦ n producto químico

chemist ['kemɪst] n (BRIT: pharmacist) farmacéutico/a; (scientist) químico/a; **~ry** n química; **~'s (shop)** (BRIT) n farmacia

cheque [tʃek] (US **check**) n cheque m; **~book** n talonario de cheques (SP), chequera (AM); **~ card** n tarjeta de cheque

chequered ['tʃekəd] (US **checkered**) adj (fig) accidentado

cherish ['tʃerɪʃ] vt (love) querer, apreciar; (protect) cuidar; (hope etc) abrigar

cherry ['tʃerɪ] n cereza; (also: ~ tree) cerezo

chess [tʃes] n ajedrez m; **~board** n tablero de ajedrez

chest [tʃest] n (ANAT) pecho; (box) cofre m, cajón m; **~ of drawers** n cómoda

chestnut ['tʃesnʌt] n castaña; **~ (tree)**

n castaño

chew [tʃuː] vt mascar, masticar; **~ing gum** n chicle m

chic [ʃiːk] adj elegante

chick [tʃɪk] n pollito, polluelo; (inf: girl) chica

chicken ['tʃɪkɪn] n gallina, pollo; (food) pollo; (inf: coward) gallina m/f; **~ out** (inf) vi rajarse; **~pox** n varicela

chicory ['tʃɪkərɪ] n (for coffee) achicoria; (salad) escarola

chief [tʃiːf] n jefe/a m/f ♦ adj principal; **~ executive** n director(a) m/f general; **~ly** adv principalmente

chilblain ['tʃɪlbleɪn] n sabañón m

child [tʃaɪld] (pl **children**) n niño/a; (offspring) hijo/a; **~birth** n parto; **~hood** n niñez f, infancia; **~ish** adj pueril, aniñado; **~like** adj de niño; **~ minder** (BRIT) n madre f de día; **~ren** ['tʃɪldrən] npl of **child**

Chile ['tʃɪlɪ] n Chile m; **~an** adj, n chileno/a m/f

chill [tʃɪl] n frío; (MED) resfriado ♦ vt enfriar; (CULIN) congelar

chil(l)i ['tʃɪlɪ] (BRIT) n chile m (SP), ají m (AM)

chilly ['tʃɪlɪ] adj frío

chime [tʃaɪm] n repique m; (of clock) campanada ♦ vi repicar; sonar

chimney ['tʃɪmnɪ] n chimenea; **~ sweep** n deshollinador m

chimpanzee [tʃɪmpæn'ziː] n chimpancé m

chin [tʃɪn] n mentón m, barbilla

china ['tʃaɪnə] n porcelana; (crockery) loza

China ['tʃaɪnə] n China; **Chinese** [tʃaɪ'niːz] adj chino ♦ n inv chino/a; (LING) chino

chink [tʃɪŋk] n (opening) grieta, hendedura; (noise) tintineo

chip [tʃɪp] n (gen pl: CULIN: BRIT) patata (SP) or papa (AM) frita; (: US: also: potato ~) patata or papa frita; (of wood) astilla; (of glass, stone) lasca; (at poker) ficha; (COMPUT) chip ♦ vt (cup, plate)

desconchar

chip shop

Se denomina **chip shop** o "**fish-and-chip shop**" a un establecimiento en el que se sirven algunas especialidades de comida rápida, muy populares entre los británicos, sobre todo pescado rebozado y patatas fritas.

chiropodist [kɪ'rɔpədɪst] (BRIT) n pedicuro/a, callista m/f

chirp [tʃəːp] vi (bird) gorjear, piar

chisel ['tʃɪzl] n (for wood) escoplo; (for stone) cincel m

chit [tʃɪt] n nota

chitchat ['tʃɪttʃæt] n chismes mpl, habladurías fpl

chivalry ['ʃɪvəlrɪ] n caballerosidad f

chives [tʃaɪvz] npl cebollinos mpl

chlorine ['klɔːriːn] n cloro

chock-a-block ['tʃɔkə'blɔk] adj atestado

chock-full ['tʃɔk'ful] adj atestado

chocolate ['tʃɔklɪt] n chocolate m; (sweet) bombón m

choice [tʃɔɪs] n elección f, selección f; (option) opción f; (preference) preferencia ♦ adj escogido

choir ['kwaɪə*] n coro; **~boy** n niño de coro

choke [tʃəuk] vi ahogarse; (on food) atragantarse ♦ vt estrangular, ahogar; (block) obstruir; **to be ~d with** estar atascado de ♦ n (AUT) estárter m

cholesterol [kə'lestərɔl] n colesterol m

choose [tʃuːz] (pt **chose**, pp **chosen**) vt escoger, elegir; (team) seleccionar; **to ~ to do sth** optar por hacer algo

choosy ['tʃuːzɪ] adj delicado

chop [tʃɔp] vt (wood) cortar, tajar; (CULIN: also: ~ up) picar ♦ n (CULIN) chuleta; **~s** npl (jaws) boca, labios mpl

chopper ['tʃɔpə*] n (helicopter) helicóptero

choppy ['tʃɔpɪ] adj (sea) picado, agitado

chopsticks ['tʃɔpstɪks] *npl* palillos *mpl*

chord [kɔːd] *n* (MUS) acorde *m*

chore [tʃɔː*] *n* faena, tarea; (*routine task*) trabajo rutinario

chorus ['kɔːrəs] *n* coro; (*repeated part of song*) estribillo

chose [tʃəuz] *pt of* **choose**

chosen ['tʃəuzn] *pp of* **choose**

chowder ['tʃaudə*] *n* (*esp US*) sopa de pescado

Christ [kraist] *n* Cristo

christen ['krɪsn] *vt* bautizar

Christian ['krɪstɪən] *adj, n* cristiano/a *m/f*; **~ity** [-'ænɪtɪ] *n* cristianismo; **~ name** *n* nombre *m* de pila

Christmas ['krɪsməs] *n* Navidad *f*; **Merry ~!** ¡Felices Pascuas!; **~ card** *n* crismas *m inv*, tarjeta de Navidad; **~ Day** *n* día *m* de Navidad; **~ Eve** *n* Nochebuena; **~ tree** *n* árbol *m* de Navidad

chrome [krəum] *n* cromo

chronic ['krɔnɪk] *adj* crónico

chronological [krɔnə'lɔdʒɪkəl] *adj* cronológico

chubby ['tʃʌbɪ] *adj* regordete

chuck [tʃʌk] (*inf*) *vt* lanzar, arrojar; (*BRIT: also: ~ up*) abandonar; **~ out** *vt* (*person*) echar (fuera); (*rubbish etc*) tirar

chuckle ['tʃʌkl] *vi* reírse entre dientes

chug [tʃʌg] *vi* resoplar; (*car, boat: also: ~ along*) avanzar traqueteando

chum [tʃʌm] *n* compañero/a

chunk [tʃʌŋk] *n* pedazo, trozo

church [tʃɔːtʃ] *n* iglesia; **~yard** *n* cementerio

churn [tʃɔːn] *n* (*for butter*) mantequera; (*for milk*) lechera; **~ out** *vt* producir en serie

chute [ʃuːt] *n* (*also: rubbish ~*) vertedero; (*for coal etc*) rampa de caída

chutney ['tʃʌtnɪ] *n* condimento a base de frutas de la India

CIA (*US*) *n abbr* (= *Central Intelligence Agency*) CIA *f*

CID (*BRIT*) *n abbr* (= *Criminal Investigation Department*) ≈ B.I.C. *f* (*SP*)

cider ['saidə*] *n* sidra

cigar [sɪ'gaː*] *n* puro

cigarette [sɪgə'ret] *n* cigarrillo (*SP*), cigarro (*AM*); pitillo; **~ case** *n* pitillera; **~ end** *n* colilla

Cinderella [sɪndə'relə] *n* Cenicienta

cine camera ['sɪnɪ-] (*BRIT*) *n* cámara cinematográfica

cinema ['sɪnəmə] *n* cine *m*

cinnamon ['sɪnəmən] *n* canela

circle ['sɜːkl] *n* círculo; (*in theatre*) anfiteatro ♦ *vi* dar vueltas ♦ *vt* (*surround*) rodear, cercar; (*move round*) dar la vuelta a

circuit ['sɜːkɪt] *n* circuito; (*tour*) gira; (*track*) pista; (*lap*) vuelta; **~ous** [sə:'kjuɪtəs] *adj* indirecto

circular ['sɜːkjulə*] *adj* circular ♦ *n* circular *f*

circulate ['sɜːkjuleɪt] *vi* circular; (*person: at party etc*) hablar con los invitados ♦ *vt* poner en circulación; **circulation** [-'leɪʃən] *n* circulación *f*; (*of newspaper*) tirada

circumstances ['sɜːkəmstənsɪz] *npl* circunstancias *fpl*; (*financial condition*) situación *f* económica

circus ['sɜːkəs] *n* circo

CIS *n abbr* (= *Commonwealth of Independent States*) CEI *f*

cistern ['sɪstən] *n* tanque *m*, depósito; (*in toilet*) cisterna

citizen ['sɪtɪzn] *n* (*POL*) ciudadano/a; (*of city*) vecino/a, habitante *m/f*; **~ship** *n* ciudadanía

citrus fruits ['sɪtrəs-] *npl* agrios *mpl*

city ['sɪtɪ] *n* ciudad *f*; **the C~** centro financiero de Londres

civic ['sɪvɪk] *adj* cívico; (*authorities*) municipal; **~ centre** (*BRIT*) *n* centro público

civil ['sɪvɪl] *adj* civil; (*polite*) atento, cortés; **~ engineer** *n* ingeniero de caminos(, canales y puertos); **~ian** [sɪ'vɪlɪən] *adj* civil (*no military*) ♦ *n* civil *m/f*, paisano/a *m/f*

civilization [sɪvɪlaɪˈzeɪʃən] n civilización f

civilized ['sɪvɪlaɪzd] adj civilizado

civil: ~ **law** n derecho civil; ~ **servant** n funcionario/a del Estado; **C~ Service** n administración f pública; ~ **war** n guerra civil

claim [kleɪm] vt exigir, reclamar; (rights etc) reivindicar; (assert) pretender ♦ vi (for insurance) reclamar ♦ n reclamación f, pretensión f; **~ant** n demandante m/f

clairvoyant [kleəˈvɔɪənt] n clarividente m/f

clam [klæm] n almeja

clamber ['klæmbə*] vi trepar

clammy ['klæmɪ] adj frío y húmedo

clamour ['klæmə*] (us **clamor**) vi: to ~ **for** clamar por, pedir a voces

clamp [klæmp] n abrazadera, grapa ♦ vt (2 things together) cerrar fuertemente; (one thing on another) afianzar (con abrazadera); (AUT: wheel) poner el cepo a; ~ **down on** vt fus (subj: government, police) reforzar la lucha contra

clang [klæŋ] vi sonar, hacer estruendo

clap [klæp] vi aplaudir; **~ping** n aplausos mpl

claret ['klærət] n burdeos m inv

clarify ['klærɪfaɪ] vt aclarar

clarinet [klærɪ'net] n clarinete m

clash [klæʃ] n enfrentamiento; choque m; desacuerdo; estruendo ♦ vi (fight) enfrentarse; (beliefs) chocar; (disagree) estar en desacuerdo; (colours) desentonar; (two events) coincidir

clasp [klɑːsp] n (of hold) apretón m; (of necklace, bag) cierre m ♦ vt apretar; abrazar

class [klɑːs] n clase f ♦ vt clasificar

classic ['klæsɪk] adj, n clásico; **~al** adj clásico

classified ['klæsɪfaɪd] adj (information) reservado; ~ **advertisement** n anuncio por palabras

classmate ['klɑːsmeɪt] n compañero/a

de clase

classroom ['klɑːsrum] n aula

clatter ['klætə*] n estrépito ♦ vi hacer ruido or estrépito

clause [klɔːz] n cláusula; (LING) oración f

claw [klɔː] n (of cat) uña; (of bird of prey) garra; (of lobster) pinza

clay [kleɪ] n arcilla

clean [kliːn] adj limpio; (record, reputation) bueno, intachable; (joke) decente ♦ vt limpiar; (hands etc) lavar; ~ **out** vt limpiar; ~ **up** vt limpiar, asear; **~-cut** adj (person) bien parecido; **~er** n (person) asistenta; (substance) producto para la limpieza; **~er's** n tintorería; **~ing** n limpieza; **~liness** ['klɛnlɪnɪs] n limpieza

cleanse [klɛnz] vt limpiar; **~r** n (for face) crema limpiadora

clean-shaven adj sin barba, afeitado

cleansing department (BRIT) n departamento de limpieza

clear [klɪə*] adj claro; (road, way) libre; (conscience) limpio, tranquilo; (skin) terso; (sky) despejado ♦ vt (space) despejar, limpiar; (LAW: suspect) absolver; (obstacle) salvar, saltar por encima de; (cheque) aceptar ♦ vi (fog etc) despejarse ♦ adv: ~ **of** a distancia de; to ~ **the table** recoger o levantar la mesa; ~ **up** vt limpiar; (mystery) aclarar, resolver; **~ance** n (removal) despeje m; (permission) acreditación f; **~-cut** adj bien definido, nítido; **~ing** n (in wood) claro; **~ing bank** (BRIT) n cámara de compensación; **~ly** adv claramente; (evidently) sin duda; **~way** (BRIT) n carretera donde no se puede parar

clef [klef] n (MUS) clave f

cleft [kleft] n (in rock) grieta, hendedura

clench [klentʃ] vt apretar, cerrar

clergy ['klɜːdʒɪ] n clero; **~man** n clérigo

clerical ['klerɪkəl] adj de oficina; (REL)

clerical

clerk [klɑːk, (US) klɜːrk] n (BRIT) oficinista m/f; (US) dependiente/a m/f

clever ['klevə*] adj (intelligent) inteligente, listo; (skilful) hábil; (device, arrangement) ingenioso

click [klɪk] vt (tongue) chasquear; (heels) taconear ♦ vi (COMPUT) hacer clic; to ~ on an icon hacer clic en un icono

client ['klaɪənt] n cliente m/f

cliff [klɪf] n acantilado

climate ['klaɪmɪt] n clima m

climax ['klaɪmæks] n (of battle, career) apogeo; (of film, book) punto culminante; (sexual) orgasmo

climb [klaɪm] vt subir; (plant) trepar; (move with effort): to ~ over a wall/into a car trepar a una tapia/subir a un coche ♦ vt (stairs) subir; (tree) trepar a; (mountain) escalar ♦ n subida; ~-down n vuelta atrás; ~er n alpinista m/f (SP), andinista m/f (AM); ~ing n alpinismo (SP), andinismo (AM)

clinch [klɪntʃ] vt (deal) cerrar; (argument) remachar

cling [klɪŋ] (pt, pp clung) vi: to ~ to agarrarse a; (clothes) pegarse a

clinic ['klɪnɪk] n clínica; ~al adj clínico; (fig) frío

clink [klɪŋk] vi tintinar

clip [klɪp] n (for hair) horquilla; (also: paper ~) sujetapapeles m inv, clip m; (TV, CINEMA) fragmento ♦ vt (cut) cortar; (also: ~ together) unir; ~pers npl (for gardening) tijeras fpl; ~ping n (newspaper) recorte m

cloak [kləuk] n capa, manto ♦ vt (fig) encubrir, disimular; ~room n guardarropa; (BRIT: WC) lavabo (SP), aseos mpl (SP), baño (AM)

clock [klɔk] n reloj m; ~ in or on vi fichar, picar; ~ off or out vi fichar or picar la salida; ~wise adv en el sentido de las agujas del reloj; ~work n aparato de relojería ♦ adj (toy) de cuerda

clog [klɔg] n zueco, chanclo ♦ vt atascar ♦ vi (also: ~ up) atascarse

cloister ['klɔɪstə*] n claustro

clone [kləun] n clon m ♦ vt clonar

close¹ [kləus] adj (near): ~ (to) cerca (de); (friend) íntimo; (connection) estrecho; (examination) detallado, minucioso; (weather) bochornoso; to have a ~ shave (fig) escaparse por un pelo ♦ adv cerca; ~ by, ~ at hand muy cerca; ~ to prep cerca de

close² [kləuz] vt (shut) cerrar; (end) concluir, terminar ♦ vi (shop etc) cerrarse; (end) concluirse, terminarse ♦ n (end) fin m, final m, conclusión f; ~ down n cerrarse definitivamente; ~d adj (shop etc) cerrado; ~d shop n taller m gremial

close-knit [kləus'nɪt] adj (fig) muy unido

closely [kləuslɪ] adv (study) con detalle; (watch) de cerca; (resemble) estrechamente

closet ['klɔzɪt] n armario

close-up ['kləusʌp] n primer plano

closure ['kləuʒə*] n cierre m

clot [klɔt] n (gen) coágulo; (inf: idiot) imbécil m/f ♦ vi (blood) coagularse

cloth [klɔθ] n (material) tela, paño; (rag) trapo

clothe [kləuð] vt vestir; ~s npl ropa; ~s brush n cepillo (para la ropa); ~s line n cuerda (para tender la ropa); ~s peg (US ~s pin) n pinza

clothing ['kləuðɪŋ] n = clothes

cloud [klaud] n nube f; ~burst n aguacero; ~y adj nublado, nubloso; (liquid) turbio

clout [klaut] vt dar un tortazo a

clove [kləuv] n clavo; ~ of garlic diente m de ajo

clover ['kləuvə*] n trébol m

clown [klaun] n payaso ♦ vi (also: ~ about, ~ around) hacer el payaso

cloying ['klɔɪɪŋ] adj empalagoso

club [klʌb] n (society) club m; (weapon) porra, cachiporra; (also: golf ~) palo

♦ vt aporrear ♦ vi: **to ~ together** (for gift) comprar entre todos; **~s out** (CARDS) tréboles mpl; **~ class** n (AVIAT) clase f preferente; **~house** n local social, sobre todo en clubs deportivos

cluck [klʌk] vi cloquear

clue [kluː] n pista; (in crosswords) indicación f; **I haven't a ~** no tengo ni idea

clump [klʌmp] n (of trees) grupo

clumsy ['klʌmzı] adj (person) torpe, desmañado; (tool) difícil de manejar; (movement) desgarbado

clung [klʌŋ] pt, pp of **cling**

cluster ['klʌstə*] n grupo ♦ vi agruparse, apiñarse

clutch [klʌtʃ] n (AUT) embrague m; (grasp): **~es** garras fpl ♦ vt asir; agarrar

clutter ['klʌtə*] vt atestar

cm abbr (= centimetre) cm

CND n abbr (= Campaign for Nuclear Disarmament) plataforma pro desarme nuclear

Co. abbr = **county**; **company**

c/o abbr (= care of) c/a, a/c

coach [kəutʃ] n autocar m (SP), coche m de línea; (horse drawn) coche m; (of train) vagón m, coche m; (SPORT) entrenador(a) m/f, instructor(a) m/f; (tutor) profesor(a) m/f particular ♦ vt (SPORT) entrenar; (student) preparar, enseñar; **~ trip** n excursión f en autocar

coal [kəul] n carbón m; **~ face** n frente m de carbón; **~field** n yacimiento de carbón

coalition [kəuə'lıʃən] n coalición f

coalman ['kəulmən] (irreg) n carbonero

coalmine ['kəulmaın] n mina de carbón

coarse [kɔːs] adj basto, burdo; (vulgar) grosero, ordinario

coast [kəust] n costa, litoral m ♦ vi (AUT) ir en punto muerto; **~al** adj costero, costanero; **~guard** n guardacostas m inv; **~line** n litoral m

coat [kəut] n abrigo; (of animal) pelaje m, lana; (of paint) mano f, capa f ♦ vt cubrir, revestir; **~ of arms** n escudo de armas; **~ hanger** n percha (SP), gancho (AM); **~ing** n capa, baño

coax [kəuks] vt engatusar

cobbler ['kɔblə] n zapatero (remendón)

cobbles ['kɔblz] npl, **cobblestones** ['kɔblstəunz] npl adoquines mpl

cobweb ['kɔbweb] n telaraña

cocaine [kə'keın] n cocaína

cock [kɔk] n (rooster) gallo; (male bird) macho ♦ vt (gun) amartillar; **~erel** n gallito

cockle ['kɔkl] n berberecho

cockney ['kɔknı] n habitante de ciertos barrios de Londres

cockpit ['kɔkpıt] n cabina

cockroach ['kɔkrəutʃ] n cucaracha

cocktail ['kɔkteıl] n cóctel, cóctel m; **~ cabinet** n mueble-bar m; **~ party** n coctel m, cóctel m

cocoa ['kəukəu] n cacao; (drink) chocolate m

coconut ['kəukənʌt] n coco

cod [kɔd] n bacalao

C.O.D. abbr (= cash on delivery) C.A.E.

code [kəud] n código; (cipher) clave f; (dialling ~) prefijo; (post ~) código postal

cod-liver oil ['kɔdlıvər-] n aceite m de hígado de bacalao

coercion [kəu'əːʃən] n coacción f

coffee ['kɔfı] n café m; **~ bar** n (BRIT) cafetería; **~ bean** n grano de café; **~ break** n descanso (para tomar café); **~pot** n cafetera; **~ table** n mesita (para servir el café)

coffin ['kɔfın] n ataúd m

cog [kɔg] n (wheel) rueda dentada; (tooth) diente m

cogent ['kəudʒənt] adj convincente

cognac ['kɔnjæk] n coñac m

coil [kɔıl] n rollo; (ELEC) bobina, carrete m; (contraceptive) espiral f ♦ vt enrollar

coin [kɔın] n moneda ♦ vt (word)

inventar, idear; **~age** n moneda; **~-box** (BRIT) n cabina telefónica

coincide [kəʊɪn'saɪd] vi coincidir; (agree) estar de acuerdo; **coincidence** [kəʊ'ɪnsɪdəns] n casualidad f

Coke ® [kəʊk] n Coca-Cola ®

coke [kəʊk] n (coal) coque m

colander ['kɒləndə*] n colador m, escurridor m

cold [kəʊld] adj frío ♦ n frío; (MED) resfriado; **it's ~** hace frío; **to be ~** (person) tener frío; **to catch ~** enfriarse; **to catch a ~** resfriarse, acatarrarse; **in ~ blood** a sangre fría; **~-shoulder** vt dar o volver la espalda a; **~ sore** n herpes mpl or fpl

coleslaw ['kəʊlslɔ:] n especie de ensalada de col

colic ['kɒlɪk] n cólico

collapse [kə'læps] vi hundirse, derrumbarse; (MED) sufrir un colapso ♦ n hundimiento, derrumbamiento; (MED) colapso; **collapsible** adj plegable

collar ['kɒlə*] n (US color) (of coat, shirt) cuello; (of dog etc) collar; **~bone** n clavícula

collateral [kə'lætərəl] n garantía colateral

colleague ['kɒli:g] n colega m/f; (at work) compañero, a

collect [kə'lekt] vt (litter, mail etc) recoger; (as a hobby) coleccionar; (BRIT: call and pick up) recoger; (debts, subscriptions etc) recaudar ♦ vi (dust) acumularse; **to call ~** (US: TEL) llamar a cobro revertido; **~ion** [kə'lekʃən] n colección f; (of mail, for charity) recogida; **~or** n coleccionista m/f

college ['kɒlɪdʒ] n colegio mayor; (of agriculture, technology) escuela universitaria

collide [kə'laɪd] vi chocar

colliery ['kɒlɪərɪ] (BRIT) n mina de carbón

collision [kə'lɪʒən] n choque m

colloquial [kə'ləʊkwɪəl] adj familiar, coloquial

Colombia [kə'lɒmbɪə] n Colombia; **~n** adj, n colombiano/a

colon ['kəʊlən] n (sign) dos puntos; (MED) colon m

colonel ['kə:nl] n coronel m

colonial [kə'ləʊnɪəl] adj colonial

colony ['kɒlənɪ] n colonia

colour ['kʌlə*] (US color) n color m ♦ vt color(e)ar; (dye) teñir; (fig: account) adornar; (: judgement) distorsionar ♦ vi (blush) sonrojarse; **~s** npl (of party, club) colores mpl; **in ~** en color; **~ in** vt colorear; **~ bar** n segregación f racial; **~-blind** adj daltónico; **~ed** adj de color; (photo) en color; **~ film** n película en color; **~ful** adj lleno de color; (story) fantástico; (person) excéntrico; **~ing** n (complexion) tez f; (: in food) colorante m; **~ scheme** n combinación f de colores; **~ television** n televisión f en color

colt [kəʊlt] n potro

column ['kɒləm] n columna; **~ist** ['kɒləmnɪst] n columnista m/f

coma ['kəʊmə] n coma m

comb [kəʊm] n peine m; (ornamental) peineta ♦ vt (hair) peinar; (area) registrar a fondo

combat ['kɒmbæt] n combate m ♦ vt combatir

combination [kɒmbɪ'neɪʃən] n combinación

combine [vb kəm'baɪn, n 'kɒmbaɪn] vt combinar; (qualities) reunir ♦ vi combinarse ♦ n (ECON) cartel m; **~ (harvester)** n cosechadora

┌─ KEYWORD ─────────────┐

come [kʌm] (pt **came**, pp **come**) vi **1** (movement towards) venir; **to ~ running** venir corriendo
2 (arrive) llegar; **he's ~ here to work** ha venido aquí para trabajar; **to ~ home** volver a casa
3 (reach): **to ~ to** llegar a; **the bill**

came to £40 la cuenta ascendía a cuarenta libras
4 (occur): **an idea came to me** se me ocurrió una idea
5 (be, become): **to ~ loose/undone** etc aflojarse/desabrocharse, desatarse etc; **I've ~ to like him** por fin ha llegado a gustarme
come about vi suceder, ocurrir
come across vt fus (person) topar con; (thing) dar con
come away vi (leave) marcharse; (become detached) desprenderse
come back vi (return) volver
come by vt fus (acquire) conseguir
come down vi (price) bajar; (tree, building) ser derribado
come forward vi presentarse
come from vt fus (place, source) ser de
come in vi (visitor) entrar; (train, report) llegar; (fashion) ponerse de moda; (on deal etc) entrar
come in for vt fus (criticism etc) recibir
come into vt fus (money) heredar; (be involved) tener que ver con; **to ~ into fashion** ponerse de moda
come off vi (button) soltarse, desprenderse; (attempt) salir bien
come on vi (pupil) progresar; (work, project) desarrollarse; (lights) encenderse; (electricity) volver; **~ on!** ¡vamos!
come out vi (fact) salir a la luz; (book, sun) salir; (stain) quitarse
come round vi (after faint, operation) volver en sí
come to vi (wake) volver en sí
come up vi (sun) salir; (problem) surgir; (event) aproximarse; (in conversation) mencionarse
come up against vt fus (resistance etc) tropezar con
come up with vt fus (idea) sugerir; (money) conseguir
come upon vt fus (find) dar con

comeback ['kʌmbæk] n: **to make a ~** (THEATRE) volver a las tablas
comedian [kə'miːdɪən] n cómico; **comedienne** [-'ɛn] n cómica
comedy ['kɔmɪdɪ] n comedia; (humour) comicidad f
comet ['kɔmɪt] n cometa m
comeuppance [kam'ʌpəns] n: **to get one's ~** llevar su merecido
comfort ['kʌmfət] n bienestar m; (relief) alivio ♦ vt consolar; **~s** npl (of home etc) comodidades fpl; **~able** adj cómodo; (financially) acomodado; (easy) fácil; **~ably** adv (sit) cómodamente; (live) holgadamente; **~ station** (US) n servicios mpl
comic ['kɔmɪk] adj (also: **~al**) cómico ♦ n (comedian) cómico; (BRIT: for children) tebeo; (BRIT: for adults) comic m; **~ strip** n tira cómica
coming ['kʌmɪŋ] n venida, llegada ♦ adj que viene; **~(s) and going(s)** n(pl) ir y venir m, ajetreo
comma ['kɔmə] n coma
command [kə'mɑːnd] n orden f, mandato; (MIL: authority) mando; (mastery) dominio ♦ vt (troops) mandar; (give orders to): **to ~ sb to do** mandar o ordenar a uno hacer; **~er** [kə'mɑːndə*] n comandante m/f; (MIL) comandante m/f, jefe/a m/f
commemorate [kə'mɛməreɪt] vt conmemorar
commence [kə'mɛns] vt, vi comenzar, empezar
commend [kə'mɛnd] vt elogiar, alabar; (recommend) recomendar
commensurate [kə'mɛnʃərɪt] adj: **~ with** en proporción a, que corresponde a
comment ['kɔmɛnt] n comentario ♦ vi: **to ~ on** hacer comentarios sobre; **"no ~"** (written) "sin comentarios"; (spoken) "no tengo nada que decir"; **~ary** ['kɔməntərɪ] n comentario; **~ator** ['kɔməntertə*] n comentarista m/f

commerce ['kɔmə:s] n comercio

commercial [kə'mə:ʃəl] adj comercial ♦ n (TV, RADIO) anuncio

commiserate [kə'mɪzəreɪt] vi: to ~ with compadecerse de, condolerse de

commission [kə'mɪʃən] n (committee, fee) comisión ♦ vt (work of art) encargar; **out of** ~ fuera de servicio; **~aire** [kəmɪʃə'nɛə*] (BRIT) n portero; **~er** n (POLICE) comisario de policía

commit [kə'mɪt] vt (act) cometer; (resources) dedicar; (to sb's care) entregar; **to o.s. (to do)** comprometerse (a hacer); **to ~ suicide** suicidarse; **~ment** n compromiso; (to ideology etc) entrega

committee [kə'mɪtɪ] n comité m

commodity [kə'mɔdɪtɪ] n mercancía

common ['kɔmən] adj común; (pej) ordinario ♦ n campo común; **the C~s** npl (BRIT) (la Cámara de) los Comunes mpl; **in** ~ en común; **to ~ law** ley f consuetudinaria; **~ly** adv comúnmente; **C~ Market** n Mercado Común; **~place** adj de lo más común; **~room** n sala común; **~ sense** n sentido común; **the C~wealth** n la Commonwealth

commotion [kə'məuʃən] n tumulto, confusión f

commune [n 'kɔmjuːn, vb kə'mjuːn] n (group) comuna ♦ vi: **to ~ with** comulgar o conversar con

communicate [kə'mjuːnɪkeɪt] vt comunicar ♦ vi: **to ~ (with)** comunicarse (con); (in writing) estar en contacto (con)

communication [kəmjuːnɪ'keɪʃən] n comunicación f; **~ cord** (BRIT) n timbre m de alarma

communion [kə'mjuːnɪən] n (also: Holy C~) comunión f

communiqué [kə'mjuːnɪkeɪ] n comunicado, parte f

communism ['kɔmjunɪzəm] n comunismo; **communist** adj, n

comunista m/f

community [kə'mjuːnɪtɪ] n comunidad f; (large group) colectividad f; **~ centre** n centro social; **~ chest** (US) n arca comunitaria, fondo común

commutation ticket [kɔmju'teɪʃən-] (US) n billete m de abono

commute [kə'mjuːt] vi viajar a diario de la casa al trabajo ♦ vt conmutar; **~r** n persona (que viaja ... see vi)

compact [adj kəm'pækt, n 'kɔmpækt] adj compacto ♦ n (also: powder ~) polvera; **~ disc** n compact disc m; **~ disc player** n reproductor m de disco compacto, compact disc m

companion [kəm'pænɪən] n compañero/a; **~ship** n compañerismo

company ['kʌmpənɪ] n compañía; (COMM) sociedad f, compañía; **to keep sb ~** acompañar a uno; **~ secretary** (BRIT) n secretario/a de compañía

comparative [kəm'pærətɪv] adj relativo; (study) comparativo; **~ly** adv (relatively) relativamente

compare [kəm'pɛə*] vt: **to ~ sth/sb with/to** comparar algo/a uno con ♦ vi: **to ~ (with)** compararse (con); **comparison** [-'pærɪsn] n comparación f

compartment [kəm'pɑːtmənt] n (also: RAIL) compartim(i)ento

compass ['kʌmpəs] n brújula; **~es** npl (MATH) compás m

compassion [kəm'pæʃən] n compasión f; **~ate** adj compasivo

compatible [kəm'pætɪbl] adj compatible

compel [kəm'pel] vt obligar

compensate ['kɔmpənseɪt] vt compensar ♦ vi: **to ~ for** compensar; **compensation** [-'seɪʃən] n (for loss) indemnización f

compère ['kɔmpɛə*] n presentador m

compete [kəm'piːt] vi (take part) tomar parte, concurrir; (vie with): **to ~ with** competir con, hacer competencia a

competent ['kɒmpɪtənt] adj
competente, capaz

competition [kɒmpɪ'tɪʃən] n (contest)
concurso; (rivalry) competencia

competitive [kəm'petɪtɪv] adj (ECON,
SPORT) competitivo

competitor [kəm'petɪtə*] n (rival)
competidor(a) m/f; (participant)
concursante m/f

complacency [kəm'pleɪsnsɪ] n
autosatisfacción f

complacent [kəm'pleɪsənt] adj
autocomplaciente

complain [kəm'pleɪn] vi quejarse;
(COMM) reclamar; **~t** n queja;
reclamación f; (MED) enfermedad f

complement [n 'kɒmplɪmənt, vb
'kɒmplɪmənt] n complemento; (esp of
ship's crew) dotación f ♦ vt (enhance)
complementar; **~ary** [kɒmplɪ'mentərɪ]
adj complementario

complete [kəm'pli:t] adj (full)
completo; (finished) acabado ♦ vt
(fulfil) completar; (finish) acabar; (a
form) llenar; **~ly** adv completamente;
completion [-'pli:ʃən] n terminación
f; (of contract) realización f

complex ['kɒmpleks] adj, n complejo

complexion [kəm'plekʃən] n (of face)
tez f, cutis m

compliance [kəm'plaɪəns] n
(submission) sumisión f; (agreement)
conformidad f; **in ~ with** de acuerdo
con

complicate ['kɒmplɪkeɪt] vt complicar;
~d adj complicado; **complication**
[-'keɪʃən] n complicación f

compliment [n 'kɒmplɪmənt] n (formal)
cumplido ♦ vt felicitar; **~s** npl (regards)
saludos mpl; **to pay sb a ~** hacer
cumplidos a uno; **~ary** [-'mentərɪ] adj
lisonjero; (free) de favor

comply [kəm'plaɪ] vi: **to ~ with**
cumplir con

component [kəm'pəʊnənt] adj
componente ♦ n (TECH) pieza

compose [kəm'pəʊz] vt: **to be ~d of**

componerse de; (music etc) componer;
to ~ o.s. tranquilizarse; **~d** adj
sosegado; **~r** n (MUS) compositor(a)
m/f; **composition** [kɒmpə'zɪʃən] n
composición f

compost ['kɒmpɒst] n abono (vegetal)

composure [kəm'pəʊʒə*] n serenidad
f, calma

compound ['kɒmpaʊnd] n (CHEM)
compuesto; (LING) palabra compuesta;
(enclosure) recinto ♦ adj compuesto;
(fracture) complicado

comprehend [kɒmprɪ'hend] vt
comprender; **comprehension**
[-'henʃən] n comprensión f

comprehensive [kɒmprɪ'hensɪv] adj
exhaustivo; (INSURANCE) contra todo
riesgo; **~ (school)** n centro estatal de
enseñanza secundaria; ≈ Instituto
Nacional de Bachillerato (SP)

compress [vb kəm'pres, n 'kɒmpres]
vt comprimir; (information) condensar
♦ n (MED) compresa

comprise [kəm'praɪz] vt (also: **be ~d**
of) comprender, constar de; (constitute)
constituir

compromise ['kɒmprəmaɪz] n
(agreement) arreglo ♦ vt comprometer
♦ vi transigir

compulsion [kəm'pʌlʃən] n
compulsión f; (force) obligación f

compulsive [kəm'pʌlsɪv] adj
compulsivo; (viewing, reading) obligado

compulsory [kəm'pʌlsərɪ] adj
obligatorio

computer [kəm'pju:tə*] n ordenador
m, computador m, computadora;
~ game n juego para ordenador; **~-**
generated adj realizado por
ordenador, creado por ordenador;
~ize vt (data) computarizar; (system)
informatizar; **~ programmer** n
programador(a) m/f; **~ programming**
n programación f; **~ science** n
informática f; **computing** [kəm'pju:tɪŋ]
n (activity, science) informática f

comrade ['kɒmrɪd] n (POL, MIL)

camarada; (friend) compañero/a;
~ship n camaradería, compañerismo

con [kɔn] vt (deceive) engañar; (cheat)
estafar ♦ n estafa

conceal [kən'si:l] vt ocultar

conceit [kən'si:t] n presunción f; **~ed**
adj presumido

conceive [kən'si:v] vt, vi concebir

concentrate ['kɔnsəntreɪt] vi
concentrarse ♦ vt concentrar

concentration [kɔnsən'treɪʃən] n
concentración f

concept ['kɔnsept] n concepto

concern [kən'sə:n] n (matter) asunto;
(COMM) empresa; (anxiety)
preocupación f ♦ vt (worry) preocupar;
(involve) afectar; (relate to) tener que
ver con; **to be ~ed (about)**
interesarse (por), preocuparse (por);
~ing prep sobre, acerca de

concert ['kɔnsət] n concierto; **~ed**
[kən'sə:tɪd] adj (efforts etc)
concertado; **~ hall** n sala de conciertos

concerto [kən'tʃə:təu] n concierto

concession [kən'seʃən] n concesión f;
tax ~ privilegio fiscal

conclude [kən'klu:d] vt concluir;
(treaty etc) firmar; (agreement) llegar a;
(decide) llegar a la conclusión de;
conclusion [-'klu:ʒən] n conclusión f,
firma; **conclusive** [-'klu:sɪv] adj
decisivo, concluyente

concoct [kən'kɔkt] vt confeccionar;
(plot) tramar; **~ion** [-'kɔkʃən] n mezcla

concourse ['kɔŋkɔ:s] n vestíbulo

concrete ['kɔnkri:t] n hormigón m
♦ adj de hormigón; (fig) concreto

concur [kən'kə:*] vi estar de acuerdo,
asentir

concurrently [kən'kʌrntlɪ] adv al
mismo tiempo

concussion [kən'kʌʃən] n conmoción
f cerebral

condemn [kən'dem] vt condenar;
(building) declarar en ruina

condense [kən'dens] vi condensarse
♦ vt condensar, abreviar; **~d milk** n

leche f condensada

condition [kən'dɪʃən] n condición f,
estado; (requirement) condición f ♦ vt
condicionar; **on ~ that** a condición
(de) que; **~er** n suavizante

condolences [kən'dəulənsɪz] npl
pésame m

condom ['kɔndəm] n condón m

condone [kən'dəun] vt condonar

conducive [kən'dju:sɪv] adj: **~ to**
conducente a

conduct [n 'kɔndʌkt, vb kən'dʌkt] n
conducta, comportamiento ♦ vt (lead)
conducir; (manage) llevar a cabo,
dirigir; (MUS) dirigir; **to ~ o.s.**
comportarse; **~ed tour** (BRIT) n visita
acompañada; **~or** n (of orchestra)
director m; (US: on train) revisor/a m/f;
(on bus) cobrador m; (ELEC) conductor
m; **~ress** n (on bus) cobradora

cone [kəun] n cono; (pine ~) piña; (on
road) pivote m; (for ice-cream)
cucurucho

confectioner [kən'fekʃənə*] n
repostero/a; **~'s (shop)** n confitería;
~y n dulces mpl

confer [kən'fə:*] vt: **to ~ sth on**
otorgar algo a ♦ vi conferenciar

conference ['kɔnfərns] n (meeting)
reunión f; (convention) congreso

confess [kən'fes] vt confesar ♦ vi
admitir; **~ion** [-'feʃən] n confesión f

confetti [kən'fetɪ] n confeti m

confide [kən'faɪd] vi: **to ~ in** confiar
en

confidence ['kɔnfɪdns] n (also: self-~)
confianza; (secret) confidencia; **in ~**
(speak, write) en confianza; **~ trick** n
timo; **confident** adj seguro de sí
mismo; (certain) seguro; **confidential**
[kɔnfɪ'denʃəl] adj confidencial

confine [kən'faɪn] vt (limit) limitar;
(shut up) encerrar; **~d** adj (space)
reducido; **~ment** n (prison) prisión f;
~s ['kɔnfaɪnz] npl confines mpl

confirm [kən'fə:m] vt confirmar;
~ation [kɔnfə'meɪʃən] n confirmación

_f_; **~ed** _adj_ empedernido
confiscate ['kɒnfɪskeɪt] _vt_ confiscar
conflict [_n_ 'kɒnflɪkt, _vb_ kən'flɪkt] _n_
conflicto ♦ _vi_ (_opinions_) chocar; **~ing**
adj contradictorio
conform [kən'fɔːm] _vi_ conformarse; **to**
~ to ajustarse a
confound [kən'faund] _vt_ confundir
confront [kən'frʌnt] _vt_ (_problems_)
hacer frente a; (_enemy, danger_)
enfrentarse con; **~ation**
[kɒnfrən'teɪʃən] _n_ enfrentamiento
confuse [kən'fjuːz] _vt_ (_perplex_) aturdir,
desconcertar; (_mix up_) confundir;
(_complicate_) complicar; **~d** _adj_ confuso;
(_person_) perplejo; **confusing** _adj_
confuso; **confusion** [-'fjuːʒən] _n_
confusión _f_
congeal [kən'dʒiːl] _vi_ (_blood_)
coagularse; (_sauce etc_) cuajarse
congested [kən'dʒestɪd] _adj_
congestionado; **congestion** _n_
congestión _f_
congratulate [kən'grætjuleɪt] _vt_: **to**
~ sb (on) felicitar a uno (por);
congratulations [-'leɪʃənz] _npl_
felicitaciones _fpl_; **congratulations!**
¡enhorabuena!
congregate ['kɒŋgrɪgeɪt] _vi_
congregarse; **congregation** [-'geɪʃən]
_n_ (_of a church_) feligreses _mpl_
congress ['kɒŋgres] _n_ congreso; (_US_):
C~ Congreso; **C~man** (_irreg_) (_US_) _n_
miembro _m_ del Congreso
conifer ['kɒnɪfə*] _n_ conífera
conjunctivitis [kəndʒʌŋktɪ'vaɪtɪs] _n_
conjuntivitis _f_
conjure ['kʌndʒə*] _vi_ hacer juegos de
manos; **~ up** _vt_ (_ghost, spirit_) hacer
aparecer; (_memories_) evocar; **~r** _n_
ilusionista _m/f_
con man ['kɒn-] _n_ estafador _m_
connect [kə'nekt] _vt_ juntar, unir;
(_ELEC_) conectar; (_TEL: subscriber_) poner;
(: _caller_) poner al habla; (_fig_) relacionar,
asociar ♦ _vi_: **to ~ with** (_train_) enlazar
con; **to be ~ed with** (_associated_) estar

relacionado con; **~ion** [-ʃən] _n_ juntura,
unión _f_; (_ELEC_) conexión _f_; (_TEL_)
comunicación _f_; (_fig_) relación _f_
connive [kə'naɪv] _vi_: **to ~ at** hacer la
vista gorda a
connoisseur [kɒnɪ'sə*] _n_ experto/a,
entendido/a
conquer ['kɒŋkə*] _vt_ (_territory_)
conquistar; (_enemy, feelings_) vencer;
~or _n_ conquistador _m_
conquest ['kɒŋkwest] _n_ conquista
cons [kɒnz] _npl see_ **convenience; pro**
conscience ['kɒnʃəns] _n_ conciencia
conscientious [kɒnʃɪ'enʃəs] _adj_
concienzudo; (_objection_) de conciencia
conscious ['kɒnʃəs] _adj_ (_deliberate_)
deliberado; (_awake, aware_) consciente;
~ness _n_ conciencia; (_MED_)
conocimiento
conscript ['kɒnskrɪpt] _n_ recluta _m_;
~ion [kən'skrɪpʃən] _n_ servicio militar
(obligatorio)
consensus [kən'sensəs] _n_ consenso
consent [kən'sent] _n_ consentimiento
♦ _vi_: **to ~ (to)** consentir (en)
consequence ['kɒnsɪkwəns] _n_
consecuencia; (_significance_) importancia
consequently ['kɒnsɪkwəntlɪ] _adv_ por
consiguiente
conservation [kɒnsə'veɪʃən] _n_
conservación _f_
conservative [kən'sə:vətɪv] _adj_
conservador(a); (_estimate etc_)
cauteloso; **C~** (_BRIT_) _adj, n_ (_POL_)
conservador(a) _m/f_
conservatory [kən'sə:vətrɪ] _n_
invernadero; (_MUS_) conservatorio
conserve [kən'sə:v] _vt_ conservar ♦ _n_
conserva
consider [kən'sɪdə*] _vt_ considerar;
(_take into account_) tener en cuenta;
(_study_) estudiar, examinar; **to ~ doing**
sth pensar en (la posibilidad de) hacer
algo; **~able** _adj_ considerable; **~ably**
adv notablemente; **~ate** _adj_
considerado; **consideration** [-'reɪʃən]
_n_ consideración _f_; (_factor_) factor _m_; **to**

give sth further consideration
estudiar algo más a fondo; **~ing prep**
teniendo en cuenta

consign [kənˈsaɪn] *vt*: **to ~ to** (*sth unwanted*) relegar a; (*person*) destinar a; **~ment** *n* envío

consist [kənˈsɪst] *vi*: **to ~ of** consistir en

consistency [kənˈsɪstənsɪ] *n* (*of argument etc*) coherencia; consecuencia; (*thickness*) consistencia

consistent [kənˈsɪstənt] *adj* (*person*) consecuente; (*argument etc*) coherente

consolation [kɒnsəˈleɪʃən] *n* consuelo

console[1] [kənˈsəul] *vt* consolar

console[2] [ˈkɒnsəul] *n* consola

consonant [ˈkɒnsənənt] *n* consonante *f*

consortium [kənˈsɔːtɪəm] *n* consorcio

conspicuous [kənˈspɪkjuəs] *adj* (*visible*) visible

conspiracy [kənˈspɪrəsɪ] *n* conjura, complot *m*

constable [ˈkʌnstəbl] (*BRIT*) *n* policía *m/f*; **chief ~** ≈ jefe *m* de policía

constabulary [kənˈstæbjulərɪ] *n* ≈ policía

constant [ˈkɒnstənt] *adj* constante; **~ly** *adv* constantemente

constipated [ˈkɒnstɪpeɪtəd] *adj* estreñido; **constipation** [kɒnstɪˈpeɪʃən] *n* estreñimiento

constituency [kənˈstɪtjuənsɪ] *n* (*POL: area*) distrito electoral; (*: electors*) electorado; **constituent** [-ənt] *n* (*POL*) elector(a) *m/f*; (*part*) componente *m*

constitution [kɒnstɪˈtjuːʃən] *n* constitución *f*; **~al** *adj* constitucional

constraint [kənˈstreɪnt] *n* obligación *f*; (*limit*) restricción *f*

construct [kənˈstrʌkt] *vt* construir; **~ion** [-ʃən] *n* construcción *f*; **~ive** *adj* constructivo

consul [ˈkɒnsl] *n* cónsul *m/f*; **~ate** [ˈkɒnsjulɪt] *n* consulado

consult [kənˈsʌlt] *vt* consultar; **~ant** *n* (*BRIT: MED*) especialista *m/f*; (*other*

specialist) asesor(a) *m/f*; **~ation** [kɒnsəlˈteɪʃən] *n* consulta; **~ing room** (*BRIT*) *n* consultorio

consume [kənˈsjuːm] *vt* (*eat*) comerse; (*drink*) beberse; (*fire etc*, *COMM*) consumir; **~r** *n* consumidor(a) *m/f*; **~r goods** *npl* bienes *mpl* de consumo

consummate [ˈkɒnsʌmeɪt] *vt* consumar

consumption [kənˈsʌmpʃən] *n* consumo

cont. *abbr* (= *continued*) sigue

contact [ˈkɒntækt] *n* contacto; (*person*) contacto; (*: pej*) enchufe *m* ♦ *vt* ponerse en contacto con; **~ lenses** *npl* lentes *fpl* de contacto

contagious [kənˈteɪdʒəs] *adj* contagioso

contain [kənˈteɪn] *vt* contener; **to ~ o.s.** contenerse; **~er** *n* recipiente *m*; (*for shipping etc*) contenedor *m*

contaminate [kənˈtæmɪneɪt] *vt* contaminar

cont'd *abbr* (= *continued*) sigue

contemplate [ˈkɒntəmpleɪt] *vt* contemplar; (*reflect upon*) considerar

contemporary [kənˈtempərərɪ] *adj*, *n* contemporáneo/a *m/f*

contempt [kənˈtempt] *n* desprecio; **~ of court** (*LAW*) desacato (a los tribunales); **~ible** *adj* despreciable; **~uous** *adj* desdeñoso

contend [kənˈtend] *vt* (*argue*) afirmar ♦ *vi*: **to ~ with/for** luchar contra/por; **~er** *n* (*SPORT*) contendiente *m*

content [kənˈtent, ˈkɒntent] *adj* (*happy*) contento; (*satisfied*) satisfecho ♦ *vt* contentar; satisfacer ♦ *n* contenido; **~s** *npl* contenido; (*table of*) **~s** índice *m* de materias; **~ed** *adj* contento; satisfecho

contention [kənˈtenʃən] *n* (*assertion*) aseveración *f*; (*disagreement*) discusión *f*

contest [*n* ˈkɒntest, *vb* kənˈtest] *n* lucha; (*competition*) concurso ♦ *vt* (*dispute*) impugnar; (*POL*) presentarse como candidato/a en; **~ant**

[kən'testənt] n concursante m/f; (in fight) contendiente m/f

context ['kɔntekst] n contexto

continent ['kɔntinənt] n continente m; **the C~** (BRIT) el continente europeo; **~al** [-'nentl] adj continental; **~al breakfast** n desayuno estilo europeo; **~al quilt** (BRIT) n edredón m

contingency [kən'tindʒənsi] n contingencia

continual [kən'tinjuəl] adj continuo; **~ly** adv constantemente

continuation [kəntinju'eiʃən] n prolongación f; (after interruption) reanudación f

continue [kən'tinju:] vi, vt seguir, continuar

continuous [kən'tinjuəs] adj continuo

contort [kən'tɔːt] vt retorcer

contour ['kɔntuə*] n contorno; (also: ~ line) curva de nivel

contraband ['kɔntrəbænd] n contrabando

contraceptive [kɔntrə'septiv] adj, n anticonceptivo

contract [n 'kɔntrækt, vb kən'trækt] n contrato ♦ vi (COMM): **to ~ to do sth** comprometerse por contrato a hacer algo; (become smaller) contraerse, encogerse ♦ vt contraer; **~ion** [kən'trækʃən] n contracción f; **~or** n contratista m/f

contradict [kɔntrə'dikt] vt contradecir; **~ion** [-ʃən] n contradicción f

contraption [kən'træpʃən] n (pej) n artilugio m

contrary[1] ['kɔntrəri] adj contrario, lo contrario; **on the ~** al contrario; **unless you hear to the ~** a no ser que le digan lo contrario

contrary[2] [kən'treəri] adj (perverse) terco

contrast [n 'kɔntrɑːst, vt kən'trɑːst] n contraste m ♦ vt comparar; **in ~ to** en contraste con

contravene [kɔntrə'viːn] vt infringir

contribute [kən'tribjuːt] vi contribuir

♦ vt: **to ~ £10/an article to** contribuir con 10 libras/un artículo a; **to ~ to** (charity) donar a; (newspaper) escribir para; (discussion) intervenir en; **contribution** [kɔntri'bjuːʃən] n (donation) donativo; (BRIT: for social security) cotización f; (to debate) intervención f; (to journal) colaboración f; **contributor** n contribuyente m/f; (to newspaper) colaborador(a) m/f

contrive [kən'traiv] vt (invent) idear ♦ vi: **to ~ to do** lograr hacer

control [kən'trəul] vt controlar; (process etc) dirigir; (machinery) manejar; (temper) dominar; (disease) contener ♦ n control m; **~s** npl (of vehicle) instrumentos mpl de mando; (of radio) controles mpl; (governmental) medidas fpl de control; **under ~** bajo control; **to be in ~ of** tener el mando de; **the car went out of ~** se perdió el control del coche; **~led substance** n sustancia controlada; **~ panel** n tablero de instrumentos; **~ room** n sala de mando; **~ tower** n (AVIAT) torre f de control

controversial [kɔntrə'vəːʃl] adj polémico

controversy ['kɔntrəvəːsi] n polémica

convalesce [kɔnvə'les] vi convalecer

convector [kən'vektə*] n calentador m de aire

convene [kən'viːn] vt convocar ♦ vi reunirse

convenience [kən'viːniəns] n (easiness) comodidad f; (suitability) idoneidad f; (advantage) ventaja; **at your ~** cuando le sea conveniente; **all modern ~s, all mod cons** (BRIT) todo confort

convenient [kən'viːniənt] adj (useful) útil; (place, time) conveniente

convent ['kɔnvənt] n convento

convention [kən'venʃən] n convención f; (meeting) asamblea; (agreement) convenio; **~al** adj convencional

converge [kən'vəːdʒ] vi convergir; (people): **to ~ on** dirigirse todos a

conversant [kən'vəːsnt] adj: **to be ~ with** estar al tanto de

conversation [kɔnvə'seɪʃən] n conversación f; **~al** adj familiar; **~al skill** facilidad f de palabra

converse [n 'kɔnvəːs, vb kən'vəːs] n inversa f ♦ vi conversar; **~ly** ['-'vəːslɪ] adv a la inversa

conversion [kən'vəːʃən] n conversión f

convert [vb kən'vəːt, n 'kɔnvəːt] n (REL, COMM) convertir; (alter): **to ~ sth into/to** transformar algo en/convertir algo a ♦ n converso/a; **~ible** adj convertible ♦ n descapotable m

convey [kən'veɪ] vt llevar; (thanks) comunicar; (idea) expresar; **~or belt** n cinta transportadora

convict [vb kən'vɪkt, n 'kɔnvɪkt] vt (find guilty) declarar culpable a ♦ n presidiario/a; **~ion** n (condena); (belief, certainty) convicción f

convince [kən'vɪns] vt convencer; **~d** adj: **~d of/that** convencido de/de que; **convincing** adj convincente

convoluted ['kɔnvəluːtɪd] adj (argument etc) enrevesado

convoy ['kɔnvɔɪ] n convoy m

convulse [kən'vʌls] vt: **to be ~d with laughter** desternillarse de risa; **convulsion** n [-'vʌlʃən] n convulsión f

cook [kuk] vt (stew etc) guisar; (meal) preparar ♦ vi cocer; (person) cocinar ♦ n cocinero/a; **~ book** n libro de cocina; **~er** n cocina; **~ery** n cocina; **~ery book** (BRIT) n = **~ book**; **~ie** (US) n galleta; **~ing** n cocina

cool [kuːl] adj fresco; (not afraid) tranquilo; (unfriendly) frío ♦ vt enfriar ♦ vi enfriarse; **~ness** n frescura; (indifference) falta de entusiasmo

coop [kuːp] n gallinero ♦ vt: **to ~ up** (fig) encerrar

cooperate [kəu'ɔpəreɪt] vi cooperar, colaborar; **cooperation** [-'reɪʃən] n cooperación f, colaboración f

cooperative [-rətɪv] adj (business) cooperativo; (person) servicial ♦ n cooperativa

coordinate [vb kəu'ɔːdɪneɪt, n kəu'ɔːdɪnət] vt coordinar ♦ n (MATH) coordenada f; **~s** npl (clothes) coordinados mpl; **coordination** [-'neɪʃən] n coordinación f

co-ownership [kəu'əunəʃɪp] n co-propiedad f

cop [kɔp] (inf) n poli m (SP), tira m (AM)

cope [kəup] vi: **to ~ with** (problem) hacer frente a

copper ['kɔpə*] n (metal) cobre m; (BRIT: inf) poli m; **~s** npl (money) calderilla (SP), centavos mpl (AM)

copulate ['kɔpjuleɪt] vi copularse

copy ['kɔpɪ] n copia; (of book etc) ejemplar m ♦ vt copiar; **~right** n derechos mpl de autor

coral ['kɔrəl] n coral m

cord [kɔːd] n cuerda; (ELEC) cable m; (fabric) pana

cordial ['kɔːdɪəl] adj cordial ♦ n cordial m

cordon ['kɔːdn] n cordón m; **~ off** vt acordonar

corduroy ['kɔːdərɔɪ] n pana

core [kɔː*] n centro, núcleo; (of fruit) corazón m; (of problem) meollo ♦ vt quitar el corazón de

coriander [kɔrɪ'ændə*] n culantro

cork [kɔːk] n corcho; (tree) alcornoque m; **~screw** n sacacorchos m inv

corn [kɔːn] n (BRIT: cereal crop) trigo; (US: maize) maíz m; (on foot) callo; **~ on the cob** (CULIN) maíz m en la mazorca (SP), choclo (AM)

corned beef ['kɔːnd-] n carne f acecinada (en lata)

corner ['kɔːnə*] n (outside) esquina; (inside) rincón m; (in road) curva; (FOOTBALL) córner m; (BOXING) esquina ♦ vt (trap) arrinconar; (COMM) acaparar ♦ vi (in car) tomar las curvas; **~stone** n *(also fig)* piedra angular

cornet ['kɔ:nɪt] n (MUS) corneta; (BRIT: of ice-cream) cucurucho

cornflakes ['kɔ:nfleɪks] npl copos mpl de maíz, cornflakes mpl

cornflour ['kɔ:nflauə*] (BRIT), **cornstarch** ['kɔ:nstɑ:tʃ] (US) n harina de maíz

Cornwall ['kɔ:nwəl] n Cornualles m

corny ['kɔ:nɪ] (inf) adj gastado

coronary ['kɔrənərɪ] n (also: ~ thrombosis) infarto

coronation [kɔrə'neɪʃən] n coronación f

coroner ['kɔrənə*] n juez m (de instrucción)

corporal ['kɔ:pərl] n cabo ♦ adj: ~ **punishment** castigo corporal

corporate ['kɔ:pərɪt] adj (action, ownership) colectivo; (finance, image) corporativo

corporation [kɔ:pə'reɪʃən] n (of town) ayuntamiento m; (COMM) corporación f

corps [kɔ:*, pl kɔ:z] n inv cuerpo; **diplomatic** ~ cuerpo diplomático; **press** ~ gabinete m de prensa

corpse [kɔ:ps] n cadáver m

correct [kə'rekt] adj justo, exacto; (proper) correcto ♦ vt corregir; (exam) corregir, calificar; **~ion** n (act) corrección f; (instance) rectificación f

correspond [kɔrɪs'pɔnd] vi (write): **to ~ (with)** escribirse (con); (be equivalent to): **to ~ (to)** corresponder (a); (be in accordance): **to ~ (with)** corresponder (con); **~ence** n correspondencia; **~ence course** n curso por correspondencia; **~ent** n corresponsal m/f

corridor ['kɔrɪdɔ:*] n pasillo

corrode [kə'rəud] vt corroer ♦ vi corroerse

corrugated ['kɔrəgeɪtɪd] adj ondulado; **~ iron** n chapa ondulada

corrupt [kə'rʌpt] adj (person) corrupto; (COMPUT) corrompido ♦ vt corromper; (COMPUT) degradar

Corsica ['kɔ:sɪkə] n Córcega

cosmetic [kɔz'metɪk] adj, n cosmético

cosmopolitan [kɔzmə'pɔlɪtn] adj cosmopolita

cost [kɔst] (pt, pp cost) n (price) precio; **~s** npl (COMM) costes mpl; (LAW) costas fpl ♦ vi costar, valer ♦ vt preparar el presupuesto de; **how much does it ~?** ¿cuánto cuesta?; **to ~ sb time/effort** costarle a uno tiempo/esfuerzo; **it ~ him his life** le costó la vida; **at all ~s** cueste lo que cueste

co-star ['kəustɑ:*] n coprotagonista m/f

Costa Rica ['kɔstə'ri:kə] n Costa Rica; **~n** adj, n costarriqueño/a m/f

cost effective [kɔstɪ'fektɪv] adj rentable

costly ['kɔstlɪ] adj costoso

cost-of-living [kɔstəv'lɪvɪŋ] adj: **~ allowance** plus m de carestía de vida; **~ index** índice m del costo de vida

cost price (BRIT) n precio de coste

costume ['kɔstju:m] n traje m; (BRIT: also: swimming ~) traje de baño; **~ jewellery** n bisutería

cosy ['kəuzɪ] (US **cozy**) adj (person) cómodo; (room) acogedor(a)

cot [kɔt] n (BRIT: child's) cuna; (US: campbed) cama de campaña

cottage ['kɔtɪdʒ] n casita de campo; (rustic) barraca; **~ cheese** n requesón n

cotton ['kɔtn] n algodón m; (thread) hilo; **~ on to** (inf) vi tus caer en la cuenta de; **~ candy** (US) n algodón n (azucarado); **~ wool** (BRIT) n algodón m (hidrófilo)

couch [kautʃ] n sofá m; (doctor's etc) diván m

couchette [ku:'ʃet] n litera

cough [kɔf] vi toser ♦ n tos f; **~ drop** n pastilla para la tos

could [kud] pt of **can²**; **~n't = could not**

council ['kaunsl] n consejo; **city** or **town** ~ consejo municipal; **~ estate** (BRIT) n urbanización f de viviendas municipales de alquiler; **~ house** (BRIT) n vivienda municipal de alquiler; **~lor** n concejal(a) m/f

counsel ['kaunsl] n (advice) consejo; (lawyer) abogado/a ♦ vt aconsejar; **~lor** n consejero/a; **~or** (US) n abogado/a

count [kaunt] vt contar; (include) incluir ♦ vi contar ♦ n cuenta; (of votes) escrutinio m; (level) nivel m; (nobleman) conde m; **~ on** vt fus contar con; **~down** n cuenta atrás

countenance ['kauntinəns] n semblante m, rostro ♦ vt (tolerate) aprobar, tolerar

counter ['kauntə*] n (in shop) mostrador m; (in games) ficha ♦ vt contrarrestar ♦ adv: **to run ~ to** ser contrario a, ir en contra de; **~act** vt contrarrestar

counterfeit ['kauntəfit] n falsificación f, simulación f ♦ vt falsificar ♦ adj falso, falsificado

counterfoil ['kauntəfɔil] n talón m

counterpart ['kauntəpa:t] n homólogo/a

counter-productive [kauntəprə'-daktiv] adj contraproducente

countersign ['kauntəsain] vt refrendar

countess ['kauntis] n condesa

countless ['kauntlis] adj innumerable

country ['kʌntri] n país m; (native land) patria; (as opposed to town) campo; (region) región f, tierra; **~ dancing** (BRIT) n baile m regional; **~ house** n casa de campo; **~man** (irreg) (compatriot) compatriota m; (rural) campesino, paisano; **~side** n campo

county ['kaunti] n condado

coup [ku:] (pl **~s**) n (also: ~ d'état) golpe m (de estado); (achievement) éxito

couple ['kʌpl] n (of things) par m; (of people) pareja; (married ~) matrimonio; **a ~ of** un par de

coupon ['ku:pɔn] n cupón m; (voucher) vale m

courage ['kʌridʒ] n valor m, valentía; **~ous** [kə'reidʒəs] adj valiente

courgette [kuə'ʒet] (BRIT) n calabacín m (SP), calabacita (AM)

courier ['kuriə*] n mensajero/a; (for tourists) guía m/f (de turismo)

course [kɔ:s] n (direction) dirección f; (of river, SCOL) curso; (process) transcurso; (MED): **~ of treatment** tratamiento; (of ship) rumbo; (part of meal) plato; (GOLF) campo; **of ~** desde luego, naturalmente; **of ~!** ¡claro!

court [kɔ:t] n (royal) corte f; (LAW) tribunal m, juzgado; (TENNIS etc) pista, cancha ♦ vt (woman) cortejar a; **to take to ~** demandar

courteous ['kə:tiəs] adj cortés

courtesy ['kə:təsi] n cortesía; (by) **~ of** por cortesía de; **~ bus, ~ coach** n autobús m gratuito

court-house ['kɔ:thaus] (US) n palacio de justicia

courtier ['kɔ:tiə*] n cortesano

court-martial (pl **courts-martial**) n consejo de guerra

courtroom ['kɔ:trum] n sala de justicia

courtyard ['kɔ:tjɑ:d] n patio

cousin ['kʌzn] n primo/a; **first ~** primo/a carnal, primo/a hermano/a

cove [kəuv] n cala, ensenada

covenant ['kʌvənənt] n pacto

cover ['kʌvə*] vt cubrir; (feelings, mistake) ocultar; (with lid) tapar; (book etc) forrar; (distance) recorrer; (include) abarcar; (protect: also: INSURANCE) cubrir; (PRESS) investigar; (discuss) tratar ♦ n cubierta; (lid) tapa; (for chair etc) funda; (envelope) sobre m; (for book) forro; (of magazine) portada; (shelter) abrigo; (INSURANCE) cobertura; (of spy) cobertura; **~s** npl (on bed) sábanas; mantas; **to take ~** (shelter) protegerse, resguardarse; **under ~** (indoors) bajo techo; **under ~ of darkness** al amparo de la oscuridad; **under separate ~** (COMM) por separado; **~ up** vi: **to ~ up for sb** encubrir a uno; **~age** n (TV, PRESS) cobertura; **~alls** (US) npl mono; **~ charge** n precio del cubierto; **~ing** n capa; **~ing letter** (US **~ letter**) n carta de explicación; **~ note** n (INSURANCE) póliza provisional

covert ['kʌvət] adj secreto, encubierto

cover-up n encubrimiento

cow [kau] n vaca; (inf: woman) bruja ♦ vt intimidar

coward ['kauəd] n cobarde m/f; **~ice** [-ɪs] n cobardía; **~ly** adj cobarde

cowboy ['kaubɔɪ] n vaquero

cower ['kauə*] vi encogerse (de miedo)

coy [kɔɪ] adj tímido

cozy ['kəuzɪ] (US) adj = **cosy**

CPA (US) n abbr = **certified public accountant**

crab [kræb] n cangrejo; **~ apple** n manzana silvestre

crack [kræk] n grieta; (noise) crujido; (drug) crack m ♦ vt agrietar, romper; (nut) cascar; (solve: problem) resolver; (: code) descifrar; (whip etc) chasquear; (knuckles) crujir; (joke) contar ♦ adj (expert) de primera; **~ down on** vt fus adoptar fuertes medidas contra; **~ up** vi (MED) sufrir una crisis nerviosa; **~er** n (biscuit) cráquer m; (Christmas ~er) petardo sorpresa

crackle ['krækl] vi crepitar

cradle ['kreidl] n cuna

craft [krɑːft] n (skill) arte m; (trade) oficio; (cunning) astucia; (boat: pl inv) barco; (plane: pl inv) avión m

craftsman ['krɑːftsmən] n artesano; **~ship** n (quality) destreza

crafty ['krɑːftɪ] adj astuto

crag [kræg] n peñasco

cram [kræm] vt (fill): **to ~ sth with** llenar algo a (reventar) de; (put): **to ~ sth into** meter algo a la fuerza en

♦ vi (for exams) empollar

cramp [kræmp] n (MED) calambre m; **~ed** adj apretado, estrecho

cranberry ['krænbərɪ] n arándano agrio

crane [krein] n (TECH) grúa; (bird) grulla

crank [kræŋk] n manivela; (person) chiflado

cranny ['krænɪ] n see **nook**

crash [kræʃ] n (noise) estrépito; (of cars etc) choque m; (of plane) accidente m de aviación; (COMM) quiebra ♦ vt (car, plane) estrellar ♦ vi (car, plane) estrellarse; (two cars) chocar; (COMM) quebrar; **~ course** n curso acelerado; **~ helmet** n casco (protector); **~ landing** n aterrizaje m forzado

crass [kræs] adj grosero, maleducado

crate [kreit] n cajón m de embalaje; (for bottles) caja

cravat(e) [krə'væt] n pañuelo

crave [kreiv] vt, vi: **to ~ (for)** ansiar, anhelar

crawl [krɔːl] vi (drag o.s.) arrastrarse; (child) andar a gatas, gatear; (vehicle) avanzar (lentamente) ♦ n (SWIMMING) crol m

crayfish ['kreifiʃ] n inv (freshwater) cangrejo de río; (saltwater) cigala

crayon ['kreiən] n lápiz m de color

craze [kreiz] n (fashion) moda

crazy ['kreizɪ] adj (person) loco; (idea) disparatado; (inf: keen): **~ about sb/ sth** loco por uno/algo

creak [kriːk] vi (floorboard) crujir; (hinge etc) chirriar, rechinar

cream [kriːm] n (of milk) nata, crema; (lotion) crema; (fig) flor f y nata ♦ adj (colour) color crema; **~ cake** n pastel m de nata; **~ cheese** n queso blanco; **~y** adj cremoso; (colour) crema

crease [kriːs] n (fold) pliegue m; (in trousers) raya; (wrinkle) arruga ♦ vt (wrinkle) arrugar ♦ vi (wrinkle up) arrugarse

create [kriː'eit] vt crear; **creation**

creature [-ʃən] n creación f; **creative** adj creativo; **creator** n creador(a) m/f

creature ['kriːtʃəʳ] n (animal) animal m, bicho; (person) criatura

crèche [kreʃ] n guardería (infantil)

credence ['kriːdəns] n: **to lend** or **give ~** to creer, dar crédito a

credentials [krɪˈdenʃlz] npl (references) referencias fpl; (identity papers) documentos mpl de identidad

credible ['kredɪbl] adj creíble; (trustworthy) digno de confianza

credit ['kredɪt] n crédito m; (merit) honor m, mérito f (COMM) abonar; (believe: also: give ~ to) creer, prestar fe a ♦ adj crediticio; **~s** npl (CINEMA) fichas fpl técnicas; **to be in ~** (person) tener saldo a favor; **to ~ sb with** (fig) reconocer a uno el mérito de; **~ card** n tarjeta de crédito; **~or** n acreedor(a) m/f

creed [kriːd] n credo

creek [kriːk] n cala, ensenada; (US) riachuelo

creep [kriːp] (pt, pp **crept**) vi arrastrarse; **~er** n enredadera; **~y** adj (frightening) horripilante

cremate [krɪˈmeɪt] vt incinerar

crematorium [kremə'tɔːrɪəm] (pl **crematoria**) n crematorio

crêpe [kreɪp] n (fabric) crespón m; (also: ~ rubber) crepé m; **~ bandage** (BRIT) n venda de crepé

crept [krept] pt, pp de **creep**

crescent ['kresnt] n media luna; (street) calle f (en forma de semicírculo)

cress [kres] n berro

crest [krest] n (of bird) cresta; (of hill) cima, cumbre f; (of coat of arms) blasón m; **~fallen** adj alicaído

crevice ['krevɪs] n grieta, hendidura

crew [kruː] n (of ship etc) tripulación f; (TV, CINEMA) equipo; **~-cut** n corte m al rape; **~-neck** n cuello a la caja

crib [krɪb] n cuna ♦ vt (inf) plagiar

crick [krɪk] n (in neck) tortícolis f

cricket ['krɪkɪt] n (insect) grillo; (game)

críquet m

crime [kraɪm] n (no pl: illegal activities) crimen m; (illegal action) delito; **criminal** ['krɪmɪnl] n criminal m/f, delincuente m/f ♦ adj criminal; (illegal) delictivo; (law) penal

crimson ['krɪmzn] adj carmesí

cringe [krɪndʒ] vi agacharse, encogerse

crinkle ['krɪŋkl] vt arrugar

cripple ['krɪpl] n lisiado/a, cojo/a ♦ vt lisiar, mutilar

crisis ['kraɪsɪs] (pl **crises**) n crisis f inv

crisp [krɪsp] adj fresco; (vegetables etc) crujiente; (manner) seco; **~s** (BRIT) npl patatas fpl (SP) or papas fpl (AM) fritas

crisscross ['krɪskrɔs] adj entrelazado

criterion [kraɪˈtɪərɪən] (pl **criteria**) n criterio

critic ['krɪtɪk] n crítico/a; **~al** adj crítico; (illness) grave; **~ally** adv (speak etc) en tono crítico; (ill) gravemente; **~ism** ['krɪtɪsɪzm] n crítica; **~ize** ['krɪtɪsaɪz] vt criticar

croak [krəuk] vi (frog) croar; (raven) graznar; (person) gruñir

Croatia [krəu'eɪʃə] n Croacia

crochet ['krəuʃeɪ] n ganchillo

crockery ['krɔkərɪ] n loza, vajilla

crocodile ['krɔkədaɪl] n cocodrilo

crocus ['krəukəs] n croco, crocus m

croft [krɔft] n granja pequeña

crony ['krəunɪ] (inf: pej) n compinche m/f

crook [kruk] n ladrón/ona m/f; (of shepherd) cayado; **~ed** ['krukɪd] adj torcido; (dishonest) nada honrado

crop [krɔp] n (produce) cultivo; (amount produced) cosecha; (riding ~) látigo de montar ♦ vt cortar, recortar; **~ up** vi surgir, presentarse

cross [krɔs] n cruz f; (hybrid) cruce m ♦ vt (street etc) cruzar, atravesar ♦ adj de mal humor, enojado; **~ out** vt tachar; **~ over** vi cruzar; **~bar** n travesaño; **~country (race)** n carrera a campo traviesa, cross m; **~-examine** vt interrogar; **~-eyed** adj bizco; **~fire**

n fuego cruzado; **~ing** *n* (*sea passage*) travesía; (*also: pedestrian* ~*ing*) paso para peatones; **~ing guard** (*US*) *n* persona encargada de ayudar a los niños a cruzar la calle; **~ purposes** *npl*: **to be at ~ purposes** no comprenderse uno a otro; **~reference** *n* referencia, llamada; **~roads** *n* cruce *m*, encrucijada; **~ section** *n* corte *m* transversal; (*of population*) muestra (representativa); **~walk** (*US*) *n* paso de peatones; **~wind** *n* viento de costado; **~word** *n* crucigrama *m*

crotch [krɔtʃ] *n* (*ANAT, of garment*) entrepierna

crotchet ['krɔtʃit] *n* (*MUS*) negra

crouch [krautʃ] *vi* agacharse, acurrucarse

crow [krau] *n* (*bird*) cuervo; (*of cock*) canto, cacareo ♦ *vi* (*cock*) cantar

crowbar ['krauba:*] *n* palanca

crowd [kraud] *n* muchedumbre *f*, multitud *f* ♦ *vt* (*fill*) llenar ♦ *vi* (*gather*): **to ~ round** reunirse en torno a; (*cram*): **to ~ in** entrar en tropel; **~ed** *adj* (*full*) atestado; (*densely populated*) superpoblado

crown [kraun] *n* corona; (*of head*) coronilla; (*for tooth*) funda; (*of hill*) cumbre *f* ♦ *vt* coronar; (*fig*) completar, rematar; **~ jewels** *npl* joyas *fpl* reales; **~ prince** *n* príncipe *m* heredero

crow's feet *npl* patas *fpl* de gallo

crucial ['kru:ʃl] *adj* decisivo

crucifix ['kru:sifiks] *n* crucifijo; **~ion** ['fikʃən] *n* crucifixión *f*

crude [kru:d] *adj* (*materials*) bruto, (*fig: basic*) tosco; (*: vulgar*) ordinario; **~ (oil)** *n* (*petróleo*) crudo

cruel ['kruəl] *adj* cruel; **~ty** *n* crueldad *f*

cruise [kru:z] *n* crucero ♦ *vi* (*ship*) hacer un crucero; (*car*) ir a velocidad de crucero; **~r** *n* (*motorboat*) yate *m* de motor; (*warship*) crucero

crumb [krʌm] *n* miga, migaja

crumble ['krʌmbl] *vt* desmenuzar ♦ *vi*

(*building, also fig*) desmoronarse;
crumbly *adj* que se desmigaja fácilmente

crumpet ['krʌmpit] *n* ≈ bollo para tostar

crumple ['krʌmpl] *vt* (*paper*) estrujar; (*material*) arrugar

crunch [krʌntʃ] *vt* (*with teeth*) mascar; (*underfoot*) hacer crujir ♦ *n* (*fig*) hora or momento de la verdad; **~y** *adj* crujiente

crusade [kru:'seid] *n* cruzada

crush [krʌʃ] *n* (*crowd*) aglomeración *f*; (*infatuation*): **to have a ~ on sb** estar loco por uno; (*drink*): **lemon ~** limonada ♦ *vt* aplastar; (*paper*) estrujar; (*cloth*) arrugar; (*fruit*) exprimir; (*opposition*) aplastar; (*hopes*) destruir

crust [krʌst] *n* corteza; (*of snow, ice*) costra

crutch [krʌtʃ] *n* muleta

crux [krʌks] *n*: **the ~ of** lo esencial de, el quid de

cry [krai] *vi* llorar; (*shout: also:* ~ **out**) gritar ♦ *n* (*shriek*) chillido; (*shout*) grito; **~ off** *vi* echarse atrás

cryptic ['kriptik] *adj* enigmático, secreto

crystal ['kristl] *n* cristal *m*; **~-clear** *adj* claro como el agua

cub [kʌb] *n* cachorro; (*also:* ~ **scout**) niño explorador

Cuba ['kju:bə] *n* Cuba; **~n** *adj*, *n* cubano/a *m/f*

cube [kju:b] *n* cubo ♦ *vt* (*MATH*) cubicar; **cubic** *adj* cúbico

cubicle ['kju:bikl] *n* (*at pool*) caseta; (*for bed*) cubículo

cuckoo ['kuku:] *n* cuco; **~ clock** *n* reloj *m* de cucú

cucumber ['kju:kʌmbə*] *n* pepino

cuddle ['kʌdl] *vt* abrazar ♦ *vi* abrazarse

cue [kju:] *n* (*snooker* ~) taco; (*THEATRE etc*) señal *f*

cuff [kʌf] *n* (*of sleeve*) puño; (*US: of trousers*) vuelta; (*blow*) bofetada; **off the ~** *adv* de improviso; **~links** *npl* gemelos *mpl*

cuisine [kwɪˈziːn] *n* cocina

cul-de-sac [ˈkʌldəsæk] *n* callejón *m* sin salida

cull [kʌl] *vt* (*idea*) sacar ♦ *n* (*of animals*) matanza selectiva

culminate [ˈkʌlmɪneɪt] *vi*: **to ~ in** terminar en; **culmination** [-ˈneɪʃən] *n* culminación *f*, colmo

culottes [kuːˈlɒts] *npl* falda pantalón *f*

culprit [ˈkʌlprɪt] *n* culpable *m/f*

cult [kʌlt] *n* culto

cultivate [ˈkʌltɪveɪt] *vt* (*also fig*) cultivar; **~d** *adj* culto; **cultivation** [-ˈveɪʃən] *n* cultivo

cultural [ˈkʌltʃərəl] *adj* cultural

culture [ˈkʌltʃə*] *n* (*also fig*) cultura; (*BIO*) cultivo; **~d** *adj* culto

cumbersome [ˈkʌmbəsəm] *adj* de mucho bulto, voluminoso; (*process*) enrevesado

cunning [ˈkʌnɪŋ] *n* astucia ♦ *adj* astuto

cup [kʌp] *n* taza; (*as prize*) copa

cupboard [ˈkʌbəd] *n* armario; (*kitchen*) alacena

cup tie (*BRIT*) *n* partido de copa

curate [ˈkjuərɪt] *n* cura *m*

curator [kjuəˈreɪtə*] *n* director(a) *m/f*

curb [kə:b] *vt* refrenar; (*person*) reprimir ♦ *n* freno; (*US*) bordillo

curdle [ˈkə:dl] *vi* cuajarse

cure [kjuə*] *vt* curar ♦ *n* cura, curación *f*; (*fig: solution*) remedio

curfew [ˈkə:fjuː] *n* toque *m* de queda

curiosity [kjuərɪˈɒsɪtɪ] *n* curiosidad *f*

curious [ˈkjuərɪəs] *adj* curioso; (*person: interested*) **to be ~** sentir curiosidad

curl [kə:l] *n* rizo ♦ *vt* (*hair*) rizar ♦ *vi* rizarse; **~ up** *vi* (*person*) hacerse un ovillo; **~er** *n* rulo; **~y** *adj* rizado

currant [ˈkʌrnt] *n* pasa (de Corinto); (*black~, red~*) grosella

currency [ˈkʌrnsɪ] *n* moneda; **to gain ~** (*fig*) difundirse

current [ˈkʌrnt] *n* corriente *f* ♦ *adj* (*accepted*) corriente; (*present*) actual; **~ account** (*BRIT*) *n* cuenta corriente;

~ affairs *npl* noticias *fpl* de actualidad; **~ly** *adv* actualmente

curriculum [kəˈrɪkjuləm] (*pl* **~s** or **curricula**) *n* plan *m* de estudios; **~ vitae** *n* currículum *m*

curry [ˈkʌrɪ] *n* curry *m* ♦ *vt*: **to ~ favour with** buscar favores con; **~ powder** *n* curry *m* en polvo

curse [kə:s] *vi* soltar tacos ♦ *vt* maldecir ♦ *n* maldición *f*; (*swearword*) palabrota, taco

cursor [ˈkə:sə*] *n* (*COMPUT*) cursor *m*

cursory [ˈkə:sərɪ] *adj* rápido, superficial

curt [kə:t] *adj* corto, seco

curtail [kə:ˈteɪl] *vt* (*visit etc*) acortar; (*freedom*) restringir; (*expenses etc*) reducir

curtain [ˈkə:tn] *n* cortina; (*THEATRE*) telón *m*

curts(e)y [ˈkə:tsɪ] *vi* hacer una reverencia

curve [kə:v] *n* curva ♦ *vi* (*road*) hacer una curva; (*line etc*) curvarse

cushion [ˈkuʃən] *n* cojín *m*; (*of air*) colchón *m* ♦ *vt* (*shock*) amortiguar

custard [ˈkʌstəd] *n* natillas *fpl*

custody [ˈkʌstədɪ] *n* custodia; **to take into ~** detener

custom [ˈkʌstəm] *n* costumbre *f*; (*COMM*) clientela; **~ary** *adj* acostumbrado

customer [ˈkʌstəmə*] *n* cliente *m/f*

customized [ˈkʌstəmaɪzd] *adj* (*car etc*) hecho a encargo

custom-made *adj* hecho a la medida

customs [ˈkʌstəmz] *npl* aduana; **~ officer** *n* aduanero/a

cut [kʌt] (*pt, pp* **cut**) *vt* cortar; (*price*) rebajar; (*text, programme*) acortar; (*reduce*) reducir ♦ *vi* cortar ♦ *n* (*of garment*) corte *m*; (*in skin*) cortadura; (*in salary etc*) rebaja; (*in spending*) reducción *f*, recorte *m*; (*slice of meat*) tajada; **to ~ a tooth** echar un diente; **~ down** *vt* (*tree*) derribar; (*reduce*) reducir; **~ off** *vt* cortar; (*person, place*) aislar; (*TEL*) desconectar; **~ out** *vt* (*shape*) recortar; (*stop: activity etc*)

cute column:

dejar; (remove) quitar; **~ up** vt cortar (en pedazos); **~back** n reducción f
cute [kjuːt] adj mono
cuticle ['kjuːtɪkl] n cutícula
cutlery ['kʌtlərɪ] n cubiertos mpl
cutlet ['kʌtlɪt] n chuleta; (nut etc ~) plato vegetariano hecho con nueces y verdura en forma de chuleta
cut: ~out n (switch) dispositivo de seguridad, disyuntor m; (cardboard ~out) recortable m; **~-price** (US **~-rate**) adj a precio reducido; **~throat** n asesino/a ♦ adj feroz
cutting ['kʌtɪŋ] adj (remark) mordaz ♦ n (BRIT: from newspaper) recorte m; (from plant) esqueje m
CV n abbr = **curriculum vitae**
cwt abbr = **hundredweight(s)**
cyanide ['saɪənaɪd] n cianuro
cybercafé ['saɪbəkæfeɪ] n cibercafé m
cycle ['saɪkl] n ciclo; (bicycle) bicicleta ♦ vi ir en bicicleta; **~ lane** n carril-bici m; **~ path** n carril-bici m; **cycling** n ciclismo; **cyclist** n ciclista m/f
cyclone ['saɪkləun] n ciclón m
cygnet ['sɪgnɪt] n pollo de cisne
cylinder ['sɪlɪndə*] n cilindro; (of gas) bombona; **~-head gasket** n junta de culata
cymbals ['sɪmblz] npl platillos mpl
cynic ['sɪnɪk] n cínico/a; **~al** adj cínico; **~ism** ['sɪnɪsɪzəm] n cinismo
Cyprus ['saɪprəs] n Chipre f
cyst [sɪst] n quiste m; **~itis** [-'taɪtɪs] n cistitis f
czar [zɑː*] n zar m
Czech [tʃɛk] adj, n checo/a m/f;
~ Republic n la República Checa

D, d

D [diː] n (MUS) re m
dab [dæb] vt (eyes, wound) tocar (ligeramente); (paint, cream) poner un poco de
dabble ['dæbl] vi: **to ~ in** ser algo

dangle column:

aficionado a
dad [dæd] n = **daddy**
daddy ['dædɪ] n papá m
daffodil ['dæfədɪl] n narciso
daft [dɑːft] adj tonto
dagger ['dægə*] n puñal m, daga
daily ['deɪlɪ] adj diario, cotidiano ♦ adv todos los días, cada día
dainty ['deɪntɪ] adj delicado
dairy ['dɛərɪ].n (shop) lechería; (on farm) vaquería; **~ farm** n granja; **~ products** npl productos mpl lácteos; **~ store** (US) n lechería
daisy ['deɪzɪ] n margarita
dale [deɪl] n valle m
dam [dæm] n presa ♦ vt construir una presa sobre, represar
damage ['dæmɪdʒ] n lesión f; daño; (dents etc) desperfectos mpl; (fig) perjuicio ♦ vt dañar, perjudicar; (spoil, break) estropear; **~s** npl (LAW) daños mpl y perjuicios
damn [dæm] vt condenar; (curse) maldecir ♦ n (inf): **I don't give a ~** me importa un pito ♦ adj (inf: also: **~ed**) maldito; **~ (it)!** ¡maldito sea!; **~ing** adj (evidence) irrecusable
damp [dæmp] adj húmedo, mojado ♦ n humedad f ♦ vt (also: **~en:** cloth, rag) mojar; (: enthusiasm) enfriar
damson ['dæmzən] n ciruela damascena
dance [dɑːns] n baile m ♦ vi bailar; **~ hall** n salón m de baile; **~r** n bailador(a) m/f; (professional) bailarín/ina m/f; **dancing** n baile m
dandelion ['dændɪlaɪən] n diente m de león
dandruff ['dændrəf] n caspa
Dane [deɪn] n danés/esa m/f
danger ['deɪndʒə*] n peligro; (risk) riesgo; **~!** (on sign) ¡peligro de muerte!; **to be in ~ of** correr riesgo de; **~ous** adj peligroso; **~ously** adv peligrosamente
dangle ['dæŋgl] vt colgar ♦ vi pender, colgar

Danish ['deɪnɪʃ] adj danés/esa ♦ n (LING) danés m

dare [dɛəˈ] vt: **to ~ sb to do** desafiar a uno a hacer algo; ♦ vi: **to ~ (to) do sth** atreverse a hacer algo; **I ~ say** (I suppose) puede ser (que); **daring** adj atrevido, osado ♦ n atrevimiento, osadía

dark [dɑːk] adj oscuro; (hair, complexion) moreno ♦ n: **in the ~ a** oscuras; **to be in the ~ about** (fig) no saber nada de; **after ~** después del anochecer; **~en** vt (colour) hacer más oscuro ♦ vi oscurecerse; **~ glasses** npl gafas fpl negras (SP), anteojos mpl negros (AM); **~ness** n oscuridad f; **~room** n cuarto oscuro

darling ['dɑːlɪŋ] adj, n querido/a m/f

darn [dɑːn] vt zurcir

dart [dɑːt] n dardo; (in sewing) sisa ♦ vi precipitarse; **~ away/along** vi salir/ marchar disparado; **~board** n diana; **~s** n dardos mpl

dash [dæʃ] n (small quantity: of liquid) gota, chorrito; (: of solid) pizca; (sign) raya ♦ vt (throw) tirar; (hopes) defraudar ♦ vi precipitarse, ir de prisa; **~ away** or **off** vi marcharse apresuradamente

dashboard ['dæʃbɔːd] n (AUT) salpicadero

dashing ['dæʃɪŋ] adj gallardo

data ['deɪtə] npl datos mpl; **~base** n base f de datos; **~ processing** n proceso de datos

date [deɪt] n (day) fecha; (with friend) cita; (fruit) dátil m ♦ vt fechar; (person) salir con; **~ of birth** fecha de nacimiento; **to ~** adv hasta la fecha; **~d** adj anticuado; **~ rape** n violación ocurrida durante una cita con un conocido

daub [dɔːb] vt embadurnar

daughter ['dɔːtəˈ] n hija; **~-in-law** n nuera, hija política

daunting ['dɔːntɪŋ] adj desalentador(a)

dawdle ['dɔːdl] vi (go slowly) andar muy despacio

dawn [dɔːn] n alba, amanecer m; (fig) nacimiento ♦ vi (day) amanecer; (fig): **it ~ed on him** cayó en la cuenta de que ...

day [deɪ] n día m; (working ~) jornada; (hey~) tiempos mpl, días mpl; **the ~ before/after** el día anterior/ siguiente; **the ~ after tomorrow** pasado mañana; **the ~ before yesterday** anteayer; **the following ~** el día siguiente; **by ~** de día; **~break** n amanecer m; **~dream** vi soñar despierto; **~light** n luz f (del día); **~ return** (BRIT) n billete m de ida y vuelta (en un día); **~time** n día m; **~to-~** adj cotidiano

daze [deɪz] vt (stun) aturdir ♦ n: **in a ~** aturdido

dazzle ['dæzl] vt deslumbrar

DC abbr (= direct current) corriente f continua

dead [dɛd] adj muerto; (limb) dormido; (telephone) cortado; (battery) agotado ♦ adv (completely) totalmente; (exactly) exactamente; **to shoot sb ~** matar a uno a tiros; **~ tired** muerto (de cansancio); **to stop ~** parar en seco; **the ~** npl los muertos; **to be a ~ loss** (inf: person) ser un inútil; **~en** vt (blow, sound) amortiguar; (pain etc) aliviar; **~ end** n callejón m sin salida; **~ heat** n (SPORT) empate m; **~line** n fecha (or hora) tope; **~lock** n: **to reach ~lock** llegar a un punto muerto; **~ly** adj mortal, fatal; **~pan** adj sin expresión; **the D~ Sea** n el Mar Muerto

deaf [dɛf] adj sordo; **~en** vt ensordecer; **~ness** n sordera

deal [diːl] (pt, pp **dealt**) n (agreement) pacto, convenio; (business ~) trato ♦ vt dar; (card) repartir; **a great ~ (of)** bastante, mucho; **~ in** vt fus tratar en, comerciar en; **~ with** vt fus (people) tratar con; (problem) ocuparse de; (subject) tratar de; **~ings** npl (COMM) transacciones *fpl*; (*relations*) relaciones *fpl*

dealt [dɛlt] *pt, pp of* **deal**

dean [di:n] *n* (*REL*) deán *m*; (*SCOL: BRIT*) decano; (: *US*) decano; rector *m*

dear [dɪə*] *adj* querido/a; (*expensive*) caro ♦ *n*: **my ~** mi querido/a ♦ *excl*: **~ me!** ¡Dios mío!; **D~ Sir/Madam** (*in letter*) Muy Señor Mío, Estimado Señor/ Estimada Señora; **D~ Mr/Mrs X** Estimado/a Señor(a) X; **~ly** *adv* (*love*) mucho; (*pay*) caro

death [dɛθ] *n* muerte *f*; **~ certificate** *n* partida de defunción; **~ly** *adj* (*white*) como un muerto; (*silence*) sepulcral; **~ penalty** *n* pena de muerte; **~ rate** *n* mortalidad *f*; **~ toll** *n* número de víctimas

debacle [dɛɪˈbɑːkl] *n* desastre *m*

debase [dɪˈbeɪs] *vt* degradar

debatable [dɪˈbeɪtəbl] *adj* discutible

debate [dɪˈbeɪt] *n* debate *m* ♦ *vt* discutir

debit [ˈdɛbɪt] *n* debe *m* ♦ *vt*: **to ~ a sum to sb** *or* **to sb's account** cargar una suma en cuenta a alguien

debris [ˈdɛbriː] *n* escombros *mpl*

debt [dɛt] *n* deuda; **to be in ~** tener deudas; **~or** *n* deudor/a *m/f*

début [ˈdeɪbjuː] *n* presentación *f*

decade [ˈdɛkeɪd] *n* decenio, década

decadence [ˈdɛkədəns] *n* decadencia

decaff [ˈdiːkæf] (*inf*) *n* Descafeinado

decaffeinated [dɪˈkæfɪneɪtɪd] *adj* descafeinado

decanter [dɪˈkæntə*] *n* garrafa

decay [dɪˈkeɪ] *n* (*of building*) desmoronamiento; (*of tooth*) caries *f inv* ♦ *vi* (*rot*) pudrirse

deceased [dɪˈsiːst] *n*: **the ~** el/la difunto/a

deceit [dɪˈsiːt] *n* engaño; **~ful** *adj* engañoso; **deceive** [dɪˈsiːv] *vt* engañar

December [dɪˈsɛmbə*] *n* diciembre *m*

decent [ˈdiːsənt] *adj* (*proper*) decente; (*person: kind*) amable, bueno

deception [dɪˈsɛpʃən] *n* engaño

deceptive [dɪˈsɛptɪv] *adj* engañoso

decibel [ˈdɛsɪbɛl] *n* decibel(io) *m*

decide [dɪˈsaɪd] *vt* (*person*) decidir; (*question, argument*) resolver ♦ *vi* decidir; **to ~ to do/that** decidir hacer/que; **to ~ on sth** decidirse por algo; **~d** *adj* (*resolute*) decidido; (*clear, definite*) indudable; **~dly** [-dɪdlɪ] *adv* decididamente; (*emphatically*) con resolución

deciduous [dɪˈsɪdjuəs] *adj* de hoja caduca

decimal [ˈdɛsɪməl] *adj* decimal ♦ *n* decimal *m*; **~ point** *n* coma decimal

decipher [dɪˈsaɪfə*] *vt* descifrar

decision [dɪˈsɪʒən] *n* decisión *f*

decisive [dɪˈsaɪsɪv] *adj* decisivo; (*person*) decidido

deck [dɛk] *n* (*NAUT*) cubierta; (*of bus*) piso; (*record ~*) platina; (*of cards*) baraja; **~chair** *n* tumbona

declaration [dɛkləˈreɪʃən] *n* declaración *f*

declare [dɪˈklɛə*] *vt* declarar

decline [dɪˈklaɪn] *n* disminución *f*, descenso ♦ *vt* rehusar ♦ *vi* (*person, business*) decaer; (*strength*) disminuir

decoder [dɪˈkəudə*] *n* (*TV*) decodificador *m*

décor [ˈdeɪkɔː*] *n* decoración *f*; (*THEATRE*) decorado

decorate [ˈdɛkəreɪt] *vt* (*adorn*): **to ~** (**with**) adornar (de), decorar (de); (*paint*) pintar; (*paper*) empapelar; **decoration** [-ˈreɪʃən] *n* adorno; (*medal*) condecoración *f*, decoración *f*; **decorator** *n* (*workman*) pintor *m* (decorador)

decorum [dɪˈkɔːrəm] *n* decoro

decoy [ˈdiːkɔɪ] *n* señuelo

decrease [*n* ˈdiːkriːs, *vb* dɪˈkriːs] *n*: **~ (in)** disminución *f* (de) ♦ *vt* disminuir, reducir ♦ *vi* reducirse

decree [dɪˈkriː] *n* decreto; **~ nisi** *n* sentencia provisional de divorcio

dedicate [ˈdɛdɪkeɪt] *vt* dedicar; **dedication** [-ˈkeɪʃən] *n* (*devotion*)

dedicación f; (*in book*) dedicatoria
deduce [dɪ'dju:s] *vt* deducir
deduct [dɪ'dʌkt] *vt* restar; descontar;
~**ion** [dɪ'dʌkʃən] *n* (*amount deducted*)
descuento; (*conclusion*) deducción f,
conclusión f
deed [di:d] *n* hecho, acto; (*feat*)
hazaña; (*LAW*) escritura
deep [di:p] *adj* profundo; (*expressing
measurements*) de profundidad; (*voice*)
bajo; (*breath*) profundo; (*colour*)
intenso ♦ *adv*: **the spectators stood
20 ~** los espectadores se formaron de
20 en fondo; **to be 4 metres ~** tener
4 metros de profundidad; ~**en** *vt*
ahondar, profundizar ♦ *vi* aumentar,
crecer; ~**-freeze** *n* congelador m; ~**-
fry** *vt* freír en aceite abundante; ~**ly**
adv (*breathe*) a pleno pulmón;
(*interested, moved, grateful*)
profundamente, hondamente; ~**-sea
diving** *n* buceo de altura; ~**-seated**
adj (*beliefs*) (profundamente) arraigado
deer [dɪə] *n inv* ciervo
deface [dɪ'feɪs] *vt* (*wall, surface*)
estropear, pintarrajear
default [dɪ'fɔ:lt] *n*: **by ~** (*win*) por
incomparecencia ♦ *adj* (*COMPUT*) por
defecto
defeat [dɪ'fi:t] *n* derrota ♦ *vt* derrotar,
vencer; ~**ist** *adj, n* derrotista *m/f*
defect [*n* 'di:fekt, *vb* dɪ'fekt] *n* defecto
♦ *vi*: **to ~ to the enemy** pasarse al
enemigo; ~**ive** [dɪ'fektɪv] *adj*
defectuoso
defence [dɪ'fens] (*US* **defense**) *n*
defensa; ~**less** *adj* indefenso
defend [dɪ'fend] *vt* defender; ~**ant** *n*
acusado/a; (*in civil case*) demandado/a;
~**er** *n* defensor/a *m/f*; (*SPORT*) defensa
m/f
defense [dɪ'fens] (*US*) *n* = **defence**
defensive [dɪ'fensɪv] *adj* defensivo
♦ *n*: **on the ~** a la defensiva
defer [dɪ'fə:*] *vt* aplazar
defiance [dɪ'faɪəns] *n* desafío; **in ~ of**
en contra de; **defiant** [dɪ'faɪənt] *adj*

(*challenging*) desafiante, retador(a)
deficiency [dɪ'fɪʃənsɪ] *n* (*lack*) falta;
(*defect*) defecto; **deficient** [dɪ'fɪʃənt]
adj deficiente
deficit ['defɪsɪt] *n* déficit m
define [dɪ'faɪn] *vt* (*word etc*) definir;
(*limits etc*) determinar
definite ['defɪnɪt] *adj* (*fixed*)
determinado; (*obvious*) claro; (*certain*)
indudable; **he was ~ about it** no
dejó lugar a dudas (sobre ello); ~**ly** *adv*
desde luego, por supuesto
definition [defɪ'nɪʃən] *n* definición f;
(*clearness*) nitidez f
deflate [di:'fleɪt] *vt* desinflar
deflect [dɪ'flekt] *vt* desviar
defraud [dɪ'frɔ:d] *vt*: **to ~ sb of sth**
estafar algo a uno
defrost [di:'frɔst] *vt* descongelar; ~**er**
(*US*) *n* (*demister*) eliminador m de vaho
deft [deft] *adj* diestro, hábil
defunct [dɪ'fʌŋkt] *adj* difunto;
(*organization etc*) ya que no existe
defuse [di:'fju:z] *vt* desactivar;
(*situation*) calmar
defy [dɪ'faɪ] *vt* (*resist*) oponerse a;
(*challenge*) desafiar; (*fig*): **it defies
description** resulta imposible
describirlo
degenerate [*vb* dɪ'dʒenəreɪt, *adj*
dɪ'dʒenərɪt] *vi* degenerar ♦ *adj*
degenerado
degree [dɪ'gri:] *n* grado; (*SCOL*) título;
to have a ~ in maths tener una
licenciatura en matemáticas; **by ~s**
(*gradually*) poco a poco, por etapas; **to
some ~** hasta cierto punto
dehydrated [di:haɪ'dreɪtɪd] *adj*
deshidratado; (*milk*) en polvo
de-ice [di:'aɪs] *vt* deshelar
deign [deɪn] *vi*: **to ~ to do** dignarse
hacer
dejected [dɪ'dʒektɪd] *adj* abatido,
desanimado
delay [dɪ'leɪ] *vt* demorar, aplazar;
(*person*) entretener; (*train*) retrasar ♦ *vi*
tardar ♦ *n* demora, retraso; **to be ~ed**

retrasarse; **without ~** en seguida, sin tardar

delectable [dɪ'lektəbl] *adj* (*person*) encantador(a); (*food*) delicioso

delegate [*n* 'delɪgɪt, *vb* 'delɪgeɪt] *n* delegado/a ♦ *vt* (*person*) delegar en; (*task*) delegar

delete [dɪ'liːt] *vt* suprimir, tachar

deliberate [*adj* dɪ'lɪbərɪt, *vb* dɪ'lɪbəreɪt] *adj* (*intentional*) intencionado; (*slow*) pausado, lento ♦ *vi* deliberar; **~ly** *adv* (*on purpose*) a propósito

delicacy ['delɪkəsɪ] *n* delicadeza; (*choice food*) manjar *m*

delicate ['delɪkɪt] *adj* delicado; (*fragile*) frágil

delicatessen [delɪkə'tesn] *n* ultramarinos *mpl* finos

delicious [dɪ'lɪʃəs] *adj* delicioso

delight [dɪ'laɪt] *n* (*feeling*) placer *m*, deleite *m*; (*person, experience etc*) encanto, delicia ♦ *vt* encantar, deleitar; **to take ~ in** deleitarse en; **~ed** *adj*: **~ed (at or with/to do)** encantado (con/de hacer); **~ful** *adj* encantador(a), delicioso

delinquent [dɪ'lɪŋkwənt] *adj, n* delincuente *m/f*

delirious [dɪ'lɪrɪəs] *adj*: **to be ~** delirar, desvariar; **to be ~ with** estar loco de

deliver [dɪ'lɪvə*] *vt* (*distribute*) repartir; (*hand over*) entregar; (*message*) comunicar; (*speech*) pronunciar; (*MED*) asistir al parto de; **~y** *n* reparto; entrega; (*of speaker*) modo de expresarse; (*MED*) parto, alumbramiento; **to take ~y of** recibir

delude [dɪ'luːd] *vt* engañar

deluge ['deljuːdʒ] *n* diluvio

delusion [dɪ'luːʒən] *n* ilusión *f*, engaño

de luxe [də'lʌks] *adj* de lujo

demand [dɪ'mɑːnd] *vt* (*gen*) exigir; (*rights*) reclamar *n* exigencia; (*claim*) reclamación *f*; (*ECON*) demanda; **to be in ~** ser muy solicitado; **on ~** a

solicitud; **~ing** *adj* (*boss*) exigente; (*work*) absorbente

demean [dɪ'miːn] *vt*: **to ~ o.s.** rebajarse

demeanour [dɪ'miːnə*] (*US* **demeanor**) *n* porte *m*, conducta

demented [dɪ'mentɪd] *adj* demente

demise [dɪ'maɪz] *n* (*death*) fallecimiento

demister [diː'mɪstə*] *n* (*AUT*) eliminador *m* de vaho

demo ['deməu] (*inf*) *n abbr* (= *demonstration*) manifestación *f*

democracy [dɪ'mɔkrəsɪ] *n* democracia; **democrat** ['deməkræt] *n* demócrata *m/f*; **democratic** [demə'krætɪk] *adj* democrático; (*US*) democrático

demolish [dɪ'mɔlɪʃ] *vt* derribar, demoler; (*fig: argument*) destruir

demon ['diːmən] *n* (*evil spirit*) demonio

demonstrate ['demənstreɪt] *vt* demostrar; (*skill, appliance*) mostrar ♦ *vi* manifestarse; **demonstration** [-'streɪʃən] *n* (*POL*) manifestación *f*, (*proof, exhibition*) demostración *f*; **demonstrator** [-'streɪtə*] (*POL*) manifestante *m/f*; (*COMM*) demostrador/a *m/f*; vendedor/a *m/f*

demote [dɪ'məut] *vt* degradar

demure [dɪ'mjuə*] *adj* recatado

den [den] *n* (*of animal*) guarida, (*room*) habitación *f*

denial [dɪ'naɪəl] *n* (*refusal*) negativa; (*of report etc*) negación *f*

denim ['denɪm] *n* tela vaquera; **~s** *npl* vaqueros *mpl*

Denmark ['denmɑːk] *n* Dinamarca

denomination [dɪnɔmɪ'neɪʃən] *n* valor *m*; (*REL*) confesión *f*

denounce [dɪ'nauns] *vt* denunciar

dense [dens] *adj* (*crowd*) denso; (*thick*) espeso; (*: foliage etc*) tupido; (*inf: stupid*) torpe; **~ly** *adv*: **~ly populated** con una alta densidad de población

density ['densɪtɪ] *n* densidad *f*; **single/double-~ disk** *n* (*COMPUT*)

disco de densidad sencilla/doble
densidad

dent [dɛnt] n abolladura ♦ vt (also:
make a ~ in) abollar

dental ['dɛntl] adj dental; ~ **surgeon**
n odontólogo/a

dentist ['dɛntɪst] n dentista m/f

dentures ['dɛntʃəz] npl dentadura
(postiza)

deny [dɪ'naɪ] vt negar; (charge)
rechazar

deodorant [di:'əudərənt] n
desodorante m

depart [dɪ'pɑːt] vi irse, marcharse;
(train) salir; **to ~ from** (fig: differ from)
apartarse de

department [dɪ'pɑːtmənt] n (COMM)
sección f; (SCOL) departamento m; (POL)
ministerio; ~ **store** n gran almacén m

departure [dɪ'pɑːtʃə*] n partida, ida;
(of train) salida; (of employee) marcha;
a new ~ un nuevo rumbo; ~ **lounge**
n (at airport) sala de embarque

depend [dɪ'pɛnd] vi: **to ~ on**
depender de; (rely on) contar con; **it**
~s depende, según; **~ing on the**
result según el resultado; **~able** adj
(person) formal, serio; (watch) exacto;
(car) seguro; **~ant** n dependiente m/f;
~ent adj: **to be ~ent on** depender de
♦ n = **dependant**

depict [dɪ'pɪkt] vt (in picture) pintar;
(describe) representar

depleted [dɪ'pliːtɪd] adj reducido

deploy [dɪ'plɔɪ] vt desplegar

deport [dɪ'pɔːt] vt deportar

deposit [dɪ'pɔzɪt] n depósito; (CHEM)
sedimento; (of ore, oil) yacimiento ♦ vt
(gen) depositar; ~ **account** (BRIT) n
cuenta de ahorros

depot ['dɛpəu] n (storehouse) depósito;
(for vehicles) parque m; (US) estación f

depreciate [dɪ'priːʃieɪt] vi depreciarse,
perder valor

depress [dɪ'prɛs] vt deprimir; (wages
etc) hacer bajar; (press down) apretar;
~ed adj deprimido; **~ing** adj

deprimente; **~ion** [dɪ'prɛʃən] n
depresión f

deprivation [dɛprɪ'veɪʃən] n privación
f

deprive [dɪ'praɪv] vt: **to ~ sb of** privar
a uno de; **~d** adj necesitado

depth [dɛpθ] n profundidad f; (of
cupboard) fondo; **to be in the ~s of**
despair sentir la mayor desesperación;
to be out of one's ~ (in water) no
hacer pie; (fig) sentirse totalmente
perdido

deputize ['dɛpjutaɪz] vi: **to ~ for sb**
suplir a uno

deputy ['dɛpjutɪ] adj: ~ **head**
subdirector(a) m/f ♦ n sustituto/a,
suplente m/f; (US: POL) diputado/a; (US:
also: ~ sheriff) agente m (del sheriff)

derail [dɪ'reɪl] vt: **to be ~ed**
descarrilarse

deranged [dɪ'reɪndʒd] adj trastornado

derby ['dɑːbɪ] (US) n (hat) hongo

derelict ['dɛrɪlɪkt] adj abandonado

derisory [dɪ'raɪzərɪ] adj (sum) irrisorio

derive [dɪ'raɪv] vt (benefit etc) obtener
♦ vi: **to ~ from** derivarse de

derogatory [dɪ'rɔgətərɪ] adj
despectivo

descend [dɪ'sɛnd] vt, vi descender,
bajar; **to ~ from** descender de; **to**
~ **to** rebajarse a; **~ant** n descendiente
m/f

descent [dɪ'sɛnt] n descenso; (origin)
descendencia

describe [dɪs'kraɪb] vt describir;
description [-'krɪpʃən] n descripción
f; (sort) clase f, género

desecrate ['dɛsɪkreɪt] vt profanar

desert [n 'dɛzət, vb dɪ'zəːt] n desierto
♦ vt abandonar ♦ vi (MIL) desertar; **~er**
[dɪ'zəːtə*] n desertor(a) m/f; **~ion**
[dɪ'zəːʃən] n deserción f; (LAW)
abandono; ~ **island** n isla desierta; **~s**
[dɪ'zəːts] npl: **to get one's just ~s**
llevar su merecido

deserve [dɪ'zəːv] vt merecer, ser digno
de; **deserving** adj (person) digno;

(action, cause) meritorio

design [dɪ'zaɪn] *n (sketch)* bosquejo; *(layout, shape)* diseño; *(pattern)* dibujo; *(intention)* intención *f ♦ vt* diseñar

designate [*vb* 'dezɪgneɪt, *adj* 'dezɪgnɪt] *vt (appoint)* nombrar; *(destine)* designar *♦ adj* designado

designer [dɪ'zaɪnə*] *n* diseñador(a) *m/f*; *(fashion ~)* modisto/a, diseñador(a) *m/f* de moda

desirable [dɪ'zaɪərəbl] *adj (proper)* deseable; *(attractive)* atractivo

desire [dɪ'zaɪə*] *n* deseo *♦ vt* desear

desk [desk] *n (in office)* escritorio; *(for pupil)* pupitre *m*; *(in hotel, at airport)* recepción *f*; *(BRIT: in shop, restaurant)* caja

desk-top publishing ['desktɔp-] *n* autoedición *f*

desolate ['desəlɪt] *adj (place)* desierto; *(person)* afligido

despair [dɪs'peə*] *n* desesperación *f ♦ vi*: **to ~ of** perder la esperanza de

despatch [dɪs'pætʃ] *n, vt* = **dispatch**

desperate ['despərɪt] *adj* desesperado; *(fugitive)* peligroso; **to be ~ for sth/to do** necesitar urgentemente algo/hacer; **~ly** *adv* desesperadamente; *(very)* terriblemente, gravemente

desperation [despə'reɪʃən] *n* desesperación *f*; **in (sheer) ~** (absolutamente) desesperado

despicable [dɪs'pɪkəbl] *adj* vil, despreciable

despise [dɪs'paɪz] *vt* despreciar

despite [dɪs'paɪt] *prep* a pesar de, pese a

despondent [dɪs'pɔndənt] *adj* deprimido, abatido

dessert [dɪ'zɜːt] *n* postre *m*; **~spoon** *n* cuchara (de postre)

destination [destɪ'neɪʃən] *n* destino

destiny ['destɪnɪ] *n* destino

destitute ['destɪtjuːt] *adj* desamparado, indigente

destroy [dɪs'trɔɪ] *vt* destruir; *(animal)* sacrificar; **~er** *n (NAUT)* destructor *m*

destruction [dɪs'trʌkʃən] *n* destrucción *f*

detach [dɪ'tætʃ] *vt* separar; *(unstick)* despegar; **~ed** *adj (attitude)* objetivo, imparcial; **~ed house** *n* ≈ chalé *m*, ≈ chalet *m*; **~ment** *n (aloofness)* frialdad *f*; *(MIL)* destacamento

detail ['diːteɪl] *n* detalle *m*; *(no pl: in picture etc)* detalles *mpl*; *(trifle)* pequeñez *f ♦ vt* detallar; *(MIL)* destacar; **in ~** detalladamente; **~ed** *adj* detallado

detain [dɪ'teɪn] *vt* retener; *(in captivity)* detener

detect [dɪ'tekt] *vt* descubrir; *(MED, POLICE)* identificar; *(MIL, RADAR, TECH)* detectar; **~ion** [dɪ'tekʃən] *n* descubrimiento; identificación *f*; **~ive** *n* detective *m/f*; **~ive story** *n* novela policíaca; **~or** *n* detector *m*

detention [dɪ'tenʃən] *n* detención *f*, arresto; *(SCOL)* castigo

deter [dɪ'tɜː*] *vt (dissuade)* disuadir

detergent [dɪ'tɜːdʒənt] *n* detergente *m*

deteriorate [dɪ'tɪərɪəreɪt] *vi* deteriorarse; **deterioration** [-'reɪʃən] *n* deterioro

determination [dɪtɜːmɪ'neɪʃən] *n* resolución *f*

determine [dɪ'tɜːmɪn] *vt* determinar; **~d** *adj (person)* resuelto, decidido; **~d to do** resuelto a hacer

deterrent [dɪ'terənt] *n (MIL)* fuerza de disuasión

detest [dɪ'test] *vt* aborrecer

detonate ['detəneɪt] *vi* estallar *♦ vt* hacer detonar

detour ['diːtuə*] *n (gen, US: AUT)* desviación *f*

detract [dɪ'trækt] *vt*: **to ~ from** quitar mérito a, desvirtuar

detriment ['detrɪmənt] *n*: **to the ~ of** en perjuicio de; **~al** [detrɪ'mentl] *adj*: **~al (to)** perjudicial (a)

devaluation [dɪvæljuˈeɪʃən] *n* devaluación *f*

devalue [di:'vælju:] vt (currency) devaluar; (fig) quitar mérito a

devastate ['dɛvəsteɪt] vt devastar; (fig): **to be ~d by** quedar destrozado por; **devastating** adj devastador(a); (fig) arrollador(a)

develop [dɪ'vɛləp] vt desarrollar; (PHOT) revelar; (disease) coger; (habit) adquirir; (fault) empezar a tener ♦ vi desarrollarse; (advance) progresar; (facts, symptoms) aparecer; **~er** n promotor m; **~ing country** n país m en (vías de) desarrollo; **~ment** n desarrollo; (advance) progreso; (of affair, case) desenvolvimiento; (of land) urbanización f

deviation [di:vɪ'eɪʃən] n desviación f

device [dɪ'vaɪs] n (apparatus) aparato, mecanismo

devil ['dɛvl] n diablo, demonio

devious ['di:vɪəs] adj taimado

devise [dɪ'vaɪz] vt idear, inventar

devoid [dɪ'vɔɪd] adj: **~ of** desprovisto de

devolution [di:və'lu:ʃən] n (POL) descentralización f

devote [dɪ'vəʊt] vt: **to ~ sth to** dedicar algo a; **~d** adj (loyal) leal, fiel; **to be ~d to sb** querer con devoción a alguien; **the book is ~d to politics** el libro trata de la política; **~e** [dɛvəʊ'ti:] n entusiasta m/f; (REL) devoto/a;

devotion n dedicación f; (REL) devoción f

devour [dɪ'vaʊə*] vt devorar

devout [dɪ'vaʊt] adj devoto

dew [dju:] n rocío

diabetes [daɪə'bi:ti:z] n diabetes f;

diabetic [-'bɛtɪk] adj, n diabético/a m/f

diabolical [daɪə'bɔlɪkəl] (inf) adj (weather, behaviour) pésimo

diagnosis [daɪəg'nəʊsɪs] (pl **-ses**) n diagnóstico

diagonal [daɪ'ægənl] adj, n diagonal f

diagram ['daɪəgræm] n diagrama m, esquema m

dial ['daɪəl] n esfera, cuadrante m, cara (AM); (on radio etc) selector m; (of phone) disco ♦ vt (number) marcar

dialling ['daɪəlɪŋ]: **~ code** n prefijo; **~ tone** (US **dial tone**) n (BRIT) señal f o tono de marcar

dialogue ['daɪəlɔg] (US **dialog**) n diálogo

diameter [daɪ'æmɪtə*] n diámetro

diamond ['daɪəmənd] n diamante m; (shape) rombo; **~s** npl (CARDS) diamantes mpl

diaper ['daɪəpə*] (US) n pañal m

diaphragm ['daɪəfræm] n diafragma m

diarrhoea [daɪə'ri:ə] (US **diarrhea**) n diarrea

diary ['daɪərɪ] n (daily account) diario; (book) agenda

dice [daɪs] n inv dados mpl ♦ vt (CULIN) cortar en cuadritos

Dictaphone ® ['dɪktəfəʊn] n dictáfono ®

dictate [dɪk'teɪt] vt dictar; (conditions) imponer; **dictation** [-'teɪʃən] n dictado; (giving of orders) órdenes fpl

dictator [dɪk'teɪtə*] n dictador m; **~ship** n dictadura

dictionary ['dɪkʃənrɪ] n diccionario

did [dɪd] pt of **do**

didn't ['dɪdənt] = **did not**

die [daɪ] vi morir; (fig: fade) desvanecerse, desaparecer; **to be dying for sth/to do sth** morirse por algo/de ganas de hacer algo; **~ away** vi (sound, light) perderse; **~ down** vi apagarse; (wind) amainar; **~ out** vi desaparecer

diesel ['di:zl] n vehículo con motor Diesel; **~ engine** n motor m Diesel; **~ (oil)** n gasoil m

diet ['daɪət] n dieta; (restricted food) régimen m ♦ vi (also: **be on a ~**) estar a dieta, hacer régimen

differ ['dɪfə*] vi: **to ~ (from)** (be different) ser distinto (a), diferenciarse (de); (disagree) discrepar (de); **~ence** n diferencia; (disagreement) desacuerdo;

~ent adj diferente, distinto; **~entiate**
[-'renʃıeıt] vt: to **~entiate (between)**
distinguir (entre); **~ently** adv de otro
modo, en forma distinta

difficult ['dıfıkəlt] adj difícil; **~y** n
dificultad f

diffident ['dıfıdənt] adj tímido

dig [dıg] (pt, pp **dug**) vt (hole, ground)
cavar ♦ n (prod) empujón m;
(archaeological) excavación f; (remark)
indirecta; **to ~ one's nails into** clavar
las uñas en; **~ into** vt fus (savings)
consumir; **~ up** vt (information)
desenterrar; (plant) desarraigar

digest [vb daɪ'dʒɛst, n 'daɪdʒɛst] vt
(food) digerir; (facts) asimilar ♦ n
resumen m, compendio; **~ion** [dı'dʒɛstʃən] n
digestión f

digit ['dıdʒıt] n (number) dígito; (finger)
dedo; **~al** adj digital; **~al camera** n
cámara digital; **~al TV** n televisión f
digital

dignified ['dıgnıfaıd] adj grave,
solemne

dignity ['dıgnıtı] n dignidad f

digress [daɪ'grɛs] vi: to **~ from**
apartarse de

digs [dıgz] (BRIT: inf) npl pensión f,
alojamiento

dilapidated [dı'læpıdeıtıd] adj
desmoronado, ruinoso

dilemma [daɪ'lɛmə] n dilema m

diligent ['dılıdʒənt] adj diligente

dilute [daɪ'lu:t] vt diluir

dim [dım] adj (light) débil; (outline)
indistinto; (room) oscuro; (inf: stupid)
lerdo ♦ vt (light) bajar

dime [daɪm] (US) n moneda de diez
centavos

dimension [dı'mɛnʃən] n dimensión f

diminish [dı'mınıʃ] vt, vi disminuir

diminutive [dı'mınjutıv] adj diminuto
♦ n (LING) diminutivo

dimmers ['dıməz] (US) npl (AUT: dipped
headlights) luces fpl cortas; (: parking
lights) luces fpl de posición

dimple ['dımpl] n hoyuelo

din [dın] n estruendo, estrépito

dine [daın] vi cenar; **~r** n (person)
comensal m/f

dinghy ['dıŋgı] n bote m; (also: rubber
~) lancha (neumática)

dingy ['dındʒı] adj (room) sombrío;
(colour) sucio

dining car ['daınıŋ-] (BRIT) n (RAIL)
coche-comedor m

dining room n comedor m

dinner ['dınə*] n (evening meal) cena;
(lunch) comida; (public) cena, banquete
m; **~ jacket** n smoking m; **~ party** n
cena; **~ time** n (evening) hora de
cenar; (midday) hora de comer

dinosaur ['daınəsɔ:*] n dinosaurio

dip [dıp] n (slope) pendiente m; (in sea)
baño; (CULIN) salsa ♦ vt (in water)
mojar; (ladle etc) meter; (BRIT: AUT): **to
~ one's lights** poner luces de cruce
♦ vi (road etc) descender, bajar

diploma [dı'pləumə] n diploma m

diplomacy [dı'pləuməsı] n diplomacia

diplomat ['dıpləmæt] n diplomático/a;
~ic [dıplə'mætık] adj diplomático

diprod ['dıprod] (US) n = **dipstick**

dipstick ['dıpstık] (BRIT) n (AUT) varilla
de nivel (del aceite)

dipswitch ['dıpswıtʃ] (BRIT) n (AUT)
interruptor m

dire [daıə*] adj calamitoso

direct [daɪ'rɛkt] adj directo; (challenge)
claro; (person) franco ♦ vt dirigir;
(order): **to ~ sb to do sth** mandar a
uno hacer algo ♦ adv derecho; **can
you ~ me to...?** ¿puede indicarme
dónde está...?; **~ debit** (BRIT) n
domiciliación f bancaria de recibos

direction [dı'rɛkʃən] n dirección f;
sense of ~ sentido de la dirección; **~s**
npl (instructions) instrucciones fpl; **~s
for use** modo de empleo

directly [dı'rɛktlı] adv (in straight line)
directamente; (at once) en seguida

director [dı'rɛktə*] n director/a m/f

directory [dı'rɛktərı] n (TEL) guía
(telefónica); (COMPUT) directorio;

~ **enquiries,** ~ **assistance** (US) n
(servicio de) información f

dirt [dɜːt] n suciedad f; (earth) tierra;
~-cheap adj baratísimo; **~y** adj sucio;
(joke) verde (SP), colorado (AM) ♦ vt
ensuciar; (stain) manchar; **~y trick** n
juego sucio

disability [dɪsə'bɪlɪtɪ] n incapacidad f

disabled [dɪs'eɪbld] adj: **to be
physically** ~ ser minusválido/a; **to be
mentally** ~ ser deficiente mental

disadvantage [dɪsəd'vɑːntɪdʒ] n
desventaja, inconveniente m

disagree [dɪsə'griː] vi (differ) discrepar;
to ~ **(with)** no estar de acuerdo (con);
~able adj desagradable; (person)
antipático; **~ment** n desacuerdo

disallow [dɪsə'lau] vt (goal) anular;
(claim) rechazar

disappear [dɪsə'pɪə*] vi desaparecer;
~ance n desaparición f

disappoint [dɪsə'pɔɪnt] vt
decepcionar, defraudar; **~ed** adj
decepcionado; **~ing** adj
decepcionante; **~ment** n decepción f

disapproval [dɪsə'pruːvəl] n
desaprobación f

disapprove [dɪsə'pruːv] vi: **to** ~ **of** ver
mal

disarmament [dɪs'ɑːməmənt] n
desarme m

disarray [dɪsə'reɪ] n: **in** ~ (army,
organization) desorganizado; (hair,
clothes) desarreglado

disaster [dɪ'zɑːstə*] n desastre m

disband [dɪs'bænd] vt disolver ♦ vi
desbandarse

disbelief [dɪsbə'liːf] n incredulidad f

disc [dɪsk] n disco; (COMPUT) = **disk**

discard [dɪs'kɑːd] vt (old things) tirar;
(fig) descartar

discern [dɪ'sɜːn] vt percibir, discernir;
(understand) comprender; **~ing** adj
perspicaz

discharge [vb dɪs'tʃɑːdʒ, n 'dɪstʃɑːdʒ]
vt (task, duty) cumplir; (waste) verter;
(patient) dar de alta; (employee)

despedir; (soldier) licenciar; (defendant)
poner en libertad ♦ n (ELEC) descarga;
(MED) supuración f; (dismissal)
despedida; (of duty) desempeño; (of
debt) pago, descargo

discipline ['dɪsɪplɪn] n disciplina ♦ vt
disciplinar; (punish) castigar

disc jockey n pinchadiscos m/f inv

disclaim [dɪs'kleɪm] vt negar

disclose [dɪs'kləuz] vt revelar;
disclosure [-'kləuʒə*] n revelación f

disco ['dɪskəu] n abbr = **discothèque**

discomfort [dɪs'kʌmfət] n
incomodidad f; (unease) inquietud f;
(physical) malestar m

disconcert [dɪskən'sɜːt] vt
desconcertar

disconnect [dɪskə'nekt] vt separar;
(ELEC etc) desconectar

discontent [dɪskən'tent] n
descontento; **~ed** adj descontento

discontinue [dɪskən'tɪnjuː] vt
interrumpir; (payments) suspender;
"~d" (COMM) "ya no se fabrica"

discord ['dɪskɔːd] n discordia; (MUS)
disonancia

discothèque ['dɪskəutek] n discoteca

discount [n 'dɪskaunt, vb dɪs'kaunt] n
descuento ♦ vt descontar

discourage [dɪs'kʌrɪdʒ] vt desalentar;
(advise against): **to** ~ **sb from doing**
disuadir a uno de hacer

discover [dɪs'kʌvə*] vt descubrir;
(error) darse cuenta de; **~y** n
descubrimiento

discredit [dɪs'kredɪt] vt desacreditar

discreet [dɪs'kriːt] adj (tactful) discreto,
(careful) circunspecto, prudente

discrepancy [dɪ'skrepənsɪ] n
diferencia

discretion [dɪ'skreʃən] n (tact)
discreción f; **at the** ~ **of** a criterio de

discriminate [dɪ'skrɪmɪneɪt] vi: **to**
~ **between** distinguir entre; **to**
~ **against** discriminar contra;
discriminating adj entendido;
discrimination [-'neɪʃən] n

(*discernment*) perspicacia; (*bias*) discriminación f

discuss [dɪ'skʌs] vt discutir; (*a theme*) tratar; **~ion** [dɪ'skʌʃən] n discusión f

disdain [dɪs'deɪn] n desdén m

disease [dɪ'ziːz] n enfermedad f

disembark [dɪsɪm'bɑːk] vt, vi desembarcar

disentangle [dɪsɪn'tæŋgl] vt soltar; (*wire, thread*) desenredar

disfigure [dɪs'fɪgə*] vt (*person*) desfigurar; (*object*) afear

disgrace [dɪs'greɪs] n ignominia; (*shame*) vergüenza, escándalo ♦ vt deshonrar; **~ful** adj vergonzoso

disgruntled [dɪs'grʌntld] adj disgustado, descontento

disguise [dɪs'gaɪz] n disfraz m ♦ vt disfrazar; **in ~** disfrazado

disgust [dɪs'gʌst] n repugnancia ♦ vt repugnar, dar asco a; **~ing** adj repugnante, asqueroso; (*behaviour etc*) vergonzoso

dish [dɪʃ] n (*gen*) plato; **to do** or **wash the ~es** fregar los platos; **~ out** vt repartir; **~ up** vt servir; **~cloth** n estropajo

dishearten [dɪs'hɑːtn] vt desalentar

dishevelled [dɪ'ʃevəld] (*US* **disheveled**) adj (*hair*) despeinado; (*appearance*) desarreglado

dishonest [dɪs'ɔnɪst] adj (*person*) poco honrado, tramposo; (*means*) fraudulento; **~y** n falta de honradez

dishonour [dɪs'ɔnə*] (*US* **dishonor**) n deshonra; **~able** adj deshonroso

dishtowel [ˈdɪʃtaʊəl] (*US*) n estropajo

dishwasher [ˈdɪʃwɔʃə*] n lavaplatos m inv

disillusion [dɪsɪ'luːʒən] vt desilusionar

disinfect [dɪsɪn'fekt] vt desinfectar; **~ant** n desinfectante m

disintegrate [dɪs'ɪntɪgreɪt] vi disgregarse, desintegrarse

disinterested [dɪs'ɪntrəstɪd] adj desinteresado

disjointed [dɪs'dʒɔɪntɪd] adj inconexo

disk [dɪsk] n (*esp US*) = **disc**; (*COMPUT*) disco, disquete m; **single-/double-sided ~** disco de una cara/dos caras; **~ drive** n disc drive m; **~ette** n = **disk**

dislike [dɪs'laɪk] n antipatía, aversión f ♦ vt tener antipatía a

dislocate ['dɪsləkeɪt] vt dislocar

dislodge [dɪs'lɔdʒ] vt sacar

disloyal [dɪs'lɔɪəl] adj desleal

dismal ['dɪzml] adj (*gloomy*) deprimente, triste; (*very bad*) malísimo, fatal

dismantle [dɪs'mæntl] vt desmontar, desarmar

dismay [dɪs'meɪ] n consternación f ♦ vt consternar

dismiss [dɪs'mɪs] vt (*worker*) despedir; (*pupils*) dejar marchar; (*soldiers*) dar permiso para irse; (*idea, LAW*) rechazar; (*possibility*) descartar; **~al** n despido

dismount [dɪs'maʊnt] vi apearse

disobedient [dɪsə'biːdɪənt] adj desobediente

disobey [dɪsə'beɪ] vt desobedecer

disorder [dɪs'ɔːdə*] n desorden m; (*rioting*) disturbios mpl; (*MED*) trastorno; **~ly** adj desordenado; (*meeting*) alborotado; (*conduct*) escandaloso

disorientated [dɪs'ɔːrɪənteɪtəd] adj desorientado

disown [dɪs'əʊn] vt (*action*) renegar de; (*person*) negar cualquier tipo de relación con

disparaging [dɪs'pærɪdʒɪŋ] adj despreciativo

dispassionate [dɪs'pæʃənɪt] adj (*unbiased*) imparcial

dispatch [dɪs'pætʃ] vt enviar ♦ n (*sending*) envío; (*PRESS*) informe m; (*MIL*) parte m

dispel [dɪs'pel] vt disipar

dispense [dɪs'pens] vt (*medicines*) preparar; **~ with** vt fus prescindir de; **~r** n (*container*) distribuidor m automático; **dispensing chemist** (*BRIT*) n farmacia

disperse [dɪs'pəːs] vt dispersar ♦ vi
dispersarse

dispirited [dɪ'spɪrɪtɪd] adj desanimado,
desalentado

displace [dɪs'pleɪs] vt desplazar,
reemplazar; **~d person** n (POL)
desplazado/a

display [dɪs'pleɪ] n (in shop window)
escaparate m; (exhibition) exposición f;
(COMPUT) visualización f; (of feeling)
manifestación f ♦ vt exponer;
manifestar; (ostentatiously) lucir

displease [dɪs'pliːz] vt (offend)
ofender; (annoy) fastidiar; **~d** adj: **~d**
with disgustado con; **displeasure**
[-'pleʒə*] n disgusto

disposable [dɪs'pəuzəbl] adj
desechable; (income) disponible;
~ nappy n pañal m desechable

disposal [dɪs'pəuzl] n (of rubbish)
destrucción f; **at one's ~** a su
disposición

dispose [dɪs'pəuz] vi: **~ of**
(unwanted goods) deshacerse de;
(problem etc) resolver; **~d** adj: **~d to**
do dispuesto a hacer; **to be well-~**
towards sb estar bien dispuesto hacia
uno; **disposition** [dɪspə'zɪʃən] n
(nature) temperamento; (inclination)
propensión f

disprove [dɪs'pruːv] vt refutar

dispute [dɪs'pjuːt] n disputa; (also:
industrial ~) conflicto (laboral) ♦ vt
(argue) disputar, discutir; (question)
cuestionar

disqualify [dɪs'kwɔlɪfaɪ] vt (SPORT)
descalificar; **to ~ sb for sth/from**
doing sth incapacitar a alguien para
algo/hacer algo

disquiet [dɪs'kwaɪət] n preocupación f,
inquietud f

disregard [dɪsrɪ'gaːd] vt (ignore) no
hacer caso de

disrepair [dɪsrɪ'pɛə*] n: **to fall into ~**
(building) desmoronarse

disreputable [dɪs'rɛpjutəbl] adj
(person) de mala fama; (behaviour)
vergonzoso

disrespectful [dɪsrɪ'spɛktful] adj
irrespetuoso

disrupt [dɪs'rʌpt] vt (plans) desbaratar,
trastornar; (conversation) interrumpir

dissatisfaction [dɪssætɪs'fækʃən] n
disgusto, descontento

dissect [dɪ'sɛkt] vt disecar

dissent [dɪ'sɛnt] n disensión f

dissertation [dɪsə'teɪʃən] n tesina

disservice [dɪs'səːvɪs] n: **to do sb a ~**
perjudicar a alguien

dissimilar [dɪ'sɪmɪlə*] adj distinto

dissipate [dɪsɪpeɪt] vt disipar; (waste)
desperdiciar

dissolve [dɪ'zɔlv] vt disolver ♦ vi
disolverse; **to ~ in(to) tears**
deshacerse en lágrimas

dissuade [dɪ'sweɪd] vt: **to ~ sb**
(from) disuadir a uno (de)

distance ['dɪstəns] n distancia; **in the**
~ a lo lejos

distant ['dɪstənt] adj lejano; (manner)
reservado, frío

distaste [dɪs'teɪst] n repugnancia; **~ful**
adj repugnante, desagradable

distended [dɪs'tɛndɪd] adj (stomach)
hinchado

distil [dɪs'tɪl] (US **distill**) vt destilar;
~lery n destilería

distinct [dɪs'tɪŋkt] adj (different)
distinto; (clear) claro; (unmistakeable)
inequívoco; **as ~ from** a diferencia de;
~ion [dɪs'tɪŋkʃən] n distinción f;
(honour) honor m; (in exam)
sobresaliente m; **~ive** adj distintivo

distinguish [dɪs'tɪŋgwɪʃ] vt distinguir;
to ~ o.s. destacarse; **~ed** adj (eminent)
distinguido; **~ing** adj (feature)
distintivo

distort [dɪs'tɔːt] vt distorsionar; (shape,
image) deformar; **~ion** [dɪs'tɔːʃən] n
distorsión f; deformación f

distract [dɪs'trækt] vt distraer; **~ed** adj
distraído; **~ion** [dɪs'trækʃən] n
distracción f; (confusion) aturdimiento

distraught [dɪs'trɔːt] adj loco de

inquietud

distress [dɪs'trɛs] n (anguish) angustia, aflicción f ♦ vt afligir; **~ing** adj angustioso; doloroso; **~ signal** n señal f de socorro

distribute [dɪs'trɪbjuːt] vt distribuir; (share out) repartir; **distribution** ['-bjuːʃən] n distribución f, reparto f; **distributor** n (AUT) distribuidor m; (COMM) distribuidora

district ['dɪstrɪkt] n (of country) zona, región f; (of town) barrio; (ADMIN) distrito; **~ attorney** (US) n fiscal m/f; **~ nurse** (BRIT) n enfermera que atiende a pacientes a domicilio

distrust [dɪs'trʌst] n desconfianza ♦ vt desconfiar de

disturb [dɪs'təːb] vt (person: bother, interrupt) molestar; (: upset) perturbar, inquietar; (disorganize) alterar; **~ance** n (upheaval) perturbación f; (political etc: gen pl) disturbio; (of mind) trastorno; **~ed** adj (worried, upset) preocupado, angustiado; **emotionally ~ed** trastornado; (childhood) inseguro; **~ing** adj inquietante, perturbador(a)

disuse [dɪs'juːs] n: **to fall into ~** caer en desuso

disused [dɪs'juːzd] adj abandonado

ditch [dɪtʃ] n zanja; (irrigation ~) acequia ♦ vt (inf: partner) deshacerse de; (: plan, car etc) abandonar

dither ['dɪðə*] (pej) vi vacilar

ditto ['dɪtəu] adv ídem, lo mismo

divan [dɪ'væn] n (also: **~ bed**) cama turca

dive [daɪv] n (from board) salto; (underwater) buceo; (of submarine) sumersión f ♦ vi (swimmer: into water) saltar; (: under water) zambullirse, bucear; (fish, submarine) sumergirse; (bird) lanzarse en picado; **to ~ into** (bag etc) meter la mano en; (place) meterse de prisa en; **~r** n (underwater) buzo

diverse [daɪ'vəːs] adj diversos/as, varios/as

diversion [daɪ'vəːʃən] n (BRIT: AUT) desviación f; (distraction, MIL) diversión f; (of funds) distracción f

divert [daɪ'vəːt] vt (turn aside) desviar

divide [dɪ'vaɪd] vt dividir; (separate) separar ♦ vi dividirse; (road) bifurcarse; **~d highway** (US) n carretera de doble calzada

dividend ['dɪvɪdɛnd] n dividendo; (fig): **to pay ~s** proporcionar beneficios

divine [dɪ'vaɪn] adj (also fig) divino

diving ['daɪvɪŋ] n (SPORT) salto; (underwater) buceo; **~ board** n trampolín m

divinity [dɪ'vɪnɪtɪ] n divinidad f; (SCOL) teología

division [dɪ'vɪʒən] n división f; (sharing out) reparto; (disagreement) diferencias fpl; (COMM) sección f

divorce [dɪ'vɔːs] n divorcio ♦ vt divorciarse de; **~d** adj divorciado; **~e** [-'siː] n divorciado/a

divulge [daɪ'vʌldʒ] vt divulgar, revelar

D.I.Y. (BRIT) adj, n abbr = **do-it-yourself**

dizzy ['dɪzɪ] adj (spell) de mareo; **to feel ~** marearse

DJ n abbr = **disc jockey**

KEYWORD

---

do [duː] (pt **did**, pp **done**) n (inf: party etc): **we're having a little ~ on Saturday** damos una fiestecita el sábado; **it was rather a grand ~** fue un acontecimiento a lo grande
♦ aux vb **1** (in negative constructions: not translated) **I don't understand** no entiendo
2 (to form questions: not translated) **didn't you know?** ¿no lo sabías?; **what ~ you think?** ¿qué opinas?
3 (for emphasis, in polite expressions): **people ~ make mistakes sometimes** sí que se cometen errores a veces; **she does seem rather late** a mí también me parece que se ha

retrasado; ~ **sit down/help yourself** siéntate/sírvete por favor; ~ **take care!** ¡ten cuidado(, te pido)!

4 (*used to avoid repeating vb*): **she sings better than I** ~ canta mejor que yo; ~ **you agree?** — **yes, I** ~/no, **I don't** ¿estás de acuerdo? — sí (lo estoy)/no (lo estoy); **she lives in Glasgow** — **so** ~ **I** vive en Glasgow — yo también; **he didn't like it and neither did we** no le gustó a y a nosotros tampoco; **who made this mess?** — **I did** ¿quién hizo esta chapuza? — yo; **he asked me to help him and I did** me pidió que le ayudara y lo hice

5 (*in question tags*): **you like him, don't you?** te gusta, ¿verdad? or ¿no?; **I don't know him,** ~ **I?** creo que no le conozco

♦ *vt* **1** (*gen, carry out, perform etc*): **what are you** ~**ing tonight?** ¿qué haces esta noche?; **what can I** ~ **for you?** ¿en qué puedo servirle?; **to** ~ **the washing-up/cooking** fregar los platos/cocinar; **to** ~ **one's teeth/hair/nails** lavarse los dientes/arreglarse el pelo/arreglarse las uñas

2 (*AUT etc*): **the car was** ~**ing 100** el coche iba a 100; **we've done 200 km already** ya hemos hecho 200 km; **he can** ~ **100 in that car** puede ir a 100 en ese coche

♦ *vi* **1** (*act, behave*) hacer; ~ **as I** ~ haz como yo

2 (*get on, fare*): **he's** ~**ing well/badly at school** va bien/mal en la escuela; **the firm is** ~**ing well** la empresa anda or va bien; **how** ~ **you** ~? mucho gusto; (*less formal*) ¿qué tal?

3 (*suit*): **will it** ~? ¿sirve?, ¿está or va bien?

4 (*be sufficient*) bastar; **will £10** ~? ¿será bastante con £10?; **that'll** ~ así está bien; **that'll** ~! (*in annoyance*) ¡ya está bien!, ¡basta ya!; **to make** ~ **(with)** arreglárselas (con)

do away with *vt fus* (*kill, disease*) eliminar; (*abolish: law etc*) abolir; (*withdraw*) retirar

do up *vt* (*laces*) atar; (*zip, dress, shirt*) abrochar; (*renovate: room, house*) renovar

do with *vt fus* (*need*): **I could** ~ **with a drink/some help** no me vendría mal un trago/un poco de ayuda; (*be connected*) tener que ver con; **what has it got to** ~ **with you?** ¿qué tiene que ver contigo?

do without *vi* pasar sin; **if you're late for tea then you'll** ~ **without** si llegas tarde tendrás que quedarte sin cenar ♦ *vt fus* pasar sin; **I can** ~ **without a car** puedo pasar sin coche

dock [dɔk] *n* (*NAUT*) muelle *m*; (*LAW*) banquillo (de los acusados); ~**s** *npl* (*NAUT*) muelles *mpl*, puerto *sg* ♦ *vi* (*enter* ~) atracar (la) muelle; (*SPACE*) acoplarse; ~**er** *n* trabajador *m* portuario, estibador *m*; ~**yard** *n* astillero

doctor ['dɔktə*] *n* médico/a; (*Ph.D. etc*) doctor(a) *m/f* ♦ *vt* (*drink etc*) adulterar; **D~ of Philosophy** *n* Doctor en Filosofía y Letras

document ['dɔkjumənt] *n* documento; ~**ary** ['mentəri] *adj* documental ♦ *n* documental *m*

dodge [dɔdʒ] *n* (*fig*) truco ♦ *vt* evadir; (*blow*) esquivar

dodgems ['dɔdʒəmz] (*BRIT*) *npl* coches *mpl* de choque

doe [dəu] *n* (*deer*) cierva, gama; (*rabbit*) coneja

does [dʌz] *vb see* **do**; ~**n't** = **does not**

dog [dɔg] *n* perro ♦ *vt* seguir los pasos de; (*subj: bad luck*) perseguir; ~ **collar** *n* collar *m* de perro; (*of clergyman*) alzacuellos *m inv*; ~**-eared** *adj* sobado

dogged ['dɔgɪd] *adj* tenaz, obstinado

dogsbody ['dɔgzbɔdɪ] (*BRIT: inf*) *n*

burro de carga

doings ['duːɪŋz] npl (*activities*) actividades fpl

do-it-yourself n bricolaje m

doldrums ['dɔldrəmz] npl: **to be in the ~** (*person*) estar abatido; (*business*) estar estancado

dole [dəul] (*BRIT*) n (*payment*) subsidio de paro; **on the ~** parado; **~ out** vt repartir

doll [dɔl] n muñeca; (*US: inf: woman*) muñeca, gachí f

dollar ['dɔlə*] n dólar m

dolled up (*inf*) adj arreglado

dolphin ['dɔlfɪn] n delfín m

domain [də'meɪn] n (*fig*) campo, competencia; (*land*) dominios mpl

dome [dəum] n (*ARCH*) cúpula

domestic [də'mestɪk] adj (*animal, duty*) doméstico; (*flight, policy*) nacional; **~ated** adj domesticado; (*home-loving*) casero, hogareño

dominate ['dɔmɪneɪt] vt dominar

domineering [dɔmɪ'nɪərɪŋ] adj dominante

dominion [də'mɪnɪən] n dominio

domino ['dɔmɪnəu] (*pl ~es*) n ficha de dominó; **~es** n (*game*) dominós mpl

don [dɔn] (*BRIT*) n profesor(a) m/f universitario/a

donate [də'neɪt] vt donar; **donation** [də'neɪʃən] n donativo

done [dʌn] pp of **do**

donkey ['dɔŋkɪ] n burro

donor ['dəunə*] n donante m/f, **~ card** n carnet m de donante

don't [dəunt] = **do not**

donut ['dəunʌt] (*US*) n = **doughnut**

doodle ['duːdl] vi hacer dibujitos or garabatos

doom [duːm] n (*fate*) suerte f ♦ vt: **to be ~ed to failure** estar condenado al fracaso

door [dɔ:*] n puerta; **~bell** n timbre m; **~ handle** n tirador m; (*of car*) manija; **~man** (*irreg*) n (*in hotel*) portero; **~mat** n felpudo, estera; **~step** n

peldaño; **~-to-~** adj de puerta en puerta; **~way** n entrada, puerta

dope [dəup] n (*inf: illegal drug*) droga; (*: person*) imbécil m/f ♦ vt (*horse etc*) drogar

dormant ['dɔ:mənt] adj inactivo

dormitory ['dɔ:mɪtrɪ] n (*BRIT*) dormitorio; (*US*) colegio mayor

dormouse ['dɔ:maus] n (*pl -mice*) n lirón m

DOS n abbr (= *disk operating system*) DOS m

dosage ['dəusɪdʒ] n dosis f inv

dose [dəus] n dosis f inv

doss house ['dɔss-] (*BRIT*) n pensión f de mala muerte

dossier ['dɔsɪeɪ] n expediente m, dosier m

dot [dɔt] n punto ♦ vi: **~ted with** salpicado de; **on the ~** en punto

double ['dʌbl] adj doble ♦ adv (*twice*): **to cost ~** costar el doble ♦ n doble m ♦ vt doblar ♦ vi doblarse; **on the ~, at the ~** (*BRIT*) corriendo; **~ bass** n contrabajo; **~ bed** n cama de matrimonio; **~ bend** (*BRIT*) n doble curva; **~-breasted** adj cruzado; **~-click** vi (*COMPUT*) hacer doble clic; **~cross** vt (*trick*) engañar; (*betray*) traicionar; **~decker** n autobús m de dos pisos; **~ glazing** (*BRIT*) n doble acristalamiento; **~ room** n habitación f doble; **~s** n (*TENNIS*) juego de dobles; **doubly** adv doblemente

doubt [daut] n duda ♦ vt dudar; (*suspect*) dudar de; **to ~ that** dudar que; **~ful** adj dudoso; (*person*): **to be ~ful about sth** tener dudas sobre algo; **~less** adv sin duda

dough [dəu] n masa, pasta; **~nut** (*US donut*) n rosquilla

dove [dʌv] n paloma

dovetail ['dʌvteɪl] vi (*fig*) encajar

dowdy ['daudɪ] adj (*person*) mal vestido; (*clothes*) pasado de moda

down [daun] n (*feathers*) plumón m, flojel m ♦ adv (*~wards*) abajo, hacia abajo; (*on the ground*) por o en tierra ♦ *prep* abajo ♦ *vt* (*inf: drink*) beberse; ~ **with X!** ¡abajo X!; **~-and-out** *n* vagabundo/a; **~at-heel** *adj* venido a menos; (*appearance*) desaliñado; **~fall** *n* caída, ruina; **~hearted** *adj* desanimado; **~hill** *adv* **to go ~hill** (*also fig*) ir cuesta abajo; **~load** *vt* (COMPUT) bajar; ~ **payment** *n* entrada, pago al contado; **~pour** *n* aguacero; **~right** *adj* (*nonsense, lie*) manifiesto; (*refusal*) terminante; **~size** *vi* (ECON: *company*) reducir la plantilla de

Downing Street

Downing Street *es la calle de Londres en la que están las residencias oficiales del Presidente del Gobierno (Prime Minister), tradicionalmente en el No. 10, y del Ministro de Economía (Chancellor of the Exchequer). La calle está situada en el céntrico barrio londinense de Westminster y está cerrada al tráfico de peatones y vehículos. En lenguaje periodístico, se usa también* Downing Street *para referirse al primer ministro o al Gobierno.*

Down's syndrome ['daunz-] *n* síndrome *m* de Down
down: **~stairs** *adv* (*below*) (en la casa de) abajo; (*~wards*) escaleras abajo; **~stream** *adv* aguas o río abajo; **~to-earth** *adj* práctico; **~town** *adv* en el centro de la ciudad; **~ under** *adv* en Australia (or Nueva Zelanda); **~ward** [-wəd] *adj, adv* hacia abajo; **~wards** [-wədz] *adv* hacia abajo
dowry ['dauri] *n* dote *f*
doz. *abbr* = **dozen**
doze [dəuz] *vi* dormitar; ~ **off** *vi* quedarse medio dormido
dozen ['dʌzn] *n* docena; **a ~ books** una docena de libros; **~s of** cantidad de

Dr. *abbr* = **doctor**; **drive**
drab [dræb] *adj* gris, monótono
draft [drɑːft] *n* (*first copy*) borrador *m*; (POL: *of bill*) anteproyecto; (US: *call-up*) quinta ♦ *vt* (*plan*) preparar; (*write roughly*) hacer un borrador de; *see also* **draught**
draftsman ['drɑːftsmən] (US) *n* = **draughtsman**
drag [dræg] *vt* arrastrar; (*river*) dragar, rastrear ♦ *vi* (*time*) pasar despacio; (*play, film etc*) hacerse pesado ♦ *n* (*inf*) lata; (*women's clothing*): **in ~** vestido de travesti; **~ on** *vi* ser interminable; ~ **and drop** *vt* (COMPUT) arrastrar y soltar
dragonfly ['drægənflaɪ] *n* libélula
drain [dreɪn] *n* desaguadero; (*in street*) sumidero; (*source of loss*): **to be a ~ on** consumir, agotar ♦ *vt* (*land, marshes*) desaguar; (*reservoir*) desecar; (*vegetables*) escurrir ♦ *vi* escurrirse; **~age** *n* (*act*) desagüe *m*; (MED, AGR) drenaje *m*; (*sewage*) alcantarillado; **~ing board** (US **~board**) *n* escurridera, escurridor *m*; **~pipe** *n* tubo de desagüe
drama ['drɑːmə] *n* (*art*) teatro; (*play*) drama *m*; (*excitement*) emoción *f*; **~tic** [drə'mætɪk] *adj* dramático; (*sudden, marked*) espectacular; **~tist** ['dræmətɪst] *n* dramaturgo/a; **~tize** ['dræmətaɪz] *vt* (*events*) dramatizar
drank [dræŋk] *pt of* **drink**
drape [dreɪp] *vt* (*cloth*) colocar; (*flag*) colgar; **~s** (US) *npl* cortinas *fpl*
drastic ['dræstɪk] *adj* (*measure*) severo; (*change*) radical, drástico
draught [drɑːft] (US **draft**) *n* (*of air*) corriente *f* de aire; (NAUT) calado; **on ~** (*beer*) de barril; **~ beer** *n* cerveza de barril; **~board** (BRIT) *n* tablero de damas; **~s** (BRIT) *n* (*game*) juego de damas
draughtsman ['drɑːftsmən] (US **draftsman**) (*irreg*) *n* delineante *m*
draw [drɔː] (*pt* **drew**, *pp* **drawn**) *vt*

(picture) dibujar; (cart) tirar de;
(curtain) correr; (take out) sacar;
(attract) atraer; (money) retirar; (wages)
cobrar ♦ vi (SPORT) empatar ♦ n (SPORT)
empate m; (lottery) sorteo; **~ near** vi
acercarse; **~ out** vi (lengthen) alargarse
♦ vt sacar; **~ up** vi (stop) pararse ♦ vt
(chair) acercar; (document) redactar;
~back n inconveniente m, desventaja;
~bridge n puente m levadizo
drawer [drɔː*] n cajón m
drawing ['drɔːɪŋ] n dibujo; **~ board** n
tablero (de dibujante); **~ pin** (BRIT) n
chincheta; **~ room** n salón m
drawl [drɔːl] n habla lenta y cansina
drawn [drɔːn] pp of **draw**
dread [drɛd] n pavor m, terror m ♦ vt
temer, tener miedo or pavor a; **~ful**
adj horroroso
dream [driːm] (pt, pp **dreamed** or
dreamt) n sueño ♦ vt, vi soñar; **~y** adj
(distracted) soñador(a), distraído;
(music) suave
dreary ['drɪərɪ] adj monótono
dredge [drɛdʒ] vt dragar
dregs [drɛgz] npl posos mpl; (of
humanity) hez f
drench [drɛntʃ] vt empapar
dress [drɛs] n vestido; (clothing) ropa
♦ vt vestir; (wound) vendar ♦ vi
vestirse; **to get ~ed** vestirse; **~ up** vi
vestirse de etiqueta; (in fancy dress)
disfrazarse; **~ circle** (BRIT) n principal
m; **~er** n (furniture) aparador m; (: US)
cómoda (con espejo); **~ing** n (MED)
vendaje m; (CULIN) aliño; **~ing gown**
(BRIT) n bata; **~ing room** n (THEATRE)
camarín m; (SPORT) vestuario; **~ing
table** n tocador m; **~maker** n
modista, costurera; **~ rehearsal** n
ensayo general
drew [druː] pt of **draw**
dribble ['drɪbl] vi (baby) babear ♦ vt
(ball) regatear
dried [draɪd] adj (fruit) seco; (milk) en
polvo
drier ['draɪə*] n = **dryer**

drift [drɪft] n (of current etc) flujo; (of
snow) ventisquero; (meaning)
significado ♦ vi (boat) ir a la deriva;
(sand, snow) amontonarse; **~wood** n
madera de deriva
drill [drɪl] n (~ bit) broca; (tool for DIY
etc) taladro; (of dentist) fresa; (for
mining etc) perforadora, barrena; (MIL)
instrucción f ♦ vt perforar, taladrar;
(troops) enseñar la instrucción a ♦ vi
(for oil) perforar
drink [drɪŋk] (pt **drank**, pp **drunk**) n
bebida; (sip) trago ♦ vt, vi beber; **to
have a ~** tomar algo; tomar una copa
or un trago; **a ~ of water** un trago de
agua; **~er** n bebedor(a) m/f; **~ing
water** n agua potable
drip [drɪp] n (act) goteo; (one ~) gota;
(MED) gota a gota m ♦ vi gotear; **~-dry**
adj (shirt) inarrugable; **~ping** n (animal
fat) pringue m
drive [draɪv] (pt **drove**, pp **driven**) n
(journey) viaje m (en coche); (also:
~way) entrada; (energy) energía, vigor
m; (COMPUT: also: disk ~) drive m ♦ vt
(car) conducir (SP), manejar (AM); (nail)
clavar; (push) empujar; (TECH: motor)
impulsar ♦ vi (AUT: travel)
conducir; (: travel) pasearse en coche;
left-/right-hand ~ conducción f a la
izquierda/derecha; **to ~ sb mad**
volverle loco a uno
drivel ['drɪvl] (inf) n tonterías fpl
driven ['drɪvn] pp of **drive**
driver ['draɪvə*] n conductor(a) m/f
(SP), chofer m (AM); (of taxi, bus)
chofer; **~'s license** (US) n carnet m de
conducir
driveway ['draɪvweɪ] n entrada
driving ['draɪvɪŋ] n el conducir (SP), el
manejar (AM); **~ instructor** n
instructor(a) m/f de conducción or
manejo; **~ lesson** n clase f de
conducción or manejo; **~ licence**
(BRIT) n permiso de conducir;
~ school n autoescuela; **~ test** n
examen m de conducción or manejo

drizzle ['drɪzl] n llovizna

drool [druːl] vi babear

droop [druːp] vi (flower) marchitarse; (shoulders) encorvarse; (head) inclinarse

drop [drɔp] n gota; (lessening) baja; (fall) caída ♦ vt dejar caer; (voice, eyes, price) bajar; (passenger) dejar; (omit) omitir ♦ vi (object) caer; (wind) amainar; **~s** fpl (MED) gotas fpl; **~ off** vi (sleep) dormirse ♦ vt (passenger) dejar; **~ out** vi (withdraw) retirarse; **~-out** n marginado/a, (SCOL) estudiante que abandona los estudios; **~per** n cuentagotas m inv; **~pings** npl excremento

drought [draut] n sequía

drove [drəuv] pt of **drive**

drown [draun] vt ahogar ♦ vi ahogarse

drowsy ['drauzɪ] adj soñoliento; **to be ~** tener sueño

drug [drʌg] n medicamento; (narcotic) droga ♦ vt drogar; **to be on ~s** drogarse; **~ addict** n drogadicto/a; **~gist** (US) n farmacéutico/a; **~store** (US) n farmacia

drum [drʌm] n tambor m; (for oil, petrol) bidón m; **~s** npl batería; **~mer** n tambor m

drunk [drʌŋk] pp of **drink** ♦ adj borracho ♦ n (also: **~ard**) borracho/a; **~en** adj borracho; (laughter, party) de borrachos

dry [draɪ] adj seco; (day) sin lluvia; (climate) árido, seco ♦ vt secar; (tears) enjugarse ♦ vi secarse; **~ up** vi (river) secarse; **~-cleaner's** n tintorería; **~-cleaning** n lavado en seco; **~er** n (for hair) secador m; (US: for clothes) secadora; **~ rot** n putrefacción f fungoide

DSS n abbr = **Department of Social Security**

DTP n abbr (= desk-top publishing) autoedición f

dual ['djuəl] adj doble; **~ carriageway** (BRIT) n carretera de doble calzada; **~-purpose** adj de doble uso

dubbed [dʌbd] adj (CINEMA) doblado

dubious ['djuːbɪəs] adj indeciso; (reputation, company) sospechoso

duchess ['dʌtʃɪs] n duquesa

duck [dʌk] n pato ♦ vi agacharse; **~ling** n patito

duct [dʌkt] n conducto, canal m

dud [dʌd] n (object, tool) engaño, engañifa ♦ adj: **~ cheque** (BRIT) cheque m sin fondos

due [djuː] adj (owed): **he is ~ £10** se le deben 10 libras; (expected: event): **the meeting is ~ on Wednesday** la reunión tendrá lugar el miércoles; (: arrival) **the train is ~ at 8am** el tren tiene su llegada para las 8; (proper) debido ♦ n: **to give sb his (or her) ~** ser justo con alguien ♦ adv: **~ north** derecho al norte; **~s** npl (for club, union) cuota; (in harbour) derechos mpl; **in ~ course** a su debido tiempo; **~ to** debido a; **to be ~ to** deberse a

duet [djuː'ɛt] n dúo

duffel bag ['dʌfəl-] n bolsa de lona

duffel coat n trenca, abrigo de tres cuartos

dug [dʌg] pt, pp of **dig**

duke [djuːk] n duque m

dull [dʌl] adj (light) débil; (stupid) torpe; (boring) pesado; (sound, pain) sordo; (weather, day) gris ♦ vt (pain, grief) aliviar; (mind, senses) entorpecer

duly ['djuːlɪ] adv debidamente; (on time) a su debido tiempo

dumb [dʌm] adj mudo; (pej: stupid) estúpido; **~founded** [dʌm'faundɪd] adj pasmado

dummy ['dʌmɪ] n (tailor's ~) maniquí m; (mock-up) maqueta; (BRIT: for baby) chupete m ♦ adj falso, postizo

dump [dʌmp] n (also: rubbish ~) basurero, vertedero; (inf: place) cuchitril m ♦ vt (put down) dejar; (get rid of) deshacerse de; (COMPUT: data) transferir

dumpling ['dʌmplɪŋ] *n* bola de masa
hervida

dumpy ['dʌmpɪ] *adj* regordete/a

dunce [dʌns] *n* zopenco

dung [dʌŋ] *n* estiércol *m*

dungarees [dʌŋgə'riːz] *npl* mono

dungeon ['dʌndʒən] *n* calabozo

duplex ['djuːpleks] *n* dúplex *m*

duplicate [*n* 'djuːplɪkət, *vb*
'djuːplɪkeɪt] *n* duplicado ♦ *vt* duplicar;
(photocopy) fotocopiar; *(repeat)* repetir;
in ~ por duplicado

durable ['djuərəbl] *adj* duradero

duration [djuə'reɪʃən] *n* duración *f*

during ['djuərɪŋ] *prep* durante

dusk [dʌsk] *n* crepúsculo, anochecer *m*

dust [dʌst] *n* polvo ♦ *vt* quitar el polvo
a, desempolvar; *(cake etc)*: **to ~ with**
espolvorear de, ~**bin** (*BRIT*) *n* cubo de
la basura (*SP*), balde *m* (*AM*); ~**er** *n*
paño, trapo; ~**man** (*BRIT irreg*)
n basurero; ~**y** *adj* polvoriento

Dutch [dʌtʃ] *adj* holandés/esa ♦ *n*
(*LING*) holandés *m*; **the ~** *npl* los
holandeses; **to go ~** (*inf*) pagar cada
uno lo suyo; ~**man/woman** (*irreg*) *n*
holandés/esa *m/f*

duty ['djuːtɪ] *n* deber *m*; *(tax)* derechos
mpl de aduana; **on ~** de servicio; *(at
night etc)* de guardia; **off ~** libre (de
servicio); ~**-free** *adj* libre de impuestos

duvet ['duːveɪ] (*BRIT*) *n* edredón *m*

DVD *n abbr* (= *digital versatile or video
disc*) DVD *m*

dwarf [dwɔːf] (*pl* **dwarves**) *n* enano/a
♦ *vt* empequeñecer

dwell [dwel] (*pt, pp* **dwelt**) *vi* morar;
~ **on** *vt fus* explayarse en

dwindle ['dwɪndl] *vi* disminuir

dye [daɪ] *n* tinte *m* ♦ *vt* teñir

dying ['daɪɪŋ] *adj* moribundo

dyke [daɪk] (*BRIT*) *n* dique *m*

dynamic [daɪ'næmɪk] *adj* dinámico

dynamite ['daɪnəmaɪt] *n* dinamita

dynamo ['daɪnəməu] *n* dínamo *f*

dynasty ['dɪnəstɪ] *n* dinastía

E, e

E [iː] *n* (*MUS*) mi *m*

each [iːtʃ] *adj* cada *inv* ♦ *pron* cada
uno; ~ **other** el uno al otro; **they
hate ~ other** se odian (entre ellos *or*
mutuamente); **they have 2 books ~**
tienen 2 libros por persona

eager ['iːgə] *adj* (*keen*) entusiasmado;
to be ~ to do sth tener muchas
ganas de hacer algo, impacientarse por
hacer algo; **to be ~ for** tener muchas
ganas de

eagle ['iːgl] *n* águila

ear [ɪə*] *n* oreja; oído; *(of corn)* espiga;
~**ache** *n* dolor *m* de oídos; ~**drum** *n*
tímpano

earl [əːl] *n* conde *m*

earlier ['əːlɪə*] *adj* anterior ♦ *adv* antes

early ['əːlɪ] *adv* temprano; *(before time)*
con tiempo, con anticipación ♦ *adj*
temprano; *(settlers etc)* primitivo,
(death, departure) prematuro; *(reply)*
pronto; **to have an ~ night** acostarse
temprano; **in the ~** *or* ~ **in the
spring/19th century** a principios de
primavera/del siglo diecinueve;
~ **retirement** *n* jubilación *f* anticipada

earmark ['ɪəmɑːk] *vt*: **to ~ (for)**
reservar (para), destinar (a)

earn [əːn] *vt* *(salary)* percibir; *(interest)*
devengar; *(praise)* merecerse

earnest ['əːnɪst] *adj* *(wish)* fervoroso;
(person) serio, formal; **in ~** en serio

earnings ['əːnɪŋz] *npl* *(personal)*
sueldo, ingresos *mpl*; *(company)*
ganancias *fpl*

ear: ~**phones** *npl* auriculares *mpl*;
~**ring** *n* pendiente *m*, arete *m*; ~**shot**
n: **within ~shot** al alcance del oído

earth [əːθ] *n* tierra; (*BRIT: ELEC*) cable *m*
de toma de tierra ♦ *vt* (*BRIT: ELEC*)
conectar a tierra; ~**enware** *n* loza (de
barro); ~**quake** *n* terremoto; ~**y** *adj*
(fig: vulgar) grosero

ease [iːz] n facilidad f; (comfort) comodidad f ♦ vt (lessen: problem) mitigar; (: pain) aliviar; (: tension) reducir; **to ~ sth in/out** meter/sacar algo con cuidado; **at ~!** (MIL) ¡descansen!; **~ off** o **up** vi (wind, rain) amainar; (slow down) aflojar la marcha

easel ['iːzl] n caballete m

easily ['iːzɪlɪ] adv fácilmente

east [iːst] n este m ♦ adj del este, oriental; (wind) este ♦ adv al este, hacia el este; **the E~** el Oriente; (POL) los países del Este

Easter ['iːstə*] n Pascua (de Resurrección); **~ egg** n huevo de Pascua

east: **~erly** ['iːstəlɪ] adj (to the east) al este; (from the east) del este; **~ern** ['iːstən] adj del este, oriental; (oriental) oriental; **~ward(s)** [ˈiːstwəd(z)] adv hacia el este

easy ['iːzɪ] adj fácil; (simple) sencillo; (comfortable) holgado, cómodo; (relaxed) tranquilo ♦ adv: **to take it** o **things ~** (not worry) tomarlo con calma; (rest) descansar; **~ chair** n sillón m; **~-going** adj acomodadizo

eat [iːt] (pt **ate**, pp **eaten**) vt comer; **~ away** at vt fus corroer; mermar; **~ into** vt fus corroer; (savings) mermar

eaves [iːvz] npl alero

eavesdrop ['iːvzdrɒp] vi: **to ~ (on)** escuchar a escondidas

ebb [eb] n reflujo ♦ vi bajar; (fig: also: **~ away**) decaer

ebony ['ebənɪ] n ébano

EC n abbr (= European Community) CE f

ECB n abbr (= European Central Bank) BCE m

eccentric [ɪkˈsentrɪk] adj, n excéntrico/a m/f

echo ['ekəʊ] (pl **~es**) n eco m ♦ vt (sound) repetir ♦ vi resonar, hacer eco

éclair [ɪˈkleə*] n pastelito relleno de crema y con chocolate por encima

eclipse [ɪˈklɪps] n eclipse m

ecology [ɪˈkɒlədʒɪ] n ecología

e-commerce n abbr (= electronic commerce) comercio electrónico

economic [iːkəˈnɒmɪk] adj económico; (business etc) rentable; **~al** adj económico; **~s** n (SCOL) economía ♦ npl (of project etc) rentabilidad f

economize [ɪˈkɒnəmaɪz] vi economizar, ahorrar

economy [ɪˈkɒnəmɪ] n economía; **~ class** n (AVIAT) clase f económica; **~ size** n tamaño económico

ecstasy ['ekstəsɪ] n éxtasis m inv; (drug) éxtasis m inv; **ecstatic** [eksˈtætɪk] adj extático

ECU ['eɪkjuː] n (= European Currency Unit) ECU m

Ecuador ['ekwədɔː*] n Ecuador m; **~ian** adj, n ecuatoriano/a m/f

eczema ['eksɪmə] n eczema m

edge [edʒ] n (of knife) filo; (of object) borde m; (of lake) orilla ♦ vt (SEWING) ribetear; **on ~** (fig) = **edgy**; **to ~ away from** alejarse poco a poco de; **~ways** adv: **he couldn't get a word in ~ways** no pudo meter ni baza

edgy ['edʒɪ] adj nervioso, inquieto

edible ['edɪbl] adj comestible

Edinburgh ['edɪnbərə] n Edimburgo

edit ['edɪt] vt (be the editor of) dirigir; (text, report) corregir, preparar; **~ion** [ɪˈdɪʃən] n edición f; **~or** n (of newspaper) director/a m/f; (of column): **foreign/political ~or** encargado de la sección de extranjero/política; (of book) redactor/a m/f; **~orial** [-ˈtɔːrɪəl] adj editorial ♦ n editorial m

educate ['edjʊkeɪt] vt (gen) educar; (instruct) instruir

education [edjʊˈkeɪʃən] n educación f; (schooling) enseñanza; (SCOL) pedagogía; **~al** adj (policy etc) educacional; (experience) docente; (toy) educativo

EEC n abbr (= European Economic Community) CEE f

eel [iːl] n anguila

eerie ['ɪərɪ] adj misterioso

effect [ɪˈfekt] n efecto ♦ vt efectuar, llevar a cabo; **to take ~** (law) entrar en vigor or vigencia; (*drug*) surtir efecto; **in ~** en realidad; **~ive** *adj* eficaz; (*actual*) verdadero; **~ively** *adv* eficazmente; (*in reality*) efectivamente; **~iveness** *n* eficacia

effeminate [ɪˈfɛmɪnɪt] *adj* afeminado

efficiency [ɪˈfɪʃənsɪ] *n* eficiencia; rendimiento

efficient [ɪˈfɪʃənt] *adj* eficiente; (*machine*) de buen rendimiento

effort [ˈɛfət] *n* esfuerzo; **~less** *adj* sin ningún esfuerzo; (*style*) natural

effusive [ɪˈfjuːsɪv] *adj* efusivo

e.g. *adv abbr* (= *exempli gratia*) p. ej.

egg [ɛg] *n* huevo; **hard-boiled/soft-boiled ~** huevo duro/pasado por agua; **~ on** vt incitar; **~cup** *n* huevera; **~ plant** (*esp US*) *n* berenjena; **~shell** *n* cáscara de huevo

ego [ˈiːgəu] *n* ego; **~tism** *n* egoísmo; **~tist** *n* egoísta *m/f*

Egypt [ˈiːdʒɪpt] *n* Egipto; **~ian** [ɪˈdʒɪpʃən] *adj, n* egipcio/a *m/f*

eiderdown [ˈaɪdədaun] *n* edredón *m*

eight [eɪt] *num* ocho; **~een** *num* diez y ocho, dieciocho; **eighth** [eɪtθ] *num* octavo; **~y** *num* ochenta

Eire [ˈɛərə] *n* Eire *m*

either [ˈaɪðə*] *adj* cualquiera de los dos; (*both, each*) cada ♦ *pron*: **~ (of them)** cualquiera de los dos ♦ *adv* tampoco; **on ~ side** en ambos lados; **I don't like ~** no me gusta ninguno de los/las dos; **no, I don't ~** no, yo tampoco ♦ *conj*: **~ yes or no** o sí o no

eject [ɪˈdʒɛkt] *vt* echar, expulsar; (*tenant*) desahuciar; **~or seat** *n* asiento proyectable

elaborate [*adj* ɪˈlæbərɪt, *vb* ɪˈlæbəreɪt] *adj* (*complex*) complejo ♦ *vt* (*expand*) ampliar; (*refine*) refinar ♦ *vi* explicar con más detalles

elastic [ɪˈlæstɪk] *n* elástico ♦ *adj* elástico; (*fig*) flexible; **~ band** (*BRIT*) *n* gomita

elated [ɪˈleɪtɪd] *adj*: **to be ~** regocijarse

elbow [ˈɛlbəu] *n* codo

elder [ˈɛldə*] *adj* mayor ♦ *n* (*tree*) saúco; (*person*) mayor; **~ly** *adj* de edad, mayor ♦ *npl*: **the ~ly** los mayores

eldest [ˈɛldɪst] *adj, n* el/la mayor

elect [ɪˈlɛkt] *vt* elegir ♦ *adj*: **the president ~** el presidente electo; **to ~ to do** optar por hacer; **~ion** [ɪˈlɛkʃən] *n* elección f; **~ioneering** [ɪlɛkʃəˈnɪərɪŋ] *n* campaña electoral; **~or** *n* elector(a) *m/f*; **~oral** *adj* electoral; **~orate** *n* electorado

electric [ɪˈlɛktrɪk] *adj* eléctrico; **~al** *adj* eléctrico; **~ blanket** *n* manta eléctrica; **~ fire** *n* estufa eléctrica; **~ian** [ɪlɛkˈtrɪʃən] *n* electricista *m/f*; **~ity** [ɪlɛkˈtrɪsɪtɪ] *n* electricidad f; **electrify** [ɪˈlɛktrɪfaɪ] *vt* (*RAIL*) electrificar; (*fig: audience*) electrizar

electronic [ɪlɛkˈtrɒnɪk] *adj* electrónico; **~ mail** *n* correo electrónico; **~s** *n* electrónica

elegant [ˈɛlɪgənt] *adj* elegante

element [ˈɛlɪmənt] *n* elemento; (*of kettle etc*) resistencia; **~ary** [-ˈmɛntərɪ] *adj* elemental; (*primitive*) rudimentario; (*school*) primario

elephant [ˈɛlɪfənt] *n* elefante *m*

elevation [ɛlɪˈveɪʃən] *n* elevación f; (*height*) altura

elevator [ˈɛlɪveɪtə*] *n* (*US*) ascensor *m*; (*in warehouse etc*) montacargas *m inv*

eleven [ɪˈlɛvn] *num* once; **~ses** (*BRIT*) *npl* café de las once, **~th** *num* undécimo

elicit [ɪˈlɪsɪt] *vt*: **to ~ (from)** sacar (de)

eligible [ˈɛlɪdʒəbl] *adj*: **an ~ young man/woman** un buen partido; **to be ~ for sth** llenar los requisitos para algo

elm [ɛlm] *n* olmo

elongated [ˈiːlɒŋgeɪtɪd] *adj* alargado

elope [ɪˈləup] *vi* fugarse (para casarse)

eloquent [ˈɛləkwənt] *adj* elocuente

else [ɛls] *adv*: **something ~** otra cosa; **somewhere ~** en otra parte; **everywhere ~** en todas partes menos aquí; **where ~?** ¿dónde más? ¿en qué otra parte?; **there was little ~ to do** apenas quedaba otra cosa que hacer; **nobody ~ spoke** no habló nadie más; **~where** adv (be) en otra parte; (go) a otra parte

elude [ɪ'luːd] vt (subj: idea etc) escaparse a; (capture) esquivar

elusive [ɪ'luːsɪv] adj esquivo; (quality) difícil de encontrar

emaciated [ɪ'meɪsɪeɪtɪd] adj demacrado

E-mail, e-mail ['iːmeɪl] n abbr (= electronic mail) correo electrónico, e-mail m

emancipate [ɪ'mænsɪpeɪt] vt emancipar

embankment [ɪm'bæŋkmənt] n terraplén m

embark [ɪm'bɑːk] vi embarcarse ♦ vt embarcar; **to ~ on** (journey) emprender; (course of action) lanzarse a; **~ation** [embɑː'keɪʃən] n (people) embarco; (goods) embarque m

embarrass [ɪm'bærəs] vt avergonzar; (government etc) dejar en mal lugar; **~ed** adj (laugh, silence) embarazoso; **~ing** adj (situation) violento; (question) embarazoso; **~ment** n (shame) vergüenza; (problem): **to be an ~ment for sb** poner en un aprieto a uno

embassy ['embəsɪ] n embajada

embedded [ɪm'bedɪd] adj (object) empotrado; (thorn etc) clavado

embellish [ɪm'belɪʃ] vt embellecer; (story) adornar

embers ['embəz] npl rescoldo, ascua

embezzle [ɪm'bezl] vt desfalcar, malversar

embitter [ɪm'bɪtə*] vt (fig: sour) amargar

embody [ɪm'bɒdɪ] vt (spirit) encarnar; (include) incorporar

embossed [ɪm'bɒst] adj realzado

embrace [ɪm'breɪs] vt abrazar, dar un abrazo a; (include) abarcar ♦ vi abrazarse ♦ n abrazo

embroider [ɪm'brɔɪdə*] vt bordar; **~y** n bordado

embryo ['embrɪəu] n embrión m

emerald ['emərəld] n esmeralda

emerge [ɪ'mɜːdʒ] vi salir; (arise) surgir

emergency [ɪ'mɜːdʒənsɪ] n crisis f inv; **in an ~** en caso de urgencia; **state of ~** estado de emergencia; **~ cord** n (US) timbre m de alarma; **~ exit** n salida de emergencia; **~ landing** n aterrizaje m forzoso; **~ services** npl (fire, police, ambulance) servicios mpl de urgencia or emergencia

emery board ['emərɪ-] n lima de uñas

emigrate ['emɪgreɪt] vi emigrar

emissions [ɪ'mɪʃənz] npl emisión f

emit [ɪ'mɪt] vt emitir; (smoke) arrojar; (smell) despedir; (sound) producir

emotion [ɪ'məuʃən] n emoción f; **~al** adj (needs) emocional; (person) sentimental; (scene) conmovedor(a), emocionante; (speech) emocionado

emperor ['empərə*] n emperador m

emphasis ['emfəsɪs] (pl -ses) n énfasis m inv

emphasize ['emfəsaɪz] vt (word, point) subrayar, recalcar; (feature) hacer resaltar

emphatic [em'fætɪk] adj (reply) categórico; (person) insistente

empire ['empaɪə*] n (also fig) imperio

employ [ɪm'plɔɪ] vt emplear; **~ee** [-'iː] n empleado/a; **~er** n patrón(ona) m/f; empresario; **~ment** n (work) trabajo; **~ment agency** n agencia de colocaciones

empower [ɪm'pauə*] vt: **to ~ sb to do sth** autorizar a uno para hacer algo

empress ['emprɪs] n emperatriz f

emptiness ['emptɪnɪs] n vacío m; (of life etc) vaciedad f

empty ['emptɪ] adj vacío; (place) desierto; (house) desocupado; (threat) vano ♦ vt vaciar; (place) dejar vacío ♦ vi vaciarse; (house etc) quedar desocupado; **~-handed** adj con las manos vacías

EMU n abbr (= European Monetary Union) UME f

emulate ['emjuleit] vt emular

emulsion [ɪ'mʌlʃən] n emulsión f; (also: ~ paint) pintura emulsión

enable [ɪ'neɪbl] vt: **to ~ sb to do sth** permitir a uno hacer algo

enamel [ɪ'næməl] n esmalte m; (also: ~ paint) pintura esmaltada

enchant [ɪn'tʃɑːnt] vt encantar; **~ing** adj encantador(a)

encl. abbr (= enclosed) C

enclose [ɪn'kləuz] vt (land) cercar; (letter etc) adjuntar; **please find ~d** le mandamos adjunto

enclosure [ɪn'kləuʒə*] n cercado, recinto

encompass [ɪn'kʌmpəs] vt abarcar

encore [ɔŋ'kɔː*] excl ¡otra!, ¡bis! ♦ n bis m

encounter [ɪn'kauntə*] n encuentro ♦ vt encontrar, encontrarse con; (difficulty) tropezar con

encourage [ɪn'kʌrɪdʒ] vt alentar, animar; (activity) fomentar; (growth) estimular; **~ment** n estímulo, (of industry) tomento

encroach [ɪn'krəutʃ] vi: **to ~ (up)on** invadir, (rights) usurpar; (time) adueñarse de

encyclop(a)edia [ensaɪkləu'piːdɪə] n enciclopedia

end [end] n (gen, also aim) fin m; (of table) extremo; (of street) final m; (SPORT) lado ♦ vt terminar, acabar; (also: bring to an ~, put an ~ to) acabar con ♦ vi terminar, acabar; **in the ~** al fin; **on ~** (object) de punta, de cabeza; **to stand on ~** (hair) erizarse; **for hours on ~** hora tras hora; **~ up** vi: **to ~ up in** terminar en; (place) ir a parar en

endanger [ɪn'deɪndʒə*] vt poner en peligro; **an ~ed species** una especie en peligro de extinción

endearing [ɪn'dɪərɪŋ] adj simpático, atractivo

endeavour [ɪn'devə*] (US **endeavor**) n esfuerzo; (attempt) tentativa ♦ vi: **to ~ to do** esforzarse por hacer; (try) procurar hacer

ending ['endɪŋ] n (of book) desenlace m; (LING) terminación f

endive ['endaɪv] n (chicory) endibia; (curly) escarola

endless ['endlɪs] adj interminable, inacabable

endorse [ɪn'dɔːs] vt (cheque) endosar; (approve) aprobar; **~ment** n (on driving licence) nota de inhabilitación

endure [ɪn'djuə*] vt (bear) aguantar, soportar ♦ vi (last) durar

enemy ['enəmɪ] adj, n enemigo/a m/f

energetic [enə'dʒetɪk] adj enérgico

energy ['enədʒɪ] n energía

enforce [ɪn'fɔːs] vt (LAW) hacer cumplir

engage [ɪn'geɪdʒ] vt (attention) llamar; (interest) ocupar; (in conversation) abordar; (worker) contratar; (AUT): **to ~ the clutch** embragar ♦ vi (TECH) engranar; **to ~ in** dedicarse a, ocuparse en; **~d** adj (BRIT: busy, in use) ocupado; (betrothed) prometido; **to get ~d** prometerse; **~d tone** (BRIT) n (TEL) señal f de comunicando; **~ment** n (appointment) compromiso, cita; (booking) contratación f; (to marry) compromiso; (promise) noviazgo; **~ment ring** n anillo de prometida

engaging [ɪn'geɪdʒɪŋ] adj atractivo

engine ['endʒɪn] n (AUT) motor m; (RAIL) locomotora; **~ driver** n maquinista m/f

engineer [endʒɪ'nɪə*] n ingeniero; (BRIT: for repairs) mecánico; (on ship, US: RAIL) maquinista m; **~ing** n ingeniería

England ['ɪŋglənd] n Inglaterra

English ['ɪŋglɪʃ] adj inglés ♦ n (LING) inglés m; **the ~** npl los ingleses mpl; **the ~ Channel** n (el Canal de) la Mancha; **~man/woman** (irreg) n inglés/esa m/f

engraving [ɪn'greɪvɪŋ] n grabado

engrossed [ɪn'grəʊst] adj: ~ in absorto en

engulf [ɪn'gʌlf] vt (subj: water) sumergir, hundir; (: fire) prender; (: fear) apoderarse de

enhance [ɪn'hɑːns] vt (gen) aumentar; (beauty) realzar

enjoy [ɪn'dʒɔɪ] vt (health, fortune) disfrutar de, gozar de; (like) gustarle a uno; **to ~ o.s.** divertirse; **~able** adj agradable; (amusing) divertido; **~ment** n (joy) placer m; (activity) diversión f

enlarge [ɪn'lɑːdʒ] vt aumentar; (broaden) extender; (PHOT) ampliar ♦ vi: **to ~ on** (subject) tratar con más detalles; **~ment** n (PHOT) ampliación f

enlighten [ɪn'laɪtn] vt (inform) informar; **~ed** adj comprensivo; **the E~ment** n (HISTORY) la Ilustración, ≈ el Siglo de las Luces

enlist [ɪn'lɪst] vt alistar; (support) conseguir ♦ vi alistarse

enmity ['ɛnmɪtɪ] n enemistad f

enormous [ɪ'nɔːməs] adj enorme

enough [ɪ'nʌf] adj: **~ time/books** bastante tiempo/bastantes libros ♦ pron bastante(s) ♦ adv: **big ~** bastante grande; **he has not worked ~** no ha trabajado bastante; **have you got ~?** ¿tiene usted bastante(s)?; **~ to eat** (lo suficiente o (lo) bastante para comer; **~! ¡basta ya!; that's ~, thanks** con eso basta, gracias; **I've had ~ of him** estoy harto de él; **... which, funnily or oddly ~ ...** ... lo que, por extraño que parezca ...

enquire [ɪn'kwaɪə*] vt, vi = **inquire**

enrage [ɪn'reɪdʒ] vt enfurecer

enrol [ɪn'rəʊl] (US **enroll**) vt (members) inscribir; (SCOL) matricular ♦ vi inscribirse; matricularse; **~ment** (US **enrollment**) n inscripción f; matriculación f

en route [ɔn'ruːt] adv durante el viaje

en suite [ɔn'swiːt] adj: **with ~ bathroom** con baño

ensure [ɪn'ʃʊə*] vt asegurar

entail [ɪn'teɪl] vt suponer

entangled [ɪn'tæŋgld] adj: **to become ~ (in)** quedarse enredado (en) or enmarañado (en)

enter [ɛntə*] vt (room) entrar en; (club) hacerse socio de; (army) alistarse en; (sb for a competition) inscribir; (write down) anotar, apuntar; (COMPUT) meter ♦ vi entrar; **~ for** vt fus presentarse para; **~ into** vt fus (discussion etc) entablar; (agreement) llegar a, firmar

enterprise ['ɛntəpraɪz] n empresa; (spirit) iniciativa; **free ~** la libre empresa; **private ~** la iniciativa privada; **enterprising** adj emprendedor(a)

entertain [ɛntə'teɪn] vt (amuse) divertir; (invite: guest) invitar (a casa); (idea) abrigar; **~er** n artista m/f; **~ing** adj divertido; **~ment** n (amusement) diversión f; (show) espectáculo

enthralled [ɪn'θrɔːld] adj encantado

enthusiasm [ɪn'θuːzɪæzəm] n entusiasmo

enthusiast [ɪn'θuːzɪæst] n entusiasta m/f; **~ic** [-'æstɪk] adj entusiasta; **to be ~ic about** entusiasmarse por

entire [ɪn'taɪə*] adj entero; **~ly** adv totalmente; **~ty** [ɪn'taɪərətɪ] n: **in its ~ty** en su totalidad

entitle [ɪn'taɪtl] vt: **to ~ sb to sth** dar a uno derecho a algo; **~d** adj (book) titulado; **to be ~d to do** tener derecho a hacer

entrance [n 'ɛntrəns, vb ɪn'trɑːns] n entrada ♦ vt encantar, hechizar; **to gain ~ to** (university etc) ingresar en; **~ examination** n examen m de ingreso; **~ fee** n cuota; **~ ramp** (US) n (AUT) rampa de acceso

entrant ['ɛntrənt] n (in race, competition) participante m/f; (in examination) candidato/a

entrenched [ɛn'trɛntʃd] adj inamovible

entrepreneur [ɔntrəprə'nə:] n empresario

entrust [ɪn'trʌst] vt: **to ~ sth to sb** confiar algo a uno

entry ['entrɪ] n entrada; (in competition) participación f; (in register) apunte m; (in account) partida; (in reference book) artículo; **"no ~"** "prohibido el paso"; (AUT) "dirección prohibida"; **~ form** n hoja de inscripción; **~ phone** n portero automático

envelop [ɪn'veləp] vt envolver

envelope ['envələup] n sobre m

envious ['envɪəs] adj envidioso; (look) de envidia

environment [ɪn'vaɪərnmənt] n (surroundings) entorno; (natural world): **the ~** el medio ambiente; **~al** ['-'mentl] adj ambiental; medioambiental; **~-friendly** adj no perjudicial para el medio ambiente

envisage [ɪn'vɪzɪdʒ] vt prever

envoy ['envɔɪ] n enviado

envy ['envɪ] n envidia ♦ vt tener envidia a; **to ~ sb sth** envidiar algo a uno

epic ['epɪk] n épica ♦ adj épico

epidemic [epɪ'demɪk] n epidemia

epilepsy ['epɪlepsɪ] n epilepsia

episode ['epɪsəud] n episodio

epitomize [ɪ'pɪtəmaɪz] vt epitomar, resumir

equal ['i:kwl] adj igual; (treatment) equitativo ♦ n igual m/f ♦ vt ser igual a; (fig) igualar; **to be ~ to** (task) estar a la altura de; **~ity** [i:'kwɔlɪtɪ] n igualdad f; **~ize** vi (SPORT) empatar; **~ly** adv igualmente; (share etc) a partes iguales

equate [ɪ'kweɪt] vt: **to ~ sth with** equiparar algo con; **equation** [ɪ'kweɪʒən] n (MATH) ecuación f

equator [ɪ'kweɪtə*] n ecuador m

equilibrium [i:kwɪ'lɪbrɪəm] n equilibrio

equip [ɪ'kwɪp] vt equipar; (person) proveer; **to be well ~ped** estar bien equipado; **~ment** n equipo; (tools) avíos mpl

equities ['ekwɪtɪz] (BRIT) npl (COMM) derechos mpl sobre or en el activo

equivalent [ɪ'kwɪvələnt] adj: **~ (to)** equivalente (a) ♦ n equivalente m

era ['ɪərə] n era, época

eradicate [ɪ'rædɪkeɪt] vt erradicar

erase [ɪ'reɪz] vt borrar; **~r** n goma de borrar

erect [ɪ'rekt] adj erguido ♦ vt erigir, levantar; (assemble) montar; **~ion** [-ʃən] n construcción f; (assembly) montaje m; (PHYSIOL) erección f

ERM n abbr (= Exchange Rate Mechanism) tipo de cambio europeo

erode [ɪ'rəud] vt (GEO) erosionar; (metal) corroer, desgastar; (fig) desgastar

erotic [ɪ'rɔtɪk] adj erótico

errand ['ernd] n recado (SP), mandado (AM)

erratic [ɪ'rætɪk] adj desigual, poco uniforme

error ['erə*] n error m, equivocación f

erupt [ɪ'rʌpt] vi entrar en erupción; (fig) estallar; **~ion** [ɪ'rʌpʃən] n erupción f; (of war) estallido

escalate ['eskəleɪt] vi extenderse, intensificarse

escalator ['eskəleɪtə*] n escalera móvil

escapade [eskə'peɪd] n travesura

escape [ɪ'skeɪp] n fuga ♦ vi escaparse; (flee) huir, evadirse; (leak) fugarse ♦ vt (responsibility etc) evitar, eludir; (consequences) escapar a; (elude): **his name ~s me** no me sale su nombre; **to ~ from** (place) escaparse de; (person) escaparse a

escort [n 'eskɔ:t, vb ɪ'skɔ:t] n acompañante m/f; (MIL) escolta ♦ vt acompañar

Eskimo ['eskɪməu] n esquimal m/f

especially [ɪ'speʃlɪ] adv (above all) sobre todo; (particularly) en particular, especialmente

espionage ['espɪənɑ:ʒ] n espionaje m

esplanade [esplə'neɪd] n (by sea) paseo marítimo

Esquire [ɪ'skwaɪə] (abbr **Esq.**) n: **J. Brown, ~ Sr.** D. J. Brown

essay ['eseɪ] n (LITERATURE) ensayo; (SCOL: short) redacción f; (: long) trabajo

essence ['esns] n esencia

essential [ɪ'senʃl] adj (necessary) imprescindible; (basic) esencial; **~s** npl lo imprescindible, lo esencial; **~ly** adv esencialmente

establish [ɪ'stæblɪʃ] vt establecer; (prove) demostrar; (relations) entablar; (reputation) ganarse; **~ed** adj (business) conocido; (practice) arraigado; **~ment** n establecimiento; **the E~ment** n la clase dirigente

estate [ɪ'steɪt] n (land) finca, hacienda; (inheritance) herencia; (BRIT: also: housing ~) urbanización f; **~ agent** (BRIT) n agente m/f inmobiliario/a; **~ car** (BRIT) n furgoneta

esteem [ɪ'stiːm] n: **to hold sb in high ~** estimar en mucho a uno

esthetic [ɪs'θetɪk] (US) adj = **aesthetic**

estimate [n 'estɪmət, vb 'estɪmeɪt] n estimación f, apreciación f; (assessment) tasa, cálculo; (COMM) presupuesto ♦ vt estimar, tasar; calcular; **estimation** [-'meɪʃən] n opinión f, juicio; cálculo

estranged [ɪ'streɪndʒd] adj separado

estuary ['estjuərɪ] n estuario, ría

etc abbr (= et cetera) etc

eternal [ɪ'tɜːnl] adj eterno

eternity [ɪ'tɜːnɪtɪ] n eternidad f

ethical ['eθɪkl] adj ético; **ethics** ['eθɪks] n ética ♦ npl moralidad f

Ethiopia [iːθɪ'əupɪə] n Etiopía

ethnic ['eθnɪk] adj étnico; **~ minority** n minoría étnica

ethos ['iːθɔs] n genio, carácter m

EU n abbr (= European Union) UE f

euro n euro

Eurocheque ['juərəʊtʃek] n Eurocheque m

Euroland ['juərəʊlænd] n zona (del

euro

Europe ['juərəp] n Europa; **~an** [-'piːən] adj, n europeo/a m/f; **~an Community** n Comunidad f Europea; **~an Union** n Unión f Europea

evacuate [ɪ'vækjueɪt] vt (people) evacuar; (place) desocupar

evade [ɪ'veɪd] vt evadir, eludir

evaporate [ɪ'væpəreɪt] vi evaporarse; (fig) desvanecerse; **~d milk** n leche f evaporada

evasion [ɪ'veɪʒən] n evasión f

eve [iːv] n: **on the ~ of** en vísperas de

even ['iːvn] adj (level) llano; (smooth) liso; (speed, temperature) uniforme; (number) par ♦ adv hasta, incluso; (introducing a comparison) aún, todavía; **~ if, ~ though** aunque + sub; **~ more** aún más; **~ so** aun así; **not ~** ni siquiera; **~ he was there** hasta él estuvo allí; **~ on Sundays** incluso los domingos; **to get ~ with sb** ajustar cuentas con uno

evening ['iːvnɪŋ] n tarde f; (late) noche f; **in the ~** por la tarde; **~ class** n clase f nocturna; **~ dress** n (no pl: formal clothes) traje m de etiqueta; (woman's) traje m de noche

event [ɪ'vent] n suceso, acontecimiento; (SPORT) prueba; **in the ~ of** en caso de; **~ful** adj (life) activo; (day) ajetreado

eventual [ɪ'ventʃuəl] adj final; **~ity** [-'ælɪtɪ] n eventualidad f; **~ly** adv (finally) finalmente; (in time) con el tiempo

ever ['evə*] adv (at any time) nunca, jamás; (at all times) siempre; (in question): **why ~ not?** ¿y por qué no?; **the best ~** lo nunca visto; **have you ~ seen it?** ¿lo ha visto usted alguna vez?; **better than ~** mejor que nunca; **~ since** adv desde entonces ♦ conj después de que; **~ green** n árbol m de hoja perenne; **~lasting** adj eterno, perpetuo

KEYWORD

every ['ɛvrɪ] adj **1** (each) cada; **~ one of them** (persons) todos ellos/as; (objects) cada uno de ellos/as; **~ shop in the town was closed** todas las tiendas de la ciudad estaban cerradas **2** (all possible) todo/a; **I gave you ~ assistance** te di toda la ayuda posible; **I have ~ confidence in him** tiene toda mi confianza; **we wish you ~ success** te deseamos toda suerte de éxitos **3** (showing recurrence) todo/a; **~ day/ week** todos los días/todas las semanas; **~ other car had been broken into** habían forzado uno de cada dos coches; **she visits me ~ other/third day** me visita cada dos/tres días; **~ now and then** de vez en cuando

every: **~body** pron = **everyone**; **~day** adj (daily) cotidiano, de todos los días, (usual) acostumbrado; **~one** pron todos/as, todo el mundo; **~thing** pron todo; **this shop sells ~thing** esta tienda vende de todo; **~where** adv **I've been looking for you ~where** te he estado buscando por todas partes; **~where you go you meet ...** en todas partes encuentras ...

evict [ɪ'vɪkt] vt desahuciar; **~ion** [ɪ'vɪkʃən] n desahucio

evidence ['ɛvɪdəns] n (proof) prueba; (of witness) testimonio; (sign) indicios mpl; **to give ~** prestar declaración, dar testimonio

evident ['ɛvɪdənt] adj evidente, manifiesto; **~ly** adv por lo visto

evil ['iːvl] adj malo; (influence) funesto ♦ n mal m

evoke [ɪ'vəuk] vt evocar

evolution [iːvə'luːʃən] n evolución f

evolve [ɪ'vɒlv] vt desarrollar ♦ vi evolucionar, desarrollarse

ewe [juː] n oveja

ex- [ɛks] prefix ex

exact [ɪg'zækt] adj exacto; (person) meticuloso ♦ vt: **to ~ sth (from)** exigir algo (de); **~ing** adj exigente; (conditions) arduo; **~ly** adv exactamente; (indicating agreement) exacto

exaggerate [ɪg'zædʒəreɪt] vt, vi exagerar; **exaggeration** [-'reɪʃən] n exageración f

exalted [ɪg'zɔːltɪd] adj eminente

exam [ɪg'zæm] n abbr (SCOL) = **examination**

examination [ɪgzæmɪ'neɪʃən] n examen m; (MED) reconocimiento

examine [ɪg'zæmɪn] vt examinar; (inspect) inspeccionar, escudriñar; (MED) reconocer; **~r** n examinador(a) m/f

example [ɪg'zɑːmpl] n ejemplo; **for ~** por ejemplo

exasperate [ɪg'zɑːspəreɪt] vt exasperar, irritar; **exasperation** [-'ʃən] n exasperación f, irritación f

excavate ['ɛkskəveɪt] vt excavar

exceed [ɪk'siːd] vt (amount) exceder; (number) pasar de; (speed limit) sobrepasar; (powers) excederse en; (hopes) superar; **~ingly** adv sumamente, sobremanera

excellent ['ɛksələnt] adj excelente

except [ɪk'sɛpt] prep (also: ~ for, ~ing) excepto, salvo ♦ vt exceptuar, excluir; **~ if/when** excepto si/cuando; **~ that** salvo que; **~ion** [ɪk'sɛpʃən] n excepción f; **to take ~ion to** ofenderse por; **~ional** [ɪk'sɛpʃənl] adj excepcional

excerpt ['ɛksɜːpt] n extracto

excess [ɪk'sɛs] n exceso; **~es** npl (of cruelty etc) atrocidades fpl; **~ baggage** n exceso de equipaje; **~ fare** n suplemento; **~ive** adj excesivo

exchange [ɪks'tʃeɪndʒ] n intercambio; (conversation) diálogo; (also: telephone ~) central f (telefónica) ♦ vt: **to ~ (for)** cambiar (por); **~ rate** n tipo de cambio

exchequer [ɪks'tʃɛkə*] (BRIT) n: **the E~** la Hacienda del Fisco

excise ['ɛksaɪz] n impuestos mpl sobre el alcohol y el tabaco

excite [ɪk'saɪt] vt (stimulate) estimular; (arouse) excitar; **~d** adj: **to get ~d** emocionarse; **~ment** n (agitation) excitación f; (exhilaration) emoción f; **exciting** adj emocionante

exclaim [ɪks'kleɪm] vi exclamar; **exclamation** [ɛksklə'meɪʃən] n exclamación f; **exclamation mark** n punto de admiración

exclude [ɪks'kluːd] vt excluir; exceptuar

exclusive [ɪks'kluːsɪv] adj exclusivo; (club, district) selecto; **~ of tax** excluyendo impuestos; **~ly** adv únicamente

excruciating [ɪks'kruːʃieɪtɪŋ] adj (pain) agudísimo, atroz; (noise, embarrassment) horrible

excursion [ɪks'kəːʃən] n (tourist ~) excursión f

excuse [n ɪk'skjuːs, vb ɪk'skjuːz] n disculpa, excusa; (pretext) pretexto ♦ vt (justify) justificar; (forgive) disculpar, perdonar; **to ~ sb from doing sth** dispensar a uno de hacer algo; **~ me!** (attracting attention) ¡por favor!; (apologising) ¡perdón!; **if you will ~ me** con su permiso

ex-directory ['ɛksdɪ'rɛktərɪ] (BRIT) adj que no consta en la guía

execute ['ɛksɪkjuːt] vt (plan) realizar; (order) cumplir; (person) ajusticiar, ejecutar; **execution** [-'kjuːʃən] n realización f; cumplimiento; ejecución f

executive [ɪg'zɛkjutɪv] n (person, committee) ejecutivo; (POL: committee) poder m ejecutivo ♦ adj ejecutivo

exemplify [ɪg'zɛmplɪfaɪ] vt ejemplificar; (illustrate) ilustrar

exempt [ɪg'zɛmpt] adj: **~ from** exento de ♦ vt: **to ~ sb from** eximir a uno de; **~ion** [-ʃən] n exención f

exercise ['ɛksəsaɪz] n ejercicio ♦ vt (patience) usar de; (right) valerse de; (dog) llevar de paseo; (mind) preocupar ♦ vi (also: **to take ~**) hacer ejercicio(s); **~ bike** n ciclostático ®, bicicleta estática; **~ book** n cuaderno

exert [ɪg'zəːt] vt ejercer; **to ~ o.s.** esforzarse; **~ion** [-ʃən] n esfuerzo

exhale [ɛks'heɪl] vt despedir ♦ vi exhalar

exhaust [ɪg'zɔːst] n (AUT: also: ~ **pipe**) escape m; (: fumes) gases mpl de escape ♦ vt agotar; **~ed** adj agotado; **~ion** [ɪg'zɔːstʃən] n agotamiento; **nervous ~ion** postración f nerviosa; **~ive** adj exhaustivo

exhibit [ɪg'zɪbɪt] n (ART) obra expuesta; (LAW) objeto expuesto ♦ vt (show: emotions) manifestar; (: courage, skill) demostrar; (paintings) exponer; **~ion** [ɛksɪ'bɪʃən] n exposición f; (of talent etc) demostración f

exhilarating [ɪg'zɪləreɪtɪŋ] adj estimulante, tónico

exile ['ɛksaɪl] n exilio; (person) exiliado/a ♦ vt desterrar, exiliar

exist [ɪg'zɪst] vi existir; (live) vivir; **~ence** n existencia; **~ing** adj existente, actual

exit ['ɛksɪt] n salida ♦ vi (THEATRE) hacer mutis; (COMPUT) salir (al sistema); **~ poll** n encuesta a la salida de los colegios electorales; **~ ramp** (US) n (AUT) vía de acceso

exodus ['ɛksədəs] n éxodo

exonerate [ɪg'zɔnəreɪt] vt: **to ~ from** exculpar de

exotic [ɪg'zɔtɪk] adj exótico

expand [ɪk'spænd] vt ampliar; (number) aumentar ♦ vi (population) aumentar; (trade etc) expandirse; (gas, metal) dilatarse

expanse [ɪk'spæns] n extensión f

expansion [ɪk'spænʃən] n (of population) aumento; (of trade) expansión f

expect [ɪk'spɛkt] vt esperar; (require)

contar con; (*suppose*) suponer ♦ *vi:* **to be ~ing** (*pregnant woman*) estar embarazada; **~ancy** *n* (*anticipation*) esperanza; **life ~ancy** esperanza de vida; **~ant mother** *n* futura madre *f*; **~ation** [ɛkspɛkˈteɪʃən] *n* (*hope*) esperanza; (*belief*) expectativa

expedient [ɪkˈspiːdɪənt] *adj* conveniente, oportuno ♦ *n* recurso, expediente *m*

expedition [ɛkspəˈdɪʃən] *n* expedición *f*

expel [ɪkˈspɛl] *vt* arrojar; (*from place*) expulsar

expend [ɪkˈspɛnd] *vt* (*money*) gastar; (*time, energy*) consumir; **~iture** *n* gastos *mpl*, desembolso; consumo

expense [ɪkˈspɛns] *n* gasto, gastos *mpl*, (*high cost*) costa; **~s** *npl* (*COMM*) gastos *mpl*; **at the ~ of** a costa de; **~ account** *n* cuenta de gastos

expensive [ɪkˈspɛnsɪv] *adj* caro, costoso

experience [ɪkˈspɪərɪəns] *n* experiencia ♦ *vt* experimentar; (*suffer*) sufrir; **~d** *adj* experimentado

experiment [ɪkˈspɛrɪmənt] *n* experimento ♦ *vi* hacer experimentos

expert [ˈɛkspəːt] *adj* experto, perito ♦ *n* experto/a, perito/a; (*specialist*) especialista *m/f*; **~ise** [-ˈtiːz] *n* pericia

expire [ɪkˈspaɪə*] *vi* caducar, vencer; **expiry** *n* vencimiento

explain [ɪkˈspleɪn] *vt* explicar; **explanation** [ɛkspləˈneɪʃən] *n* explicación *f*; **explanatory** [ɪkˈsplænətrɪ] *adj* explicativo, aclaratorio

explicit [ɪkˈsplɪsɪt] *adj* explícito

explode [ɪkˈspləud] *vi* estallar, explotar; (*population*) crecer rápidamente; (*with anger*) reventar

exploit [*n* ˈɛksplɔɪt, *vb* ɪkˈsplɔɪt] *n* hazaña ♦ *vt* explotar; **~ation** [-ˈteɪʃən] *n* explotación *f*

exploratory [ɪkˈsplɔrətrɪ] *adj* de exploración; (*fig: talks*) exploratorio,

preliminar

explore [ɪkˈsplɔː*] *vt* explorar; (*fig*) examinar, investigar; **~r** *n* explorador(a) *m/f*

explosion [ɪkˈspləuʒən] *n* (*also fig*) explosión *f*; **explosive** [ɪksˈpləusɪv] *adj, n* explosivo

exponent [ɪkˈspəunənt] *n* (*of theory etc*) partidario/a; (*of skill etc*) exponente *m/f*

export [*vb* ɛkˈspɔːt, *n* ˈɛkspɔːt] *vt* exportar ♦ *n* (*process*) exportación *f*; (*product*) producto de exportación ♦ *cpd* de exportación; **~er** *n* exportador *m*

expose [ɪkˈspəuz] *vt* exponer; (*unmask*) desenmascarar; **~d** *adj* expuesto

exposure [ɪkˈspəuʒə*] *n* exposición *f*; (*publicity*) publicidad *f*; (*PHOT: speed*) velocidad *f* de obturación; (*: shot*) fotografía; **to die from ~** (*MED*) morir de frío; **~ meter** *n* fotómetro

express [ɪkˈsprɛs] *adj* (*definite*) expreso, explícito; (*BRIT: letter etc*) urgente ♦ *n* (*train*) rápido ♦ *vt* expresar; **~ion** [ɪkˈsprɛʃən] *n* expresión *f*; (*of actor etc*) sentimiento; **~ly** *adv* expresamente; **~way** (*US*) *n* (*urban motorway*) autopista

exquisite [ɛkˈskwɪzɪt] *adj* exquisito

extend [ɪkˈstɛnd] *vt* (*visit, street*) prolongar; (*building*) ampliar; (*invitation*) ofrecer ♦ *vi* (*land*) extenderse; (*period of time*) prolongarse

extension [ɪkˈstɛnʃən] *n* extensión *f*; (*building*) ampliación *f*; (*of time*) prolongación *f*; (*TEL: in private house*) línea derivada; (*: in office*) extensión *f*

extensive [ɪkˈstɛnsɪv] *adj* extenso; (*damage*) importante; (*knowledge*) amplio; **~ly** *adv*: **he's travelled ~ly** ha viajado por muchos países

extent [ɪkˈstɛnt] *n* (*breadth*) extensión *f*; (*scope*) alcance *m*; **to some ~** hasta cierto punto; **to the ~ of...** hasta el punto de...; **to such an ~ that...** hasta tal punto que...; **to what ~?**

¿hasta qué punto?

extenuating [ɪk'stenjueɪtɪŋ] *adj*: ~ **circumstances** circunstancias *fpl* atenuantes

exterior [ɛk'stɪərɪə*] *adj* exterior, externo ♦ *n* exterior *m*

external [ɛk'stəːnl] *adj* externo

extinct [ɪk'stɪŋkt] *adj* (*volcano*) extinguido; (*race*) extinto

extinguish [ɪk'stɪŋgwɪʃ] *vt* extinguir, apagar; ~**er** *n* extintor *m*

extort [ɪk'stɔːt] *vt* obtener por fuerza; ~**ionate** *adj* excesivo, exorbitante

extra ['ekstrə] *adj* adicional ♦ *adv* (*in addition*) de más ♦ *n* (*luxury, addition*) extra *m*; (*CINEMA, THEATRE*) extra *m/f*, comparsa *m/f*

extra... ['ekstrə] *prefix* extra...

extract [*vb* ɪk'strækt, *n* 'ekstrækt] *vt* sacar; (*tooth*) extraer; (*money, promise*) obtener ♦ *n* extracto

extracurricular [ekstrəkə'rɪkjulə*] *adj* extraescolar, extra-académico

extradite ['ekstrədaɪt] *vt* extraditar

extra: ~**marital** *adj* extramatrimonial; ~**mural** [ekstrə'mjuərl] *adj* extraescolar; ~**ordinary** [ɪk'strɔːdnrɪ] *adj* extraordinario; (*odd*) raro

extravagance [ɪk'strævəgəns] *n* derroche *m*, despilfarro; (*thing bought*) extravagancia

extravagant [ɪk'strævəgənt] *adj* (*lavish: person*) pródigo, (: *gift*) (demasiado) caro; (*wasteful*) despilfarrador(a)

extreme [ɪk'striːm] *adj* extremo, extremado ♦ *n* extremo; ~**ly** *adv* sumamente, extremadamente

extricate ['ekstrɪkeɪt] *vt*: **to ~ sth/sb from** librar algo/a uno de

extrovert ['ekstrəvəːt] *n* extrovertido/a

eye [aɪ] *n* ojo ♦ *vt* mirar de soslayo, ojear; **to keep an ~ on** vigilar; ~**bath** *n* ojera; ~**brow** *n* ceja; ~**drops** *npl* gotas *fpl* para los ojos; colino; ~**lash** *n* pestaña; ~**lid** *n* párpado; ~**liner** *n* lápiz *m* de ojos; ~**-opener** *n* revelación *f*,

gran sorpresa; ~**shadow** *n* sombreador *m* de ojos; ~**sight** *n* vista; ~**sore** *n* monstruosidad *f*; ~ **witness** *n* testigo *m/f* presencial

F, f

F [ef] *n* (*MUS*) fa *m*

F. *abbr* = **Fahrenheit**

fable ['feɪbl] *n* fábula

fabric ['fæbrɪk] *n* tejido, tela

fabulous ['fæbjuləs] *adj* fabuloso

façade [fə'sɑːd] *n* fachada

face [feɪs] *n* (*ANAT*) cara, rostro; (*of clock*) esfera (*SP*), cara (*AM*); (*of mountain*) cara, ladera; (*of building*) fachada ♦ *vt* (*direction*) estar de cara a; (*situation*) hacer frente a; (*facts*) aceptar; ~ **down** (*person, card*) boca abajo; **to lose** ~ desprestigiarse; **to make** *o* **pull a** ~ hacer muecas; **in the** ~ **of** (*difficulties etc*) ante; **on the ~ of it** a primera vista; ~ **to** ~ cara a cara; ~ **up to** *vt fus* hacer frente a, arrostrar; ~ **cloth** (*BRIT*) *n* manopla; ~ **cream** *n* crema (de belleza); ~ **lift** *n* estirado facial; (*of building*) renovación *f*; ~ **powder** *n* polvos *mpl*; ~**-saving** *adj* para salvar las apariencias; ~ **value** *n* (*of stamp*) valor *m* nominal; **to take sth at** ~ **value** (*fig*) tomar algo en sentido literal

facilities [fə'sɪlɪtɪz] *npl* (*buildings*) instalaciones *fpl*; (*equipment*) servicios *mpl*; **credit** ~ facilidades *fpl* de crédito

facing ['feɪsɪŋ] *prep* frente a

facsimile [fæk'sɪmɪlɪ] *n* (*replica*) facsímil(e) *m*; (*machine*) telefax *m*; (*fax*) fax *m*

fact [fækt] *n* hecho; **in** ~ en realidad

factor ['fæktə*] *n* factor *m*

factory ['fæktərɪ] *n* fábrica

factual ['fæktjuəl] *adj* basado en los hechos

faculty ['fækltɪ] *n* facultad *f*; (*US: teaching staff*) personal *m* docente

fad [fæd] n novedad f, moda

fade [feɪd] vi desteñirse; (sound, smile) desvanecerse; (light) apagarse; (flower) marchitarse; (hope, memory) perderse

fag [fæg] (BRIT: inf) n (cigarette) pitillo (SP), cigarro

fail [feɪl] vt (candidate) suspender; (exam) no aprobar (SP), reprobar (AM); (subj: memory etc) fallar a ♦ vi suspender; (be unsuccessful) fracasar; (strength, brakes) fallar; (light) acabarse; **to ~ to do sth** (neglect) dejar de hacer algo; (be unable) no poder hacer algo; **without ~** sin falta; **~ing** n falta, defecto ♦ prep a falta de; **~ure** ['feɪljə*] n fracaso; (person) fracasado/a; (mechanical etc) fallo

faint [feɪnt] adj débil; (recollection) vago; (mark) apenas visible ♦ n desmayo ♦ vi desmayarse; **to feel ~** estar mareado, marearse

fair [fɛə*] adj justo; (hair, person) rubio; (weather) bueno; (good enough) regular; (considerable) considerable ♦ adv (play) limpio ♦ n feria; (BRIT: funfair) parque m de atracciones; **~ly** adv (justly) con justicia; (quite) bastante; **~ness** n justicia, imparcialidad f; **~ play** n juego limpio

fairy ['fɛərɪ] n hada; **~ tale** n cuento de hadas

faith [feɪθ] n fe f; (trust) confianza; (sect) religión f; **~ful** adj (loyal: troops etc) leal; (spouse) fiel; (account) exacto; **~fully** adv fielmente; **yours ~fully** (BRIT: in letters) le saluda atentamente

fake [feɪk] n (painting etc) falsificación f; (person) impostor/a m/f ♦ adj falso ♦ vt fingir; (painting etc) falsificar

falcon ['fɔːlkən] n halcón m

fall [fɔːl] (pt fell, pp fallen) n caída; (in price etc) descenso; (US) otoño ♦ vi caer(se); (price) bajar, descender; **~s** npl (water~) cascada, salto de agua; **to ~ flat** (on one's face) caerse (boca abajo); (plan) fracasar; (joke, story) no hacer gracia; **~ back** vi retroceder;

~ back on vt fus (remedy etc) recurrir a; **~ behind** vi quedarse atrás; **~ down** vi (person) caerse; (building, hopes) derrumbarse; **~ for** vt fus (trick) dejarse engañar por; (person) enamorarse de; **~ in** vi (roof) hundirse; (MIL) alinearse; **~ off** vi caerse; (diminish) disminuir; **~ out** vi (friends etc) reñir; (hair, teeth) caerse; **~ through** vi (plan, project) fracasar

fallacy ['fæləsɪ] n error m

fallen ['fɔːlən] pp of fall

fallout ['fɔːlaut] n lluvia radioactiva

fallow ['fæləu] adj en barbecho

false [fɔːls] adj falso; **under ~ pretences** con engaños; **~ alarm** n falsa alarma; **~ teeth** (BRIT) npl dentadura postiza

falter ['fɔːltə*] vi vacilar; (engine) fallar

fame [feɪm] n fama

familiar [fə'mɪlɪə*] adj conocido, familiar; (tone) de confianza; **to be ~ with** (subject) conocer (bien)

family ['fæmɪlɪ] n familia; **~ business** n negocio familiar; **~ doctor** n médico/a de cabecera

famine ['fæmɪn] n hambre f, hambruna

famished ['fæmɪʃt] adj hambriento

famous ['feɪməs] adj famoso, célebre; **~ly** adv (get on) estupendamente

fan [fæn] n abanico; (ELEC) ventilador m; (of pop star) fan m/f; (SPORT) hincha m/f ♦ vt abanicar; (fire, quarrel) atizar

fanatic [fə'nætɪk] n fanático/a

fan belt n correa del ventilador

fanciful ['fænsɪful] adj (design, name) fantástico

fancy ['fænsɪ] n (whim) capricho, antojo; (imagination) imaginación f ♦ adj (luxury) lujoso, de lujo ♦ vt (feel like, want) tener ganas de; (imagine) imaginarse; (think) creer; **to take a ~ to sb** tomar cariño a uno; **he fancies her** (inf) le gusta (ella) mucho; **~ dress** n disfraz m; **~-dress ball** n baile m de disfraces

fanfare ['fænfeə*] n fanfarria (de trompeta)

fang [fæŋ] n colmillo

fantastic [fæn'tæstik] adj (enormous) enorme; (strange, wonderful) sensacional

fantasy ['fæntəzi] n (dream) sueño; (unreality) fantasía

far [fa:*] adj (distant) lejano ♦ adv lejos; (much, greatly) mucho; ~ away, ~ off (a lo) lejos; ~ **better** mucho mejor; ~ **from** lejos de; **by** ~ con mucho; **go as** ~ **as the farm** vaya hasta la granja; **as** ~ **as I know** que yo sepa; **how** ~? ¿hasta dónde?; (fig) ¿hasta qué punto?; **~away** adj remoto; (look) distraído

farce [fa:s] n farsa

fare [feə*] n (on trains, buses) precio (del billete); (in taxi: cost) tarifa; (food) comida; **half** ~ medio pasaje m; **full** ~ pasaje completo

Far East n: **the** ~ el Extremo Oriente

farewell [feə'wel] excl, n adiós m

farm [fa:m] n granja (SP), finca (AM), estancia (AM) ♦ vt cultivar; **~er** n granjero (SP), estanciero (AM); **~hand** n peón m; **~house** n granja, casa de hacienda (AM); **~ing** n agricultura; (of crops) cultivo; (of animals) cría; **~land** n tierra de cultivo; **~ worker** n = **~hand**; **~yard** n corral m

far-reaching [fa:'ri:tʃiŋ] adj (reform, effect) de gran alcance

fart [fa:t] (infl) vi tirarse un pedo (!)

farther ['fa:ðə*] adv más lejos, más allá ♦ adj más lejano

farthest ['fa:ðist] superlative of **far**

fascinate ['fæsineit] vt fascinar; **fascination** [-'neiʃən] n fascinación f

fascism ['fæʃizəm] n fascismo

fashion ['fæʃən] n moda; (~ industry) industria de la moda; (manner) manera ♦ vt formar; **in** ~ a la moda; **out of** ~ pasado de moda; **~able** adj de moda; ~ **show** n desfile m de modelos

fast [fa:st] adj rápido; (dye, colour) resistente; (clock): **to be** ~ estar adelantado ♦ adv rápidamente, de

prisa; (stuck, held) firmemente ♦ n ayuno ♦ vi ayunar; ~ **asleep** adv profundamente dormido

fasten ['fa:sn] vt atar, sujetar; (coat, belt) abrochar ♦ vi atarse; abrocharse; **~er, ~ing** n cierre m; (of door etc) cerrojo

fast food n comida rápida, platos mpl preparados

fastidious [fæs'tidiəs] adj (fussy) quisquilloso

fat [fæt] adj gordo; (book) grueso; (profit) grande, pingüe ♦ n grasa; (on person) carnes fpl; (lard) manteca

fatal ['feitl] adj (mistake) fatal; (injury) mortal; **~ity** [fə'tæliti] n (road death etc) víctima; **~ly** adv fatalmente; mortalmente

fate [feit] n destino; (of person) suerte f; **~ful** adj fatídico

father ['fa:ðə*] n padre m; **~in-law** n suegro; **~ly** adj paternal

fathom ['fæðəm] n braza ♦ vt (mystery) desentrañar; (understand) lograr comprender

fatigue [fə'ti:g] n fatiga, cansancio

fatten ['fætn] vt, vi engordar

fatty ['fæti] adj (food) graso ♦ n (inf) gordito/a, gordinflón/ona m/f

fatuous ['fætjuəs] adj fatuo, necio

faucet ['fɔ:sit] (US) n grifo (SP), llave f (AM)

fault [fɔ:lt] n (blame) culpa; (defect: in person, machine) defecto; (GEO) falla ♦ vt criticar; **it's my** ~ es culpa mía; **to find** ~ **with** criticar, poner peros a; **at** ~ culpable; **~y** adj defectuoso

fauna ['fɔ:nə] n fauna

favour ['feivə*] (US favor) n favor m; (approval) aprobación f ♦ vt (proposition) estar a favor de, aprobar; (assist) ser propicio a; **to do sb a** ~ hacer un favor a uno; **to find** ~ **with sb** caer en gracia a uno; **in** ~ **of** a favor de; **~able** adj favorable; **~ite** ['feivrit] adj, n favorito, preferido

fawn [fɔ:n] n cervato ♦ adj (also: ~-

coloured) color de cervato, leonado ♦ *vi*: **to ~ (up)on** adular

fax [fæks] *n* (*document*) fax *m*; (*machine*) telefax *m* ♦ *vt* mandar por telefax

FBI (*US*) *n abbr* (= *Federal Bureau of Investigation*) ≈ BIC *f* (*SP*)

fear [fɪə*] *n* miedo, temor *m* ♦ *vt* tener miedo de, temer; **for ~ of** por si; **~ful** *adj* temeroso, miedoso; (*awful*) terrible; **~less** *adj* audaz

feasible ['fiːzəbl] *adj* factible

feast [fiːst] *n* banquete *m*; (*REL: also*: ~ **day**) fiesta *f* ♦ *vi* festejar

feat [fiːt] *n* hazaña

feather ['feðə*] *n* pluma

feature ['fiːtʃə*] *n* característica; (*article*) artículo de fondo ♦ *vt* (*subj*: *film*) presentar ♦ *vi* tener un papel destacado en; **~s** *npl* (*of face*) facciones *fpl*; **~ film** *n* largometraje *m*

February ['februəri] *n* febrero

fed [fed] *pt, pp of* **feed**

federal ['fedərəl] *adj* federal

fed up [fed'ʌp] *adj*: **to be ~ (with)** estar harto *m*

fee [fiː] *n* pago; (*professional*) derechos *mpl*, honorarios *mpl*; (*of club*) cuota; **school ~s** matrícula

feeble ['fiːbl] *adj* débil; (*joke*) flojo

feed [fiːd] (*pt, pp* **fed**) *n* comida; (*of animal*) pienso; (*on printer*) dispositivo de alimentación ♦ *vt* alimentar; (*baby: breast-*) dar el pecho a; (*animal*) dar de comer a; (*data, information*): **to ~ into** meter en, **~ on** *vt fus* alimentarse de; **~back** *n* reacción *f*, feedback *m*

feel [fiːl] (*pt, pp* **felt**) *n* (*sensation*) sensación *f*; (*sense of touch*) tacto; (*impression*): **to have the ~ of** parecerse a ♦ *vt* tocar; (*pain etc*) sentir; (*think, believe*) creer; **to ~ hungry/ cold** tener hambre/frío; **to ~ lonely/ better** sentirse solo/mejor; **I don't ~ well** no me siento bien; **it ~s soft** es suave al tacto; **to ~ like** (*want*)

tener ganas de; **~ about** or **around** *vi* tantear; **~er** *n* (*of insect*) antena; **~ing** *n* (*physical*) sensación *f*; (*foreboding*) presentimiento; (*emotion*) sentimiento

feet [fiːt] *npl of* **foot**

feign [feɪn] *vt* fingir

fell [fel] *pt of* **fall** ♦ *vt* (*tree*) talar

fellow ['feləʊ] *n* tipo, tío (*SP*); (*comrade*) compañero; (*of learned society*) socio/a ♦ *cpd*: **~ citizen** *n* conciudadano/a; **~ countryman** (*irreg*) *n* compatriota *m*; **~ men** *npl* semejantes *mpl*; **~ship** *n* compañerismo; (*grant*) beca

felony ['feləni] *n* crimen *m*

felt [felt] *pt, pp of* **feel** ♦ *n* fieltro; **~-tip pen** *n* rotulador *m*

female ['fiːmeɪl] *n* (*pej: woman*) mujer *f*, tía; (*ZOOL*) hembra ♦ *adj* femenino; hembra

feminine ['feminɪn] *adj* femenino

feminist ['feminɪst] *n* feminista

fence [fens] *n* valla, cerca ♦ *vt* (*also*: **~ in**) cercar ♦ *vi* (*SPORT*) hacer esgrima; **fencing** *n* esgrima

fend [fend] *vi*: **to ~ for o.s.** valerse por sí mismo; **~ off** *vt* (*attack*) rechazar; (*questions*) evadir

fender ['fendə*] *n* guardafuego; (*US*: *AUT*) parachoques *m inv*

ferment [*vb* fə'ment, *n* 'fɜːment] *vi* fermentar ♦ *n* (*fig*) agitación *f*

fern [fɜːn] *n* helecho

ferocious [fə'rəʊʃəs] *adj* feroz

ferret ['ferɪt] *n* hurón *m*

ferry ['ferɪ] *n* (*small*) barca (de pasaje), balsa; (*large: also*: **~boat**) transbordador *m* (*SP*), embarcadero (*AM*) ♦ *vt* transportar

fertile ['fɜːtaɪl] *adj* fértil; (*BIOL*) fecundo; **fertilize** ['fɜːtɪlaɪz] *vt* (*BIOL*) fecundar; (*AGR*) abonar; **fertilizer** *n* abono

fester ['festə*] *vi* ulcerarse

festival ['festɪvəl] *n* (*REL*) fiesta; (*ART, MUS*) festival *m*

festive ['festɪv] *adj* festivo; **the**

~ **season** (BRIT: Christmas) las
Navidades

festivities [fes'tɪvɪtɪz] npl fiestas fpl

festoon [fes'tu:n] vt: **to ~ with**
engalanar de

fetch [fetʃ] vt ir a buscar; (sell for)
venderse por

fête [feɪt] n fiesta

fetus ['fi:təs] (US) n = **foetus**

feud [fju:d] n (hostility) enemistad f;
(quarrel) disputa

fever ['fi:və*] n fiebre f; **~ish** adj febril

few [fju:] adj (not many) pocos ♦ pron
pocos; algunos; **a ~** adj unos pocos,
algunos; **~er** adj menos; **~est** adj los/
las menos

fiancé [fɪ'ɑ̃ːŋseɪ] n novio, prometido;
~e n novia, prometida

fib [fɪb] n mentirilla

fibre ['faɪbə*] (US **fiber**) n fibra; **~glass**
(**Fiberglass** ®) n fibra de vidrio

fickle ['fɪkl] adj inconstante

fiction ['fɪkʃən] n ficción f; **~al** adj
novelesco; **fictitious** [fɪk'tɪʃəs] adj
ficticio

fiddle ['fɪdl] n (MUS) violín m; (cheating)
trampa ♦ vt (BRIT: accounts) falsificar;
~ with vt fus juguetear con

fidget ['fɪdʒɪt] vi enredar; **stop ~ing!**
¡estáte quieto!

field [fi:ld] n campo; (fig) campo,
esfera; (SPORT) campo, cancha (AM);
~ marshal n mariscal m; **~work** n
trabajo de campo

fiend [fi:nd] n demonio

fierce [fɪəs] adj feroz; (wind, heat)
fuerte; (fighting, enemy) encarnizado

fiery ['faɪərɪ] adj (burning) ardiente;
(temperament) apasionado

fifteen [fɪf'ti:n] num quince

fifth [fɪfθ] num quinto

fifty ['fɪftɪ] num cincuenta; **~-~** adj
(deal, split) a medias ♦ adv a medias,
mitad por mitad

fig [fɪg] n higo

fight [faɪt] (pt, pp **fought**) n (gen)
pelea; (MIL) combate m; (struggle)

lucha ♦ vt luchar contra; (cancer,
alcoholism) combatir; (election) intentar
ganar; (emotion) resistir ♦ vi pelear,
luchar; **~er** n combatiente m/f; (plane)
caza m; **~ing** n combate m, pelea

figment ['fɪgmənt] n: **a ~ of the
imagination** una quimera

figurative ['fɪgjurətɪv] adj (meaning)
figurado; (style) figurativo

figure ['fɪgə*] n (DRAWING, GEOM)
figura, dibujo; (number, cipher) cifra;
(body, outline) tipo; (personality) figura
♦ vt (esp US) imaginar ♦ vi (appear)
figurar; **~ out** vt (work out) resolver;
~head n (NAUT) mascarón m de proa;
(pej: leader) figura decorativa; **~ of
speech** n figura retórica

file [faɪl] n (tool) lima; (dossier)
expediente m; (folder) carpeta;
(COMPUT) fichero; (row) fila ♦ vt limar;
(LAW: claim) presentar; (store) archivar;
~ in/out vi entrar/salir en fila; **filing
cabinet** n fichero, archivador m

fill [fɪl] vt (space): **to ~ (with)** llenar
(de); (vacancy, need) cubrir ♦ n: **to eat
one's ~** llenarse; **~ in** vt rellenar; **~ up**
vt llenar (hasta el borde) ♦ vi (AUT)
poner gasolina

fillet ['fɪlɪt] n filete m; **~ steak** n filete
m de ternera

filling ['fɪlɪŋ] n (CULIN) relleno; (for
tooth) empaste m; **~ station** n
estación f de servicio

film [fɪlm] n película ♦ vt (scene) filmar
♦ vi rodar (una película); **~ star** n
astro, estrella de cine

filter ['fɪltə*] n filtro ♦ vt filtrar; **~ lane**
n (BRIT) n carril m de selección; **~-tipped**
adj con filtro

filth [fɪlθ] n suciedad f; **~y** adj sucio;
(language) obsceno

fin [fɪn] n (fish) aleta

final ['faɪnl] adj (last) final, último;
(definitive) definitivo, terminante ♦ n
(BRIT: SPORT) final f; **~s** npl (SCOL)
examen m final; (US: SPORT) final f

finale [fɪ'nɑːlɪ] n final m

final [~ist *n* (SPORT) finalista *m/f*; ~ize
vt concluir, completar; ~ly *adv* (*lastly*)
por último, finalmente; (*eventually*) por
fin

finance [faɪˈnæns] *n* (*money*) fondos
mpl; ~s *npl* finanzas *fpl*; (*personal* ~s)
situación *f* económica ♦ *vt* financiar;
financial [-ˈnænʃəl] *adj* financiero

find [faɪnd] (*pt, pp* found) *vt*
encontrar, hallar; (*come upon*)
descubrir ♦ *n* hallazgo; descubrimiento;
to ~ sb guilty (LAW) declarar culpable
a uno; **~ out** *vt* averiguar; (*truth,
secret*) descubrir; **to ~ out about**
(*subject*) informarse sobre; (*by chance*)
enterarse de; **~ings** *npl* (LAW)
veredicto, fallo; (*of report*)
recomendaciones *fpl*

fine [faɪn] *adj* excelente; (*thin*) fino
♦ *adv* (*well*) bien ♦ *n* (LAW) multa ♦ *vt*
(LAW) multar; **to be ~** (*person*) estar
bien; (*weather*) hacer buen tiempo;
~ arts *npl* bellas artes *fpl*

finery [ˈfaɪnərɪ] *n* adornos *mpl*

finger [ˈfɪŋɡə*] *n* dedo ♦ *vt* (*touch*)
manosear; **little/index ~** (*dedo*)
meñique *m*/índice *m*; **~nail** *n* uña;
~print *n* huella dactilar; **~tip** *n* yema
del dedo

finish [ˈfɪnɪʃ] *n* (*end*) fin *m*; (SPORT)
meta; (*polish etc*) acabado ♦ *vt, vi*
terminar; **to ~ doing sth** acabar de
hacer algo; **to ~ third** llegar al tercero;
~ off *vt* acabar, terminar; (*kill*) acabar
con; **~ up** *vt* acabar, terminar ♦ *vi* ir a
parar, terminar; **~ing line** *n* línea de
llegada or meta

finite [ˈfaɪnaɪt] *adj* finito; (*verb*)
conjugado

Finland [ˈfɪnlənd] *n* Finlandia

Finn [fɪn] *n* finlandés/esa *m/f*; **~ish** *adj*
finlandés/esa ♦ *n* (LING) finlandés *m*

fir [fə:*] *n* abeto

fire [faɪə*] *n* fuego; (*in hearth*) lumbre
f; (*accidental*) incendio; (*heater*) estufa
♦ *vt* (*gun*) disparar; (*interest*) despertar;
(*inf: dismiss*) despedir ♦ *vi* (*shoot*)

disparar; **on ~** ardiendo, en llamas;
~ alarm *n* alarma de incendios; **~arm**
n arma de fuego; **~ brigade** (US
~ department) *n* (*cuerpo de*)
bomberos *mpl*; **~ engine** *n* coche *m*
de bomberos; **~ escape** *n* escalera de
incendios; **~ extinguisher** *n* extintor
m (de incendios); **~guard** *n* rejilla de
protección; **~man** (*irreg*) *n* bombero;
~place *n* chimenea; **~side** *n*: **by the
~side** al lado de la chimenea;
~ station *n* parque *m* de bomberos;
~wood *n* leña; **~works** *npl* fuegos
mpl artificiales

firing squad [ˈfaɪrɪŋ-] *n* pelotón *m* de
ejecución

firm [fə:m] *adj* firme; (*look, voice*)
resuelto ♦ *n* firma, empresa; **~ly** *adv*
firmemente; resueltamente

first [fə:st] *adj* primero ♦ *adv* (*before
others*) primero; (*when listing reasons
etc*) en primer lugar, primeramente ♦ *n*
(*person: in race*) primero/a; (AUT)
primera; (BRIT: SCOL) título de licenciado
con calificación de sobresaliente; **at ~** al
principio; **~ of all** ante todo; **~ aid** *n*
primera ayuda, primeros auxilios *mpl*;
~-aid kit *n* botiquín *m*; **~-class** *adj*
(*excellent*) de primera (categoría);
(*ticket etc*) de primera clase; **~-hand**
adj de primera mano; **F~ Lady** (*esp
US*) *n* primera dama; **~ly** *adv* en primer
lugar; **~ name** *n* nombre *m* (de pila);
~-rate *adj* estupendo

fish [fɪʃ] *n inv* pez *m*; (*food*) pescado
♦ *vt, vi* pescar; **to go ~ing** ir de pesca;
~erman (*irreg*) *n* pescador *m*; **~ farm**
n criadero de peces; **~ fingers** (BRIT)
npl croquetas *fpl* de pescado; **~ing
boat** *n* barca de pesca; **~ing line** *n*
sedal *m*; **~ing rod** *n* caña de (pescar);
~monger's (shop) (BRIT) *n*
pescadería; **~ sticks** (US) *npl* =
~ fingers; **~y** (*inf*) *adj* sospechoso

fist [fɪst] *n* puño

fit [fɪt] *adj* (*healthy*) en (buena) forma;
(*proper*) adecuado, apropiado ♦ *vt*

(subj: clothes) estar or sentar bien a; (instal) poner; (equip) proveer, dotar; (facts) cuadrar or corresponder con ♦ vi (clothes) sentar bien; (in space, gap) caber; (facts) coincidir ♦ n (MED) ataque m; ~ **to** (ready) a punto de; ~ **for** apropiado para; **a ~ of anger/ pride** un arranque de cólera/orgullo; **this dress is a good ~** este vestido me sienta bien; **by ~s and starts** a rachas; ~ **in** vi (fig: person) llevarse bien (con todos); ~**ful** adj espasmódico, intermitente; ~**ment** n módulo adosable; ~**ness** n (MED) salud f; ~**ted carpet** n moqueta; ~**ted kitchen** n cocina amueblada; ~**ter** n ajustador m; ~**ting** adj apropiado ♦ n (of dress) prueba; (of piece of equipment) instalación f; ~**ting room** n probador m; ~**tings** npl instalaciones fpl

five [faɪv] num cinco; ~**r** n (inf) (BRIT) billete m de cinco libras; (US) billete m de cinco dólares

fix [fɪks] vt (secure) fijar, asegurar; (mend) arreglar; (prepare) preparar ♦ n: **to be in a ~** estar en un aprieto; ~ **up** vt (meeting) arreglar; **to ~ sb up with sth** proveer a uno de algo; ~**ation** [fɪk'seɪʃən] n obsesión f; ~**ed** adj (prices etc) fijo; ~**ture** n (SPORT) encuentro; ~**tures** npl (cupboards etc) instalaciones fpl fijas

fizzy [ˈfɪzɪ] adj (drink) gaseoso

fjord [fjɔːd] n fiordo

flabbergasted [ˈflæbəgɑːstɪd] adj pasmado, alucinado

flabby [ˈflæbɪ] adj gordo

flag [flæg] n bandera; (stone) losa ♦ vi decaer; **to ~ sb down** hacer señas a uno para que se pare; ~**pole** n asta de bandera; ~**ship** n buque m insignia; (fig) bandera

flair [fleə*] n aptitud f especial

flak [flæk] n (MIL) fuego antiaéreo; (inf: criticism) lluvia de críticas

flake [fleɪk] n (of rust, paint) escama; (of snow, soap powder) copo ♦ vi (also:

~ off) desconcharse

flamboyant [flæm'bɔɪənt] adj (dress) vistoso; (person) extravagante

flame [fleɪm] n llama

flamingo [flə'mɪŋɡəʊ] n flamenco

flammable [ˈflæməbl] adj inflamable

flan [flæn] (BRIT) n tarta

flank [flæŋk] n (of animal) ijar m; (of army) flanco ♦ vt flanquear

flannel [ˈflænl] n (BRIT: also: face ~) manopla; (fabric) franela

flap [flæp] n (of pocket, envelope) solapa ♦ vt (wings, arms) agitar ♦ vi (sail, flag) ondear

flare [fleə*] n llamarada; (MIL) bengala; (in skirt etc) vuelo; ~ **up** vi encenderse; (fig: person) encolerizarse; (: revolt) estallar

flash [flæʃ] n relámpago; (also: news ~) noticias fpl de última hora; (PHOT) flash m ♦ vt (light, headlights) lanzar un destello con; (news, message) transmitir; (smile) lanzar ♦ vi brillar; (hazard light etc) lanzar destellos; **in a ~** en un instante; **he ~ed by** or **past** pasó como un rayo; ~**back** n (CINEMA) flashback m; ~**bulb** n bombilla fusible; ~ **cube** n cubo de flash; ~**light** n linterna

flashy [ˈflæʃɪ] (pej) adj ostentoso

flask [flɑːsk] n frasco; (also: vacuum ~) termo

flat [flæt] adj llano; (smooth) liso; (tyre) desinflado; (battery) descargado; (beer) muerto; (refusal etc) rotundo; (MUS) desafinado; (rate) fijo ♦ n (BRIT: apartment) piso (SP), apartamento (AM), apartamento (AUT) pinchazo; (MUS) bemol m; **to work ~ out** trabajar a toda mecha; ~**ly** adv terminantemente, de plano; ~**ten** vt (also: ~ out) allanar; (smooth out) alisar; (building, plants) arrasar

flatter [ˈflætə*] vt adular, halagar; ~**ing** adj halagüeño; (dress) que favorece; ~**y** n adulación f

flaunt [flɔːnt] vt ostentar, lucir

flavour ['fleɪvə*] (*US* **flavor**) n sabor m, gusto ♦ vt sazonar, condimentar; **strawberry-~ed** con sabor a fresa; **~ing** n (*in product*) aromatizante m

flaw [flɔ:] n defecto m; **~less** adj impecable

flax [flæks] n lino

flea [fli:] n pulga

fleck [flɛk] n (*mark*) mota

flee [fli:] (*pt, pp* **fled**) vt huir de ♦ vi huir, fugarse

fleece [fli:s] n vellón m; (*wool*) lana ♦ vt (*inf*) desplumar

fleet [fli:t] n flota; (*of lorries etc*) escuadra

fleeting ['fli:tɪŋ] adj fugaz

Flemish ['flemɪʃ] adj flamenco

flesh [fleʃ] n carne f; (*skin*) piel f; (*of fruit*) pulpa; **~ wound** n herida superficial

flew [flu:] pt of **fly**

flex [flɛks] n cordón m ♦ vt (*muscles*) tensar; **~ible** adj flexible

flick [flɪk] n capirotazo; chasquido ♦ vt (*with hand*) dar un capirotazo a; (*whip etc*) chasquear; (*switch*) accionar; **~ through** vt fus hojear

flicker ['flɪkə*] vi (*light*) parpadear; (*flame*) vacilar

flier ['flaɪə*] n aviador(a) m/f

flight [flaɪt] n vuelo; (*escape*) huida, fuga; (*also: ~ of steps*) tramo (de escaleras); **~ attendant** (*US*) n camarero/azafata; **~ deck** n (*AVIAT*) cabina de mandos; (*NAUT*) cubierta de aterrizaje

flimsy ['flɪmzɪ] adj (*thin*) muy ligero; (*building*) endeble; (*excuse*) flojo

flinch [flɪntʃ] vi encogerse; **to ~ from** retroceder ante

fling [flɪŋ] (*pt, pp* **flung**) vt arrojar

flint [flɪnt] n pedernal m; (*in lighter*) piedra

flip [flɪp] vt dar la vuelta a; (*switch: turn on*) encender; (*: turn off*) apagar; (*coin*) echar a cara o cruz

flippant ['flɪpənt] adj poco serio

flipper ['flɪpə*] n aleta

flirt [flə:t] vi coquetear, flirtear ♦ n coqueta

float [fləʊt] n flotador m; (*in procession*) carroza; (*money*) reserva ♦ vi flotar; (*swimmer*) hacer la plancha

flock [flɔk] n (*of sheep*) rebaño; (*of birds*) bandada ♦ vi: **to ~ to** acudir en tropel a

flog [flɔg] vt azotar

flood [flʌd] n inundación f; (*of letters, imports etc*) avalancha ♦ vt inundar ♦ vi (*place*) inundarse; (*people*): **to ~ into** inundar; **~ing** n inundaciones fpl; **~light** n foco

floor [flɔ:*] n suelo; (*storey*) piso; (*of sea*) fondo ♦ vt (*subj: question*) dejar sin respuesta; (*: blow*) derribar; **ground ~, first ~** (*US*) planta baja; **first ~, second ~** (*US*) primer piso; **~board** n tabla; **~ show** n cabaret m

flop [flɔp] n fracaso ♦ vi (*fail*) fracasar; (*fall*) derrumbarse; **~py** adj flojo ♦ n (*COMPUT: also: ~py disk*) floppy m

flora ['flɔ:rə] n flora

floral ['flɔ:rl] adj (*pattern*) floreado

florid ['flɔrɪd] adj florido; (*complexion*) rubicundo

florist ['flɔrɪst] n florista m/f; **~'s (shop)** n florería

flounder ['flaʊndə*] vi (*swimmer*) patalear; (*fig: economy*) estar en dificultades ♦ n (*ZOOL*) platija

flour ['flaʊə*] n harina

flourish ['flʌrɪʃ] vi florecer ♦ n ademán m, movimiento (*ostentoso*)

flout [flaʊt] vt burlarse de

flow [fləʊ] n (*movement*) flujo; (*of traffic*) circulación f; (*tide*) corriente f ♦ vi (*river, blood*) fluir; (*traffic*) circular; **~ chart** n organigrama m

flower ['flaʊə*] n flor f ♦ vi florecer; **~ bed** n macizo; **~pot** n tiesto; **~y** adj (*fragrance*) floral; (*pattern*) floreado; (*speech*) florido

flown [fləʊn] pp of **fly**

flu [flu:] n: **to have ~** tener la gripe

fluctuate ['flʌktjʊeɪt] vi fluctuar

fluent ['fluːənt] adj (linguist) que habla perfectamente; (speech) elocuente; **he speaks ~ French, he's ~ in French** domina el francés; **~ly** adv con fluidez

fluff [flʌf] n pelusa; **~y** adj de pelo suave

fluid ['fluːɪd] adj (movement) fluido, líquido; (situation) inestable ♦ n fluido, líquido

fluke [fluːk] (inf) n chiripa

flung [flʌŋ] pt, pp of **fling**

fluoride ['fluəraɪd] n fluoruro

flurry ['flʌrɪ] n (of snow) temporal m; **~ of activity** frenesí m de actividad

flush [flʌʃ] n rubor m; (fig: of youth etc) resplandor m ♦ vt limpiar con agua ♦ vi ruborizarse ♦ adj: **~ with** a ras de; **to ~ the toilet** hacer funcionar la cisterna; **~ed** adj ruborizado

flustered ['flʌstəd] adj aturdido

flute [fluːt] n flauta

flutter ['flʌtə*] n (of wings) revoloteo, aleteo; **a ~ of panic/excitement** una oleada de pánico/excitación ♦ vi revolotear

flux [flʌks] n: **to be in a state of ~** estar continuamente cambiando

fly [flaɪ] (pt **flew**, pp **flown**) n mosca; (on trousers: also: **flies**) bragueta f ♦ vt (plane) pilot(e)ar; (cargo) transportar (en avión); (distances) recorrer (en avión) ♦ vi volar; (passengers) ir en avión; (escape) evadirse; (flag) ondear; **~ away** or **off** vi emprender el vuelo; **~-drive** n: **~-drive holiday** vacaciones que incluyen vuelo y alquiler de coche; **~ing** n (activity) (el) volar; (action) vuelo ♦ adj: **~ing** visit visita relámpago; **with ~ing colours** con lucimiento; **~ing saucer** n platillo volante; **~ing start** n: **to get off to a ~ing start** empezar con buen pie; **~over** (BRIT) n paso a desnivel or superior; **~sheet** n (for tent) doble techo

foal [fəʊl] n potro

foam [fəʊm] n espuma ♦ vi hacer espuma; **~ rubber** n goma espuma

fob [fɒb] vt: **to ~ sb off with sth** despachar a uno con algo

focal point ['fəʊkl-] n (fig) centro de atención

focus ['fəʊkəs] (pl **~es**) n foco; (centre) centro ♦ vt (field glasses etc) enfocar ♦ vi: **to ~ (on)** enfocar (a); (concentrate) centrarse en; **in/out of ~** enfocado/desenfocado

fodder ['fɒdə*] n pienso

foetus ['fiːtəs] (US **fetus**) n feto

fog [fɒg] n niebla; **~gy** adj: **it's ~gy** hay niebla, está brumoso; **~ lamp** (US **~ light**) n (AUT) faro de niebla

foil [fɔɪl] vt frustrar ♦ n hoja; (kitchen ~) papel m (de) aluminio; (complement) complemento; (FENCING) florete m

fold [fəʊld] n (bend, crease) pliegue m; (AGR) redil m ♦ vt doblar; (arms) cruzar; **~ up** vi plegarse, doblarse; (business) quebrar ♦ vt (map etc) plegar; **~er** n (for papers) carpeta; (COMPUT) directorio; **~ing** adj (chair, bed) plegable

foliage ['fəʊlɪɪdʒ] n follaje m

folk [fəʊk] npl gente f ♦ adj popular, folklórico; **~s** npl (family) familia sg, parientes mpl; **~lore** ['fəʊklɔː*] n folklore m; **~ song** n canción f popular

follow ['fɒləʊ] vt seguir ♦ vi seguir; (result) resultar; **to ~ suit** hacer lo mismo; **~ up** vt (letter, offer) responder a; (case) investigar; **~er** n (of person, belief) partidario/a; **~ing** adj siguiente ♦ n afición f, partidarios mpl

folly ['fɒlɪ] n locura

fond [fɒnd] adj (memory, smile etc) cariñoso; (hopes) ilusorio; **to be ~ of** tener cariño a; (pastime, food) ser aficionado a

fondle ['fɒndl] vt acariciar

font [fɒnt] n pila bautismal; (TYP) fundición f

food [fuːd] n comida; **~ mixer** n batidora; **~ poisoning** n intoxicación f

alimenticia; ~ **processor** n robot m de
cocina; **~stuffs** npl comestibles mpl

fool [fuːl] n tonto/a; (CULIN) puré m de
frutas con nata ♦ vt engañar ♦ vi (gen:
~ around) bromear; **~hardy** adj
temerario; **~ish** adj tonto; (careless)
imprudente; **~proof** adj (plan etc)
infalible

foot [fut] (pl **feet**) n pie m; (measure
pl = 304 mm); (of animal) pata
♦ vt (bill) pagar; **on ~** a pie; **~age** n
(CINEMA) imágenes fpl; **~ball** n balón
m; (game: BRIT) fútbol m; (: US) fútbol
m americano; **~ball player** n (BRIT;
also: ~baller) futbolista m; (US) jugador
m de fútbol americano; **~brake** n
freno de pie; **~bridge** n puente m
para peatones; **~hills** npl estribaciones
fpl; **~hold** n pie m firme; **~ing** n (fig)
posición f; **to lose one's ~ing** perder
el pie; **~lights** npl candilejas fpl;
~note n nota (al pie de la página);
~path n sendero; **~print** n huella,
pisada; **~step** n paso; **~wear** n
calzado

KEYWORD

for [fɔː] prep 1 (indicating destination,
intention) para; **the train ~ London** el
tren con destino a or de Londres; **he
left ~ Rome** marchó para Roma; **he
went ~ the paper** fue por el
periódico; **is this ~ me?** ¿es esto para
mí?; **it's time ~ lunch** es la hora de
comer

2 (indicating purpose) para; **what's it
~?** ¿para qué (es)?; **to pray ~ peace**
rezar por la paz

3 (on behalf of, representing): **the MP
~ Hove** el diputado por Hove; **he
works ~ the government/a local
firm** trabaja para el gobierno/en una
empresa local; **I'll ask him ~ you** se
lo pediré por ti; **G ~ George** G de
Gerona

4 (because of) por esa razón; **~ fear of
being criticized** por temor a ser
criticado

5 (with regard to) para; **it's cold
~ July** hace frío para julio; **he has a
gift ~ languages** tiene don de
lenguas

6 (in exchange for) por; **I sold it ~ £5**
lo vendí por £5; **to pay 50 pence ~ a
ticket** pagar 50 peniques por un
billete

7 (in favour of): **are you ~ or against
us?** ¿estás con nosotros o contra
nosotros?; **I'm all ~ it** estoy
totalmente a favor; **vote ~ X** vote (a)
X

8 (referring to distance): **there are
roadworks ~ 5 km** hay obras en 5
km; **we walked ~ miles** caminamos
kilómetros y kilómetros

9 (referring to time): **he was away
~ 2 years** estuvo fuera (durante) dos
años, **it hasn't rained ~ 3 weeks** no
ha llovido durante or en 3 semanas; **I
have known her ~ years** la conozco
desde hace años; **can you do it
~ tomorrow?** ¿lo podrás hacer para
mañana?

10 (with infinitive clauses): **it is not
~ me to decide** la decisión no es cosa
mía; **it would be best ~ you to
leave** sería mejor que te fueras; **there
is still time ~ you to do it** todavía
te queda tiempo para hacerlo; **~ this
to be possible ...** para que esto sea
posible ...

11 (in spite of) a pesar de; **~ all his
complaints** a pesar de sus quejas
♦ conj (since, as: rather formal) puesto
que

---

forage ['fɔrɪdʒ] vi (animal) forrajear;
(person): **to ~ for** hurgar en busca de

foray ['fɔreɪ] n incursión f

forbid [fə'bɪd] (pt **forbad(e)**, pp
forbidden) vt prohibir; **~ sb to do
sth** prohibir a uno hacer algo; **~ding**
adj amenazador(a)

force [fɔːs] n fuerza ♦ vt forzar; (push)

meter a la fuerza; **to ~ o.s. to do**
hacer un esfuerzo por hacer; **the F~s**
npl (BRIT) las Fuerzas Armadas; **in ~** en
vigor; **~d** [fɔːst] *adj* forzado; **~-feed** *vt*
alimentar a la fuerza; **~ful** *adj* enérgico
forcibly ['fɔːsəblɪ] *adv* a la fuerza;
(speak) enérgicamente
ford [fɔːd] *n* vado
fore [fɔː*] *n*: **to come to the ~**
empezar a destacar
fore: **~arm** *n* antebrazo; **~boding** *n*
presentimiento; **~cast** *n* pronóstico
♦ *vt* (irreg: like cast) pronosticar;
~court *n* patio; **~finger** *n* (dedo)
índice *m*; **~front** *n*: **in the ~front of**
en la vanguardia de
forego *vt* = **forgo**
foregone ['fɔːgɔn] *pp* of **forego** ♦ *adj*:
it's a ~ conclusion es una conclusión
evidente
foreground ['fɔːgraund] *n* primer
plano
forehead ['fɔrɪd] *n* frente f
foreign ['fɔrɪn] *adj* extranjero; (trade)
exterior; (object) extraño; **~er** *n*
extranjero/a; **~ exchange** *n* divisas *fpl*,
F~ **Office** (BRIT) *n* Ministerio de
Asuntos Exteriores; F~ **Secretary**
(BRIT) *n* Ministro de Asuntos Exteriores
fore: **~leg** *n* pata delantera; **~man**
(irreg) *n* capataz *m*; (in construction)
maestro de obras; **~most** *adj* principal
♦ *adv*: **first and ~most** ante todo
forensic [fə'rɛnsɪk] *adj* forense
fore: **~runner** *n* precursor(a) *m/f*; **~see**
(pt foresaw, pp foreseen) *vt* prever;
~seeable *adj* previsible; **~shadow** *vt*
prefigurar, anunciar; **~sight** *n*
previsión f
forest ['fɔrɪst] *n* bosque *m*
forestry ['fɔrɪstrɪ] *n* silvicultura
foretaste ['fɔːteɪst] *n* muestra
foretell [fɔː'tɛl] (pt, pp foretold) *vt*
predecir, pronosticar
forever [fə'rɛvə*] *adv* para siempre;
(endlessly) constantemente
foreword ['fɔːwəːd] *n* prefacio

forfeit ['fɔːfɪt] *vt* perder
forgave [fə'geɪv] *pt* of **forgive**
forge [fɔːdʒ] *n* herrería ♦ *vt* (signature,
money) falsificar; (metal) forjar;
~ ahead *vi* avanzar mucho; **~ry** *n*
falsificación f
forget [fə'gɛt] (pt forgot, pp
forgotten) *vt* olvidar ♦ *vi* olvidarse;
~ful *adj* despistado; **~-me-not** *n*
nomeolvides f *inv*
forgive [fə'gɪv] (pt forgave, pp
forgiven) *vt* perdonar; **to ~ sb for**
sth perdonar algo a uno; **~ness** *n*
perdón *m*
forgo [fɔː'gəu] (pt forwent, pp
forgone) *vt* (give up) renunciar a; (go
without) privarse de
forgot [fə'gɔt] *pt* of **forget**
forgotten [fə'gɔtn] *pp* of **forget**
fork [fɔːk] *n* (for eating) tenedor *m*; (for
gardening) horca; (of roads) bifurcación
f ♦ *vi* (road) bifurcarse; **~ out** (inf) *vt*
(pay) desembolsar; **~-lift truck** *n*
máquina elevadora
forlorn [fə'lɔːn] *adj* (person) triste,
melancólico; (place) abandonado;
(attempt, hope) desesperado
form [fɔːm] *n* forma; (BRIT: SCOL) clase
f; (document) formulario ♦ *vt* formar;
(idea) concebir; (habit) adquirir; **in top**
~ en plena forma; **to ~ a queue** hacer
cola
formal ['fɔːməl] *adj* (offer, receipt) por
escrito; (person etc) correcto; (occasion,
dinner) de etiqueta; (dress) correcto;
(garden) (de estilo) clásico; **~ity**
[-'mælɪtɪ] *n* (procedure) trámite *m*;
corrección f; etiqueta; **~ly** *adv*
oficialmente
format ['fɔːmæt] *n* formato ♦ *vt*
(COMPUT) formatear
formative ['fɔːmətɪv] *adj* (years) de
formación; (influence) formativo
former ['fɔːmə*] *adj* (earlier) antiguo;
(ex) ex; **the ~ ... the latter ...** aquél ...
éste ...; **~ly** *adv* antes
formula ['fɔːmjulə] *n* fórmula

forsake [fə'seɪk] (*pt* **forsook**, *pp* **forsaken**) *vt* (*gen*) abandonar; (*plan*) renunciar a

fort [fɔːt] *n* fuerte *m*

forte ['fɔːtɪ] *n* fuerte *m*

forth [fɔːθ] *adv*: **back and ~** de acá para allá; **and so ~** y así sucesivamente; **~coming** *adj* próximo, venidero; (*help, information*) disponible; (*character*) comunicativo; **~right** *adj* franco; **~with** *adv* en el acto

fortify ['fɔːtɪfaɪ] *vt* (*city*) fortificar; (*person*) fortalecer

fortitude ['fɔːtɪtjuːd] *n* fortaleza

fortnight ['fɔːtnaɪt] (*BRIT*) *n* quince días *mpl*, quincena f; **~ly** *adj* de cada quince días, quincenal ♦ *adv* cada quince días, quincenalmente

fortress ['fɔːtrɪs] *n* fortaleza

fortunate ['fɔːtʃənɪt] *adj* afortunado; **it is ~ that ...** (es una) suerte que ...; **~ly** *adv* afortunadamente

fortune ['fɔːtʃən] *n* suerte f; (*wealth*) fortuna; **~-teller** *n* adivino/a

forty ['fɔːtɪ] *num* cuarenta

forum ['fɔːrəm] *n* foro

forward ['fɔːwəd] *adj* (*movement, position*) avanzado; (*front*) delantero; (*in time*) adelantado; (*not shy*) atrevido ♦ *n* (*SPORT*) delantero *m* ♦ *vt* (*letter*) remitir; (*career*) promocionar; **to move ~** avanzar; **~(s)** *adv* (hacia) adelante

fossil ['fɔsl] *n* fósil *m*

foster ['fɔstə*] *vt* (*child*) acoger en una familia; fomentar; **~ child** *n* hijo/a adoptivo/a

fought [fɔːt] *pt*, *pp* of **fight**

foul [faul] *adj* sucio, puerco; (*weather, smell etc*) asqueroso; (*language*) grosero; (*temper*) malísimo ♦ *n* (*SPORT*) falta ♦ *vt* (*dirty*) ensuciar; **~ play** *n* (*LAW*) muerte f violenta

found [faund] *pt*, *pp* of **find** ♦ *vt* fundar; **~ation** [-'deɪʃən] *n* (*act*) fundación f; (*basis*) base f; (*also*: **~ation cream**) crema base; **~ations** *npl* (*of building*) cimientos *mpl*

founder ['faundə*] *n* fundador(a) *m/f* ♦ *vi* hundirse

foundry ['faundrɪ] *n* fundición f

fountain ['fauntɪn] *n* fuente f; **~ pen** *n* pluma (estilográfica) (*SP*), pluma-fuente f (*AM*)

four [fɔː*] *num* cuatro; **on all ~s** a gatas; **~-poster (bed)** *n* cama de dosel; **~teen** *num* catorce; **~th** *num* cuarto

fowl [faul] *n* ave f (de corral)

fox [fɔks] *n* zorro ♦ *vt* confundir

foyer ['fɔɪeɪ] *n* vestíbulo

fraction ['frækʃən] *n* fracción f

fracture ['fræktʃə*] *n* fractura

fragile ['frædʒaɪl] *adj* frágil

fragment ['frægmənt] *n* fragmento

fragrant ['freɪgrənt] *adj* fragante, oloroso

frail [freɪl] *adj* frágil; (*person*) débil

frame [freɪm] *n* (*TECH*) armazón *m*; (*of person*) cuerpo; (*of picture, door etc*) marco; (*of spectacles: also*: **~s**) montura ♦ *vt* enmarcar; **~ of mind** *n* estado de ánimo; **~work** *n* marco

France [frɑːns] *n* Francia

franchise ['fræntʃaɪz] *n* (*POL*) derecho de votar, sufragio; (*COMM*) licencia, concesión f

frank [fræŋk] *adj* franco ♦ *vt* (*letter*) franquear; **~ly** *adv* francamente

frantic ['fræntɪk] *adj* (*distraught*) desesperado; (*hectic*) frenético

fraternity [frə'tɜːnɪtɪ] *n* (*feeling*) fraternidad f; (*group of people*) círculos *mpl*

fraud [frɔːd] *n* fraude *m*; (*person*) impostor/a *m/f*

fraught [frɔːt] *adj*: **~ with** lleno de

fray [freɪ] *vi* deshilacharse

freak [friːk] *n* (*person*) fenómeno; (*event*) suceso anormal

freckle ['frekl] *n* peca

free [friː] *adj* libre; (*gratis*) gratuito ♦ *vt* (*prisoner etc*) poner en libertad; (*jammed object*) soltar; **~ (of charge)**, **for ~** gratis; **~dom** ['friːdəm] *n*

freeze 410 **from**

libertad f; **F~fone** ® ['fri:fəun] n
número gratuito; **~-for-all** n riña
general; **~ gift** n prima; **~hold** n
propiedad f vitalicia; **~ kick** n tiro libre;
~lance adj independiente ♦ adv por
cuenta propia; **~ly** adv libremente;
(liberally) generosamente; **F~mason** n
francmasón m; **F~post** ® n porte m
pagado; **~-range** adj (hen, eggs) de
granja; **~ trade** n libre comercio;
~way (US) n autopista; **~ will** n libre
albedrío; **of one's own ~** por su
propia voluntad

freeze [fri:z] (pt **froze**, pp **frozen**) vi
(weather) helar; (liquid, pipe, person)
helarse, congelarse ♦ vt helar; (food,
prices, salaries) congelar ♦ n helada;
(on arms, wages) congelación f; **~-
dried** adj liofilizado; **~r** n congelador
m (SP), congeladora (AM)

freezing ['fri:zɪŋ] adj helado; **3
degrees below ~** tres grados bajo
cero; **~ point** n punto de congelación

freight [freɪt] n (goods) carga; (money
charged) flete m; **~ train** (US) n tren m
de mercancías

French [frentʃ] adj francés/esa ♦ n
(LING) francés m; **the ~** npl los
franceses; **~ bean** n judía verde;
~ fried potatoes npl patatas fpl (SP)
or papas fpl (AM) fritas; **~ fries** (US) npl
= **~ fried potatoes**; **~man/woman**
(irreg) n francés/esa m/f; **~ window** n
puerta de cristal

frenzy ['frenzi] n frenesí m

frequent [adj 'fri:kwənt, vb frɪ'kwent]
adj frecuente ♦ vt frecuentar; **~ly**
[-əntli] adv frecuentemente, a menudo

fresh [freʃ] adj fresco; (bread) tierno;
(new) nuevo; **~en** vi (wind, air) soplar
más recio; **~en up** vi (person)
arreglarse, lavarse; **~er** (BRIT: inf) n
(UNIV) estudiante m/f de primer año;
~ly adv (made, painted etc) recién;
~man (US irreg) n = **~er**; **~ness** n
frescura; **~water** adj (fish) de agua
dulce

fret [fret] vi inquietarse

friar ['fraɪə*] n fraile m; (before name)
fray m

friction ['frɪkʃən] n fricción f

Friday ['fraɪdɪ] n viernes m inv

fridge [frɪdʒ] (BRIT) n nevera (SP),
refrigeradora (AM)

fried [fraɪd] adj frito

friend [frend] n amigo/a; **~ly** adj
simpático; (government) amigo; (place)
acogedor(a); (match) amistoso; **~ly
fire** n fuego amigo, disparos mpl del
propio bando; **~ship** n amistad f

frieze [fri:z] n friso

fright [fraɪt] n (terror) terror m; (scare)
susto; **to take ~** asustarse; **~en** vt
asustar; **~ened** adj asustado; **~ening**
adj espantoso; **~ful** adj espantoso,
horrible

frill [frɪl] n volante m

fringe [frɪndʒ] n (BRIT: of hair) flequillo;
(on lampshade etc) flecos mpl; (of forest
etc) borde m, margen m; **~ benefits**
npl beneficios mpl marginales

frisk [frɪsk] vt cachear, registrar

frisky ['frɪskɪ] adj juguetón/ona

fritter ['frɪtə*] n buñuelo; **~ away** vt
desperdiciar

frivolous ['frɪvələs] adj frívolo

frizzy ['frɪzɪ] adj rizado

fro [frəu] see **to**

frock [frɔk] n vestido

frog [frɔg] n rana; **~man** n hombre-
rana m

frolic ['frɔlɪk] vi juguetear

┌─────────────────┐
│ KEYWORD │
└─────────────────┘

from [frɔm] prep 1 (indicating starting
place) de, desde; **where do you
come ~?** ¿de dónde eres?; **~ London
to Glasgow** de Londres a Glasgow;
to escape ~ sth/sb escaparse de
algo/alguien

2 (indicating origin etc) de; **a letter/
telephone call ~ my sister** una
carta/llamada de mi hermana; **tell
him ~ me that ...** dígale de mi

parte que ...

3 (*indicating time*): ~ **one o'clock to**
or **until** or **till two** de(sde) la una a or
hasta las dos; ~ **January (on)** a partir
de enero

4 (*indicating distance*) de; **the hotel is
1 km ~ the beach** el hotel está a 1
km de la playa

5 (*indicating price, number etc*) de;
prices range ~ £10 to £50 los
precios van desde £10 a or hasta £50;
**the interest rate was increased
~ 9% to 10%** el tipo de interés fue
incrementado de un 9% a un 10%

6 (*indicating difference*) de; **he can't
tell red ~ green** no sabe distinguir el
rojo del verde; **to be different ~ sb/
sth** ser diferente a algo/alguien

7 (*because of, on the basis of*): ~ **what
he says** por lo que dice; **weak
~ hunger** debilitado por el hambre

front [frʌnt] *n* (foremost part) parte *f*
delantera; (of house) fachada; (of dress)
delantero; (promenade: also: sea ~)
paseo marítimo; (MIL, POL,
METEOROLOGY) frente *m*; (fig:
appearances) apariencias *fpl* ♦ *adj*
(wheel, leg) delantero; (row, line)
primero; **in ~ (of)** delante (de);
~ **door** *n* puerta principal; **~ier**
['frʌntɪə*] *n* frontera; ~ **page** *n*
primera plana; ~ **room** (BRIT) *n* salón
m, sala; **~-wheel drive** *n* tracción *f*
delantera

frost [frɒst] *n* helada; (also: hoar~)
escarcha; **~bite** *n* congelación *f*; **~ed**
adj (glass) deslustrado, (US) helado; **~y** *adj*
(weather) de helada; (welcome etc)
glacial

froth [frɒθ] *n* espuma

frown [fraun] *vi* fruncir el ceño

froze [frəuz] *pt of* freeze

frozen ['frəuzn] *pp of* freeze

fruit [fruːt] *n inv* fruta; fruto; (fig) fruto;
resultados *mpl*; **~erer** *n* frutero/a;
~erer's (shop) *n* frutería; **~ful** *adj*

provechoso; **~ion** [fruː'ɪʃən] *n*: **to
come to ~ion** realizarse; ~ **juice** *n*
zumo (SP) or jugo (AM) de fruta;
~ **machine** (BRIT) *n* máquina *f*
tragaperras; ~ **salad** *n* macedonia (SP)
or ensalada (AM) de frutas

frustrate [frʌs'treɪt] *vt* frustrar

fry [fraɪ] (*pt, pp* **fried**) *vt* freír; **small ~**
n gente *f* menuda; **~ing pan** *n* sartén *f*

ft. *abbr* = **foot; feet**

fudge [fʌdʒ] *n* (CULIN) caramelo blando

fuel [fjuəl] *n* (for heating) combustible
m; (coal) carbón *m*; (wood) leña; (for
engine) carburante *m*; ~ **oil** *n* fuel oil
m; ~ **tank** *n* depósito (de combustible)

fugitive ['fjuːdʒɪtɪv] *n* fugitivo/a

fulfil [ful'fɪl] *vt* (function) cumplir con;
(condition) satisfacer; (wish, desire)
realizar; **~ment** (US **fulfillment**) *n*
satisfacción *f*; (of promise, desire)
realización *f*

full [ful] *adj* lleno; (fig) pleno;
(complete) completo; (maximum)
máximo; (information) detallado; (price)
íntegro; (skirt) amplio ♦ *adv*: **to know
~ well** that saber perfectamente que;
I'm ~ (up) no puedo más; ~
employment pleno empleo; **a ~ two
hours** dos horas completas; **at
~ speed** a máxima velocidad; **in ~**
(reproduce, quote) íntegramente; **~
length** *adj* (novel etc) entero; (coat)
largo; (portrait) de cuerpo entero; ~
moon *n* luna llena; **~-scale** *adj*
(attack, war) en gran escala; (model) de
tamaño natural; **~ stop** *n* punto; **~-
time** *adj* (work) de tiempo completo
♦ *adv*: **to work ~-time** trabajar a
tiempo completo; **~y** *adv*
completamente; (at least) por lo
menos; **~y-fledged** *adj* (teacher,
barrister) diplomado

fumble ['fʌmbl] *vi*: **to ~ with** manejar
torpemente

fume [fjuːm] *vi* (rage) estar furioso; **~s**
npl humo, gases *mpl*

fun [fʌn] *n* (amusement) diversión *f*; **to**

have ~ divertirse; **for ~** en broma; **to make ~ of** burlarse de

function ['fʌŋkʃən] n función f ♦ vi funcionar; **~al** adj (operational) en buen estado; (practical) funcional

fund [fʌnd] n fondo; (reserve) reserva; **~s** npl (money) fondos mpl

fundamental [fʌndə'mɛntl] adj fundamental

funeral ['fju:nərəl] n (burial) entierro; (ceremony) funerales mpl; **~ parlour** (BRIT) n funeraria; **~ service** n misa de difuntos, funeral m

funfair ['fʌnfɛə*] (BRIT) n parque m de atracciones

fungus ['fʌŋgəs] (pl fungi) n hongo; (mould) moho

funnel ['fʌnl] n embudo; (of ship) chimenea

funny ['fʌni] adj gracioso, divertido; (strange) curioso, raro

fur [fə:*] n piel f; (BRIT: in kettle etc) sarro; **~ coat** n abrigo de pieles

furious ['fjuəriəs] adj furioso; (effort) violento

furlong ['fə:lɔŋ] n octava parte de una milla, = 201.17 m

furnace ['fə:nis] n horno

furnish ['fə:niʃ] vt amueblar; (supply) suministrar; (information) facilitar; **~ings** npl muebles mpl

furniture ['fə:nitʃə*] n muebles mpl; **piece of ~** mueble m

furrow ['fʌrəu] n surco

furry ['fə:ri] adj peludo

further ['fə:ðə*] adj (new) nuevo, adicional ♦ adv más lejos; (more) más; (moreover) además ♦ vt promover, adelantar; **~ education** n educación f superior; **~more** [fə:ðə'mɔ:*] adv además

furthest ['fə:ðist] superlative of **far**

fury ['fjuəri] n furia

fuse [fju:z] (US **fuze**) n fusible m; (for bomb etc) mecha ♦ vt (metal) fundir; (fig) fusionar ♦ vi fundirse; fusionarse; (BRIT: ELEC): **to ~ the lights** fundir los plomos; **~ box** n caja de fusibles

fuss [fʌs] n (excitement) conmoción f; (trouble) alboroto; **to make a ~** armar un lío or jaleo; **to make a ~ of sb** mimar a uno; **~y** adj (person) exigente; (too ornate) recargado

futile ['fju:tail] adj vano

future ['fju:tʃə*] adj futuro; (coming) venidero ♦ n futuro; (prospects) porvenir; **in ~** de ahora en adelante

fuze [fju:z] (US) = **fuse**

fuzzy ['fʌzi] adj (PHOT) borroso; (hair) muy rizado

G, g

G [dʒi:] n (MUS) sol m

g. abbr (= gram(s)) gr.

G7 abbr (= Group of Seven) el grupo de los 7

gabble ['gæbl] vi hablar atropelladamente

gable ['geibl] n aguilón m

gadget ['gædʒit] n aparato

Gaelic ['geilik] adj, n (LING) gaélico

gag [gæg] n (on mouth) mordaza; (joke) chiste m ♦ vt amordazar

gaiety ['geiəti] n alegría

gaily ['geili] adv alegremente

gain [gein] n: **~ (in)** aumento (de); (profit) ganancia ♦ vt ganar ♦ vi (watch) adelantarse; **to ~ from/by sth** sacar provecho de algo; **to ~ on sb** ganar terreno a uno; **to ~ 3 lbs (in weight)** engordar 3 libras

gal. abbr = **gallon**

gala ['gɑ:lə] n fiesta

gale [geil] n (wind) vendaval m

gallant ['gælənt] adj valiente; (towards ladies) atento

gall bladder ['gɔ:l-] n vesícula biliar

gallery ['gæləri] n (also: art ~: public) pinacoteca; (: private) galería de arte; (for spectators) tribuna

gallon ['gæln] n galón m (BRIT = 4,546 litros, US = 3,785 litros)

gallop ['gæləp] n galope m ♦ vi galopar

gallows ['gæləuz] n horca

gallstone ['gɔ:lstəun] n cálculo biliario

galore [gə'lɔ:*] adv en cantidad, en abundancia

gambit ['gæmbɪt] n (fig): (opening) ~ estrategia (inicial)

gamble ['gæmbl] n (risk) riesgo ♦ vt jugar, apostar ♦ vi (take a risk) jugárselas; (bet) apostar; **to ~ on** apostar a; (success etc) contar con; **~r** n jugador(a) m/f; **gambling** n juego

game [geɪm] n juego; (match) partido; (of cards) partida; (HUNTING) caza ♦ adj (willing): **to be ~ for anything** atreverse a todo; **big ~** caza mayor; **~keeper** n guardabosques m inv

gammon ['gæmən] n (bacon) tocino ahumado; (ham) jamón m ahumado

gamut ['gæmət] n gama

gang [gæŋ] n (of criminals) pandilla; (of friends etc) grupo; (of workmen) brigada; **~ up** vi: **to ~ up on sb** aliarse contra uno

gangster ['gæŋstə*] n gángster m

gangway ['gæŋweɪ] n (on ship) pasarela; (BRIT: in theatre, bus etc) pasillo

gaol [dʒeɪl] (BRIT) n, vt = **jail**

gap [gæp] n vacío, hueco (AM); (in trees, traffic) claro; (in time) intervalo; (difference): **~ (between)** diferencia (entre)

gape [geɪp] vi mirar boquiabierto; (shirt etc) abrirse (completamente); **gaping** adj (completamente) abierto

garage ['gæra:ʒ] n garaje m, (for repairs) taller m

garbage ['ga:bɪdʒ] (US) n basura; (inf: nonsense) tonterías fpl; **~ can** n cubo (SP) o bote m (AM) de la basura

garbled ['ga:bld] adj (distorted) falsificado, amañado

garden ['ga:dn] n jardín m; **~s** npl (park) parque m; **~er** n jardinero/a; **~ing** n jardinería

gargle ['ga:gl] vi hacer gárgaras, gargarear (AM)

garish ['gɛərɪʃ] adj chillón/ona

garland ['ga:lənd] n guirnalda

garlic ['ga:lɪk] n ajo

garment ['ga:mənt] n prenda (de vestir)

garnish ['ga:nɪʃ] vt (CULIN) aderezar

garrison ['gærɪsn] n guarnición f

garter ['ga:tə*] n (for sock) liga; (US) liguero

gas [gæs] n gas m; (fuel) combustible m; (US: gasoline) gasolina ♦ vt asfixiar con gas; **~ cooker** (BRIT) n cocina de gas; **~ cylinder** n bombona de gas; **~ fire** n estufa de gas

gash [gæʃ] n raja; (wound) cuchillada ♦ vt rajar; acuchillar

gasket ['gæskɪt] n (AUT) junta de culata

gas mask n careta antigás

gas meter n contador m de gas

gasoline ['gæsəli:n] (US) n gasolina

gasp [ga:sp] n boqueada; (of shock etc) grito sofocado ♦ vi (pant) jadear

gas station (US) n gasolinera

gastric ['gæstrɪk] adj gástrico

gate [geɪt] n puerta; (iron ~) verja; **~crash** (BRIT) vt colarse en; **~way** n (also fig) puerta

gather ['gæðə*] vt (flowers, fruit) coger (SP), recoger; (assemble) reunir; (pick up) recoger; (SEWING) fruncir; (understand) entender ♦ vi (assemble) reunirse; **to ~ speed** ganar velocidad; **~ing** n reunión f, asamblea

gaudy ['gɔ:dɪ] adj chillón/ona

gauge [geɪdʒ] n (instrument) indicador m ♦ vt medir; (fig) juzgar

gaunt [gɔ:nt] adj (haggard) demacrado; (stark) desolado

gauntlet ['gɔ:ntlɪt] n (fig): **to run the ~ of** exponerse a; **to throw down the ~** arrojar el guante

gauze [gɔ:z] n gasa

gave [geɪv] pt of **give**

gay [geɪ] adj (homosexual) gay; (joyful)

alegre; (*colour*) vivo

gaze [geɪz] *n* mirada fija ♦ *vi*: **to ~ at sth** mirar algo fijamente

gazelle [gə'zɛl] *n* gacela

gazumping [gə'zʌmpɪŋ] (*BRIT*) *n* la subida del precio de una casa una vez que ya ha sido apalabrado

GB *abbr* = **Great Britain**

GCE *n abbr* (*BRIT*) = **General Certificate of Education**

GCSE (*BRIT*) *n abbr* (= *General Certificate of Secondary Education*) examen de reválida que se hace a los 16 años

gear [gɪə*] *n* equipo, herramientas *fpl*; (*TECH*) engranaje *m*; (*AUT*) velocidad *f*, marcha ♦ *vt* (*fig*: *adapt*): **to ~ sth to** adaptar o ajustar algo a; **top** *or* **high** (*US*)/**low** ~ cuarta/primera velocidad; **in** ~ en marcha; ~ **box** *n* caja de cambios; ~ **lever** *n* palanca de cambio; ~ **shift** (*US*) *n* = ~ **lever**

geese [giːs] *npl of* **goose**

gel [dʒɛl] *n* gel *m*

gem [dʒɛm] *n* piedra preciosa

Gemini ['dʒɛmɪnaɪ] *n* Géminis *m*, Gemelos *mpl*

gender ['dʒɛndə*] *n* género

gene [dʒiːn] *n* gen(e) *m*

general ['dʒɛnərl] *n* general *m* ♦ *adj* general; **in** ~ en general; ~ **delivery** (*US*) *n* lista de correos; ~ **election** *n* elecciones *fpl* generales; **~ly** *adv* generalmente, en general; ~ **practitioner** *n* médico general

generate ['dʒɛnəreɪt] *vt* (*ELEC*) generar; (*jobs, profits*) producir

generation [dʒɛnə'reɪʃən] *n* generación *f*

generator ['dʒɛnəreɪtə*] *n* generador *m*

generosity [dʒɛnə'rɔsɪtɪ] *n* generosidad *f*

generous ['dʒɛnərəs] *adj* generoso

genetic [dʒɪ'nɛtɪk] *adj*: ~ **engineering** ingeniería genética; ~ **fingerprinting** identificación *f* genética

Geneva [dʒɪ'niːvə] *n* Ginebra

genial ['dʒiːnɪəl] *adj* afable, simpático

genitals ['dʒɛnɪtlz] *npl* (órganos *mpl*) genitales *mpl*

genius ['dʒiːnɪəs] *n* genio

genteel [dʒɛn'tiːl] *adj* fino, elegante

gentle ['dʒɛntl] *adj* apacible, dulce; (*animal*) manso; (*breeze, curve etc*) suave

gentleman ['dʒɛntlmən] (*irreg*) *n* señor *m*; (*well-bred man*) caballero

gently ['dʒɛntlɪ] *adv* dulcemente, suavemente

gentry ['dʒɛntrɪ] *n* alta burguesía

gents [dʒɛnts] *n* aseos *mpl* (de caballeros)

genuine ['dʒɛnjuɪn] *adj* auténtico; (*person*) sincero

geography [dʒɪ'ɔɡrəfɪ] *n* geografía

geology [dʒɪ'ɔlədʒɪ] *n* geología

geometric(al) [dʒɪə'mɛtrɪk(l)] *adj* geométrico

geranium [dʒɪ'reɪnjəm] *n* geranio

geriatric [dʒɛrɪ'ætrɪk] *adj*, *n* geriátrico/a *m/f*

germ [dʒəːm] *n* (*microbe*) microbio, bacteria; (*seed, fig*) germen *m*

German ['dʒəːmən] *adj* alemán/ana ♦ *n* alemán/ana *m/f*; (*LING*) alemán *m*; ~ **measles** *n* rubéola

Germany ['dʒəːmənɪ] *n* Alemania

gesture ['dʒɛstʃə*] *n* gesto; (*symbol*) muestra

KEYWORD
---

get [gɛt] (*pt, pp* **got**, *pp* **gotten** (*US*)) *vi*
1 (*become, be*) ponerse, volverse; **to ~ old/tired** envejecer/cansarse; **to ~ drunk** emborracharse; **to ~ dirty** ensuciarse; **to ~ married** casarse; **when do I ~ paid?** ¿cuándo me pagan *or* se me paga?; **it's ~ting late** se está haciendo tarde
2 (*go*): **to ~ to/from** llegar a/de; **to ~ home** llegar a casa
3 (*begin*) empezar a; **to ~ to know sb** (llegar a) conocer a uno; **I'm ~ting to**

like him me está empezando a gustar;
let's ~ going or **started** ¡vamos (a
empezar)!

4 (modal aux vb): you've got to do it
tienes que hacerlo

♦ vt 1: **to ~ sth done** (finish) terminar
algo; (have done) mandar hacer algo;
to ~ one's hair cut cortarse el pelo;
to ~ the car going or **to go** arrancar
el coche; **to ~ sb to do sth** conseguir
or hacer que alguien haga algo; **to
~ sth/sb ready** preparar algo/a
alguien

2 (obtain: money, permission, results)
conseguir; (find: job, flat) encontrar;
(fetch: person, doctor) buscar; (object) ir
a buscar, traer; **to ~ sth for sb**
conseguir algo para alguien; **~ me Mr
Jones, please** (TEL) póngame or
comuníqueme (AM) con el Sr. Jones,
por favor; **can I ~ you a drink?**
¿quieres algo de beber?

3 (receive: present, letter) recibir;
(acquire: reputation) alcanzar; (: prize)
ganar; **what did you ~ for your
birthday?** ¿qué te regalaron por tu
cumpleaños?; **how much did you
~ for the painting?** ¿cuánto sacaste
por el cuadro?

4 (catch) coger (SP), agarrar (AM); (hit:
target etc) dar en; **to ~ sb by the
arm/throat** coger or agarrar a uno
por el brazo/cuello; **~ him!** ¡cógelo!
(SP), ¡atrápalo! (AM); **the bullet got
him in the leg** la bala le dio en la
pierna

5 (take, move) llevar; **to ~ sth to sb**
hacer llegar algo a alguien; **do you
think we'll ~ it through the door?**
¿crees que lo podremos meter por la
puerta?

6 (catch, take: plane, bus etc) coger
(SP), tomar (AM); **where do I ~ the
train for Birmingham?** ¿dónde se
coge or se toma el tren para
Birmingham?

7 (understand) entender; (hear) oír;

I've got it! ¡ya lo tengo!, ¡eureka!; **I
don't ~ your meaning** no te
entiendo; **I'm sorry, I didn't ~ your
name** lo siento, no cogí tu nombre
8 (have, possess): **to have got** tener
get about vi salir mucho; (news)
divulgarse
get along vi (agree) llevarse bien;
(depart) marcharse; (manage) = **get
by**
get at vt fus (attack) atacar; (reach)
alcanzar
get away vi marcharse; (escape)
escaparse
get away with vt fus hacer
impunemente
get back vi (return) volver ♦ vt
recobrar
get by vi (pass) (lograr) pasar;
(manage) arreglárselas
get down vi bajarse ♦ vt fus bajar ♦ vt
bajar; (depress) deprimir
get down to vt fus (work) ponerse a
get in vi entrar; (train) llegar; (arrive
home) volver a casa, regresar
get into vt fus entrar en; (vehicle)
subir a; **to ~ into a rage** enfadarse
get off vi (from train etc) bajar;
(depart: person, car) marcharse ♦ vt
(remove) quitar ♦ vt fus (train, bus)
bajar de
get on vi (at exam etc): **how are you
~ting on?** ¿cómo te va?; (agree): **to
~ on (with)** llevarse bien (con) ♦ vt fus
subir a
get out vi salir; (of vehicle) bajar ♦ vt
sacar
get out of vt fus salir de; (duty etc)
escaparse de
get over vt fus (illness) recobrarse de
get round vt fus rodear; (fig: person)
engatusar a
get through vi (TEL) (lograr)
comunicarse
get through to vt fus (TEL)
comunicar con
get together vi reunirse ♦ vt reunir;

.juntar

get up vi (rise) levantarse ♦ vt fus subir
get up to vt fus (reach) llegar a; (prank) hacer

geyser ['giːzə*] n (water heater) calentador m de agua; (GEO) géiser m
ghastly ['gɑːstlɪ] adj horrible
gherkin ['gəːkɪn] n pepinillo
ghetto blaster ['getəʊblɑːstə*] n cassette m portátil de gran tamaño
ghost [gəʊst] n fantasma m
giant ['dʒaɪənt] n gigante m/f ♦ adj gigantesco, gigante
gibberish ['dʒɪbərɪʃ] n galimatías m
giblets ['dʒɪblɪts] npl menudillos mpl
Gibraltar [dʒɪ'brɔːltə*] n Gibraltar m
giddy ['gɪdɪ] adj mareado
gift [gɪft] n regalo; (ability) talento; **~ed** adj dotado; **~ token** or **voucher** n vale m canjeable por un regalo
gigantic [dʒaɪ'gæntɪk] adj gigantesco
giggle ['gɪgl] vi reírse tontamente
gill [dʒɪl] n (measure) = 0.25 pints (BRIT = 0.148l, US = 0.118l)
gills [gɪlz] npl (of fish) branquias fpl, agallas fpl
gilt [gɪlt] n, adj dorado; **~-edged** adj (COMM) de máxima garantía
gimmick ['gɪmɪk] n truco
gin [dʒɪn] n ginebra
ginger ['dʒɪndʒə*] n jengibre m; **~ ale = beer; ~ beer** (BRIT) n gaseosa de jengibre; **~bread** n pan m (or galleta) de jengibre
gingerly ['dʒɪndʒəlɪ] adv con cautela
gipsy ['dʒɪpsɪ] n = **gypsy**
giraffe [dʒɪ'rɑːf] n jirafa
girder ['gəːdə*] n viga
girl [gəːl] n (small) niña; (young woman) chica, joven f, muchacha; (daughter) hija; **an English ~** una (chica) inglesa; **~friend** n (of girl) amiga; (of boy) novia; **~ish** adj de niña
giro ['dʒaɪrəʊ] n (BRIT: bank ~) giro bancario; (post office ~) giro postal; (state benefit) cheque quincenal del

subsidio de desempleo
gist [dʒɪst] n lo esencial
give [gɪv] (pt gave, pp given) vt dar; (deliver) entregar; (as gift) regalar ♦ vi (break) romperse; (stretch: fabric) dar de sí; **to ~ sb sth, ~ sth to sb** dar algo a uno; **~ away** vt (give free) regalar; (betray) traicionar; (disclose) revelar; **~ back** vt devolver; **~ in** vi ceder ♦ vt entregar; **~ off** vt despedir; **~ out** vt distribuir; **~ up** vi rendirse, darse por vencido ♦ vt renunciar a; **to ~ up smoking** dejar de fumar; **to ~ o.s. up** entregarse; **~ way** vi ceder; (BRIT: AUT) ceder el paso
glacier ['glæsɪə*] n glaciar m
glad [glæd] adj contento
gladly ['glædlɪ] adv con mucho gusto
glamorous ['glæmərəs] adj encantador(a), atractivo; **glamour** ['glæmə*] n encanto, atractivo
glance [glɑːns] n ojeada, mirada ♦ vi: **to ~ at** echar una ojeada a; **glancing** adj (blow) oblicuo
gland [glænd] n glándula
glare [gleə*] n (of anger) mirada feroz; (of light) deslumbrar, brillo; **to be in the ~ of publicity** ser el foco de la atención pública ♦ vi deslumbrar; **to ~ at** mirar con odio a; **glaring** adj (mistake) manifiesto
glass [glɑːs] n vidrio, cristal m; (for drinking) vaso; (: with stem) copa; **~es** npl (spectacles) gafas fpl; **~house** n invernadero; **~ware** n cristalería
glaze [gleɪz] vt (window) poner cristales a; (pottery) vidriar ♦ n vidriado; **glazier** ['gleɪzɪə*] n vidriero/a
gleam [gliːm] vi brillar
glean [gliːn] vt (information) recoger
glee [gliː] n alegría, regocijo
glen [glen] n cañada
glib [glɪb] adj de mucha labia; (promise, response) poco sincero
glide [glaɪd] vi deslizarse; (AVIAT, birds) planear; **~r** n (AVIAT) planeador m; **gliding** n (AVIAT) vuelo sin motor

glimmer

417

gobble

glimmer ['glɪmə*] n luz f tenue; (of interest) muestra; (of hope) rayo

glimpse [glɪmps] n vislumbre m ♦ vt vislumbrar, entrever

glint [glɪnt] vi centellear

glisten ['glɪsn] vi relucir, brillar

glitter ['glɪtə*] vi relucir, brillar

gloat [gləut] vi: **to ~ over** recrearse en

global ['gləubl] adj mundial;
~ warming (re)calentamiento global

globe [gləub] n globo; (model) globo terráqueo

gloom [gluːm] n oscuridad f; (sadness) tristeza; **~y** adj (dark) oscuro; (sad) triste; (pessimistic) pesimista

glorious ['glɔːrɪəs] adj glorioso; (weather etc) magnífico

glory ['glɔːrɪ] n gloria

gloss [glɔs] n (shine) brillo; (paint) pintura de aceite; **~ over** vt fus disimular

glossary ['glɔsərɪ] n glosario

glossy ['glɔsɪ] adj lustroso; (magazine) de lujo

glove [glʌv] n guante m;
~ compartment n (AUT) guantera

glow [gləu] vi brillar

glower ['glauə*] vi: **to ~ at** mirar con ceño

glue [gluː] n goma (de pegar), cemento ♦ vt pegar

glum [glʌm] adj (person, tone) melancólico

glut [glʌt] n superabundancia

glutton ['glʌtn] n glotón/ona m/f; **a ~ for work** un(a) trabajador(a) incansable

GM adj abbr (= genetically modified) transgénico

GMO n abbr (= genetically-modified organism) organismo transgénico

gnat [næt] n mosquito

gnaw [nɔː] vt roer

gnome [nəum] n gnomo

go [gəu] (pt went, pp gone; pl **~es**) vi ir; (travel) viajar; (depart) irse, marcharse; (work) funcionar, marchar; (be sold) venderse; (time) pasar; (fit,

suit): **to ~ with** hacer juego con; (become) ponerse; (break etc) estropearse, romperse ♦ n: **to have a ~ (at)** probar suerte (con); **to be on the ~** no parar; **whose ~ is it?** ¿a quién le toca?; **he's going to do it** va a hacerlo; **to ~ for a walk** ir de paseo; **to ~ dancing** ir a bailar; **how did it ~?** ¿qué tal salió or resultó?, ¿cómo ha ido?; **to ~ round the back** pasar por detrás; **~ about** vi (rumour) propagarse ♦ vt fus: **how do I ~ about this?** ¿cómo me las arreglo para hacer esto?; **~ ahead** vi seguir adelante; **~ along** vi ir ♦ vt fus bordear; **to ~ along with** (agree) estar de acuerdo con; **~ away** vi irse, marcharse; **~ back** vi volver; **~ back on** vt fus (promise) faltar a; **~ by** vi (time) pasar ♦ vt fus guiarse por; **~ down** vi bajar; (ship) hundirse; (sun) ponerse ♦ vt fus bajar; **~ for** vt fus (fetch) ir por; (like) gustar, (attack) atacar; **~ in** vi entrar; **~ in for** vt fus (competition) presentarse a; **~ into** vt fus (investigate) investigar; (embark on) dedicarse a; **~ off** vi irse, marcharse; (food) pasarse; (explode) estallar; (event) realizarse ♦ vt fus dejar de gustar; **I'm going off the idea** ya no me gusta tanto él/la idea; **~ on** vi (continue) seguir, continuar; (happen) pasar, ocurrir; **to ~ on doing sth** seguir haciendo algo; **~ out** vi salir; (fire, light) apagarse; **~ over** vi (ship) zozobrar ♦ vt fus (check) revisar; **~ through** vt fus (town etc) atravesar; **~ up** vi, vt fus subir; **~ without** vt fus pasarse sin

goad [gəud] vt aguijonear

go-ahead adj (person) dinámico; (firm) innovador(a) ♦ n luz f verde

goal [gəul] n meta; (score) gol m; **~keeper** n portero; **~-post** n poste m (de la portería)

goat [gəut] n cabra

gobble ['gɔbl] vt (also: **~ down, ~ up**) tragarse, engullir

go-between n intermediario/a
god [gɔd] n dios m; **G~** n Dios m;
~child n ahijado/a; **~daughter** n
ahijada; **~dess** n diosa; **~father** n
padrino; **~forsaken** adj dejado de la
mano de Dios; **~mother** n madrina;
~send n don m del cielo; **~son** n
ahijado
goggles ['gɔglz] npl gafas fpl
going ['gəʊɪŋ] n (conditions) estado del
terreno ♦ adj: **the ~ rate** la tarifa
corriente or en vigor
gold [gəʊld] n oro ♦ adj de oro; **~en**
adj (made of ~) de oro; (~ in colour)
dorado; **~fish** n pez m de colores;
~mine n (also fig) mina de oro; **~-**
plated adj chapado en oro; **~smith** n
orfebre m/f
golf [gɔlf] n golf m; **~ ball** n (for game)
pelota de golf; (on typewriter) esfera;
~ club n club m de golf; (stick) palo
(de golf); **~ course** n campo de golf;
~er n golfista m/f
gone [gɔn] pp of **go**
good [gʊd] adj bueno; (pleasant)
agradable; (kind) bueno, amable;
(well-behaved) educado ♦ n bien m,
provecho; **~s** npl (COMM) mercancías
fpl; **~!** ¡qué bien!; **to be ~ at** tener
aptitud para; **to be ~ for** servir para;
it's ~ for you te hace bien; **would**
you be ~ enough to ...? ¿podría
hacerme el favor de ...?, ¿sería tan
amable de ...?; **a ~ deal (of)** mucho; **a**
~ many muchos; **to make ~** reparar;
it's no ~ complaining no vale la
pena de quejarse; **for ~** para siempre,
definitivamente; **~ morning/**
afternoon! ¡buenos días/buenas
tardes!; **~ evening!** ¡buenas noches!;
~ night! ¡buenas noches!; **~bye!**
¡adiós!; **to say ~bye** despedirse;
G~ Friday n Viernes m Santo; **~-**
looking adj guapo; **~-natured** adj
amable, simpático; **~ness** n (of person)
bondad f; **for ~ness sake!** ¡por Dios!;
~ness gracious! ¡Dios mío!; **~s train**

(BRIT) n tren m de mercancías; **~will** n
buena voluntad f
goose [gu:s] (pl **geese**) n ganso, oca
gooseberry ['gʊzbərɪ] n grosella
espinosa; **to play ~** hacer de carabina
gooseflesh ['gu:sfleʃ] n = **goose**
pimples
goose pimples npl carne f de gallina
gore [gɔ:*] vt cornear ♦ n sangre f
gorge [gɔ:dʒ] n barranco ♦ vr: **to**
~ o.s. (on) atracarse (de)
gorgeous ['gɔ:dʒəs] adj (thing)
precioso; (weather) espléndido; (person)
guapísimo
gorilla [gə'rɪlə] n gorila m
gorse [gɔ:s] n tojo
gory ['gɔ:rɪ] adj sangriento
go-slow (BRIT) n huelga de manos
caídas
gospel ['gɔspl] n evangelio
gossip ['gɔsɪp] n (scandal) cotilleo,
chismes mpl; (chat) charla;
(scandalmonger) cotilla m/f, chismoso/a
♦ vi cotillear
got [gɔt] pt, pp of **get**; **~ten** (US) pp of
get
gout [gaʊt] n gota
govern ['gʌvən] vt gobernar;
(influence) dominar; **~ess** n institutriz f;
~ment n gobierno; **~or** n
gobernador(a) m/f; (of school etc)
miembro del consejo; (of jail)
director(a) m/f
gown [gaʊn] n traje m; (of teacher,
BRIT: of judge) toga
G.P. n abbr = **general practitioner**
grab [græb] vt coger (SP) or agarrar
(AM), arrebatar ♦ vi: **to ~ at** intentar
agarrar
grace [greɪs] n gracia ♦ vt honrar;
(adorn) adornar; **5 days'** ~ un plazo
de 5 días; **~ful** adj grácil, ágil; (style,
shape) elegante, gracioso; **gracious**
['greɪʃəs] adj amable
grade [greɪd] n (quality) clase f, calidad
f; (in hierarchy) grado; (SCOL: mark)
nota; (US: school class) curso ♦ vt

clasificar; **~ crossing** (US) n paso a nivel; **~ school** (US) n escuela primaria

gradient ['greidiant] n pendiente f

gradual ['grædjuəl] adj paulatino; **~ly** adv paulatinamente

graduate [n 'grædjuit, vb 'grædjueit] n (US: of high school) graduado/a; (of university) licenciado/a ♦ vi graduarse; licenciarse; **graduation** [-'eɪʃən] n (ceremony) entrega del título

graffiti [grə'fi:ti] n pintadas fpl

graft [grɑ:ft] n (AGR, MED) injerto; (BRIT) trabajo duro; (bribery) corrupción f ♦ vt injertar

grain [greɪn] n (single particle) grano; (corn) granos mpl, cereales mpl; (of wood) fibra

gram [græm] n gramo

grammar ['græmə*] n gramática; **~ school** (BRIT) n ≈ instituto de segunda enseñanza, liceo (SP)

grammatical [grə'mætɪkl] adj gramatical

gramme [græm] n = **gram**

gramophone ['græməfəun] (BRIT) n tocadiscos m inv

grand [grænd] adj magnífico, imponente; (wonderful) estupendo; (gesture etc) grandioso; **~children** npl nieto mpl; **~dad** (inf) n yayo, abuelito; **~daughter** n nieta; **~eur** ['grændjə*] n magnificencia, lo grandioso; **~father** n abuelo; **~ma** (inf) n yaya, abuelita; **~mother** n abuela; **~pa** (inf) n = **~dad**; **~parents** npl abuelos mpl; **~ piano** n piano de cola; **~son** n nieto; **~stand** n (SPORT) tribuna

granite ['grænɪt] n granito

granny ['grænɪ] (inf) n abuelita, yaya

grant [grɑ:nt] vt (concede) conceder; (admit) reconocer ♦ n (SCOL) beca; (ADMIN) subvención f; **to take sth/sb for ~ed** dar algo por sentado/no hacer ningún caso a uno

granulated sugar ['grænju:leɪtɪd-] (BRIT) n azúcar m blanquilla

grape [greɪp] n uva

grapefruit ['greɪpfru:t] n pomelo (SP), toronja (AM)

graph [grɑ:f] n gráfica; **~ic** [græfɪk] adj gráfico; **~ics** n artes fpl gráficas ♦ npl (drawings) dibujos mpl

grapple ['græpl] vi: **to ~ with** sth/sb agarrar a algo/uno

grasp [grɑ:sp] vt agarrar, asir; (understand) comprender ♦ n (grip) asimiento; (understanding) comprensión f; **~ing** adj (mean) avaro

grass [grɑ:s] n hierba; (lawn) césped m; **~hopper** n saltamontes m inv; **~roots** adj (fig) popular

grate [greɪt] n parrilla de chimenea ♦ vi: **to ~ (on)** chirriar (sobre) ♦ vt (CULIN) rallar

grateful ['greɪtful] adj agradecido

grater ['greɪtə*] n rallador m

gratifying ['grætɪfaɪɪŋ] adj grato

grating ['greɪtɪŋ] n (iron bars) reja ♦ adj (noise) áspero

gratitude ['grætɪtju:d] n agradecimiento

gratuity [grə'tju:ɪtɪ] n gratificación f

grave [greɪv] n tumba ♦ adj serio, grave

gravel ['grævl] n grava

gravestone ['greɪvstəun] n lápida

graveyard ['greɪvjɑ:d] n cementerio

gravity ['grævɪtɪ] n gravedad f

gravy ['greɪvɪ] n salsa de carne

gray [greɪ] adj = **grey**

graze [greɪz] vi pacer ♦ vt (touch lightly) rozar; (scrape) raspar ♦ n (MED) abrasión f

grease [gri:s] n (fat) grasa; (lubricant) lubricante m ♦ vt engrasar; lubrificar; **~proof paper** (BRIT) n papel m apergaminado; **greasy** adj grasiento

great [greɪt] adj grande; (inf) magnífico, estupendo; **G~ Britain** n Gran Bretaña; **~-grandfather** n bisabuelo; **~-grandmother** n bisabuela; **~ly** adv muy; (with verb) mucho; **~ness** n grandeza

Greece [gri:s] n Grecia

greed [gri:d] n (also: ~iness) codicia,
avaricia; (for food) gula; (for power etc)
avidez f; ~y adj avaro; (for food)
glotón/ona

Greek [gri:k] adj griego ♦ n griego/a;
(LING) griego

green [gri:n] adj (also POL.) verde;
(inexperienced) novato ♦ n verde m;
(stretch of grass) césped m; (GOLF)
green m; ~s npl (vegetables) verduras
fpl; ~ belt n zona verde; ~ card n
(AUT) carta verde; (US: work permit)
permiso de trabajo para los extranjeros
en EE. UU.; ~ery n verdura; ~grocer
(BRIT) n verdulero/a; ~house n
invernadero; ~house effect n efecto
invernadero; ~house gas n gases mpl
de invernadero; ~ish adj verdoso

Greenland ['gri:nlənd] n Groenlandia

greet [gri:t] vt (welcome) dar la
bienvenida a; (receive: news) recibir;
~ing (welcome) bienvenida; ~ing(s)
card n tarjeta de felicitación

grenade [grə'neɪd] n granada

grew [gru:] pt of **grow**

grey [greɪ] adj gris; (weather) sombrío;
~-haired adj canoso; ~hound n galgo

grid [grɪd] n reja; (ELEC) red f; ~lock n
(traffic jam) retención f

grief [gri:f] n dolor m, pena

grievance ['gri:vəns] n motivo de
queja, agravio

grieve [gri:v] vi afligirse, acongojarse
♦ vt dar pena a; to ~ for llorar por

grievous ['gri:vəs] adj: ~ bodily
harm (LAW) daños mpl corporales
graves

grill [grɪl] n (on cooker) parrilla; (also:
mixed ~) parrillada f ♦ vt (BRIT) asar a la
parrilla; (inf: question) interrogar

grille [grɪl] n reja; (AUT) rejilla

grim [grɪm] adj (place) sombrío;
(situation) triste; (person) ceñudo

grimace [grɪ'meɪs] n mueca ♦ vi hacer
muecas

grime [graɪm] n mugre f, suciedad f

grin [grɪn] n sonrisa abierta ♦ vi sonreír

abiertamente

grind [graɪnd] (pt, pp **ground**) vt
(coffee, pepper etc) moler; (US: meat)
picar; (make sharp) afilar ♦ n (work)
rutina

grip [grɪp] n (hold) asimiento; (control)
control m, dominio; (of tyre, shoe) agarre
m; (handle) asidero; (holdall) maletín
m ♦ vt agarrar; (viewer, reader) fascinar;
to get to ~s with enfrentarse con;
~ping adj absorbente

grisly ['grɪzlɪ] adj horripilante, horrible

gristle ['grɪsl] n ternilla

grit [grɪt] n gravilla; (courage) valor m
♦ vt (road) poner gravilla en; **to
~ one's teeth** apretar los dientes

groan [grəun] n gemido; quejido ♦ vi
gemir; quejarse

grocer ['grəusə*] n tendero (de
ultramarinos (SP)); ~ies npl comestibles
mpl; ~'s (shop) n tienda de
ultramarinos or de abarrotes (AM)

groin [grɔɪn] n ingle f

groom [gru:m] n mozo/a de cuadra;
(also: bride~) novio ♦ vt (horse)
almohazar; (fig): **to ~ sb for** preparar
a uno para; **well-~ed** de buena
presencia

groove [gru:v] n ranura, surco

grope [grəup] vi: **to ~ for** vt fus buscar a
tientas

gross [grəus] adj (neglect, injustice)
grave; (vulgar: behaviour) grosero;
(: appearance) de mal gusto; (COMM)
bruto; ~ly adv (greatly) enormemente

grotto ['grɒtəu] n gruta

grotty ['grɒtɪ] adj (inf) horrible

ground [graund] (pt, pp of **grind**) n
suelo, tierra; (SPORT) campo, terreno;
(reason: gen pl) causa, razón f; (US: also:
~ wire) tierra ♦ vt (plane) mantener en
tierra; (US: ELEC) conectar con tierra; ~s
npl (of coffee etc) poso; (gardens etc)
jardines mpl, parque m; **on the ~** en el
suelo; **to the ~** al suelo; **to gain/lose
~** ganar/perder terreno; ~ cloth (US) n

= ~**sheet**; ~**ing** n (in education)
conocimientos mpl básicos; ~**less** adj
infundado; ~**sheet** (BRIT) n tela
impermeable; suelo; ~ **staff** n personal
m de tierra; ~**work** n preparación f

group [gru:p] n grupo; (musical)
conjunto ♦ vt (also: ~ together) agrupar
♦ vi (also: ~ together) agruparse

grouse [graʊs] n inv (bird) urogallo ♦ vi
(complain) quejarse

grove [grəʊv] n arboleda

grovel ['grɒvl] vi (fig): to ~ before
humillarse ante

grow [grəʊ] (pt **grew**, pp **grown**) vi
crecer; (increase) aumentar; (expand)
desarrollarse; (become) volverse; to
~ rich/weak enriquecerse/debilitarse
♦ vt cultivar; (hair, beard) dejar crecer;
~ **up** vi crecer, hacerse hombre/mujer;
~**er** n cultivador(a) m/f, productor(a)
m/f; ~**ing** adj creciente

growl [graʊl] vi gruñir

grown [grəʊn] pp of **grow**; ~-**up** n
adulto, mayor m/f

growth [grəʊθ] n crecimiento,
desarrollo; (what has grown) brote m;
(MED) tumor m

grub [grʌb] n larva, gusano; (inf: food)
comida

grubby ['grʌbɪ] adj sucio, mugriento

grudge [grʌdʒ] n (motivo de) rencor m
♦ vt: to ~ sb sth dar algo a uno de
mala gana; to bear sb a ~ guardar
rencor a uno

gruelling ['grʊəlɪŋ] (US **grueling**) adj
penoso, duro

gruesome ['gru:səm] adj horrible

gruff [grʌf] adj (voice) ronco, (manner)
brusco

grumble ['grʌmbl] vi refunfuñar,
quejarse

grumpy ['grʌmpɪ] adj gruñón/ona

grunt [grʌnt] vi gruñir

G-string ['dʒi:strɪŋ] n taparrabo

guarantee [gærən'ti:] n garantía ♦ vt
garantizar

guard [gɑ:d] n (squad) guardia; (one

man) guardia m; (BRIT: RAIL) jefe m de
tren; (on machine) dispositivo de
seguridad; (also: fire~) rejilla de
protección ♦ vt guardar; (prisoner)
vigilar; to be on one's ~ estar alerta;
~ against vt fus (prevent) protegerse
de; ~**ed** adj (fig) cauteloso; ~**ian** n
guardián/ana m/f; (of minor) tutor(a)
m/f; ~'s **van** n (BRIT: RAIL) furgón m

Guatemala [gwætɪ'mɑ:lə] n
Guatemala; ~**n** adj, n guatemalteco/a
m/f

guerrilla [gə'rɪlə] n guerrillero/a

guess [ges] vi adivinar; (US) suponer
♦ vt adivinar; suponer ♦ n suposición f,
conjetura; to take or have a ~ tratar
de adivinar; ~**work** n conjeturas fpl

guest [gest] n invitado/a, (in hotel)
huésped/a m/f; ~ **house** n casa de
huéspedes, pensión f; ~ **room** n
cuarto de huéspedes

guffaw [gʌ'fɔ:] vi reírse a carcajadas

guidance ['gaɪdəns] n (advice)
consejos mpl

guide [gaɪd] n (person) guía m/f; (book,
fig) guía ♦ vt (round museum etc) guiar;
(lead) conducir; (direct) orientar; (girl)
~ n exploradora; ~**book** n guía; ~ **dog**
n perro m guía; ~**lines** npl (advice)
directrices fpl

guild [gɪld] n gremio

guilt [gɪlt] n culpabilidad f; ~**y** adj
culpable

guinea pig ['gɪnɪ-] n cobaya; (fig)
conejillo de Indias

guise [gaɪz] n: in or under the ~ of
bajo apariencia de

guitar [gɪ'tɑ:*] n guitarra

gulf [gʌlf] n golfo; (abyss) abismo

gull [gʌl] n gaviota

gullible ['gʌlɪbl] adj crédulo

gully ['gʌlɪ] n barranco

gulp [gʌlp] vi tragar saliva ♦ vt (also:
~ down) tragarse

gum [gʌm] n (ANAT) encía; (glue)
goma, cemento; (sweet) caramelo de
goma; (also: chewing-~) chicle m ♦ vt

pegar con goma; **~boots** (BRIT) npl
botas fpl de goma

gun [gʌn] n (small) pistola, revólver m;
(shotgun) escopeta; (rifle) fusil m;
(cannon) cañón m; (spray) cañonero;
~fire n disparos mpl; **~man** n
pistolero; (paint m: at ~point a mano
armada; **~powder** n pólvora; **~shot** n
escopetazo

gurgle ['gəːgl] vi (baby) gorgotear;
(water) borbotear

gush [gʌʃ] vi salir a raudales; (person)
deshacerse en efusiones

gust [gʌst] n (of wind) ráfaga

gusto ['gʌstəu] n entusiasmo

gut [gʌt] n intestino; **~s** npl (ANAT)
tripas fpl; (courage) valor m

gutter ['gʌtə*] n (of roof) canalón m;
(in street) cuneta

guy [gaɪ] n (also: ~rope) cuerda; (inf:
man) tío (SP), tipo; (figure) monigote m

Guy Fawkes' Night

La noche del cinco de noviembre,
Guy Fawkes' Night, se celebra en el
Reino Unido y el fracaso de la
conspiración de la pólvora
("Gunpowder Plot"), un intento
fallido de volar el parlamento de
Jaime I en 1605. Esa noche se lanzan
fuegos artificiales y se hacen hogueras
en las que se queman unos muñecos
de trapo que representan a Guy
Fawkes, uno de los cabecillas de la
revuelta. Días antes, los niños tienen
por costumbre pedir a los transeúntes
"a penny for the guy", dinero que
emplean en comprar cohetes y
petardos.

---

guzzle ['gʌzl] vi tragar ♦ vt engullir

gym [dʒɪm] n (also: gymnasium)
gimnasio m; (also: gymnastics) gimnasia;
~nast n gimnasta m/f; **~shoes** npl
zapatillas fpl (de deporte); **~ slip** (BRIT)
n túnica de colegiala

gynaecologist [gaɪnɪˈkɔlədʒɪst] (US

gynecologist) n ginecólogo/a

gypsy ['dʒɪpsɪ] n gitano/a

H, h

haberdashery [hæbəˈdæʃərɪ] (BRIT) n
mercería

habit ['hæbɪt] n hábito, costumbre f;
(drug ~) adicción f; (costume) hábito

habitual [həˈbɪtjuəl] adj
acostumbrado, habitual; (drinker, liar)
empedernido

hack [hæk] vt (cut) cortar; (slice) tajar
♦ n (pej: writer) escritor(a) m/f a sueldo;
~er n (COMPUT) pirata m/f
informático/a

hackneyed ['hæknɪd] adj trillado

had [hæd] pt, pp of have

haddock ['hædək] (pl ~ or ~s) n
especie de merluza

hadn't ['hædnt] = had not

haemorrhage ['hemərɪdʒ] (US
hemorrhage) n hemorragia

haemorrhoids ['hemərɔɪdz] (US
hemorrhoids) npl hemorroides fpl

haggle ['hægl] vi regatear

Hague [heɪg] n: The ~ La Haya

hail [heɪl] n granizo; (fig) lluvia ♦ vt
saludar; (taxi) llamar a; (acclaim)
aclamar ♦ vi granizar; **~stone** n
(piedra de) granizo

hair [heə*] n pelo, cabellos mpl; (one ~)
pelo, cabello; (on legs etc) vello; to do
one's ~ arreglarse el pelo; to have
grey ~ tener canas fpl; **~brush** n
cepillo (para el pelo); **~cut** n corte m
(de pelo); **~do** n peinado; **~dresser** n
peluquero/a; **~dresser's** n peluquería;
~ dryer n secador m de pelo; **~grip** n
horquilla; **~net** n redecilla; **~piece** n
postizo; **~pin** n horquilla; **~pin bend**
(US **~pin curve**) n curva de horquilla;
~raising adj espeluznante;
~ removing cream n crema
depilatoria; **~ spray** n laca; **~style** n
peinado; **~y** adj peludo; velludo;

frightening) espeluznante

hake [heɪk] (*pl inv or* **~s**) *n* merluza

half [hɑːf] (*pl* **halves**) *n* mitad *f*; (*of beer*) ≈ caña (*SP*), media pinta; (*RAIL, BUS*) billete *m* de niño ♦ *adj* medio ♦ *adv* medio, a medias; **two and a ~** dos y media; **a dozen** media docena; **~ a pound** media libra; **to cut sth in ~** cortar algo por la mitad; **~caste** ['hɑːfkɑːst] *n* mestizo/a; **~-hearted** *adj* indiferente, poco entusiasta; **~-hour** *n* media hora; **~-mast** *n*: **at ~-mast** (*flag*) a media asta; **~-price** *adj, adv* a mitad de precio; **~ term** (*BRIT*) *n* (*SCOL*) vacaciones de mediados del trimestre; **~-time** *n* descanso; **~way** *adv* a medio camino; (*in period of time*) a mitad de

hall [hɔːl] *n* (*for concerts*) sala; (*entrance way*) hall *m*, vestíbulo; **~ of residence** (*BRIT*) *n* residencia

hallmark ['hɔːlmɑːk] *n* sello

hallo [hə'ləu] *excl* = **hello**

Hallowe'en [hæləu'iːn] *n* víspera de Todos los Santos

Hallowe'en

La tradición anglosajona dice que en la noche del 31 de octubre, Hallowe'en, víspera de Todos los Santos, es posible ver a brujas y fantasmas. En este día los niños se disfrazan y van de puerta en puerta llevando un farol hecho con una calabaza en forma de cabeza humana. Cuando se les abre la puerta gritan "trick o treat", amenazando con gastar una broma a quien no les dé golosinas o algo de calderilla.

---

hallucination [həluːsɪ'neɪʃən] *n* alucinación *f*

hallway ['hɔːlweɪ] *n* vestíbulo

halo ['heɪləu] *n* (*of saint*) halo, aureola

halt [hɔːlt] *n* (*stop*) alto, parada ♦ *vt* parar; interrumpir ♦ *vi* pararse

halve [hɑːv] *vt* partir por la mitad

halves [hɑːvz] *npl of* **half**

ham [hæm] *n* jamón *m* (cocido)

hamburger ['hæmbɜːgə*] *n* hamburguesa

hamlet ['hæmlɪt] *n* aldea

hammer ['hæmə*] *n* martillo ♦ *vt* (*nail*) clavar; (*force*): **to ~ an idea into sb/a message across** meter una idea en la cabeza a uno/machacar una idea ♦ *vi* dar golpes

hammock ['hæmək] *n* hamaca

hamper ['hæmpə*] *vt* estorbar ♦ *n* cesto

hand [hænd] *n* mano *f*; (*of clock*) aguja; (*writing*) letra; (*worker*) obrero ♦ *vt* dar, pasar; **to give or lend sb a ~** echar una mano a uno, ayudar a uno; **at ~** a mano; **in ~** (*time*) libre, (*job etc*) entre manos; **on ~** (*person, services*) a mano, al alcance; **to ~** (*information etc*) a mano; **on the one ~ ..., on the other ~ ...** por una parte ... por otra (parte) ...; **~ in** *vt* entregar; **~ out** *vt* distribuir; **~ over** *vt* (*deliver*) entregar; **~bag** *n* bolso (*SP*), cartera (*AM*); **~book** *n* manual *m*; **~brake** *n* freno de mano; **~cuffs** *npl* esposas *fpl*; **~ful** *n* puñado

handicap ['hændɪkæp] *n* minusvalía; (*disadvantage*) desventaja; (*SPORT*) handicap *m* ♦ *vt* estorbar; **mentally/physically ~ped** deficiente m/f (mental/minusválido/a (físico/a)

handicraft ['hændɪkrɑːft] *n* artesanía; (*object*) objeto de artesanía

handiwork ['hændɪwɜːk] *n* obra

handkerchief ['hæŋkətʃɪf] *n* pañuelo

handle ['hændl] *n* (*of door etc*) tirador *m*; (*of cup etc*) asa; (*of knife etc*) mango; (*for winding*) manivela ♦ *vt* (*touch*) tocar; (*deal with*) encargarse de; (*treat: people*) manejar; "**~ with care**" "(manéjese) con cuidado"; **to fly off the ~** perder los estribos; **~bar(s)** *n(pl)* manillar *m*

hand: ~ luggage *n* equipaje *m* de

mano; **~made** adj hecho a mano;
~out n (money etc) limosna; (leaflet)
folleto; **~rail** n pasamanos m inv;
~shake n apretón m de manos

handsome ['hænsəm] adj guapo;
(building) bello; (fig: profit) considerable

handwriting ['hændraɪtɪŋ] n letra

handy ['hændɪ] adj (close at hand) a la
mano; (tool etc) práctico; (skilful) hábil,
diestro

hang [hæŋ] (pt, pp hung) vt colgar;
(criminal: pt, pp hanged) ahorcar ♦ vi
(painting, coat etc) colgar; (hair,
drapery) caer; **to get the ~ of sth**
(inf) lograr dominar algo; **~ about or
around** vi haraganear; **~ on** vi (wait)
esperar; **~ up** vi (TEL) colgar ♦ vt
colgar

hanger ['hæŋə*] n percha; **~-on** n
parásito

hang: **~-gliding** ['-glaɪdɪŋ] n vuelo
libre; **~over** n (after drinking) resaca;
~-up n complejo

hanker ['hæŋkə*] vi: **to ~ after** añorar

hankie ['hæŋkɪ], **hanky** ['hæŋkɪ] n
abbr = **handkerchief**

haphazard [hæp'hæzəd] adj fortuito

happen ['hæpən] vi suceder, ocurrir;
(chance): **he ~ed to hear/see** dió la
casualidad de que oyó/vió; **as it ~s** da
la casualidad de que; **~ing** n suceso,
acontecimiento

happily ['hæpɪlɪ] adv (luckily)
afortunadamente; (cheerfully)
alegremente

happiness ['hæpɪnɪs] n felicidad f;
(cheerfulness) alegría

happy ['hæpɪ] adj feliz; (cheerful)
alegre; **to be ~ (with)** estar contento
(con); **to be ~ to do** estar encantado
de hacer; **~ birthday!** ¡feliz
cumpleaños!; **~-go-lucky** adj
despreocupado; **~ hour** n horas en las
que la bebida es más barata, happy
hour f

harass ['hærəs] vt acosar, hostigar;
~ment n persecución f

harbour ['hɑːbə*] (US **harbor**) n
puerto ♦ vt (fugitive) dar abrigo a;
(hope etc) abrigar

hard [hɑːd] adj duro; (difficult) difícil;
(work) arduo; (fact) severo; (fact)
innegable ♦ adv (work) mucho, duro;
(think) profundamente; **to look ~ at**
clavar los ojos en; **to try ~** esforzarse;
no ~ feelings! ¡sin rencor(es)!; **to be
~ of hearing** ser duro de oído; **to be
~ done by** ser tratado injustamente;
~back n libro en cartoné; **~ cash** n
dinero contante; **~ disk** n (COMPUT)
disco duro or rígido; **~en** vt endurecer;
(fig) curtir ♦ vi endurecerse; curtirse;
~-headed adj realista; **~ labour** n
trabajos mpl forzados

hardly ['hɑːdlɪ] adv apenas; **~ ever**
casi nunca

hard: **~ship** n privación f; **~ shoulder**
(BRIT) n (AUT) arcén m; **~-up** (inf) adj
sin un duro (SP), sin plata (AM); **~ware**
n ferretería; (COMPUT) hardware m;
(MIL) armamento; **~ware shop** n
ferretería; **~-wearing** adj resistente,
duradero; **~-working** adj trabajador(a)

hardy ['hɑːdɪ] adj fuerte; (plant)
resistente

hare [heə*] n liebre f; **~-brained** adj
descabellado

harm [hɑːm] n daño, mal m ♦ vt
(person) hacer daño a; (health,
interests) perjudicar; (thing) dañar; **out
of ~'s way** a salvo; **~ful** adj dañino;
~less adj (person) inofensivo; (joke etc)
inocente

harmony ['hɑːmənɪ] n armonía

harness ['hɑːnɪs] n arreos mpl; (for
child) arnés m; (safety) arneses mpl
♦ vt (horse) enjaezar; (resources)
aprovechar

harp [hɑːp] n arpa ♦ vi: **to ~ on
(about)** machacar (con)

harrowing ['hærəʊɪŋ] adj angustioso

harsh [hɑːʃ] adj (cruel) duro, cruel;
(severe) severo; (sound) áspero; (light)
deslumbrador(a)

harvest ['hɑːvɪst] n (~ time) siega; (of cereals etc) cosecha; (of grapes) vendimia ♦ vt cosechar

has [hæz] vb see **have**

hash [hæʃ] n (CULIN) picadillo; (fig: mess) lío

hashish ['hæʃɪʃ] n hachís m

hasn't ['hæznt] = **has not**

hassle ['hæsl] (inf) n lío

haste [heɪst] n prisa; **~n** ['heɪsn] vt acelerar ♦ vi darse prisa; **hastily** adv de prisa; precipitadamente; **hasty** adj apresurado; (rash) precipitado

hat [hæt] n sombrero

hatch [hætʃ] n (NAUT: also: ~way) escotilla; (also: service ~) ventanilla ♦ vi (bird) salir del cascarón ♦ vt incubar; (plot) tramar; **5 eggs have ~ed** han salido 5 pollos

hatchback ['hætʃbæk] n (AUT) tres or cinco puertas m

hatchet ['hætʃɪt] n hacha

hate [heɪt] vt odiar, aborrecer ♦ n odio; **~ful** adj odioso; **hatred** ['heɪtrɪd] n odio

haughty ['hɔːtɪ] adj altanero

haul [hɔːl] vt tirar ♦ n (of fish) redada; (of stolen goods etc) botín m; **~age** (BRIT) n transporte m; (costs) gastos mpl de transporte; **~ier** (US **~er**) n transportista m/f

haunch [hɔːntʃ] n anca; (of meat) pierna

haunt [hɔːnt] vt (subj: ghost) aparecerse en; (obsess) obsesionar ♦ n guarida

have [hæv] (pt, pp **had**) aux vb **1** (gen) haber; **to ~ arrived/eaten** haber llegado/comido; **having finished** or **when he had finished, he left** cuando hubo acabado, se fue

2 (in tag questions): **you've done it, ~n't you?** lo has hecho, ¿verdad? or ¿no?

3 (in short answers and questions): **I**

~n't no; **so I ~** pues, es verdad; **we ~n't paid — yes we ~!** no hemos pagado — ¡sí que hemos pagado!; **I've been there before, ~ you?** he estado allí antes, ¿y tú?

♦ modal aux vb (be obliged): **to ~ (got) to do sth** tener que hacer algo; **you ~n't to tell her** no hay que or no debes decírselo

♦ vt **1** (possess): **he has (got) blue eyes/dark hair** tiene los ojos azules/el pelo negro

2 (referring to meals etc): **to ~ breakfast/lunch/dinner** desayunar/comer/cenar; **to ~ a drink/a cigarette** tomar algo/fumar un cigarrillo

3 (receive) recibir; (obtain) obtener; **may I ~ your address?** ¿puedes darme tu dirección?; **you can ~ it for £5** te lo puedes quedar por £5; **I must ~ it by tomorrow** lo necesito para mañana; **to ~ a baby** tener un niño or bebé

4 (maintain, allow): **I won't ~ it/this nonsense!** ¡no lo permitiré!/¡no permitiré estas tonterías!; **we can't ~ that** no podemos permitir eso

5: to ~ sth done hacer or mandar hacer algo; **to ~ one's hair cut** cortarse el pelo; **to ~ sb do sth** hacer que alguien haga algo

6 (experience, suffer): **to ~ a cold/flu** tener un resfriado/la gripe; **she had her bag stolen/her arm broken** le robaron el bolso/se rompió un brazo; **to ~ an operation** operarse

7 (+ noun): **to ~ a swim/walk/bath/rest** nadar/dar un paseo/darse un baño/descansar; **let's ~ a look** vamos a ver; **to ~ a meeting/party** celebrar una reunión/una fiesta; **let me ~ a try** déjame intentarlo

have out vt: **to ~ it out with sb** (settle a problem etc) dejar las cosas en claro con alguien

haven ['heɪvn] n puerto; (fig) refugio

haven't ['hævnt] = have not

havoc ['hævək] n estragos mpl

hawk [hɔːk] n halcón m

hay [heɪ] n heno; **~ fever** n fiebre f del heno; **~stack** n almiar m

haywire ['heɪwaɪə*] (inf) adj: **to go ~** (plan) embrollarse

hazard ['hæzəd] n peligro ♦ vt aventurar; **~ous** adj peligroso; **~ warning lights** npl (AUT) señales fpl de emergencia

haze [heɪz] n neblina

hazelnut ['heɪzlnʌt] n avellana

hazy ['heɪzɪ] adj brumoso; (idea) confuso

he [hiː] pron él; **~ who ...** él que ..., quien ...

head [hed] n cabeza; (leader) jefe/a m/f; (of school) director(a) m/f ♦ vt (list) encabezar; (group) capitanear; (company) dirigir; **~s (o tails** cara (o cruz); **~ first** de cabeza; **~ over heels** (in love) perdidamente; **to ~ the ball** cabecear (la pelota); **~ for** fus dirigirse a; (disaster) ir camino de; **~ache** n dolor m de cabeza; **~dress** n tocado; **~ing** n título; **~lamp** (BRIT) n = **~light**; **~land** n promontorio; **~light** n faro; **~line** n titular m; **~long** adv (fall) de cabeza; (rush) precipitadamente; **~master/mistress** n director(a) m/f (de escuela); **~ office** n oficina central, central f; **~-on** adj (collision) de frente; **~phones** npl auriculares mpl; **~quarters** npl sede f central; (MIL) cuartel m general; **~rest** n reposa-cabezas m inv; **~room** n (in car) altura interior; (under bridge) (límite m de) altura; **~scarf** n pañuelo; **~strong** adj testarudo; **~ waiter** n maître m; **~ way** n: **to make ~way** (fig) hacer progresos; **~wind** n viento contrario; **~y** adj (experience, period) apasionante; (wine) cabezón; (atmosphere) embriagador(a)

heal [hiːl] vt curar ♦ vi cicatrizarse

health [helθ] n salud f; **~ food** n alimentos mpl orgánicos; **the H~ Service** (BRIT) n el servicio de salud pública; ≈ el Insalud (SP); **~y** adj sano, saludable

heap [hiːp] n montón m ♦ vt: **to ~ (up)** amontonar; **to ~ sth with** llenar algo hasta arriba de; **~s of** un montón de

hear [hɪə*] (pt, pp **heard**) vt oír; (news) saber ♦ vi oír; **to ~ about** oír hablar de; **to ~ from sb** tener noticias de uno; **~ing** n (sense) oído; (LAW) vista; **~ing aid** n audífono; **~say** n rumores mpl, hablillas fpl

hearse [həːs] n coche m fúnebre

heart [hɑːt] n corazón m; (fig) valor m; (of lettuce) cogollo; **~s** npl (CARDS) corazones mpl; **to lose/take ~** descorazonarse/cobrar ánimo; **at ~** en el fondo; **by ~** (learn, know) de memoria; **~ attack** n infarto de miocardio); **~beat** n latido (del corazón); **~breaking** adj desgarrador(a); **~broken** adj: **she was ~broken about it** esto le partió el corazón; **~burn** n acedía; **~ failure** n fallo cardíaco; **~felt** adj (deeply felt) más sentido

hearth [hɑːθ] n (fireplace) chimenea

hearty ['hɑːtɪ] adj (person) campechano; (laugh) sano; (dislike, support) absoluto

heat [hiːt] n calor m; (SPORT: also: qualifying **~**) prueba eliminatoria ♦ vt calentar; **~ up** vi calentarse ♦ vt calentar; **~ed** adj caliente; (fig) acalorado; **~er** n estufa; (in car) calefacción f

heath [hiːθ] (BRIT) n brezal m

heather ['heðə*] n brezo

heating ['hiːtɪŋ] n calefacción f

heatstroke ['hiːtstrəʊk] n insolación f

heatwave ['hiːtweɪv] n ola de calor

heave [hiːv] vt (pull) tirar; (push) empujar con esfuerzo; (lift) levantar (con esfuerzo) ♦ vi (chest) palpitar; (retch) tener náuseas ♦ n tirón m.

empujón m; **to ~ a sigh** suspirar

heaven ['hɛvn] n cielo; (fig) una maravilla; **~ly** adj celestial; (fig) maravilloso

heavily ['hɛvɪlɪ] adv pesadamente; (drink, smoke) con exceso; (sleep, sigh) profundamente; (depend) mucho

heavy ['hɛvɪ] adj pesado; (work, blow) duro; (sea, rain, meal) fuerte; (drinker, smoker) grande; (responsibility) grave; (schedule) ocupado; (weather) bochornoso; **~ goods vehicle** n vehículo pesado; **~weight** n (SPORT) peso pesado

Hebrew ['hiːbruː] adj, n (LING) hebreo

heckle ['hɛkl] vt interrumpir

hectic ['hɛktɪk] adj agitado

he'd [hiːd] = **he would; he had**

hedge [hɛdʒ] n seto ♦ vi contestar con evasivas; **to ~ one's bets** (fig) cubrirse

hedgehog ['hɛdʒhɒg] n erizo

heed [hiːd] vt (also: **take ~ of**) (pay attention to) hacer caso de; **~less** adj; **to be ~less (of)** no hacer caso de

heel [hiːl] n talón m; (of shoe) tacón m ♦ vt (shoe) poner tacón a

hefty ['hɛftɪ] adj (person) fornido; (parcel, profit) gordo

heifer ['hɛfə*] n novilla, ternera

height [haɪt] n (of person) estatura; (of building) altura; (high ground) cerro; (altitude) altitud f; (fig: of season): **at the ~ of summer** en los días más calurosos del verano; (: of power etc) cúspide f; (: of stupidity etc) colmo; **~en** vt elevar; (fig) aumentar

heir [ɛə*] n heredero; **~ess** n heredera; **~loom** n reliquia de familia

held [hɛld] pt, pp of **hold**

helicopter ['hɛlɪkɒptə*] n helicóptero

hell [hɛl] n infierno; **~!** (inf) ¡demonios!

he'll [hiːl] = **he will; he shall**

hello [hə'ləu] excl ¡hola!; (to attract attention) ¡oiga!; (surprise) ¡caramba!

helm [hɛlm] n (NAUT) timón m

helmet ['hɛlmɪt] n casco

help [hɛlp] n ayuda; (cleaner etc)

criada, asistenta ♦ vt ayudar; **~!** ¡socorro!; **~ yourself** sírvete; **he can't ~ it** no es culpa suya; **~er** n ayudante m/f; **~ful** adj útil; (person) servicial; (advice) útil; **~ing** n ración f; **~less** adj (incapable) incapaz; (defenceless) indefenso

hem [hɛm] n dobladillo ♦ vt poner or coser el dobladillo; **~ in** vt cercar

hemorrhage ['hɛmərɪdʒ] (US) n = **haemorrhage**

hemorrhoids ['hɛmərɔɪdz] (US) npl = **haemorrhoids**

hen [hɛn] n gallina; (female bird) hembra

hence [hɛns] adv (therefore) por lo tanto; **2 years ~** de aquí a 2 años; **~forth** adv de hoy en adelante

hepatitis [hɛpə'taɪtɪs] n hepatitis f

her [həː*] pron (direct) la; (indirect) le; (stressed, after prep) ella ♦ adj su; see also **me; my**

herald ['hɛrəld] n heraldo ♦ vt anunciar; **~ry** n heráldica

herb [həːb] n hierba

herd [həːd] n rebaño

here [hɪə*] adv aquí; (at this point) en este punto; **~!** (present) ¡presente!; **~ is/are** aquí está/están; **~ she is** aquí está; **~after** adv en el futuro; **~by** adv (in letter) por la presente

heritage ['hɛrɪtɪdʒ] n patrimonio

hermit ['həːmɪt] n ermitaño/a

hernia ['həːnɪə] n hernia

hero ['hɪərəu] (pl **~es**) n héroe m; (in book, film) protagonista m

heroin ['hɛrəuɪn] n heroína

heroine ['hɛrəuɪn] n heroína; (in book, film) protagonista

heron ['hɛrən] n garza

herring ['hɛrɪŋ] n arenque m

hers [həːz] pron el suyo/(la) suya etc; see also **mine¹**

herself [həː'sɛlf] pron (reflexive) se; (emphatic) ella misma; (after prep) sí (misma); see also **oneself**

he's [hiːz] = **he is; he has**

hesitant ['hezɪtənt] adj vacilante

hesitate ['hezɪteɪt] vi vacilar; (in speech) titubear; (be unwilling) resistirse a; **hesitation** [-'teɪʃən] n indecisión f; titubeo; dudas fpl

heterosexual [hetərəu'seksjuəl] adj heterosexual

heyday ['heɪdeɪ] n: **the ~ of** el apogeo de

HGV n abbr = **heavy goods vehicle**

hi [haɪ] excl ¡hola!; (to attract attention) ¡oiga!

hiatus [haɪ'eɪtəs] n vacío

hibernate ['haɪbəneɪt] vi invernar

hiccough ['hɪkʌp] = **hiccup**

hiccup ['hɪkʌp] vi hipar; **~s** npl hipo

hide [haɪd] (pt **hid**, pp **hidden**) n (skin) piel f ♦ vt esconder, ocultar ♦ vi: **to ~ (from sb)** esconderse or ocultarse (de uno); **~-and-seek** n escondite m

hideous ['hɪdɪəs] adj horrible

hiding ['haɪdɪŋ] n (beating) paliza; **to be in ~** (concealed) estar escondido

hierarchy ['haɪərɑːkɪ] n jerarquía

hi-fi ['haɪfaɪ] n estéreo, hifi ♦ adj de alta fidelidad

high [haɪ] adj alto; (speed, number) grande; (price) elevado; (wind) fuerte; (voice) agudo ♦ adv alto, a gran altura; **it is 20 m ~** tiene 20 m de altura; **~ in the air** en las alturas; **~brow** adj intelectual; **~chair** n silla alta; **~er education** n educación f or enseñanza superior; **~-handed** adj despótico; **~-heeled** adj de tacón alto; **~ jump** n (SPORT) salto de altura; **the H~lands** npl las tierras altas de Escocia; **~light** n (fig: of event) punto culminante; (in hair) reflejo ♦ vt subrayar; **~ly** adv (paid) muy bien; (critical, confidential) sumamente; (a lot): **to speak/think ~ly of** hablar muy bien de/tener en mucho a; **~ly strung** adj hipertenso; **~ness** n altura; **Her or His H~ness** Su Alteza; **~-pitched** adj agudo; **~-rise block** n torre f de pisos; **~ school** n =
Instituto Nacional de Bachillerato (SP);

~ season (BRIT) n temporada alta; **~ street** (BRIT) n calle f mayor; **~way** n carretera; (US) carretera nacional; autopista; **H~way Code** (BRIT) n código de la circulación

hijack ['haɪdʒæk] vt secuestrar; **~er** n secuestrador(a) m/f

hike [haɪk] vi (go walking) ir de excursión (a pie) ♦ n caminata; **~r** n excursionista m/f; **hiking** n senderismo

hilarious [hɪ'leərɪəs] adj divertidísimo

hill [hɪl] n colina; (high) montaña; (slope) cuesta; **~side** n ladera; **~ walking** n senderismo (de montaña); **~y** adj montañoso

hilt [hɪlt] n (of sword) empuñadura; **to the ~** (fig: support) incondicionalmente

him [hɪm] pron (direct) le, lo; (indirect) le; (stressed, after prep) él; see also **me**; **~self** pron (reflexive) se; (emphatic) él mismo; (after prep) sí (mismo); see also **oneself**

hinder ['hɪndə*] vt estorbar, impedir; **hindrance** ['hɪndrəns] n estorbo

hindsight ['haɪndsaɪt] n: **with ~** en retrospectiva

Hindu ['hɪnduː] n hindú m/f

hinge [hɪndʒ] n bisagra, gozne m ♦ vi (fig): **to ~ on** depender de

hint [hɪnt] n (of) indirecta; (advice) consejo; (sign) dejo ♦ vt: **to ~ that** insinuar que ♦ vi: **to ~ at** hacer alusión a

hip [hɪp] n cadera

hippopotamus [hɪpə'pɒtəməs] (pl **~es** or **hippopotami**) n hipopótamo

hire ['haɪə*] vt (BRIT: car, equipment) alquilar; (worker) contratar ♦ n alquiler m; **for ~** se alquila; (taxi) libre; **~(d) car** (BRIT) n coche m de alquiler; **~ purchase** (BRIT) n compra a plazos

his [hɪz] pron (el) suyo/(la) suya etc ♦ adj su; see also **mine[1]**; **my**

Hispanic [hɪs'pænɪk] adj hispánico

hiss [hɪs] vi silbar

historian [hɪ'stɔːrɪən] n historiador(a) m/f

historic(al) [hɪ'stɔrɪk(l)] adj histórico

history ['hɪstərɪ] n historia

hit [hɪt] (pt, pp hit) vt (strike) golpear, pegar; (reach: target) alcanzar; (collide with: car) chocar contra; (fig: affect) afectar ♦ n golpe m; (success) éxito; **to ~ it off with sb** llevarse bien con uno; **~-and-run driver** n conductor(a) que atropella y huye

hitch [hɪtʃ] vt (fasten) atar, amarrar; (also: ~ up) remangar ♦ n (difficulty) dificultad f; **to ~ a lift** hacer autostop

hitch-hike vi hacer autostop; **~r** n autostop m

hi-tech [haɪˈtɛk] adj de alta tecnología

hitherto ['hɪðə'tu:] adv hasta ahora

HIV n abbr (= human immunodeficiency virus) VIH m; **~-negative/positive** adj VIH negativo/positivo

hive [haɪv] n colmena

HMS abbr = **His (Her) Majesty's Ship**

hoard [hɔːd] n (treasure) tesoro; (stockpile) provisión f ♦ vt acumular; (goods in short supply) acaparar; **~ing** n (for posters) cartelera

hoarse [hɔːs] adj ronco

hoax [həuks] n trampa

hob [hɒb] n quemador m

hobble ['hɒbl] vi cojear

hobby ['hɒbɪ] n pasatiempo, afición f

hobo ['həubəu] (US) n vagabundo

hockey ['hɒkɪ] n hockey m

hog [hɒg] n cerdo, chancho ♦ vt (fig) acaparar; **to go the whole ~** poner toda la carne en el asador

hoist [hɔɪst] n (crane) grúa ♦ vt levantar, alzar; (flag, sail) izar

hold [həuld] (pt, pp held) vt sostener; (contain) contener; (have: power, qualification) tener; (keep back) retener; (believe) sostener; (consider) considerar; (keep in position): **to ~ one's head up** mantener la cabeza alta; (meeting) celebrar ♦ vi (withstand pressure) resistir; (be valid) valer f ♦ n (grasp) asimiento; (fig) dominio; **~ the line!** (TEL) ¡no cuelgue!; **to ~ one's own**

(fig) defenderse; **to catch** or **get (a) ~ of** agarrarse or asirse de; **~ back** vt retener; (secret) ocultar; **~ down** vt (person) sujetar; (job) mantener; **~ off** vt (enemy) rechazar; **~ on** vi agarrarse bien; (wait) esperar; **~ on!** (TEL) ¡(espere) un momento!; **to ~ on to** vt fus agarrarse a; (keep) guardar; **~ out** vt ofrecer ♦ vi (resist) resistir; **~ up** vt (raise) levantar; (support) apoyar; (delay) retrasar; (rob) asaltar; **~all** (BRIT) n bolsa; **~er** n (container) receptáculo; (of ticket, record) poseedor(a) m/f; (of office, title etc) titular m/f; (of share) interés m; (farmland) parcela; **~up** n (robbery) atraco; (delay) retraso; (BRIT: in traffic) embotellamiento

hole [həul] n agujero

holiday ['hɒlədɪ] n vacaciones fpl; (public) (día m de) fiesta, día m feriado; **on ~** de vacaciones; **~ camp** n (BRIT: also: ~ centre) centro de vacaciones; **~-maker** (BRIT) n turista m/f; **~ resort** n centro turístico

holiness ['həulɪnɪs] n santidad f

Holland ['hɒlənd] n Holanda

hollow ['hɒləu] adj hueco; (claim) vacío; (eyes) hundido; (sound) sordo ♦ n hueco; (in ground) hoyo ♦ vt: **to ~ out** excavar

holly ['hɒlɪ] n acebo

holocaust ['hɒləkɔːst] n holocausto

holy ['həulɪ] adj santo, sagrado; (water) bendito

homage ['hɒmɪdʒ] n homenaje m

home [həum] n casa; (country) patria; (institution) asilo ♦ cpd (domestic) casero, de casa; (ECON, POL) nacional ♦ adv (direction) a casa; (right in: nail etc) a fondo; **at ~** en casa; (in country) en el país; (fig) como pez en el agua; **to go/come** ir/volver a casa; **make yourself at ~** ¡estás en tu casa!; **~ address** n domicilio; **~land** n tierra natal; **~less** adj sin hogar, sin casa; **~ly** adj (simple) sencillo; **~-made** adj casero; **H~ Office** (BRIT) n Ministerio del Interior; **~ page** n página de inicio; **~ rule** n autonomía f; **H~ Secretary** (BRIT) n Ministro del Interior; **~sick** adj: **to be ~sick** tener morriña, sentir nostalgia; **~ town** n ciudad f natal; **~ward** ['həumwəd] adj (journey) hacia casa; **~work** n deberes mpl

homoeopathic [həumɪə'pæθɪk] (US **homeopathic**) adj homeopático

homosexual [hɔməu'seksjuəl] adj, n homosexual m/f

Honduran [hɔn'djuərən] adj, n hondureño/a m/f

Honduras [hɔn'djuərəs] n Honduras f

honest ['ɔnɪst] adj honrado; (sincere) franco, sincero; **~ly** adv honradamente; francamente; **~y** n honradez f

honey ['hʌnɪ] n miel f; **~comb** n panal m; **~moon** n luna de miel; **~suckle** n madreselva

honk [hɔŋk] vi (AUT) tocar el pito, pitar

honorary ['ɔnərərɪ] adj (member, president) de honor; (title) honorífico; **~ degree** n doctorado honoris causa

honour ['ɔnə*] (US **honor**) vt honrar; (commitment, promise) cumplir con ♦ n honor m, honra; **~able** adj honorable; **~s degree** n (SCOL) título de licenciado con calificación alta

hood [hud] n capucha; (BRIT: AUT) capota; (US: AUT) capó m; (of cooker) campana de humos

hoof [hu:f] (pl **hooves**) n pezuña

hook [huk] n gancho; (on dress) corchete m, broche m; (for fishing) anzuelo ♦ vt enganchar; (fish) pescar

hooligan ['hu:lɪgən] n gamberro

hoop [hu:p] n aro

hooray [hu:'reɪ] excl = **hurray**

hoot [hu:t] (BRIT) vi (AUT) tocar el pito, pitar; (siren) sonar la sirena; (owl) ulular; **~er** (BRIT) n (AUT) pito, claxon m; (NAUT) sirena

Hoover ® ['hu:və*] (BRIT) n aspiradora ♦ vt: **h~** pasar la aspiradora por

hooves [hu:vz] npl of **hoof**

hop [hɔp] vi saltar, brincar; (on one

foot) saltar con un pie

hope [həup] vt, vi esperar ♦ n esperanza; I **~ so/not** espero que sí; no; **~ful** adj (person) optimista; (situation) prometedor; adj; **~fully** adv con esperanza; (one hopes): **~fully he will recover** esperamos que se recupere; **~less** adj desesperado; (person): **to be ~less** ser un desastre

hops [hɔps] npl lúpulo

horizon [hə'raɪzn] n horizonte m; **~tal** [hɔrɪ'zɔntl] adj horizontal

hormone ['hɔːməun] n hormona

horn [hɔːn] n cuerno; (MUS: also: French ~) trompa; (AUT) pito, claxon m

hornet ['hɔːnɪt] n avispón m

horoscope ['hɔrəskəup] n horóscopo

horrible ['hɔrɪbl] adj horrible

horrid ['hɔrɪd] adj horrible, horroroso

horrify ['hɔrɪfaɪ] vt horrorizar

horror ['hɔrə*] n horror m; **~ film** n película de horror

hors d'œuvre [ɔː'dəːvrə] n entremeses mpl

horse [hɔːs] n caballo; **~back: on ~back** a caballo; **~ chestnut** n (tree) castaño de Indias; (nut) castaña de Indias; **~man/woman** (irreg) n jinete/a m/f; **~power** n caballo (de fuerza); **~-racing** n carreras fpl de caballos; **~radish** n rábano picante; **~shoe** n herradura

hose [həuz] n (also: ~pipe) manguera

hospitable [hɔs'pɪtəbl] adj hospitalario

hospital ['hɔspɪtl] n hospital m

hospitality [hɔspɪ'tælɪtɪ] n hospitalidad f

host [həust] n anfitrión m; (TV, RADIO) presentador m; (REL) hostia; (large number): **a ~ of** multitud de

hostage ['hɔstɪdʒ] n rehén m

hostel ['hɔstl] n hostal m; **(youth) ~** albergue m juvenil

hostess ['həustɪs] n anfitriona; (BRIT: air ~) azafata; (TV, RADIO) presentadora

hostile ['hɔstaɪl] adj hostil

hot [hɔt] adj caliente; (weather)

caluroso, de calor; (*as opposed to warm*) muy caliente; (*spicy*) picante; **to be ~** (*person*) tener calor; (*object*) estar caliente; (*weather*) hacer calor; **~bed** n (*fig*) semillero; **~ dog** n perro caliente

hotel [həu'tɛl] n hotel m

hot: ~house n invernadero; **~ line** n (*POL*) teléfono rojo; **~ly** adv con pasión, apasionadamente; **~water bottle** n bolsa de agua caliente

hound [haund] vt acosar ♦ n perro (de caza)

hour ['auə*] n hora; **~ly** adj (de) cada hora

house [n haus, pl 'hauzız, vb hauz] n (*gen, firm*) casa; (*POL*) cámara; (*THEATRE*) sala ♦ vt (*person*) alojar; (*collection*) albergar; **on the ~** (*fig*) la casa invita; **~ arrest** n arresto domiciliario; **~boat** n casa flotante; **~bound** adj confinado en casa; **~breaking** n allanamiento de morada; **~hold** n familia; (*home*) casa; **~keeper** n ama de llaves; **~keeping** n (*work*) trabajos mpl domésticos; **~keeping (money)** n dinero para gastos domésticos; **~warming party** n fiesta de estreno de una casa; **~wife** (*irreg*) n ama de casa; **~work** n faenas fpl (de la casa)

housing ['hauzıŋ] n (*act*) alojamiento; (*houses*) viviendas fpl; **~ development, ~ estate** (*BRIT*) n urbanización f

hovel ['hɔvl] n casucha

hover ['hɔvə*] vi flotar (en el aire); **~craft** n aerodeslizador m

how [hau] adv (*in what way*) cómo; **~ are you?** ¿cómo estás?; **~ much milk/many people?** ¿cuánta leche/ gente?; **~ much does it cost?** ¿cuánto cuesta?; **~ long have you been here?** ¿cuánto hace que estás aquí?; **~ old are you?** ¿cuántos años tienes?; **~ tall is he?** ¿cómo es de alto?; **~ is school?** ¿cómo (te) va en la escuela?; **~ was the film?** ¿qué tal la película?; **~ lovely/awful!** ¡qué bonito/horror!

however [hau'ɛvə*] adv: **~ I do it** lo haga como lo haga; **~ cold it is** por mucho frío que haga; **~ fast he runs** por muy rápido que corra; **~ did you do it?** ¿cómo lo hiciste? ♦ conj sin embargo, no obstante

howl [haul] n aullido ♦ vi aullar; (*person*) dar alaridos; (*wind*) ulular

H.P. n abbr = **hire purchase**

h.p. abbr = **horse power**

HQ n abbr = **headquarters**

HTML n abbr (= *hypertext markup language*) lenguaje m de hipertexto

hub [hʌb] n (*of wheel*) cubo; (*fig*) centro

hubcap ['hʌbkæp] n tapacubos m inv

huddle ['hʌdl] vi: **to ~ together** acurrucarse

hue [hju:] n color m, matiz m

huff [hʌf] n: **in a ~** enojado

hug [hʌg] vt abrazar; (*thing*) apretar con los brazos

huge [hju:dʒ] adj enorme

hull [hʌl] n (*of ship*) casco

hullo [hə'ləu] excl = **hello**

hum [hʌm] vt tararear, canturrear ♦ vi tararear, canturrear; (*insect*) zumbar

human ['hju:mən] adj, n humano; **~e** [hju:'meın] adj humano, humanitario; **~itarian** [hju:mænı'tɛərıən] adj humanitario; (*ity* [hju:'mænıtı] n humanidad f

humble ['hʌmbl] adj humilde

humdrum ['hʌmdrʌm] adj (*boring*) monótono, aburrido

humid ['hju:mıd] adj húmedo

humiliate [hju:'mılıeıt] vt humillar

humorous ['hju:mərəs] adj gracioso, divertido

humour ['hju:mə*] (*US* **humor**) n humorismo, sentido del humor; (*mood*) humor m ♦ vt (*person*) complacer

hump [hʌmp] n (*in ground*) montículo; (*camel's*) giba

hunch [hʌntʃ] n (*premonition*) presentimiento; **~back** n joroba m/f; **~ed** adj jorobado

hundred ['hʌndrəd] *num* ciento; (*before n*) cien; **~s of** centenares de; **~weight** *n* (*BRIT*) = 50.8 kg; 112 lb; (*US*) = 45.3 kg; 100 lb

hung [hʌŋ] *pt, pp of* **hang**

Hungarian [hʌŋ'gɛərɪən] *adj, n* húngaro/a *m/f*

Hungary ['hʌŋgərɪ] *n* Hungría

hunger ['hʌŋgə*] *n* hambre f ♦ *vi*: **to ~ for** (*fig*) tener hambre de, anhelar; **~ strike** *n* huelga de hambre

hungry ['hʌŋgrɪ] *adj*: **~ (for)** hambriento (de); **to be ~** tener hambre

hunk [hʌŋk] *n* (*of bread etc*) trozo, pedazo

hunt [hʌnt] *vt* (*seek*) buscar; (*SPORT*) cazar ♦ *vi* (*search*): **to ~ (for)** buscar; (*SPORT*) cazar ♦ *n* búsqueda, caza, cacería; **~er** *n* cazador/a *m/f*; **~ing** *n* caza

hurdle ['hə:dl] *n* (*in SPORT*) valla; (*fig*) obstáculo

hurl [hə:l] *vt* lanzar, arrojar

hurrah [hu'rɑ:] *excl* = **hurray**

hurray [hu'reɪ] *excl* ¡viva!

hurricane ['hʌrɪkən] *n* huracán *m*

hurried ['hʌrɪd] *adj* (*rushed*) hecho de prisa; **~ly** *adv* con prisa, apresuradamente

hurry ['hʌrɪ] *n* prisa ♦ *vi* (*also: ~ up*) apresurarse, darse prisa ♦ *vt* (*also: ~ up: person*) dar prisa a; (: *work*) apresurar, hacer de prisa; **to be in a ~** tener prisa

hurt [hə:t] (*pt, pp* **hurt**) *vt* hacer daño a ♦ *vi* doler ♦ *adj* lastimado; **~ful** *adj* hiriente (*remark etc*)

hurtle ['hə:tl] *vi*: **to ~ past** pasar como un rayo; **to ~ down** ir a toda velocidad

husband ['hʌzbənd] *n* marido

hush [hʌʃ] *n* silencio ♦ *vt* hacer callar; **~!** ¡chitón!, ¡cállate!; **~ up** *vt* encubrir

husk [hʌsk] *n* (*of wheat*) cáscara

husky ['hʌskɪ] *adj* ronco ♦ *n* perro esquimal

hustle ['hʌsl] *vt* (*hurry*) dar prisa a ♦ *n*: **~ and bustle** ajetreo

hut [hʌt] *n* cabaña; (*shed*) cobertizo

hutch [hʌtʃ] *n* conejera

hyacinth ['haɪəsɪnθ] *n* jacinto

hydrant ['haɪdrənt] *n* (*also: fire ~*) boca de incendios

hydraulic [haɪ'drɔ:lɪk] *adj* hidráulico

hydroelectric [haɪdrəʊ'lektrɪk] *adj* hidroeléctrico

hydrofoil ['haɪdrəfɔɪl] *n* aerodeslizador *m*

hydrogen ['haɪdrədʒən] *n* hidrógeno

hygiene ['haɪdʒi:n] *n* higiene f; **hygienic** [-'dʒi:nɪk] *adj* higiénico

hymn [hɪm] *n* himno

hype [haɪp] *(inf)* *n* bombardeo publicitario

hypermarket ['haɪpəmɑ:kɪt] *n* hipermercado

hyphen ['haɪfn] *n* guión *m*

hypnotize ['hɪpnətaɪz] *vt* hipnotizar

hypocrisy [hɪ'pɒkrɪsɪ] *n* hipocresía;

hypocrite ['hɪpəkrɪt] *n* hipócrita *m/f*; **hypocritical** [hɪpə'krɪtɪkl] *adj* hipócrita

hypothesis [haɪ'pɒθɪsɪs] *n* (*pl* **hypotheses**) *n* hipótesis f *inv*

hysteria [hɪ'stɪərɪə] *n* histeria; **hysterical** [-'sterɪkl] *adj* histérico; (*funny*) para morirse de risa; **hysterics** [-'sterɪks] *npl* histeria; **to be in ~** (*fig*) morirse de risa

I, i

I [aɪ] *pron* yo

ice [aɪs] *n* hielo; (*~ cream*) helado *f* (*cake*) alcorzar ♦ *vi* (*also: ~ over, ~ up*) helarse; **~berg** *n* iceberg *m*; **~box** *n* (*BRIT*) congelador *m*; (*US*) nevera (*SP*), refrigeradora (*AM*); **~ cream** *n* helado; **~ cube** *n* cubito de hielo; **~d** *adj* (*cake*) escarchado; (*drink*) helado; **~ hockey** *n* hockey *m* sobre hielo

Iceland ['aɪslənd] *n* Islandia

ice: ~ **lolly** (BRIT) n polo; ~ **rink** n pista de hielo; ~ **skating** n patinaje m sobre hielo

icicle ['aɪsɪkl] n carámbano

icing ['aɪsɪŋ] n (CULIN) alcorza; ~ **sugar** (BRIT) n azúcar m glas(eado)

icon ['aɪkɔn] n icono

icy ['aɪsɪ] adj helado

I'd [aɪd] = **I would; I had**

idea [aɪ'dɪə] n idea

ideal [aɪ'dɪəl] n ideal m ♦ adj ideal

identical [aɪ'dɛntɪkl] adj idéntico

identification [aɪdɛntɪfɪ'keɪʃən] n identificación f; (means of) ~ documentos mpl personales

identify [aɪ'dɛntɪfaɪ] vt identificar

Identikit ® [aɪ'dɛntɪkɪt] n: ~ **(picture)** retrato-robot m

identity [aɪ'dɛntɪtɪ] n identidad f; ~ **card** n carnet m de identidad

ideology [aɪdɪ'ɔlədʒɪ] n ideología

idiom ['ɪdɪəm] n modismo; (style of speaking) lenguaje m

idiosyncrasy [ɪdɪəu'sɪŋkrəsɪ] n idiosincrasia

idiot ['ɪdɪət] n idiota m/f; ~**ic** [-'ɔtɪk] adj tonto

idle ['aɪdl] adj (inactive) ocioso; (lazy) holgazán/ana; (unemployed) parado, desocupado; (machinery etc) parado; (talk etc) frívolo ♦ vi (machine) marchar en vacío

idol ['aɪdl] n ídolo; ~**ize** vt idolatrar

i.e. abbr (= that is) esto es

if [ɪf] conj si; ~ **necessary** si fuera necesario, si hiciera falta; ~ **I were you** yo en tu lugar; ~ **so/not** de ser así/si no; ~ **only I could!** ¡ojalá pudiera!, see also **as; even**

igloo ['ɪgluː] n iglú m

ignite [ɪg'naɪt] vt (set fire to) encender ♦ vi encenderse

ignition [ɪg'nɪʃən] n (AUT: process) ignición f; (: mechanism) encendido; **to switch on/off the** ~ arrancar/apagar el motor; ~ **key** n (AUT) llave f de contacto

ignorant ['ɪgnərənt] adj ignorante; **to be** ~ **of** ignorar

ignore [ɪg'nɔː*] vt (person, advice) no hacer caso de; (fact) pasar por alto

I'll [aɪl] = **I will; I shall**

ill [ɪl] adj enfermo, malo ♦ n mal m ♦ adv mal; **to be taken** ~ ponerse enfermo; ~**-advised** adj (decision) imprudente; ~**-at-ease** adj incómodo

illegal [ɪ'liːgl] adj ilegal

illegible [ɪ'lɛdʒɪbl] adj ilegible

illegitimate [ɪlɪ'dʒɪtɪmət] adj ilegítimo

ill-fated [ɪl'feɪtɪd] adj malogrado

ill feeling n rencor m

illiterate [ɪ'lɪtərət] adj analfabeto

ill: ~**-mannered** adj mal educado; ~**ness** n enfermedad f; ~**-treat** vt maltratar

illuminate [ɪ'luːmɪneɪt] vt (room, street) iluminar, alumbrar;
illumination [-'neɪʃən] n alumbrado;
illuminations npl (decorative lights) iluminaciones fpl, luces fpl

illusion [ɪ'luːʒən] n ilusión f; (trick) truco

illustrate ['ɪləstreɪt] vt ilustrar

illustration [ɪlə'streɪʃən] n (act of illustrating) ilustración f; (example) ejemplo, ilustración f; (in book) lámina

illustrious [ɪ'lʌstrɪəs] adj ilustre

I'm [aɪm] = **I am**

image ['ɪmɪdʒ] n imagen f; ~**ry** [-ərɪ] n imágenes fpl

imaginary [ɪ'mædʒɪnərɪ] adj imaginario

imagination [ɪmædʒɪ'neɪʃən] n imaginación f; (inventiveness) inventiva

imaginative [ɪ'mædʒɪnətɪv] adj imaginativo

imagine [ɪ'mædʒɪn] vt imaginarse

imbalance [ɪm'bæləns] n desequilibrio

imitate ['ɪmɪteɪt] vt imitar; **imitation** [ɪmɪ'teɪʃən] n imitación f; (copy) copia

immaculate [ɪ'mækjulət] adj inmaculado

immaterial [ɪmə'tɪərɪəl] adj (unimportant) sin importancia

immature [ˌɪməˈtjuə*] adj (person) inmaduro

immediate [ɪˈmiːdɪət] adj inmediato; (pressing) urgente, apremiante; (nearest: family) próximo; (: neighbourhood) inmediato; **~ly** adv (at once) en seguida; (directly) inmediatamente; **~ly next to** muy junto a

immense [ɪˈmens] adj inmenso, enorme; (importance) enorme

immerse [ɪˈmɜːs] vt (submerge) sumergir; **to be ~d in** (fig) estar absorto en

immersion heater [ɪˈmɜːʃən-] (BRIT) n calentador m de inmersión

immigrant [ˈɪmɪɡrənt] n inmigrante m/f; **immigration** [ɪmɪˈɡreɪʃən] n inmigración f

imminent [ˈɪmɪnənt] adj inminente

immobile [ɪˈməubaɪl] adj inmóvil

immoral [ɪˈmɒrl] adj inmoral

immortal [ɪˈmɔːtl] adj inmortal

immune [ɪˈmjuːn] adj: **~ (to)** immune (a); **immunity** n (MED, of diplomat) inmunidad f

immunize [ˈɪmjunaɪz] vt inmunizar

impact [ˈɪmpækt] n impacto

impair [ɪmˈpeə*] vt perjudicar

impart [ɪmˈpɑːt] vt comunicar; (flavour) proporcionar

impartial [ɪmˈpɑːʃl] adj imparcial

impassable [ɪmˈpɑːsəbl] adj (barrier) infranqueable; (river, road) intransitable

impassive [ɪmˈpæsɪv] adj impasible

impatience [ɪmˈpeɪʃəns] n impaciencia

impatient [ɪmˈpeɪʃnt] adj impaciente; **to get** or **grow ~** impacientarse

impeccable [ɪmˈpekəbl] adj impecable

impede [ɪmˈpiːd] vt estorbar

impediment [ɪmˈpedɪmənt] n obstáculo, estorbo; (also: speech ~) defecto (del habla)

impending [ɪmˈpendɪŋ] adj inminente

imperative [ɪmˈperətɪv] adj (tone) imperioso; (need) imprescindible

imperfect [ɪmˈpɜːfɪkt] adj (goods etc)

defectuoso ♦ n (LING: also: ~ tense) imperfecto

imperial [ɪmˈpɪərɪəl] adj imperial

impersonal [ɪmˈpɜːsənl] adj impersonal

impersonate [ɪmˈpɜːsəneɪt] vt hacerse pasar por; (THEATRE) imitar

impertinent [ɪmˈpɜːtɪnənt] adj impertinente, insolente

impervious [ɪmˈpɜːvɪəs] adj impermeable; (fig): **~ to** insensible a

impetuous [ɪmˈpetjuəs] adj impetuoso

impetus [ˈɪmpɪtəs] n ímpetu m; (fig) impulso

impinge [ɪmˈpɪndʒ]: **to ~ on** vt fus (affect) afectar a

implement [n ˈɪmplɪmənt, vb ˈɪmplɪment] n herramienta; (for cooking) utensilio f ♦ vt (regulation) hacer efectivo; (plan) realizar

implicit [ɪmˈplɪsɪt] adj implícito; (belief, trust) absoluto

imply [ɪmˈplaɪ] vt (involve) suponer; (hint) dar a entender que

impolite [ɪmpəˈlaɪt] adj mal educado

import [vb ɪmˈpɔːt, n ˈɪmpɔːt] vt importar ♦ n (COMM) importación f; (: article) producto importado; (meaning) significado, sentido

importance [ɪmˈpɔːtəns] n importancia

important [ɪmˈpɔːtənt] adj importante; **it's not ~** no importa, no tiene importancia

importer [ɪmˈpɔːtə*] n importador(a) m/f

impose [ɪmˈpəuz] vt imponer ♦ vi: **to ~ on sb** abusar de uno; **imposing** adj imponente, impresionante

imposition [ɪmpəˈzɪʃn] n (of tax etc) imposición f; **to be an ~ on** (person) molestar a

impossible [ɪmˈpɒsɪbl] adj imposible; (person) insoportable

impotent [ˈɪmpətənt] adj impotente

impound [ɪmˈpaund] vt embargar

impoverished [ɪmˈpɒvərɪʃt] adj

necesitado

impractical [ɪmˈpræktɪkl] *adj* (*person, plan*) poco práctico

imprecise [ɪmprɪˈsaɪs] *adj* impreciso

impregnable [ɪmˈprɛgnəbl] *adj* (*castle*) inexpugnable

impress [ɪmˈprɛs] *vt* impresionar; (*mark*) estampar; **to ~ sth on sb** hacer entender algo a uno

impression [ɪmˈprɛʃən] *n* impresión *f*; (*imitation*) imitación *f*; **to be under the ~ that** tener la impresión de que; **~ist** *n* impresionista *m/f*

impressive [ɪmˈprɛsɪv] *adj* impresionante

imprint [ˈɪmprɪnt] *n* (*outline*) huella *f*; (*PUBLISHING*) pie *m* de imprenta

imprison [ɪmˈprɪzn] *vt* encarcelar; **~ment** *n* encarcelamiento; (*term of ~ment*) cárcel *f*

improbable [ɪmˈprɔbəbl] *adj* improbable, inverosímil

improper [ɪmˈprɔpə*] *adj* (*unsuitable: conduct etc*) incorrecto; (: *activities*) deshonesto

improve [ɪmˈpruːv] *vt* mejorar; (*foreign language*) perfeccionar ♦ *vi* mejorarse; **~ment** *n* mejoramiento; perfección *f*; progreso

improvise [ˈɪmprəvaɪz] *vt*, *vi* improvisar

impulse [ˈɪmpʌls] *n* impulso; **to act on ~** obrar sin reflexión; **impulsive** [-ˈpʌlsɪv] *adj* irreflexivo

impure [ɪmˈpjuə*] *adj* (*adulterated*) adulterado; (*morally*) impuro; **impurity** *n* impureza

KEYWORD

in [ɪn] *prep* **1** (*indicating place, position, with place names*) en; **~ the house/ garden** en (la) casa/el jardín; **~ here/ there** aquí/ahí *or* allí dentro; **~ London/England** en Londres/ Inglaterra

2 (*indicating time*) en; **~ spring** en (la) primavera; **~ the afternoon** por la tarde; **at 4 o'clock ~ the afternoon** a las 4 de la tarde; **I did it ~ 3 hours/days** lo hice en 3 horas/días; **I'll see you ~ 2 weeks** *or* **~ 2 weeks' time** te veré dentro de 2 semanas

3 (*indicating manner etc*) en; **~ a loud/soft voice** en voz alta/baja; **~ pencil/ink** a lápiz/bolígrafo; **the boy ~ the blue shirt** el chico de la camisa azul

4 (*indicating circumstances*): **~ the sun/shade/rain** al sol/a la sombra/ bajo la lluvia; **a change ~ policy** un cambio de política

5 (*indicating mood, state*): **~ tears** en lágrimas, llorando; **~ anger/despair** enfadado/desesperado; **to live ~ luxury** vivir lujosamente

6 (*with ratios, numbers*): **1 ~ 10 households, 1 household ~ 10** una de cada 10 familias; **20 pence ~ the pound** 20 peniques por libra; **they lined up ~ twos** se alinearon de dos en dos

7 (*referring to people, works*) en; entre; **the disease is common ~ children** la enfermedad es común entre los niños; **~ (the works of) Dickens** en (las obras de) Dickens

8 (*indicating profession etc*): **to be ~ teaching** estar en la enseñanza

9 (*after superlative*) de; **the best pupil ~ the class** el/la mejor alumno/a de la clase

10 (*with present participle*): **~ saying this** al decir esto

♦ *adv*: **to be ~** (*person: at home*) estar en casa; (*work*) estar; (*train, ship, plane*) haber llegado; (*in fashion*) estar de moda; **she'll be ~ later today** llegará más tarde hoy; **to ask sb ~** hacer pasar a uno; **to run/limp etc ~** entrar corriendo/cojeando *etc*

♦ *n*: **the ~s and outs** (*of proposal, situation etc*) los detalles

in. abbr = **inch**

inability [ɪnə'bɪlɪtɪ] n: **~ (to do)** incapacidad f (de hacer)

inaccurate [ɪn'ækjʊrət] adj inexacto, incorrecto

inadequate [ɪn'ædɪkwət] adj (income, reply etc) insuficiente; (person) incapaz

inadvertently [ɪnəd'vɜːtntlɪ] adv por descuido

inadvisable [ɪnəd'vaɪzəbl] adj poco aconsejable

inane [ɪ'neɪn] adj necio, fatuo

inanimate [ɪn'ænɪmət] adj inanimado

inappropriate [ɪnə'prəʊprɪət] adj inadecuado; (improper) poco oportuno

inarticulate [ɪnɑː'tɪkjʊlət] adj (person) incapaz de expresarse; (speech) mal pronunciado

inasmuch as [ɪnəz'mʌtʃ-] conj puesto que, ya que

inauguration [ɪnɔːgju'reɪʃən] n ceremonia de apertura

inborn [ɪn'bɔːn] adj (quality) innato

inbred [ɪn'bred] adj innato; (family) engendrado por endogamia

Inc. abbr (US: = incorporated) S.A.

incapable [ɪn'keɪpəbl] adj incapaz

incapacitate [ɪnkə'pæsɪteɪt] vt: **to ~ sb** incapacitar a uno

incense [n 'ɪnsens, vb ɪn'sens] n incienso ♦ vt (anger) indignar, encolerizar

incentive [ɪn'sentɪv] n incentivo, estímulo

incessant [ɪn'sesnt] adj incesante, continuo; **~ly** adv constantemente

incest ['ɪnsest] n incesto

inch [ɪntʃ] n pulgada; **to be within an ~ of** estar a dos dedos de; **he didn't give an ~** no dio concesión alguna

incident ['ɪnsɪdnt] n incidente m

incidental [ɪnsɪ'dentl] adj accesorio; **~ to** relacionado con; **~ly** [-'dentəlɪ] adv (by the way) a propósito

incite [ɪn'saɪt] vt provocar

inclination [ɪnklɪ'neɪʃən] n (tendency)

tendencia, inclinación f; (desire) deseo; (disposition) propensión f

incline [n 'ɪnklaɪn, vb ɪn'klaɪn] n pendiente m, cuesta ♦ vt (head) poner de lado ♦ vi inclinarse; **to ~d to** (tend) ser propenso a

include [ɪn'kluːd] vt (incorporate) incluir; (in letter) adjuntar; **including** prep incluso, inclusive

inclusion [ɪn'kluːʒən] n inclusión f

inclusive [ɪn'kluːsɪv] adj inclusivo; **~ of tax** incluidos los impuestos

income ['ɪŋkʌm] n (earned) ingresos mpl; (from property etc) renta; (from investment etc) rédito; **~ tax** n impuesto sobre la renta

incoming ['ɪnkʌmɪŋ] adj (flight, government etc) entrante

incomparable [ɪn'kɒmpərəbl] adj incomparable, sin par

incompatible [ɪnkəm'pætɪbl] adj incompatible

incompetent [ɪn'kɒmpɪtənt] adj incompetente

incomplete [ɪnkəm'pliːt] adj (partial: achievement etc) incompleto; (unfinished: painting etc) inacabado

incongruous [ɪn'kɒŋgrʊəs] adj (strange) discordante; (inappropriate) incongruente

inconsiderate [ɪnkən'sɪdərət] adj desconsiderado

inconsistent [ɪnkən'sɪstənt] adj inconsecuente; (contradictory) incongruente; **~ with** (que) no concuerda con

inconspicuous [ɪnkən'spɪkjʊəs] adj (colour, building etc) discreto; (person) que llama poco la atención

inconvenience [ɪnkən'viːnjəns] n inconvenientes mpl; (trouble) molestia, incomodidad f ♦ vt incomodar

inconvenient [ɪnkən'viːnjənt] adj incómodo, poco práctico; (time, place, visitor) inoportuno

incorporate [ɪn'kɔːpəreɪt] vt incorporar; (contain) comprender;

(*add*) agregar; **~d** adj: **~d company**
(*US*) ≈ sociedad f anónima
incorrect [ɪnkəˈrɛkt] adj incorrecto
increase [n ˈɪnkriːs, vb ɪnˈkriːs] n
aumento ♦ vi aumentar; (*grow*) crecer;
(*price*) subir ♦ vt aumentar; (*price*)
subir; **increasing** adj creciente;
increasingly adv cada vez más, más y
más
incredible [ɪnˈkrɛdɪbl] adj increíble
incubator [ˈɪnkjubeɪtə*] n incubadora
incumbent [ɪnˈkʌmbənt] adj: **it is
~ on him to ...** le incumbe ...
incur [ɪnˈkəː*] vt (*expenditure*) incurrir;
(*loss*) sufrir; (*anger, disapproval*)
provocar
indebted [ɪnˈdɛtɪd] adj: **to be ~ to sb**
estar agradecido a uno
indecent [ɪnˈdiːsnt] adj indecente;
~ assault (*BRIT*) n atentado contra el
pudor; **~ exposure** n exhibicionismo
indecisive [ɪndɪˈsaɪsɪv] adj indeciso
indeed [ɪnˈdiːd] adv efectivamente, en
realidad; (*in fact*) en efecto;
(*furthermore*) es más; **yes ~!** ¡claro que
sí!
indefinitely [ɪnˈdɛfɪnɪtlɪ] adv (*wait*)
indefinidamente
indemnity [ɪnˈdɛmnɪtɪ] n (*insurance*)
indemnidad f; (*compensation*)
indemnización f
independence [ɪndɪˈpɛndns] n
independencia

Independence Day

El cuatro de julio es Independence
Day *la fiesta nacional de Estados
Unidos, que se celebra en
conmemoración de la Declaración de
Independencia, escrita por Thomas
Jefferson y aprobada en 1776. En ella
se proclamaba la independencia total
de Gran Bretaña de las trece colonias
americanas que serían el origen de los
Estados Unidos de América.*

independent [ɪndɪˈpɛndənt] adj

independiente
index [ˈɪndɛks] (*pl* **~es**) n (*in book*)
índice m; (: *in library etc*) catálogo; (*pl
indices*: *ratio, sign*) exponente m;
~ card n ficha; **~ed** (*US*) adj = **~-
linked**; **~ finger** n índice m; **~-linked**
(*BRIT*) adj vinculado al índice del coste
de la vida
India [ˈɪndɪə] n la India; **~n** adj, n
indio/a m/f; **Red ~n** piel roja m/f; **~
Ocean** n: **the ~n Ocean** el Océano
Índico
indicate [ˈɪndɪkeɪt] vt indicar;
indication [-ˈkeɪʃən] n indicio, señal f;
indicative [ɪnˈdɪkətɪv] adj: **to be ~
indicative of** indicar; **indicator** n
indicador m; (*AUT*) intermitente m
indices [ˈɪndɪsiːz] npl of **index**
indictment [ɪnˈdaɪtmənt] n acusación
f
indifferent [ɪnˈdɪfrənt] adj indiferente;
(*mediocre*) regular
indigenous [ɪnˈdɪdʒɪnəs] adj indígena
indigestion [ɪndɪˈdʒɛstʃən] n
indigestión f
indignant [ɪnˈdɪgnənt] adj: **to be ~ at
sth/with sb** indignarse por algo/con
uno
indigo [ˈɪndɪgəu] adj de color añil ♦ n
añil m
indirect [ɪndɪˈrɛkt] adj indirecto
indiscreet [ɪndɪˈskriːt] adj indiscreto,
imprudente
indiscriminate [ɪndɪˈskrɪmɪnət] adj
indiscriminado
indisputable [ɪndɪˈspjuːtəbl] adj
incontestable
indistinct [ɪndɪˈstɪŋkt] adj (*noise,
memory etc*) confuso
individual [ɪndɪˈvɪdjuəl] n individuo
♦ adj individual; (*personal*) personal;
(*particular*) particular; **~ly** adv (*singly*)
individualmente
indoctrinate [ɪnˈdɔktrɪneɪt] vt
adoctrinar
indoor [ˈɪndɔː*] adj (*swimming pool*)
cubierto; (*plant*) de interior; (*sport*)

bajo cubierta; **~s** [ɪn'dɔːz] adv dentro

induce [ɪn'djuːs] vt inducir, persuadir; (bring about) producir; (birth) provocar; **~ment** n (incentive) incentivo; (pej: bribe) soborno

indulge [ɪn'dʌldʒ] vt (whim) satisfacer; (person) complacer; (child) mimar ♦ vi: **to ~ in** darse el gusto de; **~nce** n vicio; (leniency) indulgencia; **~nt** adj indulgente

industrial [ɪn'dʌstrɪəl] adj industrial; **~ action** n huelga; (BRIT) **estate** (BRIT) n polígono (SP) or zona (AM) industrial; **~ist** n industrial m/f; **~ize** vt industrializar; **~ park** (US) n = **~ estate**

industrious [ɪn'dʌstrɪəs] adj trabajador(a); (student) aplicado

industry ['ɪndəstrɪ] n industria; (diligence) aplicación f

inebriated [ɪ'niːbrɪeɪtɪd] adj borracho

inedible [ɪn'edɪbl] adj incomible; (poisonous) no comestible

ineffective [ɪnɪ'fektɪv] adj ineficaz, inútil

ineffectual [ɪnɪ'fektjuəl] adj = **ineffective**

inefficient [ɪnɪ'fɪʃənt] adj ineficaz, ineficiente

inept [ɪ'nept] adj incompetente

inequality [ɪnɪ'kwɔlɪtɪ] n desigualdad f

inert [ɪ'nɜːt] adj inerte, inactivo; (immobile) inmóvil

inescapable [ɪnɪ'skeɪpəbl] adj ineludible

inevitable [ɪn'evɪtəbl] adj inevitable; **inevitably** adv inevitablemente

inexcusable [ɪnɪks'kjuːzəbl] adj imperdonable

inexpensive [ɪnɪk'spensɪv] adj económico

inexperienced [ɪnɪk'spɪərɪənst] adj inexperto

infallible [ɪn'fælɪbl] adj infalible

infamous ['ɪnfəməs] adj infame

infancy ['ɪnfənsɪ] n infancia

infant ['ɪnfənt] n niño/a; (baby) niño

pequeño, bebé m; (pej) aniñado

infantry ['ɪnfəntrɪ] n infantería

infant school (BRIT) n parvulario

infatuated [ɪn'fætjueɪtɪd] adj: **~ with** (in love) loco por

infatuation [ɪnfætju'eɪʃən] n enamoramiento, pasión f

infect [ɪn'fekt] vt (wound) infectar; (food) contaminar; (person, animal) contagiar; **~ion** [ɪn'fekʃən] n infección f; (fig) contagio; **~ious** [ɪn'fekʃəs] adj (also fig) contagioso

infer [ɪn'fɜː*] vt deducir, inferir

inferior [ɪn'fɪərɪə*] adj, n inferior m/f; **~ity** [-rɪ'ɔrətɪ] n inferioridad f

infertile [ɪn'fɜːtaɪl] adj estéril; (person) infecundo

infested [ɪn'festɪd] adj: **~ with** plagado de

in-fighting n (fig) lucha(s) f(pl) interna(s)

infinite ['ɪnfɪnɪt] adj infinito

infinitive [ɪn'fɪnɪtɪv] n infinitivo

infinity [ɪn'fɪnɪtɪ] n infinito; (an ~) infinidad f

infirmary [ɪn'fɜːmərɪ] n hospital m

inflamed [ɪn'fleɪmd] adj: **to become ~** inflamarse

inflammable [ɪn'flæməbl] adj inflamable

inflammation [ɪnflə'meɪʃən] n inflamación f

inflatable [ɪn'fleɪtəbl] adj (ball, boat) inflable

inflate [ɪn'fleɪt] vt (tyre, price etc) inflar; (fig) hinchar; **inflation** [ɪn'fleɪʃən] n (ECON) inflación f

inflexible [ɪn'fleksəbl] adj (rule) rígido; (person) inflexible

inflict [ɪn'flɪkt] vt: **to ~ sth on sb** infligir algo en uno

influence ['ɪnfluəns] n influencia ♦ vt influir en, influenciar; **under the ~ of alcohol** en estado de embriaguez; **influential** [-'enfl] adj influyente

influenza [ɪnflu'enzə] n gripe f

influx ['ɪnflʌks] n afluencia

inform [ɪnˈfɔːm] vt: to ~ sb of sth
informar a uno sobre or de algo ♦ vi:
to ~ on sb delatar a uno

informal [ɪnˈfɔːməl] adj (manner, tone)
familiar; (dress, interview, occasion)
informal; (visit, meeting) extraoficial;
~ity [-ˈmælɪtɪ] n informalidad f;
sencillez f

informant [ɪnˈfɔːmənt] n informante
m/f

information [ɪnfəˈmeɪʃən] n
información f; (knowledge)
conocimientos mpl; a piece of ~ un
dato; ~ desk n (mostrador m de)
información f; ~ office n información f

informative [ɪnˈfɔːmətɪv] adj
informativo

informer [ɪnˈfɔːmə*] n (also: police ~)
soplón/ona m/f

infra-red [ɪnfrəˈred] adj infrarrojo

infrastructure [ˈɪnfrəstrʌktʃə*] n (of
system etc) infraestructura

infringe [ɪnˈfrɪndʒ] vt infringir, violar
♦ vi: to ~ on abusar de; **~ment** n
infracción f; (of rights) usurpación f

infuriating [ɪnˈfjuərɪeɪtɪŋ] adj (habit,
noise) enloquecedor(a)

ingenious [ɪnˈdʒiːnjəs] adj ingenioso;
ingenuity [-dʒɪˈnjuːɪtɪ] n ingeniosidad
f

ingenuous [ɪnˈdʒenjuəs] adj ingenuo

ingot [ˈɪŋgət] n lingote m, barra

ingrained [ɪnˈgreɪnd] adj arraigado

ingratiate [ɪnˈgreɪʃɪeɪt] vt: to ~ o.s.
with congraciarse con

ingredient [ɪnˈgriːdɪənt] n ingrediente
m

inhabit [ɪnˈhæbɪt] vt vivir en; **~ant** n
habitante m/f

inhale [ɪnˈheɪl] vt inhalar ♦ vi (breathe
in) aspirar; (in smoking) tragar

inherent [ɪnˈhɪərənt] adj: ~ in or to
inherente a

inherit [ɪnˈherɪt] vt heredar; **~ance** n
herencia; (fig) patrimonio

inhibit [ɪnˈhɪbɪt] vt inhibir, impedir;
~ed adj (PSYCH) cohibido; **~ion**

[-ˈbɪʃən] n cohibición f

inhospitable [ɪnhɔsˈpɪtəbl] adj
(person) inhospitalario; (place)
inhóspito

inhuman [ɪnˈhjuːmən] adj inhumano

initial [ɪˈnɪʃl] adj primero ♦ n inicial f
♦ vt firmar con las iniciales; **~s** npl (as
signature) iniciales fpl; (abbreviation)
siglas fpl; **~ly** adv al principio

initiate [ɪˈnɪʃɪeɪt] vt iniciar; to ~
proceedings against sb (LAW)
entablar proceso contra uno

initiative [ɪˈnɪʃətɪv] n iniciativa

inject [ɪnˈdʒekt] vt inyectar; to ~ sb
with sth inyectar algo a uno; **~ion**
[ɪnˈdʒekʃən] n inyección f

injunction [ɪnˈdʒʌŋkʃən] n interdicto

injure [ˈɪndʒə*] vt (hurt) herir, lastimar;
(fig: reputation etc) perjudicar; **~d** adj
(person, arm) herido, lastimado; **injury**
n herida, lesión f; (wrong) perjuicio,
daño; **injury time** n (SPORT) (tiempo
de) descuento

injustice [ɪnˈdʒʌstɪs] n injusticia

ink [ɪŋk] n tinta

inkling [ˈɪŋklɪŋ] n sospecha; (idea) idea

inlaid [ˈɪnleɪd] adj (with wood, gems
etc) incrustado

inland [adj ˈɪnlənd, adv ɪnˈlænd] adj
(waterway, port etc) interior ♦ adv tierra
adentro; **I~ Revenue** (BRIT) n
departamento de impuestos; ≈
Hacienda (SP)

in-laws npl suegros mpl

inlet [ˈɪnlet] n (GEO) ensenada, cala;
(TECH) admisión f, entrada

inmate [ˈɪnmeɪt] n (in prison) preso/a;
presidiario/a; (in asylum) internado/a

inn [ɪn] n posada, mesón m

innate [ɪˈneɪt] adj innato

inner [ˈɪnə*] adj (courtyard, calm)
interior; (feelings) íntimo; **~ city** n
barrios deprimidos del centro de una
ciudad; **~ tube** n (of tyre) cámara (SP),
llanta (AM)

innings [ˈɪnɪŋz] n (CRICKET) entrada,
turno

innocent ['ɪnəsnt] *adj* inocente

innocuous [ɪ'nɔkjuəs] *adj* inocuo

innovation [ɪnəʊ'veɪʃən] *n* novedad *f*

innuendo [ɪnjʊ'ɛndəʊ] (*pl* ~es) *n* indirecta

inoculation [ɪnɔkjʊ'leɪʃən] *n* inoculación *f*

in-patient *n* paciente *m/f* interno/a *f*

input ['ɪnpʊt] *n* entrada; (*of resources*) inversión *f*; (*COMPUT*) entrada de datos

inquest ['ɪnkwɛst] *n* (*coroner's*) encuesta judicial

inquire [ɪn'kwaɪə*] *vi* preguntar ♦ *vt*: **to ~ whether** preguntar si; **to ~ about** (*person*) preguntar por; (*fact*) informarse de; **~ into** *vt fus* investigar, indagar; **inquiry** *n* pregunta; (*investigation*) investigación *f*, pesquisa; **"Inquiries" "Información"; inquiry office** (*BRIT*) *n* oficina de información

inquisitive [ɪn'kwɪzɪtɪv] *adj* (*curious*) curioso

ins. *abbr* = **inches**

insane [ɪn'seɪn] *adj* loco; (*MED*) demente

insanity [ɪn'sænɪtɪ] *n* demencia, locura

inscription [ɪn'skrɪpʃən] *n* inscripción *f*; (*in book*) dedicatoria

inscrutable [ɪn'skruːtəbl] *adj* inescrutable, insondable

insect ['ɪnsɛkt] *n* insecto; **~icide** [ɪn'sɛktɪsaɪd] *n* insecticida *m*; **~ repellent** *n* loción *f* contra insectos

insecure [ɪnsɪ'kjʊə*] *adj* inseguro

insemination [ɪnsɛmɪ'neɪʃən] *n*: **artificial ~** inseminación *f* artificial

insensitive [ɪn'sɛnsɪtɪv] *adj* insensible

insert [*vb* ɪn'sɜːt, *n* 'ɪnsɜːt] *vt* (*into sth*) introducir ♦ *n* encarte *m*; **~ion** [ɪn'sɜːʃən] *n* inserción *f*

in-service ['ɪnsə:vɪs] *adj* (*training, course*) a cargo de la empresa

inshore [ɪn'ʃɔː*] *adj* de bajura ♦ *adv* (*be*) cerca de la orilla; (*move*) hacia la orilla

inside ['ɪn'saɪd] *n* interior *m* ♦ *adj* interior, interno ♦ *adv* (*be*) (por)

dentro; (*go*) hacia dentro ♦ *prep* dentro de; (*of time*): **~ 10 minutes** en menos de 10 minutos; **~s** *npl* (*inf: stomach*) tripas *fpl*; **~ information** *n* información *f* confidencial; **~ lane** *n* (*AUT: in Britain*) carril *m* izquierdo; (: *in US, Europe etc*) carril *m* derecho; **~ out** *adv* (*turn*) al revés; (*know*) a fondo

insider dealing, insider trading *n* (*STOCK EXCHANGE*) abuso de información privilegiada

insight ['ɪnsaɪt] *n* perspicacia

insignificant [ɪnsɪg'nɪfɪknt] *adj* insignificante

insincere [ɪnsɪn'sɪə*] *adj* poco sincero

insinuate [ɪn'sɪnjʊeɪt] *vt* insinuar

insipid [ɪn'sɪpɪd] *adj* soso, insulso

insist [ɪn'sɪst] *vi* insistir; **to ~ on** insistir en; **to ~ that** insistir en que; (*claim*) exigir que; **~ent** *adj* insistente; (*noise, action*) persistente

insole ['ɪnsəʊl] *n* plantilla

insolent ['ɪnsələnt] *adj* insolente, descarado

insomnia [ɪn'sɔmnɪə] *n* insomnio

inspect [ɪn'spɛkt] *vt* inspeccionar, examinar; (*troops*) pasar revista a; **~ion** [ɪn'spɛkʃən] *n* inspección *f*, examen *m*; (*of troops*) revista; **~or** *n* inspector(a) *m/f*; (*BRIT: on buses, trains*) revisor(a) *m/f*

inspiration [ɪnspə'reɪʃən] *n* inspiración *f*; **inspire** [ɪn'spaɪə*] *vt* inspirar

instability [ɪnstə'bɪlɪtɪ] *n* inestabilidad *f*

install [ɪn'stɔːl] *vt* instalar; (*official*) nombrar; **~ation** [ɪnstə'leɪʃən] *n* instalación *f*

instalment [ɪn'stɔːlmənt] (*US* **installment**) *n* plazo; (*of story*) entrega; (*of TV serial etc*) capítulo; **in ~s** (*pay, receive*) a plazos

instance ['ɪnstəns] *n* ejemplo, caso; **for ~** por ejemplo; **in the first ~** en primer lugar

instant ['ɪnstənt] *n* instante *m*, momento ♦ *adj* inmediato; (*coffee etc*)

instantáneo; **~ly** adv en seguida
instead [ɪn'stɛd] adv en cambio; **~ of** en lugar de, en vez de
instep ['ɪnstɛp] n empeine m
instil [ɪn'stɪl] vt: **to ~ sth into** inculcar algo a
instinct ['ɪnstɪŋkt] n instinto
institute ['ɪnstɪtjuːt] n instituto; (professional body) colegio ♦ vt (begin) iniciar, empezar; (proceedings) entablar; (system, rule) establecer
institution [ɪnstɪ'tjuːʃən] n institución f; (MED: home) asilo; (: asylum) manicomio; (of system etc) establecimiento; (of custom) iniciación f
instruct [ɪn'strʌkt] vt: **to ~ sb in sth** instruir a uno en o sobre algo; **to ~ sb to do sth** dar instrucciones a uno de hacer algo; **~ion** [ɪn'strʌkʃən] n (teaching) instrucción f; **~ions** npl (orders) órdenes fpl; **~ions (for use)** modo de empleo; **~or** n instructor(a) m/f
instrument ['ɪnstrəmənt] n instrumento; **~al** [-'mɛntl] adj (MUS) instrumental; **to be ~al in** ser (el) artífice de; **~ panel** n tablero (de instrumentos)
insufficient [ɪnsə'fɪʃənt] adj insuficiente
insular ['ɪnsjulə*] adj insular; (person) estrecho de miras
insulate ['ɪnsjuleɪt] vt aislar; **insulation** [-'leɪʃən] n aislamiento
insulin ['ɪnsjulɪn] n insulina
insult [n 'ɪnsʌlt, vb ɪn'sʌlt] n insulto ♦ vt insultar, **~ing** adj insultante
insurance [ɪn'ʃuərəns] n seguro; **fire/life ~** seguro contra incendios/sobre la vida; **~ agent** n agente m/f de seguros; **~ policy** n póliza (de seguros)
insure [ɪn'ʃuə*] vt asegurar
intact [ɪn'tækt] adj íntegro, (unharmed) intacto
intake ['ɪnteɪk] n (of food) ingestión f; (of air) consumo; (BRIT: SCOL): **an ~ of 200 a year** 200 matriculados al año

integral ['ɪntɪgrəl] adj (whole) íntegro; (part) integrante
integrate ['ɪntɪgreɪt] vt integrar ♦ vi integrarse
integrity [ɪn'tɛgrɪtɪ] n honradez f, rectitud f
intellect ['ɪntəlɛkt] n intelecto; **~ual** [-'lɛktjuəl] adj, n intelectual m/f
intelligence [ɪn'tɛlɪdʒəns] n inteligencia
intelligent [ɪn'tɛlɪdʒənt] adj inteligente
intelligible [ɪn'tɛlɪdʒɪbl] adj inteligible, comprensible
intend [ɪn'tɛnd] vt (gift etc): **to ~ sth for** destinar algo a; **to ~ to do sth** tener intención de o pensar hacer algo
intense [ɪn'tɛns] adj intenso; **~ly** adv (extremely) sumamente
intensify [ɪn'tɛnsɪfaɪ] vt intensificar; (increase) aumentar
intensive [ɪn'tɛnsɪv] adj intensivo; **~ care unit** n unidad f de vigilancia intensiva
intent [ɪn'tɛnt] n propósito; (LAW) premeditación f ♦ adj (absorbed) absorto; (attentive) atento; **to all ~s and purposes** prácticamente; **to be ~ on doing sth** estar resuelto a hacer algo
intention [ɪn'tɛnʃən] n intención f, propósito; **~al** adj deliberado; **~ally** adv a propósito
intently [ɪn'tɛntlɪ] adv atentamente, fijamente
interact [ɪntər'ækt] vi influirse mutuamente; **~ive** adj (COMPUT) interactivo
interchange ['ɪntətʃeɪndʒ] n intercambio; (on motorway) intersección f; **~able** adj intercambiable
intercom ['ɪntəkɔm] n interfono
intercourse ['ɪntəkɔːs] n (sexual) relaciones fpl sexuales
interest ['ɪntrɪst] n (also COMM) interés m ♦ vt interesar; **to be ~ed in**

interesarse por; **~ing** *adj* interesante; **~ rate** *n* tipo o tasa de interés

interface ['ɪntəfeɪs] *n* (COMPUT) junción *f*

interfere [ɪntəˈfɪəˈ] *vi*: **to ~ in** entrometerse en; **to ~ with** (*hinder*) estorbar; (*damage*) estropear

interference [ɪntəˈfɪərəns] *n* intromisión *f*; (RADIO, TV) interferencia

interim ['ɪntərɪm] *n*: **in the ~** en el ínterin ♦ *adj* provisional

interior [ɪnˈtɪərɪəˈ] *n* interior *m* ♦ *adj* interior; **~ designer** *n* interiorista *m/f*

interjection [ɪntəˈdʒekʃən] *n* interposición *f*; (LING) interjección *f*

interlock [ɪntəˈlɔk] *vi* entrelazarse

interlude ['ɪntəluːd] *n* intervalo; (THEATRE) intermedio

intermediate [ɪntəˈmiːdɪət] *adj* intermedio

intermission [ɪntəˈmɪʃən] *n* intermisión *f*; (THEATRE) descanso

intern [*vb* ɪnˈtəːn, *n* ˈɪntəːn] *vt* internar ♦ *n* (US) interno/a

internal [ɪnˈtəːnl] *adj* (*layout, pipes, security*) interior; (*injury, structure, memo*) internal; **~ly** *adv*: "**not to be taken ~ly**" "uso externo"; **I~ Revenue Service** (US) *n* departamento de impuestos; ≈ Hacienda (SP)

international [ɪntəˈnæʃənl] *adj* internacional ♦ *n* (BRIT: *match*) partido internacional

Internet ['ɪntənet] *n*: **the ~** Internet *m* or *f*; **~ café** *n* cibercafé *m*; **~ Service Provider** *n* proveedor *m* de (acceso a) Internet

interplay ['ɪntəpleɪ] *n* interacción *f*

interpret [ɪnˈtəːprɪt] *vt* interpretar; (*translate*) traducir; (*understand*) entender ♦ *vi* hacer de intérprete; **~er** *n* intérprete *m/f*

interrogate [ɪnˈterəugeɪt] *vt* interrogar; **interrogation** [-ˈgeɪʃən] *n* interrogatorio

interrupt [ɪntəˈrʌpt] *vt, vi* interrumpir;

~ion [-ˈrʌpʃən] *n* interrupción *f*

intersect [ɪntəˈsekt] *vi* (*roads*) cruzarse; **~ion** [-ˈsekʃən] *n* (*of roads*) cruce *m*

intersperse [ɪntəˈspəːs] *vt*: **to ~ with** salpicar de

intertwine [ɪntəˈtwaɪn] *vt* entrelazarse

interval ['ɪntəvl] *n* intervalo; (BRIT: THEATRE, SPORT) descanso; (: SCOL) recreo; **at ~s** a ratos, de vez en cuando

intervene [ɪntəˈviːn] *vi* intervenir; (*event*) interponerse; (*time*) transcurrir; **intervention** *n* intervención *f*

interview ['ɪntəvjuː] *n* entrevista ♦ *vt* entrevistarse con; **~er** *n* entrevistador/a *m/f*

intestine [ɪnˈtestɪn] *n* intestino

intimacy ['ɪntɪməsɪ] *n* intimidad *f*

intimate [*adj* 'ɪntɪmət, *vb* 'ɪntɪmeɪt] *adj* íntimo; (*friendship*) estrecho; (*knowledge*) profundo ♦ *vt* dar a entender

into ['ɪntuː] *prep* en; (*towards*) a; (*inside*) hacia el interior de; **~ 3 pieces/French** en 3 pedazos/al francés

intolerable [ɪnˈtɔlərəbl] *adj* intolerable, insoportable

intolerant [ɪnˈtɔlərənt] *adj*: **~ (of)** intolerante (con or para)

intoxicated [ɪnˈtɔksɪkeɪtɪd] *adj* embriagado

intractable [ɪnˈtræktəbl] *adj* (*person*) intratable; (*problem*) espinoso

intranet ['ɪntrənet] *n* intranet *f*

intransitive [ɪnˈtrænsɪtɪv] *adj* intransitivo

intravenous [ɪntrəˈviːnəs] *adj* intravenoso

in-tray *n* bandeja de entrada

intricate ['ɪntrɪkət] *adj* (*design, pattern*) intrincado

intrigue [ɪnˈtriːg] *n* intriga ♦ *vt* fascinar; **intriguing** *adj* fascinante

intrinsic [ɪnˈtrɪnsɪk] *adj* intrínseco

introduce [ɪntrəˈdjuːs] *vt* introducir, meter; (*speaker, TV show etc*) presentar;

to ~ sb (to sb) presentar uno (a otro); **to ~ sb to** (pastime, technique) introducir a uno a; **introduction** [-'dʌkʃən] n introducción f; (of person) presentación f; **introductory** [-'dʌktəri] adj introductorio; (lesson, offer) de introducción

introvert ['ɪntrəvə:t] n introvertido/a ♦ adj (also: ~ed) introvertido

intrude [ɪn'tru:d] vi (person) entrometerse; **to ~ on** estorbar; **~r** n intruso/a; **intrusion** [-ʒən] n invasión f

intuition [ɪntju:'ɪʃən] n intuición f

inundate ['ɪnʌndeɪt] vt: **to ~ with** inundar de

invade [ɪn'veɪd] vt invadir

invalid [n 'ɪnvəlɪd, adj ɪn'vælɪd] n (MED) minusválido/a ♦ adj (not valid) inválido, nulo

invaluable [ɪn'væljuəbl] adj inestimable

invariable [ɪn'vɛəriəbl] adj invariable

invent [ɪn'vɛnt] vt inventar; **~ion** [ɪn'vɛnʃən] n invento; (lie) ficción f, mentira; **~ive** adj inventivo; **~or** n inventor(a) m/f

inventory ['ɪnvəntri] n inventario

invert [ɪn'və:t] vt invertir; **inverted commas** (BRIT) npl comillas fpl

invest [ɪn'vɛst] vt invertir ♦ vi: **to ~ in** (company etc) invertir dinero en; (fig: sth useful) comprar

investigate [ɪn'vɛstɪgeɪt] vt investigar; **investigation** [-'geɪʃən] n investigación f, pesquisa

investment [ɪn'vɛstmənt] n inversión f

investor [ɪn'vɛstə*] n inversionista m/f

invigilator [ɪn'vɪdʒɪleɪtə*] n persona que vigila en un examen

invigorating [ɪn'vɪgəreɪtɪŋ] adj vigorizante

invisible [ɪn'vɪzɪbl] adj invisible

invitation [ɪnvɪ'teɪʃən] n invitación f

invite [ɪn'vaɪt] vt invitar; (opinions etc) solicitar, pedir; **inviting** adj atractivo;

(food) apetitoso

invoice ['ɪnvɔɪs] n factura ♦ vt facturar

involuntary [ɪn'vɔləntrɪ] adj involuntario

involve [ɪn'vɔlv] vt suponer, implicar; tener que ver con; (concern, affect) corresponder; **to ~ sb (in sth)** comprometer a uno (con algo); **~d** adj complicado; **to be ~d in** (take part) tomar parte en; (be engrossed) estar muy metido en; **~ment** n participación f; dedicación f

inward ['ɪnwəd] adj (movement) interior, interno; (thought, feeling) íntimo; **~(s)** adv hacia dentro

I/O abbr (COMPUT = input/output) entrada/salida

iodine ['aɪəudi:n] n yodo

ion ['aɪən] n ion m; **ioniser** ['aɪənaɪzə*] n ionizador m

iota [aɪ'əutə] n (fig) jota, ápice m

IOU n abbr (= I owe you) pagaré m

IQ n abbr (= intelligence quotient) cociente m intelectual

IRA n abbr (= Irish Republican Army) IRA m

Iran [ɪ'rɑ:n] n Irán m; **~ian** [ɪ'reɪnɪən] adj, n iraní m/f

Iraq [ɪ'rɑ:k] n Iraq; **~i** adj, n iraquí m/f

irate [aɪ'reɪt] adj enojado, airado

Ireland ['aɪələnd] n Irlanda

iris ['aɪrɪs] (pl **~es**) n (ANAT) iris m; (BOT) lirio

Irish ['aɪrɪʃ] adj irlandés/esa ♦ npl: **the ~** los irlandeses; **~man/woman** (irreg) n irlandés/esa m/f; **~ Sea** n: **the ~ Sea** el Mar de Irlanda

iron ['aɪən] n hierro; (for clothes) plancha ♦ cpd de hierro ♦ vt (clothes) planchar; **~ out** vt (fig) allanar

ironic(al) [aɪ'rɔnɪk(l)] adj irónico

ironing ['aɪənɪŋ] n (activity) planchado; (clothes: ironed) ropa planchada; (: to be ironed) ropa por planchar; **~ board** n tabla de planchar

ironmonger's (shop) ['aɪənmʌŋgəz] (BRIT) n ferretería, quincallería

irony ['aɪərənɪ] *n* ironía

irrational [ɪ'ræʃənl] *adj* irracional

irreconcilable [ɪrekən'saɪləbl] *adj* (*ideas*) incompatible; (*enemies*) irreconciliable

irregular [ɪ'regjʊlə*] *adj* irregular; (*surface*) desigual; (*action, event*) anómalo; (*behaviour*) poco ortodoxo

irrelevant [ɪ'reləvnt] *adj* fuera de lugar, inoportuno

irresolute [ɪ'rezəluːt] *adj* indeciso

irrespective [ɪrɪ'spektɪv]: **~ of** *prep* sin tener en cuenta, no importa

irresponsible [ɪrɪ'spɒnsɪbl] *adj* (*act*) irresponsable; (*person*) poco serio

irrigate ['ɪrɪgeɪt] *vt* regar; **irrigation** [-'geɪʃən] *n* riego

irritable ['ɪrɪtəbl] *adj* (*person*) de mal humor

irritate ['ɪrɪteɪt] *vt* fastidiar; (*MED*) picar; **irritating** *adj* fastidioso; **irritation** [-'teɪʃən] *n* fastidio; enfado; picazón *f*

IRS (*US*) *n abbr* = **Internal Revenue Service**

is [ɪz] *vb see* **be**

Islam ['ɪzlɑːm] *n* Islam *m*; **~ic** [ɪz'læmɪk] *adj* islámico

island ['aɪlənd] *n* isla; **~er** *n* isleño/a

isle [aɪl] *n* isla

isn't ['ɪznt] = **is not**

isolate ['aɪsəleɪt] *vt* aislar; **~d** *adj* aislado; **isolation** [-'leɪʃən] *n* aislamiento

ISP *n abbr* = **Internet Service Provider**

Israel ['ɪzreɪl] *n* Israel *m*; **~i** [ɪz'reɪlɪ] *adj, n* israelí *m/f*

issue ['ɪsjuː] *n* (*problem, subject*) cuestión *f*; (*outcome*) resultado *m*; (*of banknotes etc*) emisión *f*; (*of newspaper etc*) edición *f* ♦ *vt* (*rations, equipment*) distribuir, repartir; (*orders*) dar; (*certificate, passport*) expedir; (*decree*) promulgar; (*magazine*) publicar; (*cheques*) extender; (*banknotes, stamps*) emitir; **at ~** en cuestión; **to take ~ with sb (over)** estar en desacuerdo

con uno (sobre); **to make an ~ of sth** hacer una cuestión de algo

Istanbul [ɪstæn'buːl] *n* Estambul *m*

KEYWORD
---

it [ɪt] *pron* **1** (*specific: subject: not generally translated*) él/ella; (: *direct object*) lo, la; (: *indirect object*) le; (*after prep*) él/ella; (*abstract concept*) ello; **~'s on the table** está en la mesa; **I can't find ~** no lo (*or* la) encuentro; **give ~ to me** dámelo (*or* dámela); **I spoke to him about ~** le hablé del asunto; **what did you learn from ~?** ¿qué aprendiste de él (*or* ella)?; **did you go to ~?** (*party, concert etc*) ¿fuiste?

2 (*impersonal*): **~'s raining** llueve, está lloviendo; **~'s 6 o'clock/the 10th of August** son las 6/es el 10 de agosto; **how far is ~?** — **~'s 10 miles/2 hours on the train** ¿a qué distancia está? — a 10 millas/2 horas en tren; **who is ~?** — **~'s me** ¿quién es? — soy yo

---

Italian [ɪ'tæljən] *adj* italiano ♦ *n* italiano/a; (*LING*) italiano *m*

italics [ɪ'tælɪks] *npl* cursiva

Italy ['ɪtəlɪ] *n* Italia

itch [ɪtʃ] *n* picazón *f* ♦ *vi* (*part of body*) picar; **to do sth** rabiar por hacer algo; **~y** *adj*: **my hand is ~y** me pica la mano

it'd ['ɪtd] = **it would; it had**

item ['aɪtəm] *n* artículo; (*on agenda*) asunto (*a tratar*); (*also: news ~*) noticia; **~ize** *vt* detallar

itinerary [aɪ'tɪnərərɪ] *n* itinerario

it'll ['ɪtl] = **it will; it shall**

its [ɪts] *adj* su; sus *pl*

it's [ɪts] = **it is; it has**

itself [ɪt'self] *pron* (*reflexive*) sí mismo/a; (*emphatic*) él mismo/ella misma

ITV *n abbr* (*BRIT*) = **Independent Television**) cadena de televisión comercial independiente del Estado

I.U.D. *n abbr* (= *intra-uterine device*)

DIU m

I've [aɪv] = **I have**

ivory ['aɪvərɪ] n marfil m

ivy ['aɪvɪ] n (BOT) hiedra

J, j

jab [dʒæb] vt: **to ~ sth into sth** clavar algo en algo ♦ n (inf) (MED) pinchazo

jack [dʒæk] n (AUT) gato; (CARDS) sota; **~ up** vt (AUT) levantar con gato

jackal ['dʒækɔːl] n (ZOOL) chacal m

jacket ['dʒækɪt] n chaqueta, americana, saco (AM); (of book) sobrecubierta

jack: ~-knife vi colear; **~ plug** n (ELEC) enchufe m de clavija; **~pot** n premio gordo

jaded ['dʒeɪdɪd] adj (tired) cansado; (fed-up) hastiado

jagged ['dʒægɪd] adj dentado

jail [dʒeɪl] n cárcel f ♦ vt encarcelar

jam [dʒæm] n mermelada; (also: traffic ~) embotellamiento; (inf: difficulty) apuro ♦ vt (passage etc) obstruir; (mechanism, drawer etc) atascar; (RADIO) interferir ♦ vi atascarse, trabarse; **to ~ sth into sth** meter algo a la fuerza en algo

Jamaica [dʒə'meɪkə] n Jamaica

jangle ['dʒæŋgl] vi entrechocar (ruidosamente)

janitor ['dʒænɪtə*] n (caretaker) portero, conserje m

January ['dʒænjuərɪ] n enero

Japan [dʒə'pæn] n (el) Japón; **~ese** [dʒæpə'niːz] adj japonés/esa ♦ n inv japonés/esa m/f; (LING) japonés m

jar [dʒɑː*] n tarro, bote m ♦ vi (sound) chirriar; (colours) desentonar

jargon ['dʒɑːgən] n jerga

jasmine ['dʒæzmɪn] n jazmín m

jaundice ['dʒɔːndɪs] n ictericia

jaunt [dʒɔːnt] n excursión f

javelin ['dʒævlɪn] n jabalina

jaw [dʒɔː] n mandíbula

jay [dʒeɪ] n (ZOOL) arrendajo

jaywalker ['dʒeɪwɔːkə*] n peatón/ona m/f imprudente

jazz [dʒæz] n jazz m; **~ up** vt (liven up) animar, avivar

jealous ['dʒeləs] adj celoso; (envious) envidioso; **~y** n celos mpl; envidia

jeans [dʒiːnz] npl vaqueros mpl, tejanos mpl

Jeep ® [dʒiːp] n jeep m

jeer [dʒɪə*] vi: **to ~ (at)** (mock) mofarse (de)

jelly ['dʒelɪ] n (jam) jalea; (dessert etc) gelatina; **~fish** n inv medusa (SP), aguaviva (AM)

jeopardy ['dʒepədɪ] n: **to be in ~** estar en peligro

jerk [dʒɜːk] n (jolt) sacudida, (wrench) tirón m; (inf) imbécil m/f ♦ vt tirar bruscamente de ♦ vi (vehicle) traquetear

jersey ['dʒɜːzɪ] n jersey m; (fabric) (tejido de) punto

Jesus ['dʒiːzəs] n Jesús m

jet [dʒet] n (of gas, liquid) chorro; (AVIAT) avión m a reacción, **~-black** adj negro como el azabache; **~ engine** n motor m a reacción; **~ lag** n desorientación f después de un largo vuelo

jettison ['dʒetɪsn] vt desechar

jetty ['dʒetɪ] n muelle m, embarcadero

Jew [dʒuː] n judío

jewel ['dʒuːəl] n joya; (in watch) rubí m; **~ler** (US **~er**) n joyero/a, **~ler's (shop)** (US **~ry store**) n joyería; **~lery** (US **~ry**) n joyas fpl, alhajas fpl

Jewess ['dʒuːɪs] n judía

Jewish ['dʒuːɪʃ] adj judío

jibe [dʒaɪb] n mofa

jiffy ['dʒɪfɪ] (inf) n: **in a ~** en un santiamén

jigsaw ['dʒɪgsɔː] n (also: ~ puzzle) rompecabezas m inv, puzle m

jilt [dʒɪlt] vt dejar plantado a

jingle ['dʒɪŋgl] n musiquilla ♦ vi tintinear

jinx [dʒɪŋks] n: **there's a ~ on it** está

gafado

jitters ['dʒɪtəz] (inf) npl: **to get the ~** ponerse nervioso

job [dʒɔb] n (task) tarea; (post) empleo; **it's not my ~** no me incumbe a mí; **it's a good ~ that ...** menos mal que ...; **just the ~!** ¡estupendo!; **~ centre** (BRIT) n oficina estatal de colocaciones; **~less** adj sin trabajo

jockey ['dʒɔkɪ] n jockey m/f ♦ vi: **to ~ for position** maniobrar para conseguir una posición

jog [dʒɔg] vt empujar (ligeramente) ♦ vi (run) hacer footing; **to ~ sb's memory** refrescar la memoria a uno; **~ along** vi (fig) ir tirando; **~ging** n footing m

join [dʒɔɪn] vt (things) juntar, unir; (club) hacerse socio de; (POL: party) afiliarse a; (queue) ponerse en; (meet: people) reunirse con ♦ vi (roads) juntarse; (rivers) confluir ♦ n juntura; **~ in** vi tomar parte, participar ♦ vt fus tomar parte or participar en; **~ up** vi reunirse; (MIL) alistarse

joiner ['dʒɔɪnə*] (BRIT) n carpintero/a; **~y** n carpintería

joint [dʒɔɪnt] n (TECH) junta, unión f; (ANAT) articulación f; (BRIT: CULIN) pieza de carne (para asar); (inf: place) tugurio; (: of cannabis) porro ♦ adj (common) común; (combined) combinado; **~ account** (with bank etc) cuenta común

joke [dʒəuk] n chiste m; (also: practical ~) broma ♦ vi bromear; **to play a ~ on** gastar una broma a; **~r** n (CARDS) comodín m

jolly ['dʒɔlɪ] adj (merry) alegre; (enjoyable) divertido ♦ adv (BRIT: inf) muy, terriblemente

jolt [dʒəult] n (jerk) sacudida; (shock) susto ♦ vt (physically) sacudir; (emotionally) asustar

jostle ['dʒɔsl] vt dar empellones a, codear

jot [dʒɔt] n: **not one ~** ni jota, ni

pizca; **~ down** vt apuntar; **~ter** (BRIT) n bloc m

journal ['dʒə:nl] n (magazine) revista; (diary) periódico, diario; **~ism** n periodismo; **~ist** n periodista m/f, reportero/a

journey ['dʒə:nɪ] n viaje m; (distance covered) trayecto

jovial ['dʒəuvɪəl] adj risueño, jovial

joy [dʒɔɪ] n alegría; **~ful** adj alegre; **~ous** adj alegre; **~ ride** n (illegal) paseo en coche robado; **~rider** n gamberro que roba un coche para dar una vuelta y luego abandonarlo; **~ stick** n (AVIAT) palanca de mando; (COMPUT) palanca de control

JP n abbr = **Justice of the Peace**

Jr abbr = **junior**

jubilant ['dʒu:bɪlnt] adj jubiloso

judge [dʒʌdʒ] n juez m/f; (fig: expert) perito ♦ vt juzgar; (consider) considerar; **judg(e)ment** n juicio

judiciary [dʒu:'dɪʃɪərɪ] n poder m judicial

judicious [dʒu:'dɪʃəs] adj juicioso

judo ['dʒu:dəu] n judo

jug [dʒʌg] n jarra

juggernaut ['dʒʌgənɔ:t] (BRIT) n (huge truck) trailer m

juggle ['dʒʌgl] vi hacer juegos malabares; **~r** n malabarista m/f

juice [dʒu:s] n zumo, jugo (esp AM); **juicy** adj jugoso

jukebox ['dʒu:kbɔks] n máquina de discos

July [dʒu:'laɪ] n julio

jumble ['dʒʌmbl] n revoltijo ♦ vt (also: ~ up) revolver; **~ sale** (BRIT) n venta de objetos usados con fines benéficos

---

jumble sale

Los **jumble sales** son unos mercadillos que se organizan con fines benéficos en los locales de un colegio, iglesia u otro centro público. En ellos puede comprarse todo tipo de artículos baratos de segunda mano, sobre todo *ropa, juguetes, libros, vajillas o muebles.*

umbo (jet) ['dʒʌmbəʊ-] *n* jumbo
ump [dʒʌmp] *n* saltar, dar saltos;
(*with fear etc*) pegar un bote; (*increase*)
aumentar ♦ *vt* saltar ♦ *n* salto; aumento;
to ~ the queue (*BRIT*) colarse
umper ['dʒʌmpə*] *n* (*BRIT*: pullover)
suéter *m*, jersey *m*; (*US*: dress) mandil
m; **~ cables** (*US*) *npl* = **jump leads**
ump leads (*BRIT*) *npl* cables *mpl*
puente de batería
umpy ['dʒʌmpɪ] (*inf*) *adj* nervioso
un. *abbr* = **junior**
unction ['dʒʌŋkʃən] *n* (*BRIT*: of roads)
cruce *m*; (*RAIL*) empalme *m*
uncture ['dʒʌŋktʃə*] *n*: **at this ~** en
este momento, en esta coyuntura
une [dʒuːn] *n* junio
ungle ['dʒʌŋgl] *n* selva, jungla
unior ['dʒuːnɪə*] *adj* (*in age*) menor,
más joven; (*brother/sister etc*): **7 years
her ~** siete años menor que ella;
(*position*) subalterno ♦ *n* menor *m/f*,
joven *m/f*; **~ school** *n* escuela
primaria
unk [dʒʌŋk] *n* (*cheap goods*) baratijas
fpl; (*rubbish*) basura; **~ food** *n*
alimentos preparados y envasados de
escaso valor nutritivo
unkie ['dʒʌŋkɪ] (*inf*) *n* drogadicto/a,
yonqui *m/f*
unk mail *n* propaganda de buzón
unk shop *n* tienda de objetos usados
unr *abbr* = **junior**
uror ['dʒuərə*] *n* jurado
ury ['dʒuərɪ] *n* jurado
ust [dʒʌst] *adj* justo ♦ *adv* (*exactly*)
exactamente; (*only*) sólo, solamente;
he's ~ done it/left acaba de
hacerlo/irse; **~ right** perfecto; **~ two
o'clock** las dos en punto; **she's ~ as
clever as you** (ella) es tan lista como
tú; **~ as well that ...** menos mal que
...; **~ as he was leaving** en el
momento en que se marchaba;

~ before/enough justo antes/lo
suficiente; **~ here** aquí mismo; **he
~ missed** ha fallado por poco;
~ listen to this escucha esto un
momento
justice ['dʒʌstɪs] *n* justicia; (*US*: judge)
juez *m*; **to do ~ to** (*fig*) hacer justicia
a; **J~ of the Peace** *n* juez *m* de paz
justify ['dʒʌstɪfaɪ] *vt* justificar; (*text*)
alinear
jut [dʒʌt] *vi* (*also*: **~ out**) sobresalir
juvenile ['dʒuːvənaɪl] *adj* (*court*) de
menores; (*humour, mentality*) infantil
♦ *n* menor *m* de edad

K, k

K *abbr* (= *one thousand*) mil; (=
kilobyte) kilobyte *m*, kilocteto
kangaroo [kæŋgə'ruː] *n* canguro
karate [kə'rɑːtɪ] *n* karate *m*
kebab [kə'bæb] *n* pincho moruno
keel [kiːl] *n* quilla; **on an even ~** (*fig*)
en equilibrio
keen [kiːn] *adj* (*interest, desire*) grande,
vivo; (*eye, intelligence*) agudo;
(*competition*) reñido; (*edge*) afilado;
(*eager*) entusiasta; **to be ~ to do or
on doing sth** tener muchas ganas de
hacer algo; **to be ~ on sth/sb**
interesarse por algo/uno
keep [kiːp] (*pt, pp* **kept**) *vt* (*preserve,
store*) guardar; (*hold back*) quedarse
con; (*maintain*) mantener; (*detain*)
detener; (*shop*) ser propietario de;
(*feed: family etc*) mantener; (*promise*)
cumplir; (*chickens, bees etc*) criar;
(*accounts*) llevar; (*diary*) escribir;
(*prevent*): **to ~ sb from doing sth**
impedir a uno hacer algo ♦ *vi* (*food*)
conservarse; (*remain*) seguir, continuar
♦ *n* (*of castle*) torreón *m*; (*food etc*)
comida, subsistencia; (*inf*): **for ~s** para
siempre; **to ~ doing sth** seguir
haciendo algo; **to ~ sb happy** tener a
uno contento; **to ~ a place tidy**

mantener un lugar limpio; **to ~ sth to o.s.** guardar algo para sí mismo; **to ~ sth (back) from sb** ocultar algo a uno; **to ~ time** (clock) mantener la hora exacta; **~ on** vi: **to ~ on doing** seguir or continuar haciendo; **to ~ on (about sth)** no parar de hablar (de algo); **~ out** vi (stay out) permanecer fuera; **"~ out"** "prohibida la entrada"; **~ up** vt mantener, conservar ♦ vi no retrasarse; **to ~ up with** (pace) ir al paso de; (level) mantenerse a la altura de; **~er** n guardián/ana m/f; **~-fit** n gimnasia (que mantenerse en forma); **~ing** n (care) cuidado; **in ~ing with** de acuerdo con; **~sake** n recuerdo

kennel ['kɛnl] n perrera; **~s** npl residencia canina

Kenya ['kɛnjə] n Kenia

kept [kɛpt] pt, pp of **keep**

kerb [kə:b] (BRIT) n bordillo

kernel ['kə:nl] n (nut) almendra, (fig) meollo

ketchup ['kɛtʃəp] n salsa de tomate, catsup m

kettle ['kɛtl] n hervidor m de agua; **~ drum** n (MUS) timbal m

key [ki:] n llave f; (MUS) tono; (of piano, typewriter) tecla ♦ adj (issue etc) clave inv ♦ vt (also: **~ in**) teclear; **~board** n teclado; **~ed up** adj (person) nervioso; **~hole** n ojo (de la cerradura); **~hole surgery** n cirugía cerrada, cirugía no invasiva; **~note** n (MUS) tónica; (of speech) punto principal or clave; **~ring** n llavero

khaki ['kɑ:kɪ] n caqui

kick [kɪk] vt dar una patada or un puntapié a ♦ vi (of habit) quitarse de ♦ vi (horse) dar coces ♦ n patada; puntapié m; (of animal) coz f; (thrill): **he does it for ~s** lo hace por pura diversión; **~ off** vi (SPORT) hacer el saque inicial

kid [kɪd] n (inf: child) chiquillo/a; (animal) cabrito; (leather) cabritilla ♦ vi (inf) bromear

kidnap ['kɪdnæp] vt secuestrar; **~per** n

secuestrador/a m/f; **~ping** n secuestro

kidney ['kɪdnɪ] n riñón m

kill [kɪl] vt matar; (murder) asesinar ♦ n matanza; **to ~ time** matar el tiempo; **~er** n asesino/a; **~ing** n (one) asesinato; (several) matanza; **to make a ~ing** (fig) hacer su agosto; **~joy** (BRIT) n aguafiestas m/f inv

kiln [kɪln] n horno

kilo ['ki:ləʊ] n kilo; **~byte** n (COMPUT) kilobyte m, kilocteto; **~gram(me)** ['kɪləʊɡræm] n kilo, kilogramo; **~metre** ['kɪləmi:tə*] (US **~meter**) n kilómetro; **~watt** ['kɪləʊwɔt] n kilovatio

kilt [kɪlt] n falda escocesa

kin [kɪn] n see **next**

kind [kaɪnd] adj amable, atento ♦ n clase f, especie f; (species) género; **in ~** (COMM) en especie; **a ~ of** una especie de; **to be two of a ~** ser tal para cual

kindergarten ['kɪndəɡɑ:tn] n jardín m de la infancia

kind-hearted adj bondadoso, de buen corazón

kindle ['kɪndl] vt encender; (arouse) despertar

kindly ['kaɪndlɪ] adj bondadoso, cariñoso ♦ adv bondadosamente, amablemente; **will you ~** ... sea usted tan amable de ...

kindness ['kaɪndnɪs] n (quality) bondad f, amabilidad f; (act) favor m

king [kɪŋ] n rey m; **~dom** n reino; **~fisher** n martín m pescador; **~-size** adj de tamaño extra

kiosk ['ki:ɔsk] n quiosco; (BRIT: TEL) cabina

kipper ['kɪpə*] n arenque m ahumado

kiss [kɪs] n beso ♦ vt besar; **to ~ (each other)** besarse; **~ of life** n respiración f boca a boca

kit [kɪt] n (equipment) equipo; (tools etc) caja de herramientas fpl; (assembly) n juego de armar

kitchen ['kɪtʃɪn] n cocina; **~ sink** n fregadero

kite [kaɪt] n (toy) cometa

kitten ['kɪtn] n gatito/a

kitty ['kɪtɪ] n (funds) fondo común

km abbr (= kilometre) km

knack [næk] n: **to have the ~ of doing sth** tener el don de hacer algo

knapsack ['næpsæk] n mochila

knead [ni:d] vt amasar

knee [ni:] n rodilla; **~cap** n rótula

kneel [ni:l] (pt, pp knelt) vi (also: **~ down**) arrodillarse

knew [nju:] pt of **know**

knickers ['nɪkəz] (BRIT) npl bragas fpl

knife [naɪf] (pl **knives**) n cuchillo ♦ vt acuchillar

knight [naɪt] n caballero; (CHESS) caballo; **~hood** (BRIT) (title): **to receive a ~hood** recibir el título de Sir

knit [nɪt] vt tejer, tricotar ♦ vi hacer punto, tricotar; (bones) soldarse; **to ~ one's brows** fruncir el ceño; **~ting** n labor f de punto; **~ting machine** n máquina de tricotar; **~ting needle** n aguja de hacer punto; **~wear** n prendas fpl de punto

knives [naɪvz] npl of **knife**

knob [nɔb] n (of door) tirador m; (of stick) puño; (on radio, TV) botón m

knock [nɔk] vt (strike) golpear; (bump into) chocar contra; (inf) criticar ♦ vi (at door etc) **to ~ at/on** llamar a ♦ n golpe m; (on door) llamada; **~ down** vt atropellar; **~ off** (inf) vi (finish) salir del trabajo ♦ vt (from price) descontar; (inf: steal) birlar; **~ out** vt dejar sin sentido; (BOXING) poner fuera de combate, dejar K.O.; (in competition) eliminar; **~ over** vt (object) tirar; (person) atropellar; **~er** n (on door) aldabón m; **~out** n (BOXING) K.O. m, knockout m ♦ cpd (competition etc) eliminatorio

knot [nɔt] n nudo ♦ vt anudar

know [nəu] (pt **knew**, pp **known**) vt (facts) saber; (be acquainted with) conocer; (recognize) reconocer;

conocer; **to ~ how to swim** saber nadar; **to ~ about or of sb/sth** saber de uno/algo; **~-all** n sabelotodo m/f; **~-how** n conocimientos mpl; **~ing** adj (look) de complicidad; **~ingly** adv (purposely) adrede; (smile, look) con complicidad

knowledge ['nɔlɪdʒ] n conocimiento; (learning) saber m, conocimientos mpl; **~able** adj entendido

knuckle ['nʌkl] n nudillo

Koran [kɔ'rɑ:n] n Corán m

Korea [kə'rɪə] n Corea

kosher ['kəuʃə*] adj autorizado por la ley judía

Kosovo ['kɒsəvəu] n Kosovo m

L, l

L (BRIT) abbr = **learner driver**

l. abbr (= litre) l

lab [læb] n abbr = **laboratory**

label ['leɪbl] n etiqueta ♦ vt poner etiqueta a

labor etc ['leɪbə*] (US) = **labour**

laboratory [lə'bɔrətərɪ] n laboratorio

laborious [lə'bɔ:rɪəs] adj penoso

labour ['leɪbə*] (US **labor**) n (hard work) trabajo; (~ force) mano f de obra; (MED): **to be in ~** estar de parto ♦ vi: **to ~ (at sth)** trabajar (en algo) ♦ vt: **to ~ a point** insistir en un punto; **L~, the L~ party** (BRIT) el partido laborista, los laboristas mpl; **~ed** adj (breathing) fatigoso; **~er** n peón m; **farm ~er** peón m; (day ~er) jornalero

lace [leɪs] n encaje m; (of shoe etc) cordón m ♦ vt (shoes: also: **~ up**) atarse (los zapatos)

lack [læk] n (absence) falta ♦ vt faltarle a uno, carecer de; **through or for ~ of** por falta de; **to be ~ing** faltar, no haber; **to be ~ing in sth** faltarle a uno algo

lacquer ['lækə*] n laca

lad [læd] n muchacho, chico

ladder ['lædə*] n escalera (de mano); (BRIT: in tights) carrera

laden ['leɪdn] adj: ~ (with) cargado (de)

ladle ['leɪdl] n cucharón m

lady ['leɪdɪ] n señora; (dignified, graceful) dama; "**ladies and gentlemen ...**" "señoras y caballeros ..."; **young ~** señorita; **the ladies' (room)** los servicios de señoras; **~bird** (US **~bug**) n mariquita; **~like** adj fino; **L~ship** n: **your L~ship** su Señoría

lag [læg] n retraso ♦ vi (also: ~ behind) retrasarse, quedarse atrás ♦ vt (pipes) revestir

lager ['lɑːgə*] n cerveza (rubia)

lagoon [lə'guːn] n laguna

laid [leɪd] pt, pp of **lay**; **~ back** (inf) adj relajado; **~ up** adj: **to be ~ up (with)** tener que guardar cama (a causa de)

lain [leɪn] pp of **lie**

lake [leɪk] n lago

lamb [læm] n cordero; (meat) (carne f de) cordero; **~ chop** n chuleta de cordero; **lambswool** n lana de cordero

lame [leɪm] adj cojo; (excuse) poco convincente

lament [lə'ment] n quejo ♦ vt lamentarse de

laminated ['læmɪneɪtɪd] adj (metal) laminado; (wood) contrachapado; (surface) plastificado

lamp [læmp] n lámpara; **~post** (BRIT) n (poste m de) farol m; **~shade** n pantalla

lance [lɑːns] n (MED) abrir con lanceta

land [lænd] n tierra; (country) país m; (piece of ~) terreno; (estate) finca ♦ vi (from ship) desembarcar; (AVIAT) aterrizar; (fig: fall) caer, terminar ♦ vt (passengers, goods) desembarcar; **to ~ sb with sth** (inf) hacer cargar a uno con algo; **~ up** vi: **to ~ up in/at** ir a parar a/en; **~fill site** ['lændfɪl-] n vertedero; **~ing** n aterrizaje m; (of staircase) rellano; **~ing**

gear n (AVIAT) tren m de aterrizaje; **~lady** n (of rented house, pub etc) dueña; **~lord** n propietario; (of pub etc) patrón m; **~mark** n lugar m conocido; **to be a ~mark** (fig) marcar un hito histórico; **~owner** n terrateniente m/f; **~scape** n paisaje m; **~scape gardener** n arquitecto de jardines; **~slide** n (GEO) corrimiento de tierras; (fig: POL) victoria arrolladora

lane [leɪn] n (in country) camino, (AUT) carril m; (in race) calle f

language ['læŋgwɪdʒ] n lenguaje m; (national tongue) idioma m, lengua; **bad ~** palabrotas fpl; **~ laboratory** n laboratorio de idiomas

lank [læŋk] adj (hair) lacio

lanky ['læŋkɪ] adj larguirucho

lantern ['læntn] n linterna, farol m

lap [læp] n (of track) vuelta; (of body) regazo; **to sit on sb's ~** sentarse en las rodillas de uno ♦ vt (also: ~ up) beber a lengüetadas ♦ vi (waves) chapotear; **~ up** vt (fig) tragarse

lapel [lə'pel] n solapa

Lapland ['læplænd] n Laponia

lapse [læps] n fallo; (moral) desliz m; (of time) intervalo ♦ vi (expire) caducar; (time) pasar, transcurrir; **to ~ into bad habits** caer en malos hábitos

laptop (computer) ['læptɔp-] n (ordenador m) portátil m

larch [lɑːtʃ] n alerce m

lard [lɑːd] n manteca (de cerdo)

larder ['lɑːdə*] n despensa

large [lɑːdʒ] adj grande; **at ~** (free) en libertad; (generally) en general; **~ly** adv (mostly) en su mayor parte; (introducing reason) en gran parte; **~-scale** adj (map) en gran escala; (fig) importante

lark [lɑːk] n (bird) alondra; (joke) broma

laryngitis [lærɪn'dʒaɪtɪs] n laringitis f

laser ['leɪzə*] n láser m; **~ printer** n impresora (por) láser

lash [læʃ] n latigazo; (also: eye~) pestaña ♦ vt azotar; (tie): **to ~ to** atar a/atar; **~ out** vi: **to ~ out**

~ **out (at sb)** (*hit*) arremeter (contra uno); **to ~ out against sb** lanzar invectivas contra uno

lass [læs] (*BRIT*) *n* chica

lasso [læ'su:] *n* lazo

last [lɑ:st] *adj* último; (*end: of series etc*) final ♦ *adv* (*most recently*) la última vez; (*finally*) por último ♦ *vi* durar; (*continue*) continuar, seguir; ~ **night** anoche; ~ **week** la semana pasada; **at** ~ por fin; ~ **but one** penúltimo; ~**ditch** *adj* (*attempt*) último, desesperado; ~**ing** *adj* duradero; ~**ly** *adv* por último, finalmente; ~**-minute** *adj* de última hora

latch [lætʃ] *n* pestillo

late [leɪt] *adj* (*far on: in time, process etc*) al final de; (*not on time*) tarde, atrasado; (*dead*) fallecido ♦ *adv* (*behind time, schedule*) con retraso; **of** ~ últimamente; ~ **at night** a última hora de la noche; **in** ~ **May** hacia fines de mayo; **the** ~ **Mr X** el difunto Sr X; ~**comer** *n* recién llegado/a; ~**ly** *adv* últimamente; ~**r** *adj* (*date etc*) posterior; (*version etc*) más reciente ♦ *adv* más tarde, después; ~**st** ['leɪtɪst] *adj* último; **at the ~st** a más tardar

lathe [leɪð] *n* torno

lather ['lɑːðə*] *n* espuma (de jabón) ♦ *vt* enjabonar

Latin ['lætɪn] *n* latín *m* ♦ *adj* latino; ~ **America** *n* América latina; ~-**American** *adj.* *n* latinoamericano/a

latitude ['lætɪtju:d] *n* latitud *f*; (*fig*) libertad *f*

latter ['lætə*] *adj* último; (*of two*) segundo ♦ *n*: **the** ~ el último, éste; ~**ly** *adv* últimamente

laudable ['lɔ:dəbl] *adj* loable

laugh [lɑ:f] *n* risa ♦ *vi* reír(se); (**to do sth) for a** ~ (hacer algo) en broma; ~ **at** *vt fus* reírse de; ~ **off** *vt* tomar algo a risa; ~**able** *adj* ridículo; ~**ing stock** *n*: **the ~ing stock of** el hazmerreír de; ~**ter** *n* risa

launch [lɔ:ntʃ] *n* lanzamiento; (*boat*)

lancha ♦ *vt* (*ship*) botar; (*rocket etc*) lanzar; (*fig*) comenzar; ~ **into** *vt fus* lanzarse a; ~**(ing) pad** *n* plataforma de lanzamiento

launder ['lɔ:ndə*] *vt* lavar

Launderette ® [lɔ:n'dret] (*BRIT*) *n* lavandería (automática)

Laundromat ® ['lɔ:ndrəmæt] (*US*) *n* = **Launderette**

laundry ['lɔ:ndrɪ] *n* (*dirty*) ropa sucia; (*clean*) colada; (*room*) lavadero

lavatory ['lævətərɪ] *n* wáter *m*

lavender ['lævəndə*] *n* lavanda

lavish ['lævɪʃ] *adj* (*amount*) abundante; (*person*): ~ **with** pródigo en ♦ *vt*: **to** ~ **sth on sb** colmar a uno de algo

law [lɔ:] *n* ley *f*; (*SCOL*) derecho; (*a rule*) regla; (*professions connected with* ~) jurisprudencia; ~-**abiding** *adj* respetuoso de la ley; ~ **and order** *n* orden *m* público; ~ **court** *n* tribunal *m* (de justicia); ~**ful** *adj* legítimo, lícito; ~**less** *adj* (*action*) criminal

lawn [lɔ:n] *n* césped *m*; ~**mower** *n* cortacésped *m*; ~ **tennis** *n* tenis *m* sobre hierba

law school (*US*) *n* (*SCOL*) facultad *f* de derecho

lawsuit ['lɔ:su:t] *n* pleito

lawyer ['lɔ:jə*] *n* abogado/a; (*for sales, wills etc*) notario/a

lax [læks] *adj* laxo

laxative ['læksətɪv] *n* laxante *m*

lay [leɪ] (*pt, pp* **laid**) *pt* of **lie** ♦ *adj* laico; (*not expert*) lego ♦ *vt* (*place*) colocar; (*eggs, table*) poner; (*cable*) tender; (*carpet*) extender; ~ **aside** *or* **by** *vt* dejar a un lado; ~ **down** *vt* (*pen etc*) dejar; (*rules etc*) establecer; **to** ~ **down the law** (*pej*) imponer las normas; ~ **off** *vt* (*workers*) despedir; ~ **on** *vt* (*meal, facilities*) proveer; ~ **out** *vt* (*spread out*) disponer, exponer; ~**about** (*inf*) *n* vago/a; ~-**by** *n* (*BRIT; AUT*) área de aparcamiento

layer ['leɪə*] *n* capa

layman ['leɪmən] (*irreg*) *n* lego

layout ['leɪaut] n (design) plan m, trazado; (PRESS) composición f

laze [leɪz] vi (also: ~ about) holgazanear

lazy ['leɪzɪ] adj perezoso, vago; (movement) lento

lb. abbr = **pound** (weight)

lead¹ [liːd] (pt, pp **led**) n (front position) delantera; (clue) pista; (ELEC) cable m; (for dog) correa; (THEATRE) papel m principal ♦ vi (road, pipe etc) conducir a; (SPORT) ir a la cabeza de; (guide): **to ~ sb somewhere** conducir a uno a algún sitio; (be leader of) dirigir; (start, guide: activity) protagonizar ♦ vi (road, pipe etc) conducir a; (SPORT) ir primero; **to be in the ~** (SPORT) llevar la delantera; (fig) ir a la cabeza; **to ~ the way** (also fig) llevar la delantera; **~ away** vt llevar; **~ back** vt (person, route) llevar de vuelta; **~ on** vt (tease) engañar; **~ to** vt fus producir, provocar; **~ up to** vt fus (events) conducir a; (in conversation) preparar el terreno para

lead² [led] n (metal) plomo m; (in pencil) mina; **~ed petrol** n gasolina con plomo

leader ['liːdə*] n jefe/a m/f, líder m; (SPORT) líder m; **~ship** n dirección f; (position) mando; (quality) iniciativa

leading ['liːdɪŋ] adj (main) principal; (first) primero; (front) delantero; **~ lady** n (THEATRE) primera actriz f; **~ light** n (person) figura principal; **~ man** (irreg) n (THEATRE) primer galán m

lead singer [liːd-] n cantante m/f

leaf [liːf] (pl **leaves**) n hoja f ♦ vi: **to ~ through** hojear; **to turn over a new ~** reformarse

leaflet ['liːflɪt] n folleto

league [liːg] n sociedad f; (FOOTBALL) liga; **to be in ~ with** haberse confabulado con

leak [liːk] n (of liquid, gas) escape m, fuga; (in pipe) agujero; (in roof) gotera; (in security) filtración f ♦ vi (shoes, ship) hacer agua; (pipe) tener (un) escape; (roof) gotear; (liquid, gas) escaparse, fugarse; (fig) divulgarse ♦ vt (fig) filtrar

lean [liːn] (pt, pp **leaned** or **leant**) adj (thin) flaco; (meat) magro ♦ vt: **to ~ sth on** algo en algo ♦ vi (slope) inclinarse; **to ~ against** apoyarse contra; **to ~ on** apoyarse en; **~ back/forward** vi inclinarse hacia atrás/adelante; **~ out** vi asomarse; **~ over** vi inclinarse; **~ing** n: **~ing (towards)** inclinación f (hacia); **leant** [lent] pt, pp of **lean**

leap [liːp] (pt, pp **leaped** or **leapt**) n salto ♦ vi saltar; **~frog** n pídola; **~ year** n año bisiesto

learn [lɜːn] (pt, pp **learned** or **learnt**) vt aprender ♦ vi aprender; **to ~ about sth** enterarse de algo; **to ~ to do sth** aprender a hacer algo; **~ed** ['lɜːnɪd] adj erudito; **~er** n (BRIT: also: **~er driver**) principiante m/f; **~ing** n el saber m, conocimientos mpl

lease [liːs] n arriendo ♦ vt arrendar

leash [liːʃ] n correa

least [liːst] adj: **the ~** (slightest) el menor, el más pequeño; (smallest amount of) mínimo ♦ adv (+ vb) menos; (+ adj): **the ~ expensive** el/la menos costoso/a; **the ~ possible effort** el menor esfuerzo posible; **at ~** por lo menos, al menos; **you could at ~ have written** por lo menos podías haber escrito; **not in the ~** en absoluto

leather ['leðə*] n cuero

leave [liːv] (pt, pp **left**) vt dejar; (go away from) abandonar; (place etc: permanently) salir de ♦ vi irse; (train etc) salir ♦ n permiso; **to ~ sth to sb** (money etc) legar algo a uno; (responsibility etc) encargar a uno de algo; **to be left** quedar, sobrar; **there's some milk left over** sobra o queda algo de leche; **on ~** de permiso; **~ behind** vt (on purpose) dejar; (accidentally) dejarse; **~ out** vt omitir; **~ of absence** n permiso de ausentarse

leaves [liːvz] npl of **leaf**

Lebanon ['lebənən] n: **the ~** el Líbano

lecherous ['letʃərəs] (pej) adj lascivo

lecture ['lektʃə*] n conferencia; (SCOL) clase f ♦ vi dar una clase ♦ vt (scold): **to ~ sb on** or **about sth** echar una reprimenda a uno por algo; **to give a ~ on** dar una conferencia sobre; **~r** n conferenciante m/f; (BRIT: at university) profesor(a) m/f

led [led] pt, pp of **lead**

ledge [ledʒ] n repisa; (of window) alféizar m; (of mountain) saliente m

ledger ['ledʒə*] n libro mayor

leech [liːtʃ] n sanguijuela

leek [liːk] n puerro

leer [lɪə*] vi: **to ~ at sb** mirar de manera lasciva a uno

leeway ['liːweɪ] n (fig): **to have some ~** tener cierta libertad de acción

left [left] pt, pp of **leave** ♦ adj izquierdo; (remaining): **there are 2 ~** quedan dos ♦ n izquierda ♦ adv a la izquierda; **on** or **to the ~** a la izquierda; **the L~** (POL) la izquierda; **~-handed** adj zurdo; **the ~-hand side** n la izquierda; **~-luggage (office)** (BRIT) n consigna; **~-overs** npl sobras fpl; **~-wing** adj (POL) de izquierda, izquierdista

leg [leg] n pierna; (of animal, chair) pata; (trouser ~) pernera; (CULIN: of lamb) pierna; (of chicken) pata; (of journey) etapa

legacy ['legəsɪ] n herencia

legal ['liːgl] adj (permitted by law) lícito; (of law) legal; **~ holiday** (US) n fiesta oficial; **~ize** vt legalizar; **~ly** adv legalmente; **~ tender** n moneda de curso legal

legend ['ledʒənd] n (also fig: person) leyenda

legislation [ledʒɪs'leɪʃən] n legislación f

legislature ['ledʒɪslətʃə*] n cuerpo legislativo

legitimate [lɪ'dʒɪtɪmət] adj legítimo

leg-room n espacio para las piernas

leisure ['leʒə*] n ocio, tiempo libre; **at ~** con tranquilidad; **~ centre** n centro de recreo; **~ly** adj sin prisa; lento

lemon ['lemən] n limón m; **~ade** n (fizzy) gaseosa; **~ tea** n té m con limón

lend [lend] (pt, pp **lent**) vt: **to ~ sth to sb** prestar algo a alguien; **~ing library** n biblioteca de préstamo

length [leŋθ] n (size) largo, longitud f; (distance): **the ~ of** todo a lo largo de; (of swimming pool, cloth) largo; (of wood, string) trozo; (amount of time) duración f; **at ~** (at last) por fin, finalmente; (lengthily) largamente; **~en** vt alargar ♦ vi alargarse; **~ways** adv a lo largo; **~y** adj largo, extenso

lenient ['liːnɪənt] adj indulgente

lens [lenz] n (of spectacles) lente f; (of camera) objetivo

Lent [lent] n Cuaresma

lent [lent] pt, pp of **lend**

lentil ['lentl] n lenteja

Leo ['liːəu] n Leo

leotard ['liːətɑːd] n mallas fpl

leprosy ['leprəsɪ] n lepra

lesbian ['lezbɪən] n lesbiana

less [les] adj (in size, degree etc) menor; (in quality) menos ♦ pron, adv menos ♦ prep: **~ tax/10% discount** menos impuestos/el 10 por ciento de descuento; **~ than half** menos de la mitad; **~ than ever** menos que nunca; **~ and ~** cada vez menos; **the ~ he works ...** cuanto menos trabaja ...; **~en** vi disminuir, reducirse ♦ vt disminuir, reducir; **~er** ['lesə*] adj menor; **to a ~er extent** en menor grado

lesson ['lesn] n clase f; (warning) lección f

let [let] (pt, pp **let**) vt (allow) dejar, permitir; (BRIT: lease) alquilar; **to ~ sb do sth** dejar que uno haga algo; **to ~ sb know sth** comunicar algo a uno; **~'s go** ¡vamos!; **~ him come** que venga; **"to ~"** "se alquila"; **~ down** vt

lethal *(tyre)* desinflar; *(disappoint)* defraudar; **~ go** vi, vt soltar; **~ in** vt dejar entrar; *(visitor etc)* hacer pasar; **~ off** vt *(culprit)* dejar escapar; *(gun)* disparar; *(bomb)* accionar; *(firework)* hacer estallar; **~ on** *(inf)* vt divulgar; **~ out** vt dejar salir; *(sound)* soltar; **~ up** vi amainar, disminuir

lethal ['liːθl] adj *(weapon)* mortífero; *(poison, wound)* mortal

letter ['letə*] n *(of alphabet)* letra; *(correspondence)* carta; **~ bomb** n carta-bomba; **~box** *(BRIT)* n buzón m; **~ing** n letras fpl

lettuce ['letɪs] n lechuga

let-up n disminución f

leukaemia [luː'kiːmɪə] *(US leukemia)* n leucemia

level ['levl] adj *(flat)* llano ♦ adv: **to draw ~ with** llegar a la altura de ♦ n nivel m; *(height)* altura ♦ vt nivelar; allanar; *(destroy: building)* derribar; *(: forest)* arrasar; **to be ~ with** estar a nivel de; "A" **~s** *(BRIT)* npl ≈ exámenes mpl de bachillerato superior, B.U.P.; "O" **~s** *(BRIT)* npl ≈ exámenes mpl de octavo de básica; **on the ~** *(fig: honest)* serio; **~ off** or **out** vi *(prices etc)* estabilizarse; **~ crossing** *(BRIT)* n paso a nivel; **~-headed** adj sensato

lever ['liːvə*] n *(also fig)* palanca ♦ vt: **to ~ up** levantar con palanca; **~age** n *(using bar etc)* apalancamiento; *(fig: influence)* influencia

levy ['levɪ] n impuesto m ♦ vt exigir, recaudar

lewd [luːd] adj lascivo; *(joke)* obsceno, colorado *(AM)*

liability [laɪə'bɪlɪtɪ] n *(pej: person, thing)* estorbo, lastre m; *(JUR: responsibility)* responsabilidad f; **liabilities** npl *(COMM)* pasivo

liable ['laɪəbl] adj *(subject)*: **~ to** sujeto a; *(responsible)*: **~ for** responsable de; *(likely)*: **~ to do** propenso a hacer

liaise [lɪ'eɪz] vi: **to ~ with** enlazar con; **liaison** [lɪ'eɪzɒn] n *(coordination)*

enlace m; *(affair)* relaciones fpl amorosas

liar ['laɪə*] n mentiroso/a

libel ['laɪbl] n calumnia ♦ vt calumniar

liberal ['lɪbərəl] adj liberal; *(offer, amount etc)* generoso

liberate ['lɪbəreɪt] vt *(people: from poverty etc)* librar; *(prisoner)* libertar; *(country)* liberar

liberty ['lɪbətɪ] n libertad f; *(criminal)*: **to be at ~** estar en libertad; **to be at ~ to do** estar libre para hacer; **to take the ~ of doing sth** tomarse la libertad de hacer algo

Libra ['liːbrə] n Libra

librarian [laɪ'breərɪən] n bibliotecario/a

library ['laɪbrərɪ] n biblioteca

libretto [lɪ'bretəu] n libreto

Libya ['lɪbɪə] n Libia; **~n** adj, n libio/a m/f

lice [laɪs] npl of **louse**

licence ['laɪsəns] *(US license)* n *(gen)* licencia; *(permit)* permiso; *(also: driving ~, (US) driver's ~)* carnet m de conducir *(SP)*, permiso *(AM)*

license ['laɪsəns] n *(US)* = **licence** ♦ vt autorizar, dar permiso a; **~d** adj *(for alcohol)* autorizado para vender bebidas alcohólicas; *(car)* matriculado; **~ plate** *(US)* n placa de matrícula)

lick [lɪk] vt lamer; *(inf: defeat)* dar una paliza a; **to ~ one's lips** relamerse

licorice ['lɪkərɪs] *(US)* n = **liquorice**

lid [lɪd] n *(of box, case)* tapa; *(of pan)* tapadera

lido ['laɪdəu] *(BRIT)* n piscina

lie [laɪ] *(pt lay, pp lain)* vi *(rest)* estar echado, estar acostado; *(of object: be situated)* estar, encontrarse; *(tell lies: pt, pp lied)* mentir ♦ n mentira; **to ~ low** *(fig)* mantenerse a escondidas; **~ about** or **around** vi *(things)* estar tirado; *(BRIT: people)* estar tumbado; **~-down** *(BRIT)* n: **to have a ~-down** echarse (una siesta); **~-in** *(BRIT)* n: **to have a ~-in** quedarse en la cama

lieu [luː]: **in ~ of** prep en lugar de

lieutenant [lefˈtenant, (US) luːˈtenant] n (MIL) teniente m

life [laɪf] (pl **lives**) n vida; **to come to ~** animarse; **~ assurance** (BRIT) n seguro de vida; **~belt** (BRIT) n salvavidas m inv; **~boat** n lancha de socorro; **~guard** n vigilante m/f, socorrista m/f; **~ insurance** n = **~ assurance**; **~ jacket** n chaleco salvavidas; **~less** adj sin vida; (dull) soso; **~like** adj (model etc) que parece vivo; (realistic) realista; **~long** adj de toda la vida; **~ preserver** (US) n cinturón m/chaleco salvavidas; **~ sentence** n cadena perpetua; **~-size** adj de tamaño natural; **~ span** n vida; **~style** n estilo de vida; **~ support system** n (MED) sistema m de respiración asistida; **~time** n (of person) vida; (of thing) período de vida

lift [lɪft] vt levantar; (end: ban, rule) levantar, suprimir ♦ vi (fog) disiparse ♦ n (BRIT: machine) ascensor m; **to give sb a ~** (BRIT) llevar a uno en el coche; **~-off** n despegue m

light [laɪt] (pt, pp **lighted** or **lit**) n luz f; (lamp) luz f, lámpara f; (AUT) faro; for cigarette etc): **have you got a ~?** ¿tienes fuego? ♦ vt (candle, cigarette, fire) encender (SP), prender (AM); (room) alumbrar ♦ adj (colour) claro; (not heavy, also fig) ligero; (room) con mucha luz; (gentle, graceful) ágil; **~s** npl (traffic ~s) semáforos mpl; **to come to ~** salir a luz; **in the ~ of** (new evidence etc) a la luz de; **~ up** vi (smoke) encender un cigarrillo; (face) iluminarse ♦ vt (illuminate) iluminar, alumbrar; (set fire to) encender; **~ bulb** n bombilla (SP), foco (AM); **~en** vt (make less heavy) aligerar; **~er** n (also: cigarette ~er) encendedor m, mechero; **~-headed** adj (dizzy) mareado; (excited) exaltado; **~-hearted** adj (person) alegre; (remark etc) divertido; **~house** n faro; **~ing** n (system) alumbrado; **~ly** adv ligeramente; (not seriously) con poca seriedad; **to get off ~ly** ser castigado con poca severidad; **~ness** n (in weight) ligereza

lightning [ˈlaɪtnɪŋ] n relámpago, rayo; **~ conductor** (US **~ rod**) n pararrayos m inv

light: **~ pen** n lápiz m óptico; **~weight** adj (suit) ligero ♦ n (BOXING) peso ligero; **~ year** n año luz

like [laɪk] vt querer a ♦ prep como ♦ adj parecido, semejante ♦ n: **and the ~** y otros por el estilo; **his ~s and dislikes** sus gustos y aversiones; **I would ~, I'd ~** me gustaría; (for purchase) quisiera; **would you ~ a coffee?** ¿te apetece un café?; **I ~ swimming** me gusta nadar; **she ~s apples** le gustan las manzanas; **to be or look ~ sb/sth** parecerse a alguien/ algo; **what does it look/taste/sound ~?** ¿cómo es/a qué sabe/cómo suena?; **that's just ~ him** es muy de él, es característico de él; **do it ~ this** hazlo así; **it is nothing ~ ...** no tiene parecido alguno con ...; **~able** adj simpático, agradable

likelihood [ˈlaɪklɪhud] n probabilidad f

likely [ˈlaɪklɪ] adj probable; **he's ~ to leave** es probable que se vaya; **not ~!** ¡ni hablar!

likeness [ˈlaɪknɪs] n semejanza, parecido; **that's a good ~** se parece mucho

likewise [ˈlaɪkwaɪz] adv igualmente; **to do ~** hacer lo mismo

liking [ˈlaɪkɪŋ] n: **~ (for)** (person) cariño (a), (thing) afición (a); **to be to sb's ~** ser del gusto de uno

lilac [ˈlaɪlək] n (tree) lilo; (flower) lila

lily [ˈlɪlɪ] n lirio, azucena; **~ of the valley** n lirio de los valles

limb [lɪm] n miembro

limber [ˈlɪmbər]: **to ~ up** vi (SPORT) hacer ejercicios de calentamiento

limbo [ˈlɪmbəu] n: **to be in ~** (fig) quedar a la expectativa

lime [laɪm] n (tree) limero; (fruit) lima;

(GEO) cal f

limelight ['laɪmlaɪt] n: **to be in the ~** (fig) ser el centro de atención

limerick ['lɪmərɪk] n especie de poema humorístico

limestone ['laɪmstəʊn] n piedra caliza

limit ['lɪmɪt] n límite m ♦ vt limitar; **~ed** adj limitado; **to be ~ed to** limitarse a; **~ed (liability) company** (BRIT) n sociedad f anónima

limousine ['lɪməzi:n] n limusina

limp [lɪmp] n: **to have a ~** tener cojera ♦ vi cojear ♦ adj flojo; (material) fláccido

limpet ['lɪmpɪt] n lapa

line [laɪn] n línea; (rope) cuerda; (for fishing) sedal m; (wire) hilo; (row, series) fila, hilera; (of writing) renglón m, línea; (of song) verso; (on face) arruga; (RAIL) vía ♦ vt (road etc) llenar; (SEWING) forrar; **to ~ the streets** llenar las aceras; **in ~ with** alineado con; (according to) de acuerdo con; **~ up** vi hacer cola ♦ vt alinear; (prepare) preparar; organizar

lined [laɪnd] adj (face) arrugado; (paper) rayado

linen ['lɪnɪn] n ropa blanca; (cloth) lino

liner ['laɪnə*] n vapor m de línea, transatlántico; (for bin) bolsa (de basura)

linesman ['laɪnzmən] n (SPORT) juez m de línea

line-up n (US: queue) cola; (SPORT) alineación f

linger ['lɪŋgə*] vi retrasarse, tardar en marcharse; (smell, tradition) persistir

lingerie ['lænʒəri:] n lencería

linguist ['lɪŋgwɪst] n lingüista m/f; **~ics** n lingüística

lining ['laɪnɪŋ] n forro; (ANAT) (membrana) mucosa

link [lɪŋk] n (of a chain) eslabón m; (relationship) relación f, vínculo ♦ vt vincular, unir; (associate): **to ~ with or to** relacionar con; **~s** npl (GOLF) campo de golf; **~ up** vt acoplar ♦ vi unirse

lino ['laɪnəʊ] n = **linoleum**

linoleum [lɪ'nəʊlɪəm] n linóleo

lion ['laɪən] n león m; **~ess** n leona

lip [lɪp] n labio

liposuction ['lɪpəʊsʌkʃən] n liposucción f

lip: ~read vi leer los labios; **~ salve** n crema protectora para labios; **~ service** n: **to pay ~ service to sth** (pej) prometer algo de boquilla; **~stick** n lápiz m de labios, carmín m

liqueur [lɪ'kjʊə*] n licor m

liquid ['lɪkwɪd] adj, n líquido; **~ize** [-aɪz] vt (CULIN) licuar; **~izer** [-aɪzə*] n licuadora

liquor ['lɪkə*] n licor m, bebidas fpl alcohólicas

liquorice ['lɪkərɪs] (BRIT) n regaliz m

liquor store (US) n bodega, tienda de vinos y bebidas alcohólicas

Lisbon ['lɪzbən] n Lisboa

lisp [lɪsp] n ceceo ♦ vi cecear

list [lɪst] n lista ♦ vt (mention) enumerar; (put on a list) poner en una lista; **~ed building** (BRIT) n monumento declarado de interés histórico-artístico

listen ['lɪsn] vi escuchar, oír; **to ~ to sb/sth** escuchar a uno/algo; **~er** n oyente m/f; (RADIO) radioyente m/f

listless ['lɪstlɪs] adj apático, indiferente

lit [lɪt] pt, pp of **light**

liter ['li:tə*] (US) n = **litre**

literacy ['lɪtərəsɪ] n capacidad f de leer y escribir

literal ['lɪtərl] adj literal

literary ['lɪtərərɪ] adj literario

literate ['lɪtərət] adj que sabe leer y escribir; (educated) culto

literature ['lɪtrɪtʃə*] n literatura, (brochures etc) folletos mpl

lithe [laɪð] adj ágil

litigation [lɪtɪ'geɪʃən] n litigio

litre ['li:tə*] (US **liter**) n litro

litter ['lɪtə*] n (rubbish) basura; (young animals) camada, cría; **~ bin** (BRIT) n papelera; **~ed** adj: **~ed with**

(*scattered*) lleno de

little ['lɪtl] *adj* (*small*) pequeño; (*not much*) poco ♦ *adv* poco; **a ~** un poco (de); **~ house/bird** casita/pajarito; **a ~ bit** un poquito; **~ by ~** poco a poco; **~ finger** *n* dedo meñique

live¹ [laɪv] *adj* (*animal*) vivo; (*wire*) conectado; (*broadcast*) en directo; (*shell*) cargado

live² [lɪv] *vi* vivir; **~ down** *vt* hacer olvidar; **~ on** *vt fus* (*food, salary*) vivir de; **~ together** *vi* vivir juntos; **~ up to** *vt fus* (*fulfil*) cumplir con

livelihood ['laɪvlɪhud] *n* sustento

lively ['laɪvlɪ] *adj* vivo; (*interesting: place, book etc*) animado

liven up ['laɪvn-] *vt* animar ♦ *vi* animarse

liver ['lɪvə*] *n* hígado

lives [laɪvz] *npl* of **life**

livestock ['laɪvstɔk] *n* ganado

livid ['lɪvɪd] *adj* lívido; (*furious*) furioso

living ['lɪvɪŋ] *adj* (*alive*) vivo ♦ *n*: **to earn** or **make a ~** ganarse la vida; **~ conditions** *npl* condiciones *fpl* de vida; **~ room** *n* sala (de estar); **~ standards** *npl* nivel *m* de vida; **~ wage** *n* jornal *m* suficiente para vivir

lizard ['lɪzəd] *n* lagarto; (*small*) lagartija

load [ləud] *n* carga; (*weight*) peso ♦ *vt* (*COMPUT*) cargar; (*also: ~ up*): **to ~ (with)** cargar (con or de); **a ~ of rubbish** (*inf*) tonterías *fpl*; **a ~ of, ~s of** (*fig*) (gran) cantidad de, montones de; **~ed** *adj* (*vehicle*): **to be ~ed with** estar cargado de; (*question*) intencionado; (*inf: rich*) forrado (de dinero)

loaf [ləuf] (*pl* **loaves**) *n* (barra de) pan *m*

loan [ləun] *n* préstamo ♦ *vt* prestar; **on ~** prestado

loath [ləuθ] *adj*: **to be ~ to do sth** estar poco dispuesto a hacer algo

loathe [ləuð] *vt* aborrecer; (*person*) odiar; **loathing** *n* aversión *f*, odio

loaves [ləuvz] *npl* of **loaf**

lobby ['lɔbɪ] *n* vestíbulo, sala de

espera; (*POL: pressure group*) grupo de presión ♦ *vt* presionar

lobster ['lɔbstə*] *n* langosta

local ['ləukl] *adj* local ♦ *n* (*pub*) bar *m*; **the ~s** los vecinos, los del lugar; **~ anaesthetic** *n* (*MED*) anestesia local; **~ authority** *n* municipio, ayuntamiento (*SP*); **~ call** *n* (*TEL*) llamada local; **~ government** *n* gobierno municipal; **~ity** [-'kælɪtɪ] *n* localidad *f*; **~ly** [-kəlɪ] *adv* en la vecindad; (*near*) cerca

locate [ləu'keɪt] *vt* (*find*) localizar; (*situate*): **to be ~d in** estar situado en

location [ləu'keɪʃən] *n* situación *f*; **on ~** (*CINEMA*) en exteriores

loch [lɔx] *n* lago

lock [lɔk] *n* (*of door, box*) cerradura; (*of canal*) esclusa; (*of hair*) mechón *m* ♦ *vt* (*with key*) cerrar (con llave) ♦ *vi* (*door etc*) cerrarse (con llave); (*wheels*) trabarse; **~ in** *vt* encerrar; **~ out** *vt* (*person*) cerrar la puerta a; **~ up** *vt* (*criminal*) meter en la cárcel; (*mental patient*) encerrar; (*house*) cerrar (con llave) ♦ *vi* echar la llave

locker ['lɔkə*] *n* casillero

locket ['lɔkɪt] *n* medallón *m*

locksmith ['lɔksmɪθ] *n* cerrajero/a

lockup ['lɔkʌp] *n* (*jail, cell*) cárcel *f*

locum ['ləukəm] *n* (*MED*) interino/a

locust ['ləukəst] *n* langosta

lodge [lɔdʒ] *n* casita (del guarda) ♦ *vi* (*person*): **to ~ (with)** alojarse (en casa de); (*bullet, bone*) incrustarse ♦ *vt* presentar; **~r** *n* huésped(a) *m/f*

lodgings ['lɔdʒɪŋz] *npl* alojamiento *f*

loft [lɔft] *n* desván *m*

lofty ['lɔftɪ] *adj* (*noble*) sublime; (*haughty*) altanero

log [lɔg] *n* (*of wood*) leño, tronco; (*written account*) diario ♦ *vt* anotar; **~ in** or **on** *vi* (*COMPUT*) entrar en el sistema; **~ off** or **out** *vi* (*COMPUT*) salir del sistema

logbook ['lɔgbuk] *n* (*NAUT*) diario de a bordo; (*AVIAT*) libro de vuelo; (*of car*)

documentación f (del coche (SP) or
carro (AM))
loggerheads ['lɔgəhedz] npl: **to be at
~ (with)** estar en desacuerdo (con)
logic ['lɔdʒɪk] n lógica; **~al** adj lógico
logo ['lɔugəu] n logotipo
loin [lɔɪn] n (CULIN) lomo, solomillo
loiter ['lɔɪtə*] vi (linger) entretenerse
loll [lɔl] vi (also: ~ about) repantigarse
lollipop ['lɔlɪpɔp] n pirulí m; **~ man/
lady** (BRIT irreg) n persona encargada
de ayudar a los niños a cruzar la
calle

---

lollipop man/lollipop lady

En el Reino Unido, se llama **lollipop
man** o **lollipop lady** a la persona
que se ocupa de parar el tráfico en los
alrededores de los colegios para que
los niños crucen sin peligro. Suelen ser
personas ya jubiladas, vestidas con
una gabardina de color llamativo y
llevan una señal de stop portátil, la
cual recuerda por su forma a una
piruleta, y de ahí su nombre.

London ['lʌndən] n Londres; **~er** n
londinense m/f
lone [ləun] adj solitario
loneliness ['ləunlinis] n soledad f,
aislamiento
lonely ['ləunli] adj (situation) solitario;
(person) solo; (place) aislado
long [lɔŋ] adj largo ♦ adv mucho
tiempo, largamente ♦ vi: **to ~ for sth**
anhelar algo; **so** or **as ~ as** mientras,
con tal que; **don't be ~!** ¡no tardes!,
¡vuelve pronto!; **how ~ is the street?**
¿cuánto tiene la calle de largo?; **how
~ is the lesson?** ¿cuánto dura la
clase?; **6 metres ~** que mide 6
metros, de 6 metros de largo; **6
months ~** que dura 6 meses, de 6
meses de duración; **all night ~** toda la
noche; **he no ~er comes** ya no viene;
~ before mucho antes; **before ~**
(+ future) dentro de poco; (+ past)

poco tiempo después; **at ~ last** al fin,
por fin; **~-distance** adj (race) de larga
distancia; (call) interurbano; **~-haired**
adj de pelo largo; **~hand** n escritura
sin abreviaturas; **~ing** n anhelo, ansia;
(nostalgia) nostalgia ♦ adj anhelante
longitude ['lɔŋgɪtjuːd] n longitud f
long: **~ jump** n salto de longitud; **~-
life** adj (batteries) de larga duración;
(milk) uperizado; **~-lost** adj
desaparecido hace mucho tiempo; **~-
range** adj (plan) de gran alcance;
(missile) de largo alcance; **~-sighted**
(BRIT) adj présbita; **~-standing** adj de
mucho tiempo; **~-suffering** adj
sufrido; **~-term** adj a largo plazo;
~ wave n onda larga; **~-winded** adj
prolijo
loo [luː] (BRIT: inf) n wáter m
look [luk] vi mirar; (seem) parecer;
(building etc): **to ~ south/on to the
sea** dar al sur/al mar ♦ n (gen): **to
have a ~** mirar; (glance) mirada;
(appearance) aire m, aspecto; **~s** npl
(good ~s) belleza; **~ (here)!** (expressing
annoyance etc) ¡oye!; **~!** (expressing
surprise) ¡mira!; **~ after** vt fus (care for)
cuidar a; (deal with) encargarse de;
~ at vt fus mirar; (read quickly) echar
un vistazo a; **~ back** vi mirar hacia
atrás; **~ down on** vt fus (fig)
despreciar, mirar con desprecio; **~ for**
vt fus buscar; **~ forward to** vt fus
esperar con ilusión; (in letters): **we
~ forward to hearing from you**
quedamos a la espera de sus gratas
noticias; **~ into** vt investigar; **~ on** vi
mirar (como espectador); **~ out** vi
(beware): **to ~ out (for)** tener cuidado
(de); **~ out for** vt fus (seek) buscar;
(await) esperar; **~ round** vi volver la
cabeza; **~ through** vt fus (examine)
examinar; **~ to** vt fus (rely on) contar
con; **~ up** vi mirar hacia arriba;
(improve) mejorar ♦ vt (word) buscar;
~ up to vt fus admirar; **~out** n (tower
etc) puesto de observación; (person)

vigía m/f; **to be on the ~-out for sth** estar al acecho de algo

loom [luːm] vi: **to ~ (up)** (threaten) surgir, amenazar; (event: approach) aproximarse

loony ['luːnɪ] (inf) n, adj loco/a m/f

loop [luːp] n lazo ♦ vt: **to ~ sth round sth** pasar algo alrededor de algo; **~hole** n escapatoria

loose [luːs] adj suelto; (clothes) ancho; (morals, discipline) relajado; **to be on the ~** estar en libertad; **to be at a ~ end** or **at ~ ends** (US) no saber qué hacer; **~ change** n cambio; **~ chippings** npl (on road) gravilla suelta; **~ly** adv libremente, aproximadamente; **~n** vt aflojar

loot [luːt] n botín m ♦ vt saquear

lop off [lɔp-] vt (branches) podar

lop-sided adj torcido

lord [lɔːd] n señor m; **L~ Smith** Lord Smith; **the L~** el Señor; **my ~** (to bishop) Ilustrísima; (to noble etc) Señor; **good L~!** ¡Dios mío!; **the (House of) L~s** (BRIT) la Cámara de los Lores; **~ship** n: **your L~ship** su Señoría

lore [lɔː] n tradiciones fpl

lorry ['lɔrɪ] (BRIT) n camión m; **~ driver** n camionero/a

lose [luːz] (pt, pp lost) vt perder ♦ vi perder, ser vencido; **to ~ (time)** (clock) atrasarse; **~r** n perdedor(a) m/f

loss [lɔs] n pérdida; **heavy ~es** (MIL) grandes pérdidas; **to be at a ~** no saber qué hacer; **to make a ~** sufrir pérdidas

lost [lɔst] pt, pp of **lose** ♦ adj perdido; **~ property** (US = **and found**) n objetos mpl perdidos

lot [lɔt] n (group: of things) grupo; (at auctions) lote m; **the ~** el todo, todos; **a ~** (large number: of books etc) muchos; (a great deal) mucho, bastante; **a ~ of**, **~s of** mucho(s) (pl); **I read a ~** leo bastante; **to draw ~s (for sth)** echar suertes (para decidir algo)

lotion ['ləʊʃən] n loción f

lottery ['lɔtərɪ] n lotería

loud [laʊd] adj (voice, sound) fuerte; (laugh, shout) estrepitoso; (condemnation etc) enérgico; (gaudy) chillón/ona ♦ adv (speak etc) fuerte; **out ~** en voz alta; **~hailer** (BRIT) n megáfono; **~ly** adv (noisily) fuerte; (aloud) en voz alta; **~speaker** n altavoz m

lounge [laʊndʒ] n salón m, sala (de estar); (at airport etc) sala; (BRIT: also: **~-bar**) salón-bar m ♦ vi (also: ~ **about** or **around**) reposar, holgazanear

louse [laʊs] (pl **lice**) n piojo

lousy ['laʊzɪ] (inf) adj (bad quality) malísimo, asqueroso; (ill) fatal

lout [laʊt] n gamberro/a

lovable ['lʌvəbl] adj amable, simpático

love [lʌv] n (romantic, sexual) amor m; (kind, caring) cariño ♦ vt amar, querer; (thing, activity) encantarle a uno; **"~ from Anne"** (on letter) "un abrazo (de) Anne"; **to ~ to do** encantarle a uno hacer; **to be/fall in ~ with** estar enamorado/enamorarse de; **to make ~** hacer ~ hacer el amor; **for the ~ of** por amor de; **"15 ~"** (TENNIS) "15 a cero"; **I ~ paella** me encanta la paella; **~ affair** n aventura sentimental; **~ letter** n carta de amor; **~ life** n vida sentimental

lovely ['lʌvlɪ] adj (delightful) encantador(a); (beautiful) precioso

lover ['lʌvə] n amante m/f; (person in love) enamorado; (amateur): **a ~ of** un(a) aficionado a/un(a) amante de

loving ['lʌvɪŋ] adj amoroso, cariñoso; (action) tierno

low [ləʊ] adj, adv bajo ♦ n (METEOROLOGY) área de baja presión; **to be ~ on** (supplies etc) andar mal de; **to feel ~** sentirse deprimido; **to turn (down)** ~ bajar; **~-alcohol** adj de bajo contenido en alcohol; **~-calorie** adj bajo en calorías; **~-cut** adj (dress) escotado

lower ['ləuə*] adj más bajo; (less important) menos importante ♦ vt bajar; (reduce) reducir ♦ vr: to ~ o.s. to (fig) rebajarse a

low: ~**-fat** adj (milk, yoghurt) desnatado; (diet) bajo en calorías; ~**lands** npl (GEO) tierras fpl bajas; ~**ly** adj humilde, inferior; ~ **season** n la temporada baja

loyal ['lɔɪəl] adj leal; ~**ty** n lealtad f; ~**ty card** n tarjeta de cliente

lozenge ['lɔzɪndʒ] n (MED) pastilla

L.P. n abbr (= long-playing record) elepé m

L-plates ['el-] npl (BRIT) placas fpl de aprendiz de conductor

L-Plates

En el Reino Unido las personas que están aprendiendo a conducir deben llevar en la parte delantera y trasera de su vehículo unas placas blancas con una L en rojo conocidas como L-Plates (de learner). No es necesario que asistan a clases teóricas sino que, desde el principio, se les entrega un carnet de conducir provisional ("provisional driving licence") para que realicen sus prácticas, aunque no pueden circular por las autopistas y deben ir siempre acompañadas por un conductor con carnet definitivo ("full driving licence").

Ltd abbr (= limited company) S.A.

lubricate ['lu:brɪkeɪt] vt lubricar

luck [lʌk] n suerte f; **bad** ~ mala suerte; **good** ~! ¡que tengas suerte!, ¡suerte!; **bad** or **hard** or **tough** ~! ¡qué pena!; ~**ily** adv afortunadamente; ~**y** adj afortunado; (at cards etc) con suerte; (object) que trae suerte

ludicrous ['lu:dɪkrəs] adj absurdo

lug [lʌg] vt (drag) arrastrar

luggage ['lʌgɪdʒ] n equipaje m; ~ **rack** n (on car) baca, portaequipajes m inv

lukewarm ['lu:kwɔ:m] adj tibio

lull [lʌl] n tregua ♦ vt: **to ~ sb to sleep** arrullar a uno; **to ~ sb into a false sense of security** dar a alguien una falsa sensación de seguridad

lullaby ['lʌləbaɪ] n nana

lumbago [lʌm'beɪgəu] n lumbago

lumber ['lʌmbə*] n (junk) trastos mpl viejos; (wood) maderos mpl; ~ **with** vt: **to be ~ed with** tener que cargar con algo; ~**jack** n maderero

luminous ['lu:mɪnəs] adj luminoso

lump [lʌmp] n terrón m; (fragment) trozo; (swelling) bulto ♦ vt (also: ~ **together**) juntar; ~ **sum** n suma global; ~**y** adj (sauce) lleno de grumos; (mattress) lleno de bultos

lunatic ['lu:nətɪk] adj loco

lunch [lʌntʃ] n almuerzo, comida ♦ vi almorzar

luncheon ['lʌntʃən] n almuerzo; ~ **voucher** (BRIT) n vale m de comida

lunch time n hora de comer

lung [lʌŋ] n pulmón m

lunge [lʌndʒ] vi (also: ~ **forward**) abalanzarse; **to ~ at** arremeter contra

lurch [lə:tʃ] vi dar sacudidas ♦ n sacudida; **to leave sb in the ~** dejar a uno plantado

lure [luə*] n (attraction) atracción f ♦ vt tentar

lurid ['luərɪd] adj (colour) chillón/ona; (account) espeluznante

lurk [lə:k] vi (person, animal) estar al acecho; (fig) acechar

luscious ['lʌʃəs] adj (attractive: person, thing) precioso; (food) delicioso

lush [lʌʃ] adj exuberante

lust [lʌst] n lujuria; (greed) codicia

lustre ['lʌstə*] (US **luster**) n lustre m, brillo

lusty ['lʌstɪ] adj robusto, fuerte

Luxembourg ['lʌksəmbə:g] n Luxemburgo

luxuriant [lʌg'zjuərɪənt] adj exuberante

luxurious [lʌg'zjuərɪəs] adj lujoso

luxury ['lʌkʃərɪ] *n* lujo ♦ *cpd* de lujo
lying ['laɪɪŋ] *n* mentiras *fpl* ♦ *adj* mentiroso
lyrical ['lɪrɪkl] *adj* lírico
lyrics ['lɪrɪks] *npl* (*of song*) letra

M, m

m. *abbr* = metre; mile; million
M.A. *abbr* = Master of Arts
mac [mæk] (*BRIT*) *n* impermeable *m*
macaroni [mækə'rəʊnɪ] *n* macarrones *mpl*
machine [mə'ʃiːn] *n* máquina ♦ *vt* (*dress etc*) coser a máquina; (*TECH*) hacer a máquina; **~ gun** *n* ametralladora; **~ language** *n* (*COMPUT*) lenguaje *m* máquina; **~ry** *n* maquinaria; (*fig*) mecanismo
macho ['mætʃəʊ] *adj* machista
mackerel ['mækrl] *n inv* caballa
mackintosh ['mækɪntɒʃ] (*BRIT*) *n* impermeable *m*
mad [mæd] *adj* loco; (*idea*) disparatado; (*angry*) furioso; (*keen*): **to be ~ about sth** volverse loco a uno algo
madam ['mædəm] *n* señora
madden ['mædn] *vt* volver loco
made [meɪd] *pt, pp of* **make**
Madeira [mə'dɪərə] *n* (*GEO*) Madera; (*wine*) vino de Madera
made-to-measure (*BRIT*) *adj* hecho a la medida
madly ['mædlɪ] *adv* locamente
madman ['mædmən] (*irreg*) *n* loco
madness ['mædnɪs] *n* locura
Madrid [mə'drɪd] *n* Madrid
magazine [mægə'ziːn] *n* revista; (*RADIO, TV*) programa *m* magazine
maggot ['mægət] *n* gusano
magic ['mædʒɪk] *n* magia ♦ *adj* mágico; **~ian** [mə'dʒɪʃən] *n* mago/a; (*conjurer*) prestidigitador(a) *m/f*
magistrate ['mædʒɪstreɪt] *n* juez *m/f* (*municipal*)

magnet ['mægnɪt] *n* imán *m*; **~ic** [-'netɪk] *adj* magnético; (*personality*) atrayente
magnificent [mæg'nɪfɪsənt] *adj* magnífico
magnify ['mægnɪfaɪ] *vt* (*object*) ampliar; (*sound*) aumentar; **~ing glass** *n* lupa
magpie ['mægpaɪ] *n* urraca
mahogany [mə'hɒgənɪ] *n* caoba
maid [meɪd] *n* criada; **old ~** (*pej*) solterona
maiden ['meɪdn] *n* doncella ♦ *adj* (*aunt etc*) solterona; (*speech, voyage*) inaugural; **~ name** *n* nombre *m* de soltera
mail [meɪl] *n* correo; (*letters*) cartas *fpl* ♦ *vt* echar al correo; **~box** (*US*) *n* buzón *m*; **~ing list** *n* lista de direcciones; **~-order** *n* pedido postal
maim [meɪm] *vt* mutilar, lisiar
main [meɪn] *adj* principal, mayor ♦ *n* (*pipe*) cañería maestra; (*US*) red *f* eléctrica; **the ~s** *npl* (*BRIT: ELEC*) la red eléctrica; **in the ~** en general; **~frame** *n* (*COMPUT*) ordenador *m* central; **~land** *n* tierra firme; **~ly** *adv* principalmente; **~ road** *n* carretera; **~stay** *n* (*fig*) pilar *m*; **~stream** *n* corriente *f* principal
maintain [meɪn'teɪn] *vt* mantener; **maintenance** ['meɪntənəns] *n* mantenimiento; (*LAW*) manutención *f*
maize [meɪz] (*BRIT*) *n* maíz *m* (*SP*), choclo (*AM*)
majestic [mə'dʒestɪk] *adj* majestuoso
majesty ['mædʒɪstɪ] *n* majestad *f*; (*title*): **Your M~** Su Majestad
major ['meɪdʒə*] *n* (*MIL*) comandante *m* ♦ *adj* principal; (*MUS*) mayor
Majorca [mə'jɔːkə] *n* Mallorca
majority [mə'dʒɒrɪtɪ] *n* mayoría
make [meɪk] (*pt, pp* **made**) *vt* hacer; (*manufacture*) fabricar; (*mistake*) cometer; (*speech*) pronunciar; (*cause to be*): **to ~ sb sad** poner triste a alguien; (*force*): **to ~ sb do sth**

obligar a alguien a hacer algo; (*earn*) ganar; (*equal*): **2 and 2 ~ 4** 2 y 2 son 4 ♦ *n* marca; **to ~ the bed** hacer la cama; **to ~ a fool of sb** poner a alguien en ridículo; **to ~ a profit/loss** obtener ganancias/sufrir pérdidas; **to ~ it** (*arrive*) llegar; (*achieve sth*) tener éxito; **what time do you ~ it?** ¿qué hora tienes?; **to ~ do with** contentarse con; **~ for** *vt fus* (*place*) dirigirse a; **~ out** *vt* (*decipher*) descifrar; (*understand*) entender; (*see*) distinguir; (*cheque*) extender; **~ up** *vt* (*invent*) inventar; (*prepare*) preparar; (*constitute*) constituir ♦ *vi* reconciliarse; (*with cosmetics*) maquillarse; **~ up for** *vt fus* compensar; **~-believe** *n* ficción *f*, invención *f*; **~r** *n* fabricante *m/f*; (*of film, programme*) autor(a) *m/f*; **~-shift** *adj* improvisado; **~-up** *n* maquillaje *m*; **~-up remover** *n* desmaquillador *m*

making ['meɪkɪŋ] *n* (*fig*): **in the ~** en vías de formación; **to have the ~s of** (*person*) tener madera de

Malaysia [mə'leɪzɪə] *n* Malasia, Malaysia

male [meɪl] *n* (*BIOL*) macho ♦ *adj* (*sex, attitude*) masculino; (*child etc*) varón

malfunction [mæl'fʌŋkʃən] *n* mal funcionamiento

malice ['mælɪs] *n* malicia; **malicious** [mə'lɪʃəs] *adj* malicioso; rencoroso

malignant [mə'lɪgnənt] *adj* (*MED*) maligno

mall [mɔːl] (*US*) *n* (*also*: **shopping ~**) centro comercial

mallet ['mælɪt] *n* mazo

malnutrition [mælnjuː'trɪʃən] *n* desnutrición *f*

malpractice [mæl'præktɪs] *n* negligencia profesional

malt [mɔːlt] *n* malta; (*whisky*) whisky *m* de malta

Malta ['mɔːltə] *n* Malta; **Maltese** [-'tiːz] *adj, n inv* maltés/esa *m/f*

mammal ['mæml] *n* mamífero

mammoth ['mæməθ] *n* mamut *m*

♦ *adj* gigantesco

man [mæn] (*pl* **men**) *n* hombre *m*; (*~kind*) el hombre ♦ *vt* (*NAUT*) tripular; (*MIL*) guarnecer; (*operate: machine*) manejar; **an old ~** un viejo; **~ and wife** marido y mujer

manage ['mænɪdʒ] *vi* arreglárselas, ir tirando ♦ *vt* (*be in charge of*) dirigir; (*control: person*) manejar; (: *ship*) gobernar; **~able** *adj* manejable; **~ment** *n* dirección *f*; **~r** *n* director(a) *m/f*; (*of pop star*) mánager *m/f* (*SPORT*) entrenador *m/f*; **~ress** *n* directora; entrenadora; **~rial** [-ə'dʒɪərɪəl] *adj* directivo; **managing director** *n* director(a) *m/f* general

mandarin ['mændərɪn] *n* (*also*: **~ orange**) mandarina; (*person*) mandarín *m*

mandatory ['mændətərɪ] *adj* obligatorio

mane [meɪn] *n* (*of horse*) crin *f*; (*of lion*) melena

maneuver [mə'nuːvə*] (*US*) = **manoeuvre**

manfully ['mænfəlɪ] *adv* valientemente

mangle ['mæŋgl] *vt* mutilar, destrozar

man: ~handle *vt* maltratar; **~hole** *n* agujero de acceso; **~hood** *n* edad *f* viril; (*state*) virilidad *f*; **~hour** *n* hora-hombre *f*; **~hunt** (*POLICE*) búsqueda y captura

mania ['meɪnɪə] *n* manía; **~c** ['meɪnɪæk] *n* maníaco/a; (*fig*) maníatico

manic ['mænɪk] *adj* frenético; **~-depressive** *n* maníaco/a depresivo/a

manicure ['mænɪkjuə*] *n* manicura

manifest ['mænɪfest] *vt* manifestar, mostrar ♦ *adj* manifiesto

manifesto [mænɪ'festəʊ] *n* manifiesto

manipulate [mə'nɪpjuleɪt] *vt* manipular

man: ~kind [mæn'kaɪnd] *n* humanidad *f*, género humano; **~ly** *adj* varonil; **~-made** *adj* artificial

manner ['mænə*] *n* manera, modo;

(*behaviour*) conducta, manera de ser; (*type*): **all ~ of things** toda clase de cosas; **~s** *npl* (*behaviour*) modales *mpl*; **bad ~s** mala educación; **~ism** *n* peculiaridad f de lenguaje (*or de comportamiento*)

manoeuvre [mə'nuːvə*] (*US* **maneuver**) *vt, vi* maniobrar ♦ *n* maniobra

manor ['mænə*] *n* (*also: ~ house*) casa solariega

manpower ['mænpauə*] *n* mano f de obra

mansion ['mænʃən] *n* palacio, casa grande

manslaughter ['mænslɔːtə*] *n* homicidio no premeditado

mantelpiece ['mæntlpiːs] *n* repisa, chimenea

manual ['mænjuəl] *adj* manual ♦ *n* manual *m*

manufacture [mænju'fæktʃə*] *vt* fabricar ♦ *n* fabricación f; **~r** *n* fabricante *m/f*

manure [mə'njuə*] *n* estiércol *m*

manuscript ['mænjuskrɪpt] *n* manuscrito

many ['menɪ] *adj, pron* muchos/as; **a great ~** muchísimos, un buen número de; **~ a time** muchas veces

map [mæp] *n* mapa *m*; **to ~ out** *vt* proyectar

maple ['meɪpl] *n* arce *m* (*SP*), maple *m* (*AM*)

mar [mɑː*] *vt* estropear

marathon ['mærəθən] *n* maratón *m*

marble ['mɑːbl] *n* mármol *m*; (*toy*) canica

March [mɑːtʃ] *n* marzo

march [mɑːtʃ] *vi* (*MIL*) marchar; (*demonstrators*) manifestarse ♦ *n* marcha; (*demonstration*) manifestación f

mare [mɛə*] *n* yegua

margarine [mɑːdʒə'riːn] *n* margarina

margin ['mɑːdʒɪn] *n* margen *m*; (*COMM*: *profit ~*) margen *m* de

beneficios; **~al** *adj* marginal; **~al seat** *n* (*POL*) escaño electoral difícil de asegurar

marigold ['mærɪɡəuld] *n* caléndula

marijuana [mærɪ'wɑːnə] *n* marijuana

marina [mə'riːnə] *n* puerto deportivo

marinate ['mærɪneɪt] *vt* marinar

marine [mə'riːn] *adj* marino ♦ *n* soldado de marina

marital ['mærɪtl] *adj* matrimonial; **~ status** estado civil

marjoram ['mɑːdʒərəm] *n* mejorana

mark [mɑːk] *n* marca, señal f; (*in snow, mud etc*) huella; (*stain*) mancha; (*BRIT: SCOL*) nota; (*currency*) marco ♦ *vt* marcar; manchar; (*damage: furniture*) rayar; (*indicate: place etc*) señalar; (*BRIT: SCOL*) calificar, corregir; **to ~ time** marcar el paso; (*fig*) marcar(se) un ritmo; **~ed** *adj* (*obvious*) marcado, acusado; **~er** *n* (*sign*) marcador *m*; (*bookmark*) señal f (de libro)

market ['mɑːkɪt] *n* mercado ♦ *vt* (*COMM*) comercializar; **~ garden** (*BRIT*) *n* huerto; **~ing** *n* márketing *m*; **~place** *n* mercado; **~ research** *n* análisis *m* inv de mercados

marksman ['mɑːksmən] *n* tirador *m*

marmalade ['mɑːməleɪd] *n* mermelada de naranja

maroon [mə'ruːn] *vt*: **to be ~ed** quedar aislado; (*fig*) quedar abandonado

marquee [mɑː'kiː] *n* entoldado

marriage ['mærɪdʒ] *n* (*relationship, institution*) matrimonio; (*wedding*) boda; (*act*) casamiento; **~ certificate** *n* partida de casamiento

married ['mærɪd] *adj* casado; (*life, love*) conyugal

marrow ['mærəu] *n* médula; (*vegetable*) calabacín *m*

marry ['mærɪ] *vt* casarse con; (*subj: father, priest etc*) casar ♦ *vi* (*also: get married*) casarse

Mars [mɑːz] *n* Marte *m*

marsh [mɑːʃ] *n* pantano; (*salt ~*)

marisma

marshal ['mɑ:ʃl] n (MIL) mariscal m;
(at sports meeting etc) oficial m; (US: of
police, fire department) jefe/a m/f ♦ vt
(thoughts etc) ordenar; (soldiers) formar

marshy ['mɑ:ʃɪ] adj pantanoso

martial law ['mɑ:ʃl-] n ley f marcial

martyr ['mɑ:tə*] n mártir m/f; ~**dom** n
martirio

marvel ['mɑ:vl] n maravilla, prodigio
♦ vi: **to ~ (at)** maravillarse (de); ~**lous**
(US ~**ous**) adj maravilloso

Marxist ['mɑ:ksɪst] adj, n marxista m/f

marzipan ['mɑ:zɪpæn] n mazapán m

mascara [mæs'kɑ:rə] n rímel m

masculine ['mæskjulɪn] adj masculino

mash [mæʃ] vt machacar; ~**ed
potatoes** npl puré m de patatas (SP)
or papas (AM)

mask [mɑ:sk] n máscara ♦ vt (cover):
to ~ one's face ocultarse la cara;
(hide: feelings) esconder

mason ['meɪsn] n (also: stone~) albañil
m; (also: free~) masón m; ~**ry** n (in
building) mampostería

masquerade [mæskə'reɪd] vi: **to ~ as**
disfrazarse de, hacerse pasar por

mass [mæs] n (people) muchedumbre
f; (of air, liquid etc) masa; (of detail, hair
etc) gran cantidad f; (REL) misa ♦ cpd
masivo ♦ vi reunirse; concentrarse; the
~**es** npl las masas; ~**es of** (inf)
montones de

massacre ['mæsəkə*] n masacre f

massage ['mæsɑ:ʒ] n masaje m ♦ vt
dar masaje en

masseur [mæ'sə:*] n masajista m

masseuse [mæ'sə:z] n masajista f

massive ['mæsɪv] adj enorme;
(support, changes) masivo

mass media npl medios mpl de
comunicación

mass production n fabricación f en
serie

mast [mɑ:st] n (NAUT) mástil m; (RADIO
etc) torre f

master ['mɑ:stə*] n (of servant) amo;

(of situation) dueño, maestro; (in
primary school) maestro; (in secondary
school) profesor m; (title for boys):
M~ X Señorito X ♦ vt dominar; **M~ of
Arts/Science** n licenciatura superior
en Letras/Ciencias; ~**ly** adj magistral;
~**mind** n inteligencia superior ♦ vt
dirigir, planear; ~**piece** n obra
maestra; ~**y** n maestría

mat [mæt] n estera; (also: door~)
felpudo; (also: table ~) salvamanteles m
inv, posavasos m inv ♦ adj = **matt**

match [mætʃ] n cerilla, fósforo; (game)
partido; (equal) igual m/f ♦ vt (go well
with) hacer juego con; (equal) igualar;
(correspond to) corresponder con;
(pair: also: ~ up) casar con ♦ vi hacer
juego; **to be a good ~** hacer juego;
~**box** n caja de cerillas; ~**ing** adj que
hace juego

mate [meɪt] n (work~) colega m/f; (inf:
friend) amigo/a; (animal) macho m/
hembra f; (in merchant navy) segundo
de a bordo ♦ vi acoplarse, aparearse
♦ vt aparear

material [mə'tɪərɪəl] n (substance)
materia; (information) material m;
(cloth) tela, tejido ♦ adj (relevant)
(important) esencial; ~**s** npl materiales
mpl

maternal [mə'tə:nl] adj maternal

maternity [mə'tə:nɪtɪ] n maternidad f;
~ **dress** n vestido premamá

math [mæθ] n (US) = **mathematics**

mathematical [mæθə'mætɪkl] adj
matemático

mathematician [mæθəmə'tɪʃən] n
matemático/a

mathematics [mæθə'mætɪks] n
matemáticas fpl

maths [mæθs] (BRIT) n =
mathematics

matinée ['mætɪneɪ] n sesión f de tarde

matrices ['meɪtrɪsi:z] npl of **matrix**

matriculation [mətrɪkju'leɪʃən] n
(formalización f de) matrícula

matrimony ['mætrɪmənɪ] n

matrimonio
matrix ['meɪtrɪks] (pl **matrices**) n
matriz f
matron ['meɪtrən] n enfermera f jefe;
(in school) ama de llaves
matt(t) [mæt] adj mate
matted ['mætɪd] adj enmarañado
matter ['mætə*] n cuestión f, asunto;
(PHYSICS) sustancia, materia; (reading ~)
material m; (MED: pus) pus m ♦ vi
importar; ~s npl (affairs) asuntos mpl,
temas mpl; **it doesn't ~** no importa;
what's the ~? ¿qué pasa?; **no
~ what** pase lo que pase; **as a ~ of
course** por rutina; **as a ~ of fact** de
hecho; **~-of-fact** adj prosaico, práctico
mattress ['mætrɪs] n colchón m
mature [mə'tjuə*] adj maduro ♦ vi
madurar; **maturity** n madurez f
maul [mɔːl] vt magullar
mauve [məuv] adj de color malva (SP)
or guinda (AM)
maximum ['mæksɪməm] (pl **maxima**)
adj máximo ♦ n máximo
May [meɪ] n mayo
may [meɪ] (conditional: **might**) vi
(indicating possibility): **he ~ come**
puede que venga; (be allowed to): ~ **I
smoke?** ¿puedo fumar?; (wishes):
~ **God bless you!** ¡que Dios le
bendiga!; **you ~ as well go** bien
puedes irte
maybe ['meɪbiː] adv quizá(s)
May Day n el primero de Mayo
mayhem ['meɪhem] n caos m total
mayonnaise [meɪə'neɪz] n mayonesa
mayor [meə*] n alcalde m; ~**ess** n
alcaldesa
maze [meɪz] n laberinto
M.D. abbr = **Doctor of Medicine**
me [miː] pron (direct) me; (stressed,
after pron) mí; **can you hear ~?** ¿me
oyes?; **he heard ME!** me oyó a mí; **it's
~** soy yo; **give them to ~** dámelos;
las; **with/without ~** conmigo/sin mí
meadow ['medəu] n prado, pradera
meagre ['miːgə*] (US **meager**) adj

escaso, pobre
meal [miːl] n comida; (flour) harina;
~**time** n hora de comer
mean [miːn] (pt, pp **meant**) adj (with
money) tacaño; (unkind) mezquino,
malo; (shabby) humilde; (average)
medio ♦ vt (signify) querer decir,
significar; (refer to) referirse a; (intend):
to ~ to do sth pensar or pretender
hacer algo ♦ n medio, término medio;
~**s** npl (way) medio, manera; (money)
recursos mpl, medios mpl; **by ~s of**
mediante, por medio de; **by all ~s!**
¡naturalmente!, ¡claro que sí!; **do you
~ it?** ¿lo dices en serio?; **what do
you ~?** ¿qué quiere decir?; **to be
meant for sb/sth** ser para uno/algo
meander [mi'ændə*] vi (river)
serpentear
meaning ['miːnɪŋ] n significado,
sentido; (purpose) sentido, propósito;
~**ful** adj significativo; ~**less** adj sin
sentido
meanness ['miːnnɪs] n (with money)
tacañería; (unkindness) maldad f,
mezquindad f; (shabbiness) humildad f
meant [ment] pt, pp of **mean**
meantime ['miːntaɪm] adv (also: in
the ~) mientras tanto
meanwhile ['miːnwaɪl] adv =
meantime
measles ['miːzlz] n sarampión m
measure ['meʒə*] vt, vi medir ♦ n
medida; (ruler) regla; ~**ments** npl
medidas fpl
meat [miːt] n carne f; **cold ~** fiambre
m; ~**ball** n albóndiga; ~ **pie** n pastel
m de carne
Mecca ['mekə] n La Meca
mechanic [mi'kænɪk] n mecánico/a;
~**s** n mecánica ♦ npl mecanismo; ~**al**
adj mecánico
mechanism ['mekənɪzəm] n
mecanismo
medal ['medl] n medalla; ~**lion**
[mi'dæliən] n medallón m; ~**list**
(~**ist**) n (SPORT) medallista m/f

meddle ['medl] vi: to ~ in
entrometerse en; to ~ with sth
manosear algo

media ['miːdɪə] npl medios mpl de
comunicación ♦ npl of **medium**

mediaeval [medɪ'iːvl] adj =
medieval

mediate ['miːdɪeɪt] vi mediar;
mediator n intermediario/a,
mediador(a) m/f

Medicaid ® ['medɪkeɪd] (US) n
programa de ayuda médica para los
pobres

medical ['medɪkl] adj médico ♦ n
reconocimiento médico

Medicare ® ['medɪkeə*] (US) n
programa de ayuda médica para los
ancianos

medication [medɪ'keɪʃən] n
medicación f

medicine ['medsɪn] n medicina; (drug)
medicamento

medieval [medɪ'iːvl] adj medieval

mediocre [miːdɪ'əukə*] adj mediocre

meditate ['medɪteɪt] vi meditar

Mediterranean [medɪtə'reɪnɪən] adj
mediterráneo; **the ~ (Sea)** el (Mar)
Mediterráneo

medium ['miːdɪəm] (pl media) adj
mediano, regular ♦ n (means) medio;
(pl **mediums**: person) médium m/f;
~ wave n onda media

meek [miːk] adj manso, sumiso

meet [miːt] (pt, pp **met**) vt encontrar;
(accidentally) encontrarse con, tropezar
con; (by arrangement) reunirse con; (for
the first time) conocer; (go and fetch) ir
a buscar; (opponent) enfrentarse con;
(obligations) cumplir; (encounter:
problem) hacer frente a; (need)
satisfacer ♦ vi encontrarse; (in session)
reunirse; (join: objects) unirse; (for
first time) conocerse; ~ **with** vt fus
(difficulty) tropezar con; to ~ **with
success** tener éxito; **~ing** n encuentro; (arranged) cita, compromiso;
(business ~ing) reunión f; (POL) mitin m

megabyte ['megəbaɪt] n (COMPUT)
megabyte m, megaocteto

megaphone ['megəfəun] n megáfono

melancholy ['melənkəlɪ] n melancolía
♦ adj melancólico

mellow ['meləu] adj (wine) añejo; (sound,
colour) suave ♦ vi (person) ablandar

melody ['melədɪ] n melodía

melon ['melən] n melón m

melt [melt] vi (metal) fundirse; (snow)
derretirse ♦ vt fundir; **~down** n (in
nuclear reactor) fusión f de un reactor
(nuclear); **~ing pot** n (fig) crisol m

member ['membə*] n (gen, ANAT)
miembro; (of club) socio/a; **M~ of
Parliament** (BRIT) diputado/a; **M~ of
the European Parliament** (BRIT)
eurodiputado/a; **M~ of the Scottish
Parliament** (BRIT) diputado/a del
Parlamento escocés; **~ship** n (members)
número de miembros; (state) filiación f;
~ship card n carnet m de socio

memento [mə'mentəu] n recuerdo

memo ['meməu] n apunte m, nota

memoirs ['memwɑːz] npl memorias fpl

memorandum [memə'rændəm] (pl
memoranda) n apunte m, nota;
(official note) acta

memorial [mɪ'mɔːrɪəl] n monumento
conmemorativo ♦ adj conmemorativo

memorize ['meməraɪz] vt aprender de
memoria

memory ['memərɪ] n (also: COMPUT)
memoria; (instance) recuerdo; (of dead
person): **in ~ of** a la memoria de

men [men] npl of **man**

menace ['menəs] n amenaza ♦ vt
amenazar; **menacing** adj
amenazador(a)

mend [mend] vt reparar, arreglar;
(darn) zurcir ♦ vi reponerse ♦ n arreglo,
reparación f; zurcido ♦ n; **to be on
the ~** ir mejorando; **to ~ one's ways**
enmendarse; **~ing** n reparación f;
(clothes) ropa por remendar

meningitis [menɪn'dʒaɪtɪs] n
meningitis f

menopause ['menəupɔ:z] n
menopausia
menstruation [menstru'eɪʃən] n
menstruación f
mental ['mentl] adj mental; **~ity**
[-'tælɪtɪ] n mentalidad f
mention ['menʃən] n mención f ♦ vt
mencionar; (speak of) hablar de; **don't
~ it!** ¡de nada!
menu ['menju:] n (set ~) menú m;
(printed) carta; (COMPUT) menú m
MEP n abbr = **Member of the
European Parliament**
merchandise ['mɜ:tʃəndaɪz] n
mercancías fpl
merchant ['mɜ:tʃənt] n comerciante
m/f; **~ bank** (BRIT) n banco comercial;
~ navy (US **~ marine**) n marina
mercante
merciful ['mɜ:sɪful] adj compasivo;
(fortunate) afortunado
merciless ['mɜ:sɪlɪs] adj despiadado
mercury ['mɜ:kjurɪ] n mercurio
mercy ['mɜ:sɪ] n compasión f; (REL)
misericordia; **at the ~ of** a la merced
de
merely ['mɪəlɪ] adv simplemente, sólo
merge [mɜ:dʒ] vt (join) unir ♦ vi
unirse; (COMM) fusionarse; (colours etc)
fundirse; **~r** n (COMM) fusión f
meringue [mə'ræŋ] n merengue m
merit ['merɪt] n mérito ♦ vt merecer
mermaid ['mɜ:meɪd] n sirena
merry ['merɪ] adj alegre;
M~ Christmas! ¡Felices Pascuas!; **~-
go-round** n tiovivo
mesh [meʃ] n malla
mesmerize ['mezməraɪz] vt hipnotizar
mess [mes] n (muddle: of situation)
confusión f; (: of room) revoltijo; (dirt)
porquería; (MIL) comedor m; **~ about**
or **around** (inf) vi perder el tiempo;
(pass the time) entretenerse; **~ about**
or **around with** (inf) vt fus divertirse
con; **~ up** vt (spoil) estropear; (dirty)
ensuciar
message ['mesɪdʒ] n recado, mensaje

m
messenger ['mesɪndʒə*] n
mensajero/a
Messrs abbr (on letters: = Messieurs)
Sres
messy ['mesɪ] adj (dirty) sucio; (untidy)
desordenado
met [met] pt, pp of **meet**
metal ['metl] n metal m; **~lic** [-'tælɪk]
adj metálico
metaphor ['metəfə*] n metáfora
meteor ['mi:tɪə*] n meteoro; **~ite**
[-aɪt] n meteorito
meteorology [mi:tɪə'rɔlədʒɪ] n
meteorología
meter ['mi:tə*] n (instrument) contador
m; (US: unit) = **metre** ♦ vt (US: POST)
franquear
method ['meθəd] n método
meths [meθs] (BRIT) n, **methylated
spirit** ['meθɪleɪtɪd-] (BRIT) n alcohol m
metilado or desnaturalizado
metre ['mi:tə*] (US **meter**) n metro
metric ['metrɪk] adj métrico
metropolitan [metrə'pɔlɪtən] adj
metropolitano; **the M~ Police** (BRIT)
la policía londinense
mettle ['metl] n: **to be on one's ~**
estar dispuesto a mostrar todo lo que
uno vale
mew [mju:] vi (cat) maullar
mews [mju:z] n: **~ flat** (BRIT) piso
acondicionado en antiguos establos o
cocheras
Mexican ['meksɪkən] adj, n mejicano/a
m/f, mexicano/a m/f
Mexico ['meksɪkəu] n Méjico (SP),
México (AM); **~ City** n Ciudad f de
Méjico or México
miaow [mi:'au] vi maullar
mice [maɪs] npl of **mouse**
micro... [maɪkrəu] prefix micro...;
~chip n microplaqueta; **~(computer)**
n microordenador m; **~phone** n
micrófono; **~processor** n
microprocesador m; **~scope** n
microscopio; **~wave** n (also: ~wave

oven) horno microondas
mid [mɪd] adj: **in ~ May** a mediados de mayo; **in ~ afternoon** a media tarde; **in ~ air** en el aire; **~day** n mediodía m

middle ['mɪdl] n centro; (half-way point) medio; (waist) cintura ♦ adj de en medio; (course, way) intermedio; **in the ~ of the night** en plena noche; **~-aged** adj de mediana edad; **the M~ Ages** npl la Edad Media; **~class** adj de clase media; **the ~ class(es)** n(pl) la clase media; **M~ East** n Oriente m Medio; **~man** n intermediario; **~ name** n segundo nombre; **~-of-the-road** adj moderado; **~weight** n (BOXING) peso medio

middling ['mɪdlɪŋ] adj mediano
midge [mɪdʒ] n mosquito
midget ['mɪdʒɪt] n enano/a
Midlands ['mɪdləndz] npl: **the ~** la región central de Inglaterra
midnight ['mɪdnaɪt] n medianoche f
midst [mɪdst] n: **in the ~ of** (crowd) en medio de; (situation, action) en mitad de
midsummer [mɪd'sʌmə*] n: **in ~** en pleno verano
midway [mɪd'weɪ] adj, adv: **~ (between)** a medio camino (entre); **~ through** a la mitad (de)
midweek [mɪd'wiːk] adv entre semana
midwife ['mɪdwaɪf] (pl **midwives**) n comadrona, partera
might [maɪt] vb see **may** ♦ n fuerza, poder m; **~y** adj fuerte, poderoso
migraine ['miːɡreɪn] n jaqueca
migrant ['maɪɡrənt] n adj (bird) migratorio; (worker) emigrante
migrate [maɪ'ɡreɪt] vi emigrar
mike [maɪk] n abbr (= microphone) micro
mild [maɪld] adj (person) apacible; (climate) templado; (slight) ligero; (taste) suave; (illness) leve; **~ly** adv ligeramente; suavemente; **to put it**

~ly para no decir más
mile [maɪl] n milla; **~age** n número de millas, ≈ kilometraje m; **~ometer** [maɪ'lɒmɪtə*] n ≈ cuentakilómetros m inv; **~stone** n mojón m
militant ['mɪlɪtnt] adj, n militante m/f
military ['mɪlɪtəri] adj militar
militia [mɪ'lɪʃə] n milicia
milk [mɪlk] n leche f ♦ vt (cow) ordeñar; (fig) chupar; **~ chocolate** n chocolate m con leche; **~man** (irreg) n lechero; **~ shake** n batido, malteada (AM); **~y** adj lechoso; **M~y Way** n Vía Láctea
mill [mɪl] n (windmill etc) molino; (coffee ~) molinillo; (factory) fábrica ♦ vt moler ♦ vi (also: **~ about**) arremolinarse
millennium [mɪ'lenɪəm] (pl **~s** or **millennia**) n milenio, milenario
miller ['mɪlə*] n molinero
milli... ['mɪlɪ] prefix: **~gram(me)** n miligramo; **~metre** (US **~meter**) n milímetro
million ['mɪljən] n millón m; **a ~ times** un millón de veces; **~aire** [-jə'neə*] n millonario/a
milometer [maɪ'lɒmɪtə*] (BRIT) n = **mileometer**
mime [maɪm] n mímica; (actor) mimo/a ♦ vt remedar ♦ vi actuar de mimo
mimic ['mɪmɪk] n imitador(a) m/f ♦ adj mímico ♦ vt remedar, imitar
min. abbr = **minimum; minute(s)**
mince [mɪns] vt picar ♦ n (BRIT: CULIN) carne f picada; **~meat** n conserva de fruta picada; (US: meat) carne f picada; **~ pie** n empanadilla rellena de fruta picada; **~r** n picadora de carne
mind [maɪnd] n mente f; (intellect) intelecto; (contrasted with matter) espíritu m ♦ vt (attend to, look after) ocuparse de, cuidar; (be careful of) tener cuidado con; (object to): **I don't ~ the noise** no me molesta el ruido; **it is on my ~** me preocupa; **to bear**

sth in ~ tomar or tener algo en
cuenta; **to make up one's ~**
decidirse; **I don't ~** me es igual;
~ you, ... te advierto que ...; **never ~!**
¡es igual!, ¡no importa!; (don't worry)
¡no te preocupes!; **"~ the step"**
"cuidado con el escalón"; **~er** n
guardaespaldas m inv; (child ~er) n
niñera; **~ful** adj: **~ful of** consciente de;
~less adj (crime) sin motivo; (work) de
autómata

mine¹ [maɪn] pron el mío/la mía etc; **a
friend of ~** un(a) amigo/a mío/mía
♦ adj: **this book is ~** este libro es mío

mine² [maɪn] n mina ♦ vt (coal)
extraer; (bomb: beach etc) minar;
~field n campo de minas; **miner** n
minero/a

mineral ['mɪnərəl] adj mineral ♦ n
mineral m; **~s** npl (BRIT: soft drinks)
refrescos mpl; **~ water** n agua mineral

mingle ['mɪŋgl] vi: **to ~ with**
mezclarse con

miniature ['mɪnətʃə*] adj (en)
miniatura ♦ n miniatura

minibus ['mɪnɪbʌs] n microbús m

Minidisc ® ['mɪnɪdɪsk] n minidisco

minimal ['mɪnɪml] adj mínimo

minimize ['mɪnɪmaɪz] vt minimizar;
(play down) empequeñecer

minimum ['mɪnɪməm] (pl **minima**) n,
adj mínimo

mining ['maɪnɪŋ] n explotación f
minera

miniskirt ['mɪnɪskə:t] n minifalda

minister ['mɪnɪstə*] n (BRIT: POL)
ministro/a (SP), secretario/a (AM); (REL)
pastor m ♦ vi: **to ~ to** atender a

ministry ['mɪnɪstrɪ] n (BRIT: POL)
ministerio (SP), secretaría (AM); (REL)
sacerdocio

mink [mɪŋk] n visón m

minnow ['mɪnəʊ] n pececillo (de agua
dulce)

minor ['maɪnə*] adj (repairs, injuries)
leve; (poet, planet) menor; (MUS) menor
♦ n (LAW) menor m de edad

Minorca [mɪ'nɔ:kə] n Menorca

minority [maɪ'nɒrɪtɪ] n minoría

mint [mɪnt] n (plant) menta, hierba-
buena; (sweet) caramelo de menta ♦ vt
(coins) acuñar; **the (Royal) M~, the
(US) M~** la Casa de la Moneda; **in
~ condition** en perfecto estado

minus ['maɪnəs] n (also: ~ sign) signo
de menos ♦ prep menos; **12 ~ 6
equals 6** 12 menos 6 son 6; **~ 24°C**
menos 24 grados

minute¹ ['mɪnɪt] n minuto; (fig)
momento; **~s** npl (of meeting) actas fpl;
at the last ~ a última hora

minute² [maɪ'nju:t] adj diminuto,
(search) minucioso

miracle ['mɪrəkl] n milagro

mirage ['mɪrɑ:ʒ] n espejismo

mirror ['mɪrə*] n espejo; (in car)
retrovisor m

mirth [mɜ:θ] n alegría

misadventure [mɪsəd'ventʃə*] n
desgracia

misapprehension [mɪsæprɪ'henʃən]
n equivocación f

misappropriate [mɪsə'prəʊprɪeɪt] vt
malversar

misbehave [mɪsbɪ'heɪv] vi portarse
mal

miscalculate [mɪs'kælkjuleɪt] vt
calcular mal

miscarriage ['mɪskærɪdʒ] n (MED)
aborto; **~ of justice** error m judicial

miscellaneous [mɪsɪ'leɪnɪəs] adj
varios/as, diversos/as

mischief ['mɪstʃɪf] n travesuras fpl,
diabluras fpl; (maliciousness) malicia;
mischievous [-ʃɪvəs] adj travieso

misconception [mɪskən'sepʃən] n
idea equivocada; equivocación f

misconduct [mɪs'kɒndʌkt] n mala
conducta; **professional ~** falta
profesional

misdemeanour [mɪsdɪ'mi:nə*] (US
misdemeanor) n delito, ofensa

miser ['maɪzə*] n avaro/a

miserable ['mɪzərəbl] adj (unhappy)

triste, desgraciado; (*unpleasant, contemptible*) miserable

miserly ['maɪzəlɪ] *adj* avariento, tacaño

misery ['mɪzərɪ] *n* tristeza; (*wretchedness*) miseria, desdicha

misfire [mɪs'faɪə*] *vi* fallar

misfit ['mɪsfɪt] *n* inadaptado/a

misfortune [mɪs'fɔːtʃən] *n* desgracia

misgiving [mɪs'gɪvɪŋ] *n* (*apprehension*) presentimiento; **to have ~s about sth** tener dudas acerca de algo

misguided [mɪs'gaɪdɪd] *adj* equivocado

mishandle [mɪs'hændl] *vt* (*mismanage*) manejar mal

mishap [mɪs'hæp] *n* desgracia, contratiempo

misinform [mɪsɪn'fɔːm] *vt* informar mal

misinterpret [mɪsɪn'tɜːprɪt] *vt* interpretar mal

misjudge [mɪs'dʒʌdʒ] *vt* juzgar mal

mislay [mɪs'leɪ] (*irreg*) *vt* extraviar, perder

mislead [mɪs'liːd] (*irreg*) *vt* llevar a conclusiones erróneas; **~ing** *adj* engañoso

mismanage [mɪs'mænɪdʒ] *vt* administrar mal

misplace [mɪs'pleɪs] *vt* extraviar

misprint ['mɪsprɪnt] *n* errata, error *m* de imprenta

Miss [mɪs] *n* Señorita

miss [mɪs] *vt* (*train etc*) perder; (*fail to hit: target*) errar; (*fail to see: the absence of*): **I ~ him** (yo) le echo de menos or a faltar; (*fail to see*): **you can't ~ it** no tiene pérdida ♦ *vi* fallar ♦ *n* (*shot*) tiro fallido *or* perdido; **~ out** (*BRIT*) *vt* omitir

misshapen [mɪs'ʃeɪpən] *adj* deforme

missile ['mɪsaɪl] *n* (*AVIAT*) mísil *m*; (*object thrown*) proyectil *m*

missing ['mɪsɪŋ] *adj* (*pupil*) ausente; (*thing*) perdido; (*MIL*): **~ in action** desaparecido en combate

mission ['mɪʃən] *n* misión *f*; (*official*

representation) delegación *f*; **~ary** *n* misionero/a

mist [mɪst] *n* (*light*) neblina; (*heavy*) niebla; (*at sea*) bruma ♦ *vi* (*eyes: also: ~ over, ~ up*) llenarse de lágrimas; (*BRIT: windows: also: ~ over, ~ up*) empañarse

mistake [mɪs'teɪk] (*vt: irreg*) *n* error *m* ♦ *vt* entender mal; **by ~** por equivocación; **to make a ~** equivocarse; **to ~ A for B** confundir A con B; **mistaken** *pp* of **mistake** ♦ *adj* equivocado; **to be mistaken** equivocarse, engañarse

mister ['mɪstə*] (*inf*) *n* señor *m*; *see* **Mr**

mistletoe ['mɪsltəʊ] *n* muérdago

mistook [mɪs'tʊk] *pt* of **mistake**

mistress ['mɪstrɪs] *n* (*lover*) amante *f*; (*of house*) señora (de la casa); (*BRIT: in primary school*) maestra; (*in secondary school*) profesora; (*of situation*) dueña

mistrust [mɪs'trʌst] *vt* desconfiar de

misty ['mɪstɪ] *adj* (*day*) de niebla; (*glasses etc*) empañado

misunderstand [mɪsʌndə'stænd] (*irreg*) *vt, vi* entender mal; **~ing** *n* malentendido

misuse [*n* mɪs'juːs, *vb* mɪs'juːz] *n* mal uso; (*of power*) abuso; (*of funds*) malversación *f* ♦ *vt* abusar de; malversar

mitt(en) ['mɪt(n)] *n* manopla

mix [mɪks] *vt* mezclar; (*combine*) unir ♦ *vi* mezclarse; (*people*) llevarse bien ♦ *n* mezcla; **~ up** *vt* mezclar; (*confuse*) confundir; **~ed** *adj* mixto; (*feelings etc*) encontrado; **~ed-up** *adj* (*confused*) confuso, revuelto; **~er** *n* (*for food*) licuadora; (*for drinks*) coctelera; (*person*): **he's a good ~er** tiene don de gentes; **~ture** *n* mezcla; (*also: cough ~ture*) jarabe *m*; **~-up** *n* confusión *f*

mm *abbr* (= *millimetre*) mm

moan [məʊn] *n* gemido ♦ *vi* gemir; (*inf: complain*): **to ~ (about)** quejarse (de)

moat [məut] n foso
mob [mɔb] n multitud f ♦ vt acosar
mobile ['məubaɪl] adj móvil ♦ n móvil
m; ~ **home** n caravana; ~ **phone** n
teléfono portátil
mock [mɔk] vt (ridicule) ridiculizar;
(laugh at) burlarse de ♦ adj fingido;
~ **exam** examen preparatorio antes de
los exámenes oficiales; ~**ery** n burla; ~-
up n maqueta
mod [mɔd] adj see **convenience**
mode [məud] n modo
model ['mɔdl] n modelo; (fashion ~,
artist's ~) modelo m/f ♦ adj modelo
♦ vt (with clay etc) modelar (copy): to
~ **o.s. on** tomar como modelo a ♦ vi
ser modelo; to ~ **clothes** pasar
modelos, ser modelo; ~ **railway** n
ferrocarril m de juguete
modem ['məudem] n modem m
moderate [adj 'mɔdərət, vb 'mɔdəreɪt]
adj moderado/a ♦ vi moderarse,
calmarse ♦ vt moderar
modern ['mɔdən] adj moderno; ~**ize**
vt modernizar
modest ['mɔdɪst] adj modesto; (small)
módico; ~**y** n modestia
modify ['mɔdɪfaɪ] vt modificar
mogul ['məugəl] n (fig) magnate m
mohair ['məuhɛə*] n mohair m
moist [mɔɪst] adj húmedo; ~**en**
['mɔɪsn] vt humedecer; ~**ure**
['mɔɪstʃə*] n humedad f; ~**urizer**
['mɔɪstʃəraɪzə*] n crema hidratante
molar ['məulə*] n muela
mold [məuld] (US) n, vt = **mould**
mole [məul] n (animal, spy) topo; (spot) lunar m
molest [məu'lest] vt importunar;
(assault sexually) abusar sexualmente
de
mollycoddle ['mɔlɪkɔdl] vt mimar
molt [məult] (US) vi = **moult**
molten ['məultən] adj fundido; (lava)
líquido
mom [mɔm] (US) n = **mum**
moment ['məumənt] n momento; at

the ~ de momento, por ahora; ~**ary**
adj momentáneo; ~**ous** [-'mentəs] adj
trascendental, importante
momentum [məu'mentəm] n
momento; (fig) ímpetu m; to **gather ~**
cobrar velocidad; (fig) ganar fuerza
mommy ['mɔmɪ] (US) n = **mummy**
Monaco ['mɔnəkəu] n Mónaco
monarch ['mɔnək] n monarca m/f; ~**y**
n monarquía
monastery ['mɔnəstərɪ] n monasterio
Monday ['mʌndɪ] n lunes m inv
monetary ['mʌnɪtərɪ] adj monetario
money ['mʌnɪ] n dinero; (currency)
moneda; to **make ~** ganar dinero;
~ **order** n giro; ~**-spinner** (inf) n: to
be a ~-spinner dar mucho dinero
mongrel ['mʌŋɡrəl] n (dog) perro
mestizo
monitor ['mɔnɪtə*] n (SCOL) monitor
m; (also: television ~) receptor m de
control; (of computer) monitor m ♦ vt
controlar
monk [mʌŋk] n monje m
monkey ['mʌŋkɪ] n mono; ~ **nut**
(BRIT) n cacahuete m (SP), maní m
(AM); ~ **wrench** n llave f inglesa
monopoly [mə'nɔpəlɪ] n monopolio
monotone ['mɔnətəun] n voz f (or
tono) monocorde
monotonous [mə'nɔtənəs] adj
monótono
monsoon [mɔn'suːn] n monzón m
monster ['mɔnstə*] n monstruo
monstrous ['mɔnstrəs] adj (huge)
enorme; (atrocious, ugly) monstruoso
month [mʌnθ] n mes m; ~**ly** adj
mensual ♦ adv mensualmente
monument ['mɔnjumənt] n
monumento
moo [muː] vi mugir
mood [muːd] n humor m; (of crowd,
group) clima m; to **be in a good/bad
~** estar de buen/mal humor; ~**y** adj
(changeable) de humor variable;
(sullen) malhumorado
moon [muːn] n luna; ~**light** n luz f de

la luna; **~lighting** n pluriempleo; **~lit**
adj: **a ~lit night** una noche de luna

Moor [muə*] n moro/a

moor [muə*] n páramo ♦ vt (ship)
amarrar ♦ vi echar las amarras

Moorish ['muərɪʃ] adj moro;
(architecture) árabe, morisco

moorland ['muələnd] n páramo,
brezal m

moose [muːs] n inv alce m

mop [mɔp] n fregona; (of hair) greña,
melena ♦ vt fregar; **~ up** vt limpiar

mope [məup] vi estar o andar
deprimido

moped ['məupɛd] n ciclomotor m

moral ['mɔrl] adj moral ♦ n moraleja;
~s npl moralidad f, moral f

morale [mɔˈrɑːl] n moral f

morality [məˈrælɪtɪ] n moralidad f

morass [məˈræs] n pantano

KEYWORD

---

more [mɔː*] adj 1 (greater in number
etc) más; **~ people/work than
before** más gente/trabajo que antes
2 (additional) más; **do you want
(some) ~ tea?** ¿quieres más té?; **is
there any ~ wine?** ¿queda vino?; **it'll
take a few ~ weeks** tardará unas
semanas más; **it's 2 kms ~ to the
house** faltan 2 kms para la casa;
~ time/letters than we expected
más tiempo del que/más cartas de las
que esperábamos
♦ pron (greater amount, additional
amount) más; **~ than 10** más de 10; **it
cost ~ than the other one/than we
expected** costó más que el otro/más
de lo que esperábamos; **is there any
~?** ¿hay más?; **many/much ~**
muchos(as)/mucho(a) más
♦ adv más; **~ dangerous/easily
(than)** más peligroso/fácilmente (que);
~ and ~ expensive cada vez más
caro; **~ or less** más o menos; **~ than
ever** más que nunca

moreover [mɔːˈrəuvə*] adv además,
por otra parte

morning ['mɔːnɪŋ] n mañana; (early ~)
madrugada ♦ cpd matutino, de la
mañana; **in the ~** por la mañana; **7
o'clock in the ~** las 7 de la mañana;
~ sickness n náuseas fpl matutinas

Morocco [məˈrɔkəu] n Marruecos m

moron ['mɔːrɔn] (inf) n imbécil
m/f

morphine ['mɔːfiːn] n morfina

Morse [mɔːs] n (also: **~ code**) (código)
Morse

morsel ['mɔːsl] n (of food) bocado

mortar ['mɔːtə*] n argamasa

mortgage ['mɔːgɪdʒ] n hipoteca ♦ vt
hipotecar; **~ company** (US) n ≈ banco
hipotecario

mortuary ['mɔːtjuərɪ] n depósito de
cadáveres

Moscow ['mɔskəu] n Moscú

Moslem ['mɔzləm] adj, n = **Muslim**

mosque [mɔsk] n mezquita

mosquito [mɔsˈkiːtəu] (pl **~es**) n
mosquito (SP), zancudo (AM)

moss [mɔs] n musgo

most [məust] adj la mayor parte de, la
mayoría de ♦ pron la mayor parte, la
mayoría ♦ adv el más; (very) muy; **the
~** (also: + adj) el más; **~ of them** la
mayor parte de ellos; **I saw the ~** yo
vi el que más; **at the (very)** ~ a lo
sumo, todo lo más; **to make the ~ of**
aprovechar (al máximo); **a
~ interesting book** un libro
interesantísimo; **~ly** adv en su mayor
parte, principalmente

MOT (BRIT) n abbr (= Ministry of
Transport): **the ~ (test)** inspección
(anual) obligatoria de coches y camiones

motel [məuˈtɛl] n motel m

moth [mɔθ] n mariposa nocturna;
(clothes ~) polilla

mother ['mʌðə*] n madre f ♦ adj
materno ♦ vt (care for) cuidar (como
una madre); **~hood** n maternidad f;
~-in-law n suegra; **~ly** adj maternal;

~-of-pearl n nácar m; **~-to-be** n futura madre f; **~ tongue** n lengua materna

motion ['məʊʃən] n movimiento; (gesture) ademán m, señal f; (at meeting) moción f ♦ vt, vi: **to ~ (to) sb to do sth** hacer señas a uno para que haga algo; **~less** adj inmóvil; **~ picture** n película

motivated ['məʊtɪveɪtɪd] adj motivado

motive ['məʊtɪv] n motivo

motley ['mɒtlɪ] adj variado

motor ['məʊtə*] n motor m; (BRIT: inf: vehicle) coche m (SP), carro (AM), automóvil m ♦ adj motor (f: motora or motriz); **~bike** n moto f; **~boat** n lancha motora; **~car** (BRIT) n coche m, carro, automóvil m; **~cycle** n motocicleta; **~cycle racing** n motociclismo; **~cyclist** n motociclista m/f; **~ing** (BRIT) n automovilismo ♦ n conductor(a) m/f, automovilista m/f; **~ racing** (BRIT) n carreras fpl de coches, automovilismo; **~ vehicle** n automóvil m; **~way** (BRIT) n autopista

mottled ['mɒtld] adj abigarrado

motto ['mɒtəʊ] (pl **~es**) n lema m; (watchword) consigna

mould [məʊld] (US **mold**) n molde m; (mildew) moho ♦ vt moldear; (fig) formar; **~y** adj enmohecido

moult [məʊlt] (US **molt**) vi mudar la piel (or las plumas)

mound [maʊnd] n montón m, montículo

mount [maʊnt] n monte m ♦ vt montar, subir a; (jewel) engarzar; (picture) enmarcar; (exhibition etc) organizar ♦ vi (increase) aumentar; **~ up** vi aumentar

mountain ['maʊntɪn] n montaña ♦ cpd de montaña; **~ bike** n bicicleta de montaña; **~eer** [-'nɪə] n montañero/a (SP), andinista m/f (AM); **~eering** [-'nɪərɪŋ] n montañismo, andinismo; **~ous** adj montañoso;

~ rescue team n equipo de rescate de montaña; **~side** n ladera de la montaña

mourn [mɔːn] vt llorar, lamentar ♦ vi: **to ~ for** llorar la muerte de; **~er** n doliente m/f; dolorido/a; **~ing** n luto; **in ~ing** de luto

mouse [maʊs] (pl **mice**) n (ZOOL, COMPUT) ratón m; **~ mat** n (COMPUT) alfombrilla; **~trap** n ratonera

mousse [muːs] n (CULIN) crema batida; (for hair) espuma (moldeadora)

moustache [məs'tɑːʃ] (US **mustache**) n bigote m

mousy ['maʊsɪ] adj (hair) pardusco

mouth [maʊθ, pl maʊðz] n boca; (of river) desembocadura; **~ful** n bocado; **~ organ** n armónica; **~piece** n (of musical instrument) boquilla; (spokesman) portavoz m/f; **~wash** n enjuague m; **~watering** adj apetitoso

movable ['muːvəbl] adj movible

move [muːv] n (movement) movimiento; (in game) jugada; (: turn to play) turno; (change: of house) mudanza; (: of job) cambio de trabajo ♦ vt mover; (emotionally) conmover; (POL: resolution etc) proponer ♦ vi moverse; (traffic) circular; (also: **~ house**) trasladarse, mudarse; **to ~ sb to do sth** mover a uno a hacer algo; **to get a ~ on** darse prisa; **~ about** or **around** vi moverse; (travel) viajar; **~ along** vi avanzar, adelantarse; **~ away** vi alejarse; **~ back** vi retroceder; **~ forward** vi avanzar; **~ in** vi (to a house) instalarse; (police, soldiers) intervenir; **~ on** vi ponerse en camino; **~ out** vi (of house) mudarse; **~ over** vi apartarse, hacer sitio; **~ up** vi (employee) ser ascendido

moveable ['muːvəbl] adj = **movable**

movement ['muːvmənt] n movimiento

movie ['muːvɪ] n película; **to go to the ~s** ir al cine

moving ['muːvɪŋ] adj (emotional)

conmovedor(a); *(that moves)* móvil

mow [mau] *(pt* mowed, *pp* mowed
or mown) *vt (grass, corn)* cortar,
segar; ~ **down** *vt (shoot)* acribillar; **~er**
n (also: lawn~er) cortacéspedes *m inv*

MP *n abbr* = **Member of Parliament**

m.p.h. *abbr* = **miles per hour** (60 m.p.h.
= 96 k.p.h.)

Mr ['mɪstə*] *(US* Mr.) *n:* ~ **Smith** (el)
Sr. Smith

Mrs ['mɪsɪz] *(US* Mrs.) *n:* ~ **Smith** (la)
Sra. Smith

Ms [mɪz] *(US* Ms.) *n* (= *Miss or Mrs*):
~ **Smith** (la) Srta. Smith

M.Sc. *abbr* = **Master of Science**

MSP *n abbr* = **Member of the
Scottish Parliament**

much [mʌtʃ] *adj* mucho ♦ *adv* mucho;
(before pp) muy ♦ *n or pron* mucho;
how ~ is it? ¿cuánto es?, ¿cuánto
cuesta?; **too ~** demasiado; **it's not ~**
no es mucho; **as ~ as** tanto como;
however ~ he tries por mucho que
se esfuerce

muck [mʌk] *n* suciedad *f*; **~ about** or
around *(inf)* vi perder el tiempo;
(enjoy o.s.) entretenerse; ~ **up**
(inf) vt arruinar, estropear

mud [mʌd] *n* barro, lodo

muddle ['mʌdl] *n* desorden *m*,
confusión *f*; *(mix-up)* embrollo, lío ♦ *vt*
(also: ~ **up)** embrollar, confundir;
~ **through** vi salir del paso

muddy ['mʌdɪ] *adj* fangoso, cubierto
de lodo

mudguard ['mʌdgɑːd] *n* guardabarros
m inv

muffin ['mʌfɪn] *n* panecillo dulce

muffle ['mʌfl] *vt (sound)* amortiguar;
(against cold) embozar; **~d** *adj (noise
etc)* amortiguado, apagado; **~r** *(US)* n
(AUT) silenciador *m*

mug [mʌg] *n* taza grande *(sin platillo)*;
(for beer) jarra; *(inf: face)* jeta ♦ *vt*
(assault) asaltar; **~ging** *n* asalto

muggy ['mʌgɪ] *adj* bochornoso

mule [mjuːl] *n* mula

multi... [mʌltɪ] *prefix* multi...

multi-level [mʌltɪ'levl] *(US) adj* =
multistorey

multiple ['mʌltɪpl] *adj* múltiple ♦ *n*
múltiplo; ~ **sclerosis** *n* esclerosis *f*
múltiple

multiplex cinema ['mʌltɪpleks-] *n*
multicines *mpl*

multiplication [mʌltɪplɪ'keɪʃən] *n*
multiplicación *f*

multiply ['mʌltɪplaɪ] *vt* multiplicar ♦ *vi*
multiplicarse

multistorey [mʌltɪ'stɔːrɪ] *(BRIT) adj* de
muchos pisos

multitude ['mʌltɪtjuːd] *n* multitud *f*

mum [mʌm] *(BRIT: inf) n* mamá ♦ *adj*:
to keep ~ mantener la boca cerrada

mumble ['mʌmbl] *vt, vi* hablar entre
dientes, refunfuñar

mummy ['mʌmɪ] *n (BRIT: mother)*
mamá; *(embalmed)* momia

mumps [mʌmps] *n* paperas *fpl*

munch [mʌntʃ] *vt, vi* mascar

mundane [mʌn'deɪn] *adj* trivial

municipal [mjuː'nɪsɪpl] *adj* municipal

murder ['mɜːdə*] *n* asesinato; *(in law)*
homicidio ♦ *vt* asesinar, matar; **~er/
ess** *n* asesino/a; **~ous** *adj* homicida

murky ['mɜːkɪ] *adj (water)* turbio;
(street, night) lóbrego

murmur ['mɜːmə*] *n* murmullo ♦ *vt, vi*
murmurar

muscle ['mʌsl] *n* músculo; *(fig:
strength)* garra, fuerza; ~ **in** vi
entrometerse; **muscular** ['mʌskjulə*]
adj muscular; *(person)* musculoso

muse [mjuːz] *vi* meditar ♦ *n* musa

museum [mjuː'zɪəm] *n* museo

mushroom ['mʌʃrum] *n* seta, hongo;
(CULIN) champiñón *m* ♦ *vi* crecer de la
noche a la mañana

music ['mjuːzɪk] *n* música; **~al** *adj*
musical; *(sound)* melodioso; *(person)*
con talento musical ♦ *n (in show)*
comedia musical; **~al instrument** *n*
instrumento musical; ~ **hall** *n* teatro
de variedades; **~ian** [-'zɪʃən] *n*

músico/a

Muslim [ˈmʌzlɪm] *adj, n* musulmán/
ana *m/f*

muslin [ˈmʌzlɪn] *n* muselina

mussel [ˈmʌsl] *n* mejillón *m*

must [mʌst] *aux vb (obligation)*: **I ~ do
it** debo hacerlo, tengo que hacerlo;
(probability): **he ~ be there by now**
ya debe (de) estar allí ♦ *n*: **it's a ~** es
imprescindible

mustache [ˈmʌstæʃ] *(US) n* =
moustache

mustard [ˈmʌstəd] *n* mostaza

muster [ˈmʌstə*] *vt* juntar, reunir

mustn't [ˈmʌsnt] = **must not**

mute [mjuːt] *adj, n* mudo/a *m/f*

muted [ˈmjuːtɪd] *adj* callado/a;
(colour) apagado

mutiny [ˈmjuːtɪnɪ] *n* motín *m* ♦ *vi*
amotinarse

mutter [ˈmʌtə*] *vt, vi* murmurar

mutton [ˈmʌtn] *n* carne *f* de cordero

mutual [ˈmjuːtʃuəl] *adj* mutuo;
(interest) común; **~ly** *adv* mutuamente

muzzle [ˈmʌzl] *n (mouth)* hocico; *(for dog)*
bozal *m*; *(of gun)* boca ♦ *vt (dog)* poner
un bozal a

my [maɪ] *adj* mi(s); **~ house/
brother/sisters** mi casa/mi
hermano/mis hermanas; **I've washed
~ hair/cut ~ finger** me he lavado el
pelo/cortado un dedo; **is this ~ pen
or yours?** ¿es este bolígrafo mío o
tuyo?

myself [maɪˈsɛlf] *pron (reflexive)* me;
(emphatic) yo mismo; *(after prep)* mí
(mismo); *see also* **oneself**

mysterious [mɪsˈtɪərɪəs] *adj* misterioso

mystery [ˈmɪstərɪ] *n* misterio

mystify [ˈmɪstɪfaɪ] *vt (perplex)* dejar
perplejo

myth [mɪθ] *n* mito

N, n

n/a *abbr* (= *not applicable*) no interesa

nag [næg] *vt (scold)* regañar; **~ging** *adj
(doubt)* persistente; *(pain)* continuo

nail [neɪl] *n (human)* uña; *(metal)* clavo
♦ *vt (stick)*: **to ~ sth to sth** clavar algo
en algo; **to ~ sb down to doing sth**
comprometer a uno a que haga algo;
~brush *n* cepillo para las uñas; **~file** *n*
lima para las uñas; **~ polish** *n* esmalte
m or laca para las uñas; **~ polish
remover** *n* quitaesmalte *m*;
~ scissors *npl* tijeras *fpl* para las uñas;
~ varnish *(BRIT) n* = **~ polish**

naïve [naɪˈiːv] *adj* ingenuo

naked [ˈneɪkɪd] *adj (nude)* desnudo;
(flame) expuesto al aire

name [neɪm] *n* nombre *m*; *(surname)*
apellido; *(reputation)* fama, renombre
m ♦ *vt (child)* poner nombre a;
(criminal) identificar; *(price, date etc)*
fijar; **what's your ~?** ¿cómo se
llama?; **by ~** de nombre; **in the ~ of**
en nombre de; **to give one's ~ and
address** dar sus señas; **~ly** *adv* a
saber; **~sake** *n* tocayo/a

nanny [ˈnænɪ] *n* niñera

nap [næp] *n (sleep)* sueñecito, siesta

nape [neɪp] *n*: **~ of the neck** nuca,
cogote *m*

napkin [ˈnæpkɪn] *n (also: table ~)*
servilleta

nappy [ˈnæpɪ] *(BRIT) n* pañal *m*;
~ rash *n* prurito

narcotic [nɑːˈkɒtɪk] *adj, n* narcótico

narrow [ˈnærəʊ] *adj* estrecho, angosto;
(fig: majority etc) corto; (: *ideas etc*)
estrecho ♦ *vi (road)* estrecharse;
(diminish) reducirse; **to have a
~ escape** escaparse por los pelos; **to
~ sth down** reducir algo; **~ly** *adv
(miss)* por poco; **~-minded** *adj* de
miras estrechas

nasty [ˈnɑːstɪ] *adj (remark)* feo;

(*person*) antipático; (*revolting*: *taste,
smell*) asqueroso; (*wound, disease etc*)
peligroso, grave
nation ['neɪʃən] n nación f
national ['næʃənl] adj, n nacional m/f;
~ **dress** n vestido nacional;
N~ Health Service n servicio
nacional de salud pública; ≈ Insalud m
(SP); **N~ Insurance** (BRIT) n seguro
social nacional; **~ism** n nacionalismo;
~ist adj, n nacionalista m/f; **~ity**
[-'nælɪtɪ] n nacionalidad f; **~ize** vt
nacionalizar; **~ly** adv (*nationwide*) en
escala nacional; (*as a nation*)
nacionalmente, como nación; **~ park**
(BRIT) n parque m nacional
nationwide ['neɪʃənwaɪd] adj en
escala o a nivel nacional
native ['neɪtɪv] n (*local inhabitant*)
natural m/f, nacional m/f ♦ adj
(*indigenous*) indígena; (*country*) natal;
(*innate*) natural, innato; **a ~ of Russia**
un(a) natural m/f de Rusia; **a
~ speaker of French** un hablante
nativo de francés; **N~ American** adj,
n americano/a indígena, amerindio/a;
~ language n lengua materna
Nativity [nə'tɪvɪtɪ] n: **the ~** Navidad f
NATO ['neɪtəu] n abbr (= North
Atlantic Treaty Organization) OTAN f
natural ['nætʃrəl] adj; **~ly** adv
(*speak etc*) naturalmente; (*of course*)
desde luego, por supuesto
nature ['neɪtʃə*] n (also: N~)
naturaleza; (*group, sort*) género, clase f;
(*character*) carácter m, genio; **by ~** por
o de naturaleza
naught [nɔːt] = **nought**
naughty ['nɔːtɪ] adj (*child*) travieso
nausea ['nɔːsɪə] n náuseas fpl
nautical ['nɔːtɪkl] adj náutico,
marítimo; (*mile*) marino
naval ['neɪvl] adj naval, de marina;
~ officer n oficial m/f de marina
nave [neɪv] n nave f
navel ['neɪvl] n ombligo
navigate ['nævɪgeɪt] vt gobernar ♦ vi

navegar; (AUT) ir de copiloto;
navigation [-'geɪʃən] n (*action*)
navegación f; (*science*) náutica f;
navigator n navegador(a) m/f,
navegante m/f, (AUT) copiloto m/f
navvy ['nævɪ] n (BRIT) peón m
caminero
navy ['neɪvɪ] n marina de guerra;
(*ships*) armada, flota; **~(-blue)** adj azul
marino
Nazi ['nɑːtsɪ] n nazi m/f
NB abbr (= nota bene) nótese
near [nɪə*] adj (*place, relation*) cercano;
(*time*) próximo ♦ adv cerca ♦ prep
(*also*: **~ to**: *space*) cerca de, junto a;
(: *time*) cerca de ♦ vt acercarse a,
aproximarse a; **~by** [nɪə'baɪ] adj
cercano, próximo ♦ adv cerca; **~ly** adv
casi, por poco; **I ~ly fell** por poco me
caigo; **~ miss** n tiro cercano; **~side** n
(AUT: *in Britain*) lado izquierdo; (: *in US,
Europe etc*) lado derecho; **~-sighted**
adj miope, corto de vista
neat [niːt] adj (*place*) ordenado, bien
cuidado; (*person*) pulcro; (*plan*)
ingenioso; (*spirits*) solo; **~ly** adv (*tidily*)
con esmero; (*skilfully*) ingeniosamente
necessarily ['nɛsɪsrɪlɪ] adv
necesariamente
necessary ['nɛsɪsrɪ] adj necesario,
preciso
necessitate [nɪ'sɛsɪteɪt] vt hacer
necesario
necessity [nɪ'sɛsɪtɪ] n necesidad f;
necessities npl artículos mpl de
primera necesidad
neck [nɛk] n (*of person, garment, bottle*)
cuello; (*of animal*) pescuezo ♦ vi (*inf*)
besuquearse; **~ and ~** parejos; **~lace**
['nɛklɪs] n collar m; **~line** n escote m;
~tie ['nɛktaɪ] n corbata
née [neɪ] adj: **~ Scott** de soltera Scott
need [niːd] n (*lack*) escasez f, falta;
(*necessity*) necesidad f ♦ vt (*require*)
necesitar; **I ~ to do it** tengo que o
debo hacerlo; **you don't ~ to go** no
hace falta que (te) vayas

needle ['ni:dl] n aguja ♦ vt (fig: inf)
picar, fastidiar

needless ['ni:dlis] adj innecesario;
~ **to say** huelga decir que

needlework ['ni:dlwə:k] n (activity)
costura, labor f de aguja

needn't ['ni:dnt] = **need not**

needy ['ni:di] adj necesitado

negative ['negətiv] n (PHOT) negativo;
(LING) negación f ♦ adj negativo;
~ **equity** n situación que se da cuando
el valor de la vivienda es menor que el
de la hipoteca que pesa sobre ella

neglect [ni'glekt] vt (one's duty) faltar
a, no cumplir con; (child) descuidar,
desatender ♦ n (of house, garden etc)
abandono; (of child) desatención f; (of
duty) incumplimiento

negligee ['neglizei] n (nightgown)
salto de cama

negotiate [ni'gəuʃieit] vt (treaty, loan)
negociar; (obstacle) franquear; (bend in
road) tomar ♦ vi: **to ~ (with)** negociar
(con); **negotiation** [-'eiʃən] n
negociación f, gestión f

neigh [nei] vi relinchar

neighbour ['neibə*] (US **neighbor**) n
vecino/a; ~**hood** n (place) vecindad f,
barrio; (people) vecindario; ~**ing** adj
vecino; ~**ly** adj (person) amable;
(attitude) de buen vecino

neither ['naiðə*] adj n ♦ conj: **I didn't
move and ~ did John** no me he
movido, ni Juan tampoco ♦ pron
ninguno ♦ adv: ~ **good nor bad** ni
bueno ni malo; ~ **is trus** ninguno/a
de los/las dos es cierto/a

neon ['ni:ɔn] n neón m; ~ **light** n
lámpara de neón

nephew ['nevju:] n sobrino

nerve [nə:v] n (ANAT) nervio; (courage)
valor m; (impudence) descaro, frescura;
a fit of ~s un ataque de nervios; ~-
racking adj desquiciante

nervous ['nə:vəs] adj (anxious, ANAT)
nervioso; (timid) tímido, miedoso;
~ **breakdown** n crisis f nerviosa

nest [nest] n (of bird) nido; (wasps' ~)
avispero ♦ vi anidar; ~ **egg** n (fig)
ahorros mpl

nestle ['nesl] vi: **to ~ down**
acurrucarse

net [net] n (gen) red f; (fabric) tul m
♦ adj (COMM) neto, líquido ♦ vt coger
(SP) or agarrar (AM) con red; (SPORT)
marcar; **the N~** (Internet) la Red;
~**ball** n básquet m

Netherlands ['neðələndz] npl: **the ~**
los Países Bajos

nett [net] adj = **net**

netting ['netiŋ] n red f, redes fpl

nettle ['netl] n ortiga

network ['netwə:k] n red f

neurotic [njuə'rɔtik] adj neurótico/a

neuter ['nju:tə*] adj (LING) neutro ♦ vt
castrar, capar

neutral ['nju:trəl] adj (person) neutral;
(colour etc, ELEC) neutro ♦ n (AUT)
punto muerto; ~**ize** vt neutralizar

never ['nevə*] adv nunca, jamás;
~ **went** no fui nunca; ~ **in my life**
jamás en la vida; see also **mind**; ~-
ending adj interminable, sin fin;
~**theless** [nevəðə'les] adv sin
embargo, no obstante

new [nju:] adj nuevo; (brand new) a
estrenar; (recent) reciente; **N~ Age** n
Nueva Era; ~**born** adj recién nacido;
~**comer** ['nju:kʌmə*] n recién
venido/a or llegado/a; ~**fangled** (pej)
adj modernísimo; ~**found** adj (friend)
nuevo; (enthusiasm) recién adquirido;
~**ly** adv nuevamente, recién; ~**ly-
weds** npl recién casados mpl

news [nju:z] n noticias fpl, **a piece of
~** una noticia; **the ~** (RADIO, TV) las
noticias fpl; ~ **agency** n agencia de
noticias; ~**agent** (BRIT) n vendedor(a)
m/f de periódicos; ~**caster** n
presentador(a) m/f, locutor(a) m/f;
~ **flash** n noticia de última hora;
~**letter** n hoja informativa, boletín m;
~**paper** n periódico, diario; ~**print** n
papel m de periódico; ~**reader** n =

~caster; ~reel *n* noticiario; **~ stand** *n* quiosco *or* puesto de periódicos
newt [njuːt] *n* tritón *m*
New Year *n* Año Nuevo; **~'s Day** *n* Día *m* de Año Nuevo; **~'s Eve** *n* Nochevieja
New York [ˈnjuːˈjɔːk] *n* Nueva York
New Zealand [njuːˈziːlənd] *n* Nueva Zelanda; **~er** *n* neozelandés/esa *m/f*
next [nekst] *adj* (*house, room*) vecino; (*bus stop, meeting*) próximo; (*following: page etc*) siguiente ♦ *adv* después; **the ~ day** el día siguiente; **~ time** la próxima vez; **~ year** el año próximo *or* que viene; **~ to** junto a, al lado de; **~ to nothing** casi nada; **~ please!** ¡el siguiente! **~ door** *adv* en la casa de al lado ♦ *adj* vecino, de al lado; **~-of-kin** *n* pariente *m* más cercano
NHS *n abbr* = **National Health Service**
nib [nɪb] *n* plumilla
nibble [ˈnɪbl] *vt* mordisquear, mordiscar
Nicaragua [nɪkəˈrægjuə] *n* Nicaragua; **~n** *adj, n* nicaragüense *m/f*
nice [naɪs] *adj* (*likeable*) simpático; (*kind*) amable; (*pleasant*) agradable; (*attractive*) bonito, mono, lindo (*AM*); **~ly** *adv* amablemente; bien
nick [nɪk] *n* (*wound*) rasguño; (*cut, indentation*) mella, muesca ♦ *vt* (*inf*) birlar, robar; **in the ~ of time** justo a tiempo
nickel [ˈnɪkl] *n* níquel *m*; (*US*) moneda de 5 centavos
nickname [ˈnɪkneɪm] *n* apodo, mote *m* ♦ *vt* apodar
nicotine [ˈnɪkətiːn] *n* nicotina
niece [niːs] *n* sobrina
Nigeria [naɪˈdʒɪərɪə] *n* Nigeria; **~n** *adj, n* nigeriano/a *m/f*
niggling [ˈnɪglɪŋ] *adj* (*trifling*) nimio, insignificante; (*annoying*) molesto
night [naɪt] *n* noche *f*; (*evening*) tarde *f*; **the ~ before last** anteanoche; **at ~,** **by ~** de noche, por la noche; **~cap** *n*

(*drink*) bebida que se toma antes de acostarse; **~ club** *n* cabaret *m*; **~dress** (*BRIT*) *n* camisón *m*; **~fall** *n* anochecer *m*; **~gown** *n* = **~dress**; **~ie** [ˈnaɪtɪ] *n* = **~dress**
nightingale [ˈnaɪtɪŋgeɪl] *n* ruiseñor *m*
night: **~life** *n* vida nocturna; **~ly** *adj* de todas las noches ♦ *adv* todas las noches, cada noche; **~mare** *n* pesadilla; **~ porter** *n* portero de noche; **~ school** *n* clase(s) *f(pl)* nocturna(s); **~ shift** *n* turno nocturno *or* de noche; **~-time** *n* noche *f*; **~ watchman** *n* vigilante *m* nocturno
nil [nɪl] (*BRIT*) *n* (*SPORT*) cero, nada
Nile [naɪl] *n:* **the ~** el Nilo
nimble [ˈnɪmbl] *adj* (*agile*) ágil, ligero; (*skilful*) diestro
nine [naɪn] *num* nueve; **~teen** *num* diecinueve, diez y nueve; **~ty** *num* noventa
ninth [naɪnθ] *adj* noveno
nip [nɪp] *vt* (*pinch*) pellizcar; (*bite*) morder
nipple [ˈnɪpl] *n* (*ANAT*) pezón *m*
nitrogen [ˈnaɪtrədʒən] *n* nitrógeno

KEYWORD

---

no [nəu] (*pl* **~es**) *adv* (*opposite of "yes"*) no; **are you coming?** — **~ (I'm not)** ¿vienes? — no; **would you like some more?** — **~ thank you** ¿quieres más? — no gracias ♦ *adj* (*not any*): **I have ~ money/time/books** no tengo dinero/tiempo/libros; **~ other man would have done it** ningún otro lo hubiera hecho; **"~ entry"** "prohibido el paso"; **"~ smoking"** "prohibido fumar" ♦ *n no m*

nobility [nəuˈbɪlɪtɪ] *n* nobleza
noble [ˈnəubl] *adj* noble
nobody [ˈnəubədɪ] *pron* nadie
nod [nɔd] *vi* saludar con la cabeza; (*in agreement*) decir que sí con la cabeza; (*doze*) dar cabezadas ♦ *vt:* **to ~ one's**

head inclinar la cabeza ♦ n inclinación
f de cabeza; ~ **off** vi dar cabezadas
noise [nɔɪz] n (din) escándalo,
estrépito; **noisy** adj ruidoso; (child)
escandaloso
nominate ['nɔmɪneɪt] vt (propose)
proponer; (appoint) nombrar;
nominee [-'niː] n candidato/a
non... [nɔn] prefix no, des..., in...; ~-
alcoholic adj no alcohólico; **~chalant**
adj indiferente; **~-committal** adj
evasivo; **~descript** adj soso
none [nʌn] pron ninguno/a ♦ adv de
ninguna manera; ~ of you ninguno de
vosotros; **I've ~ left** no me queda
ninguno/a; **he's ~ the worse for it**
no le ha hecho ningún mal
nonentity [nɔ'nentɪtɪ] n cero a la
izquierda, nulidad f
nonetheless [nʌnðə'les] adv sin
embargo, no obstante
non-existent adj inexistente
non-fiction n literatura no novelesca
nonplussed [nɔn'plʌst] adj perplejo
nonsense ['nɔnsəns] n tonterías fpl,
disparates fpl; **~!** ¡qué tonterías!
non: **~-smoker** n no fumador(a) m/f;
~-smoking adj de no fumador; **~-
stick** adj (pan, surface) antiadherente;
~-stop adj continuo; (RAIL) directo
♦ adv sin parar
noodles ['nuːdlz] npl tallarines mpl
nook [nuk] n: **~s and crannies**
escondrijos mpl
noon [nuːn] n mediodía m
no-one pron = **nobody**
noose [nuːs] n (hangman's) dogal m
nor [nɔː*] conj = **neither** ♦ adv see
neither
norm [nɔːm] n norma
normal ['nɔːml] adj normal; **~ly** adv
normalmente
north [nɔːθ] n norte m ♦ adj del norte,
norteño ♦ adv al or hacia el norte;
N~ Africa n África del Norte; **N~
America** n América del Norte; **~-
east** n nor(d)este m; **~erly** ['nɔːðəlɪ]

adj (point, direction) norteño; **~ern**
['nɔːðən] adj norteño, del norte;
N~ern Ireland n Irlanda del Norte;
N~ Pole n Polo Norte; **N~ Sea** n Mar
m del Norte; **~ward(s)** ['nɔːθwəd(z)]
adv hacia el norte; **~-west** n
nor(d)oeste m
Norway ['nɔːweɪ] n Noruega;
Norwegian [-'wiːdʒən] adj noruego/a
♦ n noruego/a; (LING) noruego
nose [nəuz] n (ANAT) nariz f; (ZOOL)
hocico; (sense of smell) olfato ♦ vi: **to
~ about** curiosear; **~bleed** n
hemorragia nasal; **~-dive** n (of plane:
deliberate) picado vertical;
(: involuntary) caída en picado; **~y** (inf)
adj curioso, fisgón/ona
nostalgia [nɔs'tældʒɪə] n nostalgia
nostril ['nɔstrɪl] n ventana de la nariz
nosy ['nəuzɪ] (inf) adj = **nosey**
not [nɔt] adv no; **~ that** ... no es que
...; **it's too late, isn't it?** es
demasiado tarde, ¿verdad or no?;
~ yet/now todavía/ahora no; **why ~?**
¿por qué no?; see also **all**; **only**
notably ['nəutəblɪ] adv especialmente
notary ['nəutərɪ] n notario/a
notch [nɔtʃ] n muesca, corte m
note [nəut] n (MUS, record, letter) nota;
(banknote) billete m; (tone) tono ♦ vt
(observe) notar, observar; (write down)
apuntar, anotar; **~book** n libreta,
cuaderno; **~d** ['nəutɪd] adj célebre,
conocido; **~pad** n bloc m; **~paper** n
papel m para cartas
nothing ['nʌθɪŋ] n nada; (zero) cero;
he does ~ no hace nada; **~ new** nada
nuevo; **~ much** no mucho; **for ~** (free)
gratis, sin pago; (in vain) en balde
notice ['nəutɪs] n (announcement)
anuncio; (warning) aviso; (dismissal)
despido; (resignation) dimisión f;
(period of time) plazo ♦ vt (observe)
notar, observar; **to bring sth to sb's
~** (attention) llamar la atención de uno
sobre algo; **to take ~ of** tomar nota
de, prestar atención a; **at short ~** con

poca anticipación; **until further ~**
hasta nuevo aviso; **to hand in one's
~** dimitir; ~ evidente, obvio;
~ **board** (BRIT) n tablón m de anuncios

notify ['nəutɪfaɪ] vt: **to ~ sb (of sth)**
comunicar (algo) a uno

notion ['nəuʃən] n idea; (opinion)
opinión f

notorious [nəu'tɔ:rɪəs] adj notorio

nougat ['nu:gɑ:] n turrón m

nought [nɔ:t] n cero

noun [naun] n nombre m, sustantivo

nourish ['nʌrɪʃ] vt nutrir; (fig)
alimentar; **~ing** adj nutritivo; **~ment** n
alimento, sustento

novel ['nɔvl] n novela ♦ adj (new)
nuevo, original; (unexpected) insólito;
~ist n novelista m/f; **~ty** n novedad f

November [nəu'vɛmbə*] n noviembre
m

novice ['nɔvɪs] n (REL) novicio/a

now [nau] adv (at the present time)
ahora; (these days) actualmente, hoy
día ♦ conj: ~ **(that)** ya que, ahora que;
right ~ ahora mismo; **by ~** ya; **just ~**
ahora mismo; **~ and then, ~ and
again** de vez en cuando; **from ~ on**
de ahora en adelante; **~adays**
['nauədeɪz] adv hoy (en) día,
actualmente

nowhere ['nəuwɛə*] adv (direction) a
ninguna parte; (location) en ninguna
parte

nozzle ['nɔzl] n boquilla

nuance ['nju:ɑ:ns] n matiz m

nuclear ['nju:klɪə*] adj nuclear

nucleus ['nju:klɪəs] n (pl nuclei) n
núcleo

nude [nju:d] adj, n desnudo/a m/f; **in
the ~** desnudo

nudge [nʌdʒ] vt dar un codazo a

nudist ['nju:dɪst] n nudista m/f

nuisance ['nju:sns] n molestia,
fastidio; (person) pesado, latoso; **what
a ~!** ¡qué lata!

null [nʌl] adj: ~ **and void** nulo y sin
efecto

numb [nʌm] adj: ~ **with cold/fear**
entumecido por el frío/paralizado por el
miedo

number ['nʌmbə*] n número;
(quantity) cantidad f ♦ vt (pages etc)
numerar, poner número a; (amount to)
sumar, ascender a; **to be ~ed among**
figurar entre; **a ~ of** varios, algunos;
they were ten in ~ eran diez;
~ **plate** (BRIT) n matrícula, placa

numeral ['nju:mərəl] n número, cifra

numerate ['nju:mərɪt] adj competente
en la aritmética

numerous ['nju:mərəs] adj numeroso

nun [nʌn] n monja, religiosa

nurse [nə:s] n enfermero/a; (also:
~**maid**) niñera ♦ vt (patient) cuidar,
atender

nursery ['nə:səri] n (institution)
guardería infantil; (room) cuarto de los
niños; (for plants) criadero, semillero;
~ **rhyme** n canción f infantil;
~ **school** n parvulario, escuela de
párvulos; ~ **slope** (BRIT) n (SKI) cuesta
para principiantes

nursing ['nə:sɪŋ] n (profession)
profesión f de enfermera; (care)
asistencia, cuidado; ~ **home** n clínica
de reposo

nut [nʌt] n (TECH) tuerca; (BOT) nuez f;
~**crackers** npl cascanueces m inv

nutmeg ['nʌtmɛg] n nuez f moscada

nutritious [nju:'trɪʃəs] adj nutritivo,
alimenticio

nuts [nʌts] (inf) adj loco

nutshell ['nʌtʃɛl] n: **in a ~** en
resumidas cuentas

nylon ['naɪlɔn] n nilón m ♦ adj de
nilón

O, o

oak [əuk] n roble m ♦ adj de roble

O.A.P. (BRIT) n abbr = **old-age
pensioner**

oar [ɔ:*] n remo

oasis [əu'eɪsɪs] (*pl* **oases**) *n* oasis *m inv*

oath [əuθ] *n* juramento; (*swear word*) palabrota; **on** (*BRIT*) *or* **under ~** bajo juramento

oatmeal ['əutmi:l] *n* harina de avena

oats [əuts] *n* avena

obedience [ə'bi:dɪəns] *n* obediencia

obedient [ə'bi:dɪənt] *adj* obediente

obey [ə'beɪ] *vt* obedecer; (*instructions, regulations*) cumplir

obituary [ə'bɪtjuərɪ] *n* necrología

object [*n* 'ɔbdʒɪkt, *vb* əb'dʒɛkt] *n* objeto; (*purpose*) objeto, propósito; (*LING*) complemento ♦ *vi*: **to ~ to** estar en contra de; (*proposal*) oponerse a; **to ~ that** objetar que; **expense is no ~** no importa cuánto cuesta; **I ~!** ¡yo protesto!; **~ion** [əb'dʒɛkʃən] *n* protesta; **I have no ~ion to ... no** tengo inconveniente en que ...; **~ionable** [əb'dʒɛkʃənəbl] *adj* desagradable; (*conduct*) censurable; **~ive** *adj, n* objetivo

obligation [ɔblɪ'ɡeɪʃən] *n* obligación *f*; (*debt*) deber *m*; **without ~** sin compromiso

oblige [ə'blaɪdʒ] *vt* (*do a favour for*) complacer, hacer un favor a; **to ~ sb to do sth** forzar or obligar a uno a hacer algo; **to be ~d to sb for sth** estarle agradecido a uno por algo; **obliging** *adj* servicial, atento

oblique [ə'bli:k] *adj* oblicuo; (*allusion*) indirecto

obliterate [ə'blɪtəreɪt] *vt* borrar

oblivion [ə'blɪvɪən] *n* olvido; **oblivious** [-ɪəs] *adj*: **oblivious of** inconsciente de

oblong ['ɔblɔŋ] *adj* rectangular ♦ *n* rectángulo

obnoxious [əb'nɔkʃəs] *adj* odioso, detestable; (*smell*) nauseabundo

oboe ['əubəu] *n* oboe *m*

obscene [əb'si:n] *adj* obsceno

obscure [əb'skjuə*] *adj* oscuro ♦ *vt* oscurecer; (*hide: sun*) esconder

observant [əb'zə:vnt] *adj*

observador(a)

observation [ɔbzə'veɪʃən] *n* observación *f*; (*MED*) examen *m*

observe [əb'zə:v] *vt* observar; (*rule*) cumplir; **~r** *n* observador(a) *m/f*

obsess [əb'sɛs] *vt* obsesionar; **~ive** *adj* obsesivo; obsesionante

obsolete ['ɔbsəli:t] *adj*: **to be ~** estar en desuso

obstacle ['ɔbstəkl] *n* obstáculo; (*nuisance*) estorbo; **~ race** *n* carrera de obstáculos

obstinate ['ɔbstɪnɪt] *adj* terco, porfiado; (*determined*) obstinado

obstruct [əb'strʌkt] *vt* obstruir; (*hinder*) estorbar, obstaculizar; **~ion** [əb'strʌkʃən] *n* (*action*) obstrucción *f*; (*object*) estorbo, obstáculo

obtain [əb'teɪn] *vt* obtener; (*achieve*) conseguir

obvious ['ɔbvɪəs] *adj* obvio, evidente; **~ly** *adv* evidentemente, naturalmente; **~ly not** por supuesto que no

occasion [ə'keɪʒən] *n* oportunidad *f*, ocasión *f*; (*event*) acontecimiento; **~al** *adj* poco frecuente, ocasional; **~ally** *adv* de vez en cuando

occupant ['ɔkjupənt] *n* (*of house*) inquilino/a; (*of car*) ocupante *m/f*

occupation [ɔkju'peɪʃən] *n* ocupación *f*; (*job*) trabajo; (*pastime*) ocupaciones *fpl*; **~al hazard** *n* riesgo profesional

occupier ['ɔkjupaɪə*] *n* inquilino/a

occupy ['ɔkjupaɪ] *vt* (*seat, post, time*) ocupar; (*house*) habitar; **to ~ o.s. in doing** pasar el tiempo haciendo

occur [ə'kə:*] *vi* pasar, suceder; **to ~ to sb** ocurrírsele a uno; **~rence** [ə'kʌrəns] *n* acontecimiento; (*existence*) existencia

ocean ['əuʃən] *n* océano

o'clock [ə'klɔk] *adv*: **it is 5 ~** son las 5

OCR *n abbr* = **optical character recognition/reader**

October [ɔk'təubə*] *n* octubre *m*

octopus ['ɔktəpəs] *n* pulpo

odd [ɔd] *adj* extraño, raro; (*number*)

impar; (*sock, shoe etc*) suelto; **60~** 60 y pico; **at ~ times** de vez en cuando; **to be the ~ one** estar de más; **~ity** *n* rareza; (*person*) excéntrico; **~ job man** *n* chico para todo; **~ jobs** *npl* bricolaje *m*; **~ly** *adv* curiosamente, extrañamente; *see also* **enough**; **~ments** *npl* (*COMM*) retales *mpl*; **~s** *npl* (*in betting*) puntos *mpl* de ventaja; **it makes no ~** da lo mismo; **at ~s** reñidos/as; **~s and ends** minucias *fpl*

odometer [ɔˈdɔmɪtəʳ] *n* (*US*) cuentakilómetros *m inv*

odour [ˈəudəʳ] (*US* **odor**) *n* olor *m*; (*unpleasant*) hedor *m*

KEYWORD

---

of [ɔv, əv] *prep* **1** (*gen*) de; **a friend ~ ours** un amigo nuestro; **a boy ~ 10** un chico de 10 años; **that was kind ~ you** eso fue muy amable por or de tu parte

2 (*expressing quantity, amount, dates etc*) de; **a kilo ~ flour** un kilo de harina; **there were 3 ~ them** había tres; **3 ~ us went** tres de nosotros fuimos; **the 5th ~ July** el 5 de julio

3 (*from, out of*) de; **made ~ wood** (hecho) de madera

---

off [ɔf] *adj, adv* (*engine*) desconectado; (*light*) apagado; (*tap*) cerrado; (*BRIT: food: bad*) pasado, malo; (*: milk*) cortado; (*cancelled*) cancelado ♦ *prep* de; **to be ~** (*to leave*) irse, marcharse; **to be ~ sick** estar enfermo or de baja; **a day ~** un día libre or sin trabajar; **to have an ~ day** tener un día malo; **he had his coat ~** se había quitado el abrigo; **10% ~** (*COMM*) (con el) 10% de descuento; **5 km ~ (the road)** a 5 km (de la carretera); **~ the coast** frente a la costa; **I'm ~ meat** (*no longer eat/like it*) paso de la carne; **on the ~ chance** por si acaso; **~ and on** de vez en cuando

offal [ˈɔfl] (*BRIT*) *n* (*CULIN*) menudencias

fpl

off-colour [ɔfˈkʌləʳ] (*BRIT*) *adj* (*ill*) indispuesto

offence [əˈfens] (*US* **offense**) *n* (*crime*) delito; **to take ~ at** ofenderse por

offend [əˈfend] *vt* (*person*) ofender; **~er** *n* delincuente *m/f*

offensive [əˈfensɪv] *adj* ofensivo; (*smell etc*) repugnante ♦ *n* (*MIL*) ofensiva

offer [ˈɔfəʳ] *n* oferta, ofrecimiento; (*proposal*) propuesta ♦ *vt* ofrecer; (*opportunity*) facilitar; **"on ~"** (*COMM*) "en oferta"; **~ing** *n* ofrenda

offhand [ɔfˈhænd] *adj* informal ♦ *adv* de improviso

office [ˈɔfɪs] *n* (*place*) oficina; (*room*) despacho; (*position*) carga, oficio; **doctor's ~** (*US*) consultorio; **to take ~** entrar en funciones; **~ automation** *n* ofimática, buromática; **~ block** (*US* **~ building**) *n* bloque *m* de oficinas; **~ hours** *npl* horas *fpl* de oficina; (*US: MED*) horas *fpl* de consulta

officer [ˈɔfɪsəʳ] *n* (*MIL etc*) oficial *m/f*; (*also: police ~*) agente *m/f* de policía; (*of organization*) director(a) *m/f*

office worker *n* oficinista *m/f*

official [əˈfɪʃl] *adj* oficial, autorizado ♦ *n* funcionario, oficial *m*

offing [ˈɔfɪŋ] *n*: **in the ~** (*fig*) en perspectiva

off-: **~-licence** (*BRIT*) *n* (*shop*) bodega, tienda de vinos y bebidas alcohólicas; **~-line** *adj, adv* (*COMPUT*) fuera de línea; **~-peak** *adj* (*electricity*) de banda económica; (*ticket*) billete de precio reducido por viajar fuera de las horas punta; **~-putting** (*BRIT*) *adj* (*person*) asqueroso; (*remark*) desalentador(a); **~-season** *adj, adv* fuera de temporada

---

Off-licence

En el Reino Unido la venta de bebidas alcohólicas está estrictamente regulada y se necesita una licencia especial, con la que cuentan los bares, restaurantes y los establecimientos de

off-licence, *los únicos lugares en
donde se pueden adquirir bebidas
alcohólicas para su consumo fuera del
local, de donde viene su nombre.
También venden bebidas no
alcohólicas, tabaco, chocolatinas,
patatas fritas, etc. y a menudo
forman parte de una cadena nacional.*

offset ['ɔfset] (*irreg*) *vt* contrarrestar,
compensar

offshoot ['ɔfʃuːt] *n* (*fig*) ramificación *f*

offshore [ɔf'ʃɔː*] *adj* (*breeze, island*)
costera; (*fishing*) de bajura

offside [ɔf'said] *adj* (*SPORT*) fuera de
juego; (*AUT: in UK*) del lado derecho;
(: *in US, Europe etc*) del lado izquierdo

offspring ['ɔfsprɪŋ] *n inv* descendencia

off: **~stage** *adv* entre bastidores; **~-
the-peg** (*US* **~-the-rack**) *adv*
confeccionado; **~-white** *adj* color
crudo

often ['ɔfn] *adv* a menudo, con
frecuencia; **how ~ do you go?** ¿cada
cuánto vas?

oh [əu] *excl* ¡ah!

oil [ɔil] *n* aceite *m*; (*petroleum*) petróleo
m; (*for heating*) fuel *m* combustible ♦ *vt*
engrasar; **~can** *n* lata de aceite; **~field**
n campo petrolífero; **~ filter** *n* (*AUT*)
filtro de aceite; **~ painting** *n* pintura
al óleo; **~ rig** *n* torre *f* de perforación;
~ tanker *n* petrolero; (*truck*) camión
m cisterna; **~ well** *n* pozo *m* de
petróleo); **~y** *adj* aceitoso; (*food*)
grasiento

ointment ['ɔintmənt] *n* ungüento

O.K., okay ['əu'kei] *excl* O.K., ¡está
bien!, ¡vale! (*SP*) ♦ *adj* bien ♦ *vt* dar el
visto bueno a

old [əuld] *adj* viejo; (*former*) antiguo;
how ~ are you? ¿cuántos años
tienes?, ¿qué edad tienes?; **he's 10
years** ~ tiene 10 años; **~er brother**
hermano mayor; **~ age** *n* vejez *f*; **~-
age pensioner** (*BRIT*) *n* jubilado/a;
~-fashioned *adj* anticuado, pasado de

moda

olive ['ɔliv] *n* (*fruit*) aceituna;
(*tree*) olivo ♦ *adj* (*also*: **~-green**) verde oliva;
~ oil *n* aceite *m* de oliva

Olympic [əu'limpik] *adj* olímpico; **the
~ Games, the ~s** las Olimpíadas

omelet(te) ['ɔmlit] *n* tortilla (*SP*),
tortilla de huevo (*AM*)

omen ['əumən] *n* presagio

ominous ['ɔminəs] *adj* de mal agüero,
amenazador(a)

omit [əu'mit] *vt* omitir

KEYWORD

on [ɔn] *prep* **1** (*indicating position*) en;
sobre; **~ the wall** en la pared; **it's
~ the table** está sobre or en la mesa;
~ the left a la izquierda

2 (*indicating means, method, condition
etc*): **~ foot** a pie; **~ the train/plane**
(*go*) en tren/avión; (*be*) en el tren/el
avión; **~ the radio/television/
telephone** por or en la radio/
televisión/al teléfono; **to be ~ drugs**
drogarse; (*MED*) estar a tratamiento; **to
be ~ holiday/business** estar de
vacaciones/en viaje de negocios

3 (*referring to time*): **~ Friday** el
viernes; **~ Fridays** los viernes; **~ June
20th** el 20 de junio; **a week ~ Friday**
del viernes en una semana; **~ arrival** al
llegar; **~ seeing this** al ver esto

4 (*about, concerning*) sobre, acerca de;
a book ~ physics un libro de or
sobre física

♦ *adv* **1** (*referring to dress*): **to have
one's coat ~** tener or llevar el abrigo
puesto; **she put her gloves ~** se
puso los guantes

2 (*referring to covering*): "**screw the
lid ~ tightly**" "cerrar bien la tapa"

3 (*further, continuously*): **to walk etc ~**
seguir caminando *etc*

♦ *adj* **1** (*functioning, in operation*):
machine, radio, TV, light: encendido/a
(*SP*), prendido/a (*AM*); (: *tap*) abierto/a;
(: *brakes*) echado/a, puesto/a; **is the**

meeting still ~? (*in progress*) ¿todavía continúa la reunión?; (*not cancelled*) ¿va a haber reunión al fin?; **there's a good film ~ at the cinema** ponen una buena película en el cine
2: **that's not ~** (*inf: not possible*) ¡eso ni hablar!; (: *not acceptable*) ¡eso no se hace!

once [wʌns] *adv* una vez; (*formerly*) antiguamente ♦ *conj* una vez que; **~ he had left/it was done** una vez que se había marchado/se hizo; **at ~** en seguida, inmediatamente; (*simultaneously*) a la vez; **~ a week** una vez por semana; **~ more** otra vez; **~ and for all** de una vez por todas; **~ upon a time** érase una vez

oncoming [ˈɒnkʌmɪŋ] *adj* (*traffic*) que viene de frente

KEYWORD

one [wʌn] *num* un(o)/una; **~ hundred and fifty** ciento cincuenta; **~ by ~** uno a uno
♦ *adj* **1** (*sole*) único; **the ~ book which** el único libro que; **the ~ man who** el único que
2 (*same*) mismo/a; **they came in the ~ car** vinieron en un solo coche
♦ *pron* **1**: **this ~** éste/ésta; **that ~** ése/ésa; (*more remote*) aquél/aquella; **I've already got (a red) ~** ya tengo uno/a (rojo/a); **~ by ~** uno por uno
2: **~ another** os (*SP*), se (+ *el uno al otro, unos a otros etc*); **do you two ever see ~ another?** ¿vosotros dos os veis alguna vez? (*SP*), ¿se ven ustedes dos alguna vez?; **the boys didn't dare look at ~ another** los chicos no se atrevieron a mirarse (el uno al otro); **they all kissed ~ another** se besaron unos a otros
3 (*impers*): **~ never knows** nunca se sabe; **to cut ~'s finger** cortarse el dedo; **~ needs to eat** hay que comer

one: **~-day excursion** (*US*) *n* billete *m* de ida y vuelta en un día; **~-man** *adj* (*business*) individual; **~-man band** *n* hombre-orquesta *m*; **~-off** (*BRIT: inf*) *n* (*event*) acontecimiento único

oneself [wʌnˈsɛlf] *pron* (*reflexive*) se; (*after prep*) sí; (*emphatic*) uno/a mismo/a; **to hurt ~** hacerse daño; **to keep sth for ~** guardarse algo; **to talk to ~** hablar solo

one: **~-sided** *adj* (*argument*) parcial; **~-to-~** *adj* (*relationship*) de dos; **~-way** *adj* (*street*) de sentido único

ongoing [ˈɒngəuɪŋ] *adj* continuo

onion [ˈʌnjən] *n* cebolla

on-line *adj, adv* (*COMPUT*) en línea

onlooker [ˈɒnlukə*] *n* espectador(a) *m/f*

only [ˈəunlɪ] *adv* solamente, sólo ♦ *adj* único, solo ♦ *conj* solamente que, pero; **an ~ child** un hijo único; **not ~ ... but also ...** no sólo ... sino también ...

onset [ˈɒnsɛt] *n* comienzo

onshore [ˈɒnʃɔ:*] *adj* (*wind*) que sopla del mar hacia la tierra

onslaught [ˈɒnslɔ:t] *n* ataque *m*, embestida

onto [ˈɒntu] *prep* = **on to**

onward(s) [ˈɒnwəd(z)] *adv* (*move*) (hacia) adelante; **from that time ~** desde entonces en adelante

onyx [ˈɒnɪks] *n* ónice *m*

ooze [u:z] *vi* rezumar

opaque [əuˈpeɪk] *adj* opaco

OPEC [ˈəupɛk] *n abbr* (= *Organization of Petroleum-Exporting Countries*) OPEP *f*

open [ˈəupn] *adj* abierto; (*car*) descubierto; (*road, view*) despejado; (*meeting*) público; (*admiration*) manifiesto ♦ *vt* abrir ♦ *vi* abrirse; (*book etc: commence*) comenzar; **in the ~ (air)** al aire libre; **~ on to** *vt fus* (*subj: room, door*) dar a; **~ up** *vt* abrir; (*blocked road*) despejar ♦ *vi* abrirse, empezar; **~ing** *n* abertura; (*start*) comienzo; (*opportunity*) oportunidad *f*;

~ing hours npl horario de apertura; **~ learning** n enseñanza flexible a tiempo parcial; **~ly** adv abiertamente; **~-minded** adj imparcial; **~-necked** adj (shirt) desabrochado; sin corbata; **~-plan** adj: **~-plan office** gran oficina sin particiones

---

Open University

La **Open University**, fundada en 1969, está especializada en impartir cursos a distancia que no exigen una dedicación exclusiva. Cuenta con sus propios materiales de apoyo, entre ellos programas de radio y televisión emitidos por la BBC y para conseguir los créditos de la licenciatura es necesaria la presentación de unos trabajos y la asistencia a los cursos de verano.

---

opera ['ɔpərə] n ópera; **~ house** n teatro de la ópera
operate ['ɔpəreɪt] vt (machine) hacer funcionar; (company) dirigir ♦ vi funcionar; **to ~ on sb** (MED) operar a uno
operatic [ɔpə'rætɪk] adj de ópera
operating table ['ɔpəreɪtɪŋ-] n mesa de operaciones
operating theatre n sala de operaciones
operation [ɔpə'reɪʃən] n operación f; (of machine) funcionamiento; **to be in ~** estar funcionando or en funcionamiento; **to have an ~** (MED) ser operado; **~al** adj operacional, en buen estado
operative ['ɔpərətɪv] adj en vigor
operator ['ɔpəreɪtə*] n (of machine) maquinista m/f, operario/a; (TEL) operador/a m/f, telefonista m/f
opinion [ə'pɪnɪən] n opinión f; **in my ~** en mi opinión, a mi juicio; **~ated** adj testarudo; **~ poll** n encuesta, sondeo
opponent [ə'pəunənt] n adversario/a, contrincante m/f

opportunity [ɔpə'tjuːnɪtɪ] n oportunidad f; **to take the ~ of doing** aprovechar la ocasión para hacer
oppose [ə'pəuz] vt oponerse a; **to be ~d to sth** oponerse a algo; **as ~d to** a diferencia de; **opposing** adj opuesto, contrario
opposite ['ɔpəzɪt] adj opuesto, contrario a; (house etc) de enfrente ♦ adv en frente ♦ prep en frente de, frente a ♦ n lo contrario
opposition [ɔpə'zɪʃən] n oposición f
oppressive [ə'presɪv] adj opresivo; (weather) agobiante
opt [ɔpt] vi: **to ~ for** optar por; **to ~ to do** optar por hacer; **to ~ out**: vi: **to ~ out of** optar por no hacer
optical ['ɔptɪkl] adj óptico
optician [ɔp'tɪʃən] n óptico m/f
optimist ['ɔptɪmɪst] n optimista m/f; **~ic** [-'mɪstɪk] adj optimista
option ['ɔpʃən] n opción f; **~al** adj facultativo, discrecional
or [ɔː*] conj o; (before o, ho) u; (with negative): **he hasn't seen ~ heard anything** no ha visto ni oído nada; **~ else** si no
oral ['ɔːrəl] adj oral ♦ n examen m oral
orange ['ɔrɪndʒ] n (fruit) naranja ♦ adj color naranja
orbit ['ɔːbɪt] n órbita ♦ vt, vi orbitar
orchard ['ɔːtʃəd] n huerto
orchestra ['ɔːkɪstrə] n orquesta; (US: seating) platea
orchid ['ɔːkɪd] n orquídea
ordain [ɔː'deɪn] vt (REL) ordenar, decretar
ordeal [ɔː'diːl] n experiencia horrorosa
order ['ɔːdə*] n orden m; (command) orden f; (good ~) buen estado; (COMM) pedido ♦ vt (also: put in ~) arreglar, poner en orden; (COMM) pedir; (command) mandar, ordenar; **in ~** en orden; (of document) en regla; **in (working) ~** en funcionamiento; **in ~ to do/that** para hacer/que; **on ~**

(COMM) pedido; **to be out of ~** estar desordenado; (not working) no funcionar; **to ~ sb to do sth** mandar a uno hacer algo; **~ form** n hoja de pedido; **~ly** n (MIL) ordenanza m; (MED) enfermero/a (auxiliar) ♦ adj ordenado

ordinary ['ɔːdɪnrɪ] adj corriente, normal; (pej) común y corriente; **out of the ~** fuera de lo común

Ordnance Survey ['ɔːdnəns-] (BRIT) n servicio oficial de topografía

ore [ɔː*] n mineral m

organ ['ɔːgən] n órgano; **~ic** [ɔː'gænɪk] adj orgánico; **~ism** n organismo

organization [ɔːgənaɪ'zeɪʃən] n organización f

organize ['ɔːgənaɪz] vt organizar; **~r** n organizador(a) m/f

orgasm ['ɔːgæzəm] n orgasmo

orgy ['ɔːdʒɪ] n orgía

Orient ['ɔːrɪənt] n Oriente m; **oriental** [-'entl] adj oriental

orientate ['ɔːrɪənteɪt] vt: **to ~ o.s.** orientarse

origin ['ɔrɪdʒɪn] n origen m

original [ə'rɪdʒɪnl] adj original; (first) primero; (earlier) primitivo ♦ n original m; **~ly** adv al principio

originate [ə'rɪdʒɪneɪt] vi: **to ~ from**, **to ~ in** surgir de, tener su origen en

Orkneys ['ɔːknɪz] npl: **the ~** (also: the Orkney Islands) las Orcadas

ornament ['ɔːnəmənt] n adorno; (trinket) chuchería; **~al** [-'mentl] adj decorativo, de adorno

ornate [ɔː'neɪt] adj muy ornado, vistoso

orphan ['ɔːfn] n huérfano/a

orthopaedic [ɔːθə'piːdɪk] (US **orthopedic**) adj ortopédico

ostensibly [ɔs'tensɪblɪ] adv aparentemente

ostentatious [ɔsten'teɪʃəs] adj ostentoso

osteopath ['ɔstɪəpæθ] n osteópata m/f

ostracize ['ɔstrəsaɪz] vt hacer el vacío a

ostrich ['ɔstrɪtʃ] n avestruz m

other ['ʌðə*] adj otro ♦ pron: **the ~ (one)** el/la otro/a; **~s** (~ people) otros; **~ than** aparte de; **~s** (~ people) otros; **the ~ day** el otro día; **una** manera ♦ conj (if not) si no

otter ['ɔtə*] n nutria

ouch [autʃ] excl ¡ay!

ought [ɔːt] (pt ought) aux vb: **I ~ to do it** debería hacerlo; **this ~ to have been corrected** esto debiera haberse corregido; **he ~ to win** (probability) debe or debiera ganar

ounce [auns] n onza (28.35g)

our ['auə*] adj nuestro; see also **my**; **~s** pron (el) nuestro/(la) nuestra etc; see also **mine**[1]; **~selves** pron pl (reflexive, after prep) nosotros; (emphatic) nosotros mismos; see also **oneself**

oust [aust] vt desalojar

out [aut] adv fuera, afuera; (not at home) fuera (de casa); (light, fire) apagado; **~ there** allí (fuera); **he's ~** (absent) no está, ha salido; **to be ~ in one's calculations** equivocarse (en sus cálculos); **to run ~** salir corriendo; **~ loud** en alta voz; **~ of** (outside) fuera de; (because of: anger etc) por; **~ of petrol** sin gasolina; **"~ of order"** "no funciona"; **~-and-~** adj (liar, thief etc) redomado, empedernido; **~back** n interior m; **~board** adj: **~board motor** (motor m) fuera borda m; **~break** n (of war) comienzo; (of disease) epidemia; (of violence etc) ola; **~burst** n explosión f, arranque m; **~cast** n paria m/f; **~come** n resultado; **~crop** n (of rock) afloramiento m; **~cry** n protestas fpl; **~dated** adj anticuado, fuera de moda; **~do** (irreg) vt superar; **~door** adj exterior, de aire libre; (clothes) de calle; **~doors** adv al aire libre

outer ['autə*] adj exterior, externo; **~ space** n espacio exterior

outfit ['aʊtfɪt] n (clothes) conjunto m; ~ting adj (retiring: president etc) saliente; ~goings (BRIT) npl gastos mpl; ~grow (irreg) vt: he has ~grown his clothes su ropa le queda pequeña ya; ~house n dependencia; ~ing ['aʊtɪŋ] n excursión f, paseo

out: ~law n proscrito ♦ vt proscribir; ~lay n inversión f; ~let n salida; (of pipe) desagüe m; (US: ELEC) toma de corriente; (also: retail ~let) punto de venta; ~line n (shape) contorno, perfil m; (sketch, plan) esbozo ♦ vt (plan etc) esbozar; in ~line (fig) a grandes rasgos; ~live vt sobrevivir a; ~look n (fig: prospects) perspectivas fpl; (: for weather) pronóstico; ~lying adj remoto, aislado; ~moded adj anticuado, pasado de moda; ~number vt superar en número; ~-of-date adj (passport) caducado; (clothes) pasado de moda; ~-of-the-way adj apartado; ~patient n paciente m/f externo/a; ~post n puesto avanzado; ~put n (volumen m de) producción f, rendimiento; (COMPUT) salida

outrage ['aʊtreɪdʒ] n escándalo m; (atrocity) atrocidad f ♦ vt ultrajar; ~ous [-'reɪdʒəs] adj monstruoso

outright [adv aʊt'raɪt, adj 'aʊtraɪt] adv (ask, deny) francamente; (refuse) rotundamente; (win) de manera absoluta; (be killed) en el acto ♦ adj franco; rotundo

outset ['aʊtsɛt] n principio

outside [aʊt'saɪd] n exterior m ♦ adj exterior, externo ♦ adv fuera ♦ prep fuera de; (beyond) más allá de; at the ~ (fig) a lo sumo; ~ lane n (AUT: in Britain) carril m de la derecha; (: in US, Europe etc) carril m de la izquierda; ~ line n (TEL) línea (exterior); ~r n (stranger) extraño, forastero

out: ~size adj (clothes) de talla grande; ~skirts npl alrededores mpl, afueras

fpl; ~spoken adj muy franco; ~standing adj excepcional, destacado; (remaining) pendiente; ~stay vt: to ~stay one's welcome quedarse más de la cuenta; ~stretched adj (hand) extendido; ~strip vt (competitors, demand) dejar atrás, aventajar; ~tray n bandeja de salida

outward ['aʊtwəd] adj externo; (journey) de ida

outweigh [aʊt'weɪ] vt pesar más que

outwit [aʊt'wɪt] vt ser más listo que

oval ['əʊvl] adj ovalado ♦ n óvalo

ovary ['əʊvərɪ] n ovario

oven ['ʌvn] n horno; ~proof adj resistente al horno

over ['əʊvə*] adv encima, por encima ♦ adj (or adv) (finished) terminado; (surplus) de sobra ♦ prep (por) encima de; (above) sobre; (on the other side of) al otro lado de; (more than) más de; (during) durante; ~ here por aquí; ~ there (por) allí or allá; all ~ (everywhere) por todas partes; ~ and ~ (again) una y otra vez; ~ and above además de; to ask sb ~ invitar a uno a casa; to bend ~ inclinarse

overall [adj n 'əʊvərɔːl, adv əʊvər'ɔːl] adj (length etc) total; (study) de conjunto ♦ adv en conjunto ♦ n (BRIT) guardapolvo; ~s npl mono (SP), overol m (LAM)

over: ~awe vt: to be ~awed (by) quedar impresionado (con); ~balance vi perder el equilibrio; ~board adv (NAUT) por la borda; ~book [əʊvə'bʊk] vt sobrereservar

overcast ['əʊvəkɑːst] adj encapotado

overcharge [əʊvə'tʃɑːdʒ] vt: to ~ sb cobrar un precio excesivo a uno

overcoat ['əʊvəkəʊt] n abrigo, sobretodo

overcome [əʊvə'kʌm] (irreg) vt vencer; (difficulty) superar

over: ~crowded adj atestado de gente; (city, country) superpoblado;

~do (irreg) vt exagerar; (overcook) cocer demasiado; to ~ it (work etc) pasarse; ~dose n sobredosis f inv; ~draft n saldo deudor; ~drawn adj (account) en descubierto; ~due adj retrasado; ~estimate [əuvər'estimeit] vt sobreestimar

overflow [vb əuvə'fləu, n 'əuvəfləu] vi desbordarse ♦ n (also: ~ pipe) (cañería de) desagüe m

overgrown [əuvə'grəun] adj (garden) invadido por la vegetación

overhaul [vb əuvə'hɔːl, n 'əuvəhɔːl] vt revisar, repasar ♦ n revisión f

overhead [adv əuvə'hed, adj, n 'əuvəhed] adv por arriba or encima ♦ adj (cable) aéreo ♦ n (US) = ~s; ~s npl (expenses) gastos mpl generales

over: ~hear (irreg) vt oír por casualidad; ~heat vi (engine) recalentarse; ~joyed adj encantado, lleno de alegría

overland ['əuvəlænd] adj, adv por tierra

overlap [əuvə'læp] vi traslaparse

over: ~leaf adv al dorso; ~load vt sobrecargar; ~look vt (have view of) dar a, tener vistas a; (miss: by mistake) pasar por alto; (excuse) perdonar

overnight [əuvə'nait] adv durante la noche; (fig) de la noche a la mañana ♦ adj de noche; to stay ~ pasar la noche

overpass ['əuvəpɑːs] (US) n paso superior

overpower [əuvə'pauə*] vt dominar; (fig) embargar; ~ing adj (heat) agobiante; (smell) penetrante

over: ~rate vt sobreestimar; ~ride (irreg) vt no hacer caso de; ~riding adj predominante; ~rule vt (decision) anular; (claim) denegar; ~run (irreg) vt (country) invadir; (time limit) rebasar, exceder

overseas [əuvə'siːz] adv (abroad: live) en el extranjero; (: travel) al extranjero ♦ adj (trade) exterior; (visitor)

extranjero

overshadow [əuvə'ʃædəu] vt: to be ~ed by estar a la sombra de

overshoot [əuvə'ʃuːt] (irreg) vt excederse

oversight ['əuvəsait] n descuido

oversleep [əuvə'sliːp] (irreg) vi quedarse dormido

overstep [əuvə'step] vt: to ~ the mark pasarse de la raya

overt [əu'vəːt] adj abierto

overtake [əuvə'teik] (irreg) vt sobrepasar; (BRIT: AUT) adelantar

over: ~throw (irreg) vt (government) derrocar; ~time n horas fpl extraordinarias; ~tone n (fig) tono

overture ['əuvətʃuə*] n (MUS) obertura; (fig) preludio

over: ~turn vt volcar; (fig: plan) desbaratar; (: government) derrocar ♦ vi volcar; ~weight adj demasiado gordo or pesado; ~whelm vt aplastar; (subj: emotion) sobrecoger; ~whelming adj (victory, defeat) arrollador(a); (feeling) irresistible; ~work vi trabajar demasiado; ~wrought [əuvə'rɔːt] adj sobreexcitado

owe [əu] vt: to ~ sb sth, to ~ sth to sb deber algo a uno; owing to prep debido a, por causa de

owl [aul] n búho, lechuza

own [əun] vt tener, poseer ♦ adj propio; a room of my ~ una habitación propia; to get one's ~ back tomar revancha; on one's ~ solo, a solas; ~ up vi confesar; ~er n dueño/a; ~ership n posesión f

ox [ɔks] (pl ~en) n buey m; ~tail n: ~tail soup sopa de rabo de buey

oxygen ['ɔksidʒən] n oxígeno

oyster ['ɔistə*] n ostra

oz. abbr = ounce(s)

ozone ['əuzəun]: ~ friendly adj que no daña la capa de ozono; ~ hole n agujero m de/en la capa de ozono; ~ layer n capa f de ozono

P, p

p [pi:] *abbr* = **penny**; **pence**

P.A. *n abbr* = **personal assistant**; **public address system**

p.a. *abbr* = **per annum**

pa [pɑ:] (*inf*) *n* papá *m*

pace [peɪs] *n* paso ♦ *vi*: **to ~ up and down** pasearse de un lado a otro; **to keep ~ with** llevar el mismo paso que; **~maker** *n* (*MED*) regulador *m* cardíaco, marcapasos *m inv*; (*SPORT: also:* ~**setter**) liebre *f*

Pacific [pə'sɪfɪk] *n*: **the ~ (Ocean)** el (Océano) Pacífico

pack [pæk] *n* (*packet*) paquete *m*; (*of hounds*) jauría; (*of people*) manada, bando; (*of cards*) baraja; (*bundle*) fardo *m*; (*US: of cigarettes*) paquete *m*; (*back* ~) mochila ♦ *vt* (*fill*) llenar; (*in suitcase etc*) meter, poner; (*cram*) llenar, atestar; **to ~ (one's bags)** hacerse la maleta; **to ~ sb off** despachar a uno; **~ it in!** (*inf*) ¡déjalo!

package [pækɪdʒ] *n* paquete *m*; (*bulky*) bulto; (*also: ~ deal*) acuerdo global; **~ holiday** *n* vacaciones *fpl* organizadas; **~ tour** *n* viaje *m* organizado

packed lunch *n* almuerzo frío

packet [pækɪt] *n* paquete *m*

packing [pækɪŋ] *n* embalaje *m*; **~ case** *n* cajón *m* de embalaje

pact [pækt] *n* pacto

pad [pæd] *n* (*of paper*) bloc *m*; (*cushion*) cojinete *m*; (*inf: home*) casa ♦ *vt* rellenar; **~ding** *n* (*material*) relleno

paddle [pædl] *n* (*oar*) canalete *m*; (*US: for table tennis*) paleta ♦ *vt* impulsar con canalete ♦ *vi* (*with feet*) chapotear; **paddling pool** (*BRIT*) *n* estanque *m* de juegos

paddock [pædək] *n* corral *m*

padlock [pædlɔk] *n* candado

paediatrics [pi:dɪ'ætrɪks] (*US*

pediatrics) *n* pediatría

pagan [peɪgən] *adj, n* pagano/a *m/f*

page [peɪdʒ] *n* (*of book*) página; (*of newspaper*) plana; (*also:* ~ **boy**) paje *m* ♦ *vt* (*in hotel etc*) llamar por altavoz a

pageant [pædʒənt] *n* (*procession*) desfile *m*; (*show*) espectáculo; **~ry** *n* pompa

pager [peɪdʒə*] *n* (*TEL*) busca *m*

paging device [peɪdʒɪŋ-] *n* = **pager**

paid [peɪd] *pt, pp of* **pay** ♦ *adj* (*work*) remunerado, (*holiday*) pagado; (*official etc*) a sueldo; **to put ~ to** (*BRIT*) acabar con

pail [peɪl] *n* cubo, balde *m*

pain [peɪn] *n* dolor *m*; **to be in ~** sufrir; **to take ~s to do sth** tomarse grandes molestias en hacer algo; **~ed** *adj* (*expression*) afligido; **~ful** *adj* doloroso; (*difficult*) penoso; (*disagreeable*) desagradable; **~fully** *adv* (*fig: very*) terriblemente; **~killer** *n* analgésico; **~less** *adj* que no causa dolor; **~staking** [peɪnzteɪkɪŋ] *adj* (*person*) concienzudo, esmerado

paint [peɪnt] *n* pintura ♦ *vt* pintar; **to ~ the door blue** pintar la puerta de azul; **~brush** *n* (*artist's*) pincel *m*; (*decorator's*) brocha; **~er** *n* pintor/a *m/f*; **~ing** *n* pintura; **~work** *n* pintura

pair [peə*] *n* (*of shoes, gloves etc*) par *m*; (*of people*) pareja; **a ~ of scissors** unas tijeras; **a ~ of trousers** unos pantalones, un pantalón

pajamas [pə'dʒɑːməz] (*US*) *npl* pijama *s*

Pakistan [pɑ:kɪ'stɑ:n] *n* Paquistán *m*; **~i** *adj, n* paquistaní *m/f*

pal [pæl] (*inf*) *n* compinche *m/f*, compañero/a

palace [pæləs] *n* palacio

palatable [pælɪtəbl] *adj* sabroso

palate [pælɪt] *n* paladar *m*

pale [peɪl] *adj* (*gen*) pálido; (*colour*) claro ♦ *n*: **to be beyond the ~** pasarse de la raya

Palestine [pælɪstaɪn] *n* Palestina;

Palestinian [-'tɪnɪən] adj, n palestino/a m/f

palette ['pælɪt] n paleta

pall [pɔːl] vi perder el sabor

pallet ['pælɪt] n (for goods) pallet m

pallid ['pælɪd] adj pálido

palm [pɑːm] n (ANAT) palma; (also: ~ tree) palmera, palma ♦ vt: to ~ sth off on sb (inf) encajar algo a uno; P~ Sunday n Domingo de Ramos

paltry ['pɔːltrɪ] adj irrisorio

pamper ['pæmpə*] vt mimar

pamphlet ['pæmflət] n folleto

pan [pæn] n (also: sauce~) cacerola, cazuela, olla; (also: frying ~) sartén f

Panama ['pænəmɑː] n Panamá m; the ~ Canal el Canal de Panamá

pancake ['pænkeɪk] n crepe f

panda ['pændə] n panda m; ~ car (BRIT) n coche m Z (SP)

pandemonium [pændɪ'məunɪəm] n jaleo

pander ['pændə*] vi: to ~ to complacer a

pane [peɪn] n cristal m

panel ['pænl] n (of wood etc) panel m; (RADIO, TV) panel m de invitados; ~ling (US ~ing) n paneles mpl

pang [pæŋ] n: a ~ of regret (una punzada de) remordimiento; hunger ~s dolores mpl del hambre

panic ['pænɪk] n (terror m) pánico ♦ vi dejarse llevar por el pánico; ~ky adj (person) asustadizo; ~-stricken adj preso de pánico

pansy ['pænzɪ] n (BOT) pensamiento; (inf: pej) maricón m

pant [pænt] vi jadear

panther ['pænθə*] n pantera

panties ['pæntɪz] npl bragas fpl, pantis mpl

pantihose ['pæntɪhəuz] (US) n pantimedias fpl

pantomime ['pæntəmaɪm] (BRIT) n revista musical representada en Navidad, basada en cuentos de hadas

---

Pantomime

En época navideña se ponen en escena en los teatros británicos las llamadas **pantomimes**, que son versiones libres de cuentos tradicionales como Aladino o El gato con botas. En ella nunca faltan personajes como la dama ("dame"), papel que siempre interpreta un actor, el protagonista joven ("principal boy"), normalmente interpretado por una actriz, y el malvado ("villain"). Es un espectáculo familiar en el que se anima al público a participar y aunque va dirigido principalmente a los niños, cuenta con grandes dosis de humor para adultos.

---

pantry ['pæntrɪ] n despensa

pants [pænts] n (BRIT: underwear: woman's) bragas fpl; (: man's) calzoncillos mpl; (US: trousers) pantalones mpl

paper ['peɪpə*] n papel m; (also: news~) periódico, diario; (academic essay) ensayo; (exam) examen m ♦ adj de papel ♦ vt empapelar (SP), tapizar (AM); ~s npl (also: identity ~s) papeles mpl, documentos mpl; ~back n libro en rústica; ~ bag n bolsa de papel; ~ clip n clip m; ~ hankie n pañuelo de papel; ~weight n pisapapeles m inv; ~work n trabajo administrativo

paprika ['pæprɪkə] n pimentón m

par [pɑː*] n par f; (GOLF) par m; to be on a ~ with estar a la par con

parachute ['pærəʃuːt] n paracaídas m inv

parade [pə'reɪd] n desfile m ♦ vt (show off) hacer alarde de ♦ vi desfilar; (MIL) pasar revista

paradise ['pærədaɪs] n paraíso

paradox ['pærədɔks] n paradoja; ~ically [-'dɔksɪklɪ] adv paradójicamente

paraffin ['pærəfɪn] (BRIT) n (also: ~ oil)

parafina

paragon ['pærəgən] n modelo

paragraph ['pærəgrɑ:f] n párrafo

parallel ['pærəlel] adj en paralelo; (fig) semejante ♦ n (line) paralela; (fig, GEO) paralelo

paralyse ['pærəlaɪz] vt paralizar

paralysis [pə'rælɪsɪs] n parálisis f inv

paralyze ['pærəlaɪz] (US) vt = **paralyse**

paramount ['pærəmaʊnt] adj: of ~ **importance** de suma importancia

paranoid ['pærənɔɪd] adj (person, feeling) paranoico

paraphernalia [pærəfə'neɪlɪə] n (gear) avíos mpl

parasite ['pærəsaɪt] n parásito/a

parasol ['pærəsɔl] n sombrilla, quitasol m

paratrooper ['pærətru:pə*] n paracaidista m/f

parcel ['pɑ:sl] n paquete m ♦ vt (also: ~ up) empaquetar, embalar

parched [pɑ:tʃt] adj (person) muerto de sed

parchment ['pɑ:tʃmənt] n pergamino

pardon ['pɑ:dn] n (LAW) indulto ♦ vt perdonar; ~ **me!**, **I beg your ~!** (I'm sorry!) ¡perdone usted!; (I beg your) **~?**, **~ me?** (US) (what did you say?) ¿cómo?

parent ['pɛərənt] n (mother) madre f; (father) padre m; **~s** npl padres mpl; **~al** [pə'rentl] adj paternal/maternal

parenthesis [pə'renθɪsɪs] (pl **parentheses**) n paréntesis m inv

Paris ['pærɪs] n París

parish ['pærɪʃ] n parroquia

Parisian [pə'rɪzɪən] adj, n parisiense m/f

park [pɑ:k] n parque m ♦ vt aparcar, estacionar ♦ vi aparcar, estacionarse

parking ['pɑ:kɪŋ] n aparcamiento, estacionamiento; **"no ~"** "prohibido estacionarse"; **~ lot** (US) n parking m; **~ meter** n parquímetro; **~ ticket** n multa de aparcamiento

parliament ['pɑ:ləmənt] n parlamento; (Spanish) Cortes fpl; **~ary** [-'mentərɪ] adj parlamentario

---

Parliament

El Parlamento británico (**Parliament**) tiene como sede el palacio de Westminster, también llamado "Houses of Parliament" y consta de dos cámaras. La Cámara de los Comunes ("House of Commons"), compuesta por 650 diputados (**Members of Parliament**) elegidos por sufragio universal en su respectiva circunscripción electoral (**constituency**), se reúne 175 días al año y sus sesiones son moderadas por el Presidente de la Cámara (**Speaker**). La cámara alta es la Cámara de los Lores ("House of Lords") y está formada por miembros que han sido nombrados por el monarca o que han heredado su escaño. Su poder es limitado, aunque actúa como tribunal supremo de apelación, excepto en Escocia.

---

parlour ['pɑ:lə*] (US **parlor**) n sala de recibo, salón m, living m (AM)

parochial [pə'rəʊkɪəl] (pej) adj de miras estrechas

parole [pə'rəʊl] n: **on ~** libre bajo palabra

parquet ['pɑ:keɪ] n: **~ floor(ing)** parquet m

parrot ['pærət] n loro, papagayo

parry ['pærɪ] vt parar

parsley ['pɑ:slɪ] n perejil m

parsnip ['pɑ:snɪp] n chirivía

parson ['pɑ:sn] n cura m

part [pɑ:t] n (gen, MUS) parte f; (bit) trozo; (of machine) pieza; (THEATRE etc) papel m; (of serial) entrega; (US: in hair) raya ♦ adv = **partly** ♦ vt separar ♦ vi (people) separarse; (crowd) apartarse; **to take ~ in** tomar parte or participar en; **to take sth in good ~** tomar algo

en buena parte; **to take sb's ~**
defender a uno; **for my ~** por mi
parte; **for the most ~** en su mayor
parte; **to ~ one's hair** hacerse la raya;
~ with vt fus ceder, entregar; (money)
pagar; **~ exchange** (BRIT): n: **in**
~ exchange como parte del pago

partial ['pɑ:ʃl] adj parcial; **to be ~ to**
ser aficionado a

participant [pɑ:'tɪsɪpənt] n (in
competition) concursante m/f; (in
campaign etc) participante m/f

participate [pɑ:'tɪsɪpeɪt] vi: **to ~ in**
participar en; **participation** [-'peɪʃən]
n participación f

participle ['pɑ:tɪsɪpl] n participio

particle ['pɑ:tɪkl] n partícula; (of dust)
grano

particular [pə'tɪkjulə*] adj (special)
particular; (concrete) concreto; (given)
determinado; (fussy) quisquilloso;
(demanding) exigente; **~s** npl
(information) datos mpl; (details)
pormenores mpl; **in ~** en particular;
~ly adv (in particular) sobre todo;
(difficult, good etc) especialmente

parting ['pɑ:tɪŋ] n (act of leaving)
separación f; (farewell) despedida; (BRIT: in hair)
raya ♦ adj de despedida

partisan [pɑ:tɪ'zæn] adj partidista ♦ n
partidario/a

partition [pɑ:'tɪʃən] n (POL) división f;
(wall) tabique m

partly ['pɑ:tlɪ] adv en parte

partner ['pɑ:tnə*] n (COMM) socio/a;
(SPORT, at dance) pareja; (spouse)
cónyuge m/f; (lover) compañero/a;
~ship n asociación f; (COMM) sociedad
f

partridge ['pɑ:trɪdʒ] n perdiz f

part-time adj, adv a tiempo parcial

party ['pɑ:tɪ] n (POL) partido;
(celebration) fiesta; (group) grupo;
(LAW) parte f interesada ♦ cpd (POL) de
partido; **~ dress** n vestido de fiesta

pass [pɑ:s] vt (time, object) pasar;
(place) pasar por; (overtake) rebasar;

(exam) aprobar; (approve) aprobar ♦ vi
pasar; (SCOL) aprobar, ser aprobado
♦ n (permit) permiso; (membership
card) carnet m; (in mountains) puerto,
desfiladero; (SPORT) pase m; (SCOL: also:
~ mark): **to get a ~ in** aprobar en; **to**
~ sth through sth pasar algo por
algo; **to make a ~ at sb** (inf) hacer
proposiciones a uno; **~ away** vi
fallecer; **~ by** vi pasar ♦ vt (ignore)
pasar por alto; **~ for** vt fus pasar por;
~ on vt transmitir; **~ out** vi
desmayarse; **~ up** vt (opportunity)
renunciar a; **~able** adj (road)
transitable; (tolerable) pasable

passage ['pæsɪdʒ] n (also: ~way)
pasillo; (act of passing) tránsito; (fare, in
book) pasaje m; (by boat) travesía;
(ANAT) tubo

passbook ['pɑ:sbuk] n libreta de
banco

passenger ['pæsɪndʒə*] n pasajero/a,
viajero/a

passer-by [pɑ:sə'baɪ] n transeúnte m/f

passing ['pɑ:sɪŋ] adj (fig): **in ~** de
paso; **~ place** n (AUT) apartadero

passion ['pæʃən] n pasión f; **~ate** adj
apasionado

passive ['pæsɪv] adj (gen, also LING)
pasivo; **~ smoking** n efectos del
tabaco en fumadores pasivos

Passover ['pɑ:səuvə*] n Pascua (de los
judíos)

passport ['pɑ:spɔ:t] n pasaporte m;
~ control n control m de pasaportes;
~ office n oficina de pasaportes

password ['pɑ:swɜ:d] n contraseña

past [pɑ:st] prep (in front of) por
delante de; (further than) más allá de;
(later than) después de ♦ adj pasado;
(president etc) antiguo ♦ n (time)
pasado; (of person) antecedentes mpl;
he's ~ forty tiene más de cuarenta
años; **ten/quarter ~ eight** las ocho y
diez/cuarto; **for the ~ few/3 days**
durante los últimos días/últimos 3 días;
to run ~ sb pasar a uno corriendo

pasta ['pæstə] n pasta

paste [peist] n pasta; (glue) engrudo
♦ vt pegar

pasteurized ['pæstəraizd] adj
pasteurizado

pastille ['pæstil] n pastilla

pastime ['pɑːstaim] n pasatiempo

pastry ['peistri] n (dough) pasta; (cake)
pastel m

pasture ['pɑːstʃə*] n pasto

pasty¹ ['pæsti] n empanada

pasty² ['peisti] adj (complexion) pálido

pat [pæt] vt dar una palmadita a; (dog
etc) acariciar

patch [pætʃ] n (of material, eye ~)
parche m; (mended part) remiendo; (of
land) terreno ♦ vt remendar; (to go
through) a bad ~ (pasar por) una
mala racha; **~ up** vt reparar; (quarrel)
hacer las paces en; **~work** n labor m
de retazos; **~y** adj desigual

pâté ['pætei] n paté m

patent ['peitnt] n patente f ♦ vt
patentar ♦ adj patente, evidente;
~ leather n charol m

paternal [pə'tɜːnl] adj paternal; (relation) paterno

path [pɑːθ] n camino, sendero; (trail,
track) pista; (of missile) trayectoria

pathetic [pə'θetik] adj patético,
lastimoso; (very bad) malísimo

pathological [pæθə'lɔdʒikəl] adj
patológico

pathway ['pɑːθwei] n sendero, vereda

patience ['peiʃns] n paciencia; (BRIT:
CARDS) solitario

patient ['peiʃnt] n paciente m/f ♦ adj
paciente, sufrido

patio ['pætiəu] n patio

patriot ['peitriət] n patriota m/f; **~ic**
[pætri'ɔtik] adj patriótico

patrol [pə'trəul] n patrulla ♦ vt
patrullar por; **~ car** n coche m patrulla;
~man (US irreg) n policía m

patron ['peitrən] n (in shop) cliente
m/f; (of charity) patrocinador(a) m/f;
~ of the arts mecenas m; **~ize**

['pætrənaiz] vt (shop) ser cliente de;
(artist etc) proteger; (look down on)
condescender con; **~ saint** n santo/a
patrón/ona m/f

patter ['pætə*] n golpeteo; (sales talk)
labia ♦ vi (rain) tamborilear

pattern ['pætən] n (SEWING) patrón m;
(design) dibujo

pauper ['pɔːpə*] n pobre m/f

pause [pɔːz] n pausa ♦ vi hacer una
pausa

pave [peiv] vt pavimentar; **to ~ the
way for** preparar el terreno para

pavement ['peivmənt] n (BRIT) acera
(SP), vereda (AM)

pavilion [pə'viliən] n (SPORT) caseta

paving ['peiviŋ] n pavimento,
enlosado; **~ stone** n losa

paw [pɔː] n pata

pawn [pɔːn] n (CHESS) peón m; (fig)
instrumento ♦ vt empeñar; **~broker** n
prestamista m/f; **~shop** n monte m de
piedad

pay [pei] (pt, pp **paid**) n (wage etc)
sueldo, salario ♦ vt pagar ♦ vi (be
profitable) rendir; **to ~ attention (to)**
prestar atención (a); **to ~ sb a visit**
hacer una visita a uno; **to ~ one's
respects to sb** presentar sus respetos
a uno; **~ back** vt (money) reembolsar;
(person) pagar; **~ for** vt fus pagar; **~ in**
vt ingresar; **~ off** vt saldar ♦ vi (scheme,
decision) dar resultado; **~ up** vt pagar
(de mala gana); **~able** adj; **~able to**
pagadero a; **~ day** n día m de pago;
~ee n portador(a) m/f; **~ envelope**
(US) n = **~ packet**; **~ment** n pago;
monthly ~ment mensualidad f;
~ packet (BRIT) n sobre m (de paga);
~ phone (BRIT) n teléfono público; **~roll** n
nómina; **~ slip** n recibo de sueldo;
~ television n televisión f de pago

PC n abbr = **personal computer**;
(BRIT) = **police constable** ♦ adv abbr
= **politically correct**

p.c. abbr = **per cent**

pea [piː] n guisante m (SP), chícharo

(AM), arveja (AM)

peace |piːs| n paz f; (calm) tranquilidad f; ~**ful** adj (gentle) pacífico; (calm) tranquilo, sosegado

peach |piːtʃ| n melocotón m (SP), durazno (AM)

peacock |'piːkɔk| n pavo real

peak |piːk| n (of mountain) cumbre f, cima; (of cap) visera; (fig) cumbre f; ~ **hours** npl, ~ **period** n horas fpl punta

peal |piːl| n (of bells) repique m; ~ **of laughter** carcajada

peanut |'piːnʌt| n cacahuete m (SP), maní m (AM); ~ **butter** manteca de cacahuete o maní

pear |peə*| n pera

pearl |pɜːl| n perla

peasant |'peznt| n campesino/a

peat |piːt| n turba

pebble |'pebl| n guijarro

peck |pek| vt (also: ~ at) picotear ♦ n picotazo; (kiss) besito; ~**ing order** n orden m de jerarquía; ~**ish** (BRIT: inf) adj: **I feel ~ish** tengo ganas de picar algo

peculiar |pɪ'kjuːlɪə*| adj (odd) extraño, raro; (typical) propio, característico; ~ **to** propio de

pedal |'pedl| n pedal m ♦ vi pedalear

pedantic |pɪ'dæntɪk| adj pedante

peddler |'pedlə*| n: **drug** ~ traficante m/f; camello

pedestrian |pɪ'destrɪən| n peatón/ona m/f ♦ adj pedestre; ~ **crossing** (BRIT) n paso de peatones; ~ **precinct** (BRIT), ~ **zone** (US) n zona peatonal

pediatrics |piːdɪ'ætrɪks| (US) n = **paediatrics**

pedigree |'pedɪgriː| n genealogía; (of animal) raza, pedigrí n ♦ cpd (animal) de raza, de casta

pee |piː| (inf) vi mear

peek |piːk| vi mirar a hurtadillas

peel |piːl| n piel f; (of orange, lemon) cáscara; (: removed) peladuras fpl ♦ vt pelar ♦ vi (paint etc) desconcharse;

(wallpaper) despegarse, desprenderse; (skin) pelar

peep |piːp| n (BRIT: look) mirada furtiva; (sound) pío ♦ vi (BRIT: look) mirar furtivamente; ~ **out** vi salir (un poco); ~**hole** n mirilla

peer |pɪə*| vi: **to ~ at** escudriñar ♦ n (noble) par m; (equal) igual m; (contemporary) contemporáneo/a; ~**age** n nobleza

peeved |piːvd| adj enojado

peg |peg| n (for coat etc) gancho, colgadero; (BRIT: also: clothes ~) pinza

Pekingese |piːkɪ'niːz| n (dog) pequinés/esa m/f

pelican |'pelɪkən| n pelícano; ~ **crossing** (BRIT) n (AUT) paso de peatones señalizado

pellet |'pelɪt| n bolita; (bullet) perdigón m

pelt |pelt| vt: **to ~ sb with sth** arrojarle algo a uno ♦ vi (rain) llover a cántaros; (inf: run) correr ♦ n pellejo

pen |pen| n (fountain ~) pluma; (ballpoint ~) bolígrafo; (for sheep) redil m

penal |'piːnl| adj penal; ~**ize** vt castigar

penalty |'penltɪ| n (gen) pena; (fine) multa; ~ **(kick)** n (FOOTBALL) penalty m; (RUGBY) golpe m de castigo

penance |'penəns| n penitencia

pence |pens| npl of **penny**

pencil |'pensl| n lápiz m, lapicero (AM); ~ **case** n estuche m; ~ **sharpener** n sacapuntas m inv

pendant |'pendnt| n pendiente m

pending |'pendɪŋ| prep antes de ♦ adj pendiente

pendulum |'pendjuləm| n péndulo

penetrate |'penɪtreɪt| vt penetrar

penfriend |'penfrend| (BRIT) n amigo/a por carta

penguin |'pengwɪn| n pingüino

penicillin |penɪ'sɪlɪn| n penicilina

peninsula |pə'nɪnsjulə| n península

penis |'piːnɪs| n pene m

penitentiary [penɪ'tenʃərɪ] (US) n cárcel f, presidio

penknife ['pennaɪf] n navaja

pen name n seudónimo

penniless ['penɪlɪs] adj sin dinero

penny ['penɪ] (pl **pennies** or (BRIT) **pence**) n penique m; (US) centavo

penpal ['penpæl] n amigo/a por carta

pension ['penʃən] n (state benefit) jubilación f; **~er** (BRIT) n jubilado/a; **~ fund** n caja or fondo de pensiones

pentagon ['pentəgən] n: **the P~** (US: POL) el Pentágono

> **Pentagon**
>
> Se conoce como **Pentagon** al edificio de planta pentagonal que acoge las dependencias del Ministerio de Defensa estadounidense ("Department of Defense") en Arlington, Virginia. En lenguaje periodístico se aplica también a la dirección militar del país.

Pentecost ['pentɪkɔst] n Pentecostés m

penthouse ['penthaus] n ático de lujo

pent-up ['pentʌp] adj reprimido

people ['piːpl] npl gente f; (citizens) pueblo, ciudadanos mpl; (POL): **the ~** el pueblo ♦ n (nation, race) pueblo, nación f; **several ~ came** vinieron varias personas; **~ say that ...** dice la gente que ...

pep [pep] (inf): **~ up** vt animar

pepper ['pepə*] n (spice) pimienta; (vegetable) pimiento ♦ vt: **to ~ with** (fig) salpicar de; **~mint** n (sweet) pastilla de menta

peptalk ['peptɔːk] n: **to give sb a ~** darle una inyección de ánimo

per [pəː*] prep por; **~ day/person** por día/persona; **~ annum** al año; **~ capita** adj, adv per cápita

perceive [pə'siːv] vt percibir; (realize) darse cuenta de

per cent n por ciento

percentage [pə'sentɪdʒ] n porcentaje m

perception [pə'sepʃən] n percepción f; (insight) perspicacia; (opinion etc) opinión f; **perceptive** [-'septɪv] adj perspicaz

perch [pəːtʃ] n (fish) perca; (for bird) percha ♦ vi: **to ~ (on)** (bird) posarse (en); (person) encaramarse (en)

percolator ['pəːkəleɪtə*] n (also: coffee ~) cafetera de filtro

perennial [pə'renɪəl] adj perenne

perfect [adj, n 'pəːfɪkt, vb pə'fekt] adj perfecto ♦ n (also: ~ tense) perfecto ♦ vt perfeccionar; **~ly** ['pəːfɪktlɪ] adv perfectamente

perforate ['pəːfəreɪt] vt perforar

perform [pə'fɔːm] vt (carry out) realizar, llevar a cabo; (THEATRE) representar; (piece of music) interpretar ♦ vi (well, badly) funcionar; **~ance** n (of a play) representación f; (of actor, athlete etc) actuación f; (of car, engine, company) rendimiento; (of economy) resultados mpl; **~er** n (actor) actor m, actriz f

perfume ['pəːfjuːm] n perfume m

perhaps [pə'hæps] adv quizá(s), tal vez

peril ['perɪl] n peligro, riesgo

perimeter [pə'rɪmɪtə*] n perímetro

period ['pɪərɪəd] n período; (SCOL) clase f; (full stop) punto; (MED) regla ♦ adj (costume, furniture) de época; **~ic(al)** [-'ɔdɪk(l)] adj periódico; **~ical** [-'ɔdɪkl] n periódico; **~ically** [-'ɔdɪklɪ] adv de vez en cuando, cada cierto tiempo

peripheral [pə'rɪfərəl] adj periférico ♦ n (COMPUT) periférico, unidad f periférica

perish ['perɪʃ] vi perecer; (decay) echarse a perder; **~able** adj perecedero

perjury ['pəːdʒərɪ] n (LAW) perjurio

perk [pəːk] n extra m; **~ up** vi (cheer up) animarse

perm [pəːm] n permanente f

permanent ['pə:mənənt] adj
permanente
permeate ['pə:mieit] vi penetrar,
trascender ♦ vt penetrar, trascender a
permissible [pə'misibl] adj permisible,
lícito
permission [pə'mi∫ən] n permiso
permissive [pə'misiv] adj permisivo
permit [n 'pə:mit, vb pə'mit] n
permiso, licencia ♦ vt permitir
perplex [pə'pleks] vt dejar perplejo
persecute ['pə:sikju:t] vt perseguir
persevere [pə:si'viə*] vi persistir
Persian ['pə:∫ən] adj, n persa m/f; the
~ Gulf el Golfo Pérsico
persist [pə'sist] vi: to ~ (in doing
sth) persistir (en hacer algo); ~ence n
empeño; ~ent adj persistente, porfiado
person ['pə:sn] n persona; in ~ en
persona; ~al adj personal; individual;
(visit) en persona; ~al assistant n
ayudante m/f personal; ~al column n
anuncios mpl personales; ~al
computer n ordenador m personal;
~ality [-'næliti] n personalidad f; ~ally
adv personalmente; (in person) en
persona; to take sth ~ally tomarse
algo a mal; ~al organizer n agenda;
~al stereo n Walkman ® m; ~ify
[-'sɔnifai] vt encarnar
personnel [pə:sə'nel] n personal m
perspective [pə'spektiv] n perspectiva
Perspex ® ['pə:speks] n plexiglás ® m
perspiration [pə:spi'rei∫ən] n
transpiración f
persuade [pə'sweid] vt: to ~ sb to
do sth persuadir a uno para que haga
algo
Peru [pə'ru:] n el Perú; **Peruvian** adj,
n peruano/a m/f
perverse [pə'və:s] adj perverso;
(wayward) travieso
pervert [n pə'və:t, vb pə'və:t] n
pervertido/a ♦ vt pervertir; (truth, sb's
words) tergiversar
pessimist ['pesimist] n pesimista m/f;

~**ic** [-'mistik] adj pesimista
pest [pest] n (insect) insecto nocivo;
(fig) lata, molestia
pester ['pestə*] vt molestar, acosar
pesticide ['pestisaid] n pesticida m
pet [pet] n animal m doméstico ♦ cpd
favorito ♦ vt acariciar; **teacher's** ~
favorito/a (del profesor); ~ **hate** manía
petal ['petl] n pétalo
peter ['pi:tə*]: to ~ **out** vi agotarse,
acabarse
petite [pə'ti:t] adj chiquita
petition [pə'ti∫ən] n petición f
petrified ['petrifaid] adj horrorizado
petrol ['petrəl] (BRIT) n gasolina; **two/**
four-star ~ gasolina normal/súper;
~ **can** n bidón m de gasolina
petroleum [pə'trəuliəm] n petróleo
petrol: ~ **pump** n (in garage)
surtidor m de gasolina; ~ **station**
(BRIT) n gasolinera; ~ **tank** (BRIT) n
depósito (de gasolina)
petticoat ['petikəut] n enaguas fpl
petty ['peti] adj (mean) mezquino;
(unimportant) insignificante; ~ **cash** n
dinero para gastos menores; ~ **officer**
n contramaestre m
petulant ['petjulənt] adj malhumorado
pew [pju:] n banco
pewter ['pju:tə*] n peltre m
phantom ['fæntəm] n fantasma m
pharmacist ['fɑ:məsist] n
farmacéutico/a
pharmacy ['fɑ:məsi] n farmacia
phase [feiz] n fase f ♦ vt: to ~ sth in/
out introducir/retirar algo por etapas
Ph.D. abbr = **Doctor of Philosophy**
pheasant ['feznt] n faisán m
phenomenon [fə'nɔminən] (pl
phenomena) n fenómeno
philanthropist [fi'lænθrəpist] n
filántropo/a
Philippines ['filipi:nz] npl: the ~ las
Filipinas
philosopher [fi'lɔsəfə*] n filósofo/a
philosophy [fi'lɔsəfi] n filosofía
phobia ['fəubjə] n fobia

phone [fəun] n teléfono ♦ vt telefonear, llamar por teléfono; **to be on the ~** tener teléfono; (be calling) estar hablando por teléfono; **~ back** vt, vi volver a llamar; **~ up** vt, vi llamar por teléfono; **~ book** n guía telefónica; **~ booth** n cabina telefónica; **~ box** (BRIT) n = **~ booth**; **~ call** n llamada (telefónica); **~card** n teletarjeta; **~-in** (BRIT) n (RADIO, TV) programa m de participación (telefónica)
phonetics [fə'netiks] n fonética
phoney ['fəuni] adj falso
photo ['fəutəu] n foto f; **~copier** n fotocopiadora; **~copy** n fotocopia ♦ vt fotocopiar
photograph ['fəutəgra:f] n fotografía ♦ vt fotografiar; **~er** [fə'təgrəfə*] n fotógrafo; **~y** [fə'təgrəfi] n fotografía
phrase [freiz] n frase f ♦ vt expresar; **~ book** n libro de frases
physical ['fizikl] adj físico; **~ education** n educación f física; **~ly** adv físicamente
physician [fi'ziʃən] n médico/a
physicist ['fizisist] n físico/a
physics ['fiziks] n física
physiotherapy [fiziəu'θerəpi] n fisioterapia
physique [fi'zi:k] n físico
pianist ['pi:ənist] n pianista m/f
piano [pi'ænəu] n piano
pick [pik] n (tool: also: **~-axe**) pico, piqueta f ♦ vt (select) elegir, escoger; (gather) coger (SP), recoger (remove, take out) sacar, quitar; (lock) abrir con ganzúa; **take your ~** escoja lo que quiera; **the ~ of** lo mejor de; **to ~ one's nose/teeth** limpiarse las narices/limpiarse los dientes; **to ~ a quarrel with sb** meterse con alguien; **~ at** vt fus: **to ~ at one's food** comer con poco apetito; **~ on** vt fus (person) meterse con; **~ out** vt escoger; (distinguish) identificar; **~ up** vi (improve: sales) ir mejor; (: patient) reponerse; (: FINANCE) recobrarse ♦ vt

recoger; (learn) aprender; (POLICE: arrest) detener; (person: for sex) ligar; (RADIO) captar; **to ~ up speed** acelerarse; **to ~ o.s. up** levantarse
picket ['pikit] n piquete m ♦ vt piquetear
pickle ['pikl] n (also: **~s**: as condiment) escabeche m; (fig: mess) apuro ♦ vt encurtir
pickpocket ['pikpɔkit] n carterista m/f
pickup ['pikʌp] n (small truck) furgoneta
picnic ['piknik] n merienda ♦ vi ir de merienda; **~ area** n zona de picnic; (AUT) área de descanso
picture ['piktʃə*] n (painting) pintura; (photograph) fotografía; (TV) imagen f; (film) película; (fig: description) descripción f; (: situation) situación f ♦ vt (imagine) imaginar; **~s** npl: **the ~s** (BRIT) el cine; **~ book** n libro de dibujos
picturesque [piktʃə'resk] adj pintoresco
pie [pai] n pastel m; (open) tarta f; (small: of meat) empanada
piece [pi:s] n pedazo, trozo; (of cake) trozo; (item): **a ~ of clothing/furniture/advice** una prenda (de vestir)/un mueble/un consejo ♦ vt: **to ~ together** juntar; (TECH) armar; **to take to ~s** desmontar; **~meal** adv poco a poco; **~work** n trabajo a destajo
pie chart n gráfico de sectores or tarta
pier [piə*] n muelle m, embarcadero
pierce [piəs] vt perforar
piercing ['piəsiŋ] adj penetrante
pig [pig] n cerdo (SP), chancho (AM); (pej: unkind person) asqueroso; (: greedy person) glotón/ona m/f
pigeon ['pidʒən] n paloma; (as food) pichón m; **~hole** n casilla
piggy bank ['pigi-] n hucha (en forma de cerdito)
pig: ~headed ['pig'hedid] adj terco,

pike [paɪk] *n* (*fish*) lucio

testarudo; ~let ['pɪglɪt] *n* cochinillo; **~skin** *n* piel *f* de cerdo; **~sty** ['pɪgstaɪ] *n* pocilga; **~tail** *n* (*girl's*) trenza; (*Chinese, TAUR*) coleta

pilchard ['pɪltʃəd] *n* sardina

pile [paɪl] *n* montón *m*; (*of carpet, cloth*) pelo ♦ *vt* (*also: ~ up*) amontonar; (*fig*) acumular ♦ *vi* (*also: ~ up*) amontonarse; acumularse; **~ into** *vt fus* (*car*) meterse en; **~s** [paɪlz] *npl* (*MED*) almorranas *fpl*, hemorroides *mpl*; **~-up** *n* (*AUT*) accidente *m* múltiple

pilfering ['pɪlfərɪŋ] *n* ratería

pilgrim ['pɪlgrɪm] *n* peregrino/a; **~age** *n* peregrinación *f*, romería

pill [pɪl] *n* píldora; **the ~** la píldora

pillage ['pɪlɪdʒ] *vt* pillar, saquear

pillar ['pɪlə*] *n* pilar *m*; **~ box** (*BRIT*) *n* buzón *m*

pillion ['pɪljən] *n* (*of motorcycle*) asiento trasero

pillow ['pɪləu] *n* almohada; **~case** *n* funda

pilot ['paɪlət] *n* piloto ♦ *cpd* (*scheme etc*) piloto ♦ *vt* pilotar; **~ light** *n* piloto

pimp [pɪmp] *n* chulo (*SP*), cafiche *m* (*AM*)

pimple ['pɪmpl] *n* grano

PIN *n abbr* (= *personal identification number*) número personal

pin [pɪn] *n* alfiler *m* ♦ *vt* prender (con alfiler); **~s and needles** hormigueo; **to ~ sb down** (*fig*) hacer que uno concrete; **to ~ sth on sb** (*fig*) colgarle a uno el sambenito de algo

pinafore ['pɪnəfɔ:*] *n* delantal *m*; **~ dress** (*BRIT*) *n* mandil *m*

pinball ['pɪnbɔ:l] *n* mesa americana

pincers ['pɪnsəz] *npl* pinzas *fpl*, tenazas *fpl*

pinch [pɪntʃ] *n* (*of salt etc*) pizca ♦ *vt* pellizcar; (*inf: steal*) birlar; **at a ~** en caso de apuro

pincushion ['pɪnkuʃən] *n* acerico

pine [paɪn] *n* (*also: ~ tree, wood*) pino ♦ *vi*: **to ~ for** suspirar por; **~ away** *vi*

morirse de pena

pineapple ['paɪnæpl] *n* piña, ananás *m*

ping [pɪŋ] *n* (*noise*) sonido agudo; **~pong** ® [pɪŋ] *n* pingpong ® *m*

pink [pɪŋk] *adj* rosado, (color de) rosa ♦ *n* (*colour*) rosa; (*BOT*) clavel *m*, clavellina

pinpoint ['pɪnpɔɪnt] *vt* precisar

pint [paɪnt] *n* pinta (*BRIT* = 568cc; *US* = 473cc); (*BRIT: inf: of beer*) pinta de cerveza, ≈ jarra (*SP*)

pin-up *n* fotografía erótica

pioneer [paɪə'nɪə*] *n* pionero/a

pious ['paɪəs] *adj* piadoso, devoto

pip [pɪp] *n* (*seed*) pepita; **the ~s** (*BRIT*) la señal

pipe [paɪp] *n* tubo, caño; (*for smoking*) pipa ♦ *vt* conducir en cañerías; **~s** *npl* (*gen*) cañería; (*also: bag~s*) gaita; **~ cleaner** *n* limpiapipas *m inv*; **~ dream** *n* sueño imposible; **~line** *n* (*for oil*) oleoducto; (*for gas*) gasoducto; **~r** *n* gaitero/a

piping ['paɪpɪŋ] *adv*: **to be ~ hot** estar que quema

piquant ['pi:kənt] *adj* picante; (*fig*) agudo

pique [pi:k] *n* pique *m*, resentimiento

pirate ['paɪərət] *n* pirata *m/f* ♦ *vt* (*cassette, book*) piratear; **~ radio** *n* emisora pirata

Pisces ['paɪsi:z] *n* Piscis *m*

piss [pɪs] (*inf!*) *vi* mear; **~ed** (*inf!*) *adj* (*drunk*) borracho

pistol ['pɪstl] *n* pistola

piston ['pɪstən] *n* pistón *m*, émbolo

pit [pɪt] *n* hoyo; (*also: coal ~*) mina; (*in garage*) foso de inspección; (*also: orchestra ~*) platea ♦ *vt*: **to ~ one's wits against sb** medir fuerzas con uno; **~s** *npl* (*AUT*) box *m*

pitch [pɪtʃ] *n* (*MUS*) tono; (*BRIT: SPORT*) campo, terreno; (*tar*) punto; (*tar*) brea ♦ *vt* (*throw*) arrojar, lanzar ♦ *vi* (*fall*) caer(se); **to ~ a tent** montar una tienda (de campaña); **~-black** *adj* negro como boca de lobo; **~ed battle**

n batalla campal

pitfall ['pitfɔːl] *n* riesgo

pith [piθ] *n* (of orange) médula

pithy ['piθi] *adj* (fig) jugoso

pitiful ['pitiful] *adj* (touching) lastimoso, conmovedor(a)

pitiless ['pitilis] *adj* despiadado

pittance ['pitns] *n* miseria

pity ['piti] *n* compasión *f*, piedad *f* ♦ *vt* compadecer(se de); **what a ~!** ¡qué pena!

pizza ['piːtsə] *n* pizza

placard ['plækɑːd] *n* letrero; (in march etc) pancarta

placate [plə'keit] *vt* apaciguar

place [pleis] *n* lugar *m*, sitio; (seat) plaza, asiento; (post) puesto; (home): **at/to his ~** en/a su casa; (role: in society etc) papel *m* ♦ *vt* (object) poner, colocar; (identify) reconocer; **to take ~** tener lugar; **to be ~d** (in race, exam) colocarse; **out of ~** (not suitable) fuera de lugar; **in the first ~** en primer lugar; **to change ~s with sb** cambiarse de sitio con uno; **~ of birth** lugar *m* de nacimiento

placid ['plæsid] *adj* apacible

plague [pleig] *n* plaga; (MED) peste *f* ♦ *vt* (fig) acosar, atormentar

plaice [pleis] *n inv* platija

plaid [plæd] *n* (material) tartán *m*

plain [plein] *adj* (unpatterned) liso; (clear) claro, evidente; (simple) sencillo; (not handsome) poco atractivo ♦ *adv* claramente ♦ *n* llano, llanura; **~ chocolate** *n* chocolate *m* amargo; **~clothes** *adj* (police) vestido de paisano; **~ly** *adv* claramente

plaintiff ['pleintif] *n* demandante *m/f*

plait [plæt] *n* trenza

plan [plæn] *n* (drawing) plano; (scheme) plan *m*, proyecto ♦ *vt* proyectar, planificar ♦ *vi* hacer proyectos; **to ~ to do** pensar hacer

plane [plein] *n* (AVIAT) avión *m*; (MATH, fig) plano; (also: ~ tree) plátano; (tool) cepillo

planet ['plænit] *n* planeta *m*

plank [plæŋk] *n* tabla

planner ['plænə*] *n* planificador(a) *m/f*

planning ['plæniŋ] *n* planificación *f*; **family ~** planificación familiar; **~ permission** *n* permiso para realizar obras

plant [plɑːnt] *n* planta; (machinery) maquinaria; (factory) fábrica ♦ *vt* plantar; (field) sembrar; (bomb) colocar

plaster ['plɑːstə*] *n* (for walls) yeso; (also: ~ of Paris) yeso mate; (BRIT: also: sticking ~) tirita (SP), esparadrapo, curita (AM) ♦ *vt* enyesar; (cover): **to ~ with** llenar o cubrir de; **~ed** (inf) *adj* borracho; **~er** *n* yesero

plastic ['plæstik] *n* plástico ♦ *adj* de plástico; **~ bag** *n* bolsa de plástico

Plasticine ® ['plæstisiːn] (BRIT) *n* plastilina ®

plastic surgery *n* cirujía plástica

plate [pleit] *n* (dish) plato; (metal, in book) lámina; (dental ~) placa de dentadura postiza

plateau ['plætəu] *n* (pl **~s** or **~x**) *n* meseta, altiplanicie *f*

plateaux ['plætəuz] *npl* of **plateau**

plate glass *n* vidrio cilindrado

platform ['plætfɔːm] *n* (RAIL) andén *m*; (stage, BRIT: on bus) plataforma; (at meeting) tribuna; (POL) programa *m* (electoral)

platinum ['plætinəm] *adj*, *n* platino

platoon [plə'tuːn] *n* pelotón *m*

platter ['plætə*] *n* fuente *f*

plausible ['plɔːzibl] *adj* verosímil; (person) convincente

play [plei] *n* (THEATRE) obra, comedia ♦ *vt* (game) jugar; (compete against) jugar contra; (instrument) tocar; (part: in play etc) hacer el papel de; (tape, record) poner ♦ *vi* jugar; (band) tocar; (tape, record) sonar; **to ~ safe** ir a lo seguro; **~ down** *vt* quitar importancia a; **~ up** *vi* (cause trouble to) dar guerra; **~boy** *n* playboy *m*; **~er** *n* jugador(a) *m/f*; (THEATRE) actor/actriz *m/f*; (MUS)

músico/a; **~ful** adj juguetón/ona;
~ground n (in school) patio de recreo;
(in park) parque m infantil; **~group** n
jardín m de niños; **~ing card** n naipe
m, carta; **~ing field** n campo de
deportes; **~mate** n compañero/a de
juego; **~off** n (SPORT) (partido de)
desempate m; **~pen** n corral m;
~thing n juguete m; **~time** n (SCOL)
recreo; **~wright** n dramaturgo f

plc abbr (= public limited company) ≈
S.A.

plea [pliː] n súplica, petición f; (LAW)
alegato, defensa; **~ bargaining** n
(LAW) acuerdo entre fiscal y defensor
para agilizar los trámites judiciales

plead [pliːd] vt (LAW): **to ~ sb's case**
defender a uno; (give an excuse) poner
como pretexto ♦ vi (LAW) declararse;
(beg): **to ~ with sb** suplicar or rogar a
uno

pleasant ['plɛznt] adj agradable; **~ries**
npl cortesías fpl

please [pliːz] excl ¡por favor! ♦ vt (give
pleasure to) dar gusto a, agradar ♦ vi
(think fit): **do as you ~** haz lo que
quieras; **~ yourself!** (inf) ¡haz lo que
quieras!, ¡como quieras!; **~d** adj
(happy) alegre, contento; **~d (with)**
satisfecho (de); **~d to meet you**
¡encantado!, ¡tanto gusto!; **pleasing**
adj agradable, grato

pleasure ['plɛʒə*] n placer m, gusto;
"**it's a ~**" "el gusto es mío"

pleat [pliːt] n pliegue m

pledge [plɛdʒ] n (promise) promesa,
voto ♦ vt prometer

plentiful ['plɛntɪful] adj copioso,
abundante

plenty ['plɛntɪ] n: **~ of** mucho(s)/a(s)

pliable ['plaɪəbl] adj flexible

pliers ['plaɪəz] npl alicates mpl, tenazas
fpl

plight [plaɪt] n situación f difícil

plimsolls ['plɪmsəlz] (BRIT) npl zapatos
mpl de tenis

plinth [plɪnθ] n plinto

plod [plɔd] vi caminar con paso
pesado; (fig) trabajar laboriosamente

plonk [plɔŋk] (inf) n (BRIT: wine) vino
peleón ♦ vt: **to ~ sth down** dejar caer
algo

plot [plɔt] n (scheme) complot m,
conjura; (of story, play) argumento; (of
land) terreno, lote m (AM) ♦ vt (mark
out) trazar; (conspire) tramar, urdir ♦ vi
conspirar

plough [plaʊ] (US plow) n arado ♦ vt
(earth) arar; **to ~ money into** invertir
dinero en; **~ through** vt fus (crowd)
abrirse paso por la fuerza por; **~man's
lunch** (BRIT) n almuerzo de pub a base
de pan, queso y encurtidos

pluck [plʌk] vt (fruit) coger (SP),
recoger (AM); (musical instrument)
puntear; (bird) desplumar; (eyebrows)
depilar; **to ~ up courage** hacer de
tripas corazón

plug [plʌg] n tapón m (ELEC) enchufe
m, clavija; (AUT: also: spark(ing) ~) bujía
♦ vt (hole) tapar; (inf: advertise) dar
publicidad a; **~ in** vt (ELEC) enchufar

plum [plʌm] n (fruit) ciruela

plumb [plʌm] vt: **to ~ the depths of**
alcanzar los mayores extremos de

plumber ['plʌmə*] n fontanero/a (SP),
plomero/a (AM)

plumbing ['plʌmɪŋ] n (trade)
fontanería, plomería; (piping) cañería

plummet ['plʌmɪt] vi: **to ~ (down)**
caer a plomo

plump [plʌmp] adj rechoncho, rollizo
♦ vi: **to ~ for** (inf: choose) optar por;
~ up vt mullir

plunder ['plʌndə*] n pillar, saquear

plunge [plʌndʒ] n zambullida ♦ vt
sumergir, hundir ♦ vi (fall) caer; (dive)
saltar; (person) arrojarse; **to take the ~**
lanzarse; **plunging** adj: **plunging
neckline** n pronunciado

pluperfect [pluː'pəːfɪkt] n
pluscuamperfecto

plural ['plʊərl] adj plural ♦ n plural m

plus [plʌs] n (also: ~ sign) signo más

♦ prep más, y, además de; **ten/ twenty ~** más de diez/veinte

plush [plʌʃ] adj lujoso

plutonium [pluː'təʊnɪəm] n plutonio

ply [plaɪ] vt (a trade) ejercer ♦ vi (ship) ir y venir ♦ n (of wool, rope) cabo; **to ~ sb with drink** insistir en ofrecer a uno muchas copas; **~wood** n madera contrachapada

P.M. n abbr = **Prime Minister**

p.m. adv abbr (= post meridiem) de la tarde o noche

pneumatic [njuː'mætɪk] adj neumático; **~ drill** n martillo neumático

pneumonia [njuː'məʊnɪə] n pulmonía

poach [pəʊtʃ] vt (cook) escalfar; (steal) cazar (or pescar) en vedado ♦ vi cazar (or pescar) en vedado; **~ed** adj escalfado; **~er** n cazador(a) m/f furtivo/a

P.O. Box n abbr = **Post Office Box**

pocket ['pɒkɪt] n bolsillo; (fig: small area) bolsa ♦ vt meter en el bolsillo; (steal) embolsar; **to be out of ~** (BRIT) salir perdiendo; **~book** (US) n cartera; **~ calculator** n calculadora de bolsillo; **~ knife** n navaja; **~ money** n asignación f

pod [pɒd] n vaina

podgy ['pɒdʒɪ] adj gordinflón/ona

podiatrist [pɔ'diːətrɪst] (US) n pedicuro/a

poem ['pəʊɪm] n poema m

poet ['pəʊɪt] n poeta m/f; **~ic** [-'ɛtɪk] adj poético; **~ry** n poesía

poignant ['pɔɪnjənt] adj conmovedor(a)

point [pɔɪnt] n punto; (tip) punta; (purpose) fin m, propósito; (use) utilidad f; (significant part) lo significativo; (moment) momento; (ELEC) toma (de corriente); (also: decimal ~): **2 ~ 3 (2.3)** dos coma tres (2,3) ♦ vt señalar; (gun etc): **to ~ sth at sb** apuntar algo a uno ♦ vi: **to ~ at** señalar; **~s** npl (AUT) contactos mpl;

(RAIL) agujas fpl; **to be on the ~ of doing sth** estar a punto de hacer algo; **to make a ~ of** poner empeño en; **to get/miss the ~** comprender/ no comprender; **to come to the ~** ir al meollo; **there's no ~ (in doing)** no tiene sentido (hacer); **~ out** vt señalar; **~ to** vt fus (fig) indicar, señalar; **~-blank** adv (also: refuse) sin más hablar; (also: at ~-blank range) a quemarropa; **~ed** adj (shape) puntiagudo, afilado; (remark) intencionado; **~edly** adv intencionadamente; **~er** n (needle) aguja, indicador m; **~less** adj sin sentido; **~ of view** n punto de vista

poise [pɔɪz] n aplomo, elegancia

poison ['pɔɪzn] n veneno ♦ vt envenenar; **~ing** n envenenamiento; **~ous** adj venenoso; (fumes etc) tóxico

poke [pəʊk] vt (jab with finger, stick etc) empujar; (put): **to ~ sth in(to)** introducir algo en; **~ about** vi fisgonear

poker ['pəʊkə*] n atizador m; (CARDS) póker m

poky ['pəʊkɪ] adj estrecho

Poland ['pəʊlənd] n Polonia

polar ['pəʊlə*] adj polar; **~ bear** n oso polar

Pole [pəʊl] n polaco/a

pole [pəʊl] n palo; (fixed) poste m; (GEO) polo; **~ bean** n (US) judía verde; **~ vault** n salto con pértiga

police [pə'liːs] n policía ♦ vt vigilar; **~ car** n coche-patrulla m; **~man** (irreg) n policía m, guardia m; **~ state** n estado policial; **~ station** n comisaría; **~ woman** (irreg) n mujer f policía

policy ['pɒlɪsɪ] n política; (also: insurance ~) póliza

polio ['pəʊlɪəʊ] n polio f

Polish ['pəʊlɪʃ] adj polaco ♦ n (LING) polaco

polish ['pɒlɪʃ] n (for shoes) betún m; (for floor) cera (de lustrar); (shine) brillo, lustre m; (fig: refinement) educación f ♦ vt (shoes) limpiar; (make

shiny) pulir, sacar brillo a; ~ **off** vt
(*food*) despachar; **~ed** adj (*fig: person*)
elegante

polite [pə'laɪt] adj cortés, atento;
~ness n cortesía

political [pə'lɪtɪkl] adj político; **~ly** adv
políticamente; **~ly correct**
políticamente correcto

politician [pɔlɪ'tɪʃən] n político/a

politics ['pɔlɪtɪks] n política

poll [pəul] n (*election*) votación f; (*also:
opinion ~*) sondeo, encuesta ♦ vt
encuestar; (*votes*) obtener

pollen ['pɔlən] n polen m

polling day ['pəulɪŋ-] n día m de
elecciones

polling station n centro electoral

pollute [pə'luːt] vt contaminar

pollution [pə'luːʃən] n polución f,
contaminación f del medio ambiente

polo ['pəuləu] n (*sport*) polo; **~-
necked** adj de cuello vuelto; **~ shirt** n
polo, niqui m

polyester [pɔlɪ'ɛstə*] n poliéster m

polystyrene [pɔlɪ'staɪriːn] n
poliestireno

polythene ['pɔlɪθiːn] (*BRIT*) n politeno

pomegranate ['pɔmɪgrænɪt] n
granada

pomp [pɔmp] n pompa

pompous ['pɔmpəs] adj pomposo

pond [pɔnd] n (*natural*) charca;
(*artificial*) estanque m

ponder ['pɔndə*] vt meditar

ponderous ['pɔndərəs] adj pesado

pong [pɔŋ] (*BRIT: inf*) n hedor m

pony ['pəunɪ] n poney m, jaca, potro
(*AM*); **~tail** n cola de caballo;
~ trekking (*BRIT*) n excursión f a
caballo

poodle ['puːdl] n caniche m

pool [puːl] n (*natural*) charca; (*also:
swimming ~*) piscina (*SP*), alberca (*AM*);
(*fig: of light etc*) charco; (*SPORT*)
chapolín m ♦ vt juntar; **~s** npl (*football
~s*) quinielas fpl; **typing ~** servicio de
mecanografía

poor [puə*] adj pobre; (*bad*) de mala
calidad ♦ npl: **the ~** los pobres; **~ly**
adv mal, enfermo ♦ adv mal

pop [pɔp] n (*sound*) ruido seco; (*MUS*)
(*música*) pop m; (*inf: father*) papá m;
(*drink*) gaseosa ♦ vt (*put quickly*) meter
(de prisa) ♦ vi reventar; (*cork*) saltar;
~ in/out vi entrar/salir un momento;
~ up vi aparecer inesperadamente;
~corn n palomitas fpl

pope [pəup] n papa m

poplar ['pɔplə*] n álamo

popper ['pɔpə*] (*BRIT*) n automático

poppy ['pɔpɪ] n amapola

Popsicle ® ['pɔpsɪkl] (*US*) n polo

pop star n estrella del pop

populace ['pɔpjuləs] n pueblo, plebe f

popular ['pɔpjulə*] adj popular

population [pɔpju'leɪʃən] n población
f

porcelain ['pɔːslɪn] n porcelana

porch [pɔːtʃ] n pórtico, entrada; (*US*)
veranda

porcupine ['pɔːkjupaɪn] n puerco m
espín

pore [pɔː*] n poro ♦ vi: **to ~ over**
engolfarse en

pork [pɔːk] n carne f de cerdo (*SP*) or
chancho (*AM*)

pornography [pɔː'nɔgrəfɪ] n
pornografía

porpoise ['pɔːpəs] n marsopa

porridge ['pɔrɪdʒ] n gachas fpl de
avena

port [pɔːt] n puerto; (*NAUT: left side*)
babor m; (*wine*) vino de Oporto; **~ of
call** puerto de escala

portable ['pɔːtəbl] adj portátil

porter ['pɔːtə*] n (*for luggage*)
maletero; (*doorkeeper*) portero/a,
conserje m/f

portfolio [pɔːt'fəulɪəu] n cartera

porthole ['pɔːthəul] n portilla

portion ['pɔːʃən] n porción f; (*of food*)
ración f

portrait ['pɔːtreɪt] n retrato

portray [pɔː'treɪ] vt retratar; (*subj:*

actor) representar

Portugal ['pɔːtjugl] n Portugal m

Portuguese [pɔːtjuˈɡiːz] adj portugués/esa ♦ n inv portugués/esa m/f; (LING) portugués m

pose [pəuz] n postura, actitud f ♦ vi (pretend): **to ~ as** hacerse pasar por ♦ vt (question) plantear; **to ~ for** posar para

posh [pɔʃ] (inf) adj elegante, de lujo

position [pəˈzɪʃən] n posición f; (job) puesto; (situation) situación f ♦ vt colocar

positive ['pɔzɪtɪv] adj positivo; (certain) seguro; (definite) definitivo

possess [pəˈzɛs] vt poseer; **~ion** [pəˈzɛʃən] n posesión f; **~ions** npl (belongings) pertenencias fpl

possibility [pɔsɪˈbɪlɪtɪ] n posibilidad f

possible ['pɔsɪbl] adj posible; **as big as ~** lo más grande posible; **possibly** adv posiblemente; **I cannot possibly come** me es imposible venir

post [pəust] n (BRIT: system) correos mpl; (BRIT: letters, delivery) correo m; (job, situation) puesto; (pole) poste m ♦ vt (BRIT: send by post) echar al correo; (BRIT: appoint): **to ~** to enviar a; **~age** n porte m, franqueo; **~age stamp** n sello de correos; **~al** adj postal, de correos; **~al order** n giro postal; **~box** (BRIT) n buzón m; **~card** n tarjeta postal; **~code** (BRIT) n código postal

postdate [pəustˈdeɪt] vt (cheque) poner fecha adelantada a

poster ['pəustə*] n cartel m

poste restante [pəustˈrɛstɔːnt] (BRIT) n lista de correos

postgraduate ['pəustˈɡrædjuət] n posgraduado/a

posthumous ['pɔstjuməs] adj póstumo

postman ['pəustmən] (irreg) n cartero

postmark ['pəustmɑːk] n matasellos m inv

post-mortem [-ˈmɔːtəm] n autopsia

post office n (building) oficina de

correos m; (organization): **the Post Office** Administración f General de Correos; **Post Office Box** n apartado postal (SP), casilla de correos (AM)

postpone [pəsˈpəun] vt aplazar

postscript ['pəustskrɪpt] n posdata

posture ['pɔstʃə*] n postura, actitud f

postwar [pəustˈwɔː*] adj de la posguerra

posy ['pəuzɪ] n ramillete m (de flores)

pot [pɔt] n (for cooking) olla; (tea~) tetera; (coffee~) cafetera; (for flowers) maceta; (for jam) tarro, pote m; (inf: marijuana) chocolate m ♦ vt (plant) poner en tiesto; **to go to ~** (inf) irse al traste

potato [pəˈteɪtəu] (pl ~es) n patata (SP), papa (AM); **~ peeler** n pelapatatas m inv

potent ['pəutnt] adj potente, poderoso; (drink) fuerte

potential [pəˈtɛnʃl] adj potencial, posible ♦ n potencial m; **~ly** adv en potencia

pothole ['pɔthəul] n (in road) bache m; (BRIT: underground) gruta; **potholing** (BRIT) n: **to go potholing** dedicarse a la espeleología

potluck [pɔtˈlʌk] n: **to take ~** tomar lo que haya

potted ['pɔtɪd] adj (food) en conserva; (plant) en tiesto or maceta; (shortened) resumido

potter ['pɔtə*] n alfarero/a ♦ vi: **to ~ around, ~ about** (BRIT) hacer trabajitos; **~y** n cerámica; (factory) alfarería

putty ['pɔtɪ] n orinal m de niño

pouch [pautʃ] n (ZOOL) bolsa; (for tobacco) petaca

poultry ['pəultrɪ] n aves fpl de corral; (meat) pollo

pounce [pauns] vi: **to ~ on** precipitarse sobre

pound [paund] n libra (weight = 453g or 16oz; money = 100 pence) ♦ vt (beat) golpear; (crush) machacar ♦ vi (heart) latir; ~ **sterling** n libra esterlina

pour [pɔː*] vt echar; (tea etc) servir ♦ vi correr, fluir; **to ~ sb a drink** servirle a uno una copa; ~ **away** or **off** vt vaciar, verter; ~ **in** vi (people) entrar en tropel; ~ **out** vi salir en tropel ♦ vt (drink) echar, servir; (fig): **to ~ out one's feelings** desahogarse; **~ing** adj: **~ing rain** lluvia torrencial

pout [paut] vi hacer pucheros

poverty ['pɔvətɪ] n pobreza, miseria; **~-stricken** adj necesitado

powder ['paudə*] n polvo; (face ~) polvos mpl ♦ vt polvorear; **to ~ one's face** empolvarse la cara; ~ **compact** n polvera; **~ed milk** n leche f en polvo; ~ **room** n aseos mpl

power ['pauə*] n poder m; (strength) fuerza; (nation, TECH) potencia; (drive) empuje m; (ELEC) fuerza, energía ♦ vt impulsar; **to be in** ~ (POL) estar en el poder; ~ **cut** (BRIT) n apagón m; **~ed** adj: **~ed by** impulsado por; ~ **failure** n = ~ **cut**; **~ful** adj poderoso; (engine) potente; (speech etc) convincente; **~less** adj: **~less (to do)** incapaz (de hacer); ~ **point** (BRIT) n enchufe m; ~ **station** n central f eléctrica

p.p. abbr (= per procurationem): ~ **J. Smith** p.p. (por poder de) J. Smith; (= pages) págs

PR n abbr = **public relations**

practical ['præktɪkl] adj práctico; **~ity** [-'kælɪtɪ] n factibilidad f; ~ **joke** n broma pesada; **~ly** adv (almost) casi

practice ['præktɪs] n (habit) costumbre f; (exercise) práctica, ejercicio; (training) adiestramiento; (MED: of profession) práctica, ejercicio; (MED, LAW: business) consulta ♦ vt, vi (US) = **practise; in** ~ (in reality) en la práctica; **out of** ~ desentrenado

practise ['præktɪs] (US **practice**) vt (carry out) practicar; (profession) ejercer; (train at) practicar ♦ vi ejercer; (train) practicar; **practising** adj (Christian etc) practicante; (lawyer) en ejercicio

practitioner [præk'tɪʃənə*] n (MED) médico/a

prairie ['preərɪ] n pampa

praise [preɪz] n alabanza(s) f(pl), elogio(s) m(pl) ♦ vt alabar, elogiar; **~worthy** adj loable

pram [præm] (BRIT) n cochecito de niño

prank [præŋk] n travesura

prawn [prɔːn] n gamba; ~ **cocktail** n cóctel m de gambas

pray [preɪ] vi rezar

prayer [preə*] n oración f, rezo; (entreaty) ruego, súplica

preach [priːtʃ] vi (also fig) predicar; **~er** n predicador(a) m/f

precaution [prɪ'kɔːʃən] n precaución f

precede [prɪ'siːd] vt, vi preceder

precedent ['presɪdənt] n precedente m

preceding [prɪ'siːdɪŋ] adj anterior

precinct ['priːsɪŋkt] n recinto; **~s** npl contornos mpl; **pedestrian** ~ (BRIT) zona peatonal; **shopping** ~ (BRIT) centro comercial

precious ['preʃəs] adj precioso

precipitate [prɪ'sɪpɪteɪt] vt precipitar

precise [prɪ'saɪs] adj preciso, exacto; **~ly** adv precisamente, exactamente

precocious [prɪ'kəuʃəs] adj precoz

precondition [priːkən'dɪʃən] n condición f previa

predecessor [priː'dɪsesə*] n antecesor(a) m/f

predicament [prɪ'dɪkəmənt] n apuro

predict [prɪ'dɪkt] vt pronosticar; **~able** adj previsible; **~ion** [-'dɪkʃən] n predicción f

predominantly [prɪ'dɔmɪnəntlɪ] adv en su mayoría

pre-empt [priː'emt] vt adelantarse a

preen [priːn] vt: **to ~ itself** (bird) limpiarse (las plumas); **to ~ o.s.** pavonearse

preface ['prefəs] n prefacio

prefect ['priːfekt] (BRIT) n (in school)

monitor(a) m/f

prefer [prɪ'fəː*] vt preferir; **to ~ doing** or **to do** preferir hacer; **~able** ['prefrəbl] adj preferible; **~ably** ['prefrəblɪ] adv de preferencia; **~ence** ['prefrəns] n preferencia; (priority) prioridad f; **~ential** [prefə'renʃəl] adj preferente

prefix ['priːfɪks] n prefijo

pregnancy ['pregnənsɪ] n (of woman) embarazo; (of animal) preñez f

pregnant ['pregnənt] adj (woman) embarazada; (animal) preñada

prehistoric ['priːhɪs'tɔrɪk] adj prehistórico

prejudice ['predʒudɪs] n prejuicio; **~d** adj (person) predispuesto

premarital ['priː'mærɪt] adj premarital

premature ['premətʃuə*] adj prematuro

premier ['premɪə*] adj primero, principal ♦ n (POL) primer(a) ministro/a

première ['premɪə*] n estreno

premise ['premɪs] n premisa; **~s** npl (of business etc) local m; **on the ~s** en el lugar mismo

premium ['priːmɪəm] n premio; (insurance) prima; **to be at a ~** ser muy solicitado; **~ bond** (BRIT) n bono del estado que participa en una lotería nacional

premonition [premə'nɪʃən] n presentimiento

preoccupied [priː'ɔkjupaɪd] adj ensimismado

prep [prep] n (SCOL: study) deberes mpl

prepaid [priː'peɪd] adj porte pagado

preparation [prepə'reɪʃən] n preparación f; **~s** npl preparativos mpl

preparatory [prɪ'pærətərɪ] adj preparatorio, preliminar; **~ school** n escuela preparatoria

prepare [prɪ'peə*] vt preparar, disponer ♦ vi: **to ~ for** (action) prepararse o disponerse para; (event) hacer preparativos para; **~d to** dispuesto a; **~d for** listo para

preposition [prepə'zɪʃən] n preposición f

preposterous [prɪ'pɔstərəs] adj absurdo, ridículo

prep school n = **preparatory school**

prerequisite [priː'rekwɪzɪt] n requisito

Presbyterian [prezbɪ'tɪərɪən] adj, n presbiteriano/a m/f

preschool ['priː'skuːl] adj preescolar

prescribe [prɪ'skraɪb] vt (MED) recetar

prescription [prɪ'skrɪpʃən] n (MED) receta

presence ['prezns] n presencia; **in sb's ~** en presencia de uno; **~ of mind** aplomo

present [adj, n 'preznt, vb prɪ'zent] adj (in attendance) presente; (current) actual ♦ n (gift) regalo; (actuality): **the ~** la actualidad, el presente ♦ vt (introduce, describe) presentar; (expound) exponer; (give) presentar, dar, ofrecer; (THEATRE) representar; **to give sb a ~** regalar algo a uno; **at ~** actualmente; **~able** [prɪ'zentəbl] adj: **to make o.s. ~able** arreglarse; **~ation** [-'teɪʃən] n presentación f; (of report etc) exposición f; (formal ceremony) entrega de un regalo; **~-day** adj actual; **~er** [prɪ'zentə*] n (RADIO, TV) locutor/a m/f; **~ly** adv (soon) dentro de poco; (now) ahora

preservative [prɪ'zəːvətɪv] n conservante m

preserve [prɪ'zəːv] vt (keep safe) preservar, proteger; (maintain) mantener; (food) conservar ♦ n (for game) coto, vedado; (often pl: jam) conserva, confitura

president ['prezɪdənt] n presidente m/f; **~ial** [-'denʃl] adj presidencial

press [pres] n (newspapers): **the P~** la prensa; (printer's) imprenta; (of button) pulsación f ♦ vt empujar; (button etc) apretar; (clothes: iron) planchar; (put pressure on: person) apretar; (insist): **to ~ sth on sb** insistir en que uno acepte algo ♦ vi (squeeze) apretar;

(pressurize): to ~ for presionar por; we are ~ed for time/money estamos apurados de tiempo/dinero; ~ on vi avanzar; (hurry) apretar el paso;
~ agency n agencia de prensa;
~ conference n rueda de prensa;
~ing adj apremiante; ~ stud n (BRIT) botón m de presión; ~-up (BRIT) n plancha

pressure ['prɛʃə*] n presión f; to put ~ on sb presionar a uno; ~ cooker n olla a presión; ~ gauge n manómetro; ~ group n grupo de presión;
pressurized (container) a presión

prestige [prɛs'ti:ʒ] n prestigio
presumably [prɪ'zju:məblɪ] adv es de suponer que, cabe presumir que
presume [prɪ'zju:m] vt: to ~ (that) presumir (que), suponer (que)
pretence [prɪ'tɛns] (US pretense) n fingimiento; under false ~s con engaños
pretend [prɪ'tɛnd] vt, vi (feign) fingir
pretentious [prɪ'tɛnʃəs] adj presumido; (ostentatious) ostentoso, aparatoso
pretext ['pri:tɛkst] n pretexto
pretty ['prɪtɪ] adj bonito (SP), lindo (AM) ♦ adv bastante
prevail [prɪ'veɪl] vi (gain mastery) prevalecer; (be current) predominar; ~ing adj (dominant) predominante
prevalent ['prɛvələnt] adj (widespread) extendido
prevent [prɪ'vɛnt] vt: to ~ sb from doing sth impedir a uno hacer algo; to ~ sth from happening evitar que ocurra algo; ~ative adj = preventive; ~ive adj preventivo
preview ['pri:vju:] n (of film) preestreno
previous ['pri:vɪəs] adj previo, anterior; ~ly adv antes
prewar [pri:'wɔ:*] adj de antes de la guerra
prey [preɪ] n presa ♦ vi: to ~ on (feed on) alimentarse de; it was ~ing on

his mind le preocupaba, le obsesionaba

price [praɪs] n precio ♦ vt (goods) fijar el precio de; ~less adj que no tiene precio; ~ list n lista n tarifa
prick [prɪk] n (sting) picadura ♦ vt pinchar; (hurt) picar; to ~ up one's ears aguzar el oído
prickle ['prɪkl] n (sensation) picor m; (BOT) espina; prickly adj espinoso; (fig: person) enojadizo; prickly heat n sarpullido causado por exceso de calor
pride [praɪd] n orgullo; (pej) soberbia ♦ vt: to ~ o.s. on enorgullecerse de
priest [pri:st] n sacerdote m; ~hood n sacerdocio
prim [prɪm] adj (demure) remilgado; (prudish) gazmoño
primarily ['praɪmərɪlɪ] adv ante todo
primary ['praɪmərɪ] adj (first in importance) principal ♦ n (US: POL) (election f) primaria; ~ school (BRIT) n escuela primaria
prime [praɪm] adj primero, principal; (excellent) selecto, de primera clase ♦ n: in the ~ of life en la flor de la vida ♦ vt (wood, fig) preparar; ~ example ejemplo típico;
P~ Minister n primer(a) ministro/a
primeval [praɪ'mi:vəl] adj primitivo
primitive ['prɪmɪtɪv] adj primitivo; (crude) rudimentario
primrose ['prɪmrəuz] n primavera, prímula
Primus (stove) ® ['praɪməs-] (BRIT) n hornillo de camping
prince [prɪns] n príncipe m
princess [prɪn'sɛs] n princesa
principal ['prɪnsɪpl] adj principal, mayor ♦ n director(a) m/f; ~ity [-'pælɪtɪ] n principado
principle ['prɪnsɪpl] n principio; in ~ en principio; on ~ por principio
print [prɪnt] n (foot~) huella; (finger~) huella dactilar; (letters) letra de molde; (fabric) estampado; (ART) grabado; (PHOT) impresión f ♦ vt imprimir; (cloth)

estampar; (*write in capitals*) escribir en
letras de molde; **out of ~** agotado;
~ed matter n impresos mpl; **~er** n
(*person*) impresor(a) m/f; (*machine*)
impresora; **~ing** n (*art*) imprenta; (*act*)
impresión f; **~out** n (COMPUT)
impresión f

prior ['praɪə*] adj anterior, previo;
(*more important*) más importante; **~ to**
antes de

priority [praɪ'ɒrɪtɪ] n prioridad f; **to
have ~ (over)** tener prioridad (sobre)

prison ['prɪzn] n cárcel f, prisión f
♦ cpd carcelario; **~er** n (*in prison*)
preso/a; (*captured person*) prisionero/a;
~er-of-war n prisionero de guerra

privacy ['prɪvəsɪ] n intimidad f

private ['praɪvɪt] adj (*personal*)
particular; (*property, industry, discussion
etc*) privado/a; (*person*) reservado/a; (*place*)
tranquilo ♦ n soldado raso; **"~"** (*on
envelope*) "confidencial"; (*on door*)
"prohibido el paso"; **in ~** en privado;
~ enterprise n empresa privada;
~ eye n detective m/f privado/a;
~ property n propiedad f privada;
~ school n colegio particular

privet ['prɪvɪt] n alheña

privilege ['prɪvɪlɪdʒ] n privilegio;
(*prerogative*) prerrogativa

privy ['prɪvɪ] adj: **to be ~ to** estar
enterado de

prize [praɪz] n premio ♦ adj de primera
clase ♦ vt apreciar, estimar; **~-giving** n
distribución f de premios; **~winner** n
premiado/a

pro [prəu] n (SPORT) profesional m/f
♦ prep a favor de; **the ~s and cons**
los pros y los contras

probability [prɒbə'bɪlɪtɪ] n
probabilidad f; **in all ~** con toda
probabilidad

probable ['prɒbəbl] adj probable

probably ['prɒbəblɪ] adv
probablemente

probation [prə'beɪʃən] n: **on ~**
(*employee*) a prueba; (LAW) en libertad

condicional

probe [prəub] n (MED, SPACE) sonda;
(*enquiry*) encuesta, investigación f ♦ vt
sondar; (*investigate*) investigar

problem ['prɒbləm] n problema m

procedure [prə'siːdʒə*] n
procedimiento; (*bureaucratic*) trámites
mpl

proceed [prə'siːd] vi (*do afterwards*):
to ~ to do sth proceder a hacer algo;
(*continue*): **to ~ (with)** continuar or
seguir (con); **~ings** npl acto(s) (pl);
(LAW) proceso; **~s** ['prəusiːdz] npl
(*money*) ganancias fpl, ingresos mpl

process ['prəuses] n proceso ♦ vt
tratar, elaborar; **~ing** n tratamiento,
elaboración f; (PHOT) revelado

procession [prə'sɛʃən] n desfile m;
funeral ~ cortejo fúnebre

pro-choice [prəu'tʃɔɪs] adj en favor del
derecho a elegir de la madre

proclaim [prə'kleɪm] vt (*announce*)
anunciar

procrastinate [prəu'kræstɪneɪt] vi
demorarse

procure [prə'kjuə*] vt conseguir

prod [prɒd] vt empujar ♦ n empujón m

prodigy ['prɒdɪdʒɪ] n prodigio

produce [n 'prɒdjuːs, vt prə'djuːs] n
(AGR) productos mpl agrícolas ♦ vt
producir; (*play, film, programme*)
presentar; **~r** n productor(a) m/f; (*of
film, programme*) director(a) m/f; (*of
record*) productor(a) m/f

product ['prɒdʌkt] n producto

production [prə'dʌkʃən] n producción
f; (THEATRE) presentación f; **~ line** n
línea de producción

productivity [prɒdʌk'tɪvɪtɪ] n
productividad f

profession [prə'fɛʃən] n profesión f;
~al adj profesional ♦ n profesional m/f;
(*skilled person*) perito

professor [prə'fɛsə*] n (BRIT)
catedrático/a; (US, Canada) profesor(a)
m/f

proficient [prə'fɪʃənt] adj experto,

hábil

profile ['prəufaɪl] n perfil m

profit ['prɒfɪt] n (COMM) ganancia f ♦ vi: **to ~ by** or **from** aprovechar or sacar provecho de; **~ability** [-ə'bɪlɪtɪ] n rentabilidad f; **~able** adj (ECON) rentable

profound [prə'faund] adj profundo

profusely [prə'fju:slɪ] adv profusamente

programme ['prəugræm] (US **program**) n programa m ♦ vt programar; **~r** (US **programer**) n programador(a) m/f; **programming** (US **programing**) n programación f

progress [n 'prəugres, vi prə'gres] n progreso m; (development) desarrollo m ♦ vi progresar, avanzar; **in ~** en curso; **~ive** [-'gresɪv] adj progresivo; (person) progresista

prohibit [prə'hɪbɪt] vt prohibir; **to ~ sb from doing sth** prohibir a uno hacer algo; **~ion** [-'bɪʃən] n prohibición f; (US): **P~ion** Ley f Seca

project [n 'prɒdʒekt, vb prə'dʒekt] n proyecto ♦ vt proyectar ♦ vi (stick out) salir, sobresalir; **~ion** [prə'dʒekʃən] n proyección f; (overhang) saliente m; **~or** [prə'dʒektə*] n proyector m

pro-life [prəu'laɪf] adj pro-vida

prolong [prə'lɒŋ] vt prolongar, extender

prom [prɒm] n abbr = **promenade**; (US: ball) baile m de gala

---

Prom

El ciclo de conciertos de música clásica más conocido de Londres es el llamado **the Proms** (promenade concerts), que se celebra anualmente en el Royal Albert Hall. Su nombre se debe a que originalmente el público paseaba durante las actuaciones, costumbre que en la actualidad se mantiene de forma simbólica, permitiendo que parte de los asistentes permanezcan de pie. En

---

Estados Unidos se llama **prom** a un baile de gala en un centro de educación secundaria o universitaria.

---

promenade [prɒmə'nɑ:d] n (by sea) paseo marítimo; **~ concert** (BRIT) n concierto (en que parte del público permanece de pie)

prominence ['prɒmɪnəns] n importancia

prominent ['prɒmɪnənt] adj (standing out) saliente; (important) eminente, importante

promiscuous [prə'mɪskjuəs] adj (sexually) promiscuo

promise ['prɒmɪs] n promesa ♦ vt, vi prometer; **promising** adj prometedor(a)

promote [prə'məut] vt (employee) ascender; (product, pop star) hacer propaganda por; (ideas) fomentar; **~r** n (of event) promotor(a) m/f; (of cause etc) impulsor(a) m/f; **promotion** [-'məuʃən] n (advertising campaign) campaña de promoción f; (in rank) ascenso

prompt [prɒmpt] adj rápido ♦ adv: **at 6 o'clock** a las seis en punto ♦ n (COMPUT) aviso ♦ vt (urge) mover, incitar; (when talking) instar; (THEATRE) apuntar; **to ~ sb to do sth** instar a uno a hacer algo; **~ly** adv rápidamente; (exactly) puntualmente

prone [prəun] adj (lying) postrado; **~ to** propenso a

prong [prɒŋ] n diente m, punta

pronoun ['prəunaun] n pronombre m

pronounce [prə'nauns] vt pronunciar; **~d** adj (marked) marcado

pronunciation [prənʌnsɪ'eɪʃən] n pronunciación f

proof [pru:f] n prueba ♦ adj: **~ against** a prueba de

prop [prɒp] n apoyo, (fig) sostén m ♦ vt (also: ~ up) apoyar; (lean): **to ~ sth against** apoyar algo contra

propaganda [prɒpə'gændə] n

propaganda

propel [prəˈpɛl] vt impulsar, propulsar; **~ler** n hélice f

propensity [prəˈpɛnsɪtɪ] n propensión f

proper [ˈprɒpə*] adj (suited, right) propio; (exact) justo; (seemly) correcto, decente; (authentic) verdadero; (referring to place): **the village ~** el pueblo mismo; **~ly** adv (adequately) correctamente; (decently) decentemente; **~ noun** n nombre m propio

property [ˈprɒpətɪ] n propiedad f; (personal) bienes mpl muebles; **~ owner** n dueño/a de propiedades

prophecy [ˈprɒfɪsɪ] n profecía f

prophesy [ˈprɒfɪsaɪ] vt (fig) predecir

prophet [ˈprɒfɪt] n profeta m

proportion [prəˈpɔːʃən] n proporción f; (share) parte f; **~al** adj: **~al (to)** en proporción (con); **~al representation** n representación f proporcional; **~ate** adj: **~ate (to)** en proporción (con)

proposal [prəˈpəuzl] n (offer of marriage) oferta f de matrimonio; (plan) proyecto

propose [prəˈpəuz] vt proponer ♦ vi declararse; **to ~ to do** tener intención de hacer

proposition [prɒpəˈzɪʃən] n propuesta f

proprietor [prəˈpraɪətə*] n propietario/a, dueño/a

propriety [prəˈpraɪətɪ] n decoro

pro rata [-ˈrɑːtə] adv a prorrateo

prose [prəuz] n prosa

prosecute [ˈprɒsɪkjuːt] vt (LAW) procesar; **prosecution** [-ˈkjuːʃən] n proceso, causa; (accusing side) acusación f; **prosecutor** n acusador(a) m/f; (also: **public prosecutor**) fiscal m

prospect [n ˈprɒspɛkt, vb prəˈspɛkt] n (possibility) posibilidad f; (outlook) perspectiva f ♦ vi: **to ~ for** buscar; **~s** npl (for work etc) perspectivas fpl; **~ing** n prospección f; **~ive** [prəˈspɛktɪv] adj futuro

prospectus [prəˈspɛktəs] n prospecto

prosper [ˈprɒspə*] vi prosperar; **~ity** [-ˈspɛrɪtɪ] n prosperidad f; **~ous** adj próspero

prostitute [ˈprɒstɪtjuːt] n prostituta; (male) hombre que se dedica a la prostitución

protect [prəˈtɛkt] vt proteger; **~ion** [-ˈtɛkʃən] n protección f; **~ive** adj protector(a)

protein [ˈprəutiːn] n proteína

protest [n ˈprəutɛst, vb prəˈtɛst] n protesta ♦ vi: **to ~ about** or **at/against** protestar de/contra ♦ vt (insist): **to ~ (that)** insistir en (que)

Protestant [ˈprɒtɪstənt] adj, n protestante m/f

protester [prəˈtɛstə*] n manifestante m/f

protracted [prəˈtræktɪd] adj prolongado

protrude [prəˈtruːd] vi salir, sobresalir

proud [praud] adj orgulloso; (pej) soberbio, altanero

prove [pruːv] vt probar; (show) demostrar ♦ vi: **to ~ (to be) correct** resultar correcto; **to ~ o.s.** probar su valía

proverb [ˈprɒvɜːb] n refrán m

provide [prəˈvaɪd] vt proporcionar, dar; **to ~ sb with sth** proveer a uno de algo; **~d (that)** conj con tal de que, a condición de que; **~ for** vt fus (person) mantener a; (problem etc) tener en cuenta; **providing** [prəˈvaɪdɪŋ] conj: **providing (that)** a condición de que, con tal de que

province [ˈprɒvɪns] n provincia; (fig) esfera; **provincial** [prəˈvɪnʃəl] adj provincial; (pej) provinciano

provision [prəˈvɪʒən] n (supplying) suministro, abastecimiento; (of contract etc) disposición f; **~s** npl (food) comestibles mpl; **~al** adj provisional

proviso [prəˈvaɪzəu] n condición f, estipulación f

provocative [prəˈvɒkətɪv] adj

provocativo

provoke [prəˈvəuk] vt (cause) provocar, incitar; (anger) enojar

prowess [ˈprauɪs] n destreza

prowl [praul] vi (also: ~ about, ~ around) merodear ♦ n: **on the ~** de merodeo; **~er** n merodeador(a) m/f

proxy [ˈprɒksɪ] n: **by ~** por poderes

prudent [ˈpruːdənt] adj prudente

prune [pruːn] n ciruela pasa ♦ vt podar

pry [praɪ] vi: **to ~ (into)** entrometerse (en)

PS n abbr (= postscript) P.D.

psalm [sɑːm] n salmo

pseudonym [ˈsjuːdəunɪm] n seudónimo

psyche [ˈsaɪkɪ] n psique f

psychiatric [saɪkɪˈætrɪk] adj psiquiátrico

psychiatrist [saɪˈkaɪətrɪst] n psiquiatra m/f

psychic [ˈsaɪkɪk] adj (also: ~al) psíquico

psychoanalyse [saɪkəuˈænəlaɪz] vt psicoanalizar; **psychoanalysis** [-əˈnæləsɪs] n psicoanálisis m

psychological [saɪkəˈlɒdʒɪkl] adj psicológico

psychologist [saɪˈkɒlədʒɪst] n psicólogo/a

psychology [saɪˈkɒlədʒɪ] n psicología

PTO abbr (= please turn over) sigue

pub [pʌb] n abbr (= public house) pub m, bar m

┌─ **pub** ─┐

Un **pub** es un local público donde se pueden consumir bebidas alcohólicas. La estricta regulación sobre la venta de alcohol prohíbe que se sirva a menores de 18 años y controla las horas de apertura, aunque éstas son más flexibles desde hace unos años. El **pub** es, además, un lugar de encuentro donde se sirven comidas ligeras o se juega a los dardos o al billar, entre otras actividades.

puberty [ˈpjuːbətɪ] n pubertad f

public [ˈpʌblɪk] adj público ♦ n: **the ~** el público; **in ~** en público; **to make ~** hacer público; **~ address system** n megafonía

publican [ˈpʌblɪkən] n tabernero/a

publication [pʌblɪˈkeɪʃən] n publicación f

public: ~ company n sociedad f anónima; **~ convenience** (BRIT) n aseos mpl públicos (SP), sanitarios mpl (AM); **~ holiday** n día de fiesta (SP), (día) feriado (AM); **~ house** (BRIT) n bar m, pub m

publicity [pʌbˈlɪsɪtɪ] n publicidad f

publicize [ˈpʌblɪsaɪz] vt publicitar

publicly [ˈpʌblɪklɪ] adv públicamente, en público

public: ~ opinion n opinión f pública; **~ relations** n relaciones fpl públicas; **~ school** n (BRIT) escuela privada; (US) instituto; **~-spirited** adj que tiene sentido del deber ciudadano; **~ transport** n transporte m público

publish [ˈpʌblɪʃ] vt publicar; **~er** n (person) editor(a) m/f; (firm) editorial f; **~ing** n (industry) industria del libro

pub lunch n almuerzo que se sirve en un pub; **to go for a ~** almorzar o comer en un pub

pucker [ˈpʌkə*] vt (pleat) arrugar; (brow etc) fruncir

pudding [ˈpudɪŋ] n pudín m; (BRIT: dessert) postre m; **black ~** morcilla

puddle [ˈpʌdl] n charco

puff [pʌf] n soplo; (of smoke, air) bocanada; (of breathing) resoplido ♦ vt: **to ~ one's pipe** chupar la pipa ♦ vi (pant) jadear; **~ out** vi hinchar; **~ pastry** n hojaldre m; **~y** adj hinchado

pull [pul] n (tug): **to give sth a ~** dar un tirón a algo a; (press: trigger) apretar; (haul) tirar, arrastrar; (close: curtain) echar ♦ vi tirar; **to ~ to pieces** hacer pedazos; **to not ~ one's**

punches no andarse con bromas; **to ~ one's weight** hacer su parte; **to ~ o.s. together** sobreponerse; **to ~ sb's leg** tomar el pelo a uno; **~ apart** vt (break) romper; **~ down** vt (building) derribar; **~ in** vi (car etc) parar (junto a la acera); (train) llegar a la estación; **~ off** vt (deal etc) cerrar; **~ out** vi (car, train etc) salir ♦ vt sacar, arrancar; **~ over** vi (AUT) hacerse a un lado; **~ through** vi (MED) reponerse; **~ up** vi (stop) parar ♦ vt (raise) levantar; (uproot) arrancar, desarraigar

pulley ['puli] n polea

pullover ['pulǝuvǝ*] n jersey m, suéter m

pulp [pʌlp] n (of fruit) pulpa

pulpit ['pulpit] n púlpito

pulsate [pʌl'seit] vi pulsar, latir

pulse [pʌls] n (ANAT) pulso; (rhythm) pulsación f; (BOT) legumbre f

pump [pʌmp] n bomba; (shoe) zapatilla ♦ vt sacar con una bomba; **~ up** vt inflar

pumpkin ['pʌmpkin] n calabaza

pun [pʌn] n Juego de palabras

punch [pʌntʃ] n (blow) golpe m, puñetazo; (tool) punzón m; (drink) ponche m ♦ vt (hit): **to ~ sb/sth** dar un puñetazo a/golpear a uno/algo; **~line** n palabras que rematan un chiste; **~up** (BRIT: inf) n riña

punctual ['pʌŋktjuǝl] adj puntual

punctuation [pʌŋktju'eiʃǝn] n puntuación f

puncture ['pʌŋktʃǝ*] (BRIT) n pinchazo ♦ vt pinchar

pungent ['pʌndʒǝnt] adj acre

punish ['pʌniʃ] vt castigar; **~ment** n castigo

punk [pʌŋk] n (also: ~ rocker) punki m/f; (also: ~ rock) música punk (us: inf: hoodlum) rufián m

punt [pʌnt] n (boat) batea

punter ['pʌntǝ*] (BRIT) n (gambler) jugador(a) m/f; (inf) cliente m/f

puny ['pju:ni] adj débil

pup [pʌp] n cachorro

pupil ['pju:pl] n alumno/a; (of eye) pupila

puppet ['pʌpit] n títere m

puppy ['pʌpi] n cachorro, perrito

purchase ['pǝ:tʃis] n compra ♦ vt comprar; **~r** n comprador(a) m/f

pure [pjuǝ*] adj puro

purée ['pjuǝrei] n puré m

purely ['pjuǝli] adv puramente

purge [pǝ:dʒ] n (MED, POL) purga ♦ vt purgar

purify ['pjuǝrifai] vt purificar, depurar

purple ['pǝ:pl] adj purpúreo; morado

purpose ['pǝ:pǝs] n propósito; **on ~** a propósito, adrede; **~ful** adj resuelto, determinado

purr [pǝ:*] vi ronronear

purse [pǝ:s] n monedero; (us) bolsa (SP), cartera (AM) ♦ vt fruncir

pursue [pǝ'sju:] vt seguir; **~r** n perseguidor(a) m/f

pursuit [pǝ'sju:t] n (chase) caza; (occupation) actividad f

push [puʃ] n empuje m, empujón m; (of button) presión f; (drive) empuje m ♦ vt empujar; (button) apretar; (promote) promover ♦ vi empujar; (demand): **to ~ for** luchar por; **~ aside** vt apartar con la mano; **~ off** (inf) vi largarse; **~ on** vi seguir adelante; **~ through** vi (crowd) abrirse paso a empujones ♦ vt (measure) despachar; **~ up** vt (total, prices) hacer subir; **~chair** (BRIT) n sillita de ruedas; **~er** n (drug ~er) traficante m/f de drogas; **~over** (inf) n: **it's a ~over** está tirado; **~up** (us) n plancha; **~y** (pej) adj agresivo

puss [pus] (inf) n minino

pussy(-cat) ['pusi-] (inf) n = **puss**

put [put] (pt, pp put) vt (place) poner, colocar; (~ into) meter; (say) expresar; (a question) hacer; (estimate) estimar; **~ about** or **around** vt (rumour) diseminar; **~ across** vt (ideas etc) comunicar; **~ away** vt (store) guardar;

~ **back** vt (replace) devolver a su lugar; (postpone) aplazar; ~ **down** vt (on ground) poner en el suelo; (animal) sacrificar; (in writing) apuntar; (revolt etc) sofocar; (attribute): **to ~ sth down to** atribuir algo a; ~ **forward** vt (ideas) presentar, proponer; (time) dedicar; ~ **in** vt (complaint) presentar; (time) dedicar; ~ **off** vt (postpone) aplazar; (discourage) desanimar; ~ **on** vt ponerse; (light etc) encender; (play etc) presentar; (gain): **to ~ on weight** engordar; (brake) echar; (record, kettle etc) poner; (assume) adoptar; ~ **out** vt (fire, light) apagar; (rubbish etc) sacar; (cat etc) echar; (one's hand) alargar; (inf: person): **to be ~ out** alterarse; ~ **through** vt (TEL) poner; (plan etc) hacer aprobar; ~ **up** vt (raise) levantar, alzar; (hang) colgar; (build) construir; (increase) aumentar; (accommodate) alojar; ~ **up with** vt fus aguantar

putt [pʌt] n putt m, golpe m corto; ~**ing green** [-ɪŋ-] n green m; minigolf m

putty ['pʌtɪ] n masilla

put-up ['putʌp] adj: ~ **job** (BRIT) amaño

puzzle ['pʌzl] n rompecabezas m inv; (also: crossword ~) crucigrama m; (mystery) misterio ♦ vt dejar perplejo, confundir ♦ vi: **to ~ over** devanarse los sesos con algo; **puzzling** adj misterioso, extraño

pyjamas [pɪ'dʒɑːməz] (BRIT) npl pijama m

pylon ['paɪlən] n torre f de conducción eléctrica

pyramid ['pɪrəmɪd] n pirámide f

Pyrenees [pɪrə'niːz] npl: **the ~** los Pirineos

python ['paɪθən] n pitón m

Q, q

quack [kwæk] n graznido; (pej: doctor) curandero/a

quad [kwɔd] n abbr = **quadrangle**; **quadruplet**

quadrangle ['kwɔdræŋgl] n patio

quadruple [kwɔ'druːpl] vt, vi cuadruplicar

quadruplets [kwɔː'druːplɪts] npl cuatrillizos/as

quail [kweɪl] n codorniz f ♦ vi: **to ~ at** or **before** amedrentarse ante

quaint [kweɪnt] adj extraño; (picturesque) pintoresco

quake [kweɪk] vi temblar ♦ n abbr = **earthquake**

Quaker ['kweɪkə*] n cuáquero/a

qualification [kwɔlɪfɪ'keɪʃən] n (ability) capacidad f; (often pl: diploma etc) título; (reservation) salvedad f

qualified ['kwɔlɪfaɪd] adj capacitado; (professionally) titulado; (limited) limitado

qualify ['kwɔlɪfaɪ] vt (make competent) capacitar; (modify) modificar ♦ vi (in competition): **to ~ (for)** calificarse (para); (pass examination(s)): **to ~ (as)** calificarse (de), graduarse (en); (be eligible): **to ~ (for)** reunir los requisitos (para)

quality ['kwɔlɪtɪ] n calidad f; (of person) cualidad f; ~ **time** n tiempo dedicado a la familia y a los amigos

quality press

La expresión **quality press** se refiere a los periódicos que dan un tratamiento serio de las noticias, ofreciendo información detallada sobre un amplio espectro de temas y un análisis en profundidad de la actualidad. Por su tamaño, considerablemente mayor que el de los

qualm 513 quiz

periódicos sensacionalistas, se les conoce también como "broadsheets".

qualm [kwɑ:m] n escrúpulo

quandary ['kwɒndri] n: **to be in a ~** tener dudas

quantity ['kwɒntiti] n cantidad f; **in ~** en grandes cantidades; **~ surveyor** n aparejador(a) m/f

quarantine ['kwɔrnti:n] n cuarentena

quarrel ['kwɔrl] n riña, pelea ♦ vi reñir, pelearse

quarry ['kwɔri] n cantera

quart [kwɔ:t] n ≈ litro

quarter ['kwɔ:tə*] n cuarto, cuarta parte f; (US: coin) moneda de 25 centavos; (of year) trimestre m; (district) barrio ♦ vt dividir en cuartos; (MIL: lodge) alojar; **~s** npl (barracks) cuartel m; (living ~s) alojamiento; **a ~ of an hour** un cuarto de hora; **~ final** n cuarto de final; **~ly** adj trimestral ♦ adv cada 3 meses, trimestralmente

quartet(te) [kwɔ:'tet] n cuarteto

quartz [kwɔ:ts] n cuarzo

quash [kwɒʃ] vt (verdict) anular

quaver ['kweivə*] (BRIT) n (MUS) corchea ♦ vi temblar

quay [ki:] n (also: ~side) muelle m

queasy ['kwi:zi] adj: **to feel ~** tener náuseas

queen [kwi:n] n reina; (CARDS etc) dama; **~ mother** n reina madre

queer [kwiə*] adj raro, extraño ♦ n (inf: highly offensive) maricón m

quell [kwel] vt (feeling) calmar; (rebellion etc) sofocar

quench [kwentʃ] vt: **to ~ one's thirst** apagar la sed

query ['kwiəri] n (question) pregunta ♦ vt dudar de

quest [kwest] n busca, búsqueda

question ['kwestʃən] n pregunta; (doubt) duda; (matter) asunto, cuestión f ♦ vt (doubt) dudar de; (interrogate) interrogar, hacer preguntas a; **beyond ~** fuera de toda duda; **out of the ~**

imposible; ni hablar; **~able** adj dudoso; **~ mark** n punto de interrogación; **~naire** [-'nɛə*] n cuestionario

queue [kju:] (BRIT) n cola ♦ vi (also: ~ up) hacer cola

quibble ['kwibl] vi utilizar

quick [kwik] adj rápido; (agile) ágil; (mind) listo ♦ n: **cut to the ~** (fig) herido en lo vivo; **be ~!** ¡date prisa!; **~en** vt apresurar ♦ vi apresurarse, darse prisa; **~ly** adv rápidamente, de prisa; **~sand** n arenas fpl movedizas; **~-witted** adj perspicaz

quid [kwid] (BRIT: inf) n inv libra

quiet ['kwaiət] adj (voice, music etc) bajo; (person, place) tranquilo; (ceremony) íntimo ♦ n silencio; (calm) tranquilidad f ♦ vt, vi (US) = **~en**; **~en** (also: ~en down) vi calmarse; (grow silent) callarse ♦ vt calmar; hacer callar; **~ly** adv tranquilamente; (silently) silenciosamente; **~ness** n silencio; tranquilidad f

quilt [kwilt] n edredón m

quin [kwin] n abbr = **quintuplet**

quintet(te) [kwin'tet] n quinteto

quintuplets [kwin'tju:plits] npl quintillizos/as

quip [kwip] n pulla

quirk [kwə:k] n peculiaridad f; (accident) capricho

quit [kwit] (pt, pp quit or quitted) vt dejar, abandonar; (premises) desocupar ♦ vi (give up) renunciar; (resign) dimitir

quite [kwait] adv (rather) bastante; (entirely) completamente; **that's not ~ big enough** no acaba de ser lo bastante grande; **~ a few of them** un buen número de ellos; **~ (so)!** ¡así es!, ¡exactamente!

quits [kwits] adj: **~ (with)** en paz (con); **let's call it ~** dejémoslo en tablas

quiver ['kwivə*] vi estremecerse

quiz [kwiz] n concurso ♦ vt interrogar; **~zical** adj burlón(ona)

quota ['kwəʊtə] n cuota

quotation [kwəʊ'teɪʃən] n cita; (estimate) presupuesto; ~ **marks** npl comillas fpl

quote [kwəʊt] n cita; (estimate) presupuesto ♦ vt citar; (price) cotizar ♦ vi: **to ~ from** citar de; **~s** npl (inverted commas) comillas fpl

R, r

rabbi ['ræbaɪ] n rabino

rabbit ['ræbɪt] n conejo; ~ **hutch** n conejera

rabble ['ræbl] (pej) n chusma, populacho

rabies ['reɪbiːz] n rabia

RAC (BRIT) n abbr = **Royal Automobile Club**

rac(c)oon [rə'kuːn] n mapache m

race [reɪs] n carrera; (species) raza ♦ vt (horse) hacer correr; (engine) acelerar ♦ vi (compete) competir; (run) correr; (pulse) latir a ritmo acelerado; ~ **car** (US) n = **racing car**; ~ **car driver** (US) n = **racing driver**; **~course** n hipódromo; **~horse** n caballo de carreras; **~track** n pista; (for cars) autódromo

racial ['reɪʃl] adj racial

racing ['reɪsɪŋ] n carreras fpl; ~ **car** (BRIT) n coche m de carreras; ~ **driver** (BRIT) n corredor(a) m/f de coches

racism ['reɪsɪzəm] n racismo; **racist** [-sɪst] adj, n racista m/f

rack [ræk] n (also: luggage ~) rejilla; (shelf) estante m; (also: roof ~) baca, portaequipajes m inv; (dish ~) escurreplatos m inv; (clothes ~) percha ♦ vt atormentar; **to ~ one's brains** devanarse los sesos

racket ['rækɪt] n (for tennis) raqueta; (noise) ruido, estrépito; (swindle) estafa, timo

racquet ['rækɪt] n raqueta

racy ['reɪsɪ] adj picante, salado

radar ['reɪdɑː*] n radar m

radiant ['reɪdɪənt] adj radiante (de felicidad)

radiate ['reɪdɪeɪt] vt (heat) radiar; (emotion) irradiar ♦ vi (lines) extenderse

radiation [reɪdɪ'eɪʃən] n radiación f

radiator ['reɪdɪeɪtə*] n radiador m

radical ['rædɪkl] adj radical

radii ['reɪdɪaɪ] npl of **radius**

radio ['reɪdɪəʊ] n radio f; **on the ~** por radio

radio... [reɪdɪəʊ] prefix: **~active** adj radioactivo; **~graphy** [reɪdɪ'ɔgrəfɪ] n radiografía; **~logy** [reɪdɪ'ɔlədʒɪ] n radiología

radio station n emisora

radiotherapy [-'θerəpɪ] n radioterapia

radish ['rædɪʃ] n rábano

radius ['reɪdɪəs] (pl radii) n radio

RAF n abbr = **Royal Air Force**

raffle ['ræfl] n rifa, sorteo

raft [rɑːft] n balsa; (also: life ~) balsa salvavidas

rafter ['rɑːftə*] n viga

rag [ræg] n (piece of cloth) trapo; (torn cloth) harapo; (pej: newspaper) periodicucho; (for charity) actividades estudiantiles benéficas; **~s** npl (torn clothes) harapos mpl; **~ doll** n muñeca de trapo

rage [reɪdʒ] n rabia, furor m ♦ vi (person) rabiar, estar furioso; (storm) bramar; **it's all the ~** (very fashionable) está muy de moda

ragged ['rægɪd] adj (edge) desigual, mellado; (appearance) andrajoso, harapiento

raid [reɪd] n (MIL) incursión f; (criminal) asalto; (by police) redada ♦ vt invadir, atacar; asaltar

rail [reɪl] n (on stair) barandilla, pasamanos m inv; (on bridge, balcony) pretil m; (of ship) barandilla; (also: towel ~) toallero; **~s** npl (RAIL) vía; **by ~** por ferrocarril; **~ing(s)** n(pl) vallado; **~road** (US) n **~way**; **~way** (BRIT) n ferrocarril m, vía férrea; **~way line**

(BRIT) n línea (de ferrocarril);
~wayman (BRIT irreg) n ferroviario;
~way station (BRIT) n estación f de ferrocarril

rain [reɪn] n lluvia ♦ vi llover; **in the ~** bajo la lluvia; **it's ~ing** llueve, está lloviendo; **~bow** n arco iris; **~coat** n impermeable m; **~drop** n gota de lluvia; **~fall** n lluvia; **~forest** n selvas fpl tropicales; **~y** adj lluvioso

raise [reɪz] n aumento ♦ vt levantar; (increase) aumentar; (improve: morale) subir; (: standards) mejorar; (doubts) suscitar; (a question) plantear; (cattle, family) criar; (crop) cultivar; (army) reclutar; (loan) obtener; **to ~ one's voice** alzar la voz

raisin ['reɪzn] n pasa de Corinto

rake [reɪk] n (tool) rastrillo; (person) libertino ♦ vt (garden) rastrillar

rally ['rælɪ] n (POL etc) reunión f, mitin m; (AUT) rallye m; (TENNIS) peloteo ♦ vt reunir ♦ vi recuperarse; **~ round** vt fus (fig) dar apoyo a

RAM [ræm] n abbr (= random access memory) RAM f

ram [ræm] n carnero; (also: battering ~) ariete m ♦ vt (crash into) dar contra, chocar con; (push: fist etc) empujar con fuerza

ramble ['ræmbl] n caminata, excursión f en el campo ♦ vi (pej: also: ~ on) divagar; **~r** n excursionista m/f; (BOT) trepadora; **rambling** adj (speech) inconexo; (house) laberíntico; (BOT) trepador(a)

ramp [ræmp] n rampa; **on/off ~** (US: AUT) vía de acceso/salida

rampage [ræm'peɪdʒ] n: **to be on the ~** desmandarse ♦ vi: **they went rampaging through the town** recorrieron la ciudad armando alboroto

rampant ['ræmpənt] adj (disease etc): **to be ~** estar extendiéndose mucho

ram raid vt atracar (rompiendo el escaparate con un coche)

ramshackle ['ræmʃækl] adj

destartalado

ran [ræn] pt of **run**

ranch [rɑːntʃ] n hacienda, estancia; **~er** n ganadero

rancid ['rænsɪd] adj rancio

rancour ['ræŋkə*] (US **rancor**) n rencor m

random ['rændəm] adj fortuito, sin orden; (COMPUT, MATH) aleatorio ♦ n: **at ~** al azar

randy ['rændɪ] (BRIT: inf) adj cachondo

rang [ræŋ] pt of **ring**

range [reɪndʒ] n (of mountains) cadena de montañas, cordillera; (of missile) alcance m; (of voice) registro; (series) serie f; (of products) surtido; (MIL: also: shooting ~) campo de tiro; (also: kitchen ~) fogón m ♦ vt (place) colocar; (arrange) arreglar ♦ vi: **to ~ over** (extend) extenderse por; **to ~ from ... to ...** oscilar entre ... y ...

ranger ['reɪndʒə*] n guardabosques m inv

rank [ræŋk] n (row) fila; (MIL) rango; (status) categoría; (BRIT: also: taxi ~) parada de taxis ♦ vi: **to ~ among** figurar entre ♦ adj fétido, rancio; **the ~ and file** (fig) la base

ransack ['rænsæk] vt (search) registrar; (plunder) saquear

ransom ['rænsəm] n rescate m; **to hold to ~** (fig) hacer chantaje a

rant [rænt] vi divagar, desvariar

rap [ræp] vt golpear, dar un golpecito en ♦ n (music) rap m

rape [reɪp] n violación f; (BOT) colza ♦ vt violar; **~ (seed) oil** n aceite m de colza

rapid ['ræpɪd] adj rápido; **~ity** [rə'pɪdɪtɪ] n rapidez f; **~s** npl (GEO) rápidos mpl

rapist ['reɪpɪst] n violador m

rapport [ræ'pɔː*] n simpatía

rapturous ['ræptʃərəs] adj extático

rare [reə*] adj raro, poco común; (CULIN: steak) poco hecho

rarely ['reəlɪ] adv pocas veces

raring ['rɛərɪŋ] *adj*: **to be ~ to go** (*inf*) tener muchas ganas de empezar
rascal ['rɑ:skl] *n* pillo, pícaro
rash [ræʃ] *adj* imprudente, precipitado ♦ *n* (MED) sarpullido, erupción *f* (cutánea); (*of events*) serie *f*
rasher ['ræʃə*] *n* lonja
raspberry ['rɑ:zbərɪ] *n* frambuesa
rasping ['rɑ:spɪŋ] *adj*: **a ~ noise** un ruido áspero
rat [ræt] *n* rata
rate [reɪt] *n* (*ratio*) razón *f*; (*price*) precio; (: *of hotel etc*) tarifa; (*of interest*) tipo; (*speed*) velocidad *f* ♦ *vt* (*value*) tasar; (*estimate*) estimar; **~s** *npl* (BRIT: *property tax*) impuesto municipal; (*fees*) tarifa; **to ~ sth/sb as** considerar algo/a uno como; **~able value** (BRIT) *n* valor *m* impuesto; **~payer** (BRIT) *n* contribuyente *m/f*
rather ['rɑ:ðə*] *adv*: **it's ~ expensive** es algo caro; (*too much*) es demasiado caro; (*to some extent*) más bien; **there's ~ a lot** hay bastante; **I would** *or* **I'd ~ go** preferiría ir; **or ~** mejor dicho
rating ['reɪtɪŋ] *n* tasación *f*; (*score*) índice *m*; (*of ship*) clase *f*; **~s** *npl* (RADIO, TV) niveles *mpl* de audiencia
ratio ['reɪʃɪəu] *n* razón *f*; **in the ~ of 100 to 1** a razón de 100 a 1
ration ['ræʃən] *n* ración *f* ♦ *vt* racionar; **~s** *npl* víveres *mpl*
rational ['ræʃənl] *adj* (*solution, reasoning*) lógico, razonable; (*person*) cuerdo, sensato; **~e** [-'nɑ:l] *n* razón *f* fundamental; **~ize** *vt* justificar
rat race *n lucha incesante por la supervivencia*
rattle ['rætl] *n* golpeteo; (*of train etc*) traqueteo; (*for baby*) sonaja, sonajero ♦ *vi* castañetear; (*car, bus*): **to ~ along** traquetear ♦ *vt* hacer sonar agitando; **~snake** *n* serpiente *f* de cascabel
raucous ['rɔ:kəs] *adj* estridente, ronco
ravage ['rævɪdʒ] *vt* hacer estragos en, destrozar; **~s** *npl* estragos *mpl*
rave [reɪv] *vi* (*in anger*) encolerizarse; (*with enthusiasm*) entusiasmarse; (MED) delirar, desvariar ♦ *n* (*inf*: *party*) rave *m*
raven ['reɪvən] *n* cuervo
ravenous ['rævənəs] *adj* hambriento
ravine [rə'vi:n] *n* barranco
raving ['reɪvɪŋ] *adj*: **~ lunatic** loco/a de atar
ravishing ['rævɪʃɪŋ] *adj* encantador(a)
raw [rɔ:] *adj* crudo; (*not processed*) bruto; (*sore*) vivo; (*inexperienced*) novato, inexperto; **~ deal** (*inf*) *n* injusticia; **~ material** *n* materia prima
ray [reɪ] *n* rayo; **~ of hope** (rayo de) esperanza
raze [reɪz] *vt* arrasar
razor ['reɪzə*] *n* (*open*) navaja; (*safety ~*) máquina de afeitar; (*electric ~*) máquina (eléctrica) de afeitar; **~ blade** *n* hoja de afeitar
Rd *abbr* = **road**
re [ri:] *prep* con referencia a
reach [ri:tʃ] *n* alcance *m*; (*of river etc*) extensión *f* entre dos recodos ♦ *vt* alcanzar, llegar a; (*achieve*) lograr ♦ *vi* extenderse; **within ~** al alcance (de la mano); **out of ~** fuera del alcance; **~ out** *vt* (*hand*) tender ♦ *vi*: **to ~ out for sth** alargar *or* tender la mano para tomar algo
react [ri:'ækt] *vi* reaccionar; **~ion** [-'ækʃən] *n* reacción *f*
reactor [ri:'æktə*] *n* (*also*: *nuclear ~*) reactor *m* (nuclear)
read [ri:d, *pt, pp* rɛd] (*pt, pp* **read**) *vi* leer ♦ *vt* leer; (*understand*) entender; (*study*) estudiar; **~ out** *vt* leer en alta voz; **~able** *adj* (*writing*) legible; (*book*) leíble; **~er** *n* lector(a) *m/f*; (BRIT: *at university*) profesor(a) *m/f* adjunto/a; **~ership** *n* (*of paper etc*) (número de) lectores *mpl*
readily ['rɛdɪlɪ] *adv* (*willingly*) de buena gana; (*easily*) fácilmente; (*quickly*) en seguida
readiness ['rɛdɪnɪs] *n* buena voluntad *f*; (*preparedness*) preparación *f*; **in ~**

(*prepared*) listo, preparado

reading ['ri:dɪŋ] n lectura; (*on instrument*) indicación f

ready ['rɛdɪ] *adj* listo, preparado; (*willing*) dispuesto; (*available*) disponible ♦ *adv*: **~-cooked** listo para comer ♦ n: **at the ~** (MIL) listo para tirar; **to get ~** vi prepararse ♦ vt preparar; **~-made** *adj* confeccionado; **~-to-wear** *adj* confeccionado

real [rɪəl] *adj* verdadero, auténtico; **in ~ terms** en términos reales; **~ estate** n bienes mpl raíces; **~istic** [-'lɪstɪk] *adj* realista

reality [ri:'ælɪtɪ] n realidad f

realization [rɪəlaɪ'zeɪʃən] n comprensión f; (*fulfilment*, COMM) realización f

realize ['rɪəlaɪz] vt (*understand*) darse cuenta de

really ['rɪəlɪ] *adv* realmente; (*for emphasis*) verdaderamente; (*actually*): **what ~ happened** lo que pasó en realidad; **~?** ¿de veras?; **~!** (*annoyance*) ¡vamos!, ¡por favor!

realm [rɛlm] n reino; (*fig*) esfera

realtor ® ['rɪəltə:*] (US) n corredor(a) m/f de bienes raíces

reap [ri:p] vt segar; (*fig*) cosechar, recoger

reappear [ri:ə'pɪə*] vi reaparecer

rear [rɪə*] *adj* trasero ♦ n parte f trasera ♦ vt (*cattle, family*) criar ♦ vi (*also: ~ up*) (*animal*) encabritarse; **~guard** n retaguardia

rearmament [ri:'ɑ:məmənt] n rearme m

rearrange [ri:ə'reɪndʒ] vt ordenar or arreglar de nuevo

rear-view mirror n (AUT) (espejo) retrovisor m

reason ['ri:zn] n razón f ♦ vi: **to ~ with sb** tratar de que uno entre en razón; **it stands to ~ that** es lógico que; **~able** *adj* razonable; (*sensible*) sensato; **~ably** *adv* razonablemente; **~ing** n razonamiento, argumentos mpl

reassurance [ri:ə'ʃuərəns] n consuelo

reassure [ri:ə'ʃuə*] vt tranquilizar, alentar; **to ~ sb that** tranquilizar a uno asegurando que

rebate ['ri:beɪt] n (*on tax etc*) desgravación f

rebel [n 'rɛbl, vi rɪ'bɛl] n rebelde m/f ♦ vi rebelarse, sublevarse; **~lious** [rɪ'bɛljəs] *adj* rebelde; (*child*) revoltoso

rebirth [ri:'bə:θ] n renacimiento

rebound [vi rɪ'baund, n 'ri:baund] vi (*ball*) rebotar ♦ n rebote m; **on the ~** (*also fig*) de rebote

rebuff [rɪ'bʌf] n desaire m, rechazo

rebuild [ri:'bɪld] (*irreg*) vt reconstruir

rebuke [rɪ'bju:k] n reprimenda ♦ vt reprender

rebut [rɪ'bʌt] vt rebatir

recall [vb rɪ'kɔ:l, n 'ri:kɔl] vt (*remember*) recordar; (*ambassador etc*) retirar ♦ n recuerdo

recap ['ri:kæp], **recapitulate** [ri:kə'pɪtjuleɪt] vt, vi recapitular

rec'd *abbr* (= *received*) rbdo

recede [rɪ'si:d] vi (*memory*) ir borrándose; (*hair*) retroceder; **receding** *adj* (*forehead, chin*) huidizo; **to have a receding hairline** tener entradas

receipt [rɪ'si:t] n (*document*) recibo; (*for parcel etc*) acuse m de recibo; (*act of receiving*) recepción f; **~s** npl (COMM) ingresos mpl

receive [rɪ'si:v] vt recibir; (*guest*) acoger; (*wound*) sufrir; **~r** n (TEL) auricular m; (RADIO) receptor m; (*of stolen goods*) perista m/f; (COMM) administrador m jurídico

recent ['ri:snt] *adj* reciente; **~ly** *adv* recientemente; **~ly arrived** recién llegado

receptacle [rɪ'sɛptɪkl] n receptáculo

reception [rɪ'sɛpʃən] n recepción f; (*welcome*) acogida; **~ desk** n recepción f; **~ist** n recepcionista m/f

recess [rɪ'sɛs] n (*in room*) hueco; (*for bed*) nicho; (*secret place*) escondrijo;

(POL etc: holiday) clausura

recession [rɪ'seʃən] n recesión f

recipe ['resɪpɪ] n receta; (for disaster, success) fórmula

recipient [rɪ'sɪpɪənt] n recibidor(a) m/f; (of letter) destinatario/a

recital [rɪ'saɪtl] n recital m

recite [rɪ'saɪt] vt (poem) recitar

reckless ['rekləs] adj temerario, imprudente; (driving, driver) peligroso; **~ly** adv imprudentemente; de modo peligroso

reckon ['rekən] vt calcular; (consider) considerar; (think): I ~ that ... me parece que ...; **~ on** vt fus contar con; **~ing** n cálculo

reclaim [rɪ'kleɪm] vt (land, waste) recuperar; (land: from sea) rescatar; (demand back) reclamar

reclamation [reklə'meɪʃən] n (of land) acondicionamiento de tierras

recline [rɪ'klaɪn] vi reclinarse; **reclining** adj (seat) reclinable

recluse [rɪ'kluːs] n recluso/a

recognition [rekəg'nɪʃən] n reconocimiento; **transformed beyond ~** irreconocible

recognizable ['rekəgnaɪzəbl] adj: **~ (by)** reconocible (por)

recognize ['rekəgnaɪz] vt: **to ~ (by/ as)** reconocer (por/como)

recoil [vi rɪ'kɔɪl, n 'riːkɔɪl] vi (person): **to ~ from doing sth** retraerse de hacer algo ♦ n (of gun) retroceso

recollect [rekə'lekt] vt recordar, acordarse de; **~ion** [-'lekʃən] n recuerdo

recommend [rekə'mend] vt recomendar

reconcile ['rekənsaɪl] vt (two people) reconciliar; (two facts) compaginar; **to ~ o.s. to sth** conformarse a algo

recondition [riːkən'dɪʃən] vt (machine) reacondicionar

reconnoitre [rekə'nɔɪtə*] (US **reconnoiter**) vt, vi (MIL) reconocer

reconsider [riːkən'sɪdə*] vt repensar

reconstruct [riːkən'strʌkt] vt reconstruir

record [n 'rekɔːd, vt rɪ'kɔːd] n (MUS) disco; (of meeting etc) acta; (register) registro, partida; (file) archivo; (also: criminal ~) antecedentes mpl; (written) expediente m; (SPORT, COMPUT) récord m ♦ vt registrar; (MUS: song etc) grabar; **in ~ time** en un tiempo récord; **off the ~** adj no oficial ♦ adv confidencialmente; **~ card** n (in file) ficha; **~ed delivery** (BRIT) n (POST) entrega con acuse de recibo; **~er** n (MUS) flauta de pico; **~ holder** n (SPORT) actual poseedor(a) m/f del récord; **~ing** n (MUS) grabación f; **~ player** n tocadiscos m inv

recount [rɪ'kaunt] vt contar

re-count ['riːkaunt] n (POL: of votes) segundo escrutinio

recoup [rɪ'kuːp] vt: **to ~ one's losses** recuperar las pérdidas

recourse [rɪ'kɔːs] n: **to have ~ to** recurrir a

recover [rɪ'kʌvə*] vt recuperar ♦ vi (from illness, shock) recuperarse; **~y** n recuperación f

recreation [rekrɪ'eɪʃən] n recreo; **~al** adj de recreo; **~al drug** droga recreativa

recruit [rɪ'kruːt] n recluta m/f ♦ vt reclutar; (staff) contratar

rectangle ['rektæŋgl] n rectángulo; **rectangular** [-'tæŋgjulə*] adj rectangular

rectify ['rektɪfaɪ] vt rectificar

rector ['rektə*] n (REL) párroco; **~y** n casa del párroco

recuperate [rɪ'kuːpəreɪt] vi reponerse, restablecerse

recur [rɪ'kəː*] vi repetirse; (pain, illness) producirse de nuevo; **~rence** [rɪ'kʌrəns] n repetición f; **~rent** [rɪ'kʌrənt] adj repetido

recycle [riː'saɪkl] vt reciclar

red [red] n rojo ♦ adj rojo; (hair) pelirrojo; (wine) tinto; **to be in the ~**

(*account*) estar en números rojos; (*business*) tener un saldo negativo; **to give sb the ~ carpet treatment** recibir a uno con todos los honores; **R~ Cross** n Cruz f Roja; **~currant** n grosella roja; **~den** vt enrojecer ♦ vi enrojecerse

redeem [rɪˈdiːm] vt redimir; (*promises*) cumplir; (*sth in pawn*) desempeñar; (*fig, also* REL) rescatar; **~ing feature** rasgo bueno o favorable

redeploy [riːdɪˈplɔɪ] vt (*resources*) reorganizar

red: **~-haired** adj pelirrojo; **~-handed** adj: **to be caught ~-handed** cogerse (SP) o pillarse (AM) con las manos en la masa; **~head** n pelirrojo/a; **~ herring** n (*fig*) pista falsa; **~-hot** adj candente

redirect [riːdaɪˈrekt] vt (*mail*) reexpedir

red light n: **to go through a ~** (AUT) pasar la luz roja; **red-light district** n barrio chino

redo [riːˈduː] (*irreg*) vt rehacer

redress [rɪˈdres] vt reparar

Red Sea n: **the ~** el mar Rojo

redskin [ˈredskɪn] n piel roja m/f

red tape n (*fig*) trámites mpl

reduce [rɪˈdjuːs] vt reducir; **to ~ sb to tears** hacer llorar a uno; **to be ~d to begging** no quedarle a uno otro remedio que pedir limosna; **"~ speed now"** (AUT) "reduzca la velocidad"; **at a ~d price** (*of goods*) (a precio) rebajado; **reduction** [rɪˈdʌkʃən] n reducción f; (*of price*) rebaja; (*discount*) descuento; (*smaller-scale copy*) copia reducida

redundancy [rɪˈdʌndənsɪ] n (*dismissal*) despido; (*unemployment*) desempleo

redundant [rɪˈdʌndnt] adj (BRIT: *worker*) parado, sin trabajo; (*detail, object*) superfluo; **to be made ~** quedar(se) sin trabajo

reed [riːd] n (*at sea*) junco, caña; (MUS) lengüeta

reef [riːf] n (*at sea*) arrecife m

reek [riːk] vi: **to ~ (of)** apestar (a)

reel [riːl] n carrete m, bobina; (*of film*) rollo; (*dance*) baile m escocés ♦ vt (*also: ~ up*) devanar; (*also: ~ in*) sacar ♦ vi (*sway*) tambalear(se)

ref [ref] (*inf*) n abbr = **referee**

refectory [rɪˈfektərɪ] n comedor m

refer [rɪˈfəː*] vt (*send: patient*) referir; (: *matter*) remitir ♦ vi: **to ~ to** (*allude to*) referirse a, aludir a; (*apply to*) relacionarse con; (*consult*) consultar

referee [refəˈriː] n árbitro; (BRIT: *for job application*): **to be a ~ for sb** proporcionar referencias a uno ♦ vt (*match*) arbitrar en

reference [ˈrefrəns] n referencia; (*for job application: letter*) carta de recomendación; **with ~ to** (COMM: *in letter*) me remito a; **~ book** n libro de consulta, **~ number** n número de referencia

refill vt [riːˈfɪl], n [ˈriːfɪl] vt rellenar ♦ n repuesto, recambio

refine [rɪˈfaɪn] vt refinar; **~d** adj (*person*) fino; **~ment** n cultura, educación f; (*of system*) refinamiento

reflect [rɪˈflekt] vt reflejar ♦ vi (*think*) reflexionar, pensar; **it ~s badly/well on him** le perjudica/le hace honor; **~ion** [-ˈflekʃən] n (*act*) reflexión f; (*image*) reflejo; (*criticism*) crítica; **on ~ion** pensándolo bien; **~or** n (AUT) captafaros m inv; (*of light, heat*) reflector m

reflex [ˈriːfleks] adj, n reflejo; **~ive** [rɪˈfleksɪv] adj (LING) reflexivo

reform [rɪˈfɔːm] n reforma ♦ vt reformar; **~atory** n (US) reformatorio

refrain [rɪˈfreɪn] vi: **to ~ from doing** abstenerse de hacer ♦ n estribillo

refresh [rɪˈfreʃ] vt refrescar; **~er course** (BRIT) n curso de repaso; **~ing** adj refrescante; **~ments** npl refrescos mpl

refrigerator [rɪˈfrɪdʒəreɪtə*] n nevera (SP), refrigeradora (AM)

refuel [riːˈfjuəl] vi repostar (combustible)

refuge ['refju:dʒ] n refugio, asilo; **to take ~ in** refugiarse en

refugee [refju'dʒi:] n refugiado/a

refund [n 'ri:fʌnd, vb ri'fʌnd] n reembolso ♦ vt devolver, reembolsar

refurbish [ri:'fɜ:bɪʃ] vt restaurar, renovar

refusal [ri'fju:zəl] n negativa; **to have first ~ on** tener la primera opción a

refuse¹ ['refju:s] n basura; **~ collection** n recolección f de basuras

refuse² [ri'fju:z] vt rechazar; (invitation) declinar; (permission) denegar ♦ vi: **to ~ to do sth** negarse a hacer algo; (horse) rehusar

regain [ri'geɪn] vt recobrar, recuperar

regal ['ri:gl] adj regio, real

regard [ri'gɑ:d] n mirada; (esteem) respeto; (attention) consideración f ♦ vt (consider) considerar; (look at) mirar; **to give one's ~s to** saludar de su parte a; **"with kindest ~s"** "con muchos recuerdos"; **~ing, as ~s, with ~ to** con respecto a, en cuanto a; **~less** adv a pesar de todo; **~less of** sin reparar en

régime [rei'ʒi:m] n régimen m

regiment ['redʒɪmənt] n regimiento; **~al** [-'mentl] adj militar

region ['ri:dʒən] n región f; **in the ~ of** (fig) alrededor de; **~al** adj regional

register ['redʒɪstə*] n registro ♦ vt registrar; (birth) declarar; (car) matricular; (letter) certificar; (subj: instrument) marcar, indicar ♦ vi (at hotel) registrarse; (as student) matricularse; (make impression) producir impresión; **~ed** adj (letter, parcel) certificado; **~ed trademark** n marca registrada

registrar ['redʒɪstrɑ:*] n secretario/a (del registro civil)

registration [redʒɪs'treɪʃən] n (act) declaración f; (AUT: also: ~ number) matrícula

registry ['redʒɪstrɪ] n registro; **~ office** (BRIT) n registro civil; **to get married**

in a ~ office casarse por lo civil

regret [ri'gret] n sentimiento, pesar m ♦ vt sentir, lamentar; **~fully** adv con pesar; **~table** adj lamentable

regular ['regjulə*] adj regular; (soldier) profesional; (usual) habitual; (: doctor) de cabecera ♦ n (in client etc) cliente/a m/f habitual; **~ly** adv con regularidad; (often) repetidas veces

regulate ['regjuleɪt] vt controlar; **regulation** [-'leɪʃən] n (rule) regla, reglamento

rehearsal [ri'hɜ:səl] n ensayo

rehearse [ri'hɜ:s] vt ensayar

reign [reɪn] n reinado; (fig) predominio ♦ vi reinar; (fig) imperar

reimburse [ri:ɪm'bɜ:s] vt reembolsar

rein [reɪn] n (for horse) rienda

reindeer ['reɪndɪə*] n inv reno

reinforce [ri:ɪn'fɔ:s] vt reforzar; **~d concrete** n hormigón n armado; **~ments** npl (MIL) refuerzos mpl

reinstate [ri:ɪn'steɪt] vt reintegrar (tax, law) reinstaurar

reiterate [ri:'ɪtəreɪt] vt reiterar, repetir

reject [n 'ri:dʒekt, vb ri'dʒekt] n (thing) desecho ♦ vt rechazar; (suggestion) descartar; (coin) expulsar; **~ion** [ri'dʒekʃən] n rechazo

rejoice [ri'dʒɔɪs] vi: **to ~ at or over** regocijarse or alegrarse de

rejuvenate [ri'dʒu:vəneɪt] vt rejuvenecer

relapse [ri'læps] n recaída

relate [ri'leɪt] vt (tell) contar, relatar; (connect) relacionar ♦ vi relacionarse; **~d** adj afín; (person) emparentado; **to** **~ to** (subject) relacionado con; **relating** **to** prep referente a

relation [ri'leɪʃən] n (person) familiar m/f, pariente/a m/f; (link) relación f; **~s** npl (relatives) familiares mpl; **~ship** n relación f; (personal) relaciones fpl; (also: family ~ship) parentesco

relative ['relətɪv] n pariente/a m/f, familiar m/f ♦ adj relativo; **~ly** adv (comparatively) relativamente

relax [rɪ'læks] vi descansar; (unwind) relajarse ♦ vt (one's grip) soltar, aflojar; (control) relajar; (mind, person) descansar; **~ation** [rɪːlæk'seɪʃən] n descanso; (of rule, control) relajamiento; (entertainment) diversión f; **~ed** adj relajado; (tranquil) tranquilo; **~ing** adj relajante

relay ['riːleɪ] n (race) carrera de relevos ♦ vt (RADIO, TV) retransmitir

release [rɪ'liːs] n (liberation) liberación f; (from prison) puesta en libertad; (of gas etc) escape m; (of film etc) estreno; (of record) lanzamiento ♦ vt (prisoner) poner en libertad; (gas) despedir, arrojar; (from wreckage) desenganchar; (catch, spring etc) desenganchar; (film) estrenar; (book) publicar; (news) difundir

relegate ['relɪgeɪt] vt relegar; (BRIT: SPORT): **to be ~d** bajar a

relent [rɪ'lent] vi ablandarse; **~less** adj implacable

relevant ['reləvənt] adj (fact) pertinente; **~ to** relacionado con

reliable [rɪ'laɪəbl] adj (person, firm) de confianza, de fiar; (method, machine) seguro; (source) fidedigno; **reliably** adv: **to be reliably informed that ...** saber de fuente fidedigna que ...

reliance [rɪ'laɪəns] n: **~ (on)** dependencia (de)

relic ['relɪk] n (REL) reliquia f; (of the past) vestigio

relief [rɪ'liːf] n (from pain, anxiety) alivio; (help, supplies) socorro, ayuda; (ART, GEO) relieve m

relieve [rɪ'liːv] vt (pain) aliviar; (bring help to) ayudar, socorrer; (take over from) sustituir; (: guard) relevar; **to ~ sb of sth** quitar algo a uno; **to ~ o.s.** hacer sus necesidades

religion [rɪ'lɪdʒən] n religión f; **religious** adj religioso

relinquish [rɪ'lɪŋkwɪʃ] vt abandonar; (plan, habit) renunciar a

relish ['relɪʃ] n (CULIN) salsa;

(enjoyment) entusiasmo ♦ vt (food etc) saborear; (enjoy): **to ~ sth** hacerle mucha ilusión a uno algo

relocate [riːləu'keɪt] vt cambiar de lugar, mudar ♦ vi mudarse

reluctance [rɪ'lʌktəns] n renuncia

reluctant [rɪ'lʌktənt] adj renuente; **~ly** adv de mala gana

rely [rɪ'laɪ]: **~ on** vt fus depender de; (trust) contar con

remain [rɪ'meɪn] vi (survive) quedar; (be left) sobrar; (continue) quedar(se), permanecer; **~der** n resto; **~ing** adj que queda(n); (surviving) restante(s); **~s** npl restos mpl

remand [rɪ'mɑːnd] n: **on ~** detenido (bajo custodia) ♦ vt: **to be ~ed in custody** quedar detenido bajo custodia; **~ home** (BRIT) n reformatorio

remark [rɪ'mɑːk] n comentario ♦ vt comentar; **~able** adj (outstanding) extraordinario

remarry [riː'mærɪ] vi volver a casarse

remedial [rɪ'miːdɪəl] adj de recuperación

remedy ['remədɪ] n remedio ♦ vt remediar, curar

remember [rɪ'membə*] vt recordar, acordarse de; (bear in mind) tener presente; (send greetings to): **to ~ me to him** dale recuerdos de mi parte; **remembrance** n recuerdo; **R~ Day** n ≈ día en el que se recuerda a los caídos en las dos guerras mundiales

---

Remembrance Day

En el Reino Unido el domingo más próximo al 11 de noviembre se conoce como **Remembrance Sunday** o **Remembrance Day**, aniversario de la firma del armisticio de 1918 que puso fin a la Primera Guerra Mundial. Ese día, a las once de la mañana (hora en que se firmó el armisticio), se recuerda a los que murieron en las dos guerras *mundiales con dos minutos de silencio ante los monumentos a los caídos. Allí se colocan coronas de amapolas, flor que también se suele llevar prendida en el pecho tras pagar un donativo destinado a los inválidos de guerra.*

remind [rɪ'maɪnd] *vt*: **to ~ sb to do sth** recordar a uno que haga algo; **to ~ sb of sth** (*of fact*) recordar algo a uno; **she ~s me of her mother** me recuerda a su madre; **~er** *n* notificación *f*; (*memento*) recuerdo *m*

reminisce [remɪ'nɪs] *vi* recordar (viejas historias); **reminiscent** *adj*: **to be reminiscent of sth** recordar algo

remiss [rɪ'mɪs] *adj* descuidado; **it was ~ of him** fue un descuido de su parte

remission [rɪ'mɪʃən] *n* remisión *f*; (*of prison sentence*) disminución *f* de pena; (*REL*) perdón *m*

remit [rɪ'mɪt] *vt* (*send: money*) remitir, enviar; **~tance** *n* remesa, envío

remnant ['remnənt] *n* resto; (*of cloth*) retal *m*; **~s** *npl* (*COMM*) restos *mpl* de serie

remorse [rɪ'mɔːs] *n* remordimientos *mpl*; **~ful** *adj* arrepentido; **~less** *adj* (*fig*) implacable, inexorable

remote [rɪ'məʊt] *adj* (*distant*) lejano; (*person*) distante; **~ control** *n* telecontrol *m*; **~ly** *adv* remotamente; (*slightly*) levemente

remould [riː'məʊld] (*BRIT*) *n* (*tyre*) neumático or llanta (*AM*) recauchutado/a

removable [rɪ'muːvəbl] *adj* (*detachable*) separable

removal [rɪ'muːvəl] *n* (*taking away*) el quitar; (*from house*) mudanza; (*from office: dismissal*) destitución *f*; (*MED*) extirpación *f*; **~ van** (*BRIT*) *n* camión *m* de mudanzas

remove [rɪ'muːv] *vt* quitar; (*employee*) destituir; (*name: from list*) tachar, borrar; (*doubt*) disipar; (*abuse*)

suprimir, acabar con; (*MED*) extirpar

Renaissance [rɪ'neɪsɑːns] *n* the ~ el Renacimiento

render ['rendə*] *vt* (*thanks*) dar; (*aid*) proporcionar, prestar; (*make*): **to ~ sth useless** hacer algo inútil; **~ing** *n* (*MUS etc*) interpretación *f*

rendezvous ['rɔndɪvuː] *n* cita

renew [rɪ'njuː] *vt* renovar; (*resume*) reanudar; (*loan etc*) prorrogar; **~able** *adj* renovable; **~al** *n* reanudación *f*; prórroga

renounce [rɪ'naʊns] *vt* renunciar a; (*right, inheritance*) renunciar

renovate ['renəveɪt] *vt* renovar

renown [rɪ'naʊn] *n* renombre *m*; **~ed** *adj* renombrado

rent [rent] *n* (*for house*) arriendo, renta ♦ *vt* alquilar; **~al** *n* (*for television, car*) alquiler *m*

rep [rep] *n abbr* = **representative**; **repertory**

repair [rɪ'peə*] *n* reparación *f*, compostura ♦ *vt* reparar, componer; (*shoes*) remendar; **in good/bad ~** en buen/mal estado; **~ kit** *n* caja de herramientas

repatriate [riː'pætrɪeɪt] *vt* repatriar

repay [riː'peɪ] (*irreg*) *vt* (*money*) devolver, reembolsar; (*person*) pagar; (*debt*) liquidar; (*sb's efforts*) devolver, corresponder a; **~ment** *n* reembolso, devolución *f*; (*sum of money*) recompensa

repeal [rɪ'piːl] *n* revocación *f* ♦ *vt* revocar

repeat [rɪ'piːt] *n* (*RADIO, TV*) reposición *f* ♦ *vt* repetir ♦ *vi* repetirse; **~edly** *adv* repetidas veces

repel [rɪ'pel] *vt* (*drive away*) rechazar; (*disgust*) repugnar; **~lent** *adj* repugnante ♦ *n*: **insect ~lent** crema (*or* loción *f*) anti-insectos

repent [rɪ'pent] *vi*: **to ~ (of)** arrepentirse (de); **~ance** *n* arrepentimiento

repercussions [riːpə'kʌʃənz] *npl*

consecuencias fpl

repertory ['repatari] n (also: ~ theatre) teatro de repertorio

repetition [repi'tiʃən] n repetición f

repetitive [ri'petitiv] adj repetitivo

replace [ri'pleis] vt (put back) devolver a su sitio; (take the place of) reemplazar, sustituir; ~ment n (act) reposición f; (thing) recambio; (person) suplente m/f

replay ['ri:plei] n (SPORT) desempate m; (of tape, film) repetición f

replenish [ri'pleniʃ] vt rellenar; (stock etc) reponer

replica ['replika] n copia, reproducción f (exacta)

reply [ri'plai] n respuesta, contestación f ♦ vi contestar, responder

report [ri'pɔ:t] n informe m; (PRESS etc) reportaje m; (BRIT: also: school ~) boletín m escolar; (of gun) estallido m ♦ vt informar de; (PRESS etc) hacer un reportaje sobre; (notify: accident, culprit) denunciar ♦ vi (make a report) presentar un informe; (present o.s.): to ~ (to sb) presentarse (ante uno); ~ card n (US, Scottish) cartilla f escolar; ~edly adv según se dice; ~er n periodista m/f

repose [ri'pəuz] n: in ~ (face, mouth) en reposo

reprehensible [repri'hensibl] adj reprensible, censurable

represent [repri'zent] vt representar; (COMM) ser agente de; (describe): to ~ sth as describir algo como; ~ation [-'teiʃən] n representación f; ~ations npl (protest) quejas fpl; ~ative n representante m/f; (US: POL) diputado/a m/f ♦ adj representativo

repress [ri'pres] vt reprimir; ~ion [-'preʃən] n represión f

reprieve [ri'pri:v] n (LAW) indulto m; (fig) alivio

reprisals [ri'praizlz] npl represalias fpl

reproach [ri'prəutʃ] n reproche m ♦ vt: to ~ sb for sth reprochar algo a uno;

~ful adj de reproche, de acusación

reproduce [ri:prə'dju:s] vt reproducir ♦ vi reproducirse; **reproduction** [-'dʌkʃən] n reproducción f

reprove [ri'pru:v] vt: to ~ sb for sth reprochar algo a uno

reptile ['reptail] n reptil m

republic [ri'pʌblik] n república; ~an adj, n republicano/a m/f

repudiate [ri'pju:dieit] vt rechazar, (violence etc) repudiar

repulsive [ri'pʌlsiv] adj repulsivo

reputable ['repjutabl] adj (make etc) de renombre

reputation [repju'teiʃən] n reputación f

reputed [ri'pju:tid] adj supuesto; ~ly adv según dicen or se dice

request [ri'kwest] n petición f; (formal) solicitud f ♦ vt: to ~ sth of or from sb solicitar algo a uno; ~ stop (BRIT) n parada discrecional

require [ri'kwaiə*] vt (need: subj: person) necesitar, tener necesidad de; (: thing, situation) exigir; (want) pedir; to ~ sb to do sth pedir a uno que haga algo; ~ment n requisito; (need) necesidad f

requisition [rekwi'ziʃən] n: ~ (for) solicitud f (de) ♦ vt (MIL) requisar

rescue ['reskju:] n rescate m ♦ vt rescatar; ~ party n expedición f de salvamento; ~r n salvador(a) m/f

research [ri'sə:tʃ] n investigaciones fpl ♦ vt investigar; ~er n investigador(a) m/f

resemblance [ri'zembləns] n parecido

resemble [ri'zembl] vt parecerse a

resent [ri'zent] vt tomar a mal; ~ful adj resentido; ~ment n resentimiento

reservation [rezə'veiʃən] n reserva

reserve [ri'zə:v] n reserva; (SPORT) suplente m/f ♦ vt (seats etc) reservar; ~s npl (MIL) reserva; in ~ de reserva; ~d adj reservado

reshuffle [ri:'ʃʌfl] n: Cabinet ~ (POL) remodelación f del gabinete

residence ['rezɪdəns] n (formal: home) domicilio; (length of stay) permanencia; **~ permit** (BRIT) n permiso de permanencia

resident ['rezɪdənt] n (of area) vecino/a; (in hotel) huésped/a m/f ♦ adj (population) permanente; (doctor) residente; **~ial** [-'denʃəl] adj residencial

residue ['rezɪdju:] n resto

resign [rɪ'zaɪn] vt renunciar a ♦ vi dimitir; **to ~ o.s. to** (situation) resignarse a; **~ation** [rezɪg'neɪʃən] n dimisión f; (state of mind) resignación f; **~ed** adj resignado

resilient [rɪ'zɪlɪənt] adj (material) elástico; (person) resistente

resist [rɪ'zɪst] vt resistir, oponerse a; **~ance** n resistencia

resolute ['rezəlu:t] adj resuelto; (refusal) tajante

resolution [rezə'lu:ʃən] n (gen) resolución f

resolve [rɪ'zɔlv] n resolución f ♦ vt resolver ♦ vi: **to ~ to do** resolver hacer; **~d** adj resuelto

resort [rɪ'zɔ:t] n (town) centro turístico; (recourse) recurso ♦ vi: **to ~** recurrir a; **in the last ~** como último recurso

resounding [rɪ'zaundɪŋ] adj sonoro; (fig) clamoroso

resource [rɪ'sɔ:s] n recurso; **~s** npl recursos mpl; **~ful** adj despabilado, ingenioso

respect [rɪs'pekt] n respeto ♦ vt respetar; **~s** npl recuerdos mpl, saludos mpl; **with ~ to** con respecto a; **in this ~** en cuanto a eso; **~able** adj respetable; (large: amount) apreciable; (passable) tolerable; **~ful** adj respetuoso

respective [rɪs'pektɪv] adj respectivo; **~ly** adv respectivamente

respite ['respaɪt] n respiro

respond [rɪs'pɔnd] vi responder; (react) reaccionar; **response** [-'pɔns] n respuesta; reacción f

responsibility [rɪspɔnsɪ'bɪlɪtɪ] n

responsabilidad f

responsible [rɪs'pɔnsɪbl] adj (character) serio, formal; (job) de confianza; (liable): **~ (for)** responsable (de)

responsive [rɪs'pɔnsɪv] adj sensible

rest [rest] n descanso, reposo; (MUS: pause) pausa, silencio; (support) apoyo; (remainder) resto ♦ vi descansar; (be supported): **to ~ on** descansar sobre ♦ vt (lean): **to ~ sth on/against** apoyar algo en o sobre/contra; **the ~ of them** (people, objects) los demás; **it ~s with him to ...** depende de él el que ...

restaurant ['restərɔŋ] n restaurante m; **~ car** (BRIT) (RAIL) coche-comedor m

restful ['restful] adj descansado, tranquilo

rest home n residencia para jubilados

restive ['restɪv] adj inquieto; (horse) rebelón(ona)

restless ['restlɪs] adj inquieto

restoration [restə'reɪʃən] n restauración f; devolución f

restore [rɪ'stɔ:*] vt (building) restaurar; (sth stolen) devolver; (health) restablecer; (to power) volver a poner a

restrain [rɪs'treɪn] vt (feeling) contener, refrenar; (person): **to ~ (from doing)** disuadir (de hacer); **~ed** adj reservado; **~t** n (restriction) restricción f; (moderation) moderación f; (of manner) reserva

restrict [rɪs'trɪkt] vt restringir, limitar; **~ion** [-kʃən] n restricción f, limitación f; **~ive** adj restrictivo

rest room n (US) aseos mpl

result [rɪ'zʌlt] n resultado ♦ vi: **to ~ in** terminar en, tener por resultado; **as a ~ of** a consecuencia de

resume [rɪ'zju:m] vt reanudar ♦ vi comenzar de nuevo

résumé ['reɪzju:meɪ] n resumen m; (US) currículum m

resumption [rɪ'zʌmpʃən] n reanudación f

resurgence [rɪ'səːdʒəns] n resurgimiento

resurrection [rezə'rekʃən] n resurrección f

resuscitate [rɪ'sʌsɪteɪt] vt (MED) resucitar

retail [ˈriːteɪl] adj, adv al por menor; **~er** n detallista m/f; **~ price** n precio de venta al público

retain [rɪ'teɪn] vt (keep) retener, conservar; **~er** n (fee) anticipo

retaliate [rɪ'tælieɪt] vi: **to ~ (against)** tomar represalias (contra); **retaliation** [-'eɪʃən] n represalias fpl

retarded [rɪ'tɑːdɪd] adj retrasado

retch [retʃ] vi dársele a uno arcadas

retentive [rɪ'tentɪv] adj (memory) retentivo

retire [rɪ'taɪə*] vi (give up work) jubilarse; (withdraw) retirarse; (go to bed) acostarse; **~d** adj (person) jubilado; **~ment** n (giving up work: state) retiro; (: act) jubilación f; **retiring** adj (leaving) saliente; (shy) retraído

retort [rɪ'tɔːt] vi contestar

retrace [riː'treɪs] vt: **to ~ one's steps** volver sobre sus pasos, desandar lo andado

retract [rɪ'trækt] vt (statement) retirar; (claws) retraer; (undercarriage, aerial) replegar

retrain [riː'treɪn] vt reciclar; **~ing** n readaptación f profesional

retread [ˈriːtred] n neumático (SP) or llanta (AM) recauchutado/a

retreat [rɪ'triːt] n (place) retiro; (MIL) retirada ♦ vi retirarse

retribution [retrɪ'bjuːʃən] n desquite m

retrieval [rɪ'triːvl] n recuperación f

retrieve [rɪ'triːv] vt recobrar; (situation, honour) salvar; (COMPUT) recuperar; (error) reparar; **~r** n perro cobrador

retrospect [ˈretrəspekt] n: **in ~** retrospectivamente; **~ive** [-'spektɪv] adj retrospectivo; (law) retroactivo

return [rɪ'təːn] n (going or coming back) vuelta, regreso; (of sth stolen etc) devolución f; (FINANCE: from land, shares) ganancia, ingresos mpl ♦ cpd (journey) de regreso; (BRIT: ticket) de ida y vuelta; (match) de vuelta ♦ vi (person etc: come or go back) volver, regresar; (symptoms etc) reaparecer; (regain): **to ~** to recuperar ♦ vt devolver; (favour, love etc) corresponder a; (verdict) pronunciar; (POL: candidate) elegir; **~s** npl (COMM) ingresos mpl; **in ~ (for)** a cambio (de); **by ~ of post** a vuelta de correo; **many happy ~s (of the day)!** ¡feliz cumpleaños!

reunion [riː'juːnɪən] n (of family) reunión f; (of two people, school) reencuentro

reunite [riːju'naɪt] vt reunir; (reconcile) reconciliar

rev [rev] n abbr (AUT) (= revolution) revolución f ♦ vt (also: **~ up**) acelerar

reveal [rɪ'viːl] vt revelar; **~ing** adj revelador(a)

revel [ˈrevl] vi: **to ~** in sth/in doing sth gozar de algo/con hacer algo

revenge [rɪ'vendʒ] n venganza; **to take ~ on** vengarse de

revenue [ˈrevənjuː] n ingresos mpl, rentas fpl

reverberate [rɪ'vɑːbəreɪt] vi (sound) resonar, retumbar; (fig: shock) repercutir

reverence [ˈrevərəns] n reverencia

Reverend [ˈrevərənd] adj (in titles): **the ~ John Smith** (Anglican) el Reverendo John Smith; (Catholic) el Padre John Smith; (Protestant) el Pastor John Smith

reversal [rɪ'vɑːsl] n (of order) inversión f; (of direction, policy) cambio; (of decision) revocación f

reverse [rɪ'vɑːs] n (opposite) contrario; (back: of cloth) revés m; (: of coin) reverso; (: of paper) dorso; (AUT: also: **~ gear**) marcha atrás; (setback) revés m

revert [rɪ'vɜːt] vi: to ~ to volver a

review [rɪ'vjuː] n (magazine, MIL) revista; (of book, film) reseña; (US: examination) repaso, examen m ♦ vt repasar, examinar; (MIL) pasar revista a; (book, film) reseñar; ~er n crítico/a

revise [rɪ'vaɪz] vt (manuscript) corregir; (opinion) modificar; (price, procedure) revisar ♦ vi (study) repasar; **revision** [rɪ'vɪʒən] n corrección f; modificación f; (for exam) repaso

revival [rɪ'vaɪvəl] n (recovery) reanimación f; (of interest) renacimiento; (THEATRE) reestreno; (of faith) despertar m

revive [rɪ'vaɪv] vt resucitar; (custom) restablecer; (hope) despertar; (play) reestrenar ♦ vi (person) volver en sí; (business) reactivarse

revolt [rɪ'vəult] n rebelión f ♦ vi rebelarse, sublevarse ♦ vt dar asco a, repugnar; ~ing adj asqueroso, repugnante

revolution [rɛvə'luːʃən] n revolución f; ~ary adj, n revolucionario/a m/f; ~ize vt revolucionar

revolve [rɪ'vɒlv] vi dar vueltas, girar; (life, discussion): to ~ (a)round girar en torno a

revolver [rɪ'vɒlvə*] n revólver m

revolving [rɪ'vɒlvɪŋ] adj (chair, door etc) giratorio

revue [rɪ'vjuː] n (THEATRE) revista

revulsion [rɪ'vʌlʃən] n asco, repugnancia

reward [rɪ'wɔːd] n premio, recompensa ♦ vt: to ~ (for) recompensar or premiar (por); ~ing adj (fig) valioso

rewind [riː'waɪnd] (irreg) vt rebobinar

rewire [riː'waɪə*] vt (house) renovar la instalación eléctrica de

rheumatism [ˈruːmətɪzəm] n reumatismo, reúma m

Rhine [raɪn] n: the ~ el (río) Rin

rhinoceros [raɪ'nɒsərəs] n rinoceronte m

rhododendron [rəudə'dɛndrn] n rododendro

Rhone [rəun] n: the ~ el (río) Ródano

rhubarb [ˈruːbɑːb] n ruibarbo

rhyme [raɪm] n rima; (verse) poesía

rhythm [ˈrɪðm] n ritmo

rib [rɪb] n (ANAT) costilla ♦ vt (mock) tomar el pelo a

ribbon [ˈrɪbən] n cinta; in ~s (torn) hecho rizas

rice [raɪs] n arroz m; ~ pudding n arroz m con leche

rich [rɪtʃ] adj rico; (soil) fértil; (food) pesado; (: sweet) empalagoso; (abundant): ~ in (minerals etc) rico en; the ~ npl los ricos; ~es npl riqueza; ~ly adv ricamente; (deserved, earned) bien

rickets [ˈrɪkɪts] n raquitismo

rid [rɪd] (pt, pp rid) vt: to ~ sb of sth librar a uno de algo; to get ~ of deshacerse or desembarazarse de

ridden [ˈrɪdn] pp of ride

riddle [ˈrɪdl] n (puzzle) acertijo; (mystery) enigma m, misterio m ♦ vt: to be ~d with estar lleno or plagado de

ride [raɪd] (pt rode, pp ridden) n paseo; (distance covered) viaje m, recorrido ♦ vi (as sport) montar; (go somewhere: on horse, bicycle) dar un paseo, pasearse; (travel: on bicycle, motorcycle, bus) viajar ♦ vt (a horse) montar a; (a bicycle, motorcycle) andar en; (distance) recorrer; to take sb for a ~ (fig) engañar a uno; ~r n (on horse) jinete/a m/f; (on bicycle) ciclista m/f; (on motorcycle) motociclista m/f

ridge [rɪdʒ] n (of hill) cresta; (of roof) caballete m; (wrinkle) arruga

ridicule ['rɪdɪkju:l] n irrisión f, burla
♦ vt poner en ridículo, burlarse de;
ridiculous ['-'dɪkjuləs] adj ridículo

riding ['raɪdɪŋ] n equitación f; **I like** ~
me gusta montar a caballo; ~ **school**
n escuela de equitación

rife [raɪf] adj: **to be** ~ ser muy común;
to be ~ **with** abundar en

riffraff ['rɪfræf] n gentuza

rifle ['raɪfl] n rifle m, fusil m ♦ vt
saquear; ~ **through** vt (papers)
registrar; ~ **range** n campo de tiro; (at
fair) tiro al blanco

rift [rɪft] n (in clouds) claro; (fig:
disagreement) desavenencia

rig [rɪg] n (also: oil ~: at sea) plataforma
petrolera ♦ vt (election etc) amañar; ~
out (BRIT) vt disfrazar; ~ **up** vt
improvisar; ~**ging** n (NAUT) aparejo

right [raɪt] adj (correct) correcto,
exacto; (suitable) indicado, debido;
(proper) apropiado; (just) justo; (morally
good) bueno; (not left) derecho ♦ n
bueno; (title, claim) derecho; (not left)
derecha ♦ adv bien, correctamente;
(not left) a la derecha; (exactly): ~ **now**
ahora mismo ♦ vt enderezar; (correct)
corregir ♦ excl ¡bueno!, ¡está bien!; **to
be** ~ (person) tener razón; (answer) ser
correcto; **is that the** ~ **time?** (of
clock) ¿es ésa la hora buena?; **by** ~**s** en
justicia; **on the** ~ a la derecha; **to be
in the** ~ tener razón; ~ **away** en
seguida; ~ **in the middle**
exactamente en el centro; ~ **angle** n
ángulo recto, ~**eous** ['raɪtʃəs] adj
justado, honrado; (anger) justificado;
~**ful** adj legítimo; ~**-handed** adj
(person) diestro; ~**-hand man** n brazo
derecho; ~**-hand side** n derecha; ~**ly**
adv correctamente, debidamente; (with
reason) con razón; ~ **of way** n (on
path etc) derecho de paso; (AUT)
prioridad f; ~**-wing** adj (POL)
derechista

rigid ['rɪdʒɪd] adj rígido; (person, ideas)
inflexible

rigmarole ['rɪgmərəul] n galimatías m
inv

rigorous ['rɪgərəs] adj riguroso

rile [raɪl] vt irritar

rim [rɪm] n borde m; (of spectacles) aro;
(of wheel) llanta

rind [raɪnd] n (of bacon) corteza; (of
lemon etc) cáscara; (of cheese) costra

ring [rɪŋ] (pt **rang**, pp **rung**) n (of
metal) aro; (on finger) anillo; (of people)
corro; (of circus) círculo; (gang)
banda; (for boxing) cuadrilátero; (of
circus) pista; (bull ~) ruedo, plaza;
(sound of bell) toque m ♦ vi (on
telephone) llamar por teléfono; (bell)
repicar; (doorbell, phone) sonar; (also:
~ **out**) sonar; (ears) zumbar ♦ vt (BRIT:
TEL) llamar, telefonear; (bell etc) hacer
sonar; (doorbell) tocar; **to give sb a** ~
(BRIT: TEL) llamar or telefonear a
alguien; ~ **back** (BRIT) vt, vi (TEL)
devolver la llamada; ~ **off** (BRIT) vi
(TEL) colgar, cortar la comunicación; ~
up (BRIT) vt (TEL) llamar, telefonear;
~**ing** n (of bell) repique m; (of large bell)
el sonar; (in ears) zumbido; ~**ing tone**
n (TEL) tono de llamada; ~**leader** n (of
gang) cabecilla m; ~**lets** ['rɪŋlɪts] npl
rizos mpl, bucles mpl; ~ **road** (BRIT) n
carretera periférica or de circunvalación

rink [rɪŋk] n (also: ice ~) pista de hielo

rinse [rɪns] n aclarado; (dye) tinte m
♦ vt aclarar; (mouth) enjuagar

riot ['raɪət] n motín m, disturbio ♦ vi
amotinarse; **to run** ~ desmandarse;
~**ous** adj alborotado; (party) bullicioso

rip [rɪp] n rasgón m, rasgadura ♦ vt
rasgar, desgarrar ♦ vi rasgarse,
desgarrarse; ~**cord** n cabo de desgarre

ripe [raɪp] adj maduro; ~**n** vt madurar;
(cheese) curar ♦ vi madurar

ripple ['rɪpl] n onda, rizo; (sound)
murmullo ♦ vi rizarse

rise [raɪz] (pt **rose**, pp **risen**) n (slope)
cuesta, pendiente f; (hill) altura; (BRIT:
in wages) aumento; (in prices,
temperature) subida; (fig: to power etc)

ascenso ♦ vi subir; (*waters*) crecer; (*sun, moon*) salir; (*person*: *in rank*) ascender; (*also*: ~ **up**: rebel) sublevarse; (*in rank*) ascender; **to give ~ to** dar lugar a o origen a; **to ~ to the occasion** ponerse a la altura de las circunstancias; **risen** ['rɪzn] *pp* of **rise**; **rising** *adj* (*increasing*: *number*) creciente; (*: prices*) en aumento o alza; (*tide*) creciente; (*sun, moon*) naciente

risk [rɪsk] *n* riesgo, peligro ♦ *vt* arriesgar; (*run the ~ of*) exponerse a; **to take** *or* **run the ~ of doing** correr el riesgo de hacer; **at ~** en peligro; **at one's own ~** bajo su propia responsabilidad; **~y** *adj* arriesgado, peligroso

rissole ['rɪsəʊl] *n* croqueta

rite [raɪt] *n* rito; **last ~s** exequias *fpl*

ritual ['rɪtjʊəl] *adj* ritual ♦ *n* ritual *m*, rito

rival ['raɪvl] *n* rival *m/f*; (*in business*) competidor(a) *m/f* ♦ *adj* rival, opuesto ♦ *vt* competir con; **~ry** *n* competencia

river ['rɪvə*] *n* río ♦ *cpd* (*port*) de río; (*traffic*) fluvial; **up/down ~** río arriba/abajo; **~bank** *n* orilla (del río); **~bed** *n* lecho, cauce *m*

rivet ['rɪvɪt] *n* roblón *m*, remache *m* ♦ *vt* (*fig*) captar

Riviera [rɪvɪ'eərə] *n*: **the (French) ~** la Costa Azul (francesa)

road [rəʊd] *n* camino; (*motorway etc*) carretera; (*in town*) calle *f* ♦ *cpd* (*accident*) de tráfico; **major/minor ~** carretera principal/secundaria; **~ accident** *n* accidente *m* de tráfico; **~block** *n* barricada; **~hog** *n* loco/a del volante; **~ map** *n* mapa *m* de carreteras; **~ rage** *n* agresividad en la *carretera*; **~ safety** *n* seguridad *f* vial; **~side** *n* borde *m* (del camino); **~sign** *n* señal *f* de tráfico; **~ user** *n* usuario/a de la vía pública; **~way** *n* calzada; **~works** *npl* obras *fpl*; **~worthy** *adj* (*car*) en buen estado para circular

roam [rəʊm] *vi* vagar

roar [rɔ:*] *n* rugido; (*of vehicle, storm*) estruendo; (*of laughter*) carcajada ♦ *vi* rugir; hacer estruendo; **to ~ with laughter** reírse a carcajadas; **to do a ~ing trade** hacer buen negocio

roast [rəʊst] *n* carne *f* asada, asado ♦ *vt* asar; (*coffee*) tostar; **~ beef** *n* rosbif *m*

rob [rɔb] *vt* robar; **to ~ sb of sth** robar algo a uno; (*fig*: *deprive*) quitar algo a uno; **~ber** *n* ladrón/ona *m/f*; **~bery** *n* robo

robe [rəʊb] *n* (*for ceremony etc*) toga; (*also*: *bath~*, US) albornoz *m*

robin ['rɔbɪn] *n* petirrojo

robot ['rəʊbɔt] *n* robot *m*

robust [rəʊ'bʌst] *adj* robusto, fuerte

rock [rɔk] *n* roca; (*boulder*) peña, peñasco; (US: *small stone*) piedrecita; (BRIT: *sweet*) ~ piruli ♦ *vt* (*swing gently*: *cradle*) balancear, mecer; (: *child*) arrullar; (*shake*) sacudir ♦ *vi* mecerse, balancearse; sacudirse; **on the ~s** (*drink*) con hielo; (*marriage etc*) en ruinas; **~ and roll** *n* rocanrol *m*; **~-bottom** *n* (*fig*) punto más bajo; **~ery** *n* cuadro alpino

rocket ['rɔkɪt] *n* cohete *m*

rocking ['rɔkɪŋ]: **~ chair** *n* mecedora; **~ horse** *n* caballo de balancín

rocky ['rɔkɪ] *adj* rocoso

rod [rɔd] *n* vara, varilla; (*also*: *fishing ~*) caña

rode [rəʊd] *pt* of **ride**

rodent ['rəʊdnt] *n* roedor *m*

roe [rəʊ] *n* (*species*: *also*: ~ **deer**) corzo; (*of fish*): **hard/soft ~** hueva/lecha

rogue [rəʊg] *n* pícaro, pillo

role [rəʊl] *n* papel *m*

roll [rəʊl] *n* rollo; (*of bank notes*) fajo; (*also*: *bread ~*) panecillo; (*register, list*) lista, nómina; (*sound: of drums etc*) redoble *m* ♦ *vt* hacer rodar; (*also*: ~ **up**: *string*) enrollar; (: *sleeves*) arremangar; (*cigarette*) liar; (*also*: ~ **out**: *pastry*) aplanar; (*flatten*: *road, lawn*) apisonar ♦ *vi* rodar; (*drum*) redoblar; (*ship*)

balancearse; **~ about** or **around** vi
(person) revolcarse; (object) rodar (por);
~ by vi (time) pasar; **~ over** vi dar una
vuelta; **~ up** vi (inf: arrive) aparecer
♦ vt (carpet) arrollar; **~ call** n: **to take
a ~ call** pasar lista; **~er** n rodillo;
(wheel) rueda; (for road) apisonadora;
(for hair) rulo; **~erblade** n patín m (en
línea); **~er coaster** n montaña rusa;
~er skates npl patines mpl de rueda
rolling ['rəʊlɪŋ] adj (landscape)
ondulado; **~ pin** n rodillo (de cocina);
~ stock n (RAIL) material m rodante
ROM [rɔm] n abbr (COMPUT: = read
only memory) ROM f
Roman ['rəʊmən] adj romano/a;
~ Catholic adj, n católico/a m/f
(romano/a)
romance [rə'mæns] n (love affair)
amor m; (charm) lo romántico; (novel)
novela de amor
Romania [ruː'meɪnɪə] n = **Rumania**
Roman numeral n número romano
romantic [rə'mæntɪk] adj romántico
Rome [rəʊm] n Roma
romp [rɔmp] n retozo, juego ♦ vi (also:
~ about) jugar, brincar
rompers ['rɔmpəz] npl pelele m
roof [ruːf] (pl **~s**) n (gen) techo; (of
house) techo, tejado ♦ vt techar, poner
techo a; **the ~ of the mouth** el
paladar; **~ing** n techumbre f; **~ rack** n
(AUT) baca, portaequipajes m inv
rook [ruk] n (bird) graja; (CHESS) torre f
room [ruːm] n cuarto, habitación f,
pieza (esp AM); (also: **bed~**) dormitorio;
(in school etc) sala; (space, scope) sitio,
cabida; **~s** npl (lodging) alojamiento;
"~s to let", "~s for rent" (US) "se
alquilan cuartos"; **single/double ~**
habitación individual/doble o para dos
personas; **~ing house** (US) n pensión
f; **~mate** n compañero/a de cuarto;
~ service n servicio de habitaciones;
~y adj espacioso; (garment) amplio
roost [ruːst] vi pasar la noche
rooster ['ruːstə*] n gallo

root [ruːt] n raíz f ♦ vi arraigarse;
~ about vi (fig) buscar y rebuscar;
~ for vt fus (support) apoyar a; **~ out**
vt desarraigar
rope [rəʊp] n cuerda; (NAUT) cable m
♦ vt (tie) atar or amarrar con (una)
cuerda; (climbers: also: **~ together**)
encordarse; (an area: also: **~ off**)
acordonar; **to know the ~s** (fig)
conocer los trucos (del oficio); **~ in** vt
(fig): **to ~ sb in** persuadir a uno a
tomar parte
rosary ['rəʊzərɪ] n rosario
rose [rəʊz] pt of **rise** ♦ n rosa; (shrub)
rosal m; (on watering can) roseta
rosé ['rəʊzeɪ] n vino rosado
rosebud ['rəʊzbʌd] n capullo de rosa
rosebush ['rəʊzbʊʃ] n rosal m
rosemary ['rəʊzmərɪ] n romero
roster ['rɔstə*] n: **duty ~** lista de
deberes
rostrum ['rɔstrəm] n tribuna
rosy ['rəʊzɪ] adj rosado, sonrosado; **a
~ future** un futuro prometedor
rot [rɔt] n podredumbre f; (fig: pej)
tonterías fpl ♦ vt pudrir ♦ vi pudrirse
rota ['rəʊtə] n (sistema m de) turnos
mpl
rotary ['rəʊtərɪ] adj rotativo
rotate [rəʊ'teɪt] vt (revolve) hacer girar,
dar vueltas a; (jobs) alternar ♦ vi girar,
dar vueltas; **rotating** adj rotativo;
rotation [-'teɪʃən] n rotación f
rotten ['rɔtn] adj (decayed) podrido;
corrompido; (inf: bad) pocho; **to feel
~** (ill) sentirse fatal
rotund [rəʊ'tʌnd] adj regordete
rouble ['ruːbl] (US **ruble**) n rublo
rough [rʌf] adj (skin, surface) áspero;
(terrain) quebrado; (road) desigual;
(voice) bronco; (person, manner) tosco,
grosero; (weather) borrascoso;
(treatment) brutal; (sea) picado; (town,
area) peligroso; (cloth) basto; (plan)
preliminar; (guess) aproximado ♦ n
(GOLF): **in the ~** en las hierbas altas; **to
~ it** vivir sin comodidades; **to sleep ~**

(BRIT) pasar la noche al raso; **~age** n fibra(s) f(pl); **~-and-ready** adj improvisado ♦ **~ copy** n borrador m; **~ draft** n = **~ copy**; **~ly** adv (handle) torpemente; (make) toscamente; (speak) groseramente; (approximately) aproximadamente; **~ness** n (of surface) aspereza; (of person) rudeza

roulette [ruː'let] n ruleta

Roumania [ruː'meɪnɪə] n = **Rumania**

round [raund] adj redondo ♦ n círculo; (BRIT: of toast) rebanada; (of policeman) ronda; (of milkman) recorrido; (of doctor) visitas fpl; (game: of cards, in competition) partida; (of ammunition) cartucho; (BOXING) asalto; (of talks) ronda ♦ vt (corner) doblar ♦ prep alrededor de; (surrounding): **~ his neck/the table** su cuello/alrededor de la mesa; (in a circular movement): **to move ~ the room/sail ~ the world** dar una vuelta a la habitación/ circunnavegar el mundo; (in various directions): **to move ~ a room/house** moverse por toda la habitación/casa; (approximately): **all ~** alrededor de ♦ adv: **all ~** por todos lados; **the long way ~** por el camino menos directo; **all the year ~** durante todo el año; **it's just ~ the corner** (fig) está a la vuelta de la esquina; **the clock** adv las 24 horas; **to go ~ the back** pasar por atrás; **to go ~ to sb's (house)** ir a casa de uno; **to go ~** bastante (para todos); **a ~ of applause** una salva de aplausos; **a ~ of drinks/ sandwiches** una ronda de bebidas/ bocadillos; **~ off** vt (speech etc) acabar, poner término a; **~ up** vt (cattle) acorralar; (people) reunir; (price) redondear; **~about** n (BRIT) n (AUT) isleta; (at fair) tiovivo ♦ adj (route, means) indirecto; **~ers** n (game) juego similar al béisbol; **~ly** adv (fig) rotundamente; **~ trip** n viaje m de ida y vuelta; **~up** n rodeo; (of criminals) redada; (of news) resumen m

rouse [rauz] vt (wake up) despertar; (stir up) suscitar; **rousing** adj (cheer, welcome) caluroso

route [ruːt] n ruta, camino; (of bus) recorrido; (of shipping) derrota

routine [ruː'tiːn] adj rutinario ♦ n rutina; (THEATRE) número

rove [rəuv] vt vagar o errar por

row¹ [rəu] n (line) fila, hilera; (KNITTING) pasada ♦ vi (in boat) remar ♦ vt conducir remando; **4 days in a ~** 4 días seguidos

row² [rau] n (racket) escándalo; (dispute) bronca, pelea; (scolding) regaño ♦ vi pelear(se)

rowboat ['rəubəut] n bote m de remos

rowdy ['raudɪ] adj (person: noisy) ruidoso; (occasion) alborotado

rowing ['rəuɪŋ] n remo; **~ boat** (BRIT) n bote m de remos

royal ['rɔɪəl] adj real; **R~ Air Force** n Fuerzas fpl Aéreas Británicas; **~ty** n (~ persons) familia real; (payment to author) derechos mpl de autor

rpm abbr (= revs per minute) r.p.m.

R.S.V.P. abbr (= répondez s'il vous plaît) SRC

Rt. Hon. abbr (BRIT: = Right Honourable) título honorífico de diputado

rub [rʌb] vt frotar; (scrub) restregar ♦ n: **to give sth a ~** frotar algo; **to ~ sb up or ~ sb (US) the wrong way** entrarle uno por mal ojo; **~ off** vi borrarse; **~ off on** vt fus influir en; **~ out** vt borrar

rubber ['rʌbə*] n caucho, goma; (BRIT: eraser) goma de borrar; **~ band** n goma, gomita; **~ plant** n ficus m

rubbish ['rʌbɪʃ] n basura; (waste) desperdicios mpl; (fig: pej) tonterías fpl; (junk) pacotilla; **~ bin** (BRIT) n cubo (SP) or bote m (AM) de la basura; **~ dump** n vertedero, basurero

rubble ['rʌbl] n escombros mpl

ruble ['ruːbl] (US) n = **rouble**

ruby ['ruːbɪ] n rubí m

rucksack ['rʌksæk] n mochila

rudder ['rʌdə*] n timón m

ruddy ['rʌdɪ] adj (face) rubicundo; (inf: damned) condenado

rude [ruːd] adj (impolite: person) mal educado; (: word, manners) grosero; (crude) crudo; (indecent) indecente; **~ness** n descortesía

ruffle ['rʌfl] vt (hair) despeinar; (clothes) arrugar; **to get ~d** (fig: person) alterarse

rug [rʌg] n alfombra; (BRIT: blanket) manta

rugby ['rʌgbɪ] n (also: ~ football) rugby m

rugged ['rʌgɪd] adj (landscape) accidentado; (features) robusto

ruin ['ruːɪn] n ruina ♦ vt arruinar; (spoil) estropear; **~s** npl ruinas fpl, restos mpl

rule [ruːl] n (norm) norma, costumbre f; (regulation, ruler) regla; (government) dominio ♦ vt (country, person) gobernar ♦ vi gobernar; (LAW) fallar; **as a ~** por regla general; **~ out** vt excluir; **~d** adj (paper) rayado; **~r** n (sovereign) soberano; (for measuring) regla; **ruling** adj (party) gobernante; (class) dirigente ♦ n (LAW) fallo, decisión f

rum [rʌm] n ron m

Rumania [ruː'meɪnɪə] n Rumanía; **~n** adj rumano/a ♦ n rumano/a m/f; (LING) rumano

rumble ['rʌmbl] n (noise) ruido sordo ♦ vi retumbar, hacer un ruido sordo; (stomach, pipe) sonar

rummage ['rʌmɪdʒ] vi (search) hurgar

rumour ['ruːmə*] (US **rumor**) n rumor m ♦ vt: **it is ~ed that ...** ancras rumorea que ...

rump [rʌmp] n (of animal) ancas fpl, grupa; **~ steak** n filete m de lomo

rumpus ['rʌmpəs] n lío, jaleo

run [rʌn] (pt **ran**, pp **run**) n (fast pace): **at a ~** corriendo; (SPORT, in tights) carrera; (outing) paseo, excursión f; (distance travelled) trayecto; (series)

serie f; (THEATRE) temporada; (SKI) pista ♦ vt correr; (operate: business) dirigir; (: competition, course) organizar; (: hotel, house) administrar, llevar; (COMPUT) ejecutar; (pass: hand) pasar; (PRESS: feature) publicar ♦ vi correr; (work: machine) funcionar, marchar; (bus, train: operate) circular, ir; (: travel) ir; (continue: play) seguir; (: contract) ser válido; (flow: river) fluir; (colours, washing) desteñirse; (in election) ser candidato; **there was a ~ on** (meat, tickets) hubo mucha demanda de; **in the long ~** a la larga; **on the ~** en fuga; **I'll ~ you to the station** te llevaré a la estación (en coche); **to ~ a risk** correr un riesgo; **to ~ a bath** llenar la bañera; **~ about** or **around** vi (children) correr por todos lados; **~ across** vt fus (find) dar o topar con; **~ away** vi huir; **~ down** vt (production) ir reduciendo; (factory) ir restringiendo la producción en; (subj: car) atropellar; (criticize) criticar; **to be ~ down** (person: tired) estar debilitado; **~ in** (BRIT) vt (car) rodar; **~ into** vt fus (meet: person, trouble) tropezar con; (collide with) chocar con; **~ off** vt (water) dejar correr; (copies) sacar ♦ vi huir corriendo; **~ out** vi (person) salir corriendo; (liquid) irse; (lease) caducar, vencer; (money etc) acabarse; **~ out of** vt fus quedar sin; **~ over** vt (AUT) atropellar ♦ vt fus (revise) repasar; **~ through** vt fus (instructions) repasar; **~ up** vt (debt) contraer; **to ~ up against** (difficulties) tropezar con; **~away** adj (horse) desbocado; (truck) sin frenos; (child) escapado de casa

rung [rʌŋ] pp of **ring** ♦ n (of ladder) escalón m, peldaño

runner ['rʌnə*] n (in race: person) corredor(a) m/f; (on sledge) patín m; **~ bean** (BRIT) n ≈ judía verde; **~-up** n subcampeón/ona m/f

running ['rʌnɪŋ] n (sport) atletismo;

(*business*) administración f ♦ adj (*water, costs*) corriente; (*commentary*) continuo; **to be in/out of the ~ for sth** tener/no tener posibilidades de ganar algo; **6 days** ~ 6 días seguidos; **~ commentary** n (*TV, RADIO*) comentario en directo; (*on guided tour etc*) comentario detallado; **~ costs** npl gastos mpl corrientes

runny ['rʌnɪ] adj fluido; (*nose, eyes*) gastante

run-of-the-mill adj común y corriente

runt [rʌnt] n (*also pej*) redrojo, enano

run-up n: **~ to** (*election etc*) período previo a

runway ['rʌnweɪ] n (*AVIAT*) pista de aterrizaje

rural ['ruərl] adj rural

rush [rʌʃ] n ímpetu m; (*hurry*) prisa; (*COMM*) demanda repentina; (*current*) corriente f fuerte; (*of feeling*) torrente; (*BOT*) junco ♦ vt apresurar; (*work*) hacer de prisa ♦ vi correr, precipitarse; **~ hour** n horas fpl punta

rusk [rʌsk] n bizcocho tostado

Russia ['rʌʃə] n Rusia; **~n** adj ruso/a ♦ n ruso/a m/f; (*LING*) ruso

rust [rʌst] n herrumbre f, moho ♦ vi oxidarse

rustic ['rʌstɪk] adj rústico

rustle ['rʌsl] vi susurrar ♦ vt (*paper*) hacer crujir

rustproof ['rʌstpruːf] adj inoxidable

rusty ['rʌstɪ] adj oxidado

rut [rʌt] n surco; (*ZOOL*) celo; **to be in a ~** ser esclavo de la rutina

ruthless ['ruːθlɪs] adj despiadado

rye [raɪ] n centeno

S, s

Sabbath ['sæbəθ] n domingo; (*Jewish*) sábado

sabotage ['sæbətɑːʒ] n sabotaje m ♦ vt sabotear

saccharin(e) ['sækərɪn] n sacarina

sachet ['sæʃeɪ] n sobrecito

sack [sæk] n (*bag*) saco, costal m ♦ vt (*dismiss*) despedir; (*plunder*) saquear; **to get the ~** ser despedido; **~ing** n (*material*) arpillera

sacred ['seɪkrɪd] adj sagrado, santo

sacrifice ['sækrɪfaɪs] n sacrificio ♦ vt sacrificar

sad [sæd] adj (*unhappy*) triste; (*deplorable*) lamentable

saddle ['sædl] n silla (de montar); (*of cycle*) sillín m ♦ vt (*horse*) ensillar; **to be ~d with sth** (*inf*) quedar cargado con algo; **~bag** n alforja

sadistic [sə'dɪstɪk] adj sádico

sadly ['sædlɪ] adv lamentablemente; **to be ~ lacking in** estar por desgracia carente de

sadness ['sædnɪs] n tristeza

s.a.e. abbr (= stamped addressed envelope) sobre con las propias señas de uno y con sello

safari [sə'fɑːrɪ] n safari m

safe [seɪf] adj (*out of danger*) fuera de peligro; (*not dangerous, sure*) seguro; (*unharmed*) ileso ♦ n caja de caudales, caja fuerte; **~ and sound** sano y salvo; **(just) to be on the ~ side** para mayor seguridad; **~-conduct** n salvoconducto; **~-deposit** n (*vault*) cámara acorazada; (*box*) caja de seguridad; **~guard** n protección f, garantía ♦ vt proteger, defender; **~keeping** n custodia; **~ly** adv seguramente, con seguridad; **to arrive ~ly** llegar bien; **~ sex** n sexo seguro or sin riesgo

safety ['seɪftɪ] n seguridad f; **~ belt** n cinturón m (de seguridad); **~ pin** n imperdible m (SP), seguro (AM); **~ valve** n válvula de seguridad

saffron ['sæfrən] n azafrán m

sag [sæg] vi aflojarse

sage [seɪdʒ] n (*herb*) salvia; (*man*) sabio

Sagittarius [sædʒɪ'tɛərɪəs] n Sagitario

Sahara [sə'hɑːrə] n: **the ~ (Desert)** el (desierto del) Sáhara

said [sɛd] *pt, pp of* **say**

sail [seɪl] *n* (on boat) vela; (trip): **to go for a ~** dar un paseo en barco ♦ *vt* (boat) gobernar ♦ *vi* (travel: ship) navegar; (SPORT) hacer vela; (begin voyage) salir; **they ~ed into Copenhagen** arribaron a Copenhague; **~ through** *vt fus* (exam) aprobar sin ningún problema; **~ing** *n* (SPORT) vela; **to go ~ing** hacer vela; **~ing boat** *n* barco de vela; **~ing ship** *n* velero; **~or** *n* marinero, marino

saint [seɪnt] *n* santo; **~ly** *adj* santo

sake [seɪk] *n*: **for the ~ of** por

salad [ˈsæləd] *n* ensalada; **~ bowl** *n* ensaladera; **~ cream** (BRIT) *n* (especie de) mayonesa; **~ dressing** *n* aliño

salary [ˈsælərɪ] *n* sueldo

sale [seɪl] *n* venta; (at reduced prices) liquidación *f*, saldo; (auction) subasta; **~s** *npl* (total amount sold) ventas *fpl*, facturación *f*; **"for ~"** "se vende"; **on ~** en venta; **on ~ or return** (goods) venta por reposición; **~room** *n* sala de subastas; **~s assistant** (US **~s clerk**) *n* dependiente/a *m/f*; **salesman/ woman** (irreg) *n* (in shop) dependiente/a *m/f*; (representative) viajante *m/f*

salmon [ˈsæmən] *n inv* salmón *m*

salon [ˈsælɒn] *n* (hairdressing ~) peluquería; (beauty ~) salón *m* de belleza

saloon [səˈluːn] *n* (US) bar *m*, taberna; (BRIT: AUT) (coche *m* de) turismo; (ship's lounge) cámara, salón *m*

salt [sɔːlt] *n* sal *f* ♦ *vt* salar; (put: ~ on) poner sal en; **~ cellar** *n* salero; **~water** *adj* de agua salada; **~y** *adj* salado

salute [səˈluːt] *n* saludo; (of guns) salva ♦ *vt* saludar

salvage [ˈsælvɪdʒ] *n* (saving) salvamento, recuperación *f*; (things saved) objetos *mpl* salvados ♦ *vt* salvar

salvation [sælˈveɪʃən] *n* salvación *f*;

S~ Army *n* Ejército de Salvación

same [seɪm] *adj* mismo ♦ *pron*: **the ~** el/la mismo/a, los/las mismos/as; **the ~ book as** el mismo libro que; **at the ~ time** (at the ~ moment) al mismo tiempo; (yet) sin embargo; **all** *or* **just the ~** sin embargo; **to do the ~ (as sb)** hacer lo mismo (que uno); **the ~ to you!** ¡igualmente!

sample [ˈsɑːmpl] *n* muestra ♦ *vt* (food) probar; (wine) catar

sanction [ˈsæŋkʃən] *n* aprobación *f* ♦ *vt* sancionar; aprobar; **~s** *npl* (POL) sanciones *fpl*

sanctity [ˈsæŋktɪtɪ] *n* santidad *f*; (inviolability) inviolabilidad *f*

sanctuary [ˈsæŋktjuərɪ] *n* santuario; (refuge) asilo, refugio; (for wildlife) reserva

sand [sænd] *n* arena; (beach) playa ♦ *vt* (also: ~ down) lijar

sandal [ˈsændl] *n* sandalia

sand-: **~box** (US) *n* = **~pit**; **~castle** *n* castillo de arena; **~ dune** *n* duna; **~paper** *n* papel *m* de lija; **~pit** *n* (for children) cajón *m* de arena; **~stone** *n* piedra arenisca

sandwich [ˈsændwɪtʃ] *n* bocadillo (SP), sandwich *m*, emparedado (AM) ♦ *vt* intercalar; **~ed between** apretujado entre; **cheese/ham ~** sándwich de queso/jamón; **~ course** (BRIT) *n* curso de medio tiempo

sandy [ˈsændɪ] *adj* arenoso; (colour) rojizo

sane [seɪn] *adj* cuerdo; (sensible) sensato

sang [sæŋ] *pt of* **sing**

sanitary [ˈsænɪtərɪ] *adj* sanitario; (clean) higiénico; **~ towel** (US **~ napkin**) *n* paño higiénico, compresa

sanitation [sænɪˈteɪʃən] *n* (in house) servicios *mpl* higiénicos; (in town) servicio de desinfección;

~ department (US) *n* departamento de limpieza y recogida de basuras

sanity [ˈsænɪtɪ] *n* cordura; (of

judgment) sensatez f
sank [sæŋk] *pt of* **sink**
Santa Claus [sæntə'klɔːz] *n* San
Nicolás, Papá Noel
sap [sæp] *n* (*of plants*) savia ♦ *vt*
(*strength*) minar, agotar
sapling ['sæplɪŋ] *n* árbol nuevo *or*
joven
sapphire ['sæfaɪə*] *n* zafiro
sarcasm ['sɑːkæzm] *n* sarcasmo
sardine [sɑː'diːn] *n* sardina
Sardinia [sɑː'dɪnɪə] *n* Cerdeña
sash [sæʃ] *n* faja
sat [sæt] *pt, pp of* **sit**
Satan ['seɪtn] *n* Satanás *m*
satchel ['sætʃl] *n* (*child's*) cartera (*SP*),
mochila (*AM*)
satellite ['sætəlaɪt] *n* satélite *m*; ~ **dish**
n antena de televisión por satélite;
~ **television** *n* televisión f vía satélite
satin ['sætɪn] *n* raso ♦ *adj* de raso
satire ['sætaɪə*] *n* sátira
satisfaction [sætɪs'fækʃən] *n*
satisfacción f
satisfactory [sætɪs'fæktərɪ] *adj*
satisfactorio
satisfy ['sætɪsfaɪ] *vt* satisfacer;
(*convince*) convencer; **~ing** *adj*
satisfactorio
Saturday ['sætədɪ] *n* sábado *m*
sauce [sɔːs] *n* salsa; (*sweet*) crema;
jarabe *m*; **~pan** *n* cacerola, olla
saucer ['sɔːsə*] *n* platillo
Saudi ['saudɪ]: **~ Arabia** *n* Arabia
Saudí *or* Saudita; **~ (Arabian)** *adj, n*
saudí *m/f*, saudita *m/f*
sauna ['sɔːnə] *n* sauna
saunter ['sɔːntə*] *vi*: **to ~ in/out**
entrar/salir sin prisa
sausage ['sɔsɪdʒ] *n* salchicha; **~ roll**
n empanadita de salchicha
sauté ['səuteɪ] *adj* salteado
savage ['sævɪdʒ] *adj* (*cruel, fierce*)
feroz, furioso; (*primitive*) salvaje ♦ *n*
salvaje *m/f* ♦ *vt* (*attack*) embestir
save [seɪv] *vt* (*rescue*) salvar, rescatar;
(*money, time*) ahorrar; (*put by, keep:*

seat) guardar; (*COMPUT*) salvar (y
guardar); (*avoid: trouble*) evitar; (*SPORT*)
parar ♦ *vi* (*also:* ~ **up**) ahorrar ♦ *n*
(*SPORT*) parada ♦ *prep* salvo, excepto
saving ['seɪvɪŋ] *n* (*on price etc*)
economía f ♦ *adj*: **the ~ grace of** el
único mérito de; **~s** *npl* ahorros *mpl*;
~s account *n* cuenta de ahorros; **~s
bank** *n* caja de ahorros
saviour ['seɪvjə*] (*US* **savior**) *n*
salvador(a) *m/f*
savour ['seɪvə*] (*US* **savor**) *vt* saborear;
~y *adj* sabroso; (*dish: not sweet*) salado
saw [sɔː] (*pt* **sawed**, *pp* **sawed** *or*
sawn) *pt of* **see** ♦ *n* (*tool*) sierra ♦ *vt*
serrar; **~dust** *n* (a)serrín *m*; **~mill** *n*
aserradero; **~-off shotgun** *n*
escopeta de cañones recortados
saxophone ['sæksəfəun] *n* saxófono
say [seɪ] (*pt, pp* **said**) *vt*: **to have
one's** ~ expresar su opinión ♦ *vt* decir;
to have a *or* **some** ~ **in sth** tener
voz *or* tener que ver en algo; **to**
~ **yes/no** decir que sí/no; **could you**
~ **that again?** ¿podría repetir eso?;
that is to ~ es decir; **that goes**
without ~ing ni que decir tiene; **~ing**
n dicho, refrán *m*
scab [skæb] *n* costra; (*pej*) esquirol *m*
scaffold ['skæfəuld] *n* cadalso; **~ing**
n andamio, andamiaje *m*
scald [skɔːld] *n* escaldadura ♦ *vt*
escaldar
scale [skeɪl] *n* (*gen, MUS*) escala; (*of
fish*) escama; (*of salaries, fees etc*)
escalafón *m* ♦ *vt* (*mountain*) escalar;
(*tree*) trepar; **~s** *npl* (*for weighing:
small*) balanza; (*: large*) báscula; **on a
large** ~ en gran escala; **~ of charges**
tarifa, lista de precios; ~ **down** *vt*
reducir a escala
scallop ['skɔləp] *n* (*ZOOL*) venera;
(*SEWING*) festón *m*
scalp [skælp] *n* cabellera ♦ *vt* escalpar
scampi ['skæmpɪ] *npl* gambas *pl*
scan [skæn] *vt* (*examine*) escudriñar;
(*glance at quickly*) dar un vistazo a; (*TV,*

RADAR) explorar, registrar ♦ *n* (*MED*): **to have a ~** pasar por el escáner

scandal ['skændl] *n* escándalo *m*; (*gossip*) chismes *mpl*

Scandinavia [skændɪ'neɪvɪə] *n* Escandinavia; **~n** *adj, n* escandinavo/a *m/f*

scant [skænt] *adj* escaso; **~y** *adj* (*meal*) insuficiente; (*clothes*) ligero

scapegoat ['skeɪpgəut] *n* cabeza de turco, chivo expiatorio

scar [skɑ:] *n* cicatriz *f*; (*fig*) señal *f* ♦ *vt* dejar señales en

scarce [skɛəs] *adj* escaso; **to make o.s. ~** (*inf*) esfumarse; **~ly** *adv* apenas; **scarcity** *n* escasez *f*

scare [skɛə*] *n* susto, sobresalto; (*panic*) pánico ♦ *vt* asustar, espantar; **to ~ sb stiff** dar a uno un susto de muerte; **bomb ~** amenaza de bomba; **~ off** *o* **away** *vt* ahuyentar; **~crow** *n* espantapájaros *m inv*; **~d** *adj*: **to be ~d** estar asustado

scarf [skɑ:f] (*pl* **~s** *o* **scarves**) *n* (*long*) bufanda *f*; (*square*) pañuelo

scarlet ['skɑ:lɪt] *adj* escarlata; **~ fever** *n* escarlatina

scarves [skɑ:vz] *npl* of **scarf**

scary ['skɛərɪ] (*inf*) *adj* espeluznante

scathing ['skeɪðɪŋ] *adj* mordaz

scatter ['skætə*] *vt* (*spread*) esparcir, desparramar; (*put to flight*) dispersar ♦ *vi* desparramarse; dispersarse; **~brained** *adj* ligero de cascos

scavenger ['skævəndʒə*] *n* (*person*) basurero/a

scenario [sɪ'nɑ:rɪəu] *n* (*THEATRE*) argumento; (*CINEMA*) guión *m*; (*fig*) escenario

scene [si:n] *n* (*THEATRE, fig etc*) escena; (*of crime etc*) escenario; (*view*) panorama *m*; (*fuss*) escándalo; **~ry** *n* (*THEATRE*) decorado; (*landscape*) paisaje *m*; **scenic** *adj* pintoresco

scent [sɛnt] *n* perfume *m*, olor *m*; (*fig: track*) rastro, pista

sceptic ['skɛptɪk] (*US* **skeptic**) *n*

escéptico/a; **~al** *adj* escéptico

sceptre ['sɛptə*] (*US* **scepter**) *n* cetro

schedule ['ʃɛdjuːl, (*US*) 'skɛdjuːl] *n* (*timetable*) horario; (*of events*) programa *m*; (*list*) lista ♦ *vt* (*visit*) fijar la hora de; **to arrive on ~** llegar a la hora debida; **to be ahead of/behind ~** estar adelantado o en retraso; **~d flight** *n* vuelo regular

scheme [ski:m] *n* (*plan*) plan *m*, proyecto; (*plot*) intriga; (*arrangement*) disposición *f*; (*pension ~ etc*) sistema *m* ♦ *vi* (*intrigue*) intrigar; **scheming** *adj* intrigante ♦ *n* intrigas *fpl*

schizophrenic [skɪtzə'frɛnɪk] *adj* esquizofrénico

scholar ['skɔlə*] *n* (*pupil*) alumno/a; (*learned person*) sabio/a, erudito/a; **~ship** *n* erudición *f*; (*grant*) beca

school [skuːl] *n* escuela, colegio; (*in university*) facultad *f* ♦ *cpd* escolar; **~ age** *n* edad *f* escolar; **~book** *n* libro de texto; **~boy** *n* alumno; **~ children** *npl* alumnos *mpl*; **~girl** *n* alumna; **~ing** *n* enseñanza; **~master/mistress** *n* (*primary*) maestro/a; (*secondary*) profesor(a) *m/f*; **~teacher** *n* (*primary*) maestro/a; (*secondary*) profesor(a) *m/f*

schooner ['skuːnə*] *n* (*ship*) goleta

sciatica [saɪ'ætɪkə] *n* ciática

science ['saɪəns] *n* ciencia; **~ fiction** *n* ciencia-ficción *f*; **scientific** [-'tɪfɪk] *adj* científico; **scientist** *n* científico/a

scissors ['sɪzəz] *npl* tijeras *fpl*; **a pair of ~** unas tijeras

scoff [skɔf] *vt* (*BRIT: inf: eat*) engullir ♦ *vi*: **to ~ (at)** (*mock*) mofarse de

scold [skəuld] *vt* regañar

scone [skɔn] *n* pastel de pan

scoop [skuːp] *n* (*for flour etc*) pala; (*PRESS*) exclusiva; **~ out** *vt* excavar; **~ up** *vt* recoger

scooter ['skuːtə*] *n* moto *f*; (*toy*) patinete *m*

scope [skəup] *n* (*of plan*) ámbito; (*of person*) competencia; (*opportunity*) libertad *f* (de acción)

scorch [skɔːtʃ] vt (clothes) chamuscar; (earth, grass) quemar, secar

score [skɔː*] n (points etc) puntuación f; (MUS) partitura; (twenty) veintena ♦ vt (goal, point) ganar; (mark) rayar; (achieve: success) conseguir ♦ vi (FOOTBALL) marcar (un) gol; (keep score) llevar el tanteo; **~s of** (lots) decenas de; **on that** ~ en lo que se refiere a eso; **to ~ 6 out of 10** obtener una puntuación de 6 sobre 10; **~ out** vt tachar; **~ over** vt fus obtener una victoria sobre; **~board** n marcador m

scorn [skɔːn] n desprecio; **~ful** adj desdeñoso, despreciativo

Scorpio ['skɔːpɪəʊ] n Escorpión m

scorpion ['skɔːpɪən] n alacrán m

Scot [skɒt] n escocés/esa m/f

Scotch [skɒtʃ] n whisky m escocés

Scotland ['skɒtlənd] n Escocia

Scots [skɒts] adj escocés/esa; **~man/ woman** (irreg) n escocés/esa m/f; **Scottish** ['skɒtɪʃ] adj escocés/esa; **Scottish Parliament** n Parlamento escocés

scoundrel ['skaundrl] n canalla m/f, sinvergüenza m/f

scour [skaʊə*] vt (search) registrar

scout [skaʊt] n (MIL, also: boy ~) explorador m; **girl ~** (US) niña exploradora; **~ around** vi reconocer el terreno

scowl [skaʊl] vi fruncir el ceño; **to ~ at sb** mirar con ceño a uno

scrabble ['skræbl] vi (claw): **to ~ (at)** arañar; (also: **to ~ around**: search) revolver todo buscando ♦ n: **S~ ®** Scrabble ® m

scraggy ['skrægɪ] adj descarnado

scram [skræm] (inf) vi largarse

scramble ['skræmbl] n (climb) subida (difícil); (struggle) pelea ♦ vi: **to ~ through/out** abrirse paso/salir con dificultad; **to ~ for** pelear por; **~d eggs** npl huevos mpl revueltos

scrap [skræp] n (bit) pedacito m; (fig) pizca; (fight) riña, bronca; (also: ~ iron) chatarra, hierro viejo ♦ vt (discard) desechar, descartar ♦ vi reñir, armar

(una) bronca; **~s** npl (waste) sobras fpl, desperdicios mpl; **~book** n álbum m de recortes; **~ dealer** n chatarrero/a

scrape [skreɪp] n: **to get into a** ~ meterse en un lío ♦ vt raspar; (skin etc) rasguñar; (~ against) rozar ♦ vi: **to ~ through** (exam) aprobar por los pelos; **~ together** vt (money) arañar, juntar

scrap: **~ heap** n (fig): **to be on the ~ heap** estar acabado; **~ merchant** (BRIT) n chatarrero/a; **~ paper** n pedazos mpl de papel

scratch [skrætʃ] n rasguño; (from claw) arañazo ♦ cpd: **~ team** equipo improvisado ♦ vt (paint, car) rayar; (with claw, nail) rasguñar, arañar; (rub: nose etc) rascarse ♦ vi rascarse; **to start from ~** partir de cero; **to be up to ~** cumplir con los requisitos

scrawl [skrɔːl] n garabatos ♦ vi hacer garabatos

scrawny ['skrɔːnɪ] adj flaco

scream [skriːm] n chillido ♦ vi chillar

screech [skriːtʃ] vi chirriar

screen [skriːn] n (CINEMA, TV) pantalla; (movable barrier) biombo ♦ vt (conceal) tapar; (from the wind etc) proteger; (film) proyectar; (candidates etc) investigar a; **~ing** n (MED) investigación f médica; **~play** n guión m; **~ saver** n (COMPUT) protector m de pantalla

screw [skruː] n tornillo ♦ vt (also: ~ in) atornillar; **~ up** vt (paper etc) arrugar; **to ~ up one's eyes** arrugar el entrecejo; **~driver** n destornillador m

scribble ['skrɪbl] n garabatos mpl ♦ vt, vi garabatear

script [skrɪpt] n (CINEMA etc) guión m; (writing) escritura, letra

Scripture(s) ['skrɪptʃə*(z)] n(pl) Sagrada Escritura

scroll [skrəʊl] n rollo

scrounge [skraundʒ] (inf) vt: **to ~ sth off** or **from sb** obtener algo de uno de gorra ♦ n: **on the ~** de gorra; **~r** n gorrón/ona m/f

scrub [skrʌb] n (land) maleza ♦ vt fregar, restregar; (inf: reject) cancelar, anular

scruff [skrʌf] n: **by the ~ of the neck** por el pescuezo

scruffy ['skrʌfɪ] adj desaliñado, piojoso

scrum(mage) ['skrʌm(mɪdʒ)] n (RUGBY) melée f

scruple ['skru:pl] n (gen pl) escrúpulo

scrutinize ['skru:tɪnaɪz] vt escudriñar; (votes) escrutar; **scrutiny** ['skru:tɪnɪ] n escrutinio, examen m

scuff [skʌf] vt (shoes, floor) rayar

scuffle ['skʌfl] n refriega

sculptor ['skʌlptə*] n escultor(a) m/f

sculpture ['skʌlptʃə*] n escultura

scum [skʌm] n (on liquid) espuma; (pej: people) escoria

scurry ['skʌrɪ] vi correr; **to ~ off** escabullirse

scuttle ['skʌtl] n (also: coal ~) cubo, carbonera ♦ vt (ship) barrenar ♦ vi **to ~ away, ~ off** escabullirse

scythe [saɪð] n guadaña

SDP (BRIT) n abbr = **Social Democratic Party**

sea [si:] n mar m ♦ cpd de mar, marítimo; **by ~** (travel) en barco; **on the ~** (boat) en el mar; (town) junto al mar; **to be all at ~** (fig) estar despistado; **out to ~**, **at ~** en alta mar; **~board** n litoral m; **~food** n mariscos mpl; **~ front** n paseo marítimo; **~going** adj de altura; **~gull** n gaviota

seal [si:l] n (animal) foca; (stamp) sello ♦ vt (close) cerrar; **~ off** vt (area) acordonar

sea level n nivel m del mar

sea lion n león m marino

seam [si:m] n costura; (of metal) juntura; (of coal) veta, filón m

seaman ['si:mən] (irreg) n marinero

seance ['seɪɑns] n sesión f de espiritismo

seaplane ['si:pleɪn] n hidroavión m

seaport ['si:pɔ:t] n puerto de mar

search [sə:tʃ] n (for person, thing) busca, búsqueda; (COMPUT) búsqueda; (inspection: of sb's home) registro ♦ vt (look in) buscar en; (examine) examinar; (person, place) registrar ♦ vi: **to ~ for** buscar; **in ~ of** en busca de; **~ through** vt fus registrar; **~ engine** n (COMPUT) buscador m; **~ing** adj penetrante; **~light** n reflector m; **~ party** n pelotón m de salvamento; **~ warrant** n mandamiento (judicial)

sea: **~shore** n playa, orilla del mar; **~sick** adj mareado; **~side** n playa, orilla del mar; **~side resort** n centro turístico costero

season ['si:zn] n (of year) estación f; (sporting etc) temporada; (of films etc) ciclo ♦ vt (food) sazonar; **in/out of ~** en sazón/fuera de temporada; **~al** adj estacional; **~ed** adj (fig) experimentado; **~ing** n condimento, aderezo; **~ ticket** n abono

seat [si:t] n (in bus, train) asiento; (chair) silla; (PARLIAMENT) escaño; (buttocks) culo, trasero; (of trousers) culera ♦ vt sentar; (have room for) tener cabida para; **to be ~ed** sentarse; **~ belt** n cinturón m de seguridad

sea: **~ water** n agua del mar; **~weed** n alga marina; **~worthy** adj en condiciones de navegar

sec. abbr = **second(s)**

secluded [sɪ'klu:dɪd] adj retirado

seclusion [sɪ'klu:ʒən] n reclusión f

second ['sekənd] adj segundo ♦ adv en segundo lugar ♦ n segundo; (AUT: also: ~ gear) segunda; (COMM) artículo con algún desperfecto; (BRIT: SCOL: degree) título de licenciado con calificación de notable ♦ vt (motion) apoyar; **~ary** adj secundario; **~ary school** n escuela secundaria; **~-class** adj de segunda clase ♦ adv (RAIL) en segunda; **~hand** adj de segunda mano, usado; **~ hand** n (on clock) segundero; **~ly** adv en segundo lugar; **~ment** [sɪ'kɔndmənt] (BRIT) n traslado temporal; **~-rate** adj de segunda categoría; **~ thoughts** npl: **to have ~ thoughts** cambiar de opinión; **on ~ thoughts** or **thought** (US) pensándolo bien

secrecy ['si:krəsı] n secreto

secret ['si:krɪt] adj, n secreto; **in ~** en secreto

secretarial [sɛkrɪ'tɛərɪəl] adj de secretario; (course, staff) de secretariado

secretary ['sɛkrətərı] n secretario/a; **S~ of State (for)** (BRIT: POL) Ministro (de)

secretive ['si:krətɪv] adj reservado, sigiloso

secretly ['si:krɪtlɪ] adv en secreto

sect [sɛkt] n secta; **~arian** [-'tɛərɪən] adj sectario

section ['sɛkʃən] n sección f; (part) parte f; (of document) artículo; (of opinion) sector m; (cross~) corte m transversal

sector ['sɛktə*] n sector m

secular ['sɛkjulə*] adj secular, seglar

secure [sɪ'kjuə*] adj seguro; (firmly fixed) firme, fijo ♦ vt (fix) asegurar, afianzar; (get) conseguir

security [sɪ'kjuərɪtɪ] n seguridad f; (for loan) fianza; (: object) prenda

sedate [sɪ'deɪt] adj tranquilo ♦ vt tratar con sedantes

sedation [sɪ'deɪʃən] n (MED) sedación f

sedative ['sɛdɪtɪv] n sedante m, sedativo

seduce [sɪ'dju:s] vt seducir; **seduction** [-'dʌkʃən] n seducción f; **seductive** [-'dʌktɪv] adj seductor(a)

see [si:] (pt **saw**, pp **seen**) vt ver; (accompany): **to ~ sb to the door** acompañar a uno a la puerta; (understand) ver, comprender ♦ vi ver ♦ n (REL) obispado; **to ~ that** (ensure) asegurar que; **~ you soon!** ¡hasta pronto!; **~ about** vt atender a, encargarse de; **~ off** vt despedir; **~ through** vt fus calar (fig) ♦ vt (plan)

llevar a cabo; **~ to** vt fus atender a, encargarse de

seed [si:d] n semilla; (in fruit) pepita; (fig: gen pl) germen m; (TENNIS etc) preseleccionado/a; **to go to ~** (plant) granar; (fig) descuidarse; **~ling** n planta de semillero; **~y** adj (shabby) desaseado, raído

seeing ['si:ɪŋ] conj: **~ (that)** visto que, en vista de que

seek [si:k] (pt, pp **sought**) vt buscar; (post) solicitar

seem [si:m] vi parecer; **there ~s to be ...** parece que hay ...; **~ingly** adv aparentemente, según parece

seen [si:n] pp of **see**

seep [si:p] vi filtrarse

seesaw ['si:sɔ:] n subibaja

seethe [si:ð] vi hervir; **to ~ with anger** estar furioso

see-through adj transparente

segment ['sɛgmənt] n (part) sección f; (of orange) gajo

segregate ['sɛgrɪgeɪt] vt segregar

seize [si:z] vt (grasp) agarrar, asir; (take possession of) secuestrar; (: territory) apoderarse de; (opportunity) aprovecharse de; **~ (up)on** vt fus aprovechar; **~ up** vi (TECH) agarrotarse

seizure ['si:ʒə*] n (MED) ataque m; (LAW, of power) incautación f

seldom ['sɛldəm] adv rara vez

select [sɪ'lɛkt] adj selecto, escogido ♦ vt escoger, elegir; (SPORT) seleccionar; **~ion** [-'lɛkʃən] n selección f, elección f; (COMM) surtido

self [sɛlf] (pl **selves**) n uno mismo; **the ~ el yo** ♦ prefix auto...; **~-assured** adj seguro de sí mismo; **~-catering** (BRIT) adj (flat etc) con cocina; **~-centred** (US **~-centered**) adj egocéntrico; **~-confidence** n confianza en sí mismo; **~-conscious** adj cohibido; **~-contained** (BRIT) adj (flat) con entrada particular; **~-control** n autodominio; **~-defence** (US **~-defense**) n defensa propia; **~-discipline** n autodisciplina;

sell   539   **September**

~-employed *adj* que trabaja por cuenta propia; **~-evident** *adj* patente; **~-governing** *adj* autónomo; **~-indulgent** *adj* autocomplaciente; **~-interest** *n* egoísmo; **~ish** *adj* egoísta; **~-ishness** *n* egoísmo; **~-less** *adj* desinteresado; **~-made** *adj*: **~-made man** hombre *m* que se ha hecho a sí mismo; **~-pity** *n* lástima de sí mismo; **~-portrait** *n* autorretrato; **~-possessed** *adj* sereno, dueño de sí mismo; **~-preservation** *n* propia conservación *f*; **~-respect** *n* amor *m* propio; **~-righteous** *adj* santurrón/ona; **~-sacrifice** *n* abnegación *f*; **~-satisfied** *adj* satisfecho de sí mismo; **~-service** *adj* de autoservicio; **~-sufficient** *adj* autosuficiente; **~-taught** *adj* autodidacta

sell [sɛl] (*pt, pp* **sold**) *vt* vender ♦ *vi* venderse: **to ~ at** *or* **for £10** venderse a 10 libras; **~ off** *vt* liquidar; **~ out** *vi*: **to ~ out of tickets/milk** vender todas las entradas/toda la leche; **~-by date** *n* fecha de caducidad; **~er** *n* vendedor(a) *m/f*; **~ing price** *n* precio de venta

Sellotape ® [ˈsɛləuteɪp] (*BRIT*) *n* cinta adhesiva, celo (*SP*), scotch (*AM*)

selves [sɛlvz] *npl* de **self**

semblance [ˈsɛmbləns] *n* apariencia *f*

semen [ˈsiːmən] *n* semen *m*

semester [sɪˈmɛstəʳ] (*US*) *n* semestre *m*

semi... [ˈsɛmɪ] *prefix* semi..., medio...; **~circle** *n* semicírculo; **~colon** *n* punto y coma; **~conductor** *n* semiconductor *m*; **~detached (house)** *n* (casa) semiseparada; **~final** *n* semifinal *m*

seminar [ˈsɛmɪnɑːʳ] *n* seminario

seminary [ˈsɛmɪnərɪ] *n* (*REL*) seminario

semiskilled [ˈsɛmɪskɪld] *adj* (*work, worker*) semi-cualificado

semi-skimmed (milk) *n* leche semidesnatada

senate [ˈsɛnɪt] *n* senado; **senator** *n* senador(a) *m/f*

send [sɛnd] (*pt, pp* **sent**) *vt* mandar,

enviar; (*signal*) transmitir; **~ away** *vt* despachar; **~ away for** *vt fus* pedir; **~ back** *vt* devolver; **~ for** *vt fus* mandar traer; **~ off** *vt* (*goods*) despachar; (*BRIT: SPORT: player*) expulsar; **~ out** *vt* (*invitation*) mandar; (*signal*) emitir; **~ up** *vt* (*person, price*) hacer subir; (*BRIT: parody*) parodiar; **~er** *n* remitente *m/f*; **~-off** *n*: **a good ~-off** una buena despedida

senior [ˈsiːnɪəʳ] *adj* (*older*) mayor, más viejo; (: *on staff*) de más antigüedad; (*of higher rank*) superior; **~ citizen** *n* persona de la tercera edad; **~ity** [-ˈɔrɪtɪ] *n* antigüedad *f*

sensation [sɛnˈseɪʃən] *n* sensación *f*; **~al** *adj* sensacional

sense [sɛns] *n* (*faculty, meaning*) sentido; (*feeling*) sensación *f*; (*good ~*) sentido común, juicio ♦ *vt* sentir, percibir; **it makes ~** tiene sentido; **~less** *adj* estúpido, insensato; (*unconscious*) sin conocimiento; **~ of humour** *n* sentido del humor

sensible [ˈsɛnsɪbl] *adj* sensato; (*reasonable*) razonable, lógico

sensitive [ˈsɛnsɪtɪv] *adj* sensible; (*touchy*) susceptible

sensual [ˈsɛnsjuəl] *adj* sensual

sensuous [ˈsɛnsjuəs] *adj* sensual

sent [sɛnt] *pt, pp* de **send**

sentence [ˈsɛntns] *n* (*LING*) oración *f*; (*LAW*) sentencia, fallo ♦ *vt*: **to ~ sb to death/to 5 years (in prison)** condenar a uno a muerte/a 5 años de cárcel

sentiment [ˈsɛntɪmənt] *n* sentimiento; (*opinion*) opinión *f*; **~al** [-ˈmɛntl] *adj* sentimental

sentry [ˈsɛntrɪ] *n* centinela *m*

separate [*adj* ˈsɛprɪt, *vb* ˈsɛpəreɪt] *adj* separado; (*distinct*) distinto ♦ *vt* separar; (*part*) dividir ♦ *vi* separarse; **~s** *npl* (*clothes*) coordinados *mpl*; **~ly** *adv* por separado; **separation** [-ˈreɪʃən] *n* separación *f*

September [sɛpˈtɛmbəʳ] *n*

se(p)tiembre *m*

septic ['septɪk] *adj* séptico; ~ **tank** *n* fosa séptica

sequel ['siːkwl] *n* consecuencia, resultado; (*of story*) continuación *f*

sequence ['siːkwəns] *n* sucesión *f*, serie *f*; (*CINEMA*) secuencia

sequin ['siːkwɪn] *n* lentejuela

serene [sɪ'riːn] *adj* sereno, tranquilo

sergeant ['saːdʒənt] *n* sargento

serial ['sɪərɪəl] *n* (*TV*) telenovela, serie *f* televisiva; (*BOOK*) serie *f*; **~ize** *vt* emitir como serial; **~ killer** *n* asesino/a múltiple; **~ number** *n* número de serie

series ['sɪəriːz] *n inv* serie *f*

serious ['sɪərɪəs] *adj* serio; (*grave*) grave; **~ly** *adv* en serio; (*ill, wounded etc*) gravemente

sermon ['səːmən] *n* sermón *m*

serrated [sɪ'reɪtɪd] *adj* serrado, dentellado

serum ['sɪərəm] *n* suero

servant ['səːvənt] *n* servidor(a) *m/f*; (*house ~*) criado/a

serve [səːv] *vt* servir; (*customer*) atender; (*subj: train*) pasar por; (*apprenticeship*) hacer; (*prison term*) cumplir ♦ *vi* (*at table*) servir; (*TENNIS*) sacar; **to ~ as/for/to do** servir de/para/para hacer ♦ *n* (*TENNIS*) saque *m*; **it ~s him right** se lo tiene merecido; **~ out** *vt* (*food*) servir; **~ up** *vt* = **~ out**

service ['səːvɪs] *n* servicio; (*REL*) misa; (*AUT*) mantenimiento; (*dishes etc*) juego ♦ *vt* (*car etc*) revisar; (*: repair*) reparar; **the S~s** *npl* las fuerzas armadas; **to be of ~ to sb** ser útil a uno; **~ included/not included** servicio incluido/no incluido; **~able** *adj* servible, utilizable; **~ area** *n* (*on motorway*) área de servicio; **~ charge** (*BRIT*) *n* servicio; **~man** *n* militar *m*; **~ station** *n* estación *f* de servicio

serviette [səːvɪ'et] (*BRIT*) *n* servilleta

session ['seʃən] *n* sesión *f*; **to be in ~** estar en sesión

set [set] (*pt, pp* set) *n* juego; (*RADIO*)

aparato; (*TV*) televisor *m*; (*of utensils*) batería; (*of cutlery*) cubierto; (*of books*) colección *f*; (*TENNIS*) set *m*; (*group of people*) grupo; (*CINEMA*) plató *m*; (*THEATRE*) decorado; (*HAIRDRESSING*) marcado ♦ *adj* (*fixed*) fijo; (*ready*) listo ♦ *vt* (*place*) poner, colocar; (*fix*) fijar; (*adjust*) ajustar, arreglar; (*decide: rules etc*) establecer, decidir ♦ *vi* (*sun*) ponerse; (*jam, jelly*) cuajarse; (*concrete*) fraguar; (*bone*) componerse; **to be ~ on doing sth** estar empeñado en hacer algo; **to ~ to music** poner música a; **to ~ on fire** incendiar, poner fuego a; **to ~ free** poner en libertad; **to ~ sth going** poner algo en marcha; **to ~ sail** zarpar, hacerse a la vela; **~ about** *vt fus* ponerse a; **~ aside** *vt* poner aparte, dejar de lado; (*money, time*) reservar; **~ back** *vt* (*cost*): **to ~ sb back £5** costar a uno cinco libras; (*: in time*): **to ~ back (by)** retrasar (por); **~ off** *vi* partir ♦ *vt* (*bomb*) hacer estallar; (*events*) poner en marcha; (*show up well*) hacer resaltar; **~ out** *vi* partir ♦ *vt* (*arrange*) disponer; (*state*) exponer; **to ~ out to do sth** proponerse hacer algo; **~ up** *vt* establecer; **~back** *n* revés *m*, contratiempo; **~ menu** *n* menú *m*

settee [se'tiː] *n* sofá *m*

setting ['setɪŋ] *n* (*scenery*) marco; (*position*) disposición *f*; (*of sun*) puesta; (*of jewel*) engaste *m*, montadura

settle ['setl] *vt* (*argument*) resolver; (*accounts*) ajustar, liquidar; (*MED: calm*) calmar, sosegar ♦ *vt* (*dust etc*) depositarse; (*weather*) serenarse; (*also: ~ down*) instalarse; tranquilizarse; **to ~ for sth** convenir en aceptar algo; **to ~ on sth** decidirse por algo; **~ in** *vi* instalarse; **~ up** *vi*: **to ~ up with sb** ajustar cuentas con uno; **~ment** *n* (*payment*) liquidación *f*; (*agreement*) acuerdo, convenio; (*village etc*) pueblo; **~r** *n* colono/a, colonizador(a) *m/f*

setup ['setʌp] *n* sistema *m*; (*situation*)

situación f

seven ['sɛvn] num siete; **~teen** num diez y siete, diecisiete; **~th** num séptimo; **~ty** num setenta

sever ['sɛvə*] vt cortar; (relations) romper

several ['sɛvərl] adj, pron varios/as m/ fpl, algunos/as m/fpl; **~ of us** varios de nosotros

severance ['sɛvərəns] n (of relations) ruptura; **~ pay** n indemnización f por despido

severe [sɪ'vɪə*] adj severo; (serious) grave; (hard) duro; (pain) intenso; **severity** [sɪ'vɛrɪtɪ] n severidad f; gravedad f; intensidad f

sew [səu] (pt sewed, pp sewn) vt, vi coser; **~ up** vt coser, zurcir

sewage ['suːdʒ] n aguas fpl residuales

sewer ['suːə*] n alcantarilla, cloaca

sewing ['səuɪŋ] n costura; **~ machine** n máquina de coser

sewn [səun] pp of **sew**

sex [sɛks] n sexo; (lovemaking): **to have ~** hacer el amor; **~ist** adj, n sexista m/f; **~ual** ['sɛksjuəl] adj sexual; **~y** adj sexy

shabby ['ʃæbɪ] adj (person) desharrapado; (clothes) raído, gastado; (behaviour) ruin inv

shack [ʃæk] n choza, chabola

shackles ['ʃæklz] npl grillos mpl, grilletes mpl

shade [ʃeɪd] n sombra; (for lamp) pantalla; (for eyes) visera; (of colour) matiz m, tonalidad f; (small quantity): **a ~ (too big/more)** un poquitín (grande/más) ♦ vt dar sombra a; (eyes) proteger del sol; **in the ~** en la sombra

shadow ['ʃædəu] n sombra ♦ vt (follow) seguir y vigilar; **~ cabinet** (BRIT) n (POL) gabinete paralelo formado por el partido de oposición; **~y** adj oscuro; (dim) indistinto

shady ['ʃeɪdɪ] adj sombreado; (fig: dishonest) sospechoso; (: deal) turbio

shaft [ʃɑːft] n (of arrow, spear) astil m;

(AUT, TECH) eje m, árbol m; (of mine) pozo; (of lift) hueco, caja; (of light) rayo

shaggy ['ʃægɪ] adj peludo

shake [ʃeɪk] (pt shook, pp shaken) vt sacudir; (building) hacer temblar; (bottle, cocktail) agitar ♦ vi (tremble) temblar; **to ~ one's head** (in refusal) negar con la cabeza; (in dismay) mover o menear la cabeza, incrédulo; **to ~ hands with sb** estrechar la mano a uno; **~ off** vt sacudirse; (fig) deshacerse de; **~ up** vt agitar; (fig) reorganizar; **shaky** adj (hand, voice) trémulo; (building) inestable

shall [ʃæl] aux vb: **~ I help you?** ¿quieres que te ayude?; **I'll buy three, ~ I?** compro tres, ¿no te parece?

shallow ['ʃæləu] adj poco profundo; (fig) superficial

sham [ʃæm] n fraude m, engaño ♦ vt fingir, simular

shambles ['ʃæmblz] n confusión f

shame [ʃeɪm] n vergüenza ♦ vt avergonzar; **it is a ~ that/to do es** una lástima que/hacer; **what a ~!** ¡qué lástima!; **~ful** adj vergonzoso; **~less** adj desvergonzado

shampoo [ʃæm'puː] n champú m ♦ vt lavar con champú; **~ and set** n lavado y marcado

shamrock ['ʃæmrɔk] n trébol m (emblema nacional irlandés)

shandy ['ʃændɪ] n mezcla de cerveza con gaseosa

shan't [ʃɑːnt] = **shall not**

shantytown ['ʃæntɪtaun] n barrio m de chabolas

shape [ʃeɪp] n forma ♦ vt formar, dar forma a; (sb's ideas) formar; (sb's life) determinar; **to take ~** tomar forma; **~ up** vi (events) desarrollarse; (person) formarse; **~d** suffix: **heart-~d** en forma de corazón; **~less** adj informe, sin forma definida; **~ly** adj (body etc) esbelto

share [ʃɛə*] n (part) parte f, porción f; (contribution) cuota; (COMM) acción f

♦ vt dividir; (*have in common*) compartir; **to ~ out** (*among* or *between*) repartir (entre); **~holder** (*BRIT*) n accionista m/f

shark [ʃɑːk] n tiburón m

sharp [ʃɑːp] adj (*blade, nose*) afilado; (*point*) puntiagudo; (*outline*) definido; (*pain*) intenso; (*MUS*) desafinado; (*contrast*) marcado; (*voice*) agudo; (*person: quick-witted*) astuto; (: *dishonest*) poco escrupuloso ♦ n (*MUS*) sostenido ♦ adv: **at 2 o'clock ~** a las 2 en punto; **~en** vt afilar; (*pencil*) sacar punta a; (*fig*) agudizar; **~ener** n (*also: pencil ~ener*) sacapuntas m inv; **~-eyed** adj de vista aguda; **~ly** adv (*turn, stop*) bruscamente; (*stand out, contrast*) claramente; (*criticize, retort*) severamente

shatter [ˈʃætə*] vt hacer añicos or pedazos; (*fig: ruin*) destruir, acabar con ♦ vi hacerse añicos

shave [ʃeɪv] vt afeitar, rasurar ♦ vi afeitarse, rasurarse ♦ n: **to have a ~** afeitarse; **~r** n (*also: electric ~r*) máquina de afeitar (eléctrica)

shaving [ˈʃeɪvɪŋ] n (*action*) el afeitarse, rasurado; **~s** npl (*of wood etc*) virutas fpl; **~ brush** n brocha (de afeitar); **~ cream** n crema de afeitar; **~ foam** n espuma de afeitar

shawl [ʃɔːl] n chal m

she [ʃiː] pron ella; **~cat** n gata

sheaf [ʃiːf] (*pl* **sheaves**) n (*of corn*) gavilla; (*of papers*) fajo

shear [ʃɪə*] (*pt* **sheared**, *pp* **sheared** or **shorn**) vt esquilar, trasquilar; **~s** npl (*for hedge*) tijeras fpl de jardín

sheath [ʃiːθ] n vaina; (*contraceptive*) preservativo

sheaves [ʃiːvz] npl of **sheaf**

shed [ʃed] (*pt, pp* **shed**) n cobertizo ♦ vt (*skin*) mudar; (*tears, blood*) derramar; (*load*) derramar; (*workers*) despedir

she'd [ʃiːd] = **she had; she would**

sheen [ʃiːn] n brillo, lustre m

sheep [ʃiːp] n inv oveja; **~dog** n perro pastor; **~skin** n piel f de carnero

sheer [ʃɪə*] adj (*utter*) puro, completo; (*steep*) escarpado; (*material*) diáfano ♦ adv verticalmente

sheet [ʃiːt] n (*on bed*) sábana; (*of paper*) hoja; (*of glass, metal*) lámina; (*of ice*) capa

sheik(h) [ʃeɪk] n jeque m

shelf [ʃelf] (*pl* **shelves**) n estante m

shell [ʃel] n (*on beach*) concha; (*of egg, nut etc*) cáscara; (*explosive*) proyectil m, obús m; (*of building*) armazón f ♦ vt (*peas*) desenvainar; (*MIL*) bombardear

she'll [ʃiːl] = **she will; she shall**

shellfish [ˈʃelfɪʃ] n inv crustáceo; (*as food*) mariscos mpl

shell suit n chándal m de calle

shelter [ˈʃeltə*] n abrigo, refugio ♦ vt (*aid*) amparar, proteger; (*give lodging to*) abrigar ♦ vi abrigarse, refugiarse; **~ed** adj (*life*) protegido; (*spot*) abrigado; **~ed housing** n viviendas vigiladas para ancianos y minusválidos

shelve [ʃelv] vt (*fig*) aplazar; **~s** npl of **shelf**

shepherd [ˈʃepəd] n pastor m ♦ vt (*guide*) guiar, conducir; **~'s pie** (*BRIT*) n pastel de carne y patatas

sherry [ˈʃerɪ] n jerez m

she's [ʃiːz] = **she is; she has**

Shetland [ˈʃetlənd] n (*also: the ~s, the ~ Isles*) las Islas de Zetlandia

shield [ʃiːld] n escudo; (*protection*) blindaje m ♦ vt: **to ~ (from)** proteger (de)

shift [ʃɪft] n (*change*) cambio; (*at work*) turno ♦ vt trasladar; (*remove*) quitar ♦ vi moverse; **~ work** n trabajo a turnos; **~y** adj tramposo; (*eyes*) furtivo

shimmer [ˈʃɪmə*] n reflejo trémulo

shin [ʃɪn] n espinilla

shine [ʃaɪn] (*pt, pp* **shone**) n brillo, lustre m ♦ vi brillar, relucir ♦ vt (*shoes*) lustrar, sacar brillo a; **to ~ a torch on sth** dirigir una linterna hacia algo

shingle [ˈʃɪŋgl] n (*on beach*) guijarros

mpl; **~s** *n* (MED) herpes *mpl or fpl*

shiny ['ʃaɪnɪ] *adj* brillante, lustroso

ship [ʃɪp] *n* buque *m*, barco *m* ♦ *vt* (*goods*) embarcar; (*send*) transportar o enviar por vía marítima; **~building** *n* construcción *f* de buques; **~ment** *n* (*goods*) envío; **~ping** *n* (*act*) embarque *m*; (*traffic*) buques *mpl*; **~wreck** *n* naufragio ♦ *vt*: **to be ~wrecked** naufragar; **~yard** *n* astillero

shire ['ʃaɪə*] (BRIT) *n* condado

shirt [ʃə:t] *n* camisa; **in (one's) ~ sleeves** en mangas de camisa

shit [ʃɪt] (*inf!*) *excl* ¡mierda!

shiver ['ʃɪvə*] *n* escalofrío ♦ *vi* temblar, estremecerse; (*with cold*) tiritar

shoal [ʃəul] *n* (*of fish*) banco *m*; (*fig: also*: **~s**) tropel *m*

shock [ʃɔk] *n* (*impact*) choque *m*; (ELEC) descarga (eléctrica); (*emotional*) conmoción *f*; (*start*) sobresalto, susto; (MED) postración *f* nerviosa ♦ *vt* dar un susto a; (*offend*) escandalizar; **~ absorber** *n* amortiguador *m*; **~ing** *adj* (*awful*) espantoso; (*outrageous*) escandaloso

shoddy ['ʃɔdɪ] *adj* de pacotilla

shoe [ʃu:] (*pt, pp* **shod**) *n* zapato; (*for horse*) herradura ♦ *vt* (*horse*) herrar; **~brush** *n* cepillo para zapatos; **~lace** *n* cordón *m*; **~ polish** *n* betún *m*; **~shop** *n* zapatería; **~string** *n* (*fig*): **on a ~string** con muy poco dinero

shone [ʃɔn] *pt, pp of* **shine**

shook [ʃuk] *pt of* **shake**

shoot [ʃu:t] (*pt, pp* **shot**) *n* (*on branch, seedling*) retoño, vástago ♦ *vt* (*kill*) matar a tiros; (*wound*) negar un tiro, (*execute*) fusilar; (*film*) rodar, filmar ♦ *vi* (FOOTBALL) chutar; **~ down** *vt* (*plane*) derribar; **~ in/out** *vi* entrar corriendo/salir disparado; **~ up** *vi* (*prices*) dispararse; **~ing** *n* (*shots*) tiros *mpl*; (HUNTING) caza con escopeta; **~ing star** *n* estrella fugaz

shop [ʃɔp] *n* tienda; (*workshop*) taller *m* ♦ *vi* (*also*: **go ~ping**) ir de compras;

~ assistant (BRIT) *n* dependiente/a *m/f*; **~ floor** (BRIT) *n* (*fig*) taller *m*, fábrica; **~keeper** *n* tendero/a; **~lifting** *n* mechería; **~per** *n* comprador(a) *m/f*; **~ping** (*goods*) compras *fpl*; **~ping bag** *n* bolsa (de compras); **~ping centre** (US **~ping center**) *n* centro comercial; **~-soiled** *adj* deteriorado; **~ steward** (BRIT) *n* (INDUSTRY) enlace *m* sindical; **~ window** *n* escaparate *m* (SP), vidriera (AM)

shore [ʃɔ:*] *n* orilla ♦ *vt*: **to ~ (up)** reforzar; **on ~** en tierra

shorn [ʃɔ:n] *pp of* **shear**

short [ʃɔ:t] *adj* corto; (*in time*) breve, de corta duración; (*person*) bajo; (*curt*) brusco, seco; (*insufficient*) insuficiente; **(a pair of) ~s** (unos) pantalones *mpl* cortos; **to be ~ of sth** estar falto de algo; **in ~** en pocas palabras; **~ of doing** ... fuera de hacer ...; **it is ~ for** es la forma abreviada de; **to cut ~** (*speech, visit*) interrumpir, terminar inesperadamente; **everything ~ of** ... todo menos ...; **to fall ~ of** no alcanzar; **to run ~ of** quedarle a uno poco; **to stop ~** pararse en seco; **to stop ~ of** detenerse antes de; **~age** *n*: **a ~age of** una falta de; **~bread** *n* especie de mantecada; **~change** *vt* no dar el cambio completo a; **~circuit** *n* cortocircuito; **~coming** *n* defecto, deficiencia; **~(crust) pastry** (BRIT) *n* pasta quebradiza; **~cut** *n* atajo; **~en** *vt* acortar; (*visit*) interrumpir; **~fall** *n* déficit *m*; **~hand** (BRIT) *n* taquigrafía; **~hand typist** (BRIT) *n* taquimecanógrafa/o; **~ list** (BRIT) *n* (*for job*) lista de candidatos escogidos; **~lived** *adj* efímero; **~ly** *adv* en breve, dentro de poco; **~sighted** (BRIT) *adj* miope; (*fig*) imprudente; **~staffed** *adj*: **to be ~staffed** estar falto de personal; **~ story** *n* cuento; **~tempered** *adj* enojadizo; **~term** *adj* (*effect*) a corto plazo; **~wave** *n* (RADIO) onda corta

shot [ʃɔt] *pt, pp of* **shoot** ♦ *n* (*sound*)

tiro, disparo; (try) tentativa; (injection) inyección f; (PHOT) toma, fotografía f; **to be a good/poor ~** (person) tener buena/mala puntería; **like a ~** (without any delay) como un rayo; **~gun** n escopeta

should [ʃud] aux vb: **I ~ go now** debo irme ahora; **he ~ be there now** debe de haber llegado (ya); **I ~ go if I were you** yo en tu lugar me iría; **I ~ like to** me gustaría

shoulder ['ʃəuldə*] n hombro ♦ vt (fig) cargar con; **~ bag** n cartera de bandolera; **~ blade** n omóplato

shouldn't ['ʃudnt] = should not

shout [ʃaut] n grito ♦ vt gritar ♦ vi gritar, dar voces; **~ down** vt acallar a gritos; **~ing** n griterío

shove [ʃʌv] n empujón m ♦ vt empujar; (inf: put): **to ~ sth in** meter algo a empellones; **~ off** (inf) vi largarse

shovel ['ʃʌvl] n pala; (mechanical) excavadora ♦ vt mover con pala

show [ʃəu] (pt showed, pp shown) n (of emotion) demostración f; (semblance) apariencia; (exhibition) exposición f; (THEATRE) función f, espectáculo; (TV) show m ♦ vt mostrar, enseñar; (courage etc) mostrar, manifestar; (exhibit) exponer; (film) proyectar ♦ vi mostrarse; (appear) aparecer; **for ~** para impresionar; **on ~** (exhibits etc) expuesto; **~ in** vt (person) hacer pasar; **~ off** (pej) vi presumir ♦ vt (display) lucir; **~ out** vt: **to ~ sb out** acompañar a uno a la puerta; **~ up** vi (stand out) destacar; (inf: turn up) aparecer ♦ vt (unmask) desenmascarar; **~ business** n mundo del espectáculo; **~down** n enfrentamiento (final)

shower ['ʃauə*] n (rain) chaparrón m, chubasco; (of stones etc) lluvia; (for bathing) ducha (SP), regadera (AM) ♦ vi llover ♦ vt (fig): **to ~ sb with sth** mar a uno de algo; **to have a ~** charse; **~proof** adj impermeable

showing ['ʃəuɪŋ] n (of film) proyección f

show jumping n hípica

shown [ʃəun] pp of **show**

show-~off [ʃəu] n (person) presumido/a; **~piece** n (of exhibition etc) objeto cumbre; **~room** n sala de muestras

shrank [ʃræŋk] pt of **shrink**

shrapnel ['ʃræpnl] n metralla

shred [ʃred] n (gen pl) triza, jirón m ♦ vt hacer trizas; (CULIN) desmenuzar; **~der** n (vegetable ~der) picadora; (document ~der) trituradora (de papel)

shrewd [ʃruːd] adj astuto

shriek [ʃriːk] n chillido ♦ vi chillar

shrill [ʃrɪl] adj agudo, estridente

shrimp [ʃrɪmp] n camarón m

shrine [ʃraɪn] n santuario, sepulcro

shrink [ʃrɪŋk] (pt shrank, pp shrunk) vi encogerse; (be reduced) reducirse; (also: ~ away) retroceder ♦ vt encoger ♦ n (inf: pej) loquero/a; **to ~ from (doing) sth** no atreverse a hacer algo; **~wrap** vt embalar con película de plástico

shrivel ['ʃrɪvl] (also: ~ up) vt (dry) secar ♦ vi secarse

shroud [ʃraud] n sudario ♦ vt: **~ed in mystery** envuelto en el misterio

Shrove Tuesday ['ʃrəuv-] n martes m de carnaval

shrub [ʃrʌb] n arbusto; **~bery** n arbustos mpl

shrug [ʃrʌg] n encogimiento de hombros ♦ vt, vi: **to ~ (one's shoulders)** encogerse de hombros; **~ off** vt negar importancia a

shrunk [ʃrʌŋk] pp of **shrink**

shudder ['ʃʌdə*] n estremecimiento, escalofrío ♦ vi estremecerse

shuffle ['ʃʌfl] vt (cards) barajar ♦ vi: **to ~ (one's feet)** arrastrar los pies

shun [ʃʌn] vt rehuir, esquivar

shunt [ʃʌnt] vt (train) maniobrar; (object) empujar

shut [ʃʌt] (pt, pp shut) vt cerrar ♦ vi

cerrarse; **~ down** vt, vi cerrar; **~ off** vt (supply etc) cortar; **~ up** vi (inf: keep quiet) callarse ♦ vt (close) cerrar; (silence) hacer callar; **~ter** n contraventana; (PHOT) obturador m

shuttle ['ʃʌtl] n lanzadera; (also: ~ service) servicio rápido y continuo entre dos puntos m (: AVIAT) puente m aéreo; **~cock** n volante m m; **~ diplomacy** n viajes mpl diplomáticos

shy [ʃaɪ] adj tímido; **~ness** n timidez f

Sicily ['sɪsɪlɪ] n Sicilia

sick [sɪk] adj (ill) enfermo; (nauseated) mareado; (humour) negro; (vomiting): **to be ~** (BRIT) vomitar; **to feel ~** tener náuseas; **to be ~ of** (fig) estar harto de; **~ bay** n enfermería; **~en** vt dar asco a; **~ening** adj (fig) asqueroso

sickle ['sɪkl] n hoz f

sick: ~ leave n baja por enfermedad; **~ly** adj enfermizo; (smell) nauseabundo; **~ness** n enfermedad f, mal m; (vomiting) náuseas fpl; **~ pay** n subsidio de enfermedad

side [saɪd] n (gen) lado; (of body) costado; (of lake) orilla; (of hill) ladera; (team) equipo; ♦ adj (door, entrance) lateral ♦ vi: **to ~ with sb** tomar el partido de uno; **by the ~ of** al lado de; **~ by ~** juntos/as; **from ~ to ~** de un lado para otro; **from all ~s** de todos lados; **to take ~s (with)** tomar partido (con); **~board** n aparador m; **~boards** (BRIT) npl = **~burns**; **~burns** npl patillas fpl; **~ drum** n tambor m; **~ effect** n efecto secundario; **~light** n (AUT) luz f lateral; **~line** n (SPORT) línea de banda; (fig) empleo suplementario; **~long** adj de soslayo; **~ order** n plato de acompañamiento; **~ show** n (stall) caseta; **~step** n (fig) esquivar; **~ street** n calle f lateral; **~track** vt (fig) desviar (de su propósito); **~walk** (US) n acera; **~ways** adv de lado

siding ['saɪdɪŋ] n (RAIL) apartadero, vía

muerta

siege [siːdʒ] n cerco, sitio

sieve [sɪv] n colador m ♦ vt cribar

sift [sɪft] vt cribar; (fig: information) escudriñar

sigh [saɪ] n suspiro ♦ vi suspirar

sight [saɪt] n (faculty) vista; (spectacle) espectáculo; (on gun) mira, alza ♦ vt divisar; **in ~** a la vista; **out of ~** fuera de (la) vista; **on ~** (shoot) sin previo aviso; **~seeing** n excursionismo, turismo; **to go ~seeing** hacer turismo

sign [saɪn] n (with hand) señal f, seña; (trace) huella, rastro; (notice) letrero; (written) signo ♦ vt firmar; (SPORT) fichar; **to ~ sth over to sb** firmar el traspaso de algo a uno; **~ on** vi (BRIT: as unemployed) registrarse como desempleado; (for course) inscribirse ♦ vt (MIL) alistar; (employee) contratar; **~ up** vi (MIL) alistarse; (for course) inscribirse ♦ vt (player) fichar

signal ['sɪgnl] n señal f ♦ vi señalizar ♦ vt (person) hacer señas a; (message) comunicar por señales; **~man** (irreg) n (RAIL) guardavía m

signature ['sɪgnətʃə*] n firma; **~ tune** n sintonía de apertura de un programa

signet ring ['sɪgnət-] n anillo de sello

significance [sɪg'nɪfɪkəns] n (importance) trascendencia

significant [sɪg'nɪfɪkənt] adj significativo; (important) trascendente

signify ['sɪgnɪfaɪ] vt significar

sign language n lenguaje m para sordomudos

signpost ['saɪnpəust] n indicador m

silence ['saɪləns] n silencio ♦ vt acallar; (guns) reducir al silencio; **~r** n (on gun, BRIT: AUT) silenciador m

silent ['saɪlənt] adj silencioso; (not speaking) callado; (film) mudo; **to remain ~** guardar silencio; **~ partner** n (COMM) socio/a comanditario/a

silhouette [sɪluː'et] n silueta

silicon chip ['sɪlɪkən-] n plaqueta de silicio

silk [sɪlk] *n* seda ♦ *adj* de seda; **~y** *adj* sedoso

silly ['sɪlɪ] *adj* (*person*) tonto; (*idea*) absurdo

silt [sɪlt] *n* sedimento

silver ['sɪlvə*] *n* plata; (*money*) moneda suelta ♦ *adj* de plata; (*colour*) plateado; **~ paper** (*BRIT*) *n* papel *m* de plata; **~-plated** *adj* plateado; **~smith** *n* platero/a; **~ware** *n* plata; **~y** *adj* argentino

similar ['sɪmɪlə*] *adj*: **~ (to)** parecido *or* semejante (a); **~ity** [-'lærɪtɪ] *n* semejanza; **~ly** *adv* del mismo modo

simmer ['sɪmə*] *vi* hervir a fuego lento

simple ['sɪmpl] *adj* (*easy*) sencillo; (*foolish*, COMM: *interest*) simple; **simplicity** [-'plɪsɪtɪ] *n* sencillez *f*; **simplify** ['sɪmplɪfaɪ] *vt* simplificar

simply ['sɪmplɪ] *adv* (*live, talk*) sencillamente; (*just, merely*) sólo

simulate ['sɪmjuleɪt] *vt* fingir, simular; **~d** *adj* simulado; (*fur*) de imitación

simultaneous [sɪmʌl'teɪnɪəs] *adj* simultáneo; **~ly** *adv* simultáneamente

sin [sɪn] *n* pecado ♦ *vi* pecar

since [sɪns] *adv* desde entonces, después ♦ *prep* desde ♦ *conj* (*time*) desde que; (*because*) ya que, puesto que; **~ then, ever ~** desde entonces

sincere [sɪn'sɪə*] *adj* sincero; **~ly** *adv*: **yours ~ly** (*in letters*) le saluda atentamente; **sincerity** [-'serɪtɪ] *n* sinceridad *f*

sinew ['sɪnjuː] *n* tendón *m*

sing [sɪŋ] (*pt* **sang**, *pp* **sung**) *vt, vi* cantar

Singapore [sɪŋə'pɔː*] *n* Singapur *m*

singe [sɪndʒ] *vt* chamuscar

singer ['sɪŋə*] *n* cantante *m/f*

singing ['sɪŋɪŋ] *n* canto

single ['sɪŋgl] *adj* único, solo; (*unmarried*) soltero; (*not double*) simple, sencillo ♦ *n* (*BRIT: also: ~ ticket*) billete *m* sencillo; (*record*) sencillo; *m*; **~s** *npl* (*TENNIS*) individual *m*; **~ out** *vt* (*choose*) escoger; **~ bed** cama

individual; **~-breasted** *adj* recto; **~ file** *n*: **in ~ file** en fila de uno; **~-handed** *adv* sin ayuda; **~-minded** *adj* resuelto, firme; **~ parent** *n* padre *m* soltero, madre *f* soltera *o* divorciado *etc*); **~ parent family** familia monoparental; **~ room** *n* cuarto individual

singly ['sɪŋglɪ] *adv* uno por uno

singular ['sɪŋgjulə*] *adj* (*odd*) raro, extraño; (*outstanding*) excepcional ♦ *n* (*LING*) singular *m*

sinister ['sɪnɪstə*] *adj* siniestro

sink [sɪŋk] (*pt* **sank**, *pp* **sunk**) *n* fregadero ♦ *vt* (*ship*) hundir, echar a pique; (*foundations*) excavar ♦ *vi* (*gen*) hundirse; **to ~ sth into** hundir algo en; **~ in** *vi* (*fig*) penetrar, calar

sinner ['sɪnə*] *n* pecador/a *m/f*

sinus ['saɪnəs] *n* (*ANAT*) seno

sip [sɪp] *n* sorbo ♦ *vt* sorber, beber a sorbitos

siphon ['saɪfən] *n* sifón *m*; **~ off** *vt* desviar

sir [sə*] *n* señor *m*; **S~ John Smith** Sir John Smith; **yes ~** sí, señor

siren ['saɪərn] *n* sirena

sirloin ['sɜːlɔɪn] *n* (*also: ~ steak*) solomillo

sister ['sɪstə*] *n* hermana; (*BRIT: nurse*) enfermera jefe; **~-in-law** *n* cuñada

sit [sɪt] (*pt, pp* **sat**) *vi* sentarse; (*be sitting*) estar sentado; (*assembly*) reunirse; (*for painter*) posar ♦ *vt* (*exam*) presentarse a; **~ down** *vi* sentarse; **~ in on** *vt fus* asistir a; **~ up** *vi* incorporarse; (*not go to bed*) velar

sitcom ['sɪtkɒm] *n abbr* (= *situation comedy*) comedia de situación

site [saɪt] *n* sitio; (*also: building ~*) solar *m* ♦ *vt* situar

sit-in (*demonstration*) sentada

sitting ['sɪtɪŋ] *n* (*of assembly etc*) sesión *f*; (*in canteen*) turno; **~ room** *n* sala de estar

situated ['sɪtjueɪtɪd] *adj* situado

situation [sɪtju'eɪʃən] *n* situación *f*;

"~s vacant" (BRIT) "ofrecen trabajo"

six [sɪks] num seis; **~teen** num diez y seis, dieciséis; **~th** num sexto; **~ty** num sesenta

size [saɪz] n tamaño; (extent) extensión f; (of clothing) talla; (of shoes) número; **~ up** vt formarse una idea de; **~able** adj importante, considerable

sizzle ['sɪzl] vi crepitar

skate [skeɪt] n patín m; (fish: pl inv) raya ♦ vi patinar; **~board** n monopatín m; **~boarding** n monopatín m; **~r** n patinador(a) m/f; **skating** n patinaje m; **skating rink** n pista de patinaje

skeleton ['skɛlɪtn] n esqueleto; (TECH) armazón f; (outline) esquema m; **~ staff** n personal m reducido

skeptic etc ['skɛptɪk] (US) = **sceptic**

sketch [skɛtʃ] n (drawing) dibujo; (outline) esbozo, bosquejo; (THEATRE) sketch m ♦ vt dibujar; (plan etc: also: **~ out**) esbozar; **~ book** n libro de dibujos; **~y** adj incompleto

skewer ['skju:ə*] n broqueta

ski [ski:] n esquí m ♦ vi esquiar; **~ boot** n bota de esquí

skid [skɪd] n patinazo ♦ vi patinar

ski: **~er** n esquiador(a) m/f; **~ing** n esquí m; **~ jump** n salto con esquís

skilful ['skɪlful] (BRIT) adj diestro, experto

ski lift n telesilla m, telesquí m

skill [skɪl] n destreza, pericia, técnica; **~ed** adj hábil, diestro; (worker) cualificado; **~ful** (US) = **skilful**

skim [skɪm] vt (milk) desnatar; (glide over) rozar, rasar ♦ vi: **to ~ through** (book) hojear; **~med milk** n leche f desnatada

skimp [skɪmp] vt (also: **~ on:** work) chapucear; (cloth etc) escatimar; **~y** adj escaso; (skirt) muy corto

skin [skɪn] n piel f; (complexion) cutis m ♦ vt (fruit etc) pelar; (animal) despellejar; **~ cancer** n cáncar m de piel; **~-deep** adj superficial; **~ diving** n buceo; **~ny** adj flaco; **~tight** adj

(dress etc) muy ajustado

skip [skɪp] n brinco, salto; (BRIT: container) contenedor m ♦ vi brincar; (with rope) saltar a la comba ♦ vt saltarse

ski: **~ pass** n forfait m (de esquí); **~ pole** n bastón m de esquiar

skipper ['skɪpə*] n (NAUT, SPORT) capitán m

skipping rope ['skɪpɪŋ-] (BRIT) n comba

skirmish ['skə:mɪʃ] n escaramuza

skirt [skə:t] n falda (SP), pollera (AM) ♦ vt (go round) ladear; **~ing board** (BRIT) n rodapié m

ski slope n pista de esquí

ski suit n traje m de esquiar

ski tow n remonte m

skittle ['skɪtl] n bolo; **~s** n (game) boliche m

skive [skaɪv] (BRIT: inf) vi gandulear

skull [skʌl] n calavera; (ANAT) cráneo

skunk [skʌŋk] n mofeta

sky [skaɪ] n cielo; **~light** n tragaluz m, claraboya; **~scraper** n rascacielos m inv

slab [slæb] n (stone) bloque m; (flat) losa; (of cake) trozo

slack [slæk] adj (loose) flojo; (slow) de poca actividad; (careless) descuidado; **~s** npl pantalones mpl; **~en** (also: **~en off**) vi aflojarse ♦ vt aflojar; (speed) disminuir

slag heap ['slæg-] n escorial m, escombrera

slag off (BRIT: inf) vt poner como un trapo

slam [slæm] vt (throw) arrojar (violentamente); (criticize) criticar duramente ♦ vt (of door) cerrarse de golpe; **to ~ the door** dar un portazo

slander ['slɑ:ndə*] n calumnia, difamación f

slang [slæŋ] n argot m; (jargon) jerga

slant [slɑ:nt] n sesgo, inclinación f; (fig) interpretación f; **~ed** adj (fig) parcial; **~ing** adj inclinado; (eyes) rasgado

slap |slæp| n palmada; (in face) bofetada ♦ vt dar una palmada or bofetada a; (paint etc): **to ~ sth on sth** embadurnar algo con algo ♦ adv (directly) exactamente, directamente; **~dash** adj descuidado; **~stick** n comedia de golpe y porrazo; **~-up** adj: **a ~-up meal** (BRIT) un banquetazo, una comilona

slash |slæʃ| vt acuchillar; (fig: prices) fulminar

slat |slæt| n tablilla, listón m

slate |sleɪt| n pizarra ♦ vt (fig: criticize) criticar duramente

slaughter |'slɔːtə*| n (of animals) matanza; (of people) carnicería ♦ vt matar; **~house** n matadero

Slav |slɑːv| adj eslavo

slave |sleɪv| n esclavo/a ♦ vi (also: ~ away) sudar tinta; **~ry** n esclavitud f

slay |sleɪ| (pt **slew**, pp **slain**) vt matar

sleazy |'sliːzɪ| adj de mala fama

sledge |sledʒ| n trineo; **~hammer** n mazo

sleek |sliːk| adj (shiny) lustroso; (car etc) elegante

sleep |sliːp| (pt, pp **slept**) n sueño ♦ vi dormir; **to go to ~** quedarse dormido; **~ around** vi acostarse con cualquiera; **~ in** vi (oversleep) quedarse dormido; **~er** n (person) durmiente m/f; (BRIT: RAIL: on track) traviesa; (: train) coche-cama m; **~ing bag** n saco de dormir; **~ing car** n coche-cama m; **~ing partner** (BRIT) n (COMM) socio comanditario; **~ing pill** n somnífero; **~less** adj: **a ~less night** una noche en blanco; **~walker** n sonámbulo/a; **~y** adj soñoliento; (place) soporífero

sleet |sliːt| n aguanieve f

sleeve |sliːv| n manga; (TECH) manguito; (of record) portada; **~less** adj sin mangas

sleigh |sleɪ| n trineo

sleight |slaɪt| n: **~ of hand** escamoteo

slender |'slendə*| adj delgado; (means)

escaso

slept |slept| pt, pp of **sleep**

slew |sluː| pt of **slay** ♦ vi (BRIT: veer) torcerse

slice |slaɪs| n (of meat) tajada; (of bread) rebanada; (of lemon) rodaja; (utensil) pala ♦ vt cortar (en tajos), rebanar

slick |slɪk| adj (skilful) hábil, diestro; (clever) astuto ♦ n (also: oil ~) marea negra

slide |slaɪd| (pt, pp **slid**) n (movement) descenso, desprendimiento; (in playground) tobogán m; (PHOT) diapositiva; (BRIT: also: hair ~) pasador m ♦ vt correr, deslizar ♦ vi (slip) resbalarse; (glide) deslizarse; **sliding** adj (door) corredizo; **sliding scale** n escala móvil

slight |slaɪt| adj (slim) delgado; (frail) delicado; (pain etc) leve; (trivial) insignificante; (small) pequeño ♦ n desaire m ♦ vt (insult) ofender, desairar; **not in the ~est** en absoluto; **~ly** adv ligeramente, un poco

slim |slɪm| adj delgado, esbelto; (fig: chance) remoto ♦ vi adelgazar

slime |slaɪm| n limo, cieno

slimming |'slɪmɪŋ| n adelgazamiento

slimy |'slaɪmɪ| adj cenagoso

sling |slɪŋ| (pt, pp **slung**) n (MED) cabestrillo; (weapon) honda ♦ vt tirar, arrojar

slip |slɪp| n (slide) resbalón m; (mistake) descuido; (underskirt) combinación f; (of paper) papelito ♦ vt (slide) deslizar ♦ vi (stumble) resbalar(se); (decline) decaer; (move smoothly): **to ~ into/out of** (room etc) introducirse en/salirse de; **to give sb the ~** eludir a uno; **a ~ of the tongue** un lapsus; **to ~ sth on/off** ponerse/quitarse algo; **~ away** vi escabullirse; **~ in** vt meter ♦ vi meterse; **~ out** vi (go out) salir (un momento); **~ up** vi (make mistake) equivocarse; meter la pata; **~ped disc** n vértebra dislocada

slipper ['slɪpə*] n zapatilla, pantufla
slippery ['slɪpərɪ] adj resbaladizo
slip: ~ **road** (BRIT) n carretera de acceso; ~**up** n (error) desliz m; ~**way** n grada, gradas fpl
slit [slɪt] (pt, pp **slit**) n raja; (cut) corte m ♦ vt rajar; cortar
slither ['slɪðə*] vi deslizarse
sliver ['slɪvə*] n (of glass, wood) astilla; (of cheese etc) raja
slob [slɔb] (inf) n abandonado/a
slog [slɔg] (BRIT) n sudar tinta; **it was a** ~ costó trabajo (hacerlo)
slogan ['slaugan] n eslogan m, lema m
slope [slaup] n (up) cuesta, pendiente f; (down) declive m; (side of mountain) falda, vertiente m ♦ vi: **to** ~ **down** estar en declive; **to** ~ **up** inclinarse; **sloping** adj en pendiente; en declive; (writing) inclinado
sloppy ['slɔpɪ] adj (work) descuidado; (appearance) desaliñado
slot [slɔt] n ranura ♦ vt: **to** ~ **into** encajar en
slot machine n (BRIT: vending machine) distribuidor m automático; (for gambling) tragaperras m inv
slouch [slautʃ] vi andar etc con los hombros caídos
Slovenia [sləu'vi:nɪə] n Eslovenia
slovenly ['slʌvənlɪ] adj desaliñado, desaseado; (careless) descuidado
slow [slau] adj lento; (not clever) lerdo; (watch): **to be** ~ atrasar ♦ adv lentamente, despacio ♦ vt, vi (also: ~ **down**, ~ **up**) retardar; "~" (road sign) "disminuir velocidad"; ~**down** (us) n huelga de manos caídas; ~**ly** adv lentamente, despacio; **in** ~ **motion** a cámara lenta
sludge [slʌdʒ] n lodo, fango
slug [slʌg] n babosa; (bullet) posta; ~**gish** adj lento; (person) perezoso
sluice [slu:s] n (gate) esclusa; (channel) canal m
slum [slʌm] n casucha
slump [slʌmp] n (economic) depresión

f ♦ vi hundirse; (prices) caer en picado
slung [slʌŋ] pt, pp of **sling**
slur [slə:*] n: **to cast a** ~ **on** insultar ♦ vt (speech) pronunciar mal
slush [slʌʃ] n nieve f a medio derretir
slut [slʌt] n putona
sly [slaɪ] adj astuto; (smile) taimado
smack [smæk] n bofetada ♦ vt dar con la mano a; (child, on face) abofetear ♦ vi: **to** ~ **of** saber a, oler a
small [smɔ:l] adj pequeño; ~ **ads** (BRIT) npl anuncios mpl por palabras; ~ **change** n suelto, cambio; ~**holder** (BRIT) n granjero/a, parcelero/a; ~ **hours** npl: **in the** ~ **hours** a las altas horas (de la noche); ~**pox** n viruela; ~ **talk** n cháchara
smart [smɑ:t] adj elegante; (clever) listo, inteligente, (quick) rápido, vivo ♦ vi escocer, picar; ~**en up** vi arreglarse ♦ vt arreglar
smash [smæʃ] n (also: ~-**up**) choque m; (MUS) exitazo ♦ vt (break) hacer pedazos; (car etc) estrellar; (SPORT: record) batir ♦ vi hacerse pedazos; (against wall etc) estrellarse; ~**ing** (inf) adj estupendo
smattering ['smætərɪŋ] n: **a** ~ **of** algo de
smear [smɪə*] n mancha; (MED) frotis m inv ♦ vt untar; ~ **campaign** n campaña de desprestigio
smell [smel] (pt, pp **smelt** or **smelled**) n olor m; (sense) olfato ♦ vt, vi oler; ~**y** adj maloliente
smile [smaɪl] n sonrisa ♦ vi sonreír
smirk [smə:k] n sonrisa falsa or afectada
smith [smɪθ] n herrero; ~**y** ['smɪðɪ] n herrería
smog [smɔg] n esmog m
smoke [smauk] n humo ♦ vi fumar; (chimney) echar humo ♦ vt (cigarettes) fumar; ~**d** adj (bacon, glass) ahumado; ~**r** n (person) fumador/a m/f; (RAIL) coche m fumador; ~ **screen** n cortina de humo; ~ **shop** (US) n estanco (SP),

tabaquería (AM); **smoking** n: "no smoking" "prohibido fumar"; **smoky** adj (room) lleno de humo; (taste) ahumado

smolder ['sməuldə*] (US) vi = **smoulder**

smooth [smu:ð] adj liso; (sea) tranquilo; (flavour, movement) suave; (sauce) fino; (person: pej) meloso ♦ vt (also: ~ out) alisar; (creases, difficulties) allanar

smother ['smʌðə*] vt sofocar; (repress) contener

smoulder ['sməuldə*] (US **smolder**) vi arder sin llama

smudge [smʌdʒ] n mancha ♦ vt manchar

smug [smʌg] adj presumido, orondo

smuggle ['smʌgl] vt pasar de contrabando; **~r** n contrabandista m/f; **smuggling** n contrabando

smutty ['smʌtɪ] adj (fig) verde, obsceno

snack [snæk] n bocado; **~ bar** n cafetería

snag [snæg] n problema m

snail [sneɪl] n caracol m

snake [sneɪk] n serpiente f

snap [snæp] n (sound) chasquido; (photograph) foto ♦ adj (decision) instantáneo ♦ vt (break) quebrar; (fingers) castañetear ♦ vi quebrarse; (fig: speak sharply) contestar bruscamente; **to ~ shut** cerrarse de golpe; **~ at** vt fus (subj: dog) intentar morder; **~ off** vi partirse; **~ up** vt agarrar; **~ fastener** (US) n botón m de presión; **~py** (inf) adj (answer) instantáneo; (slogan) conciso; **make it ~py!** (hurry up) ¡date prisa!; **~shot** n foto f (instantánea)

snare [snɛə*] n trampa

snarl [snɑ:l] vi gruñir

snatch [snætʃ] n (small piece) fragmento ♦ vt (~ away) arrebatar; (fig) agarrar; **to ~ some sleep** encontrar tiempo para dormir

sneak [sni:k] (pt (US) **snuck**) vi: **to ~ in/out** entrar/salir a hurtadillas ♦ n (inf) soplón/ona m/f; **to ~ up on sb** aparecérsele de improviso a uno; **~ers** npl zapatos mpl de lona; **~y** adj furtivo

sneer [snɪə*] vi reír con sarcasmo; (mock): **to ~** at burlarse de

sneeze [sni:z] vi estornudar

sniff [snɪf] vi sollozar ♦ vt husmear, oler; (drugs) esnifar

snigger ['snɪgə*] vi reírse con disimulo

snip [snɪp] n tijeretazo; (BRIT: inf: bargain) ganga ♦ vt tijeretear

sniper ['snaɪpə*] n francotirador(a) m/f

snippet ['snɪpɪt] n retazo

snob [snɔb] n (e)snob m/f; **~bery** n (e)snobismo; **~bish** adj (e)snob

snooker ['snu:kə*] n especie de billar

snoop [snu:p] vi: **to ~ about** fisgonear

snooze [snu:z] n siesta ♦ vi echar una siesta

snore [snɔ:*] n ronquido ♦ vi roncar

snorkel ['snɔ:kl] n (tubo) respirador m

snort [snɔ:t] n bufido ♦ vi bufar

snout [snaut] n hocico, morro

snow [snəu] n nieve f ♦ vi nevar; **~ball** n bola de nieve ♦ vi (fig) agrandirse, ampliarse; **~bound** adj bloqueado por la nieve; **~drift** n ventisquero; **~drop** n campanilla; **~fall** n nevada; **~flake** n copo de nieve; **~man** (irreg) n figura de nieve; **~plough** (US **~plow**) n quitanieves m inv; **~shoe** n raqueta (de nieve); **~storm** n nevada, nevasca

snub [snʌb] vt (person) desairar ♦ n desaire m, repulsa; **~-nosed** adj chato

snuff [snʌf] n rapé m

snug [snʌg] adj (cosy) cómodo; (fitted) ajustado

snuggle ['snʌgl] vi: **to ~ up to sb** arrimarse a uno

KEYWORD

---

so [səu] adv 1 (thus, likewise) así, de este modo; **if ~** de ser así; **I like swimming — do I** a mí me gusta nadar — a mí también; **I've got work**

to do ~ ~ has Paul tengo trabajo que hacer — Paul también; **it's 5 o'clock — ~ it is!** son las cinco — ¡pues es verdad!; **I hope/think ~** espero/creo que sí; **~ far** hasta ahora; (*in past*) hasta este momento

2 (*in comparisons etc: to such a degree*) tan; **~ quickly (that)** tan rápido (que); **~ big (that)** tan grande (que); **she's not ~ clever as her brother** no es tan lista como su hermano; **we were ~ worried** estábamos preocupadísimos

3: ~ much *adj, adv* tanto; **~ many** tantos/as

4 (*phrases*): **10 or ~** unos 10, 10 o así; **~ long!** (*inf: goodbye*) ¡hasta luego! ♦ *conj* **1** (*expressing purpose*): **~ as to do** para hacer; **~ (that)** para que **↓ sub 2** (*expressing result*) así que; **~ you see, I could have gone** así que ya ves, (yo) podría haber ido

---

soak [səʊk] *vt* (*drench*) empapar; (*steep in water*) remojar ♦ *vi* remojarse, estar a remojo; **~ in** *vi* penetrar; **~ up** *vt* absorber

soap [səʊp] *n* jabón *m*; **~flakes** *npl* escamas *fpl* de jabón; **~ opera** *n* telenovela; **~ powder** *n* jabón *m* en polvo; **~y** *adj* jabonoso

soar [sɔː*] *vi* (*on wings*) remontarse; (*rocket, prices*) dispararse; (*building etc*) elevarse

sob [sɔb] *n* sollozo ♦ *vi* sollozar

sober ['səʊbə*] *adj* (*serious*) serio; (*not drunk*) sobrio; (*colour, style*) discreto; **~ up** *vt* quitar la borrachera

so-called *adj* así llamado

soccer ['sɔkə*] *n* fútbol *m*

social ['səʊʃl] *adj* social; **~ club** *n* club *m*; **~ism** *n* socialismo; **~ist** *adj, n* socialista *m/f*; **~ize** *vi*: **to ~ize (with)** alternar (con); **~ly** *adv* socialmente; **~ security** *n* seguridad *f* social; **~ work** *n* asistencia social; **~ worker** *n* asistente/a *m/f*

---

social

society [sə'saɪətɪ] *n* sociedad *f*; (*club*) asociación *f*; (*also: high ~*) alta sociedad

sociology [səʊsɪ'ɒlədʒɪ] *n* sociología *f*

sock [sɔk] *n* calcetín *m* (SP), media (AM)

socket ['sɔkɪt] *n* cavidad *f*; (BRIT: ELEC) enchufe *m*

sod [sɔd] *n* (*of earth*) césped *m*; (BRIT: *inf!*) cabrón/ona *m/f* (!)

soda ['səʊdə] *n* (CHEM) sosa; (*also: ~ water*) soda; (US: *also: ~ pop*) gaseosa

sofa ['səʊfə] *n* sofá *m*

soft [sɔft] *adj* (*lenient, not hard*) blando; (*gentle, not bright*) suave; **~ drink** *n* bebida no alcohólica; **~en** ['sɔfn] *vt* ablandar; suavizar; (*effect*) amortiguar ♦ *vi* ablandarse; suavizarse; **~ly** *adv* suavemente; (*gently*) delicadamente, con delicadeza; **~ness** *n* blandura; suavidad *f*; **~ware** *n* (COMPUT) software *m*

soggy ['sɔgɪ] *adj* empapado

soil [sɔɪl] *n* (*earth*) tierra, suelo ♦ *vt* ensuciar; **~ed** *adj* suelo

solar ['səʊlə*] *adj*: **~ energy** *n* energía solar; **~ panel** *n* panel *m* solar

sold [səʊld] *pt, pp* of **sell**; **~ out** *adj* (COMM) agotado

solder ['səʊldə*] *vt* soldar ♦ *n* soldadura

soldier ['səʊldʒə*] *n* soldado *m*; (*army man*) militar *m*

sole [səʊl] *n* (*of foot*) planta; (*of shoe*) suela; (*fish: pl inv*) lenguado ♦ *adj* único

solemn ['sɔləm] *adj* solemne

sole trader *n* (COMM) comerciante *m* exclusivo

solicit [sə'lɪsɪt] *vt* (*request*) solicitar ♦ *vi* (*prostitute*) importunar

solicitor [sə'lɪsɪtə*] *n* (BRIT) *n* (*for wills etc*) ≈ notario/a; (*in court*) ≈ abogado/a

solid ['sɔlɪd] *adj* sólido; (*gold etc*) macizo ♦ *n* sólido; **~s** *npl* (*food*) alimentos *mpl* sólidos

solidarity [sɔlɪˈdærɪtɪ] n solidaridad f
solitary [ˈsɔlɪtərɪ] adj solitario, solo;
~ **confinement** n incomunicación f
solo [ˈsəʊləʊ] n solo ♦ adv (fly) en
solitario; ~**ist** n solista m/f
soluble [ˈsɔljʊbl] adj soluble
solution [səˈluːʃən] n solución f
solve [sɔlv] vt resolver, solucionar
solvent [ˈsɔlvənt] adj (COMM) solvente
♦ n (CHEM) solvente m

KEYWORD

some [sʌm] adj **1** (a certain amount or
number of): ~ **tea/water/biscuits** té/
agua/(unas) galletas; **there's ~ milk
in the fridge** hay leche en el frigo;
there were ~ people outside había
algunas personas fuera; **I've got
~ money, but not much** tengo algo
de dinero, pero no mucho
2 (certain: in contrasts) algunos/as;
~ **people say that ...** hay quien dice
que ...; ~ **films were excellent, but
most were mediocre** hubo películas
excelentes, pero la mayoría fueron
mediocres
3 (unspecified): ~ **woman was
asking for you** una mujer estuvo
preguntando por ti; **he was asking
for ~ book (or other)** pedía un libro;
~ **day** algún día; ~ **day next week**
un día de la semana que viene
♦ pron **1** (a certain number): **I've got ~**
(books etc) tengo algunos/as
2 (a certain amount) algo; **I've got ~**
(money, milk) tengo algo; **could I
have ~ of that cheese?** ¿me puede
dar un poco de ese queso?; **I've read
~ of the book** he leído parte del libro
♦ adv: ~ **10 people** unas 10 personas,
una decena de personas

some: ~**body** [ˈsʌmbədɪ] pron =
someone; ~**how** adv de alguna
manera; (for some reason) por una u
otra razón; ~**one** pron alguien; ~**place**
(US) adv = **somewhere**

somersault [ˈsʌməsɔːlt] n (deliberate)
salto mortal; (accidental) vuelco ♦ vi
dar un salto mortal; dar vuelcos
some: ~**thing** pron algo; **would you
like ~thing to eat/drink?** ¿te
gustaría cenar/tomar algo?; ~**time** adv
(in future) algún día, en algún
momento; (in past): ~**time last
month** durante el mes pasado;
~**times** adv a veces; ~**what** adv algo;
~**where** adv (be) en alguna parte; (go)
a alguna parte; ~**where else** (be) en
otra parte; (go) a otra parte
son [sʌn] n hijo
song [sɔŋ] n canción f
son-in-law n yerno
soon [suːn] adv pronto, dentro de
poco; ~ **afterwards** poco después; see
also **as; ~er** adv (time) antes, más
temprano; (preference): **I would ~er
do that** preferiría hacer eso; ~**er or
later** tarde o temprano
soot [sʊt] n hollín m
soothe [suːð] vt tranquilizar; (pain)
aliviar
sophisticated [səˈfɪstɪkeɪtɪd] adj
sofisticado
sophomore [ˈsɒfəmɔː*] (US) n
estudiante m/f de segundo año
sopping [ˈsɒpɪŋ] adj: ~ **(wet)**
empapado
soppy [ˈsɒpɪ] (pej) adj tonto
soprano [səˈprɑːnəʊ] n soprano f
sorcerer [ˈsɔːsərə*] n hechicero
sore [sɔː*] adj (painful) doloroso, que
duele ♦ n llaga; ~**ly** adv: **I am ~ly
tempted to** estoy muy tentado a
sorrow [ˈsɒrəʊ] n pena, dolor m; ~**s**
npl pesares mpl; ~**ful** adj triste
sorry [ˈsɒrɪ] adj (regretful) arrepentido;
(condition, excuse) lastimoso; ~!
¡perdón!, ¡perdone!; ~**?** ¿cómo?; **to
feel ~ for sb** tener lástima a uno; **I
feel ~ for him** me da lástima
sort [sɔːt] n clase f, género, tipo ♦ vt
(also: ~ **out:** papers) clasificar; ~**ing**
(: problems) arreglar, solucionar;

office n sala de batalla

SOS n SOS m

so-so adv regular, así así

soufflé ['su:fleɪ] n suflé m

sought [sɔ:t] pt, pp of **seek**

soul [soul] n alma; ~ful adj lleno de sentimiento

sound [saund] n (noise) sonido, ruido; (volume: on TV etc) volumen m; (GEO) estrecho ♦ adj (healthy) sano; (safe, not damaged) en buen estado; (reliable: person) digno de confianza; (sensible) sensato, razonable; (secure: investment) seguro ♦ adv: ~ asleep profundamente dormido ♦ vt (alarm) sonar ♦ vi sonar, resonar; (fig: seem) parecer; to ~ like sonar a; ~ out vt sondear; ~ barrier n barrera del sonido; ~bite n cita jugosa; ~ effects npl efectos mpl sonoros; ~ly adv (sleep) profundamente; (defeated) completamente; ~proof adj insonorizado; ~track n (of film) banda sonora

soup [su:p] n (thick) sopa; (thin) caldo; ~ plate n plato sopero; ~spoon n cuchara sopera

sour [sauə*] adj agrio; (milk) cortado; it's ~ grapes (fig) están verdes

source [sɔ:s] n fuente f

south [sauθ] n sur m ♦ adj del sur, sureño ♦ adv al sur, hacia el sur; S~ Africa n África del Sur; S~ African adj, n sudafricano/a m/f; S~ America n América del Sur, Sudamérica; S~ American adj, n sudamericano/a m/f; ~-east n sudeste m; ~erly ['sʌðəlɪ] adj sur; (from the ~) del sur; ~ern ['sʌðən] adj del sur, meridional; S~ Pole n Polo Sur; ~ward(s) adv hacia el sur; ~-west n suroeste m

souvenir [su:və'nɪə*] n recuerdo

sovereign ['sɔvrɪn] adj, n soberano/a m/f; ~ty n soberanía

soviet ['səuvɪət] adj soviético; the S~ Union la Unión Soviética

sow[1] [səu] (pt sowed, pp sown) vt sembrar

sow[2] [sau] n cerda (SP), puerca (SP), chancha (AM)

soy [sɔɪ] (US) n = **soya**

soya ['sɔɪə] (BRIT) n soja; ~ bean n haba de soja; ~ sauce n salsa de soja

spa [spa:] n balneario

space [speɪs] n espacio; (room) sitio ♦ cpd espacial ♦ vt (also: ~ out) espaciar; ~craft n nave f espacial; ~man/woman (irreg) n astronauta m/f, cosmonauta m/f; ~ship n = ~craft; spacing n espaciado

spacious ['speɪʃəs] adj amplio

spade [speɪd] n (tool) pala, laya; ~s npl (CARDS: British) picas fpl; (: Spanish) espadas fpl

spaghetti [spə'getɪ] n espaguetis mpl, fideos mpl

Spain [speɪn] n España

span [spæn] n (of bird, plane) envergadura; (of arch) luz f; (in time) lapso ♦ vt extenderse sobre, cruzar; (fig) abarcar

Spaniard ['spænjəd] n español(a) m/f

spaniel ['spænjəl] n perro de aguas

Spanish ['spænɪʃ] adj español(a) ♦ n (LING) español m, castellano; the ~ npl los españoles

spank [spæŋk] vt zurrar

spanner ['spænə*] (BRIT) n llave f (inglesa)

spare [spɛə*] adj de reserva; (surplus) sobrante, de más ♦ n = ~ part ♦ vt (do without) pasarse sin, (refrain from hurting) perdonar; to ~ (surplus) sobrante, de sobra; ~ part n pieza de repuesto; ~ time n tiempo libre; ~ wheel n (AUT) rueda de recambio

sparingly ['spɛərɪŋlɪ] adv con moderación

spark [spa:k] n chispa; (fig) chispazo; ~(ing) plug n bujía

sparkle ['spa:kl] n centelleo, destello ♦ vi (shine) relucir, brillar; sparkling adj (eyes, conversation) brillante; (wine) espumoso; (*mineral water*) con gas

sparrow ['spærəʊ] *n* gorrión *m*

sparse [spɑːs] *adj* esparcido, escaso

spartan ['spɑːtən] *adj* (*fig*) espartano

spasm ['spæzəm] *n* (*MED*) espasmo

spastic ['spæstɪk] *n* espástico/a

spat [spæt] *pt, pp* of **spit**

spate [speɪt] *n* (*fig*): **a ~ of** un torrente de

spawn [spɔːn] *vi* desovar, frezar ♦ *n* huevas *fpl*

speak [spiːk] (*pt* **spoke**, *pp* **spoken**) *vt* (*language*) hablar; (*truth*) decir ♦ *vi* hablar; (*make a speech*) intervenir; **to ~ to sb/of** *or* **about sth** hablar con uno/de o sobre algo; **~ up!** ¡habla fuerte!; **~er** *n* (*in public*) orador(a) *m/f*; (*also: loud~er*) altavoz *m*; (*for stereo etc*) bafle *m*; (*POL*): **the S~er** (*BRIT*) el Presidente de la Cámara de los Comunes; (*US*) el Presidente del Congreso

spear [spɪə*] *n* lanza ♦ *vt* alancear; **~head** *vt* (*attack etc*) encabezar

spec [spek] (*inf*) *n*: **on ~** como especulación

special ['speʃl] *adj* especial; (*edition etc*) extraordinario; (*delivery*) urgente; **~ist** *n* especialista *m/f*; **~ity** [speʃɪˈælɪtɪ] (*BRIT*) *n* especialidad *f*; **~ize** *vi*: **to ~ize (in)** especializarse (en); **~ly** *adv* sobre todo, en particular; **~ty** (*US*) *n* = **~ity**

species ['spiːʃiːz] *n inv* especie *f*

specific [spəˈsɪfɪk] *adj* específico; **~ally** *adv* específicamente

specify ['spesɪfaɪ] *vt, vi* especificar, precisar

specimen ['spesɪmən] *n* ejemplar *m*; (*MED*: *of urine*) espécimen *m* (: *of blood*) muestra

speck [spek] *n* grano, mota

speckled ['spekld] *adj* moteado

specs [speks] (*inf*) *npl* gafas *fpl* (*SP*), anteojos *mpl*

spectacle ['spektəkl] *n* espectáculo; **~s** *npl* (*BRIT*: *glasses*) gafas *fpl* (*SP*), anteojos *mpl*; **spectacular** [-ˈtækjʊlə*] *adj* espectacular; (*success*)

impresionante

spectator [spekˈteɪtə*] *n* espectador(a) *m/f*

spectrum ['spektrəm] (*pl* **spectra**) *n* espectro

speculate ['spekjʊleɪt] *vi*: **to ~ (on)** especular (en); **speculation** [spekjʊˈleɪʃən] *n* especulación *f*

speech [spiːtʃ] *n* (*faculty*) habla; (*formal talk*) discurso; (*spoken language*) lenguaje *m*; (*enunciation*) estupefacto; **~less** *adj* mudo, estupefacto; **~ therapist** *n* especialista que corrige defectos de pronunciación en los niños

speed [spiːd] *n* velocidad *f*; (*haste*) prisa; (*promptness*) rapidez *f*; **at full** *or* **top ~** a máxima velocidad; **~ up** *vi* acelerarse ♦ *vt* acelerar; **~boat** *n* lancha motora; **~ily** *adv* rápido, rápidamente; **~ing** *n* (*AUT*) exceso de velocidad; **~ limit** *n* límite *m* de velocidad, velocidad *f* máxima; **~ometer** [spɪˈdɔmɪtə*] *n* velocímetro; **~way** *n* (*sport*) pista de carrera; **~y** *adj* (*fast*) veloz, rápido; (*prompt*) pronto

spell [spel] (*pt, pp* **spelt** (*BRIT*) *or* **spelled**) *n* (*also: magic ~*) encanto, hechizo; (*period of time*) rato, período ♦ *vt* deletrear; (*fig*) anunciar, presagiar; **to cast a ~ on sb** hechizar a uno; **he can't ~** pone faltas de ortografía; **~bound** *adj* embelesado, hechizado; **~ing** *n* ortografía

spend [spend] (*pt, pp* **spent**) *vt* (*money*) gastar; (*time*) pasar; (*life*) dedicar; **~thrift** *n* derrochador(a) *m/f*, pródigo/a

sperm [spəːm] *n* esperma

sphere [sfɪə*] *n* esfera

sphinx [sfɪŋks] *n* esfinge *f*

spice [spaɪs] *n* especia ♦ *vt* condimentar

spicy ['spaɪsɪ] *adj* picante

spider ['spaɪdə*] *n* araña

spike [spaɪk] *n* (*point*) punta; (*BOT*) espiga

spill [spɪl] (*pt, pp* **spilt** *or* **spilled**) *vt*

derramar, verter ♦ vi derramarse; **to ~ over** desbordarse

spin [spin] (pt, pp **spun**) n (AVIAT) barrena; (trip in car) paseo (en coche); (on ball) efecto ♦ vt (wool etc) hilar; (ball etc) hacer girar ♦ vi girar, dar vueltas

spinach ['spinitʃ] n espinaca; (as food) espinacas fpl

spinal ['spainl] adj espinal; **~ cord** n columna vertebral

spin doctor n informador(a) parcial al servicio de un partido político etc

spin-dryer (BRIT) n secador m centrífugo

spine [spain] n espinazo, columna vertebral; (thorn) espina; **~less** adj (fig) débil, pusilánime

spinning ['spiniŋ] n hilandería; **~ top** n peonza

spin-off n derivado, producto secundario

spinster ['spinstə*] n soltera

spiral ['spaiərl] n espiral f ♦ vi (fig: prices) subir desorbitadamente; **~ staircase** n escalera de caracol

spire ['spaiə*] n aguja, chapitel m

spirit ['spirit] n (soul) alma f; (ghost) fantasma m; (attitude, sense) espíritu m; (courage) valor m, ánimo; **~s** npl (drink) licor(es) m(pl); **in good ~s** alegre, de buen ánimo; **~ed** adj enérgico, vigoroso

spiritual ['spiritjuəl] adj espiritual ♦ n espiritual m

spit [spit] n (for roasting) asador m, espetón m; (saliva) saliva ♦ vi escupir; (sound) chisporrotear; (rain) lloviznar

spite [spait] n rencor m, ojeriza ♦ vt causar pena, mortificar; **in ~ of** a pesar de, pese a; **~ful** adj rencoroso, malévolo

spittle ['spitl] n saliva, baba

splash [splæʃ] n (sound) chapoteo; (of colour) mancha ♦ vt salpicar ♦ vi (also: **~ about**) chapotear

spleen [spliːn] n (ANAT) bazo

splendid ['splendid] adj espléndido

splint [splint] n tablilla

splinter ['splintə*] n (of wood etc) astilla; (in finger) espigón m ♦ vi astillarse, hacer astillas

split [split] (pt, pp **split**) n hendedura, raja; (fig) división f; (POL) escisión f ♦ vt partir, rajar; (party) dividir; (share) repartir ♦ vi dividirse, escindirse; **~ up** vi (couple) separarse; (meeting) acabarse

spoil [spoil] (pt, pp **spoilt** or **spoiled**) vt (damage) dañar; (mar) estropear; (child) mimar, consentir; **~s** npl despojo, botín m; **~sport** n aguafiestas m inv

spoke [spəuk] pt of **speak** ♦ n rayo, radio

spoken ['spəukn] pp of **speak**

spokesman ['spəuksmən] (irreg) n portavoz m; **spokeswoman** ['spəukswumən] (irreg) n portavoz f

sponge [spʌndʒ] n esponja; (also: **~ cake**) bizcocho ♦ vt (wash) lavar con esponja ♦ vi: **to ~ off** or **on sb** vivir a costa de uno; **~ bag** (BRIT) n esponjera

sponsor ['spɒnsə*] n patrocinador(a) m/f ♦ vt (applicant, proposal etc) proponer; **~ship** n patrocinio

spontaneous [spɒn'teiniəs] adj espontáneo

spooky ['spuːki] (inf) adj espeluznante, horripilante

spool [spuːl] n carrete m

spoon [spuːn] n cuchara; **~-feed** vt dar de comer con cuchara a; (fig) tratar como un niño a; **~ful** n cucharada

sport [spɔːt] n deporte m; (person): **to be a good ~** ser muy majo ♦ vt (wear) lucir, ostentar; **~ing** adj deportivo; (generous) caballeroso; **to give sb a ~ing chance** darle a uno una (buena) oportunidad; **~ jacket** (US) n = **~s jacket**; **~s car** n coche m deportivo; **~s jacket** (BRIT) n chaqueta deportiva; **~sman** (irreg) n deportista m;

~smanship n deportividad f; **~swear** n trajes mpl de deporte or sport; **~swoman** (irreg) n deportista; **~y** adj deportista

spot [spɔt] n sitio, lugar m; (dot: on pattern) punto, mancha; (pimple) grano; (RADIO) cuña publicitaria; (TV) espacio publicitario; (small amount): **a ~ of** un poquito de ♦ vt (notice) notar, observar; **on the ~** allí mismo; **~ check** n reconocimiento rápido; **~less** adj perfectamente limpio; **~light** n foco, reflector m; (AUT) faro auxiliar; **~ted** adj (pattern) de puntos; **~ty** adj (face) con granos

spouse [spauz] n cónyuge m/f

spout [spaut] n (of jug) pico; (of pipe) caño ♦ vi salir en chorro

sprain [spreɪn] n torcedura ♦ vt: **to ~ one's ankle/wrist** torcerse el tobillo/la muñeca

sprang [spræŋ] pt of **spring**

sprawl [sprɔːl] vi tumbarse

spray [spreɪ] n rociada; (of sea) espuma; (container) atomizador m; (for paint etc) pistola rociadora; (of flowers) ramita ♦ vt rociar; (crops) regar

spread [spred] (pt, pp **spread**) n extensión f; (for bread etc) pasta para untar; (inf: food) comilona ♦ vt extender; (butter) untar; (wings, sails) desplegar; (work, wealth) repartir; (scatter) esparcir ♦ vi (also: ~ out: stain) extenderse; (news) diseminarse; **~ out** vi (move apart) separarse; **~-eagled** adj a pata tendida; **~sheet** n hoja electrónica or de cálculo

spree [spriː] n: **to go on a ~** ir de juerga

sprightly ['spraɪtlɪ] adj vivo, enérgico

spring [sprɪŋ] (pt **sprang**, pp **sprung**) n (season) primavera; (leap) salto, brinco; (coiled metal) resorte m; (of water) fuente f, manantial m ♦ vi saltar, brincar; **~ up** vi (thing: appear) aparecer; (problem) surgir; **~board** n trampolín m; **~-clean(ing)** n limpieza

general; **~time** n primavera

sprinkle ['sprɪŋkl] vt (pour: liquid) rociar; (: salt, sugar) espolvorear; **to ~ water etc on, ~ with water etc** rociar or salpicar de agua etc; **~r** n (for lawn) rociadera; (: to put out fire) aparato de rociadura automática

sprint [sprɪnt] n esprint m ♦ vi esprintar

sprout [spraut] vi brotar, retoñar; **(Brussels) ~s** npl coles fpl de Bruselas

spruce [spruːs] n inv (BOT) pícea ♦ adj aseado, pulcro

sprung [sprʌŋ] pp of **spring**

spun [spʌn] pt, pp of **spin**

spur [spəː*] n espuela; (fig) estímulo, aguijón m ♦ vt (also: ~ on) estimular, incitar; **on the ~ of the moment** de improviso

spurious ['spjuərɪəs] adj falso

spurn [spəːn] vt desdeñar, rechazar

spurt [spəːt] n chorro; (of energy) arrebato ♦ vi chorrear

spy [spaɪ] n espía m/f ♦ vi: **to ~ on** espiar a ♦ vt (see) divisar, lograr ver; **~ing** n espionaje m

sq. abbr = **square**

squabble ['skwɔbl] vi reñir, pelear

squad [skwɔd] n (MIL) pelotón m; (POLICE) brigada; (SPORT) equipo

squadron ['skwɔdrn] n (MIL) escuadrón m; (AVIAT, NAUT) escuadra

squalid ['skwɔlɪd] adj vil; (fig: sordid) sórdido

squall [skwɔːl] n (storm) chubasco; (wind) ráfaga

squalor ['skwɔlə*] n miseria

squander ['skwɔndə*] vt (money) derrochar, despilfarrar; (chances) desperdiciar

square [skwɛə*] n cuadro; (in town) plaza; (inf: person) carca m/f ♦ adj cuadrado; (inf: ideas, tastes) trasnochado ♦ vt (arrange) arreglar; (MATH) cuadrar; (reconcile) compaginar; **all ~** igual(es); **to have a ~ meal** comer caliente; **2 metres ~** 2 metros

en cuadro; **2 ~ metres** 2 metros
cuadrados; **~ly** adv de lleno

squash [skwɔʃ] n (BRIT: drink):
lemon/orange ~ zumo (SP) or jugo
(AM) de limón/naranja; (US: BOT)
calabacín m; (SPORT) squash m,
frontenis m ♦ vt aplastar

squat [skwɔt] adj achaparrado ♦ vi
(also: ~ down) agacharse, sentarse en
cuclillas; **~ter** n persona que ocupa
ilegalmente una casa

squeak [skwi:k] vi (hinge) chirriar,
rechinar; (mouse) chillar

squeal [skwi:l] vi chillar, dar gritos
agudos

squeamish ['skwi:mɪʃ] adj delicado,
remilgado

squeeze [skwi:z] n presión f; (of hand)
apretón m; (COMM) restricción f ♦ vt
(hand, arm) apretar; **~ out** vt exprimir

squelch [skweltʃ] vi chapotear

squid [skwɪd] n inv calamar m; (CULIN)
calamares mpl

squiggle ['skwɪgl] n garabato

squint [skwɪnt] vi bizquear, ser bizco
♦ n (MED) estrabismo

squirm [skwə:m] vi retorcerse,
revolverse

squirrel ['skwɪrəl] n ardilla

squirt [skwə:t] vi salir a chorros ♦ vt
chiscar

Sr abbr = **senior**

St abbr = **saint**; **street**

stab [stæb] n (with knife) puñalada; (of
pain) pinchazo; (inf: try): **to have a
~ at (doing) sth** intentar (hacer) algo
♦ vt apuñalar

stable ['steɪbl] adj estable ♦ n cuadra,
caballeriza

stack [stæk] n montón m, pila ♦ vt
amontonar, apilar

stadium ['steɪdɪəm] n estadio

staff [stɑ:f] n (work force) personal m,
plantilla; (BRIT: SCOL) cuerpo docente
♦ vt proveer de personal

stag [stæg] n ciervo, venado

stage [steɪdʒ] n escena; (point) etapa;

(platform) plataforma; (profession): **the
~** el teatro ♦ vt (play) poner en escena,
representar; (organize) montar,
organizar; **in ~s** por etapas; **~coach** n
diligencia; **~ manager** n director(a)
m/f de escena

stagger ['stægə*] vi tambalearse ♦ vt
(amaze) asombrar; (hours, holidays)
escalonar; **~ing** adj asombroso

stagnant ['stægnənt] adj estancado

stag party n despedida de soltero

staid [steɪd] adj serio, formal

stain [steɪn] n mancha; (colouring)
tintura ♦ vt manchar; (wood) teñir; **~ed
glass window** n vidriera de colores;
~less steel n acero inoxidable;
~ remover n quitamanchas m inv

stair [steə*] n (step) peldaño, escalón
m; **~s** npl escaleras fpl; **~case** n ~
~way; **~way** n escalera

stake [steɪk] n estaca, poste m; (COMM)
interés m; (BETTING) apuesta ♦ vt
(money) apostar; (life) arriesgar;
(reputation) poner en juego; (claim)
presentar una reclamación; **to be at ~**
estar en juego

stale [steɪl] adj (bread) duro; (food)
pasado; (smell) rancio; (beer) agrio

stalemate ['steɪlmeɪt] n tablas fpl (por
ahogado); (fig) estancamiento

stalk [stɔ:k] n tallo, caña ♦ vt acechar,
cazar al acecho; **~ off** vi irse airado

stall [stɔ:l] n (in market) puesto; (in
stable) casilla (de establo) ♦ vt (AUT)
calar; (fig) dar largas a ♦ vi (AUT)
calarse; (fig) andarse con rodeos; **~s**
npl (BRIT: in cinema, theatre) butacas fpl

stallion ['stælɪən] n semental m

stamina ['stæmɪnə] n resistencia

stammer ['stæmə*] n tartamudeo ♦ vi
tartamudear

stamp [stæmp] n sello (SP), estampilla
(AM); (mark, also fig) marca, huella; (on
document) timbre m ♦ vi (also: ~ one's
foot) patear ♦ vt (mark) marcar; (letter)
poner sellos or estampillas en; (with
rubber ~) sellar; **~ album** n álbu

para sellos or estampillas; **~ collecting** n filatelia

stampede [stæm'pi:d] n estampida

stance [stæns] n postura

stand [stænd] (pt, pp **stood**) n (position) posición f, postura; (for taxis) parada; (hall ~) perchero; (music ~) atril m; (SPORT) tribuna; (at exhibition) stand m ♦ vi (be erect, encontrarse; (be on foot) estar de pie; (rise) levantarse; (remain) quedar en pie; (in election) presentar candidatura ♦ vt (place) poner, colocar; (withstand) aguantar, soportar; (invite to) invitar; **to make a ~** (fig) mantener una postura firme; **to ~ for parliament** (BRIT) presentarse (como candidato) a las elecciones; **~ by** vi (be ready) estar listo ♦ vt fus (opinion) aferrarse a; (person) apoyar; **~ down** vi (withdraw) ceder el puesto; **~ for** vt fus (signify) significar; (tolerate) aguantar, permitir; **~ in for** vt fus suplir a; **~ out** vi destacarse; **~ up** vi levantarse, ponerse de pie; **~ up for** vt fus defender; **~ up to** vt fus hacer frente a

standard ['stændad] n patrón m, norma; (level) nivel m; (flag) estandarte m ♦ adj (size etc) normal, corriente; (text) básico; **~s** npl (morals) valores mpl morales; **~ lamp** (BRIT) n lámpara de pie; **~ of living** n nivel m de vida

stand-by ['stændbaɪ] n (reserve) recurso seguro; **to be on ~** estar sobre aviso; **~ ticket** n (AVIAT) (billete m) standby m

stand-in ['stændɪn] n suplente m/f

standing ['stændɪŋ] adj (on foot) de pie, en pie; (permanent) permanente ♦ n reputación f; **of many years' ~** que lleva muchos años; **~ joke** n ~~anente; **~ order** (BRIT) n ~~den f de pago permanente; ~~tio para estar de pie ~~t n punto de vista; **~still** (industry, traffic) ~~ parado; **to come to**

a **~still** quedar paralizado; pararse

stank [stæŋk] pt of **stink**

staple ['steɪpl] n (for papers) grapa ♦ adj (food etc) básico ♦ vt grapar; **~r** n grapadora

star [stɑ:*] n estrella; (celebrity) estrella, astro m ♦ vi (THEATRE, CINEMA) ser el/la protagonista de; **the ~s** npl (ASTROLOGY) el horóscopo

starboard ['stɑ:bəd] n estribor m

starch [stɑ:tʃ] n almidón m

stardom ['stɑ:dəm] n estrellato

stare [stɛə*] n mirada fija ♦ vi: **to ~ at** mirar fijo

starfish ['stɑ:fɪʃ] n estrella de mar

stark [stɑ:k] adj (bleak) severo, escueto ♦ adv: **~ naked** en cueros

starling ['stɑ:lɪŋ] n estornino

starry ['stɑ:rɪ] adj estrellado; **~-eyed** adj (innocent) inocentón/ona, ingenuo

start [stɑ:t] n principio, comienzo; (departure) salida; (sudden movement) salto, sobresalto; (advantage) ventaja ♦ vt empezar, comenzar; (cause) causar; (found) fundar; (engine) poner en marcha ♦ vi comenzar, empezar; (with fright) asustarse, sobresaltarse; (train etc) salir; **to ~ doing** or **to do sth** empezar a hacer algo; **~ off** vi empezar, comenzar; (leave) salir, ponerse en camino; **~ up** vi comenzar; (car) ponerse en marcha ♦ vt comenzar; poner en marcha; **~er** n (AUT) botón m de arranque; (SPORT: official) juez m/f de salida; (BRIT: CULIN) entrada; **~ing point** n punto de partida

startle ['stɑ:tl] vt asustar, sobrecoger; **startling** adj alarmante

starvation [stɑ:'veɪʃən] n hambre f

starve [stɑ:v] vi tener mucha hambre; (to death) morir de hambre ♦ vt hacer pasar hambre

state [steɪt] n estado ♦ vt (say, declare) afirmar; **the S~s** los Estados Unidos; **to be in a ~** estar agitado; **~ly** adj majestuoso, imponente; **~ly home** n casa señorial, casa solariega; **~ment** n afirmación f; **~sman** (irreg) n estadista m

static ['stætɪk] n (RADIO) parásitos m ♦ adj estático; **~ electricity** n estática
station ['steɪʃən] n (gen) estación f; (RADIO) emisora; (rank) posición f social ♦ vt colocar, situar; (MIL) apostar
stationary ['steɪʃnərɪ] adj estacionario, fijo
stationer ['steɪʃənə*] n papelero/a; **~'s (shop)** (BRIT) n papelería; **~y** [-nərɪ] n papel m de escribir, artículos mpl de escritorio
station master n (RAIL) jefe m de estación
station wagon (US) n ranchera
statistic [stə'tɪstɪk] n estadística; **~s** n (science) estadística
statue ['stætjuː] n estatua
status ['steɪtəs] n estado; (reputation) estatus m; **~ symbol** n símbolo de prestigio
statute ['stætjuːt] n estatuto, ley f; **statutory** adj estatutario
staunch [stɔːntʃ] adj leal, incondicional
stay [steɪ] n estancia ♦ vi quedar(se); (as guest) hospedarse; **to ~ put** seguir en el mismo sitio; **to ~ the night/5 days** pasar la noche/cinco días; **~ behind** vi quedar atrás; **~ in** vi quedarse en casa; **~ out** vi (of house) no volver a casa; (on strike) permanecer en huelga; **~ up** vi (at night) velar, no acostarse; **~ing power** n aguante m

stead [stɛd] n: **in sb's ~** en lugar de uno; **to stand sb in good ~** ser muy útil a uno
steadfast ['stɛdfɑːst] adj firme, resuelto
steadily ['stɛdɪlɪ] adv constantemente; (firmly) firmemente; (work, walk) sin parar; (gaze) fijamente
steady ['stɛdɪ] adj (firm) firme; (regular) regular; (person, character) sensato, juicioso; (boyfriend) formal; (look, voice)

tranquilo ♦ vt (stabilize) estabilizar; (nerves) calmar
steak [steɪk] n (gen) filete m; (beef) bistec m
steal [stiːl] (pt **stole**, pp **stolen**) vt robar ♦ vi robar; (move secretly) andar a hurtadillas
stealth [stɛlθ] n: **by ~** a escondidas, sigilosamente; **~y** adj cauteloso, sigiloso
steam [stiːm] n vapor m; (mist) vaho, humo ♦ vt (CULIN) cocer al vapor ♦ vi echar vapor; **~ engine** n máquina de vapor; **~er** n (buque m de) vapor m; **~roller** n apisonadora; **~ship** n = **~er**; **~y** adj (room) lleno de vapor; (window) empañado; (heat, atmosphere) bochornoso
steel [stiːl] n acero ♦ adj de acero; **~works** n acería
steep [stiːp] adj escarpado, abrupto; (stair) empinado; (price) exorbitante, excesivo ♦ vt empapar, remojar
steeple ['stiːpl] n aguja; **~chase** n carrera de obstáculos
steer [stɪə*] vt (car) conducir (SP), manejar (AM); (person) dirigir ♦ vi conducir, manejar; **~ing** n (AUT) dirección f; **~ing wheel** n volante m
stem [stɛm] n (of plant) tallo; (of glass) pie m ♦ vt detener; (blood) restañar; **~ from** vt fus ser consecuencia de
stench [stɛntʃ] n hedor m
stencil ['stɛnsl] n (pattern) plantilla ♦ vt hacer un cliché de
stenographer [stɛ'nɔgrəfə*] (US) n taquígrafo/a
step [stɛp] n paso; (on stair) peldaño, escalón m ♦ vi: **to ~ forward/back** dar un paso adelante/hacia atrás; **~s** npl (BRIT) = **~ladder**; **in/out of ~ (with)** acorde/en disonancia (con); **~ down** vi (fig) retirarse; **~ on** vt fus pisar; **~ up** vt (increase) aumentar; **~brother** n hermanastro; **~daugh-ter** n hijastra; **~father** n padrastro; **~ladder** n escalera doble or ▸

~**mother** n madrastra; ~**ping stone** n pasadera; ~**sister** n hermanastra; ~**son** n hijastro

stereo ['stɛrɪəʊ] n estéreo ♦ adj (also: ~**phonic**) estéreo, estereofónico

sterile ['stɛraɪl] adj estéril; **sterilize** ['stɛrɪlaɪz] vt esterilizar

sterling ['stɜːlɪŋ] adj (silver) de ley ♦ n (ECON) (libras fpl) esterlinas fpl; **one pound ~** una libra esterlina

stern [stɜːn] adj severo, austero ♦ n (NAUT) popa

stew [stjuː] n cocido (SP), estofado (SP), guisado (AM) ♦ vt estofar, guisar; (fruit) cocer

steward ['stjuːəd] n camarero; ~**ess** n (esp on plane) azafata

stick [stɪk] (pt, pp **stuck**) n palo; (of dynamite) barreno; (as weapon) porra; (walking ~) bastón m ♦ vt (glue) pegar; (inf: put) meter; (: tolerate) aguantar, soportar; (thrust): **to ~ sth into** clavar or hincar algo en ♦ vi pegarse; (be unmoveable) quedarse parado; (in mind) quedarse grabado; ~ **out** vi sobresalir; ~ **up** vi sobresalir; ~ **up for** vt fus defender; ~**er** n (label) etiqueta engomada; (with slogan) pegatina; ~**ing plaster** n esparadrapo

stick-up ['stɪkʌp] (inf) n asalto, atraco

sticky ['stɪkɪ] adj pegajoso; (label) engomado; (fig) difícil

stiff [stɪf] adj rígido, tieso; (hard) duro; (manner) estirado; (difficult) difícil; (person) inflexible; (price) exorbitante ♦ adv: **scared/bored** ~ muerto de miedo/aburrimiento; ~**en** vi (muscles etc) agarrotarse; ~ **neck** n torticolis m inv; ~**ness** n rigidez f, tiesura

stifle ['staɪfl] vt ahogar, sofocar; ... (heat) sofocante

...] n (fig) estigma m

...] ...ortillo, portilla

...] (BRIT) n (also: ~ **heel**) ...ja

...óvil, quieto ♦ adv

stilt [stɪlt] n zanco; (pile) pilar m, soporte m

stilted ['stɪltɪd] adj afectado

stimulate ['stɪmjʊleɪt] vt estimular

stimulus ['stɪmjʊləs] (pl **stimuli**) n estímulo, incentivo

sting [stɪŋ] (pt, pp **stung**) n picadura; (pain) escozor m, picazón f; (organ) aguijón m ♦ vt, vi picar

stingy ['stɪndʒɪ] adj tacaño

stink [stɪŋk] (pt **stank**, pp **stunk**) n hedor m, tufo ♦ vi heder, apestar; ~**ing** adj hediondo, fétido; (fig: inf) horrible

stint [stɪnt] n tarea, trabajo ♦ vi: **to ~ on** escatimar

stir [stɜː] n (fig: agitation) conmoción f ♦ vt (tea etc) remover; (fig: emotions) provocar ♦ vi moverse; ~ **up** vt (trouble) fomentar

stirrup ['stɪrəp] n estribo

stitch [stɪtʃ] n (SEWING) puntada; (KNITTING) punto; (MED) punto (de sutura); (pain) punzada ♦ vt coser; (MED) suturar

stoat [stəʊt] n armiño

stock [stɔk] n (COMM: reserves) existencias fpl, stock m; (: selection) surtido; (AGR) ganado, ganadería; (CULIN) caldo; (descent) raza, estirpe f; (FINANCE) capital m ♦ adj (fig: reply etc) clásico ♦ vt (have in ~) tener existencias de; ~**s and shares** acciones y valores; **in ~** en existencia or almacén; **out of ~** agotado; **to take ~ of** (fig) asesorar, examinar; ~ **up with** vt fus abastecerse de; ~**broker** ['stɔkbrəʊkə*] n agente m/f or corredor(a) m/f de bolsa; ~ **cube** (BRIT) n pastilla de caldo; ~ **exchange** n bolsa

stocking ['stɔkɪŋ] n media

stock: ~ **market** n bolsa (de valores); ~**pile** n reserva ♦ vt acumular, almacenar; ~**taking** (BRIT) n (COMM) inventario

stocky ['stɔki] adj (strong) robusto; (short) achaparrado

stodgy ['stɔdʒi] adj indigesto, pesado

stoke [stəuk] vt atizar

stole [stəul] pt of **steal** ♦ n estola

stolen ['stəuln] pp of **steal**

stomach ['stʌmək] n (ANAT) estómago; (belly) vientre m ♦ vt tragar, aguantar; **~ache** n dolor m de estómago

stone [stəun] n piedra; (in fruit) hueso; = 6.348 kg; 14 libras ♦ adj de piedra ♦ vt apedrear; (fruit) deshuesar; **~-cold** adj helado; **~-deaf** adj sordo como una tapia; **~work** n (art) cantería; **stony** adj pedregoso; (fig) frío

stood [stud] pt, pp of **stand**

stool [stu:l] n taburete m

stoop [stu:p] vi (also: ~ down) doblarse, agacharse; (also: have a ~) ser cargado de espaldas

stop [stɔp] n parada; (in punctuation) punto ♦ vt parar, detener; (break off) suspender; (block: pay) suspender; (: cheque) invalidar; (also: put a ~ to) poner término a ♦ vi pararse, detenerse; (end) acabarse; **to ~ doing sth** dejar de hacer algo; **~ dead** vi pararse en seco; **~ off** vi interrumpir el viaje; **~ up** vt (hole) tapar; **~gap** n (person) interino/a; (thing) recurso provisional; **~over** n parada; (AVIAT) escala

stoppage ['stɔpidʒ] n (strike) paro; (blockage) obstrucción f

stopper ['stɔpə*] n tapón m

stop press n noticias fpl de última hora

stopwatch ['stɔpwɔtʃ] n cronómetro m

storage ['stɔ:ridʒ] n almacenaje m; **~ heater** n acumulador m

store [stɔ:*] n (stock) provisión f; (depot: BRIT: large shop) almacén m; (US) tienda; (reserve) reserva, repuesto ♦ vt almacenar; **~s** npl víveres mpl; **in ~** (fig): **to be in ~ for sb** esperarle a

uno; **~ up** vt acumular; **~room** n despensa

storey ['stɔ:ri] (US **story**) n piso

stork [stɔ:k] n cigüeña

storm [stɔ:m] n tormenta; (fig: of applause) salva; (: of criticism) nube f ♦ vi (fig) rabiar ♦ vt tomar por asalto; **~y** adj tempestuoso

story ['stɔ:ri] n historia; (lie) mentira; (US) = **storey**; **~book** n libro de cuentos

stout [staut] adj (strong) sólido; (fat) gordo, corpulento; (resolute) resuelto ♦ n cerveza negra

stove [stəuv] n (for cooking) cocina; (for heating) estufa

stow [stəu] vt (also: ~ away) meter, poner; (NAUT) estibar; **~away** n polizón/ona m/f

straggle ['strægl] vi (houses etc) extenderse; (lag behind) rezagarse

straight [streit] adj recto, derecho; (frank) franco, directo; (simple) sencillo ♦ adv derecho, directamente; (drink) sin mezcla; **to put or get sth ~** dejar algo en claro; **~ away, ~ off** en seguida; **~en** vt (also: ~en out) enderezar, poner derecho; **~-faced** adj serio; **~forward** adj (simple) sencillo; (honest) honrado, franco

strain [strein] n tensión f; (TECH) presión f; (MED) torcedura; (breed) tipo, variedad f ♦ vt (back etc) torcerse; (resources) agotar; (stretch) estirar; (food, tea) colar; **~s** npl (MUS) son m; **~ed** adj (muscle) torcido; (laugh) forzado; (relations) tenso; **~er** n colador m

strait [streit] n (GEO) estrecho; **to be in dire ~s** pasar grandes apuros; **~-jacket** n camisa de fuerza; **~-laced** adj mojigato, gazmoño

strand [strænd] n (of thread) hebra; (of hair) trenza; (of rope) ramal m

stranded ['strændid] adj (person: without money) desamparado; (: without transport) colgado

strange [streɪndʒ] adj (not known) desconocido; (odd) extraño, raro; **~ly** adv de un modo raro; see also **enough**; **~r** n desconocido/a; (from another area) forastero/a

strangle ['stræŋgl] vt estrangular; **~hold** n (fig) dominio completo

strap [stræp] n correa; (of slip, dress) tirante m

strategic [strə'tiːdʒɪk] adj estratégico

strategy ['strætɪdʒɪ] n estrategia

straw [strɔː] n paja; (drinking ~) caña, pajita; **that's the last ~!** ¡eso es el colmo!

strawberry ['strɔːbərɪ] n fresa (SP), frutilla (AM)

stray [streɪ] adj (animal) extraviado; (bullet) perdido; (scattered) disperso ♦ vi extraviarse, perderse

streak [striːk] n raya; (in hair) raya ♦ vt rayar ♦ vi: **to ~ past** pasar como un rayo

stream [striːm] n riachuelo, arroyo; (of people, vehicles) riada, caravana; (of smoke, insults etc) chorro ♦ vt (SCOL) dividir en grupos por habilidad ♦ vi correr, fluir; **to ~ in/out** (people) entrar/salir en tropel

streamer ['striːmə*] n serpentina

streamlined ['striːmlaɪnd] adj aerodinámico

street [striːt] n calle f; **~car** (US) n tranvía m; **~ lamp** n farol m; **~ plan** n plano; **~wise** (inf) adj que tiene mucha calle

strength [streŋθ] n fuerza; (of girder, knot etc) resistencia; (fig: power) poder m; **~en** vt fortalecer, reforzar

strenuous ['strenjuəs] adj (energetic, determined) enérgico

stress [stres] n presión f; (mental strain) estrés m; (accent) acento ♦ vt subrayar, recalcar; (syllable) acentuar

stretch [stretʃ] n (of sand etc) trecho ♦ vi estirarse; (extend): **to ~ to** or **as far as** extenderse hasta ♦ vt extender, estirar; (make demands of) exigir el

máximo esfuerzo a; **~ out** vi tenderse ♦ vt (arm etc) extender; (spread) estirar

stretcher ['stretʃə*] n camilla

strewn [struːn] adj: **~ with** cubierto or sembrado de

stricken ['strɪkən] adj (person) herido; (city, industry etc) condenado; **~ with** (disease) afectado por

strict [strɪkt] adj severo; (exact) estricto; **~ly** adv severamente; estrictamente

stride [straɪd] (pt **strode**, pp **stridden**) n zancada, tranco ♦ vi dar zancadas, andar a trancos

strife [straɪf] n lucha

strike [straɪk] (pt, pp **struck**) n huelga; (of oil etc) descubrimiento; (attack) ataque m ♦ vt golpear, pegar; (oil etc) descubrir; (bargain, deal) cerrar ♦ vi declarar la huelga; (attack) atacar; (clock) dar la hora; **on ~** (workers) en huelga; **to ~ a match** encender un fósforo; **~ down** vt derribar; **~ up** n (MUS) empezar a tocar; (conversation) entablar; (friendship) trabar; **~r** n huelguista m/f; (SPORT) delantero; **striking** adj llamativo

string [strɪŋ] (pt, pp **strung**) n (gen) cuerda; (row) hilera ♦ vt: **to ~ together** ensartar; **to ~ out** extenderse; **the ~s** npl (MUS) los instrumentos de cuerda; **to pull ~s** (fig) mover palancas; **~ bean** n judía verde, habichuela; **~(ed) instrument** n (MUS) instrumento de cuerda

stringent ['strɪndʒənt] adj riguroso, severo

strip [strɪp] n tira; (of land) franja; (of metal) cinta, lámina ♦ vt desnudar; (paint) quitar; (also: **~ down**: machine) desmontar ♦ vi desnudarse; **~ cartoon** n tira cómica (SP), historieta (AM)

stripe [straɪp] n raya; (MIL) galón m; **~d** adj a rayas, rayado

strip lighting n alumbrado fluorescente

stripper ['strɪpə*] n artista m/f de

striptease

strive [straɪv] (pt **strove**, pp **striven**) vi: **to ~ for sth/to do sth** luchar por conseguir/hacer algo

strode [strəud] pt of **stride**

stroke [strəuk] n (blow) golpe m; (SWIMMING) brazada; (MED) apoplejía; (of paintbrush) toque m ♦ vt acariciar; **at a ~** de un solo golpe

stroll [strəul] n paseo, vuelta ♦ vi dar un paseo or una vuelta; **~er** (US) n (for child) sillita de ruedas

strong [strɒŋ] adj fuerte; **they are 50 ~** son 50; **~hold** n fortaleza; (fig) baluarte m; **~ly** adv fuertemente, con fuerza; (believe) firmemente; **~room** n cámara acorazada

strove [strəuv] pt of **strive**

struck [strʌk] pt, pp of **strike**

structure ['strʌktʃə*] n estructura, (building) construcción f

struggle ['strʌgl] n lucha ♦ vi luchar

strum [strʌm] vt (guitar) rasguear

strung [strʌŋ] pt, pp of **string**

strut [strʌt] n puntal m ♦ vi pavonearse

stub [stʌb] n (of ticket etc) talón m; (of cigarette) colilla; **to ~ one's toe on sth** dar con el dedo (del pie) contra algo; **~ out** vt apagar

stubble ['stʌbl] n rastrojo; (on chin) barba (incipiente)

stubborn ['stʌbən] adj terco, testarudo

stuck [stʌk] pt, pp of **stick** ♦ adj (jammed) atascado; **~-up** adj engreído, presumido

stud [stʌd] n (shirt ~) corchete m; (of boot) taco; (earring) pendiente m (de bolita); (also: ~ farm) caballeriza; (also: ~ horse) caballo semental ♦ vt (fig): **~ded with** salpicado de

student ['stju:dənt] n estudiante m/f ♦ adj estudiantil; **~ driver** (US) n aprendiz(a) m/f

studio ['stju:dɪəu] n estudio; (artist's) taller m; **~ flat** (US **~ apartment**) n estudio

studious ['stju:dɪəs] adj estudioso;

(studied) calculado; **~ly** adv (carefully) con esmero

study ['stʌdɪ] n estudio ♦ vt estudiar; (examine) examinar, investigar ♦ vi estudiar

stuff [stʌf] n materia; (substance) material m, sustancia; (things) cosas fpl ♦ vt llenar; (CULIN) rellenar; (animals) disecar; (inf: push) meter; **~ing** n relleno; **~y** adj (room) mal ventilado; (person) de miras estrechas

stumble ['stʌmbl] vi tropezar; **to ~ across, ~ on** (fig) tropezar con; **stumbling block** n tropiezo, obstáculo

stump [stʌmp] n (of tree) tocón m; (of limb) muñón m ♦ vt: **to be ~ed for an answer** no saber qué contestar

stun [stʌn] vt dejar sin sentido

stung [stʌŋ] pt, pp of **sting**

stunk [stʌŋk] pp of **stink**

stunning ['stʌnɪŋ] adj (fig: news) pasmoso, (: outfit etc) sensacional

stunt [stʌnt] n (in film) escena peligrosa; (publicity ~) truco publicitario; **~man** (irreg) n doble m

stupid ['stju:pɪd] adj estúpido, tonto; **~ity** [-'pɪdɪtɪ] n estupidez f

sturdy ['stɜ:dɪ] adj robusto, fuerte

stutter ['stʌtə*] n tartamudeo ♦ vi tartamudear

sty [staɪ] n (for pigs) pocilga

stye [staɪ] n (MED) orzuelo

style [staɪl] n estilo; **stylish** adj elegante, a la moda

stylus ['staɪləs] n aguja

suave [swɑ:v] adj cortés

sub... [sʌb] prefix sub...; **~conscious** adj subconsciente; **~contract** vt subcontratar; **~divide** vt subdividir

subdue [səb'dju:] vt sojuzgar; (passions) dominar; **~d** adj (light) tenue; (person) sumiso, manso

subject [n 'sʌbdʒɪkt, vb səb'dʒɛkt] n súbdito; (SCOL) asignatura; (matter) tema m; (GRAMMAR) sujeto ♦ vt: **to ~ sb to sth** someter a uno a algo; **to**

be ~ to (law) estar sujeto a; (subj: person) ser propenso a; **~ive** [-'dʒɛktɪv] adj subjetivo; **~ matter** n (content) contenido

sublet [sʌb'lɛt] vt subarrendar

submarine [sʌbmə'ri:n] n submarino ♦ vi sumergirse

submerge [səb'mə:dʒ] vt sumergir ♦ vi sumergirse

submissive [səb'mɪsɪv] adj sumiso

submit [səb'mɪt] vt someter ♦ vi: to ~ to sth someterse a algo

subnormal [sʌb'nɔ:məl] adj anormal

subordinate [sə'bɔ:dɪnət] adj, n subordinado/a m/f

subpoena [səb'pi:nə] n (LAW) citación f

subscribe [səb'skraɪb] vi suscribir; to ~ to (opinion, fund) suscribir, aprobar; (newspaper) suscribirse a; **~r** n (to periodical) subscriptor(a) m/f; (to telephone) abonado/a

subscription [səb'skrɪpʃən] n abono; (to magazine) subscripción f

subsequent ['sʌbsɪkwənt] adj subsiguiente, posterior; **~ly** adv posteriormente, más tarde

subside [səb'saɪd] vi hundirse; (flood) bajar; (wind) amainar; **subsidence** [-'saɪdns] n hundimiento; (in road) socavón m

subsidiary [səb'sɪdɪərɪ] adj secundario ♦ n sucursal f, filial f

subsidize ['sʌbsɪdaɪz] vt subvencionar

subsidy ['sʌbsɪdɪ] n subvención f

subsistence [səb'sɪstəns] n subsistencia; **~ allowance** n salario mínimo

substance ['sʌbstəns] n sustancia

substantial [səb'stænʃl] adj sustancial, sustancioso; (fig) importante

substantiate [səb'stænʃɪeɪt] vt comprobar

substitute ['sʌbstɪtju:t] n (person) suplente m/f; (thing) sustituto ♦ vt: to ~ A for B sustituir A por B, reemplazar B por A

subtitle ['sʌbtaɪtl] n subtítulo

subtle ['sʌtl] adj sutil; **~ty** n sutileza

subtotal [sʌb'teutl] n total m parcial

subtract [səb'trækt] vt restar, sustraer; **~ion** [-'trækʃən] n resta, sustracción f

suburb ['sʌbə:b] n barrio residencial; **the ~s** las afueras (de la ciudad); **~an** [sə'bə:bən] adj suburbano; (train etc) de cercanías; **~ia** [sə'bə:bɪə] n barrios mpl residenciales

subway ['sʌbweɪ] n (BRIT) paso subterráneo or inferior; (US) metro

succeed [sək'si:d] vi (person) tener éxito; (plan) salir bien ♦ vt suceder a; to ~ in doing lograr hacer; **~ing** adj (following) sucesivo

success [sək'sɛs] n éxito; **~ful** adj exitoso; (business) próspero; **to be ~ful (in doing)** lograr (hacer); **~fully** adv con éxito

succession [sək'sɛʃən] n sucesión f, serie f

successive [sək'sɛsɪv] adj sucesivo, consecutivo

succinct [sək'sɪŋkt] adj sucinto

such [sʌtʃ] adj tal, semejante; (of that kind): **~ a book** tal libro; (so much): **~ courage** tanto valor ♦ adv tan; **a long trip** un viaje tan largo; **~ a lot of** tanto(s)/a(s); **~ as** (like) tal como; **as ~** como tal; **~-and-~** adj tal o cual

suck [sʌk] vt chupar; (bottle) sorber; (breast) mamar; **~er** n (ZOOL) ventosa; (inf) bobo, primo

suction ['sʌkʃən] n succión f

Sudan [su'dæn] n Sudán m

sudden ['sʌdn] adj (rapid) repentino, súbito; (unexpected) imprevisto; **all of a ~** de repente, de pronto; **~ly** adv de repente

suds [sʌdz] npl espuma de jabón

sue [su:] vt demandar

suede [sweɪd] n ante m (SP), gamuza (AM)

suet ['suɪt] n sebo

Suez ['su:ɪz] n: **the ~ Canal** el Canal de Suez

suffer ['sʌfə*] vt sufrir, padecer; (tolerate) aguantar, soportar ♦ vi sufrir;

to ~ from (*illness etc*) padecer; **~er** n víctima; (*MED*) enfermo/a; **~ing** n sufrimiento

sufficient [sə'fɪʃənt] *adj* suficiente, bastante; **~ly** *ad* suficientemente, bastante

suffocate ['sʌfəkeɪt] *vi* ahogarse, asfixiarse; **suffocation** [-'keɪʃən] n asfixia

sugar ['ʃugə*] n azúcar m ♦ *vt* echar azúcar a, azucarar; **~ beet** n remolacha; **~ cane** n caña de azúcar

suggest [sə'dʒest] *vt* sugerir; **~ion** [-'dʒestʃən] n sugerencia; **~ive** (*pej*) *adj* indecente

suicide ['suɪsaɪd] n suicidio; (*person*) suicida m/f; *see also* **commit**

suit [su:t] n (*man's*) traje m; (*woman's*) conjunto; (*LAW*) pleito; (*CARDS*) palo ♦ *vt* convenir; (*clothes*) sentar a, ir bien a; (*adapt*): **to ~ sth to** adaptar or ajustar algo a; **well ~ed** (*well matched: couple*) hecho el uno para el otro; **~able** *adj* conveniente; (*apt*) indicado; **~ably** *adv* convenientemente; (*impressed*) apropiadamente

suitcase ['su:tkeɪs] n maleta (*SP*), valija (*AM*)

suite [swi:t] n (*of rooms, MUS*) suite f; (*furniture*): **bedroom/dining room ~** (juego de) dormitorio/comedor

suitor ['su:tə*] n pretendiente m

sulfur ['sʌlfə*] (*US*) n = **sulphur**

sulk [sʌlk] *vi* estar de mal humor; **~y** *adj* malhumorado

sullen ['sʌlən] *adj* hosco, malhumorado

sulphur ['sʌlfə*] (*US* **sulfur**) n azufre m

sultana [sʌl'tɑːnə] n (*fruit*) pasa de Esmirna

sultry ['sʌltrɪ] *adj* (*weather*) bochornoso

sum [sʌm] n suma; (*total*) total m; **~ up** *vt* resumir ♦ *vi* hacer un resumen

summarize ['sʌməraɪz] *vt* resumir

summary ['sʌmərɪ] n resumen m ♦ *adj* (*justice*) sumario

summer ['sʌmə*] n verano ♦ *cpd* de verano; **in ~** en verano; **~ holidays** *npl* vacaciones *fpl* de verano; **~house** n (*in garden*) cenador m, glorieta; **~time** n (*season*) verano; **~ time** n (*by clock*) hora de verano

summit ['sʌmɪt] n cima, cumbre f; (*also*: **~ conference, ~ meeting**) (conferencia) cumbre f

summon ['sʌmən] *vt* (*person*) llamar; (*meeting*) convocar; (*LAW*) citar; **~ up** *vt* (*courage*) armarse de; **~s** n llamamiento, llamada ♦ *vt* (*LAW*) citar

sump [sʌmp] (*BRIT*) n (*AUT*) cárter m

sumptuous ['sʌmptjuəs] *adj* suntuoso

sun [sʌn] n sol m; **~bathe** *vi* tomar el sol; **~block** n filtro solar; **~burn** n (*painful*) quemadura; (*tan*) bronceado; **~burnt** *adj* quemado por el sol

Sunday ['sʌndɪ] n domingo; **~ school** n catequesis f dominical

sundial ['sʌndaɪəl] n reloj m de sol

sundown ['sʌndaun] n anochecer m

sundry ['sʌndrɪ] *adj* varios/as, diversos/as; **all and ~** todos sin excepción; **sundries** *npl* géneros *mpl* diversos

sunflower ['sʌnflauə*] n girasol m

sung [sʌŋ] *pp* of **sing**

sunglasses ['sʌnglɑːsɪz] *npl* gafas *fpl* (*SP*) or anteojos *mpl* de sol

sunk [sʌŋk] *pp* of **sink**

sun: ~light n luz f del sol; **~ny** *adj* soleado; (*day*) de sol; (*fig*) alegre; **~rise** n salida del sol; **~ roof** n (*AUT*) techo corredizo; **~screen** n protector m solar; **~set** n puesta del sol; **~shade** n (*over table*) sombrilla; **~shine** n sol m; **~stroke** n insolación f; **~tan** n bronceado; **~tan oil** n aceite m bronceador

super ['su:pə*] (*inf*) *adj* genial

superannuation [su:pərænju'eɪʃən] n cuota de jubilación

superb [su:'pɔːb] *adj* magnífico, espléndido

supercilious [su:pə'sɪlɪəs] *adj* altanero

superfluous |su'pə:fluəs| *adj* superfluo, de sobra

superhuman |su:pə'hju:mən| *adj* sobrehumano

superimpose |'su:pərɪm'pəuz| *vt* sobreponer

superintendent |su:pərɪn'tendənt| *n* director(a) *m/f*; (POLICE) subjefe/a *m/f*

superior |su'pɪərɪə*| *adj* superior; (smug) desdeñoso ♦ *n* superior *m*; **~ity** |-'ɒrɪtɪ| *n* superioridad *f*

superlative |su'pə:lətɪv| *n* superlativo

superman |'su:pəmæn| (*irreg*) *n* superhombre *m*

supermarket |'su:pəma:kɪt| *n* supermercado

supernatural |su:pə'nætʃərəl| *adj* sobrenatural ♦ *n*: **the ~** lo sobrenatural

superpower |'su:pəpauə*| *n* (POL) superpotencia

supersede |su:pə'si:d| *vt* suplantar

superstar |'su:pəsta:*| *n* gran estrella

superstitious |su:pə'stɪʃəs| *adj* supersticioso

supertanker |'su:pətæŋkə*| *n* superpetrolero

supervise |'su:pəvaɪz| *vt* supervisar; **supervision** |-'vɪʒən| *n* supervisión *f*; **supervisor** *n* supervisor(a) *m/f*

supper |'sʌpə*| *n* cena

supple |'sʌpl| *adj* flexible

supplement [*n* 'sʌplɪmənt, *vb* sʌplɪ'ment] *n* suplemento ♦ *vt* suplir; **~ary** |-'mentərɪ| *adj* suplementario; **~ary benefit** (BRIT) *n* subsidio suplementario de la seguridad social

supplier |sə'plaɪə*| *n* (COMM) distribuidor(a) *m/f*

supply |sə'plaɪ| *vt* (provide) suministrar; (equip): **to ~ (with)** proveer de ♦ *n* provisión *f*; (gas, water etc) suministro; **supplies** *npl* (food) víveres *mpl*, (MIL) pertrechos *mpl*; **~ teacher** *n* profesor(a) *m/f* suplente

support |sə'pɔ:t| *n* apoyo; (TECH) soporte *m* ♦ *vt* apoyar; (financially) mantener; (uphold, TECH) sostener; **~er**

n (POL etc) partidario/a; (SPORT) aficionado/a

suppose |sə'pəuz| *vt* suponer; (imagine) imaginar; (duty): **to be ~d to do sth** deber hacer algo; **~dly** |sə'pəuzɪdlɪ| *adv* según cabe suponer; **supposing** *conj* en caso de que

suppress |sə'pres| *vt* suprimir; (yawn) ahogar

supreme |su'pri:m| *adj* supremo

surcharge |'sɜ:tʃa:dʒ| *n* sobretasa, recargo

sure |ʃuə*| *adj* seguro; (definite, convinced) cierto; **to make ~ of sth/ that** asegurarse de algo/asegurar que; **~!** (of course) ¡claro!, ¡por supuesto!; **~ enough** efectivamente; **~ly** *adv* (certainly) seguramente

surf |sɜ:f| *n* olas *fpl*

surface |'sɜ:fɪs| *n* superficie *f* ♦ *vt* (road) revestir ♦ *vi* (also fig) salir a la superficie; **by ~ mail** por vía terrestre

surfboard |'sɜ:fbɔ:d| *n* tabla (de surf)

surfeit |'sɜ:fɪt| *n*: **a ~ of** un exceso de

surfing |'sɜ:fɪŋ| *n* surf *m*

surge |sɜ:dʒ| *n* oleada, oleaje *m* ♦ *vi* (wave) romper; (people) avanzar en tropel

surgeon |'sɜ:dʒən| *n* cirujano/a

surgery |'sɜ:dʒərɪ| *n* cirugía; (BRIT: room) consultorio; **~ hours** (BRIT) *npl* horas *fpl* de consulta

surgical |'sɜ:dʒɪkl| *adj* quirúrgico; **~ spirit** (BRIT) *n* alcohol *m* de 90°

surname |'sɜ:neɪm| *n* apellido

surpass |sɜ:'pa:s| *vt* superar, exceder

surplus |'sɜ:pləs| *n* excedente *m*; (COMM) superávit *m* ♦ *adj* excedente, sobrante

surprise |sə'praɪz| *n* sorpresa ♦ *vt* sorprender; **surprising** *adj* sorprendente; **surprisingly** *adv*: **it was surprisingly easy** *etc* sorprendió lo fácil que fue

surrender |sə'rendə*| *n* rendición *f*, entrega ♦ *vi* rendirse, entregarse

surreptitious |sʌrəp'tɪʃəs| *adj*

subrepticio

surrogate ['sʌrəgɪt] n sucedáneo;
~ **mother** n madre f portadora

surround [sə'raʊnd] vt rodear,
circundar; (MIL etc) cercar; ~**ing** adj
circundante; ~**ings** npl alrededores
mpl, cercanías fpl

surveillance [sɜː'veɪləns] n vigilancia

survey [n 'sɜːveɪ, vb sɜː'veɪ] n
inspección f, reconocimiento; (inquiry)
encuesta ♦ vt examinar, inspeccionar;
(look at) mirar, contemplar; ~**or** n
agrimensor(a) m/f

survival [sə'vaɪvl] n supervivencia

survive [sə'vaɪv] vi sobrevivir; (custom
etc) perdurar ♦ vt sobrevivir a;
survivor n superviviente m/f

susceptible [sə'septəbl] adj: ~ (to)
(disease) susceptible a; (flattery)
sensible (a)

suspect [adj, n 'sʌspekt, vb səs'pekt]
adj, n sospechoso/a m/f ♦ vt (person)
sospechar de; (think) sospechar

suspend [səs'pend] vt suspender; ~**ed
sentence** n (LAW) libertad f
condicional; ~**er belt** n portaligas m
inv; ~**ers** npl (BRIT) ligas fpl; (US)
tirantes mpl

suspense [səs'pens] n incertidumbre f,
duda; (in film etc) suspense m; **to keep
sb in** ~ mantener a uno en suspense

suspension [səs'penʃən] n (gen, AUT)
suspensión f; (of driving licence)
privación f; ~ **bridge** n puente m
colgante

suspicion [səs'pɪʃən] n sospecha;
(distrust) recelo; **suspicious** [-ʃəs] adj
receloso; (causing suspicion) sospechoso

sustain [səs'teɪn] vt sostener, apoyar;
(suffer) sufrir, padecer; ~**able** adj
sostenible; ~**ed** adj (effort) sostenido

sustenance ['sʌstɪnəns] n sustento

swab [swɔb] n (MED) algodón m

swagger ['swægə*] vi pavonearse

swallow ['swɔləʊ] n (bird) golondrina
♦ vt tragar; (fig, pride) tragarse; ~ **up**
vt (savings etc) consumir

swam [swæm] pt of **swim**

swamp [swɔmp] n pantano, ciénaga
♦ vt (with water etc) inundar; (fig)
abrumar, agobiar; ~**y** adj pantanoso

swan [swɔn] n cisne m

swap [swɔp] n canje m, intercambio
♦ vt: **to** ~ (**for**) cambiar (por)

swarm [swɔːm] n (of bees) enjambre
m; (fig) multitud f ♦ vi (bees) formar un
enjambre; (people) pulular; **to be** ~**ing
with** ser un hervidero de

swastika ['swɔstɪkə] n esvástica

swat [swɔt] vt aplastar

sway [sweɪ] vi mecerse, balancearse
♦ vt (influence) mover, influir en

swear [sweə*] (pt **swore**, pp **sworn**)
vi (curse) maldecir; (promise) jurar ♦ vt
jurar; ~**word** n taco, palabrota

sweat [swet] n sudor m ♦ vi sudar

sweater ['swetə*] n suéter m

sweatshirt ['swetʃɜːt] n suéter m

sweaty ['swetɪ] adj sudoroso

Swede [swiːd] n sueco/a

swede [swiːd] (BRIT) n nabo

Sweden ['swiːdn] n Suecia; **Swedish**
['swiːdɪʃ] adj sueco ♦ n (LING) sueco

sweep [swiːp] (pt, pp **swept**) n (act)
barrido; (also: chimney ~)
deshollinador(a) m/f ♦ vt barrer; (with
arm) empujar; (subj: current) arrastrar
♦ vi barrer; (arm etc) moverse
rápidamente; (wind) soplar con
violencia; ~ **away** vt barrer; ~ **past** vi
pasar majestuosamente; ~ **up** vi barrer;
~**ing** adj (gesture) dramático;
(generalized statement) generalizado

sweet [swiːt] n (candy) dulce m,
caramelo; (BRIT: pudding) postre m
♦ adj dulce; (fig: kind) dulce, amable;
(: attractive) mono; ~**corn** n maíz m;
~**en** vt (add sugar to) poner azúcar a;
(person) endulzar; ~**heart** n novio/a;
~**ness** n dulzura; ~ **pea** n guisante m
de olor

swell [swel] (pt **swelled**, pp **swollen**
or **swelled**) n (of sea) marejada, oleaje
m ♦ adj (US: inf: excellent) estupendo,

fenomenal ♦ vt hinchar, inflar ♦ vi (also: ~ **up**) hincharse; (numbers) aumentar; (sound, feeling) ir aumentando; **~ing** n (MED) hinchazón f

sweltering ['sweltəriŋ] adj sofocante, de mucho calor

swept [swept] pt, pp of **sweep**

swerve [swə:v] vi desviarse bruscamente

swift [swift] n (bird) vencejo ♦ adj rápido, veloz; **~ly** adv rápidamente

swig [swig] (inf) n (drink) trago

swill [swil] vt (also: ~ **out**, **down**) lavar, limpiar con agua

swim [swim] (pt **swam**, pp **swum**) n: **to go for a ~** ir a nadar or a bañarse ♦ vi nadar; (head, room) dar vueltas ♦ vt nadar; (the Channel etc) cruzar a nado; **~mer** n nadador(a) m/f; **~ming** n natación f; **~ming cap** n gorro de baño; **~ming costume** n (BRIT) bañador m, traje m de baño; **~ming pool** n piscina (SP), alberca (AM); **~ming trunks** n bañador m (de hombre); **~suit** n = **~ming costume**

swindle ['swindl] n estafa ♦ vt estafar

swine [swain] (inf!) canalla (!)

swing [swiŋ] (pt, pp **swung**) n (in playground) columpio; (movement) balanceo, vaivén m; (change of direction) viraje m; (rhythm) ritmo ♦ vt balancear; (also: ~ **round**) voltear, girar ♦ vi balancearse, columpiarse; (also: ~ **round**) dar media vuelta; **to be in full ~** estar en plena marcha; **~ bridge** n puente m giratorio; **~ door** (US ~**ing door**) n puerta giratoria

swingeing ['swindʒiŋ] (BRIT) adj (cuts) atroz

swipe [swaip] vt (hit) golpear fuerte; (inf: steal) guindar

swirl [swə:l] vi arremolinarse

Swiss [swis] adj, n inv suizo/a m/f

switch [switʃ] n (for light etc) interruptor m; (change) cambio ♦ vt (change) cambiar de; ~ **off** vt apagar;

(engine) parar; ~ **on** vt encender (SP), prender (AM); (engine, machine) arrancar; **~board** n (TEL) centralita (de teléfonos) (SP), conmutador m (AM)

Switzerland ['switsələnd] n Suiza

swivel ['swivl] vi (also: ~ **round**) girar

swollen ['swəulən] pp of **swell**

swoon [swu:n] vi desmayarse

swoop [swu:p] n (by police etc) redada ♦ vi (also: ~ **down**) calarse

swop [swop] = **swap**

sword [sɔ:d] n espada; **~fish** n pez m espada

swore [swɔ:*] pt of **swear**

sworn [swɔ:n] pp of **swear** ♦ adj (statement) bajo juramento; (enemy) implacable

swot [swot] (BRIT) vt, vi empollar

swum [swʌm] pp of **swim**

swung [swʌŋ] pt, pp of **swing**

sycamore ['sikəmɔ:*] n sicomoro

syllable ['siləbl] n sílaba

syllabus ['siləbəs] n programa m de estudios

symbol ['simbl] n símbolo

symmetry ['simitri] n simetría

sympathetic [simpə'θetik] adj (understanding) comprensivo; (likeable) simpático; (showing support): ~ **to(wards)** bien dispuesto hacia

sympathize ['simpəθaiz] vi: to ~ **with** (person) compadecerse de; (feelings) comprender; (cause) apoyar; **~r** n (POL) simpatizante m/f

sympathy ['simpəθi] n (pity) compasión f; **sympathies** npl (tendencies) tendencias fpl; **with our deepest** ~ nuestro más sentido pésame; **in** ~ en solidaridad

symphony ['simfəni] n sinfonía

symptom ['simptəm] n síntoma m, indicio

synagogue ['sinəgɔg] n sinagoga

syndicate ['sindikit] n (gen) sindicato; (of newspapers) agencia (de noticias)

syndrome ['sindrəum] n síndrome m

synopsis [si'nopsis] (pl **synopses**) n

sinopsis f inv

synthesis ['sɪnθəsɪs] (pl **syntheses**) n
síntesis f inv

synthetic [sɪn'θetɪk] adj sintético

syphilis ['sɪfɪlɪs] n sífilis f

syphon ['saɪfən] = **siphon**

Syria ['sɪrɪə] n Siria; **~n** adj, n sirio/a

syringe [sɪ'rɪndʒ] n jeringa

syrup ['sɪrəp] n jarabe m; (also: golden
~) almíbar m

system ['sɪstəm] n sistema m; (ANAT)
organismo; **~atic** [-'mætɪk] adj
sistemático, metódico; **~ disk** n
(COMPUT) disco del sistema; **~s
analyst** n analista m/f de sistemas

T, t

ta [tɑː] (BRIT: inf) excl ¡gracias!

tab [tæb] n lengüeta; (label) etiqueta;
to keep ~s on (fig) vigilar

tabby ['tæbɪ] n (also: ~ cat) gato
atigrado

table ['teɪbl] n mesa; (of statistics etc)
cuadro, tabla ♦ vt (BRIT: motion etc)
presentar; **to lay** or **set the ~** poner la
mesa; **~cloth** n mantel m; **~ of
contents** n índice m de materias;
~ d'hôte [tɑːbl'dəut] adj del menú;
~ lamp n lámpara de mesa; **~mat** n
(for plate) posaplatos m inv; (for hot
dish) salvamantel m; **~spoon** n
cuchara de servir; (also: ~spoonful: as
measurement) cucharada

tablet ['tæblɪt] n (MED) pastilla,
comprimido; (of stone) lápida

table tennis n ping-pong m, tenis m
de mesa

table wine n vino de mesa

tabloid ['tæblɔɪd] n periódico popular
sensacionalista

---

tabloid press

El término **tabloid press** *o* **tabloids**
*se usa para referirse a la prensa
popular británica, por el tamaño más*

pequeño de los periódicos. A
diferencia de la llamada
quality press, estas publicaciones se
caracterizan por un lenguaje sencillo,
una presentación llamativa y un
contenido sensacionalista, centrado a
veces en los escándalos financieros y
sexuales de los famosos, por lo que
también reciben el nombre peyorativo
de "gutter press".

---

tack [tæk] n (nail) tachuela; (fig) rumbo
♦ vt (nail) clavar con tachuelas; (stitch)
hilvanar ♦ vi virar

tackle ['tækl] n (for fishing ~) aparejo (de
pescar); (for lifting) aparejo ♦ vt
(difficulty) enfrentarse con; (challenge:
person) hacer frente a; (grapple with)
agarrar; (FOOTBALL) cargar; (RUGBY)
placar

tacky ['tækɪ] adj pegajoso; (pej) cutre

tact [tækt] n tacto, discreción f; **~ful**
adj discreto, diplomático

tactics ['tæktɪks] n, npl táctica

tactless ['tæktlɪs] adj indiscreto

tadpole ['tædpəʊl] n renacuajo

tag [tæg] n (label) etiqueta; **~ along** vi
(tr or venir) también

tail [teɪl] n cola; (of shirt, coat) faldón m
♦ vt (follow) vigilar a; **~s** npl (formal
suit) levita; **~ away** vi (in size, quality
etc) ir disminuyendo; **~ off** vi =
~ away; **~back** (BRIT) n (AUT) cola;
~ end n cola, parte f final; **~gate** n
(AUT) puerta trasera

tailor ['teɪlə*] n sastre m; **~ing** n (cut)
corte m; (craft) sastrería; **~-made** adj
(also fig) hecho a la medida

tailwind ['teɪlwɪnd] n viento de cola

tainted ['teɪntɪd] adj (food) pasado;
(water, air) contaminado; (fig)
manchado

take [teɪk] (pt **took**, pp **taken**) vt
tomar; (grab) coger (SP), agarrar (AM);
(gain: prize) ganar; (require: effort,
courage) exigir; (tolerate: pain etc)
aguantar; (hold: passengers etc) tener

cabida para; (*accompany, bring, carry*)
llevar; (*exam*) presentarse a; **to ~ sth
from** (*drawer etc*) sacar algo de;
(*person*) quitar algo a; **I ~ it that** ...
supongo que ...; **~ after** *vt fus*
parecerse a; **~ apart** *vt* desmontar;
~ away *vt* (*remove*) quitar; (*carry off*)
llevar; (*MATH*) restar; **~ back** *vt* (*return*)
devolver; (*one's words*) retractarse de;
~ down *vt* (*building*) derribar; (*letter
etc*) apuntar; **~ in** *vt* (*deceive*) engañar;
(*understand*) entender; (*include*)
abarcar; (*lodger*) acoger, recibir; **~ off**
vi (*AVIAT*) despegar ♦ *vt* (*remove*)
quitar; **~ on** *vt* (*work*) emprender;
(*employee*) contratar; (*opponent*)
desafiar; **~ out** *vt* sacar; **~ over** *vt*
(*business*) tomar posesión de; (*country*)
tomar el poder ♦ *vi*: **to ~ over from
sb** reemplazar a uno; **~ to** *vt fus*
(*person*) coger cariño a, encariñarse
con; (*activity*) aficionarse a; **~ up** *vt* (*a
dress*) acortar; (*occupy: time, space*)
ocupar; (*engage in: hobby etc*)
dedicarse a; (*accept*): **to ~ sb up on**
aceptar; **~away** (*BRIT*) *adj* (*food*) para
llevar ♦ *n* tienda (*or restaurante m* de
comida para llevar; **~off** *n* (*AVIAT*)
despegue *m*; **~out** (*US*) *n* = **~away**;
~over *n* (*COMM*) absorción *f*

takings ['teɪkɪŋz] *npl* (*COMM*) ingresos
mpl

talc [tælk] *n* (*also: ~um powder*) (polvos
de) talco

tale [teɪl] *n* (*story*) cuento *m*; (*account*)
relación *f*; **to tell ~s** (*fig*) chivarse

talent ['tælnt] *n* talento; **~ed** *adj* de
talento

talk [tɔ:k] *n* charla; (*conversation*)
conversación *f*; (*gossip*) habladurías *fpl*,
chismes *mpl* ♦ *vi* hablar; **~s** *npl* (*POL
etc*) conversaciones *fpl*; **to ~ about**
hablar de; **to ~ sb into doing sth**
convencer a uno para que haga algo;
to ~ sb out of doing sth disuadir a
uno de que haga algo; **to ~ shop**
hablar del trabajo; **~ over** *vt* discutir;

~ative *adj* hablador(a); **~ show** *n*
programa *m* de entrevistas

tall [tɔ:l] *adj* alto; (*object*) grande; **to
be 6 feet ~** (*person*) ≈ medir 1 metro
80

tally ['tælɪ] *n* cuenta ♦ *vi*: **to ~ (with)**
corresponder (con)

talon ['tælən] *n* garra

tambourine [tæmbə'ri:n] *n* pandereta

tame [teɪm] *adj* domesticado; (*fig*)
mediocre

tamper ['tæmpə*] *vi*: **to ~ with** tocar,
andar con

tampon ['tæmpən] *n* tampón *m*

tan [tæn] *n* (*also: sun~*) bronceado ♦ *vi*
ponerse moreno ♦ *adj* (*colour*) marrón

tang [tæŋ] *n* sabor *m* fuerte

tangent ['tændʒənt] *n* (*MATH*)
tangente *f*; **to go off at a ~** (*fig*)
salirse por la tangente

tangerine [tændʒə'ri:n] *n* mandarina

tangle ['tæŋgl] *n* enredo; **to get
in(to) a ~** enredarse

tank [tæŋk] *n* (*water~*) depósito,
tanque *m*; (*for fish*) acuario; (*MIL*)
tanque *m*

tanker ['tæŋkə*] *n* (*ship*) buque *m*
cisterna; (*truck*) camión *m* cisterna

tanned [tænd] *adj* (*skin*) moreno

tantalizing ['tæntəlaɪzɪŋ] *adj*
tentador(a)

tantamount ['tæntəmaunt] *adj*: **~ to**
equivalente a

tantrum ['tæntrəm] *n* rabieta

tap [tæp] *n* (*BRIT: on sink etc*) grifo (*SP*),
canilla (*AM*); (*gas ~*) llave *f*; (*gentle
blow*) golpecito ♦ *vt* (*hit gently*) dar
golpecitos en; (*resources*) utilizar,
explotar; (*telephone*) intervenir; **on ~**
(*fig: resources*) a mano; **~ dancing**
claqué *m*

tape [teɪp] *n* (*also: magnetic ~*) cinta
magnética; (*cassette*) cassette *f*, cinta;
(*sticky ~*) cinta adhesiva; (*for tying*)
cinta ♦ *vt* (*record*) grabar (en cinta);
(*stick with ~*) pegar con cinta adhesiva;
~ deck *n* grabadora; **~ measure**

cinta métrica, metro

taper ['teipə*] n cirio ♦ vi afilarse

tape recorder n grabadora

tapestry ['tæpistri] n (object) tapiz m; (art) tapicería

tar [ta:] n alquitrán m, brea

target ['ta:git] n (gen) blanco

tariff ['tærif] n (on goods) arancel m; (BRIT: in hotels etc) tarifa

tarmac ['ta:mæk] n (BRIT: on road) asfaltado; (AVIAT) pista (de aterrizaje)

tarnish ['ta:nif] vt deslustrar

tarpaulin [ta:'po:lin] n lona impermeabilizada

tarragon ['tærəgən] n estragón m

tart [ta:t] n (CULIN) tarta; (BRIT: inf: prostitute) puta ♦ adj agrio, ácido; ~ **up** (BRIT: inf) vt (building) remozar; to ~ **o.s. up** acicalarse

tartan ['ta:tn] n tejido escocés m

tartar ['ta:tə*] n (on teeth) sarro; ~**(e) sauce** n salsa tártara

task [ta:sk] n tarea; **to take to** ~ reprender; ~ **force** n (MIL, POLICE) grupo de operaciones

taste [teist] n (sense) gusto; (flavour) sabor m; (also: after~) sabor m, (also fig): **have a** ~! ¡prueba un poquito!; (fig) muestra, idea ♦ vt (also fig) probar ♦ vi: **to** ~ **of** o **like** (fish, garlic etc) saber a; **you can** ~ **the garlic (in it)** se nota el sabor a ajo; **in good/bad** ~ de buen/mal gusto; ~**ful** adj de buen gusto; ~**less** adj (food) soso, (remark etc) de mal gusto; **tasty** adj sabroso, rico

tatters ['tætəz] npl: **in** ~ hecho jirones

tattoo [tə'tu:] n tatuaje m; (spectacle) espectáculo militar ♦ vt tatuar

tatty ['tæti] (BRIT: inf) adj cochambroso

taught [to:t] pt, pp of **teach**

taunt [to:nt] n burla ♦ vt burlarse de

Taurus ['to:rəs] n Tauro

taut [to:t] adj tirante, tenso

tax [tæks] n impuesto ♦ vt gravar (con un impuesto); (fig: memory) poner a prueba (: patience) agotar; ~**able** adj (income) gravable; ~**ation** [-'seifən] n impuestos mpl; ~ **avoidance** n evasión f de impuestos; ~ **disc** (BRIT) (AUT) pegatina del impuesto de circulación; ~ **evasion** n evasión f fiscal; ~**-free** adj libre de impuestos

taxi ['tæksi] n taxi m ♦ vi (AVIAT) rodar por la pista; ~ **driver** n taxista m/f; ~ **rank** (BRIT) n = ~ **stand**; ~ **stand** n parada de taxis

tax: ~ **payer** n contribuyente m/f; ~ **relief** n desgravación f fiscal; ~ **return** n declaración f de ingresos

TB n abbr = **tuberculosis**

tea [ti:] n té m; (BRIT: meal) ≈ merienda (SP); cena; **high** ~ (BRIT) merienda-cena (SP); ~ **bag** n bolsita de té; ~ **break** (BRIT) n descanso para el té

teach [ti:tf] (pt, pp **taught**) vt: **to** ~ **sth**, ~ **sth to sb** enseñar a uno ♦ vi (be a teacher) ser profesor(a), enseñar; ~**er** n (in secondary school) profesor(a) m/f; (in primary school) maestro/a, profesor(a) de EGB; ~**ing** n enseñanza

tea cosy n cubretetera m

teacup ['ti:kʌp] n taza para el té

teak [ti:k] n (madera de) teca

team [ti:m] n equipo; (of horses) tiro; ~**work** n trabajo en equipo

teapot ['ti:pot] n tetera

tear[1] [tiə*] n lágrima; **in** ~**s** llorando

tear[2] [teə*] (pt **tore**, pp **torn**) n rasgón m, desgarrón m ♦ vt romper, rasgar ♦ vi rasgarse; ~ **along** vi (rush) precipitarse; ~ **up** vt (sheet of paper etc) romper

tearful ['tiəful] adj lloroso

tear gas ['tiə-] n gas m lacrimógeno

tearoom ['ti:ru:m] n salón m de té

tease [ti:z] vt tomar el pelo a

tea set n servicio de té

teaspoon ['ti:spu:n] n cucharita; (also: ~**ful**: as measurement) cucharadita

teat [ti:t] n (of bottle) tetina

teatime ['ti:taim] n hora del té

tea towel (*BRIT*) *n* paño de cocina

technical ['tɛknɪkl] *adj* técnico; **~ college** (*BRIT*) *n* ≈ escuela de artes y oficios (*SP*); **~ity** [-'kælɪtɪ] *n* (*point of law*) formalismo; (*detail*) detalle *m* técnico; **~ly** *adv* en teoría; (*regarding technique*) técnicamente

technician [tɛk'nɪʃn] *n* técnico/a

technique [tɛk'ni:k] *n* técnica

technological [tɛknə'lɔdʒɪkl] *adj* tecnológico

technology [tɛk'nɔlədʒɪ] *n* tecnología

teddy (bear) ['tɛdɪ-] *n* osito de felpa

tedious ['ti:dɪəs] *adj* pesado, aburrido

teem [ti:m] *vi*: **to ~ with** rebosar de; **it is ~ing (with rain)** llueve a cántaros

teenage ['ti:neɪdʒ] *adj* (*fashions etc*) juvenil; (*children*) quinceañero; **~r** *n* quinceañero/a

teens [ti:nz] *npl*: **to be in one's ~** ser adolescente

tee-shirt ['ti:ʃə:t] *n* = T-shirt

teeter ['ti:tə*] *vi* balancearse; (*fig*): **to ~ on the edge of** estar al borde de

teeth [ti:θ] *npl* of **tooth**

teethe [ti:ð] *vi* echar los dientes

teething ['ti:ðɪŋ]: **~ ring** *n* mordedor *m*; **~ troubles** *npl* (*fig*) dificultades *fpl* iniciales

teetotal ['ti:'təutl] *adj* abstemio

telegram ['tɛlɪgræm] *n* telegrama *m*

telegraph ['tɛlɪgrɑ:f] *n* telégrafo; **~ pole** *n* poste *m* telegráfico

telepathy [tə'lɛpəθɪ] *n* telepatía

telephone ['tɛlɪfəun] *n* teléfono ♦ *vt* llamar por teléfono, telefonear; (*message*) dar por teléfono; **to be on the ~** (*talking*) hablar por teléfono; (*possessing ~*) tener teléfono; **~ booth** *n* cabina telefónica; **~ box** (*BRIT*) *n* = **~ booth**; **~ call** *n* llamada (telefónica); **~ directory** *n* guía (telefónica); **~ number** *n* número de teléfono; **telephonist** [tə'lɛfənɪst] (*BRIT*) *n* telefonista *m/f*

telesales ['tɛliseɪlz] *npl* televenta(s)

f(pl)

telescope ['tɛlɪskəup] *n* telescopio

television ['tɛlɪvɪʒən] *n* televisión *f*; **on ~** en la televisión; **~ set** *n* televisor *m*

teleworking ['tɛlɪˌwə:kɪŋ] *n* teletrabajo

tell [tɛl] (*pt, pp* **told**) *vt* decir; (*relate: story*) contar; (*distinguish*): **to ~ sth from** distinguir algo de ♦ *vi* (*talk*): **to ~ (of)** contar; (*have effect*) tener efecto; **to ~ sb to do sth** mandar a uno hacer algo; **~ off** *vt*: **to ~ sb off** regañar a uno; **~er** *n* (*in bank*) cajero/a; **~ing** *adj* (*remark, detail*) revelador(a); **~tale** *adj* (*sign*) indicador/a

telly ['tɛlɪ] (*BRIT*: *inf*) *n abbr* (= *television*) tele *f*

temp [tɛmp] *n abbr* (*BRIT*: = *temporary*) temporero/a

temper ['tɛmpə*] *n* (*nature*) carácter *m*; (*mood*) humor *m*; (*bad ~*) (*mal*) genio; (*fit of anger*) acceso de ira ♦ *vt* (*moderate*) moderar; **to be in a ~** estar furioso; **to lose one's ~** enfadarse, enojarse

temperament ['tɛmprəmənt] *n* (*nature*) temperamento

temperate ['tɛmprət] *adj* (*climate etc*) templado

temperature ['tɛmprətʃə*] *n* temperatura; **to have** or **run a ~** tener fiebre

temple ['tɛmpl] *n* (*building*) templo; (*ANAT*) sien *f*

tempo ['tɛmpəu] (*pl* **tempos** or **tempi** [*MUS*) tempo, tiempo; (*fig*) ritmo

temporarily ['tɛmpərərɪlɪ] *adv* temporalmente

temporary ['tɛmpərəri] *adj* provisional; (*passing*) transitorio; (*worker*) temporero/a; (*job*) temporal

tempt [tɛmpt] *vt* tentar; **to ~ sb into doing sth** tentar o inducir a uno a hacer algo; **~ation** [-'teɪʃən] *n* tentación *f*; **~ing** *adj* tentador(a); (*food*) apetitoso/a

ten [tɛn] *num* diez

tenacity [tə'næsɪtɪ] *n* tenacidad *f*

tenancy ['tenənsı] n arrendamiento, alquiler m

tenant ['tenənt] n inquilino/a

tend [tend] vt cuidar ♦ vi: **to ~ to do sth** tener tendencia a hacer algo

tendency ['tendənsı] n tendencia

tender ['tendə*] adj (person, care) tierno, cariñoso; (meat) tierno; (sore) sensible ♦ n (COMM: offer) oferta; (money): **legal ~** moneda de curso legal ♦ vt ofrecer; **~ness** n ternura; (of meat) blandura

tenement ['tenəmənt] n casa de pisos (SP)

tennis ['tenɪs] n tenis m; **~ ball** n pelota de tenis; **~ court** n cancha de tenis; **~ player** n tenista m/f; **~ racket** n raqueta de tenis

tenor ['tenə*] n (MUS) tenor m

tenpin bowling ['tenpɪn-] n (juego de los) bolos

tense [tens] adj (person) nervioso; (moment, atmosphere) tenso; (muscle) tenso, en tensión ♦ n (LING) tiempo

tension ['tenʃən] n tensión f

tent [tent] n tienda (de campaña) (SP), carpa (AM)

tentative ['tentətɪv] adj (person, smile) indeciso; (conclusion, plans) provisional

tenterhooks ['tentəhuks] npl: **on ~** sobre ascuas

tenth [tenθ] num décimo

tent peg n clavija, estaca

tent pole n mástil m

tenuous ['tenjuəs] adj tenue

tenure ['tenjuə*] n (of land etc) tenencia; (of office) ejercicio

tepid ['tepɪd] adj tibio

term [tə:m] n (word) término, (period) período; (SCOL) trimestre m ♦ vt llamar; **~s** npl (conditions, COMM) condiciones fpl; **in the short/long ~** a corto/largo plazo; **to be on good ~s with sb** llevarse bien con uno; **to come to ~s with** (problem) aceptar

terminal ['tə:mɪnl] adj (disease) mortal; (patient) terminal ♦ n (ELEC)

borne m; (COMPUT) terminal m; (also: **air ~**) terminal f; (BRIT: also: **coach ~**) (estación f) terminal f

terminate ['tə:mɪneɪt] vt terminar

terminus ['tə:mɪnəs] (pl **termini**) n término, (estación f) terminal f

terrace ['terəs] n terraza; (BRIT: row of houses) hilera de casas adosadas; **the ~s** (BRIT: SPORT) las gradas fpl; **~d** adj (garden) en terrazas; (house) adosado

terrain [te'reɪn] n terreno

terrible ['terɪbl] adj terrible, horrible; (inf) atroz; **terribly** adv terriblemente; (very badly) malísimamente

terrier ['terɪə*] n terrier m

terrific [tə'rɪfɪk] adj (very great) tremendo; (wonderful) fantástico, fenomenal

terrify ['terɪfaɪ] vt aterrorizar

territory ['terɪtərɪ] n (also fig) territorio

terror ['terə*] n terror m; **~ism** n terrorismo; **~ist** n terrorista m/f

test [test] n (gen, CHEM) prueba; (MED) examen m; (SCOL) examen m, test m; (also: driving ~) examen m de conducir ♦ vt probar, poner a prueba; (MED, SCOL) examinar

testament ['testəmənt] n testamento; **the Old/New T~** el Antiguo/Nuevo Testamento

testicle ['testɪkl] n testículo

testify ['testɪfaɪ] vi (LAW) prestar declaración; **to ~ to sth** atestiguar algo

testimony ['testɪmənɪ] n (LAW) testimonio

test: ~ match n (CRICKET, RUGBY) partido internacional; **~ tube** n probeta

tetanus ['tetənəs] n tétano

tether ['teðə*] vt atar (con una cuerda) ♦ n: **to be at the end of one's ~** no aguantar más

text [tekst] n texto; **~book** n libro de texto

textiles ['tekstaɪlz] npl textiles mpl; (textile industry) industria textil

texture ['tekstʃə*] *n* textura

Thailand ['taɪlænd] *n* Tailandia

Thames [temz] *n*: **the ~** el (río) Támesis

than [ðæn] *conj* (*in comparisons*): **more ~ 10/once** más de 10/una vez; **I have more/less ~ you/Paul** tengo más/menos que tú/Paul; **she is older ~ you think** es mayor de lo que piensas

thank [θæŋk] *vt* dar las gracias a, agradecer; **~ you (very much)** muchas gracias; **~ God!** ¡gracias a Dios!; **~s** *npl* gracias *fpl* ♦ *excl* (*also*: **many ~s, ~s a lot**) ¡gracias!; **~s to** *prep* gracias a; **~ful** *adj*: **~ful (for)** agradecido (por); **~less** *adj* ingrato; **T~sgiving (Day)** *n* día *m* de Acción de Gracias

---
Thanksgiving (Day)

En Estados Unidos el cuarto jueves de noviembre es **Thanksgiving Day**, fiesta oficial en la que se recuerda la celebración que hicieron los primeros colonos norteamericanos ("Pilgrims" o "Pilgrim Fathers") tras la estupenda cosecha de 1621, por la que se dan gracias a Dios. En Canadá se celebra una fiesta semejante el segundo lunes de octubre, aunque no está relacionada con dicha fecha histórica.

KEYWORD
---

that [ðæt] (*pl* **those**) *adj* (*demonstrative*) ese/a, *pl* esos/as; (*more remote*) aquel/aquella, *pl* aquellos/as; **leave those books on the table** deja esos libros sobre la mesa; **~ one** ése/ésa; (*more remote*) aquél/aquélla; **~ one over there** ése/ésa de ahí; aquél/aquélla de allí

♦ *pron* 1 (*demonstrative*) ése/a, *pl* ésos/as; (*neuter*) eso; (*more remote*) aquél/aquélla, *pl* aquéllos/as; (*neuter*) aquello; **what's ~?** ¿qué es eso (or

aquello)?; **who's ~?** ¿quién es ése/a (or aquél/aquélla)?; **is ~ you?** ¿eres tú?; **will you eat all ~?** ¿vas a comer todo eso?; **~'s my house** ésa es mi casa; **~'s what he said** eso es lo que dijo; **~ is** (**to say**) es decir

2 (*relative: subject, object*) que; (*with preposition*) (el/la) que *etc*, el/la cual *etc*; **the book (~) I read** el libro que leí; **the books ~ are in the library** los libros que están en la biblioteca; **all (~) I have** todo lo que tengo; **the box (~) I put it in** la caja en la que *or* donde lo puse; **the people (~) I spoke to** la gente con la que hablé

3 (*relative: of time*) que; **the day (~) he came** el día (en) que vino

♦ *conj* que; **he thought ~ I was ill** creyó que yo estaba enfermo

♦ *adv* (*demonstrative*): **I can't work ~ much** no puedo trabajar tanto; **I didn't realise it was ~ bad** no creí que fuera tan malo; **~ high** así de alto

---

thatched [θætʃt] *adj* (*roof*) de paja; (*cottage*) con tejado de paja

thaw [θɔ:] *n* deshielo ♦ *vi* (*ice*) derretirse; (*food*) descongelarse ♦ *vt* (*food*) descongelar

---
KEYWORD
---

the [ði:, ðə] *def art* 1 (*gen*) el, f la, *pl* los, fpl las (**NB** = *el immediately before f n beginning with stressed (h)a; a+ el = al; de+ el = del*); **~ boy/girl** el chico/ la chica; **~ books/flowers** los libros/ las flores; **to ~ postman/from ~ drawer** al cartero/del cajón; **I haven't ~ time/money** no tengo tiempo/dinero

2 (*+ adj to form n*) los; lo; **~ rich and ~ poor** los ricos y los pobres; **to attempt ~ impossible** intentar lo imposible

3 (*in titles*): **Elizabeth ~ First** Isabel primera; **Peter ~ Great** Pedro el Grande

4 (in comparisons): **~ more he works ~ more he earns** cuanto más trabaja más gana

theatre ['θɪətə*] (US **theater**) n teatro; (also: lecture **~**) aula; (MED: also: operating **~**) quirófano; **~-goer** n aficionado/a al teatro

theatrical [θɪˈætrɪkl] adj teatral

theft [θɛft] n robo

their [ðɛə*] adj su; **~s** pron (el) suyo/ (la) suya etc; see also **my**; **mine**[1]

them [ðɛm, ðəm] pron (direct) los/las; (indirect) les; (stressed, after prep) ellos/ ellas; see also **me**

theme [θiːm] n tema m; **~ park** n parque de atracciones (en torno a un tema central); **~ song** n tema m (musical)

themselves [ðəmˈsɛlvz] pl pron (subject) ellos mismos/ellas mismas; (complement) se; (after prep) sí (mismos/as); see also **oneself**

then [ðɛn] adv (at that time) entonces; (next) después; (later) luego, después; (and also) además ♦ conj (therefore) en ese caso, entonces ♦ adj: **the ~ president** el entonces presidente; **by ~** para entonces; **from ~ on** desde entonces

theology [θɪˈɔlədʒɪ] n teología

theory ['θɪərɪ] n teoría

therapist ['θɛrəpɪst] n terapeuta m/f

therapy ['θɛrəpɪ] n terapia

KEYWORD

there ['ðɛə*] adv **1**: **~ is**, **~ are** hay; **~ is no one here**/no **bread left** no hay nadie aquí/no queda pan; **~ has been an accident** ha habido un accidente

2 (referring to place) ahí; (distant) allí; **it's ~** está ahí; **put it in/on/up/ down** ponlo ahí dentro/encima/ arriba/abajo; **I want that book ~** quiero ese libro de ahí; **~ he is!** ¡ahí

está!
3: **~, ~!** (esp to child) ea, ea

there: **~abouts** adv por ahí; **~after** adv después; **~by** adv así, de ese modo; **~fore** adv por lo tanto; **~'s** = there is; there has

thermal ['θəːml] adj termal; (paper) térmico

thermometer [θəˈmɔmɪtə*] n termómetro

Thermos ® ['θəːməs] n (also: ~ **flask**) termo

thermostat ['θəːməustæt] n termostato

thesaurus [θɪˈsɔːrəs] n tesoro

these [ðiːz] pl adj estos/as ♦ pl pron éstos/as

thesis ['θiːsɪs] (pl **theses**) n tesis f inv

they [ðeɪ] pl pron ellos/ellas; (stressed) ellos (mismos)/ellas (mismas); **~ say that ...** (it is said that) se dice que ...; **~'d** = they had; they would; **~'ll** = they shall; they will; **~'re** = they are; **~'ve** = they have

thick [θɪk] adj (in consistency) espeso; (in size) grueso; (stupid) torpe ♦ n: **in the ~ of the battle** en lo más reñido de la batalla; **it's 20 cm ~** tiene 20 cm de espesor; **~en** vi espesarse ♦ vt (sauce etc) espesar; **~ness** n espesor m; grueso; **~set** adj fornido

thief [θiːf] (pl **thieves**) n ladrón/ona m/f

thigh [θaɪ] n muslo

thimble ['θɪmbl] n dedal m

thin [θɪn] adj (person, animal) flaco; (in size) delgado; (in consistency) poco espeso; (hair, crowd) escaso ♦ vt: **to ~ (down)** diluir

thing [θɪŋ] n cosa; (object) objeto, artículo; (matter) asunto; (mania): **to have a ~ about sb/sth** estar obsesionado con uno/algo; **~s** npl (belongings) efectos mpl (personales); **the best ~ would be to ...** lo mejor sería ...; **how are ~s?** ¿qué tal?

think [θɪŋk] (*pt, pp* **thought**) *vi* pensar ♦ *vt* pensar, creer; **what did you ~ of them?** ¿qué te parecieron?; **to ~ about sth** pensar en algo/uno; **I'll ~ about it** lo pensaré; **to ~ of doing sth** pensar en hacer algo; **I ~ so/not** creo que sí/no; **to ~ well of sb** tener buen concepto de uno; **~ over** *vt* reflexionar sobre, meditar; **~ up** *vt* (*plan etc*) idear; **~ tank** *n* gabinete *m* de estrategia

thinly [ˈθɪnlɪ] *adv* (*cut*) fino; (*spread*) ligeramente

third [θəːd] *adj* (*before n*) tercer(a); (*following n*) tercero/a ♦ *n* tercero/a; (*fraction*) tercio; (*BRIT: SCOL: degree*) título de licenciado con calificación de aprobado; **~ly** *adv* en tercer lugar; **~ party insurance** (*BRIT*) *n* seguro contra terceros; **~-rate** *adj* (*de calidad*) mediocre; **T~ World** *n* Tercer Mundo

thirst [θəːst] *n* sed *f*; (*fig*) (*person, animal*) sediento, (*work*) que da sed; **to be ~y** tener sed

thirteen [ˈθəːˈtiːn] *num* trece

thirty [ˈθəːtɪ] *num* treinta

KEYWORD

this [ðɪs] (*pl* **these**) *adj* (*demonstrative*) este/a; *pl* estos/as; (*neuter*) esto; **~ man/woman** este hombre/esta mujer; **these children/flowers** estos chicos/estas flores; **~ one (here)** éste/a, esto (de aquí)
♦ *pron* (*demonstrative*) éste/a; *pl* éstos/as; (*neuter*) esto; **who is ~?** ¿quién es éste/ésta?; **what is ~?** ¿qué es esto?; **~ is where I live** aquí vivo; **~ is what he said** esto es lo que dijo; **~ is Mr Brown** (*in introductions*) le presento al Sr. Brown; (*photo*) éste es el Sr. Brown; (*on telephone*) habla el Sr. Brown
♦ *adv* (*demonstrative*): **~ high/long** *etc* así de alto/largo *etc*; **~ far** hasta aquí

thistle [ˈθɪsl] *n* cardo

thorn [θɔːn] *n* espina

thorough [ˈθʌrə] *adj* (*search*) minucioso; (*wash*) a fondo; (*knowledge, research*) profundo; (*person*) meticuloso; **~bred** *adj* (*horse*) de pura sangre; **~fare** *n* calle *f*; **"no ~fare"** "prohibido el paso"; **~ly** *adv* (*search*) minuciosamente; (*study*) profundamente; (*wash*) a fondo; (*utterly: bad, wet etc*) completamente, totalmente

those [ðəuz] *pl adj* esos/esas; (*more remote*) aquellos/as

though [ðəu] *conj* aunque ♦ *adv* sin embargo

thought [θɔːt] *pt, pp of* **think** ♦ *n* pensamiento; (*opinion*) opinión *f*; **~ful** *adj* (*serious*) serio; (*considerate*) atento; **~less** *adj* desconsiderado

thousand [ˈθauzənd] *num* mil; **two ~s** dos mil; **~s of** miles de; **~th** *num* milésimo

thrash [θræʃ] *vt* azotar; (*defeat*) derrotar; **~ about** *or* **around** *vi* debatirse; **~ out** *vt* discutir a fondo

thread [θrɛd] *n* hilo; (*of screw*) rosca ♦ *vt* (*needle*) enhebrar; **~bare** *adj* raído

threat [θrɛt] *n* amenaza; **~en** *vi* amenazar ♦ *vt*: **to ~en sb with/to do** amenazar a uno con/con hacer

three [θriː] *num* tres; **~-dimensional** *adj* tridimensional; **~-piece suit** *n* traje *m* de tres piezas; **~-piece suite** *n* tresillo; **~-ply** *adj* (*wool*) de tres cabos

threshold [ˈθrɛʃhəuld] *n* umbral *m*

threw [θruː] *pt of* **throw**

thrifty [ˈθrɪftɪ] *adj* económico

thrill [θrɪl] *n* (*excitement*) emoción *f*; (*shudder*) estremecimiento ♦ *vt* emocionar; **to be ~ed** (*with gift etc*) estar encantado; **~er** *n* novela (*or obra or película*) de suspense; **~ing** *adj* emocionante

thrive [θraɪv] (*pt, pp* **thrived**) (*vi*) crecer; (*do well*) prosperar; **to ~ on sth** sentarse muy bien a uno algo; **thriving** *adj*

throat [θrəʊt] n garganta; **to have a
sore ~** tener dolor de garganta

throb [θrɔb] vi latir; dar punzadas;
vibrar

throes [θrəʊz] npl: **in the ~ of** en
medio de

throne [θrəʊn] n trono

throng [θrɔŋ] n multitud f,
muchedumbre f ♦ vi agolparse en

throttle ['θrɔtl] n (AUT) acelerador m
♦ vt estrangular

through [θruː] prep por, a través de;
(time) durante; (by means of) por
medio de, mediante; (owing to) gracias
a ♦ adj (ticket, train) directo ♦ adv
completamente, de parte a parte; de
principio a fin; **to put sb ~ to sb**
(TEL) poner or pasar a uno con uno; **to
be ~** (TEL) tener comunicación; (be
finished) haber terminado; **"no
~ road"** (BRIT) "calle sin salida"; **~out**
prep (place) por todas partes de, por
todo; (time) durante todo ♦ adv por or
en todas partes

throw [θrəʊ] (pt threw, pp thrown) n
tiro; (SPORT) lanzamiento ♦ vt tirar,
echar; (SPORT) lanzar; (rider) derribar;
(fig) desconcertar; **to ~ a party** dar
una fiesta; **~ away** vt tirar; (money)
derrochar; **~ off** vt deshacerse de;
~ out vt tirar; (person) echar; expulsar;
~ up vi vomitar; **~away** adj para tirar,
desechable; (remark) hecho de paso;
~-in n (SPORT) saque m

thru [θruː] (US) = **through**

thrush [θrʌʃ] n zorzal m, tordo

thrust [θrʌst] (pt, pp thrust) n
empujar (con fuerza)

thud [θʌd] n golpe m sordo

thug [θʌg] n gamberro/a

thumb [θʌm] n (ANAT) pulgar m; **to
~ a lift** hacer autostop; **~ through** vt
fus (book) hojear; **~tack** (US) n
chincheta f

thump [θʌmp] n golpe m; (sound)
ruido seco or sordo ♦ vt golpear ♦ vi

(heart etc) palpitar

thunder ['θʌndə*] n trueno ♦ vi
tronar; (train etc): **to ~ past** pasar
como un trueno; **~bolt** n rayo; **~clap**
n trueno; **~storm** n tormenta; **~y** adj
tormentoso

Thursday ['θəːzdɪ] n jueves m inv

thus [ðʌs] adv así, de este modo

thyme [taɪm] n tomillo

thyroid ['θaɪrɔɪd] n (also: ~ gland)
tiroides m inv

tic [tɪk] n tic m

tick [tɪk] n (sound: of clock) tictac m;
(mark) palomita; (ZOOL) garrapata;
(BRIT: inf): **in a ~** en un instante ♦ vi
hacer tictac ♦ vt marcar; **~ off** vt
marcar; (person) reñir; **~ over** vi
(engine) girar en marcha lenta; (fig) ir
tirando

ticket ['tɪkɪt] n billete m (SP), tiquet n
boleto (AM); (for cinema etc) entrada
(SP), boleto (AM); (in shop: on goods)
etiqueta; (for raffle) papeleta; (for
library) tarjeta; (parking ~) multa por
estacionamiento ilegal; **~ collector** n
revisor(a) m/f; **~ office** n (THEATRE)
taquilla (SP), boletería (AM); (RAIL)
despacho de billetes (SP) or boletos
(AM)

tickle ['tɪkl] vt hacer cosquillas a ♦ vi
hacer cosquillas; **ticklish** adj (person)
cosquilloso; (problem) delicado

tidal ['taɪdl] adj de marea; **~ wave** n
maremoto

tidbit ['tɪdbɪt] (US) n = **titbit**

tiddlywinks ['tɪdlɪwɪŋks] n juego
infantil con fichas de plástico

tide [taɪd] n marea; (fig: of events etc)
curso, marcha; **~ over** vt (help out)
ayudar a salir del apuro

tidy ['taɪdɪ] adj (room etc) ordenado;
(dress, work) limpio; (person) (bien)
arreglado ♦ vt (also: ~ up) poner en
orden

tie [taɪ] n (string etc) atadura; (BRIT:
also: neck~) corbata; (fig: link) vínculo,
lazo; (SPORT etc: draw) empate m ♦ vt

atar ♦ vi (SPORT etc) empatar; **to ~ in a bow** atar con un lazo; **to ~ a knot in sth** hacer un nudo en algo; **~ down** vt (fig: person: restrict) sujetar a; (: to price, date etc) obligar a; **~ up** vt (parcel) envolver; (dog, person) atar; (arrangements) concluir; **to be ~d up** (busy) estar ocupado

tier [tɪə*] n grada; (of cake) piso

tiger ['taɪgə*] n tigre m

tight [taɪt] adj (rope) tirante; (money) escaso; (clothes) ajustado; (bend) cerrado; (shoes, schedule) apretado; (budget) ajustado; (security) estricto; (inf: drunk) borracho ♦ adv (squeeze) muy fuerte; (shut) bien; **~en** vt (rope) estirar; (screw, grip) apretar; (security) reforzar ♦ vi estirarse; apretarse; **~-fisted** adj tacaño; **~ly** adv (grasp) muy fuerte; **~rope** n cuerda floja; **~s** (BRIT) npl panti mpl

tile [taɪl] n (on roof) teja; (on floor) baldosa; (on wall) azulejo; **~d** adj (de tejas; embaldosado; (wall) alicatado

till [tɪl] n caja (registradora) ♦ vt (land) cultivar ♦ prep, conj = **until**

tilt [tɪlt] vt inclinar ♦ vi inclinarse

timber ['tɪmbə*] n (material) madera

time [taɪm] n tiempo; (epoch: often pl) época; (by clock) hora; (moment) momento; (occasion) vez f; (MUS) compás m ♦ vt calcular o medir el tiempo de; (race) cronometrar; (remark, visit etc) elegir el momento para; **a long ~** mucho tiempo; **4 at a ~** de 4 en 4; **4 a la vez**; **for the ~ being** de momento, por ahora; **from ~ to ~** de vez en cuando; **at ~s** a veces; **in ~** (soon enough) a tiempo; (after some time) con el tiempo; (MUS) al compás; **in a week's ~** dentro de una semana; **in no ~** en un abrir y cerrar de ojos; **any ~** cuando sea; **on ~** a la hora; **5 ~s 5** 5 por 5; **what ~ is it?** ¿qué hora es?; **to have a good ~** pasarlo bien, divertirse; **~ bomb** n bomba de efecto retardado; **~less** adj eterno; **~ limit** n

plazo; **~ly** adj oportuno; **~ off** n tiempo libre; **~r** n (in kitchen etc) programador m horario; **~ scale** (BRIT) n escala de tiempo; **~-share** n apartamento (or casa) a tiempo compartido; **~ switch** (BRIT) n interruptor m (horario); **~table** n horario; **~ zone** n huso horario

timid ['tɪmɪd] adj tímido

timing ['taɪmɪŋ] n (SPORT) cronometraje m; **the ~ of his resignation** el momento que eligió para dimitir

tin [tɪn] n estaño; (also: ~ **plate**) hojalata; (BRIT: can) lata; **~foil** n papel m de estaño

tinge [tɪndʒ] n matiz m ♦ vt: **~d with** teñido de

tingle ['tɪŋgl] vi (person): **to ~ (with)** estremecerse (de); (hands etc) hormiguear

tinker ['tɪŋkə*]: **~ with** vt fus jugar con, tocar

tinned [tɪnd] (BRIT) adj (food) en lata, en conserva

tin opener [-əupnə*] (BRIT) n abrelatas m inv

tinsel ['tɪnsl] n (guirnalda de) espumillón m

tint [tɪnt] n matiz m; (for hair) tinte m; **~ed** adj (hair) teñido; (glass, spectacles) ahumado

tiny ['taɪnɪ] adj minúsculo, pequeñito

tip [tɪp] n (end) punta; (gratuity) propina; (BRIT: for rubbish) vertedero; (advice) consejo ♦ vt (waiter) dar una propina a; (tilt) inclinar; (empty: also: ~ out) vaciar, echar; (overturn: also: ~ over) volcar; **~-off** n (hint) advertencia; **~ped** (BRIT) adj (cigarette) con filtro

Tipp-Ex ® ['tɪpɛks] n Tipp-Ex ® m

tipsy ['tɪpsɪ] adj alegre, mareado

tiptoe ['tɪptəu] n: **on ~** de puntillas

tire ['taɪə*] n (US) = **tyre** ♦ vt cansar ♦ vi (gen) cansarse; (become bored) aburrirse; **~d** adj cansado; **to be ~d of**

sth estar harto de algo; **~less** adj
incansable; **~some** adj aburrido;
tiring adj cansado

tissue ['tɪʃuː] n tejido; (paper
handkerchief) pañuelo de papel,
kleenex ® m; **~ paper** n papel m de
seda

tit [tɪt] n (bird) herrerillo común; **to
give ~ for tat** dar ojo por ojo

titbit ['tɪtbɪt] (US **tidbit**) n (food)
golosina; (news) noticia sabrosa

title ['taɪtl] n título; **~ deed** n (LAW)
título de propiedad; **~ role** n papel m
principal

TM abbr = **trademark**

KEYWORD
---

to [tuː, tə] prep **1** (direction) a; **to go
~ France/London/school/the
station** ir a Francia/Londres/al
colegio/a la estación; **to go
~ Claude's/the doctor's** ir a casa de
Claude/al médico; **the road
~ Edinburgh** la carretera de
Edimburgo

2 (as far as) hasta, a; **from here
~ London** de aquí a or hasta Londres;
to count ~ 10 contar hasta 10; **from
40 ~ 50 people** entre 40 y 50
personas

3 (with expressions of time): **a
quarter/twenty ~ 5** las 5 menos
cuarto/veinte

4 (for, of): **the key ~ the front door**
la llave de la puerta principal; **she is
secretary ~ the director** es la
secretaria del director; **a letter ~ his
wife** una carta a or para su mujer

5 (expressing indirect object) a; **to give
sth ~ sb** darle algo a alguien; **to talk
~ sb** hablar con alguien; **to be a
danger ~ sb** ser un peligro para
alguien; **to carry out repairs ~ sth**
hacer reparaciones en algo

6 (in relation to): **3 goals ~ 2** 3 goles a
2; **30 miles ~ the gallon** ≈ 9,4 litros
a los cien (kms)

7 (purpose, result): **to come ~ sb's
aid** venir en auxilio or ayuda de
alguien; **to sentence sb ~ death**
condenar a uno a muerte; **~ my great
surprise** con gran sorpresa mía

♦ with vb **1** (simple infin): **~ go/eat** ir/
comer

2 (following another vb): **to want/
try/start ~ do** querer/intentar/
empezar a hacer; see also relevant vb

3 (with vb omitted): **I don't want ~** no
quiero

4 (purpose, result): **I did it ~ help
you** lo hice para ayudarte; **he came
~ see you** vino a verte

5 (equivalent to relative clause): **I have
things ~ do** tengo cosas que hacer;
the main thing is ~ try lo principal
es intentarlo

6 (after adj etc): **ready ~ go** listo para
irse; **too old ~ ...** demasiado viejo
(como) para ...

♦ adv: **pull/push the door ~** tirar
de/empujar la puerta

toad [təud] n sapo; **~stool** n hongo
venenoso

toast [təust] n (CULIN) tostada; (drink,
speech) brindis m ♦ vt (CULIN) tostar;
(drink: to) brindar por; **~er** n tostador
m

tobacco [tə'bækəu] n tabaco; **~nist** n
estanquero/a (SP), tabaquero/a (AM);
~nist's (shop) (BRIT) n estanco (SP),
tabaquería (AM)

toboggan [tə'bɔgən] n tobogán m

today [tə'deɪ] adv, n (also rig) hoy m

toddler ['tɔdlə*] n niño/a (que
empieza a andar)

toe [təu] n dedo (del pie); (of shoe)
punta; **to ~ the line** (fig) conformarse;
~nail n uña del pie

toffee ['tɔfɪ] n toffee m; **~ apple** (BRIT)
n manzana acaramelada

together [tə'geðə*] adv juntos; (at
same time) al mismo tiempo, a la vez;
~ with junto con

toil [tɔɪl] n trabajo duro, labor f ♦ vi trabajar duramente

toilet ['tɔɪlət] n retrete m; (BRIT: room) servicios mpl (SP), wáter m (SP), sanitario (AM) ♦ cpd (soap etc) de aseo; **~ paper** n papel m higiénico; **~ries** npl artículos mpl de tocador; **~ roll** n rollo de papel higiénico

token ['təʊkən] n (sign) señal f, muestra; (souvenir) recuerdo; (disc) ficha ♦ adj (strike, payment etc) simbólico; **book/record ~** (BRIT) vale m para comprar libros/discos; **gift ~** (BRIT) vale-regalo

Tokyo ['təʊkjəʊ] n Tokio, Tókio

told [təʊld] pt, pp of **tell**

tolerable ['tɔlərəbl] adj (bearable) soportable; (fairly good) pasable

tolerant ['tɔlərnt] adj: **~ of** tolerante con

tolerate ['tɔləreɪt] vt tolerar

toll [təʊl] n (of casualties) número de víctimas; (tax, charge) peaje m ♦ vi (bell) doblar

tomato [tə'mɑːtəʊ] (pl **~es**) n tomate m

tomb [tuːm] n tumba

tomboy ['tɔmbɔɪ] n marimacho

tombstone ['tuːmstəʊn] n lápida

tomcat ['tɔmkæt] n gato (macho)

tomorrow [tə'mɔrəʊ] adv, n (also: fig) mañana; **the day after ~** pasado mañana; **~ morning** mañana por la mañana

ton [tʌn] n tonelada (BRIT = 1016 kg; US = 907 kg); (metric ~) tonelada métrica; **~s of** (inf) montones de

tone [təʊn] n tono ♦ vi (also: ~ in) armonizar; **~ down** vt (criticism) suavizar; (colour) atenuar; **~ up** vt (muscles) tonificar; **~-deaf** adj con mal oído

tongs [tɔŋz] npl (for coal) tenazas fpl; (curling ~) tenacillas fpl

tongue [tʌŋ] n lengua; **~ in cheek** irónicamente; **~-tied** adj (fig) mudo; **~-twister** n trabalenguas m inv

tonic ['tɔnɪk] n (MED, also fig) tónico; (also: ~ water) (agua) tónica

tonight [tə'naɪt] adv, n esta noche; esta tarde

tonsil ['tɔnsl] n amígdala; **~litis** [-'laɪtɪs] n amigdalitis f

too [tuː] adv (excessively) demasiado; (also) también; **~ much** demasiado; **~ many** demasiados/as

took [tʊk] pt of **take**

tool [tuːl] n herramienta; **~ box** n caja de herramientas

toot [tuːt] n pitido ♦ vi tocar el pito

tooth [tuːθ] (pl **teeth**) n (ANAT, TECH) diente m; (molar) muela; **~ache** n dolor m de muelas; **~brush** n cepillo de dientes; **~paste** n pasta de dientes; **~pick** n palillo

top [tɔp] n (of mountain) cumbre f, cima; (of tree) copa; (of head) coronilla; (of ladder, page) lo alto; (of table) superficie f; (of cupboard) parte f de arriba; (lid: of box) tapa; (: of bottle, jar) tapón m; (of list etc) cabeza; (toy) peonza; (garment) blusa; camiseta ♦ adj de arriba; (in rank) principal, primero; (best) mejor ♦ vt (exceed) exceder; (be first in) encabezar; **on ~ of** (above) sobre, encima de; (in addition to) además de; **from ~ to bottom** de pies a cabeza; **~ off** (US) vt = **~ up**; **~ up** vt llenar; **~ floor** n último piso; **~ hat** n sombrero de copa; **~-heavy** adj (object) mal equilibrado

topic ['tɔpɪk] n tema m; **~al** adj actual

top: **~less** adj (bather, bikini) topless inv; **~-level** adj (talks) al más alto nivel; **~most** adj del más alto

topple ['tɔpl] vt derribar ♦ vi caerse

top-secret adj alto secreto

topsy-turvy ['tɔpsɪ'təːvɪ] adj al revés ♦ adv patas arriba

torch [tɔːtʃ] n antorcha; (BRIT: electric) linterna

tore [tɔː*] pt of **tear²**

torment [n tɔ:'mɛnt, vt tɔ:'mɛnt] n

tormento ♦ vt atormentar; (fig: annoy) fastidiar

torn [tɔːn] pp of tear²

torrent ['tɔrnt] n torrente m

tortoise ['tɔːtəs] n tortuga; **~shell** ['tɔːtəʃel] adj de carey

torture ['tɔːtʃə*] n tortura ♦ vt torturar; (fig) atormentar

Tory ['tɔːrɪ] (BRIT) adj, n (POL) conservador(a) m/f

toss [tɔs] vt tirar, echar; (one's head) sacudir; **to ~ a coin** echar a cara o cruz; **to ~ up for sth** jugar a cara o cruz algo; **to ~ and turn** (in bed) dar vueltas

tot [tɔt] n (BRIT: drink) copita; (child) nene/a m/f

total ['təutl] adj total, entero; (emphatic: failure etc) completo, total ♦ n total m, suma ♦ vt (add up) sumar; (amount to) ascender a; **~ly** adv totalmente

touch [tʌtʃ] n tacto; (contact) contacto ♦ vt tocar; (emotionally) conmover; **a ~ of** (fig) un poquito de; **to get in ~ with sb** ponerse en contacto con uno; **to lose ~** (friends) perder contacto; **~ on** vt fus (topic) aludir (brevemente) a; **~ up** vt (paint) retocar; **~-and-go** adj arriesgado; **~down** n aterrizaje m; (US on sea) amerizaje m; (US: FOOTBALL) ensayo; **~ed** adj (moved) conmovido; **~ing** adj (moving) conmovedor(a); **~line** n (SPORT) línea de banda; **~y** adj (person) quisquilloso

tough [tʌf] adj (material) resistente; (meat) duro; (problem etc) difícil; (policy, stance) inflexible; (person) fuerte; **~en** vt endurecer

toupée ['tuːpeɪ] n peluca

tour ['tuə*] n viaje m, vuelta; (also: package ~) viaje m todo comprendido; (of town, museum) visita; (by band etc) gira ♦ vt recorrer, visitar; **~ guide** n guía m turístico, guía f turística

tourism ['tuərɪzm] n turismo

tourist ['tuərɪst] n turista m/f ♦ cpd turístico; **~ office** n oficina de turismo

tousled ['tauzld] adj (hair) despeinado

tout [taut] vi: **to ~ for business** solicitar clientes ♦ n (also: ticket ~) revendedor(a) m/f

tow [təu] vt remolcar; **"on** or **in** (US) **~"** (AUT) "a remolque"

toward(s) [tə'wɔːd(z)] prep hacia; (attitude) respecto a, con; (purpose) para

towel ['tauəl] n toalla; **~ling** n (fabric) felpa; **~ rail** (US **~ rack**) n toallero

tower ['tauə*] n torre f; **~ block** (BRIT) n torre f (de pisos); **~ing** adj muy alto, imponente

town [taun] n ciudad f; **to go to ~** ir a la ciudad; (fig) echar la casa por la ventana; **~ centre** n centro de la ciudad; **~ council** n ayuntamiento, consejo municipal; **~ hall** n ayuntamiento; **~ plan** n plano de la ciudad; **~ planning** n urbanismo

towrope ['təurəup] n cable m de remolque

tow truck (US) n camión m grúa

toy [tɔɪ] n juguete m; **~ with** vt fus jugar con; (idea) acariciar; **~shop** n juguetería

trace [treɪs] n rastro ♦ vt (draw) trazar, delinear; (locate) encontrar; (follow) seguir la pista de; **tracing paper** n papel m de calco

track [træk] n (mark) huella, pista; (path: gen) camino, senda; (: of bullet etc) trayectoria; (: of suspect, animal) pista, rastro; (RAIL) vía; (SPORT) pista; (on tape, record) canción f ♦ vt seguir la pista de; **to keep ~ of** mantenerse al tanto de, seguir; **~ down** vt (prey) seguir el rastro de; (sth lost) encontrar; **~suit** n chandal m

tract [trækt] n (GEO) región f

traction ['trækʃən] n (power) tracción f; **in ~** (MED) en tracción

tractor ['træktə*] n tractor m

trade [treɪd] n comercio; (skill, job)

oficio ♦ vi negociar, comerciar ♦ vt
(*exchange*): **to ~ sth (for sth)** cambiar
algo (por algo); **~ in** vt (*old car etc*)
ofrecer como parte del precio; **~ fair** n
feria comercial; **~mark** n marca de
fábrica; **~ name** n marca registrada;
~r n comerciante m/f; **~sman** (*irreg*) n
(*shopkeeper*) tendero; **~ union** n
sindicato; **~ unionist** n sindicalista m/f
tradition [trə'dɪʃən] n tradición f; **~al**
adj tradicional
traffic ['træfɪk] n (*gen*, AUT) tráfico,
circulación f, tránsito (AM) ♦ vi: **to ~ in**
(*pej: liquor, drugs*) traficar en; **~ circle**
(US) n isleta; **~ jam** n embotellamiento;
~ lights npl semáforo; **~ warden** n
guardia m/f de tráfico
tragedy ['trædʒədɪ] n tragedia
tragic ['trædʒɪk] adj trágico
trail [treɪl] n (*tracks*) rastro, pista; (*path*)
camino, sendero; (*dust, smoke*) estela
♦ vt (*drag*) arrastrar; (*follow*) seguir la
pista de ♦ vi arrastrar; (*in contest etc*) ir
perdiendo; **~ behind** vi quedar a la
zaga; **~er** n (AUT) remolque m;
(*caravan*) caravana; (CINEMA) trailer m,
avance m; **~er truck** (US) n trailer m
train [treɪn] n tren m; (*of dress*) cola;
(*series*) serie f ♦ vt (*educate, teach skills
to*) formar; (*sportsman*) entrenar; (*dog*)
adiestrar; (*point: gun etc*): **to ~ on**
apuntar a ♦ vi (SPORT) entrenarse;
(*learn a skill*): **to ~ as a teacher** etc
estudiar para profesor etc; **one's ~ of
thought** el razonamiento de uno; **~ed**
adj (*worker*) cualificado, (*animal*)
amaestrado; **~ee** [treɪ'niː] n
aprendiz(a) m/f; **~er** n (SPORT: *coach*)
entrenador(a) m/f; (*: shoe*): **~ers**
zapatillas fpl (de deporte); (*of animals*)
domador(a) m/f; **~ing** n formación f;
entrenamiento; **to be in ~ing** (SPORT)
estar entrenando; **~ing college** n
(*gen*) colegio de formación profesional;
(*for teachers*) escuela de formación del
profesorado; **~ing shoes** npl zapatillas
fpl (de deporte)

trait [treɪt] n rasgo
traitor ['treɪtə*] n traidor(a) m/f
tram [træm] n (BRIT) (*also: ~car*) tranvía
m
tramp [træmp] n (*person*) vagabundo/
a; (*inf: pej: woman*) puta
trample ['træmpl] vt: **to ~ (underfoot)** pisotear
trampoline ['træmpəliːn] n trampolín
m
tranquil ['træŋkwɪl] adj tranquilo;
~lizer n (MED) tranquilizante m
transact [træn'zækt] vt (*business*)
despachar; **~ion** [-'zækʃən] n
transacción f, operación f
transfer [n 'trænsfə:*, vb træns'fə:*] n
(*of employees*) traslado; (*of money,
power*) transferencia; (SPORT) traspaso;
(*picture, design*) calcomanía ♦ vt
trasladar; transferir; **to ~ the charges**
(BRIT: TEL) llamar a cobro revertido
transform [træns'fɔ:m] vt transformar
transfusion [træns'fju:ʒən] n
transfusión f
transient ['trænzɪənt] adj transitorio
transistor [træn'zɪstə*] n (ELEC)
transistor m; **~ radio** n transistor m
transit ['trænzɪt] n: **in ~** en tránsito
transitive ['trænzɪtɪv] adj (LING)
transitivo
transit lounge n sala de tránsito
translate [trænz'leɪt] vt traducir;
translation [-'leɪʃən] n traducción f;
translator n traductor(a) m/f
transmit [trænz'mɪt] vt transmitir;
~ter n transmisor m
transparency [træns'pɛərnsɪ] n
transparencia; (BRIT: PHOT) diapositiva
transparent [træns'pærnt] adj
transparente
transpire [træns'paɪə*] vi (*turn out*)
resultar; (*happen*) ocurrir, suceder; **it
~d that ...** se supo que ...
transplant [n 'trænspla:nt, vt træns'pla:nt]
n (MED)
transplante n
transport [n 'trænspɔ:t, vt træns'pɔ:t]
n transporte m; (*car*) coche m (SP),

carro (AM), automóvil m ♦ vt
transportar; **~ation** [-'teɪʃən] n
transporte m; **~ café** (BRIT) n bar-restaurant m de carretera

transvestite [trænz'vestaɪt] n travestí
m/f

trap [træp] n (snare, trick) trampa;
(carriage) cabriolé m ♦ vt coger (SP) or
agarrar (AM) en una trampa; (trick)
engañar; (confine) atrapar; **~ door** n
escotilla

trapeze [trə'piːz] n trapecio

trappings ['træpɪŋz] npl adornos mpl

trash [træʃ] n (rubbish) basura; (pej):
the book/film is ~ el libro/la película
no vale nada; (nonsense) tonterías fpl;
~ can (US) n cubo (SP) or balde m (AM)
de la basura

travel ['trævl] n el viajar ♦ vi viajar ♦ vt
(distance) recorrer; **~s** npl (journeys)
viajes mpl; **~ agent** n agente m/f de
viajes; **~ler** (US **~er**) n viajero/a; **~ler's
cheque** (US **~er's check**) n cheque m
de viajero; **~ling** (US **~ing**) n los viajes,
el viajar; **~ sickness** n mareo

trawler ['trɔːlə*] n pesquero de
arrastre

tray [treɪ] n bandeja; (on desk) cajón m

treacherous ['tretʃərəs] adj traidor,
traicionero; (dangerous) peligroso

treacle ['triːkl] (BRIT) n melaza

tread [tred] (pt trod, pp trodden) n
(step) paso, pisada; (sound) ruido de
pasos; (of stair) escalón m; (of tyre)
banda de rodadura ♦ vi pisar; **~ on** vt
fus pisar

treason ['triːzn] n traición f

treasure ['treʒə*] n (also fig) tesoro
♦ vt (value: object, friendship) apreciar;
(: memory) guardar

treasurer ['treʒərə*] n tesorero/a

treasury ['treʒərɪ] n: **the T~** el
Ministerio de Hacienda

treat [triːt] n (present) regalo ♦ vt
tratar; **to ~ sb to sth** invitar a uno a
algo

treatment ['triːtmənt] n tratamiento

treaty ['triːtɪ] n tratado

treble ['trebl] adj triple ♦ vt triplicar
♦ vi triplicarse; **~ clef** n (MUS) clave f
de sol

tree [triː] n árbol m; **~ trunk** tronco
(de árbol)

trek [trek] n (long journey) viaje m largo
y difícil; (tiring walk) caminata

trellis ['trelɪs] n enrejado

tremble ['trembl] vi temblar

tremendous [trɪ'mendəs] adj
tremendo, enorme; (excellent)
estupendo

tremor ['tremə*] n temblor m; (also:
earth ~) temblor m de tierra

trench [trentʃ] n zanja

trend [trend] n (tendency) tendencia;
(of events) curso; (fashion) moda; **~y**
adj de moda

trespass ['trespəs] vi: **to ~ on** entrar
sin permiso en; **"no ~ing"** "prohibido
el paso"

trestle ['tresl] n caballete m

trial ['traɪəl] n (LAW) juicio, proceso;
(test: of machine etc) prueba; **~s** npl
(hardships) dificultades fpl; **by ~ and
error** a fuerza de probar

triangle ['traɪæŋgl] n (MATH, MUS)
triángulo

tribe [traɪb] n tribu f

tribunal [traɪ'bjuːnl] n tribunal m

tributary ['trɪbjʊtərɪ] n (river) afluente
m

tribute ['trɪbjuːt] n homenaje m,
tributo; **to pay ~ to** rendir homenaje
a

trick [trɪk] n (skill, knack) tino, truco;
(conjuring ~) truco; (joke) broma; **~s**
(CARDS) baza ♦ vt engañar; **to play a
~ on sb** gastar una broma a uno; **that
should do the ~** a ver si funciona así;
~ery n engaño

trickle ['trɪkl] n (of water etc) goteo
♦ vi gotear

tricky ['trɪkɪ] adj difícil; delicado

tricycle ['traɪsɪkl] n triciclo

trifle ['traɪfl] n bagatela; (CULIN) dulce

de bizcocho borracho, gelatina, fruta y natillas ♦ adv: **a ~ long** un poquito largo; **trifling** adj insignificante

trigger |'trɪgə*| n (of gun) gatillo; **~ off** vt desencadenar

trim |trɪm| adj (house, garden) en buen estado; (person, figure) esbelto ♦ n (haircut etc) recorte m; (on car) guarnición f ♦ vt (neaten) arreglar; (cut) recortar; (decorate) adornar; (NAUT: a sail) orientar; **~mings** npl (CULIN) guarnición f

trip |trɪp| n viaje m; (excursion) excursión f; (stumble) traspié m ♦ vi (stumble) tropezar; (go lightly) andar a paso ligero; **on a ~** de viaje; **~ up** vi tropezar, caerse ♦ vt hacer tropezar or caer

tripe |traɪp| n (CULIN) callos mpl

triple |'trɪpl| adj triple; **triplets** |'trɪplɪts| npl trillizos/as mpl/fpl; **triplicate** |'trɪplɪkət| n: **in triplicate** por triplicado

trite |traɪt| adj trillado

triumph |'traɪʌmf| n triunfo ♦ vi: **to ~ (over)** vencer; **~ant** |traɪ'ʌmfənt| adj (team etc) vencedor(a); (wave, return) triunfal

trivia |'trɪvɪə| npl trivialidades fpl

trivial |'trɪvɪəl| adj insignificante; (commonplace) banal

trod |trɒd| pt of **tread**

trodden |'trɒdn| pp of **tread**

trolley |'trɒlɪ| n carrito; (also: ~ bus) trolebús m

trombone |trɒm'bəʊn| n trombón m

troop |truːp| n grupo, banda; **~s** npl (MIL) tropas fpl; **~ in/out** vi entrar/salir en tropel; **~ing the colour** n (ceremony) presentación f de la bandera

trophy |'trəʊfɪ| n trofeo

tropical |'trɒpɪkl| adj tropical

trot |trɒt| n trote m ♦ vi trotar; **on the ~** (BRIT: fig) seguidos/as

trouble |'trʌbl| n problema m, dificultad f; (worry) preocupación f;

(bother, effort) molestia, esfuerzo; (unrest) inquietud f; (MED): **stomach etc ~** problemas mpl gástricos etc ♦ vt (disturb) molestar; (worry) preocupar, inquietar ♦ vi: **to ~ to do sth** molestarse en hacer algo; **~s** npl (POL etc) conflictos mpl; (personal) problemas mpl; **to be in ~** estar en un apuro; **it's no ~!** ¡no es molestia (ninguna)!; **what's the ~?** (with broken TV etc) ¿cuál es el problema?; (doctor to patient) ¿qué pasa?; **~d** adj (person) preocupado; (country, epoch, life) agitado; **~maker** n agitador(a) m/f; (child) alborotador m; **~shooter** n (in conflict) conciliador(a) m/f; **~some** adj molesto

trough |trɒf| n (also: drinking ~) abrevadero; (also: feeding ~) comedero; (depression) depresión f

troupe |truːp| n grupo

trousers |'traʊzəz| npl pantalones mpl; **short ~** pantalones mpl cortos

trousseau |'truːsəʊ| (pl **~x** or **~s**) n ajuar m

trout |traʊt| n inv trucha

trowel |'traʊəl| n (of gardener) palita; (of builder) paleta

truant |'truənt| n: **to play ~** (BRIT) hacer novillos

truce |truːs| n tregua

truck |trʌk| n (lorry) camión m; (RAIL) vagón m; **~ driver** n camionero; **~ farm** (US) n huerto

true |truː| adj verdadero; (accurate) exacto; (genuine) auténtico; (faithful) fiel; **to come ~** realizarse

truffle |'trʌfl| n trufa

truly |'truːlɪ| adv (really) realmente; (truthfully) verdaderamente; (faithfully): **yours ~** (in letter) le saluda atentamente

trump |trʌmp| n triunfo

trumpet |'trʌmpɪt| n trompeta

truncheon |'trʌntʃən| n porra

trundle |'trʌndl| vi: **to ~ along** sin prisas

trunk [trʌŋk] n (of tree, person) tronco; (of elephant) trompa; (case) baúl m; (US: AUT) maletero; **~s** npl (also: swimming ~s) bañador m (de hombre)

truss [trʌs] vt: **~ (up)** atar

trust [trʌst] n confianza; (responsibility) responsabilidad f; (LAW) fideicomiso ♦ vt (rely on) tener confianza en; (hope) esperar; (entrust): **to ~ sth to sb** confiar algo a uno; **to take sth on ~** aceptar algo a ojos cerrados; **~ed** adj de confianza; **~ee** [trʌs'ti:] n (LAW) fideicomisario; (of school) administrador m; **~ful** adj confiado; **~ing** adj confiado; **~worthy** adj digno de confianza

truth [tru:θ, pl tru:ðz] n verdad f; **~ful** adj veraz

try [traɪ] n tentativa, intento; (RUGBY) ensayo ♦ vt (attempt) intentar; (test. also: ~ out) probar, someter a prueba; (LAW) juzgar, procesar; (strain: patience) hacer perder ♦ vi probar; **to have a ~** probar suerte; **to ~ to do sth** intentar hacer algo; **~ again!** ¡vuelve a probar!; **~ harder!** ¡esfuérzate más!; **well, I tried at least lo intenté; **~ on** vt (clothes) probarse; **~ing** adj (experience) cansado; (person) pesado

T-shirt [ˈti:ʃə:t] n camiseta

T-square n regla en T

tub [tʌb] n (large) cubo (SP), balde m (AM); (bath) tina, bañera

tube [tju:b] n tubo; (BRIT: underground) metro; (for tyre) cámara de aire

tuberculosis [tjubə:kju'ləusis] n tuberculosis f inv

tube station (BRIT) n estación f de metro

tubular [ˈtju:bjulə*] adj tubular

TUC (BRIT) n abbr (= Trades Union Congress) federación nacional de sindicatos

tuck [tʌk] vt (put) poner; (hide): **~ away** (money) guardar; (building): **to be ~ed away** esconderse, ocultarse; **~ in** vt

meter dentro; (child) arropar ♦ vi (eat) comer con apetito; **~ up** vt (child) arropar; **~ shop** n (SCOL) tienda; ≈ bar m (del colegio) (SP)

Tuesday [ˈtju:zdɪ] n martes m inv

tuft [tʌft] n mechón m; (of grass etc) manojo

tug [tʌg] n (ship) remolcador m ♦ vt tirar de; **~-of-war** n lucha de tiro de cuerda; (fig) tira y afloja m

tuition [tju:ˈɪʃən] n (BRIT) enseñanza; (: private ~) clases fpl particulares; (US: school fees) matrícula

tulip [ˈtju:lɪp] n tulipán m

tumble [ˈtʌmbl] n (fall) caída ♦ vi caer; **to ~ to sth** (inf) caer en la cuenta de algo; **~down** adj destartalado; **~ dryer** (BRIT) n secadora

tumbler [ˈtʌmblə*] n (glass) vaso

tummy [ˈtʌmɪ] (inf) n barriga, tripa

tumour [ˈtju:mə*] (US **tumor**) n tumor m

tuna [ˈtju:nə] n inv (also: ~ fish) atún m

tune [tju:n] n (MUS) melodía ♦ vt (MUS): **to be in/out of ~** (instrument) estar afinado/desafinado; (singer) cantar afinadamente/desafinar; **to be in/out of ~ with** (fig) estar de acuerdo/en desacuerdo con; **~ in** vi: **to ~ in (to)** (RADIO, TV) sintonizar con; **~ up** vi (musician) afinar (su instrumento); **~ful** adj melodioso; **~r** n: **piano ~r** afinador(a) m/f de pianos

tunic [ˈtju:nɪk] n túnica

Tunisia [tju:ˈnɪzɪə] n Túnez m

tunnel [ˈtʌnl] n túnel m; (in mine) galería ♦ vi construir un túnel/una galería

turban [ˈtə:bən] n turbante m

turbulent [ˈtə:bjulənt] adj turbulento

tureen [təˈri:n] n sopera

turf [tə:f] n (grass; (clod) tepe m ♦ vt cubrir con césped; **~ out** (inf) vt echar a la calle

Turk [tə:k] n turco/a

Turkey [ˈtə:kɪ] n Turquía

turkey ['tə:kɪ] n pavo
Turkish ['tə:kɪʃ] adj, n turco
turmoil ['tə:mɔɪl] n: **in ~** revuelto
turn [tə:n] n turno; (in road) curva; (of mind, events) rumbo; (THEATRE) número; (MED) ataque m ♦ vt volver; (collar, steak) dar la vuelta a; (page) pasar; (change): **to ~ sth into** convertir algo en ♦ vi volver; (person: look back) volverse; (reverse direction) dar la vuelta; (milk) cortarse; (become): **to ~ nasty/forty** ponerse feo/cumplir los cuarenta; **a good ~** un favor; **it gave me quite a ~** me dio un susto; **"no left ~"** (AUT) "prohibido girar a la izquierda"; **it's your ~** te toca a ti; **in ~** por turnos; **to take ~s (at)** turnarse (en); **~ away** vi apartar la vista ♦ vt rechazar; **~ back** vi volverse atrás ♦ vt hacer retroceder; (clock) retrasar; **~ down** vt (refuse) rechazar; (reduce) bajar; (fold) doblar; **~ in** vi (inf: go to bed) acostarse ♦ vt (fold) doblar hacia dentro; **~ off** vi (from road) desviarse ♦ vt (light, radio etc) apagar; (tap) cerrar; (engine) parar; **~ on** vt (light, radio etc) encender (SP), prender (AM); (tap) abrir; (engine) poner en marcha; **~ out** vt (light, gas) apagar; (produce) producir ♦ vi (voters) concurrir; **to ~ out to be ...** resultar ser ...; **~ over** vi (person) volverse ♦ vt (object) dar la vuelta a; (page) volver; **~ round** vi volverse; (rotate) girar; **~ up** vi (person) llegar, presentarse; (lost object) aparecer ♦ vt (gen) subir; **~ing** n (in road) vuelta; **~ing point** n (fig) momento decisivo
turnip ['tə:nɪp] n nabo
turn: ~out n concurrencia; **~over** n (COMM: amount of money) volumen m de ventas; (: of goods) movimiento; **~pike** (US) n autopista de peaje; **~stile** n torniquete m; **~table** n plato; **~up** (BRIT) n (on trousers) vuelta
turpentine ['tə:pəntaɪn] n (also: turps) trementina

turquoise ['tə:kwɔɪz] n (stone) turquesa ♦ adj color turquesa
turret ['tʌrɪt] n torreón m
turtle ['tə:tl] n galápago; **~neck (sweater)** n jersey m de cuello vuelto
tusk [tʌsk] n colmillo
tutor ['tju:tə*] n profesor(a) m/f; **~ial** [-'tɔ:rɪəl] n (SCOL) seminario
TV [ti:'vi:] n abbr (= television) tele f
twang [twæŋ] n (of instrument) punteado; (of voice) timbre m nasal
tweezers ['twi:zəz] npl pinzas fpl (de depilar)
twelfth [twelfθ] num duodécimo
twelve [twelv] num doce; **at ~ o'clock** (midday) a mediodía; (midnight) a medianoche
twentieth ['twentɪəθ] adj vigésimo
twenty ['twentɪ] num veinte
twice [twaɪs] adv dos veces; **~ as much** dos veces más
twiddle ['twɪdl] vt: **to ~ (with) sth** dar vueltas a algo; **to ~ one's thumbs** (fig) estar mano sobre mano
twig [twɪg] n ramita
twilight ['twaɪlaɪt] n crepúsculo
twin [twɪn] adj, n gemelo/a m/f ♦ vt hermanar; **~-bedded room** n habitación f doble
twine [twaɪn] n bramante m ♦ vi (plant) enroscarse
twinge [twɪndʒ] n (of pain) punzada; (of conscience) remordimiento
twinkle ['twɪŋkl] vi centellear; (eyes) brillar
twirl [twə:l] vt dar vueltas a ♦ vi dar vueltas
twist [twɪst] n (action) torsión f; (in road, coil) vuelta; (in wire, flex) doblez f; (in story) giro ♦ vt torcer; (weave) trenzar; (roll around) enrollar; (fig) deformar ♦ vi serpentear
twit [twɪt] (inf) n tonto
twitch [twɪtʃ] n (pull) tirón m; (nervous) tic m ♦ vi crisparse

two [tu:] *num* dos; **to put ~ and ~ together** (*fig*) atar cabos; **~-door** *adj* (AUT) de dos puertas; **~-faced** *adj* (*pej: person*) falso; **~fold** *adv*: **to increase ~fold** doblarse; **~-piece (suit)** *n* traje *m* de dos piezas; **~-piece (swimsuit)** *n* dos piezas *m inv*, bikini *m*; **~some** *n* (*people*) pareja; **~-way** *adj*: **~-way traffic** circulación *f* de dos sentidos

tycoon [taɪˈkuːn] *n*: **(business) ~** magnate *m*

type [taɪp] *n* (*category*) tipo, género; (*model*) tipo; (TYP) tipo, letra ♦ *vt* (*letter etc*) escribir a máquina; **~-cast** *adj* (*actor*) encasillado; **~face** *n* letra; **~script** *n* texto mecanografiado; **~writer** *n* máquina de escribir; **~written** *adj* mecanografiado

typhoid [ˈtaɪfɔɪd] *n* tifoidea

typical [ˈtɪpɪkl] *adj* típico

typing [ˈtaɪpɪŋ] *n* mecanografía

typist [ˈtaɪpɪst] *n* mecanógrafo/a

tyrant [ˈtaɪərnt] *n* tirano/a

tyre [ˈtaɪə*] (US **tire**) *n* neumático (SP), llanta (AM), **~ pressure** *n* presión *f* de los neumáticos

U, u

U-bend [ˈjuːˈbend] *n* (AUT, *in pipe*) recodo

udder [ˈʌdə*] *n* ubre *f*

UFO [ˈjuːfəu] *n abbr* = (*unidentified flying object*) OVNI *m*

ugh [ə:h] *excl* ¡uf!

ugly [ˈʌglɪ] *adj* feo; (*dangerous*) peligroso

UHT *abbr*: **~ milk** leche *f* UHT, leche *f* uperizada

UK *n abbr* = **United Kingdom**

ulcer [ˈʌlsə*] *n* úlcera; (*mouth ~*) llaga

Ulster [ˈʌlstə*] *n* Ulster *m*

ulterior [ʌlˈtɪərɪə*] *adj*: **~ motive** segundas intenciones *fpl*

ultimate [ˈʌltɪmət] *adj* último, final;

(*greatest*) máximo; **~ly** *adv* (*in the end*) por último, al final; (*fundamentally*) a or en fin de cuentas

umbilical cord [ʌmˈbɪlɪkl-] *n* cordón *m* umbilical

umbrella [ʌmˈbrelə] *n* paraguas *m inv*; (*for sun*) sombrilla

umpire [ˈʌmpaɪə*] *n* árbitro

umpteen [ʌmpˈtiːn] *adj* enésimos/as; **~th** *adj*: **for the ~th time** por enésima vez

UN *n abbr* (= *United Nations*) NN. UU.

unable [ʌnˈeɪbl] *adj*: **to be ~ to do sth** no poder hacer algo

unaccompanied [ʌnəˈkʌmpənɪd] *adj* no acompañado; (*song*) sin acompañamiento

unaccustomed [ʌnəˈkʌstəmd] *adj*: **to be ~ to** no estar acostumbrado a

unanimous [juːˈnænɪməs] *adj* unánime

unarmed [ʌnˈaːmd] *adj* (*defenceless*) inerme; (*without weapon*) desarmado

unattached [ʌnəˈtætʃt] *adj* (*person*) soltero y sin compromiso; (*part etc*) suelto

unattended [ʌnəˈtendɪd] *adj* desatendido

unattractive [ʌnəˈtræktɪv] *adj* poco atractivo

unauthorized [ʌnˈɔːθəraɪzd] *adj* no autorizado

unavoidable [ʌnəˈvɔɪdəbl] *adj* inevitable

unaware [ʌnəˈwɛə*] *adj*: **to be ~ of** ignorar; **~s** *adv* de improviso

unbalanced [ʌnˈbælənst] *adj* (*report*) poco objetivo; (*mentally*) trastornado

unbearable [ʌnˈbɛərəbl] *adj* insoportable

unbeatable [ʌnˈbiːtəbl] *adj* (*team*) invencible; (*price*) inmejorable; (*quality*) insuperable

unbelievable [ʌnbɪˈliːvəbl] *adj* increíble

unbend [ʌnˈbend] (*irreg*) *vi* (*relax*) relajarse ♦ *vt* (*wire*) enderezar

unbiased [ʌnˈbaɪəst] adj imparcial

unborn [ʌnˈbɔ:n] adj que va a nacer

unbroken [ʌnˈbrəʊkən] adj (seal) intacto; (series) continuo; (record) no batido; (spirit) indómito

unbutton [ʌnˈbʌtn] vt desabrochar

uncalled-for [ʌnˈkɔ:ldfɔ:*] adj gratuito, inmerecido

uncanny [ʌnˈkænɪ] adj extraño

unceremonious [ˈʌnserɪˈməʊnɪəs] adj (abrupt, rude) brusco, hosco

uncertain [ʌnˈsɜ:tn] adj incierto; (indecisive) indeciso

unchanged [ʌnˈtʃeɪndʒd] adj igual, sin cambios

uncivilized [ʌnˈsɪvɪlaɪzd] adj inculto; (fig: behaviour etc) bárbaro; (hour) inoportuno

uncle [ˈʌŋkl] n tío

uncomfortable [ʌnˈkʌmfətəbl] adj incómodo; (uneasy) inquieto

uncommon [ʌnˈkɒmən] adj poco común, raro

uncompromising [ʌnˈkɒmprəmaɪzɪŋ] adj intransigente

unconcerned [ʌnkənˈsɜ:nd] adj indiferente, despreocupado

unconditional [ʌnkənˈdɪʃənl] adj incondicional

unconscious [ʌnˈkɒnʃəs] adj sin sentido; (unaware): **to be ~ of** no darse cuenta de ♦ n: **the ~** el inconsciente

uncontrollable [ʌnkənˈtrəʊləbl] adj (child etc) incontrolable; (temper) indomable; (laughter) incontenible

unconventional [ʌnkənˈvenʃənl] adj poco convencional

uncouth [ʌnˈku:θ] adj grosero, inculto

uncover [ʌnˈkʌvə*] vt descubrir; (take lid off) destapar

undecided [ʌndɪˈsaɪdɪd] adj (character) indeciso; (question) no resuelto

under [ˈʌndə*] prep debajo de; (less than) menos de; (according to) según, de acuerdo con; (sb's leadership) bajo

♦ adv debajo, abajo; **~ there** allí abajo; **~ repair** en reparación

under... [ˈʌndə*] prefix sub; **~age** adj menor de edad; (drinking etc) de los menores de edad; **~carriage** (BRIT) n (AVIAT) tren m de aterrizaje; **~charge** vt cobrar menos de la cuenta; **~clothes** npl ropa interior (SP) or íntima (AM); **~coat** n (paint) primera mano; **~cover** adj clandestino; **~current** n (fig) corriente f oculta; **~cut** vt irreg vender más barato que; **~developed** adj subdesarrollado; **~dog** n desvalido/a; **~done** adj (CULIN) poco hecho; **~estimate** vt subestimar; **~exposed** adj (PHOT) subexpuesto; **~fed** adj subalimentado; **~foot** adv bajo los pies; **~go** vt irreg sufrir; (treatment) recibir; **~graduate** n estudiante m/f; **~ground** n (BRIT: railway) metro; (POL) movimiento clandestino ♦ adj (car park) subterráneo ♦ adv (work) en la clandestinidad; **~growth** n maleza; **~hand(ed)** adj (fig) socarrón; **~lie** vt irreg (fig) ser la razón fundamental de; **~line** vt subrayar; **~mine** vt socavar, minar; **~neath** [ʌndəˈni:θ] adv debajo ♦ prep debajo de, bajo; **~paid** adj mal pagado; **~pants** npl calzoncillos mpl; **~pass** (BRIT) n paso subterráneo; **~privileged** adj desposeído; **~rate** vt menospreciar, subestimar; **~shirt** (US) n camiseta; **~shorts** (US) npl calzoncillos mpl; **~side** n parte f inferior; **~skirt** n enaguas fpl

understand [ʌndəˈstænd] (irreg) vt, vi entender, comprender; (assume) tener entendido; **~able** adj comprensible; **~ing** adj comprensivo ♦ n comprensión f, entendimiento; (agreement) acuerdo

understatement [ˈʌndəsteɪtmənt] n modestia (excesiva); **that's an ~!** ¡eso es decir poco!

understood [ʌndəˈstʊd] pt, pp of **understand** ♦ adj (agreed) acordado, *(implied):* **it is ~ that** se sobreentiende que

understudy ['ʌndəstʌdɪ] n suplente m/f

undertake [ʌndə'teɪk] *(irreg)* vt emprender; **to ~ to do sth** comprometerse a hacer algo

undertaker ['ʌndəteɪkə*] n director(a) m/f de pompas fúnebres

undertaking ['ʌndəteɪkɪŋ] n empresa; *(promise)* promesa

under: ~tone n: **in an ~tone** en voz baja; **~water** adv bajo el agua ♦ adj submarino; **~wear** n ropa interior *(SP)* or íntima *(AM)*; **~world** n *(of crime)* hampa, inframundo; **~writer** n *(INSURANCE)* asegurador(a) m/f

undesirable [ʌndɪ'zaɪrəbl] adj *(person)* indeseable; *(thing)* poco aconsejable

undo [ʌn'du:] *(irreg)* vt *(laces)* desatar; *(button etc)* desabrochar; *(spoil)* deshacer; **~ing** n ruina, perdición f

undoubted [ʌn'dautɪd] adj indudable

undress [ʌn'dres] vi desnudarse

undulating ['ʌndjʊleɪtɪŋ] adj ondulante

unduly [ʌn'dju:lɪ] adv excesivamente, demasiado

unearth [ʌn'ə:θ] vt desenterrar

unearthly [ʌn'ə:θlɪ] adj *(hour)* inverosímil

uneasy [ʌn'i:zɪ] adj intranquilo, preocupado; *(feeling)* desagradable; *(peace)* inseguro

uneducated [ʌn'edjukeɪtɪd] adj ignorante, inculto

unemployed [ʌnɪm'plɔɪd] adj parado, sin trabajo ♦ npl: **the ~** los parados

unemployment [ʌnɪm'plɔɪmənt] n paro, desempleo

unending [ʌn'endɪŋ] adj interminable

unerring [ʌn'ə:rɪŋ] adj infalible

uneven [ʌn'i:vn] adj desigual; *(road etc)* lleno de baches

unexpected [ʌnɪk'spektɪd] adj inesperado; **~ly** adv inesperadamente

unfailing [ʌn'feɪlɪŋ] adj *(support)*

indefectible; *(energy)* inagotable

unfair [ʌn'feə*] adj: **~ (to sb)** injusto (con uno)

unfaithful [ʌn'feɪθfʊl] adj infiel

unfamiliar [ʌnfə'mɪlɪə*] adj extraño, desconocido; **to be ~ with** desconocer

unfashionable [ʌn'fæʃnəbl] adj pasado or fuera de moda

unfasten [ʌn'fɑ:sn] vt *(knot)* desatar; *(dress)* desabrochar; *(open)* abrir

unfavourable [ʌn'feɪvərəbl] *(US* **unfavorable)** adj desfavorable

unfeeling [ʌn'fi:lɪŋ] adj insensible

unfinished [ʌn'fɪnɪʃt] adj inacabado, sin terminar

unfit [ʌn'fɪt] adj bajo de forma; *(incompetent)* ~ **(for)** incapaz (de); ~ **for work** no apto para trabajar

unfold [ʌn'fəʊld] vt desdoblar ♦ vi abrirse

unforeseen ['ʌnfɔ:'si:n] adj imprevisto

unforgettable [ʌnfə'getəbl] adj inolvidable

unfortunate [ʌn'fɔ:tʃnət] adj desgraciado; *(event, remark)* inoportuno; **~ly** adv desgraciadamente

unfounded [ʌn'faundɪd] adj infundado

unfriendly [ʌn'frendlɪ] adj antipático; *(behaviour, remark)* hostil, poco amigable

ungainly [ʌn'geɪnlɪ] adj desgarbado

ungodly [ʌn'gɒdlɪ] adj: **at an ~ hour** a una hora inverosímil

ungrateful [ʌn'greɪtfʊl] adj ingrato

unhappiness [ʌn'hæpɪnɪs] n tristeza, desdicha

unhappy [ʌn'hæpɪ] adj *(sad)* triste; *(unfortunate)* desgraciado; *(childhood)* infeliz; ~ **about/with** *(arrangements etc)* poco contento con, descontento de

unharmed [ʌn'hɑ:md] adj ileso

unhealthy [ʌn'helθɪ] adj *(place)* malsano; *(person)* enfermizo; *(fig: interest)* morboso

unheard-of adj inaudito, sin precedente

unhurt [ʌn'həːt] adj ileso

unidentified [ʌnaɪ'dentɪfaɪd] adj no identificado, sin identificar; see also UFO

uniform ['juːnɪfɔːm] n uniforme m ♦ adj uniforme

unify ['juːnɪfaɪ] vt unificar, unir

uninhabited [ʌnɪn'hæbɪtɪd] adj desierto

unintentional [ʌnɪn'tenʃənəl] adj involuntario

union ['juːnjən] n unión f; (also: trade ~) sindicato ♦ cpd sindical; U~ Jack n bandera del Reino Unido

unique [juː'niːk] adj único

unison ['juːnɪsn] n: in ~ (speak, reply, sing) al unísono

unit ['juːnɪt] n unidad f; (section: of furniture etc) elemento; (team) grupo; kitchen ~ módulo de cocina

unite [juː'naɪt] vt unir ♦ vi unirse; ~d adj unido; (effort) conjunto; U~d Kingdom n Reino Unido; U~d Nations (Organization) n Naciones fpl Unidas; U~d States (of America) n Estados mpl Unidos

unit trust (BRIT) n bono fiduciario

unity ['juːnɪtɪ] n unidad f

universe ['juːnɪvəːs] n universo

university [juːnɪ'vəːsɪtɪ] n universidad f

unjust [ʌn'dʒʌst] adj injusto

unkempt [ʌn'kempt] adj (appearance) descuidado; (hair) despeinado

unkind [ʌn'kaɪnd] adj poco amable; (behaviour, comment) cruel

unknown [ʌn'nəun] adj desconocido

unlawful [ʌn'lɔːful] adj ilegal, ilícito

unleaded [ʌn'ledɪd] adj (petrol, fuel) sin plombo

unless [ʌn'les] conj a menos que; ~ he comes a menos que venga; ~ otherwise stated salvo indicación contraria

unlike [ʌn'laɪk] adj (not alike) distinto

de o a; (not like) poco propio de ♦ prep a diferencia de

unlikely [ʌn'laɪklɪ] adj improbable; (unexpected) inverosímil

unlimited [ʌn'lɪmɪtɪd] adj ilimitado

unlisted [ʌn'lɪstɪd] (US) adj (TEL) que no consta en la guía

unload [ʌn'ləud] vt descargar

unlock [ʌn'lɔk] vt abrir (con llave)

unlucky [ʌn'lʌkɪ] adj desgraciado; (object, number) que da mala suerte; to be ~ tener mala suerte

unmarried [ʌn'mærɪd] adj soltero

unmistak(e)able [ʌnmɪs'teɪkəbl] adj inconfundible

unnatural [ʌn'nætʃrəl] adj (gen) antinatural; (manner) afectado; (habit) perverso

unnecessary [ʌn'nesəsərɪ] adj innecesario, inútil

unnoticed [ʌn'nəutɪst] adj: to go o pass ~ pasar desapercibido

UNO ['juːnəu] n abbr (= United Nations Organization) ONU f

unobtainable [ʌnəb'teɪnəbl] adj inconseguible; (TEL) inexistente

unobtrusive [ʌnəb'truːsɪv] adj discreto

unofficial [ʌnə'fɪʃl] adj no oficial; (news) sin confirmar

unorthodox [ʌn'ɔːθədɔks] adj poco ortodoxo; (REL) heterodoxo

unpack [ʌn'pæk] vi deshacer las maletas ♦ vt deshacer

unpalatable [ʌn'pælətəbl] adj incomible; (truth) desagradable

unparalleled [ʌn'pærəleld] adj (unequalled) incomparable

unpleasant [ʌn'pleznt] adj (disagreeable) desagradable; (person, manner) antipático

unplug [ʌn'plʌg] vt desenchufar, desconectar

unpopular [ʌn'pɔpjulə*] adj impopular, poco popular

unprecedented [ʌn'presɪdəntɪd] adj sin precedentes

unpredictable [ʌnprɪˈdɪktəbl] adj imprevisible

unprofessional [ʌnprəˈfeʃənl] adj (attitude, conduct) poco ético

unqualified [ʌnˈkwɔlɪfaɪd] adj sin título, no cualificado; (success) poco ético

unquestionably [ʌnˈkwestʃənəblɪ] adv indiscutiblemente

unreal [ʌnˈrɪəl] adj irreal; (extraordinary) increíble

unrealistic [ʌnrɪəˈlɪstɪk] adj poco realista

unreasonable [ʌnˈriːznəbl] adj irrazonable; (demand) excesivo

unrelated [ʌnrɪˈleɪtɪd] adj sin relación; (family) no emparentado

unreliable [ʌnrɪˈlaɪəbl] adj (person) informal; (machine) poco fiable

unremitting [ʌnrɪˈmɪtɪŋ] adj constante

unreservedly [ʌnrɪˈzɜːvɪdlɪ] adv sin reserva

unrest [ʌnˈrest] n inquietud f, malestar m; (POL) disturbios mpl

unroll [ʌnˈrəul] vt desenrollar

unruly [ʌnˈruːlɪ] adj indisciplinado

unsafe [ʌnˈseɪf] adj peligroso

unsaid [ʌnˈsed] adj: **to leave sth ~** dejar algo sin decir

unsatisfactory [ˈʌnsætɪsˈfæktərɪ] adj poco satisfactorio

unsavoury [ʌnˈseɪvərɪ] (US **unsavory**) adj (fig) repugnante

unscrew [ʌnˈskruː] vt destornillar

unscrupulous [ʌnˈskruːpjuləs] adj sin escrúpulos

unsettled [ʌnˈsetld] adj inquieto, intranquilo; (weather) variable

unshaven [ʌnˈʃeɪvn] adj sin afeitar

unsightly [ʌnˈsaɪtlɪ] adj feo

unskilled [ʌnˈskɪld] adj (work) no especializado; (worker) no cualificado

unspeakable [ʌnˈspiːkəbl] adj indecible; (awful) incalificable

unstable [ʌnˈsteɪbl] adj inestable

unsteady [ʌnˈstedɪ] adj inestable

unstuck [ʌnˈstʌk] adj: **to come ~**

despegarse; (fig) fracasar

unsuccessful [ʌnsəkˈsesful] adj (attempt) infructuoso; (writer, proposal) sin éxito; **to be ~** (in attempting sth) no tener éxito, fracasar; **~ly** adv en vano, sin éxito

unsuitable [ʌnˈsuːtəbl] adj inapropiado; (time) inoportuno

unsure [ʌnˈʃuə*] adj inseguro, poco seguro

unsuspecting [ˈʌnsəsˈpektɪŋ] adj desprevenido

unsympathetic [ʌnsɪmpəˈθetɪk] adj poco comprensivo; (unlikeable) antipático

unthinkable [ʌnˈθɪŋkəbl] adj inconcebible, impensable

untidy [ʌnˈtaɪdɪ] adj (room) desordenado; (appearance) desaliñado

untie [ʌnˈtaɪ] vt desatar

until [ənˈtɪl] prep hasta ♦ conj hasta que; **~ he comes** hasta que venga; **~ now** hasta ahora; **~ then** hasta entonces

untimely [ʌnˈtaɪmlɪ] adj inoportuno; (death) prematuro

untold [ʌnˈtəuld] adj (story) nunca contado; (suffering) indecible; (wealth) incalculable

untoward [ʌntəˈwɔːd] adj adverso

unused [ʌnˈjuːzd] adj sin usar

unusual [ʌnˈjuːʒəl] adj insólito, poco común; (exceptional) inusitado

unveil [ʌnˈveɪl] vt (statue) descubrir

unwanted [ʌnˈwɔntɪd] adj (clothing) viejo; (pregnancy) no deseado

unwelcome [ʌnˈwelkəm] adj inoportuno; (news) desagradable

unwell [ʌnˈwel] adj: **to be/feel ~** estar indispuesto/sentirse mal

unwieldy [ʌnˈwiːldɪ] adj difícil de manejar

unwilling [ʌnˈwɪlɪŋ] adj: **to be ~ to do sth** estar poco dispuesto a hacer algo; **~ly** adv de mala gana

unwind [ʌnˈwaɪnd] (irreg: like wind[2]) vt desenvolver ♦ vi (relax) relajarse

unwise [ʌn'waɪz] *adj* imprudente
unwitting [ʌn'wɪtɪŋ] *adj* inconsciente
unworthy [ʌn'wɜːðɪ] *adj* indigno
unwrap [ʌn'ræp] *vt* desenvolver
unwritten [ʌn'rɪtn] *adj* (*agreement*) tácito; (*rules, law*) no escrito

---

KEYWORD

up [ʌp] *prep*: **to go/be ~** sth subir/estar subido en algo; **he went ~ the stairs/the hill** subió las escaleras/la colina; **we walked/climbed ~ the hill** subimos la colina; **they live further ~ the street** viven más arriba en la calle; **go ~ that road and turn left** sigue por esa calle y gira a la izquierda
♦ *adv* **1** (*upwards, higher*) más arriba; **~ in the mountains** en lo alto (de la montaña); **put it a bit higher ~** ponlo un poco más arriba *or* alto; **~ there** ahí *or* allí arriba; **~ above** en lo alto, por encima, arriba
2: to be ~ (*out of bed*) estar levantado; (*prices, level*) haber subido
3: ~ to (*as far as*) hasta; **~ to now** hasta ahora *or* la fecha
4: to be ~ to (*depending on*): **it's ~ to you** depende de ti; **he's not ~ to it** (*job, task etc*) no es capaz de hacerlo; **his work is not ~ to the required standard** su trabajo no da la talla; (*inf: be doing*): **what is he ~ to?** ¿que estará tramando?
♦ *n*: **~s and downs** altibajos *mpl*

upbringing ['ʌpbrɪŋɪŋ] *n* educación *f*
update [ʌp'deɪt] *vt* poner al día
upgrade [ʌp'greɪd] *vt* (*house*) modernizar; (*employee*) ascender
upheaval [ʌp'hiːvl] *n* trastornos *mpl*; (POL) agitación *f*
uphill [ʌp'hɪl] *adj* cuesta arriba; (*fig: task*) penoso, difícil ♦ *adv*: **to go ~** ir cuesta arriba
uphold [ʌp'həuld] (*irreg*) *vt* defender
upholstery [ʌp'həulstərɪ] *n* tapicería

upkeep ['ʌpkiːp] *n* mantenimiento
upon [ə'pɒn] *prep* sobre
upper ['ʌpə*] *adj* superior, de arriba
♦ *n* (*of shoe*: *also*: ~s) empeine *m*; **~ class** *adj* de clase alta; **~ hand** *n*: **to have the ~ hand** tener la sartén por el mango; **~most** *adj* el más alto; **what was ~most in my mind** lo que me preocupaba más
upright ['ʌpraɪt] *adj* derecho; (*vertical*) vertical; (*fig*) honrado
uprising ['ʌpraɪzɪŋ] *n* sublevación *f*
uproar ['ʌprɔː*] *n* escándalo
uproot [ʌp'ruːt] *vt* (*also fig*) desarraigar
upset [*n* 'ʌpset, *vb, adj* ʌp'set] *n* (*to plan etc*) revés *m*, contratiempo; (MED) trastorno ♦ (*irreg*) *vt* (*glass etc*) volcar; (*plan*) alterar; (*person*) molestar, disgustar ♦ *adj* molesto, disgustado; (*stomach*) revuelto
upshot ['ʌpʃɒt] *n* resultado
upside-down *adv* al revés; **to turn a place ~** (*fig*) revolverlo todo
upstairs [ʌp'steəz] *adv* arriba ♦ *adj* (*room*) de arriba ♦ *n* el piso superior
upstart ['ʌpstɑːt] *n* advenedizo *m*
upstream [ʌp'striːm] *adv* río arriba
uptake ['ʌpteɪk] *n*: **to be quick/slow on the ~** ser muy listo/torpe
uptight [ʌp'taɪt] *adj* tenso, nervioso
up-to-date *adj* al día
upturn ['ʌptəːn] *n* (*in luck*) mejora; (COMM: *in market*) resurgimiento económico
upward ['ʌpwəd] *adj* ascendente; **~(s)** *adv* hacia arriba; (*more than*): **~(s) of** más de
urban ['əːbən] *adj* urbano
urchin ['əːtʃɪn] *n* pilluelo, golfillo
urge [əːdʒ] *n* (*desire*) deseo ♦ *vt*: **to ~ sb to do sth** animar a uno a hacer algo
urgent ['əːdʒənt] *adj* urgente; (*voice*) perentorio
urinate ['juərɪneɪt] *vi* orinar
urine ['juərɪn] *n* orina, orines *mpl*
urn [əːn] *n* urna; (*also: tea ~*) cacharro

metálico grande para hacer té

Uruguay ['juerəgwaɪ] n (el) Uruguay; **~an** [-'gwaɪən] adj, n uruguayo/a m/f

US n abbr (= United States) EE. UU.

us [ʌs] pron nos; (after prep) nosotros/as; see also **me**

USA n abbr (= United States (of America)) EE. UU.

usage ['juːzɪdʒ] n (LING) uso

use [n juːs, vb juːz] n uso, empleo; (usefulness) utilidad f ♦ vt usar, emplear; **she ~d to do it** (ella) solía or acostumbraba hacerlo; **in ~** en uso; **out of ~** en desuso; **to be of ~** servir; **it's no ~** (pointless) es inútil; (not useful) no sirve; **to be ~d to** estar acostumbrado a, acostumbrar; **~ up** vt (food) consumir; (money) gastar; **~d** adj (car) usado; **~ful** adj útil; **~fulness** n utilidad f; **~less** adj (unusable) inservible; (pointless) inútil; (person) inepto; **~r** n usuario/a; **~r-friendly** adj (computer) amistoso

usher ['ʌʃə*] n (at wedding) ujier m; **~ette** [-'rɛt] n (in cinema) acomodadora

USSR n (HIST): **the ~** la URSS

usual ['juːʒuəl] adj normal, corriente; **as ~** como de costumbre; **~ly** adv normalmente

utensil [juːˈtɛnsl] n utensilio; **kitchen ~s** batería de cocina

uterus ['juːtərəs] n útero

utility [juːˈtɪlɪtɪ] n utilidad f; (public ~) (empresa f de) servicio público; **~ room** n ofis m

utilize ['juːtɪlaɪz] vt utilizar

utmost ['ʌtməust] adj mayor ♦ n: **to do one's ~** hacer todo lo posible

utter ['ʌtə*] adj total, completo ♦ vt pronunciar, proferir; **~ly** adv totalmente, completamente

U-turn ['juːˈtəːn] n viraje m en redondo

V, v

v. abbr (= verse; versus; (= volt) v; (= vide) véase

vacancy ['veɪkənsɪ] n (BRIT: job) vacante f; (room) habitación f libre; **"no vacancies"** "completo"

vacant ['veɪkənt] adj desocupado, libre; (expression) distraído

vacate [vəˈkeɪt] vt (house, room) desocupar; (job) dejar vacante)

vacation [vəˈkeɪʃən] n vacaciones fpl

vaccinate ['væksɪneɪt] vt vacunar

vaccine ['væksiːn] n vacuna

vacuum ['vækjum] n vacío; **~ cleaner** n aspiradora; **~flask** (BRIT) n termo; **~-packed** adj empaquetado al vacío

vagina [vəˈdʒaɪnə] n vagina

vagrant ['veɪgrnt] n vagabundo/a

vague [veɪg] adj vago; (ambiguous) impreciso; (person: absent-minded) distraído; (: evasive): **to be ~** no decir las cosas claramente; **~ly** adv vagamente; distraídamente; con evasivas

vain [veɪn] adj (conceited) presumido; (useless) vano, inútil; **in ~** en vano

valentine ['væləntaɪn] n (also: ~ card) tarjeta del Día de los Enamorados

valet ['væleɪ] n ayuda m de cámara

valid ['vælɪd] adj válido; (ticket) valedero; (law) vigente

valley ['vælɪ] n valle m

valuable ['væljuəbl] adj (jewel) de valor; (time) valioso; **~s** npl objetos mpl de valor

valuation [væljuˈeɪʃən] n tasación f, valuación f; (judgement of quality) valoración f

value ['væljuː] n valor m; (importance) importancia ♦ vt (fix price of) tasar, valorar; (esteem) apreciar; **~s** npl (principles) principios mpl; **~ added tax** (BRIT) n impuesto sobre el valor

añadido; **~d** adj (appreciated)
apreciado
valve [vælv] n válvula
van [væn] n (AUT) furgoneta (SP),
camioneta (AM)
vandal [ˈvændl] n vándalo/a; **~ism** n
vandalismo; **~ize** vt dañar, destruir
vanilla [vəˈnɪlə] n vainilla
vanish [ˈvænɪʃ] vi desaparecer
vanity [ˈvænɪtɪ] n vanidad f
vantage point [ˈvɑːntɪdʒ-] n (for
views) punto panorámico
vapour [ˈveɪpəʳ] (US vapor) n vapor m;
(on breath, window) vaho
variable [ˈvɛərɪəbl] adj variable
variation [vɛərɪˈeɪʃən] n variación f
varicose [ˈværɪkəus] adj: **~ veins**
varices fpl
varied [ˈvɛərɪd] adj variado
variety [vəˈraɪətɪ] n (diversity)
diversidad f; (type) variedad f; **~ show**
n espectáculo de variedades
various [ˈvɛərɪəs] adj (several: people)
varios/as; (reasons) diversos/as
varnish [ˈvɑːnɪʃ] n barniz m; (nail ~)
esmalte m ♦ vt barnizar; (nails) pintar
(con esmalte)
vary [ˈvɛərɪ] vt variar; (change) cambiar
♦ vi variar
vase [vɑːz] n florero
Vaseline ® [ˈvæsɪliːn] n vaselina ®
vast [vɑːst] adj enorme
VAT [væt] (BRIT) n abbr (= value added
tax) IVA m
vat [væt] n tina, tinaja
Vatican [ˈvætɪkən] n: **the ~** el
Vaticano
vault [vɔːlt] n (of roof) bóveda; (tomb)
panteón m; (in bank) cámara
acorazada ♦ vt (also: ~ over) saltar (por
encima de)
vaunted [ˈvɔːntɪd] adj: **much ~**
cacareado, alardeado
VCR n abbr = **video cassette
recorder**
VD n abbr = **venereal disease**
VDU n abbr (= visual display unit) UPV f

veal [viːl] n ternera
veer [vɪəʳ] vi (vehicle) virar; (wind) girar
vegan [ˈviːgən] n vegetariano/a
estricto/a, vegetaliano/a
vegeburger [ˈvedʒɪbɜːgəʳ] n
hamburguesa vegetal
vegetable [ˈvedʒtəbl] n (BOT) vegetal
m; (edible plant) legumbre f, hortaliza
♦ adj vegetal; **~s** npl (cooked) verduras
fpl
vegetarian [vedʒɪˈtɛərɪən] adj, n
vegetariano/a m/f
vehement [ˈviːɪmənt] adj vehemente,
apasionado
vehicle [ˈviːɪkl] n vehículo; (fig) medio
veil [veɪl] n velo ♦ vt velar; **~ed** adj
(fig) velado
vein [veɪn] n vena; (of ore etc) veta
velocity [vɪˈlɒsɪtɪ] n velocidad f
velvet [ˈvelvɪt] n terciopelo
vending machine [ˈvendɪŋ-] n
distribuidor m automático
veneer [vəˈnɪəʳ] n chapa, enchapado;
(fig) barniz m
venereal disease [vɪˈnɪərɪəl-] n
enfermedad f venérea
Venetian blind [vɪˈniːʃən-] n persiana
Venezuela [venɪˈzweɪlə] n Venezuela;
~n adj, n venezolano/a m/f
vengeance [ˈvendʒəns] n venganza;
with a ~ (fig) con creces
venison [ˈvenɪsn] n carne f de venado
venom [ˈvenəm] n veneno; (bitterness)
odio; **~ous** adj venenoso; lleno de odio
vent [vent] n (in jacket) respiradero; (in
wall) rejilla (de ventilación) ♦ vt (fig:
feelings) desahogar
ventilator [ˈventɪleɪtəʳ] n ventilador m
venture [ˈventʃəʳ] n empresa ♦ vt
(opinion) ofrecer ♦ vi arriesgarse,
lanzarse; **business ~** empresa
comercial
venue [ˈvenjuː] n lugar m
veranda(h) [vəˈrændə] n terraza
verb [vɜːb] n verbo; **~al** adj verbal
verbatim [vɜːˈbeɪtɪm] adj, adv palabra
por palabra

verdict ['vɜːdɪkt] n veredicto, fallo; (fig) opinión f, juicio

verge [vɜːdʒ] (BRIT) n borde m; "**soft ~s**" (AUT) "arcén m no asfaltado"; **to be on the ~ of doing sth** estar a punto de hacer algo; **~ on** vt fus rayar en

verify ['verɪfaɪ] vt comprobar, verificar

vermin ['vɜːmɪn] npl (animals) alimañas fpl; (insects, fig) parásitos mpl

vermouth ['vɜːməθ] n vermut m

versatile ['vɜːsətaɪl] adj (person) polifacético; (machine, tool etc) versátil

verse [vɜːs] n poesía; (stanza) estrofa; (in bible) versículo

version ['vɜːʃən] n versión f

versus ['vɜːsəs] prep contra

vertebra ['vɜːtɪbrə] (pl ~e) n vértebra

vertical ['vɜːtɪkl] adj vertical

vervo [vɜːv] n brío

very ['verɪ] adv muy ♦ adj: **the ~ book which** al mismo libro que, **the ~ last** el último de todos; **at the ~ least** al menos; **~ much** muchísimo

vessel ['vesl] n (ship) barco; (container) vasija; see blood

vest [vest] n (BRIT) camiseta; (US: waistcoat) chaleco; **~ed interests** npl (COMM) intereses mpl creados

vet [vet] vt (candidate) investigar ♦ n abbr (BRIT) = veterinary surgeon

veteran ['vetərn] n veterano

veterinary surgeon ['vetrɪnərɪ] (US **veterinarian**) n veterinario/a m/f

veto ['viːtəʊ] (pl ~es) n veto ♦ vt prohibir, poner el veto a

vex [veks] vt fastidiar, **~ed** adj (question) controvertido

VHF abbr (= very high frequency) muy alta frecuencia

via ['vaɪə] prep por, por medio de

vibrant ['vaɪbrənt] adj (lively) animado; (bright) vivo; (voice) vibrante

vibrate [vaɪ'breɪt] vi vibrar

vicar ['vɪkə*] n párroco (de la Iglesia Anglicana); **~age** n parroquia

vice [vaɪs] n (evil) vicio; (TECH) torno de banco

vice- [vaɪs] prefix vice-; **~-chairman** n vicepresidente m

vice squad n brigada antivicio

vice versa ['vaɪsɪ'vɜːsə] adv viceversa

vicinity [vɪ'sɪnɪtɪ] n: **in the ~ (of)** cercano (a)

vicious ['vɪʃəs] adj (attack) violento; (words) cruel; (horse, dog) resabido; **~ circle** n círculo vicioso

victim ['vɪktɪm] n víctima

victor ['vɪktə*] n vencedor(a) m/f

victory ['vɪktərɪ] n victoria

video ['vɪdɪəʊ] cpd video ♦ n (~ film) videofilm m; (also: ~ cassette) videocassette f; (also: ~ cassette recorder) magnetoscopio; **~ game** n videojuego; **~ tape** n cinta de vídeo

vie [vaɪ] vi: **to ~ (with sb for sth)** competir (con uno por algo)

Vienna [vɪ'enə] n Viena

Vietnam [vjɛt'næm] n Vietnam m; **~ese** [-nə'miːz] n inv, adj vietnamita m/f

view [vjuː] n vista; (outlook) perspectiva; (opinion) opinión f, criterio ♦ vt (look at) mirar; (fig) considerar; **on ~** (in museum etc) expuesto; **in full ~ (of)** en plena vista (de); **in ~ of the weather/the fact that** en vista del tiempo/del hecho de que; **in my ~** en mi opinión; **~er** n espectador(a) m/f; (TV) telespectador(a) m/f; **~finder** n visor m de imagen; **~point** n (attitude) punto de vista; (place) mirador m

vigour ['vɪgə*] (US **vigor**) n energía, vigor m

vile [vaɪl] adj vil, infame; (smell) asqueroso; (temper) endemoniado

villa ['vɪlə] n (country house) casa de campo; (suburban house) chalet m

village ['vɪlɪdʒ] n aldea; **~r** n aldeano/a

villain ['vɪlən] n (scoundrel) malvado/a; (in novel) malo; (BRIT: criminal) maleante m/f

vindicate ['vɪndɪkeɪt] vt vindicar, justificar

vindictive [vɪn'dɪktɪv] adj vengativo
vine [vaɪn] n vid f
vinegar ['vɪnɪgə*] n vinagre m
vineyard ['vɪnjɑːd] n viña, viñedo
vintage ['vɪntɪdʒ] n (year) vendimia, cosecha ♦ cpd de época; **~ wine** n vino añejo
vinyl ['vaɪnl] n vinilo
viola [vɪ'əʊlə] n (MUS) viola
violate ['vaɪəleɪt] vt violar
violence ['vaɪələns] n violencia
violent ['vaɪələnt] adj violento; (intense) intenso
violet ['vaɪələt] adj violado, violeta ♦ n (plant) violeta
violin [vaɪə'lɪn] n violín m; **~ist** n violinista m/f
VIP n abbr (= very important person) VIP m
virgin ['vɜːdʒɪn] n virgen f
Virgo ['vɜːgəʊ] n Virgo
virtually ['vɜːtjʊəlɪ] adv prácticamente
virtual reality ['vɜːtjʊəl-] n (COMPUT) mundo or realidad f virtual
virtue ['vɜːtjuː] n virtud f; (advantage) ventaja; **by ~ of** en virtud de
virtuous ['vɜːtjʊəs] adj virtuoso
virus ['vaɪərəs] n (also: COMPUT) virus m
visa ['viːzə] n visado (SP), visa (AM)
visible ['vɪzəbl] adj visible
vision ['vɪʒən] n (sight) vista; (foresight, in dream) visión f
visit ['vɪzɪt] n visita ♦ vt (person: us: also: **~ with**) visitar, hacer una visita a; (place) ir a, (ir a) conocer; **~ing hours** npl (in hospital etc) horas fpl de visita; **~or** n (in museum) visitante m/f; (invited to house) invitado/a; (tourist) turista m/f
visor ['vaɪzə*] n visera
visual ['vɪzjʊəl] adj visual; **~ aid** n medio visual; **~ display unit** n unidad f de presentación visual; **~ize** vt imaginarse
vital ['vaɪtl] adj (essential) esencial, imprescindible; (dynamic) dinámico; (organ) vital; **~ly** adv: **~ly important**

de primera importancia; **~ statistics** npl (fig) medidas fpl vitales
vitamin ['vɪtəmɪn] n vitamina
vivacious [vɪ'veɪʃəs] adj vivaz, alegre
vivid ['vɪvɪd] adj (account) gráfico; (light) intenso; (imagination, memory) vivo; **~ly** adv gráficamente; (remember) como si fuera hoy
V-neck ['viːnek] n cuello de pico
vocabulary [vəʊ'kæbjʊlərɪ] n vocabulario
vocal ['vəʊkl] adj vocal; (articulate) elocuente; **~ cords** npl cuerdas fpl vocales
vocation [vəʊ'keɪʃən] n vocación f; **~al** adj profesional
vodka ['vɒdkə] n vodka m
vogue [vəʊg] n: **in ~** en boga
voice [vɔɪs] n voz f ♦ vt expresar; **~ mail** n fonobuzón m
void [vɔɪd] n vacío; (hole) hueco ♦ adj (invalid) nulo, inválido; (empty): **~ of** carente or desprovisto de
volatile ['vɒlətaɪl] adj (situation) inestable; (person) voluble; (liquid) volátil
volcano [vɒl'keɪnəʊ] (pl **~es**) n volcán m
volition [və'lɪʃən] n: **of one's own ~** de su propia voluntad
volley ['vɒlɪ] n (of gunfire) descarga; (of stones etc) lluvia; (fig) torrente m; (TENNIS etc) volea; **~ball** n vol(e)ibol m
volt [vəʊlt] n voltio; **~age** n voltaje m
volume ['vɒljuːm] n (gen) volumen m; (book) tomo
voluntary ['vɒləntərɪ] adj voluntario
volunteer [vɒlən'tɪə*] n voluntario/a ♦ vt (information) ofrecer ♦ vi ofrecerse (de voluntario); **to ~ to do** ofrecerse a hacer
vomit ['vɒmɪt] n vómito ♦ vt, vi vomitar
vote [vəʊt] n voto; (votes cast) votación f; (right to ~) derecho de votar; (franchise) sufragio ♦ vt (chairman) elegir; (propose): **to ~ that** proponer

vouch [vautʃ]: **to ~ for** vt fus garantizar, responder de

voucher ['vautʃə*] n (for meal, petrol) vale m

vow [vau] n voto ♦ vt: **to ~ to do/ that** jurar hacer/que

vowel ['vauəl] n vocal f

voyage ['vɔidʒ] n viaje m

vulgar ['vʌlgə*] adj (rude) ordinario, grosero; (in bad taste) de mal gusto; **~ity** [-'gæriti] n grosería; mal gusto

vulnerable ['vʌlnərəbl] adj vulnerable

vulture ['vʌltʃə*] n buitre m

W, w

wad [wɔd] n bolita; (of banknotes etc) fajo

waddle ['wɔdl] vi anadear

wade [weid] vi: **to ~ through** (water) vadear; (fig: book) leer con dificultad; **wading pool** (US) n piscina para niños

wafer ['weifə*] n galleta, barquillo

waffle ['wɔfl] n (CULIN) gofre m ♦ vi dar el rollo

waft [wɔft] vt llevar por el aire ♦ vi flotar

wag [wæg] vt menear, agitar ♦ vt moverse, menearse

wage [weidʒ] n (also: ~s) sueldo, salario ♦ vt: **to ~ war** hacer la guerra; **~ earner** n asalariado/a; **~ packet** n sobre m de paga

wager ['weidʒə*] n apuesta

wag(g)on ['wægən] n (horse-drawn) carro; (BRIT: RAIL) vagón m

wail [weil] n gemido ♦ vi gemir

waist [weist] n cintura, talle m; **~coat** (BRIT) n chaleco; **~line** n talle m

wait [weit] n (interval) pausa ♦ vi esperar; **to lie in ~ for** acechar a; **I can't ~ to** (fig) estoy deseando; **to ~ for** esperar (a); **~ behind** vi

quedarse; **~ on** vt fus servir a; **~er** n camarero; **~ing** n: "**no ~ing**" (BRIT: AUT) "prohibido estacionarse"; **~ing list** n lista de espera; **~ing room** n sala de espera; **~ress** n camarera

waive [weiv] vt suspender

wake [weik] (pt **woke** or **waked**, pp **woken** or **waked**) vt (also: ~ up) despertar ♦ vi (also: ~ up) despertarse ♦ n (for dead person) vela, velatorio; (NAUT) estela; **waken** vt, vi = **wake**

Wales [weilz] n País m de Gales; **the Prince of ~** el príncipe de Gales

walk [wɔ:k] n (stroll) paseo; (hike) excursión f a pie, caminata; (gait) paso, andar m; (in park etc) paseo, alameda ♦ vi andar, caminar; (for pleasure, exercise) pasear ♦ vt (distance) recorrer a pie, andar; (dog) pasear; **10 minutes' ~ from here** a 10 minutos de aquí andando; **people from all ~s of life** gente de todas las esferas; **~ out** vi (audience) salir; (workers) declararse en huelga; **~ out on** (inf) vt fus abandonar; **~er** n (person) paseante m/f, caminante m/f; **~ie-talkie** ['wɔ:ki'tɔ:ki] n walkie-talkie m; **~ing** n el andar; **~ing shoes** npl zapatos mpl para andar; **~ing stick** n bastón m; **W~man** ® ['wɔ:kmən] n Walkman ® m; **~out** n huelga; **~over** (inf) n: **it was a ~over** fue pan comido; **~way** n paseo

wall [wɔ:l] n pared f; (exterior) muro; (city - etc) muralla; **~ed** adj amurallado; (garden) con tapia

wallet ['wɔlit] n cartera (SP), billetera (AM)

wallflower ['wɔ:lflauə*] n alhelí m; **to be a ~** (fig) comer pavo

wallow ['wɔləu] vi revolcarse

wallpaper ['wɔ:lpeipə*] n papel m pintado ♦ vt empapelar

walnut ['wɔ:lnʌt] n nuez f; (tree) nogal m

walrus ['wɔ:lrəs] (pl ~ or ~es) n morsa

waltz [wɔ:lts] n vals m ♦ vi bailar el

vals

wand |wɒnd| n (also: magic ~) varita (mágica)

wander |'wɒndə*| vi (person) vagar; deambular; (thoughts) divagar ♦ vt recorrer, vagar por

wane |weɪn| vi menguar

wangle |'wæŋgl| (BRIT: inf) vt agenciarse

want |wɒnt| vt querer, desear; (need) necesitar ♦ n: for ~ of por falta de; ~s npl (needs) necesidades fpl; to ~ to do querer hacer; to ~ sb to do sth querer que uno haga algo; ~ed adj (criminal) buscado; "~ed" (in advertisements) "se busca"; ~ing adj: to be found ~ing no estar a la altura de las circunstancias

war |wɔ:*| n guerra; to make ~ (on) (also fig) declarar la guerra (a)

ward |wɔ:d| n (in hospital) sala; (POL) distrito electoral; (LAW: child: also: ~ of court) pupilo/a; ~ off vt (blow) desviar, parar; (attack) rechazar

warden |'wɔ:dn| n (BRIT: of institution) director(a) m/f; (of park, game reserve) guardián/ana m/f; (BRIT: also: traffic ~) guardia m/f

warder |'wɔ:də*| (BRIT) n guardián/ana m/f, carcelero/a

wardrobe |'wɔ:drəub| n armario, guardarropa, ropero (esp AM)

warehouse |'weəhaus| n almacén m, depósito

wares |weəz| npl mercancías fpl

warfare |'wɔ:feə*| n guerra

warhead |'wɔ:hed| n cabeza armada

warily |'weərɪlɪ| adv con cautela, cautelosamente

warm |wɔ:m| adj caliente; (thanks) efusivo; (clothes etc) abrigado; (welcome, day) caluroso; **it's ~** hace calor; **I'm ~** tengo calor; **~ up** vi (room) calentarse; (person) entrar en calor; (athlete) hacer ejercicios de calentamiento ♦ vt calentar; **~-hearted** adj afectuoso; **~ly** adv

afectuosamente; **~th** n calor m

warn |wɔ:n| vt avisar, advertir; **~ing** n aviso, advertencia; **~ing light** n luz f de advertencia; **~ing triangle** n (AUT) triángulo señalizador

warp |wɔ:p| vi (wood) combarse ♦ vt combar; (mind) pervertir

warrant |'wɒrnt| n autorización f; (LAW: to arrest) orden f de detención; (: to search) mandamiento de registro

warranty |'wɒrəntɪ| n garantía

warren |'wɒrən| n (of rabbits) madriguera; (fig) laberinto

warrior |'wɒrɪə*| n guerrero/a

Warsaw |'wɔ:sɔ:| n Varsovia

warship |'wɔ:ʃɪp| n buque m o barco de guerra

wart |wɔ:t| n verruga

wartime |'wɔ:taɪm| n: **in ~** en tiempos de guerra, en la guerra

wary |'weərɪ| adj cauteloso

was |wɒz| pt of **be**

wash |wɒʃ| vt lavar ♦ vi lavarse; (sea etc): to ~ against/over sth llegar hasta/cubrir algo ♦ n (clothes etc) lavado; (of ship) estela; to **have a ~** lavarse; ~ away vt (stain) quitar lavando; (subj: river etc) llevarse; ~ off vi quitarse al (lavar); ~ up vi (BRIT) fregar los platos; (US) lavarse; **~able** adj lavable; **~basin** (US **~bowl**) n lavabo; ~ **cloth** (US) n manopla; **~er** n (TECH) arandela; **~ing** n (dirty) ropa sucia; (clean) colada; **~ing machine** n lavadora; **~ing powder** (BRIT) n detergente m (en polvo)

Washington |'wɒʃɪŋtən| n Washington m

wash: ~ing-up (BRIT) n fregado, platos mpl (para fregar); **~ing-up liquid** (BRIT) n líquido lavavajillas; **~-out** (inf) n fracaso; **~room** (US) n servicios mpl

wasn't |'wɒznt| = **was not**

wasp |wɒsp| n avispa

wastage |'weɪstɪdʒ| n desgaste m; (loss) pérdida

waste |weɪst| n derroche m,

despilfarro; (of time) pérdida; (food)
sobras fpl; (rubbish) basura,
desperdicios mpl ♦ adj (material) de
desecho; (left over) sobrante; (land)
baldío, descampado ♦ vt malgastar,
derrochar; (time) perder; (opportunity)
desperdiciar; ~s npl (area of land)
tierras fpl baldías; ~ away vi
consumirse; ~ **disposal unit** (BRIT) n
triturador m de basura; ~**ful** adj
derrochador(a); (process)
antieconómico/a; ~ **ground** (BRIT) n
terreno baldío; ~**paper basket** n
papelera; ~ **pipe** n tubo de desagüe
watch [wɔtʃ] n (also: wrist ~) reloj m;
(MIL: group of guards) centinela m; (act)
vigilancia; (NAUT: spell of duty) guardia
♦ vt (look at) mirar, observar; (: match,
programme) ver; (spy on, guard) vigilar;
(be careful of) cuidarse de, tener
cuidado de ♦ vi ver, mirar; (keep guard)
montar guardia; ~ **out** vi cuidarse,
tener cuidado; ~**dog** n perro guardián;
(fig) persona u organismo encargado de
asegurarse de que las empresas actúan
dentro de la legalidad; ~**ful** adj
vigilante, sobre aviso; ~**maker** n
relojero/a; ~**man** (irreg) n see **night**;
~ **strap** n pulsera (de reloj)
water ['wɔːtə*] n agua f ♦ vt (plant)
regar ♦ vi (eyes) llorar; (mouth) hacerse
la boca agua; ~ **down** vt (milk etc)
aguar; (fig: story) dulcificar, diluir;
~ **closet** n wáter m; ~**colour** n
acuarela; ~**cress** n berro; ~**fall** n
cascada, salto de agua; ~ **heater** n
calentador m de agua; ~**ing can** n
regadera; ~ **lily** n nenúfar m; ~**line** n
(NAUT) línea de flotación; ~**logged** adj
(ground) inundado; ~ **main** n cañería
del agua; ~**melon** n sandía; ~**proof**
adj impermeable; ~**shed** n (GEO)
cuenca; (fig) momento crítico; ~**-**
skiing n esquí m acuático; ~**tight** adj
hermético; ~**way** n vía fluvial or
navegable; ~**works** n central f
depuradora; ~**y** adj (coffee etc) aguado;

(eyes) lloroso
watt [wɔt] n vatio
wave [weɪv] n (of hand) señal f con la
mano; (on water) ola; (RADIO, in hair)
onda; (fig) oleada ♦ vi agitar la mano;
(flag etc) ondear ♦ vt (handkerchief,
gun) agitar; ~**length** n longitud f de
onda
waver ['weɪvə*] vi (voice, love etc)
flaquear; (person) vacilar
wavy ['weɪvɪ] adj ondulado
wax [wæks] n cera ♦ vt encerar ♦ vi
(moon) crecer; ~ **paper** (US) n papel m
apergaminado; ~**works** n museo de
cera ♦ npl figuras fpl de cera
way [weɪ] n camino; (distance)
trayecto, recorrido; (direction) dirección
f, sentido; (manner) modo, manera;
(habit) costumbre f; **which ~?** — **this**
~ ¿por dónde?, ¿en qué dirección? —
por aquí; **on the** ~ (en route) en (el)
camino; **to be on one's** ~ estar en
camino; **to be in the** ~ bloquear el
camino; (fig) estorbar; **to go out of**
one's ~ **to do sth** desvivirse por
hacer algo; **under** ~ en marcha; **to**
lose one's ~ extraviarse; **in a** ~ en
cierto modo or sentido; **no** ~! (inf) ¡de
eso nada!; **by the** ~ ... a propósito ...;
"~ in" (BRIT) "entrada"; **"~ out"**
(BRIT) "salida"; **the** ~ **back** el camino
de vuelta; **"give ~"** (BRIT: AUT) "ceda
el paso"
waylay [weɪ'leɪ] (irreg) vt salir al paso a
wayward ['weɪwəd] adj díscolo
W.C. n (BRIT) wáter m
we [wiː] pl pron nosotros/as
weak [wiːk] adj débil, flojo; (tea etc)
claro; ~**en** vi debilitarse; (give way)
ceder ♦ vt debilitar; ~**ling** n
debilucho/a; (morally) persona de poco
carácter; ~**ness** n debilidad f; (fault)
punto débil; **to have a ~ness for**
tener debilidad por
wealth [welθ] n riqueza; (of details)
abundancia; ~**y** adj rico
wean [wiːn] vt destetar

weapon ['wɛpən] n arma
wear [wɛə⁎] (pt **wore**, pp **worn**) n (use) uso; (deterioration through use) desgaste m; (clothing): **sports/baby~** ropa de deportes/de niños ♦ vt (clothes) llevar; (shoes) calzar; (damage: through use) gastar, usar ♦ vi (last) durar; (rub through etc) desgastarse; **evening ~** ropa de etiqueta; **~ away** vt gastar ♦ vi desgastarse; **~ down** vt gastar; (strength) agotar; **~ off** vi (pain etc) pasar, desaparecer; **~ out** vt desgastar; (person, strength) agotar; **~ and tear** n desgaste m
weary ['wɪərɪ] adj cansado; (dispirited) abatido ♦ vi: **to ~ of** cansarse de
weasel ['wiːzl] n (ZOOL) comadreja
weather ['wɛðə⁎] n tiempo ♦ vt (storm, crisis) hacer frente a; **under the ~** (fig: ill) indispuesto, pachucho; **~-beaten** adj (skin) curtido; (building) deteriorado por la intemperie; **~cock** n veleta; **~ forecast** n boletín m meteorológico; **~man** (irreg: inf) n hombre m del tiempo; **~ vane** n = **~cock**
weave [wiːv] (pt **wove**, pp **woven**) vt (cloth) tejer; (fig) entretejer; **~r** n tejedor(a) m/f; **weaving** n tejeduría
web [wɛb] n (of spider) telaraña; (on duck's foot) membrana; (network) red f; **the (World Wide) W~** el or la Web
website ['wɛbsaɪt] n espacio Web
wed [wɛd] (pt, pp **wedded**) vt casar ♦ vi casarse
we'd [wiːd] = **we had; we would**
wedding ['wɛdɪŋ] n boda, casamiento; **silver/golden ~** (anniversary) bodas fpl de plata/de oro; **~ day** n día m de la boda; **~ dress** n traje m de novia; **~ present** n regalo de boda; **~ ring** n alianza
wedge [wɛdʒ] n (of wood etc) cuña; (of cake) trozo ♦ vt acuñar; (push) apretar
Wednesday ['wɛdnzdɪ] n miércoles m inv
wee [wiː] (Scottish) adj pequeñito
weed [wiːd] n mala hierba, maleza ♦ vt

escardar, desherbar; **~killer** n herbicida m; **~y** adj (person) mequetréfico
week [wiːk] n semana; **a ~ today/on Friday** de hoy/del viernes en ocho días; **~day** n día m laborable; **~end** n fin m de semana; **~ly** adv semanalmente, cada semana ♦ adj semanal ♦ n semanario
weep [wiːp] (pt, pp **wept**) vi, vt llorar; **~ing willow** n sauce m llorón
weigh [weɪ] vt, vi pesar; **to ~ anchor** levar anclas; **~ down** vt sobrecargar; (fig) agobiar; **~ up** vt sopesar
weight [weɪt] n peso; (metal ~) pesa; **to lose/put on ~** adelgazar/engordar; **~ing** n (allowance): (London) **~ing** dietas (por residir en Londres); **~lifter** n levantador m de pesas; **~y** adj (matters) de relevancia or peso
weir [wɪə⁎] n presa
weird [wɪəd] adj raro, extraño
welcome ['wɛlkəm] adj bienvenido ♦ n bienvenida ♦ vt dar la bienvenida a; (be glad of) alegrarse de; **thank you — you're ~** gracias — de nada
weld [wɛld] n soldadura ♦ vt soldar
welfare ['wɛlfɛə⁎] n bienestar m; (social aid) asistencia social; **~ state** n estado del bienestar
well [wɛl] n fuente f, pozo ♦ adv bien ♦ adj: **to be ~** estar bien (de salud) ♦ excl ¡vaya!, ¡bueno!; **as ~** también; **as ~ as** además de; ¡vaya! ¡bien hecho!; **get ~ soon!** ¡que te mejores pronto!; **to do ~** (business) ir bien; (person) tener éxito; **~ up** vi (tears) saltar
we'll [wiːl] = **we will; we shall**
well: ~-behaved adj bueno; **~-being** n bienestar m; **~-built** adj (person) fornido; **~-deserved** adj merecido; **~-dressed** adj bien vestido; **~-groomed** adj de buena presencia; **~-heeled** (inf) adj (wealthy) rico
wellingtons ['wɛlɪŋtənz] npl (also: wellington boots) botas fpl de goma
well: ~-known adj (person) conocido;

~-mannered adj educado; **~-meaning** adj bienintencionado; **~-off** adj acomodado; **~-read** adj leído; **~-to-do** adj acomodado; **~-wisher** n admirador(a) m/f

Welsh [welʃ] adj galés/esa ♦ n (LING) galés m; **the ~** npl los galeses; **the ~ Assembly** el Parlamento galés; **~man** (irreg) n galés m; **~ rarebit** n pan m con queso tostado; **~woman** (irreg) n galesa

went [went] pt of **go**

wept [wept] pt, pp of **weep**

were [wəː*] pt of **be**

we're [wɪə*] = **we are**

weren't [wəːnt] = **were not**

west [west] n oeste m ♦ adj occidental, del oeste ♦ adv al oeste, hacia el oeste; **the W~** el Oeste, el Occidente; **W~ Country** (BRIT): **the W~ Country** el suroeste de Inglaterra; **~erly** adj occidental; (wind) del oeste; **~ern** adj occidental ♦ n (CINEMA) película del oeste; **W~ Germany** n Alemania Occidental; **W~ Indian** adj, n antillano/a m/f; **W~ Indies** npl Antillas fpl; **~ward(s)** adv hacia el oeste

wet [wet] adj (damp) húmedo; (~ through) mojado; (rainy) lluvioso ♦ (BRIT) n (POL) conservador(a) m/f moderado/a; **to get ~** mojarse; **"~ paint"** "recién pintado"; **~suit** n traje m térmico

we've [wiːv] = **we have**

whack [wæk] vt dar un buen golpe a

whale [weɪl] n (ZOOL) ballena

wharf [wɔːf] (pl **wharves**) n muelle m

KEYWORD

what [wɔt] adj 1 (in direct/indirect questions) qué; **~ size is he?** ¿qué talla usa?; **~ colour/shape is it?** ¿de qué color/forma es?
2 (in exclamations): **~ a mess!** ¡qué desastre!; **~ a fool I am!** ¡qué tonto soy!
♦ pron 1 (interrogative) qué; **~ are you**

doing? ¿qué haces or estás haciendo?; **~ is happening?** ¿qué pasa or está pasando?; **~ is it called?** ¿cómo se llama?; **~ about me?** ¿y yo qué?; **~ about doing ...?** ¿qué tal si hacemos ...?
2 (relative) lo que; **I saw ~ you did/was on the table** vi lo que hiciste/había en la mesa
♦ excl (disbelieving) ¡cómo!; **~, no coffee!** ¡que no hay café!

whatever [wɔt'evə*] adj: **~ book you choose** cualquier libro que elijas
♦ pron: **do ~ is necessary** haga lo que sea necesario; **~ happens** pase lo que pase; **no reason ~** or **whatsoever** ninguna razón sea la que sea; **nothing ~** nada en lo absoluto

whatsoever [wɔtsəu'evə*] adj see **whatever**

wheat [wiːt] n trigo

wheedle [ˈwiːdl] vt: **to ~ sb into doing sth** engatusar a uno para que haga algo; **to ~ sth out of sb** sonsacar algo a uno

wheel [wiːl] n rueda; (AUT: also: steering ~) volante m; (NAUT) timón m ♦ vt (pram etc) empujar ♦ vi (also: ~ round) dar la vuelta, girar; **~barrow** n carretilla; **~chair** n silla de ruedas; **~ clamp** n (AUT) cepo

wheeze [wiːz] vi resollar

KEYWORD

when [wen] adv cuando; **~ did it happen?** ¿cuándo ocurrió?; **I know ~ it happened** sé cuándo ocurrió
♦ conj 1 (at, during, after the time that) cuando; **be careful ~ you cross the road** ten cuidado al cruzar la calle; **that was ~ I needed you** fue entonces que te necesité
2 (on, at which): **on the day ~ I met him** el día en qué le conocí
3 (whereas) cuando

whenever |wɛnˈɛvə*| conj cuando; (every time that) cada vez que ♦ adv cuando sea

where |wɛə*| adv dónde ♦ conj donde; **this is ~** aquí es donde; **~abouts** adv dónde ♦ n: **nobody knows his ~abouts** nadie conoce su paradero, **~as** conj visto que, mientras; **~by** pron por lo cual; **wherever** |-ˈɛvə*| conj dondequiera que; (interrogative) dónde?; **~withal** n recursos mpl

whether |ˈwɛðə*| conj si; **I don't know ~ to accept or not** no sé si aceptar o no; **~ you go or not** vayas o no vayas

KEYWORD

which |wɪtʃ| adj **1** (interrogative: direct, indirect) qué; **picture(s) do you want?** ¿qué cuadro(s) quieres?; **~ one?** ¿cuál?
2: **in ~ case** en cuyo caso; **we got there at 8 pm, by ~ time the cinema was full** llegamos allí a las 8, cuando el cine estaba lleno
♦ pron **1** (interrogative) cual; **I don't mind ~** el/la que sea
2 (relative: replacing noun) que; (: replacing clause) lo que; (: after preposition) (el/la) que etc, el/la cual etc; **the apple ~ you ate/~ is on the table** la manzana que comiste/que está en la mesa; **the chair on ~ you are sitting** la silla en la que estás sentado; **he said he knew, ~ is true/I feared** dijo que lo sabía, lo cual or lo que es cierto/me temía

whichever |wɪtʃˈɛvə*| adj: **take ~ book you prefer** coja (SP) el libro que prefiera; **~ book you take** cualquier libro que coja

while |waɪl| n rato, momento ♦ conj mientras; (although) aunque; **for a ~** durante algún tiempo; **~ away** vt pasar

whim |wɪm| n capricho

whimper |ˈwɪmpə*| n sollozo ♦ vi lloriquear

whimsical |ˈwɪmzɪkl| adj (person) caprichoso; (look) juguetón/ona

whine |waɪn| n (of pain) gemido; (of engine) zumbido; (of siren) aullido ♦ vi gemir; zumbar; (fig: complain) gimotear

whip |wɪp| n látigo; (POL: person) encargado de la disciplina partidaria en el parlamento ♦ vt azotar; (CULIN) batir; (move quickly): **to ~ sth out/off** sacar/quitar algo de un tirón; **~ped cream** n nata or crema montada; **~-round** (BRIT) n colecta

whirl |wəːl| vt hacer girar, dar vueltas a ♦ vi girar, dar vueltas; (leaves etc) arremolinarse; **~pool** n remolino; **~wind** n torbellino

whirr |wəː*| vi zumbar

whisk |wɪsk| n (CULIN) batidor m ♦ vt (CULIN) batir; **to ~ sb away** or **off** llevar volando a uno

whiskers |ˈwɪskəz| npl (of animal) bigotes mpl; (of man) patillas fpl

whiskey |ˈwɪskɪ| (US, Ireland) n = **whisky**

whisky |ˈwɪskɪ| n whisky m

whisper |ˈwɪspə*| n susurro ♦ vi, vt susurrar

whistle |ˈwɪsl| n (sound) silbido; (object) silbato ♦ vi silbar

white |waɪt| adj blanco; (pale) pálido ♦ n blanco; (of egg) clara; **~ coffee** (BRIT) n café m con leche; **~-collar worker** n oficinista m/f; **~ elephant** n (fig) maula; **~ lie** n mentirijilla; **~ness** n blancura; **~ noise** n sonido blanco; **~ paper** n (POL) libro rojo; **~wash** n (paint) jalbegue m, cal f ♦ vt (also fig) blanquear

whiting |ˈwaɪtɪŋ| n inv (fish) pescadilla

Whitsun |ˈwɪtsn| n pentecostés m

whizz |wɪz| vi: **to ~ past** or **by** pasar a toda velocidad; **~ kid** (inf) n prodigio

---

KEYWORD

who [hu:] *pron* 1 (*interrogative*) quién; ~ is it?, ~'s there? ¿quién es?; ~ are you looking for? ¿a quién buscas?; I told her ~ I was le dije quién era yo
2 (*relative*) que; the man/woman ~ spoke to me el hombre/la mujer que habló conmigo; those ~ can swim los que saben o sepan nadar

whodun(n)it [hu:'dʌnɪt] (*inf*) *n* novela policíaca

whoever [hu:'evə*] *pron*: ~ finds it cualquiera o quienquiera que lo encuentre; ask ~ you like pregunta a quien quieras; ~ he marries no importa con quién se case

whole [həul] *adj* (*entire*) todo, entero; (*not broken*) intacto ♦ *n* todo; (*all*): the ~ of the town toda la ciudad, la ciudad entera ♦ *n* (*total*) total *m*; (*sum*) conjunto; on the ~, as a ~ en general; ~food(s) *n(pl)* alimento(s) *m(pl)* integral(es); ~hearted *adj* sincero, cordial; ~meal *adj* integral; ~sale *n* venta al por mayor ♦ *adj* al por mayor; (*fig: destruction*) sistemático; ~saler *n* mayorista *m/f*; ~some *adj* sano; ~wheat *adj* = ~meal; wholly *adv* totalmente, enteramente

---

KEYWORD

whom [hu:m] *pron* 1 (*interrogative*): ~ did you see? ¿a quién viste?; to ~ did you give it? ¿a quién se lo diste?; tell me from ~ you received it dígame de quién lo recibió
2 (*relative*) que; to ~ a quien(es); of ~ de quien(es), del/de la que *etc*; the man ~ I saw/to ~ I wrote el hombre que vi/a quien escribí; the lady about/with ~ I was talking la señora de (la) que/con quien o (la) que hablaba

---

whooping cough ['hu:pɪŋ-] *n* tos *f* ferina

whore [hɔ:*] (*inf: pej*) *n* puta

KEYWORD

whose [hu:z] *adj* 1 (*possessive: interrogative*): ~ book is this?, ~ is this book? ¿de quién es este libro?; ~ pencil have you taken? ¿de quién es el lápiz que has cogido?; ~ daughter are you? ¿de quién eres hija?
2 (*possessive: relative*) cuyo/a, *pl* cuyos/as; the man ~ son you rescued el hombre cuyo hijo rescataste; those ~ passports I have aquellas personas cuyos pasaportes tengo; the woman ~ car was stolen la mujer a quien le robaron el coche
♦ *pron* de quién; ~ is this? ¿de quién es esto?; I know ~ it is sé de quién es

---

KEYWORD

why [waɪ] *adv* por qué; ~ not? ¿por qué no?; ~ not do it now? ¿por qué no lo haces o (hacemos *etc*) ahora?
♦ *conj*: I wonder ~ he said that me pregunto por qué dijo eso; that's not ~ I'm here no es por eso (por lo) que estoy aquí; the reason ~ la razón por la que
♦ *excl* (*expressing surprise, shock, annoyance*) ¡hombre!, ¡vaya! (*explaining*): ~, it's you! ¡hombre, eres tú!, ~, that's impossible! ¡pero sí eso es imposible!

---

wicked ['wɪkɪd] *adj* malvado/a, cruel

wicket ['wɪkɪt] *n* (*CRICKET: stumps*) palos *mpl*; (: *grass area*) terreno de juego

wide [waɪd] *adj* ancho; (*area, knowledge*) vasto, grande; (*choice*) amplio ♦ *adv*: to open ~ abrir de par en par; to shoot ~ errar el tiro; ~-

angle lens n objetivo de gran angular; **~-awake** adj bien despierto; **~ly** adv (travelled) mucho; (spaced) muy; **it is ~ly believed/known that** ... mucha gente piensa/sabe que ...; **~n** vt ensanchar; (experience) ampliar ♦ vi ensancharse; **~ open** adj abierto de par en par; **~spread** adj extendido, general

widow ['wɪdəu] n viuda; **~ed** adj viudo; **~er** n viudo

width [wɪdθ] n anchura; (of cloth) ancho

wield [wiːld] vt (sword) blandir; (power) ejercer

wife [waɪf] (pl **wives**) n mujer f, esposa

wig [wɪg] n peluca

wiggle ['wɪgl] vt menear

wild [waɪld] adj (animal) salvaje; (plant) silvestre; (person) furioso, violento; (idea) descabellado; (rough: sea) bravo; (: land) agreste; (: weather) muy revuelto; **~s** npl regiones fpl salvajes, tierras fpl vírgenes; **~erness** ['wɪldənɪs] n desierto; **~life** n fauna; **~ly** adv (behave) locamente; (lash out) a diestro y siniestro; (guess) a lo loco; (happy) a más no poder

wilful ['wɪlful] (US **willful**) adj (action) deliberado; (obstinate) testarudo

---

KEYWORD

will [wɪl] aux vb **1** (forming future tense): **I ~ finish it tomorrow** lo terminaré or voy a terminar mañana; **I ~ have finished it by tomorrow** lo habré terminado para mañana; **~ you do it? — yes I ~/no I won't** ¿lo harás? — sí/no

2 (in conjectures, predictions): **he ~ or he'll be there by now** ya habrá or debe (de) haber llegado; **that ~ be the postman** será or debe ser el cartero

3 (in commands, requests, offers): **~ you be quiet!** ¿quieres callarte?;

~ you help me? ¿quieres ayudarme?; **~ you have a cup of tea?** ¿te apetece un té?; **I won't put up with it!** ¡no lo soporto!

♦ vt (pt, pp **willed**): **to ~ sb to do sth** desear que alguien haga algo; **he ~ed himself to go on** con gran fuerza de voluntad, continuó

♦ n voluntad f; (testament) testamento

---

willing ['wɪlɪŋ] adj (with goodwill) de buena voluntad; (enthusiastic) entusiasta; **he's ~ to do it** está dispuesto a hacerlo; **~ly** adv con mucho gusto; **~ness** n buena voluntad

willow ['wɪləu] n sauce m

willpower ['wɪlpauə*] n fuerza de voluntad

willy-nilly [wɪlɪ'nɪlɪ] adv quiérase o no

wilt [wɪlt] vi marchitarse

win [wɪn] (pt, pp **won**) n victoria, triunfo ♦ vt ganar; (obtain) conseguir, lograr ♦ vi ganar; **~ over**, **~ round** (BRIT) vt = **~ over**

wince [wɪns] vi encogerse

winch [wɪntʃ] n torno

wind¹ [wɪnd] n viento; (MED) gases mpl ♦ vt (take breath away from) dejar sin aliento a

wind² [waɪnd] (pt, pp **wound**) vt enrollar; (wrap) envolver; (clock, toy) dar cuerda a ♦ vi (road, river) serpentear; **~ up** vt (clock) dar cuerda a; (debate, meeting) concluir, terminar

windfall ['wɪndfɔːl] n golpe m de suerte

winding ['waɪndɪŋ] adj (road) tortuoso; (staircase) de caracol

wind instrument [wɪnd-] n (MUS) instrumento de viento

windmill ['wɪndmɪl] n molino de viento

window ['wɪndəu] n ventana; (in car, train) ventanilla; (in shop etc) escaparate m (SP), vitrina (AM); **~ box** n jardinera de ventana; **~ cleaner** n

(*person*) limpiador m de cristales;
~ **ledge** n alféizar m, repisa; ~ **pane** n
cristal m; ~ **seat** n asiento junto a la
ventana; **~-shopping** n: **to go** ~-
shopping ir de escaparates; **~sill** n
alféizar m, repisa
windpipe ['wɪndpaɪp] n tráquea
wind power n energía eólica
windscreen ['wɪndskriːn] (*US*
windshield) n parabrisas m inv;
~ **washer** n lavaparabrisas m inv;
~ **wiper** n limpiaparabrisas m inv
windswept ['wɪndswept] adj azotado
por el viento
windy ['wɪndɪ] adj de mucho viento;
it's ~ hace viento
wine [waɪn] n vino; ~ **bar** n enoteca;
~ **cellar** n bodega; ~ **glass** n copa
(para vino); ~ **list** n lista de vinos;
~ **waiter** n escanciador m
wing [wɪŋ] n ala; (*AUT*) aleta; **~s** npl
(*THEATRE*) bastidores mpl; **~er** n (*SPORT*)
extremo
wink [wɪŋk] n guiño, pestañeo ♦ vi
guiñar, pestañear
winner ['wɪnə*] n ganador(a) m/f
winning ['wɪnɪŋ] adj (*team*)
ganador(a); (*goal*) decisivo; (*smile*)
encantador(a); **~s** npl ganancias fpl
winter ['wɪntə*] n invierno ♦ vi
invernar; **wintry** ['wɪntrɪ] adj invernal
wipe [waɪp] n: **to give sth a** ~ pasar
un trapo sobre algo ♦ vt limpiar; (*tape*)
borrar; ~ **off** vt limpiar con un trapo;
(*remove*) quitar; ~ **out** vt (*debt*)
liquidar; (*memory*) borrar; (*destroy*)
destruir; ~ **up** vt limpiar
wire ['waɪə*] n alambre m; (*ELEC*) cable
m (eléctrico); (*TEL*) telegrama m ♦ vt
(*house*) poner la instalación eléctrica
en; (*also*: ~ **up**) conectar; (*person*:
telegram) telegrafiar
wiring ['waɪərɪŋ] n instalación f
eléctrica
wiry ['waɪərɪ] adj (*person*) enjuto y
fuerte; (*hair*) crespo
wisdom ['wɪzdəm] n sabiduría, saber

m; (*good sense*) cordura; ~ **tooth** n
muela del juicio
wise [waɪz] adj sabio; (*sensible*)
juicioso
...wise [waɪz] suffix: **time~** en cuanto a
or respecto al tiempo
wish [wɪʃ] n deseo ♦ vt querer; **best**
~es (*on birthday etc*) felicidades fpl;
with best ~es (*in letter*) saludos mpl,
recuerdos mpl; **to ~ sb goodbye**
despedirse de uno; **he ~ed me well**
me deseó mucha suerte; **to ~ to do/**
sb to do sth querer hacer/que
alguien haga algo; **to ~ for** desear;
~ful adj: **it's ~ful thinking** eso sería
soñar
wisp [wɪsp] n mechón m; (*of smoke*)
voluta
wistful ['wɪstful] adj pensativo
wit [wɪt] n ingenio, gracia; (*also*: ~s)
inteligencia, (*person*) chistoso/a
witch [wɪtʃ] n bruja; **~craft** n brujería;
~-hunt n (fig) caza de brujas

KEYWORD

---

with [wɪð, wɪθ] prep **1** (*accompanying,
in the company of*) con (con+ mi, ti, sí
= conmigo, contigo, consigo); **I was**
~ **him** estaba con él; **we stayed**
~ **friends** nos quedamos en casa de
unos amigos; **I'm (not)** ~ **you**
(*understand*) (no) te entiendo; **to be**
~ **it** (*inf: person: up-to-date*) estar al
tanto; (: *alert*) ser despabilado
2 (*descriptive, indicating manner etc*)
con; de; **a room** ~ **a view** una
habitación con vistas; **the man** ~ **the**
grey hat/blue eyes el hombre del
sombrero gris/de los ojos azules; **red**
~ **anger** rojo de ira; **to shake** ~ **fear**
temblar de miedo; **to fill sth** ~ **water**
llenar algo de agua

withdraw [wɪθ'drɔː] (*irreg*) vt retirar,
sacar ♦ vi retirarse; **to ~ money (from**
the bank) retirar fondos (del banco);
~al n retirada; (*of money*) reintegro;
~al symptoms npl (*MED*) síndrome m

de abstinencia; **~n** adj (person) reservado, introvertido

wither ['wɪðə*] vi marchitarse

withhold [wɪθ'həʊld] (irreg) vt (money) retener; (decision) aplazar; (permission) negar; (information) ocultar

within [wɪð'ɪn] prep dentro de ♦ adv dentro; **~ reach (of)** al alcance (de); **~ sight (of)** a la vista (de); **~ the week** antes de acabar la semana; **~ a mile (of)** a menos de una milla (de)

without [wɪð'aʊt] prep sin; **to go ~ sth** pasar sin algo

withstand [wɪθ'stænd] (irreg) vt resistir a

witness ['wɪtnɪs] n testigo m/f ♦ vt (event) presenciar; (document) atestiguar la veracidad de; **to bear ~ to** (fig) ser testimonio de; **~ box** n tribuna de los testigos; **~ stand** (US) n = **~ box**

witty ['wɪtɪ] adj ingenioso

wives [waɪvz] npl of **wife**

wk abbr = **week**

wobble ['wɔbl] vi temblar; (chair) cojear

woe [wəʊ] n desgracia

woke [wəʊk] pt of **wake**

woken ['wəʊkən] pp of **wake**

wolf [wʊlf] n lobo m; **wolves** [wʊlvz] npl of **wolf**

woman ['wʊmən] (pl women) n mujer f; **~ doctor** n médica; **women's lib** (inf: pej) n liberación f de la mujer; **~ly** adj femenino

womb [wuːm] n matriz f, útero

women ['wɪmɪn] npl of **woman**

won [wʌn] pt, pp of **win**

wonder ['wʌndə*] n maravilla, prodigio; (feeling) asombro ♦ vi: **to ~ whether/why** preguntarse si/por qué; **to ~ at** asombrarse de; **to ~ about** pensar sobre o en; **it's no ~ (that)** no es de extrañarse (que + subjun); **~ful** adj maravilloso

won't [wəʊnt] = **will not**

wood [wʊd] n (timber) madera; (forest) bosque m; **~ carving** n (act) tallado en madera; (object) talla en madera; **~ed** adj arbolado; **~en** adj de madera; (fig) inexpresivo; **~pecker** n pájaro carpintero; **~wind** n (MUS) instrumentos mpl de viento de madera; **~work** n carpintería; **~worm** n carcoma

wool [wʊl] n lana f; **to pull the ~ over sb's eyes** (fig) engatusar a uno; **~en** (US) adj = **~len**; **~len** adj de lana; **~lens** npl géneros mpl de lana; **~ly** adj lanudo, de lana; (fig: ideas) confuso; **~y** (US) adj = **~ly**

word [wəːd] n palabra; (news) noticia; (promise) palabra (de honor) ♦ vt redactar; **in other ~s** en otras palabras; **to break/keep one's ~** faltar a la palabra/cumplir la promesa; **to have ~s with sb** reñir con uno; **~ing** n redacción f; **~ processing** n proceso de textos; **~ processor** n procesador m de textos

wore [wɔː*] pt of **wear**

work [wəːk] n trabajo; (job) empleo, trabajo; (ART, LITERATURE) obra ♦ vi trabajar; (mechanism) funcionar, marchar; (medicine) ser eficaz, surtir efecto ♦ vt (shape) trabajar; (stone etc) tallar; (mine etc) explotar; (machine) manejar, hacer funcionar; **~s** n (BRIT: factory) fábrica ♦ npl (of clock, machine) mecanismo; **to be out of ~** estar parado, no tener trabajo; **to ~ loose** (part) desprenderse; (knot) aflojarse; **~ on** vt fus trabajar en, dedicarse a; (principle) basarse en; **~ out** vi (plans etc) salir bien, funcionar ♦ vt (problem) resolver; (plan) elaborar; **it ~s out at £100** suma 100 libras; **~ up** vt: **to get ~ed up** excitarse; **~able** adj (solution) práctico, factible; **~aholic** [wəːkə'hɔlɪk] n trabajador(a) obsesivo/a m/f; **~er** n trabajador(a) m/f, obrero/a; **~force** n mano f de obra; **~ing class** n clase f obrera; **~ing-class** adj obrero; **~ing order** n: **in ~ing order**

en funcionamiento; **~man** (*irreg*) *n* obrero; **~manship** *n* habilidad *f*, trabajo; **~sheet** *n* hoja de trabajo; **~shop** *n* taller *m*; **~ station** *n* puesto or estación *f* de trabajo; **~-to-rule** (*BRIT*) *n* huelga de celo

world [wə:ld] *n* mundo ♦ *cpd* (*champion*) del mundo ♦ (*power, war*) mundial; **to think the ~ of sb** (*fig*) tener un concepto muy alto de uno; **~ly** *adj* mundano; **~-wide** *adj* mundial, universal; **W~-Wide Web** *n*: **the W~-Wide Web** el World Wide Web

worm [wə:m] *n* (*also*: **earth~**) lombriz *f*

worn [wə:n] *pp of* **wear** ♦ *adj* usado; **~-out** *adj* (*object*) gastado; (*person*) rendido, agotado

worried ['wʌrɪd] *adj* preocupado

worry ['wʌrɪ] *n* preocupación *f* ♦ *vt* preocupar, inquietar ♦ *vi* preocuparse; **~ing** *adj* inquietante

worse [wə:s] *adj, adv* peor ♦ *n* lo peor; **a change for the ~** un empeoramiento; **~n** *vt, vi* empeorar; **~ off** *adj* (*financially*): **to be ~ off** tener menos dinero; (*fig*): **you'll be ~ off this way** de esta forma estarás peor que nunca

worship ['wə:ʃɪp] *n* adoración *f* ♦ *vt* adorar; **Your W~** (*BRIT*: *to mayor*) señor alcalde; (: *to judge*) señor juez

worst [wə:st] *adj, adv* peor ♦ *n* lo peor; **at ~** en lo peor de los casos

worth [wə:θ] *n* valor *m* ♦ *adj*: **to be ~** valer; **it's ~ it** vale or merece la pena; **to be ~ one's while (to do)** merecer la pena (hacer); **~less** *adj* sin valor; (*useless*) inútil; **~while** *adj* (*activity*) que merece la pena; (*cause*) loable

worthy ['wə:ðɪ] *adj* respetable; (*motive*) honesto; **~ of** digno de

KEYWORD

would [wud] *aux vb* **1** (*conditional tense*): **if you asked him he ~ do it** si se lo pidieras, lo haría; **if you had**
asked him he **~ have done it** si se lo hubieras pedido, lo habría or hubiera hecho

2 (*in offers, invitations, requests*): **~ you like a biscuit?** ¿quieres una galleta?; (*formal*) ¿querría una galleta?; **~ you ask him to come in?** ¿quiere hacerle pasar?; **~ you open the window please?** ¿quiere or podría abrir la ventana, por favor?

3 (*in indirect speech*): **I said I ~ do it** dije que lo haría

4 (*emphatic*): **it WOULD have to snow today!** ¡tenía que nevar precisamente hoy!

5 (*insistence*): **she ~n't behave** no quiso comportarse bien

6 (*conjecture*): **it ~ have been midnight** sería medianoche; **it ~ seem so** parece ser que sí

7 (*indicating habit*): **he ~ go there on Mondays** iba allí los lunes

would-be (*pej*) *adj* presunto

wouldn't ['wudnt] = **would not**

wound¹ [wu:nd] *n* herida ♦ *vt* herir

wound² [waund] *pt, pp of* **wind**

wove [wauv] *pt of* **weave**

woven ['wauvan] *pp of* **weave**

wrap [ræp] *vt* (*also*: **~ up**) envolver; **~per** *n* (*on chocolate*) papel *m*; (*BRIT*: *of book*) sobrecubierta; **~ping paper** *n* papel *m* de envolver; (*fancy*) papel *m* de regalo

wreak [ri:k] *vt*: **to ~ havoc (on)** hacer estragos (en); **to ~ vengeance (on)** vengarse (de)

wreath [ri:θ, *pl* ri:ðz] *n* (*funeral* **~**) corona

wreck [rek] *n* (*ship*: *destruction*) naufragio; (: *remains*) restos *mpl* del barco; (*pej*: *person*) ruina ♦ *vt* (*car etc*) destrozar; (*chances*) arruinar; **~age** *n* restos *mpl*; (*of building*) escombros *mpl*

wren [ren] *n* (*ZOOL*) reyezuelo

wrench [rentʃ] *n* (*TECH*) llave *f* inglesa; (*tug*) tirón *m*; (*fig*) dolor *m* ♦ *vt*

arrancar; **to ~ sth from sb** arrebatar
algo violentamente a uno

wrestle ['rɛsl] *vi*: **to ~ (with sb)**
luchar (con o contra uno); **~r** *n*
luchador(a) *m/f* (de lucha libre);
wrestling *n* lucha libre

wretched ['rɛtʃɪd] *adj* miserable

wriggle ['rɪgl] *vi* (*also*: ~ *about*)
menearse, retorcerse

wring [rɪŋ] (*pt, pp* **wrung**) *vt* retorcer;
(*wet clothes*) escurrir; (*fig*): **to ~ sth
out of sb** sacar algo por la fuerza a
uno

wrinkle ['rɪŋkl] *n* arruga ♦ *vt* arrugar
♦ *vi* arrugarse

wrist [rɪst] *n* muñeca; **~watch** *n* reloj
m de pulsera

writ [rɪt] *n* mandato judicial

write [raɪt] (*pt* **wrote**, *pp* **written**) *vt*
escribir; (*cheque*) extender ♦ *vi* escribir;
~ down *vt* escribir; (*note*) apuntar;
~ off *vt* (*debt*) borrar (como
incobrable); (*fig*) desechar por inútil;
~ out *vt* escribir; **~ up** *vt* redactar; **~-
off** *n* siniestro total; **~r** *n* escritor(a)
m/f

writhe [raɪð] *vi* retorcerse

writing ['raɪtɪŋ] *n* escritura; (*hand~*)
letra; (*of author*) obras *fpl*; **in ~** por
escrito; **~ paper** *n* papel *m* de escribir

written ['rɪtn] *pp of* **write**

wrong [rɒŋ] *adj* (*wicked*) malo; (*unfair*)
injusto; (*incorrect*) equivocado,
incorrecto; (*not suitable*) inoportuno,
inconveniente; (*reverse*) del revés ♦ *adv*
equivocadamente ♦ *n* injusticia ♦ *vt* ser
injusto con; **you are ~ to do it** haces
mal en hacerlo; **you are ~ about
that, you've got it ~** en eso estás
equivocado; **to be in the ~** no tener
razón, tener la culpa; **what's ~?** ¿qué
pasa?; **to go ~** (*person*) equivocarse;
(*plan*) salir mal; (*machine*) estropearse;
~ful *adj* injusto; **~ly** *adv* mal,
incorrectamente; (*by mistake*) por
error; **~ number** *n* (*TEL*): **you've got
the ~ number** se ha equivocado de

número

wrote [rəut] *pt of* **write**

wrought iron [rɔːt-] *n* hierro forjado

wrung [rʌŋ] *pt, pp of* **wring**

wt. *abbr* = **weight**

WWW *n* abbr (= World Wide Web)
WWW *m*

X, x

Xmas ['ɛksməs] *n abbr* = **Christmas**

X-ray ['ɛksreɪ] *n* radiografía ♦ *vt*
radiografiar, sacar radiografías de

xylophone ['zaɪləfəun] *n* xilófono

Y, y

yacht [jɔt] *n* yate *m*; **~ing** *n* (*sport*)
balandrismo; **~sman/woman** (*irreg*)
n balandrista *m/f*

Yank [jæŋk] (*pej*) *n* yanqui *m/f*

Yankee ['jæŋki] (*pej*) *n* = **Yank**

yap [jæp] *vi* (*dog*) aullar

yard [jɑːd] *n* patio; (*measure*) yarda;
~stick *n* (*fig*) criterio, norma

yarn [jɑːn] *n* hilo; (*tale*) cuento, historia

yawn [jɔːn] *n* bostezo ♦ *vi* bostezar;
~ing *adj* (*gap*) muy abierto

yd(s). *abbr.* = **yard(s)**

yeah [jɛə] (*inf*) *adv* sí

year [jɪə*] *n* año; **to be 8 ~s old** tener
8 años; **an eight-~-old child** un niño
de ocho años (de edad); **~ly** *adj* anual
♦ *adv* anualmente, cada año

yearn [jɜːn] *vi*: **to ~ for sth** añorar
algo, suspirar por algo

yeast [jiːst] *n* levadura

yell [jɛl] *n* grito, alarido ♦ *vi* gritar

yellow ['jɛləu] *adj* amarillo

yelp [jɛlp] *n* aullido ♦ *vi* aullar

yes [jɛs] *adv* sí ♦ *n* sí *m*; **to say/
answer ~** decir/contestar que sí

yesterday ['jɛstədɪ] *adv* ayer ♦ *n* ayer
m; **~ morning/evening** ayer por la
mañana/tarde; **all day ~** todo el día

de ayer

yet [jet] *adv* ya; (*negative*) todavía
♦ *conj* sin embargo, a pesar de todo; **it
is not finished** ~ todavía no está
acabado; **the best** ~ el/la mejor hasta
ahora; **as** ~ hasta ahora, todavía

yew [ju:] *n* tejo

yield [ji:ld] *n* (AGR) cosecha; (COMM)
rendimiento ♦ *vt* ceder; (*results*)
producir, dar; (*profit*) rendir ♦ *vi*
rendirse, ceder; (US: AUT) ceder el paso

YMCA *n abbr* (= *Young Men's Christian
Association*) Asociación *f* de Jóvenes
Cristianos

yog(h)ourt ['jəugət] *n* yogur *m*

yog(h)urt ['jəugət] *n* = **yog(h)ourt**

yoke [jəuk] *n* yugo *m*

yolk [jəuk] *n* yema (de huevo)

KEYWORD

---

you [ju:] *pron* **1** (*subject: familiar*) tú, *pl*
vosotros/as (SP), ustedes (AM); ~ **are very kind**
eres/es *etc* muy amable; ~ **Spanish
enjoy your food** a vosotros (or les) gusta
la comida; ~ **and I will go** iremos tú y yo
2 (*object: direct: familiar*) te, *pl* os (SP),
les (AM); (*polite*) le, *pl* les, f la, *pl* las; **I
know** ~ te/le *etc* conozco
3 (*object: indirect: familiar*) te, *pl* os (SP),
les (AM); (*polite*) le, *pl* les; **I gave the
letter to** ~ **yesterday** te/os *etc* di la
carta ayer
4 (*stressed*): **I told YOU to do it** te dije
a ti que lo hicieras, es a ti a quien dije
que lo hicieras; *see also* **3, 5**
5 (*after prep: NB*: con+ *ti* = contigo:
familiar) ti, *pl* vosotros/as (SP), ustedes
(AM); (: *polite*) usted, *pl* ustedes; **it's
for** ~ es para ti/vosotros *etc*
6 (*comparisons: familiar*) tú, *pl*
vosotros/as (SP), ustedes (AM); (: *polite*)
usted, *pl* ustedes; **she's younger
than** ~ es más joven que tú/vosotros
etc
7 (*impersonal: one*): **fresh air does**

~ **good** el aire puro (te) hace bien;
~ **never know** nunca se sabe; ~ **can't
do that!** ¡eso no se hace!

you'd [ju:d] = **you had; you would**

you'll [ju:l] = **you will; you shall**

young [jʌŋ] *adj* joven ♦ *npl* (*of animal*)
cría; (*people*): **the** ~ los jóvenes, la
juventud; ~**er** *adj* (*brother etc*) menor;
~**ster** *n* joven *m/f*

your [jɔ:*] *adj* tu; (*pl*) vuestro; (*formal*)
su; *see also* **my**

you're [juə*] = **you are**

yours [jɔ:z] *pron* tuyo; (*pl*) vuestro;
(*formal*) suyo; *see also* **faithfully;
mine¹; sincerely**

yourself [jɔ:'self] *pron* tú mismo;
(*complement: object*) te; (*after prep*) ti
(mismo); (*formal*) usted mismo;
(: *complement*) se; (: *after prep*) sí
(mismo); **yourselves** *pl pron* vosotros
mismos; (*after prep*) vosotros (mismos);
(*formal*) ustedes mismos;
(: *complement*) se; (: *after prep*) sí
mismos; *see also* **oneself**

youth [ju:θ, *pl* ju:ðz] *n* juventud *f*;
(*young man*) joven *m*; ~ **club** *n* club *m*
juvenil; ~**ful** *adj* juvenil; ~ **hostel** *n*
albergue *m* de juventud

you've [ju:v] = **you have**

Yugoslav ['ju:gəuslɑ:v] *adj, n*
yugo(e)slavo/a *m/f*

Yugoslavia [ju:gəu'slɑ:vıə] *n*
Yugoslavia

yuppie ['jʌpı] (*inf*) *adj, n* yupi *m/f*,
yupy *m/f*

YWCA *n abbr* (= *Young Women's
Christian Association*) Asociación *f* de
Jóvenes Cristianas

Z, z

zany ['zeını] *adj* estrafalario

zap [zæp] *vt* (COMPUT) borrar

zeal [zi:l] *n* celo, entusiasmo; ~**ous**
['zɛləs] *adj* celoso, entusiasta

zebra ['zi:brə] *n* cebra; ~ **crossing**
(BRIT) *n* paso de peatones

zero ['zɪərəu] *n* cero

zest [zest] *n* ánimo, vivacidad *f*; (*of
orange*) piel *f*

zigzag ['zɪgzæg] *n* zigzag *m* ♦ *vi*
zigzaguear, hacer eses

zinc [zɪŋk] *n* cinc *m*, zinc *m*

zip [zɪp] *n* (*also*: ~ fastener, (US) ~per)
cremallera (SP), cierre *m* (AM) ♦ *vt* (*also*:

~ *up*) cerrar la cremallera de; ~ **code**
(US) *n* código postal

zodiac ['zəudɪæk] *n* zodíaco

zone [zəun] *n* zona

zoo [zu:] *n* (jardín *m*) zoo *m*

zoology [zu:'ɔlədʒɪ] *n* zoología

zoom [zu:m] *vi*: **to ~ past** pasar
zumbando; ~ **lens** *n* zoom *m*

zucchini [zu:'ki:nɪ] (US) *n(pl)*
calabacín(ines) *m(pl)*

SPANISH VERB TABLES

1 Gerund. **2** Imperative. **3** Present. **4** Preterite. **5** Future. **6** Present subjunctive. **7** Imperfect subjunctive. **8** Past participle. **9** Imperfect. *Etc* indicates that the irregular root is used for all persons of the tense, *e.g.* **oír: 6** oiga, oigas, oigamos, oigáis, oigan.

agradecer 3 agradezco **6** agradezca *etc*

aprobar 2 aprueba **3** apruebo, apruebas, aprueba, aprueban **6** apruebe, apruebes, apruebe, aprueben

atravesar 2 atraviesa **3** atravieso, atraviesas, atraviesa, atraviesan **6** atraviese, atravieses, atraviese, atraviesen

caber 3 quepo **4** cupe, cupiste, cupo, cupimos, cupisteis, cupieron **5** cabré *etc* **6** quepa *etc* **7** cupiera *etc*

caer 1 cayendo **3** caigo **4** cayó, cayeron **6** caiga *etc* **7** cayera *etc*

cerrar 2 cierra **3** cierro, cierras, cierra, cierran **6** cierre, cierres, cierre, cierren

COMER 1 comiendo **2** come, comed **3** como, comes, come, comemos, coméis, comen **4** comí, comiste, comió, comimos, comisteis, comieron **5** comeré, comerás, comerá, comeremos, comeréis, comerán **6** coma, comas, coma, comamos, comáis, coman **7** comiera, comieras, comiera, comiéramos, comierais, comieran **8** comido **9** comía, comías, comía, comíamos, comíais, comían

conocer 3 conozco **6** conozca *etc*

contar 2 cuenta **3** cuento, cuentas, cuenta, cuentan **6** cuente, cuentes, cuente, cuenten

dar 3 doy **4** di, diste, dio, dimos, disteis, dieron **7** diera *etc*

decir 2 di **3** digo **4** dije, dijiste, dijo, dijimos, dijisteis, dijeron **5** diré *etc* **6** diga *etc* **7** dijera *etc* **8** dicho

despertar 2 despierta **3** despierto, despiertas, despierta, despiertan **6** despierte, despiertes, despierte, despierten

divertir 1 divirtiendo **2** divierte **3** divierto, diviertes, divierte, divierten **4** divirtió, divirtieron **6** divierta, diviertas, divierta, divirtamos, divirtáis, diviertan **7** divirtiera *etc*

dormir 1 durmiendo **2** duerme **3** duermo, duermes, duerme, duermen **4** durmió, durmieron **6** duerma, duermas, duerma, durmamos, durmáis, duerman **7** durmiera *etc*

empezar 2 empieza **3** empiezo, empiezas, empieza, empiezan **4** empecé **6** empiece, empieces, empiece, empecemos, empecéis, empiecen

entender 2 entiende **3** entiendo, entiendes, entiende, entienden **6** entienda, entiendas, entienda, entendamos, entendáis, entiendan

ESTAR 3 está **3** estoy, estás, está, están **4** estuve, estuviste, estuvo, estuvimos, estuvisteis, estuvieron **6** esté, estés, esté, estuviera *etc*

HABER 3 he, has, ha, hemos, han **4** hube, hubiste, hubo, hubimos, hubisteis, hubieron **5** habré *etc* **6** haya *etc* **7** hubiera *etc*

HABLAR 1 hablando **2** habla,

611

hablad 3 hablo, hablas, habla, hablamos, habláis, hablan **4** hablé, hablaste, habló, hablamos, hablasteis, hablaron **5** hablaré, hablarás, hablará, hablaremos, hablaréis, hablarán **6** hable, hables, hable, hablemos, habléis, hablen **7** hablara, hablaras, hablara, habláramos, hablarais, hablaran **8** hablado **9** hablaba, hablabas, hablaba, hablábamos, hablabais, hablaban

hacer 2 haz **3** hago **4** hice, hiciste, hizo, hicimos, hicisteis, hicieron **5** haré etc **6** haga etc **7** hiciera etc **8** hecho

instruir 1 instruyendo **2** instruye **3** instruyo, instruyes, instruye, instruyen **4** instruyó, instruyeron **6** instruya etc **7** instruyera etc

ir 1 yendo **2** ve **3** voy, vas, va, vamos, vais, van **4** fui, fuiste, fue, fuimos, fuisteis, fueron **6** vaya, vayas, vaya, vayamos, vayáis, vayan **7** fuera etc **9** iba, ibas, iba, íbamos, ibais, iban

jugar 2 juega **3** juego, juegas, juega, juegan **4** jugué **6** juegue etc

leer 1 leyendo **4** leyó, leyeron **7** leyera etc

morir 1 muriendo **2** muere **3** muero, mueres, muere, mueren **4** murió, murieron **6** muera, mueras, muera, muramos, muráis, mueran **7** muriera etc **8** muerto

mover 2 mueve **3** muevo, mueves, mueve, mueven **6** mueva, muevas, mueva, muevan

negar 2 niega **3** niego, niegas, niega, niegan **4** negué **6** niegue, niegues, niegue, neguemos, neguéis, nieguen

ofrecer 3 ofrezco **6** ofrezca etc

oír 1 oyendo **2** oye **3** oigo, oyes, oye, oyen **4** oyó, oyeron **6** oiga etc

7 oyera etc

oler 2 huele **3** huelo, hueles, huele, huelen **6** huela, huelas, huela, huelan

parecer 3 parezco **6** parezca etc

pedir 1 pidiendo **2** pide **3** pido, pides, pide, piden **4** pidió, pidieron **6** pida etc **7** pidiera etc

pensar 2 piensa **3** pienso, piensas, piensa, piensan **6** piense, pienses, piense, piensen

perder 2 pierde **3** pierdo, pierdes, pierde, pierden **6** pierda, pierdas, pierda, pierdan

poder 1 pudiendo **2** puede **3** puedo, puedes, puede, pueden **4** pude, pudiste, pudo, pudimos, pudisteis, pudieron **5** podré etc **6** pueda, puedas, pueda, puedan **7** pudiera etc

poner 2 pon **3** pongo **4** puse, pusiste, puso, pusimos, pusisteis, pusieron **5** pondré etc **6** ponga etc **7** pusiera etc **8** puesto

preferir 1 prefiriendo **2** prefiere **3** prefiero, prefieres, prefiere, prefieren **4** prefirió, prefirieron **6** prefiera, prefieras, prefiera, prefiramos, prefiráis, prefieran **7** prefiriera etc

querer 2 quiere **3** quiero, quieres, quiere, quieren **4** quise, quisiste, quiso, quisimos, quisisteis, quisieron **5** querré etc **6** quiera, quieras, quiera, quieran **7** quisiera etc

reír 2 ríe **3** río, ríes, ríe, ríen **4** rio, rieron **6** ría, rías, ría, riamos, riáis, rían **7** riera etc

repetir 1 repitiendo **2** repite **3** repito, repites, repite, repiten **4** repitió, repitieron **6** repita etc **7** repitiera etc

rogar 2 ruega **3** ruego, ruegas, ruega, ruegan **4** rogué **6** ruegue, ruegues, ruegue, roguemos, roguéis, rueguen

saber 3 sé 4 supe, supiste, supo, supimos, supisteis, supieron 5 sabré *etc* 6 sepa *etc* 7 supiera *etc*

salir 2 sal 3 salgo 5 saldré *etc* 6 salga *etc*

seguir 1 siguiendo 2 sigue 3 sigo, sigues, sigue, siguen 4 siguió, siguieron 6 siga *etc* 7 siguiera *etc*

sentar 2 sienta 3 siento, sientas, sienta, sientan 6 siente, sientes, siente, sienten

sentir 1 sintiendo 2 siente 3 siento, sientes, siente, sienten 4 sintió, sintieron 6 sienta, sientas, sienta, sintamos, sintáis, sientan 7 sintiera *etc*

SER 2 sé 3 soy, eres, es, somos, sois, son 4 fui, fuiste, fue, fuimos, fuisteis, fueron 6 sea *etc* 7 fuera *etc* 9 era, eras, era, éramos, erais, eran

servir 1 sirviendo 2 sirve 3 sirvo, sirves, sirve, sirven 4 sirvió, sirvieron 6 sirva *etc* 7 sirviera *etc*

soñar 2 sueña 3 sueño, sueñas, sueña, sueñan 6 sueñe, sueñes, sueñe, sueñen

tener 2 ten 3 tengo, tienes, tiene,

tienen 4 tuve, tuviste, tuvo, tuvimos, tuvisteis, tuvieron 5 tendré *etc* 6 tenga *etc* 7 tuviera *etc*

traer 1 trayendo 3 traigo 4 traje, trajiste, trajo, trajimos, trajisteis, trajeron 6 traiga *etc* 7 trajera *etc*

valer 2 val 3 valgo 5 valdré *etc* 6 valga *etc*

venir 2 ven 3 vengo, vienes, viene, vienen 4 vine, viniste, vino, vinimos, vinisteis, vinieron 5 vendré *etc* 6 venga *etc* 7 viniera *etc*

ver 2 veo 6 vea *etc* 8 visto 9 veía *etc*

vestir 1 vistiendo 2 viste 3 visto, vistes, viste, visten 4 vistió, vistieron 6 vista *etc* 7 vistiera *etc*

VIVIR 1 viviendo 2 vive, vivid 3 vivo, vives, vive, vivimos, vivís, viven 4 viví, viviste, vivió, vivimos, vivisteis, vivieron 5 viviré, vivirás, vivirá, viviremos, viviréis, vivirán 6 viva, vivas, viva, vivamos, viváis, vivan 7 viviera, vivieras, viviera, viviéramos, vivierais, vivieran 8 vivido 9 vivía, vivías, vivía, vivíamos, vivíais, vivían

volver 2 vuelve 3 vuelvo, vuelves, vuelve, vuelven 6 vuelva, vuelvas, vuelva, vuelvan 8 vuelto

VERBOS IRREGULARES EN INGLÉS

present	pt	pp	present	pt	pp
arise	arose	arisen	dig	dug	dug
awake	awoke	awaked	do (3rd	did	done
be (am, is,	was,	been	person;		
are;	were		he/she/		
being)			it/does)		
bear	bore	born(e)	draw	drew	drawn
beat	beat	beaten	dream	dreamed,	dreamed,
become	became	become		dreamt	dreamt
begin	began	begun	drink	drank	drunk
behold	beheld	beheld	drive	drove	driven
bend	bent	bent	dwell	dwelt	dwelt
beset	beset	beset	eat	ate	eaten
bet	bet, betted	bet, betted	fall	fell	fallen
bid	bid,	bid,	feed	fed	fed
	bade	bidden	feel	felt	felt
bind	bound	bound	fight	fought	fought
bite	bit	bitten	find	found	found
bleed	bled	bled	flee	fled	fled
blow	blew	blown	fling	flung	flung
break	broke	broken	fly (flies)	flew	flown
breed	bred	bred	forbid	forbade	forbidden
bring	brought	brought	forecast	forecast	forecast
build	built	built	forget	forgot	forgotten
burn	burnt,	burnt,	forgive	forgave	forgiven
	burned	burned	forsake	forsook	forsaken
burst	burst	burst	freeze	froze	frozen
buy	bought	bought	get	got	got, (US)
can	could	(been			gotten
		able)	give	gave	given
			go (goes)	went	gone
cast	cast	cast	grind	ground	ground
catch	caught	caught	grow	grew	grown
choose	chose	chosen	hang	hung,	hung,
cling	clung	clung		hanged	hanged
come	came	come	have (has;	had	had
cost	cost	cost	having)		
creep	crept	crept	hear	heard	heard
cut	cut	cut	hide	hid	hidden
deal	dealt	dealt			

present	pt	pp	present	pt	pp
hit	hit	hit	seek	sought	sought
hold	held	held	sell	sold	sold
hurt	hurt	hurt	send	sent	sent
keep	kept	kept	set	set	set
kneel	knelt, kneeled	knelt, kneeled	shake	shook	shaken
			shall	should	—
know	knew	known	shear	sheared	shorn, sheared
lay	laid	laid			
lead	led	led	shed	shed	shed
lean	leant, leaned	leant, leaned	shine	shone	shone
			shoot	shot	shot
leap	leapt, leaped	leapt, leaped	show	showed	shown
			shrink	shrank	shrunk
learn	learnt, learned	learnt, learned	shut	shut	shut
			sing	sang	sung
leave	left	left	sink	sank	sunk
lend	lent	lent	sit	sat	sat
let	let	let	slay	slew	slain
lie (lying)	lay	lain	sleep	slept	slept
light	lit, lighted	lit, lighted	slide	slid	slid
lose	lost	lost	sling	slung	slung
make	made	made	slit	slit	slit
may	might	—	smell	smelt, smelled	smelt, smelled
mean	meant	meant			
meet	met	met	sow	sowed	sown, sowed
mistake	mistook	mistaken			
mow	mowed	mown, mowed	speak	spoke	spoken
			speed	sped, speeded	sped, speeded
must	(had to)	(had to)	spell	spelt, spelled	spelt, spelled
pay	paid	paid	spend	spent	spent
put	put	put	spill	spilt, spilled	spilt, spilled
quit	quit, quitted	quit, quitted	spin	spun	spun
read	read	read	spit	spat	spat
rid	rid	rid	split	split	split
ride	rode	ridden	spoil	spoiled, spoilt	spoiled, spoilt
ring	rang	rung			
rise	rose	risen	spread	spread	spread
run	ran	run	spring	sprang	sprung
saw	sawed	sawn	stand	stood	stood
say	said	said			
see	saw	seen			

present	pt	pp	present	pt	pp
steal	stole	stolen	**tell**	told	told
stick	stuck	stuck	**think**	thought	thought
sting	stung	stung	**throw**	threw	thrown
stink	stank	stunk	**thrust**	thrust	thrust
stride	strode	stridden	**tread**	trod	trodden
strike	struck	struck, stricken	**wake**	woke, waked	woken, waked
strive	strove	striven	**wear**	wore	worn
swear	swore	sworn	**weave**	wove, weaved	woven, weaved
sweep	swept	swept			
swell	swelled	swollen, swelled	**wed**	wedded, wed	wedded, wed
swim	swam	swum	**weep**	wept	wept
swing	swung	swung	**win**	won	won
take	took	taken	**wind**	wound	wound
teach	taught	taught	**wring**	wrung	wrung
tear	tore	torn	**write**	wrote	written

LOS NÚMEROS

NUMBERS

un, uno(a)	1	one
dos	2	two
tres	3	three
cuatro	4	four
cinco	5	five
seis	6	six
siete	7	seven
ocho	8	eight
nueve	9	nine
diez	10	ten
once	11	eleven
doce	12	twelve
trece	13	thirteen
catorce	14	fourteen
quince	15	fifteen
dieciséis	16	sixteen
diecisiete	17	seventeen
dieciocho	18	eighteen
diecinueve	19	nineteen
veinte	20	twenty
veintiuno	21	twenty-one
veintidós	22	twenty-two
treinta	30	thirty
treinta y uno(a)	31	thirty-one
treinta y dos	32	thirty-two
cuarenta	40	forty
cincuenta	50	fifty
sesenta	60	sixty
setenta	70	seventy
ochenta	80	eighty
noventa	90	ninety
cien, ciento	100	a hundred, one hundred
ciento uno(a)	101	a hundred and one
doscientos(as)	200	two hundred
doscientos(as) uno(a)	201	two hundred and one
trescientos(as)	300	three hundred
cuatrocientos(as)	400	four hundred
quinientos(as)	500	five hundred
seiscientos(as)	600	six hundred
setecientos(as)	700	seven hundred
ochocientos(as)	800	eight hundred
novecientos(as)	900	nine hundred
mil	1 000	a thousand
mil dos	1 002	a thousand and two
cinco mil	5 000	five thousand
un millón	1 000 000	a million

LOS NÚMEROS

NUMBERS

primer, primero(a), 1º, 1er (1ª, 1era)	first, 1st
segundo(a) 2º (2ª)	second, 2nd
tercer, tercero(a), 3º (3ª)	third, 3rd
cuarto(a), 4º (4ª)	fourth, 4th
quinto(a), 5º (5ª)	fifth, 5th
sexto(a), 6º (6ª)	sixth, 6th
séptimo(a)	seventh
octavo(a)	eighth
noveno(a)	ninth
décimo(a)	tenth
undécimo(a)	eleventh
duodécimo(a)	twelfth
decimotercio(a)	thirteenth
decimocuarto(a)	fourteenth
decimoquinto(a)	fifteenth
decimosexto(a)	sixteenth
vigésimo(a)	twentieth
vigésimo(a) primero(a)	twenty-first
trigésimo(a)	thirtieth
centésimo(a)	hundredth
centésimo(a) primero(a)	hundred-and-first
milésimo(a)	thousandth

Números Quebrados etc

Fractions etc

un medio	a half
un tercio	a third
un cuarto	a quarter
un quinto	a fifth
cero coma cinco, 0,5	(nought) point five, 0.5
diez por cien(to)	ten per cent

N.B. In Spanish the ordinal numbers from 1 to 10 are commonly used; from 11 to 20 rather less; above 21 they are rarely written and almost never heard in speech. The custom is to replace the forms for 21 and above by the cardinal number.

LA HORA

THE TIME

¿qué hora es?

what time is it?

es/son

it's o **it is**

medianoche, las doce (de la noche)	midnight, twelve p.m.
la una (de la madrugada)	one o'clock (in the morning), one (a.m.)
la una y cinco	five past one
la una y diez	ten past one
la una y cuarto or quince	a quarter past one, one fifteen
la una y veinticinco	twenty-five past one, one twenty-five
la una y media or treinta	half-past one, one thirty
las dos menos veinticinco, la una treinta y cinco	twenty-five to two, one thirty-five
las dos menos veinte, la una cuarenta	twenty to two, one forty
las dos menos cuarto, la una cuarenta y cinco	a quarter to two, one forty-five
las dos menos diez, la una cincuenta	ten to two, one fifty
mediodía, las doce (de la tarde)	twelve o'clock, midday, noon
la una (de la tarde)	one o'clock (in the afternoon), one (p.m.)
las siete (de la tarde)	seven o'clock (in the evening), seven (p.m.)

¿a qué hora?

(at) what time?

a medianoche	at midnight
a las siete	at seven o'clock
en veinte minutos	in twenty minutes
hace quince minutos	fifteen minutes ago

LA FECHA

DATES

hoy	today
todos los días	every day
ayer	yesterday
esta mañana	this morning
mañana por la noche	tomorrow night
anteanoche; antes de ayer por la noche	the night before last
antes de ayer; anteayer	the day before yesterday
anoche	last night
hace dos días/seis años	2 days/six years ago
mañana por la tarde	tomorrow afternoon
pasado mañana	the day after tomorrow
todos los jueves, el jueves	every Thursday, on Thursday
va los viernes	he goes on Fridays
"miércoles cerrado"	"closed on Wednesdays"
de lunes a viernes	from Monday to Friday
para el jueves	by Thursday
un sábado de marzo	one Saturday in March
dentro de una semana	in a week's time
dentro de dos martes	a week next/on Tuesday/Tuesday week
el domingo que viene	next Sunday
esta semana/la semana que viene/la semana pasada	this/next/last week
dentro de dos semanas	in 2 weeks or a fortnight
dentro de tres lunes	two weeks on Monday
el primer/último viernes del mes	the first/last Friday of the month
el mes que viene	next month
el año pasado	last year
el uno de junio, el primero de junio (LAM)	the 1st of June, June first
el dos de octubre	the 2nd of October, October 2nd
nací en 1987	I was born in 1987
su cumpleaños es el 5 de junio	his birthday is on June 5th (BRIT) or 5th June (US)
el 18 de agosto	on 18th August (BRIT) or August 18th (US)
en el 96	in '96
en la primavera del 94	in the Spring of '94
del 19 al 3	from the 19th to the 3rd
¿qué fecha es hoy?, ¿a cuanto estamos?	what's the date?, what date is it today?